12판

Griffin
경영학원론

TWELFTH EDITION
BUSINESS ESSENTIALS

12판

Griffin
경영학원론

Ricky W. Griffin, Ronald J. Ebert 지음
김경원 감수
강신형, 곽선화, 김현동, 박경희, 백강, 이성훈, 이진호, 조은정, 최명철, 최우재 옮김

Pearson

교문사

저자 소개

리키 그리핀(Ricky Griffin)은 1981년부터 텍사스A&M대학교의 교수로 재직했다. 그는 학부 및 대학원 과정에서 조직행동론, 인적자원관리 및 국제 경영 등의 과목을 가르쳤다. 그의 주요 연구주제는 직장 내 폭력, 조직 보안, 직장 문화 및 리더십 등이다. 그의 연구 결과물은 *Academy of Management Review*, *Academy of Management Journal*, *Administrative Science Quarterly*, *Journal of Management* 등 해당 분야에서 최고 권위를 가진 학술지에 게재되었다. 특히 *Journal of Management*의 편집장도 역임했다. 그는 또한 여러 주요 교과서를 단독 및 공동 저술했으며, 저서들은 5개 대륙 500개 이상의 대학에서 사용되었고 스페인어, 러시아어, 폴란드어, 중국어로 번역되었다. 그리핀 교수는 미국 경영학술원(Academy of Management)에서 조직행동론과 연구방법론 분과의 수장으로서 일했다. 그는 연구실적으로 여러 상을 받았으며, 연방정부의 연구지원 자금을 40만 달러 이상 받았다. 텍사스A&M대학교에서는 인적자원관리센터의 소장과 경영학과장을 역임했다.

로널드 J. 에버트(Ronald J. Ebert)는 컬럼비아주 미주리대학교 명예교수로서 경영학을 가르치고 있다. 그는 싱클레어대학, 워싱턴대학교, 미주리대학교, 컨소시엄인터내셔널대학교(이탈리아) 등에서 30년 이상 교육 경험을 쌓았다. 그는 모베이(Mobay), 크래프트푸드(Kraft food), 오스카마이어(Oscar Mayer), 아틀라스파우더(Atlas Powder), 존디어(John Deere)와 같은 회사들을 상대로 컨설팅을 해 왔다. 그는 미국 공공전력협회, 미국 저축대부은행연맹 등의 다양한 고객을 위한 경영개발 프로그램을 설계, 실행해 왔다. 실무형 학자로서의 그의 경험은 경영학 교육에 있어 이론과 경영 모범사례를 접목하는 것의 타당성을 부여해 왔다. 그가 공동 저술한 5권의 경영학 책은 중국어, 스페인어, 루마니아어, 말레이시아어, 인도네시아어로 번역되었다. 에버트 교수는 또한 생산관리 분야에서 최고 권위의 학술지인 *Journal of Operations Management*의 편집자로 활동했으며, 미국 국립과학재단이 후원하는 경영학 입문 프로젝트 '양적 추론' 과목의 컨설턴트 및 외부 평가자로 일했다.

역자 서문

현대 경영학이 태동한 지 100여 년이 지났다. 그 고향은 미국이다. 19세기 말에서 20세기 초에 산업혁명의 배턴이 본격적으로 미국으로 넘어가면서 많은 기업이 우후죽순으로 생겨났고 시장경제가 꽃을 피우기 시작했다. 이에 이들 기업의 경영 활동을 좀 더 과학적이고 체계적으로 수행할 수 있는 이론적 기반이 만들어지기 시작한 것이다. 이후 이 학문과 기업의 발전은 서로가 주거니 받거니 하는 관계를 형성했다. 즉 기술혁신 등으로 기업의 경영이 고도화될수록 경영학은 이에 맞추어 새로운 이론적 기초와 경영 기법을 제시했고, 이는 다시 기업경영의 고도화를 이끄는 선순환 구조를 만들어 온 것이다. 기업의 발달은 다시 기술혁신과 생산성 향상으로 이어지면서 군수산업에도 적용되어 이것이 제1, 2차 세계대전에서 미국이 승리할 수 있는 토대가 되었다. 전후에도 1970~1980년대에 오일쇼크와 일본의 도전 등에도 불구하고 기업 부문의 끊임없는 발전과 혁신은 이 나라가 세계 최강대국의 위치를 유지할 수 있는 원동력이 되었다. 물론 이 뒤에는 경영학의 발전이 함께 하고 있었다.

초기 경영학은 생산성 제고에 관심을 두었다. 생산성은 투입 대비 산출을 의미하며 생산의 핵심 요소인 토지와 자본의 순환과 더불어 노동력의 효율적인 관리에 초점이 맞추어져 있다. 노동생산성을 높이기 위한 테일러와 포드 시스템의 실험은 대량생산과 대량판매를 가능케 했으며, 이때 투입되는 생산요소를 적재적소에 배치하고 동일 시간에 최대의 생산물을 산출하는 과학적 관리가 중요한 관심사였다.

그런데 시장경제가 발달할수록 기술혁신은 가속화되고, 가처분 소득 증대로 구매력이 증대된 소비자의 욕구는 다양해졌다. 이에 지식 서비스 산업이 단순 제조업을 대체하며 산업의 중심이 되자 기업은 새로운 도전에 직면하게 되었다. 대량생산, 대량판매 시대에 맞는 '테일러리즘' 등의 과학적 관리법이 더 이상 충분치 않게 되었다. 기존 방식으로는 소비자 욕구를 만족시킬 수 없게 되었기 때문이다. 이는 '사람' 자체로 경영학의 영역을 넓히는 계기가 되었다. 기존의 생산자 중심에서 노동자와 소비자로 그 초점이 이동했다. 즉 지식 서비스 산업을 이끌 지식 노동자의 체계적 육성 등 인적자원 개발과 관리, 그리고 소비자 욕구의 파악과 만족을 기업 활동의 출발로 인식하는 마케팅 중시로 전환한 것이다.

이렇듯 경영학은 기업의 발전을 체계적으로 정리하고 더 큰 발전을 견인하는 역할을 해 왔다. 이 과정에서 필요에 따라 다양한 인접 학문을 융합하면서 발전했다. 경제학, 수학, 인류학, 심리학 등의 학문을 자양분으로 흡수하면서 독창적인 학문체계를 정립했다. 우리가 경영학을 공부한다는 것은 이런 복합적이고 끊임없이 발전하는 학문을 배운다는 것이다.

그런데 요즘의 기업경영은 단순히 매출 및 주주 이익의 극대화에만 중점을 두지 않는다. 세계적인 경영 환경은 기업의 사회적 책임과 윤리경영을 요구하기 때문이다. 또한 기술혁신이 더욱 가속화되면서 새로운 기업의 출현이 촉진됨에 따라 창의적이고 도전적인 기업가정신이 더욱 중요해져 경영학은 이 또한 담게 되었다. 실제로 최근 20여 년간 스타트업으로 출발해 세계적인 유니콘 기업으로 성장한 사례가 속속 등장하고 있다. 반면 시장에서 소비자로부터 선택받지 못한 제품과 서비스는 퇴출당하고 만다. P&G의 전 회장인 래플리(A. G. Lafley)는 '소비자가 기업의 사장'이라고 정의했다. 한 기업이 살고 죽는 것이 소비자의 선택에 달렸다는 것이다. 게다가 4차 산업혁명은 이러한 추세를 더욱 촉진하고 있다. 빅데이터, 인공지능, 가상현실 및 증강현실, 로보틱스 등은 산업구조의 가치사슬을 환골탈태시키며, 로봇이 서비스를 수행하고 인공지능이 맞춤형 소비자 제안을 하는 것이 낯설지 않은 시대가 눈앞에 펼쳐지고 있다. 아마존, 구글, 페이스북 같은 IT를 기반으로 하는 플랫폼 기업이나 온라인 기업은 굴뚝산업으로 대표되던 철강, 내연기관 자동차, 소비재 생산 기업들을 제치고 세계적인 기업 순위 상위에 오른 지 오래다. 시대의 흐름을 따라잡지 못했던 굴뚝기업인 코다 같은 기업은 시장에서 쓸쓸히 사라졌다.

Business Essentials의 새 판이 한국에서 출간되었다. 이미 시중에 다양한 경영학 교과서가 있으며, 모두 경영학을 이해하고 학습하는 데 충분한 내용을 담고 있다. 그럼에도 불구하고 이 책이 굳이 한국의 경영학 교과서 목록에 추가되어야 하는 이유가 있다. 이 책은 사람 중심, 즉 내부고객인 직원과 외부고객인 소비자 중심의 경영학을 강조하고, 기업경영의 새로운 차원인 윤리경영과 사회적 책임을 강조하는 등 기존 경영학 이론을 충실하게 다루는 것은 물론, 4차 산업혁명 등으로 문자 그대로 '광속으로' 바뀌고 있는 경영 환경과 그 최신 사례를 충실하게 다루고 있다는 면에서 차별화를 추구하고 있기 때문이다. 모쪼록 이 책을 통해 경영학을 처음 접하는 학생뿐만 아니라 현업에서 실무를 담당하는 경영자 및 관리자도 경영학 전반을 개관하는 데 조금이나마 도움이 되기를 기대해본다.

2022년 2월
역자 씀

간략한 차례

차례

CHAPTER 1 글로벌 경영 환경

pedrosek/Shutterstock

돈을 버는 가장 좋은 방법은 소비자가 원하거나 필요로 하는 제품을 판매하는 것이다. 이것은 간단해 보이지만, 실제로는 아주 소수만이 성공할 것이다!

학습목표

LEARNING OBJECTIVES

이 장을 학습하고 나면

1-1 글로벌 비즈니스의 본질을 정의하고 비즈니스의 외부 환경을 설명하며 이러한 환경이 조직의 성공 또는 실패에 미치는 영향을 논의한다.

1-2 생산 요소를 통제하는 수단에 따른 다양한 유형의 세계 경제 시스템을 설명한다.

1-3 시장, 수요 및 공급이 글로벌 시장에서 자원 분배에 어떻게 영향을 미치는지 밝히고, 민간 기업의 요소를 정의하며, 글로벌 경제 시스템의 다양한 경쟁 정도를 설명한다.

1-4 비즈니스에 대한 경제 환경의 중요성을 설명하고 경제 시스템의 성과를 평가하는 데 사용하는 요소를 식별한다.

1-5 본문을 통해 우리가 가져야 할 역량에 대해 배운다.

글로벌 시장에서 경영을 한다는 것[1]

당신은 중국이 공산주의 국가라는 말을 들어본 적이 있을 것이다. 하지만 이것이 정확히 무엇을 의미하는 것인지 이해하지 못하면 용어를 혼동할 수 있다. 1978년에 중국은 정부(중국 공산당)가 공장과 농장을 소유한 사회주의적 뿌리에서 벗어나 중국 스스로가 '사회주의 시장경제'라고 부르는 보다 자유로운 시장경제로 이동했다. 비교적 새로운 버전의 중국에서는 마윈(Ma Yun, Jack Ma라고도 함)이 알리바바(Alibaba)를 시작할 때 했던 것처럼 개인이 재산을 소유하고 위험을 감수할 수 있다. 그의 회사에 대해 들어본 적이 없을 수도 있지만 2016년 알리바바는 중국 온라인 쇼핑의 80%를 차지했으며 총 매출은 아마존(Amazon), 이베이(eBay)와 같은 다른 전자상거래 회사를 압도했다.

마윈의 성공 스토리는 하룻밤 사이에 이루어진 신화는 아니다. 마윈은 중국의 엄격한 대학 입학시험을 통과하는 데 4년이 걸렸지만 인내하고 마침내 영문학사 학위를 받았다. 그 직후 그는 영어를 가르치는 일을 하면서 대학원을 다녀 경영학 학위를 취득했다. 그럼에도 그는 어려운 중국 취업 시장에서 일자리를 얻을 수 없었다. 1990년대 중반 그는 미국으로 여행을 가서 처음으로 인터넷을 경험했다. 중국으로 돌아온 그는 중국 기업을 위한 기본적인 웹사이트를 구축하기 시작했으며 1999년에 현재 온라인 도소매 가족 회사인 알리바바 그룹(Alibaba Group)을 설립했다.

이 거대한 회사는 소규모 기업도 방대한 판매자 네트워크에 접근할 수 있는 B2B 플랫폼인 알리바바닷컴(Alibaba.com)에서 시작되었다. 이러한 성공을 바탕으로 마윈은 급성장하는 중국 중산층을 대상으로 하는 소매 사이트인 타오바오(Taobao)와 티몰(Tmall.com)을 출시했다. 이러한 사이트의 성공 비결 중 하나는 온라

1 역주: 본문의 마윈과 알리바바는 2021년 현재 중국 정부의 글로벌 시장에 진출한 중국 기업에 대한 제재로 경영상의 변화와 곤란을 겪고 있다. 이는 글로벌 비즈니스 환경, 정치-법률의 영향력을 명확히 보여주는 사례이다. 다만 해당 본문은 2020년에 작성되어 이 부분이 반영되지 않았다.

Rob Byron/Fotolia

이 장을 배우면 좋은 점

마윈이 사업을 시작할 때 정치적, 기술적, 문화적, 경제적 힘은 엄청난 도전을 일으켰다. 세부사항이 바뀌더라도 이러한 힘은 오늘날의 비즈니스 세계에 진입할 때도 일반적으로 동일하다. 모든 사업은 경제적 힘에 영향을 받는다. 한편 이러한 힘은 영리한 관리자와 기업가에게 이익과 성장의 기회도 제공한다. 이러한 경제적 힘과 그것들이 어떻게 상호작용하는지 이해함으로써 다음과 같은 사항을 더 잘 이해할 수 있다. 첫째, 관리자가 직원과 관리자 또는 사업주 관점에서 경제적 힘으로 인한 도전과 기회에 대처하는 방법을 이해한다. 둘째, 소비자 관점에서 가격이 변동하는 이유를 이해한다. 관리자가 일하

는 환경을 더 깊이 이해하고 재화와 서비스에 지불하는 가격이 변동하는 이유를 더 잘 이해해야 한다.

이 장에서는 먼저 손익의 개념을 소개한 다음 기업의 외부 환경을 설명한다. 앞으로 살펴보겠지만 국내 비즈니스 환경, 글로벌 비즈니스 환경, 기술, 정치-법률, 사회문화 및 경제 환경도 중요하다. 다음으로, 우리는 경제 시스템의 몇 가지 기본 요소를 살펴보고 시장 시스템의 경제학을 설명한다. 또한 다양한 글로벌 경제 시스템의 활력을 측정하는 데 사용되는 몇 가지 지표를 소개하고 논의할 것이다.

인 판매의 80%를 차지하는 안전한 거래를 제공하는 금융 서비스 회사인 알리페이(Alipay)이다. 알리페이를 통해 상품의 품질이 확인될 때까지 돈을 에스크로에 보관한다. 이러한 보호는 불량품 및 위조품과 중국 법률 시스템에 의한 부적절한 구제에 대한 우려를 극복하는 데 도움이 되었다.

마윈은 2014년 9월에 회사를 상장해 하루 사이에 250억 달러를 조달했다. 이는 중국 시민인 마윈을 세계에서 가장 부유한 사람 중 하나로 만들었다. 미국에서 주식을 판매함으로써 자본이 유입되면서 알리바바는 기하급수적으로 확장할 수 있었다. 2016년 3월 31일 회계연도 결산 시 알리바바는 거의 240억 달러의 매출을 보고했으며 웹사이트를 통한 제3자 매출[총상품 거래량(GMV)이라고 함]을 포함하면 4,850억 달러를 넘어섰다. 이베이와 비교하면, 이베이는 2016년 12월 31일 결산 시 GMV가 840억 달러, 매출이 90억 달러라고 보고했다.

마케팅은 회사의 성공에 큰 역할을 했다. 중국은 많은 미혼 시민이 차지하고 있으며 알리바바는 미국 밸런타인데이와 유사한 광군절(독신자의 날, 11월 11일)이라고 하는 비공식 기념일을 차지하는 데 성공했다. 2009년, 알리바바의 마케팅 전문가가 크리스마스 전 잠잠한 기간 동안 판매를 늘리기 위해 더블 11(Double 11) 거래를 시작함으로써 성공이 시작되었다. 판매는 천정부지로 치솟았고 알리바바는 '광군절'이라는 상표를 붙였다. 2016년 광군절에 알리바바는 단 24시간 동안 GMV에 178억 달러를 올렸다.

중국은 거대하고 성장하는 시장이다. 2015년 제너럴모터스(GM)는 중국에서 360만 대, 미국에서 300만 대의 차를 판매했으며 뷰익과 캐딜락이 선두를 달리고 있다. 중국 인구가 현재 거의 14억 명(세계 인구의 약 18.5%)이기 때문에 중국에서의 매출이 강건한 것은 놀라운 일이 아니다. 거의 같은 크

Bobby Yip/REUTERS/Alamy Stock Photo

마윈

기의 땅에 있는 3억 3,000만 명 미만의 미국 인구와 비교해보라. 중국의 중산층 소비자는 여전히 전체 인구에서 작은 비율을 차지하지만, 알리바바와 제너럴모터스(GM) 및 기타 많은 글로벌 기업의 중국 시장 매출이 증명하듯이 그들은 힘과 규모가 커지고 점점 더 많은 상품을 소비하고 있다. 일부 전문가들 은 현재 미국이 전 세계 상품과 서비스 소비의 약 절반을 차지하고 있으며 전체 인구의 5%에 불과하다고 추정한다. 중국이 미국의 1인당 소비율을 따라잡거나 능가할 경우 세계 경제는 어떻게 될까? 그 수요량을 공급하기에 충분한 재화와 서비스가 있는가? 천연 자원이 충분한가? 이 세대의 사업가들이 직면한 가장 큰 도전 중 하나는 전 세계적인 수요와 공급의 사회경제적 균형을 찾는 것이다.

한편, 경제가 세계화되고 물리적, 정치적 경계가 계속 사라지면서 기업가를 위한 미래 기회는 상상에 의해서만 제한된다.

비즈니스, 이익 및 외부 환경

학습목표 1-1
글로벌 비즈니스의 본질을 정의하고 비즈니스의 외부 환경을 설명하며 이러한 환경이 조직의 성공 또는 실패에 미치는 영향을 논의한다.

비즈니스라는 단어를 들으면 무엇이 떠오르는가? 애플(Apple), 스타벅스(Starbucks), 아마존과 같은 크고 성공적인 기업의 이미지가 떠오르는가? 아니면 시어스(Sears), 야후(Yahoo!)와 같이 한때는 훌륭했지만 지금은 어려움을 겪고 있는 회사가 떠오르는가? 혼다(Honda), 제너럴일렉트릭(General Electric), 네슬레(Nestle) 같은 다국적 거대 기업을 생각하는가? 지역 슈퍼마켓이나 좋아하는 체인 레스토랑과 같은 좀 더 작은 규모의 회사가 생각나는가? 아니면 이웃의 피자 가게, 세탁소, 꽃집과 같은 소규모 가족 소유 회사를 생각하는가?

비즈니스와 이익

재화나 서비스를 제공하거나 판매해 이익을 얻는 조직을 모두 **비즈니스**(business)라고 한다. 실제로 **이익**(profit)을 얻을 수 있다는 전망, 즉 사업의 수익과 비용의 차이는 사람들이 사업을 시작하고 확장하도록 장려한다. 결국 이익은 소유자가 돈과 시간을 걸고 얻는 보상이다. 이익을 추구할 권리는 대부분의 대학, 병원 및 정부 기관과 같이 거의 동일한 방식으로 운영되지만 일반적으로 이익을 추구하지 않는 조직과 비즈니스를 구별한다.

비즈니스 이익을 얻기 위해 재화나 서비스를 제공하는 조직
이익 기업의 수익과 비용의 차이

소비자 선택과 수요 자본주의 체제에서 기업은 소유주에게 이익을 남기기 위해 존재한다. 광범위한 제약 내에서 소유자는 자유롭게 새로운 사업을 시작하거나, 해당 사업을 성장시키거나, 매각하거나, 폐입할 수도 있나. 그러나 소비자에게도 선택의 자유가 있다. 이익 추구 방법을 선택할 때 기업은 소비자가 원하거나 필요로 하는 것을 고려해야 한다. 사업이 아무리 효율적이라고 해도 재화나 서비스에 대한 수요가 없으면 생존할 수 없다. 내륙국인 오스트리아의 서핑보드 가게도 열대지방에 있는 태국의 스키 가게도 잘 될 것 같지 않다.

기회와 기업 진취적인 사업가가 유망한 기회를 발견하고 이를 활용하기 위한 좋은 계획을 개발할 수 있다면 성공할 수 있다. 예를 들어 버진메가스토어(Virgin Megastore), 사브(Saab), 토이저러스(Toys

"R" Us)와 같은 기업이 문을 닫을 때 다른 기업은 이러한 실패한 기업의 재고 청산을 통해 이익을 얻는다. 그리고 유가가 떨어지면 로열더치셸(Royal Dutch Shell), BP와 같은 휘발유 생산업체의 이익이 감소한다. 그러나 DHL과 같은 물류 서비스 및 판매를 위해 운송되는 상품에 의존하는 소매업체는 비용이 감소해 수익이 증가한다. 일반적으로 비즈니스 기회에는 소비자가 필요로 하거나 원하는 상품이나 서비스가 포함된다. 특히 다른 사람이 공급하지 않거나 기존 비즈니스가 비효율적으로 또는 불완전하게 공급하는 경우에는 더욱 그렇다.

비즈니스의 이익 그렇다면 비즈니스의 장점은 무엇인가? 기업은 우리가 소비하는 대부분의 재화와 서비스를 생산하며 대부분의 노동자를 고용한다. 그들은 대부분의 혁신을 창출하고 공급업체 역할을 하는 새로운 비즈니스에 광범위한 기회를 제공한다. 건전한 기업 환경은 사회 구성원의 삶의 질과 생활수준에도 기여한다. 사업의 이익은 수백만 명의 소유자와 주주의 개인 소득을 향상시키고 사업 세금은 정부를 유지시켜 각계각층에게 도움이 된다. 많은 기업이 자선 단체를 지원하고 지역사회 리더십을 제공한다. 그러나 일부 기업은 지구의 환경에 해를 끼치며 의사결정권자는 때때로 자신의 개인적 이익을 위해 용납할 수 없는 관행에 의존한다.

이제 우리는 기업을 운영하는 환경에 관심을 돌린다. 환경에 대한 이해는 모든 곳에서 비즈니스의 성공과 실패에 중요한 역할을 하는 경제적 힘을 다루는 후속 논의의 기초를 제공한다.

비즈니스의 외부 환경

외부 환경 조직에 영향을 줄 수 있는 조직 경계 밖의 모든 것

규모, 위치, 사명에 관계없이 모든 비즈니스는 더 큰 외부 환경에서 운영된다. 이 **외부 환경**(external environment)은 조직에 영향을 줄 수 있는 조직 경계 외부의 모든 것으로 구성된다. (기업에는 일반적으로 **기업 문화**라고 하는 **내부 환경**도 있다. 이에 대해서는 5장에서 논의한다.) 당연히 외부 환경은 조직의 성패를 결정하는 중요한 역할을 한다. 따라서 관리자는 자신의 환경을 철저하고 정확하게 이해한 다음 그 환경에서 운영하고 경쟁하기 위해 노력해야 한다. 기업은 또한 환경에 영향을 줄 수 있다. 그림 1.1은 오늘날 비즈니스에 영향을 미치는 외부 환경의 주요 차원과 요소를 보여준다. 보다시피 국내 비즈니스 환경, 글로벌 비즈니스 환경, 기술 환경, 정치-법률 환경, 사회문화 환경 및 경제 환경이 포함된다.

국내 비즈니스 환경 기업이 영업을 수행하고 수익을 창출하는 환경

국내 비즈니스 환경 **국내 비즈니스 환경**(domestic business environment)은 기업이 영업을 수행하고 수익을 창출하는 환경을 의미한다. 일반적으로 기업은 고객과 가까워지고 공급업체와 강력한 관계를 구축하며 경쟁업체와 차별화되기를 원한다. 스웨덴 소매업체 H&M을 예로 들어 보겠다. 이 회사는 여성 의류를 판매하는 단일 매장으로 시작했지만 모리츠위드포스(Mauritz Widforss)를 인수하면서 1960년대에 남성복과 아동복으로 회사를 확장했다. 마케팅과 패셔너블한 의류에 중점을 두면서 회사는 빠르게 확장할 수 있었다. 아크네스튜디오(Acne Studios) 및 필리파케이(Filippa K)와 같은 경쟁자와 효과적으로 경쟁할 수 있도록 국내 비즈니스 환경에서 자체적으로 명확한 정체성을 확립했다.

글로벌 비즈니스 환경 비즈니스에 영향을 미치는 국제적 힘

글로벌 비즈니스 환경 **글로벌 비즈니스 환경**(global business environment)은 비즈니스에 영향을 미치는 국제적 힘을 의미한다. 일반적인 차원에서 지구 환경에 영향을 미치는 요인으로는 국제 무역 협정, 국제 경제 상황, 정치적 불안 등이 있다. 예를 들어 2014년에 정치적 시위가 중동 진역으로 확산히

그림 1.1 외부 환경의 차원

면서 유가가 급등하기 시작했고 이 지역에서 사업을 운영하는 회사는 직원을 보호하기 위한 비상 조치를 취했다. 그러나 2015년에는 세계적인 석유 흑자로 인해 유가가 폭락했다. 보다 즉각적인 수준에서 주어진 비즈니스는 국제 시장 기회, 공급업체, 문화, 경쟁업체 및 통화 가치의 영향을 받을 가능성이 높다. 예를 들어 H&M은 현재 스웨덴, 독일, 아랍에미리트, 프랑스, 스페인, 영국, 중국, 폴란드, 미국 및 기타 국가에 매장을 보유하고 있으며 추가로 45개국의 고객에게 제품을 배송한다. 그러나 세계의 다른 지역으로 사업을 확장함에 따라 다른 언어, 더 다양한 문화, 다른 취향, 다른 통화 및 기타 많은 요인과 씨름해야 했다. 상황을 더욱 복잡하게 만드는 것은 공급업체가 전 세계에 위치하고 있다는 점이다.

기술 환경 **기술 환경**(technological environment)은 일반적으로 기업이 구성원을 위해 가치를 창출하는 모든 방법을 일컫는다. 기술에는 인간의 지식, 작업 방법, 물리적 장비, 전자 및 통신, 비즈니스 활동을 수행하는 데 사용되는 다양한 처리 시스템이 포함된다. 예를 들어 H&M은 고객에게 매우 빠르게 대응하기 위해 판매 및 재고 수준을 추적하는 정교한 정보 시스템에 의존한다. 이 회사는 전자상거래 운영으로 상당한 성공을 거두고 있다. H&M은 오늘날 전자상거래에서 당연하게 여겨지

기술 환경 기업이 구성원을 위해 가치를 창출하는 모든 방법

보다 나은 방법 찾기

베네피트 기업

일반적으로 모든 비즈니스의 목표는 이익을 달성하고 극대화하는 것이다. 조직의 임원은 또한 주주와 투자자의 이익을 추구할 책임이 있으며 이를 의사결정의 목표로 삼는다. 한편, 적십자, 미국암학회, 애팔래치아 박물관 등 많은 비영리단체는 공익을 위해 일하거나 사회 문제를 해결하기 위해 노력한다. 베네피트 기업(Benefit corproation)은 둘 사이에 속한다.

베네피트 기업은 사업체로 각각 이윤을 추구하는 조직이지만 성과는 이익이나 주가 상승뿐만 아니라 조직이 사회와 환경에 미치는 영향으로 측정된다. 오리건주 포틀랜드에 본사를 둔 에코줌(EcoZoom)은 고객의 건강, 경제 발전 및 환경 인식에 대한 관심뿐만 아니라 이익 창출을 목표로 2011년에 시작된 베네피트 기업이다. 설립자 벤 웨스트(Ben West)는 MBA를 취득하기 위해 운송 산업에서의 성공적인 경력을 그만뒀다. 그의 교수 중 한 명은 개발도상국에서 사용하기 위한 조리용 스토브를 설계한 비영리 단체인 아프로베초(Aprovecho)의 이사였다. 아프로베초는 훌륭한 기술을 개발했지만 제품을 시장에 출시하는 방법을 몰랐다. 여기가 바로 에코줌의 이야기가 시작되는 지점이다. 에코줌은 중국에서 스토브를 제조하고 미국에서 캠핑 및 기타 야외 사용용으로 제품을 판매한다. 그러나 주요 시장은 케냐, 소말리아, 나이지리아와 같은 개발도상국으로, 이곳은 여성과 어린이가 비효율적인 난로에서 나오는 유독성 연기에 노출되어 폐렴, 폐암, 심장병과 같은 급성 질환에 더 취약하다.

에코줌은 에너지 효율이 아주 높은 저공해 조리용 스토브의 여러 모델을 생산한다. 조리용 스토브는 연료 사용과 요리 시간을 줄여주기 때문에 여성들은 가족과 함께 정원 관리와 같은 다른 일에 더 많은 시간을 할애할 수 있다. 그들의 스토브는 옥수수 속대와 소똥은 물론 나무, 숯과 같은 전통적인 바이오매스 연료를 태울 수 있다. 연료비는 한 가족의 월수입의 최대 30%를 차지하기도 하므로 효율적인 스토브를 추가하는 것만으로도 큰 차이를 만들 수 있다.

EcoZoom

이 회사는 최근 유통 자금을 조달하기 위해 트린(Trine), 키바(Kiva)와 같은 소액 대출 및 크라우드 펀딩 사이트와 제휴했으며, 현금을 지불할 여력이 없는 가족에게 신용을 제공하는 케냐의 저축신용협동조합(Saccos)과 같은 준정부 조직 및 지역 기업가와도 제휴했다. 에코줌과 기타 베네피트 기업은 비즈니스를 수행하고 사회에 도움이 되는 더 나은 방법을 계속 찾고 찾다.

는 온라인 판매 및 가상현실 제품 쇼케이스와 같은 앱 기능을 통해 소비자를 참여시키고 판매를 창출하기 위해 모바일 애플리케이션 사용을 개척했다. 이는 전 세계적으로 강력한 시장 점유율로 이어졌다.

정치적 · 법적 환경 기업과 정부의 관계

정치적 · 법적 환경 **정치적 · 법적 환경**(political-legal environment)은 일반적으로 기업에 대한 정부 규제의 형태로 기업과 정부의 관계를 반영한다. 이 환경은 여러 가지 이유로 중요하다. 첫째, 법률 시스템은 조직이 할 수 있는 것과 할 수 없는 것을 부분적으로 정의한다. 예를 들어 H&M은 제품 식별법, 고용법, 세금 정책, 경쟁 규제를 비롯한 다양한 정치적, 법적 힘의 적용을 받는다. 마찬가지로, 다양한 정부기관은 광고 관행, 안전 및 건강 고려사항, 허용 가능한 사업 행동 기준과 같은 중요한 활동을 규제한다. 정부 내 친기업 또는 반기업 정서와 정치적 안정도 특히 국제 기업의 중요한 고려사항이다. 예를 들어 버락 오바마 대통령이 처음 취임한 직후 기업에 여러 가지 새로운 규제가 부과되었다. 무엇보다도 그는 로비와 정치 활동 위원회에 새로운 제한을 부과하는 법안에 서명했다(이러한 규정은 2장에서 논의됨). 그러나 도널드 트럼프는 2016년 대통령에 당선된 직후 과도한 정부 규제를 줄이겠다고 공언했다.

사회문화 환경 **사회문화 환경**(sociocultural environment)에는 조직이 기능하는 사회의 관습, 더 많은 것, 가치, 인구학적 특성이 포함된다. 또한 사회문화적 과정은 한 사회가 가치 있고 받아들일 가능성이 높은 사업 행동의 기준뿐만 아니라 재화와 용역을 결정한다. 최근 사회에서는 특히 유럽 전역에서 지속가능성과 재활용에 대한 강조가 커지고 있다. 이에 H&M은 고객이 원치 않는 옷을 매장으로 가져오도록 유도하는 재활용 제도를 도입해 대응하고 있다. 향후 구매에 대한 할인의 대가로 재활용, 재사용 또는 중고 시장을 위해 보낼 수 있다. 하지만 H&M은 최근 몇 년간 브랜드 모델인 흑인 어린이가 슬로건이 새겨진 스웨터를 입고 다니며 인종차별을 했다는 비난 등 여러 논란에 직면하기도 했다. 다수의 협력자들이 즉시 회사와 관계를 끊었다. H&M은 이 사건에 대해 사과했고, 전 세계 웹사이트에서 이 이미지들은 삭제되었다.

사회문화 환경 조직이 기능하는 사회의 관습, 가치 및 인구학적 특성

경제 환경 **경제 환경**(economic environment)은 회사가 운영되는 경제 시스템에 존재하는 관련 조건을 말한다. 예를 들어 경제가 잘 되어 대부분의 사람들이 직업을 갖고 임금이 높으면 성장하는 회사는 다른 회사의 직원을 끌어들이기 위해 더 높은 임금을 지불하고 더 많은 혜택을 제공해야 할 필요가

경제 환경 기업이 운영되는 경제 시스템에 존재하는 관련 조건

Doug Houghton40/Alamy Stock Photo

H&M은 여러 외부 환경의 영향을 받고 있다. 국내 비즈니스 환경, 글로벌 비즈니스 환경, 기술 환경, 정치–법률 환경, 사회문화 환경, 경제 환경이 모두 상호작용해 기업에게 도전과 기회를 제공한다.

있음을 알게 될 수 있다. 그러나 경제의 많은 사람들이 일자리를 찾고 있다면 기업은 더 적은 비용을 지불하고 더 적은 혜택을 제공할 수 있다. 많은 소매업체와 마찬가지로 H&M도 경기 침체와 변화하는 소비자 지출 습관으로 인해 재정적 압박을 경험했다. 다른 오프라인 소매업체와 마찬가지로 H&M은 온라인 소매업체와의 치열한 경쟁에 직면해 있으며 실적이 저조한 수많은 매장을 폐쇄할 뿐만 아니라 고객이 계속 온라인으로 이동함에 따라 매장 개설 성장 속도를 늦추고 있다.

학습목표 1-2
생산 요소를 통제하는 수단에 따른 다양한 유형의 세계 경제 시스템을 설명한다.

경제 시스템

경제 시스템 한 국가의 자원을 국민에게 배분하는 시스템

미국 기업은 프랑스나 중국의 기업과 다르게 운영되며, 해당 국가의 기업은 일본이나 브라질의 기업과 다르다. 이러한 차이의 핵심 요소는 기업이 대부분의 사업을 수행하는 국가인 **모국**의 경제 시스템이다. **경제 시스템**(economic system)은 개인과 조직 모두의 시민에게 자원을 할당하기 위한 국가의 시스템이다.

생산 요소

생산 요소 상품 및 서비스 생산에 사용되는 자원인 노동, 자본, 기업가, 물리적 자원 및 정보 자원

경제 시스템의 기본적인 차이점은 시스템이 **생산 요소**(factors of production), 즉 한 국가의 기업이 상품과 서비스를 생산하는 데 사용하는 자원을 관리하는 방식이다. 경제학자들은 오랫동안 **노동**, **자본**, **기업가**, **물리적 자원**의 네 가지 생산 요소에 초점을 맞춰 왔다. 이러한 전통적인 네 가지 요소 외에도 많은 경제학자들이 **정보 자원**을 포함하고 있다. 생산 요소의 개념은 개별 조직이 유형 재화와 무형 용역을 생산하기 위해 관리하는 자원에도 적용할 수 있다.

노동(인적자원) 경제 생산에 기여하는 인간의 신체적, 정신적 능력

노동 기업에서 일하는 사람들은 **노동**(labor)을 제공한다. **인적자원**(human resource) 또는 인적 자본이라고도 불리는 노동에는 사람들이 경제적 생산에 참여하는 동안 만드는 물리적, 지적 기여도가 포함된다. 예를 들어 스타벅스는 238,000명 이상의 직원을 고용하고 있다. 회사의 인력에는 고객을 위해 커피를 준비하는 바리스타, 매장 관리자, 지역 관리자, 커피 시음자, 품질 관리 전문가, 커피 구매자, 마케팅 전문가, 재무 전문가 및 기타 전문 작업자와 관리자가 포함된다.

자본 사업체를 만들고 운영하는 데 필요한 자금

자본 노동 및 기타 자원을 획득하고 사용하려면 사업 운영에 필요한 **자본**(capital), 즉 재원이 필요하다. 당신이 새로운 사업을 시작하고 지속적으로 운영하고 성장하려면 자본이 필요할 것이다. 예를 들어 하워드 슐츠(Howard Schultz)가 1987년에 스타벅스의 신생 커피 브랜드를 사기로 결정했을 때, 그는 개인 저축과 대출로 인수 자금을 조달했다. 스타벅스가 성장하면서 그는 스타벅스의 이익에 더 의존하게 되었다. 결국, 그 회사는 더 많은 돈을 모으기 위해 다른 투자자들에게 주식을 팔았다. 스타벅스는 영업 자금을 조달하고 성장을 촉진하기 위해 현재 수익과 장단기 부채의 혼합에 계속 의존하고 있다. 더욱이 몇 년 전 커피전문점 수백 곳을 폐쇄하기로 결정했을 때도 자본을 동원해 임대를 갚고 실직한 직원들에게 퇴직금을 지급했다.

기업가 새로운 사업을 창출하고 운영하는 데 수반되는 위험과 기회를 받아들이는 개인

기업가 **기업가**(entrepreneur)는 새로운 사업을 창출하고 운영하는 데 수반되는 위험과 기회를 받아들이는 사람이다. 1971년에 세 사람이 스타벅스를 설립해 신선한 커피 원두 도매 유통을 강조할 계획

이었다. 하지만 그들은 커피의 소매 가능성을 볼 수 있는 관심이나 비전이 부족했다. 그러나 슐츠는 소매 성장과 관련된 위험을 기꺼이 받아들였고, 회사를 인수한 후 빠른 성장을 위한 시장 기회를 활용했다. 원래 모험이 실패했다면 슐츠는 저축한 돈의 대부분을 잃었을 것이다. 대부분의 경제 시스템은 기업가들이 새로운 사업을 시작하도록 격려하고, 새로운 일자리를 창출하고 주인에게 더 많은 이익을 줄 수 있도록 하는 결정을 내리게 한다.

물리적 자원 **물리적 자원**(physical resource)은 조직이 비즈니스를 수행하는 데 사용하는 유형의 항목이다. 여기에는 천연 자원 및 원자재, 사무실, 저장 및 생산 시설, 부품 및 소모품, 컴퓨터 및 주변 장치, 기타 다양한 장비가 포함된다. 예를 들어 스타벅스는 기업 수준에서 비즈니스를 운영하려면 커피 원두 및 기타 식품, 커피 음료를 만드는 데 사용하는 장비, 포장용 종이 제품, 사무 장비, 보관 시설이 필요하다.

물리적 자원 조직이 비즈니스 수행에 사용하는 유형의 항목

정보 자원 유형재의 생산은 한때 대부분의 경제 시스템을 지배했다. 오늘날 기업에서 사용하는 **정보 자원**(information resource), 데이터 및 기타 정보는 중요한 역할을 한다. 기업이 의존하는 정보 자원에는 시장 예측, 사람에 대한 전문 지식 및 경제 데이터가 포함된다. 결과적으로 기업이 정보로 수행하는 작업의 대부분은 새로운 정보를 생성하거나 새로운 사용자를 위해 기존 정보를 재포장하는 결과를 낳는다. 예를 들어 스타벅스는 다양한 경제 통계를 사용해 새 매장을 열 위치를 결정한다.

정보 자원 기업에서 사용하는 데이터 및 기타 정보

Sorbis/Shutterstock

Andrew Kelly/REUTERS/Alamy Stock Photo

Foodfolio/Alamy Stock Photo

스타벅스는 바리스타와 같은 (a) 노동, CEO 하워드 슐츠와 같은 (b) 기업가, 커피 원두를 포함한 (c) 물리적 자원을 포함한 다양한 생산 요소를 사용한다.

또한 커피 원두의 미래 가격을 예측하기 위해 정교한 예측 모델을 사용한다. 그리고 소비자 취향 테스트는 기업이 신제품을 출시할 시기를 결정하는 데 도움이 된다.

경제 시스템의 유형

다른 유형의 경제 시스템은 이러한 생산 요소를 다르게 본다. 예를 들어 (이론적으로) 일부 시스템에서는 생산 요소와 실제 비즈니스 모두의 소유권이 사적이다. 즉 기업가, 개인 투자자 및 기타 기업이 소유권을 보유한다. 다음에 논의되는 바와 같이 이들은 시장경제이다. 그러나 다른 시스템에서는 (또한 이론상) 생산 요소와 모든 비즈니스를 정부가 소유하거나 통제한다. 이를 **계획경제**라고 한다. 우리는 이러한 종류의 시스템을 '이론상'이라고 설명했다. 왜일까? 왜냐하면 현실에서는 대부분의 시스템이 이러한 양극단 사이에 있기 때문이다.

계획경제 중앙 집중식 정부가 생산의 모든 또는 대부분의 요소를 통제하고 생산 및 할당의 모든 또는 대부분의 결정을 내리는 경제

시장경제 개인이 수요와 공급을 통해 생산과 할당의 결정을 통제하는 경제

경제 시스템은 또한 생산 및 할당에 대한 의사결정 방식이 다르다. **계획경제**(planned economy)는 중앙 집중식 정부에 의존해 생산의 모든 또는 대부분의 요소를 통제하고 생산 및 할당의 모든 또는 대부분의 결정을 내린다. **시장경제**(market economy)에서 개별 생산자와 소비자는 수요와 공급의 조합을 만들어 생산과 할당을 통제한다. 이러한 각 유형의 경제 시스템과 혼합 시장경제를 좀 더 자세히 살펴보겠다.

공산주의 정부가 모든 생산 요소를 소유하고 운영하는 정치 시스템

계획경제 계획경제에는 **공산주의**와 **사회주의**(나중에 혼합시장경제의 한 형태로 논의)의 두 가지 기본 형태가 있다. 19세기 독일 경제학자 칼 마르크스(Karl Marx)가 구상한 것처럼 **공산주의**(communism)는 정부가 모든 생산 요소를 소유하고 운영하는 체제이다. 이러한 제도하에서 정부는 사람들을 일자리에 배정하고, 무엇을 할지, 얼마를 청구할지 등 모든 사업을 소유하고 비즈니스 결정을 통제할 것이다. 마르크스는 개인이 자신의 능력에 따라 기여하고 필요에 따라 혜택을 받을 것이라고 제안했다. 그는 또한 생산 요소에 대한 정부 소유가 일시적일 것이며, 사회가 성숙되면 정부는 시들고 노동자들이 생산 요소를 직접 소유하게 될 것이라고 예상했다.

구소련과 많은 동유럽 국가들은 20세기 말까지 공산주의를 받아들였다. 그러나 1990년대 초반에는 경제체제이자 정치체제로서의 공산주의를 잇달아 포기하는 나라들이 있었다. 오늘날 공산당의 지배를 받는 나라는 북한, 베트남, 라오스, 쿠바, 중국뿐이다. 특히 중국은 이제 순수한 공산주의 기반 경제라기보다는 혼합시장경제(아래에서 논의됨)처럼 기능하고 있다.

시장 특정 재화나 서비스의 구매자와 판매자 간의 교환 메커니즘

시장경제 **시장**(market)은 특정 재화나 서비스의 구매자와 판매자 사이의 교환 메커니즘이다. (**자본**과 마찬가지로 **시장**이라는 용어는 여러 의미를 가질 수 있다.) 시장경제는 자본주의와 자유 기업에 의존해 생산자와 소비자가 자신이 선택한 것을 (특정 한도 내에서) 자유롭게 사고팔 수 있는 환경을 만든다. 결과적으로 생산되는 품목과 지불되는 가격은 주로 수요와 공급에 의해 결정된다. 시장경제의 기본 전제는 공유 가치를 창출하는 것이다. 이론적으로 효과적인 기업은 판매한 제품으로 이익을 얻고 고객도 원하는 것을 얻을 수 있기 때문에 이익을 얻는다.

시장경제가 어떻게 작동하는지 이해하려면 사과를 사러 과일 시장에 갔을 때 어떤 일이 일어나는지 생각해보면 된다. 한 판매자가 사과를 파운드당 1달러에 판매하고 있다. 다른 하나는 1.50달러이다. 두 판매자 모두 원하는 가격을 제시할 수 있으며 당신은 원하는 제품을 자유롭게 구매할 수 있다. 두 판매자의 사과가 품질이 같다면 당신은 더 싼 것을 사게 된다. 1.50달러짜리 사과가 더 신

기업가정신과 새로운 벤처기업

수익성이 높은 앱 개발 비즈니스

Tanuha2001/Shutterstock

스냅챗(Snapchat)의 제조사인 스냅(Snap, Inc.)은 주목할 만한 기업의 대열에 합류했다. 이 기업은 페이스북이 이른 시기에 제안한 30억 달러의 부에 대항한 개인들이 시작했다. 스탠퍼드대학교 룸메이트끼리 머리를 맞대고 시작한 이 회사는 2011년 에반 스피겔(Evan Spiegel)이 회장으로 취임한 후 주식을 상장(Initial Public Offering, IPO)해 일반 대중에게 주식을 판매했다(뉴욕증권거래소에서 SNAP으로 거래됨). 스냅은 IPO를 통해 50억 달러에 육박하는 자금을 조달하고 회사 전체의 시장 가치를 330억 달러로 평가받았다.

트위터(Twitter)를 설립한 잭 도시(Jack Dorsey)는 2008년 페이스북(Facebook)의 5억 달러라는 보잘것없는 제안을 거절한 뒤 2013년 11월 7일 IPO에 들어갔다. 오늘까지 이 회사는 320억 달러 이상의 가치를 달성했다.

그러나 모든 사람이 혁신에 대한 보상을 받기 위해 회사를 상장하는 것은 아니다. 마윈이 알리바바를 창업하던 시기에 야후(Yahoo!) 직원 2명이 직장을 그만두고 안식년을 보낸 뒤 페이스북에 지원했지만 거절당했다. 기업가였던 얀 쿰(Jan Koum)과 브라이언 액턴(Brian Acton)은 모바일 앱의 미래 기회를 보고 스마트폰용 최초의 메시징 응용 프로그램 중 하나인 왓츠앱(WhatsApp)을 설계했다. 아이러니하게도 페이스북은 2014년 왓츠앱을 무려 193억 달러에 인수했다.

2017년 초 이코노미스트는 18~34세 미국인의 약 41%가 매일 스냅챗을 사용하고 전 세계적으로 1억 5,000만 명이 매일 시간을 할애한다고 보고했다. 그러나 스냅챗의 데이터 집약적 앱은 신흥 시장의 사람들이 접근하는 데 비용이 많이 들고 페이스북이나 트위터처럼 대중이나 광고주에게 널리 어필하지 못한다. 스냅은 페이스북 소유의 인스타그램과 구글 자회사인 유튜브의 경쟁을 견딜 수 있을까? 시간만이 말해줄 것이다.

선해 보인다면 그것을 사도 된다. 요컨대, 구매자와 판매자 모두 선택의 자유를 누린다. 즉 공급업체는 자신의 사과에 대해 선택한 가격을 자유롭게 청구할 수 있다. 그리고 고객은 1달러짜리 사과, 1.50달러짜리 사과, 다른 사람의 사과, 또는 사과를 사지 않을지에 대한 결정을 자유롭게 내릴 수 있다.

좀 더 일반적인 수준의 논의로 넘어가면, 시장 시스템에 속한 개인들은 그들이 원하는 것을 살 뿐만 아니라 그들이 원하는 곳에서 일하고 그들이 원하는 방식으로 돈을 투자하고, 저축하고, 소비할 수 있다. 마찬가지로, 기업은 어떤 제품을 만들고, 어디서 판매하며, 어떤 가격을 청구할 것인지 자유롭게 결정할 수 있다. 이러한 과정은 개인이 어디에서 일할 수 있는지 없는지, 기업은 무엇을 할 수 있는지 없는지, 소비자는 무엇을 구입할 것인지, 얼마를 지불할 것인지에 대해 선택의 여지가 거의 없거나 아예 없는 계획경제와 확연히 대비된다. 시장 프로세스의 정치적 기반은 **자본주의**

자본주의 생산 요소의 사적 소유를 허용하고 이윤을 인센티브로 주어 기업가정신을 독려하는 제도

(capitalism)라고 불리는데, 자본주의는 생산 요소의 사적 소유를 허용하고 이윤을 인센티브로 제공해 기업가정신을 북돋는다. 시장 프로세스의 경제적 기초는 수요와 공급의 운영이며, 다음 절에서 논의한다.

혼합시장경제 계획경제와 시장경제의 특징을 모두 가진 경제 시스템

혼합시장경제 실제로 '순수한' 계획경제나 '순수한' 시장경제는 없다. 대부분의 국가는 계획경제와 시장경제의 특징을 모두 갖춘 일종의 **혼합시장경제**(mixed market economy)에 의존한다. 미국 경제처럼 최대한 자유롭고 개방적인 시장경제도 특정 활동을 제한한다. 일부 제품은 합법적으로 판매할 수 없고, 다른 제품은 특정 연령의 사람들에게만 판매할 수 있으며, 광고는 진실해야 한다. 그리고 세계에서 가장 중요한 계획경제인 중국은 점점 더 민간 소유와 기업가정신을 허용하고 있다(정부의 감독하에). 실제로 오늘날에는 중국을 공산당에 의해 통제되는 국가의 혼합시장경제로 묘사하는 것이 더 정확할 것이다.

민영화 정부 기업을 민간 소유 기업으로 전환하는 과정

정부가 계획경제에서 시장경제로 전환할 때 일반적으로 정부 기업을 민간 소유 기업으로 전환하는 과정인 **민영화**(privatization)를 통해 시장 메커니즘을 채택하기 시작한다. 예를 들어 폴란드에서는 국영 항공사가 개인 투자자 그룹에 매각되었다. 최근 몇 년 동안 이 관행은 다른 많은 국가에도 퍼졌다. 예를 들어 많은 국가의 우편 시스템은 정부가 소유하고 관리한다. 그러나 네덜란드는 네덜란드우정공사(TNT Post Group N.V., 현재 Post NL이라고 함)를 민영화했으며 세계에서 가장 효율적인 우체국 운영 기관 중 하나이다. 캐나다는 또한 항공 교통 관제 시스템을 민영화했다. 각각의 경우에 새로운 기업은 급여를 줄이고 효율성과 생산성을 높이며 빠르게 수익을 올렸다. 보다 최근에 이란 정부는 이전에 국영 소유였던 수많은 정유소와 석유화학 공장을 민영화했다(생산성 데이터는 공개하지

Geoff A Howard/Alamy Stock Photo

이전에 계획된 많은 경제가 보다 혼합된 경제 모델로 이동했다. 예를 들어 중국은 수십 년 동안 계획경제 모델을 사용했지만 이제는 혼합시장경제로 나아가고 있다. 한편 홍콩은 수년간 혼합시장 모델을 사용하고 있다. 예를 들어 사진에 보이는 번화한 홍콩 거리에 있는 표지판들은 거리를 따라 상인들이 제공하는 다양한 상품과 서비스를 홍보하고 있다.

않았지만).

사회주의(socialism)라는 부분적으로 계획된 체제에서 정부는 선택된 주요 산업을 소유하고 운영한다. 이러한 혼합시장경제에서 정부는 은행, 운송, 혹은 석유 및 철강과 같은 기본 상품을 생산하는 산업을 통제할 수 있다. 그러나 옷가게, 식당 같은 소규모 사업체는 개인 소유이다. 영국과 프랑스를 포함한 많은 서유럽 국가들은 대부분의 경제 영역에서 자유 시장 운영을 허용하지만 의료와 같은 다른 영역은 정부 통제를 유지한다.

사회주의 정부가 선별된 주요 생산원만을 소유 · 운영하는 계획경제체제

시장 시스템의 경제

학습 목표 1-3

시장, 수요 및 공급이 글로벌 시장에서 자원 분배에 어떻게 영향을 미치는지 밝히고, 민간 기업의 요소를 정의하며, 글로벌 경제 시스템의 다양한 경쟁 정도를 설명한다.

글로벌 경제 시스템의 복잡한 특성을 이해하는 것은 기업을 운영하는 환경을 이해하는 데 필수이다. 이 절에서는 시장경제의 작동 방식을 설명한다. 구체적으로 **수요와 공급**의 성격, **민간 기업**, **경쟁의 정도**를 살펴본다. 그런 다음 민간 기업과 경쟁 형태를 논의할 것이다.

시장경제에서 수요와 공급

시장경제는 그 경제 내에서 기능하는 다양한 시장으로 구성된다. 예를 들어 소비자로서 당신이 선택할 수 있는 것과 기름, 음식, 의복 및 오락에 지불하는 가격은 모두 서로 다른 시장의 힘에 좌우된다. 기업은 또한 제품 구매 및 판매에 다양한 선택권을 가지고 있다. 예를 들어 BMW는 다양한 제조업체로부터 타이어 및 기타 부품을 구입할 수 있다. 공급품을 구매할 위치를 결정하는 것 외에도 관리자는 재고 수준, 상품 가격 및 이러한 상품을 배포하는 방법도 결정해야 한다. 마찬가지로 아마존과 같은 온라인 소매업체는 오스트레일리아우정공사(Australia Post), DHL, 사가와(Sagawa)를 사용해 고객이 구매한 제품을 배송하기로 결정할 수 있다. 말 그대로 기업과 개인, 기업 간, 그리고 개인, 기업 및 정부 간에 매일 수십억 건의 교류가 이루어진다. 더욱이 한 영역에서 수행되는 교환은 종종 다른 지역의 교환에 영향을 미친다. 예를 들어 유가가 높으면 식품에서 의류, 배달 서비스에 이르기까지 다른 제품의 가격도 상승할 수 있다. 왜인가? 이러한 각 사업체는 제품을 고객에게 운송하기 위해 연료에 크게 의존하기 때문이다.

수요와 공급의 법칙 모든 경제 수준에서 무엇을 사고 무엇을 팔 것인가에 대한 결정은 주로 수요와 공급의 힘으로 결정된다. **수요**(demand)는 구매자가 제품(재화 또는 서비스)을 구매하려는 의지와 능력이다. **공급**(supply)은 판매를 위해 재화나 서비스를 제공하려는 생산자의 의지와 능력이다. 일반적으로 수요와 공급은 기본 법칙을 따른다.

수요 재화나 용역을 구매하려는 구매자의 의지와 능력

공급 상품 또는 서비스를 판매하기 위한 생산자의 의지와 능력

- **수요의 법칙**(law of demand): 구매자는 가격이 **하락**하면 제품을 **더 많이** 구매(수요)하고 가격이 **상승**하면 제품을 **덜** 구매한다.
- **공급의 법칙**(law of supply): 생산자는 가격이 **상승**하면 판매할 제품을 **더 많이** 제공하고 가격이 **하락**하면 제품을 **덜** 제공(공급)한다.

수요의 법칙 구매자는 가격이 하락하면 더 많이 구매하고 가격이 상승하면 더 적게 구매한다는 원칙

공급의 법칙 생산자는 가격이 상승하면 더 많이 제공하고 가격이 하락하면 더 적게 제공한다는 원칙

수요표와 공급표 이러한 법칙을 적용하기 위해 동네의 피자 시장을 고려해보자. 만약 모든 사람이 피자 한 판에 25달러를 지불하려고 한다면, 마을의 유일한 피자 가게는 많은 양의 공급품을 생산할

것이다. 하지만 만약 모든 사람이 5달러만 지불하려고 한다면, 피자 가게는 더 적은 양의 피자를 만들 것이다. 세심한 분석을 통해 우리는 얼마나 많은 피자가 서로 다른 가격에 팔릴지 결정할 수 있다. **수요표와 공급표**(demand and supply schedule)라 불리는 이러한 결과는 마케팅 연구, 과거 데이터 및 기타 시장 연구로부터 얻은 것이다. 적절히 적용하면 서로 다른 가격 수준의 수요와 공급의 관계를 드러낼 수 있다.

수요표와 공급표 다양한 가격 수준에서 다양한 수요 및 공급 수준 간의 관계 평가

수요표와 공급표

가격	피자 수요량	피자 공급량
$2	2,000	100
$4	1,900	400
$6	1,600	600
$8	1,200	800
$10	1,000	1,000
$12	800	1,200
$14	600	1,300
$16	400	1,600
$18	200	1,800
$20	100	2,000

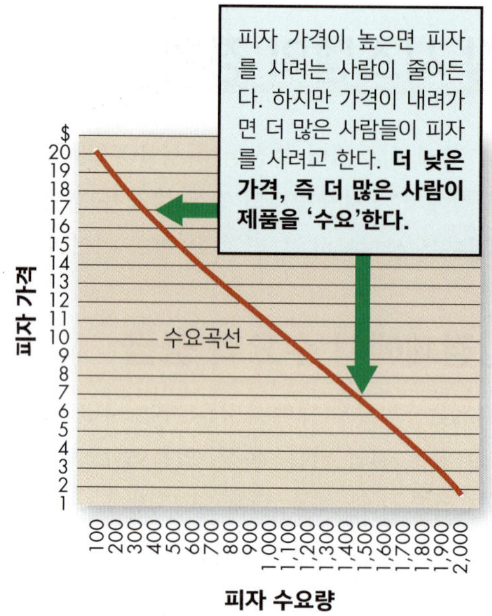

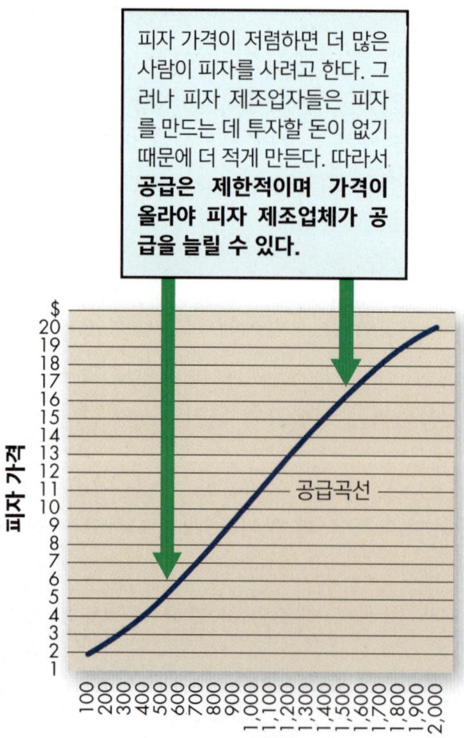

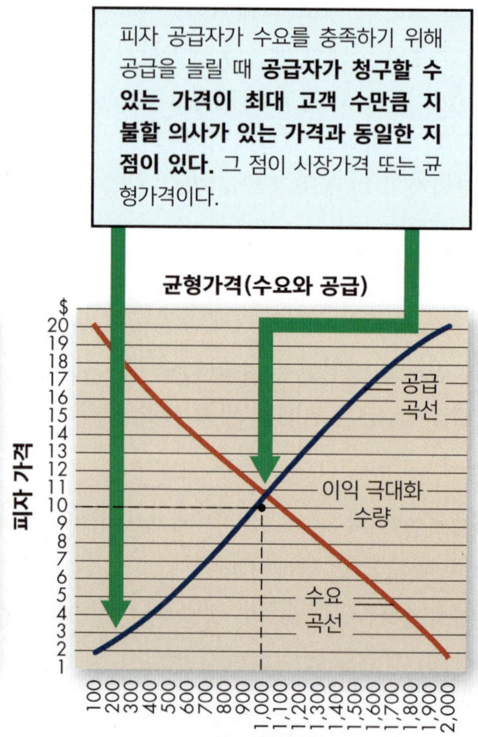

그림 1.2 수요와 공급

수요 및 공급 곡선 수요표와 공급표를 사용해 동네의 피자에 대한 수요 및 공급 곡선을 작성할 수 있다. **수요곡선**(demand curve)은 얼마나 많은 제품(이 경우 피자)이 다른 가격으로 수요(구매)되는지 보여준다. **공급곡선**(supply curve)은 얼마나 많은 피자가 다른 가격으로 공급될 것인지(구워지거나 판매용으로 제공될 것인지) 보여준다.

수요곡선 서로 다른 가격으로 제품을 몇 개 수요(구매)할 것인지를 보여주는 그래프

공급곡선 제품의 몇 단위가 다른 가격으로 공급되는지(판매용으로 제공되는지) 보여주는 그래프

그림 1.2는 피자의 수요와 공급 곡선을 보여준다. 보다시피 가격이 하락하면 수요가 증가하고, 가격이 오르면 공급이 늘어난다. 수요곡선과 공급곡선을 같은 그래프에 그렸을 때 곡선이 교차하는 점은 **시장가격**(market price)[**균형가격**(equilibrium price)이라고도 함]으로, 수요곡선과 공급곡선이 같은 가격이다. 그림 1.2에서 피자의 균형가격은 10달러이다. 이 시점에서 요구되는 피자의 양과 공급되는 피자의 양은 주당 1,000개로 동일하다.

시장가격(균형가격) 재화의 수요량과 공급량이 같은 이익 극대화 가격

잉여와 부족 피자 가게에서 피자의 양을 바꾸기로 결정했다면 어떻게 될까? 예를 들어 주인이 판매하기 위해 **더** 많은 피자를 만들어서 수익을 높이려 한다면 어떻게 될까? 아니면 주인이 간접비를 **줄이고**, 매장 운영 시간을 줄이고, 판매하는 피자의 수를 줄이기를 원했다면 어떻게 되었을까? 어느 경우든 결과는 자원의 비효율적인 사용과 낮은 이윤이 될 것이다. 예를 들어 피자 가게가 1,200개의 피자를 공급하고 개당 10달러에 팔려고 한다면, 200개의 피자는 구매되지 않을 것이다. 우리의 수요표는 이 가격이면 피자 1,000판만 요구될 것으로 보인다. 따라서 피자 가게는 공급 수량이 요구 수량을 초과하는 **잉여**(surplus) 수량을 갖게 될 것이다. 그것은 추가로 200개의 피자를 만드는 데 들인 돈을 잃게 됨을 의미한다.

잉여 공급량이 수요량을 초과하는 상황

반대로 피자 가게에서 피자를 800판만 공급하면 **부족**(shortage) 현상이 나타나 수요량이 공급량보다 많아진다. 이 피자 가게는 200개의 피자를 더 생산함으로써 얻을 수 있었던 추가 이익을 '잃어버릴' 것이다. 비록 소비자들이 피자 부족 때문에 더 많은 돈을 지불할지라도, 피자 가게는 1,000개의 피자를 만들었을 때보다 여전히 낮은 총수익을 얻을 것이다. 이는 또한 피자를 사지 못하는 고객들을 불만족스럽게 하고, 다른 기업가들이 수요를 충족시키지 못한 소비자를 위한 경쟁 피자 가게를 설립하도록 장려할 것이다. 기업은 이윤을 극대화하고, 고객 간의 호의를 유지하며, 경쟁을 억제하기 위해 부과된 가격과 공급 수량의 이상적인 조합을 모색해야 한다. 이 이상적인 조합은 균형점에서 찾을 수 있다.

부족 수요량이 공급량을 초과하는 상황

이 간단한 예에는 하나의 회사, 하나의 제품 및 소수의 구매자만 포함된다. 그러나 세계 경제는 훨씬 더 복잡하다. 매일 수백만 건의 거래가 발생하지만 결국 결과는 거의 같다. 기업은 가장 큰 이익을 얻을 수 있는 수량과 선택 가능한 상품을 공급하려고 한다. 예를 들어 러시아나 사우디아라비아와 같은 산유국은 인구 증가로 인해 중국이나 인도와 같은 국가에서 추가 수요를 예측하면 생산을 느리게 해 석유 비용을 증가시킬 수 있다. 그러나 석유 시장 내에서 다른 산유국들이 잠재적인 부족에 대처하기 위해 그에 따라 생산량을 조정할 가능성이 높기 때문에 이윤을 높이기 위해 생산량을 수정하려는 시도와 관련된 큰 위험이 있다. 유가 변화의 영향을 받는 전 세계의 다양한 제품과 서비스는 이를 더욱 복잡하게 만든다.

시장경제에서 민간 기업 및 경쟁

시장경제는 개인이 최소한의 정부 제한으로 자신의 이익을 추구할 수 있는 **민간 기업**(private enterprise) 시스템에 의존한다. 결과적으로 민간 기업은 사유 재산권, 선택의 자유, 이익, 경쟁의 네 가지 요소

민간 기업 개인이 정부의 부당한 제약 없이 자신의 이익을 추구할 수 있도록 하는 경제 시스템

가 있어야 한다.

1 **사유 재산권.** 부를 창출하는 데 사용하는 자원의 소유권은 개인에게 있다.
2 **선택의 자유.** 선택한 고용주에게 노동력을 판매할 수 있다. 또한 구매할 제품을 선택할 수 있으며 생산자는 일반적으로 누구를 고용하고 무엇을 생산할지 선택할 수 있다.
3 **이익.** 이윤(그리고 자유)의 유혹으로 일부 사람들은 다른 사람을 위해 일할 때 안전을 포기하고 기업가정신의 위험을 감수하게 된다. 예상 이익은 또한 개인이 생산할 상품이나 서비스를 선택하는 데 영향을 미친다.
4 **경쟁.** 이익이 개인에게 사업을 시작하도록 동기를 부여한다면 경쟁은 그 사업을 효율적으로 운영하도록 동기를 부여한다. **경쟁**(competition)은 둘 이상의 기업이 동일한 자원이나 고객을 두고 경쟁할 때 발생한다. 경쟁자보다 우위를 점하기 위해 기업은 제품이나 서비스를 효율적으로 생산하고 합리적인 이윤으로 판매할 수 있어야 한다. 이러한 목표를 달성하려면 자사 제품이 경쟁 제품보다 더 좋거나 더 저렴하다는 것을 고객에게 확신시켜야 한다. 따라서 경쟁은 모든 기업이 제품을 더 낫게 또는 더 저렴하게 만들도록 강요한다. 열등하고 값비싼 제품을 생산하는 회사는 실패할 가능성이 높다.

경쟁 동일한 자원 또는 고객을 위해 기업 간에 겨루는 것

경쟁 정도 자유 기업 시스템에서도 모든 산업이 동등하게 경쟁적인 것은 아니다. 경제학자들은 민간 기업 시스템에서 **완전 경쟁**, **독점 경쟁**, **과점**, **독점**의 네 가지 경쟁 수준을 식별했다. 이러한 범주는 항상 진정으로 구별되는 범주는 아니지만 연속체를 따라 분류되는 경향이 있다. 완전 경쟁과 독점은 연속체의 끝에 고정되고, 독점 경쟁과 과점은 그 사이에 있다. 표 1.1은 이러한 네 가지 경쟁 등급의 특징을 요약한 것이다.

완전 경쟁 동일한 제품을 생산하는 다수의 소규모 기업이 특징인 시장 또는 산업

완전 경쟁 **완전 경쟁**(perfect competition)이 존재하기 위해서는 (1) 한 산업의 모든 기업이 작아야 하고 (2) 산업 내 기업의 수가 많아야 하는 두 가지 조건이 전제되어야 한다. 이러한 조건에서 단일 회사는 제품가격에 영향을 줄 만큼 강력하지 않다. 따라서 가격은 수요, 공급과 같은 시장의 힘에 의해 결정된다.

또한 이 두 가지 조건은 다음 네 가지 원칙을 반영한다.

1 각 회사의 제품은 너무 유사해 구매자가 다른 회사의 제품과 동일하다고 생각한다.
2 구매자와 판매자 모두 다른 사람들이 시장에서 지불하고 받는 가격을 알고 있다.

표 1.1 경쟁의 수준

특징	완전 경쟁	독점 경쟁	과점	독점
예시	지역 농부	문구점	철강 산업	공공 산업
경쟁자의 수	많음	많음, 그러나 완전 경쟁보다는 적음	거의 없음	없음
산업 진출의 용이성	비교적 쉬움	꽤 쉬움	어려움	정부 규제
경쟁 기업이 제공하는 상품 또는 서비스의 유사성	동일함	유사함	유사할 수도 있고 다를 수도 있음	직접 경쟁하는 재화나 서비스 없음
개별 기업의 가격 통제 수준	없음	약간	약간	상당한

3 각 기업은 규모가 작기 때문에 기업이 시장에 진입하거나 퇴출하기 쉽다.
4 가격 결정은 전적으로 수요와 공급에 의해 결정되며 판매자와 구매자가 모두 수용한다.

소금 생산은 완전 경쟁의 좋은 예이다. 한 기업에서 생산하는 소금은 다른 기업에서 생산하는 소금과 동일하다. 생산자와 구매자 모두 시장가격을 알고 있다. 소금 생산을 시작하고 더 이상 수익성이 없을 때 중단하는 것은 비교적 쉽다.

독점 경쟁 **독점 경쟁**(monopolistic competition)에서, 수많은 판매자는 적어도 그들의 제품이 경쟁자들과는 다른 것처럼 보이도록 노력하고 있다. 많은 판매자가 독점 경쟁에 참여하지만 순수 경쟁보다는 적은 경향이 있다. 차별화 전략으로는 브랜드명(퍼실 대 아리엘 대 매장 내 하우스 브랜드 세제), 디자인이나 스타일링(자라 대 탑샵 대 마시모 두띠), 광고(아디다스 대 나이키 대 아식스) 등이 있다. 예를 들어 윤리를 의식하는 소비자들을 끌어들이기 위해 캐드버리(Cadbury)는 그린앤드블랙(Green & Black's) 초콜릿을 전통적인 데어리 밀크(Dairy Milk) 초콜릿과 비교했을 때 차별화된 제품으로 홍보하고 있다.

독점 경쟁 자신의 제품을 경쟁자의 제품과 차별화하려는 수많은 구매자와 상대적으로 많은 판매자가 특징인 시장 또는 산업

독점적으로 경쟁하는 기업은 크거나 작을 수 있지만 여전히 쉽게 시장에 진입하거나 시장을 떠날 수 있다. 예를 들어 많은 소규모 패스트푸드 소매업체는 퀵(Quick), 스티어스(Steers), 레드루스터(Red Rooster), 요시노야(Yoshinoya)와 같은 대형 패스트푸드 체인점과 성공적으로 경쟁하고 있다. 소규모 독립 패스트푸드 업체는 연중 고객의 요구와 취향의 변화에 빠르게 대응할 수 있을 뿐만 아니라 경쟁업체에 약간 다른 제품을 제공할 수 있다. 각 소매업체가 판매하는 식품의 고유성은 다른 경쟁업체에 비해 그에 따라 더 높거나 더 낮은 가격을 청구할 수 있는 기회를 제공한다.

제품 차별화를 통해 판매자는 가격을 어느 정도 통제할 수 있다. 예를 들어 타깃(Target) 셔츠의 스타일과 기타 기능이 비슷하더라도 랄프로렌(Ralph Lauren) 폴로(Polo) 셔츠는 타깃 제품의 가격이 낮다는 점을 거의 고려하지 않고 가격을 책정할 수 있다. 그러나 판매자에 비해 많은 수의 구매자가 가격에 잠재적인 제한을 적용한다. 폴로는 비슷한 타깃 셔츠보다 20달러 더 비싸게 셔츠를 판매할 수 있지만 200달러 더 비싸면 셔츠를 많이 팔 수 없다.

과점 한 산업에 소수의 판매자만 있을 때 **과점**(oligopoly) 상태가 존재한다. 일반적으로 이러한 판매자는 상당히 크다. 대규모 자본 투자가 필요하기 때문에 새로운 경쟁자의 진입이 어렵다. 따라서 과점 산업(자동차, 항공, 철강 산업)은 그 상태를 유지하는 경향이 있다. 대형 상업용 항공기를 만드는 회사는 보잉(Boeing, 미국 회사)과 에어버스(Airbus, 유럽 컨소시엄) 두 회사뿐이다. 또한 세계화 추세가 지속됨에 따라 대부분의 전문가들은 과점이 점점 더 만연할 것으로 보고 있다.

과점 제품가격에 영향을 미칠 수 있는 힘을 가진 소수의 판매자(일반적으로 대규모)가 특징인 시장 또는 산업

과점 기업은 독점적으로 경쟁하는 기업보다 전략을 더 잘 통제할 수 있지만 한 기업의 행동은 해당 산업의 다른 모든 기업의 매출에 상당한 영향을 미칠 수 있다. 예를 들어 한 회사가 가격을 인하하거나 판매를 늘리기 위해 인센티브를 제공할 때 다른 회사는 일반적으로 동일한 조치를 취함으로써 판매를 보호한다. 비슷하게, 한 회사가 가격을 올리면 다른 회사도 일반적으로 이를 따른다. 따라서 비교 제품의 가격은 일반적으로 비슷하다. 항공사가 새로운 요금 할인을 발표하면 다른 항공사도 거의 즉시 동일한 전략을 채택한다. 마찬가지로 한 항공사에서 할인이 끝나면 일반적으로 다른 모든 항공사에서도 할인이 종료된다.

독점 **독점**(monopoly)은 산업이나 시장에 생산자가 1명뿐인 경우(또는 한 생산자가 너무 지배해 다른 기업이 경쟁할 수 없는 경우) 존재한다. 단독 생산자는 제품가격을 완전히 통제할 수 있다. 유일한 제약은

독점 제품의 가격을 결정할 수 있는 생산자가 1명뿐인 시장 또는 산업

가격 인상으로 인한 소비자 수요 감소이다. 유럽 연합에서 유럽 연합의 기능에 관한 조약(TFEU)은 많은 독점을 금지하고 한 회사가 필요한 모든 상품이나 서비스를 가장 효율적으로 공급할 수 있는 산업인 **자연 독점**(natural monopoly)에 의해 부과되는 가격을 규제한다. 많은 전기 회사는 지역에서 필요한 모든 전력을 공급할 수 있기 때문에 자연 독점이다. 2개의 발전소와 2개의 전력선 세트와 같은 중복 시설은 낭비이다.

자연 독점 한 기업이 필요한 모든 재화나 서비스를 가장 효율적으로 공급할 수 있는 산업

학습목표 1-4

비즈니스에 대한 경제 환경의 중요성을 설명하고 경제 시스템의 성과를 평가하는 데 사용하는 요소를 식별한다.

경제 지표

경제력은 변동성이 크고 많은 것들에 의해 영향을 받을 수 있기 때문에 한 국가의 경제 시스템 성과는 시간이 지남에 따라 달라진다. 때때로 그것은 힘을 얻고 회원들에게 새로운 번영을 가져다준다(이것은 21세기 초의 미국 경제를 나타낸다). 다른 경우에는 재산을 약화시키고 손상한다(2009-2010년의 경우와 같이). 그리고 또 다른 때에는 적당한 성장을 제공해 사회의 일부 구성원을 돕지만 다른 구성원은 돕지 않는다(현재의 경우). 따라서 경제가 어떻게 돌아가는지 아는 것은 사업주와 투자자 모두에게 유용하다. 대부분의 전문가들은 경제 성과를 평가하는 데 도움이 되는 다양한 **경제 지표**(economic indicator, 경제 시스템이 강화되고 있는지, 약화되고 있는지 또는 안정적으로 유지되고 있는지 보여주는 통계)를 살펴본다.

경제 지표 경제 성과를 평가하는 데 도움이 되는 통계

경제 성장, 총생산, 생활수준

한때 미국 인구의 약 절반이 우리가 필요로 하는 식품을 생산하는 데 관여했다. 하지만 현재는 미국 인구의 1% 미만이 농업을 직업으로 삼고 있다. 산업계가 보다 효율적인 기술로 제품을 생산하는 더 나은 방법을 고안했기 때문에 농업 효율성이 실제로 향상되었다. 농업부문의 총생산을 증가시켰기 때문에 농업 생산성이 높아졌다고 할 수 있다.

계산이 더 복잡하지만 동일한 개념을 한 국가의 경제 시스템에 적용할 수 있다. 기본적으로 경제 시스템이 성장하고 있는지 여부를 어떻게 알 수 있을까? 전문가들은 경제의 단기적인 상승과 하락(또는 확장과 수축)의 패턴을 **경기 주기**(business cycle)라고 한다. 경기 순환의 성장을 측정하는 주요 척도는 **총산출량**(aggregate output), 즉 주어진 기간 동안 경제 시스템이 생산한 재화와 서비스의 총량이다.

경기 주기 경제 확장 및 수축의 단기 패턴

총산출량 특정 기간 동안 경제 시스템이 생산한 재화와 용역의 총량

간단히 말해 총산출의 증가는 성장(또는 경제 성장)이다. 생산량이 인구보다 빠르게 증가하면 일반적으로 다음 두 가지 결과가 따른다.

1 1인당 생산량(1인당 재화와 서비스의 양)이 증가한다.
2 시스템은 사람들이 원하는 상품과 서비스를 더 많이 제공한다.

이 두 가지 상황이 발생하면 경제체제에 살고 있는 사람들은 경제체제에서 사용하는 통화로 구매할 수 있는 재화와 서비스의 총량과 품질을 의미하는 더 높은 **생활수준**(standard of living)의 혜택을 받는다. 생활수준이 얼마나 향상되고 있는지 알아보려면 해당 국가의 경제 시스템이 얼마나 성장하고 있는지 알아야 한다(표 1.2 참조). 예를 들어 미국 경제는 대부분 해의 전체 성장을 반영하지만, 2009년에는 경기 침체로 인해 실제로 2.6% 감소했다.

생활수준 경제체제에 사용된 화폐로 구입할 수 있는 재화와 용역의 총량과 질

표 1.2 미국 1인당 GDP와 GDP

2015년 GDP(단위: 조 달러)	2015년 GDP: 실질 성장률(%)	2015년 1인당 GDP: 구매력 평가(단위: 달러)
17.95	2.4	55,800

국내 총생산 **국내 총생산**(gross domestic product, GDP)은 국내 생산 요소를 통해 국가 경제가 일정 기간 동안 생산한 모든 재화와 서비스의 총가치를 말한다. GDP는 총산출량의 척도이다. 일반적으로 GDP가 증가하면 총생산이 증가하고, 총생산이 증가하면 국가는 **경제 성장**을 경험하게 된다.

국내 총생산(GDP) 국내 생산 요소를 통해 국가 경제가 일정 기간 동안 생산한 모든 재화와 서비스의 총가치

때때로 경제학자들은 생산 요소의 위치에 관계없이 주어진 기간 동안 국민 경제가 생산한 모든 재화와 서비스의 총가치를 나타내는 **국민 총생산**(gross national product, GNP)을 측정하기도 한다. GDP와 GNP의 차이는 정확히 무엇인가? 브라질의 GM 자동차 공장을 생각해보라. 공장에서 벌어들인 이윤은 생산이 국내(즉 미국)에서 이루어지지 않기 때문에 미국 GNP에 포함되지만 GDP에는 포함되지 않는다. 반대로, 이러한 이익은 국내(즉 브라질)에서 생산되기 때문에 브라질의 GDP에 포함되고 GNP에는 포함되지 않는다. 다양한 생산 요소로 인해 계산이 빠르게 복잡해진다. 예를 들어 노동력은 대부분 브라질 사람이지만 자본은 대부분 미국 것이다. 따라서 브라질 노동자에게 지급되는 임금은 이윤이 아니더라도 브라질 GNP의 일부이다.

국민 총생산(GNP) 생산 요소가 어디에 있든 일정 기간 동안 국가 경제가 생산한 모든 재화와 서비스의 총가치

실질 성장률 GDP와 GNP는 일반적으로 1% 미만의 차이가 있지만 경제학자들은 GDP가 국내 생산 요소에만 초점을 맞추기 때문에 국내 경제 성과를 더 정확하게 나타내는 지표라고 주장한다. 이를 염두에 두고 표 1.2의 중간 열을 살펴보자. 여기서 우리는 2015년 미국 GDP의 실질 성장률(**인플레이션 및 국가 통화 가치의 변화를 고려한 GDP 성장률**)이 2.4%임을 알 수 있다. 하지만 이 수치가 실제로 의미하는 바는 무엇인가? **성장은 인구보다 더 빠른 속도로 증가하는 생산량에 달려 있음**을 기억해야 한다. 미국 인구는 매년 0.70%의 비율로 증가하고 있다. 따라서 미국 경제 시스템의 **실질 성장률**은 2011년 이후로 완만하다는 것이다.

1인당 GDP 표 1.2의 세 번째 열에 있는 숫자는 생활수준을 반영한 것이다. **1인당 GDP**(GDP per capita)는 GDP를 1인당의 수치로 나눈 것을 의미한다. 총 GDP(17조 9,500억 달러)를 약 3억 2,200만 명의 총 인구로 나누어 이 수치를 얻는다. 미국은 특정 기간(보통 연간 기준으로 계산)에 미국 내 1인당 55,800 달러에 해당하는 가치의 상품과 서비스를 생산한다. 그림 1.3은 1950~2015년 사이 미국의 GDP와 1인당 GDP를 보여준다. 1인당 GDP는 GDP 자체보다 평균적인 사람의 경제적 부를 나타내는 더 적절한 척도이다.

1인당 GDP GDP를 총인구로 나눈 것

실질 GDP **실질 GDP**(real GDP)는 GDP가 통화 가치의 변화와 물가 변화를 고려해 조정된 것이다. 조정이 필요한 이유를 이해하기 위해 피자가 가상 경제에서 유일한 제품이라고 가정하자. 2017년에는 피자 가격이 10달러였다. 2018년 피자 가격은 11달러이다. 2년 동안 정확히 1,000개의 피자가 생산되었다. 2017년에 지역 GDP는 10,000달러(10달러 × 1,000)였다. 2018년에 지역 GDP는 11,000달러(11달러 × 1,000)였다. 경제가 성장했는가? 그렇지 않다. 두 해에 1,000개의 피자가 생산되었기 때문에 **총생산량**은 동일하게 유지되었다. 중요한 것은 경제가 지금보다 더 나아졌다고 착각하지 않는 것이다. 조정하지 않은 경우 2018년 지역 GDP는 **명목 GDP**(norminal GDP, 현재 달러 또는 모든 구성요소를 현재 가격으로 측정한 GDP)이다.

실질 GDP 통화 가치의 변화와 물가 변화를 고려해 조정된 GDP

명목 GDP 모든 요소를 현재 가격으로 측정한 GDP

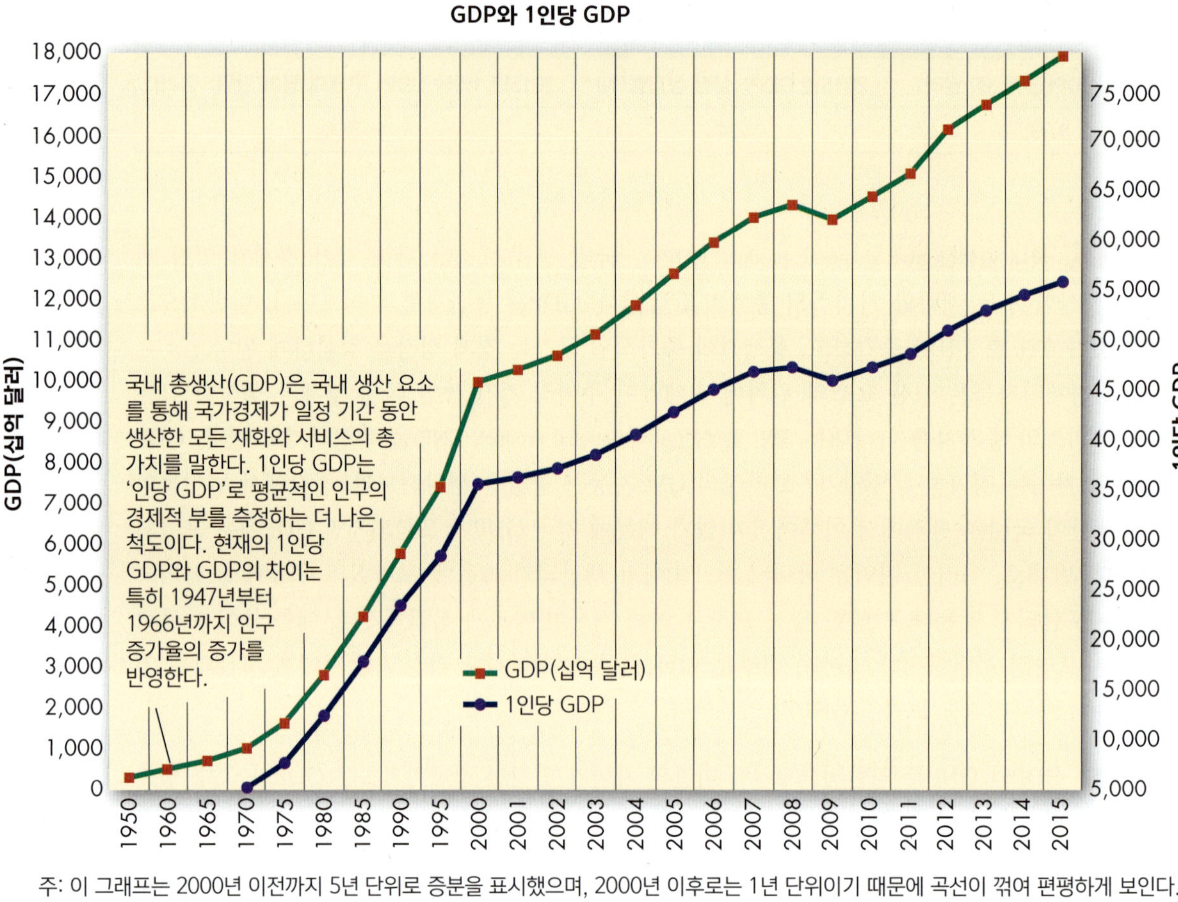

그림 1.3 1인당 GDP와 GDP

출처: http://www.bea.gov/iTable/index_nipa.cfm and http://www.census.gov/popest/data/historical/index.html; http://bea.gov/national/index.htm#gdp; and http://data.worldbank.org/indicator/NY.GDP.PCAP.CD

구매력 평가 다른 나라에서 비슷한 제품의 가격이 거의 같도록 환율을 설정하는 원리

구매력 평가 **현재가격**은 2018년 가격으로 예를 들겠다. 통화 가치 및 물가 변동을 고려해 GDP를 조정할 때 실질 GDP를 계산한다. 이 조정을 수행할 때 GDP와 **구매력 평가**(purchasing power parity)를 모두 고려한다. 즉 환율을 다른 국가의 유사한 제품 가격과 거의 동일하도록 설정한다는 원칙이다. 구매력 평가는 **사람들이 각자의 경제 시스템에 의해 할당된 재원으로 실제로 무엇을 살 수 있는지** 우리에게 훨씬 더 잘 알려준다. 다시 말해 그것은 우리가 전 세계의 삶의 수준을 더 잘 이해하게 해준다. 그림 1.4는 구매력 평가가 빅맥(Big Mac) 햄버거와 관련해 어떻게 작동하는지 보기 위한 일반적인 접근 방식을 보여준다. 예를 들어 이 수치는 미국에서 빅맥의 가격을 5.04달러로 고정한다. 환율을 기준으로 빅맥은 스위스에서 6.59달러, 노르웨이에서 5.51달러이다. 그러나 같은 햄버거의 가격은 중국에서 2.79달러, 인도에서 2.41달러에 불과하다.

생산성 시스템이 생산하는 양과 그것을 생산하는 데 필요한 자원을 비교하는 경제 성장의 척도

생산성 경제 시스템 성장의 주요 요소는 **생산성**(productivity)이며, 이는 시스템이 생산하는 양과 이를 생산하는 데 필요한 자원을 비교하는 경제적 성과의 척도이다. 축구공 10개를 만드는 데 미국 노동자 1명과 1달러를 가지고 하루 8시간 걸린다고 가정해보자. 또한 축구공 10개를 동일한 8시간 동안 만드는 데 1, 2명의 멕시코 노동자와 멕시코 통화인 페소를 달러로 환산했을 때 1.5달러가 든다고

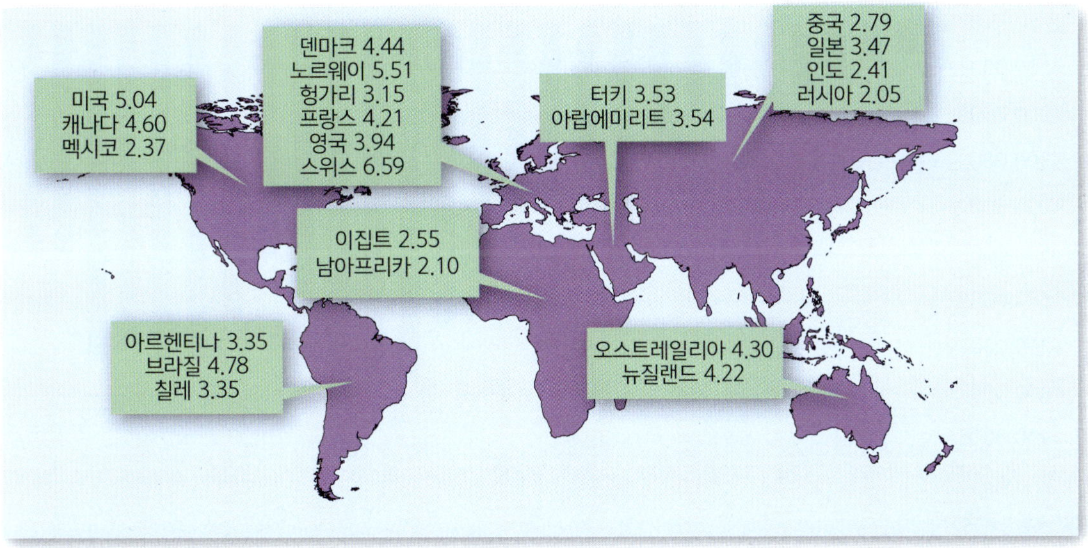

그림 1.4 2015년 7월 미국 통화로 본 빅맥 가격(단위: 달러)
출처: The Big Mac index. Published by the Economist Newspaper Limited. http://www .economist.com/content/big-mac-index

가정해보자. 미국 축구공 산업이 멕시코 축구공 산업보다 생산성이 더 높다고 말할 수 있다. 이러한 매우 단순한 경우의 두 가지 생산 요소는 노동과 자본이다.

더 적은 수의 생산 요소로 더 많은 제품이 생산된다면 이러한 제품의 가격은 하락할 가능성이 크다. 따라서 소비자는 동일한 수량의 제품을 구매하는 데 필요한 통화량이 더 적다. 간단히 말해 적어도 이 제품들에 관해서는 당신의 생활수준이 향상되었다. 전체 경제 시스템이 생산성을 높이면 전반적인 생활수준이 향상된다. 실제로 생활수준의 향상은 생산성 향상을 통해서만 이루어진다. GDP의 실질 성장은 생산성의 성장을 반영한다.

미국의 생산성은 일반적으로 증가하고 있으며 그 결과 대부분의 해에 GDP와 1인당 GDP도 증가하고 있다(2009년 경기 침체 제외). 궁극적으로 이러한 성장 측정의 증가는 생활수준의 향상을 의미한다. 그러나 일이 항상 순조롭게 진행되는 것은 아니다. 무역수지와 국가 부채를 비롯한 여러 요인이 경제 시스템의 성장을 저해할 수 있다.

무역수지 한 국가의 **무역수지**(balance of trade)는 수출하는 모든 제품의 경제적 가치에서 수입한 제품의 경제적 가치를 뺀 값이다. 여기의 원칙은 매우 간단한다.

무역수지 한 국가가 수출하는 모든 제품의 경제적 가치에서 수입하는 모든 제품의 경제적 가치를 뺀 값

- 한 국가가 수입(다른 국가에서 구매)보다 수출(다른 국가에 판매)을 더 많이 하면 무역수지가 **양수**이다.
- 한 국가가 수출보다 수입을 더 많이 하면 무역수지가 **음수**가 된다.

무역수지가 마이너스인 경우를 일반적으로 **무역적자**라고 한다. 2015년 미국의 무역적자는 약 7,460억 달러였다. 미국은 **채권국**이 아니라 **채무국**이다. 미국 무역수지의 최근 동향은 그림 1.5에 나와 있다.

무역적자는 외국 제품에 지출된 금액이 전액 지불되지 않았기 때문에 경제 성장에 영향을 미친다. 따라서 사실상 빌린 돈이고, 빌린 돈은 이자의 형태로 더 비싸다. 적자를 갚기 위해 국외로 빠져

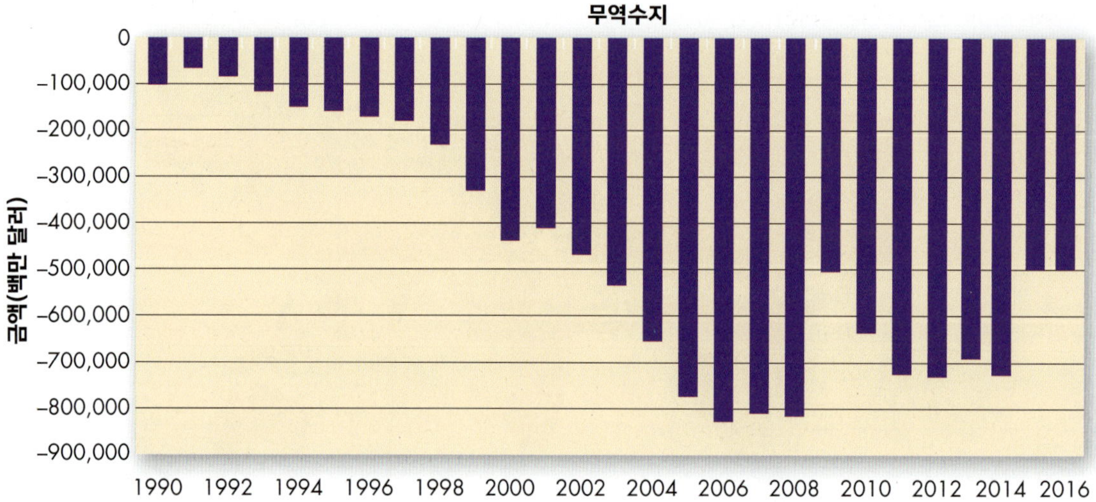

그림 1.5 무역수지

출처: http://www.census.gov/foreign-trade/balance/c0004.html#2008

나가는 돈은 국내외에서 생산적인 기업에 투자하는 데 사용할 수 없다.

국가 부채 정부가 채권자에게 빚진 금액

국가 부채 **국가 부채**(national debt)는 정부가 채권자에게 빚진 금액이다. 현재 시점에서 미국의 국가 부채는 약 19조 4,800억 달러 또는 미국 시민 1인당 약 60,200달러이며 하루에 약 24억 달러의 비율로 증가하고 있다. www.brillig.com/debt_clock의 미국 국가 부채 시계를 비롯한 여러 인터넷 사이트를 방문하면 주어진 날짜의 국가 부채를 확인할 수 있다.

국가 부채는 경제 성장에 어떤 영향을 미치는가? 세금은 정부가 자금을 조달하는 가장 확실한 방법이지만, **채권**도 판매한다. 채권은 특정 미래 날짜까지 구매자에게 일정 금액을 지불할 것을 약속하는 증권이다. (어떤 의미에서 채권은 이자가 있는 IOU이다.) 이 채권은 매우 안전하기 때문에 매력적인 투자처이다. 그렇더라도 매수자의 투자에 대한 적절한 수익률도 제시해야 하며, 경쟁력 있는 이율로 이자를 지급함으로써 이를 실현한다. 따라서 미국 정부는 채권을 판매함으로써 대출 가능한 자금의 공급을 위해 다른 모든 잠재적 차용자와 경쟁한다. 정부가 돈을 더 많이 빌릴수록 생산성을 높이는 민간 차입과 투자에 사용할 수 있는 돈이 줄어든다.

경제적 안정

안정 경제 시스템에서 사용할 수 있는 화폐의 양과 그 안에서 생산되는 재화와 서비스의 양이 거의 같은 비율로 증가하는 상태

안정(stability)은 경제 시스템에서 사용할 수 있는 화폐의 양과 그 안에서 생산되는 재화 및 서비스의 양이 거의 같은 비율로 증가하는 상태이다. 경제 시스템의 주요 목표인 안정성은 특정 요인에 의해 위협받을 수 있다.

인플레이션 경제 시스템 전반에 걸쳐 광범위한 가격 상승이 발생할 때 나타나는 것

인플레이션 **인플레이션**(inflation)은 경제 시스템이 광범위한 가격 인상을 경험할 때 발생한다. 경제에 투입된 돈의 양이 실제 생산량의 증가를 초과할 때 불안정이 발생하므로 사람들은 더 많은 돈을 쓸 수 있지만 구매할 수 있는 제품의 양은 같다. 수요와 공급의 원칙에서 알 수 있듯이 사람들이 사용 가능한 제품을 사기 위해 서로 경쟁하면 가격이 올라간다. 이러한 높은 가격은 결국 경제에서 돈의 양을 감소시킬 것이다. 그러나 이러한 과정은 불완전하다. 즉 추가 자금은 모든 사람에게 비례적으

로 배분되지 않으며, 가격 상승은 실제로 필요한 수준을 넘어 지속되는 경우가 많다. 그 결과 많은 사람들의 구매력이 감소한다.

인플레이션에 대한 우리의 정의가 경제 시스템 전반에 걸친 광범위한 가격 인상의 발생이라는 점을 염두에 두면 우리가 가격 인상을 측정함으로써 인플레이션을 측정할 수 있는 것은 당연하다. **소비자 물가 지수**(consumer price index, CPI)와 같은 물가 지수는 도시 지역에 거주하는 소비자가 구매하는 대표적인 제품의 가격을 측정한다. CPI는 기준 기간 대비 가격의 백분율로 표시된다. 인플레이션을 측정하는 데 사용되는 현재 기준 기간은 1982~1984년이며 100(백분율 표시)으로 설정된다. 비교를 위해, CPI 지수는 2000년 172.2, 2005년 195.3, 2010년 218.1, 2012년 229.6, 2016년 말 240.7이었다. 따라서 2010년에는 기준 기간(1982~1984년)의 2배 이상에 도달했다.

소비자 물가 지수(CPI) 도시 지역에 거주하는 소비자가 구매하는 대표적인 제품의 가격 측정

우리는 인플레이션을 나쁘게 보는 경향이 있지만, 대부분의 경우 가격 인하가 광범위할 때 발생하는 **디플레이션**보다 낫다. 인플레이션이 불안정을 야기하는 반면, 이는 일반적으로 전체 경제가 (단지 불규칙한 방식으로) 성장하고 있음을 나타낸다. 그러나 디플레이션은 일반적으로 전체 경제가 위축되고 있음을 의미하며 대부분의 관점에서 보다 심각한 문제이다.

실업 마지막으로 실업이 경제적 안정에 미치는 영향을 고려할 필요가 있다. **실업**(unemployment)은 경제체제에서 적극적으로 일자리를 찾고 있는 사람들의 정도를 말한다. 실업이 낮을 때는 기업이 고용할 수 있는 노동력이 부족하다. 기업들은 노동력 공급을 위해 서로 경쟁하면서 기꺼이 지불할 임금을 인상한다. 그러고 나서 인건비가 높아지면 이윤을 잠식하기 때문에 제품 가격을 올린다. 소비자들은 경제에 투입할 돈이 더 많지만, 이러한 인상은 더 높은 가격에 의해 곧 취소되고, 따라서 구매력은 감소한다.

실업 경제체제에서 적극적으로 구직 활동을 하는 사람들의 정도

실업과 관련해 적어도 두 가지 문제가 있다.

1 임금이 너무 오르면 기업은 더 적은 수의 노동자를 고용하는 방식으로 대응하고 실업은 증가할 것이다.
2 기업은 인건비 증가에 대응하기 위해 가격을 인상할 수 있지만 더 많은 제품을 더 높은 가격에 판매할 수는 없다. 판매 감소로 인해 고용이 줄어들고 다시 실업이 증가할 것이다.

정부가 경제 시스템에 더 많은 돈을 투입해, 예를 들어 세금을 줄이거나 더 많은 돈을 지출함으로써 이 상황을 시정하려고 하면 어떻게 될까? 일반적으로 가격은 소비자 수요 증가로 인해 상승할 수 있다. 다시 말하지만, 구매력이 감소하고 인플레이션이 발생할 수 있다. 2009년 경기 침체와 그 여파 동안 서킷시티(Circuit City)와 같은 기업이 문을 닫으면서 수백만 명의 근로자가 일자리를 잃었다. GM, 코닥(Kodak)과 같은 다른 회사들은 손실을 막기 위해 수천 명의 일자리를 줄였다. 실제로 2010년 초 미국의 실업률은 25년 만에 최고인 10.2%에 달했다. 2011년 11월 경제가 서서히 침체에서 벗어나면서 실업률은 약 8.7%로 떨어졌고 2012년 11월 공식 실업률은 7.7%였다. 2016년 말에는 4.9%로 더 떨어졌다.

경기 침체와 대공황 실업은 때때로 경제 시스템 전반에 걸친 무질서의 증상이다. 경기 침체기에는 다양한 분야의 사람들이 동시에 일자리를 잃을 수 있다. 결과적으로 전체 수입과 지출이 감소할 수 있다. 매출 감소의 위기를 느낀 기업은 노동을 포함한 생산 요소에 대한 지출을 줄일 수 있다. 그러나 더 많은 사람들이 실직하게 될 것이며 실업은 더욱 증가할 것이다. 이러한 악순환의 결과로 발

격변 시대의 경영

금융 대란 – 최악의 사태는 우리 뒤에 있는가?

2005년에는 세계 경제가 호황을 누리고 있었다. 예를 들어 미국에서는 사업 이윤이 치솟고 일자리가 많았으며 주택 소유가 사상 최고였다. 주식시장은 전례 없는 높이에 도달했고 연금 계획 자산은 기하급수적으로 증가했으며 새로운 비즈니스 기회는 풍부했지만 일부 경제학자들은 역사적인 *경기 순환*을 인용해 장기간의 번영 기간 동안 경제가 곤경에 처하게 될 것이라고 경고했다. 사람들은 때때로 좋은 시간이 영원히 지속될 것처럼 행동하기 시작한다. 예를 들어 사람들은 합리적인 가치를 훨씬 뛰어넘게 주식가격을 올린다. 또한 너무 많은 빚을 지고, 너무 적은 돈을 저축하고, 자신의 능력 이상으로 지출한다. 기업들도 더 많은 위험을 감수하고, 더 많은 재고를 보유하고, 너무 빠르게 확장하고, 너무 많은 사람을 고용하기 시작한다. 그러나 상황을 바로잡는 방법이 있다.

2008년에 경제 건전성을 측정하는 국내 총생산(GDP)이 폭락하기 시작했다. 소비자들은 불안해하며 지출을 중단했다. 결과적으로 포드자동차(Ford Motor Company)와 같은 기업은 이익이 감소함에 따라 생산을 줄이고 직원을 해고해야 했다. 2007~2009년 사이에 수십만 개의 일자리가 사라지고 실업수당 청구가 급증했다. 은행은 신용을 부여할 수 있는 능력을 과도하게 확장했고 이제 사람들은 빌린 돈을 갚을 수 없었다. GDP 차트에서는 잘 보이지 않는 극심한 하락은 미국의 생활수준으로 볼 때 재앙이었다. 수년간 노동력의 약 5%를 맴돌던 실업률(직장 및 이동 노동력의 변화로 인한 마찰 또는 정상 실업으로 간주)이 2009년 중반에 갑자기 2배인 10%로 증가했다.

주식시장도 위기를 맞았다. 2007년 10월에서 2009년 2월 사이 16개월 동안 뉴욕증권거래소의 광범위한 가격 지표인 S&P 500은 50% 하락했다. 투자자들에게 이것은 12년간의 이득이 불과 1년여 만에 사라졌다는 것을 의미한다.

정부는 경제 데이터를 기반으로 신속하게 개입했고 사람들을 일터로 복귀시키는 정부 프로젝트의 형태로 8,000억 달러 이상을 경제에 쏟아부었다. 덴버시가 부유한 지역에 나무를 심기 위해 60만 달러의 보조금을 지급하는 등 일부 지출은 논란이 되었지만, 2009년 경제 회복법은 연방 은행 시스템이 시행한 통화정책과 함께 경제를 안정시켰다.

그럼에도 회복은 더뎠고 경제는 침체 이전의 궤도로 돌아오지 않았다. 그러나 2011년 중반까지 주식시장은 소폭 반등했고 2012년 내내 계속해서 천천히 회복했으며 2015년 초까지 2009년 최저치의 거의 3배에 이르렀다. 그럼에도 불구하고 2015년은 투자자들이 불확실성에 반응하면서 시장에 평탄한 해였다. 그러나 2016년 말까지 시장은 잃어버린 시간을 만회하고 실업률은 경기 침체 이전 수준인 5%로 다시 떨어졌다.

경제가 천천히 다시 성장하기 시작하고 기업이 미래에 대한 자신감을 얻으면서 고용이 증가하고 주식시장이 잃어버린 시간을 만회하고 있다. 이것은 투자자와 기업가 모두에게 좋은 소식이지만, 좋은 시기가 다시 시작되더라도 언젠가는 또 다른 조정이 일어날 가능성이 있다는 것을 우리 모두 기억해야 한다.

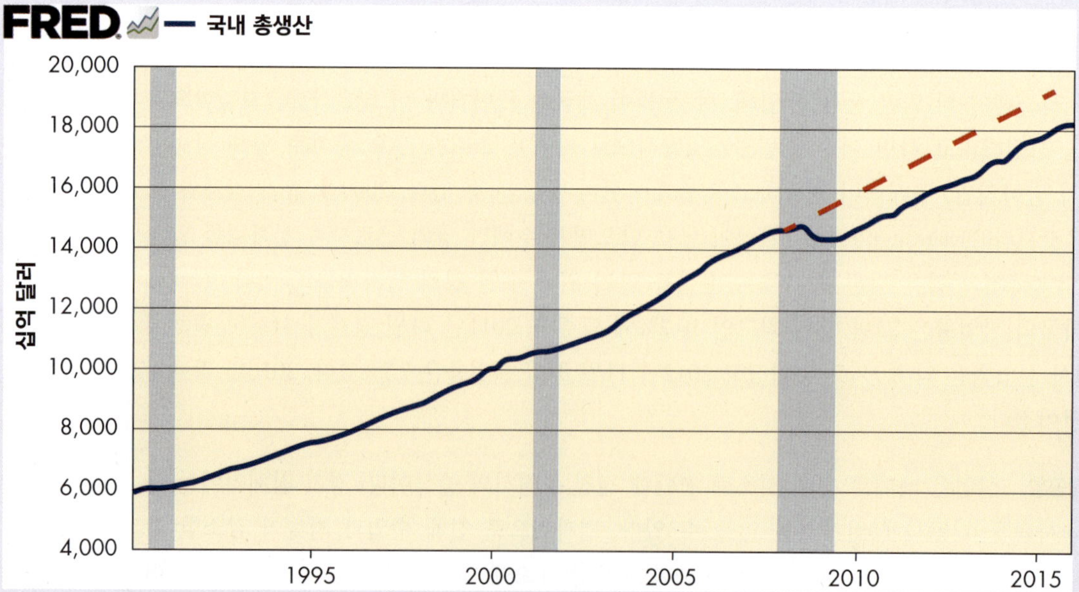

그림 1.6 1990~2015년 미국 GDP

출처: Gross Domestic Product (GDP). Published by FRED. https://fred.stlouisfed.org/series/GDP

생하는 고용을 **주기적 실업**(cyclical unemployment)이라고 한다.

실업과 경제적 안정의 관계를 살펴보면 물가가 충분히 높아지면 재화와 서비스에 대한 소비자 수요가 감소한다는 것을 상기하게 된다. 우리는 또한 제품에 대한 수요가 감소하면 생산자가 고용을 줄이고 결국에는 생산량을 줄이기 시작한다는 사실을 떠올릴 수 있을 것이다. 결과적으로 총생산량이 감소한다. 총생산량이 감소하는 기간을 거치면 경기 침체가 발생한다. 경기 침체기에 생산자는 제품을 생산하는 데 더 적은 수의 직원, 즉 더 적은 노동력이 필요하다. 따라서 실업이 증가한다.

경제가 침체를 겪고 있는지 판단하기 위해 먼저 총생산을 측정한다. 우리가 찾는 것은 실질 GDP의 기능이며, 이것은 국내 생산 요소를 통해 국가 경제가 일정 기간 내에 생산한 모든 상품과 서비스의 총가치에 필요한 조정을 한 것이다. **경기 침체**(recession)는 더 정확하게는 실질 GDP로 측정되는 총생산이 감소하는 기간으로 정의된다. 앞서 언급한 바와 같이, 대부분의 경제학자들은 미국 경제가 2008년에 침체기에 접어들었다는 것에 동의하고, 또한 2011년에 경기 침체에서 점차 벗어나고 있다는 것에 동의한다. 장기적이고 깊은 불경기는 **대공황**(depression)이다. 미국의 마지막 대공황은 1929년에 시작되어 10년 이상 지속되었다. 대부분의 경제학자들은 2008~2011년 경기 침체가 수십 년 만에 최악이었지만 실제로는 경기 침체가 아니었다고 생각한다. 그러나 그것은 대공황으로 널리 알려지게 되었고 우리는 이 책에서 이 표현을 사용할 것이다.

경기 침체 GDP로 측정되는 총산출량이 감소하는 기간

대공황 장기적이고 깊은 불황

미국 경제 관리

정부는 재정정책과 통화정책이라는 두 가지 정책을 통해 미국 경제 시스템을 관리한다. **재정정책**(fiscal policy)을 통해 수입의 수집 및 지출을 관리한다. 예를 들어 세율은 경제를 관리하는 데 도움이 되는 재정정책에서 중요한 역할을 할 수 있다. 오바마 대통령이 발표한 대통령 강령의 핵심 요소 중 하나는 미국 세금 시스템의 개편이었다. 무엇보다도 그는 중산층에 대한 세금 인하와 고소득층과 기업 모두에 대한 세금 인상을 동시에 제안했다. 그러나 여러 가지 이유로 종합적인 조세 개혁 분야에서는 거의 성과를 거두지 못하고 있다.

재정정책 정부가 수입을 모으고 사용하는 방법과 관련해 사용하는 정책

통화정책(monetary policy)은 국가의 통화 공급 규모를 통제하는 데 중점을 둔다. 주로 연방준비제도(Federal Reserve System, 미국의 중앙은행으로, 간단히 '연준'이라고 함)를 통해 일하면서 정부는 돈을 빌려줄 수 있는 전국 은행의 능력과 의지에 영향을 미칠 수 있다. 예를 들어 대공황에 대처하기 위해 정부는 다양한 경기 부양책을 통해 경제에 더 많은 돈을 투입했다. 한편으로 관료들은 이 기금이 사업 성장과 새로운 일자리 창출을 촉진하기를 희망했다. 그러나 일부 전문가들은 통화 공급 증가가 인플레이션으로 이어질 수도 있다고 우려했다.

통화정책 정부가 통화 공급의 규모를 통제하기 위해 사용하는 정책

재정정책과 통화정책을 합쳐서 **안정화 정책**(stabilization policy), 즉 생산과 실업의 변동을 완화하고 물가를 안정시키는 것을 목표로 하는 정부의 경제정책을 구성한다. 실제로 대공황은 기업 가치가 하락하고 일자리가 사라지면서 안정화에서 크게 벗어났다. 금융 구제와 같은 다양한 정부 개입은 경제 안정을 회복하기 위한 전략을 나타낸다.

안정화 정책 생산 및 실업의 변동을 완화하고 물가를 안정시키기 위한 정부의 경제정책

학습목표 1-5
본문을 통해 우리가 가져야 할 역량에 대해 배운다.

경력 개발하기

아직 전공을 정하지 않았다면 이 절이 자신과 관련이 없다고 생각할 수 있다. 장담하건대 그건 그렇다. 비즈니스 경력에 대한 계획이 있든 없든 이 과정에서 배우는 교훈은 비즈니스나 혹은 삶에서 도움이 될 것이다. 게다가 당신의 교육 경험을 통해 고용주들이 직장에서의 성공에 중요하다고 판단하는 많은 기술을 개발할 수 있는 기회를 갖게 될 것이다. 특히 이 책은 다음 위치에서 이러한 기술을 개발하고 연습할 수 있는 기회를 제공한다.

커뮤니케이션 커뮤니케이션은 책 전체에 걸쳐 여러 곳에서 다루어진다. 예를 들어 5장에서는 리더가 기업 문화를 전달하는 방법을 논의하고, 6장에서는 관리자가 위임 과정을 전달하는 방법과 관리자가 커뮤니케이션을 사용해 소문의 오류를 상쇄할 수 있는 방법을 논의한다.

비판적 사고 9장은 의사결정 과정에 특별한 주의를 기울인다. 11장에서는 연구 과정과 연구 방법을 설명한다.

협업 팀 및 팀 기반 구성 방법은 6장과 8장에서 논의한다.

비즈니스 윤리 및 사회적 책임 2장은 전적으로 윤리 및 사회적 책임을 다룬다.

정보 기술 응용 및 컴퓨팅 기술 14장은 비즈니스를 위한 정보 기술 응용 및 컴퓨팅 기술을 설명한다.

질문과 연습

복습을 위한 질문

1-1. 진취적인 사람들은 유망한 기회를 발견할 수 있다. 그러면 그들은 무엇을 해야 하는가?

1-2. 노동은 일반적으로 인적자원이라고 한다. 육체노동 외에 여기에는 무엇이 포함되는가?

1-3. 수요와 공급의 법칙은 무엇인가?

1-4. 생산량이 인구보다 빠르게 증가하면 일반적으로 어떻게 되는가?

분석을 위한 질문

1-5. 국내 환경의 특징을 정의하고 설명하라. 비즈니스 조직에 어떤 중요성을 갖는가?

1-6. 독점의 예를 들어보라. 어떤 비즈니스 상황에서 경쟁이 존재하는 것보다 독점이 더 나은가?

1-7. 본인의 국가를 예로 들어 무역과 국가 부채의 균형이 국가 경제의 재정 또는 성장에 직접적인 영향을 미치는 방법을 설명하라.

1-8. 무역수지는 국내 시장에서 소비할 수 있는 재화와 서비스를 생산할 수 있는 국가의 능력에 대해 무엇을 말하는가?

응용연습

1-9. 완전 경쟁, 독점 경쟁, 과점, 독점의 특성을 보여주는 자국 내 기업 또는 산업을 찾아보라. 정부가 어느 정도까지 경제의 측면을 규제하고 부문 간 충분한 경쟁을 보장하는 데 관여하는가? 다양하고 건강한 수준의 경쟁을 보장하기 위해 무엇을 더 할 수 있는가?

1-10. 사업주 또는 임원진을 인터뷰해보라. 인터뷰를 통해 (1) 영업하는 시장에서 경쟁이 얼마나 광범위한지, (2) 주요 경쟁업체의 상대적 강점이 무엇인지, (3) 경쟁력의 관점에서 회사의 순위를 어떻게 매길 것인지 질문해보라.

CHAPTER 2

비즈니스 윤리와 사회적 책임 이해하기

123RF.com

사회를 생각하는 기업은 사회 복지와 이익의 균형을 어떻게 유지하는가? 균형을 유지하지 않는 기업을 처벌해야 하는가?

학습목표

LEARNING OBJECTIVES

이 장을 학습하고 나면

2-1 개인이 자신의 개인 윤리강령을 개발하는 방법과 직장에서 윤리가 중요한 이유를 설명한다.

2-2 윤리와 사회적 책임을 구별하고, 조직의 이해관계자를 파악하고, 오늘날 사회적 의식의 특징을 파악한다.

2-3 사회적 책임의 개념을 환경 문제와 고객, 직원 및 투자자와의 기업 관계 모두에 어떻게 적용하는지 보여준다.

2-4 사회적 책임에 대한 네 가지 일반적인 접근 방식을 인식하고 중소기업에서 사회적 책임의 역할에 주목한다.

2-5 정부와 기업이 서로에게 어떤 영향을 미치는지 사회적 책임에서 정부의 역할을 설명한다.

2-6 기업이 공식적·비공식적 차원에서 사회적 책임을 관리하는 방법과 조직이 사회적 책임을 평가하는 방법을 논의한다.

단순하게
나누어보기

전 세계 카카오콩 공급의 70% 이상이 코트디부아르와 가나 등 서아프리카 국가 전역에 흩어져 있는 소규모 농장에서 이루어진다. 지난 10년 동안 소비자들은 특히 불안한 사업 관행, 즉 코코아 산업에서의 아동 노예 노동의 사용에 대해 점점 더 인식하고 있다.

코트디부아르와 같은 국가에서는 국가 수출의 절반이 코코아이다. 코코아 농부들은 아동 노동과 노예 노동을 이용함에도 불구하고 종종 빈곤 수준보다 적은 수입을 얻는다. 코코아는 안정성이 극도로 낮은 상품으로 국제 가격이 크게 변동한다. 가격 불인정성과 함께 수익성은 가뭄, 농작물 실병과 같이 농부들이 통제할 수 없는 요인에 따라 달라진다. 수익을 낼 수 있는 기회를 개선하기 위해 코코아 농부들은 비용을 절감할 방법을 찾고 있으며, 노예와 아동 노동이 가장 효과적인 절약 방안으로 사용되고 있는 것이다.

여기에서 '공정무역'이라는 개념이 등장한다. **공정무역**은 개발도상국의 수출 의존 농부들이 자신의 작물을 공정한 가격에 팔 수 있도록 고안된 프로그램을 말한다. 트랜스페어 USA(TransFair USA)와 같은 조직은 코코아 제품을 공급하는 농부가 공정한 가격을 지불받고 직원에게 합리적인 임금을 지불하며 안전하고 환경 친화적인 작업장을 제공함을 인증한다. 공정무역 제품도 유기농 제품이지만, 이는 트랜스페어의 인증 요건은 아니다. 그러나 이 단체는 유전자 변형 유기체(GMO)의 사용을 금지하고 있다. 그리고 농부들이 농약과 비료의 사용을 제한하도록 장려한다.

공정무역이라고 표시된 3.5온스 초콜릿바는 3.49달러에 팔릴 수 있지만 그렇지 않은 초콜릿바는 약 1.84달러에 팔린다. 왜 그렇게 많이 차이가 날까? 공정무역 초콜릿바가 틈새시장을 점유하고 있기 때문이라고 트랜스페어의 대변인 니콜 체테로(Nicole Chettero)는 말한다. 그러나 그녀는 "공정무역 인증 제품

Andres Rodriguez/Fotolia

이 장을 배우면 좋은 점

당신이 스니커즈(Snickers), 허쉬(Hershey's) 등 모든 곳에서 판매되는 동일한 캔디 라인을 취급하는 편의점의 소유자이고 3명의 새로운 캔디 유통업체가 자신의 제품도 판매하기를 원한다고 하자. 한 유통업체의 캔디는 재료를 가능한 저렴한 가격에 구입하고 모든 이익은 제조업체로 간다는 것을 알고 있다. 또 다른 유통업체는 초콜릿바 하나에 1달러가 더 드는 '공정무역'이라는 라벨이 붙은 제품 라인을 홍보하고 있으며, 카카오콩 공급업체는 그 달러의 약 4분의 1을 받는다. 세 번째 유통업체의 제품은 첫 번째 제품보다 2달러가 더 비싸지만 카카오콩 재배자는 추가비용의 절반인 1달러를 더 받는다. 가격 차이로 인해 첫 번째 유통업체의 사탕은 더 많

이 팔 수 있고 두 번째 유통업체의 사탕은 조금 더 적게, 세 번째 유통업체의 사탕은 더 적게 팔 수 있다는 것을 알 수 있다. 매장에서 어떤 제품을 판매하겠는가?

오늘날의 비즈니스 관행은 그 어느 때보다 세밀하게 조사되고 있다. 사업주와 관리자는 이익 증대에 합당한 일을 하는 것과 일반 사회 복지에 합당한 일을 하는 것 사이에서 고민하곤 한다. 이 장의 내용을 이해함으로써 직원으로서, 상사 또는 사업주로서 직면한 윤리적·사회적으로 책임 있는 문제를 더 잘 평가할 수 있을 것이며, 당신이 경영자로서, 소비자로서, 투자자로서 다루는 기업의 윤리적·사회적으로 책임 있는 행동을 이해할 수 있을 것이다.

이 장에서 우리는 윤리와 사회적 책임, 즉 그것이 의미하는 바와 환경 문제, 그리고 고객, 직원 및 투자자와의 기업 관계에 적용하는 방법을 살펴볼 것이다. 그 과정에서 우리는 사회적 책임에 대한 일반적인 접근 방식, 기업이 사회적 책임 프로그램을 구현하기 위해 취해야 하는 단계, 사회적 책임 및 윤리 문제가 중소기업에 미치는 영향, 기업이 사회적 책임 프로그램을 관리하려는 방법을 살펴본다. 그러나 먼저 직장 내 윤리(개인, 기업, 관리직)를 논의함으로써 이 장을 시작한다.

의 수요와 물량이 늘어나면서 시장이 저절로 해소될 것"이라고 내다보았다. 소매업체는 경쟁력을 유지하기 위해 자연스럽게 가격을 인하하기 시작할 것이다. 궁극적으로 그녀는 "공정무역[제품]이 전통적인 제품보다 천문학적으로 더 비싸야 할 이유가 없다"고 결론지었다.

공정거래 관행과 가격을 비판하는 일부 사람들은 원칙적으로는 동의하지만, 현재의 시장 상황에서도 소비자들이 그러한 과도한 가격을 지불할 필요는 없다고 주장한다. 트랜스페어의 자체 자료에 따르면, 코코아 농부는 사회성을 의식하는 소비자들이 공정무역 인증 초콜릿바를 구매하고 내는 3.49달러 중 3센트만 받는다고 지적한다. 소비자 연구원인 로렌스 솔로몬(Lawrence Solomon)은 "농부들은 흔히 아주 적은 돈을 받는다"고 말했다. 그는 "공정거래는 종종 프리미엄가로 팔리지만, 모든 프리미엄은 중간 상인에게 돌아간다"고 비난했다.

솔로몬과 같은 비평가들은 공정무역 제품 판매자가 사회적이지만 특별히 가격에 민감하지 않은 소비자를 이용하고 있다고 말한다. 그들은 판매자가 3.49달러짜리 초콜릿바의 가격을 2.49달러로 책정하더라도 농부들은 여전히 3센트를 받을 자격이 있다고 지적한다. 그들은 가격이 단지 그것을 지불할 의사가 있는 시장의 일부가 있기 때문에 3.49달러로 부풀려졌다고 주장한다. 영국 경제학자 팀 하포드(Tim Harford)는 공정무역 프로그램에 대해 다음과 같이 조언한다. "생산자들이 좋은 거래를 할 것이라는 약속을 받아내세요. 그들은 소비자가 좋은 거래를 할 것이라고 약속하지 않습니다. 현명한 구매자가 되는 길은 당신에게 달렸습니다."

디바인초콜릿(Divine Chocolate)은 공정무역 코코아를 한 단계 더 발전시키는 회사이다. 공정무역 초콜릿을 판매하는 다른 회사와 달리 디바인은 수익의 일부를 공급망의 농부들에게 반환한다. 디바인의 최대 주주 그룹은 공정무역 코코아 협동조합인 쿠아파 코쿠(Kuapa Kokoo)이다. 이 그룹에 속하는 코코아 농부들은 코코아의 공정 거래 가격을 받을 뿐만 아니라 디바인초콜릿의 이익에서 배당금을 받는다.

학습목표 2-1

개인이 자신의 개인 윤리강령을 개발하는 방법과 직장에서 윤리가 중요한 이유를 설명한다.

직장 내 윤리

윤리적 행동이란 무엇인가? **윤리**(ethics)는 무엇이 옳고 그른지, 좋고 나쁜지에 대한 신념이다. 개인의 가치와 도덕, 개인의 행동이 발생하는 사회적 맥락에 따라 행동이 윤리적인지 비윤리적인지 결정된다. 즉 **윤리적 행동**(ethical behavior)은 옳고 좋은 것에 대한 개인의 신념과 사회적 규범을 준수하는 행동이다. **비윤리적 행동**(unethical behavior)은 개인의 신념과 사회적 규범에 비추었을 때 옳지 못하고 나쁜 행동을 하는 것이다. **기업 윤리**(business ethics)는 업무와 관련해 직원과 관리자의 윤리적이거나 비윤리적인 행동을 지칭하는 데 자주 사용하는 용어이다.

윤리 다른 사람에게 영향을 미치는 행동에서 옳고 그름, 좋고 나쁨에 대한 신념

윤리적 행동 이로운 행동과 해로운 행동에 관해 일반적으로 인정되는 사회적 규범을 준수하는 행동

개인 윤리

윤리는 개인의 신념과 사회적 개념에 기반을 두고 있기 때문에 사람마다, 상황에 따라, 문화에 따라 다르다. 사회적 기준은 믿음의 차이를 뒷받침할 만큼 충분히 넓다. 일반적 기준을 벗어나지 않고 사람들은 광범위한 태도와 신념을 반영하는 개인 윤리강령을 개발할 수 있다.

따라서 윤리적·비윤리적 행동은 부분적으로는 개인에 의해, 부분적으로는 문화에 의해 결정된다. 예를 들어 누군가가 20달러를 떨어뜨리는 것을 본다면 윤리적으로 해야 할 일은 그 돈을 소유자에게 돌려주는 것이라는 데 거의 모든 사람이 동의할 것이다. 그러나 빈 방에서 20달러를 찾았지만 누가 그것을 떨어뜨렸는지 모른다면 동의가 덜할 것이다. 분실물 부서에 맡겨야 하는가, 아니면 정당한 소유자가 그것을 요구할 것 같지 않기 때문에 그냥 가질 수 있는가?

비윤리적 행동 유익하고 해로운 행위에 관해 일반적으로 받아들여지는 사회적 규범을 따르지 않는 행위

기업 윤리 직무와 관련해 직원의 윤리적 또는 비윤리적 행동

법과 현실 세계

사회는 일반적으로 지배적인 윤리 기준이나 사회적 규범을 반영하는 공식 법률을 채택한다. 예를 들어 대부분의 사람들은 도둑질을 비윤리적인 것으로 간주하기 때문에 도둑질을 금지하는 법과 도둑질하는 사람을 처벌하는 법이 있다. 법률을 작성하는 사람들은 법률을 가능한 한 명확하고 모호하지 않게 만들려고 노력하지만, 법률을 해석하고 적용하는 것은 여전히 윤리적 모호함으로 이어질 수 있다. 실제 상황은 종종 다른 방식으로 해석될 수 있으며 법적 기준을 실제 행동에 적용하는 것이 항상 쉽지는 않다. 예를 들어 허리케인이나 지진과 같은 자연 재해의 여파로 절박한 생존자들은 때때로 식료품과 물을 구하기 위해 식료품점에 침입한다. 이러한 행동은 물론 불법이지만 대부분의 법 집행 기관은 상황 때문에 기소하지 않는다.

불행하게도, 지난 몇 년 동안 경제 뉴스를 지배했던 스캔들은 사람들이 잠재적으로 애매모호한 상황들을 얼마나 기꺼이 이용할 수 있는지, 심지어 그러한 상황을 만들어낼 수 있는지를 보여준다. 예를 들어 플로리다에 본사를 둔 버거킹(Burger King)은 캐나다의 패스트푸드 체인점을 인수하고 세금을 낮추기 위해 회사 사무실을 캐나다로 옮기는 것을 고려했다. 일리노이주에 본사를 둔 월그린스(Walgreens)는 스위스 회사를 인수했으며 법적으로 본사를 스위스로 이전할 수도 있었다. 그러나 부정적인 평판과 정부의 압력에 직면해 두 회사는 방향을 바꾸어 본사를 이전하지 않기로 결정했다. 유사하게, 2016년에 일부 의약품 제조업체는 특정 의약품 가격을 수백 퍼센트 인상해 비판을 받았다. 일부는 그 가격 중 일부를 이전 수준으로 다시 낮췄지만 다른 일부는 대중의 분노에도 불구하고 높은 수준을 유지했다.

개인의 가치와 도덕

윤리와 법의 측면에서 모호한 비즈니스 상황을 어떻게 처리해야 하는가? 의심할 여지없이 우리는 기업, 그 관리자, 직원 및 기타 법적 대리인의 가치와 도덕에서 시작해야 한다. 각 개인의 개인적인 가치와 도덕은 개인의 윤리강령을 결정하는 데 도움이 된다. 가치와 도덕은 차례로 각 요소의 조합으로 결정된다. 우리는 부모와 다른 성인들의 행동에 대한 우리의 인식에 반응해 어린 시절에 가치와 도덕을 형성하기 시작한다. 곧, 우리는 또래들에게 영향을 받는 학교에 입학하게 되고, 어른이 되면서 경험들이 우리의 삶을 형성하고 윤리적 신념과 행동에 기여하게 된다. 금전적 이득을 최우

선 순위에 두면 물질적 편안함을 추구하는 데 도움이 되는 윤리강령을 개발할 수 있다. 가족과 친구를 우선시한다면 분명 다른 기준을 채택할 것이다.

비즈니스 및 경영 윤리

경영 윤리 개별 경영자의 업무를 안내하는 행동 기준

경영 윤리(managerial ethics)는 개별 경영자의 업무를 안내하는 행동의 기준이다. 비록 당신의 윤리가 당신의 업무에 많은 영향을 줄 수 있지만, 세 가지 광범위한 범주로 분류하는 것이 도움이 된다.

직원에 대한 행동 이 범주의 경영 윤리는 고용과 해고, 임금과 근로 조건, 사생활 보호와 존중 같은 문제와 관련된다. 윤리적 지침에 따르면 고용과 해고 결정은 직무 수행 능력에 따라 이루어져야 한다. 고용 시 흑인이나 여성을 차별하는 남성은 비윤리적이며 불법적인 행동을 보인 것이다. 하지만 다른 사람도 똑같이 자격이 될 수 있는데, 그 일에 적격인 친구나 친척을 고용하는 관리자는 어떨까? 아니면 약간 더 적격인가? 이러한 결정은 불법은 아닐지라도 윤리적인 이유로 의심스러울 수 있다.

임금과 근로 조건은 법으로 규제되기는 하지만 잠재적인 논란의 여지가 있는 영역이다. 예를 들어 경영자는 직원이 불만을 제기해 직장을 그만두거나 위험을 감수할 여유가 없다는 것을 알고 있기 때문에 직원이 마땅히 받아야 하는 것보다 적은 급여를 지급할 수 있다. 어떤 경우는 윤리적인지 비윤리적인지 분명히 판단하기 어렵지만 또 어떤 경우는 상당히 명확하다. 회사 직원에 대한 엔론(Enron) 경영진의 행동을 생각해보라. 엔론 경영진은 직원들에게 회사 주식에 퇴직 기금을 투자하도록 권장한 다음 재정 문제가 발생하기 시작했을 때 주식 매각을 허용하지 않았다(고위 관리에게는 매각이 허용되었다). 결국 회사의 몰락으로 수천 명의 직원이 직장과 연금의 상당 부분을 잃게 되었다.

조직에 대한 행동 윤리적 문제는 특히 이해 상충, 기밀 유지, 정직함과 같은 영역에서 고용주에 대한 직원의 행동에서도 발생할 수 있다. **이해 상충**은 활동이 개인에게 이익이 되고 고용주에게 손해가 될 때 발생한다. 예를 들어 대부분의 회사는 구매자가 공급자로부터 선물을 받는 것을 금지하는 정책이 있다. 그러한 선물은 뇌물 또는 편애를 유도하려는 시도로 해석될 수 있기 때문이다. 또 소프트웨어나 패션 의류와 같이 경쟁이 치열한 산업의 비즈니스는 디자이너가 경쟁자에게 회사 비밀을 판매하는 것을 방지할 수 있는 보호 장치가 있다.

정직성의 일반적인 문제에는 소모품 횡령, 경비 계정 지출, 휴식을 취하기 위한 병가, 개인적인 장거리 전화를 걸기 위해 회사 전화를 사용하는 것 등이 포함된다. 대부분의 직원은 정직하지만 많은 조직이 경계를 늦추지 않는다. 다시 말하지만, 엔론은 조직에 대한 직원의 비윤리적 행동의 좋은 예다. 엔론은 고위 관리자들이 회사 자산을 남용했을 뿐만 아니라 자신의 개인적 이익을 증진하기 위해 위험한 벤처에 회사를 맡기는 등 조직에 대한 직원들의 비윤리적인 행동을 보여주는 좋은 예다.

다른 경제 주체에 대한 행동 윤리는 또한 기업과 그 직원이 주로 고객, 경쟁업체, 주주, 공급업체, 딜러, 노동조합과 같은 이른바 **1차 이해 당사자**와 관계를 맺는 데 영향을 미친다. 그러한 대리인을 상대할 때 광고, 재정 공개, 주문 및 구매, 교섭 및 협상, 기타 비즈니스 관계와 같은 거의 모든 활

동에서 윤리적 모호성이 발생할 여지가 있다. 버나드 메이도프(Bernard Madoff)의 투자 사기로 수백 명의 고객이 목돈을 잃었다. 그는 고객들의 돈이 안전하다고 믿게 했지만 실제로 그들의 돈은 숨겨져 메이도프의 사치스러운 생활을 유지하는 데 사용되었다. 또한 그는 고객들이 큰 수익을 얻고 있다고 믿게 한 다음 새로운 고객의 자금을 사용해 오래된 고객에게 수익을 지불했다[이것을 **폰지**(Ponzi) 사기라고 함]. 메이도프의 행동은 그의 투자자들을 노골적으로 무시하는 것을 보여주었다.

앞서 언급한 바와 같이, 제약회사들은 약값 상승으로 종종 비판을 받는다. 이를 비판하는 사람들은 제약회사가 일반 소비자를 희생시키면서 막대한 이익을 거둔다고 주장한다. 제약업계는 신약 개발을 위한 연구개발 프로그램 비용을 충당하기 위해 가격을 높게 책정해야 한다고 주장한다. 마찬가지로 석유 회사는 때때로 가스 공급이 적고 가격이 높을 때 높은 가격을 책정한다는 비판을 받는다. 그러한 문제에 대한 해결책은 명백해 보인다. 합리적인 가격 책정과 가격 폭등(과도하게 급격한 가격 인상으로 수요 증가에 대응) 사이에서 적절한 균형을 찾는 것이다. 그러나 윤리와 관련된 많은 질문과 마찬가지로 적절한 균형에 대한 상당한 의견 차이가 있다.

또 다른 문제는 비즈니스 관행의 국제적 변동이다. 많은 국가에서 뇌물(때로는 '신속한 지불'이라고 함)은 비즈니스 수행의 정상적인 부분이다. 그러나 미국 법은 다른 국가의 경쟁자가 뇌물을 지불하더라도 뇌물을 금지한다. 한번은 한 미국 발전 회사가 중동에서 3억 2,000만 달러짜리 계약을 잃었다. 그 이유는 일본 회사가 그 자리를 얻기 위해 사용했던 뇌물(물론 그렇게 부르지는 않지만)을 거부했기 때문이다. 월마트(Walmart)의 멕시코 자회사는 규제를 회피하고 신규 매장 건설 허가를 받기 위해 현지 공무원에게 2,400만 달러의 뇌물을 지급한 혐의를 받고 있다. 이러한 뇌물은 멕시코에서 불법이지만 지역 전문가들은 이러한 뇌물도 일반적인 관행이라고 지적한다. 우리는 4장에서 국가 간의 사회적, 문화적, 법적 차이가 국제 비즈니스에 영향을 미치는 방식을 논의할 것이다.

윤리적 행동 평가

윤리적인 행동과 비윤리적인 행동을 구별하는 것은 때에 따라 주관적이고 의견의 차이가 있을 수 있다. 그렇다면 특정 행동이나 결정이 윤리적인지 여부를 어떻게 판단할 수 있는가? 다음 세 단계는 비즈니스 활동 과정에서 발생할 수 있는 상황에 윤리적 판단을 적용하기 위한 간소화된 과정을 설정한다.

1 관련 사실 정보를 수집한다.
2 가장 적절한 도덕적 가치를 결정하기 위해 사실을 분석한다.
3 제안된 활동이나 정책의 옳고 그름에 따라 윤리적 판단을 내린다.

불행히도 이 세 단계가 제안하는 것처럼 프로세스가 항상 원활하게 작동하는 것은 아니다. 사실이 명확하지 않다면? 합의된 도덕적 가치가 없다면? 그럼에도 불구하고 판단을 내리고 앞으로 나아갈 방향을 결정해야 한다. 전문가들은 도덕적이고 윤리적인 방식으로 내린 판단과 결정이 모든 관련 당사자 간의 신뢰를 높일 수 있다고 지적한다. 그리고 모든 비즈니스 거래에서 신뢰는 필수 불가결하다.

특정 행동의 윤리를 완전히 평가하려면 더 복잡한 관점이 필요하다. 비용 계정이 있는 관리자가 직면하는 일반적인 딜레마를 생각해보라. 회사는 정기적으로 관리자에게 업무 관련 비용, 호텔 청구서, 식사, 렌터카나 택시를 이용하는 데 필요한 계정을 제공한다. 그들은 직원이 업무 관련 비용만 청구하기를 기대한다.

관리자가 고객을 저녁 식사에 데려가 100달러를 지출하는 경우 해당 저녁 식사에 대한 100달러 상환 영수증을 제출하는 것이 정확하고 적절하다. 그러나 이 관리자가 순전히 사회적 목적을 위해 친구와 함께 다음 날 밤 100달러의 저녁 식사를 한다고 가정해보자. 그 환급 영수증을 제출하는 것은 비윤리적인 일이지만, 어떤 남성들은 출장을 갔을 때 친구와 함께한 저녁 식사 영수증을 제출해도 괜찮다고 합리화한다. 아마도 그들은 자신이 급여가 적으며 그로 인해 수입을 '커버'하는 것이라고 스스로에게 말할 것이다. (대부분의 회사는 친구의 식사가 아닌 관리자의 식사에 대해 상환을 허용한다.)

이와 같은 경우에도 윤리적 **규범**이 작용한다. 다음과 같은 네 가지 규범과 그에 따른 문제를 고려하라.

1 **효용.** 특정 행위가 영향을 받는 사람들에게 이익을 최적화하는가? (즉 모든 관련 당사자가 '공정한' 혜택을 받고 있는가?)
2 **권리.** 관련된 모든 개인의 권리를 존중하는가?
3 **정의.** 공정한 것과 일치하는가?
4 **배려.** 그것이 서로에 대한 사람들의 책임과 일치하는가?

그림 2.1은 이러한 윤리적 규범에 대한 고려를 윤리적 판단 모델로 통합한다.

이제 부풀려진 비용 계정의 경우로 돌아가보자. 효용 규범은 관리자가 부풀린 비용의 혜택을 받는다는 것을 인정하지만 동료 및 소유자와 같은 다른 사람들은 그렇지 않다. 대부분의 전문가들은 또한 이 법안이 다른 사람(예: 간접비용을 부담해야 하는 투자자)의 권리를 존중하지 않는다는 데 동의한다. 더욱이 이는 명백히 불공정하고 다른 이해관계자의 신뢰를 침해함으로써 관리자의 책임을 훼손하는 것이다. 따라서 이 특정 행위는 명백히 비윤리적인 것으로 보인다.

그러나 그림 2.1은 고유한 상황을 처리하기 위한 메커니즘도 제공한다. 예를 들어 우리 관리자가 합법적인 저녁 식사에 대한 영수증을 분실했지만 사교 저녁 식사에 대한 영수증은 보유하고 있다고 가정하자. 어떤 사람들은 이제 관리자가 적절한 환급을 받기 위해 그렇게 하는 것이기 때문에 불법 영수증을 제출해도 괜찮다고 주장할 것이다. 그러나 다른 사람들은 대체 영수증을 제출하는 것은 어떤 경우라도 잘못되었다고 답할 것이다. 우리는 사건을 중재하는 척하지 않고 다음과 같은 사항만 짚고 넘어가겠다. 대부분의 상황에서 일어나는 변화는 윤리적 문제를 어느 정도 명확하게 만들 수 있다.

회사 관행 및 비즈니스 윤리

관리자와 직원 모두의 비윤리적이고 심지어 불법적인 활동이 더 많은 회사를 괴롭히면서 많은 기업이 직장 내 윤리적 행동을 장려하기 위해 추가 조치를 취했다. 많은 사람들이 행동강령을 설정하고 회사와 직원이 비즈니스를 수행하는 방법에 대한 명확한 윤리적 입장을 개발한다. 비즈니스 윤리 및 회사 관행과 관련해 점점 더 논란이 되고 있는 영역은 조직 내에서 발생하는 전자 메일 및 기타 커뮤니케이션의 개인정보 보호와 관련이 있다. 예를 들어 일부 회사는 직원의 웹 검색 기록을 모니터링한다. 특정 키워드가 나타나면 직원이 회사의 컴퓨터 네트워크를 어떻게 사용하는지 자세

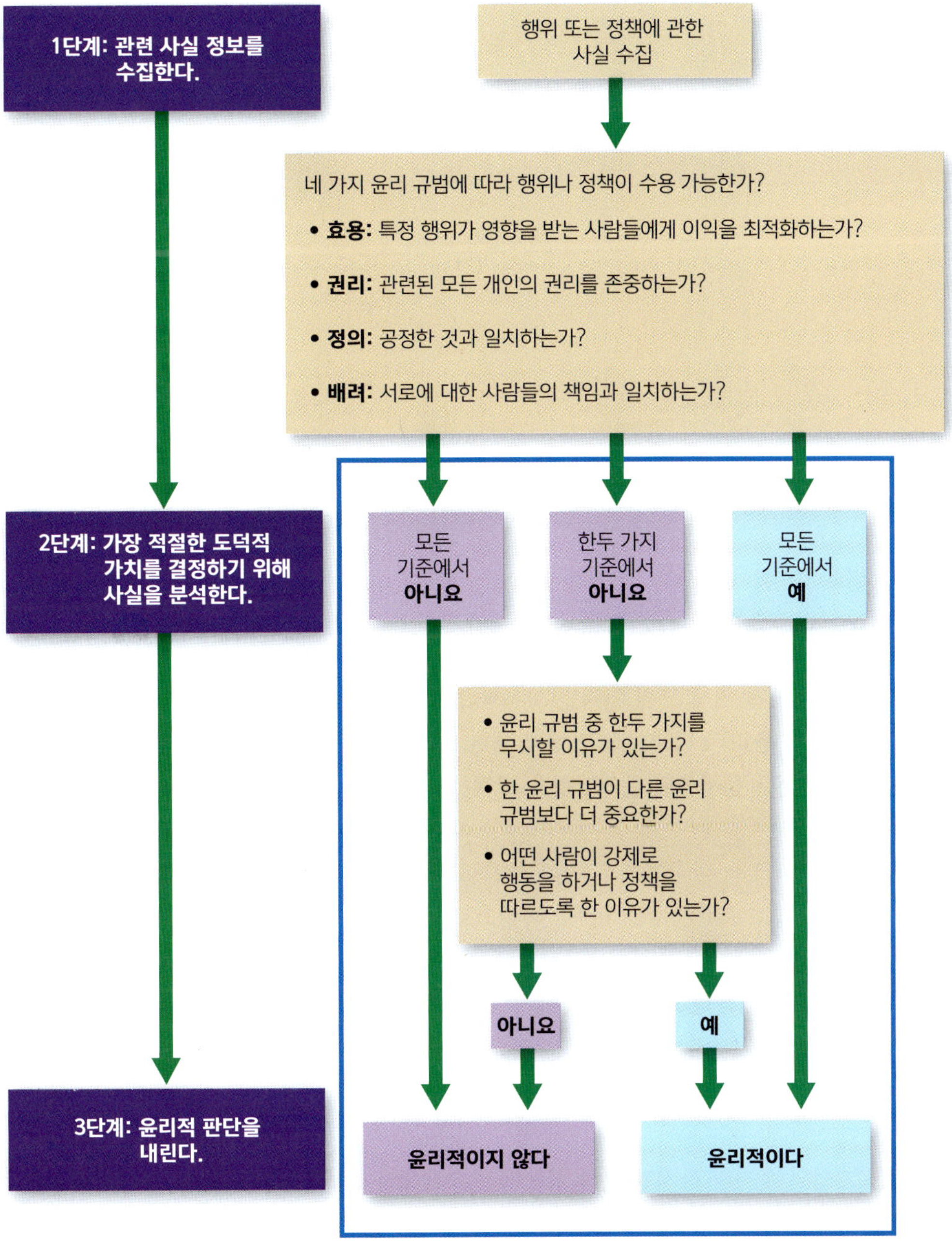

그림 2.1 윤리적 판단 모델

히 검토할 수 있다. 일부 회사는 업무상의 이유로 이렇게 한다고 주장하지만 일부 직원은 이것이 개인정보를 침해한다고 주장한다.

기업이 취할 수 있는 가장 효과적인 단계는 아마도 최고 경영진이 윤리 기준을 지지한다는 것을 입증하는 것일 것이다. 이 정책은 윤리 기준을 중시하는 기업 문화에 기여하고 기업이 이익만큼 좋은 시민의식을 중요시한다는 것을 선언한다. 예를 들어 코네티컷에 기반을 둔 산업 대기업인 유나이티드테크놀로지(United Technologies, UT)는 21페이지 분량의 윤리강령을 발표할 때 UT가 윤리적이고 책임감 있게 사업을 수행할 수 있도록 사업 관행 담당 부사장도 임명했다. 구체적인 윤리강령을

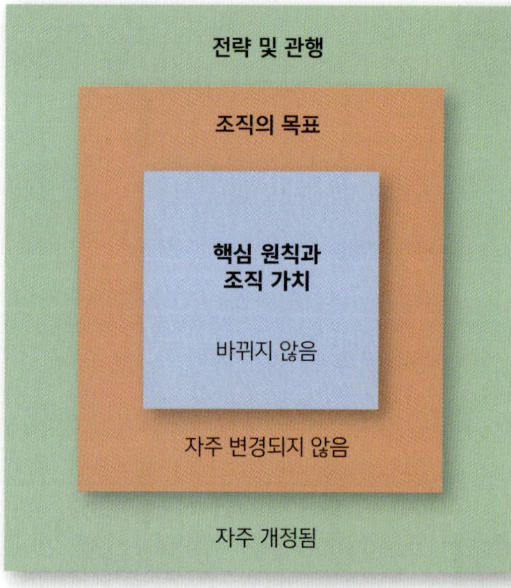

그림 2.2 핵심 원칙과 조직 가치

제정하고 이를 시행하기 위해 고위 관리를 고용함으로써 회사는 직원들에게 윤리적 행동을 기대한다는 신호를 보냈다. 윤리적 비즈니스 관행에 대한 최고 경영진의 약속을 공식화하는 가장 일반적인 두 가지 접근 방식은 **문서화된 윤리강령을 채택**하고 **윤리 강화 프로그램을 도입**하는 것이다.

문서화된 윤리강령 UT와 마찬가지로, 많은 다른 기업[스타벅스(Starbucks), 텍사스인스트루먼트(Texas Instruments), 보잉(Boeing), 애플(Apple), 마이크로소프트(Microsoft)]도 윤리적인 방식으로 사업을 하겠다는 약속을 공식적으로 알리는 윤리강령을 작성했다. 지난 30년 동안 이러한 기업의 수가 급격히 증가했으며 오늘날 거의 모든 주요 기업이 윤리강령을 제정했다. 엔론도 윤리강령이 있었지만 잘 되려면 관리자들도 따라야 한다. 한번은 엔론의 이사회가 해당 규정을 위반할 수 있는 거래를 완료하기 위해 강령을 따로 두는 투표를 실시했다. 그리고 계약이 완료된 후에는 해당 강령을 복원하는 투표를 했다!

그림 2.2는 기업의 윤리와 가치가 기업 정책에서 수행해야 할 역할을 보여준다. 이를 사용해 좋은 윤리 선언문이 어떻게 구성되는지 확인할 수 있다. 기본적으로 이 그림은 전략과 관행이 자주 바뀔 수 있고 목표가 때때로 바뀔 수 있지만 조직의 핵심 원칙과 가치는 변함이 없어야 함을 시사한다. 예를 들어 휴렛팩커드(Hewlett-Packard)는 1957년부터 The HP Way라는 동일한 윤리강령을 작성했다. 그 필수 요소는 다음과 같다.

- 우리는 개인을 신뢰하고 존중한다.
- 우리는 높은 수준의 성취와 기여에 중점을 둔다.
- 우리는 타협하지 않는 청렴함으로 사업을 수행한다.
- 우리는 팀워크를 통해 공동의 목표를 달성한다.
- 우리는 유연성과 혁신을 장려한다.

윤리 강화 프로그램 도입 많은 예는 관리자가 경험을 통해 윤리적 대응을 배울 수 있음을 시사한다. 윤리적 행동의 중요성을 진심으로 강조하고 윤리적 문화를 지속적으로 장려하는 기업은 윤리에 대해 립 서비스만 제공하는 기업보다 윤리적 스캔들이 적은 경향이 있다. 그러나 직장이나 학교에서 기업 윤리를 가르칠 수 있는가? 당연히 경영대학원은 윤리 교육에 대한 논쟁에서 중요한 역할을 하고 있다. 대부분의 분석가들은 경영대학원이 직장 내 윤리 문제를 다루어야 하지만 직원 교육에 대한 주된 책임은 기업이 져야 한다는 데 동의한다. 실제로 점점 더 많은 기업들이 그렇게 하고 있다.

예를 들어 엑슨모빌(ExxonMobil)과 보잉은 모두 주요 윤리 프로그램을 가지고 있다. 모든 관리자는 윤리적 의사결정의 중요성을 상기시키고 회사와 특히 관련이 있을 수 있는 최신 법률 및 규정을 업데이트하기 위해 정기적인 윤리 교육을 받아야 한다. 흥미롭게도, 오늘날 더 인기 있는 윤리 교육 프로그램 중 일부는 자신의 윤리적 위반으로 감옥에서 시간을 보낸 전직 간부들이 가르친다. 텍사스인스트루먼트와 같은 회사에는 직원이 특정 문제 또는 상황의 윤리에 대해 논의하거나 다른 사람의 비윤리적 행동이나 활동을 보고하기 위해 전화할 수 있는 윤리적 핫라인이 있다.

기업은 또한 강력한 평판이 얼마나 빨리 손상될 수 있는지 인식해야 한다. 수십 년 동안 웰스파고(Wells Fargo)는 나무랄 데 없는 회사로 여겨졌지만 2016년에 큰 스캔들이 터지면서 그 명성은 훼손되었다. 은행원에게 시장점유율을 허위로 쌓고 은행의 고객 기반이 커지는 것처럼 보이게 하기 위해 현재 은행 고객을 위해 거짓 계좌를 개설하도록 장려하고 있었다. 사실, 보고된 성장은 대부분 가짜였다.

사회적 책임

학습목표 2-2

윤리와 사회적 책임을 구별하고, 조직의 이해관계자를 파악하고, 오늘날 사회적 의식의 특징을 파악한다.

윤리는 직장에서의 개인 행동에 영향을 미친다. 한편, **사회적 책임**(social responsibility)은 기업이 환경에서 관련 그룹 및 개인에 대한 약속의 균형을 맞추려고 시도하는 전반적인 방식을 다루는 관련 개념이다. 이러한 그룹과 개인을 종종 **조직적 이해관계자**(organizational stakeholders)라고 하며, 이들은 그룹, 개인 및 조직의 관행에 직접적으로 영향을 받으므로 조직의 성과에 이해관계가 있는 기타 조직이다. 주요 기업 이해관계자는 그림 2.3에 나와 있다.

사회적 책임 고객, 기타 기업, 직원, 투자자 및 지역사회를 포함해 환경의 그룹 및 개인에 대한 약속의 균형을 유지하려는 기업의 시도

조직적 이해관계자 조직의 관행에 직접적으로 영향을 받아 조직의 성과에 이해관계가 있는 그룹, 개인 및 조직

이해관계자 책임 모델

이해관계자에 대한 책임을 다하기 위해 노력하는 대부분의 기업은 (1) **고객**, (2) **직원**, (3) **투자자**, (4) **공급업체**, (5) **지역사회**의 5개 주요 집단에 가장 먼저 집중한다. 그런 다음 조직에 특히 관련되거나 중요한 다른 이해관계를 선정하고 자신의 요구와 기대치를 충족하기 위해 노력할 수 있다.

고객 고객을 책임지는 기업은 고객을 공정하고 정직하게 대하기 위해 노력한다. 그들은 또한 공정한 가격을 청구하고, 보증을 준수하고, 배송 약속을 준수하고, 판매하는 제품의 품질을 지지하려고 한다. 엘엘빈(L.L. Bean), 오비스(Orvis), 스타벅스, 존슨앤드존슨(Johnson & Johnson)은 이 분야에서 탁월한 평판을 얻고 있는 회사이다. 최근 몇 년 동안 많은 소규모 은행이 대형 국립은행(예. 웰스파고, 뱅크오브아메리카)보다 훨씬 더 강력한 고객 서비스를 제공함으로써 성장했다. 예를 들어 고객이 은

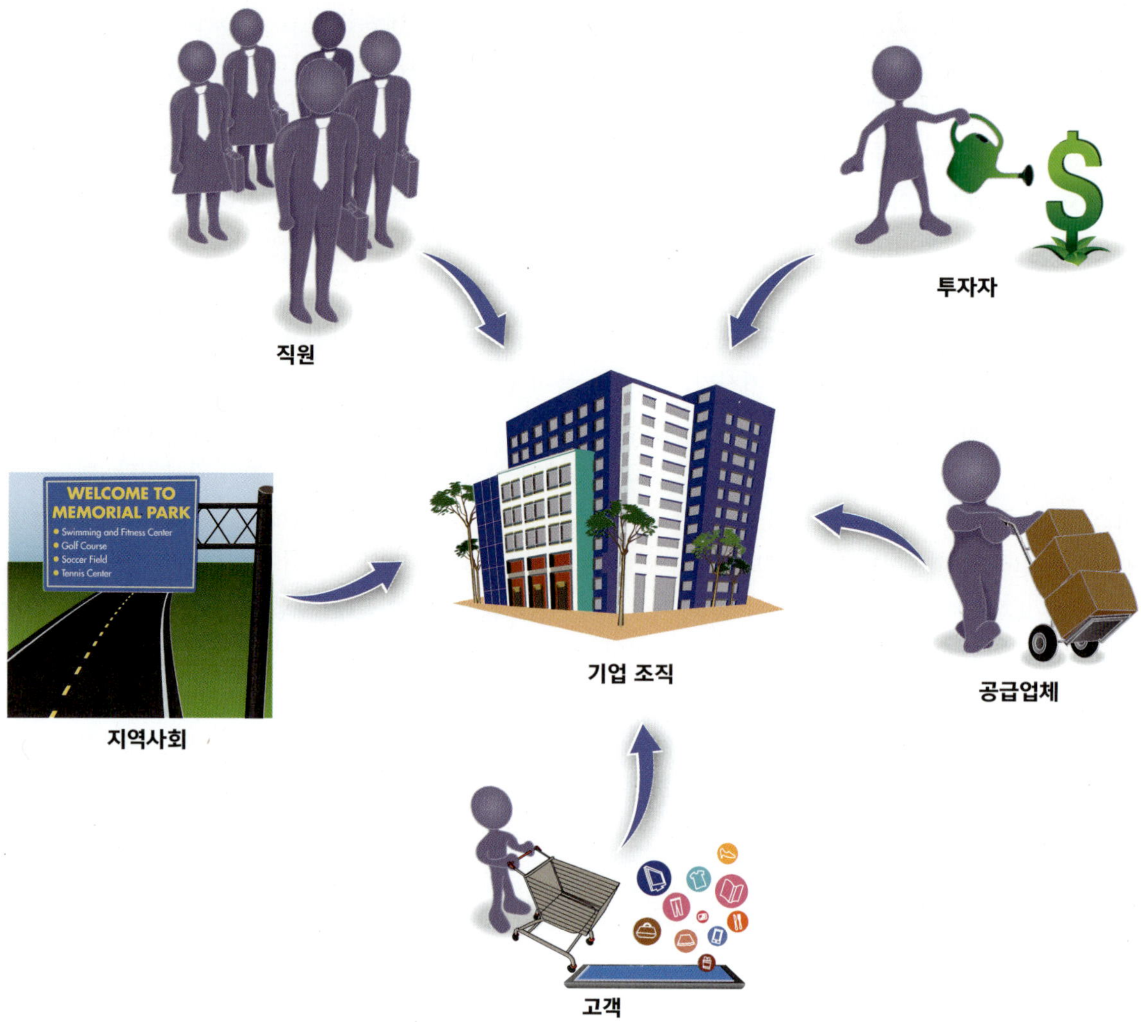

그림 2.3 주요 기업 이해관계자

행에서 업무를 보는 동안 고객에게 무료 커피와 보육 서비스를 제공한다. 이러한 소규모 은행은 단순히 고객이 원하는 것이 무엇인지 더 잘 알고 있는 것처럼 보이며 종종 고객이 지역, 이웃 등이라는 사실을 홍보한다. 그리고 그 결과, 그들의 이익은 대규모 국립은행의 이익보다 더 빠른 속도로 증가했다.

이들 기업은 사회적 의식에 벤처캐피털과 대출 관행을 결합해 지역사회를 빈곤에서 벗어나게 하고 세상을 더 나은 곳으로 만들고 있다.

직원 직원을 대할 때 사회적으로 책임이 있는 기업은 직원을 공정하게 대우하고 직원을 팀의 일원으로 만들고 직원의 존엄성과 기본적인 인간의 필요를 존중한다. 컨테이너스토어(The Container Store), 누코철강(Nucor Steel), 스타벅스, 마이크로소프트, 아메리칸익스프레스(American Express)와 같은 조직은 자격을 갖춘 소수를 찾아 고용하고, 교육하고, 홍보하기 위해 많은 노력을 기울인다. 《포춘(Fortune)》은 매년 '미국에서 일하기 가장 좋은 회사'와 '소수 민족을 위한 최고의 회사' 목록을 발표한다. 이 목록은 큰 홍보가 되고 또한 그렇게 높이 평가되는 고용주를 위해 일하기를 열망하는

기업가정신과 새로운 벤처기업

사회적 자본이 세상을 더 나은 곳으로 만들고 있다

Commerceandculturestock/Moment Open/Getty Images

대형 은행이 때때로 의문스러운 대출 관행을 사용하면서 수익성을 위해 노력하는 동안 키바(Kiva)와 같은 비영리 소규모 회사는 소액 대출을 통해 사람들을 연결해 빈곤을 줄이기 위해 노력한다. 대출은 25달러의 작은 기부금을 모아 크라우드 펀딩을 받는다. 10년 전 설립된 이후 키바의 소액 대출 플랫폼은 82개국의 신흥 시장 기업가들이 97%의 상환율로 9억 4,500만 달러를 빌릴 수 있도록 도왔다. 차용인의 대부분은 여성이다. 또한 IRC(International Rescue Committee)와 같은 조직에서는 난민이 새로운 출발을 할 수 있도록 소액 대출과 훈련 및 지원을 제공하고 있으며, 위민스임파워먼트인터내셔널(Women's Empowerment International)은 전 세계적으로 소액 대출을 통해 빈곤으로 인한 여성의 어려움을 덜어주고 있다. 이러한 조직이 공유하는 한 가지 공통점은 신용 보고서나 재무제표가 아닌 성격, 신뢰 및 잠재적인 커뮤니티 혜택에 의존해 대출을 받을 사람을 결정한다는 것이다.

소액 대출은 크라우드 펀딩에만 국한되지 않는다. 주 및 지방 정부로부터 자금을 받고 중소기업청에서 모니터링하는 소규모 커뮤니티 기반 소액 대출자가 있다. 그러나 크라우드 펀딩을 받는 소액 대출기관은 차용인의 신용도를 결정하기 위해 사회적 자본에 의존하지만, 전통적인 대출기관은 보다 전통적인 인수 절차에 의존한다. 그럼에도 불구하고 대출 금액이 적고 회수 기간이 짧은 이 소액 대출은 신용 기록과 개인 자금이 제한된 기업가를 위해 고안되었다.

킥스타터(KickStarter)나 고펀드미(GoFundMe)와 같은 크라우드 펀딩 사이트도 신생 기업이 제품을 시장에 출시하는 데 도움이 될 수 있지만 소액 대출이 목표로 하는 소규모 기업 벤처보다는 상업 제품을 선호하는 경향이 있다. 그렇더라도 크라우드 펀딩 사이트가 남성보다 여성 기업가를 선호한다는 증거가 있다.

더 많은 개인을 유치하는 데 도움이 된다.

투자자 투자자에 대한 사회적 책임 자세를 유지하기 위해 관리자는 적절한 회계 절차를 따르고 재무 성과에 대한 적절한 정보를 주주에게 제공하고 조직을 관리해 주주의 권리와 투자를 보호해야 한다. 관리자는 또한 미래의 성장과 수익성을 정확하고 사실대로 평가하기 위해 노력해야 하며 내부자 거래, 주가 조작, 재무 데이터 보류와 같은 민감한 영역에서 부적절하게 보이는 것조차 피해야 한다. 실제로 오늘날의 회계 스캔들 중 많은 부분이 이와 유사하게 의심스러운 관행에서 비롯되었다. 예를 들어 견과류 및 팝콘 스낵 유통업체인 다이아몬드푸드(Diamond Foods)는 최근 아몬드 재배자에게 8,000만 달러를 부적절하게 지급한 사실을 인정한 후 손익을 두 번이나 정정했다. 마찬가지로, 휴렛팩커드는 영국 소프트웨어 개발업체를 111억 달러에 인수했을 때 다양한 거래를 처리하는 방법과 관련된 회계 스캔들을 해결해야 했다.

공급업체 기업과 관리자는 공급업체와의 관계도 신중하게 관리해야 한다. 예를 들어 대기업이 비현실적인 배송 일정을 부과하고 지속적으로 가격 인하를 강요함으로써 공급업체의 이득을 착취하기 쉽다. 한때 월마트는 이러한 방식으로 인해 평판이 좋지 않았다. 많은 기업이 이제 공급업체와의 상호 유익한 파트너십 계약의 중요성을 인식하고 있다. 따라서 그들은 공급업체에게 미래 계획에 대해 계속 알려주고, 납품 일정과 두 회사가 모두 수용할 수 있는 가격을 협상하는 등의 작업을 수행한다. 토요타(Toyota)와 아마존(Amazon.com)은 공급업체와 훌륭한 관계를 유지하고 있는 것으로 알려진 회사이다.

지역 및 국제 사회 대부분의 기업은 지역사회에 대한 사회적 책임도 다하려고 한다. 그들은 유소년 야구와 같은 지역 프로그램에 기여하고 자선 프로그램에 적극적으로 참여하며 지역사회에 대한 부정적인 영향을 최소화해 좋은 기업 시민이 되기 위해 노력할 수 있다. 예를 들어 타깃(Target)은 매출의 일정 비율을 비즈니스를 수행하는 지역사회에 기부한다. 회사는 또한 매주 400만 달러 이상을 전국의 이웃, 프로그램 및 학교에 제공한다고 말한다.

이해관계자 모델은 또한 국제 비즈니스에서 관리자의 행동에 유용한 통찰력을 제공할 수 있다. 특히 조직이 이해관계자에 대한 약속을 인정하는 한, 비즈니스를 수행하는 각 국가에 여러 이해관계자가 있음을 인식해야 한다. 예를 들어 다임러벤츠[Daimler-Benz, 메르세데스벤츠(Mercedes Benz) 자동차 제조업체]는 독일뿐만 아니라 미국, 일본 및 기타 주식이 공개적으로 거래되는 기타 국가에 투자자를 보유하고 있다. 또한 여러 국가에 공급업체, 직원, 고객이 있다. 그 행동은 수십 개의 다른 국가에 있는 다양한 커뮤니티에 영향을 미친다. 마찬가지로, 국제 기업은 임금, 근로 조건, 환경 보호와 같은 영역에서 책임을 규정하는 다양한 법률과 규범이 있는 여러 국가에서 책임을 다해야 한다. 예를 들어 엑슨모빌은 성장하는 석유 사업을 설립한 서아프리카 국가인 앙골라에 병원을 짓고 학교를 확장하는 데 도움을 주었다. 회사는 또한 지역 말라리아 퇴치 프로그램을 지원한다.

현대 사회의식

사회적 책임에 대한 사회적 의식과 관점은 계속 진화하고 있다. 존 D. 록펠러(John D. Rockefeller), J. P. 모건(J. P. Morgan), 코넬리어스 밴더빌트(Cornelius Vanderbilt)와 같은 초기 비즈니스 리더는 거대한 비즈니스를 창출하고 막대한 부를 축적했지만 권력 남용을 우려했다. 이러한 우려는 기본적인 비즈니스 관행을 규제하는 국내 최초의 법률로 이어졌다. 1930년대에 많은 사람들이 대공황을 사업 탐욕과 규제가 부족한 분위기 탓으로 돌렸다. 이러한 경제적 혼란 속에서 사회의 일반 복지를 보호하고 향상하는 데 있어 기업의 역할 확대를 지시하는 새로운 법률이 등장했다. 따라서 **책임**의 개념이 공식화되었다. 새로운 법률과 규정은 1940년대 후반과 1950년대에 경제적 번영이 이루어지는 동안 비즈니스에 **자유방임**적 감정을 불러일으켰다.

그러나 1960년대와 1970년대에 비즈니스는 다시 부정적인 사회적 힘으로 특징지어졌다. 일부 비평가들은 방위산업체들이 자신들의 이익을 위해 베트남 전쟁의 촉발에 도움을 주었다고 비난하기도 했다. 결국, 사회 활동의 증가는 다양한 영역에서 정부 규제의 증가를 촉발했다. 예를 들어 담배에는 건강 경고가 표시되었고 더 엄격한 환경 보호법이 제정되었다.

1980년대와 1990년대 동안 대부분의 경제부문이 향유했던 전반적인 경제적 번영은 사업에 대한 자유방임적인 태도의 또 다른 시기를 이끌었다. 가끔 스캔들이나 중대한 사업 실패가 발생했지만, 대부분의 사람들은 사업을 사회에서 긍정적인 힘으로, 자제와 자유 시장의 힘을 통해 대개 스스로를 통제할 수 있다고 보는 것 같았다. 그러나 이 견해는 대공황 동안 다시 바뀌었다. 많은 사람들이

2008년에 시작된 위기에 대해 대형 은행의 모기지 대출 관행을 비난했다. 비평가들은 또한 미국 정부가 동일한 은행과 제너럴모터스(General Motors, GM), 크라이슬러(Chrysler)와 같은 다른 대기업을 구제한 데 불만을 표시했다.

기후 변화에 대한 우려가 커지고 보다 지속가능한 비즈니스 관행에 대한 요구가 높아지는 가운데, 많은 기업이 최소한 비즈니스 수행에 보다 책임감 있는 접근 방식으로 다시 이동한 것으로 보인다. 예를 들어 베스트바이(Best Buy), 듀퐁(DuPont), GM 같은 회사 내에서 재활용 프로그램이 번창하고 있다. 많은 기업들이 다른 분야에서도 계몽되고 사회적으로 책임 있는 방식으로 계속 운영되고 있다. 예를 들어 시어스(Sears), 타깃과 같은 소매업체에는 권총 및 기타 무기 판매에 대한 정책이 있다. 게임스톱(GameStop)은 성인용 게임을 미성년자에게 판매하는 것을 거부하고 안호이저부시(Anheuser-Busch)는 일부 광고에서 책임 있는 음주의 개념을 홍보한다.

수많은 다른 산업 분야의 기업들도 생산 계획과 마케팅 활동에 사회적으로 의식적인 사고를 통합했다. 환경적으로 안전한 제품의 생산은 잠재적으로 성장 가능성 높은 영역이 되었으며 많은 기업에서 환경 친화적으로 설계된 제품을 출시한다. 스웨덴 가전제품 제조업체인 일렉트로룩스(Electrolux)는 물을 적게 쓰는 세탁기, 태양열 잔디깎이, 오존 프리 냉장고를 개발했다. 포드(Ford)와 GM은 모두 전기, 수소 및 기타 대체 에너지원으로 연료를 공급하는 저공해 차량을 개발하고 판매하는 방법을 적극적으로 연구하고 테스트하고 있다. 컴퍼니스토어(Company Store)는 판매할 때마다 노숙 아동에게 이불이나 담요를 기부한다. 와비파커(Warby Parker)는 선글라스와 안경테를 판매하고 각 쌍의 수익의 절반을 비영리 단체에 기부한다.

사회적 책임 영역

학습목표 2.3
사회적 책임의 개념을 환경 문제와 고객, 직원 및 투자자와의 기업 관계 모두에 어떻게 적용하는지 보여준다.

사회적 책임 의식을 정의할 때 기업은 일반적으로 **환경**, **고객**, **직원**, **투자자**에 대한 책임이라는 네 가지 관심 영역에 직면한다.

환경에 대한 책임

지구 기후라는 주제는 기업과 정부 모두에게 중요한 문제가 되었다. 그러나 대부분의 전문가들은 지구가 온난화되고 있다는 데 동의하지만 원인, 규모 및 가능한 해결책은 모두 광범위한 논쟁의 대상이다. 기후 변화가 비교적 완만한 속도로 일어나고 있는 것으로 보이며, 우리는 매일의 날씨 변화는 거의 경험하고 있지 않다. 그러나 우리는 가뭄, 허리케인, 겨울 한파 등과 같은 성가신 날씨가 전 세계적으로 발생할 가능성을 높이고 있다. 실제로 2016년은 기상 관측 이래 지구상에서 가장 따뜻한 해였나. 온실 가스 배출에 부과된 요금에 대해서는 논란이 있지만, 한 연구원은 "확실히 해결할 수 있는 유일한 방법은 증거가 압도적으로 많을 때 10년, 20년, 30년 정도 계속 노력하는 것이다. 그 사이에 우리는 글로벌 시험을 진행하는 것이며 모두 함께 시험관 안에 있는 것이다"라고 말한다. 영화 〈투모로우(Tomorrow)〉는 환경 피해로 인한 급격한 기후 변화의 한 가지 가능한 시나리오를 묘사했으며 2011년의 〈컨테이젼(Contagion)〉과 2013년의 〈월드워 Z(World War Z)〉는 세계적 대유행이 미칠 수 있는 영향을 보여주었다.

환경에 유해한 물질을 주입하는 **오염**을 제어하는 것은 현대 비즈니스에서 중요한 과제이다. 소음공해에 대한 관심이 증가하고 있지만 대기, 수질, 토양 오염은 정부와 기업 모두의 해결이 필요한 가장 큰 문제로 남아 있다. 다음 절에서는 이러한 영역에서 발생하는 문제의 특성과 이러한 문제를 해결하기 위한 현재 노력에 초점을 맞춘다.

대기 오염 대기 오염은 여러 요인이 결합해 대기질을 떨어뜨릴 때 발생한다. 자동차에서 배출되는 일산화탄소는 제조업 공장에서 생산하는 연기 및 기타 화학물질과 마찬가지로 대기 오염의 원인이 된다. 대기질은 보통 오염물질이 대기에 갇히는 경향이 있는 덴버 지역이나 로스앤젤레스 분지와 같은 특정 지리적 위치에서 최악이다. 이런 이유로 멕시코시티와 베이징 주변의 공기는 일반적으로 세계에서 가장 오염도가 높은 곳으로 알려져 있다.

입법은 대기 오염을 통제하는 데 큰 도움이 되었다. 현행법상 많은 기업이 대기 중으로 배출되는 오염물질을 제한하기 위해 특수 장비를 사용해야 하지만, 그러한 노력은 비용이 많이 든다. 대기

보다 나은 방법 찾기

미션 제로

Rob245/Fotolia

1970년, 노벨상을 수상한 경제학자 밀턴 프리드먼(Milton Friedman)은 기업의 책임은 단 하나, 즉 소유자의 이익을 극대화하는 것이라는 자신의 견해를 펼쳤다. 이것은 믿을 수 없을 정도로 간단한 규칙이며 거의 50년 동안 기업 문화의 지침이 되었다. 그러나 인터페이스(Interface, Inc.)의 레이 앤더슨(Ray Anderson)처럼 이를 다르게 보는 비즈니스 리더가 있다. "회사나 조직에 궁극적인 목적보다 더 중요한 전략적 문제는 없다. 사업이 이윤을 남기기 위해 존재한다고 생각하시는 분들은 다시 한 번 생각해보길 바란다. 비즈니스는 존재하기 위해 이윤을 만들지만 분명 그것보다 더 높고 고귀한 목적을 위해 존재해야 한다."

앤더슨은 1973년에 인터페이스를 설립했으며 1994년에는 세계 최대의 모듈식 카펫 공급업체로 성장했다. 그해에 앤더슨은 환경 문제에 대한 회사의 입장과 관련한 고객의 질문에 답변하기 위해 구성된 소규모 태스크포스(TF)와 대화할 것을 요청받았다. 그 요청으로 인해 폴 호큰(Paul Hawken)의 『비즈니스 생태학(The Ecology of Commerce)』이라는 책을 보게 되었다. 그 책은 프리드먼의 입장과 정반대였으며 현재의 산업 시스템이 지구를 파괴하고 있고 산업의 지도자들만이 전세를 뒤집을 수 있는 힘을 갖고 있다고 앤더슨을 설득했다. 앤더슨은 사회적 책임에 대한 노골적인 지지자가 되었으며 인터페이스를 2020년까지 100% 지속가능하도록 설정했다.

"나는 나 자신에 의해, 다른 누구에게도 지구의 약탈자로서 유죄 판결을 받았지만 우리 문명의 정의에 의해 유죄 판결을 받은 것은 아니다. 우리 문명의 정의에 따르면 나는 산업의 선장이다. 많은 종류의 눈에 현대 영웅으로 비칠 것이다. 그러나 정말로 1차 산업 혁명에는 결함이 있다. 그것은 작동하지 않으며 지속 불가능하다. 그것은 실수이고 우리는 또 다른 더 나은 산업 혁명으로 나아가서 이번에는 바로잡아야 한다."

앤더슨은 2010년 암 진단을 받고 2011년 8월 8일 세상을 떠났지만 그가 확립한 기업 문화와 회사에 대한 비전은 계속되고 있다. 2016년 인터페이스는 윤리공사의 책임경영대상 최우수기업상을 수상했으며, 지속가능성 목표 달성을 앞두고 삶에 맞는 기후를 조성하기 위해 전 세계에 긍정적인 영향을 미치기 위한 새로운 미션인 기후 되돌리기(Climate Take Back)를 도입했다.

오염으로 산성비와 같은 문제가 더 악화하는데, 이는 황이 대기 중으로 퍼져서 자연 수분과 섞이고 비처럼 땅에 떨어졌을 때 발생한다. 미국 동부와 캐나다의 산림과 하천에서 발생한 많은 피해는 미국 중서부의 제조공장 및 발전소에서 나오는 유황에서 비롯된 산성비 때문이다. 북미자유무역협정(NAFTA)에는 특히 1개 이상의 회원국에 영향을 미치는 지역을 대상으로 한 대기 오염에 대한 철저한 통제를 요구하는 조항도 포함되어 있다.

수질 오염 물은 주로 화학 물질과 폐기물 투기로 오염된다. 수년 동안 기업과 도시는 그 결과를 거의 고려하지 않고 강, 개울, 호수에 쓰레기를 버렸다. 클리블랜드의 쿠야호가(Cuyahoga)강은 한때 너무 오염되어 어느 더운 여름날 말 그대로 화염에 휩싸였다.

새로운 법안과 인지도 증가 덕분에 미국의 많은 지역에서 수질이 개선되고 있다. 쿠야호가강은 이제 물고기의 고향이며 물놀이를 할 수 있다. 인산염(많은 세제에서 발견되는 성분)의 투기를 금지하는 뉴욕과 플로리다의 법률은 에리(Erie)호와 기타 주요 수역을 다시 낚시와 수영에 안전한 곳으로 만드는 데 도움이 되었다. 뉴저지의 파사익(Passaic)강과 뉴욕의 허드슨(Hudson)강은 모두 이러한 새로운 법률의 결과로 불과 몇 년 전보다 훨씬 깨끗해졌다.

토양 오염 두 가시 주요 문제가 토양 오염의 특징이다. 첫 번째 문제는 이미 훼손된 토양의 질을 어떻게 회복하느냐 하는 것이다. 예를 들어 유독성 폐기물로 피해를 입은 토양과 물은 사람들이 여전히 사용해야 한다는 단순한 이유 때문에 청소해야 한다. 두 번째 문제는 미래의 오염 방지이다. 새로운 형태의 고형 폐기물 처리는 이러한 문제에 대한 하나의 대응책이다. 가연성 폐기물은 분리해 산업용 보일러의 연료로 사용할 수 있으며, 폐기물을 특정 미생물에 노출시켜 분해를 가속화할 수 있다.

유독성 폐기물 처리 토지 오염에서 특히 논란이 되는 문제는 유독성 폐기물 처리다. 유독성 폐기물은 제조 공정에서 만들어진 위험한 화학 물질 또는 방사성 부산물이다. 미국 제조업체는 매년 4,000~6,000만 톤의 이러한 물질을 생산한다. 일반적으로 유독성 폐기물은 보관해야 한다. 파괴하거나 무해한 물질로 가공할 수 없다. 그러나 뒷마당에 유독성 폐기물 저장 장소를 원하는 사람은 거의 없다. 몇 년 전 아메리칸항공(American Airlines)은 여객기에 화물로 포장된 일부 위험 물질을 잘못 취급했다는 중죄 혐의에 대해 유죄를 인정하고 범죄 기록을 얻은 최초의 주요 항공사가 되었다. 당시 아메리칸항공의 법률 고문인 앤 맥나마라(Anne McNamara)는 회사의 죄를 완전히 인정하면서도 "여기는 여러 겹의 규제가 있는 엄청나게 복잡한 영역이다. 실수로 선을 넘는 것은 매우 쉽다"고 주장했다.

재활용 재활용은 토양 오염의 또 다른 영역이다. 폐기물을 유용한 제품으로 재전환하는 재활용은 지방자치단체와 주정부뿐만 아니라 대량의 쓰레기를 만들어내는 업계에 있는 많은 회사의 문제가 되었다. 알루미늄 캔, 유리와 같은 특정 제품은 효율적으로 재활용할 수 있지만 다른 제품은 더 번거롭다. 예를 들어 일부 세제통이나 주스 병과 같은 밝은 색상의 플라스틱은 우유통 같은 투명한 플라스틱과 별도로 재활용해야 한다. 한편, 대부분의 플라스틱 병 뚜껑에는 일반 재활용 배치(batch)를 망칠 수 있는 비닐 안감이 있다. 그럼에도 불구하고 많은 지역사회에서 알루미늄, 플라스틱, 유리 및 펄프지의 도로변 수거를 포함한 다양한 재활용 프로그램을 적극적으로 지원한다. 불행하게도 이 분야와 기업의 정책 우선순위에 대한 소비자의 인식과 관심은 때때로 다른 분야보다 더 극심하다.

자연 환경과 관련해 오늘날 더 논쟁의 여지가 있는 비즈니스 관행 중 하나는 수압 파쇄법(fracking)이다. 수압 파쇄법은 지하 암석층에 물과 화합물을 주입해 분해하는 것이다. 이 작업이 완료되면 석유 회사는 이전에 시추 작업이 불가능했던 지역에서 보다 쉽게 석유를 추출할 수 있다. 이 기술은 석유 공급을 극적으로 증가시켰고 에너지 가격을 낮추었다. 그러나 동시에 환경 운동가들은 파쇄에 사용되는 화합물이 지하수원을 오염시키고 인근 마을과 주거 지역을 불안정하게 만들 수 있다는 우려를 표명했다.

고객에 대한 책임

고객에게 책임감 있게 행동하지 않는 기업은 결국 신뢰와 비즈니스를 잃게 된다. 책임을 장려하기 위해 연방거래위원회(FTC)는 광고 및 가격 책정 관행을 규제하고 식품의약국(FDA)은 식품에 대한 라벨링 지침을 시행한다. 이러한 정부 규제 기관은 위반자에게 벌금을 부과할 수 있으며 민사 소송에 직면할 수도 있다. 예를 들어 FTC는 13세 미만의 어린이가 계정을 만들 수 있도록 허용한 소셜 네트워킹 사이트 상가(Xanga)에 100만 달러의 벌금을 부과했다. 이는 어린이 온라인 개인정보 보호법을 명백히 위반한 것이다. 표 2.1은 친환경 상품 마케팅인 이른바 '그린 마케팅'의 핵심 요소를 요약한 것이다.

소비주의 소비자가 기업과 거래할 때 그들의 권리를 보호하기 위해 전념하는 사회 운동의 한 형태

소비자 권리 고객에 대한 비즈니스 책임에 대한 관심은 **소비주의**(consumerism), 즉 비즈니스 거래에서 소비자의 권리를 보호하기 위한 사회적 행동주의의 증가로 거슬러 올라갈 수 있다. 소비자 권익 보호에 대한 첫 공식 선언은 1960년대 초 존 F. 케네디(John F. Kennedy) 대통령 때 이루어졌다. 케네디는 네 가지 기본적인 소비자 권리를 확인했다. 그 이후, 두 가지 추가 권리에 대한 일반적인 합의

표 2.1 그린 마케팅의 요소

- **생산 프로세스:** 포드, 제너럴일렉트릭(General Electric)과 같은 기업은 에너지 효율성을 높이고 온실 가스 배출을 감축해 폐기물 및 오염 산출을 줄임으로써 화석 연료와 같은 귀중한 자원의 소비를 제한하도록 생산 프로세스를 수정한다.
- **제품 개선:** S.C. 존슨(S.C. Johnson)은 건강과 환경에 미치는 영향에 따라 분류된 원자재의 친환경 리스트를 통해 보다 환경 친화적인 재료를 사용하도록 제품을 수정할 수 있다. S.C. 존슨은 이 목록에 있는 가장 안전한 재료만을 사용하기 위해 유리 세정제 윈덱스(Windex)에서 180만 파운드의 휘발성 유기 화합물을 제거했다.
- **탄소 상쇄:** 이는 작업으로 인해 손상된 환경 부분, 특히 이산화탄소(CO_2)를 생성하는 부분을 보충, 수리 또는 복원하는 데 전념하는 일부 회사에서 사용한다. 2007년에 폴크스바겐(Volkswagen)은 판매하는 모든 자동차의 이산화탄소 배출량을 상쇄하기 위해 미시시피강 하류에 폴크스바겐 숲을 조성해 나무를 심는 프로그램을 시작했다.
- **포장 감소:** 예를 들어 포장 제품에 사용되는 재료를 줄이고 재사용하는 포장 감소 방법은 스타벅스가 개척한 또 다른 중요한 그린 마케팅 전략이다. 2004년 FDA는 커피 소매업체에 처음으로 식품 및 음료 포장에 재활용 재료를 사용하도록 승인했다. 스타벅스는 10% 재활용 섬유로 구성된 컵을 사용하면 포장 폐기물을 연간 500만 파운드 이상 줄일 수 있다고 추정한다.
- **지속가능성:** 재생 가능한 자원을 사용하고 제한된 자원을 책임감 있고 효율적으로 관리하는 지속가능성은 녹색 정책을 추구하는 모든 기업의 중요한 목표이다. 예를 들어 홀푸드마켓(Whole Foods Market)은 토지, 물과 같은 농업 자원과 환경을 보호하는 지속가능한 농업 관행을 사용하는 농부들로부터 식품을 구매하기 위해 최선을 다하고 있다

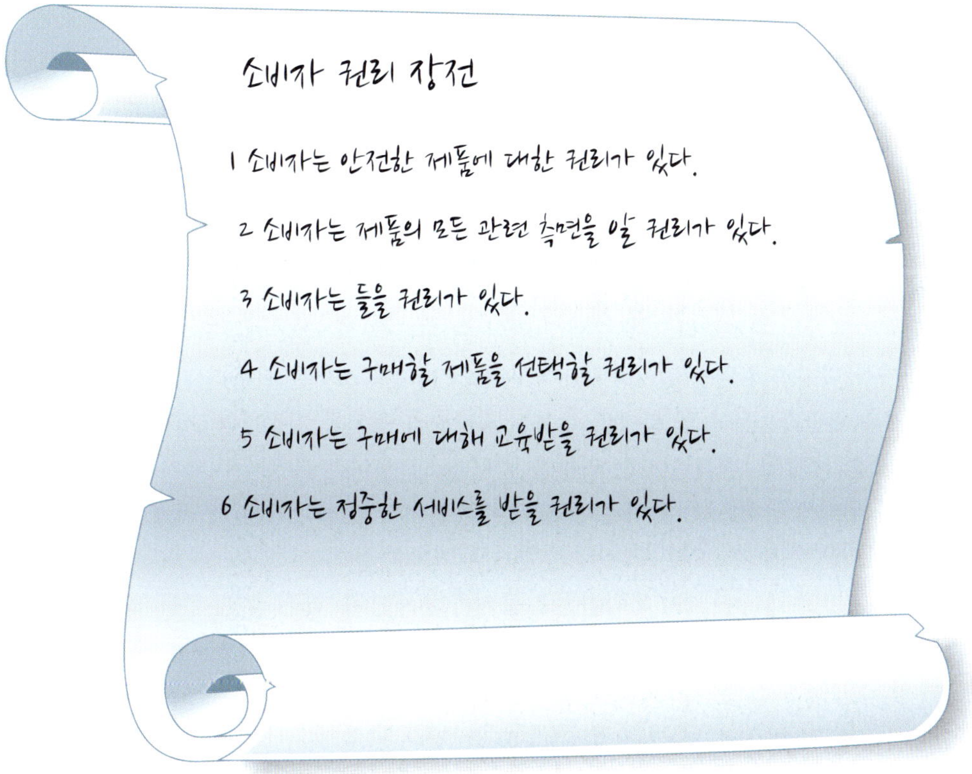

그림 2.4 소비자 권리 장전

가 이루어졌다. 이러한 권리는 그림 2.4에 설명되어 있다. 소비자 권리 장전은 수많은 연방법과 주법에 의해 뒷받침된다.

머크(Merck)는 이러한 소비자 권리 중 하나 이상을 위반하는 기업에 어떤 일이 발생할 수 있는지에 대한 유익한 예를 제공한다. 몇 년 동안 회사는 바이옥스(Vioxx)라는 이름의 진통제를 공격적으로 마케팅했다. 임상 시험에서 약물이 심장마비 및 뇌졸중 위험 증가와 관련이 있다고 나왔을 때 머크는 바이옥스의 판매를 중단하고 이미 선적된 공급품을 회수해야 했다. 리콜 과정에서 머크가 판매 중단을 강요받기 전 최소 4년 동안 이러한 위험에 대해 알고 있었다는 문서도 나왔다. 이후 머크는 약물 복용으로 인해 부상을 입거나 사망한 개인이나 가족에게 48억 5,000만 달러를 지불하기로 합의했다.

불공정한 가격 책정 경쟁을 방해하는 것은 불법적인 가격 책정 관행의 형태를 취할 수 있다. **담합**(collusion)은 둘 이상의 기업이 가격 고정과 같은 부당한 행위에 협력할 때 발생한다. 버진애틀랜틱(Virgin Atlantic)과 루프트한자(Lufthansa)는 18개월 동안 여객기의 유류할증료를 정상 가격의 12배까지 인상하기 위해 경쟁사와 공모했다고 시인했다. 영국항공(British Airways)과 대한항공(Korean Air Lines)은 같은 일을 했다는 이유로 과징금을 냈지만, 버진과 루프트한자는 처벌받지 않았다. 미 법무부는 애플을 전자책 가격 책정과 관련된 담합 및 담합 혐의로 기소했다.

담합 둘 이상의 회사가 부당한 행위를 하기로 하는 불법적인 합의

기업은 또한 수요 증가에 대응해 **바가지 가격**을 받을 수 있다. 예를 들어 악천후의 위협이 있는 동안 사람들은 종종 생수와 배터리를 비축한다. 불행히도 일부 소매업체는 이러한 품목의 가격을

인상해 이 패턴을 이용한다. 2001년 9월 11일 사건 직후 휘발유 소매업체가 가격을 2배 또는 3배로 올렸다는 보고가 널리 퍼졌다. 이와 비슷한 혐의가 미국의 이라크 침공 이후, 허리케인 카트리나와 리타가 걸프만 연안의 정유공장에 피해를 입힌 후, BP 시추 사고로 같은 지역의 석유 사업장이 폐쇄된 후에도 여전히 제기되었다.

광고에서의 윤리 광고와 제품 정보에서의 윤리에 대한 관심도 종종 집중된다. 《뉴스위크(Newsweek)》는 소니(Sony)가 말 그대로 소니컬럼비아픽처스(Sony's Columbia Pictures)가 공개한 영화에 푹 빠진 영화 평론가를 창조했다고 보도해 논란이 일었다. 최신 극장 개봉물을 광고할 때, 그들은 관습적으로 가상 비평가의 극찬을 이용해왔다. 사건이 터지자 소니는 서둘러 관행을 중단하고 사과했다. 또한 일부 비판가들은 농업 분야의 잘못된 라벨링과 광고를 지적한다. 계란과 닭고기 생산자들은 가끔 그들의 제품에 '방목'이라는 라벨을 붙인다. 그 용어는 특정한 이미지를 의미하지만, 실제로는 닭들이 우리에 갇혀 있지 않다는 것을 의미할 뿐이다. 닭들이 열린 우리에 얼마나 빽빽하게 채워져 있는지는 알 수 없다.

또 다른 문제는 일부 소비자들이 도덕적으로 불쾌하게 느낄 수 있는 속옷, 콘돔, 술, 담배, 총기와 같은 제품에 대한 광고이다. 법률은 이러한 광고의 일부를 규제하며(예: 담배는 TV 광고를 할 수 없지만 잡지의 인쇄 광고는 가능함) 많은 광고주는 일반적인 상식과 재량권을 사용해 광고를 한다. 그러나 캘빈클라인(Calvin Klein), 빅토리아시크릿(Victoria's Secret) 같은 일부 회사는 광고가 지나치게 노골적이라는 비난을 받았다. 고대디(GoDaddy)와 아비스(Arby's)도 비슷한 비판을 받고 있다.

Jeff Morgan 02/Alamy Stock Photo

광고 표준은 국가별로 다양한 방식으로 다르다. 일부 차이는 사회문화적 규범에 기인한다. 예를 들어 유럽 일부 지역의 광고 및 광고판에는 종종 누드가 등장하고 미국에서 허용하는 것보다 훨씬 더 자극적일 수 있지만 중동 및 아시아 일부 지역의 광고는 매우 보수적일 가능성이 높다. 법적 제한 사항도 국가마다 다르다. 예를 들어 미국 규정은 담배 회사가 TV와 대부분의 잡지에 광고하는 것을 금지한다. 그러나 다른 국가에서는 담배 회사가 여전히 인쇄 매체와 TV에 광고하는 것을 허용할 수 있다.

직원에 대한 책임

10장에서 우리는 많은 인적자원 관리 활동이 비즈니스가 원활하게 작동하는 데 얼마나 필수적인지 보여줄 것이다. 이러한 채용, 고용, 교육, 승진, 보상 등의 활동은 임직원에 대한 사회적 책임의 근간이기도 한다.

법적 · 사회적 약속 법에 따라 기업은 성과와 관련이 없는 이유로 고용 관계의 모든 측면에서 사람을 차별할 수 없다. 예를 들어 회사는 인종을 이유로 채용을 거부하거나 성별을 이유로 다른 사람보다 낮은 급여를 지급할 수 없다. 인종, 성별, 기타 관련 없는 요인에 관계없이 직원에게 평등한 기회를 제공하는 회사는 법적 책임과 사회적 책임을 모두 충족하는 것이다. 이러한 책임을 무시하는 회사는 우수한 직원을 잃을 위험이 있고 소송에 휘말릴 수 있다.

또한 대부분의 사람들은 조직이 작업장이 물리적으로나 사회적으로 안전한지 확인하기 위해 노력해야 한다는 데 동의한다. 사회적 책임에 대한 인식이 높아진 기업은 또한 일과 삶의 압력과 선호도의 균형을 맞출 수 있는 기회를 제공하고, 직원이 직무 기술을 유지하도록 돕고, 해고나 정리해고가 필요할 때 존중과 동정으로 대우해야 할 의무를 인식한다.

윤리적 의무: 내부 고발자 사례 직원을 사람으로 존중한다는 것은 또한 윤리적인 개인으로서 그들의 행동을 존중한다는 것을 의미한다. 이상적으로는 기업이 불법, 비윤리, 사회적으로 무책임한 행위를 했다는 사실을 알게 된 직원은 고위 경영진에게 문제를 보고할 수 있어야 하며 경영자들이 의심스러운 행위를 중단시킬 것이라고 확신해야 한다. 단, 조직 내 누구도 조치를 취하지 않을 경우, 해당 직원은 규제기관이나 언론에 알리며 **내부 고발자**(whistle-blower), 즉 회사의 비윤리적이거나 불법적이거나 사회적으로 무책임한 행위를 적발해 종식시키려는 직원이 될 수 있다.

내부 고발자 회사의 비윤리적, 불법적, 사회적으로 무책임한 행위를 적발해 이를 근절하려는 자

불행히도 내부 고발자는 때때로 강등되거나 해고되거나 직장에 남아 있으면 동료가 불신, 분개하거나 적대적으로 대한다. 한 연구에 따르면 내부 고발자의 약 절반이 결국 해고되고, 해고된 사람들의 약 절반이 이후에 집이나 가족을 잃는다는 사실이 밝혀졌다. 조치를 취하는 직원은 법에 일부 의지할 수 있다. 현재 내부 고발자법은 1863년 허위 청구법(False Claims Act)에서 비롯되었으며, 이 법은 남북 전쟁 중 계약자가 결함 있는 보급품을 북군에 판매하는 것을 방지하기 위해 고안되었다. 1986년 법 개정으로 정부는 사기 계약자로부터 3배의 손해배상금을 받을 수 있다. 법무부가 개입하지 않으면 내부 고발자는 민사 소송을 진행할 수 있다. 이 경우 내부 고발자는 회수된 금액의 25~30%를 받는다. 그러나 불행히도 거액의 상금을 받을 수 있다는 전망으로 인해 거짓되거나 의심스러운 비난이 쏟아졌다. 메이도프 투자 사기 이후, 보스턴 사기 수사관이 메이도프가 불법적이고 비윤리적인 관행에 관여하고 있음을 증권거래위원회(SEC)에 수년 동안 설득하려 했다는 뉴스가 나왔다. 그러나 그의 경고는 무시되었다. 이 당혹스러운 폭로로 인해 SEC는 내부 고발에 관한 모든 절차를 검토하고 있다고 최근 발표했으며 SEC 의장은 미래 문제를 방지하기 위해 새로운 절차를 마련하겠다고 약속했다.

투자자에 대한 책임

관리자는 여러 가지 방법으로 투자자에 대한 책임을 남용할 수 있다. 원칙적으로 주주에 대한 무

책임한 행동은 주주가 정당한 이익이나 배당금을 받지 못하도록 회사의 재정 자원을 남용하는 것을 의미한다. 회사는 또한 회사 자원을 대표함으로써 주주 소유자에게 무책임하게 행동할 수 있다. 고위 관리자에게 과도한 급여를 지급하고, 이국적인 리조트에서 호화로운 '휴식'을 취하고, 경솔한 특혜를 제공하는 것과 같은 행동은 비윤리적일 수 있지만 반드시 불법은 아니다. 이러한 상황에서 채권자와 주주는 소구할 수 있는 옵션이 거의 없다. 경영진 교체를 강요하는 것은 주가를 떨어뜨릴 수 있는 어려운 과정이며 일반적으로 주주들이 스스로에게 부과하기 꺼리는 불이익이다. 그러나 내부자 거래와 거짓된 재무 보고는 명백히 불법일 뿐만 아니라 비윤리적이다.

내부자 거래 이익이나 이득을 위해 회사에 대한 특수 지식을 사용하는 불법 행위

내부자 거래 **내부자 거래**(insider trading)는 기밀 정보를 사용해 주식을 매매해 이익을 얻는 것이다. 예를 들어 소규모 회사의 주식이 현재 주당 50달러에 거래되고 있다고 가정하자(즉 50달러는 사람들이 주식을 사고파는 현재 가격). 큰 회사가 작은 회사를 사려고 한다면 지배 지분에 대해 주당 75달러를 지불해야 할 수도 있다. 공개적으로 발표되기 전에 인수가 임박했음을 알고 있는 개인(예: 두 회사의 관리자 또는 인수 과정을 준비하는 금융기관)은 제안된 인수가 발표된 후 75달러에 매도할 것을 예상하고 50달러에 주식을 매수해 이익을 얻을 수 있다.

정보에 입각한 경영진은 가치가 떨어지려는 주식을 매각해 재정적 손실을 피할 수도 있다. 법적으로 주식은 모든 투자자가 이용할 수 있는 공개 정보를 기반으로 해서만 판매될 수 있다. 이 규정의 잠재적 위반은 마사 스튜어트(Martha Stewart)와 관련된 내부 거래 스캔들의 핵심이었다. 임클론(ImClone)의 샘 왁살(Sam Waksal) 사장은 회사의 주가가 하락할 것이라는 사실을 알고 급하게 자신의 주식을 팔려고 했다. 그는 또한 절친한 친구인 스튜어트에게 정보를 제공한 혐의를 받고 있으며, 스튜어트는 이후 그녀의 주식도 매각했다. 왁살의 전화를 받지 않고 자금을 다른 곳에서 사용하고 싶었기 때문에 주식을 팔았다고 주장한 스튜어트는 결국 다른 혐의(수사관에게 거짓말)로 유죄를 인정하고 감옥에서 몇 개월 복역했다. 한편 왁살은 자신의 주식을 매각하려는 시도가 잘 기록되어 있었기 때문에 더 긴 징역(7년 이상)과 더 큰 벌금(400만 달러 이상)을 선고받았다.

거짓된 재무 보고 재무 상태를 유지하고 보고할 때 모든 기업은 일반적으로 인정된 회계원칙(GAAP, 14장 참조)을 준수해야 한다. 비윤리적인 관리자는 실제로 얻을 것으로 기대하는 것보다 더 많은 이익을 예상하고, 손실이나 비용을 숨겨 서류상의 이익을 높이거나, 재무 보고서를 왜곡해 회사가 실제보다 더 강해 보이도록 할 수 있다. 2002년 미국 의회는 조직의 최고재무책임자(CFO)가 모든 재무 보고의 정확성을 개인적으로 보장하도록 요구하는 사베인스-옥슬리법(Sarbanes-Oxley Act)을 통과시켰다(14장 참조).

학습목표 2-4
사회적 책임에 대한 네 가지 일반적인 접근 방식을 인식하고 중소기업에서 사회적 책임의 역할에 주목한다.

사회적 책임 프로그램 이행

비즈니스 목표로서의 사회적 책임에 대해서는 의견이 크게 다르다. 이익을 위협하는 사업 활동을 반대하는 사람도 있지만 사회적 책임이 우선되어야 한다고 주장하는 사람도 있다. 일부 회의론자들은 사회 프로젝트가 사회 전반에 의해 다루어지는 방식에 대해 기업들이 너무 많은 통제력을 얻게 될 것이라고 우려하거나 사회 문제를 해결하는 데 필요한 전문지식이 부족하다고 우려한다. 그럼에도 불구하고, 많은 사람들은 기업이 시민 그 자체이고, 종종 방대한 자원을 통제하고, 사회 프로

그램이 다루는 문제에 기여할 수 있기 때문에 시민들의 삶을 개선하는 데 도움을 주어야 한다고 믿는다.

사회적 책임에 대한 접근

이러한 의견 차이를 감안할 때 기업이 사회적 책임에 다양한 접근 방식을 채택한 것은 놀라운 일이 아니다. 그림 2.5에서 볼 수 있듯이, 조직이 사회에 대한 의무와 관련해 취할 수 있는 네 가지 입장은 가장 낮은 수준에서 가장 높은 수준의 사회적 책임 관행에 이르는 연속적 범위를 따른다.

방해자 입장 사회적 책임에 **방해자 입장**(obstructionist stance)을 취하는 소수의 조직은 일반적으로 사회적 또는 환경적 문제를 해결하기 위해 가능한 한 적게 행동하고, 윤리적 행위를 거의 고려하지 않으며, 잘못을 부인하거나 은폐하기 위해 많은 노력을 기울인다. 예를 들어 선도적인 육류 가공 회사인 IBP는 환경 보호, 노동 및 식품 가공법을 위반하고 위반 사항을 은폐하려는 오랜 기록을 가지고 있다. 마찬가지로, PCA(Peanut Corporation of America)의 조지아 공장은 최근 살모넬라균에 오염된 제품을 출하했다. 회사의 최고 관리자는 제품이 안전 테스트에 실패했다는 것을 알고 있었지만 손실을 피하기 위해 이를 무시하고 배송했다. 공장 관리자와 다른 3명의 관리는 이후 감옥에서 복역했다. 폴크스바겐은 자동차를 보다 친환경적으로 보이게 하기 위해 고의로 배기가스 배출 데이터를 허위 보고한 혐의를 받고 있다. 이 스캔들로 인해 폴크스바겐은 수십억 달러의 벌금을 지불하고 명성에 큰 피해를 입었다.

방해자 입장 사회적 책임과 관련된 일을 가능한 적게 하고 이에 대한 위반을 부인하거나 은폐하려는 시도를 수반할 수 있는 사회적 책임에 대한 접근 방식

방어적 입장 **방어적 입장**(defensive stance)을 취하는 조직은 실수를 인정하고 시정 조치를 취하는 것을 포함해 법적으로 요구되는 모든 조치를 취하지만 그 이상은 하지 않는다. 방어적 입장 관리자는 그들의 임무가 이익을 창출하는 것이라고 주장하며, 예를 들어 법에 규정된 오염 제어 장비를 설치할 수 있지만 오염을 추가로 제한하기 위한 고품질 장비는 설치하지 않는다. 담배 회사는 일반적으로 마케팅 활동에서 이러한 입장을 취한다. 미국에서는 법적으로 제품에 경고 문구를 포함하고 광고를 규정된 매체로 제한해야 한다. 미국 내에서는 이러한 규칙을 법규에 따르지만 이러한 규칙이 없고 담배 홍보를 많이 하는 많은 아시아와 아프리카 국가에서는 담배에 타르와 니코틴이 더 많이 함유되어 있으며 건강 경고 라벨이 거의 또는 전혀 부착되어 있지 않다.

방어적 입장 기업이 사회적 환경에서 그룹 및 개인에 대한 약속에서 최소한의 법적 요건만 충족하는 사회적 책임에 대한 접근 방식

수용적 입장 **수용적 입장**(accommodative stance)을 취하는 회사는 법적·윤리적 요구사항을 충족하고 경우에 따라 초과한다. 그러한 회사는 변호사가 주어진 프로그램이 그들의 지원을 받을 가치가 있

수용적 입장 특별히 요구되는 경우 회사가 사회적 환경에서 그룹 및 개인에 대한 약속에서 법적 최솟값을 초과하는 사회적 책임에 대한 접근 방식

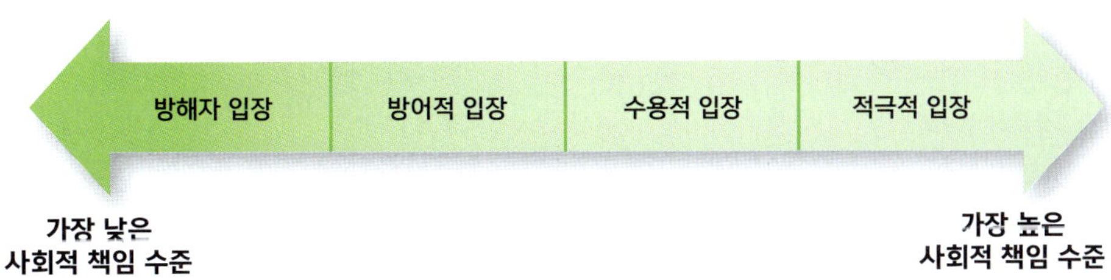

그림 2.5 기업의 사회적 책임에 대한 접근 스펙트럼

다고 확신하는 경우 사회 프로그램에 참여하는 데 동의할 것이다. 예를 들어 쉘(Shell)과 IBM은 직원이 기부한 금액을 선별된 자선 활동에 매칭한다.

적극적 입장 기업이 사회적 환경에서 집단과 개인의 안녕에 기여할 수 있는 기회를 적극적으로 모색하는 사회적 책임에 대한 접근 방식

적극적 입장 사회적 책임의 정도가 가장 높은 기업은 **적극적 입장**(proactive stance)을 보인다. 사회적 책임을 지지하는 주장을 수용하고, 스스로를 사회의 시민으로 여기며, 전반적인 사회복지 향상에 진지한 의지를 표명하고, 기여할 수 있는 기회를 적극적으로 찾으며 수용적인 입장을 능가한다. 이러한 입장을 구현하는 가장 일반적이고 직접적인 방법은 다양한 사회 프로그램에 직접적인 재정 지원을 하기 위한 재단을 마련하는 것이다. 가장 최근 데이터를 사용하는 표 2.2에는 상위 25개 기업 재단이 나열되어 있다.

적극적 입장의 좋은 예는 맥도날드의 로날드 맥도날드 하우스(Ronald McDonald House) 프로그램이다. 주요 의료기관과 가까운 곳에 위치한 이 주택은 아픈 자녀가 근처에서 진료를 받는 동안 가족

표 2.2 상위 25개 기업 재단

순위	재단명	총 기부 금액(달러)	회계연도 종료일 기준
1.	노바티스 환자 지원 재단	456,825,176	2014년 12월 31일
2.	웰스파고 재단	189,380,780	2014년 12월 31일
3.	뱅크오브아메리카 자선 재단	175,729,430	2014년 12월 31일
4.	월마트 재단	168,582,621	2014년 1월 31일
5.	JP모건체이스 재단	130,855,483	2013년 12월 31일
6.	GE 재단	108,401,652	2013년 12월 31일
7.	코카콜라 재단	90,518,700	2014년 12월 31일
8.	씨티 재단	78,000,000	2014년 12월 31일
9.	엑슨모빌 재단	75,212,563	2014년 12월 31일
10.	바이엘 미국 환자 지원 재단	58,474,547	2014년 11월 30일
11.	조지 루카스 가족 재단	55,486,655	2014년 12월 31일
12.	캐터필러 재단	49,640,075	2014년 12월 31일
13.	PNC 재단	48,597,927	2014년 12월 31일
14.	존슨앤드존슨 계열사 재단	46,445,669	2013년 12월 31일
15.	UPS 재단	42,895,860	2013년 12월 31일
16.	메트라이프 재단	41,068,034	2014년 12월 31일
17.	인텔 재단	39,047,597	2014년 12월 31일
18.	퍼블릭스슈퍼마켓 자선 재단	38,602,791	2014년 12월 31일
19.	골드만삭스 재단	37,245,807	2014년 12월 31일
20.	에머슨 자선 신탁	36,181,743	2014년 9월 30일
21.	푸르덴셜 재단	34,835,423	2014년 12월 31일
22.	제너럴모터스 재단	30,821,026	2014년 12월 31일
23.	머크 재단	30,691,387	2014년 12월 31일
24.	버라이즌 재단	30,628,914	2014년 12월 31일
25.	포드 자동차 회사 펀드	30,222,388	2014년 12월 31일

출처: Foundation Center, www.fcpubhub.net/findfunders/topfunders/top50giving.html.

들이 최소한의 비용으로 사용할 수 있다. 그러나 이러한 범주는 뚜렷하게 구분되지 않는다. 조직이 항상 한 범주 또는 다른 범주에 딱 들어맞는 것은 아니다. 로날드 맥도날드 하우스 프로그램은 널리 찬사를 받았지만 맥도날드는 또한 식품의 영양가에 대해 소비자를 오도한 혐의를 받고 있다.

사회적 책임과 중소기업

정원용품점의 소유자로서 현금 지불이 건축 허가 신청을 빠르게 할 수 있다는 건물 검사관의 제안에 당신은 어떻게 반응하겠는가? 주류 판매점의 관리자로서 위조 신분증을 가지고 온 것으로 보이는 손님을 경찰에 신고하겠는가, 주류 판매를 거부하겠는가, 술을 판매하겠는가? 소규모 실험실의 소유자로서 주 보건위원회에 전화해 의료 폐기물 처리에 대해 계약하려는 회사가 허가를 받았는지 확인하겠는가? 작은 회사가 꼭 필요한 은행 대출을 받는 데 도움이 되도록 손익 계산서를 작성한다면 누가 실제로 피해를 입겠는가? 이 장의 많은 예는 윤리적 · 사회적 책임 문제에 대한 대기업의 대응을 보여주지만 중소기업은 동일한 질문에 많은 답을 해야 한다. 두 비즈니스의 차이점은 주로 규모의 차이다.

동시에 윤리적 문제는 주로 **개인** 윤리의 문제이다. 사회적 책임에 대한 질문은 어떤가? 예를 들어 중소기업이 사회적 의제를 감당할 수 있는가? 청소년 축구팀을 후원하고, 유나이티드웨이에 기부하고, 라이온스클럽에서 전구를 구매해야 하는가? 상공회의소에 가입하고 더 나은 비즈니스 사무국을 지원하는 데 너무 많은 비용이 드는가? 분명히 윤리와 사회적 책임은 직급이나 규모에 관계없이 모든 조직의 모든 관리자가 직면하는 결정이다. 비즈니스 성공의 한 가지 열쇠는 윤리적 및 사회적 책임에 대한 질문의 기초가 되는 문제에 어떻게 대응할지 미리 결정하는 것이다.

정부와 사회적 책임

학습 목표 2-5
정부와 기업이 서로에게 어떤 영향을 미치는지 사회적 책임에서 정부의 역할을 설명한다.

사회적 책임의 특히 중요한 요소는 기업과 정부의 관계이다. 예를 들어 계획경제에서 정부는 표면상 기업이 사회적 이상을 지원하도록 하기 위해 기업 활동을 엄격하게 규제한다. 그리고 시장경제에서도 여전히 상당한 정부의 기업 통제가 존재하며, 그 대부분은 기업의 이익이 사회적 이익을 손상하지 않도록 하기 위한 것이다. 또는 기업은 정부 제한을 상쇄하거나 역전함으로써 정부에 영향을 미치려고 시도한다. 기업과 정부는 서로에게 영향을 미치기 위해 여러 가지 방법을 사용한다.

정부가 기업에 미치는 영향

정부(국가, 주, 지방)는 직간접 채널을 통해 사회적 책임 관행을 형성하려고 시도한다. 직접적인 영향은 **규제**를 통해 가장 자주 나타나는 반면 간접적인 영향은 여러 형태, 특히 조세 정책을 통해 나타난다.

직접 규제 정부는 **규제**(regulation), 즉 법률 및 규칙의 수립을 통해 조직이 할 수 있는 것과 할 수 없는 것을 통제함으로써 가장 직접적인 영향을 미치는 경우가 많다. 이러한 규제는 일반적으로 기업이 스스로 행동해야 하는 방식에 대한 사회적 신념에서 비롯된다. 법률을 시행하기 위해 정부는 일반적으로 기업 활동의 특정 측면을 모니터링하고 통제하는 특별 기관을 만든다. 예를 들어 환경보

규제 조직이 할 수 있는 것과 할 수 없는 것을 지시하는 법률과 규칙의 수립

호청은 환경 문제를 처리하고, FTC와 FDA는 소비자 관련 문제에 초점을 맞추고, 평등직원기회위원회, 국가노동관계위원회, 노동부는 직원 보호를 돕고, SEC는 투자자 관련 문제를 처리한다. 이들 기관은 규정을 위반한 단체에 과태료를 부과하거나 고발할 수 있는 권한이 있다.

또한 정부는 입법을 통해 기업 관행을 규제할 수 있다. 예를 들어 미국 해외부패방지법은 뇌물 수수에 가담하는 기업이나 기업 관계자에 대한 재정적 제재를 규정하고 있다. 독일의 대형 엔지니어링 회사인 지멘스(Siemens AG)는 인프라 건설 프로젝트를 수주하기 위해 외국 관리들에게 상습적인 뇌물을 제공한 관행으로 조사를 받았다. 이 회사는 적어도 10개국의 공무원에게 뇌물을 제공하는 데 10억 달러 이상을 지출한 것으로 알려졌다. 지멘스는 최근 미국 정부가 부과한 8억 달러의 벌금에 합의했다. (미국 정부는 독일 회사가 뉴욕증권거래소에 상장된 주식 종류를 가지고 있어 해외부패방지법의 적용을 받기 때문에 지멘스에 벌금을 부과할 수 있는 권한이 있었다.) 유사하게, 다른 독일 회사인 다임러벤츠도 회사가 5,000만 달러 이상의 수익을 올릴 수 있도록 22개국에서 뇌물을 수수한 혐의로 기소되었다. 이 회사는 정부에 차량을 공급하는 계약을 체결하기 위해 외국 관리들에게 수백만 달러의 뇌물을 제공한 혐의를 받고 있다. 혐의에는 음모 및 위조 기록이 포함되었다. 다임러는 합의금으로 1억 8,500만 달러를 지불하기로 했다. 조셉 시겔멘(Joseph Sigelman)이라는 미국 기업가는 컬럼비아 열대우림에서 페트로타이거(PetroTiger)라는 성공적인 유전 서비스 회사를 시작했지만 최근 6건의 뇌물, 리베이트 및 돈 세탁 혐의로 기소되었다.

간접 규제 다른 형태의 규제는 간접적이다. 예를 들어 정부는 세금을 통해 조직의 사회적 책임에 간접적으로 영향을 줄 수 있다. 사실상 정부는 세금 인센티브를 더 많이 또는 더 적게 제공함으로써 조직이 사회적 책임을 다하는 방식에 영향을 미칠 수 있다. 예를 들어 정부가 조직이 만성 실업자, 가장 기본적인 직업 기술이 부족하고 일상적으로 일자리를 찾는 데 어려움을 겪는 사람들을 훈련시키는 데 더 많은 지출을 하기를 원했다고 가정해보자. 그러면 의회는 새로운 훈련 시설을 개설한 기업에 세금 인센티브를 제공하는 법률을 통과시킬 수 있으며, 세금 감면의 결과로 더 많은 기업이 그렇게 할 것이다. 물론 일부 비판론자들은 규제가 이미 과도하다고 주장한다. 그들은 자유 시장 시스템이 결국 규제와 동일한 목표를 달성하고 조직과 정부 모두에 더 낮은 비용을 줄 것이라고 주장한다.

기업이 정부에 미치는 영향

정부가 기업에 영향을 미칠 수 있는 것처럼 기업도 정부에 영향을 미칠 수 있다. 기업은 더 많은 사회적 책임에 대한 정부의 압력에 대처하는 네 가지 방법이 있는데, 바로 (1) 개인적 접촉, (2) 로비, (3) 정치활동위원회, (4) 특혜(버락 오바마 행정부 초기에 그는 특히 로비를 통해 정부에 미치는 기업의 영향력을 제한하거나 규제하기 위해 고안된 몇 가지 조치를 시행했다)이다.

개인적 접촉 많은 기업 경영진과 정치 지도자들이 동일한 사회적 그룹 내에 속하기 때문에 개인적인 접촉과 네트워크가 영향력을 행사하는 한 가지 방법을 제공한다. 예를 들어 기업 임원은 정치인에게 직접 연락해 고려중인 법안에 대해 자신의 입장을 표현할 수 있다.

로비 정치 단체 앞에서 조직이나 조직의 그룹을 공식적으로 대표하기 위해 사람이나 그룹을 사용하는 것

로비 **로비**(lobbying), 즉 개인이나 그룹을 이용해 정치 단체 앞에서 공식적으로 조직이나 조직의 그

룹을 대표하는 것도 정부에 영향을 미치는 효과적인 방법이다. 예를 들어 미국총기협회(National Rifle Association, NRA)에는 워싱턴에 상당한 연간 예산이 책정된 로비스트 직원이 있다. 이 로비스트들은 총기 규제에 대한 NRA의 입장을 대표하고 총기 산업과 총기 소유자의 권리에 영향을 미치는 법안에 투표할 때 잠재적으로 의회 의원들에게 영향을 미치기 위해 일한다. 앞서 언급했듯이 오바마 대통령은 로비 활동을 통제하거나 제한하기 위한 조치를 취했다. 예를 들어 로비스트와 국회의원 간의 일반적인 대화를 넘어서는 모든 토론은 편지 형식으로 작성해 온라인에 게시해야 한다. 트럼프 대통령이 이러한 노력을 계속할 것인지 지켜볼 일이다.

정치활동위원회 기업 자체는 합법적으로 정치 캠페인에 직접 기부할 수 없으므로 **정치활동위원회**를 통해 정부에 영향을 미친다. **정치활동위원회**(political action committees, PAC)는 자금을 모집한 다음 정치 후보자에게 분배하기 위해 만들어진 특수 조직이다. 회사 직원은 특정 PAC에 기부하도록 권유받을 수 있다. 관리자는 자신과 유사한 정치적 견해를 가진 후보자를 지원할 것이라는 점을 알고 있기 때문이다. 다시 말해 PAC는 스스로를 위해 주 및 전국 후보자들에게 기부한다. 예를 들어 페덱스(FedEx)의 PAC는 페덱스팩(FedExpac)이라고 한다. 페덱스팩은 회사의 최대 이익을 위해 일할 가능성이 가장 큰 정치 후보자의 선거 자금에 정기적으로 기부한다. 로비와 마찬가지로 오바마 대통령은 정치활동위원회의 영향력을 제한하는 조치를 시행했다.

정치활동위원회(PAC) 자금을 모집한 후 정치 후보자에게 분배하기 위해 만든 특수 조직

특혜 마지막으로, 조직은 지원을 얻기 위해 때때로 특혜 및 기타 영향력 전술에 의존한다. 이러한 특혜는 합법적일 수 있지만 여전히 비판의 대상이다. 예를 들어 몇 년 전, 마이애미의 기금 모금 행사에 참석한 영향력 있는 하원의원 2명이 워싱턴에서 페덱스가 통과시키길 원하는 법안에 대한 작업을 완료해야 했다. 법안 초안은 회사와 경쟁업체가 직원들에게 면세 혜택으로 항공사 대기석을 제공하는 것을 허용할 것이다. 페덱스는 이를 위해 위원회 위원들을 워싱턴으로 돌려보낼 수 있도록 회사 제트기 한 대를 제공했다. 페덱스는 결국 비용을 변제받았기 때문에 불법적인 지원은 아니었지만, 일부 사람들은 이러한 행위가 인식될 수 있기 때문에 위험하다고 주장한다.

사회적 책임 관리하기

학습목표 2-6

기업이 공식적·비공식적 차원에서 사회적 책임을 관리하는 방법과 조직이 사회적 책임을 평가하는 방법을 논의한다.

현대 조직에 부여하는 사회적 책임에 대한 요구는 잘 교육받은 대중들로 인해 그 어느 때보다 높다. 우리가 살펴본 바와 같이, 높은 윤리적 기준을 지키지 않는 경영자와 법적 의무를 회피하려는 기업에는 함정이 있다. 조직은 다른 비즈니스 전략을 개발하는 것과 같은 방식으로 사회적 책임에 대한 접근 방식을 취해야 한다. 즉 사회적 책임을 치밀한 계획과 의사결정, 배려와 평가가 필요한 주요 과제로 보아야 한다는 것이다. 그들은 사회적 책임 관리의 공식적·비공식적 차원 모두를 통해 이를 달성할 수 있다.

공식적 조직 차원

사회적 책임 관리의 일부 차원에는 조직 측의 공식적이고 계획된 활동이 포함된다. 실제로 일부 기업은 전략적 관점에서 사회적 책임에 접근하고 있다. 사회적 책임을 관리하는 데 도움이 될 수 있

는 공식적인 조직 차원은 (1) 법규 준수, (2) 윤리 준수, (3) 자선 기부이다.

법규 준수 조직이 지역, 주, 연방 및 국제법을 준수하는 정도

법규 준수 **법규 준수**(legal compliance)는 조직이 지역, 주, 연방 및 국제법을 준수하는 정도이다. 일반적으로 법규 준수 관리 작업은 적절한 기능 관리자에게 할당된다. 예를 들어 조직의 최고 인사 관리 임원은 고용, 급여, 작업장 안전 및 보건에 관한 규정을 준수할 책임이 있다. 마찬가지로, 최고 재무 경영자는 일반적으로 증권 및 은행 규정 준수를 감독한다. 조직의 법무 부서는 일반적인 감독을 제공하고 법률 및 규정의 적절한 해석에 대한 관리자의 질문에 답변한다. 그러나 불행히도 법규 준수가 충분하지 않을 수 있다. 예를 들어 어떤 경우에는 완벽한 법적 회계 관행이 여전히 속임수와 기타 문제를 야기했다.

윤리 준수 조직 구성원이 기본적인 윤리적(및 법적) 행동 기준을 준수하는 정도

윤리 준수 **윤리 준수**(ethical compliance)는 조직 구성원이 기본적인 윤리적(및 법적) 행동 기준을 따르는 정도이다. 우리는 이전에 조직이 윤리 교육을 제공하고 지침 및 행동 강령을 개발함으로써 윤리적 노력을 수행했음을 언급했다. 이러한 활동은 윤리 준수를 강화하는 수단이 된다. 많은 조직에 공식 윤리위원회도 설립한다. 이러한 위원회는 새로운 프로젝트에 대한 제안을 검토하거나, 새로운 고용 전략을 평가하는 데 도움을 주거나, 새로운 환경 보호 계획을 평가할 수 있다. 또한 직원의 윤리적 위법 행위를 평가하기 위한 동료 검토 패널 역할을 할 수도 있다.

자선 기부 자선 단체나 다른 가치 있는 명분에 기금이나 선물을 주는 것

자선 기부 **자선 기부**(philanthropic giving)는 자선 단체 또는 기타 가치 있는 원인에 자금이나 선물을 제공하는 것이다. 타깃은 정기적으로 과세 소득의 5%를 자선 및 사회 프로그램에 기부한다. 오마하 스테이크(Omaha Steaks)는 예술 지원을 위해 연간 100,000달러 이상을 제공한다. 국경을 넘어 기부하는 것도 보편화되고 있다. 예를 들어 알코아(Alcoa)는 브라질의 작은 마을에 하수 처리장을 건설하는 데 112,000달러를 기부했다. 그리고 소니(Sony), 미쓰비시(Mitsubishi)와 같은 일본 기업은 미국의 여러 사회 프로그램에 기부하고 있다. 그러나 현재와 같은 삭감 상황에서 많은 기업이 자체 예산을 계속해서 삭감함에 따라 지난 몇 년 동안 자선 기부금을 제한해야 했다. 그리고 계속해서 기부를 하는 많은 기업들은 반대 급부가 돌아오는 프로그램이나 분야로 좀 더 대상을 늘리고 있다. 예를 들어 오늘날 기업들은 예술보다 직업 훈련 프로그램에 돈을 더 많이 투자한다. 직업 훈련 프로그램이 좀 더 직접적인 반대 급부가 있다는 이유이다. 이 경우에는 새로운 직원으로 고용할 수 있는 더 잘 훈련된 인력이다. 실제로 예술 프로그램에 대한 기업의 기부는 2008~2010년 사이에 29% 감소했으며 최근에야 경기 침체 이전 수준으로 돌아왔다.

비공식적 조직 차원

사회적 책임을 관리하기 위한 이러한 공식적 차원 외에 비공식적 차원도 있다. 조직의 리더십과 문화, 내부 고발자에 대한 조직의 대응 방식은 모두 조직의 입장에서의 사회적 책임에 대한 사람들의 인식을 형성하고 정의하는 데 도움이 된다.

조직 리더십과 문화 리더십 관행과 조직 문화는 조직과 구성원이 채택할 사회적 책임에 대한 입장을 정의하는 데 큰 도움이 될 수 있다. 윤리적 리더십은 전체 조직의 분위기를 결정하기도 한다. 예를 들어 몇 년 동안 존슨앤드존슨 경영진은 고객, 직원, 회사가 사업을 수행하는 지역사회, 주주가

모두 중요하며 주로 그 순서대로 중요하다는 일관된 메시지를 직원들에게 제공했다. 따라서 1980년대에 독극물이 주입된 타이레놀이 유통되었을 때 본사의 명령을 기다리기 전에 무엇을 해야 할지 알 수 있었다. 직원들은 이 사건이 주주들에게 어떤 영향을 미칠지 고려하지 않고 소비자들이 구매하기 전에 매장에서 모든 타이레놀 제품을 회수했다.

내부 고발 앞에서 언급했듯이 내부 고발은 직원이 조직 내 다른 사람의 불법적이거나 비윤리적인 행위를 공개하는 것이다. 조직이 이러한 관행에 어떻게 대응하는지는 흔히 사회적 책임에 대한 입장을 보여준다. 내부 고발자는 여러 채널을 통해 진행해야 할 수 있으며 노력의 대가로 해고될 수도 있다. 그러나 많은 조직이 그들의 기여를 환영한다. 의심스러운 행동을 관찰한 사람은 일반적으로 먼저 상사에게 사건을 보고한다. 상사가 아무 조치도 취하지 않는 경우 내부 고발자는 상위 관리자 또는 윤리위원회가 있는 경우 위원회에 이를 알릴 수 있다. 결국, 그 사람은 규제 기관이나 심지어 언론에 가서 의견을 들어야 할 수도 있다. 예를 들어 찰스 로빈슨(Charles W. Robinson, Jr.)은 샌안토니오에 있는 글락소스미스클라인(GlaxoSmithKline) 연구소의 이사로 일했다. 어느 날 그는 회사가 메디케어(Medicare)에서 연구비를 징수하는 데 사용하고 있는 의심스러운 청구 패턴을 발견했다. 청구서는 동일한 테스트에 대한 회사의 일반 요금보다 상당히 높았다. 그는 상급 관리자들에게 문제를 지적했지만, 그들은 그의 우려를 무시했다. 그는 이후 자신의 연구 결과를 미국 정부에 가져갔고, 미국 정부는 글락소스미스클라인을 고소해 결국 3억 2,500만 달러에 합의했다.

보다 최근에, 미시시피주 스테니스우주센터(Stennis Space Center)의 전 직원인 데이비드 매기(David Magee)는 정부 직원들이 록히드마틴(Lockheed Martin)과 SAIC(Science Applications International Corporation)와 공모해 부정청구방지법을 위반하고 해양연구소 주요공유지원센터(NAVO MSRC)의 입찰을 따냈다고 상급자 및 연방에 보고했다. 그들은 입찰 과정에 대한 비밀 정보를 공유해 성공적인 입찰을 보장한 것으로 알려졌다. 매기는 소송의 대가로 록히드로부터 계약금 200만 달러 중 56만 달러를 받을 것이다.

사회적 책임 평가

그들의 노력이 원하는 이익을 만들고 있는지 확인하기 위해 사회적 책임에 진지한 모든 기업은 통제 개념을 사회적 책임에 적용해야 한다. 이제 많은 조직에서 모든 직원에게 지침이나 윤리강령을 읽고 이를 준수하기로 동의하는 성명서에 서명하도록 요구하고 있다. 기업은 또한 의심스러운 법적 또는 윤리적 행위에 어떻게 대응하는지 평가해야 한다. 즉시 후속 조치를 취하는가? 관련된 사람들을 처벌하는가? 아니면 지연 및 은폐 전술을 사용하는가? 이러한 질문에 대한 답변은 조직이 사회적 책임에 대한 접근 방식의 그림을 형성하는 데 도움이 될 수 있다.

보다 공식적으로, 조직은 때때로 실제로 사회적 책임 노력의 효과성을 평가할 수 있다. 예를 들어 BP아모코(BP Amoco)는 시카고에서 직업 훈련 프로그램을 설립했을 때 프로그램이 목표를 얼마나 잘 달성하고 있는지 평가하기 위해 추가 기금을 할당했다. 또한 일부 기업은 기업의 사회적 성과의 효과에 대한 공식적이고 철저한 분석인 **기업 사회 감사**(corporate social audit)를 실시하기도 한다. 일반적으로 회사 내부의 고위 관리자로 구성된 태스크 포스가 감사를 수행한다. 이를 위해서는 조직이 모든 사회적 목표를 명확하게 정의하고, 각 목표에 할애하는 자원을 분석하고, 다양한 목표를 얼마나 잘 달성하고 있는지 확인하고, 추가 주의가 필요한 영역에 대한 권장 사항을 작성해야 한다. 최근

기업 사회 감사 기업의 사회적 책임 목표 달성을 위해 배정된 기금 활용에 대한 체계적인 분석

추정에 따르면 세계 250대 기업 중 약 80%가 현재 환경 및 사회적 책임 분야에서 그들의 노력을 요약한 연례 보고서를 발행하고 있다.

격변 시대의 경영

전자 종이 흔적 파쇄

2015년 힐러리 클린턴(Hillary Clinton)의 개인 이메일 서버를 호스팅한 회사는 블리치비트(BleachBit)라는 간단한 프로그램을 사용해 개인 이메일의 저장 파일(.pst 파일)을 삭제해 전자 메일 보존 문제를 전국적으로 부각시켰다. 그러나 그 이전에도 지난 몇 년 동안 발생한 주요 기업 스캔들 중 다수는 개인 이메일의 발견과 관련이 있었다. 씨티그룹(Citigroup) 분석가 잭 그루브먼(Jack Grubman)은 CEO 샌디 웨일(Sandy Weill)의 호의를 받는 대가로 주식 추천을 변경한 다음, 합의를 확인하는 이메일을 보냈다. 수사관들은 아서앤더슨(Arthur Andersen)의 수석 감사인 데이비드 던컨(David Duncan)이 법무부의 조사가 시작된 직후 유죄를 입증하는 이메일을 삭제하려 했다는 것을 발견했다. 크레딧스위스퍼스트보스턴(Credit Suisse First Boston)의 분석가인 팀 뉴잉턴(Tim Newington)이 고객의 신용등급 변경 압력에 굴복하지 않자 뉴잉턴의 골치 아픈 청렴성 문제에 대한 이메일이 돌았다. "더 큰 이슈는 뉴잉턴에 대해 일반적으로 어떻게 해야 할 것인가이다"라고 한 고위 매니저가 경고했다. "현 시점에서 그가 어떻게 될지 확신할 수 없다."

보다 최근에는 폴크스바겐의 전 정보 담당자인 다니엘 도노반(Daniel Donovan)이 동료들이 전자 데이터와 서신을 삭제했다는 사실을 상사에게 알린 이유로 해고되자 내부 고발자 소송을 제기했다. 폴크스바겐 직원들은 환경보호국(EPA)에 특정 디젤 자동차에 배기가스 배출 테스트를 속이는 소프트웨어를 설치한 이유로 자동차 제조업체를 상대로 위반 통지서를 제출하고 난 뒤에 이러한 데이터를 삭제하려고 했다.

폴크스바겐 직원들은 저장 공간 부족으로 데이터를 삭제한다고 주장했지만 하드 드라이브의 공간을 확보하는 것 외에 업무용 이메일을 삭제해야 할 다른 정당한 이유가 있었을까? 그렇다면 해당 데이터 파일을 유지하는 데 적절한 시간은 얼마이며 전자 메일의 모든 흔적을 제거해야 할까? 블리츠비트의 웹 사이트는 "…캐시 해제, 쿠키 삭제, 인터넷 기록 지우기, 임시 파일 파쇄, 로그 삭제, 거기에 있는지 몰랐던 정크 폐기"에 제품을 사용할 수 있다고 주장한다. … 단순히 파일을 삭제하는 것 외에도, 블리치비트에는 복구 방지를 위한 파일 분쇄, 다른 애플리케이션에서 삭제한 파일 흔적을 숨기기 위한 디스크 공간 삭제와 같은 고급 기능이 포함되어 있다…" 프로그램이 무료이기 때문에 금전적 흔적은 없지만, 기업들이 이 프로그램을 사용함에 따라 이메일, 심지어 잘게 조각 난 파일들마저도 다시 복구하기 힘들다고 이야기한다.

Stephen Clarke/123RF

질문과 연습

복습을 위한 질문

2-1. 경영 윤리의 세 가지 분류 방법은 무엇인가?

2-2. 이해관계자에 대한 더 넓은 정의와 달리 조직의 이해관계자는 무엇인가?

2-3. 기업이 친환경 마케팅 자격 증명을 보유하고 있다고 주장하기 위해 해결해야 하는 다섯 가지 핵심 요소는 무엇인가?

2-4. 로비스트는 어떤 일을 하며, 그들의 가치는 무엇인가?

2-5. 사회적 책임에 대한 방해자 접근 방식을 예를 들어 설명하라.

분석을 위한 질문

2-6. 조직과 관련해 윤리 준수란 무엇이며 어떤 유형의 조직에서 가장 많이 찾을 수 있는가?

2-7. 대기업과 조직은 사회에서 중요한 역할을 한다. 그들을 정부와 의사결정자에게 의미 있는 영향력을 행사해야 하는가? 대부분의 다른 기업과 마찬가지로 이 기업도 사람을 고용하고, 세금을 내고, 자선 기부를 하고, 제품과 서비스를 제공하지만, 그것이 그들의 개입에 포함되어야 하는가?

2-8. 정부가 기업을 어떻게 간접적으로 규제할 수 있는가? 그러한 접근 방식은 어떻게 작동할 수 있는가? 간접 규제가 효과가 있는가?

응용연습

2-9. 개인 윤리강령을 설명하라. 당신이 옳고 그르다고 생각하는 것과 의사결정을 위한 윤리적 틀을 반드시 포함하라.

2-10. 정부가 내년에 더 엄격한 폐기물 처리 구간을 도입할 계획이라는 정보를 얻은 기업이 있다. 기업은 즉시 새로운 녹색 폐기물 정책을 수립하고 널리 홍보한다. 이 접근 방식을 어떻게 정의하겠는가?

CHAPTER 3 기업가정신, 신생벤처, 기업 소유권

pedrosek/Shutterstock

무엇이 기업가를 움직이게 만드는가?
비록 처음에 실패하더라도 성공하게
만드는 것은 무엇인가?
그들이 주는 교훈은 종종 비즈니스
성공의 길을 열어준다.

학습목표

LEARNING OBJECTIVES

이 장을 학습하고 나면

3-1 중소기업을 정의하고 미국 경제에 미치는 중요성에 대해 논의하고 중소기업의 인기 분야를 설명한다.

3-2 기업가정신을 설명하고 기업가적 성격과 활동의 몇 가지 주요 특성을 설명한다.

3-3 소기업의 차별화된 역량, 사업 계획, 창업 결정을 설명하고 이들의 재정 지원 출처를 알아본다.

3-4 소기업 창업 동향을 논의하고 이들의 성공과 실패의 주요 원인을 파악한다.

3-5 개인사업자, 합자회사, 협동조합을 설명하고 각각의 장단점을 논의한다.

3-6 기업에 대해 설명하고 장점과 단점에 대해 논의하고 다양한 기업 유형을 식별한다. 기업 경영과 관련된 기본적인 문제를 설명하고 기업 소유권과 관련된 특별한 문제를 논의한다.

모든 것은

연체료에서 시작되었다

1980년대와 1990년대에는 집에서 영화를 보고자 하는 소비자가 동네 영화대여점을 찾았다. 블록버스터(Blockbuster)는 시장의 확실한 리더였다. 소비자는 몇 달러의 고정 요금으로 영화를 빌릴 수 있었지만 연체료는 가혹했다. 1997년 캘리포니아 기업가인 리드 헤이스팅스(Reed Hastings)는 블록버스터에서 40달러의 연체료를 냈다. 그는 '6주가 늦었다'고 인정했다. "나는 비디오 테이프를 제자리에 두지 않아 잃어버렸고 [그리고] 아내에게 그 사실을 말하고 싶지 않았습니다. … 나는 그것이 창피했죠." 그는 체육관으로 가는 길에 몇 주 전에 〈아폴로 13호〉 영화를 빌렸던 지점에 방문해 비디오 테이프를 반납하고 연체료를 지불했다. 알고 보니 그날의 일정은 매우 적절했다. 그는 이렇게 회상했다. " 운동을 하던 중 체육관이 훨씬 더 나은 비즈니스 모델을 갖고 있다는 것을 깨달았습니다. 한 달에 30 또는 40달러를 지불하고 원하는 만큼 운동할 수 있으니까요."

그래서 넷플릭스(Netflix)에 대한 아이디어가 탄생했다. 그러나 헤이스팅스는 천천히 시작해야 한다는 것을 알고 있었다. 따라서 넷플릭스가 1997년에 출시되었을 때 유일한 혁신은 인터넷을 통해 영화를 주문하고 우편으로 받고 반환하는 편리함만을 포함시켰다. 넷플릭스는 영화를 개당 4달러에 우편료 2달러를 받고 대여했다(물론, 연체료는 있었다). 기본적으로 고객층은 집을 떠나지 않고도 영화를 보고 싶어 하는 사람들로 구성되어 있었다. 그러나 헤이스팅스와 공동 설립자 마크 랜돌프(Marc Randolph)는 구독 기반 모델—정액 요금으로 무제한 우편 대여하고 아마도 가장 중요한 것은 기한이 없음(따라서 연체료가 없음)—을 테스트하기로 재빨리 결정했다. 기존 고객은 먼저 대여 요금제에서 무료 평가판 구독으로 전환한 다음 유료로 구독을 갱신할 수 있는 기회가 주어졌다. 헤이스팅스는 "우리는 그것이 나쁘지 않을 것이라는 것을 알고 있었지만 그것이 좋을지는 몰랐다"고 말한다. 그러나 첫 달에 무료 구독을 한 넷플릭스 사용자의 80%가 유료로 갱신했다.

2003년에 헤이스팅스는 "기한에 제한이 없고 연체료가 없다는 것은 강력한 효과가 있었고 이제는 명백해 보이지만 그 당시에는 고객이 온라인 큐(queue)를 만들고 사용할지조차 몰랐다"고 말했

이 장을 배우면 좋은 점

최근 갤럽(Gallup) 여론조사에 따르면 오늘날 미국 젊은이의 거의 절반이 기업가정신에 관심이 있다. 당신이 이 절반에 속하지 않더라도, 당신은 여전히 고객으로서, 투자자로서, 클라이언트로서 소기업 및 기업가와 상호작용하도록 부름을 받을 것이다. 또한 중소기업 및 기업가에게 제품이나 서비스를 판매하려고 할 수도 있다. 기업가정신을 이해하는 한 가지 핵심은 기업가 자신과 그들이 성공하기 위해 필요한 것을 이해하는 것이다. 리드 헤이스팅스는 기업가적 성공의 열쇠가 되는 특성을 많이 보

Mocker_bat/Fotolia

여준다. 넷플릭스는 또한 훌륭한 비즈니스 아이디어를 수익성 있는 기업으로 전환하는 데 내재된 몇 가지 문제를 강조한다. 자신의 사업을 시작하고 운영하기를 열망한다면 헤이스팅스와 그의 관리팀의 경험에서 귀중한 교훈을 배울 수 있다. 투자자로서 당신은 또한 새롭고 유망한 비즈니스에 대한 시장 잠재력을 평가할 수 있도록 더 잘 준비해야 한다. 이 장에서는 사업 계획, 성공과 실패의 이유, 소유 유형의 장단점을 포함해 사업을 시작하고 소유하는 데 중요한 이러한 문제와 추가 문제에 대해 논의할 것이다. 먼저 소규모 비즈니스를 정의하고 미국 경제에서 그 중요성을 식별하는 것으로 시작하겠다.

다. 넷플릭스 사용자가 말하는 '큐'는 고객이 보고 싶어 하는 영화 목록이다. 넷플릭스는 큐를 유지하고 온라인 지침에 따라 최신 상태로 유지하며 다시 보낼 때마다 원하는 다음 영화를 자동으로 보낸다.

큐와 넷플릭스 비즈니스 모델의 본질은 분명히 편의성이다. 비용 절감과 결합하더라도 고객 편의를 향상시키는 능력은 종종 회사에 업계에서 경쟁 우위를 제공하지만 넷플릭스처럼 항상 업계 전반에 영향을 미치는 것은 아니다. 넷플릭스 가입자 모델은 예상치 못한 방식으로 업계에서 제공하는 서비스를 향상시켰을 뿐만 아니라 궁극적으로 업계에서 이미 사업을 하고 있는 기업, 특히 블록버스터의 경쟁력을 약화시켰다. 2010년에 블록버스터는 파산을 선언했고 다음 해에 디시네트워크(Dish Network)가 회사를 인수했다. 이후 몇 년 동안 블록버스터의 모든 소매점과 DVD 우편 대여 서비스가 문을 닫았지만 디시네트워크는 여전히 그 이름에 대한 권리를 보유하고 있다. 2009년 초에 넷플릭스 주식을 36달러에 구입한 투자자들은 2015년 초에 자신의 주식이 440달러 이상으로 증가했음을 알게 되었다.

헤이스팅스의 신생 회사는 어떻게 그처럼 부러운 위치에 설 수 있었을까? 우선 빠르게 시작했다. 1997년, 미국에서 DVD가 시험 판매되고 있을 때 헤이스팅스와 랜돌프는 새로운 매체가 결국에는 가정 영화 산업과 가정 영화 대여자 모두가 선택하는 형식으로 비디오 테이프를 추월할 것이라고 생각했다. 물론 그들의 말이 맞았고 2002년까지 미국 가정 4가구 중 1가구는 DVD 플레이어를 소유하고 있었다. 우편으로 영화를 대여한 최초의 회사인 넷플릭스는 우편으로 대여한 고객 기반을 구축한 최초의 기업이었다. 헤이스팅스는 "처음에 사람들은 우리 아이디어가 미쳤다고 생각했어요. 그러나 [그것이] 정반대의 아이디어였기 때문에 우리가 경쟁자들보다 앞설 수 있었습니다"라고 이야기했다. 넷플릭스가 가입자 기반을 지속적으로 확장하고 육성하면서 브랜드 인지도와 충성도도 모두 창출했다. '넷플릭스는 고객 충성도가 있으며 열정을 가진 브랜드'라고 헤이스팅스는 설명한다. 그는 '누군가가 넷플릭스를 더 많이 사용할수록 우리와 함께할 가능성이 더 커지기 때문에' 고객을 행복하게 유지하는 것이 중요하다고 서둘러 덧붙였다.

더 중요한 것은 넷플릭스가 계속해서 혁신의 최전선에 있다는 것이다. 블록버스터가 몰락한 후 레드박스(Redbox)는 렌탈 키오스크가 되었지만 스트리밍 비디오가 점점 더 보편화되면서 레드박스는 이전 기업들과 동일한 운명에 직면했다. 반면에 넷플릭스는 계속해서 증가하는 고품질 원본 콘텐츠를 포함해 더 많은 스트리밍 콘텐츠를 제공하면서 발전했다. 디시네트워크, 애플, HBO, CBS, 아마존 같은 회사의 경쟁에도 불구하고 이 회사는 2016년 국제 스트리밍 수익이 47% 증가한 반면 국내 구독 기반은 1,000만 명의 신규 사용자를 추가해 5,000만 명에 육박했다. 또한 이 회사는 2016년 드라마 시즌으로 54개의 에미상 후보에 올랐다. 헤이스팅스에 따르면 회사는 가까운 장래에 전 세계적으로 영화와 TV에 계속 집중할 계획이다. 아마도 넷플릭스의 다음 정복 대상은 HBO나 FX와 같은 케이블 네트워크일 것이다. 그리고 그 이상은 헤이스팅스와 시간만이 알려줄 것이다.

중소기업의 정의

학습목표 3-1

중소기업을 정의하고 미국 경제에 미치는 중요성에 대해 논의하고 중소기업의 인기 분야를 설명한다.

중소기업이라는 용어는 쉽게 정의할 수 없다. 현지에서 소유 및 운영하는 레스토랑, 세탁소, 미용실은 분명히 소규모 기업이며 나이키, 스타벅스, 애플, 타깃(Target), 넷플릭스와 같은 거대 기업은 분명히 큰 기업이다. 그러나 이 두 극단 사이에는 쉽게 분류할 수 없는 수천 개의 회사가 있다.

미국 상무부는 전통적으로 직원이 500명 미만인 기업을 소규모 기업으로 간주했다. 소기업을 지원하는 정부기관인 미국 **중소기업청**(Small Business Administration, SBA)은 산업에 따라 다른 기준을 가지고 있다. 예를 들어 제조업체는 직원이 1,000명 이하인 경우 소규모로 간주된다. 도매 회사는 직원이 100~500명 사이면 소규모이다. 그러나 서비스, 소매, 건설과 같은 다른 산업은 일반적으로 수익을 기준으로 분류된다. 엄격한 수치 용어는 때때로 모순된 분류로 이어지기 때문에 우리는 **소규모 기업**(small business)을 독립적이고(즉 더 큰 기업의 소유 또는 단위가 아닌) 시장에서 상대적으로 거의 영향력이 없는 기업으로 간주할 것이다. 작은 동네 식료품상은 체인의 일부가 아니고 시장의 힘이 도매상에게 지불하는 가격을 크게 결정하고 고객에게 청구할 수 있다고 가정할 때 작을 것이다. 델컴퓨터(Dell Computer)는 1984년 마이클 델(Michael Dell)이 설립할 당시에는 소기업이었지만 현재 세계 최대 컴퓨터 회사 중 하나이며 어떤 의미에서도 작지 않다. 따라서 공급자와 유리한 위치에서 협상할 수 있고 다른 컴퓨터 회사가 부과하는 비용에 대해 덜 고려해 가격을 설정할 수 있다.

중소기업청(SBA) 중소기업 지원을 담당하는 정부기관

소규모 기업 시장에서 상대적으로 영향력이 거의 없는 독립적인 기업

미국 경제에서 소기업의 중요성

그림 3.1에서 볼 수 있듯이 대부분의 미국 기업은 100명 미만을 고용하고 대부분의 미국 노동자는 소기업에 고용되어 있다. 게다가 이 동일한 패턴은 대부분의 자유시장경제에 걸쳐 존재한다.

그림 3.1(a)는 전체 기업의 89.59%가 20명 이하를 고용하고 있음을 보여준다. 또 다른 8.58%는 20~99명 사이를 고용하고 1.52%는 100~499명 사이를 고용한다. 약 0.16%만이 1,000명 이상을 고용한다. 그림 3.1(b)는 전체 근로자의 17.86%가 20인 미만 기업에 고용되어 있고 17.14%가 20~99인 기업에 고용되어 있음을 보여준다. 또 다른 14.49%는 100~499명 사이의 회사에 고용되어 있다. 따라서 전체 근로자의 약 절반은 직원이 500명 이하인 회사에 고용되고 나머지 절반은 대규모 조직에서 일한다. **일자리 창출, 혁신 및 대기업에 대한 기여**를 포함해 미국 경제 시스템의 주요 측면에 미치는 영향 측면에서 중소기업의 기여도를 측정할 수 있다.

직업 창출 특히 특정 산업 분야의 중소기업은 새로운(그리고 종종 고임금) 일자리를 창출하는 중요한 원천이다. 최근 몇 년 동안 중소기업은 경제의 첨단 기술 부문에서 발생하는 모든 신규 일자리의 약 40%를 차지했다. 일자리는 모든 규모의 회사에서 창출하며, 모두 직원을 고용하고 해고한다. 소규모 회사는 종종 더 빠른 속도로 고용하지만 더 높은 속도로 해고하는 경향이 있다. 일반적으로 경기 회복기에는 소규모 회사가 가장 먼저 고용하고, 불황기에는 대기업이 일반적으로 가장 늦게 해고한다.

그러나 규모가 다른 사업체 간의 상대적인 일자리 증가율은 쉽게 판단할 수 없다. 우선 성공적인 소기업이 직원을 빠르게 추가하기 시작하면 소기업에서 빠르게 벗어나게 된다. 예를 들어 델컴퓨터에는 1984년에 정확히 1명의 직원이 있었다(마이클 델 혼자). 그러나 1986년에 약 100명의 직원으로

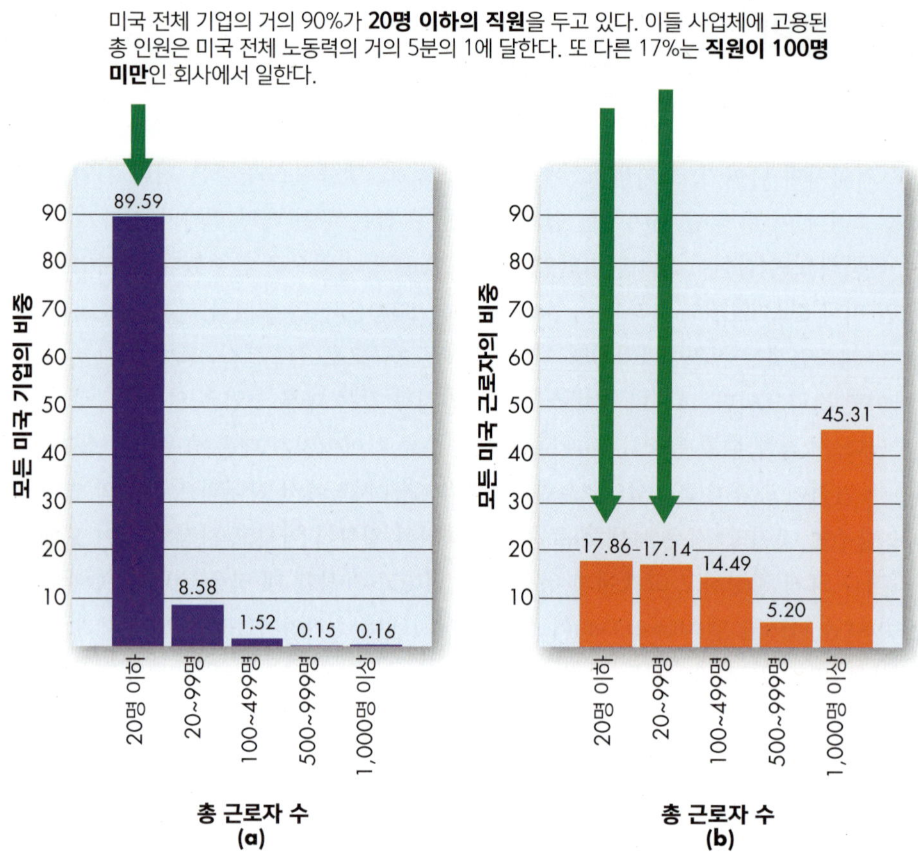

그림 3.1 미국에서 소규모 기업의 현황

출처: www.census.gov/

증가했다. 그리고 1992년에 2,000명 이상, 2004년 39,000명 이상, 2010년 94,300명이 되었다. 델이 '소형'에서 '대형'으로 전환한 정확한 시점은 없었지만, 델컴퓨터가 창출한 일자리 중 일부는 중소기업 부문에서, 일부는 대기업 부문에서 집계되었을 것이다.

혁신 역사는 주요 혁신이 대기업에서만큼 소기업(또는 개인)에서 나올 가능성이 있음을 알려준다. 소기업과 개인이 PC, 스테인리스 스틸 면도날, 복사기, 제트 엔진을 발명하고 페이스북(Facebook), 아마존(Amazon), 스타벅스(Starbucks), 인스타그램(Instagram), 이베이(eBay)를 출시했다. 그러나 혁신이 항상 새로운 제품은 아니다. 델은 PC를 발명한 것이 아니다. 그는 그것을 만드는 혁신적인 방법(완성된 구성요소를 구입한 다음 조립)과 판매하는 혁신적인 방법(처음에는 전화로, 이제는 온라인으로 소비자에게 직접)을 개발했다. 마찬가지로 헤이스팅스는 DVD나 DVD 대여 사업을 발명하지 않았지만 혁신적인 새로운 지불 및 배달 모델을 도입했다. 일반적으로 중소기업은 대기업보다 직원 1인당 16배 많은 특허를 출원한다.

대기업에 대한 공헌 대기업이 만든 제품은 대부분 중소기업이 소비자에게 판매한다. 예를 들어 쉐보레(Chevrolet), 토요타(Toyota), 혼다(Honda)를 판매하는 대부분의 대리점은 독립적으로 운영된다. 더 많은 쇼핑객이 온라인 쇼핑으로 전환함에도 불구하고 소기업은 여전히 중요한 역할을 한다. 예를 들어 대부분의 대규모 온라인 소매업체는 실제로 웹사이트 제작 및 제품 배포를 다른 회사에 아웃소싱한다. 대부분은 소규모 또는 지역 회사이다. 소규모 기업은 대규모 기업을 위한 데이터 저장 서비스도 제공한다. 더욱이, 중소기업은 대기업에 많은 서비스와 원자재를 제공한다. 예를 들어 마이크로소프트(Microsoft)는 일상적인 코드 작성 기능의 대부분을 수백 개의 소규모 회사에 의존 한다.

중소기업의 인기 분야

소기업은 서비스, 소매, 건설, 도매, 금융 및 보험, 제조, 운송에서 중요한 역할을 한다. 일반적으로 필요한 자원이 많을수록 사업을 시작하기가 더 어려워지고 소규모 기업이 산업을 지배할 가능성이 낮아진다. 또한 **작다**는 것은 상대적인 용어라는 것을 기억하라. 그만큼 기준(직원 수 및 연간 총매출)은 산업별로 다르며 진정한 대기업과 비교할 때만 의미가 있는 경우가 많다. 그림 3.2는 산업 그룹에 걸쳐 20명 미만을 고용하는 모든 미국 기업의 분포를 보여준다.

서비스 20인 미만 사업체의 약 56.2%가 결혼 상담에서 컴퓨터 소프트웨어, 경영 컨설팅에서 전문 애견 산책에 이르기까지 다양한 서비스 산업에 종사하고 있다. 부분적으로는 자원이 거의 필요하지 않기 때문에(따라서 시작하는 데 많은 비용이 들지 않기 때문에) 서비스 제공업체는 소기업에서 가장 빠르게 성장하는 부문이다.

소매업 다른 회사에서 만든 제품을 소비자에게 직접 판매하는 소매업체는 중소기업의 약 11.9%를 차지한다. 일반적으로 소규모 소매 사업을 시작하는 사람들은 대형 남성 의류 또는 고급 커피와 같은 전문 매장을 선호한다.

건설 미국 전체 기업의 약 11.9%가 건설에 참여하고 있다. 많은 건설 작업은 집 소유주가 차고를

Cynoclub/Shutterstock

새로운 비스니스는 새로운 기회에 대응해 등장하는 경우가 많다. 예를 들어 애완동물을 키우는 일하는 가족의 수가 늘어나면서 전문 애견 산책가에게 기회가 생겼다. 대부분의 개 산책자는 개인 기업가이다.

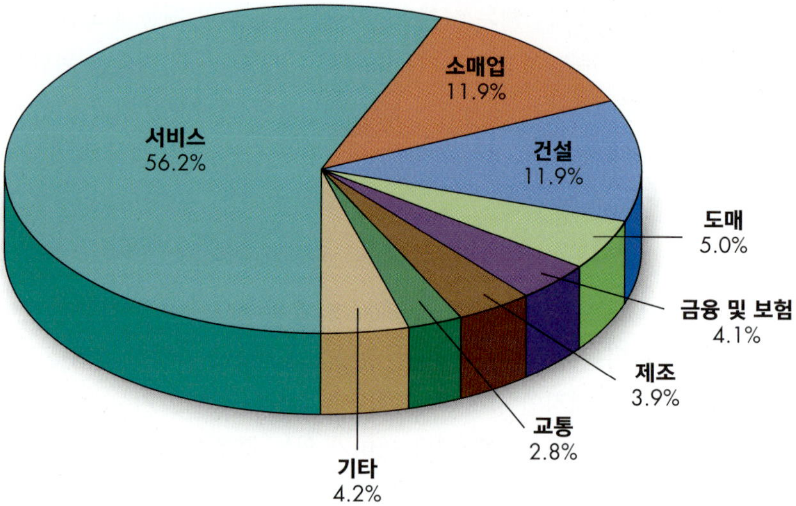

그림 3.2 산업별 소기업

출처: www.census.gov/

추가하거나 방을 리모델링하는 것과 같은 소규모 지역 프로젝트이기 때문에 지역 계약자가 처리하는 데 가장 적합하다.

도매 소상공인은 20인 미만 사업체의 약 5.0%를 차지하는 도매업을 잘하는 경우가 많다. 도매업자는 제조업자나 다른 생산자로부터 대량으로 제품을 구입해 소매업자에게 판매하기에 편리한 수량과 위치에 보관한다.

금융 및 보험 금융 및 보험 회사는 소기업의 약 4.1%를 차지한다. 지역 농장 보험 사무소와 같은 이러한 기업의 대부분은 더 큰 국내 기업의 계열사이거나 대리인이다. 소규모 지역 소유 은행은 소규모 커뮤니티와 농촌 지역에서도 흔히 볼 수 있다.

제조 제조업은 다른 어떤 산업보다도 대기업에 적합하지만 여전히 20인 미만 기업의 약 3.9%를 차지한다. 실제로 전자, 장비 및 기계 부품, 컴퓨터 소프트웨어와 같은 혁신 주도 산업에서 소규모 제조업체가 대형 제조업체를 능가하는 경우가 있다.

교통 소규모 회사의 약 2.8%는 많은 택시 및 리무진 회사, 전세 비행기 서비스, 여행사를 포함해 운송 및 관련 비즈니스에 있다.

기타 나머지 4.2% 정도의 소규모 기업은 소규모 연구 개발 연구소 및 독립 미디어 회사(창업 웹 채널, 소도시 신문, 라디오 방송사)와 같은 다른 산업에 있다.

보다 나은 방법 찾기

서비스의 부상

Gemenacom/Shutterstock

제조는 자원을 결합하고 이를 유형의 결과로 변환한 다음 다른 사람에게 판매하는 비즈니스의 한 형태이다. 굿이어(Goodyear)는 고무와 화합물을 결합하고 타이어를 만들기 위해 혼합 장비와 성형기를 사용하기 때문에 제조업체이다. 브로이힐(Broyhill)은 목재와 금속 부품, 패드, 천을 구입해 가구로 만들기 때문에 제조업체이다. 그리고 애플(Apple)은 전자, 금속, 플라스틱, 복합 부품을 사용해 스마트폰, 컴퓨터 및 기타 디지털 제품을 만들기 때문에 제조업체이다.

제조업은 한때 미국에서 지배적인 산업이었다. 그러나 1970년대에 제조업은 주로 외국과의 경쟁으로 인해 장기간 쇠퇴기에 접어들었다. 미국 기업은 느슨하고 부진했고, 이에 비해 새로운 외국 기업들은 더 나은 장비, 훨씬 더 높은 수준의 효율성, 더 낮은 임금으로 기꺼이 일할 직원을 갖추었다. 예를 들어 아시아의 철강 회사는 베들레헴철강(Bethlehem Steel), 미국 철강(U.S. Steel)과 같은 미국의 대형 철강 회사보다 훨씬 저렴한 가격으로 고품질 철강을 생산할 수 있었다. 생존을 위한 투쟁에 직면해 일부 기업은 사라졌지만 많은 기업은 낭비를 없애고 더 슬림하고 효율적이며 반응성이 뛰어난 기업으로 변모함으로써 길고 어려운 변화의 시기를 겪었다. 그들은 노동력을 극적으로 줄이고 구식 또는 불필요한 공장을 폐쇄하고 나머지 공장을 현대화했다. 그러나 지난 10여 년 동안 미국 제조업이 다양한 산업에서 경쟁력을 되찾았기 때문에 그들의 노력은 결실을 맺기 시작했다. 낮은 임금이 아시아 글로벌 제조업의 많은 부분을 계속해서 중심에 두고 있지만, 한때 강했던 제조업자들이 미국에서 다시 한 번 번성하고 있다.

제조업 부문이 쇠퇴하는 동안 비전 있는 기업가에 의한 서비스 부문의 엄청난 성장은 전체 미국 경제가 같은 속도로 쇠퇴하지 않도록 했다. 서비스 조직은 자원을 무형의 산출물로 변환하고 고객을 위한 시간 또는 장소 효용을 창출하는 조직이다. 예를 들어 넷플릭스는 우편 주문 및 온라인 스트리밍을 통해 비디오 대여 서비스를 제공한다. 페이스북은 회원에게 다른 사람과 네트워킹하고 상호작용할 수 있는 장소를 제공한다. 그리고 동네 미용사는 당신의 머리를 잘라준다. 1947년에 서비스 부문은 미국 국민총생산(GNP)의 절반 미만을 차지했다. 그러나 1975년에는 이 수치가 거의 65%에 이르렀고 2016년에는 약 80%에 이르렀다. 서비스 부문은 1990년 이후 미국에서 창출된 모든 신규 일자리의 거의 90%를 담당해 왔다.

또한 서비스 직종의 고용은 계속해서 미국 경제에서 고용의 더 큰 부분을 차지할 것으로 예상된다. 2002년에 미국 근로자의 76.3%가 서비스 부문에 고용되었고, 2012년에는 79.9%로 증가했다. 2022년까지 미국 근로자의 80.9%가 서비스 분야에 고용될 것으로 예상된다. 모든 서비스 직업 중에서 전문 및 비즈니스 서비스, 건강관리 및 사회 지원이 차지하는 비중이 증가할 것으로 예상된다. 노동통계국의 2012~2022년 사이 가장 빠르게 성장하는 직업 목록을 보면 거의 모든 직업이 서비스 부문에 있으며 주로 전문 및 비즈니스 서비스, 의료 및 사회 지원 분야이다.

경영자들은 공장에서 사용되는 많은 도구, 기술 및 방법이 서비스 회사에도 유용하다는 것을 알게 되었다. 예를 들어 자동차 공장과 미용실의 경영자는 생산성과 품질에 대한 표준을 세우고 각각 시설 설계 방법, 최적의 위치 파악, 최적 용량 결정, 재고 보관 결정, 원자재 구매 절차 설정 및 설정 방법을 결정해야 한다. 그러나 동시에 서비스 기반 회사는 대부분의 제조업체에서 요구하는 것과는 다른 기술 집합을 기반으로 직원을 고용하고 교육해야 한다. 예를 들어 자동차 시트를 설치하는 토요타 직원과 소비자는 거의 접촉할 일이 없으므로 기술 수준을 기준으로 직원을 고용할 수 있다. 그러나 토요타는 또한 업무 수행 방법을 알고 있을 뿐만 아니라 다양한 소비자와 효과적으로 소통할 수 있는 영업 및 고객 서비스 직무를 위한 인력을 채용해야 한다. 또한, 대부분의 서비스는 생산과 동시에 소비되므로 기존의 품질 관리 모델을 재검토해야 한다. 서비스 경제가 성장함에 따라 관리자는 서비스 직무에서 직원을 효과적으로 모집, 교육, 보상하는 방법을 더 많이 배워야 한다.

학습목표 3-2

기업가정신을 설명하고 기업가적 성격과 활동의 몇 가지 주요 특성을 설명한다.

기업가 새로운 사업을 창출하고 운영하는 데 수반되는 위험과 기회를 동시에 받아들이는 사업가

기업가정신 위험 상황에서 사업 기회를 찾는 과정

기업가정신

우리는 이전에 델컴퓨터가 1인 운영으로 시작해 거대 기업으로 성장했다고 언급했다. 델컴퓨터의 성장은 회사를 설립한 기업가인 마이클 델의 상상력과 기술로 촉진되었다. **기업가**(entrepreneurs)는 델과 같이 기업 소유의 위험을 감수하는 사람들이다. **기업가정신**(entrepreneurship)은 위험 조건에서 비즈니스 기회를 찾는 과정이다. 그러나 모든 기업가가 동일한 목표를 가지고 있는 것은 아니다.

기업가정신 목표

사람들은 다양한 이유로 기업가정신을 추구하기로 결정할 수 있다. 많은 기업가가 다른 사람을 위해 일하지 않고 어느 정도 합리적인 재정적 안정과 함께 독립이라는 목표를 가지고 새로운 사업을 시작하려고 한다. 그러한 기업가는 자신과 가족을 위해 안전하고 안정적인 재정적 미래를 달성하기를 원하지만 반드시 사업을 운영할 수 있는 능력 이상으로 비즈니스를 성장시키려는 열망은 없다. 휴스턴에서 다른 회사와 합병하면서 직장을 잃은 전직 기업 간부인 잭 매츠(Jack Matz)를 생각해보라. 다른 관리 직책을 찾는 대신 매츠는 지역 대학 근처에 복사 및 맞춤 인쇄 사업을 시작했다. 그의 목표는 10년 후 은퇴할 때까지 안락한 삶을 살 수 있을 만큼의 돈을 버는 것이었다. **중소기업**이라는 용어는 이러한 종류의 기업과 가장 밀접하게 관련되어 있다.

그러나 다른 기업가들은 성장과 확장을 목표로 새로운 사업을 시작한다. 이것이 델이 사업을 시작할 때의 비전이었다. 마찬가지로 하워드 슐츠(Howard Schultz)가 스타벅스를 인수했을 때 그도 신생 커피 회사를 훨씬 더 큰 기업으로 성장시키고 발전시킬 계획이 있었다. **신생 벤처** 및 **스타트업**(start-up)과 같은 용어는 종종 이러한 종류의 비즈니스를 지칭하는 데 사용된다.

또 다른 경우에는 기업가의 목표가 사업 개발 초기 단계에서 항상 명확하지 않을 수 있다. 예를 들어 한 기업가는 엄청난 성장 잠재력이 있을 것이라는 기대를 거의 또는 전혀 하지 않고 사업을 시작했지만 그것이 극적으로 성장할 수 있음을 알게 될 수 있다. 예를 들어 마크 주커버그(Mark Zuckerberg)는 자신의 페이스북 회사가 현재 규모로 성장할 것이라고는 생각하지 못했다. 또 다른 기업가는 야심 찬 성장 계획으로 시작했지만 예상한 기회를 실현할 수 없음을 발견할 수 있다. 아마도 큰 시장이나 먼저 해당 시장에 대한 지배력을 확립한 다른 회사가 없을 수 있다.

기업가적 특성

목표에 관계없이 많은 성공적인 기업가는 특정 특성을 공유한다. 이러한 특징 중에는 좋은 수완과 개인적인 고객 관계에 대한 관심이 있다. 또한 그들 대부분은 자신의 상사가 되고자 하는 강한 욕망이 있다. 많은 사람이 '내 삶을 통제'하거나 '가족을 위해 건설'해야 할 필요성을 표현하고 성공적인 사업을 구축하는 것이 그것을 하는 데 도움이 될 것이라고 믿는다. 그들은 또한 불확실성과 위험을 다룰 수 있다.

예전의 기업가는 종종 '보스'라는 고정관념으로 보였으며, 자립적이고 남성이며 빠르고 확고한 결정을 내릴 수 있다. 오늘날의 기업가는 흔히 네트워크, 사업 계획 및 합의에 의존하는 열린 마음을 가진 리더로 보인다. 과거와 현재의 기업가는 또한 성공 방법, 비즈니스 자동화 방법, 거래 경험이나 기본적인 비즈니스 통찰력을 언제 사용해야 하는지와 같은 주제에 대해 서로 다른 견해를 가

지고 있다.

8세에 아버지를 여의고 28세에 이혼하고 대학 교육을 받지 못한 시노하라 요시코(Shinohara Yoshiko)를 생각해보라. 70세인 그녀는 35년 이상 전에 방 하나짜리 아파트에서 시작한 일본 임시직 파견 회사 템프스태프(Tempstaff)의 회장 겸 이사이다. 1990년대 침체기에 일본이 필요로 하고 시노하라의 야망에 힘입어 템프스태프는 이제 도쿄에 고층 본사가 있는 31억 달러 규모의 회사가 되었다.

무엇보다도 시노하라의 이야기는 거의 항상 기업가정신의 핵심 요소인 위험을 보여준다. 흥미롭게도 대부분의 성공적인 기업가는 자신이 하는 일이 위험하다고 생각하는 경우가 거의 없다. 다른 사람들은 실패 가능성에 초점을 맞추고 새로운 벤처에 모든 것을 걸기를 주저할 수 있지만, 대부분의 기업가는 아이디어와 계획에 너무 열중해 실패할 가능성이 거의 또는 전혀 없다. 예를 들어 시노하라가 템프스태프를 시작했을 때 일본 기업은 임시직 개념을 이해하거나 들어 본 적이 거의 없었다. 그러나 시노하라는 그녀가 '어쨌든 잃을 것이 없다'고 느꼈고 '차를 제공하거나 사무 보조가 되는 것'으로 끝나는 위험을 감수하는 것을 선호했다.

신규 비즈니스 시작 및 운영

학습목표 3-3

소기업의 차별화된 역량, 사업 계획, 창업 결정을 설명하고 이들의 재정 지원 출처를 알아본다.

처음에는 인터넷이, 또 최근에는 소셜미디어가 소기업을 시작하고 운영하는 규칙을 극적으로 변화시켰다. 사업 수립이 그 어느 때보다 쉽고 빠르며, 그 어느 때보다 더 많은 잠재적 기회가 있고, 정보 수집 및 평가 능력은 어느 때보다 높다. 예를 들어 오늘날 많은 1인 소매업체가 이베이와 같은 인터넷 경매 사이트에서 대부분의 비즈니스(구매 및 판매 모두)를 수행한다.

그렇더라도 예비 창업가는 올바른 창업 결정을 내려야 한다. 예를 들어 비즈니스가 성공해야 하는 이유에 대한 명확한 비전이 있어야 한다. 그들은 또한 사업에 진출하는 방법을 결정해야 한다. 기존 사업을 인수해야 할까, 아니면 처음부터 새로 구축해야 할까? 그들은 언제 전문가의 조언을 구해야 하고 어디서 자금을 조달할 수 있는지 알아야 한다. 예를 들어 새로운 회사가 투자자의 재정적 지원이나 공급업체 또는 유통업체의 신용 한도가 필요한 경우 기업가는 포괄적이고 잘 짜인 사업 계획을 마련해야 한다. 결국 사업 계획을 수립하는 것은 잠재적인 회사의 고유한 역량을 이해하는 것에서 시작된다.

차별화된 역량 이해

조직의 독특한 역량은 기업이 경쟁자보다 더 잘 수행하는 비즈니스 측면이다. 소기업의 독특한 역량은 일반적으로 (1) 기존 시장에서 새로운 틈새를 식별하는 능력, (2) 새로운 시장을 식별하는 능력, (3) 새로운 기회를 활용하기 위해 빠르게 움직이는 능력의 세 가지 영역으로 나뉜다.

기존 시장에서 틈새 식별 **기존 시장**(established market)은 많은 기업이 비교적 잘 정의된 기준에 따라 경쟁하는 시장이다. 예를 들어 헤이스팅스가 넷플릭스를 출시하기로 결정했을 때 비디오 대여 시장이 잘 형성되어 있었다. 블록버스터가 지배적인 회사였지만 많은 독립적인 비디오 대여 회사도 번창했다. 소매점은 대여 가능한 비디오 제품 목록을 보관했다. 고객들은 차를 몰거나 상점으로 걸어

기존 시장 많은 기업이 비교적 잘 정의된 기준에 따라 경쟁하는 시장

틈새시장 현재 발견되지 않은 시장의 한 부분

가서 요금을 지불하고 집으로 비디오를 가져갔다. 그들은 정해진 기간 동안 그것을 이용했다가 상점에 반환했다(너무 오래 보관하면 연체료가 부과됨). **틈새시장**(niche)은 단순히 현재 이용되지 않는 시장의 한 부분이다. 일반적으로 소규모 기업가는 대규모 조직보다 이러한 틈새시장을 더 잘 발견한다. 대규모 조직은 대개 오래된 기존 비즈니스 관행에 투입된 자원이 너무 많아서 새로운 기회를 인식하지 못할 수 있다. 기업가는 이러한 기회를 보고 신속하게 움직여 이를 활용할 수 있다. 우편으로 임대하기로 한 헤이스팅스의 결정으로 넷플릭스는 틈새시장을 개발하고 활용할 수 있었다.

기업가인 데이브 길보아(Dave Gilboa)와 닐 블루멘탈(Neil Blumenthal)은 처방 안경을 우편으로 판매하는 기업인 와비파커(Warby Parker)를 설립했다. 그들은 대부분의 소비자가 안경을 착용하기 위해 안경점에 가는 경험을 싫어하고 그 안경의 가격에 짜증을 낸다는 것을 깨달았다. 따라서 와비파커는 현대적인 디자인과 환불 보장이 포함된 저렴한 안경을 판매한다. 그후 기민한 마케팅을 통해 틈새 사업을 빠르게 시작할 수 있었고 운영 1년 만에 50,000개 이상의 안경을 판매하고 수익을 창출했다. 와비파커는 이제 최고의 안경 소매업체로 자리 잡았다.

새로운 시장 식별 성공적인 기업가는 완전히 새로운 시장을 발견하는 데도 탁월하다. 발견은 적어도 두 가지 방식으로 일어날 수 있다. 첫째, 기업가는 어떤 지리적 시장에서 잘 확립된 제품이나 서비스를 다른 시장으로 이전할 수 있다. 이것은 마르셀 빅(Marcel Bich)이 50여 년 전에 유럽에서 확고한 시장을 점유했던 볼펜을 미국에 소개한 것이다. 빅의 회사인 소시에테빅(Société Bic)은 결국 미국 시장을 지배하게 되었다.

둘째, 기업가는 때때로 전체 산업을 만들 수 있다. 건조 종이 복사 공정과 반도체의 기업가적 발명은 방대한 새로운 산업을 창출했다. 이러한 시장에 최초로 진입한 회사[각각 제록스(Xerox)와 내셔널세미컨덕터(National Semiconductor)]가 성공했을 뿐만 아니라 기업가적 활동으로 인해 수백 개의 다른 회사와 수십만 개의 일자리가 생겨났다. 다시 말하지만, 기업가는 특정한 방식으로 사업을 해온 이력에 얽매이지 않기 때문에 일반적으로 더 크고 성숙한 조직보다 새로운 시장을 발견하는 데 능숙하다.

선점자 이점 다른 기업보다 먼저 기회를 활용하기 때문에 기업에 제공되는 모든 이점

선점자 이점 **선점자 이점**(first-mover advantage)은 다른 회사보다 먼저 기회를 활용하기 때문에 회사에 제공되는 모든 이점이다. 때때로 대기업은 소규모 기업가적 기업과 거의 동시에 기존 시장이나 새로운 시장에서 틈새시장을 발견하지만 이러한 기회를 활용하기 위해 소규모 기업만큼 빠르게 움직일 수는 없다. 많은 스마트폰용 '앱' 개발자가 선점자의 이점을 활용한다.

차이가 나는 데는 여러 가지 이유가 있다. 예를 들어 많은 대규모 조직은 여러 계층의 각 계층에서 작업을 구현하기 전에 승인해야 하기 때문에 천천히 결정을 내린다. 또한 대규모 조직은 때때로 새로운 기회를 이용할 때 막대한 자산을 위험에 빠뜨릴 수 있다. 보잉(Boeing)이 상업용 제트기의 새 모델을 만들기로 결정한 바로 그 순간, 잘 되지 않으면 말 그대로 회사를 파산시킬 수 있는 결정을 내리고 있는 것이다. 위험의 크기는 대규모 조직을 신중하게 만들 수 있다. 대조적으로 소규모 조직에서 위험에 처한 자산의 가치는 매우 작다. 관리자는 회사 가치가 10만 달러에 불과할 때 기꺼이 '회사에 베팅'한다. 그들은 회사 가치가 10억 달러일 때 '회사에 베팅'하는 것을 꺼릴 수 있다.

사업 계획 작성

예비 기업가가 잠재적인 고유한 역량을 정의하고 진행하기로 결정한 후 다음 단계는 기업가가 새로운 벤처에 대한 자신의 비즈니스 전략을 설명하고 구현 방법을 보여주는 **사업 계획**(business plan)을 수립하는 것이다. 사업 계획의 진정한 이점은 사업 계획을 준비하는 과정에서 예비 기업가가 시간과 돈을 투자하기 전에 사업 아이디어를 종이에 작성하고 그것을 시작하는 방법에 대한 생각을 확고히 해야 한다는 사실이다. 사업 계획의 아이디어는 새로운 것이 아니다. 새로운 점은 전문화된 사업 계획의 사용이다. 대부분 채권자와 투자자가 자금 조달 또는 투자 여부를 결정하는 도구로 요구하기 때문이다.

사업 계획 기업가가 제안된 신규 벤처에 대한 자신의 사업 전략을 요약하고 그 전략을 실행하는 방법을 기록한 문서

목표 및 목표 설정 사업 계획은 기업가의 능력과 경험, 특정 제품을 생산하거나 마케팅하기 위한 요구사항 간의 일치를 설명한다. 또한 생산 및 마케팅, 법적 요소, 조직, 회계 및 재무에 대한 전략을 정의한다. 특히 사업 계획은 다음 세 가지 질문에 답해야 한다. (1) 기업가의 목표는 무엇인가? (2) 그것을 얻기 위해 어떤 전략을 사용할 것인가? (3) 이러한 전략은 어떻게 구현되는가?

판매 예측 모든 사업 계획의 핵심 요소는 판매 예측이지만 계획은 긴진한 논리와 조사를 기반으로 사업 성공 가능성에 대한 논거를 신중하게 구축해야 한다. 예를 들어 기업가는 먼저 시장을 조사하지 않고는 판매 수익을 예측할 수 없다. 새로운 벤처가 한 달에 100,000단위를 판매할 것이라고 단순히 주장하는 것은 신뢰할 수 없다. 기업가는 현재 시장, 기존 기업의 강점과 약점, 새로운 벤처가 경쟁할 수단에 대한 이해를 입증해야 한다. 판매 예측이 없으면 아무도 공장, 상점 또는 사무실의 필요한 크기를 추정하거나 보유할 재고량과 고용할 직원 수를 결정할 수 없다.

재무 계획 재무 계획은 다른 모든 활동을 달러로 전환하려는 기업가의 계획을 말한다. 일반적으로 현금 예산, 손익 계산서, 대차 대조표, 손익분기 차트가 포함된다. 현금 예산은 사업을 시작하기 전에 얼마나 많은 돈이 필요한지, 그리고 수익을 내기 시작하기 전에 사업을 계속 유지하는 데 필요한 금액을 보여준다.

소기업 시작하기

'천릿길도 한 걸음부터'라는 말이 있다. 이는 신규 사업도 마찬가지다. 첫 번째 단계는 사업주가 되겠다는 개인의 의지이다. 사업 계획을 준비할 때 기업가는 경쟁할 산업과 시장을 선택해야 한다. 이러한 선택은 산업의 여건과 동향뿐만 아니라 자신의 능력과 관심도까지 평가하는 것을 의미한다. 대기업 관리자와 마찬가지로 소기업 소유자는 자신이 종사하는 기업의 특성을 이해해야 한다.

기존 사업체 구매 기업가가 매출을 예측하고 재무 계획을 완료한 후에는 기존 사업체를 구매할지 처음부터 시작할지 결정해야 한다. 많은 전문가가 첫 번째 접근 방식을 추천하는 이유는 아주 간단한다. 확률이 더 높기 때문이다. 성공하면 기존 비즈니스가 이미 고객을 유치하고 수익을 창출할 수 있는 능력이 입증된 것이나. 또한 대출기관, 공급업체 및 기타 이해 관계자와도 관계를 구축했다. 게다가 기존의 실적은 잠재적 구매자에게 신생 기업의 전망에 대한 어떤 추정치보다 무엇을 기대

해야 하는지에 대한 훨씬 더 명확한 그림을 제공한다.

레이 크록(Ray Kroc)은 맥도날드를 기존 비즈니스로 인수하고 기업가적 비전과 비즈니스 통찰력을 추가해 다국적 거인을 배출했다. 사우스웨스트항공(Southwest Airlines)과 스타벅스는 모두 작지만 기업가가 인수해 대기업으로 성장시켰을 때 운영에 어려움을 겪었다. 지난 10년 동안 시작된 모든 신규 사업의 약 35%가 다른 사람에게 인수되었다.

프랜차이즈 구매자(프랜차이지)가 판매자(프랜차이저)의 재화나 서비스를 판매할 권리를 구매하는 약정

프랜차이즈 대부분의 맥도날드, 서브웨이(Subway), 세븐일레븐(7 Eleven), 리맥스(RE/Max), 홀리데이인(Holiday Inn), 던킨도너츠(Dunkin' Donuts) 매장은 모회사가 지역 소유주에게 발급한 라이선스에 따라 운영되는 프랜차이즈이다. **프랜차이즈**(franchise) 계약은 두 당사자, 즉 **가맹점**(프랜차이지, 현지 소유자)과 **프랜차이저**(모회사)를 포함한다.

가맹점은 모회사의 경험과 전문성을 활용하고 프랜차이저는 자금을 조달할 수도 있다. 매장 위치를 선택하고, 임대를 협상하고, 매장을 설계하고, 장비를 구매할 수 있다. 직원 및 관리자의 첫 번째 집합을 교육하고 표준 정책 및 절차를 발행할 수 있다. 사업이 시작되면 가맹점은 가맹점이 중앙 위치에서 구매할 수 있도록 해 비용을 절감할 수 있다. 마케팅 전략(특히 광고)은 프랜차이저가 처리할 수도 있다. 요컨대 가맹점은 자신의 기성품 사업뿐만 아니라 운영에 있어 전문가의 도움을 받는 것, 즉 투자하는 것이다.

프랜차이즈는 판매자와 구매자 모두에게 이점이 있다. 프랜차이즈는 가맹점이 제공하는 투자금을 이용해 빠르게 성장할 수 있다. 가맹점은 사업체를 소유하고 대기업 관리 기술에 접근할 수 있다. 가맹본부는 사업을 단계적으로 구축할 필요가 없고, 각 가맹점이 다른 가맹점과 비슷하기 때문에 실패할 가능성이 적다. 최근 통계에 따르면 프랜차이즈가 증가하고 있다. 예를 들어 프랜차이즈 사업은 2015년에 247,000개의 일자리를 추가하고 8,680억 달러의 경제적 생산을 창출했다. 프랜차이즈 부문은 2015년 미국 GDP의 약 3.4%에 기여했다.

프랜차이즈 소유의 가장 큰 단점은 아마도 창업비용일 것이다. 프랜차이즈 가격은 천차만별이다. 판타스틱샘(Fantastic Sam)의 미용실 요금은 185,000달러이다. 그러나 가맹점은 또한 살롱을 구축하고 장비하는 데 추가 자금을 투자해야 한다. 맥도날드 프랜차이즈의 초기 비용은 최소 100만 달러지만 레스토랑을 건설하고 시설을 갖추려면 추가 자금이 필요하다. 비용은 일반적으로 총지출을 200만 달러 이상으로 만든다. 그리고 프로 스포츠 팀(프랜차이즈이기도 함)은 수억 달러의 비용이 들 수 있다. 가맹점은 또한 모기업에 매출의 일정 비율을 납부해야 할 의무가 있다. 모회사의 관점에서 일부 회사는 품질에 대한 더 많은 통제권을 유지하고 더 많은 이익을 얻기 위해 프랜차이즈를 선택하지 않는다. 예를 들어 스타벅스는 커피숍을 프랜차이즈하지 않는다. (스타벅스는 다른 회사가 스타벅스 키오스크 및 기타 틈새 매장을 운영하는 라이선스 계약을 갖고 있지만 개인에게 독립 커피숍을 프랜차이즈로 제공하지는 않는다.)

처음부터 시작하기 어려움에도 불구하고 어떤 사람은 아이디어를 심고 잘 돌아가는 사업으로 성장시키는 데서 오는 만족을 추구한다. 처음부터 시작해야 하는 실용적인 이유도 있다. 새로운 사업은 이전 소유자의 실수로 인한 악영향을 받지 않으며 창업 소유자는 대출기관, 장비, 재고, 위치, 공급업체, 작업자를 자유롭게 선택할 수 있다. 지난 10년 동안 시작된 모든 신규 사업 중 약 64%가 처음부터 시작되었다. 델컴퓨터, 월마트(Walmart), 마이크로소프트, 아마존, 트위터(Twitter)는 기업가가

처음부터 시작한 오늘날 가장 성공적인 비즈니스 중 하나이다.

그러나 이미 언급했듯이 처음부터 사업을 시작하는 위험은 기존 회사를 인수하는 위험보다 크다. 새로운 비즈니스 창업자는 자신의 전망에 대해서만 예측할 수 있다. 성공 또는 실패는 많은 고객이 높은 비용을 지불하지만 현재 사용할 수 없는 제품과 같은 진정한 기회를 식별하는 데 달려 있다. 기회를 찾기 위해 기업가는 시장을 연구하고 다음 질문에 답해야 한다.

- 내 고객은 누구이며 어디에 있는가?
- 그 고객이 내 제품에 얼마를 지불할 것인가?
- 내 제품이 얼마나 팔릴 것으로 예상할 수 있는가?
- 나의 경쟁자는 누구인가?
- 고객이 경쟁사 제품이 아니라 내 제품을 구매하는 이유는 무엇인가?

중소기업 자금 조달

사업을 시작하는 방법을 선택하는 문제는 분명히 중요하지만 아이디어에 조달할 수 있는 자금이 없다면 의미가 없다. 자금 조달을 위한 보다 일반적인 출처는 가족 및 친구, 개인 저축, 대출기관, 투자자, 정부 기관이다. 대출기관은 위험을 너 잘 이해하기 때문에 기존 비즈니스의 구매 자금을 조달하는 데 도움이 될 가능성이 더 크다. 새로운 사업을 시작하는 개인은 아마도 개인 자원에 의존해야 할 것이다. 2008-2011년 경기 침체의 많은 원인 중 하나는 새로운 사업을 시작하는 데 도움이 되는 자금을 포함해 신용 가용 능력의 급격한 감소였다. 이 신용 위기는 차례로 신규 창업 자금과 신규 투자를 원하는 기존 기업에 대한 자금 지원 모두를 제한했다.

전국자영업연맹(National Federation of Independent Business)에 따르면 대출이 아닌 개인 자원이 가장 중요한 자금원이다. 친구와 친척에게서 빌린 돈을 포함해 개인 자원은 새로운 소규모 사업에 투자한 전체 자금의 3분의 2 이상을 차지하며 그중 절반은 기존 사업을 구매하는 데 사용된다. 은행, 독립 투자자 및 정부 대출로부터 돈을 얻으려면 추가 노력이 필요하다. 최소한 은행과 개인 투자자는 사업 계획을 검토하기를 원할 것이며 정부 대출에는 엄격한 자격 기준이 있다.

벤처캐피털 회사(venture capital company)는 성장 잠재력이 빠른 회사에서 이익을 얻으려는 소액 투자자 그룹이다. 이 회사의 대부분은 돈을 빌려주지 않다. 그들은 부분 소유권(이 장의 뒷부분에서 논의되는 주식과 같은)에 대한 대가로 자본을 공급하면서 투자한다. 그들은 또한 이사회에서 대표를 요구할 수 있다. 어떤 경우에는 관리자가 중요한 결정을 내리기 전에 벤처캐피털 회사의 승인이 필요하다. 대부분의 경우 벤처캐피털리스트는 새로운 사업을 시작하기 위해 자금을 제공하지 않는다. 대신 사업이 성공적으로 시작되고 성장 잠재력이 확립되면 확장을 위한 자금을 제공한다. 현재 미국에서 위탁된 모든 벤처캐피털 중 약 30%가 진정한 벤처캐피털 회사에서 나온다. AOL의 공동 설립자인 스티브 케이스(Steve Case)는 성공적인 벤처캐피털 회사를 운영하고 있다. 그는 훌륭한 사업 아이디어, 열정적인 기업가, 견고하고 잘 짜인 사업 계획을 가진 새로운 신생 기업에 투자하려고 한다.

벤처캐피털 회사 성장 잠재력이 빠른 기업에 자금을 투자하는 소액 투자자 집단

중소기업 투자 회사(Small Business Investment Company, SBIC)도 급성장 가능성이 있는 회사에 투자한다. 그들은 연방정부에서 SBA에서 돈을 빌리고 중소기업에 투자하거나 대출할 수 있는 허가를 받았으며 그 자체가 주주를 위한 투자이다. SBIC 자본의 과거 수혜자는 애플, 인텔(Intel), 페덱스(FedEx)

중소기업 투자 회사(SBIC) 중소기업에 투자하거나 대출하기 위해 SBA에서 자금을 차입하는 정부 규제 투자 회사

이다. 정부는 또한 **소수민족 중소기업 투자 회사**(minority enterprise small business investment companies, MESBICs)를 후원한다. 이름에서 알 수 있듯이 MESBICs는 소수민족 소유 기업을 대상으로 한다.

SBA 금융 프로그램 중소기업청(SBA)은 1953년에 설립된 이래 규모와 독립성 면에서 기준을 충족하는 중소기업을 위한 자금 조달 프로그램을 후원해 왔다. 적격 기업은 합리적인 조건으로 민간 자금을 조달할 수 없어야 한다. SBA 금융 프로그램의 가장 일반적인 형태인 **7(a) 대출 프로그램**은 중소기업이 상업 대출기관으로부터 대출을 받을 수 있도록 하고 150,000달러까지의 대출은 최대 85%, 150,000달러 이상의 대출은 최대 75%까지 상환할 수 있도록 보장한다. SBA의 **특수 목적 대출**은 국제적 요구를 충족하거나 오염 통제 조치를 시행하는 등 특정 요구사항이 있는 기업을 대상으로 한다. 50,000달러 미만 대출의 경우 SBA는 **소액 대출 프로그램**을 제공한다. Certified Development Company(504) 프로그램은 지역 경제를 활성화하기 위해 비영리 커뮤니티 기반 대출기관의 대출에 고정 이자율을 제공한다.

SBA는 또한 기업가가 관리 기술을 향상시키는 데 도움이 된다. SCORE(Service Corps of Retired Executives)는 기업가가 새로운 비즈니스를 시작할 수 있도록 자원 봉사하는 은퇴한 임원으로 구성된다. **중소기업 개발 센터**(Small Business Development Center, SBDC) 프로그램은 신규 및 기존 중소기업이 사용할 수 있도록 다양한 분야 및 기관의 정보를 통합한다.

중소기업 개발 센터(SBDC) 다양한 분야의 정보를 통합하고 중소기업에서 사용할 수 있도록 설계된 중소기업청(SBA) 프로그램

기타 자금 조달 출처 일부 기업가는 해외 투자자로부터 자금을 조달한다. 제임스 벅(James Buck)은 특정 심장 질환을 치료하기 위해 새로운 이식형 심장 장치를 개발했지만 사업을 시작하기 위한 적절한 자금을 찾지 못했다. 그는 결국 아시아 투자자들을 찾아 말레이시아 정부로부터 500만 달러를 얻었다.

인터넷은 또한 새로운 금융 옵션의 문을 열었다. 예를 들어 캐비지닷컴(Kabbage.com)은 중소기업에 현금 서비스를 제공하는 온라인 회사이다.

학습목표 3-4

소기업 창업 동향을 논의하고 이들의 성공과 실패의 주요 원인을 파악한다.

새로운 벤처의 트렌드, 성공 및 실패

샘 월튼(Sam Walton), 마크 주커버그, 메리 케이 애시(Mary Kay Ash), 빌 게이츠(Bill Gates)와 같이 작은 기업을 큰 기업으로 변화시킨 기업가도 있지만 실패하는 기업가도 많다. 매년 일반적으로 610,000~835,000개의 새로운 비즈니스가 미국에서 시작된다. 반면 매년 605,000~805,000개의 기업이 파산한다. 예를 들어 2016년에는 약 665,000개의 새로운 회사가 운영을 시작했고 또 다른 690,000개의 회사가 문을 닫았다. 이 절에서는 먼저 소규모 비즈니스 스타트업의 몇 가지 주요 트렌드를 살펴본다. 그런 다음 우리는 소규모 사업의 성공과 실패 이유를 살펴본다.

중소기업 창업 동향

위에서 언급했듯이 매년 수천 개의 새로운 비즈니스가 미국에서 시작된다. 몇 가지 요인을 통해 이러한 추세를 설명할 수 있으며, 이 절에서는 그중 다섯 가지에 중점을 둔다.

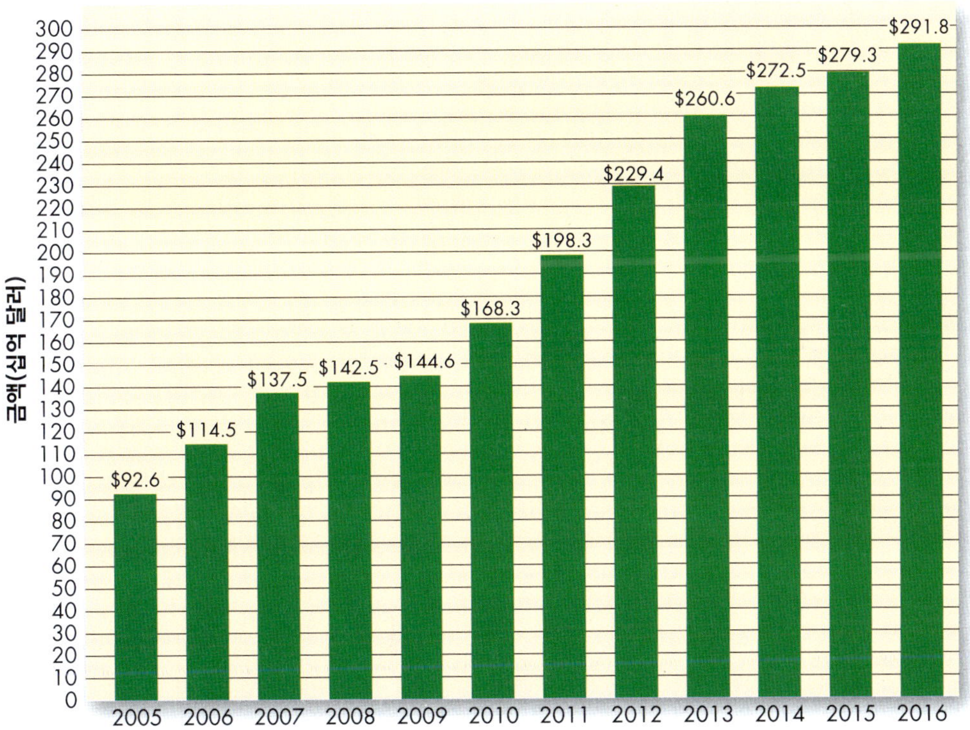

그림 3.3 온라인 소매 지출의 성장
출처: http://www.census.gov/retail/

전자상거래의 등장 최근 가장 두드러진 트렌드는 전자상거래의 급속한 등상이다. 인터넷은 근본적으로 새로운 비즈니스 방식을 제공하기 때문에 정통한 기업가들은 그 어느 때보다 빠르고 쉽게 새로운 비즈니스를 만들고 확장했다. 구글, 아마존, 이베이 같은 첨단 기업의 존재는 인터넷 덕분이다. 그림 3.3은 2005~2016년 전자상거래의 성장을 요약해 이 점을 강조한다.

대기업의 크로스오버 대기업을 떠나 스스로 일하기로 선택한 사람들이 더 많은 비즈니스를 시작하고 있다. 어떤 경우에는 개발하고 싶은 새롭고 훌륭한 아이디어가 보인다. 다른 사람들은 기업 세계에서 소진되어 버렸다. 어떤 사람은 직장을 잃었지만 어쨌든 스스로를 위해 일하는 것이 더 나은 생각이었다는 것을 알게 되었다. 존 챔버스(John Chambers)는 기업가정신에 도전하기로 결정하기 전에 IBM과 왕 연구소(Wang Laboratories/GLOBAL)에서 몇 년 동안 일했다. 1991년 왕 연구소에서 사임한 후 그는 당시 작고 어려움을 겪고 있는 회사인 시스코(Cisco)를 돕기로 했다. 그의 리더십과 기업가정신에 따라 시스코는 세계에서 가장 크고 중요한 기술 회사 중 하나가 되었다.

소수자 및 여성을 위한 기회 소수자 및 여성에 의해 더 많은 소규모 사업이 시작되고 있다. 아프리카계 미국인이 소유한 기업의 수는 데이터를 사용할 수 있는 가장 최근 5년 동안 60% 증가했으며 현재는 약 200만 개이다. 히스패닉계 소유 기업의 수는 44% 증가했으며 현재는 약 225만 개이다. 아시아인의 소유권은 41%, 태평양 섬 주민들의 소유권은 35% 증가했다.

서의 940만 개의 기업이 현재 여성이 소유하고 있으며 연간 총 수익 1조 6,000억 달러를 창출하고 약 900만 명의 근로자를 고용하고 있다. 그림 3.4는 여성이 자신의 사업을 시작하는 몇 가지 이

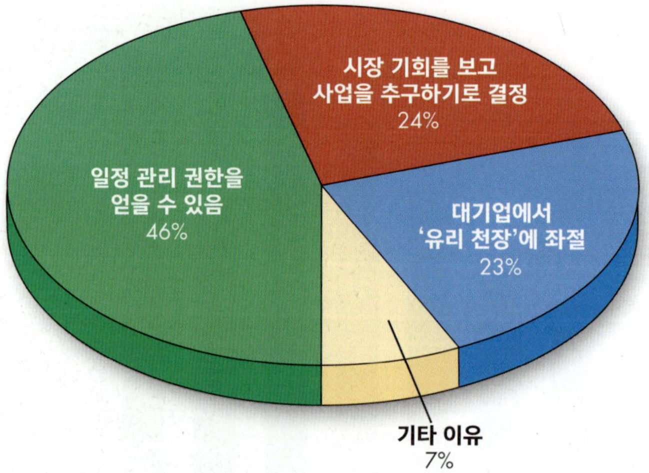

그림 3.4 여성이 창업을 하는 이유

유를 보여준다. 앤 베일러(Anne Beiler)는 남편이 무료 결혼 상담사가 되기로 결정했을 때 가족을 부양하기 위해 작은 프레즐 판매대를 샀다. 그녀는 오랜 시간 일했고 일이 잘 될 때까지 메뉴와 프레즐 레시피를 계속 수정했다. 이것이 현재 1,600개 매장에서 4억 달러의 수익을 올리고 있는 앤티앤스프레즐(Auntie Anne's Soft Pretzels)이다.

글로벌 기회 많은 기업가들은 또한 해외 시장에서 새로운 기회를 찾고 있다. 더그 멜린저(Doug Mellinger)는 소프트웨어 개발 회사인 PRT 그룹(PAT Group)을 설립했다. 멜린저의 가장 큰 문제 중 하나는 숙련된 프로그래머를 찾는 것이었다. 돌아다닐 수 있는 미국 프로그래머가 충분하지 않고 외국 태생 프로그래머는 엄격한 이민 할당량에 직면해 있다. 그래서 멜링거는 카리브해 섬인 바베이도스에 회사를 세웠고 정부에서 외국 프로그래머를 유치하고 일을 더 쉽게 만들기 위해 할 수 있는 모든 일을 도왔다. 오늘날 PRT(현재의 Enherent)는 수십 개국의 고객과 공급업체를 보유하고 있다.

더 나은 생존율 중소기업의 실패율이 감소했기 때문에 더 많은 사람들이 기업가로서의 기술을 테스트하도록 장려된다. 1960년대와 1970년대에는 모든 신생 기업의 절반 미만이 18개월 이상 생존했다. 5명 중 1명만이 10년을 버텼다. 그러나 이제 절반 이상이 최소 4년 동안 생존할 것으로 예상할 수 있고 3분의 1은 10년 이상 생존할 것으로 예상할 수 있다.

실패의 원인

불행히도, 생존율이 향상되었음에도 불구하고 모든 신규 비즈니스의 거의 절반은 여전히 장기적인 성공을 거두지 못한다. 왜 일부는 성공하고 일부는 실패하는가? 정해진 패턴은 없지만 네 가지 일반적인 요인이 실패에 영향을 준다.

1 **관리 무능 또는 경험 부족.** 일부 기업가는 상식을 너무 믿거나 자신의 경영 기술을 과대 평가하거나 열심히 노력하면 성공할 수 있다고 믿는다. 관리자가 건전한 사업 계획을 가지고 있지 않거나 기본적인 사업 결정을 내리는 방법을 모르거나 기본 경영 원칙을 이해하지 못한다면 장기

격변 시대의 경영

광범위한 위험의 세계

잘 설립된 개인이나 사업체가 대출이 필요하면 보통 은행을 찾는다. 신용 점수와 재정 기록이 잘 갖추어진 경우에는 대개 사업 성장을 위한 돈을 빌릴 수 있다. 그러나 누군가가 시작하는 데 약간의 돈이 필요하지만 신용 기록이나 은행 관계가 전혀 없는 경우에는 어떻게 되는가? 새로운 비즈니스를 시작하기 위해 개인에게 제공되는 아주 작은 대출인 소액 대출이라는 새로운 세계를 만든 것은 바로 이러한 상황이다. 이러한 도전은 신진 기업가가 사업을 시작하는 데 100~200달러만 있으면 되는 개발도상국에서 특히 두드러진다. 소액 대출이라는 개념이 유행했지만 대출기관은 가장 작은 대출이라도 누가 가장 적합한지 결정하기 위해 일종의 데이터를 찾고 있다. 1장에서 크라우드 펀딩을 기반으로 하는 소액 대출기관인 키바(Kiva)에 대해 읽었지만 탈라(Tala)가 하고 있는 작업과 같이 소액 대출에는 훨씬 더 많은 혁신이 있다.

투자 은행의 연구원으로서 시바니 시로야(Shivani Siroya)는 소액 금융의 세계와 차용인과 대출기관이 직면한 어려움을 알게 되었다. 그녀는 소액 금융에 열정을 가지고 학교로 돌아가 컬럼비아대학교에서 건강 경제학과 계량 경제학을 공부했다. 그리고 그녀는 아프리카의 9개 국가에서 일하는 유엔 연구원으로서 그 문제에 깊이 파고들었다. 2011년 4월에 그녀는 모바일 기술을 활용해 인도, 케냐, 남아프리카 공화국에서 은행이 없는 개인의 신용 점수를 생성하는 캘리포니아 기반 기술 회사인 인벤처(InVenture, 현재의 탈라)를 설립했다.

소액 대출에 대한 신용 결정에 사용할 수 있는 데이터를 수집하기 위해 탈라는 사용자의 전화 통화 시간을 모니터링하고 금융 거래를 추적하는 모바일 앱을 개발했다. 탈라는 독점 알고리즘을 사용해 10,000개 이상의 책임 지표를 평가한다. 예를 들어 평균 전화 통화 시간이 4분 이상인 신청자는 인간관계가 두터운 것으로 평가되어 신용 위험이 더 좋다. 이 데이터와 기타 복잡한 데이터를 사용해 탈라는 신청자의 절반을 수락해 종종 20~100달러 사이의 소액 대출을 하고 5%의 이자를 부과했다. 더욱 인상적인 것은 창업 첫해에 85%의 상환율을 보였다는 점이다.

Alison Buck/Stringer/Getty Images

2017년 초 탈라는 제품 개발을 가속화하고 내부 팀을 구성해 새로운 시장으로 서비스를 확장하기 위해 3,000만 달러 이상의 벤처캐피털을 받았다. 그러나 시로야는 원래의 비전을 잃지 않았다. 그녀는 최근 보도 자료에서 "첫날부터 탈라의 임무는 사람들이 더 많은 접근 권한, 선택권 및 제어 권한을 가질 수 있도록 글로벌 금융 시스템을 변경하는 것이었다"고 말했다. "이 새로운 라운드와 훌륭한 투자자 및 고문으로 구성된 팀을 통해 우리는 수백만 명의 소외된 사람들을 그들의 삶을 발전시킬 수 있는 금융 서비스에 연결할 수 있는 위치에 있다."

적으로 성공할 가능성이 없다.

2 **방치.** 어떤 기업가는 남는 시간에 벤처를 시작하려고 하고 다른 기업은 새로운 비즈니스에 제한된 시간만 할애한다. 그러나 소규모 사업을 시작하려면 엄청난 시간이 소요된다. 비즈니스에 필요한 시간과 노력을 기꺼이 들이지 않으면 살아남을 수 없다.

3 **약한 통제 시스템.** 효과적인 통제 시스템은 비즈니스를 순조롭게 유지하고 관리자에게 잠재적인 문제를 경고한다. 통제 시스템이 임박한 문제를 알리지 않으면 더 분명한 문제를 발견하기 전에 심각한 문제에 빠질 수 있다. 예를 들어 일부 비즈니스는 신용 회수 정책을 제대로 관리하지 못하기 때문에 실패한다. 성장에 대한 열망으로 인해 고객에게 신용을 제공하는 데 너무 관대해 결국 고객에게 빚진 모든 돈을 회수하지 못하게 될 수 있다.

4 **불충분한 자본.** 일부 기업가는 얼마나 빨리 수익을 올릴 수 있을지에 대해 지나치게 낙관적이다. 대부분의 경우 몇 달 또는 몇 년이 걸린다. 아마존은 10년 동안 수익을 내지 못했지만 직원들에게 급여를 지급하고 기타 비용을 충당하기 위해 여전히 자본이 필요했다. 전문가들은 이익을 내지 않고 최소 6개월을 운영하려면 충분한 자본이 필요하다고 말한다. 일부는 1년 동안 지속할 수 있을 정도를 권장한다.

성공의 원인

소기업의 성공을 설명하는 데는 일반적으로 네 가지 기본 요소가 언급된다.

1 **근면, 추진력, 헌신.** 소기업 소유주는 성공하기 위해 최선을 다해야 하며 이를 실현하기 위해 시간과 노력을 기꺼이 투자해야 한다. 타이 리(Tai Lee)는 텍사스주 칼리지 스테이션에 레스토랑을 열고 싶었지만 자본이 충분하지 않았다. 그는 현지 투자자와 손을 잡고 2009년 베리타스와인앤드비스트로(Veritas Wine and Bistro)를 오픈했다. 초기에는 일반적으로 하루 14시간을 레스토랑 관리, 요리 처리, 고객 인사에 보냈다. 그의 아내도 그의 옆에서 손님을 기다리고 예약을 받으며 일했다. 이 일정은 3년 이상 지속되었다. 그러나 결국 베리타스는 도약해 큰 성공을 거두었다. 오늘날 타이는 3개의 레스토랑을 소유하고 있으며 전국적인 찬사를 받은 미식 푸드트럭을 운영하고 있다.

2 **제공되는 제품 또는 서비스에 대한 시장 수요.** 시장 상황에 대한 주의 깊은 분석은 소기업 소유자가 제품의 수용 가능성을 평가하는 데 도움이 될 수 있다. 구운 감자, 머핀, 젤라또 전문점을 확장하려는 시도는 종종 어려움을 겪지만 햄버거와 피자 체인점은 계속 확장되고 있다. 베리타스의 경우 칼리지 스테이션에는 고급 식사를 할 수 있는 곳이 비교적 적었고 해당 시장의 서비스가 부족했다.

3 **관리 능력.** 성공적인 소유자는 훈련이나 경험을 통해 또는 다른 사람의 전문 지식을 활용해 능력을 획득할 수 있다. 그러나 혼자 성공하거나 대학을 졸업하고 바로 성공하는 사람은 거의 없다. 대부분은 성공적인 회사에서 시간을 보내거나 다른 사람들과 협력해 새로운 비즈니스에 전문 지식을 제공한다. 타이는 베리타스를 열기 전에 비즈니스와 요리를 모두 공부했다. 그는 또한 다른 성공적인 기업가들에게 조언을 구했다.

4 **행운.** 앨런 맥킴(Alan McKim)은 뉴잉글랜드에서 환경 정화 회사인 클린하버스(Clean Harbors)를 시작한 후 사업을 계속 이어나가기 위해 고군분투했고 자본이 부족해졌다. 그러나 그의 자금이 고갈되기 전에 미국 정부는 맥킴의 전문 분야인 유독성 폐기물 정화에 16억 달러를 투입했다. 그는 몇 개의 대규모 정부 계약을 신속하게 수주했고 그의 사업을 견고한 재정 기반으로 만들었다. 정부 기금이 적시에 만들어지지 않았다면 그는 실패했을 것이다. 마찬가지로, 고객이 비디오테이프에서 DVD로 전환을 시작하지 않았다면 넷플릭스도 성공하지 못했을 것이다.

비법인 사업체 소유권

학습목표 3-5

개인사업자, 합자회사, 협동조합을 설명하고 각각의 장단점을 논의한다.

소규모 지역 비즈니스를 시작하거나 빠르게 성장할 것으로 예상되는 새로운 벤처를 시작하려는 경우 모든 기업가는 **개인 회사, 파트너십, 기업**과 같이 자신의 목표에 가장 적합한 법적 소유권 형식을 결정해야 한다. 이 선택은 관리 및 재정 문제의 주체에게 영향을 미치기 때문에 이보다 더 중요한 결정은 거의 없다. 기업가는 자신의 선호도, 즉각적이고 장기적인 필요, 각 형태의 장단점을 고려해야 한다. 표 3.1은 세 가지 주요 소유권 형태 간의 가장 중요한 차이점을 비교한다.

개인 회사

개인 회사(sole proprietorship)는 일반적으로 한 사람이 소유하고 운영한다. 미국 전체 기업의 약 74%가 개인 기업이지만 전체 비즈니스 수익의 약 4%만 차지한다. 개인 회사는 일반적으로는 작지만 제철소 또는 백화점만큼 클 수 있다.

개인 회사 일반적으로 모든 부채를 책임지는 한 사람이 소유하고 운영하는 사업체

개인 회사의 장점 자유는 개인 기업의 가장 중요한 이점일 수 있다. 자신의 사업체를 소유하고 있기 때문에 개인 사업자는 자신 외에는 누구에게도 대응하지 않는다. 또한 개인 회사는 설립하기도 쉽다. 어떤 경우 문에 간판만 붙이면 사업을 시작할 수 있다. 법적 설정 절차의 단순성과 적은 창업 비용은 자발적이고 독립적인 사람들에게 매력적으로 작용한다.

또 다른 매력적인 특징은 초기 단계에서 손실을 입을 가능성이 높은 기업에 대한 세제 혜택이 확대된다는 것이다. 세법은 소유주가 판매 수익과 운영비용을 개인 재정의 일부로 처리하고 개인 세율에 따라 세금을 내는 것을 허용한다. 그들은 사업 이외의 개인 출처에서 얻은 소득에서 사업 손실을 공제해 세금을 줄일 수 있다.

개인 회사의 단점 주요 단점은 **무한책임**(unlimited liability)이다. 개인 사업자는 사업으로 인해 발생하는 모든 부채에 개인적으로 책임이 있다. 회사가 충분한 현금을 창출하지 못하면 청구서는 개인의 재산으로 지불해야 한다. 또 다른 단점은 영속성이 없다는 것이다. 개인 사업자는 소유자가 사망하면 법적으로 해산된다. 상속인이 사업을 재구성할 수 있지만 유언 집행인이나 상속인은 달리 자산을 매각해야 한다.

무한책임 사업체의 모든 부채를 갚을 책임이 있는 소유자를 보유하는 법적 원칙

표 3.1 비교 요약 : 기업 소유권의 세 가지 형태

사업 형태	채무	영속성	경영	투자 출처
개인 회사	개인적, 무한책임	소유주의 결정이나 사망에 의해 종료됨	개인적, 무제한	개인적
합명회사	개인적, 무한책임	파트너의 죽음 또는 결정으로 종료됨	무제한 또는 파트너십 계약에 따라 다름	파트너들에 의해 개인적으로
기업	투자 자본	정관에 명시된 대로 영구 또는 지정된 기간 동안 존속	주주가 선출하는 이사회의 통제하에	주식의 매수

마지막으로, 단독 사업은 관리 및 재정적 제한이 비즈니스를 제한할 수 있는 한 사람의 자원에 의존한다. 개인 사업자는 종종 창업이나 확장을 위해 돈을 빌리기가 어렵다는 것을 알게 된다. 많은 은행가가 소유주가 장애가 되거나 파산할 경우 대출을 회수할 수 없을 것이라고 두려워한다.

파트너십

합명회사 회사의 운영과 부채에 대한 재정적 책임을 공유하는 둘 이상의 소유자(사원)가 하는 비즈니스

가장 일반적인 유형의 파트너십인 **합명회사**(general partnership)는 단독 소유권과 유사하지만 둘 이상의 사람(사원)이 소유한다. 사원은 동일하거나 동일하지 않은 금액을 투자할 수 있다. 대부분의 경우 사원은 이익을 동등하게 또는 투자에 비례해 공유한다. 그러나 어떤 경우에는 이익의 분배가 다른 것을 기반으로 할 수 있다. 예를 들어 지역적으로 유명한 운동선수는 자신의 이름을 합명회사에 빌려주고 실제로 자금을 투자하지 않고도 이익을 얻을 수 있다. 때로는 한 사원이 비즈니스에 필요한 모든 자금을 투자하지만 경영에는 아무런 역할도 하지 않는다. 이 사람을 일반적으로 **익명 사원**(silent partner)이라고 한다. 다른 사원은 아무것도 투자하지 않고 모든 노동을 제공할 수 있다. 이 경우 자본을 투자한 사원은 전체 비즈니스를 소유하고 노동을 제공한 사원은 아무것도 소유하지 않는다. 그러나 시간이 지남에 따라 계약에 명시된 대로 노동을 제공한 사원은 점차 비즈니스의 소유권 지분을 얻는다[이를 일반적으로 **노동 자본**(**sweat equity**)라고 함].

파트너십의 장점 합명회사의 가장 두드러진 이점은 새로운 인재와 자금을 추가해 성장할 수 있다는 것이다. 은행은 개인에 의존하지 않는 기업에 대출을 하는 것을 선호하기 때문에 파트너십은 개인 사업에 비해 돈을 빌리기가 더 쉽다. 그들은 또한 돈을 투자해 새로운 사원을 초대할 수 있다.

개인 기업과 마찬가지로 파트너십은 몇 가지 법적 요구사항만 충족하면 구성할 수 있다. 그렇더라도 모든 파트너십은 일종의 합의로 시작해야 한다. 미국 내 2개 주를 제외한 모든 주에서 개정된 통일 합자회사법(Revised Uniform Limited Partnership Act)은 회사 및 사원에 대한 특정 정보의 제출을 요구한다. 사원은 또한 법에 명시되지 않은 방식으로 스스로를 구속하는 데 동의할 수 있다. 어떤 경우든 계약서는 다음과 같은 질문에 답해야 한다.

- 누가 얼마를 투자했는가?
- 누가 이익의 얼마를 받을 것인가?
- 누가 무엇을 하고 누가 누구에게 보고하는가?
- 파트너십을 어떻게 해산할 수 있는가? 해산 시 자산은 어떻게 배분되는가?
- 생존 파트너는 사망한 사원의 상속인이 제기한 청구로부터 어떻게 보호되는가?

파트너십 계약은 엄격하게 개인적인 사항이다. 파트너가 정부 기관과 계약을 체결할 것을 요구하는 법률은 없다. 파트너십도 법인으로 간주되지 않는다. 법의 관점에서 파트너십은 2명 이상의 사람들이 함께 일하는 것이다. 파트너십에는 독립적인 법적 지위가 없기 때문에 국세청(IRS)은 각 사원에게 개별적으로 세금을 부과한다.

파트너십의 단점 개인 사업과 같은 합명회사의 경우 무한책임이 가장 큰 단점이다. 각 사원은 파트너십으로 인해 발생하는 모든 채무에 대해 책임을 질 수 있다. 한 사원이 사업 부채를 지게 되면 일부 사원이 새로운 부채에 대해 알지 못하거나 동의하지 않더라도 모든 사원이 책임을 져야 할 수

있다.

파트너십은 또한 개인 기업과 마찬가지로 잠재적인 영속성이 보장되지 않는다. 한 사원이 죽거나 떠나면 다른 사원 중 1명 이상이 계속되기를 원하더라도 원래 파트너십이 해제된다. 그러나 해산이 판매 수익의 손실을 의미할 필요는 없다. 생존자는 기존 회사의 비즈니스를 유지하기 위해 새로운 파트너십을 형성할 수 있다.

관련된 단점은 소유권 이전이 어렵다는 것이다. 사원은 다른 사원의 동의 없이 매도할 수 없다. 사원이 퇴직하거나 자녀에게 이권을 양도하려면 다른 사원의 동의가 있어야 한다.

합명회사의 대안 이러한 단점 때문에 합명회사는 가장 인기 없는 비즈니스 형태 중 하나이다. 약 350만 개의 미국 파트너십이 전체 판매 수익의 15%만 창출한다. 합명회사, 특히 무한책임에 내재된 일부 문제를 해결하기 위해 일부 파트너는 대체 계약을 시도했다. **합자회사**(limited partnership)는 돈을 투자하지만 투자한 만큼만 부채에 대한 책임이 있는 **유한책임사원**(limited partner)의 존재를 허용한다. 그러나 그들은 사업 운영에서 적극적인 역할을 할 수 없다. 합자회사에는 대부분 책임을 목적으로 하는 **무한책임사원**(general partner)이 1명 이상 있어야 한다. 이는 일반적으로 비즈니스를 운영하고 비즈니스의 생존과 성장을 책임지는 사람이다.

마스터 합자회사(master limited partnership)하에서 조직은 뉴욕증권거래소와 같은 공개 시장에서 투자자에게 주식(파트너십 지분)을 판매한다. 투자자는 이익을 분배받는다. 마스터 사원은 최소 50%의 소유권을 보유하고 비즈니스를 운영하며 소수 사원은 경영 발언권이 없다. (마스터 사원은 소유권 제한이 없는 일반 무한책임사원과 다르다.) 마스터 사원은 정기적으로 소수 파트너에게 자세한 운영 및 재무 보고서를 제공해야 한다.

합자회사 무한책임사원과 유한책임사원으로 구성된 파트너십 유형

유한책임사원 회사의 경영을 분담하지 않고 당해 조합원의 출자한도 내에서만 부채에 대해 책임을 지는 사원

무한책임사원 회사를 적극적으로 관리하고 부채에 대해 무한책임을 지는 사원

마스터 합자회사 투자자에게 주식을 판매하고 투자자에게 이익을 분배하고 분배된 소득에 대해 세금을 내는 소유권 형태

협동조합

때로는 개인 소유 또는 파트너십 그룹이 협동조합을 형성해 공동의 이익을 위해 함께 일하기로 동의한다. **협동조합**(cooperatives)은 개인 사업의 자유와 기업의 재정적 힘을 결합한다. 그들은 회원에게 더 큰 생산력이나 마케팅 능력을 제공한다. 다른 한편으로, 그들은 회원의 특정 요구를 충족시키는 것으로 제한된다. 협동조합이 미국 경제에서 차지하는 비중은 미미하지만 농업에서 협동조합의 역할은 여전히 중요하다. 오션스프레이(Ocean Spray), 플로리다 감귤 재배농가(Florida Citrus Growers), 라이스랜드(Riceland), 캐봇 치즈(Cabot Cheese)는 가장 잘 알려진 협동조합 중 하나이다.

협동조합 단독 소유 또는 파트너십 그룹이 공동의 이익을 위해 협력하기로 동의하는 소유권 형태

기업

학습목표 3-6

기업에 대해 설명하고 장점과 단점에 대해 논의하고 다양한 기업 유형을 식별한다. 기업 경영과 관련된 기본적인 문제를 설명하고 기업 소유권과 관련된 특별한 문제를 논의한다.

미국에는 약 600만 개의 기업이 있다. 그림 3.5에서 볼 수 있듯이 기업은 미국 전체 비즈니스의 약 17%를 차지하지만 전체 매출의 약 81%를 창출해낸다. 거의 모든 대기업이 이 형식을 사용하며 기업이 글로벌 비즈니스를 지배한다. 앞으로 보게 되겠지만, 기업이 클 필요는 없다. 많은 소기업도 기업을 택한다.

가장 최근 데이터에 따르면 세계 최대 기업인 월마트는 연간 매출이 4,820억 달러, 총이익이 160억 달러가 넘는다. '더 작은' 대기업도 엄청난 매출을 기록한다. 뉴욕타임스컴퍼니(New York Times

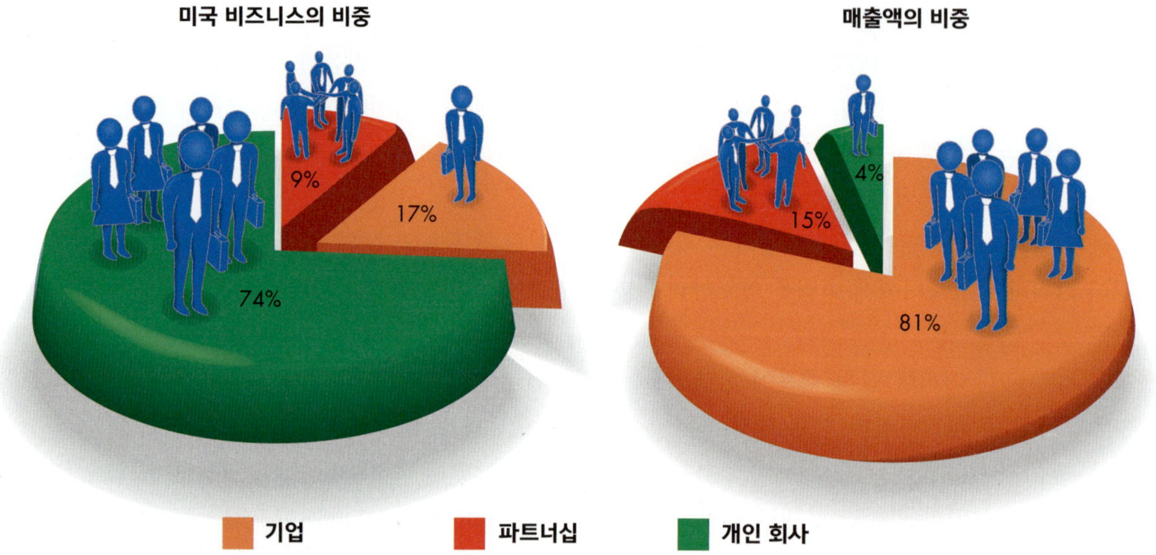

그림 3.5 조직 유형 및 판매 수익 측면에서 미국 기업의 비율

Company)는 규모로는 미국 기업들 500분의 1 정도지만 16억 달러의 매출에 3,800만 달러의 이익을 올렸다. 이러한 소유권 형태의 규모와 영향력을 통해 우리는 기업의 다양한 측면에 많은 관심을 기울인다.

법인

'기업' 하면 월마트, 구글, 애플과 같은 거대 기업을 떠올릴 것이다. 기업이라는 단어 자체가 크기와 권력의 이미지를 불러일으킨다. 그러나 실제로 당신의 코너 신문 가판대는 거대한 자동차 제조업체처럼 설립할 권리가 있다. 또한 신문 가판대와 애플은 **기업**(corporation)의 모든 특성을 공유한다. 즉 별도의 인격체를 가진 법인격으로서 법적 지위, 재산권 및 의무, 무기한 수명을 가지고 있다.

기업(법인) 법적으로 소유주와 별개의 인격으로 간주되는 사업체로 법인의 부채에 대해 소유자와 분리되어 부채 상환 의무가 존재한다. 사업 소유자의 법적 책임은 투자 금액까지로 한정된다.

1819년에 미국 대법원은 기업을 '보이지 않고, 무형이며, 법적 인격을 부여받은 존재'로 정의했다. 법원은 기업을 법인으로 정의했다. 따라서 기업은 다음 활동을 수행할 수 있다.

- 고소하고 소송당함
- 재산 구매, 보유 및 판매
- 제품을 만들고 판매
- 범죄를 저지르고 재판을 받고 처벌을 받음

유한책임 투자자가 회사에 대한 개인 투자 한도 내에서만 회사의 부채에 대해 책임을 지도록 하는 법적 원칙

법인의 장점 기업의 가장 큰 장점은 **유한책임**(limited liability)이다. 투자자 책임은 회사에 대한 개인 투자(주식 소유권을 통한, 나중에 다룬다)로 제한된다. 실패할 경우 법원은 기업의 자산을 압류 및 매각할 수 있지만 투자자의 개인 재산은 건드릴 수 없다. 예를 들어 파산한 기업의 주식에 1,000달러를 투자하면 1,000달러를 잃을 수 있지만 그 이상은 아니다. 즉 당신의 책임은 당신이 투자한 1,000달러로 제한된다.

또 다른 장점은 연속성이다. 설립자와 소유자로부터 독립적인 법적 수명을 갖기 때문에 기업은 적어도 이론상으로는 영원히 지속될 수 있다. 주식은 매각되거나 상속인에게 양도될 수 있으며, 대부분의 기업은 전문 경영인이 제공하는 연속성도 혜택을 받는다. 마지막으로 기업은 자금 조달에 유리하다. 주식을 판매함으로써 투자자 수와 사용 가능한 자금의 양을 확장한다. 지속성과 법적 지위는 대출기관이 대출을 더 기꺼이 허용하도록 만드는 경향이 있다.

법인의 단점 소유권 이전이 용이한 것이 법인의 가장 큰 매력이지만 이 점으로 인해 복잡한 문제가 발생할 수 있다. 예를 들어 **공개 매수**(tender offer)라고 하는 법적 절차를 사용해 잠재적 매수자가 기업 주주에게 직접 주식을 매수하겠다는 제안을 함으로써 경영자의 의사에 반해 기업을 인수할 수 있다. 또 다른 단점은 초기 비용이다. 회사는 엄격한 규제를 받으며 회사가 설립된 주의 복잡한 법적 의무를 이행해야 한다.

공개 매수 잠재 매수자가 목표 기업의 주주에게 직접 매수를 제안한 후 매각 여부에 대한 개별 결정을 내리는 것

그러나 법인 설립의 가장 큰 단점은 **이중 과세**(double taxation)이다. 회사 이익에 대한 소득세 외에도 주주는 회사에 대한 투자로 반환되는 소득에 대해서도 세금을 납부한다. 따라서 기업이 벌어들인 이윤은 기업 수준에서 한 번, 소유 수준에서 다시 한 번 과세된다. 이익은 소유자의 개인 소득으로 취급되기 때문에 개인 사업체와 파트너십은 한 번만 과세된다.

이중 과세 법인의 이익에 대한 과세와 주주의 배당 소득에 대한 과세가 모두 이루어지는 상황

기업 소유의 장점과 단점은 다양한 종류의 기업을 설립하는 법률에 영감을 주었다. 대부분은 기업이 모든 단점을 가정하지 않고 기업 모델의 이점을 활용할 수 있도록 돕기 위한 것이다. 우리는 다음 절에서 이러한 기업 형태를 논의한다.

기업의 종류

우리는 기업을 공개 또는 비공개로 분류할 수 있다. 그러나 이러한 광범위한 범주 내에서 몇 가지 특정 유형의 기업을 인식할 수 있으며 그중 일부는 표 3.2에 요약되어 있다.

- 미국 기업의 가장 일반적인 형태는 **비공개 기업**(closely held corporation)이다. 주식은 소수의 사람들만 보유하고 있으며 대중에게 판매하지 않는다. 주주의 지배 그룹은 가족, 경영진, 회사 직원일 수 있다. 대부분의 소규모 기업이 이 형태에 적합하다.

비공개(사모) 기업 소수의 사람들만 주식을 보유하고 일반 대중에게 판매하지 않는 기업

- 주식이 공개적으로 발행되면 회사는 **공개(상장) 기업**[publicly held (또는 public) corporation]이 된다. 주식은 널리 보유되며 대중에게 판매될 수 있다. 많은 대기업이 이러한 유형이다.

공개(상장) 기업 주식을 일반 대중에게 판매할 수 있고 보유할 수 있는 법인

- **S조항 기업**(S corporation)은 비공개 기업과 파트너십의 중간 형태 기업이다. 법인처럼 조직되고 운영되지만 세금 목적상 파트너십으로 취급된다. 자격을 얻으려면 회사는 엄격한 법적 조건을 충족해야 한다. 예를 들어 개별 주주는 반드시 미국 시민이어야 한다.

S조항 기업 비공개 기업과 파트너십의 중간에 위치한 기업 형태로, 기업처럼 조직되고 운영되지만 세금 목적상 파트너십으로 취급됨

- 또 다른 중간 형태의 기업은 **유한책임회사**(limited liability corporation, LLC)이다. 소유자는 파트너처럼 세금이 부과되며 각자 개인 세금만 지불한다. 그러나 그들은 또한 상장 기업에 부여된 유한책임의 이점을 누린다. 유한책임회사는 최근 몇 년 동안 인기를 얻었다. 부분적으로 기업, 파트너십 및 외국인 투자자가 부분 소유주를 허용하는 IRS 판결 때문이다.

유한책임회사(LLC) 공개 기업과 파트너십의 중간에 위치한 기업 형태로, 파트너십으로 과세되지만 유한책임의 이점을 누릴 수 있음

- **전문 기업**(professional corporations)은 의사, 변호사, 회계사, 기타 전문가로 구성되어 있다. 회사 구조가 무한한 재정적 책임으로부터 보호를 의미하지만 구성원이 무한한 책임에서 면제되지는 않는다. 회원의 전문인으로서 직업적 과실은 개인의 개별적 책임을 수반할 수 있다.

전문 기업 전문직이 기업의 혜택을 누릴 수 있도록 하는 소유권 형태로 유한한 사업 책임과 전문인으로서 무한한 직업적 책임을 부여함

표 3.2 기업의 종류

종류	구별되는 특징	예시
비공개 기업	소수 인원이 주식 보유 법인세 과세 대상	블루크로스/블루쉴드 마스터카드 프라임스타
공개 기업	많은 투자자가 주식 보유 법인세 과세 대상	애플 스타벅스 텍사스인스트루먼츠
S조항 기업	비공개 기업에 가까운 조직 추가적 규제 대상 파트너십 과세 대상	밍글우드어소시에이츠 엔텍페스트시스템스 프런티어뱅크
유한책임회사	공개 기업에 가까운 조직 추가 규제 대상 파트너십 과세 대상	퍼시픽노스웨스트어소시에이츠 글로벌그라운드서포트 리츠칼튼
전문 기업	파트너십 과세 대상 제한된 사업 책임 무제한 직업적 책임	노먼휘, DDS & 어소시에이츠 B&H 엔지니어링 앤더슨, 맥코이 & 오르타
다국적 기업	국경을 넘어 위치함 여러 국가의 규제 대상	토요타 네슬레 제너럴일렉트릭

다국적(또는 초국적) 기업 국경을 초월한 법인 형태

- 용어에서 알 수 있듯이 **다국적(또는 초국적) 기업**[multinational (또는 transnational) corporation]은 국경을 초월한다. 주식은 여러 국가의 거래소에서 거래될 수 있으며 경영자는 국적이 다를 수 있다.

기업 경영

기업지배구조 기업의 의사결정과 책임에 있어 주주, 이사 및 기타 관리자의 역할

주주 기업 주식의 소유자

모든 유형의 법인을 만드는 것은 다양한 법적 요건 때문에 복잡할 수 있다. 또한 법인은 일단 존재하게 되면 **기업지배구조**(corporate governance)의 원칙, 즉 기업의 의사결정 및 책임에 있어 주주, 이사 및 기타 경영자의 역할을 이해하는 사람들에 의해 경영되어야 한다. 이 절에서는 **주식 소유권**과 **주주권의 원칙**을 논의하고 **이사회**의 역할에 대해 설명한다. 그런 다음 기업 소유권과 관련된 몇 가지 특별한 문제를 검토한다.

기업 지배 구조는 회사의 정관에 의해 설립되며 일반적으로 3개의 개별 주체를 포함한다. **주주**(stockholders 또는 shareholders)는 주식의 형태로 주식의 지분을 매수한 기업의 소유자이다. **이사회**는 기업 경영을 감독하기 위해 주주들이 선출한 단체이다. **기업 임원**은 기업을 일상적인 업무를 운영하기 위해 이사회에서 고용한 최고 경영자이다.

주식 소유권 및 주주의 권리 기업은 **주식**(stock)을 투자자에게 판매해 주주가 된다. 비공개 기업에서는 소수의 사람들만이 주식을 소유한다. 상장 기업의 주식은 다양한 투자자들에 의해 보유된다.

기업가정신과 새로운 벤처기업

버거와 감자튀김 그 이상

John Angelillo/UPI/Newscom

2001년 요식업자인 대니 메이어(Danny Meyer)는 뉴욕의 매디슨 스퀘어 공원에서 핫도그 카트를 시작했다. 그는 이 지역에서 더 많은 인기를 모으고 근처 레스토랑 직원들에게 추가적인 기회를 줄 수 있길 희망했다. 그 작은 핫도그 카트는 패스트 캐주얼 레스토랑인 쉐이크쉑(Shake Shack)으로 빠르게 성장했다. 메이어에 따르면 "우리는 작은 코너에 여러 가지 이름 중(커스터드 최초 가판, 도그 런, 매디슨 믹서와 같이 대부분은 별로 좋지 않은 이름이 많았다)에서 쉐이크쉑으로 결정했다." 회사 홈페이지는 그들의 틈새시장에 대해 설명한다. "이 현대식 '길거리' 버거 가판대는 가장 맛있는 버거, 핫도그, 프로즌 커스터드, 쉐이크, 맥주, 와인 등을 제공한다. 동네 패스트푸드점인 쉐이크쉑은 멋지게 구성된 신선하고 단순하며 고품질의 식사를 즐기기 위해 모인 도시, 국가 및 전 세계의 사람을 모았다. 나머지는 그들이 말했듯이 버거의 역사이다." 이 회사는 곡물 사료로 동물 복지 환경에서 키운 무항생제 앵거스 쇠고기만을 사용한다는 자부심을 가지고 있다.

이 하나의 가게에서 레스토랑이 성장했다. 메이어는 2개의 유한 파트너십인 그린에쿼티인베스터(Green Equity Investors) 및 셀렉트에쿼티그룹(Select Equity Group), 사모펀드 후원자인 조너선 소코로프(Jonathan Sokoloff)를 포함해 확장을 위해 투자자를 고용했다. 뉴욕, 매사추세츠, 시카고, 워싱턴 DC와 같은 여러 주요 미국 지역에 집중해 확장을 했다. 미시시피 서쪽에 있는 유일한 레스토랑은 네바다주 라스베이거스에 있다. 전 세계적으로 이 회사는 런던, 모스크바, 두바이를 포함해 2015년 초 현재 13개 지점을 가지고 있다. 레스토랑의 인기가 높아져 사람들이 유명한 버거와 크링클 컷 감자튀김을 먹기 위해 한 시간 이상 줄을 서기도 한다.

63개 레스토랑에서 450개 위치로 확장하는 것을 목표로 회사는 2015년 1월 주식을 상장했다. IPO 당시 대니 메이어는 회사 주식의 21%를 소유했으며 그린에쿼티인베스터와 셀렉트에쿼티그룹은 유한 파트너십은 38.3%를 소유했다. 조너선 소코로프는 26%를 소유했다. 회사는 주당 21달러의 가격으로 500만 주의 신주를 발행했다. 이 IPO를 통해 쉐이크쉑은 확장을 위한 자금 1억 500만 달러를 조달했다. IPO 후 며칠 만에 회사의 주식은 발행 가격의 2배 이상이 되었고 메이어의 주식 가치만 3억 4,000만 달러가 넘었다. 초기 투자자 중 하나인 셀렉트에쿼티그룹은 IPO 직후 400만 주 이상의 지분을 매각해 수백만 달러의 투자 수익을 실현했다. 2016년 9월 28일 SEC에 제출한 사업보고서(10-Q)에서 회사는 105개의 지점이 운영 중이라고 보고했으며 그중 41개는 국제 라이선스였다. 이 모든 것은 공원에 있는 핫도그 카트에서 시작되었다.

이사회 기업의 지배 기관은 **이사회**(board of directors)이다. 이사회는 회사의 재무 건전성에 대한 요약인 사업 보고서와 같은 경로를 통해 주주 및 기타 이해 관계자와 의사소통한다. 그들은 또한 배당금, 주요 지출 및 임원 보상에 대한 정책을 결정한다. 그들은 기업 행동에 대해 법적 책임과 의무를 지며 개인적으로 부담하는 책임이 확대되는 추세에 있다.

이사회 자산 유지에 대한 책임을 유지하면서 일상 업무를 수행할 수 있는 권한을 위임하고 주주에게 보고하는 기업의 지배 기구

경영진 이사회 구성원이 운영을 감독하지만 대부분은 일상적인 경영에 참여하지 않는다. 오히려 그들은 회사를 운영하기 위해 경영진을 고용한다. **임원**(officers)이라고 하는 이 팀은 일반적으로 전반적인 성과를 책임지는 회사의 **최고경영자**(chief executive officer, CEO)가 이끌고 있다. 다른 임원에는 일

임원 기업의 최고경영진

최고경영자(CEO) 조직의 최고 책임자

반적으로 내부 관리를 책임지는 **사장**과 마케팅 및 운영과 같은 다양한 기능 영역을 감독하는 **부사장**이 포함된다.

기업 소유권에 관한 특별 이슈

최근 몇 년 동안 **합작 투자** 및 **전략적 제휴**, **우리사주신탁제도**, **기관 소유권**을 포함해 기업 소유권 영역에서 몇 가지 문제가 중요해졌다. 현대 기업 소유권의 다른 중요한 문제에는 **합병**, **인수**, **매각** 및 **기업 분할**이 포함된다.

전략적 제휴 둘 이상의 조직이 상호 이익을 위해 프로젝트에 협력하는 전략

합작 투자 새로운 벤처의 공동 소유를 포함하는 협업을 통한 전략적 제휴

합작 투자 및 전략적 제휴 **전략적 제휴**(strategic alliance)에서는 둘 이상의 조직이 상호 이익을 위해 프로젝트에 협력한다. 파트너들이 본질적으로 새로운 기업의 소유권을 공유하는 경우 이를 **합작 투자**(joint venture)라고 한다. 전략적 제휴의 수는 국내외에서 최근 몇 년 동안 빠르게 증가했다. 예를 들어 제너럴모터스(General Motors)와 포드는 최근 자동차용 10단 변속기를 공동 개발하기 위한 새로운 전략적 제휴를 발표했다. 포드는 또한 폴크스바겐(Volkswagen) 및 마쓰다(Mazda)와 합작 투자를 하고 있다.

우리사주신탁제도(ESOP) 회사가 직원을 위해 자신의 주식을 신탁하고 직원이 점진적으로 주식에 대한 소유권을 받고 의결권을 통제하는 약정

우리사주신탁제도 **우리사주신탁제도**(employee stock ownership plans, ESOP)를 통해 직원은 자신을 대신해 설립된 신탁을 통해 회사의 상당 부분을 소유할 수 있다. 현재 추정치로 미국에 약 11,500개의 우리사주신탁제도가 존재한다. 새로운 우리사주신탁제도의 성장률은 최근 몇 년 동안 약간 둔화되었지만 여전히 미국 기업 소유권에서 중요한 부분을 차지한다.

기관 투자자 뮤추얼펀드, 연기금 등 대규모 기업 주식을 매입하는 대규모 투자자

기관 소유권 대부분의 개인 투자자는 기업 관리자에게 영향력을 행사할 만큼 충분한 주식을 소유하지 않는다. 그러나 최근 몇 년 동안 **기관 투자자**(institutional investor)가 더 많은 주식을 구입했다. 그들은 막대한 자원을 통제하기 때문에 이러한 투자자들, 특히 뮤추얼 펀드와 연기금 펀드는 엄청난 양의 주식을 살 수 있다. 미국 교직원퇴직연금기금(TIAA CREF)은 4,800억 달러 이상의 자산을 보유하고 있으며 대부분이 주식에 투자되었다. 기관 투자자는 미국에서 발행된 전체 주식의 거의 55%를 소유하고 있다.

합병, 인수, 기업 매각 및 기업 분할 또 다른 중요한 개념에는 합병, 인수, 기업 매각 및 기업 분할이 있다. 합병 및 인수에는 둘 이상의 기업의 법적 결합이 포함된다. 기업이 사업 부문을 다른 기업에 매도하는 것을 매각이라고 하며, 새로운 조직이 생겨나면 기업 분할이라고 한다.

합병 두 회사가 합쳐 새로운 회사를 만드는 것

인수합병(M&A) **합병**(merger)은 두 회사가 결합해 새로운 회사를 만들 때 발생한다. 예를 들어 유나이티드항공(United Airlines)과 콘티넨탈(Continental)은 합병해 세계 최대 항공사 중 하나가 되었다. 새 항공사는 유나이티드(United)라는 이름을 사용하지만 콘티넨탈의 장비 디자인은 그대로 유지한다. 콘티넨탈의 CEO는 새로운 회사의 경영권을 인수했다. 이 회사는 각각의 운영을 새 회사로 통합하는 데 2년 이상이 걸렸다. 훨씬 더 최근에는 아메리칸항공(American Airlines)과 US항공(US Airways)도 합병을 발표했으며 이 글을 쓰는 현재 통합 계획을 마무리하고 있다.

인수 한 기업을 다른 기업이 매수하는 것

인수(acquisition)에서 한 회사는 다른 회사를 완전히 매수한다. 느슨한 합병이라고 불리는 많은 거

래가 실제로는 인수이다. 왜일까? 두 회사 중 하나가 일반적으로 새로 결합된 소유권을 통제하기 때문이다. 일반적으로 한 회사가 다른 회사를 지배하더라도 두 회사의 규모가 거의 같을 경우를 합병이라고 한다. 인수하는 회사가 인수되는 회사보다 훨씬 더 큰 경우 거래는 실제로 인수이다. 이른바 M&A는 기업 전략의 중요한 형태이다. 이를 통해 기업은 제품 라인을 늘리고, 운영을 확장하고, 국제화하고, 새로운 기업을 만들 수 있다. 할리버튼(Halliburton)은 최근 유전 소방 기업인 부츠앤드쿠츠(Boots and Coots)를 인수했다.

기업 매각 및 기업 분할 기업은 때때로 기존 사업 운영의 일부를 매각하거나 새로운 독립 기업으로 설립하기로 결정한다. 이러한 단계에는 여러 가지 이유가 있을 수 있다. 예를 들어 기업은 핵심 비즈니스에 보다 구체적으로 집중해야 한다고 결정해 관련이 없거나 실적이 저조한 비즈니스를 처분할 수 있다. 이러한 거래를 **매각**(divestiture)이라고 한다. 기업이 자본을 조달하기 위해 자신의 일부를 매각하는 전략을 취할 경우 **기업 분할**(spin-off)이라고 한다. 추가로 기업 분할은 기업이 사업부를 별도의 회사로서 더 가치 있게 여긴다는 의미이기도 하다.

매각 기업이 하나 이상의 사업 단위를 처분하는 전략

기업 분할 하나 이상의 사업 부문을 새로운 독립 기업으로 설립하는 전략

질문과 연습

복습을 위한 질문

3-1. 대부분의 경제에서 소기업이 중요한 이유를 여섯 가지로 정의하라.

3-2. 많은 중소기업 창업과 성공에서 가장 중요한 요인은 무엇인가?

3-3. 틈새시장이란 무엇이며 중소기업에게 매력적인 이유는 무엇인가?

3-4. 개인 기업이란 무엇이며 주요 장단점은 무엇인가?

분석을 위한 질문

3-5. 기업가에 대한 오늘날의 견해는 이전에 받아들여졌던 견해와 어떻게 다른가?

3-6. 기업이 실패하는 네 가지 주요 이유의 상대적 중요성은 어떤가?

3-7. 당신이라면 기존 사업을 구매하겠는가, 아니면 처음부터 시작하겠는가? 그 이유는 무엇인가?

3-8. 기업이 우리사주신탁제도를 도입하기로 선택한 이유는 무엇인가? 그러한 결정은 사업에 어떤 이점이 있는가?

응용연습

3-9. 개인 사업 또는 합명 회사의 소유주/경영자를 인터뷰하라. 어떤 특성 때문에 소유자가 그 사업 형태를 선택했는가? 소유자는 사업의 형태를 바꿀 생각을 한 적이 있는가?

3-10. 많은 신규 비즈니스는 성공적인 출시를 위해 외부 자금이 필요하다. 일부는 동업자, 가족, 대출, 기타 형태로 자금 조달을 할 수 있다. 다른 사람들은 벤처캐피털 회사를 찾는다. 벤처 캐피털리스트는 무엇을 추구하는 것인가?

CHAPTER 4

비즈니스의 글로벌 상황 이해

Kamira/Shutterstock

회사가 전 세계 어디에서 사업을 하던 관리가 성공을 이끈다. 국제 비즈니스는 전 세계 시장에서 고유한 관리 문제를 만든다.

학습목표

LEARNING OBJECTIVES

이 장을 학습하고 나면

4-1 국제 비즈니스의 부상에 대해 논의하고 주요 세계 시장, 무역 협정, 동맹을 설명한다.

4-2 수출입 수지, 환율, 해외 경쟁의 차이가 국가와 기업이 국제 환경에 대응하는 방식에 어떻게 영향을 미치는지 설명한다.

4-3 국제적으로 사업을 결정함에 있어 불가항력적인 요소와 적절한 수준의 국제적 참여 및 국제 조직 구조를 선택하는 데 관련된 요소를 논의한다.

4-4 국제 비즈니스에서 문화 환경의 역할과 중요성을 설명한다.

4-5 국가 간의 경제적, 법적, 정치적 차이가 국제 비즈니스에 영향을 미치는 방식 중 일부를 설명한다.

도입부

2015년 7월 미국은 쿠바와 54년간의 적대 관계를 공식 회복했다. 아이젠하워가 공산주의 국가와 단교한 해에 태어난 버락 오바마(Barak Obama) 대통령은 "쿠바 국민에게 민주주의와 기회를 지원하려는 좋은 의도에도 불구하고 쿠바를 고립시키려는 우리의 노력은 정반대의 효과(우리의 이웃으로부터 미국을 고립시키며 현 상태를 고착화하는)를 낳았다"며 의회에 국경을 재개방할 것을 촉구했다.

국경 재개방은 미국 기업에 많은 기회를 제공한다. 가장 중요한 영향 중 하나는 미국 시민의 쿠바 여행에 대한 제한이 풀린 것이다. 과거에 쿠바 여행은 특정 교육 또는 인도주의적 노력으로 제한되었다. 그러나 이제 쿠바 여행은 운동 경기 및 사람 대면 프로그램을 포함해 12개의 광범위한 범주에서 승인되며, 여행자는 여행하기 전에 특별 면허를 신청할 필요가 없다.

쿠바의 사회주의 경제에서 대부분의 호텔은 부분적으로 또는 완전히 정부 소유이며 종종 미국인 여행자가 원하는 편의 시설이 부족하다. 또한 호텔 수용 인원이 제한되어 있으며 건설 중인 새 호텔이 없다. 그러나 많은 개인 주택이 단기 체류가 가능하며 샌프란시스코 에어비앤비(San Francisco Airbnb)가 그 공백을 메우기 위해 나섰다. 여행자들은 하루 25달러의 저렴한 비용으로 따뜻한 날씨와 카리브해의 햇살을 만끽하며 쿠바의 개인 주택에 머무를 수 있다. 그리고 스타우드호텔앤드리조트(Starwood Hotels & Resorts)는 쿠바 정부와 라이선스를 협상해 아바나(Havana)에 있는 정부 소유 호텔 3개를 개조하고 관리할 수 있었다.

외교 관계를 회복하고 여행 및 재정적 제한을 완화함으로써 관광 및 접객 산업에 대한 진출이 이루어졌지만 쿠바 수출에 대한 미국의 금수 조치는 여전히 남아 있으며 의회만이 이러한 제한을 철회할 수 있다. 1960년 혁명적 공산당 정부는 '미국인' 및 '미국인'이 '소유 또는 통제'하는 실체가 쿠바에서 '직접적이든 간접적이든 모든 형태의 이해관계'를 갖는 모든 거래에 참여하는 것을 금지했다. 따라서 쿠바는 미국 시장에 접근하지 않았고, 미국으로의 수입 없이 지내 왔으며, 다른 무역 상대국에 상당한 부채가 있다. 그러나 전문가들은 금수 조치가 해제되어도 그 효과가 그다지 크지 않을 수도 있다고 지적한다. 쿠바인은 이제 스위스에 본사를 둔 네슬레(Nestlé)에서 아이스크림과 청량음료를, 앵글로더치유니

Minerva Studio/Fotolia

이 장을 배우면 좋은 점

이 장에서 살펴보는 것처럼, 정치적이든 비즈니스적이든 글로벌 세력은 매일 우리 각자에게 영향을 미친다. 사업을 시작하면서 해외에 거주하든, 대기업에 다니든, 창업을 하든 관계없이 글로벌 경제는 다양한 방식으로 영향을 미치게 된다. 다양한 통화에 대한 환율과 구매 및 판매를 위한 글로벌 시장은 역할이나 관점에 관계없이 모든 사람에게 매우 중요하다. 결과적으로 이 장은 (1) 글로벌 요인이 고객으로서 당신에게 미치는 영향을 이해하고, (2) 세계화가 직원으로서 당신에게 어떤 영향을 미치는지 이해하고, (3) 글로벌 기회와 도전이 비즈니스 사업가 또는 투자자로서 당신에게 어떻게 영향을 미칠 수 있는지 평가한다. 또한 다양한

지역의 임금과 근무 조건이 우리가 구매하는 제품 및 지불 가격과 어떻게 연결되어 있는지에 대한 통찰력을 얻을 수 있다.

이 장에서는 비즈니스의 글로벌 상황을 공부한다. 우리는 국제 비즈니스에 영향을 미치는 주요 세계 시장 및 무역 협정에 대해 공부한다. 다음으로 국가와 기업이 국제적 기회와 도전에 어떻게 대응하는지 결정하는 데 도움이 되는 여러 요인을 검토하고, 관리자가 국제 시장에서 경쟁하려는 경우 결정해야 하는 몇 가지 사항을 알아본다. 마지막으로 국제 비즈니스에 영향을 미치는 사회적, 문화적, 경제적, 법적, 정치적 요인에 대한 논의로 결론을 맺는다.

레버(Anglo-Dutch Unilever)에서 비누와 샴푸를, 브라질의 소우자크루즈(Souza Cruz)에서 담배를 구입한다. 미국이 세계 최대 럼(사탕수수를 착즙해서 설탕을 만들고 남은 찌꺼기인 당밀이나 사탕수수 즙을 발효시킨 뒤 증류한 술) 시장이지만, 프랑스의 페르노리카(Pernod-Ricard)는 쿠바에 새로운 양조장을 세웠고, 영국의 임페리얼타바코(Imperial Tobacco)는 미국인이 다시 프리미엄 쿠바 시가를 구입할 수 있을 때 매출이 2배 증가할 것으로 기대한다.

캘리포니아의 커피 전문 생산업체인 생스기빙커피컴퍼니(Thanksgiving Coffee Company)의 설립자인 폴 캣제프(Paul Katzeff)는 미국의 금수 조치가 (목표를 달성하지 못했다는 이유로) 비현실적이고 (그들의 정부보다 쿠바 국민을 더 처벌한다는 이유로) 비도덕적으로 간주한다. 캣제프는 많은 미국 기업인이 생각하는 것과 같은 생각을 하고 있다. 그것은 금수 조치의 철폐가 새로운 비즈니스 기회를 창출할 것이라는 것이다. 그가 보기에 쿠바 커피는 금수 조치 해제 후에 유망한 미래를 가지고 있다. 커피 원두의 품질 때문에 그 잠재력은 엄청나다. 캣제프의 지정학적 인식은 일부 사람을 혼란에 빠뜨릴 수 있지만 그의 비즈니스 감각은 합리적으로 보인다. 물론 현재로서는 쿠바 커피 재배자들과 실제로 사업을 할 수는 없지만 견고한 기반을 마련할 방법을 찾아냈다. 그는 이미 라틴 아메리카와 아프리카에서 커피 협동조합(수출 시장에 진입하고 더 높은 가격을 확보하기 위해 곡물을 모으는 개별 재배자 그룹)과 협력 관계를 구축했다. 그의 장기적인 목표는 쿠바 재배자와의 관계에서 동일한 자본을 투자하고, 축적된 노하우를 획득하는 것이다. 생스기빙의 쿠바 프로젝트 책임자인 닉 호스킨스(Nick Hoskins)는 이미 쿠바의 커피 재배 지역과 관계를 발전시켰으며, 캣제프는 커피 재배 지역인 산티아고의 협동조합과 인적 교환 프로그램인 자매결연 협정(twinning agreement)을 맺기를 희망한다.

학습목표 4-1

국제 비즈니스의 부상에 대해 논의하고 주요 세계 시장, 무역 협정, 동맹을 설명한다.

현대 글로벌 경제

세계화 세계 경제가 하나의 상호 의존체제가 되는 과정

수입품 해외에서 생산 또는 재배되었지만 국내에서 판매되는 제품

수출품 국내에서 생산 또는 재배되었지만 해외로 배송 및 판매되는 제품

세계 무역의 총량은 엄청나며 매년 19조 3,000억 달러 이상의 상품이 거래된다. 미국에 대한 외국인 투자는 2,250억 달러를 초과하고, 미국의 해외 투자는 3,950억 달러 이상이다. 더 많은 기업이 국제 비즈니스에 참여함에 따라 세계 경제는 **세계화**(globalization)라는 과정을 통해 빠르게 상호 의존적인 시스템이 되고 있다.

우리는 종종 국제 무역의 결과로 구매할 수 있는 제품의 다양성을 당연하게 여긴다. TV, 신발, 심지어 모닝커피나 주스도 아마도 **수입품**(import)일 수 있는데, 이것은 해외에서 제조되거나 재배된 후 자국에서 판매되는 제품을 말한다. 동시에, 많은 미국 기업의 성공은 기계, 전자 장비, 곡물 등 해외로 수출되는 **수출품**(export)에 달려 있다.

맥도날드, 마이크로소프트, 애플, 스타벅스 같은 기업은 해외 시장이 기업 성장에 필요하다고 생각한다. 그러나 기업은 해외 진출에 실패하기도 한다. 예를 들어 홈디포(Home Depot)는 중국에서 수십 개의 매장을 열었다가 문을 닫았다. 인건비가 너무 낮아서 '직접 설치(do-it-yourself)'에 관심을 가진 집주인이 거의 없었기 때문이다. 마찬가지로 중국의 소비자가 현지 또는 온라인 판매자로부터 전자 제품을 더 저렴한 가격에 구매하는 성향이 있기 때문에, 베스트바이(Best Buy)도 중국에서

Islemount Images/Alamy Stock Photo

이 사람과 같은 일부 세계화 반대자는 다국적 기업이 가족 농장과 같은 소규모 국내 기업에 타격을 주는 것을 두려워한다.

매장을 폐쇄했다. 디즈니(Disney)가 홍콩에 처음으로 테마파크를 개장했을 때 디즈니 경영진은 공원을 너무 미국적으로 만들고 테마파크의 광고가 현지문화에 이질적이어서 실적이 저조했다. 세계화의 영향은 기업이 해외에 지사를 열거나 실패한 지사를 폐쇄해야 하는 것 외에도 여러 가지가 있다. 국제적으로 운영되지 않는 소규모 회사(예: 개인 커피숍)는 여전히 국제 공급업체로부터 물품을 구매할 수 있으며 개인 계약자나 자영업자도 환율 변동의 영향을 받을 수 있다.

실제로 국제 무역은 대부분의 국가와 비즈니스에서 점점 더 중요해지고 있다. 한때 국내 기업을 보호하기 위해 엄격한 정책을 따랐던 많은 국가가 이제는 무역을 적극적으로 장려하고 있다. 그들은 외국 기업에게 국경을 개방하고, 국내 기업이 국제적으로 확장할 수 있도록 인센티브를 제공하고, 외국 기업이 현지 기업과 더 쉽게 협력할 수 있도록 하고 있다. 마찬가지로 더 많은 산업과 시장이 글로벌화됨에 따라 그 안에서 경쟁하는 기업도 글로벌화된다.

여러 세력이 결합해 세계화를 추진하고 유지했다. 우선, 정부와 기업은 기업과 주주에 대한 세계화의 이점을 더 잘 알고 있다. 이러한 이점에는 더 높은 생활수준과 비즈니스 수익성 개선의 가능성이 포함된다. 새로운 기술은 국제 여행, 통신 및 상업을 그 어느 때보다 빠르고 저렴하게 만들었다. 마지막으로 경쟁 압력이 있다. 때때로 기업은 순전히 경쟁자를 따라잡기 위해 해외 시장으로 진출하기도 한다.

세계화에 반대하는 이가 없는 것은 아니다. 일부 비평가는 세계화로 인해 기업이 저개발 국가의 노동자를 착취하고 국내 환경 및 세금 규정을 우회할 수 있다고 주장한다. 예를 들어 베트남과 인도네시아의 기업은 미국의 기업보다 임금이 낮다. 중국의 공장은 유럽의 기업과 동일한 환경 보호법의 적용을 받지 않는다. 그리고 케이맨 제도에 본사를 두고 있는 기업은 세금을 더 적게 낸다. 비평가들은 또한 세계화가 문화유산의 손실을 초래하고 종종 가난한 사람보다 부유한 사람에게 더 많은 혜택을 제공한다고 비난한다. 예를 들어 영어가 전 세계적으로 점점 더 널리 보급됨에 따라 일부 지역 언어는 점차 사라지고 있다. 마찬가지로, 아프리카 지역 주민들은 땅에서 석유나 귀중한 광물이 발견될 때 상대적으로 적은 경제적 이익을 얻는다. 번영하는 투자자는 종종 이러한 자원의 가치를 깨닫지 못하는 지주로부터 권리를 구매한다. 그 결과, 많은 국제회의가 항의와 시위로 얼룩진다.

주요 세계 시장

국제 비즈니스와 관련된 관리자는 주요 세계 시장을 포함해 세계 경제에 대한 확실한 이해가 필요하다. 이 절에서는 부를 기반으로 한 국가 간의 몇 가지 기본적인 경제적 차이를 검토한 다음 세계의 주요 국제 시장을 살펴본다.

부를 기준으로 한 구별 UN 산하 세계은행은 1인당 소득, 1인당 평균 소득을 사용해 국가를 구분한다. 현재 분류 방법은 네 가지 다른 범주의 국가로 구성된다.

1 **고소득 국가:** 1인당 연간 소득이 12,476달러 이상
2 **중상위 소득 국가:** 1인당 연간 소득이 4,036~12,475달러
3 **중하위 소득 국가:** 1인당 연간 소득이 1,206~4,035달러
4 **저소득 국가(개발도상국이라고도 함):** 1인당 연간 소득이 1,025달러 이하

지리적 클러스터 세계 경제는 일반적으로 북아메리카, 유럽, 아시아 태평양의 세 가지 주요 시장을 중심으로 움직인다. 일반적으로 이러한 클러스터에는 상대적으로 더 많은 중상위 및 고소득 국가가 포함된다.

북아메리카 세계 최대 시장이자 가장 안정적인 경제인 미국은 북아메리카 시장을 지배하고 있다. 또한 캐나다는 국제 경제에서 중요한 역할을 하며 미국과 캐나다는 서로의 가장 큰 교역 파트너이다.

저렴한 노동력과 낮은 운송비용 때문에 미국 및 여러 국가의 많은 기업이 멕시코에 공장을 건설했고, 멕시코는 주요 제조업 중심지였다. 그러나 저비용 제조 중심지로서 멕시코의 역할은 유동적이다. 불과 몇 년 전만 해도 많은 전문가들은 중국이 저비용 제조 중심지로 부상하면서 기업들이 생산을 멕시코에서 중국으로 이전할 것이라고 믿었다. (멕시코 북부 국경의 마약 관련 폭력도 이러한 변화에 기여했다.)

유럽 유럽은 종종 서부와 동부 두 지역으로 간주된다. 독일, 영국, 프랑스가 지배하는 서유럽은 오랫동안 성숙했지만 분열된 시장이었다. 유럽 연합(이 장의 뒷부분에서 설명함)을 통해 이 지역을 통합 경제 시스템으로 전환함으로써 중요성이 더욱 높아졌다. 전자 상거래와 기술 또한 이 지역에서 점점 더 중요해지고 있다. 영국 남동부, 네덜란드, 스칸디나비아 국가에서 인터넷 창업이 급증했다. 아일랜드는 이제 세계 최대 소프트웨어 수출국 중 하나이다. 프랑스 스트라스부르(Strasbourg)는 생명공학 스타트업의 주요 중심지이다. 스페인 바르셀로나에는 번창하는 소프트웨어 및 인터넷 회사가 많이 있다. 독일 프랑크푸르트 지역에는 소프트웨어 및 생명공학 스타트업이 산재해 있다.

한때 주로 공산주의국가였던 동유럽은 시장으로서 그리고 생산자로서 모두에게 중요하다. 대우, 네슬레, 제너럴모터스(General Motors), ABB(Asea Brown Boveri)와 같은 다국적 기업은 모두 폴란드에서 사업을 시작했다. 포드(Ford), GM, 스즈키(Suzuki), 폭크스바겐(Volkswagen)은 헝가리에 새로운 공

보다 나은 방법 찾기

중국의 성공이 멕시코에서 더 많은 일자리 창출로 이어져

Vario images GmbH & Co.KG/Alamy Stock Photo

오늘날과 같이 경쟁이 치열한 글로벌 경제에서 기업은 가능한 모든 이점을 얻기 위해 노력한다. 예를 들어 많은 제조업체는 저비용 숙련 노동력이 충분히 공급되는 국가에 공장을 배치한다. 1980년대와 1990년대에 그들이 있어야 할 곳은 멕시코였다. 수백 개의 공장이 미국-멕시코 국경 바로 건너편에 세워졌고 노동자들은 안정적이고 보수가 좋은 일자리를 찾아 멕시코의 다른 지역에서 국경 지역으로 몰려들었다. 그러나 1990년대 후반부터 세상이 변하기 시작했다.

상당 부분 제조업 중심지로서의 역할에 힘입은 멕시코의 번영은 생활비 인상으로 이어졌고, 노동자가 따라갈 수 있도록 임금도 빠르게 인상되었다. 거의 동시에 중국은 매력적인 대안으로 부상하기 시작했다. 예를 들어 2003년 중국의 임금은 멕시코 임금의 3분의 1에 불과했다. 그리고 다른 나라의 제품을 만드는 공장에서 안정적인 일자리를 얻기를 열망하는 노동자가 부족하지 않았다. 중국의 붐은 멕시코의 파산으로 이어졌다. 잇따라 회사들이 멕시코에서 생산을 줄이거나 없애고 공장을 아시아로 이전했다.

최근에 상황이 멕시코에 유리하게 돌아가기 시작했다. 중국 경제가 번성하면서 노동 비용이 점점 상승해 예전처럼 저렴하지 않다. 메릴린치(Merrill Lynch)의 연구에 따르면 멕시코 임금은 한때 중국 임금보다 3배 높았지만 오늘날은 중국 임금보다 40% 이상 적다. 제조업체가 운송비용(연료 가격 때문에 인상됨)을 고려할 때, 멕시코에서 생산하는 비용은 중국과 같거나 더 낮을 수 있다. 미국과 중국의 시차 때문에 화상 회의 및 전화 통화 일정을 잡기가 어려울 수도 있다. 또한 중국의 산업 및 지적 재산권 보호 부족으로 여러 회사가 피해를 입었다.

멕시코는 자동차 부문에서 엄청난 이익을 얻고 있다. 닛산(Nissan), 혼다(Honda), 폴크스바겐, 마쓰다(Mazda)와 같은 회사는 멕시코 생산 차량에 수십억 달러를 투자했으며 2016년에는 340만 대 이상의 차량이 생산되었다. 이러한 자동차의 80%는 미국을 포함해 다른 국가로 수출된다. NAFTA 및 기타 무역 협정으로 인해 멕시코는 북미와 남미, 유럽, 일본에 관세 없이 자동차를 수출할 수 있다. 폴크스바겐의 멕시코 기업 업무 담당 부사장에 따르면 "이를 수행할 수 있는 다른 국가는 전 세계에 없다". 그러나 미래는 불확실하다. 미국은 NAFTA 재협상을 추진하고 있으며 멕시코에 더 많은 프로젝트에 투자하지 못하도록 미국 기업에 압력을 가하고 있다.

장을 건설했다. 반면에 러시아, 불가리아, 알바니아, 루마니아 및 기타 국가에서는 정부의 불안정, 부패, 불확실성이 외국 기업의 진출을 방해했다.

아시아 태평양 아시아 태평양은 일반적으로 일본, 중국, 태국, 말레이시아, 싱가포르, 인도네시아, 한국, 대만, 필리핀, 호주로 구성되어 있다고 받아들여진다. 자동차, 전자 및 은행 산업 등의 성공에 힘입어 이들 국가의 경제는 1970년대와 1980년대에 빠르게 성장했다. 1990년대 후반 외환 위기로 이 지역의 거의 모든 국가에서 성장이 둔화되었지만, 이후 아시아 태평양은 명확한 경제부흥의 조짐을 보였다. 세계 경제 성장이 근래 탄력을 받기 시작하면서 아시아 태평양 이 다시 선두에 설 것으로 예상된다. 특히 토요타(Toyota), 도시바(Toshiba), 일본제철(Nippon Steel)과 같은 기업이 수도하는 일본이 이 지역을 선도하고 있다. 한국(삼성, 현대 등 기업 소재), 대만(중국석유공사가 위치해 있으며, 많은 외국 기업의 제조 중심지), 홍콩(주요 금융 중심지)도 국제 경제에서 성공적인 주역이다.

세계에서 가장 인구 밀도가 높은 국가 중 하나인 중국은 중요한 시장으로 부상했으며 현재 세계 최대 경제 국가 중 하나가 되었다. 1인당 소득은 여전히 낮지만 잠재 소비자가 많기 때문에 중요한 시장이다. 인도는 아시아 태평양의 일부는 아니지만 세계에서 가장 중요한 경제국가 중 하나로 빠르게 부상하고 있다. 북아메리카, 유럽에서와 마찬가지로 기술은 이 지역의 미래에서 점점 더 중요한 역할을 할 것이다.

그러나 아시아 일부 지역에서는 전자 인프라가 제대로 발달하지 못하고 컴퓨터와 정보 기술의 확산이 느리며 저소득 소비자의 비율이 높아 첨단기술 기업의 출현이 더뎌지고 있다.

무역 협정 및 동맹

다양한 법적 합의가 국제 무역을 촉발하고 글로벌 비즈니스 환경을 형성했다. 거의 모든 국가는 다른 국가와 공식적인 무역 조약을 맺고 있다. **조약**은 국가가 서로 협력할 영역을 지정하는 법적 합의이다. 가장 중요한 조약 중 하나는 **북미자유무역협정**(NAFTA)이다. **유럽연합**(EU), **동남아시아국가연합**(ASEAN), **세계무역기구**(WTO)는 모두 조약으로 관리되며 국제 비즈니스 활동을 촉진하는 데 중요한 역할을 한다.

북미자유무역협정(NAFTA) 미국, 캐나다, 멕시코 간의 관세 및 기타 무역장벽을 점진적으로 철폐하기로 한 합의

북미자유무역협정 **북미자유무역협정**(North American Free Trade Agreement, NAFTA)은 미국, 캐나다, 멕시코 간의 관세 및 기타 무역 장벽을 대부분 제거했으며 환경 문제와 노동 학대에 대한 협정을 포함한다.

대부분의 전문가는 NAFTA가 보다 활동적이고 통합된 북미 시장을 창출한다는 기본 목적을 달성하고 있다는 데 동의한다. 이 숫자는 NAFTA 지지자들이 기대했던 것보다 적지만 수십만 개의 새로운 일자리를 창출했다. 하지만 한 가지는 분명하다. NAFTA 비평가, 특히 노동조합이 예측했던, 멕시코로 일자리가 이전되기에 미국에서 대규모 일자리 감소가 발생할 것이라는 전망은 맞지 않았다는 점이다. (2016년 대선 캠페인에서 도널드 트럼프는 NAFTA가 지금까지 서명된 최악의 조약 중 하나이며 선출되면 취소하는 것을 진지하게 고려할 것이라고 말한 것도 주목할 가치가 있다.)

유럽연합(EU) 그룹 구성원에게 영향을 미치는 대부분의 무역 장벽을 제거하거나 통일하기 위한 주요 유럽 국가 간 합의

유럽연합 **유럽연합**(European Union, EU)은 그림 4.1과 같이 대부분의 유럽 국가를 포함한다. 이 국가들은 대부분의 할당량(쿼터)을 제거하고 연합 내에서 수입 및 수출되는 제품에 대해 균일한 관세 수준을 설정했다. 1992년에 거의 모든 내부 무역 장벽이 제거되어 EU는 세계에서 가장 큰 자유 시장이 되었다. 대부분의 회원국이 공통 통화인 **유로**를 채택함으로써 세계 경제에서 EU의 위상이 더욱 공고해졌다. 2016년 초, EU의 가장 중요한 회원국 중 하나인 영국의 시민들은 EU에서 탈퇴하기로 투표했다. 철수 절차는 2017년 3월 영국 정부에 의해 공식적으로 시작되었다. 그러나 EU 탈퇴의 전반적인 영향은 몇 년 동안 완전하게는 파악되지 않을 것이다.

동남아시아국가연합(ASEAN) 동남아시아 국가 간의 경제, 정치, 사회, 문화 협력을 위한 조직

동남아시아국가연합 **동남아시아국가연합**(Association of Southeast Asian Nations, ASEAN)은 경제, 정치, 사회, 문화 협력을 위한 기구로 1967년에 설립되었다. 1995년에 베트남은 연합의 첫 번째 공산주의 회원국이 되었다. 그림 4.2는 ASEAN 국가 지도이다. 상대적인 크기 때문에 ASEAN은 NAFTA,

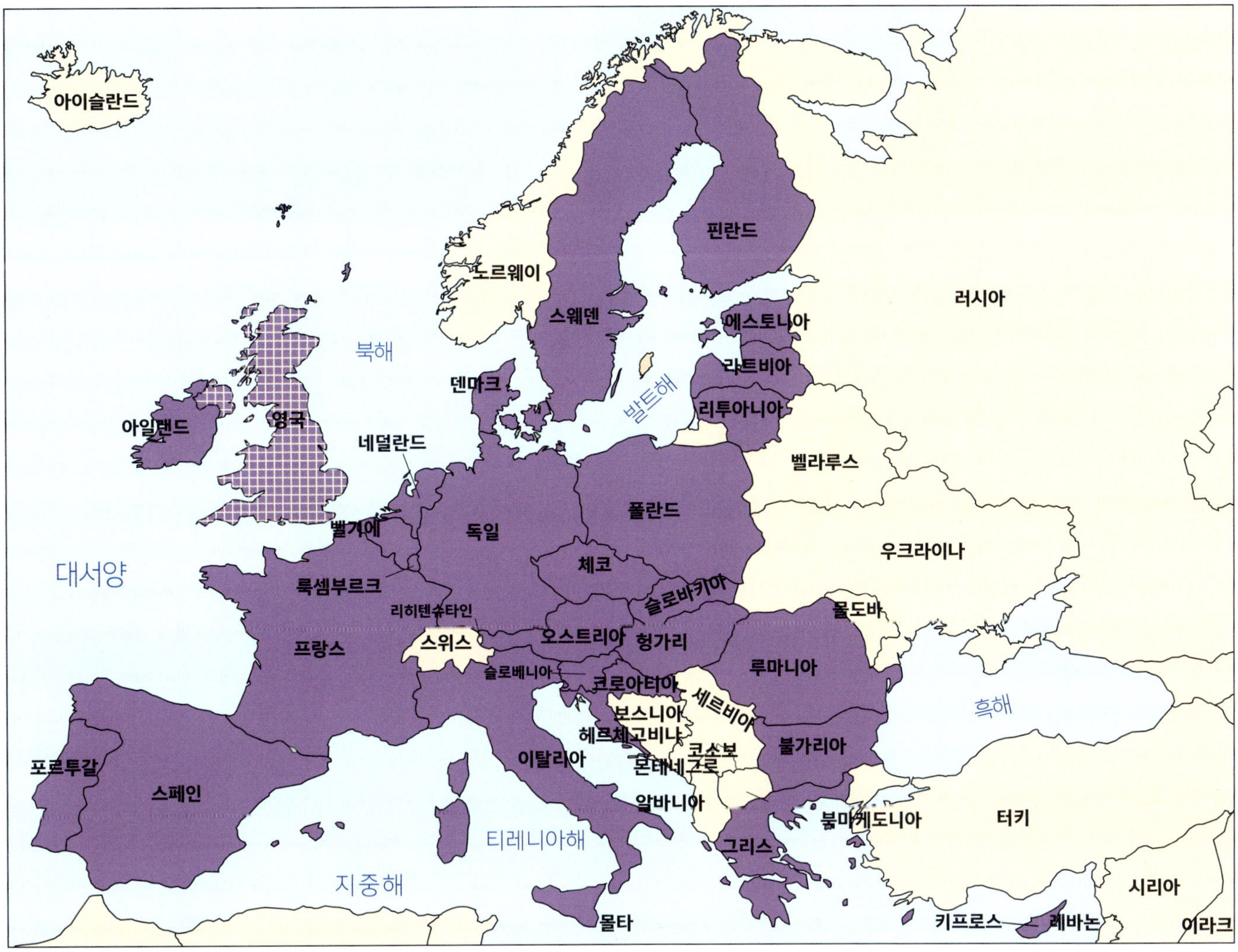

참고: 영국은 2016년에 유럽 연합에서 탈퇴하기로 투표했다(보라색으로 표시). 브렉시트는 2020년 12월에 완료되었다.

그림 4.1 유럽연합(EU)의 국가

출처: European Union, http://europa.eu/eurpean-union/index_en, accessed April 5, 2013.

EU와 같은 글로벌 경제적 중요성을 갖고 있지 않다.

세계무역기구 **관세 및 무역에 관한 일반 협정**(General Agreement of Tariffs and Trade, GATT)은 1947년에 서명되었다. 그 목적은 관세 및 할당량과 같은 무역 장벽을 줄이거나 없애는 것이었다. 이는 각국이 합의한 한도 내에서 국내 산업을 보호하고 다자간 협상에 참여하도록 독려함으로써 이루어졌다. GATT는 비교적 성공적인 것으로 판명되었다. 그래서 세계화를 더욱 촉진하기 위해 세계 대부분의 국가가 가입해 1995년 1월 1일에 **세계무역기구**(The World Trade Organization, WTO)가 탄생했다. (GATT는 WTO를 운영하는 실제 조약이다.) 160개 회원국은 국제 무역에 시장을 개방해야 하며 WTO는 세 가지 목표를 추구할 권한이 있다.

관세 및 무역에 관한 일반 협정(GATT) 무역 장벽의 다자간 축소 또는 제거를 장려하기 위한 국제무역 협정

세계무역기구(WTO) 회원국이 무역 협정을 협상하고 무역 정책 및 관행에 관한 분쟁을 해결하는 조직

1 회원국이 공정 거래 관행을 채택하도록 장려해 거래를 촉진한다.

그림 4.2 동남아시아국가연합(ASEAN) 국가

2 다자간 협상을 촉진해 무역 장벽을 줄인다.

3 회원 간 분쟁 해결을 위한 공정한 절차를 수립한다.

학습목표 4-2

수출입 수지, 환율, 해외 경쟁의 차이가 국가와 기업이 국제 환경에 대응하는 방식을 어떻게 결정하는지 설명한다.

국제 무역

세계 경제는 본질적으로 국제 무역으로 정의된다. 국제 무역은 상품, 서비스 및/또는 통화가 포함된 교환이 국경을 넘어 일어날 때 발생한다. 국제 무역에는 많은 이점이 있지만 한 국가의 수출입이 허용 가능한 균형을 유지하지 못하는 경우 문제가 될 수 있다. 표 4.1은 미국의 15개 최대 교역 상대국을 나열한다. 그러나 미국은 더 많은 국가와 비즈니스를 하고 있다. 예를 들어 2013년에 미국은 이집트에 51억 달러, 쿠웨이트에 24억 달러, 폴란드에 30억 달러, 잠비아에 1억 3,290만 달러를 수출했다. 같은 국가들로부터의 수입은 각각 28억 달러, 122억 달러, 42억 달러, 6,200만 달러였다. 수입과 수출 사이에 전반적인 균형이 존재하는지 여부를 결정할 때 경제학자는 **무역수지**(balance of trade)와 **국제수지**(balance of payments)라는 두 가지 측정값을 사용한다.

무역수지

무역수지 한 국가가 수출하는 모든 제품의 경제적 가치에서 수입하는 모든 제품의 경제적 가치를 뺀 값

한 국가의 **무역수지**(balance of trade)는 수출하는 모든 제품의 총 경제적 가치에서 수입하는 모든 제품의 경제적 가치를 뺀 값이다. **무역수지 흑자**(positive balance of trade)는 한 국가가 수입(다른 국가에서 구매)보다 수출(다른 국가에 판매)을 더 많이 할 때 발생한다. 한 국가가 수출보다 수입을 더 많이 하면 **무역수지 적자**(negative balance of trade)가 된다.

표 4.1 미국의 주요 교역 상대국(단위: 백만 달러)

등급	국가	수출	수입	총무역	총무역 비율
	총 15개국	1,022.2	1,707.2	2,729.4	74.9%
1	중국	115.8	462.8	578.6	15.9%
2	캐나다	266.8	278.1	544.9	15.0%
3	멕시코	231.0	294.2	525.1	14.4%
4	일본	63.3	132.2	195.5	5.4%
5	독일	49.4	114.2	163.6	4.5%
6	한국	42.3	69.9	112.2	3.1%
7	영국	55.4	54.3	109.7	3.0%
8	프랑스	30.9	46.8	77.7	2.1%
9	인도	21.7	46.0	67.7	1.9%
10	대만	26.0	39.3	65.4	1.8%
11	이탈리아	16.8	45.2	62.0	1.7%
12	스위스	22.7	36.4	59.1	1.6%
13	네덜란드	40.4	16.2	56.5	1.6%
14	브라질	30.3	26.2	56.5	1.5%
15	아일랜드	9.6	45.5	55.1	1.5%

출처: http://www.census.gov/foreign-trade/statistics/highlights/top/top1512yr.html

상대적으로 작은 무역 불균형은 일반적이며 그다지 중요하지 않다. 그러나 큰 불균형은 문제가 된다. 무역수지에 대한 가장 큰 우려는 통화의 흐름과 관련이 있다. 유럽연합의 소비자와 기업이 외국 제품을 구매하면 유로가 자국에서 전 세계로 흐른다. 반대로 해외에서 상품과 서비스를 판매하면 그 대가로 유로를 벌게 된다. 무역수지가 적자라는 것은 많은 유로가 유로존 외부에 위치한 이해관계에 의해 통제된다는 것을 의미한다.

무역적자(trade deficit)는 한 국가의 수입이 수출을 초과해 무역수지가 마이너스일 때 발생한다. 수출이 수입을 초과하면 국가는 **무역흑자**(trade surplus)를 누린다. 일반적인 경제 상황 및 무역 협정의 효과와 같은 여러 요인이 무역적자와 흑자에 영향을 미친다. 예를 들어 높은 국내 비용, 더 큰 국제 경쟁 및 일부 지역 교역 파트너 간의 지속적인 경제 문제로 인해 일본이 한때 누렸던 엄청난 수출 성장이 둔화되었다. 그러나 중국과 인도의 번영으로 인해 이들 국가의 수출과 수입이 크게 증가했다.

무역적자 한 국가의 수입이 수출을 초과해 무역수지가 마이너스가 되는 상황

무역흑자 한 국가의 수출이 수입을 초과해 무역의 양의 균형을 이루는 상황

그림 4.3과 4.4는 (1) 미국 수출 및 수입의 최근 동향과 (2) 이에 따른 무역적자라는 두 가지 일련의 사건을 강조한다. 그림 4.3에서 볼 수 있듯이 미국 수입과 수출 모두 약간의 변동을 제외하고 일반적으로 증가하고 있으며 이러한 추세는 계속될 것으로 예상된다.

2005~2016년 사이 무역적자는 그림 4.4에 나와 있다. 미국 수출을 위해 유입된 돈보다 해외 수입을 위해 유출된 돈이 더 많았기 때문에 해마다 적자가 발생했다. 예를 들어 2016년에 미국은 상품 및 서비스에서 2조 2,000억 달러를 수출하고, 2조 7,000억 달러를 수입했다. 수입이 수출을 초과했기 때문에 미국의 무역적자는 5,000억 달러(수출과 수입의 차이)였다. 또한 2009년 수출과 수입 모두

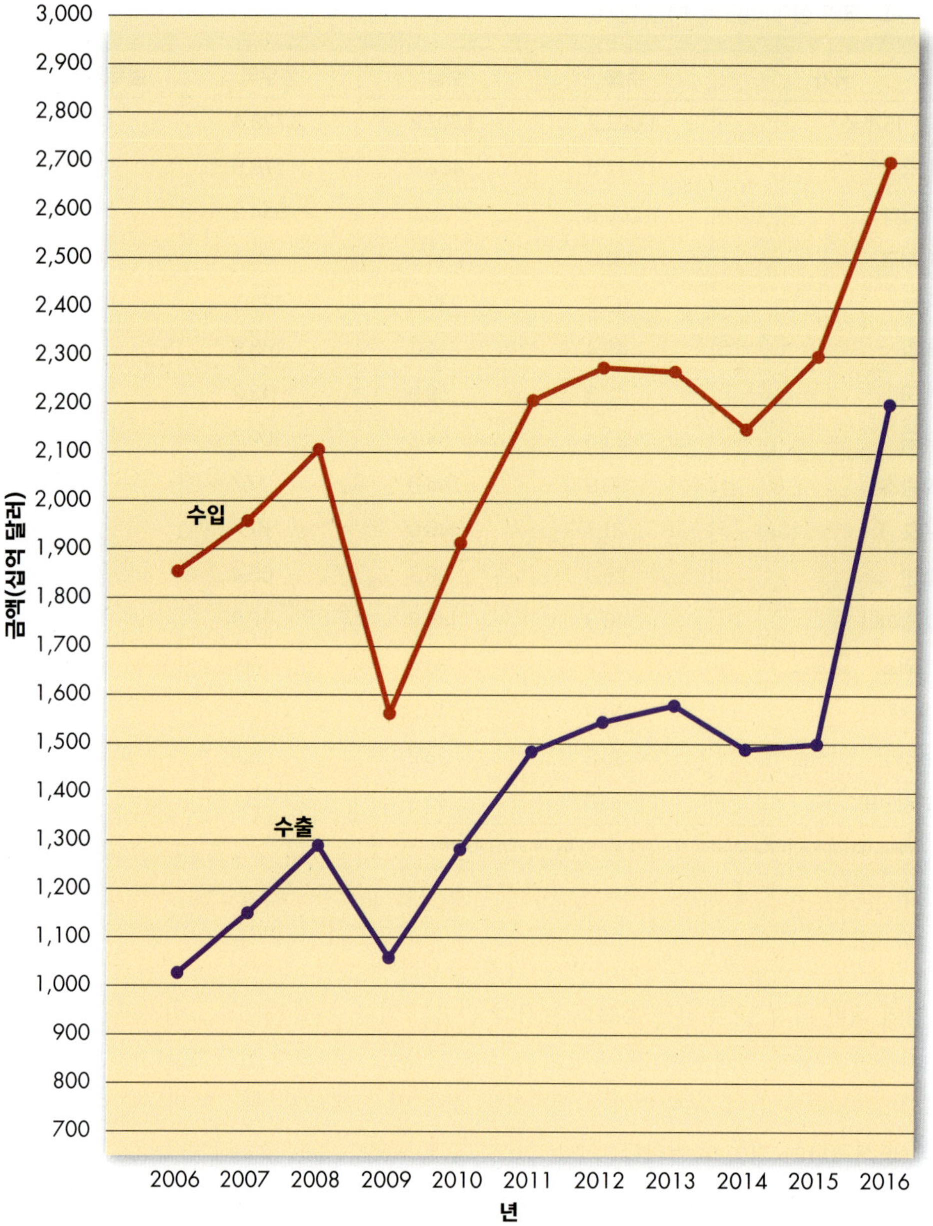

그림 4.3 미국의 수입과 수출

출처: http://www.census.gov/foreign-trade/

전년도에 비해 감소했다. 이는 그 기간 글로벌 경제 침체의 결과였다.

국제수지

국제수지 나라 안팎으로 모든 돈의 흐름

국제수지(balance of payments)는 국가 안팎으로 돈의 흐름을 나타낸다. 한 국가가 수입에 대해 지불하고 수출에 대해 받는 돈인 무역수지는 국제수지의 많은 부분을 차지한다. 다른 금융 거래도 요인이다. 한 나라에서 관광객이 지출한 돈, 한 나라가 해외 원조 프로그램에 쓴 돈, 국제 금융 시장에서 통화를 사고팔면서 교환한 돈은 국제수지에 영향을 미친다

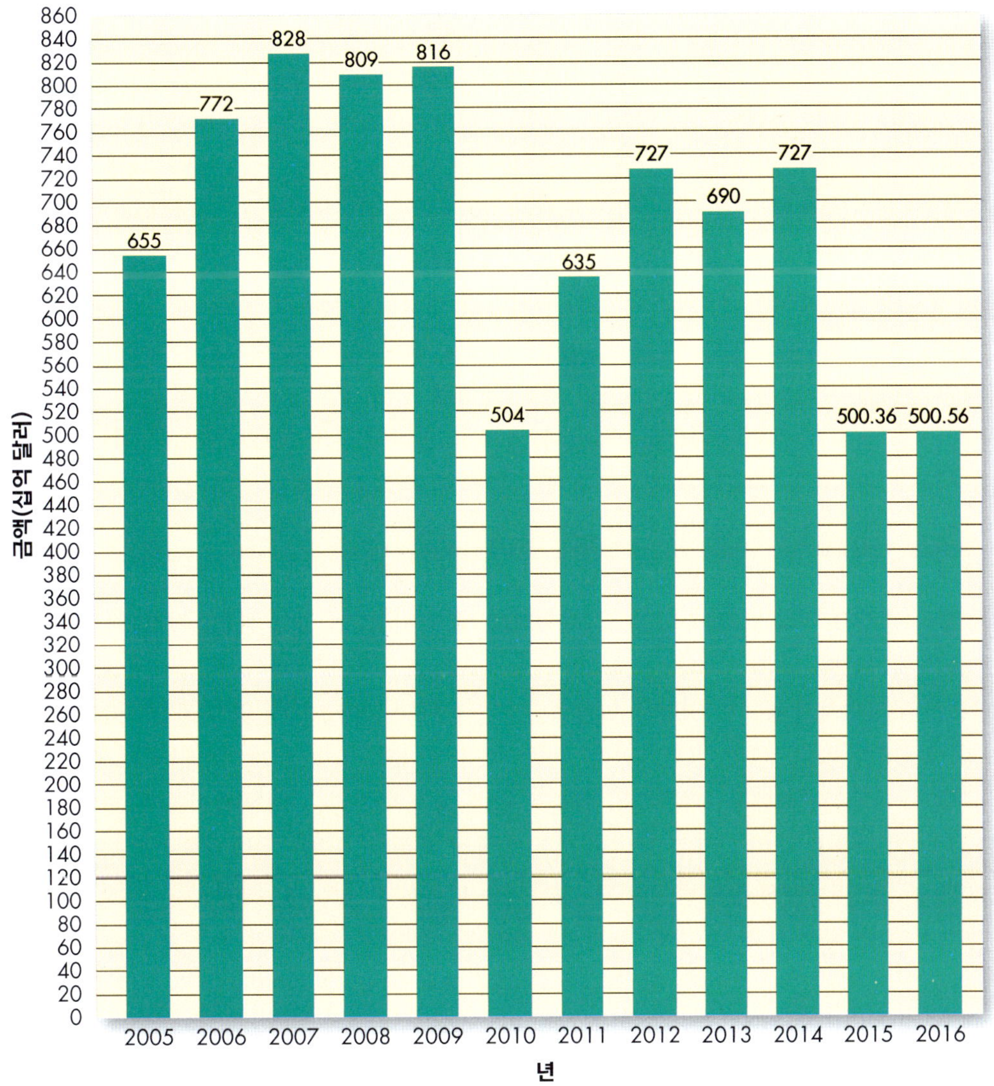

그림 4.4 미국 무역적자

출처: U.S. Census Bureau: Foreign Trade Statistics, http://www.census.gov/foreign-trade/statistics/highlights/annual.html, accessed 2016.

다음 예는 국제수지 개념을 보여준다. 일본은 경상수지 흑자 규모가 가장 큰 국가 중 하나이다. 일본이 2018년에 200만 달러의 무역흑자를 기록했다고 가정하자. 외국인 관광객이 일본을 방문해 총 30만 달러를 지출하면 이 외화 유입은 올해의 무역흑자에 합산된다. 이 경우 전체 지불 잔액은 230만 달러로 증가한다. 그러나 한 국가의 국제수지에 대한 완전한 개요를 얻으려면 해외 원조와 같은 다른 요소를 고려해야 한다. 일본은 세계에서 가장 큰 기부자 중 하나로 알려져 있다. 같은 해에 개발도상국에 보조금으로 50만 달러를 기부하면 해당 국가의 국제수지 잔액이 줄어든다. 따라서 이 예에서 일본의 2018년 전체 잔액은 180만 달러이다.

환율

환율 한 국가의 통화가 다른 국가의 통화로 교환될 수 있는 비율

두 국가 간 수출입 균형은 통화 간 환율에 영향을 받는다. **환율**(exchange rate)은 한 국가의 통화를 다른 국가의 통화로 교환할 수 있는 비율이다. 예를 들어 유로화(euro)와 일본 엔화(yen) 간 환율이 1유로-100엔이라고 가정하자. 이것은 1유로를 '구매'하는 데 100엔이 들거나 0.01엔을 '구매'하는 데 1유로가 든다는 것을 의미한다. 즉 1유로와 100엔의 구매력은 같거나 1유로 = 100엔이다.

제2차 세계대전이 끝날 무렵, 세계 주요 국가는 **고정 환율**(fixed exchange rates)을 설정하기로 합의했다. 다른 국가의 통화에 대한 한 국가의 통화 가치는 일정하게 유지된다. 목표는 세계 경제를 안정시키는 것이었다. 그러나 오늘날에는 **변동 환율**(floating exchange)이 표준이며 다른 국가의 통화에 대한 한 국가의 통화 가치는 시장 상황에 따라 다르다. 예를 들어 많은 영국 시민이 파운드를 사용해 미국 달러(또는 상품)를 구매하려고 할 때 파운드에 대한 달러의 상대적 가치가 높아진다. 달러에 대한 수요는 높으며 통화는 수요가 높을 때 강세이다. 해당 통화로 제조된 상품에 대한 수요가 높을 때도 강하다. 매일 환율은 거의 변동하지 않는다. 상당한 변동은 일반적으로 장기간에 걸쳐 발생한다. 중국과 같이 고도로 규제된 경제 시스템은 여전히 고정 환율을 사용하는 몇 안 되는 국가 중 하나이다. 중국 정부는 자국 통화와 다른 모든 통화의 중국 안팎으로의 흐름을 규제하고 국경 내 정확한 환율을 결정한다.

환율 변동은 무역수지에 중요한 영향을 미칠 수 있다. 상자당 10파운드에 영국 차를 사고 싶다고 가정해보자. 2달러의 환율로 1파운드, 상자는 20달러이다(10파운드 × 2 = 20). 하지만 파운드가 약세라면? 예를 들어 1.25달러에서 1파운드의 환율로 같은 상자의 가격은 12.50달러(10파운드×1.25 = 12.50)이다. 달러가 파운드 대비 강세를 보이면 모든 미국산 제품의 가격은 영국에서 오르고 모든 영국산 제품의 가격은 미국에서 떨어질 것이다. 영국인은 미국산 제품을 덜 구매하고 미국인은 영국산 제품에 더 많은 돈을 쓰게 될 것이다. 그 결과는 아마도 영국과의 무역적자가 될 것이다.

유로 대부분의 EU 회원국이 공유하는 공통 통화(덴마크, 스웨덴, 영국 제외)

외환의 가장 중요한 발전 중 하나는 EU의 공용 통화인 **유로**(euro)의 도입이다. 유로는 2002년에 공식적으로 도입되었으며 독일 마르크(Mark), 이탈리아 리라(lira), 프랑스 프랑(franc)과 같은 여러 다른 통화를 대체했다. 데뷔 이후 몇 년 동안 유로는 세계에서 가장 중요한 통화 중 하나가 되었다. 처음 도입되었을 때 유로의 가치는 달러와 동일한 것으로 고정되었다(1유로=1달러). 그러나 이후 몇 년 동안 달러가 상대적으로 약세를 보였기 때문에 그 가치는 유로에 비해 상대적으로 약세를 보였다. 1990년대 후반에 1달러는 약 0.5유로의 가치가 있었다. 그러나 세계 금융위기 여파로 달러는 유로에 비해 강세를 보였고 2017년 초 환율은 1달러 = 0.94유로였다.

해외 사업을 하는 기업은 환율 변동이 자사 제품에 대한 해외 수요에 영향을 미치고 경쟁의 주요 요인이 될 수 있기 때문에 환율 변동을 면밀히 관찰해야 한다. 일반적으로 한 국가의 화폐 가치가 상승하면(강해지면) 해당 국가에 소재한 기업은 해외 시장에 제품을 수출하기가 더 어려워지고 외국 기업이 현지 시장에 진출하기가 더 쉬워진다. 또한 국내 기업이 더 저렴한 해외 지역으로 작업을 이전하는 것이 더 비용 효율적이다. 통화 가치가 하락하면(약해지면) 반대 현상이 발생한다. 한 국가의 통화 가치가 하락하면 일반적으로 국내 기업이 수출 증가를 경험해야 하기 때문에 무역수지가 개선된다. 또한 외국 기업이 국내 시장으로 제품을 출하할 유인이 적어지고, 다른 국가에서 사업을 시작할 유인도 적어지게 된다.

경쟁우위의 형태

국제 비즈니스 관리와 관련된 근본적인 문제를 논의하기 전에 마지막 요소인 **경쟁우위**(competitive advantage)의 형태를 고려해야 한다. 어떤 국가도 필요한 모든 것을 생산할 수 없기 때문에, 많은 국가가 다른 국가보다 더 좋거나 더 저렴하게 생산하는 제품은 수출하고 그 수익을 효과적으로 생산할 수 없는 제품을 수입하는 경향이 있다. 이 원칙은 국가가 왜 수출하고 수입하는지를 완전히 설명하지 못한다. 수출입 관련 결정은 부분적으로 특정 국가가 특정 제품 및 자원을 생성하거나 판매할 수 있는 능력과 관련해 누리는 이점에 달려 있다. 경제학자는 전통적으로 국제 무역을 설명하기 위해 절대 및 비교우위에 초점을 맞췄다. 그러나 이 접근 방식은 천연 자원, 노동 비용과 같은 요소에 협소하게 초점을 맞추었기 때문에 국가 경쟁우위에 대한 보다 현대적인 관점이 등장했다.

절대우위 **절대우위**(absolute advantage)는 한 국가가 다른 어떤 국가보다 저렴하거나 고품질의 제품을 생산할 수 있을 때 존재한다. 사우디아라비아 원유, 브라질 커피 원두, 캐나다 목재를 근접한 예로 들 수 있는데(이들 국가에는 이러한 자원이 풍부하기 때문에), 진정한 절대우위의 예는 드물다. 예를 들어 많은 전문가가 프랑스 포도밭이 세계 최고의 와인을 생산한다고 말한다. 그러나 캘리포니아에서 급성장하는 와인 사업은 그곳의 생산자도 좋은 와인을 만들 수 있음을 보여준다. 이 와인은 프랑스산 와인과 견줄 만하지만 품종이 많고 가격이 저렴하다.

절대우위 다른 어떤 국가보다 더 효율적으로 무언가를 생산할 수 있는 능력

비교우위 한 국가는 다른 국가보다 더 효율적으로 또는 더 잘 생산할 수 있는 재화에 **비교우위**(comparative advantage)를 가지고 있다. 특정 국가의 기업이 자동차를 만드는 것보다 더 효율적으로 컴퓨터를 만들 수 있다면 그 국가는 컴퓨터 제조에 비교우위가 있다.

비교우위 어떤 제품을 다른 제품보다 더 효율적으로 생산할 수 있는 능력

일반적으로 절대우위와 비교우위는 모두 경쟁우위를 의미한다. 예를 들어 브라질은 커피 원두 시장에 진입할 수 있는 기후, 지형 및 고도 조건을 적절히 갖춘 국가가 거의 없다는 사실을 잘 알고 있으며, 커피 원두를 생산하고 판매할 수 있다. 일본은 하이테크 산업(컴퓨터에서 광범위한 응용 분야의 전자 제품에 이르기까지)과 자동차 분야에서 비교우위를 가지고 있다. 중국은 값싼 노동력(의류, 가구 및 기타 경공업 등)과 선별된 원자재(희토류, 즉 REE)에 기반 한 수출에 비교우위가 있다. 일본 대기업은 각국의 비교우위 때문에 중국에 전자기기와 자동차를 수출하고 중국에서 원자재, 의류, 신발 등을 수입하고 있다. 양국이 여전히 필요한 모든 것을 생산하기 위해 내부 자원을 투입할 수 있지만, 비교우위를 보유하며 서로 교역하는 부문에 특화하기로 결정하면 전반적으로 이익을 얻는다.

국가 경쟁우위 최근 몇 년 동안 국가 경쟁우위 이론은 국가가 국제 무역에 참여하는 이유에 대해 널리 받아들여지는 모델이 되었다. **국가 경쟁우위**(national competitive advantage)는 다음 네 가지 조건에서 파생된다.

국가 경쟁우위 요인 조건, 수요 조건, 관련 산업 및 지원 산업, 기업 전략, 구조 및 경쟁의 조합에서 비롯되는 국제 경쟁우위

1 **요인 조건**은 1장에서 논의한 생산 요소로 노동, 자본, 기업가, 물질적 자원 및 정보 자원이 있다.
2 **수요 조건**은 혁신적인 제품에 대한 강력한 수요를 촉진하는 대규모 국내 소비자 기반을 반영한다.
3 **관련 산업과 지원 산업**에는 강력한 현지나 지역 공급업체 또는 산업 고객이 포함된다.
4 **전략, 구조, 경쟁**은 비용 절감, 제품 품질, 생산성 향상 및 혁신적인 제품을 강조하는 기업 및 산업을 나타낸다.

격변 시대의 경영

세계화의 기복

Creativa Images/Shutterstock

시장이 세계화로 이동함에 따라 많은 국가에서 일종의 정체성 위기를 겪고 있다. 미국은 세계무역기구(WTO) 및 NAFTA와의 관계를 재고하고 미얀마, 쿠바와 같은 국가와의 무역 금수 조치를 재고하고 있다. 영국에서는 유럽연합(EU)과 43년간의 긴장 관계 이후 많은 시민들이 영국의 연합 탈퇴를 촉구했다. 이 운동은 '브렉시트(Brexit)'라는 이름을 사용했다.

유럽연합(EU)은 제2차 세계대전 이후 경제협력을 촉진하기 위해 결성되었으며, '단일 시장'으로 성장해 회원국이 한 국가인 것처럼 상품과 사람이 이동하는 것을 기본으로 하고 있다. 19개 회원국(영국은 제외)이 사용하는 자체 통화인 유로와 자체 의회가 있다.

단일 시장의 일부가 된 영국 기업은 회원국의 5억 고객 모두에게 쉽게 접근할 수 있었고 영국 소비자와 기업은 대부분 관세 및 제한 없이 대륙 전역에서 상품과 서비스를 구매할 수 있었다. 그것은 또한 미국 사람들이 주에서 주로 자유롭게 이동할 수 있는 것처럼 국경을 넘어 사람들의 비교적 자유로운 이동을 허용했다. 그럼에도 불구하고 영국인은 계속해서 EU에 가입하는 것에 대해 우려를 표명했다.

2015년 데이비드 캐머런(David Cameron) 총리는 재선을 위한 선거운동의 일환으로 유권자에게 EU 잔류와 탈퇴를 묻는 국민투표를 실시하겠다고 약속했다. 예상했던 논리적인 결과는 EU에 잔류하는 것이었지만, 핵심적인 문제는 영국의 주권에 대한 열망과 이민자 유입에 대한 두려움으로 밝혀졌다. 투표 당일 72%의 투표율로 51.9%의 유권자가 탈퇴를 선택했다. 행정부의 초석으로 EU 가입의 이점에 의존했던 캐머런 총리는 투표 당일 사임했다.

이것이 전 세계 기업에 의미하는 바는 무엇인가? 경제 및 정치 환경이 변화함에 따라 전통적이고 오랜 관계, 조약 및 무역 조직이 세계화의 기복을 따라잡기 위해 고군분투하는 모습을 보게 될 것으로 예상된다.

국가 경쟁우위의 모든 속성이 존재할 때 국가는 국제 비즈니스에 크게 관여할 가능성이 높다. 예를 들어 일본은 천연 자원이 풍부하고 자동차에 대한 강한 내수 수요가 있다. 자동차 제조사는 공급사슬이 잘 갖춰져 있고 일본 내 기업은 수십 년 동안 서로 치열하게 경쟁해 왔다. 이러한 상황은 토요타, 혼다와 같은 일본 자동차 회사가 해외 시장에서 성공하는 이유를 설명한다.

학습목표 4-3

국제적으로 사업을 결정함에 있어 불가항력적인 요소와 적절한 수준의 국제적 참여 및 국제 조직 구조를 선택하는 데 관련된 요소를 논의한다.

국제 비즈니스

회사의 위치에 관계없이 회사의 성공은 주로 얼마나 잘 관리되는지에 달렸다. 국제 비즈니스는 기업이 전 세계에 흩어져 있는 시장에서 사업을 운영할 때 계획, 조직, 지시 및 통제와 같은 기본 관리 작업이 훨씬 더 어렵기 때문에 매우 도전적이게 된다.

관리는 결정을 내리는 것을 의미한다. 이 절에서는 기업이 세계화를 고려할 때 내려야 하는 세 가지 기본 결정을 검토한다. 첫 번째 결정은 해외 진출 여부이다. 결정이 내려지면 관리자는 국제적

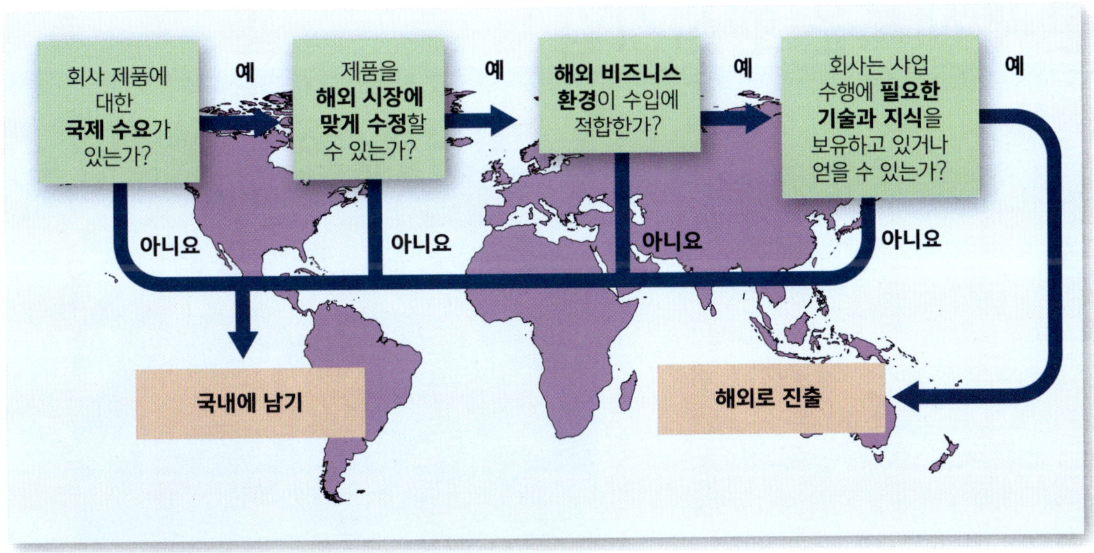

그림 4.5 해외 진출

참여 수준과 기업의 글로벌 요구사항을 가장 잘 충족할 조직 구조를 결정해야 한다.

해외 진출

세계 경제가 점점 더 세계화됨에 따라 점점 더 많은 기업이 국제 사업을 확장하고 있다. 예를 들어 유럽 기업은 식품 부문에서 해외로 확장하고 있으며 기코망(Kikkoman, 일본), 산미구엘퓨어푸드컴퍼니(San Miguel Pure Food Company, 필리핀)와 같은 외국 기업은 점점 더 세계화되는 세계 시장으로 계속 확장하고 있다. 그러나 이 경로가 모든 회사에 적합한 것은 아니다. 신선한 과일을 사고파는 경우, 운송비용과 제품의 유통 기한 제약으로 국제 사업보다는 가까운 지역에서의 비즈니스가 더 수익성이 있다. 그림 4.5에서 볼 수 있듯이 몇 가지 요인이 해외 진출 결정에 영향을 미친다.

국제 수요 측정 해외 진출을 고려할 때 기업은 자사 제품에 대한 해외 수요가 있는지 확인해야 한다. 한 국가에서 성공한 제품이 다른 국가에서는 쓸모가 없을 수 있다. 수요가 있더라도 광고 및 판촉은 여전히 조정이 필요할 수 있다. 예를 들어 자전거는 미국에서 주로 레크리에이션에 사용되지만 중국에서는 기본 교통수단으로 간주된다. 따라서 자전거 제조업체는 이러한 국가마다 다른 마케팅 전략을 사용해야 한다. 시장 조사 또는 경쟁자의 사전 시장 진입은 회사 제품에 대한 국제적 수요가 있는지를 나타낼 수 있다.

고객 요구에 적응 제품이 수요가 있는 경우 기업은 외국 고객의 특별한 요구를 충족시키기 위해 제품을 조정할지 여부와 적응 방법을 결정해야 한다. 예를 들어 맥도날드는 프랑스에서 와인, 독일에서 맥주, 스페인에서 가스파초(gazpacho), 인도에서 일부 채식 샌드위치를 판매하고 있다. 마찬가지로 가전 제품 회사는 국가마다 다른 종류의 전기 소켓과 다른 수준의 전력을 사용한다는 사실을 알고 있어야 한다. 따라서 수요에 관계없이 고객의 요구는 여전히 고려되어야 한다.

기업가정신과 새로운 벤처기업

더 나은 코코넛 물

Brent T. Madison/Alamy Stock Photo

2009년에 설립된 함리스하비스트(Harmless Harvest)는 미국에서 판매되는 인기 있는 유기농 코코넛 물 라인의 제조 및 유통업체이다. 더글러스 리부(Douglas Riboud)와 저스틴 길베르(Justin Guilbert)는 코코넛 물이 갑자기 인기를 얻으면서 기회를 얻었지만 환경 및 경제적 문제로 어려움을 겪었다. 광범위한 연구 끝에 리부와 길베르는 더 낮은 수확량과 더 복잡한 재배에도 불구하고 가장 맛있는 코코넛 물이 태국의 단일 종 코코넛에서 생산될 수 있다고 결론지었다. 다른 생산업체와 달리 코코넛 물은 열이 아닌 고압 살균을 거쳐야 맛이 더 좋은 제품이다. 리부에 따르면 "우리에게 가장 중요한 것은 맛이다. 그리고 우리가 할 수 있는 최선의 일, 식품 제조업자로서 할 수 있는 가장 힘든 일은 처음부터 가지고 있던 재료를 망치지 않는 것이다".

회사는 제품이 유기농임을 확인해 환경 문제를 해결했다. 그들은 농부들과 협력해 유해한 살충제나 합성 비료가 사용되지 않았는지 확인하고 유기농 인증을 받기 위해 일할 것을 일찍 약속했다. 이 프로세스는 시간과 비용이 많이 들었지만 리부와 길베르는 전체 공급사슬이 지속가능성에 대한 비전을 기반으로 구축되었음을 확신했다.

마지막으로 함리스하비스트는 다양한 방식으로 경제 변화에 기여했다. 2015년 회사는 남홈(Nam Hom) 코코넛 물과 유기농 커피를 결합해 에스프레소 한 잔에 해당하는 천연 카페인 50mg을 함유한 음료를 만들었다. 함리스하비스트의 유기농 커피콩을 수확하는 페루 협동조합은 여성과 빈곤층의 역량 강화에 중점을 두고 있으며 회원의 50% 이상이 극빈 지역에 있다. 이 조직은 여성에 대한 가정 폭력이 크게 감소했을 뿐만 아니라 지역사회 전체를 강화하기 위해 아동 교육에 대한 우선순위가 높아진 것을 확인했다. 길베르는 "이 협동조합의 소싱은 더 나은 제품을 만들어 관련된 모든 사람에게 혜택을 줄 수 있다는 또 다른 증거일 뿐이다. 추가로 노력할 가치가 있다"고 이야기했다.

아웃소싱 특정 비즈니스 프로세스를 수행하거나 필요한 자재 또는 서비스를 제공하기 위해 공급업체 및 유통업체에 비용을 지불하는 관행

오프쇼어링 외국에 아웃소싱하는 관행

아웃소싱 및 오프쇼어링 **아웃소싱**(outsourcing), 즉 특정 비즈니스 프로세스를 수행하거나 필요한 자재 또는 서비스를 제공하기 위해 공급업체 및 유통업체에 비용을 지불하는 관행은 해외 진출을 위한 인기 있는 옵션이 되었다. 아웃소싱은 (1) 기업이 핵심 활동에 집중하고 2차 활동에서 벗어나는 데 도움이 되며, (2) 관련 비용이 낮은 영역에 특정 비즈니스 기능을 배치해 비용을 절감한다.

해외에 아웃소싱하는 관행을 보다 구체적으로 **오프쇼어링**(offshoring)이라고 한다. 오늘날 많은 기업이 아시아의 저가 공장과 제조 계약을 체결하고 있다. 유사하게, 오늘날 많은 서비스 콜센터는 인도에 위치한 기업에 아웃소싱된다. 오스카상을 수상한 영화 〈슬럼독 밀리어네어(Slumdog Millionaire)〉는 뭄바이의 국제 콜센터에서 일하는 젊은 인도 남성을 등장시켰다. 실제로 다이렉티비(DirecTV), 체이스은행(Chase Bank) 신용카드 서비스 및 여러 주택 모기지 지원 사업체가 인도에 콜센

터를 설립하고 상당한 성공을 거두었다. 반면 FTD 플로리스트 네트워크는 인도에 콜센터를 열었지만 이후 폐쇄되었다. 이는 꽃을 주문하기 위해 전화를 하는 많은 사람이 지구 반대편에 있는 다른 문화권의 누군가가 제공할 수 있는 것보다 더 많은 개인적인 도움(꽃의 종류, 꽃꽂이 색상 등에 대한 조언)이 필요하다는 사실을 보여준다.

국제적 참여 수준

해외 진출을 결정한 기업은 참여 수준을 결정해야 한다. 여러 수준이 가능하다. 기업은 수출업체 또는 수입업체로 활동하거나 국제 기업으로 조직하거나(대부분의 세계 최대 산업 기업과 마찬가지로) 다국적 기업으로 운영할 수 있다.

수출업자 및 수입업자 **수출업자**(exporter)는 한 국가에서 제품을 생산해 다른 국가에서 유통 및 판매한다. **수입업자**(importer)는 해외 시장에서 제품을 구매하고 재판매를 위해 집으로 가져온다. 둘 다 본국에서 대부분의 사업을 수행한다. 둘 다 국제 운영에서 가장 낮은 수준의 참여를 수반하며 둘 다 글로벌 비즈니스의 좋은 점을 배울 수 있는 좋은 방법이다. 많은 대기업이 수출업체로 국제 사업에 진출했다. 제너럴일렉트릭(General Electric, GE)과 코카콜라(Coca Cola)는 유럽에 생산 공장을 세우기 전에 몇 년 동안 유럽으로 수출했다. 또한 대부분의 수출입 거래에는 두 가지 활동이 모두 포함된다는 점을 기억하는 것이 좋다. 예를 들어 뉴욕에서 판매되는 프랑스 와인은 프랑스 포도주 양조장에서 수출했지만 동시에 미국 와인 유통업체에서 수입했다.

수출업자 하나 이상의 외국에 제품을 유통 및 판매하는 기업

수입업자 외국 시장에서 제품을 구매한 후 자국에서 재판매하기 위해 수입하는 기업

국제 기업 수출업자와 수입업자가 경험을 쌓고 성장함에 따라, 많은 기업이 다음 단계의 참여로 이동한다. **국제 기업**(international firm)은 상당한 양의 사업을 해외에서 수행하고 해외 제조 시설을 유지할 수도 있다. 국제 기업은 규모가 클 수 있지만 여전히 기본적으로 국제 사업을 운영하는 국내 기업이다. 예를 들어 영국-네덜란드 회사인 유니레버는 약 190개국에 진출한 세계 최대 식품 회사 중 하나로, 6개의 R&D 시설 중 3개가 유럽에 있고 런던증권거래소에 상장되어 있으며, 여전히 강력한 유럽의 정체성을 보유하고 있다.

국제 기업 외국에서 사업의 상당 부분을 수행하는 회사

다국적 기업 대부분의 **다국적 기업**(multinational firm), 즉 엑슨모빌(Exxon Mobil), 네슬레, 혼다, 포드(Ford)처럼 여러 국가에서 제품을 설계, 생산, 판매하는 기업은 자체적으로 국내 및 국제 사업부가 있다고 생각하지 않는다. 본사 위치는 큰 관련이 없으며 계획 및 의사결정은 국제 시장에 맞춰져 있다. 2016년 매출, 이익, 직원 기준 세계 최대 비미국계 다국적 기업은 표 4.2와 같다.

다국적 기업 많은 국가에서 제품을 설계, 생산, 판매하는 회사

우리는 다국적 기업의 경제적 영향을 과소평가할 수 없다. 500대 다국적 기업의 영향을 생각해보라. 2015년, 500개 기업은 27조 6,000억 달러의 매출과 1조 5,000억 달러의 소유자 이익을 달성했다. 그들은 수천만 명을 고용하고 수천 개의 다른 회사에서 재료와 장비를 구입했으며 수십억 달러의 세금을 냈다. 더욱이 그들의 제품은 수억 명의 소비자, 경쟁자, 투자자, 심지어 시위대의 생활에 영향을 미쳤다.

표 4.2 2016년 매출, 이익, 직원 기준 세계 최대 비미국계 다국적 기업

회사	판매(백만 달러)	이익(십억 달러)	고용자 수(명)
스테이트그리드(State Grid)	329,601		
CNPC(China Nat'l Petro. Corporation)	299,271		
시노펙(Sinopec)	294,344		
로열더치쉘(Royal Dutch Shell)	272,156		
폴크스바겐(Volkswagen)	236,592		
중국공상은행 (Industrial and Commerical Bank of China)		44.2	
중국건설은행(China Construction Bank)		36.4	
중국은행(Bank of China)		27.2	
중국농업은행(Agricultural Bank of China)		28.8	
HSBC		13.5	
훙하이정밀공업(Hon Hai Precision Industries)			1,290,000
폴크스바겐			593,000
중국석유천연가스공사(Petro China)			535,000
컴퍼스그룹(Compass Group)			515,000
테스코(Tesco)			510,000

출처: The Fortune 2016 Global 500 (fortune.com); The World's Most Profitable Companies (forbes.com)

국제기구 구조

다양한 수준의 국제적 참여는 여러 종류의 조직 구조를 수반한다. 수출자의 활동을 조정하는 데 도움이 되는 구조는 다국적 기업에 적합하지 않다. 이 절에서는 독립 에이전트, 라이선스 계약, 지사, 전략적 제휴, 외국인 직접 투자를 포함한 조직 전략의 범위를 고려한다.

독립 에이전트 수출자의 이익을 대변하기로 동의한 외국 개인 또는 조직

독립 에이전트

독립 에이전트(independent agent)는 외국 시장에서 수출업체를 대표하는 외국 개인 또는 조직이다. 독립 에이전트는 종종 판매 대리인 역할을 한다. 그들은 수출업체의 제품을 판매하고 대금을 수금하며 고객이 만족하는지 확인한다. 그들은 종종 한 번에 여러 회사를 대표하며 일반적으로 특정 제품이나 시장을 전문화하지 않는다. 피터 소(Peter So)는 홍콩에서 수출입 사무소를 운영하고 있다. 그와 그의 직원 3명은 약 15개 외국 회사의 홍콩 수입과 약 10개 홍콩 회사의 해외 제품 수출을 처리한다.

라이선스 계약 기업이 외국 개인이나 조직을 선택해 다른 국가에서 제품을 제조하거나 판매하도록 하는 약정

라이선스 계약

라이선스 계약(licensing arrangement)은 한 회사가 다른 회사의 브랜드 이름, 운영 절차 또는 독점 기술을 사용하도록 허용하는 계약이다. 회사는 외국 개인 또는 회사에 해당 시장에서 제품을 제조하거나 판매할 수 있는 독점권을 부여한다. 그 대가로 수출업자는 라이선스 보유자 매출의 일정 비율로 계산되는 수수료와 지속적인 로열티를 받는다. 프랜차이즈는 널리 사용되는 라이선스 형식이다. 예를 들어 맥도날드, 피자헛, 허츠(Hertz) 렌터카는 전 세계에 프랜차이즈를 갖고 있다.

지점 외국 대리인이나 라이선스 회사와 관계를 발전시키는 대신 회사는 자체 관리자를 해외 지사로 보낼 수 있다. **지사**(branch office)는 또한 외국에서 더 눈에 띄는 대중적 존재감을 제공하며 외국 고객은 현지 지점이 있을 때 더 안전하다고 느끼는 경향이 있다. 예를 들어 자동차 분야에서 많은 일본과 한국 기업은 메르코수르(Mercosur)의 상업 기지를 보다 효과적으로 관리하기 위해 브라질, 아르헨티나, 우루과이에 지사를 개설하고 생산 시설과 공장을 설립하기까지 했다.

지사 국제 기업이나 다국적 기업이 설립한 외국 사무소

전략적 제휴 **전략적 제휴**(strategic alliance)에서 회사는 비즈니스를 수행하려는 국가에서 파트너를 찾는다. 각 당사자는 자원과 자본을 새로운 사업에 투자하거나 상호 이익이 되는 방식으로 협력하기로 동의한다. 이 새로운 사업인 동맹은 이익을 나누는 파트너의 소유이다. 이러한 제휴를 합작 투자(joint venture)라고도 하지만 전략적 제휴라는 용어는 이러한 파트너십이 주요 기업의 전략에서 점점 더 중요한 역할을 하고 있기 때문에 등장했다. 포드와 러시아 자동차 제조업체 솔러스(Sollers)는 러시아에 합작 투자를 하고 있다. 솔러스는 러시아에서 포드 제품을 제조하고 두 파트너는 함께 마케팅을 진행한다. 멕시코, 인도, 중국과 같은 많은 국가에서 법률은 동맹을 사실상 국제 비즈니스를 수행하는 유일한 방법으로 만든다. 예를 들어 멕시코는 그곳에 투자하는 모든 외국 기업이 현지 파트너를 가질 것을 요구한다. 마찬가지로 현지 이해 관계자는 중국에 있는 두 디즈니 테마파크의 대부분을 소유하고 있다. 디즈니는 소수 소유주지만 관리 및 라이선스 비용도 징수한다.

전략적 제휴 회사가 파트너 국가에서 새로운 비즈니스를 설립하고 운영하는 데 필요한 자원의 약 절반을 기부할 외국 파트너를 찾는 약정(합작 투자라고도 함)

새로운 시장으로의 진입을 용이하게 하는 것 외에도, 제휴를 통해 기업은 대리인 및 라이선스 사용자보다 해외 활동에 대해 더 큰 통제를 할 수 있다. 또한 제휴를 통해 기업은 외국 파트너의 지식과 전문성을 활용할 수 있다. 예를 들어 마이크로소프트(Microsoft)는 새로운 국제 시장으로 확장할 때 제휴에 크게 의존한다. 이 접근 방식은 회사가 가장 진입하기 어려운 신흥 시장인 중국과 인도에서 사업을 하는 데 있어 복잡한 사항을 배우는 데 도움이 되었다.

외국인 직접 투자 **외국인 직접 투자**(foreign direct investment, FDI)는 다른 국가에서 유형 자산을 구매하거나 설립하는 것을 포함한다. 예를 들어 델컴퓨터(Dell Computer)는 유럽과 중국에 조립 공장을 건설했다. 폴크스바겐은 브라질에 공장을, 코카콜라는 수십 개국에 병입 공장을 세웠다. 페덱스(FedEx)는 파리에 주요 물류 센터가 있다. 이러한 각 활동은 다른 국가에 있는 회사의 FDI를 나타낸다.

외국인 직접 투자(FDI) 기업이 다른 나라에서 유형 자산을 구매하거나 설립하는 약정

문화적 환경의 이해

학습목표 4-4
국제 비즈니스에서 문화 환경의 역할과 중요성을 설명한다.

국제 비즈니스 활동의 성공 또는 실패의 주요 요인은 문화적 환경과 그것이 비즈니스에 미치는 영향에 대한 깊은 이해이다. 앞서 언급했듯이 디즈니의 홍콩 테마파크는 처음 개장한 후 어려움을 겪었다. 그 이유는 대부분 디즈니가 공원에서 중국 문화의 모든 요소를 최소화하는 실수를 저질렀기 때문이다. 디즈니는 또한 많은 가족을 한 자녀로 제한하는 중국의 법을 무시하고 테마파크를 향해 손을 잡고 걸어가는 아버지, 어머니, 두 자녀를 보여주는 광고로 잠재적인 방문자를 혼란스럽게 했다. 공원을 좀 더 중국스럽게 만들기 위한 보수 공사와 수정된 광고 캠페인 후에야 방문자 수가 개선되기 시작했다. 한 국가의 문화에는 행동을 안내하는 모든 가치, 상징, 신념, 언어가 포함된다.

가치, 상징, 신념, 언어

문화적 가치와 신념은 종종 말로 표현되지 않는다. 그들은 심지어 특정 국가에 사는 사람들에게 당연하게 받아들여질 수도 있다. 두 나라의 문화가 비슷할 때 문화적 요인이 반드시 관리자에게 문제를 일으키는 것은 아니다. 그러나 관리자의 가정 문화와 사업을 수행할 국가의 문화가 거의 겹치지 않는 경우 어려움이 발생할 수 있다. 예를 들어 대부분의 싱가포르 태생 관리자는 태국의 문화와 전통을 잘 알고 있다. 이는 두 동남아 국가가 공통의 역사, 동일한 종교(주로 힌두교와 불교)를 공유하고 있으며, 두 나라 모두 중국인 이민자의 경우 유사한 중국 방언을 공유하기 때문이다.

일본어에서 하이(hai)라는 단어는 '예'를 의미한다. 그러나 대화에서 이 단어는 미국 사람들이 '으응(uh-huh)'을 사용하는 것과 매우 유사하게 사용된다. 대화를 진행하거나 대화 상대에게 주의를 기울이고 있음을 보여준다. 그렇다면 하이는 언제 '예'를 의미하고 언제 '으응'을 의미하는가? 이것은 상대적으로 대답하기 어려운 질문으로 판명되었다. 예를 들어 일본인이 아닌 사람이 일본 매니저에게 어떤 거래에 동의하는지 묻는다면 일본인 매니저는 '하이'라고 말할 것이다. 그러나 이것은 "예, 동의합니다", "예, 이해합니다", "예, 듣고 있습니다"일 수 있다. 외국인은 이미 해결된 문제를 일본인이 계속 제기한다고 생각하기 때문에 일본과의 협상에서 좌절감을 느낀다(일본인 매니저가 '예'라고 답했기 때문). 이러한 관리자 중 많은 사람이 인식하지 못하는 것은 일본에서 '예(yes)'가 항상 '예(yes)'를 의미하지는 않는다는 것이다.

국가 간의 문화적 차이는 비즈니스 관행에 직접적인 영향을 미칠 수 있다. 예를 들어 이슬람의 종교는 사람들이 다른 사람의 불행을 착취해 생계를 꾸려서는 안 된다고 가르친다. 결과적으로 이자 지급을 청구하는 것은 비도덕적인 것으로 간주된다. 이것은 또한 사우디아라비아에서 수리를 위해 정지된 차를 차고로 가져가는 자동차 견인 서비스를 제공하는 기업이 거의 없다는 것을 의미한다(불행을 이용하는 것이기에). 수단에서는 은행이 이자를 지불하거나 청구할 수 없다. 이러한 문화적, 종교적 제약을 감안할 때 자동차 견인 및 은행업이라는 두 가지 사업은 특정 국가의 국제 관리자에게 큰 장래성이 없는 것 같다.

또 다른 예로, 일반적으로 앵글로색슨(Anglo-Saxon) 국가에서는 대부분의 관리자가 시간의 가치에 동의한다. 활동은 세밀하게 계획되며 관리자는 회의 시간에 맞춰야 한다. 더욱이, 협상은 간결하고 요점에 도달하는 경향이 있지만 다른 문화에서는 훨씬 더 오래 걸릴 수 있다. 이것은 종종 아시아의 경우이다. 일본 매니저들은 파트너십 계약에 대해 논의하는 데 꽤 오랜 시간이 걸리는 것으로 알려져 있으며, 종종 외국 매니저를 좌절시킬 수 있는 상세한 분석을 한다. 반면에 중국인 관리자는 시간 관리를 사용해 '존중하기'와 같은 비즈니스 관계의 다른 측면을 전달할 수 있다.

언어 자체가 중요한 요소가 될 수 있다. 다른 언어를 사용하는 사람들이 제시하는 명확하고 분명한 장벽 외에 의미의 미묘한 차이도 중요한 역할을 할 수 있다. 예를 들어 캐나다 임페리얼오일(Imperial Oil)은 에쏘(Esso)라는 브랜드 이름으로 휘발유를 판매한다. 회사가 일본에서 휘발유를 판매하려고 했을 때 에쏘는 일본어로 '정지된 차'를 의미한다는 것을 알게 되었다. 마찬가지로 쉐보레가 라틴 아메리카에서 노바(Nova)라는 미국 모델을 처음 선보였을 때 GM 경영진은 왜 차가 잘 팔리지 않는지 이해할 수 없었다. 하지만 결국 그들은 스페인어에서 'no va'가 '가지 않는다'를 의미한다는 것을 알게 되었다. 녹색은 이슬람 국가에서 광범위하게 사용되지만 일부 다른 국가에서는 죽음을 의미한다. 미국에서 여성스러움과 관련된 색상은 분홍색이지만 다른 많은 국가에서는 노란색이 가장 여성스러운 색상이다.

문화에 따른 직원 행동

국제 비즈니스의 관리자는 또한 다른 문화권의 사람들에게 동기를 부여하는 데 차이가 있음을 이해해야 한다. 다른 문화권 사람들이 직장에서 어떻게 반응할지 정확히 예측하는 것은 불가능하지만, 다양한 문화권에 걸친 개인의 행동과 태도에 대한 연구에서 일부 분석틀이 개발되었다. 기어트 호프스테드(Geert Hofstede)가 수행한 이 연구는 사람들이 문화에 따라 다르게 보이는 다섯 가지 중요한 차원(dimensions)을 식별한다. 이러한 차원은 그림 4.6에 나와 있다.

첫 번째 차원은 **사회적 성향**(social orientation)이다. 사회적 성향은 개인과 그 개인이 속한 그룹의 상대적 중요성에 대한 개인의 신념이다. 사회적 성향의 양극단은 개인주의와 집단주의이다. 개인주의(individualism)는 사람이 먼저라는 문화적 신념이다. 연구에 따르면 미국, 영국, 호주, 캐나다, 뉴질랜드, 네덜란드의 사람들은 상대적으로 개인주의적인 경향이 있다. **집단주의**(collectivism)는 집단이 먼

사회적 성향 개인과 그 개인이 속한 집단의 상대적 중요성에 대한 개인의 신념

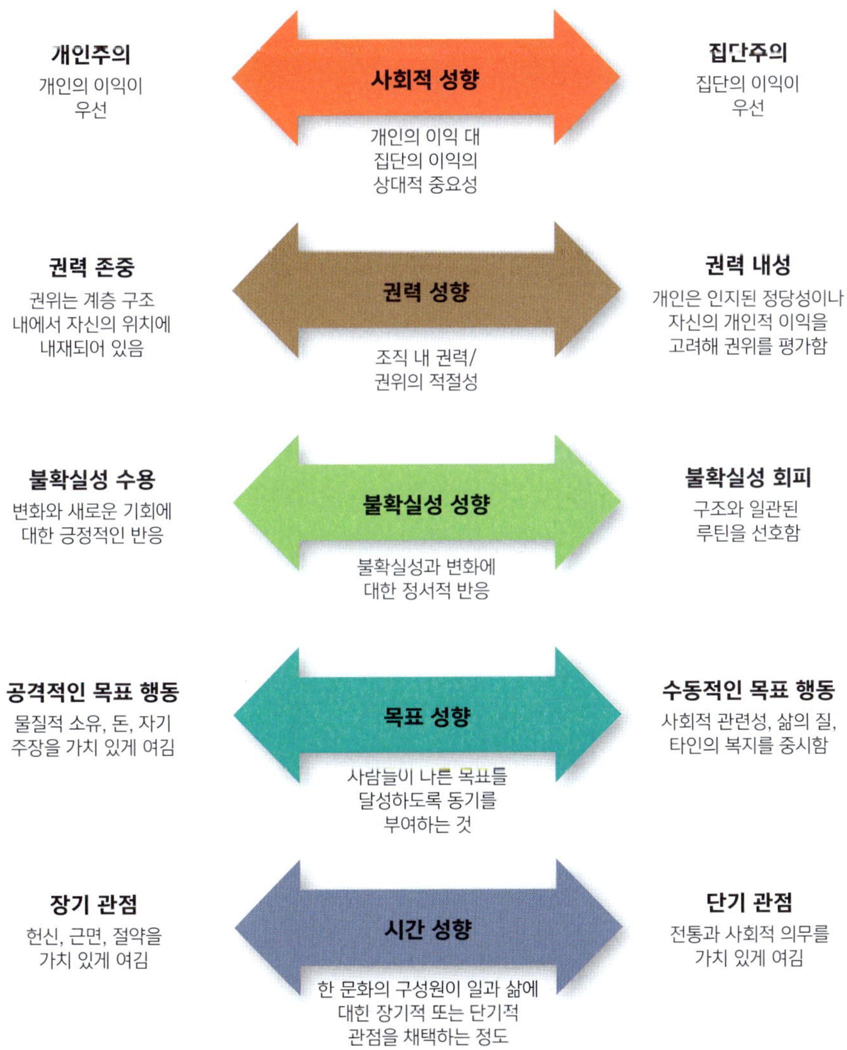

그림 4.6 호프스테드의 국가문화의 5개 차원

저라는 신념이다. 연구에 따르면 멕시코, 그리스, 홍콩, 대만, 페루, 싱가포르, 컬럼비아, 파키스탄 사람은 가치관에 있어 상대적으로 집단주의적인 경향이 있다. 개인주의가 높은 국가에서 많은 근로자는 급여를 개별 근로자의 성과와 연결하는 보상 시스템을 선호할 수 있다. 보다 집단적인 문화에서, 그러한 보상 시스템은 실제로 역효과를 낳을 수 있다.

권력 성향 기업 조직과 같은 계층 구조에서 권력의 적절성과 권위의 차이에 대해 한 문화권의 사람들이 가지고 있는 신념

두 번째로 중요한 차원은 **권력 성향**(power orientation)으로, 한 문화권의 사람들이 비즈니스 조직과 같은 계층 구조에서 권력의 적절성과 권위의 차이에 대해 갖고 있는 신념이다. 일부 문화는 **권력 존중**(power respect)이 특징이다. 이것은 사람들이 단순히 위계에서 자신의 위치를 근거로 상사의 권력과 권위를 받아들이고 그 권력을 가질 권리를 존중하는 경향이 있음을 의미한다. 연구에 따르면 프랑스, 스페인, 멕시코, 일본, 브라질, 인도네시아, 싱가포르 사람은 상대적으로 권력을 수용하는 것으로 나타났다. 대조적으로, **권력 내성**(power tolerance) 지향을 가진 문화권의 사람은 계층 구조에서 개인의 위치에 훨씬 적게 중요성을 부여한다. 이러한 개인은 더 높은 수준의 누군가로부터 결정이나 명령에 대해 더 많은 질문을 하거나 심지어 받아들이기를 거부할 수도 있다. 연구에 따르면 미국, 이스라엘, 오스트리아, 덴마크, 아일랜드, 노르웨이, 독일, 뉴질랜드 사람은 더 많은 권력 내성을 지니는 경향이 있다.

불확실성 성향 불확실하고 모호한 상황에 대한 개인의 감정

개인차의 세 번째 기본 차원은 **불확실성 성향**이다. **불확실성 성향**(uncertainty orientation)은 불확실하고 모호한 상황에 대해 개인이 갖는 감정이다. **불확실성 수용**(uncertainty acceptance) 문화에 속한 사람은 변화에 자극을 받고 새로운 기회에서 번창한다. 연구에 따르면 미국, 덴마크, 스웨덴, 캐나다, 싱가포르, 홍콩, 호주의 많은 사람이 이 범주에 속한다. 대조적으로, **불확실성 회피**(uncertainty avoidance) 경향이 있는 사람은 모호성을 싫어하고 가능하면 피할 것이다. 연구에 따르면 이스라엘, 오스트리아, 일본, 이탈리아, 컬럼비아, 프랑스, 페루, 독일의 많은 사람이 가능하면 불확실성을 피하는 경향이 있다.

목표 성향 사람들이 다른 종류의 목표를 향해 일하도록 동기를 부여하는 방식

문화적 가치의 네 번째 차원은 목표 성향이다. 이러한 맥락에서 **목표 성향**(goal orientation)은 사람들이 다양한 종류의 목표를 향해 일하도록 동기를 부여하는 방식이다. 목표 지향 연속체의 한 극단은 **적극적인 목표 행동**(aggressive goal behavior)이다. 공격적인 목표 행동을 보이는 사람은 물질적 소유, 돈, 자기주장에 높은 가치를 두는 경향이 있다. 반면에 **수동적인 목표 행동**(passive goal behavior)을 취하는 사람은 사회적 관계, 삶의 질, 타인에 대한 관심에 더 높은 가치를 부여한다. 연구에 따르면 일본의 많은 사람은 비교적 공격적인 목표 행동을 보이는 경향이 있는 반면 독일, 멕시코, 이탈리아, 미국의 많은 사람은 적당히 공격적인 목표 행동을 나타낸다. 네덜란드와 노르웨이, 스웨덴, 덴마크, 핀란드와 같은 스칸디나비아 국가의 사람들은 모두 상대적으로 수동적인 목표 행동을 보이는 경향이 있다.

시간 성향 한 문화의 구성원이 일, 삶 및 기타 사회 요소에 대해 장기적 관점 대 단기적 관점을 채택하는 정도

다섯 번째 차원을 시간 성향이라고 한다. **시간 성향**(time orientation)은 한 문화의 구성원이 일, 삶 및 기타 사회 요소에 대한 단기적 관점 대 장기적 관점을 채택하는 정도이다. 일본, 홍콩, 대만, 한국과 같은 일부 문화권은 장기 지향성(longer-term orientation)을 가지고 있다. 이 성향의 한 가지 의미는 이러한 문화권의 사람은 목표를 달성하기 전에 수년 동안 열심히 일해야 할 수도 있다는 것을 기꺼이 받아들인다는 것이다. 파키스탄, 서아프리카와 같은 다른 문화권은 단기 지향성(short-term orientation)을 가질 가능성이 더 크다. 결과적으로 이러한 문화권의 사람은 보다 즉각적인 보상을 제공하는 직업을 선호할 수 있다. 연구에 따르면 미국과 독일 사람은 중간 시간 지향성을 갖는 경향이 있다.

국제무역장벽

학습목표 4-5
국가 간의 경제적, 법적, 정치적 차이가 국제 비즈니스에 영향을 미치는 방식 중 일부를 설명한다.

기업이 진정한 다국적 기업이든 소수의 해외 시장에만 판매하든 상관없이 여러 요인이 국제 운영에 영향을 미친다. 해외 시장에서의 성공은 기업이 **사회적, 문화적 세력**(앞서 설명한 대로)과 국제 무역에 대한 경제적, 법적, 정치적 장벽에 대응하는 방식에 크게 좌우된다.

경제적 차이

문화적 차이는 종종 미묘하지만 경제적 차이는 상당히 뚜렷할 수 있다. 1장에서 논의한 바와 같이 프랑스, 스웨덴과 같은 혼합 시장 경제를 다룰 때 기업은 정부가 특정 산업에 언제, 어느 정도 관여하는지 알아야 한다. 예를 들어 프랑스 정부는 항공기 설계 및 제조의 모든 측면에 크게 관여하고 있다. 경제적 차이의 영향은 중국, 베트남과 같이 정부가 많은 생산 요소를 소유하고 운영하는 계획 경제에서 훨씬 더 클 수 있다.

법적 · 정치적 차이

정부는 다양한 방식으로 국제 비즈니스에 영향을 미칠 수 있다. 그들은 국경 내에서 사업을 하기 위한 조건을 설정하고 사업을 하는 것을 전면 금지할 수도 있다. 그들은 자본의 흐름을 통제할 수 있고 주어진 산업에서 활동을 억제하거나 장려하기 위해 세법을 사용할 수 있다. 그들은 심지어 외국 소유 기업의 재산을 몰수할 수도 있다. 이 절에서는 국제 비즈니스에서 보다 일반적인 법적 · 정치적 문제(할당량, 관세 및 보조금, 현지 콘텐츠 법률, 비즈니스 관행 법률)를 논의한다.

할당량, 관세, 보조금 심지어 미국과 같은 자유 시장 경제조차도 외국산 제품의 가격과 수량에 영향을 미치는 일부 할당량 또는 관세가 있다. **할당량**(quota)은 수입할 수 있는 특정 유형의 제품 수를 제한하고 공급을 줄임으로써 해당 수입품의 가격을 인상한다. 할당량은 무역 거래의 또 다른 측면이며 빠르게 복잡해질 수 있다. 예를 들어 WTO 통계에 따르면 유럽연합은 비EU 국가에서 매년 EU 시장에 진입할 수 있는 제품의 수량을 고정하는 124개의 거래에 서명했다. 이 거래의 일부는 닭고기, 버터, 쇠고기와 같은 많은 식품이다. 우호적인 무역 파트너에게 더 나은 조건이 주어지며 일반적으로 할당량은 국내 생산자를 보호하기 위해 조정된다.

할당량 한 국가로 수입될 수 있는 특정 유형의 제품 수를 제한하는 것

궁극적인 할당량은 특정 국가의 특정 제품 또는 모든 제품의 수출 또는 수입을 금지하는 정부 명령인 **금수 조치**(embargo)이다. 많은 국가에서 특정 농산물을 금지함으로써 박테리아와 질병을 통제하고 있다. 냉전 시대부터 미국은 쿠바에 금수 조치를 취했고 2015년이 되어서야 이 금수 조치가 해제되기 시작했다. 미국은 또한 리비아, 이란, 북한과의 무역에 금수 조치를 취하고 있다. 미국이 금수 조치를 취한다는 것은 미국 기업이 이들 국가에 투자할 수 없고 그들의 제품을 미국 시장에서 합법적으로 판매할 수 없음을 의미한다.

금수 조치 특정 국가의 특정 제품 또는 모든 제품의 수출이나 수입을 금지하는 정부 명령

관세(tariff)는 수입 제품에 대한 세금이다. 소비자가 제품뿐 아니라 관세까지 부담하게 함으로써 수입 물가를 높인다. 관세는 수입과 보호주의의 두 가지 형태를 취한다. 수입 관세는 정부의 자금 조달을 위해 부과되지만 보호무역주의 관세라고 하는 대부분의 관세는 특정 수입을 억제하기 위한 것이다. 관세 및 수입 관세는 국제 무역의 오래된 특징이다. 예를 들어 남아프리카 공화국 오렌지는

관세 수입 제품에 부과되는 세금 법률 또는 규정

EU 공동 시장에 진입할 때 16%의 수입 관세가 부과된다. 수입품을 소비자가 가격만 보고 선택하지 않도록 하기 위함이다. 관세 덕분에 국내 상품과 해외 상품의 가격이 비슷해진다.

할당량과 관세는 여러 가지 이유로 부과된다. 미국 정부는 일본에서 수입되는 일본 자동차의 수를 제한함으로써 국내 자동차 제조업체를 지원한다. 국가 안보 문제 때문에 우리는 기술 수출을 제한한다(예: 중국으로의 컴퓨터 및 핵 기술). 미국은 관세와 할당량을 사용하는 유일한 국가가 아니다. 이탈리아는 국내 기업을 보호하기 위해 전자 제품에 높은 관세를 부과한다. 결과적으로 아시아산 DVD 플레이어는 이탈리아에서 매우 비싸다.

보조금 국내 기업이 외국 기업과 경쟁할 수 있도록 지원하기 위한 정부 지급액

보조금(subsidy)은 국내 기업이 외국 기업과 경쟁할 수 있도록 지원하기 위해 정부에서 지급하는 돈이다. 실제로 외국 상품의 가격을 올리기보다 국내 상품의 가격을 낮추는 간접 관세이다. 예를 들어 많은 유럽 정부는 농부들이 미국 곡물 수입과 경쟁할 수 있도록 보조금을 지급한다.

보호무역주의 외국과의 경쟁으로부터 국내 기업을 보호하는 관행

보호무역주의 조치 및 전략물자 **보호무역주의**(protectionism)는 위협을 느끼는 국가의 일반적인 수단으로, 이는 국제 무역 관계에 심각한 결과를 초래할 수 있으며 때로는 WTO에서의 긴 분쟁, 보복 제재, 심지어는 본격적인 무역 전쟁으로 이어질 수 있다.

최근 예는 희토류(rare-earth element, REE)에서 나온 것이다. 희토류 원소는 매장량이 많지 않고 추출 시에 비용이 많이 발생하는 17개 원소[스칸듐, 이트륨과 15개 란타나이드(lanthanides)] 물질이다. 희토류는 자석, 하이브리드 자동차, LGC 스크린, 풍력 발전 단지용 터빈 및 군사응용 분야에서 필수 구성요소이다.

이 희귀 광물은 2009년에 세계가 갑자기 희토류 생산의 97%가 중국에 있다는 사실을 깨달았을 때까지 비교적 알려지지 않았다. 중국이 생산의 상당 부분을 국내에서 유지하기 위해 지속적으로 수출 할당량을 부과하기 시작했을 때 광물 가격은 불가능할 정도로 높은 수준으로 치솟았고 금융 시장을 혼란에 빠뜨렸다. 설상가상으로 2010년 10월 센카쿠-댜오위다오 영해에서 중국 어선이 일본 해안경비대에 억류되어 일본에 대한 희토류 수출을 전면 차단했다.

이 사건은 국제적 반발을 불러일으켰고, EU, 미국, 일본이 WTO 분쟁해결위원회(Dispute Settlement Board, DBS)에 이 사건에 대한 제재와 WTO 판정을 요청했다. 유럽연합(EU)은 전략물자 수출을 부당하게 규제하는 국가에 대해 일방적으로 일반우대제도(generalized preference system, GSP) 시행을 중단하겠다며 중국 수출을 직접적으로 위협하기도 했다. 결국 2015년 중반, 관련 당사자들과의 오랜 협상 끝에 중국은 희토류에 대한 할당량을 해제한다고 발표했다. 상황은 정상으로 돌아왔지만 광물 가격은 이전보다 높게 유지되었다.

현지 콘텐츠 법률 특정 국가에서 판매되는 제품이 적어도 부분적으로 해당 국가에서 제조되도록 요구하는 법률

현지 콘텐츠 법률 미국을 포함한 많은 국가에는 해당 국가에서 판매되는 제품이 적어도 부분적으로는 미국에서 제조되어야 하는 **현지 콘텐츠 법률**(local content laws)이 있다. 한 국가에서 사업을 하려는 기업은 그곳에 직접 투자하거나 동거인을 고용해야 한다. 이런 식으로 외국에서 사업을 해서 얻은 이익의 일부가 다른 나라로 흘러가지 않게 하고 현지국에서 사용되어야 한다. 어떤 경우에는 파트너십 계약이 선택 사항이지만 현명하다. 예를 들어 멕시코의 라디오섁데멕시코(Radio Shack de México)는 탠디코퍼레이션(Tandy Corporation, 49%)과 멕시코의 그루포기간테(Grupo Gigante, 51%)가 소유한 합작 투자 회사이다. 이를 통해 소매업체는 강력한 멕시코 정체성을 홍보할 수 있다. 또한 미국 기업보다 멕시코 기업이 더 쉽게 특정 수입 규정을 해결할 수 있다. 중국과 인도는 현재 외국 기

업이 현지 기업과 합작 투자를 할 때 현지 파트너가 지배 지분을 보유해야 한다고 요구하고 있다.

비즈니스 관행 법률 새로운 시장에 진입하는 많은 기업은 엄격한 규정과 관료적 장애물을 준수하는 데 문제가 있다. 그러한 관행은 호스트 국가가 관할권 내에서 비즈니스 관행을 규율하는 **비즈니스 관행 법률**(business practice laws)의 영향을 받는다. 몇 년 전 월마트(Walmart)는 독일 진출 전략의 일환으로 매장을 열지 않고 기존 소매업체를 인수해야 했다. 당시 독일 정부는 식품 판매에 대한 신규 허가를 내주지 않았기 때문이다. 또한 월마트는 독일에서 불법이기 때문에 다른 상점에서 더 저렴하게 판매된 품목의 가격 차이를 환불해주는 일반적인 관행을 따를 수 없었다. 또한 월마트는 영업시간 제한을 준수해야 했다. 상점은 오전 7시 이전에 문을 열 수 없으며 오후 8시까지 문을 닫아야 한다. 주중 야간 및 토요일 오후 4시, 일요일에는 휴점을 유지해야 한다. 몇 년 후, 월마트는 결국 노력과 투자에 비해 이익이 빈약하다는 결론을 내리고 독일의 모든 매장을 폐쇄했다.

비즈니스 관행 법률 특정 국가의 비즈니스 관행을 규율하는 법률이나 규율

때때로 한 국가에서는 합법적인 행위가 다른 국가에서는 불법이다. 예를 들어 일부 남미 국가에서는 기업과 정부 관리에게 뇌물을 주는 것이 합법인 경우가 있다. 이러한 뇌물은 일반적으로 '급행 수수료' 또는 이와 유사한 것으로 불린다. 공급과 가격을 통제하는 **카르텔**(cartel) 및 이와 유사한 생산자 협회는 회원들에게 다른 국가에 대한 불공정한 경쟁력을 부여한다. 유럽연합 집행위원회(European Commission)와 같은 많은 정부와 기관은 트러스트, 카르텔과 같은 산업 집중을 명시적으로 금지한다.

카르텔 공급과 가격을 통제하는 것을 목적으로 하는 생산자 협회

마지막으로 많은(전부는 아니지만) 국가에서 **덤핑**(dumping)을 금지해 국내에서 생산하는 비용보다 저렴하게 해외에서 제품을 판매한다. 미국 반덤핑 법률은 덤핑이 실행되고 있는지 여부를 결정하기 위해 두 가지 조건을 설정한다.

덤핑 생산원가 이하로 제품을 해외에 판매하는 행위

1 제품의 가격이 '공정 가치(fair value) 미만'으로 책정되고 있다.
2 그 결과가 국내 산업에 부당한 피해를 입힌다.

불과 몇 년 전 미국은 일본과 브라질에 철강을 정상 가격보다 70% 낮은 가격으로 덤핑한 혐의를 적용했다. 현지 제조업체를 보호하기 위해 미국 정부는 이들 국가에서 수입되는 철강에 상당한 관세를 부과했다.

질문과 연습

복습을 위한 질문

4-1. 1인당 소득을 기준으로 한 세계은행의 네 가지 국가 분류는 무엇인가?

4-2. 국제 비즈니스와 다국적 비즈니스의 차이점은 무엇인가?

4-3. 국제 조직에서 독립 에이전트의 역할은 무엇인가?

4-4. 기업이 전략적 제휴를 맺으려는 이유는 무엇인가?

분석을 위한 질문

4-5. 서로 다른 문화가 어떻게 반응할지 예측하는 것은 불가능하지만, 호프스테드가 규정한 사회적, 권력, 불확실성, 목표, 시간 성향의 의미를 간략히 설명하고 서로 다른 문화를 이해하는 데 어떻게 도움이 되는지 설명하라.

4-6. 왜 문화적 요인이 관리자에게 때로는 사소한 도전 과제이기도 하고 때로는 중요한 도전 과제이기도 한가?

4-7. 수입 제품에 대해 국가에서 부과하는 할당량을 조사하고 확인하라. 당신은 그 할당량을 지지하는가? 그렇다면 그 이유는 무엇인가?

4-8. 특정 국가의 과잉 생산은 글로벌 공급 과잉으로 이어질 수 있다. 이것이 국내 생산자에게 미치는 결과는 재앙이 될 수 있다. 정부는 국내 시장에서 덤핑을 방지하기 위해 어떤 조치를 취할 수 있는가?

응용연습

4-9. 세계은행은 1인당 소득을 사용해 국가를 구분한다. 웹 또는 데이터베이스 조사를 통해 작년 고소득 국가, 중상위 소득 국가, 중하위 소득 국가, 저소득 국가의 범주에서 최소한 세 국가를 설명하라. 또한 이러한 결론을 도출하는 데 사용한 데이터의 출처를 설명하라.

4-10. 중국은 세계에서 가장 빠르게 성장하는 시장 중 하나이다. 웹 또는 데이터베이스 조사를 통해 다섯 가지 문화적 차원에 따라 중국을 가장 잘 설명하는 방법을 찾아보라. 당신의 정보에 대한 출처를 인용하라.

CHAPTER 5

기업관리*

James Brittain-VIEW/Alamy Stock Photo

* 'management'와 'manager'는 맥락에 따라 '경영', '경영자'로 번역하는 것이 더 자연스러울 수 있으나 이 장에서는 일관성을 위해 '관리', '관리자'로 번역했다 – 역주.

과학과 통계가 모든 답을 주지 않는다. 관리자는 직관, 경험, 직감과 개인적 통찰력을 바탕으로 한 '감'에 의존해야 한다.

학습목표

LEARNING OBJECTIVES

이 장을 학습하고 나면

5-1 관리의 본질과 관리 프로세스를 구성하는 네 가지 기본 기능을 설명한다.

5-2 조직 내 여러 유형의 관리자를 수준과 분야에 따라 구분한다.

5-3 관리자에게 필요한 기본 역할과 능력을 설명한다.

5-4 조직 성공을 위한 전략경영과 효과적인 목표 설정의 중요성을 설명한다.

5-5 오늘날의 기업 환경에서의 비상계획과 위기관리를 논의한다.

5-6 기업문화 개발과 중요성을 설명한다.

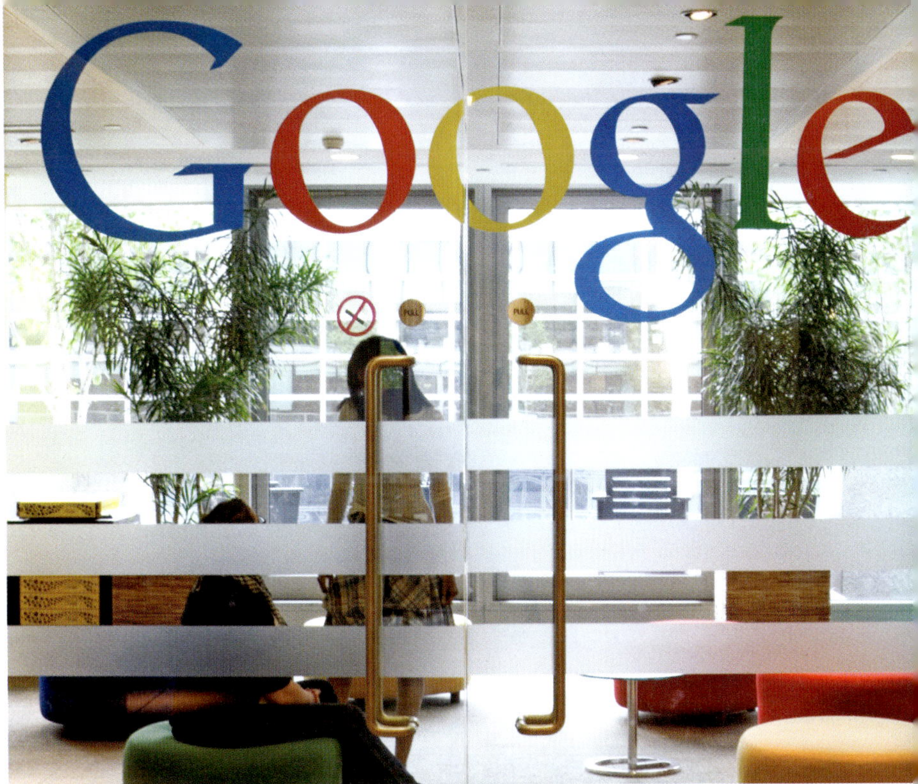

알파벳 사례

2015년, 구글 창업자인 세르게이 브린(Sergey Brin)과 래리 페이지(Larry Page)는 새로운 지주회사의 이름을 알파벳(Alphabet)으로 정했다. 알파벳은 글자 모음으로 언어를 대표하기도 하지만 벤치마크 이상의 초과수익을 뜻하는 투자 용어인 '알파'를 의미하기 때문이다. 브린과 페이지는 1995년 스탠퍼드대학교 대학원생 시절에 만났다. 당시 래리 페이지는 키워드 및 타 사이트와의 연결 정도를 평가해 웹사이트 인덱스를 만드는 소프트웨어 개발 프로젝트를 진행 중이었다. 세르게이 브린이 프로젝트에 합류했고 어느 정도 상업적 가치를 지닌 기술을 개발할 수 있었다. 처음에는 이 기술을 다른 회사에 라이선스를 주려고 했으나 적당한 구매자를 찾을 수 없었다. 이에 이들은 이 기술을 계속해서 개선하고 시험할 수 있게 투자금 유치에 나섰다.

2000년, 브린과 페이지는 스폰서 링크와 검색 기반 광고를 판매하는 형태의 사업모델을 생각해냈고 직접 사업화해 나침내 세계에서 가장 큰 검색 엔진인 구글을 만들었다. 그러나 그들은 거기에 만족하지 않았다. 2016년 말까지 안드로이드(Android), 유튜브, 더블클릭(Double Click) 등 200개 이상의 기업을 인수하며 '전 세계 정보를 조직화하고 이를 누구나 접근하고 활용하게 만들겠다'는 자신들의 미션을 지속적으로 추진해 나갔다. 2015년 10월에 브린과 페이지는 알파벳이라는 지주회사를 설립했고 떠오르는 스타 관리자인 순다르 피차이(Sundar Pichai)를 수장으로 임명했다. 회사의 여러 다른 사업을 체계적으로 추진하기 위함이었다. 2016년 말 알파벳의 기업 가치는 5,780억 달러를 넘어섰고, 주요 자회사인 구글은 전 세계 검색 시장의 80% 이상을 차지했다.

어떻게 이 두 젊은 컴퓨터 과학자가 이처럼 놀라운 수준의 성공적인 기업을 일굴 수 있었을까? 이들은 앞으로 어디를 향해 나아갈 것인가? 브린과 페이지는 피차이 같이 능력 있고 창의적인 직원을 영입하고 생산성과 혁신을 제고하는 근무 환경과 조직 문화를 형성하는 데 성공했다. 그러나 브린과 페이지가 선두에서 알파벳의 기술혁신을 이끌어 나가지만

Radu Razvan Gheorghe/Fotolia

이 장을 배우면 좋은 점

세르게이 브린과 래리 페이지는 능력 있는 관리자임이 분명하다. 사업을 구축하고 산업을 선도하는 데 무엇이 필요한지 알고 있기 때문이다. **관리자**(manager)는 관리 프로세스(management process) 수행을 책임지는 사람이다. 특히 관리자는 인적, 재무적, 물리적, 정보 자원을 계획 및 결정하고 조직화, 지휘, 통제하는 사람이다. 오늘날의 관리자는 흥미롭고 도전적인 여러 상황에 직면한다. 평균적인 임원은 주당 60시간 이상을 근무하고 자기 시간의 상당 부분을 회사 일에 할애하며 글로벌화, 내수 경쟁, 정부 규제, 주주 압력 및 인터넷 관련 불확실성에 의한 복잡성 증가를 마주한다. 관리자의 업무는 빠른 변화(예를 들어 2008~2011년의 불황과 2015년부터 시작한 경기 회복), 예상 밖의 분열, 흥미롭고 새로운 기회, 크고 작은 위

기 등으로 한층 더 복잡해졌다. 관리자의 업무는 예측 불가능하고 도전적이지만, 성과 차이를 만들 수 있는 기회 역시 많다. 훌륭한 관리자는 조직을 전례 없는 성공으로 이끌 수 있는 반면, 형편없는 관리자는 강한 조직마저 황폐화시킬 수 있다. 이 장을 학습함으로써 당신 스스로 관리자로서의 여러 역할과 책임을 수행할 수 있게 된다. 또한 소비자 혹은 투자자 관점에서 여러 회사의 관리 수준을 효과적으로 평가하고 이해할 수 있다.

이 장에서 우리는 전략적 관리 및 조직 성공을 향한 효과적인 목표 설정의 중요성을 살펴본다. 또한 관리 프로세스를 구성하는 기능과 조직에서 흔히 볼 수 있는 관리자 유형을 배우고, 그 과정에서 기본적인 관리 능력과 역할을 살펴보고 기업문화의 중요성을 설명할 것이다.

그 누구도 이들이 어떤 그림을 그리는지 정확히 모른다. 사실 외부 투자자들은 구글 내부가 '블랙박스'라고 비판한다. 회사의 장기 전략에 대한 세부사항을 좀처럼 제공하지 않기 때문이다. "우리는 전략에 대해 언급하지 않습니다. 전략적으로 말이죠. 전 우리가 무엇을 하는지 경쟁자가 알아차리는 것보다 차라리 사람들이 우리의 전략이 분명하지 않다고 생각하기를 바랍니다." 이것이 래리 페이지의 설명이다.

알파벳 설립 시 고려사항 중 하나가 투명성 제고였지만 이는 달성하지 못했다. '문샷 팩토리(moonshot factory)'라고도 불리는 알파벳의 비밀 연구 시설인 'X'는 별도의 웹사이트를 갖고 있으며 현재 자율주행 자동차, 해수 활용 연료 등 성공 가능성이 확실치 않은 다수의 모험적인 혁신 프로젝트를 진행 중이다. 만약 알파벳에 장기적인 전략적 비전이 있다면 그것은 단순히 전 세계에서 가장 똑똑한 몽상가에게 자원과 자율을 제공하고 이들의 아이디어가 미래의 현실이 되도록 하는 것인지도 모른다.

학습목표 5-1

관리의 본질과 관리 프로세스를 구성하는 네 가지 기본 기능을 설명한다.

관리 프로세스

관리자 관리 프로세스 일부를 책임지는 사람

모든 기업에게 효과적인 관리는 중요하다. 구글이나 애플처럼 매출 규모가 수십억 달러인 기업이든 동네의 작은 옷가게나 음식점이든 **관리자**(manager)는 대부분 같은 일을 하고 같은 책임을 진다. 구체적으로 관리자는 경쟁 환경을 분석하거나 사업의 일상적인 작업을 계획하고(planning) 조직화하며(organizing) 지휘하고(leading) 통제하는(controlling) 일을 한다. 또한 관리자는 자신이 맡은 팀, 사업부 혹은 기업의 전체 성과와 효과성에 책임을 진다.

우리의 관심사는 기업 환경에서의 관리자이지만 관리의 원칙은 다른 유형의 조직에도 적용 가능하다. 자선단체, 교회, 군대, 교육기관, 정부기관 모두 관리가 필요하고 관리자가 필요하다. 서로 다른 직책을 갖고 있지만 한 국가의 총리, 미술관 큐레이터, 대학 학장, 병원 원장 모두 관리자다. 또한 작은 조직이든 큰 조직이든 의사결정을 내리고 어려움을 이겨내기 위해 관리자에게 요구되는 능력 역시 동일하다. 조직의 본질이 무엇이든, 규모가 어떠하든 상관없이 관리자는 가장 중요한 자원 중 하나이다.

기본 관리기능

관리 목표 달성을 위해 조직의 자원을 계획, 조직화, 지휘, 통제하는 프로세스

관리(management)는 조직 목표 달성을 위해 조직의 재무적, 물리적, 인적, 정보 자원을 계획하고, 조직화하며, 지휘하고, 통제하는 프로세스를 의미한다. 관리자는 이런 자원들의 기업 내 활용을 전체적으로 감독한다. 관리자가 수행하는 업무는 모든 측면에서 서로 관련되어 있다. 그리고 모든 관리자가 이런 각각의 활동을 매 순간 수행한다. 구글의 관리 프로세스를 생각해보자. 세르게이 브린과 래리 페이지는 스탠퍼드대학교 졸업과 동시에 구글을 설립했고 여전히 운영 중이다. 구글을 효과적으로 관리하고 운영하기 위해 이들은 우선 구글이 달성해야 할 목표와 계획을 수립해야 한다. 그

Kristoffer Tripplaar/Alamy Stock Photo

Slaven Vlasic/Everett Collection Inc./Alamy Stock Photo

Dpa Picture Alliance/Alamy Stock Photo

사진 왼쪽부터 케네스 체놀트(Kenneth Chenault, 아메리칸익스프레스 CEO), 인드라 누이(Indra Nooyi, 펩시코 CEO), 팀 쿡(Tim Cook, 애플 CEO 및 이사회 의장). 이들 모두 자신의 기업에서 계획 수립, 조직화, 지휘, 통제 전반을 책임지고 있는 선임 관리자이다.

리고 이런 목표와 계획을 실현할 수 있는 효과적인 조직을 설계한다. 또한 브린과 페이지는 회사를 위해 일하는 종업원에 세심한 주의를 기울이며 회사가 얼마나 성과를 잘 내고 있는지 살펴본다. 이런 활동 각각은 다음과 같은 네 가지 기본 관리기능 중 하나를 나타낸다: (1) 목표 설정은 계획 수립의 일부이다. (2) 조직을 구성하는 것은 조직화의 일부이다. (3) 사람을 관리하는 것은 지휘의 일부이다. (4) 성과를 모니터링하는 것은 통제의 일부이다(그림 5.1).

계획 수립 조직이 무엇을 어떻게 해야 하는지 결정하려면 계획 수립이 필요하다. **계획 수립**(planning)은 세 가지 요소로 구성한다. 계획 수립은 관리자가 기업의 목표(goal)를 설정하는 것에서 시작한다. 그다음, 관리자는 목표 달성을 위해 포괄적인 **전략**(strategy)을 수립한다. 전략 수립 이후, 관리자는

계획 수립 조직이 무엇을 해야 하고 이를 어떻게 잘 달성할 것인지 결정하는 관리 프로세스

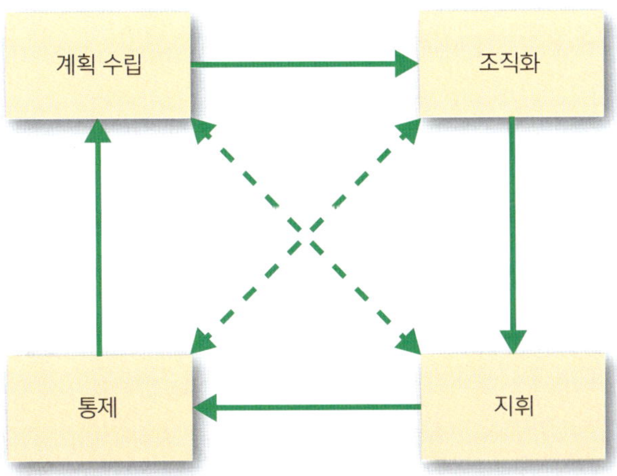

그림 5.1 관리 프로세스

전략 실행을 위한 **전술 및 운영 계획**(tactical and operational plans)을 수립한다. 이 세 가지 요소의 세부 사항은 이 장의 뒷부분에서 살펴본다. 스타벅스(Starbucks) 회장이자 대표이사인 하워드 슐츠(Howard Schultz)는 스타벅스가 질적 수준을 유지하며 양적 성장을 지속하는 전략과 전략계획 수립을 책임진다. 슐츠는 스타벅스의 전략, 전술, 운영 측면의 계획을 모두 통합해 서로 일관성을 갖도록 한다.

조직화 조직의 자원과 활동을 논리 정연한 구조로 어떻게 잘 배열할지 결정하는 관리 프로세스

조직화 관리자는 사람과 자원을 조직화해야 한다. 예를 들어 일부 기업은 회사 내의 다양한 업무와 이런 업무가 서로 어떻게 관련되어 있는지를 도식화한 **조직도**(organization chart)를 만들기도 한다. 조직도는 **조직화**(organizing) 기능의 핵심인 조직 내 역할과 보고 체계를 보여준다. 일부 기업은 조직도를 사무실 벽에 내걸기도 한다. 그러나 대부분의 대기업은 단순한 형태로 표기하기 어려울 정도로 역할 및 보고 체계가 복잡하다. 스타벅스의 경우 60개국 이상에 18,000개 이상의 커피 매장이 있다. 게다가 250여 개의 티바나(Teavana) 판매점은 물론 에볼루션프레시(Evolution Fresh)라는 과일야채 주스 회사를 소유하고 있으며, 펩시코(PepsiCo), 드레이어스(Dreyer's), 빔(Beam) 등 여러 회사와 셀 수 없이 많은 라이선스 및 조인트벤처 계약을 체결했다. 슐츠는 스타벅스가 여러 제품과 사업부 간의 조정과 빠른 의사결정을 할 수 있도록 조직구조를 설계하고 경영해야 한다. 조직화에 대한 세부 사항은 6장에서 살펴본다.

지휘 조직 목표 달성을 위해 직원을 안내하고 동기부여하는 관리 프로세스

지휘 관리자는 지시를 내리고 결과물을 요구할 수 있는 권력을 갖고 있다. 그러나 지휘는 그 이상의 복잡한 활동이다. **지휘**(leading)는 기업 목표 달성을 위해 직원을 안내하고 동기부여하는 행위를 의미한다. 월트 디즈니(Walt Disney), 월마트(Walmart)의 샘 월튼(Sam Walton), 사우스웨스트항공(Southwest Airlines)의 허브 켈러허(Herb Kelleher) 같은 전설적인 관리자는 직원들을 하나의 분명한 목표 아래 뭉치게 하고 고용주를 위해 최선을 다하도록 동기부여하는 능력을 지녔다. 직원은 이런 관리자를 존중하고 신뢰하며 함께 일하면 기업과 종업원 개인 모두가 잘될 것이라고 믿는다. 하워드 슐츠는 스타벅스의 매우 효과적인 리더이다. 스타벅스는 파트타임 직원을 포함한 모든 종업원에게 스톡옵션을 부여한 첫 번째 비상장기업이었다. 스타벅스는 모든 직원과 커뮤니케이션을 잘하는 것으로 유명하다. 스타벅스 직원들 역시 슐츠를 높이 평가한다. 지휘는 다수의 프로세스와 활동으로 이루어지며 9장에서 자세히 다룬다.

통제 조직이 목표를 달성하고 있는지 확인하기 위해 조직 성과를 모니터링하는 관리 프로세스

통제 **통제**(controlling)는 기업 목표 달성을 위해 기업 성과를 전체적으로 모니터링하는 프로세스를 의미한다. 모든 CEO는 비용과 성과를 면밀히 관찰해야 한다. 예를 들어 유나이티드항공(United Airlines)의 관리자는 지속적인 측정과 조절이 가능한 여러 성과 지표를 모니터링한다. 정시 도착률, 수하물 취급 오류, 공석률, 직원 및 고객 만족도 등이 대표적이다. 만약 정시 도착률이 나빠지기 시작하면 관리자는 문제를 찾아서 해결한다. 또는 기내식에 대한 고객 불만이 많아지면 케이터링 관리자가 이를 어떻게 개선할지 고민하는 식이다. 이처럼 관리자가 지표를 살펴보며 필요한 조치를 취하기 때문에 기업의 그 어떤 성과 지표도 한 번에 급격히 악화하지는 않는다. 스타벅스의 경우 일반적으로 신제품을 대규모로 출시하기 전에 일부 매장에서 시험하는 과정을 거친다. 만약 신제품이 기대와 예측에 부합하지 않으면 출시를 중단한다.

그림 5.2는 관리자가 기준(대부분은 재무 성과)을 세우는 것에서 시작하는 통제 과정을 보여준다. 예를 들어 향후 10년간 매출 규모 20% 상승이 기업의 목표라면 매년 매출 증가치는 2%가 적정 기준

이 되는 셈이다.

그다음 관리자는 기준 대비 실제 성과를 매년 측정한다. 만약 두 수치가 동일하면 조직은 현재 상태를 유지하면 되지만 만약 서로 차이가 크면 둘 중 하나를 조정해야 한다. 예를 들어 만약 첫해 말에 매출이 2.1% 증가했다면 큰 문제가 없는 것이다. 그러나 매출 증가율이 1%로 감소했다면 계획을 수정할 필요가 있다. 이때 관리자는 기존 목표를 낮추거나 광고에 더 많은 예산을 투입해 매출 증대를 노릴 수도 있다.

관리의 과학과 예술

관리자가 하는 일은 본질적으로 복잡하다. 그렇다면 관리는 과학과 예술 중 어디에 가까울까? 사실 효과적인 관리는 과학과 예술이 혼재된 것이다. 성공한 기업 임원 모두 관리의 과학과 예술을 결합하는 것이 중요하다고 생각한다.

관리의 과학 많은 관리상의 문제점과 이슈는 합리적이고, 논리적이며, 객관적이고 체계적인 방법으로 접근할 수 있다. 관리자는 데이터, 사실, 객관적인 정보를 수집해 '올바른' 결정에 도달하도록 계량적인 모델과 의사결정 기법을 활용할 수 있다. 관리자는 가능하면 이런 과학적 문제 해결 기법을 활용할 필요가 있다. 특히 상대적으로 정례적이고 간단한 이슈를 다룰 때 더 그렇다. 스타벅스가 신규 시장 진입을 검토하는 경우 스타벅스의 관리자는 계획 수립 과정에서 다양한 세부사항을 객관적으로 분석한다. 과학적 관점에서 관리 업무나 문제에 접근할 때는 업무 능력, 분석적 능력, 의사결정 능력이 특히 중요하다(이에 대해서는 이 장의 뒷부분에서 다룬다).

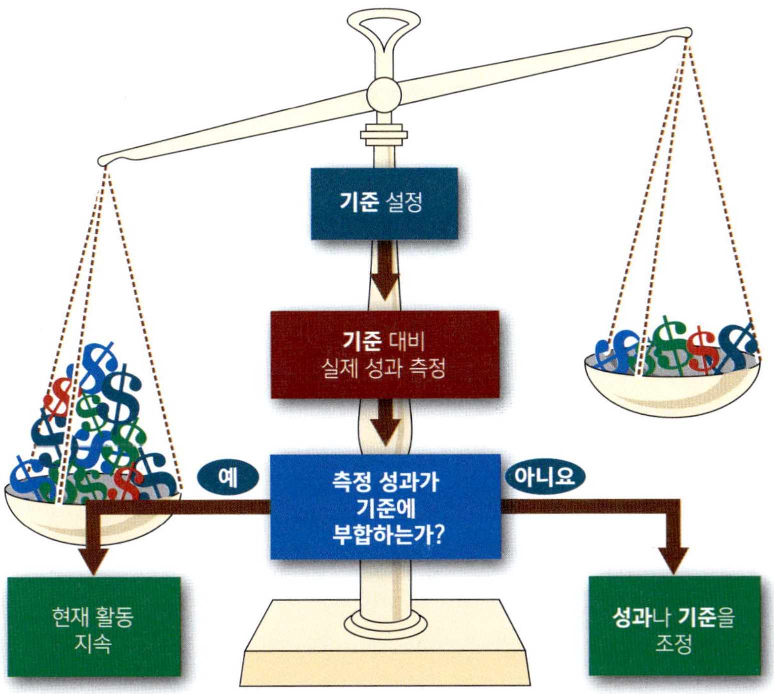

그림 5.2 통제 프로세스

관리의 예술 관리자는 가능한 과학적으로 문제에 접근하지만 때로는 직관, 경험, 직감과 개인적 통찰을 활용해 의사결정을 하거나 문제를 해결한다. 예를 들어 관리자는 비슷해 보이는 여러 대안 중 하나를 결정해야 할 때 개념화 능력, 의사소통 능력, 인간관계 능력, 시간관리 능력을 활용한다. 또한 '객관적 사실'마저 틀릴 수 있다. 스타벅스가 뉴욕시에서 첫 매장을 계획했을 때 시장 조사 결과는 뉴욕 시민이 이국적인 에스프레소 스타일의 커피보다 드립 커피를 선호하는 것으로 나타났다. 이에 처음에는 뉴욕에 드립 커피메이커를 에스프레소 기계보다 더 많이 배치했지만 이내 곧 철회했다. 실제로는 시장 조사 결과와 다르게 에스프레소를 찾는 사람이 더 많았기 때문이다. 이제 스타벅스는 시장이 다르더라도 일단 표준 메뉴와 매장 배치를 우선 도입한 다음, 필요에 따라 약간씩 수정하는 형태로 운영한다. 따라서 관리자는 직관과 개인적 통찰을 분명한 객관적 사실 및 자료와 혼합할 줄 알아야 한다.

관리자가 된다는 것

관리의 과학과 예술을 잘 섞어 성공적인 관리자가 되는 데 필요한 능력을 어떻게 습득할 것인가? 관리자의 유형만큼 다양한 방법이 있지만 가장 일반적인 방법은 교육과 경험을 적절히 결합하는 것이다.

교육의 역할 당신 중 상당수가 이 책을 읽는 이유는 대학에서 경영학을 전공하기 때문이다. 따라서 당신은 이미 교육적인 상황에서 관리 능력을 습득하고 있다. 이 책을 다 마칠 때쯤이면 당신은 심화 과정에서 관리 능력을 개발하는 데 필요한 기본기를 갖추게 될 것이다. 기업에서 학사 학위는 승진에 반드시 필요한 요소이며 미국 내 대부분의 CEO가 학사 학위를 소지하고 있다. 여기에 더해 요즘은 MBA 학위 역시 성공적인 임원의 필수 코스로 인식하는 실정이다. 대다수의 해외 대학 역시 다양한 경영 관련 과정을 운영 중이다.

학위 취득 후에도 대부분의 능력 있는 관리자는 경영 교육을 계속해서 받는다. 상당수의 중간 관리자와 최고관리자는 주기적으로 대학 캠퍼스로 돌아와 수일에서 수 주에 이르는 임원 혹은 관

Ulrich Baumgarten/Getty Images

교육은 관리자가 되는 데 핵심적인 역할을 한다. 관리자가 되려면 일반적으로 경영 관련 학위가 필요하며 재무, 마케팅, 회계, 조직/전략 등의 과목을 수강한다.

리자 개발 프로그램을 수강한다. 일선관리자(first-line manager) 역시 고등교육기관이나 온라인 미디어를 통해 제공되는 지속적인 교육 프로그램을 이용한다. 최근 들어 여러 유명 비즈니스 스쿨이 EMBA(executive MBA) 과정을 개설하기 시작했다. EMBA는 수년의 경험이 있는 중간관리자와 최고관리자가 주말에만 집중적으로 공부해 마칠 수 있는 과정이다. 마지막으로 여러 대기업이 관리자급 교육을 위한 사내 연수 프로그램을 운영한다. 실제로 일부 기업은 성공적인 관리자를 양성하기 위해 특화된 교육을 제공하는 사내 대학을 운영하기도 한다. 맥도날드(McDonald's), 제너럴일렉트릭(GE), 쉘오일(Shell Oil)이 사내 대학을 운영하는 대표적인 기업이다. 공식적인 교육 과정에 더해 최근에는 관리자를 위한 온라인 교육도 늘어나는 추세이다.

관리 능력을 습득할 수 있는 방법으로 교육이 갖는 장점은 학생으로서 잘 설계된 학업 과정을 따라갈 수 있고 경영에 관한 현재의 연구 및 사고방식을 배울 수 있다는 것이다. 특히 대학생은 학업에 모든 에너지를 쏟을 수 있다는 것이 장점이다. 반면에 경영 교육이 너무 일반적이고 광범위한 학생의 니즈를 충족해야 하니 특정 부분의 노하우를 습득하기는 어렵다. 게다가 관리자 업무의 여러 측면을 책에서 다룰 수는 있지만 직접 경험하기 전까지는 이를 정확히 이해하기 어렵다.

경험의 역할 이 책은 당신의 관리 능력을 향상하는 데 필요한 기초를 다지도록 도와준다. 그러나 당신이 모든 경영 서적의 모든 단어를 암기하더라도 최고관리자 자리에 올라 바로 성과를 낼 수는 없을 것이다. 왜 그럴까? 관리 능력은 경험을 통해 습득해야 하는 것이기 때문이다. 일반적으로 관리자는 다른 업무를 하다 해당 직무를 맡은 사람이다. 관리자가 맞닥뜨리는 하루하루의 압박을 경험하고 여러 종류의 도전과 시험을 거치면서 비로소 관리자가 하는 일의 실제 본질과 특징을 이해할 수 있다.

이런 이유로 상당수의 크고 작은 기업이 경영 연수 프로그램을 개발했다. 기업은 사내 인력을 승진시키거나 대학 캠퍼스 혹은 다른 회사에서 사람을 채용한다. 이후 여러 직무를 체계적으로 거치면서 기업 조직의 주요 측면을 경험하며 관리자로서 성장한다. 프록터앤드갬블(P&G), 제너럴밀스(General Mills)나 쉘 같은 기업의 경우 연수 프로그램이 잘되어 있어 여러 기업이 이들 회사 출신의 인력을 채용하고자 한다. 공식적인 연수 프로그램이 없어도 다양한 경험을 한 관리자는 탁월한 성과를 내기도 한다. 예를 들어 허브 켈러허는 사우스웨스트항공 창업 전에 변호사로 활동했지만 사우스웨스트항공을 미국 내에서 가장 성공적이고 존경받는 기업으로 이끌었다. 물론, 타고난 능력이나 추진력, 자기동기부여(self-motivation)가 관리 능력을 개발하고 경험을 습득하는 데 중요하다.

효과적인 관리자 대부분은 교육과 경험의 결합을 통해 관리 능력을 습득한다. 대학 학위는 관리자로서의 경력을 쌓는 데 중요한 토대가 된다. 전공이 경영학이 아니어도 괜찮다. 이후 첫 직장에 들어가면 다양한 경험을 쌓으면서 관리자로 성장한다. 이 과정에서 관리자 개발 프로그램 같은 교육이 관리 능력을 '업데이트'하고 실무에서 쌓는 경험을 보완한다. 관리자는 갈수록 국제 전문성도 습득해야 한다. 일반적인 관리 능력처럼 국제 전문성 역시 교육과 경험을 통해 습득할 수 있다.

학습목표 5-2
조직 내 여러 유형의 관리자를 수준과 분야에 따라 구분한다.

관리자의 유형

모든 유형의 관리자가 계획 수립, 조직화, 지휘, 통제 활동을 수행하지만, 각 활동에 대한 책임 수준은 다르다. 이에 이 절에서는 책임 분야와 수준에 따라 관리자 유형을 분류한다.

관리자의 수준

관리자의 세 가지 기본적인 수준은 **최고관리자**, **중간관리자**, **일선관리자**다. 표 5.1에 정리된 것처럼 대다수의 기업은 최고관리자보다 중간관리자가 더 많고 중간관리자보다 일선관리자가 많다. 관리자 수준이 높아질수록 관리자의 권력 수준과 직무 복잡성이 증가한다.

최고관리자 기업의 전반적인 성과 및 효과성을 책임지는 관리자

최고관리자 **최고관리자**(top manager)는 세르게이 브린이나 래리 페이지, 하워드 슐츠처럼 기업의 미래 방향성 설정에 영향력을 행사할 수 있는 소수의 임원을 의미한다. 일반적으로 **회장**, **부회장**, **사장**, **부사장** 같은 직급이나 CEO, CFO, CTO, CMO 등의 C레벨 임원이 최고관리자에 해당한다. 최고관리자는 기업의 전반적인 성과와 효과성을 책임진다. 이들은 기업 전체의 방향을 정하고, 전략을 수립하며, 중요한 결정을 내리고, 정부나 다른 기업과의 협상에서 회사를 대표한다. 예를 들어 펩시코의 CEO이자 이사회 의장인 인드라 누이는 최고관리자다.

중간관리자 전략을 실행하고 최고관리자가 설정한 목표를 향해 일할 책임이 있는 관리자

중간관리자 **중간관리자**(middle manager)는 최고관리자 직급 바로 아래로, 이들은 조직 내에서 상당한 수준의 자율성과 중요성을 지닌 직위를 차지한다. 이들이 주로 맡는 직책은 **공장장**, **운영관리자**, **사업부장** 등이다. 일반적으로 중간관리자는 전략을 실행하고 최고관리자가 설정한 목표를 향해 일할 책임이 있다. 예를 들어 최고관리자가 12개월 안에 신제품을 출시하기로 결정하거나 다음 분기에 원가를 5% 절감하기로 결정하는 경우, 중간관리자는 이 목표를 어떻게 달성할 것인지 결정할 책임이 있다. 아메리칸익스프레스(American Express) 서비스 센터의 관리자나 프리토레이(Frito-Lay)의 지역 영업관리자는 중간관리자에 해당한다.

일선관리자 직원의 업무를 감독할 책임이 있는 관리자

일선관리자 **일선관리자**(first-line manager)는 **감독자**, **사무장**, **프로젝트 관리자**, **작업반장** 등의 직책을 가진 관리자이다. 일선관리자는 대부분의 시간을 현업 실무자와 함께 근무하며 이들을 관리·감독

표 5.1 관리자의 세 가지 수준

수준	예	책임
최고관리자	사장, 부사장, CEO, CFO 등	• 기업의 전반적인 성과와 효과성을 책임짐 • 전반적인 방향을 설정하고 전략을 수립하며 주요 의사결정을 승인함 • 다른 회사나 정부 기관과 협상할 때 회사를 대표함
중간관리자	공장장, 운영관리자, 사업부장, 지역 영업 관리자 등	• 전략을 실행하고 최고관리자가 수립한 목표를 향해 작업함
일선관리자	감독자, 사무장, 프로젝트 관리자, 작업반장, 영업 관리자 등	• 자신에게 보고하는 직원을 감독함 • 회사 정책과 방법을 이해하고 그에 따라 훈련받음

하는 데 사용하지만 일선관리자의 활동이 여기에 국한된 것만은 아니다. 예를 들어 건설 현장의 프로젝트 관리자는 작업자가 건축가가 설계한 대로 작업하는지 감독하는 일뿐만 아니라 건축 기자재 공급사, 지역사회 행정관, 본사의 중간관리자와 최고관리자 등과 광범위하게 소통한다. 클리블랜드 지역의 프리토레이 과자의 배송 관리자는 일선관리자에 해당한다.

관리 분야

대기업에서 최고관리자, 중간관리자, 일선관리자는 인사, 생산, 마케팅, 정보, 재무 등 다양한 분야에서 근무한다. 이 분야는 뒤에 설명할 기본 관리 능력과 이 책에서 설명하는 관리 원칙 및 활동과 상당 부분 일치한다.

인적자원 관리자 많은 기업이 **인적자원 관리자**(human resource manager)를 두고 있다. 이들은 직원을 고용하고 훈련하며, 성과를 측정하고 보상을 결정한다. 대기업에서는 별도의 여러 부서가 모집과 채용, 급여 수준, 노사 관계 등을 다룬다. 소규모 회사의 경우는 단일 부서(혹은 담당자 1명)가 모든 인적자원 관련 활동을 책임진다. 10장에서 인적자원 관리의 핵심 사항을 다룬다.

운영 관리자 7장에서 다루겠지만 **운영**(operations)이란 용어는 기업이 재화 및 서비스를 생산하는 체계를 의미한다. **운영 관리자**(operations manager)는 생산, 재고, 품질 통제 등을 책임진다. GE, 포드(Ford), 캐터필러(Caterpillar) 같은 제조사는 다양한 직급에서 운영 관리자가 필요하다. 이런 기업은 보통 **운영 담당 부사장**(최고관리자), **공장장**(중간관리자), **생산 감독자**(일선관리자)가 있다. 최근에는 다양한 서비스 기업을 중심으로 체계적인 운영 관리 기법이 중요해지고 있다.

마케팅 관리자 11장에서 다루겠지만 마케팅은 재화 및 서비스의 개발, 가격 설정, 판촉, 유통 등의 활동을 모두 포함하는 개념이다. **마케팅 관리자**(marketing manager)는 제조사에서 소비자로 제품을 전달하는 활동을 책임진다. 마케팅은 언더아머(Under Armour), 프리토레이, 애플(Apple) 같이 소비재를 생산하고 판매하는 기업에게 특히 더 중요하다. 예를 들어 대규모 소비재 기업에는 **마케팅 부사장**(최고관리자), 다수의 **지역 마케팅 관리자**(중간관리자), 다수의 **구역 영업 관리자**(일선관리자)가 있다.

정보 관리자 **정보 관리자**(information manager)는 많은 기업에서 새로 생겨난 직책으로 정보를 수집하고 조직화하며 전달하는 체계를 설계하고 실행하는 업무를 수행한다. 정보 관리자는 정보량의 증가와 정보 관리 능력의 비약적인 발전으로 생겨났다. 아직은 소수에 불과하지만 정보 관리자의 직급이 높아지는 추세이다. 일부 기업은 **최고정보책임자**(CIO)라는 최고관리자 직책을 만들기도 했다. 중간관리자는 각 부문이나 공장에서 필요한 정보시스템을 설계하는 업무를 수행한다. 소규모 회사의 컴퓨터 시스템 관리자는 대부분 일선관리자에 해당한다. 정보 관리에 대해서는 13장에서 자세히 다룬다.

재무관리자 거의 모든 기업이 회계 기능과 재무 자원을 계획하고 관리·감독하는 **재무관리자**(financial manager)를 두고 있다. 재무관리자의 직급은 **재무 담당 부사장** 혹은 **CFO**(최고관리자)를 비롯해 **사업부 관리 담당**(중간관리자), **회계 감독자**(일선관리자) 등이 있다. 웰스파고(Wellf Fargo)나 스테이

기업가정신과 새로운 벤처기업

역량 구축

많은 경우 기업 경쟁력은 최고관리자에서 기인한다. 그러나 베른 하니시(Verne Harnish)는 중간관리자의 중요성을 강조한다. 하니시는 '성장하는 리더-성장하는 기업'이라는 슬로건을 내걸고 있는 경영교육 회사인 가젤(Gazelles, Inc.)의 CEO이다. 그는 성장하고자 하는 기업에 다음 다섯 가지 사항을 제안한다.

Radius Images/Alamy Stock Photo

1 **고위경영진을 선발하라.** 최고관리자의 핵심 역할은 자신을 위해 일하는 사람들을 멘토링하고 계발하는 것이라고 하니시는 생각한다. 예를 들어 뉴욕에 기반을 둔 켐프테크놀로지(Kemp Technologies)에서 임원진 6명 각각은 한 달에 한 시간 동안 중간관리자에게 멘토링을 제공한다.

2 **교차훈련(cross-train)하라.** 최고관리자는 자신의 역할이 중간관리자 간의 불만과 분쟁을 중재하는 것으로 생각한다. 그러나 하니시는 최고관리자가 중간관리자에게 권한을 위임(empower)해 의견 충돌 해소와 문제 해결을 위해 함께 일하도록 해야 한다고 강조한다. 권한 위임은 여러 부서 간의 조정을 장려할 뿐만 아니라 고위관리자의 업무량을 줄여준다.

3 **유연성을 높여라.** 중간관리자의 주요 책임 중 하나는 자신에게 보고하는 사람들을 지도하고 방향을 제시하는 것이다. 하니시는 리더십이 모든 상황에 적용되는 활동이 아니라고 말한다. 그는 9장에서 배울 내용 중 하나인 상황적 리더십을 강조한다.

4 **전화로 해결하라.** 중간관리자는 동료와 효과적으로 의사소통하는 방법을 배워야 한다. 하니시는 문제가 발생했을 때 이메일을 보내기보다 대면 회의나 전화를 사용하는 것이 더 낫다고 강조한다. 이메일은 문제를 악화시킬 수 있다. 데이터컬러(Datacolor)의 CEO인 앨버트 부쉬(Albert Busch)는 이런 방법으로 모든 문제의 90%가 자신에게 오기 전에 해결된다고 한다.

5 **일찍 투자하라.** 켐프테크놀로지에서는 리더를 일찍 발굴한다. 175명의 직원 중 20명의 높은 잠재력을 지닌 개인을 찾아 이들에게 특별 임무와 훈련 기회를 제공한다. 이는 성장 단계에 있는 기업에게 특히 중요하다. 이 기간에는 관리자도 함께 성장해야 하기 때문이다.

트팜보험(State Farm Insurance) 같은 일부 기업은 효과적인 재무관리가 기업 존재의 이유이다. 재무관리에 대한 세부 내용은 14장과 15장에서 다룬다.

기타 관리자 일부 기업은 기타 분야의 특화된 관리자를 두기도 한다. 예를 들어 상당수의 기업이 홍보 관리자를 별도로 두고 있다. 다우케미컬(Dow Chemical), 머크(Merck), HP 같은 화학, 제약 및 테크 기업은 연구개발 관리자가 있다. 관리 분야에 제한은 없으며 관리자는 다양한 분야에서 광범위하게 존재할 수 있다.

관리자의 역할과 능력

학습목표 5-3
관리자에게 필요한 기본 역할과 능력을 설명한다.

조직 내 직위나 분야와 상관없이 성공적인 관리자는 특정 역할을 수행해야 하고 특정 능력을 지녀야 한다. 이런 측면에서 관리자의 역할 개념은 연극 무대 위 배우의 역할과 유사하다. 관리자나 연극 배우 모두 조직 내에서 특정 일을 하고, 특정 니즈를 충족하고, 특정 책임을 지고 있다. 이 절에서는 우선 관리자가 수행하는 기본 역할을 조명하고 효과적인 관리자가 되는 데 필요한 능력이 무엇인지 살펴본다.

관리자의 역할

여러 연구가 관리자 역할의 본질에 대한 흥미로운 통찰력을 제공한다. 임원이 어떤 일을 하는지 세밀하게 관찰한 결과, 임원의 활동은 대략 열 가지 서로 다른 역할로 구분된다. 표 5.2는 이를 다시 대인, 정보, 의사결정의 세 가지 기본 범주로 구분하고 있다.

대인 역할 관리자는 태생적으로 세 가지 **대인 역할**(interpersonal roles)을 수행한다. 첫째, 관리자는 손님에게 식사를 대접하거나 리본 절단식에 참석하는 등 기업의 **얼굴**(figurehead)[1] 같은 역할을 한다. 또한 관리자는 직원을 채용하고 훈련하며 동기부여하는 등의 **리더**(leader) 역할도 수행한다. 일을 어떻게 하고 어려운 상황에서 성과를 어떻게 창출하는지 등을 부하직원에게 공식적 혹은 비공식적으로 보여주는 관리자가 리더이다. 셋째, 관리자는 **연락관**(liaison)[2] 역할을 수행한다. 이 역할은 사람, 그룹, 조직 간의 조정자 혹은 연결자 활동을 의미한다. 예를 들어 관리자의 연락관 역할은 마이크로소프트(Microsoft) 같은 기업이 프린터 인터페이스 소프트웨어를 캐논(Canon)의 신규 프린터 개발과 동시에 진행할 수 있게 한다. 또한 캐논은 마이크로소프트의 새로운 기능을 자신의 프린터에 포함해 제품을 출시할 수 있게 된다.

대인 역할 얼굴, 리더, 연락관 등의 관리자 역할 범주

표 5.2 관리자의 기본 역할

범주	역할	활동 예시
대인	얼굴 리더 연락관	신축 공장의 리본 절단식 참석 생산성 향상을 위한 직원 사기 진작 두 프로젝트 그룹의 조정 활동
정보	감시자 전파자 내변인	개발에 뒤처지지 않게 산업 보고서 탐색 새로운 실행과제의 개요를 각 직원에 전달 성장계획 논의를 위한 연설
의사결정	기업가 문제 처리자 자원할당자 협상자	새로운 아이디어 개발과 혁신 장려 직원 간 갈등 해결 예산 요구사항 검토 및 수정 주요 공급사나 노조와의 합의 달성

1 영어의 'figurehead'는 선박의 선수에 다는 조각상을 뜻한다 – 역주.
2 정보 전달 업무를 하는 사람을 뜻한다 – 역주.

정보 역할 감시자, 전파자, 대변인 등의 관리자 역할 범주

정보 역할 세 가지 **정보 역할**(informational roles)은 앞서 살펴본 대인 역할과 자연스럽게 연결된다. 세 가지 대인 역할을 수행하는 과정은 정보를 수집하고 전파하는 전략적 지점에 관리자를 위치시킨다. 첫 번째 정보 역할은 **감시자**(monitor)로 가치 있는 정보를 적극적으로 찾는 사람을 의미한다. 감시자 역할의 관리자는 부하직원에게 질문을 던지고 자발적으로 정보를 찾고 가능한 많은 것을 알아내려 한다. 또한 관리자는 직장 내에서 필요한 정보를 여기저기 전달하는 **전파자**(disseminator) 역할도 수행한다. 즉 감시자와 전파자 역할을 수행하는 관리자는 조직 내 커뮤니케이션 과정의 핵심적인 연결고리인 셈이다. 세 번째 정보 역할은 외부 커뮤니케이션에 초점을 둔 **대변인**(spokesperson) 역할이다. 대변인은 회사 혹은 자신이 속한 부서 외부에 있는 사람에게 공식적으로 정보를 전달한다. 예를 들어 다우케미컬의 공장장은 최고관리자가 공장 상황을 잘 알 수 있도록 정보를 전달한다. 또한 공장장은 소비자 집단이나 상공회의소를 대상으로 회사를 대변한다. 관리자의 대변인 역할과 얼굴 역할은 유사하지만 서로 다르다. 후자는 관리자가 조직을 상징하느냐에 초점을 두고 있는 반면 전자는 다른 이에게 공식적으로 정보를 전달하고 커뮤니케이션하느냐가 중요하다.

의사결정 역할 기업가, 문제 처리자, 자원할당자, 협상자 등의 관리자 역할 범주

의사결정 역할 관리자의 정보 역할은 자연스럽게 **의사결정 역할**(decisional roles)로 이어진다. 관리자가 정보 역할 수행을 통해 습득한 정보는 중요한 의사결정에 상당한 영향을 미친다. 의사결정 역할은 네 가지로 구분한다. 첫 번째로, 관리자는 자발적으로 변화를 주도하는 **기업가**(entrepreneur) 역할을 수행한다. 3M의 경우 한 관리자가 포스트잇 아이디어를 제안하고 이를 사업화하기 위해 조직 내 다른 관리자들을 적극적으로 설득했다. 관리자의 두 번째 의사결정 역할은 관리자가 아닌 다른 개인이나 집단이 야기한 문제를 처리하는 **문제 처리자**(disturbance handler)이다. 관리자는 파업, 저작권 침해, 홍보나 기업 이미지 문제 등을 처리한다.

세 번째 의사결정 역할은 **자원할당자**(resource allocator)이다. 관리자는 자원할당자로서 자원을 어떻게 배분할 것인지와 자신이 누구와 함께 일할 것인지 결정한다. 예를 들어 관리자는 부서의 운영 예산을 해당 조직의 구성원과 프로젝트 각각에 할당하는 역할을 한다. 네 번째 의사결정 역할은 **협**

Ryan Miller/Getty Images Entertainment/Getty Images

관리자는 여러 중요한 역할을 수행한다. 대인 역할 중 하나가 회사의 얼굴 역할이다. 예를 들어 사진 속 관리자들은 기업을 대표해 신사업 개소를 상징하는 리본 절단을 하고 있다.

상자(negotiator)이다. 이 역할은 관리자가 기업을 대표해 다른 집단이나 조직과 협상하는 것을 의미한다. 예를 들어 관리자는 조합 계약서나 컨설턴트와의 합의사항을 협상하거나 공급사와 장기 계약을 협상한다. 협상은 조직 내부에 대한 것일 수도 있다. 부하직원 간의 다툼을 중재하거나 추가 지원에 대해 다른 부서와 조정하는 것을 예로 들 수 있다.

기본적인 관리 능력

성공적인 관리자가 되기 위해서는 여러 역할을 수행하는 것뿐만 아니라 특정 능력을 갖춰야 한다. 가장 기본적인 관리 능력은 **업무 능력**, **인간관계 능력**, **개념화 능력**, **진단 능력**, **의사소통 능력**, **의사결정 능력**, **시간관리 능력**이다. 글로벌 능력과 기술 능력 역시 갈수록 중요도가 높아지고 있다.

업무 능력 **업무 능력**(technical skill)은 전문화된 과업을 수행하는 데 필요한 능력을 의미한다. 예를 들어 프로그래머가 코드를 작성하는 능력이나 만화가의 그림 그리는 능력, 회계사의 기업 회계 자료 감사 능력 등이 있다. 업무 능력은 교육과 경험의 결합을 통해 습득한다. 업무 능력은 일선관리자에게 특히 중요하다. 일선관리자는 직원의 업무 관련 문제 해결을 도와주고 직원을 더 효율적인 방법으로 훈련하고, 성과를 모니터링하는 데 많은 시간을 할애하기 때문이다.

업무 능력 전문화된 과업을 수행하는 데 필요한 능력

인간관계 능력 효과적인 관리자는 일반적으로 좋은 **인간관계 능력**(human relations skill)을 갖고 있다. 인간관계 능력은 관리자가 타인을 이해하고 이들과 잘 지내는 능력을 의미한다. 인간관계 능력이 부족한 관리자는 부하직원과 지내는 데 문제가 있어, 능력 있는 직원들이 회사를 떠나거나 다른 부서로 이동하고, 직원 사기를 떨어뜨린다. 인간관계 능력은 모든 수준의 관리자에게 중요하지만 중간관리자에게 가장 중요하다. 이들이 최고관리자와 일선관리자, 그리고 조직 내 다른 분야 관리자 간의 가교 역할을 하기 때문이다. 많은 관리자가 훌륭한 의사소통 능력과 더불어 타인을 이해하고 타인에게 자신을 이해시키는 것이 조직에서 좋은 관계를 유지하는 데 유용하다는 사실을 잘 알고 있다.

인간관계 능력 타인을 이해하고 이들과 잘 지내는 능력

개념화 능력 **개념화 능력**(conceptual skill)은 추상적으로 사고하고, 여러 다른 상황을 진단하고 분석하며, 현 상황 이후를 조망할 수 있는 능력을 의미한다. 개념화 능력은 관리자가 새로운 시장 기회와 위협을 인식하는 데 도움을 주고, 관리자가 의사결정의 결과를 예측하는 데도 도움이 된다. 관리자의 수준에 따라 개념화 능력의 필요성이 다르다. 개념화 능력은 최고관리자가 가장 필요하고, 일선관리자는 최소한만 필요하다. 직무에 따라 차이는 있지만 개념화 능력은 대부분의 직무 관련 활동에서 요구되는 능력이다. 특히 개념화 능력은 전자상거래 기업의 임원이 성공하는 데 가장 중요한 요소로 볼 수 있다. 인터넷이 기존 사업 방식에 어떤 영향을 주고 새로운 기회가 태동할지 예측하는 데 개념화 능력이 중요하기 때문이다.

개념화 능력 추상적으로 사고하고, 여러 다른 상황을 진단하고 분석하며, 현 상황 이후를 조망할 수 있는 능력

의사결정 능력 **의사결정 능력**(decision-making skill)은 문제를 효과적으로 정의하고 최선의 실행 방안을 선택하는 능력을 의미한다. 구체적으로 의사결정 능력은 사실을 수집하고, 해결책을 모색하고, 대안을 평가하며, 선택한 대안을 실행하는 과정을 포함한다. 또한 선택한 대안의 효과를 주기적으

의사결정 능력 문제를 효과적으로 정의하고 최선의 실행 방안을 선택하는 능력

로 살펴보고 검토하는 것 역시 의사결정 과정의 일부이다. 의사결정 능력은 델(Dell)의 CEO인 마이클 델(Michael Dell)이 다이렉트 마케팅을 회사의 주요 유통 방식으로 채택한 것처럼 관리자가 회사를 위한 효과적인 전략을 발굴하는 데 도움을 준다. 만약 의사결정 능력이 부족하다면 전략 실패로 이어질 수 있다. 실제로 몽고메리워드(Montgomery Ward), 아메리칸모터스(American Motors), 서킷시티(Circuit City), 엔론(Enron), 시어스(Sears), 모토롤라(Motorola) 같은 회사들은 잘못된 의사결정으로 쓰라린 실패를 맛봤다. 의사결정은 9장에서 논의한다.

시간관리 능력 시간의 생산적인 활용과 관련한 능력

시간관리 능력 **시간관리 능력**(time management skill)은 관리자가 시간을 얼마나 생산적으로 활용하는지에 대한 개념이다. 예를 들어 어느 기업의 CEO 급여가 200만 달러라고 가정하자. 주 50시간 근무 및 2주 휴가가 있는 경우 이 CEO는 시간당 800달러, 분당 13달러를 버는 셈이다. 따라서 이 CEO가 낭비하는 시간은 회사와 주주에게 크나큰 손실이고 비용이다. 대다수의 중간관리자나 하위관리자의 급여는 이보다 훨씬 낮지만 이들의 시간 역시 매우 소중하다. 시간을 헛되이 쓰는 것은 생산성 낭비와 비용 상승으로 연결된다.

시간을 효과적으로 관리하기 위해 관리자는 다음 네 가지 시간 낭비 원인을 고려해야 한다.

1 **서류작업.** 일부 관리자는 여러 서신과 보고서를 어떻게 처리할지 결정하는 데 너무 많은 시간을 소비한다. 대부분의 서류는 일상적이고 신속하게 처리할 수 있다. 관리자는 가장 중요한 서류가 무엇인지 알아내는 방법을 배워야 한다.

2 **전화통화.** 전문가에 따르면 관리자는 5분 간격으로 전화를 받는다고 한다. 전화통화에 소비하는 시간을 효과적으로 관리하기 위해 관리자는 모든 전화를 대신 받을 수 있는 업무 보조가 필요하고 매일 일정 시간을 정해 중요한 통화만 응대할 필요가 있다. 그러나 휴대전화의 폭발적인 사용으로 전화통화 문제는 갈수록 심각해지고 있다.

3 **회의.** 많은 수의 관리자가 매일 4시간가량을 회의에 소비한다. 이 시간을 생산적으로 활용하려면 회의 주최자가 안건을 명확히 하고, 정시에 회의를 시작하고 끝내며, 논의가 회의 안건에서 벗어나지 않도록 해야 한다.

4 **이메일.** 갈수록 관리자의 이메일과 기타 다른 디지털 커뮤니케이션에 대한 의존도가 높아진다. 스팸 메일을 거르거나 여러 폴더나 사서함 관리에 많은 시간을 허비하고 있다.

글로벌 관리 능력 미래의 관리자는 글로벌 환경에서 경쟁하기 위해 특별한 도구(tool), 기법(technique), 능력(skill)으로 무장해야 한다. 즉 **글로벌 관리 능력**(global management skill)이 요구된다. 관리자는 해외 시장, 문화 차이, 해외 경쟁사의 동기나 관행을 이해할 수 있어야 한다. 또한 실시간으로 전 세계 다른 기업과 협력하는 방법을 배워야 한다.

이는 국제 운영에 대한 이해도가 높은 관리자가 더 많이 필요함을 의미한다. 과거에는 미국 기업 대부분이 여러 국가의 사업체를 운영하는 데 현지 관리자를 고용했다. 그러나 최근의 트렌드는 미국 관리자를 해외로 파견하는 것이다. 이를 통해 본국의 기업 문화를 해외 사업체에 전파할 수 있고 본국의 관리자가 해외 경쟁을 좀 더 이해함으로써 상위 직급으로의 승진에도 도움이 된다. 요즘 대기업은 종종 외국인 임원을 최고관리자로 영입한다.

관리 및 기술 능력 미래의 관리자가 직면하는 또 다른 중요한 이슈는 기술이다. 특히 커뮤니케이션

관련 기술에 주목할 필요가 있다. 관리자는 항상 정보를 다루어 왔다. 그러나 오늘날의 세계에서는 정보량이 엄청난 비율에 도달했다. 미국에서만도 매일 오고 가는 이메일이 수억 건에 달한다. 새로운 형태의 기술이 관리자의 정보 처리 능력을 배가했다. 이에 계속 증가하는 많은 양의 입력 정보를 조직화하고 해석하며, 효과적인 **기술 능력**(technology skill)을 개발하는 것이 더욱 중요해졌다.

또한 기술은 관리자의 상호작용이 기업 구조를 결정하는 방식을 변화시키기 시작했다. 정교한 네트워크는 기업의 생명선인 정보의 흐름을 제어한다. 이제 정보는 위계를 따라 엄격하게 상하로 흐르지 않는다. 이제 정보는 모두에게 동시다발적으로 전달된다. 그 결과 의사결정 속도가 빨라지고 더 많은 사람이 의사결정 과정에 직접 참여할 수 있게 되었다. 이메일, 화상회의 및 기타 다른 형태의 커뮤니케이션을 통해 여러 사람이 부서나 부문 같은 기업 경계로 인한 시공간의 제약을 벗어나 다 함께 긴밀하게 작업할 수 있게 되었다. 어느 때보다 더 빠르게 관료주의가 무너지고 있다. 또한 계획, 의사결정 및 다른 활동 역시 집단 구축 및 팀워크의 혜택을 누리기 시작했다. 기술이 사업에 미치는 영향은 13장에서 자세히 논의한다.

전략경영: 목표 설정 및 전략 수립[3]

학습목표 5-4
조직 성공을 위한 전략경영과 효과적인 목표 설정의 중요성을 설명한다.

앞서 설명한 것처럼 계획 수립은 관리자 역할의 핵심적인 부분이다. 오늘날의 관리자는 전략적으로 사고하고 행동해야 한다. **전략경영**(strategic management)은 조직이 환경과 효과적인 정합을 유지하도록 돕는 과정이다. 예를 들어 기업의 사업 환경이 극심한 경쟁으로 치닫는다면, 기업은 경쟁이 더 심해지기 전에 비용을 줄이고 신규 제품과 서비스를 개발할 것이다. 마찬가지로, 산업이 세계화되고 있는 경우 관리자는 이를 그냥 지켜보기보다는 세계화 초기 단계에서 새로운 시장에 신입하고 국제 파트너십을 개발할 필요가 있다.

전략경영 조직이 환경과 효과적인 정합을 유지하도록 돕는 과정

효과적인 전략경영의 출발점은 기업이 달성하고자 하는 목표를 설정하는 것이다. **목표**(goal)[4]는 기업이 달성하기를 기대하고 계획하는 것을 의미한다. 모든 기업은 목표가 필요하다. 그러나 무엇을 하려는지 결정하는 것은 첫 번째 단계일 뿐이다. 또한 관리자는 어떤 행위가 기업 목표 달성에 도움이 될지 결정해야 한다. 사안별 혹은 필요에 따라 그때그때 결정을 내리기는 쉽지 않다. 대부분의 회사에서는 전략이라는 것이 이런 의사결정의 기저를 형성한다. 다시 말해 **전략**(strategy)은 조직 목표 달성을 위한 의사결정 실행에 대한 광범위한 조직 차원의 계획을 말한다. 비즈니스 목표를 자세히 알아보자.

목표 기업이 달성하기를 기대하고 계획하는 것

전략 조직 목표 달성을 위한 의사결정 실행에 대한 광범위한 조직 차원의 계획

사업목표 설정

목표(goal)는 조직과 관리자가 성공 또는 실패를 측정하는 데 사용하는 성과 지향점(target)이다. 물론 다른 조직은 다른 목표를 추구한다. 그리고 어느 조직이든 시간에 따라 목표가 변한다. 예를 들

3 전략은 기업 수준의 개념이므로 이 절에서는 'management'를 '관리'가 아닌 '경영'으로 번역했다 – 역주.

4 많은 경우 goal, objective 모두 목표로 번역하는 등 두 용어를 혼용해서 사용하지만 엄밀한 의미는 다르다. 일반적으로 goal은 조직이 미래에 달성하고 싶은 상태나 전반적인 방향성으로 장기적이다. 반면 objective는 goal 달성을 위해 수행해야 하는 활동을 의미하는 것으로 goal에 비해 단기적이다. 이 둘과 유사한 단어인 target은 구체적이고 측정 가능한 목표치를 의미한다. 예를 들어 '영업이익 개선'이 goal이라면 '영업이익률 10%'는 target이고 '제품 판가 인상'이나 '인력 감축'은 objective라고 볼 수 있다 – 역주.

어 아메리칸익스프레스(아멕스)의 CEO인 케네스 체놀트는 현재 매출 성장, 주가 상승 및 디지털 기술에 집중하고 있다. 펩시코의 CEO 인드라 누이(Indra Nooyi)는 변화하는 고객 취향을 따라잡고 펩시의 현 제품 계열을 토대로 신규 시장 진출을 목표한다. 그리고 유나이티드항공의 CEO인 오스카 무뇨스(Oscar Munoz)의 목표는 콘티넨탈항공(Continental Airlines)과의 원만한 합병을 통해 거대 항공사로 거듭나는 것과 전 CEO인 제프 스미섹(Jeff Smisek)이 초래한 경영 부정행위의 이미지를 탈피하는 데 있다.

목표 설정의 목적 조직은 목표를 설정하고 그에 따라 계획을 세울 때 체계적으로 기능한다. 조직은 목표 달성을 위해 모든 수준에서 자원을 투입한다. 특히 조직 목표 설정에 있어 다음과 같은 네 가지 주요 목적을 확인할 수 있다.

1 **목표 설정은 모든 직급의 관리자에게 방향과 지침을 제공한다.** 만약 회사가 어디를 향해 가고 있는지 모든 관리자가 알고 있다면 회사 내 부서가 그릇된 방향으로 나갈 가능성이 적다. 예를 들어 스타벅스는 신규 매장 출점에 자본 지출을 10%가량 늘리는 목표를 갖고 있다. 이 목표는 신규 지역 확대가 회사의 최우선 사항임을 구성원에게 분명하게 알려준다.

2 **목표 설정은 기업의 자원 할당에 도움을 준다.** 성장이 예상되는 분야가 최우선순위가 된다. 기업은 매출 잠재력이 제한적인 성숙기 제품보다 매출 잠재력이 큰 신규 프로젝트에 더 많은 자원을 할당한다. 따라서 스타벅스는 신규 매장 확대를 우선적으로 강조하고 있으며, 전자상거래(e-commerce)는 현재 우선순위가 낮다. 최근에 은퇴한 스타벅스 CEO 하워드 슐츠는 "우리 경영진은 다른 무엇보다 우리의 핵심 사업을 성장시키는 데 100% 집중하고 있다"고 말한다.

3 **목표 설정은 기업문화 정의에 도움을 준다.** 수년 동안 제너럴일렉트릭(GE)의 목표는 각 사업부문을 업계 1위 또는 2위로 밀어붙이는 것이었다. 이로 인해 경쟁적이고 스트레스가 많은 환경이 조성되었고, 성공에 대해 보상하지만 실패에 대한 관용이 거의 없는 기업문화가 형성되었다. 그러나 GE의 가전 사업, 의료 기술, 항공기 엔진 장치, 금융 서비스 사업은 업계 최고의 지위에 올라섰다. 결국 GE의 CEO는 GE를 세계에서 가장 가치 있는 회사로 만든다는 훨씬 더 높은 전사적 목표를 설정했다.

4 **목표 설정은 관리자의 성과 평가에 도움을 준다.** 만약 한 부서가 특정 연도에 매출을 10% 늘리겠다는 목표를 설정하면, 목표를 달성하거나 초과하는 부서의 관리자는 보상을 받지만 목표 달성에 실패한 부서는 그렇지 못한다. GE는 관리자의 성과를 평가해 성과가 뛰어난 사람은 확실히 보상하고 달성하지 못한 사람은 퇴출시키는 것으로 잘 알려져 있다.

목표의 종류 목표는 기업의 목적(purpose)[5]과 사명(mission)에 따라 기업마다 다르다. 모든 기업에는 목적, 혹은 존재의 이유가 있다. 기업은 이익을 추구하고, 대학은 새로운 지식을 발견하고 전파하며, 정부 기관은 공공 정책을 수립하고 시행한다. 또한 많은 기업은 사명과 사명 선언문을 갖고 있다. **사명 선언문**(mission statement)은 기업이 자신의 사업 환경 내에서 목적을 달성하는 방법의 핵심을

사명 선언문 기업이 자신의 사업 환경 내에서 목적을 어떻게 달성할 것인지에 대한 조직의 선언문

5 '목적'으로 번역한 'purpose'는 앞서 살펴본 'goal'과 비교해 좀 더 장기적인 조직의 방향성을 의미한다. 그리고 측정 가능한 구체적인 결과물을 낼 수 있는 'goal'에 비해 'purpose'는 실체가 분명하지 않고 더 포괄적이다. 'purpose'는 조직의 가치와 신념에 영향을 받고 조직의 'goal' 설정에 영향을 준다 – 역주.

정리한 것이다.

일반적으로 기업 사명의 기본적인 내용은 쉽게 알 수 있다. 스타벅스는 자사의 사명을 다음과 같이 간결하게 요약한다. "스타벅스를 세계 최고의 커피를 공급하는 회사로 만드는 한편, 회사가 성장하더라도 우리가 정한 원칙에 대해서는 절대로 타협하지 않는다." 그러나 기업은 경쟁 환경 변화에 따라 전략과 사명을 재고해야 한다. 예를 들어 몇 년 전 스타벅스는 인터넷 마케팅과 판매가 핵심적인 실행과제(initiative)라고 발표했다. 그러나 스타벅스 관리자들은 이 실행과제가 처음 생각했던 것만큼 회사에 적합하지 않다는 것을 깨달았다. 이에 스타벅스는 이런 인터넷 마케팅과 판매에 관한 노력을 축소하고 기존 소매 사업에 다시 집중하기로 결정했다. 이처럼 환경 변화는 기업의 사명과 사명 선언문을 재검토하게끔 한다.

사명 외에도 모든 기업은 **장기**, **중기**, **단기 목표**를 가지고 있다.

- **장기 목표**(long-term goal)는 일반적으로 5년 이상의 기간에 달성할 목표를 말한다. 예를 들어 아멕스는 향후 10년간 참여 가맹점 수를 2배로 늘리는 장기 목표를 세울 수 있다. 캐논(Canon)은 향후 8년 동안 디지털카메라 시장점유율을 10% 늘리는 장기 목표를 채택할 수 있다.
- **중기 목표**(intermediate goal)는 1~5년 사이로 설정된다. 기업은 일반적으로 다양한 영역에서 중기 목표를 설정한다. 예를 들어 마케팅 부서는 2년 내 매출 3% 증가를 목표로 설정할 수 있다. 생산 부서는 4년 내 6% 비용 절감을 목표할 수 있다. 인적자원 부서는 2년 내 이직률 10% 감소가 목표일 수 있다. 재무 부서는 3년 내 투자 수익률 3% 향상을 목표할 수 있다.
- **단기 목표**(short-term goal)는 보통 각 부서가 수립한 1년 이내의 목표를 의미한다. 올해 매출 2% 증가, 다음 분기 비용 1% 절감, 향후 6개월 동안 이직률 4% 감소가 단기 목표의 예시다.

장기 목표 일반적으로 5년 이상의 기간에 달성할 목표

중기 목표 1~5년 사이의 기간에 달성할 목표

단기 목표 가까운 미래에 달성할 목표

기업이 목표를 설정한 후에는 이를 달성할 전략에 주의를 기울인다.

전략의 유형

그림 5.3에서 볼 수 있듯이 기업에서 일반적으로 고려하는 세 가지 유형의 전략은 **기업 전략**, **사업(또는 경쟁) 전략**, **기능 전략**이다.

기업 전략 **기업 전략**(corporate strategy)의 목적은 기업이 소유하고 운영할 사업을 결정하는 것이다. 일부 기업은 하나의 사업만을 소유하고 운영한다. 예를 들어 WD-40 제조업체는 해당 브랜드에만 집중한다. 그러나 어떤 기업은 다양한 사업을 소유하고 운영하기도 한다. 기업은 여러 사업 활동이나 투자를 늘려 성장하거나 이런 활동을 축소함으로써 사업 규모를 줄일 수도 있다.

기업 전략 성장에 대한 기업의 전반적인 태도를 결정하고 사업과 제품 계열을 관리하는 방법을 결정하는 전략

때로는 기업이 기업 전략의 일부로 관련 신업의 기업을 인수하기도 한다. 예를 들어 염!(YUM!)이 운영하는 레스토랑 체인(KFC, 피자헛, 타코벨 등)은 서로 관련성이 높다. 이런 전략을 **관련 다각화**(related diversification)라고 한다. 그러나 사업 유사성이 떨어지면 **비관련 다각화**(unrelated diversification)라고 한다. 전자, 건설, 화학, 요식업, 호텔 사업을 소유한 삼성이 대표적이다. 아멕스 CEO인 케네스 체놀트는 e-파트너링이라는 성장 원칙을 통해 운영을 강화하고 아멕스가 소유하지 않은 기술을 제공할 수 있는 작은 회사의 주식을 매입하는 기업 전략을 추진한다.

사업(또는 경쟁) 전략 기업은 여러 사업을 소유하고 운영할 때 각 사업에 대한 전략을 개발해야

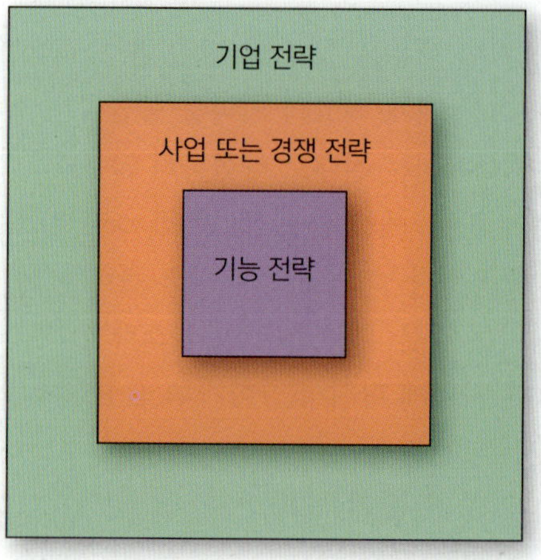

그림 5.3 전략의 위계

출처: Thomas L. Wheelen and J. David Hunger, *Strategic Management and Business Policy*, 8th ed. (Upper Saddle River, NJ: Prentice Hall, 2002), 14.

사업(또는 경쟁) 전략 개별 사업 단위 혹은 제품계열 수준에서 기업의 경쟁 지위 향상에 초점을 두는 전략

한다. **사업(**또는 **경쟁) 전략**(business or competitive strategy)은 개별 사업 단위 혹은 제품계열 수준에서의 전략이며 기업의 경쟁 지위 향상에 초점을 둔다. 예를 들어 아멕스는 비자(Visa)나 마스터카드(MasterCard) 등의 신용카드 서비스 업계에서 어떻게 경쟁할 것인지 결정해야 한다. 이에 아멕스는 제품계열을 확대하고 신기술을 통한 고객 서비스 제공에 상당한 노력을 기울였다. 한편, 펩시의 경우 코카콜라와 경쟁하는 청량 음료 사업의 전략은 스포츠 음료 사업부나 주스 음료 사업부의 전략과는 확연히 다른 모습이다. 또한 스낵 식품 사업에 대한 별도의 전략을 취하고 있다.

기능 전략 특정 기능 분야의 관리자가 생산성을 통해 기업 목표를 달성하는 최선의 방법을 결정하는 전략

기능 전략 **기능 전략**(functional strategy)은 기업 목표 달성을 위해 마케팅, 재무, 운영 등 특정 기능 분야의 관리자가 결정한 해당 기능의 활동을 가장 효과적으로 수행하는 방법을 말한다. 예를 들어 아멕스의 각 사업부는 회사 웹사이트를 어떻게 사용할지에 관한 자율성을 갖고 있다. 펩시는 음료 및 스낵 제품의 마케팅 전략과 유통운영 전략을 개발한다. 그러나 진정한 도전과 기회는 이러한 기능 전략을 성공시키는 데 있다. 따라서, 이제 우리는 전략 수립의 기본 단계를 살펴보겠다.

전략 수립

전략 수립 조직 목표를 정의하고 달성하기 위한 광범위한 프로그램을 만들어내는 것

전략목표 기업의 사명 선언문에서 직접 파생된 목표

계획은 종종 목표 설정, 전술 선택, 일정 수립 등의 기본 사항과 관련이 있다. 반면, **전략**은 더 넓은 범위의 것들을 다룬다. 정의에 따르면, 전략은 조직의 의도를 나타내는 광범위한 개념이다. 또한 전략은 조직이 목표를 어떻게 달성할 것인지를 설명하고 조직이 새로운 도전과 니즈에 어떻게 대응할지 나타낸다. 잘 짜인 전략은 사업 성공에 매우 중요하므로 대부분의 최고관리자는 이 프로세스에 상당한 주의를 기울이고 창의력을 발휘한다. **전략 수립**(strategy formulation)은 그림 5.4와 아래에 논의하는 바와 같이 세 가지 기본 단계를 포함한다.

1 단계 전략목표 설정 — 전략목표(strategic goal)는 회사의 사명 선언문에서 직접 파생된다. 예를 들어 디즈니(Disney)는 가족 엔터테인먼트 산업에 대한 지배력을 확장하는 데 지속적으로 노력

보다 나은 방법 찾기

사회적 의식에 대한 확고한 입장

The Bakersfield Californian/ZUMA Press, Inc./ Alamy Stock Photo

기업의 전략기획은 한 번으로 끝나는 것이 아니다. 시장 요인, 인수합병, 경영진 교체 등이 기업 환경을 형성하고 재구성함에 따라 목표가 계속해서 변하기 때문이다. 이에 솔라시티(SolarCity)의 2016년 사례처럼 기업은 생존하고 성장하기 위해 환경 변화에 적응하는 법과 새로운 전략을 도출하는 법을 배워야 한다.

린던 리브(Lyndon Rive)와 그의 형제 피터 리브(Peter Rive)는 2006년 솔라시티를 창업했다. 창업 자금은 이들의 사촌인 테슬라(Tesla)의 일론 머스크(Elon Musk)가 제공했다. 2007년에 이 회사는 캘리포니아에서 가정용 태양광 발전의 선두 기업이 되었다. 2012년 12월 이 회사는 공모가 주당 8달러에 상장했고 총 9,200만 달러를 확보했다. 2014년까지 이 회사는 7,500명 이상을 고용했으며 140,000명 이상의 고객을 보유한 미국 최대의 태양광 장비 설치업체였다. 매출이 급증하며 주가 역시 2월에는 약 85달러까지 치솟았다. 구글과 머스크의 회사인 스페이스엑스(SpaceX) 모두 이 회사에 막대한 투자를 했고 솔라시티는 추가 자금 조달을 위해 2억 달러 이상의 채권을 발행했다.

태양광 패널을 보다 저렴하게 만드는 리브의 전략은 성과를 거두었다. 회사는 판매를 위해 매력적인 자금 조달 및 임대 옵션을 제공했고 이에 경영진은 관리 방식을 회계상 손익에서 현금 흐름 관점으로 변경했다. 그러나 투자 분석가들은 주가 상승의 대부분이 미래 성장 잠재력을 과대평가했기 때문이라고 의심하기 시작했다. 솔라시티는 태양 에너지 분야에서 선두를 달리고 있었지만 비용이 많이 들었다. 많은 돈을 차입했고 자본 시장에서 조달했다.

2016년 중반에 주가는 20달러 미만으로 떨어졌고 대형 전력 회사는 날씨가 좋을 때는 초과 발전 전력을 되팔아 전력망에 의존하지 않고 날씨가 나쁠 때는 전력망에서 전기를 끌어오는 소비자의 새로운 행태에 대항하기 시작했다.

이때 머스크가 개입해 테슬라 주주에게 솔라시티의 발행 주식 전부를 26억 달러에 인수하도록 설득했다. 또한 머스크는 테슬라의 새로운 사명 선언문인 '지속가능한 에너지로의 전 세계 전환을 가속화'를 발표했다. 이 선언문은 운송이라는 단어를 에너지로 바꾸고 그 과정에서 태양광 에너지를 전기차와 배터리에 적용하는 형태로 회사의 비전을 확대했다. 2016년 말, 솔라시티가 테슬라와 합병하면서 머스크는 모기업의 전반적인 전략을 수정했다고 자신의 블로그에 알렸다.

"10년 전 제가 작성한 첫 번째 마스터플랜이 이제 막바지 단계에 접어들었습니다. 그다지 복잡하지 않고 기본적으로 다음을 포함합니다. (a) 고가의 자동차를 소량으로 제작한다. (b) 그 돈을 더 낮은 가격대의 중간 물량 자동차를 개발하는 데 사용한다. (c) 그 돈으로 저가의 자동차를 대량으로 만든다. (d) 태양광 발전을 보급한다."

앞으로 그는 새로운 전략을 다음과 같이 제시한다.

- 완벽하게 통합된 배터리 저장소로 멋진 태양광 지붕을 만든다.
- 모든 주요 세그먼트에 진입하도록 전기 자동차 제품 라인을 확장한다.
- 대규모 차량 학습을 통해 자가운전보다 10배 더 안전한 자율 주행 기능을 개발한다.
- 자동차를 사용하지 않을 때 돈을 벌 수 있도록 한다.

머스크는 '창업자 인터뷰' 시리즈 중 칸아카데미(Khan Academy)의 설립자인 살 칸(Sal Khan)과의 인터뷰에서 자신의 비전을 다음과 같이 말했다. "우리의 목표는 큰 브랜드가 되거나 혼다(Honda)의 시빅(Civic)과 경쟁하는 것이 아니라 전기 자동차를 발전시키는 것입니다. 그리고 전기차가 모든 신차의 절반에 육박하는 시점이 우리가 승리하는 순간이라고 생각합니다."

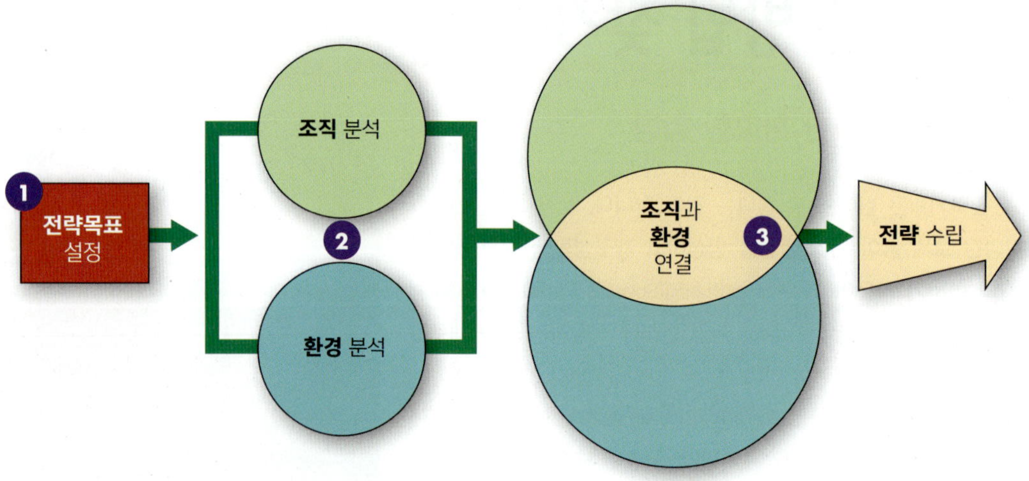

그림 5.4 전략 수립
출처: Stephen P. Robbins and Mary Coulter, *Management*, 12th ed. (Upper Saddle River, NJ: Prentice Hall, 2014), 242.

하고 있다. 디즈니는 기존 자산에 대한 지속적인 투자(예: 2017년과 2018년 올랜도의 테마파크 확장) 와 새로운 테마파크 개장(예: 2016년 상하이)에 힘쓰고 있다. 또한 디즈니는 최근 몇 년 사이 픽사(Pixar), 마블(Marvel), 루카스필름(Lucas Films) 등의 여러 전략적 인수를 감행했다. 이러한 실행계획 각각을 통해 회사는 매출 기반을 확대하고 수익률을 높였다.

SWOT 분석 전략 수립의 일환으로 조직의 강점과 약점, 그리고 환경의 기회와 위협을 알아내고 분석하는 것

2 단계 조직 및 환경 분석: SWOT 분석 — 전략목표를 설정한 다음, 관리자는 일반적으로 조직과 환경 모두를 평가한다. 이 평가에 사용되는 일반적인 프레임워크가 **SWOT[6] 분석**(SWOT analysis)이다. 이 분석은 조직의 강점과 약점(S 및 W), 환경 기회 및 위협(O 및 T) 요인을 평가한다. 전략 수립 시 관리자는 조직의 강점과 환경 기회를 활용한다. 이 과정에서 관리자는 조직의 약점을 극복하거나 약화시키고 환경 위협을 피하거나 대응할 수 있는 방법을 모색한다. 사업 환경의 위협 및 기회 요인을 탐색하는 것이 **환경 분석**(environmental analysis)이다. 변화하는 소비자 취향, 적대적 인수합병 제안, 기업의 기회를 제한하는 정부 규제는 위협으로 볼 수 있다. 더 심각한 위협은 새로운 제품과 경쟁자에서 발생한다. 예를 들어 아이튠즈(iTunes)와 같은 온라인 음악 서비스는 CD 및 CD 플레이어에 대한 소비자 수요를 크게 감소시켰다. 그러나 이제 스포티파이(Spotify)나 사운드클라우드(SoundCloud) 같은 스트리밍 음악 서비스가 아이튠즈에 대한 위협으로 부상했다. 마찬가지로 디지털 사진의 출현은 사진 인화 관련 기업을 무력화시켰다. 한편, 기회는 회사가 잠재적으로 확장, 성장 또는 기존 강점을 활용할 수 있는 영역이다. 예를 들어 펩시코의 관리자는 생수 시장의 성장 잠재력을 인식하고 재빨리 아쿠아피나(Aquafina) 브랜드를 출시했다.

환경 분석 사업 환경의 위협 및 기회 요인을 탐색하는 과정

조직 분석 기업의 강점과 약점을 분석하는 과정

관리자는 환경 분석을 통한 외부 요인 분석 외에 내부 요인도 검토한다. 이러한 **조직 분석**(organizational analysis)의 목적은 회사의 강점과 약점을 더 잘 이해하는 것이다. 강점은 잉여 현금, 전담 인력, 충분한 관리자급 인재, 기술 전문성 등이 해당한다. 예를 들어 펩시코

6 SWOT은 Strength(강점), Weakness(약점), Opportunity(기회), Threat(위협)의 앞 글자를 합친 것이다 – 역주.

는 청량 음료 유통업체 네트워크를 통한 음료 유통에서의 강점을 생수 유통에 성공적으로 적용했다. 현금 부족, 공장 노후화, 강성 노조, 취약한 공공 이미지는 모두 중요한 약점 요인이다.

3 단계 조직과 환경 연결 — 전략 수립의 마지막 단계는 환경 위협과 기회를 기업의 강점과 약점에 연결시키는 것이다. 이 과정이 전략 수립의 핵심이다. 즉 기업은 기회를 활용하고 위협에 대응하기 위해 자신의 강점을 활용해야 한다. 또한 기업은 자신의 약점을 보호하거나 적어도 다른 활동을 방해하지 않도록 해야 한다. 예를 들어 소비재 유통이 강점인 펩시는 동일한 유통 모델을 활용해 기존 사업을 확대하거나 신규 사업을 시작할 수 있다. 그러나 소비재 유통에 대한 이해가 부족한 기업에게는 효율적인 유통이 매우 중요한 사업으로 새롭게 확장하는 것이 어리석은 선택일 것이다. 즉 고객 수요 증가라는 기회 요인은 이 기회를 활용할 수 있는 강점을 가진 기업에게만 의미 있는 것이다.

강점과 약점을 이해하면 기업이 위험을 감수할지 혹은 더 보수적으로 행동할지 알 수 있다. 어느 방법이든 성공 가능하다. 예를 들어 혁신가로서 구글의 명성, 창의적인 제품 디자이너와 엔지니어 간부, 강력한 현금 보유를 통해 구글은 새로운 제품 아이디어를 계속해서 찾고 시장에서 신속하게 시험한다. 반면, 애플은 구글과 동일한 강점을 가지고 있지만, 제품의 설계 및 제조 주기가 더 길고, 더 많은 자금 투입이 필요하기 때문에 신제품 출시에 보다 신중하고 체계적이다. 즉 강점이 같더라도 환경에 따라 위험을 감수할 수도 있고 아닐 수도 있다.

계획의 위계

전략 수립의 마지막 단계는 전략을 운영 측면의 언어로 바꾸는 것이다. 이 과정은 실제 계획을 작성하는 것이다. 계획은 **전략**(strategic), **전술**(tactical), **운영**(operational)의 세 가지 수준에서 살펴볼 수 있다. 관리자의 책임은 각 수준에 따라 다르게 정의된다. 계획은 한 수준에서 다음 수준으로 논리적으로 연결될 때 실행 가능하므로 각 수준은 일종의 위계를 형성한다(그림 5.5 참조).

- **전략계획**(strategic plan)은 자원 할당, 기업 우선순위, 전략목표 달성에 필요한 단계 등에 대한 결정이다. 전략계획은 일반적으로 회사의 최고관리자가 수립하지만 앞서 언급한 것처럼 종종 조직 내 다른 여러 사람의 투입이 필요하다. 전략계획 프로세스의 결과물은 전략계획서 작성이다. 각 사업이 자신의 시장에서 1위 또는 2위를 반드시 차지해야 한다는 GE의 결정은 전략계획의 일부이다.

전략계획 자원 할당, 기업 우선순위, 전략목표 달성에 필요한 단계 등에 대한 계획

- **전술계획**(tactical plan)은 기업 전략계획의 세부적인 측면을 구현하기 위한 단기 계획이다. 즉 전략계획 수립 이후, 관리자는 단기 계획을 수립해 여러 의사결정이 전략계획과 일치하도록 이끌어 나간다. 전술계획 수립에는 일반적으로 최고관리자와 중간관리자가 참여한다. TV 및 기타 가전제품 시장으로 유통 전문성을 확대하려는 델의 노력은 전술계획의 한 사례이다.

전술계획 기업 전략계획의 세부적인 측면을 구현하기 위한 단기 계획

- **운영계획**(operational plan)은 중간 및 하위 관리자가 수립하는 것으로 일별, 주별, 월별 성과에 대한 단기 목표치(target) 설정을 의미한다. 예를 들어 스타벅스는 각 매장이 커피를 어떻게 사고, 저장하고, 내려야 하는지에 대한 운영계획을 갖고 있다.

운영계획 일별, 주별, 월별 성과에 대한 단기 목표치(target)를 설정하는 계획

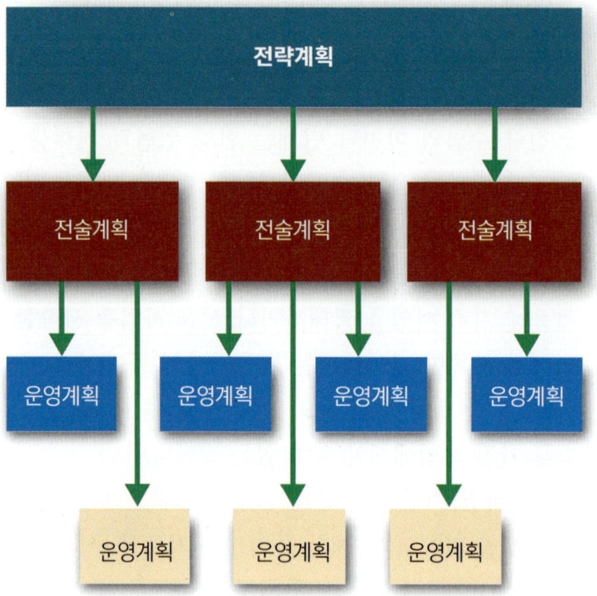

그림 5.5 계획의 위계

학습목표 5-5

오늘날의 기업 환경에서의 비상계획과 위기관리를 논의한다.

비상계획과 위기관리

사업 환경은 예측하기 어려운 경우가 많고 예상치 못한 상황이 큰 문제를 일으킬 수 있기 때문에 대부분의 관리자는 최고의 계획조차도 때로는 효과가 없다는 것을 알고 있다. 예를 들어 월트디즈니가 사람들에게 친숙한 디즈니 캐릭터와 테마로 가득한 크루즈 여행 상품 출시 계획을 처음 발표했을 때, 월트디즈니의 관리자들은 크루즈와 플로리다의 디즈니 월드 방문을 연계한 패키지 상품을 적극적으로 개발하고 마케팅하기 시작했다. 첫 번째 항해는 1년 전에 매진되었고 첫해 여행 상품 모두가 첫 번째 항해 6개월 전에 조기 예약 완료됐다. 그러나 첫 출항을 3개월을 앞두고 디즈니의 첫 번째 선박인 디즈니매직(Disney Magic)을 건조하는 조선소는 크루즈 건조 일정이 지연된다고 알려 왔다. 일반적인 크루즈 회사는 이런 문제가 발생했을 때 승객에게 대체 여정을 재예약하도록 제안한다. 그러나 운항 중인 크루즈가 전혀 없던 디즈니는 첫 15번의 크루즈 여행을 취소하고 사전 예약 보증금을 환불할 수밖에 없었다.

디즈니는 크루즈 건조 지연으로 예약이 취소된 고객 20,000명에게 다음 예약 시 큰 폭의 할인 제공을 제안했다. 그러나 대다수의 고객은 일정 재조정이 어려워 전액 환불을 요청했다. 게다가 이들 중 일부는 엔터테인먼트 업계 거물인 디즈니의 잘못된 크루즈 상품 기획을 비난하며 분노를 표출했다. 그러나 이런 우여곡절 끝에 출시한 디즈니매직 크루즈 상품이 현재는 디즈니에서 가장 인기 있고 수익성 높은 상품 중 하나로 자리매김했다. 이처럼 일이 계획대로 진행되지 않을 경우를 대비해 관리자는 대안을 마련해야 한다. 알려지지 않고 예상치 못한 것에 대응하는 두 가지 일반적인 방법은 비상계획과 위기관리이다.

격변 시대의 경영

재난이 닥쳤을 때

Matejmo/iStock/Getty Images Plus/Getty Images

삼성 스마트폰 폭발부터 웰스파고 사기 사건까지, 2016년에는 많은 기업이 어려움을 겪었다. 하지만 위기는 때때로 외부 사건으로 인해 발생한다. 예를 들어 보험회사는 2016년 캘리포니아주 몬테레이카운티의 소베란 화재와 같은 산불로 인해 기업과 개인의 손해배상에 수십억 달러를 지불했다. 내부 문제로부터 회사를 보호하는 것 외에도 좋은 전략계획은 비상계획은 물론 회사가 화재, 홍수, 컴퓨터나 네트워크 장애, 데이터 손실과 같은 기타 재해로부터 복구할 수 있도록 하는 위기관리 계획을 포함한다.

대부분의 기업이 화재를 겪지는 않지만 네트워크 장애 및 데이터 손실은 자주 겪는다. 2016년 10월 21일, 인터넷 트래픽을 모니터링하고 라우팅하는 서버를 보유한 회사인 딘(Dyn)이 사이버 공격을 당했고 이로 인해 트위터, 넷플릭스, 스포티파이, 에어비앤비(Airbnb) 등의 주요 웹사이트가 폐쇄되었다. 딘은 아마존닷컴과 같은 사용자 친화적인 웹 주소를 숫자 주소로 변환하는 DNS(Domain Name System)의 호스트 중 하나이다. 인터넷 서비스 공급업체가 운영하는 DNS 서버가 없으면 인터넷은 작동할 수 없다.

이 공격은 악성코드에 감염된 카메라, 베이비 모니터, 가정용 라우터 등 인터넷에 연결된 수십만 대의 장치가 트래픽을 증가시켜 서버를 다운시키는 DDoS(Distributed Denial-of-Service) 공격으로 확인되었다. 이러한 공격은 점점 더 보편화되고 있으며, 공격이 더욱 강력해지고 정교해지며 점점 더 핵심 인터넷 인프라 제공업체를 겨냥하는 형태로 발전하고 있다.

보안 전문가들은 인터넷에 연결되는 장치의 수가 증가하는 것(소위 사물 인터넷)이 엄청난 보안 문제를 야기할 것이라고 오래전부터 경고했다. 이번 경우, 공격은 인터넷 연결을 지원하는 딘의 기반시설을 목표로 했다. 이 공격이 웹사이트 자체에는 영향을 미치지 않았지만 해당 사이트에 접근하려는 사용자를 차단하거나 속도를 늦췄다.

전략가들은 이러한 공격으로 인해 많은 기업이 시스템을 분산화하고 공격하기 어렵게 만들기 위해 인프라의 일부를 클라우드 컴퓨팅 네트워크로 전환하고 있다. 그럼에도 불구하고 에어비앤비, 미국증권거래위원회, 어도비, 아마존 등에 서비스를 제공하는 세계에서 가장 크고 안전한 아마존의 웹 서버 역시 2017년 3월 몇 시간 동안 중단되어 전 세계 인터넷 기능에 영향을 미쳤다. 이유는 단순히 코딩 업데이트 과정에서 발생한 오타 때문이었다. 거대한 S3 스토리지 시스템은 아마존의 서비스 용량을 초과해 성장했으며 일상적인 디버깅 시도 중에 실행된 단순 명령으로 인해 일련의 계단식 오류가 발생해 몇 시간 동안 클라우드 스토리지 서비스가 중단되어 수백만 달러의 사업 손실이 발생했다.

비상계획

비상계획(contingency planning)은 변화 가능성이 있는 사업 혹은 시장의 주요 요소를 사전에 찾아내고 이런 변화에 대한 기업의 대응 방법을 정하는 것을 말한다. 예를 들어 회사가 새로운 사업부를 설립하는 데 향후 5년간 매출이 연간 10%씩 증가할 것으로 예상하고 그에 비례한 마케팅 전략을 수립한다고 가정하자. 그러나 첫해 매출이 5%만 증가한 경우, 회사는 (1) 신규 사업을 포기, (2) 광고에 더 많은 투자, (3) 2년 차까지 기다려보는 방법 중 하나를 선택할 수 있다. 회사가 어떤 선택을 하든 실제 매출이 계획 대비 감소할 경우 무엇을 해야 하는지 관리자가 사전에 결정한다면 기업의 신

비상계획 전략 변화를 수반하는 사업 혹은 시장의 주요 요소를 찾아내는 것

사업 개발은 더 효율적일 것이다.

이것이 바로 비상계획의 역할이다. 디즈니는 첫 크루즈 상품 출시의 실수를 통해 많은 것을 배웠다. 이듬해 두 번째 크루즈를 건조하기로 결정했을 때, 크루즈 건조 일정과 첫 항해일 사이에 2주간의 추가 기간을 둠으로써 과거와 같은 일이 반복되지 않도록 했다.

위기관리

위기관리 조직이 긴급 상황에 대응하는 방법

위기는 즉각적인 대응이 필요한 예상치 못한 긴급 상황으로, **위기관리**(crisis management)는 조직이 이런 긴급 상황에 대응하는 방법을 말한다. 2010년 캘리포니아 산불, 2012년 허리케인 샌디, 수천 명의 승객이 전력과 화장실 없이 며칠간 멕시코만을 표류했던 2013년의 카니발 크루즈 사고는 모두 부실한 위기관리의 결과로, 이후 많은 기업이 새롭고 더 나은 위기관리 계획과 절차를 만들기 위해 노력하고 있다. 최근에는 테러 위협에 대한 위기관리가 주목받고 있다. 여러 기업이 자신의 시설 중 하나가 테러리스트에 의해 폭격을 당하거나 직원이 테러리스트 단체에 인질로 잡힌 경우 어떻게 대응하는 것이 가장 효과적인지 고민한다.

예를 들어 릴라이언트에너지(Reliant Energy)와 듀크에너지(Duke Energy)는 거래 관리자가 에너지 관련 상품을 적극적으로 매매하는 컴퓨터 거래 센터에 의존한다. 테러 공격이나 자연 재해가 이 거래 센터를 공격한다면 이들 회사는 사업을 중단할 수밖에 없다. 이에 릴라이언트에너지와 듀크에너지는 다른 위치에 보조 거래 센터를 만들었다. 메인 거래 센터가 중단되더라도 대부분의 핵심 거래 활동을 30분 이내에 보조 센터로 신속하게 이전할 수 있다. 그러나 많은 기업이 이처럼 포괄적인 위기관리 전략을 가지고 있는 것은 아니다. 예를 들어 2015년 에볼라 발병에 대한 우려가 커지고 일부 관리들이 전염병 가능성에 대해 경고했음에도 불구하고 미국 기업의 약 57%만이 바이러스 또는 세균 전염병에 대처할 계획을 가지고 있는 것으로 나타났다.

학습목표 5-6

기업문화 개발과 중요성을 설명한다.

관리와 기업문화

기업문화 조직을 특징 짓는 공유 경험, 이야기, 신념과 규범

크든 작든, 성공하든 덜 성공하든 모든 조직은 자신만의 틀림없는 '느낌'을 갖고 있다. 모든 개인이 자신만의 개성을 가지고 있는 것처럼 모든 회사는 고유의 정체성 또는 기업문화를 갖고 있다. **기업문화**(corporate culture)는 조직을 특징 짓는 공유 경험, 이야기, 신념과 규범을 의미한다. 기업문화는 조직에 존재하는 근무 및 산업 분위기를 정의하는 데 도움이 된다.

강력한 기업문화는 여러 가지 목적에 부합한다. 우선 직원들이 무엇을 향해 노력해야 하는지 알려주고 모든 직원이 동일한 목표를 향해 매진하도록 한다. 예를 들어 어떤 문화는 재무적 성과를 강조하는 반면 다른 문화는 삶의 질에 중점을 둔다. 또한 기업문화는 신입 직원이 조직이 수용하는 행동이 무엇인지 배우는 데 도움이 된다. 재무적 성과를 강조하는 문화라면, 신입 직원은 근무시간이 길고 고될 것으로 예상하고 가장 많은 수익을 기록하는 사람이 '승자'임을 배운다. 그러나 삶의 질을 강조하는 문화라면, 신입 직원은 직장에서 보내는 시간을 줄이는 것이 용인되고 일과 삶의 균형이 권장된다는 사실을 배운다.

Walter Bibikow/Danita Delimont/Alamy Stock Photo

샘 월튼(Sam Walton)은 Walton's Five and Dime에서 소매업체로서 기술을 연마했다. 그 후 월마트를 설립할 때 자신의 경험을 사용해 독특한 기업 문화를 만들었다.

문화 구축 및 소통

기업문화는 어디에서 기인하는가? 어떤 경우에는 창업주가 중요한 영향을 미친다. 예를 들어 디즈니, 월마트, 스타벅스 같은 회사는 여전히 창업주의 흔적이 남아 있다. 다른 경우에는 조직문화가 일관되고 집중적인 사업 전략에 의해 장기간에 걸쳐 형성된다. 예를 들어 펩시는 가장 큰 경쟁자인 코카콜라를 잡으려는 오랜 목표와 결부된 성취 지향적 문화를 갖고 있다. 마찬가지로 구글은 혁신과 성장에 대한 지속적인 강조와 함께 호화로운 복지와 높은 급여를 제공함으로써 일종의 '열심히 일하고 열심히 놀자' 문화를 갖고 있다.

기업문화는 경영철학, 경영 스타일, 기업행동에 영향을 미친다. 따라서 관리자는 조직에서 원하는 문화의 종류를 신중하게 고려한 다음, 그곳에서 일하는 모든 사람과 소통함으로써 그 문화가 자라나도록 노력해야 한다.

기업의 문화를 유리한 쪽으로 활용하려면 관리자는 여러 작업을 수행해야 하며 이는 효과적인 의사소통에 달려 있다. 첫째, 관리자 자신이 문화를 분명하게 이해해야 한다. 둘째, 조직 내 다른 구성원에게 문화를 전달해야 한다. 따라서 신입 직원 교육 및 오리엔테이션에는 종종 기업문화에 대한 내용을 포함한다. 또한 명확하고 의미 있는 사명 선언문은 중요한 커뮤니케이션 도구이다. 셋째, 관리자는 문화를 이해하고 유지하기 위해 노력하는 사람들을 보상하고 승진시켜 문화를 유지한다.

변화하는 문화

조직은 때때로 문화를 바꾸기도 해야 한다. 이 경우 직원과 고객 모두에게 변화 내용을 전달해야 한다. 지난 10여 년간 급격한 변화를 겪은 여러 회사의 CEO에 따르면, 기업문화 변화 과정은 다음 세 단계를 거친다고 한다.

1 **가장 높은 수준에서, 문제에 대한 가장 효과적인 대응으로서 기업 환경 분석은 광범위한 변화를 강조한다.** 이 기간은 일반적으로 갈등과 저항이 특징이다.

2 **최고관리자는 새로운 기업 비전을 수립하기 시작한다.** 그 비전이 무엇이든, 그것은 경쟁자의 활동과 고객 니즈에 대한 새로운 초점을 포함해야 한다.

3 **기업은 기업의 새로운 가치를 실행하는 직원을 평가하고 보상하기 위한 새로운 체계를 구축한다.** 이는 기업 내에서 새로운 문화가 자리 잡게 만들기 위함이다.

최근에 콘티넨탈항공과 유나이티드항공은 합병을 통해 규모가 훨씬 큰 단일 항공사로 거듭났다. 그다음, 최고관리자는 각 항공사의 가장 좋은 문화를 모아 하나의 통합 기업문화를 만드는 작업에 착수했다. 이런 전체 기업문화 변화 과정에 3년 이상 걸렸다.

질문과 연습

복습을 위한 질문

5-1. 효과적인 관리를 과학과 예술의 혼합으로 볼 수 있는 이유는 무엇인가?

5-2. 조직 장기 목표의 주요 특징은 무엇인가?

5-3. 조직에서 사용하는 세 가지 유형의 전략을 설명하라.

5-4. 조직은 어떤 과정으로 기업 문화를 변화시키는가?

분석을 위한 질문

5-5. 전략계획과 전술계획은 어떻게 구분하는가? 이 두 가지 유형의 계획은 형식과 순서, 세부사항 면에서 어떻게 다른가?

5-6. 중간관리자의 역할은 일선관리자의 역할과 어떻게 다른가?

5-7. 홈디포 같은 건축자재 및 인테리어 디자인 도구 판매업체가 고려해야 할 비상 상황은 무엇이며 이런 위험에 어떻게 대응해야 하는가?

5-8. 기업이 기업문화를 근본적으로 바꾸는 이유와 방법은 무엇인가? 기업문화를 바꾸는 것의 장점은 무엇인가?

응용연습

5-9. 기본적인 관리 능력은 업무 능력, 인간관계 능력, 개념화 능력, 의사결정 능력, 시간관리 능력 등이다. 지역 기업의 관리자나 사업주의 기본적인 관리 능력을 조사하고 평가하라. 여러 능력 중 이들에게 중요한 능력은 무엇이며 계발이 필요한 능력은 무엇인가?

5-10. 당신의 지역에서 사업을 하는 두 회사의 기업문화를 비교하고, 각 기업문화의 사례를 들라.

CHAPTER 6

기업의 조직화

AfriPics.com/Alamy Stock Photo

기업의 성공 비결은 사람에 있다. 관리자와 직원 간의 관계가 회사를 살릴 수도, 죽일 수도 있다.

학습목표

LEARNING OBJECTIVES

이 장을 학습하고 나면

6-1 기업의 조직구조에 영향을 미치는 요인을 논의한다.

6-2 조직구조의 두 가지 구성요소인 전문화와 부서화를 설명한다.

6-3 의사결정 위계 확립의 핵심 요소인 집권화, 분권화, 위임, 권한을 설명한다.

6-4 기능 구조, 사업부 구조, 매트릭스 구조, 국제 구조 간의 차이를 설명하고 널리 알려진 조직 설계의 새로운 형태를 설명한다.

6-5 비공식 조직을 설명하고 사내 기업가활동을 논의한다.

남아프리카항공의

성공적인 조직화

남아프리카항공(South African Airways, SAA)은 2014년에 창립 80주년을 맞이한 세계에서 가장 오래된 항공사 중 하나다. 또한 이 항공사는 세계에서 가장 앞선 기술의 항공기 기종 중 하나를 보유하고 있으며 수많은 매체와 해외 기관의 찬사를 받았다. SAA의 비전은 전 세계로 뻗어 나가는 최초의 아프리카 항공사가 되는 것이다. 이를 달성하기 위해 항공사는 안전, 고객 중심, 책임, 신실함을 강조한다. 그러나 이 모든 것은 직원을 소중히 여기는 능력에 달려 있다.

SAA는 남아프리카와 전 세계 모든 대륙을 연결하는 국제적 네트워크를 보유하고 있으며 아프리카 전역의 74개 지역과 연결되어 있다. SAA는 항공기를 계속해서 새로 교체하고, 개선하고, 확장하고 있다. 또한 이 항공사는 다른 아프리카 항공사에 기술 지원을 제공하는 중요한 역할을 한다. 그러나 지난 수년 동안 규제 완화와 경쟁 심화로 SAA의 재무 건전성이 약화되었다. 2013년 9월, 수년간의 정부 자금 지원 끝에 SAA는 국내 사업자인 SA익스프레스(SA Express) 및 저가 항공사인 망고(Mango)와의 합병을 발표했다. 이러한 움직임은 SAA의 사업모델을 바꾸고 재무 건전성을 회복하는 데 필요한 단계로 여겨졌다.

SAA는 효율적인 자산 활용이 목적인 이 합병을 통해 가용 자본을 더 나은 방식으로 사용할 수 있게 되었다. 또한 SAA는 새로운 제휴를 통해 프리미엄 항공사로서의 위치를 유지하게 되었다. SA익스프레스의 역할은 피더(feeder)[1] 항공사이며, 망고는 고객에게 저렴한 대안을 제공한다. 이 모델은 케냐와 에티오피아에서 성공적으로 작동했으며, 항공사 간의 협력으로 항공기 구매, 공항 사용, 특정 노선 운항권 측면에서 더 큰 효율성과 비용 절감이 이루어졌다. 남아프리카공화국의 움직임은 단기적인 해결책이 아니라 중장기적인 해결책으로 보인다.

흥미롭게도 이 합병은 세 기업이 하나의 통일된 조직이 되기 위해 서로 잘 들어맞아야 함을 의미한다. SAA는 조직을 단순화하기 위해 2007년에 이미 심층적이고

이 장을 배우면 좋은 점

모든 관리자는 성공하기 위해 다른 사람의 도움이 필요하다. 따라서 팀원들이 업무를 수행하고 자신의 책임을 다할 것이라고 믿어야 한다. 그리고 팀원은 상사의 지원과 조직 내 역할에 대한 명확한 이해가 필요하다. 관리자와 부하 직원의 업무 관계는 조직을 구성하는 가장 중요한 요소 중 하나이다. 이 장에서 볼 수 있듯이 조직이 작업을 수행하는 데 사용하는 기본 프레임워크인 구조를 관리하는 것은 관리 프로세스의 기본이다.

한 아이에게 블록 한 세트로 성을 짓게 한다고 상상해보자. 이 아이는 작은 블록 몇 개와 큰 블록 여러 개를 선택할 것이다. 그리고 정사각형, 원형, 삼각형 블록을 사용할 것이다. 이 아이가 만든 성은 다른 아이의 그것과는 전혀 다른 모양일 것이

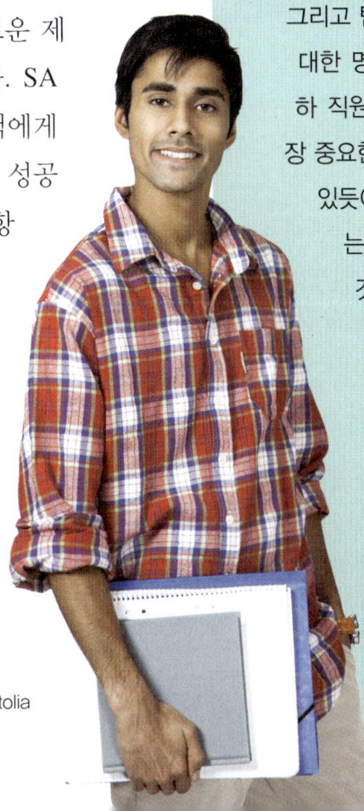

Se Media/Fotolia

1 예약만 받는 항공사를 의미한다-역주.

다. 다른 아이는 다른 블록을 고르고 다른 방법으로 블록을 쌓을 것이기 때문이다. 이처럼 아이가 특정 조합의 블록을 선택하고 이를 독특한 방식으로 쌓는 활동은 여러 면에서 관리자의 조직화 업무와 유사하다. 같은 산업에서 경쟁하는 유사한 두 회사의 구조는 동일하지 않다. 완전히 다르거나 혹은 그 중간 어디쯤일 것이다.

조직화는 조직 요소를 그룹화하는 가장 좋은 방법을 결정하는 것이다. 아이들이 다른 종류의 블록을 선택하는 것처럼 관리자는 다양한 구조적 대안을 선택할 수 있다. 아이들이 여러 가지 방법으로 블록을 쌓을 수 있는 것처럼 관리자도 여러 가지 방법으로 조직을 구성할 수 있다. 따라서 이러한 구성요소의 특성과 다양한 구성 방법을 이해하는 것은 기업 경쟁력 제고에 중요하다.

이 장의 내용을 이해하면 당신을 고용하는 조직에서 당신의 '위치'를 이해할 수 있게 된다. 마찬가지로, 상사 또는 소유주로서 당신은 자신의 조직을 위한 최적의 구조를 만들 수 있게 된다. 이 장에서 우리는 기업의 조직구조에 영향을 미치는 요소를 살펴볼 것이다. 그리고 조직구조의 구성요소와 다양한 유형의 조직에서의 의사결정 간 차이점을 논의할 것이다. 그 과정에서 다양한 조직구조를 살펴보고 가장 인기있는 새로운 형태의 조직 설계를 설명할 것이다.

근본적인 구조조정을 시작했다. 또한 SAA는 다양한 수준에서 적절한 규모의 관리가 필요함을 인식했다. 구조조정 과정의 핵심은 인력을 재교육하고 직원과 경영진에게 인센티브를 제공하는 것이었다.

최초의 구조조정 계획은 2006-2007회계연도에 수립한 것으로 석유가 배럴당 50~60달러 수준에 거래된다는 사실을 바탕으로 목표치를 설정했다. 석유 가격은 항공사의 수익성과 경쟁력을 결정하는 것으로 계획 수립 시 가장 중요한 부분이다. 그러나 구조조정이 시작된 2007년, 석유 가격은 계획 수립 당시의 2배를 웃돌고 있었다. 이로 인해 마진 압박이 거세졌다. SAA는 일부 항공기의 운항을 중단하고 수익성 있는 노선에 집중했다. 그러나 이는 장기적인 해결책이 아니라 단기적인 해결책이었다. 비용 절감 조치를 취하고 조직 및 경영진을 간소화하기 시작했다. 비용 절감으로 인해 구조조정 비용도 원래 예상의 1/3로 줄었다.

2005년, SAA는 심각한 노동 분쟁을 겪었다. 임금 인상에 대한 이 파업의 예상 비용은 항공사 일일 매출액의 50% 이상이었다. 분쟁이 끝나자, SAA는 노사관계에 대한 전반적인 접근 방식을 근본적으로 바꿔야 함을 깨달았다. 공유 목표, 지식, 그리고 무엇보다도 상호 존중을 포괄하는 인력과의 관계를 구축하고 유지해야 한다는 것을 인식했다. 이것이 구조조정을 촉발한 배경이었다.

새로운 조직구조는 지속적인 커뮤니케이션이 이루어지고(즉 시기적절하고 빈번해야 함) 동시에 직원들이 의사결정 과정에 참여한다는 느낌이 들도록 해야 했다. 항공 산업은 탁월한 기획, 조정, 협력이 필요한 상황이 자주 있다. 예를 들어 항공기에서 승객이 내리고 다시 탑승하는 시간을 최소화하려면 조직 전체의 팀워크가 필요하다. 비행 출발 시간이 매우 제한적이므로 이를 충족하기 위해서는 협력이 요구된다.

SAA는 심화하는 경쟁뿐만 아니라 전략적 제휴를 통한 새로운 기회에 대응하기 위해 지속적으로 조직을 간소화하고 재조직화해야 한다. 중국, 인도, 라틴아메리카 노선이 수익성은 좋지만, SAA의 최우선 과제는 망고, SA익스프레스와의 합병을 통해 국내 시장에서 지배적 점유율을 확보하는 것이다.

2018년 현재 SAA는 모든 국내 및 국제 노선에서 여전히 상당한 수준의 손실을 보고 있다. 몬들리 군구벨레(Mondli Gungubele) 재무부장관에 따르면 SAA는 손익분기점 돌파를 위해 2021년까지 200억 루피(약 1조 6,000억 원)의 현금을 투입해야 한다. 과세연도 2017-2018년의 상반기 손실은 예산의 71%를 상회한다.

SAA는 조직구조를 수평화하고 직원이 의사결정에 보다 적극적인 역할을 하도록 장려한 SA익스프레스 모델을 따를 것으로 보인다. 반응적이고 팀 지향적이며 간소한 조직이 SA익스프레스의 주요 특징이다.

조직구조란 무엇인가

학습목표 6-1
기업의 조직구조에 영향을 미치는 요인을 논의한다.

관리자가 해결해야 하는 주요 결정 중 하나는 조직을 구성하는 방법으로 이는 적절한 조직구조를 결정하는 것을 말한다. **조직구조**(organizational structure)란 조직 내에서 수행할 직무의 내용과 여러 직무가 서로 관련되는 방식이다. 아마도 조직구조를 이해하는 가장 쉬운 방법은 **조직도**를 살펴보는 것이다.

조직구조 조직 내에서 수행할 직무의 내용과 여러 직무가 서로 관련되는 방식

조직도

대부분의 소규모 기업은 **조직도**(organization chart)를 만들어 구조를 명확히 하고 직원에게 각자가 회사 운영에서 어디에 위치하는지 보여준다. 그림 6.1은 텍사스에 위치한 작지만 성장하는 기업인 현대 조경(Contemporary Landscape and Lawn Services)의 조직도이다. 조직도의 각 상자는 특정 직무를 나타낸다. 실선은 **지휘계통**(chain of command)를 표현하는 것으로 이는 기업 내 **보고 관계**를 의미한다. 이론적으로 이러한 보고 관계는 조직의 가장 높은 수준에서 가장 낮은 수준까지 '사슬'처럼 연결되어 있다. 예를 들어 소매점, 보육원, 조경회사의 운영관리자 모두는 사장에게 보고한다.

조직도 회사의 구조와 운영에 적합한 직원의 위치를 보여주는 도표

지휘계통 기업 내 보고 관계

대기업의 조직도는 훨씬 더 복잡하며 그림 6.1에 표시된 것보나 훨씬 너 낣은 수준의 개인을 포함한다. 따라서 대기업은 모든 관리자가 포함된 조직도가 없다. 일반적으로 대기업은 전체 기업 구조를 보여주는 하나의 조직도, 각 사업부에 대한 별도의 조직도, 개별 부서 단위의 조직도를 만든다.

조직구조는 조직 내에서 수행하는 직무의 내용과 직무가 서로 관련되는 방식이다. 조직도의 상자는 직무를 나타내고 상자를 연결하는 선은 직무가 어떻게 관련되어 있는지 보여준다. 그러나 앞으로 살펴보겠지만 조직구조는 일련의 상자와 선으로 구분 가능하지만 어느 두 조직도 동일한 구조를 갖지 않는다. 마이크로소프트(Microsoft)에서 작동하는 구조가 구글(Google), 제트블루(Jet Blue), 엑슨모빌(Exxon Mobil), 아마존(Amazon), 미국 상무부에서는 작동하지 않는다. 마찬가지로 미국 적십자(American Red Cross)의 구조는 어반아웃피터스(Urban Outfitters), 타깃(Target), 스타벅스(Starbucks), 네브래스카대학교(University of Nebraska)에서는 작동하지 않을 것이다.

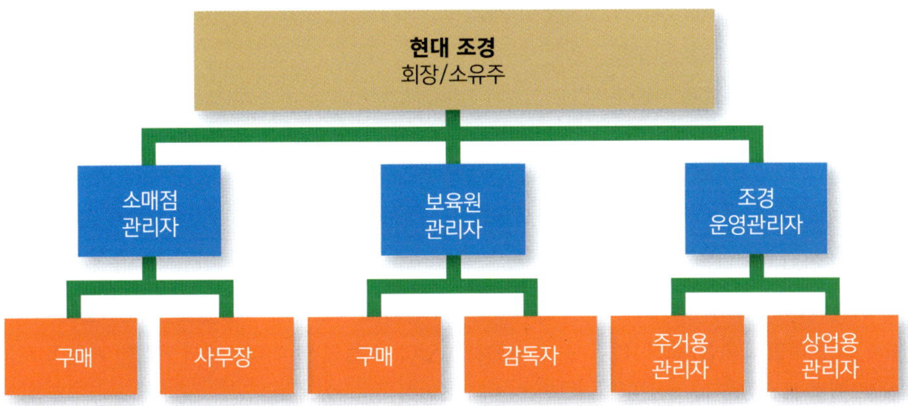

그림 6.1 조직도

조직구조의 결정 요인

조직의 구조는 어떻게 결정되는가? 이상적으로는 관리자가 계획을 세울 때 다양한 중요 요소를 신중하게 평가한 다음, 조직이 가장 효율적이고 효과적으로 기능할 수 있는 조직구조를 만드는 것이 좋다.

많은 요소가 조직의 최적 구조를 결정하는 데 중요한 역할을 한다. 그중 가장 중요한 것은 조직의 **사명**(mission)과 **전략**(strategy)이다. 예를 들어 동태적이고 빠르게 성장하는 사업은 유연하고 환경과 전략의 변화에 빠르게 대응하며 성장할 수 있는 조직구조가 필요하다. 반면, 적당한 성장 목표와 보다 보수적인 전략을 가진 안정적인 조직은 그와 다른 조직구조에서 가장 잘 작동할 것이다.

회사의 규모와 조직 환경의 요소도 조직구조에 영향을 미친다. 5장에서 보았듯이 조직화는 관리 프로세스의 핵심이다. 따라서 기업의 외부 환경과 내부 환경 모두를 고르게 감안해 조직화를 수행

기업가정신과 새로운 벤처기업

성장을 위한 조직화

Kiwis/Shutterstock

성공한 기업 이면에는 무수히 많은 실패 사례가 있다. 특히 스타트업의 경우 성장을 위해서는 무던한 노력이 필요하다. 스타트업이 성공하기 위해서는 훌륭한 제품이나 서비스가 중요하고 이는 한국의 뷰티 분야 창업자인 샬럿 조(Charlotte Cho)에게도 틀림없는 사실이었다.

유기적 성장 과정을 통해 이 젊은 창업자는 가장 성공적인 온라인 K-뷰티 매장 중 하나를 설립했고 미국을 비롯한 기타 서구 시장에서 K-뷰티 트렌드를 주도한 것으로 알려져 있다. 그녀는 소코글램(Soko Glam)의 설립자로서 한국인이 아닌 고객들이 온라인으로 한국 뷰티 제품을 구매할 때 직면했던 많은 어려움을 없앴다.

이전에는 고객이 한국어로 적힌 한국 웹사이트를 직접 탐색해야 할 뿐만 아니라 비싼 배송료와 긴 배송 시간을 감내해야 했다.

그녀의 생각은 단순했다. 한국인이 아닌 고객들이 엄선된 뷰티 제품을 보고 구매할 수 있는 플랫폼을 제공하는 것이었다. 처음에는 자신이 좋아하는 제품을 엄선해 제공하는 간단한 전자상거래 사이트를 개설했다. 샬럿 조는 2012년 단 한 명의 직원인 남편 데이비드와 함께 서울에 있는 자신의 아파트에서 창업했다. 그녀는 사업을 확장하고 온라인상 인지도를 높이기 위해 삼성전자 홍보 분야에서 근무한 경험을 살려 영어권 시장에 제품을 소개하는 프로젝트를 시작했다.

소코글램은 현재 미국에서 가장 큰 'K-뷰티' 웹사이트 중 하나지만, 샬럿 조는 회사가 초기 몇 년간 급격히 성장했으나 체계를 제대로 갖추지 못했다고 설명한다. 그녀와 남편 둘이서 모든 라벨과 송장, 소포 전표를 일일이 손으로 작성했고 제품은 대량구매를 통해 할인해서 샀다. 공식적인 구조를 갖추지도 못했고 초기 웹사이트 역시 아주 기본적인 베타 버전에 불과했다.

8년 후, 소코글램은 본사를 뉴욕으로 이전했다. 8명의 직원을 채용했고 여러 공급업체와 정식 계약도 체결했다. 유통 및 물류를 위한 풀필먼트(fulfilment) 센터 활용은 물론 마케팅을 위해 소셜미디어도 광범위하게 사용하고 있다. 서울의 한 아파트에서 시작한 사업이 지금은 전혀 다른 모습이 되었다.

해야 한다. 아메리칸항공(American Airlines)이나 휴렛팩커드(Hewlett-Packard)와 같이 경쟁이 치열한 환경에 직면한 대규모 서비스 회사나 제조업체는 동네 미용실이나 옷 가게와는 다른 조직구조가 필요하다. 새롭게 만들어진 조직구조라도 수정이나 전면적인 재설계에서 자유로울 수 없다. 대부분의 조직은 구조를 지속적으로 변경한다.

포드자동차(Ford Motor Company)는 1903년 설립 이후 수십 번의 주요 구조 변경, 수백 번의 중간 수준 변경, 수천 번의 작은 변경을 거쳤다. 특히 지난 25년 동안 포드는 몇 번의 중대한 구조 변화를 가졌다. 예를 들어 1995년에 '포드 2000'이라는 구조조정 계획을 발표했는데, 이는 2000년까지 포드의 방대한 국제 사업을 하나의 통일된 구조로 통합하기 위한 것이었다.

그러나 '포드 2000' 실행 중간 지점인 1998년까지 포드의 고위 경영진은 (1) 추가적인 변경이 이루어질 것, (2) 이전에 계획된 일부 변경은 이행하지 않을 것, (3) 최근에 재정비된 주요 수정 사항 일부를 다시 변경할 것을 발표했다. 1999년 초에 경영진은 기업의 관료주의를 없애고, 의사결정 속도를 높이며, 조직의 다양한 수준에 있는 사람들 간의 의사소통 및 업무관계를 개선하기 위한 또 다른 일련의 변경 사항을 발표했다. 2001년 초에 포드는 회사의 부진한 수익을 개선하고 제품의 품질 저하를 막기 위한 대대적인 변화 계획을 발표했다. 2003년과 2004년에는 더 큰 조직구조 변경이 있었고, 2006년에는 여러 공장의 폐쇄를 발표하는 등 더 많은 변화가 있었다. 당연히 회사는 글로벌 경기 침체와 심각한 자동차 판매 침체에 대처하기 위한 노력으로 2010년에 또 다른 주요 조직 개편을 발표했다. 2011년에 포드는 글로벌 시장 점유율 확대를 위해 더 많은 구조조정을 발표했으며, 2015년에는 글로벌 자동차 판매가 증가하기 시작하면서 포드에 추가 생산능력이 요구됨에 따라 다른 변화 계획을 발표했다.

조직구조의 구성요소

학습목표 6-2
조직구조의 두 가지 구성요소인 전문화와 부서화를 설명한다.

대기업, 중소기업 할 것 없이 조직구조 개발의 첫 번째 단계는 세 가지 활동을 포함한다.

1. **전문화.** 누가 무엇을 할 것인지 결정하는 것
2. **부서화.** 특정 과업을 수행하는 사람들을 집단화하는 가장 좋은 방법을 결정하는 것
3. **의사결정 위계 확립.** 누가 어떤 결정을 내리고 다른 사람에 대한 권한을 가질지 결정하는 것

이 세 가지 활동은 모든 기업 조직의 구성요소이다. 이 절에서는 전문화와 부서화를 설명할 것이다. 의사결정 위계는 여러 요소를 포함하므로 다음 절에서 더 자세히 다룰 것이다.

직무 전문화

직무 전문화(job specialization)는 수행해야 할 특정 업무(job)를 정하고 이를 수행할 사람을 지정하는 과정을 말한다. 어떤 의미에서 모든 조직은 하나의 주요 업무를 수행한다. 포드는 자동차를 제조하고, 레노버(Lenovo)는 소비자에게 완제품을 판매하며, 스프린트(Sprint)는 통신 서비스를 제공한다. 일반적으로 조직 수준의 이런 업무는 본질적으로 복잡하다. 예를 들어 누코(Nucor Corporation)의 '업무'는 고철(예: 부서진 자동차)을 철강 완제품(예: 빔, 철근)으로 변환하는 것이다. 마찬가지로 아메리칸항공의 '업무'는 한 공항에서 다른 공항으로 승객과 수하물을 운반하는 것이다.

직무 전문화 수행해야 할 특정 업무를 정하고 이를 수행할 사람을 지정하는 과정

하나의 전체 업무를 수행하기 위해 관리자는 이를 여러 개의 작은 업무로 세분화 혹은 전문화한다. 따라서 누코의 일부 직원은 고철을 회사 공장으로 운반한다. 어떤 직원은 파쇄 장비를 작동해 고철을 분해하고 액체 형태로 녹이는 작업자에게 넘긴다. 어떤 전문가는 액체가 주물로 잘 흘러가 새 제품으로 변형되는 과정을 감독한다. 마지막으로 어떤 작업자는 완제품이 고객에게 배송되기 전에 보관 구역으로 옮기는 일을 한다. 아메리칸항공에서 일부 전문가는 운항 일정을 세우고, 어떤 전문가는 예약을 받고, 어떤 전문가는 비행기를 조종하고, 어떤 전문가는 승객 수하물 및 기타 화물을 처리한다. 조직의 전체 업무가 이렇게 세분화될 때 직원은 업무에 대한 진정한 전문성을 개발할 수 있고, 다른 사람이 수행하는 업무와의 조정을 잘할 수 있게 된다.

작은 조직에서는 소유주가 모든 업무를 수행한다. 그러나 회사가 성장함에 따라 소유주 외에 다른 사람들이 업무를 수행할 수 있도록 직무 전문화의 필요성이 커진다. 조직 내 직무 전문화가 어떻게 발전하는지 알아보려면 월트디즈니(Walt Disney Company) 사례를 참고하자. 월트 디즈니가 애니메이션 스튜디오를 처음 열었을 때, 그와 그의 형제 로이(Roy)는 모든 것을 했다. 예를 들어 그들은 첫 번째 애니메이션인 〈증기선 윌리(Steamboat Willy)〉를 만들 때 이야기를 쓰고, 그림도 그리고, 사진을 필름으로 바꾸고, 목소리를 입히고, 극장 관계자에게 판매까지 했다.

그러나 오늘날의 디즈니 애니메이션은 수천 명의 노력으로 만들어진다. 어느 애니메이터의 작업은 애니메이션 전체 중 한 캐릭터의 얼굴을 만드는 것일 수 있다. 다른 아티스트는 특정 장면의 배경 이미지 채색 업무를 맡았을 수 있다. 컴퓨터로 생성된 개별 이미지를 동영상으로 만드는 후속 작업이나 완성된 제품의 마케팅은 아티스트가 아닌 다른 사람이 담당한다.

직무 전문화는 조직 성장의 자연스러운 부분이다. 좋은 점도 있다. 예를 들어 직무 전문화는 업무를 쉽게 배우고 더 효율적으로 수행할 수 있으며, 퇴사자를 쉽게 대체할 수 있게 한다. 그러나 조직의 하위 수준 직무는 과도한 전문화에 취약하다. 직무 범위가 너무 좁으면 직원이 지루해하고 부주의해지며 직무 만족도가 떨어진다. 또한 조직 내에서 자신의 역할을 잃게 된다. 따라서 직원들이 더

Pictorial Press Ltd/Alamy Stock Photo

© Walt Disney Pictures/Entertainment Pictures/Alamy Stock Photo

월트 디즈니가 사업을 막 시작했을 때 그는 대부분의 애니메이션 작업을 혼자 했다. 그러나 〈주토피아(Zootopia)〉, 〈겨울왕국(Frozen)〉, 〈코코(Coco)〉, 〈인사이드아웃(Inside Out)〉 같은 오늘날의 애니메이션은 수천 명의 작업이 필요하다.

흥미로운 직무를 찾아 회사를 떠날 수 있다.

부서화

직무 전문화 이후, 여러 직무를 논리적 단위로 집단화하는 과정이 **부서화**(departmentalization)이다. 부서화는 다음과 같은 이점이 있다. 통제와 조정의 범위가 좁아지고 쉬워지며, 최고 관리자는 다양한 부서가 어떻게 성과를 내는지 더 쉽게 확인할 수 있다는 장점이 있다.

부서화 여러 직무를 논리적 단위로 집단화하는 과정

회사는 부서화를 통해 각 부서를 이익 센터로 구분할 수 있다. **이익 센터**(profit center)는 비용과 이익을 자체적으로 책임지는 회사 내 조직 단위를 일컫는 말이다. 따라서 메이시스(Macy's)는 남성 의류, 가정용품, 화장품, 여성 신발 및 해당 매장 내의 다른 모든 부서에서 발생하는 이익을 별도로 계산할 수 있다. 그런 다음 관리자는 이 정보를 사용해 광고 및 판촉 행사, 공간 할당 조정, 예산 책정 등에 대한 결정을 내린다.

이익 센터 비용과 이익을 자체적으로 책임지는 회사 내 조직 단위

물론 관리자는 직무를 무작위로 부서화하지 않는다. 관리자는 공통의 맥락이나 목적에 따라 논리적으로 집단화한다. 일반적으로 부서화는 **기능**, **제품**, **프로세스**, **고객**, **지리적** 계열(또는 이들의 조합)에 따라 가능하다.

기능 부서화

기능 부서화 많은 서비스 및 제조 회사, 특히 이제 막 시작하는 소규모 회사는 각 집단의 기능이나 활동에 따라 부서를 만드는 **기능 부서화**(functional departmentalization)를 사용한다. 일반적으로 이런 회사에는 생산, 마케팅 및 영업, 인적자원, 회계 및 재무 부서 등이 있다. 부서는 더 세분화할 수도 있다. 예를 들어 마케팅 부서는 시장 조사, 광고, 판촉을 위한 별도의 집단으로 나눌 수 있다.

기능 부서화 집단의 기능이나 활동에 따라 조직을 나누는 것

제품 부서화

제조업체와 서비스 제공업체 모두 제품 부서화를 선택하는 경우가 많다. **제품 부서화**(product departmentalization)는 특정 제품 또는 서비스에 따라 조직을 나누는 것이다. 기업이 성장하면서 다수의 제품이나 서비스를 제공하기 시작할 때 특히 유용하다. 크래프트푸드(Kraft Foods)는 이런 방식으로 사업부를 구분한다. 예를 들어 이 회사는 핫도그와 가공육 중심의 오스카마이어(Oscar Mayer) 사업부, 치즈 제품의 크래프트치즈(Kraft Cheese), 커피를 다루는 맥스웰하우스(Maxwell House)와 시리얼 제품의 포스트(Post) 사업부로 구분한다. 각 사업부는 특정 제품이나 서비스를 대표하므로 이론적으로는 관리자가 특정 제품 계열에 집중한다는 장점이 있다.

제품 부서화 특정 제품 또는 서비스에 따라 조직을 나누는 것

프로세스 부서화

어떤 제조업체는 프로세스 부서화를 선호한다. **프로세스 부서화**(process departmentalization)는 제품이나 서비스를 만드는 데 사용하는 생산 프로세스에 따라 조직을 나누는 것이다. 이 방식을 사용하는 회사로는 블라식(Vlasic)이 있다. 오이를 피클로 가공하는 부서는 오이를 병에 담아 물과 식초를 섞은 용액을 넣고 판매용으로 준비한다. 소금물에 절인 오이를 가공하는 부서는 오이를 소금물에 절이고 숙성시킨 후 포장한다. 양념 가공 부서는 오이를 잘게 다져 다른 재료와 혼합한다. 각 프로세스는 서로 다른 장비와 작업자의 능력이 필요하므로 각각에 대해 다른 부서를 만든다. 일부 서비스 제공업체도 이 접근 방식을 사용한다. 예를 들어 자동차 보험 회사는 보험 계약자로부터 청구를 받는 부서, 보장 내용을 검토하는 부서, 보험금 지불 부서로 구분할 수 있다.

프로세스 부서화 제품이나 서비스를 만드는 데 사용하는 생산 프로세스에 따라 조직을 나누는 것

보다 나은 방법 찾기

옛 것과 새 것의 조화

Ulrich Perrey/Picture Alliance/Dpa/Dpaweb/Newscom

1883년, 위대한 작곡가이자 피아노의 거장인 프란츠 리스트(Franz Liszt)는 스타인웨이앤드선스(Steinway & Sons)의 설립자인 헨리(하인리히) 스타인웨이(Henry Steinway)에게 스타인웨이 그랜드 피아노를 극찬하는 편지를 썼다. 특히 리스트는 피아노 음계의 음색 효과, 현 배열에 대한 칭찬을 아끼지 않았다. 리스트가 편지를 쓰기 30년 전, 헨리 스타인웨이 주니어는 *오버스트링*(overstringing)이라고 하는 스케일링 기술에 대한 특허를 받았다. 이는 피아노의 고음 현과 평행하게 연결하는 대신 대각선 방향으로 베이스 현을 부채꼴 모양으로 배열해 두 번째 단의 현을 만드는 방법이다. 그 결과 뛰어난 진동 품질을 지닌 더 긴 현을 사용해 악기의 음색을 개선할 수 있었다.

19세기 중반, 스타인웨이와 그의 직원은 더 큰 소리를 낼 수 있는 더 굵은 현을 사용할 수 있는 피아노를 개발했다. 피아노 아래를 보면 주철판이 있는데 이 부분이 한때는 금속 버팀대로 강도를 높인 나무로 만들어졌다. 그러나 1840년대에 스타인웨이는 이 부분을 주철판 형태로 바꿨고 지금은 이것이 보편화된 설계 방법이다. 금속판이 훨씬 더 단단하고 피아노 제작자가 현에 훨씬 더 큰 장력을 가할 수 있으므로 피아노를 보다 정확한 음높이 표준에 맞출 수 있게 되었다.

스타인웨이는 주철판과 오버스트링 기술을 결합한 최초의 피아노 제조업체였으며, 이후 그랜드 피아노 구조는 거의 바뀌지 않았다. 그러나 디즈니 만화가의 업무가 회사 및 기술 변화에 따라 변한 것처럼 스타인웨이의 업무도 변했다. 실제로 스타인웨이의 직원들은 여전히 전문

고객 부서화 각 고객 집단의 니즈를 충족하는 제품을 제공하도록 조직을 나누는 것

고객 부서화 대표적인 소매점 중 하나인 백화점은 남성용 매장, 여성용 매장, 가방 매장, 잔디 및 정원 매장 등으로 구분되어 있다.[2] 백화점은 남성, 여성, 가방, 잔디 및 정원 제품을 구매하고 싶은 사람 등 고객 부서화를 통해 각 매장이 특정 고객 집단을 목표로 한다. 이처럼 **고객 부서화**(customer departmentalization)는 각 고객 집단의 니즈를 충족하는 제품을 제공하도록 조직을 나누는 것을 말한다. 따라서 유아용 침대를 구매하는 고객은 잔디와 정원 용품을 건너뛰고 바로 어린이 가구로 향할 수 있다. 일반적으로 판매원은 자신이 일하는 매장에 대한 전문성을 갖추기 때문에 백화점의 효율성은 높아지고 고객은 더 나은 서비스를 받는다. 고객 세분화의 또 다른 예는 은행이다. 은행의 대출 업무는 개인, 소상공인, 농부 등 고객에 따라 부서화되어 있다.

지리적 부서화 제품이나 서비스를 제공하는 지역이나 국가에 따라 조직을 나누는 것

지리적 부서화 **지리적 부서화**(geographic departmentalization)는 제품이나 서비스를 제공하는 지역에 따라 조직을 나누는 것이다. 예를 들어 리바이스트라우스(Levi Strauss)는 한 사업부가 북미와 남미를, 다

2 백화점(department store)은 여러 부문(department)으로 구분된 상점(store)을 뜻한다 – 역주.

적인 업무를 수행하지만 수년에 걸쳐 상당한 변화를 겪었다. 그랜드 피아노 내부의 공명판을 예로 들 수 있다. 현과 금속판 사이에 위치한 나무로 된 '격막'인 공명판은 현이 가하는 1,000파운드의 압력을 견디면서 현의 소리를 증폭시키키기 위해 진동한다. 모두 수작업이기 때문에 어느 공명판이든 크기가 동일하지 않다. 악기 전체를 감싸고 있는 피아노 케이스의 곡선형 측면 역시 크기가 동일하지 않다. 하지만 중요한 것은 케이스 공명판에 정확하게 들어맞아야 한다는 것이다.

먼저 공명판을 측정한 다음 케이스를 장착하기 때문에 각 공명판에는 하나의 케이스만 존재한다. 케이스와 공명판이 잘 맞도록 하려면 케이스를 규격에 맞춰 깎고, 톱질하고, 대패질해야 한다. 수작업으로 진행하는 이 작업이 과거에는 14시간이나 걸렸지만 오늘날에는 디지털화된 저장 매체가 다양한 특수 도구에 프로그래밍된 명령을 내리는 시스템인 *컴퓨터 수치 제어*(CNC) 밀링기계로 1시간 30분 만에 끝낸다. 따라서 스타인웨이 작업자는 일을 잘하기 위해 이런 기술의 대가가 되어야 한다.

물론 CNC 기술은 스타인웨이 입장에서 상당히 새로운 기술에 속한다. 100만 달러에 달하는 밀링기계와 기타 여러 가지 CNC 기술이 도입된 지 10년 정도밖에 되지 않았다. 대부분의 스타인웨이 CNC 도구는 고도로 전문화되어 있으며 맞춤 제작이다. 이런 기술이 노동력 절감으로 연결되지만 스타인웨이 임원들은 기술의 역할이 스타인웨이 전통을 대체하기보다 유지하는 것이라고 생각한다. 품질 이사인 로버트 버거(Robert Berger)는 다음과 같이 이야기한다. "일부는 스타인웨이가 자동화하는 것이 노무비 절감 혹은 생산성 향상 때문이라고 생각합니다. 그러나 실제로 이 투자는 모두 품질 때문이에요. 우리는 우리 제품의 품질을 향상시킬 수 있는 분야의 기술에 제한적으로만 투자합니다."

스타인웨이는 지난 수십 년간 많은 조직 변화를 겪었다. 1996년 상장 이후, 경기 침체로 명품 판매가 특히 타격을 받으며 어려움을 겪었다. 2013년, 억만장자 존 폴슨(John Paulson)은 회사를 5억 달러 이상의 금액으로 인수해 비상장화했다. 그리고 2015년에는 60만 번째 피아노를 생산했는데 이처럼 스타인웨이의 높은 품질 수준이 폴슨이 투자한 이유이기도 하다. "전 스타인웨이 피아노를 너무 좋아합니다. 자동차에 메르세데스(Mercedes)가 있듯이 모든 분야마다 최고의 브랜드가 있습니다. 그러나 스타인웨이처럼 높은 점유율을 가진 명품 회사는 없습니다."

과거에 뿌리를 두고 있음에도 불구하고 스타인웨이는 지속적으로 혁신한다. 2016년, 스타인웨이는 스피리오(Spirio)라는 연주자 피아노를 출시했다. 스피리오는 훌륭한 음악가의 본질을 포착하고 필요에 따라 재생하는 어쿠스틱 악기와 디지털 기술의 첨단 결합이다. 스타인웨이는 중국의 문화 기관이 높은 관심을 보일 정도로 국제 판매에 있어 큰 잠재력이 있다. 그리고 스타인웨이에게 있어 모든 차이를 만드는 것은 제품 이면의 사람이다. 《포브스(Forbes)》에 따르면 스타인웨이 피아노는 '미국의 숙련된 노동력이 생산한 명품으로 대체 불가능한 고급스러움으로 가득한' 이상적인 수출품이다.

른 사업부가 유럽, 중동, 북아프리카를, 또 다른 사업부가 아시아 태평양 지역을 총괄한다. 전력 회사도 지리적 부서화를 활용한다. 예를 들어 미국의 전력 회사인 서던컴퍼니(Southern Company)는 앨라배마, 조지아, 걸프, 미시시피 지역의 4개 자회사로 구분한다.

여러 형태의 부서화 각기 다른 형태의 부서화는 서로 다른 장점을 갖기 때문에 기업의 규모가 커짐에 따라 조직의 다양한 수준에서 다른 유형의 부서화를 채택한다. 그림 6.2의 회사는 최상위 수준에서 기능 부서화를 사용한다. 중간 수준에서는 생산 기능을 지역에 따라 구분한다. 하위 수준에서는 이를 다시 제품 기준으로 세분화한다. 대기업은 다양한 영역에서 다양한 형태의 부서화를 모두 사용한다.

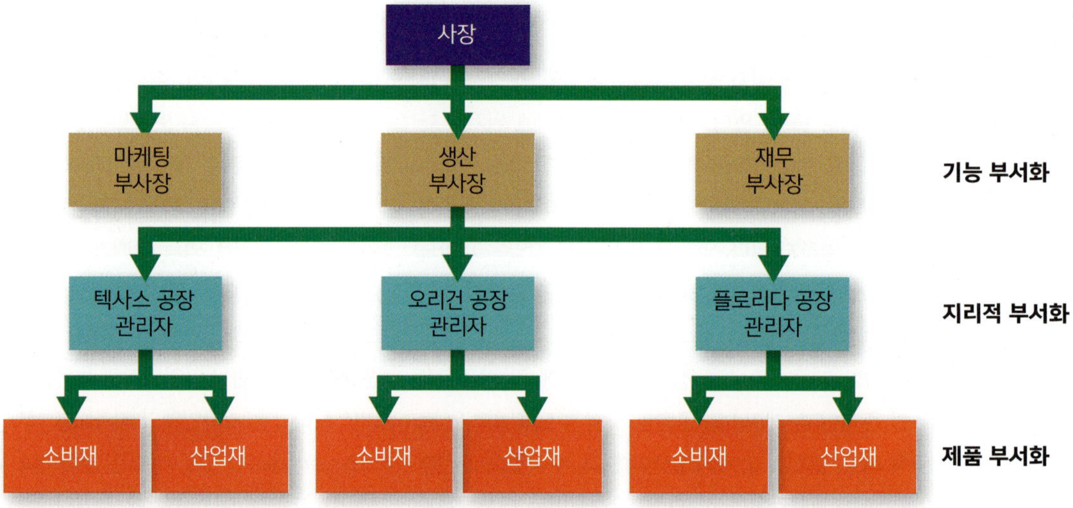

그림 6.2 여러 형태의 부서화

학습목표 6-3
의사결정 위계 확립의 핵심 요소인 집권화, 분권화, 위임, 권한을 설명한다.

의사결정 위계 확립

조직구조의 세 번째 주요 구성요소는 의사결정 위계를 확립하는 것이다. 이는 일반적으로 보고 관계를 공식화하는 것을 말한다. 위임(delegation)은 개별 관리자와 이들에게 보고하는 사람들 간의 보고 관계에 대한 것이다. 그러나 분권화(decentralization)와 **집권화**(centralization)는 조직 전체에 대한 것이다.

권한의 분배: 집권화와 분권화

일부 관리자는 가능한 한 많은 의사결정 권한을 조직구조의 상층부에 유지하려 하지만, 어떤 관리자는 권한을 가능한 계층 아래에 두려고 한다. 대부분의 회사는 이런 두 가지 극단의 연속체 어딘가에 위치한다.

집권화 조직 상위 관리자가 의사결정 권한의 대부분을 보유한 조직

집권화 조직 **집권화 조직**(centralized organization)에서 대부분의 의사결정 권한은 상위 관리자가 보유한다. 맥도날드(McDonald's)는 표준화 유지를 위해 집권화를 실시한다. 맥도날드의 모든 매장은 제품 구매는 물론 각 메뉴의 제조 및 포장에 있어 정확한 단계를 따라야 한다. 대부분의 광고는 본사가 처리하며 개별적인 지역 광고는 모두 지역 관리자의 승인을 받아야 한다. 각 매장은 바닥 청소나 주차장 청소와 같은 시설 유지보수 및 업그레이드에 있어 정해진 일정을 따라야 한다. 집권화 조직은 중소기업이나 상대적으로 안정적이고 예측 가능한 환경에 직면한 기업에서 자주 볼 수 있다.

분권화 조직 의사결정 권한의 상당 부분을 조직 상층부에서 여러 지점의 하층부 관리자에게 위임한 조직

분권화 조직 회사는 규모가 커지고 더 많은 의사결정을 내려야 함에 따라 분권화 조직을 채택하는 경향이 있다. **분권화 조직**(decentralized organization)은 의사결정 권한의 상당 부분을 조직 상층부에서 여러 지점의 하층부 관리자에게 위임한 조직이다. 분권화는 복잡하고 동태적인 환경에 직면한 기업과

격변 시대의 경영

조직 도구를 연마하라

Kristoffer Tripplaar/Alamy Stock Photo

미국 내 제조업 일자리 감소 뉴스가 보도되고 있지만 이는 일리노이주 글렌뷰(Glenview)에 본사를 둔 ITW(Illinois Tool Works)와는 무관하다. ITW는 1912년 금속 절삭 공구 제조를 목적으로 설립한 회사로, 지난 한 세기 동안 전 세계에 48,000명 이상의 직원을 둘 정도로 성장했다. 1980년부터 ITW는 수백 개의 소규모 회사를 인수해 제품군을 강화하고 차별화된 역량을 확보하며 성장했다. 현재 이 회사는 자동차 OEM, 테스트 및 측정과 전자 제품, 식품 장비, 폴리머 및 유체, 용접, 건설 제품, 특수 제품 등 7개 사업부를 보유하고 있다. 이 회사의 제품과 서비스는 매우 다양하다. 예를 들어 자동차 OEM 사업부는 자동차 및 소형 트럭의 플라스틱과 금속 부품을 생산하고, 폴리머 및 유체 사업부는 산업용 접착제, 세척 및 윤활유, 자동차 수리 및 유지보수용 폴리머와 필러를 생산한다.

ITW의 구조는 높은 수준의 분권화 철학에 기반을 두고 있다. 7개 사업부 각각은 독립채산제를 유지하면서 더 작고, 더 유연하고, 기업가적인 조직으로 운영한다. 의사결정은 고도로 분권화되어 있으며 전략에 대한 대부분의 의사결정 역시 사업부 내에서 독립적으로 이루어진다. ITW는 이런 사업모델이 고객의 니즈에 효과적으로 대응할 뿐만 아니라 경제적 성과도 극대화한다고 생각한다.

ITW의 또 다른 성공 요인은 80/20 비즈니스 프로세스다. 이는 매출과 이익의 80%가 20%의 고객에게서 나온다는 운영 철학으로 이는 혁신이 중요한 ITW가 시너지를 가장 많이 낼 수 있는 제품군에 에너지를 집중하게 했다. 또한 ITW는 혁신이 고객 중심적이고 가장 중요한 구성원의 핵심 니즈에 중점을 둔다는 의미의 용어인 고객 지원 혁신을 강조한다.

ITW는 호주, 벨기에, 브라질, 캐나다, 중국, 체코, 덴마크, 프랑스, 독일, 아일랜드, 이탈리아, 네덜란드, 스페인, 스위스, 영국 등 전 세계 57개국에 진출해 있다. 미국이 가장 큰 시장이지만 매출의 1/4 이상이 유럽에서, 10% 이상이 아시아에서 발생한다. 이런 지리적 다각화는 모든 지역의 경제 침체와 관련된 위험을 완화하는 데 도움이 된다.

ITW는 이런 지리적 다각화 전략으로 성과를 거두었다. 다른 기업처럼 ITW 역시 경기 침체에 큰 타격을 입었지만 이를 딛고 일어섰다. 주가는 2008년부터 2016년까지 8년 동안 5배가량 상승했다. 지금까지는 ITW의 전략과 조직구조가 어려운 시기를 헤쳐나가고 미래 수익 창출 기반을 마련하는 데 큰 기여를 했음이 분명하다.

고객 서비스에 특화된 기업에서 종종 볼 수 있다. 분권화는 관리자가 자신의 담당 영역에서 빠른 결정을 내릴 수 있는 재량권을 증가시켜 회사의 대응 능력을 제고한다. 예를 들어 어반아웃피터스는 개별 매장 관리자에게 상품화 및 제품 전시에 대한 상당한 재량권을 허용하는 등 상대적으로 분권화된 모습을 보인다. 홀푸드마켓(Whole Foods Market)은 훨씬 더 분권화되었다. 매장을 소규모 팀으로 나누어 각 팀이 지역 선호도에 따라 어떤 직원을 새로 고용할 것인지, 어떤 제품을 판매할 것인지 투표를 통해 결정한다. 이런 방식은 의사결정의 영향을 가장 많이 받는 사람이 직접 의사결정을 내려야 한다는 생각에 기반을 둔다.

수직적 조직과 수평적 조직 분권화 조직은 관리 계층이 상대적으로 적은 편으로 그림 6.3(a)에 표시된 가상의 법률 회사처럼 **수평적 조직구조**(flat organizational structure)를 보인다. 집권화 조직은 일반적

수평적 조직구조 상대적으로 적은 수의 관리 계층을 지닌 분권화 조직의 특징

수직적 조직구조 다수의 관리 계층을 지닌 집권화 조직의 특징

으로 그림 6.3(b)의 미 육군 사례처럼 여러 관리 계층이 필요하므로 **수직적 조직구조**(tall organizational structure)가 된다. 정보가 상향 혹은 하향으로 여러 조직 계층을 통과해야 하기 때문에 수직적 구조는 정보 흐름이 지연되는 경향이 있다.

조직 규모가 커짐에 따라 조직의 계층이 어느 정도 늘어나는 것은 정상적이며 필요한 사항이다. 예를 들어 소유주 한 명과 소수의 직원만 있는 소규모 회사는 소유주와 소유주에게 보고하는 직원, 이렇게 두 계층만 있다. 그러나 회사가 성장하면 더 많은 계층이 필요하다. 관리자는 회사의 계층 수가 적절한지 확인해야 한다. 계층이 너무 적으면 조직이 혼란스러워지고 비효율이 발생할 수 있지만 계층이 너무 많으면 조직이 경직되고 관료주의가 발생할 수 있다.

통제범위 한 명의 상사가 직접 관리하는 사람 수

통제범위 그림 6.3에서 볼 수 있듯이 조직 내 권한 분배는 관리자 한 명을 위해 일하는 사람 수를 결정한다. 관리자의 **통제범위**(span of control)는 1명의 상사가 직접 관리하는 사람 수를 의미한다. 수평적 조직구조는 통제범위가 넓고 수직적 조직은 좁다. 과업의 유사성과 단순성 및 상호 연관성과 마찬가지로 직원의 능력과 상사의 관리 기술은 통제범위가 얼마나 넓거나 좁아야 하는지에 영향을

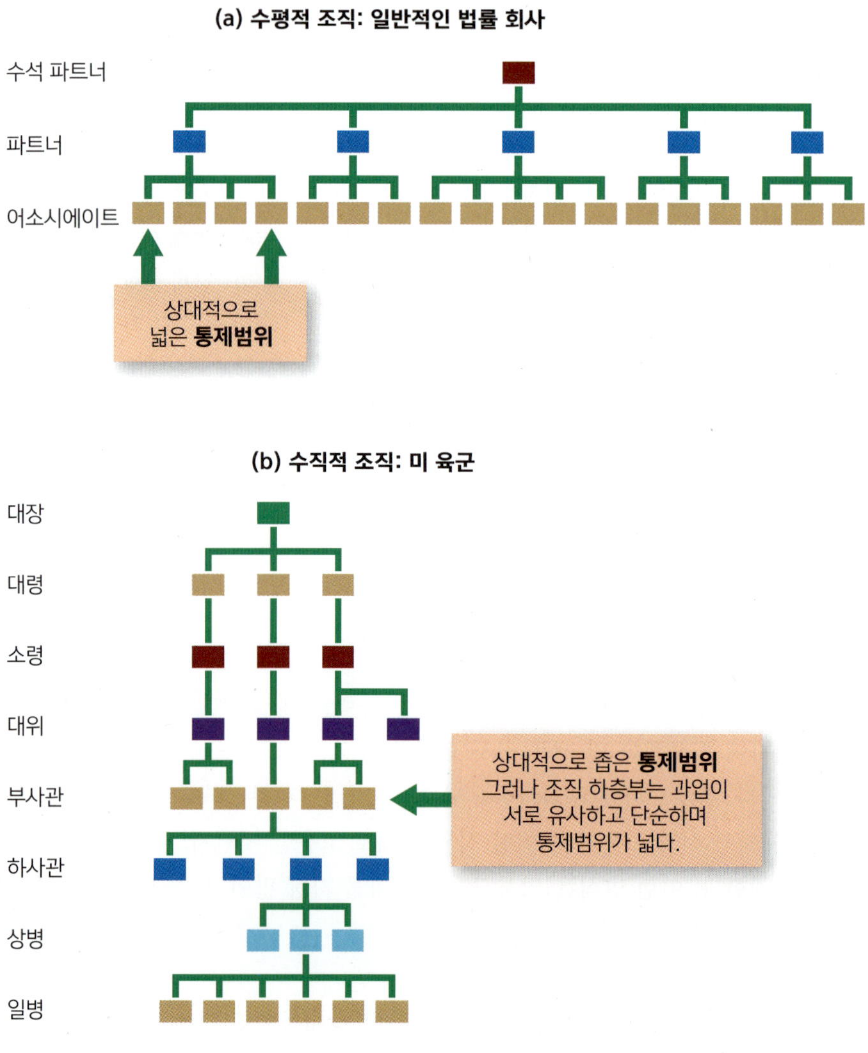

그림 6.3 조직구조와 통제범위

준다.

하위 관리자에게 더 많은 의사결정 권한을 부여하면 상위 관리자의 업무가 줄고 통제범위가 넓어진다. 유사하게, 여러 직원이 동일한 단순 작업 또는 상호 관련된 작업을 하는 경우 넓은 통제범위가 바람직하다. 예를 들어 조립 생산 라인의 작업은 반복적이고 상호 의존적이기 때문에 한 감독자가 전체 라인을 모두 통제하는 것이 가능하다.

반면, 작업이 다양하거나 변화 정도가 심한 경우 좁은 통제범위가 바람직하다. 일렉트로닉아츠(Electronic Arts)의 비디오 게임 개발을 생각하자. 디자인, 아트, 오디오 및 소프트웨어 개발 팀은 전문화되어 있지만 결국 하나의 게임을 만들기 위해 이 활동들을 통합해야 한다. 각 활동이 서로 관련되어 있지만 각 직무의 복잡성과 전문성으로 인해 한 명의 감독자가 소수의 직원만 감독할 수 있다.

위임 과정

위임(delegation)은 관리자가 부하 직원에게 업무를 할당하는 과정이다. 일반적으로 위임 과정은 다음을 포함한다.

위임 관리자가 부하 직원에게 업무를 할당하는 과정

1. **책임**(responsibility)[3] 할당: 과업을 수행할 의무(duty)[4]를 할당
2. **권한**(authority) 부여: 과업 완수에 필요한 의사결정을 내릴 수 있는 권력(power)을 부여
3. **책무**(accountability) 생성: 과업의 성공적인 완수를 위한 관리자에 대한 직원의 의무(obligation)를 부여

책임 할당된 과업을 수행할 의무

권한 과업 완수에 필요한 의사결정을 내릴 수 있는 권력

책무 과업의 성공적인 완수를 위한 관리자에 대한 직원의 의무

위임 과정이 원활하게 이루어지려면 책임과 권한이 동등해야 한다. 표 6.1은 위임 과정을 방해하는 일반적인 장애물과 이를 극복하기 위한 전략을 나열한다.

표 6.1 효과적으로 위임하기

위임하기가 꺼려져요. 왜냐하면……	해결방안
저희 팀은 일을 어떻게 해야 하는지 몰라요.	팀 구성원의 성과 향상 가능성이 있다면 효과적인 업무 수행에 필요한 교육 및 훈련을 제공한다.
전 가능한 많은 것을 통제하고 싶어요.	팀이 아무것도 하지 않는 동안 모든 것을 팀장 스스로 달성하려고 하면 번아웃과 실패만 겪을 수 있음을 인식하라. 통제하려는 마음을 내려놓고 팀원들이 스스로 성공하는 것을 지켜보면 팀을 더 신뢰하게 될 것이다.
저희 팀에서 그 누구도 저보다 잘해서는 안 돼요.	성과가 좋은 팀원은 관리자로서의 성공을 반영한다. 그들이 더 잘하도록 격려하고 칭찬하며 팀의 성공을 다른 팀과 공유한다.
과업을 효과적으로 위임하는 방법을 몰라요.	경영 교육 과정을 이수하거나 효과적인 위임에 관한 책 몇 권을 읽는다.

3 영어의 responsibility는 국어의 책임과 의미가 약간 다르다. Responsibility는 과업 수행의 주체가 누구인가를 분명히 하는 것이다. 반면, 이 책에서 '책무'로 번역한 accountability는 결과의 잘잘못에 대해 설명하는 책임을 의미한다-역주.

4 이 책에서 duty와 obligation 모두 '의무'로 번역했으나 obligation은 duty에 비해 타인에 의한 강제성을 강조하는 단어이다 – 역주.

권한의 세 가지 형태

개인에게 책임과 권한을 위임함에 따라 복잡한 상호작용 관계가 **라인**, **스태프**, **위원회 및 팀** 권한의 형태로 발전한다.

라인 권한 지휘계통의 위에서 아래로 흐르는 권한

라인 부서 특정 제품의 생산 및 판매와 직접 연관된 부서

라인 권한 **라인 권한**(line authority)은 지휘계통이 위에서 아래로 흐르는 권한 유형이다. 대부분의 회사는 라인 부서 비중이 높은데 라인 부서는 주로 라인 권한에 의해 움직인다. **라인 부서**(line department)는 특정 제품의 생산 및 판매와 직접 연관된 부서이다. 예를 들어 지게차 및 소형 토공기를 생산하는 클라크이큅먼트(Clark Equipment)의 경우 라인 부서는 구매, 자재 관리, 제작, 도장, 조립 등 생산과 직접 관련된 부서와 판매 및 유통 등 판매와 직접 관련된 부서가 해당한다.

각 라인 부서는 완제품을 판매하고 전달하는 조직의 능력을 결정한다. 한 부서의 관리자가 잘못된 결정을 내리면 전체 공장의 생산이 중단될 수 있다. 예를 들어 클라크이큅먼트의 도장 부서 관리자가 지게차 일부에 대해 도료를 변경했는데 이후 도료가 벗겨지는 현상이 나타났다고 가정하자. 만약 그렇다면 이 지게차 생산분은 선적 전에 도장 작업을 (어쩌면 일부는 조립까지) 다시 해야 한다.

스태프 권한 라인 관리자에게 자문을 제공할 수 전문성을 바탕으로 하는 권한

스태프 라인 부서에 대한 조언과 자문을 제공하는 사람으로 라인 부서가 결정을 내리는 데 도움을 주지만 최종 결정권한은 없음

스태프 권한 일부 회사는 스태프 권한을 활용한다. **스태프 권한**(staff authority)은 라인 관리자에게 법률, 회계, 인적자원 등의 분야에서 자문을 제공할 수 있는 전문성을 바탕으로 하는 권한이다. 예를 들어 사내 변호사는 마케팅 부서가 외부의 광고 대행사와 새로운 계약을 준비할 때 조언할 수 있지만 마케팅 부서의 업무 수행 방식에 영향을 미치는 결정은 내리지 않는다. **스태프**(staff member)는 라인 부서가 결정을 내리는 데 도움을 주지만 일반적으로 최종 결정권한은 없다.

일반적으로 라인 권한(line authority)과 스태프 책임(staff responsibility)의 구분은 명확하며 그림 6.4와 같이 조직도에 실선(라인 권한)과 점선(스태프 책임)으로 표시한다. 일반적으로 **스태프**는 경영진에게 자문 등의 서비스를 제공하는 반면 **라인 관리자**(line manager)는 회사 제품 생산에 직접 관여한다는 점을 기억하면 둘의 차이를 이해하는 데 도움이 된다.

위원회 및 팀 권한 최근 들어 많은 조직이 일상 업무에서 중심 역할을 하는 집단에 **위원회 및 팀**

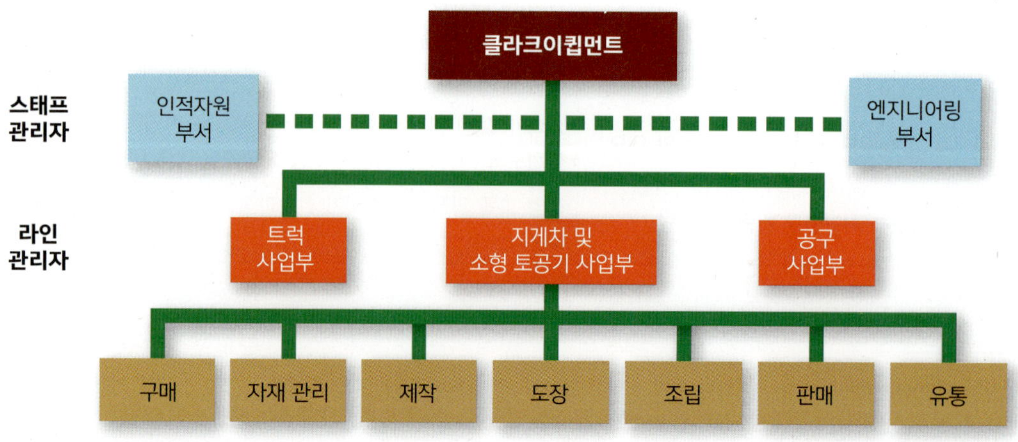

그림 6.4 라인과 스태프 조직

권한을 부여하기 시작했다. 예를 들어 위원회는 다양한 분야의 최고관리자로 구성한다. 위원회의 업무가 특히 중요하고 위원들이 장기간 함께 일하는 경우 조직은 위원회에 위원회 및 팀 권한을 부여한다. **위원회 및 팀 권한**(committee and team authority)은 각 구성원이 보유한 개별적 권한을 넘어서는 의사결정기구로서의 특별 권한을 의미한다.

위원회 및 팀 권한 기업의 일상 업무에 관여하는 위원회나 팀에 부여한 권한

오늘날의 많은 기업이 다양한 운영 활동에서 작업팀을 활용한다. **작업팀**(work team)은 권한을 이양받은 집단으로 작업을 스스로 기획하고 조직화하며 최소한의 감독으로 해당 작업을 수행한다. 대부분의 미국 기업은 최소한 일부 영역에서라도 작업팀을 사용하며 일부 기업은 운영의 모든 영역에서 작업팀을 광범위하게 사용한다.

작업팀 권한을 이양받은 집단으로 작업을 스스로 기획하고 조직화하며 최소한의 감독으로 해당 작업을 수행함

조직구조의 기본 형태

학습목표 6-4
기능 구조, 사업부 구조, 매트릭스 구조, 국제 구조 간의 차이를 설명하고 널리 알려진 조직 설계의 새로운 형태를 설명한다.

조직은 전문화, 부서화 혹은 의사결정 계층에 따라 무한한 방식으로 조직을 구성할 수 있다. 그러나 대부분의 조직구조는 일반적으로 (1) **기능** 구조, (2) **사업부** 구조, (3) **매트릭스** 구조, (4) **국제** 구조의 네 가지 기본 형태로 구분 가능하다.

기능 구조

기능 구조(functional structure)에서는 집단의 기능과 활동 간의 관계가 권한을 결정한다. 기능 구조는 일반적으로 마케팅 부서, 운영 부서, 재무 부서와 같이 기본적인 사업 기능을 중심으로 구성하며 중소기업이 주로 사용한다. 이 접근 방식의 이점으로는 기능 영역 내에서의 전문화와 원활한 조율 등이 있다.

기능 구조 집단의 기능과 활동 간의 관계가 권한을 결정하는 조직구조

대기업에서는 기능 부서 간의 조정이 더 복잡하다. 또한 기능 구조는 집권화(일반적으로 대기업의 목표 달성을 방해함)를 촉진하고 조직 전체의 성과에 대한 책임 소재를 불분명하게 만든다. 조직은 규모가 커지면서 기능 구조를 벗어나 다른 세 가지 구조 중 하나로 변한다. 그림 6.5는 기능 구조를 보여준다.

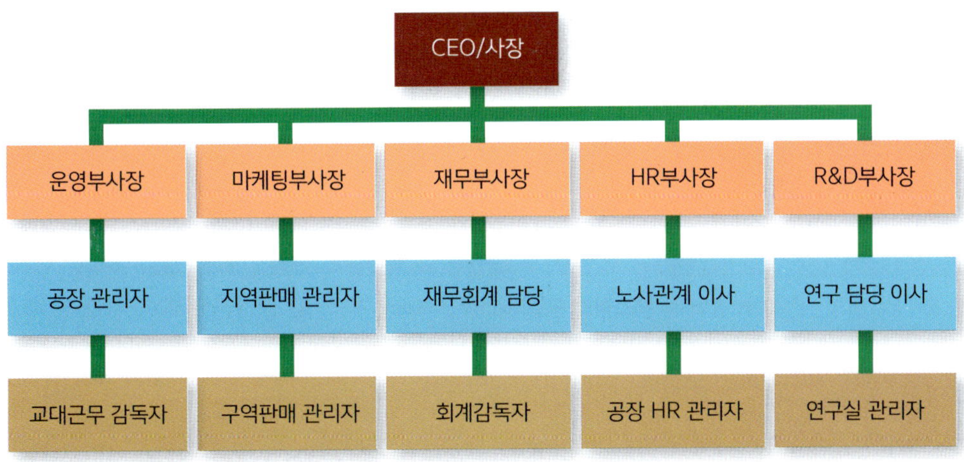

그림 6.5 기능 구조

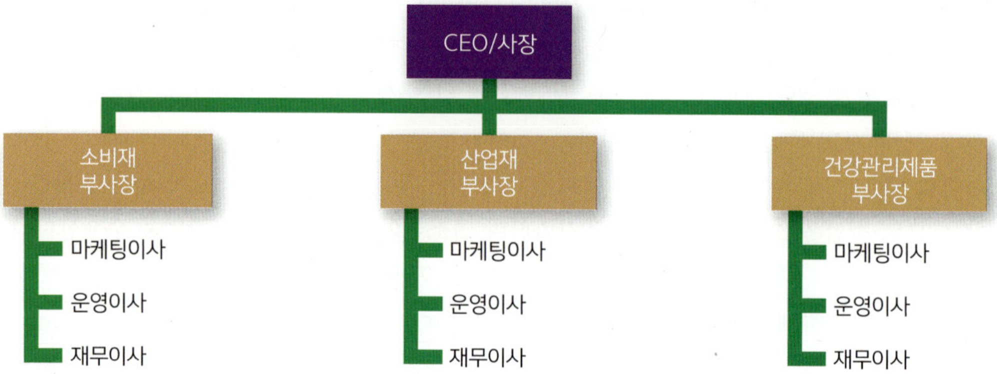

그림 6.6 사업부 구조

사업부 구조

사업부 구조 각 사업부가 본사의 관리하에 자율적인 기업처럼 운영하는 조직구조

사업부 제품을 자체적으로 생산하고 마케팅하는 개별 기업과 유사한 형태의 부서

사업부 구조(divisional structure)는 제품 부서화를 활용한다. 이 접근 방식을 사용하는 조직은 일반적으로 제품 기반 **사업부**(division)를 중심으로 구조화한다. 제품 기반 사업부는 제품을 자체적으로 생산하고 마케팅하는 개별 기업과 형태가 유사하다. 각 사업부의 수장은 회사의 부사장 혹은 조직이 충분히 큰 경우 사장 직급을 가진다. 또한 각 사업부는 고유한 정체성을 가지며 본사 관리 아래 사업을 자율적으로 운영한다. 그림 6.6은 사업부 구조를 보여준다.

건강관리제품으로 잘 알려진 존슨앤드존슨(Johnson & Johnson)은 회사를 소비자 건강관리제품, 의료기기 및 진단, 제약의 세 가지 주요 사업부로 구성한다. 그다음 각 사업부를 더 세분화한다. 소비자 건강관리제품 사업부는 제품 부서화 방법으로 다시 아기 관리, 피부 및 모발 관리, 국소 건강 관리, 구강 건강 관리, 여성 건강, 일반의약품[5] 및 영양제 등으로 조직을 세분화한다. 이는 존슨앤드존슨의 다양성을 보여주는데 이런 다양성이 2008-2010년 같은 경기 침체기에 회사를 보호하는 역할을 한다. 회사가 여러 사업으로 나뉘어 있기 때문에 불경기에 회사를 보호하고 극복할 수 있는 것이다.

존슨앤드존슨의 소비자 건강관리제품 사업부의 일반의약품은 통증 관리 제약 사업부의 전문의약품과 경쟁관계에 있다. 이처럼 사업부 구조는 또 다른 광고 캠페인이나 기업 정체성 조성 등을 통해 사업부 간에 건강한 경쟁을 유지한다. 또한 여러 사업부가 기업 수준 자원(예: 시장 조사 데이터)도 공유할 수 있다. 그러나 너무 많은 통제 권한을 사업부장(divisional manager)에게 위임하면 본사의 관리자가 사업 운영에 대한 감을 잃을 수 있다. 또한 사업부 간 경쟁이 파괴적일 수 있으며 각 사업부의 활동이 서로 중복될 수 있다.

매트릭스 구조

매트릭스 구조 하나의 구조 위에 다른 구조를 중첩시켜 만든 조직구조

때로는 2개의 개별 구조가 결합된 **매트릭스 구조**(matrix structure)가 앞서 살펴본 단순한 구조보다 더 나을 수 있다. 매트릭스 구조는 하나의 '영속적인' 조직구조(예: 그림에서 위아래로 흐르는 사업부 구조)를 사용하면서 그 위에 다른 조직 프레임워크(예를 들어 그림에서 옆으로 흐르는 기능 구조)를 겹쳐 놓음으

5 일반의약품(over-the-counter drug, OTC drug)은 미국에서 의사 처방전 없이 살 수 있는 의약품을 뜻한다. 반면, 전문의약품은 의사의 처방전이 반드시 필요하다 – 역주.

로써 격자(matrix) 같은 모양이 된다. 이처럼 매우 유연하고 적응력이 뛰어난 구조는 우주 프로그램 개발에 사용하기 위해 NASA가 만든 것이다.

기능 구조를 사용하는 회사가 일회성 특별 프로젝트로 신제품을 개발한다고 가정하자. 프로젝트 팀을 만들어 신제품 개발에 대한 책임을 부여할 것이다. 이 팀은 재무나 마케팅 같은 기존 기능 부서에서 사람을 영입해 다양한 관점이 신제품 개발에 반영되도록 할 것이다. 예를 들어 마케팅 분야 팀원은 제품 포장 및 가격 책정 문제에 대해 지속적으로 정보를 제공하고 재무 분야 팀원은 자금이 언제 사용 가능한지에 대한 유용한 정보를 제공할 것이다.

일부 회사는 특정 프로젝트를 수행하기 위해 회사의 한 부분에만 매트릭스 구조를 임시적으로 적용한다. 이런 회사에서는 프로젝트 종료와 동시에 해당 팀을 해산하거나 매트릭스 구조를 기존의 라인 및 스태프 조직구조로 구조조정하는 방식으로 매트릭스 구조를 해체한다. 예를 들어 포드는 매트릭스 구조를 사용해 2017년 형 머스탱(Mustang)과 같은 신모델을 설계했다. 신모델 설계를 위해 엔지니어링, 마케팅, 운영, 재무 각각에서 전문 지식을 갖춘 사람들로 구성한 설계팀을 만들었다. 프로젝트 완료 후 이 설계팀 구성원은 기존의 기능 업무로 복귀했다.

다른 회사에서는 매트릭스 조직이 반영속적인 형태이다. 그림 6.7은 마사스튜어트리빙옴니미디어(Martha Stewart Living Omnimedia)가 라이프스타일 사업을 위해 영속적인 매트릭스 조직을 어떻게 만들었는지 보여준다. 그림에서 보듯이 회사는 우선 미디어 및 상품화 그룹으로 조직화했고 각 그룹은 특정 제품과 제품 그룹으로 세분화했다. 예를 들어 미디어 그룹 내에 인터넷 그룹이 있다. 이 구조 위에 요리, 엔터테인먼트, 웨딩, 공예 등과 같이 분야 전문가가 이끄는 다수의 라이프스타일 전문가팀이 있다. 각 라이프스타일팀은 특정 고객 니즈를 대상으로 하지만 필요에 따라 모든 제품 그룹에 걸쳐 업무를 수행한다. 예를 들어 웨딩 분야 전문가는 옴니미디어 잡지에 결혼 계획에 대한 기사를 내고, 옴니미디어 케이블 TV 프로그램에 대한 스토리 아이디어를 내며, 옴니미디어 사이트에 콘텐츠를 제공한다. 이 분야 전문가는 소매점에 출시할 웨딩 드레스에 적합한 원단을 선택하는 데 도움을 주기도 한다.

국제 구조

국제 구조 글로벌시장의 제조, 구매 및 판매 활동에 대응하기 위해 개발한 조직구조

글로벌 시장에서 활동적으로 제조, 구매 및 판매하는 회사는 일반적으로 다양한 종류의 **국제 구조**(international structure)를 갖고 있다. 기업이 보다 글로벌화됨에 따라 국제 구조 역시 진화한다. 예를 들어 월마트(Walmart)는 1992년 미국 이외의 국가에서 첫 매장을 열었을 때 특별 프로젝트팀을 구성했다. 1990년대 중반, 월마트는 해외 확장을 위해 소규모 국제 부서를 신설했다. 수년 후 해외 판매 및 확장이 운영에서 중요해짐에 따라 수석 부사장이 이끄는 별도의 국제 사업부를 신설했다. 이제는 해외 사업 비중이 커져서 국제 사업부를 멕시코나 유럽 같은 지리적 분야로 더 세분화했다. 그리고 월마트가 러시아나 인도와 같은 해외 시장으로 더욱 확장함에 따라 이러한 운영을 감독할 새로운 부서를 계속 만들고 있다.

일부 기업은 국가 경계에 구애받지 않으면서 자금을 비롯한 여러 자원을 확보하고, 상품과 서비스를 생산하고, 연구 개발에 참여하고, 어느 지역에서든 제품을 판매하는 등 진정한 글로벌 구조의 모습을 보인다. 몇 년 전까지만 해도 제너럴일렉트릭(General Electric, GE)은 그림 6.8에 나와 있는 것처럼 국제사업 운영을 별도의 사업부 형태로 유지했다. 그러나 이제 GE는 하나의 통합된 글로벌 조직으로 기능한다. 전 세계의 GE 사업은 서로 끊임없이 연결되고 상호작용하며 관리자는 여러 지

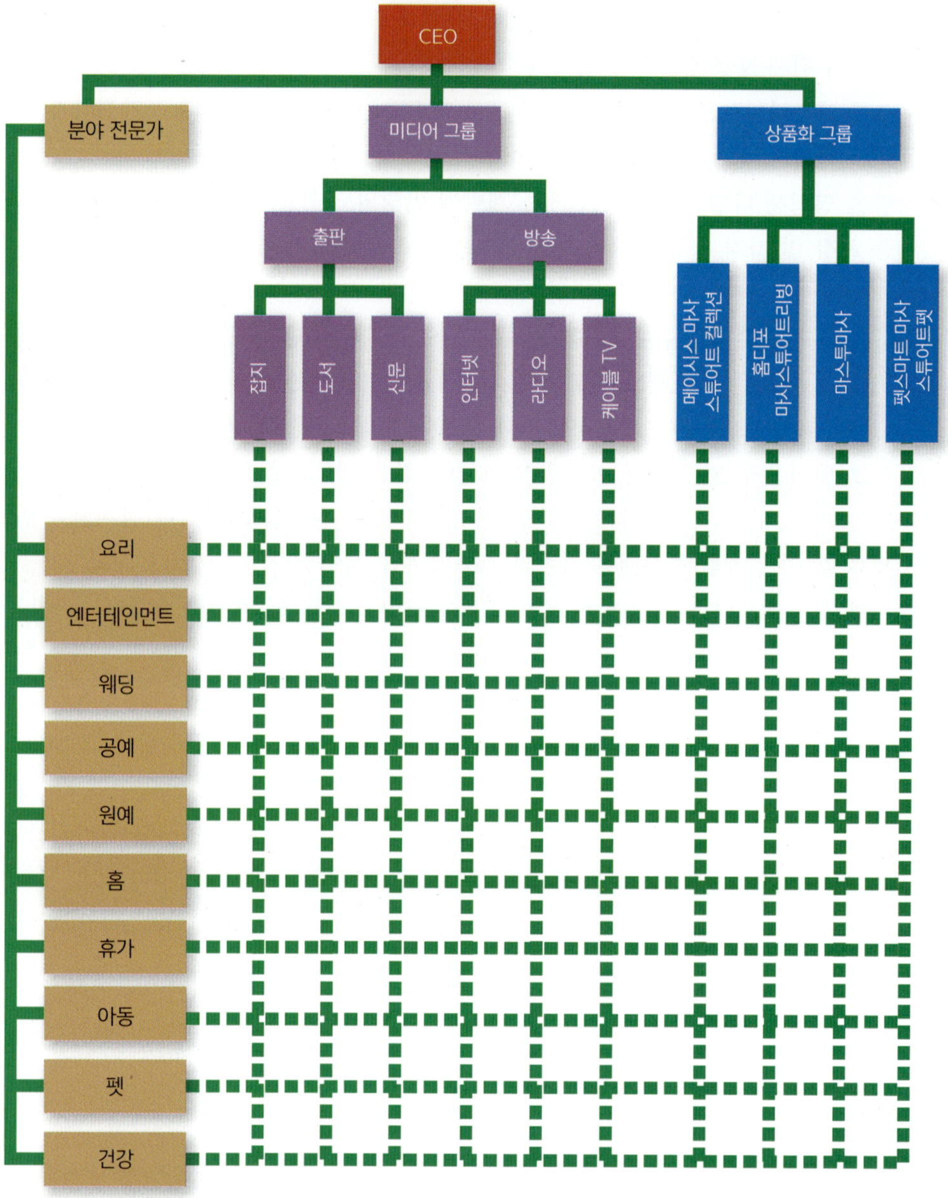

그림 6.7 마사스튜어트리빙옴니미디어의 매트릭스 구조

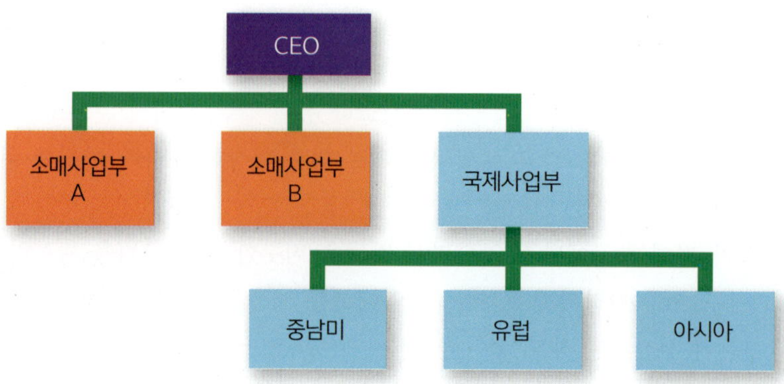

그림 6.8 국제사업부 구조

역을 자유롭게 오고 간다. 이러한 글로벌 통합은 스페인, 일본, 스코틀랜드, 아일랜드, 이탈리아 등 다양한 국가 출신의 임원으로 구성된 GE 경영진에서도 확인할 수 있다.

새로운 형태의 조직구조

세상이 점점 더 복잡해지고 빠르게 변화함에 따라 조직은 효과적으로 경쟁할 수 있는 새로운 형태의 조직을 찾는다. 새로운 형태의 조직구조 중 가장 널리 사용되는 것은 **팀 조직**, **가상 조직**, **학습 조직**이다.

팀 조직 **팀 조직**(team organization)은 기능별 체계가 거의 또는 전혀 없는 프로젝트 유형의 팀으로 대부분 구성한다. 사람들은 자신의 능력과 각 프로젝트의 요구사항에 따라 한 프로젝트에서 다른 프로젝트로 이동한다. 용어에서 알 수 있듯이 팀 권한이 이러한 조직구조를 사용하는 조직의 기초를 이룬다.

가상 조직 **가상 조직**(virtual organization)은 팀 조직과 밀접한 관련이 있다. 가상 조직은 형식적 구조가 거의 또는 전혀 없다. 일반적으로 가상 조직은 소수의 정규직, 소규모 스태프와 일정 수준의 관리 기능만 있다. 조직 변화의 필요에 따라 관리자는 각각의 고유한 상황의 수요를 충족시키기 위해 비정규직을 고용하고 시설을 임차하며 기본적인 지원 서비스는 아웃소싱한다. 상황 변화에 맞춰 사람이 들어오고 나가면서 비정규직 인력 구성도 함께 변한다. 시설 및 하도급 서비스 역시 변한다. 즉 가상 조직은 자신의 필요에 따라 존재한다. 이 구조는 각각의 고유한 프로젝트가 요구하는 특정한 내용의 지식에 기반을 두고 사람을 임시로 채용하는 연구 조직이나 컨설팅 회사에 적용 가능하다. 프로젝트에 따라 조직 구성이 변경된다. 그림 6.9는 가설적 가상 조직을 보여준다.

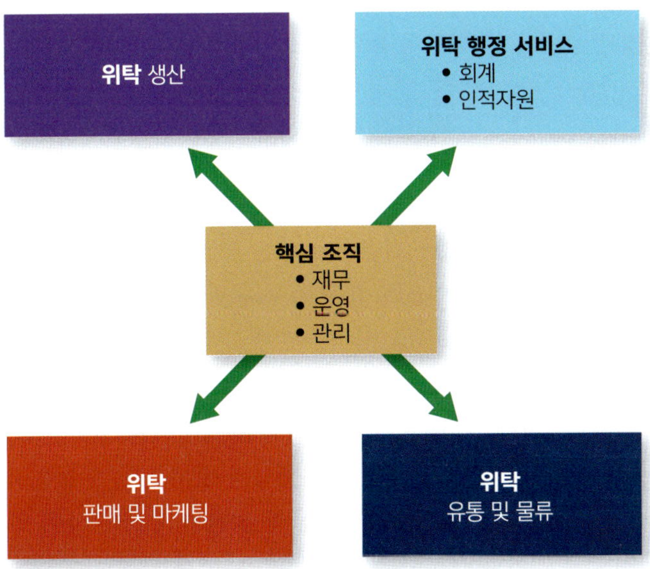

그림 6.9 가상 조직

학습 조직 **학습 조직**(learning organization)은 조직 전체의 지속적인 개선을 직원 개인의 지속적인 학습 및 계발과 통합한다. 특히 학습 조직은 변화하는 수요와 니즈에 대응하기 위해 지속적으로 변모하면서 모든 직원의 평생 학습과 개인 계발을 촉진한다.

관리자는 다양한 관점에서 학습 조직의 개념에 접근할 수 있지만 학습 조직은 주로 우수한 품질, 지속적인 개선과 성과 측정을 목표로 한다. 지속적인 개선 달성을 위한 가장 일관되고 논리적인 전략은 직원의 재능, 능력 및 지식을 지속적으로 제고하는 것이다. 예를 들어 조직 내 각 직원이 매일 새로운 것을 한 가지씩 배우고 그 지식을 업무에 적용할 수 있다면 조직 수준의 지속적인 개선은 필연적으로 뒤따를 수밖에 없다. 실제로 이 접근 방식을 전적으로 수용하는 조직은 지속적인 개선이 직원의 지속적인 학습을 통해서만 실현 가능하다고 생각한다. 쉘오일(Shell Oil)의 쉘 학습센터(Shell Learning Center)는 최첨단 교실과 교육 기술, 숙박 시설, 식당 및 레크리에이션 시설을 자랑한다. 라인 관리자는 교육 학습센터를 돌면서 교육 과정을 이수하고, 쉘 직원은 주기적으로 교육 프로그램, 세미나 및 관련 활동에 참여한다.

학습목표 6-5

비공식 조직을 설명하고 사내 기업가활동을 논의한다.

비공식 조직

비공식 조직 기업의 공식 권한 구조와 관련되지 않은, 직원 간의 일상적인 사회적 상호작용 네트워크

조직도와 공식적인 권한 할당으로 대표되는 **공식 조직**(formal organization)이 조직구조의 전부가 아니다. 오히려 비공식 조직이 회사의 공식 구조에 더 많은 영향을 미치기도 한다. **비공식 조직**(informal organization)은 공식 직무와 직무 간 상호관계를 초월하는 직원 간의 일상적인 사회적 상호작용이다. 때로는 비공식 조직이 공식 조직만큼 강력한 힘을 발휘한다. 예를 들어 몇 년 전 휴렛팩커드 CEO인 칼리 피오리나(Carly Fiorina)의 해임에 대한 논의 대부분은 조직 내 공식 구조 밖에서 오고 갔다. 이사회는 비밀 회의를 열고 내부적으로 합의한 다음 피오리나의 해임을 공식적으로 논의했다.

비공식 조직의 부정적인 측면은 회사보다 개인의 이익을 우선하는 사내 정치를 강화할 수 있고 왜곡되거나 부정확한 정보를 유포할 수 있다는 것이다. 예를 들어 비공식 조직이 감원에 대한 잘못된 정보를 전달하는 경우 능력 있는 직원의 불필요한 이직으로 이어질 수 있다.

비공식 집단

간단하게, **비공식 집단**(informal group)은 서로 상호작용하기로 결정한 사람들의 집단을 말한다. 이들은 공식적으로 함께 일하는 사람들이거나 점심이나 쉬는 시간, 퇴근 후에 그냥 모이는 사람들이다. 이들은 사업, 상사 또는 가족, 영화나 스포츠 같은 업무와 관련되지 않은 주제에 대해 이야기한다. 그들이 조직에 미치는 영향은 긍정적(조직을 지원하기 위해 함께 일하는 경우), 부정적(조직의 이익에 반하는 방식으로 협력하는 경우) 또는 관련이 없을(하는 일이 조직과 관련이 없는 경우) 수 있다.

비공식 집단은 관리자가 무시할 수 없을 정도로 강력한 힘을 발휘한다. 어느 가구 공장의 직원들이 생산량을 늘리려는 상사의 노력을 어떻게 전복했는지 살펴보자. 이들은 적당한 양의 일을 하되 너무 열심히 일하지 않기로 암묵적으로 합의했다. 한 직원은 자신이 너무 뒤처지는 경우를 대비해 미리 완료한 작업 분량을 예비로 숨겨두기까지 했다. 또 다른 사례로는 자동차 근로자가 개스킷(gasket)과 실(seal) 대신에 음료수 병을 문 안에 넣어 고객 불만을 야기한 경우도 있었다. 물론, 개인

적인 비극을 겪은 동료를 돕기 위해 사람들이 서로 협력하는 등 비공식 집단이 긍정적인 상황도 있다. 예를 들어 2011년에 앨라배마주와 미주리주를 휩쓴 파괴적인 토네이도, 2012년 허리케인 샌디가 북동부 일부를 황폐화시킨 후라든가, 2014~2015년 에볼라 바이러스가 발병했을 때 이런 비공식 집단의 긍정적 측면에 관한 여러 사례가 있다.

최근 몇 년간 인터넷은 점점 더 다양한 종류의 비공식 또는 이익 집단의 출현을 위한 플랫폼 역할을 하고 있다. 한 예로 쉐브론(Chevron)은 내부 네트워크를 사용해 공통 관심사를 가진 사람들이 모여 있는 다양한 종류의 이익 집단을 활성화했다. 그리고 감원으로 실직한 근로자들이 인터넷을 통해 만나 서로에게 심적으로 힘이 되고 새로운 일자리를 찾도록 도와주는 경우가 점점 늘어나고 있다. 실제로 오늘날 소셜미디어는 비공식 집단에서 중요한 역할을 한다.

조직의 그레이프바인

그레이프바인(grapevine)[6]은 조직 전체에 스며들 수 있는 비공식 커뮤니케이션 네트워크이다. 그레이프바인은 가장 작은 조직을 제외한 모든 조직에서 발견되지만 공식적인 권한이나 의사소통 경로와 동일한 패턴을 따르거나 반드시 일치하지는 않는다. 연구에 따르면 두 종류의 그레이프바인이 있다. 하나는 가십 사슬(gossip chain)로 한 사람이 많은 사람에게 정보를 전파할 때 발생한다. 각 개인은 이를 기밀로 유지하거나 다른 사람에게 전달한다. 가십 사슬은 개인정보를 전달할 가능성이 크다. 다른 그레이프바인은 군집 사슬(cluster chain)로 한 사람이 소수에게만 선택적으로 정보를 전달하는 것이다. 정보를 들은 사람 일부만 정보를 다른 소수에게 전달하고 나머지는 자신들만의 비밀로 유지하며 제한된 숫자의 사람만 정보를 접한다.

그레이프바인 조직 내에 퍼져 있는 비공식 커뮤니케이션 네트워크

그레이프바인에 의해 전달되는 정보가 얼마나 정확한지에 대해서는 약간의 이견이 있다. 그러나 연구 결과, 정보가 추측이 아닌 사실에 근거한 경우에는 상당히 정확한 것으로 밝혀졌다. 한 연구에 따르면 그레이프바인이 75~95% 사이의 정확도를 나타낸다고 한다. 또한 이 연구는 여러 조직에서 다음 몇 가지 이유로 비공식 커뮤니케이션이 증가하고 있음을 발견했다. 첫 번째는 인수, 합병 활동의 증가다. 이런 활동이 조직 내 사람들에게 큰 영향을 미칠 수 있기 때문에 사람들이 이에 대해 더 많이 얘기한다는 것이다. 두 번째는 점점 더 많은 기업이 시설을 도심에서 교외로 이전한다는 점이다. 이에 직원들이 조직 외부의 다른 사람에게 말하기보다 조직 내부의 다른 사람과 얘기하는 경향이 있다. 세 번째는 정보기술의 광범위한 보급 및 확산 때문이다. 이로 인해 사람들은 빠르고 쉽게 다른 사람과 커뮤니케이션할 수 있게 되었고 비공식 집단에서처럼 소셜 미디어가 그레이프바인에서 점점 더 중요해지고 있다.

최근의 다른 연구는 최근의 경기 침체와 대규모 실직이 비공식 커뮤니케이션에 미치는 영향을 살펴보았다. 설문조사 참가자의 절반 이상이 조직에서 가십과 소문이 급격히 증가했다고 응답했다. 같은 설문조사에서 많은 기업이 감시를 강화했다고도 보고했다. 또한 최근의 다른 설문조사에서는 32%의 사람들이 업무용 이메일을 부적절하게 사용하며 48%는 이메일을 통해 다른 직원과 험담을 한다는 결과가 나왔다. 2014년 한 여론조사에 따르면 응답자의 47%가 직장에서 험담을 한다고 답했으며 18%는 내용에 '제한'이 없다고 했다. 그리고 또 다른 연구는 직장 내 남성 간 대화의 55%와

6 그레이프바인의 사전적 의미는 포도넝쿨로 사람 간의 비공식 커뮤니케이션 네트워크가 포도넝쿨처럼 얽혀 있는 데서 유래한다-역주.

여성 간의 대화 중 67%는 가십을 포함하고 있다고 보고한다.

그레이프바인을 제거하려는 시도는 소용없지만 다행히도 관리자는 이를 어느 정도 통제할 수 있다. 열린 커뮤니케이션 채널을 유지하고 부정확한 정보에 적극적으로 대응함으로써 관리자는 그레이프바인의 피해를 최소화할 수 있다. 실제로는 그레이프바인이 자산이 될 수도 있다. 예를 들어 관리자는 그레이프바인의 핵심 인물들이 누구인지 파악함으로써 이들이 받는 정보를 부분적으로 통제할 수 있고 인사 정책이나 복리후생제도의 변경과 같은 새로운 아이디어에 대한 직원의 반응을 확인하는 데 그레이프바인을 사용할 수 있다. 관리자는 또한 그레이프바인에서 귀중한 정보를 얻고 이를 통해 의사결정을 개선할 수 있다.

사내 기업가활동

좋은 관리자는 원하든 원하지 않든 비공식 조직이 존재한다는 것을 인식하고 공식 조직을 강화할 뿐만 아니라 생산성 향상을 위해 비공식 조직의 에너지를 활용한다.

러버메이드(Rubbermaid), 드림웍스애니메이션(DreamWorks Animation), 3M, 제록스(Xerox)를 비롯한 많은 회사가 사내 기업가활동을 지원한다. **사내 기업가활동**(intrapreneuring)은 대규모의 관료적 구조 내에서 작은 기업과 같은 혁신적이고 유연한 환경을 만들어내고 유지하는 과정이다. 역사적으로 대부분의 혁신은 소규모 기업의 개인에게서 비롯했다. 그러나 기업의 규모가 점점 커짐에 따라 혁신과 창의성은 더 많은 매출과 이익을 위한 희생양이 되는 경향이 있다. 일부 대기업에서는 새로운 아이디어에 대한 열의를 죽이고 혁신 챔피언의 경력이 중간에 정체되기도 한다. 록히드마틴(Lockheed Martin)에서 고급 개발 프로그램(Advanced Development Program, ADP)은 스컹크웍스(Skunk Works)의 전통을 이어 받아 사내 기업가정신을 장려한다. 스컹크웍스는 1943년 록히드의 항공 엔지니어인 켈리 존슨(Kelly Johnson)이 강력한 제트 전투기를 개발하기 위해 결성한 전설적인 팀 이름이다. 이 스컹크웍스는 모든 규칙을 무시하며 팀 내 혁신을 장려했다. 이 방식은 효과가 있었을 뿐만 아니라 혁신적인 사고의 가치를 록히드에 남겼다.

사내 기업가활동 대규모의 관료적 구조 내에서 작은 기업과 같은 혁신적이고 유연한 환경을 만들어 내고 유지하는 과정

대규모 조직에는 세 가지 사내 기업가적 역할이 있다. 창의와 혁신을 장려하기 위해 사내 기업가정신을 성공적으로 사용하려면 조직은 이런 역할을 수행할 1명 이상의 개인을 찾아야 한다. **발명가**(inventor)는 창의적인 과정을 통해 새로운 아이디어, 제품 또는 서비스를 실제로 구상하고 개발하는 사람이다. 그러나 발명가는 아이디어를 시장성 있는 제품 또는 서비스로 바꾸는 데 전문성이나 동기가 부족할 수 있다. 이에 두 번째 역할이 필요하다. **제품 챔피언**(product champion)은 일반적으로 프로젝트에 대해 배우고 여기에 몰입하는 중간관리자이다. 제품 챔피언은 조직의 저항을 극복하고 혁신을 진지하게 받아들이도록 다른 사람들을 설득한다. 제품 챔피언은 혁신의 기술적인 측면에 대한 이해가 제한적일 수 있다. 그럼에도 불구하고 제품 챔피언은 조직이 어떻게 작동하는지, 프로젝트를 추진하는 데 누구의 지원이 필요한지, 성공적인 개발에 필요한 자원을 확보하기 위해 어디로 가야 하는지 알고 있다. **후원자**(sponsor)는 프로젝트를 승인하고 지원하는 최상위 관리자이다. 이 사람은 아이디어를 개발하고 프로젝트에 대한 논쟁을 이겨내며 프로젝트의 생존을 보장하기 위해 조직 정치를 사용하는 데 필요한 예산 확보에 주력한다. 후원자가 있으면 발명가의 아이디어가 성공적으로 개발될 가능성이 훨씬 높아진다.

질문과 연습

복습을 위한 질문

6-1. 조직도의 실선은 무엇을 나타내는가?

6-2. 관리자의 통제범위는 언제 넓어지고 좁아지는가?

6-3. 모든 것을 통제하고 싶어 하는 관리자는 위임을 선호하지 않는데 이 경우 해결방법은 무엇인가?

6-4. 조직에서 라인 권한과 스태프 권한의 주된 차이점은 무엇인가?

6-5. 조직의 그레이프바인이 긍정적인 동시에 부정적인 이유는 무엇인가?

분석을 위한 질문

6-6. 어느 기업이 판매와 생산을 통합하려고 한다. 적절한 구조를 제안하고 그 특징을 설명하라.

6-7. 공동 프로젝트에 참여하는 작가 및 예술가 집단의 가상 조직구조를 설명하라. 사업이 성장함에 따라 필요한 변화는 무엇인가?

6-8. 학습 조직이 대부분의 기업 유형에 적합한 구조라고 생각하는가? 어떤 유형의 조직이 학습 조직에 더 적합하며 그 이유는 무엇인가?

응용연습

6-9. 세 가지 다른 기업 조직을 선택하라. 하나는 큰 것, 하나는 중간 규모, 하나는 작은 것으로 고르면 된다. 각각의 조직구조를 조사하라. 각 조직에서 의사결정이 어떻게 이루어진다고 생각하는가? 조사 결과를 설명하라.

6-10. 당신이 언젠가 일하고 싶은 회사를 하나 선택하라. 인터넷으로 이 회사가 기능 구조, 사업부 구조, 매트릭스 구조, 국제 구조, 팀 조직, 가상 조직, 학습 조직 중 어디에 해당하는지 찾아보라. 이 회사의 조직구조가 조직의 사명과 일치한다고 생각하는가? 이 조직구조가 당신의 업무 스타일 및 선호와 맞다고 생각하는가?

CHAPTER 7

운영관리 및 품질

Peter Treanor/Alamy Stock Photo

제품이나 서비스를 생산하는 '완벽한' 방법은 없다. 유연한 대처가 중요하다. 개방적인 마음과 새로운 것을 시도하려는 자세가 운영 효율성을 제고하고 혁신을 불러온다.

학습목표

LEARNING OBJECTIVES

이 장을 학습하고 나면

7-1 운영의 개념을 설명하고 글로벌 경제에서 재화 및 서비스 부문의 성장을 논의한다.

7-2 운영이 창출하는 세 가지 유형의 효용을 이해하고 재화 생산과 서비스 운영을 구분하는 특징을 설명한다.

7-3 사업 전략에 따라 필요한 운영 역량이 달라짐을 이해한다.

7-4 운영 계획에서 고려한 주요 요소를 이해한다.

7-5 주운영 일정, 세부 일정, 인력 일정, 프로젝트 일정 등 네 가지 유형의 운영 일정에 담긴 정보를 논의한다.

7-6 운영 통제를 위해 필요한 두 가지 핵심 활동을 논의한다.

7-7 전사적 품질 관리의 활동과 목표를 이해한다.

7-8 기업 간 운영을 조정하는 데 공급사슬전략이 전통적인 전략과 어떻게 다른지 설명한다.

라이언에어의 고객 만족: 당신은 누구를 믿는가

라이언에어(Ryanair)는 1985년에 설립한 더블린에 본사를 둔 저가 항공사다. 초기에는 워터포드(Waterford)에서 런던(London)까지의 단일 노선을 운영했다. 그러나 라이언에어는 1997년 상장 이후 수익을 재투자해 범유럽 항공사로 빠르게 성장했다. 그 이후로도 계속 성장해 지금은 유럽에서 가장 큰 항공사 중 하나다.

라이언에어는 매우 높은 수준의 가격 경쟁력으로 유명하며 군더더기를 없앤다는 의미의 '노프릴(no frill)'을 극단적으로 추구한다. 라이언에어의 항공기는 등받이가 젖혀지지 않는 고정식 좌석, 등받이 주머니가 없고 구명조끼도 좌석 상단에 위치시켜 비행 간 수리회송시간을 줄였다. 이 모든 것에도 불구하고 트립새비(TripSavvy)의 2018년 설문조사에서 라이언에어는 경쟁사인 이시세트(EasyJet) 대비 추가 요금과 웹사이트 기능에서 뒤처졌지만 다른 모든 운영 측면에서는 좋은 성과를 보였다.

그러나 라이언에어에 대한 고객 불만은 상당히 많은 편이었다. 실제로 라이언에어의 고객 서비스 정책은 형편없는 것으로 알려졌다. 우선, 라이언에어는 고객의 이메일을 받지 않는다. 대신에 프리미엄 요금의 전화번호로만 연락 가능하다. 2015년 이탈리아 소비자 감시단체인 AGCM은 벌금 625,000달러를 라이언에어에 부과했다. 대체 항공편을 찾고, 환불을 요청하고 청구 정보를 열람하는 것이 어렵고 비용이 많이 들었기 때문이다. 당시 라이언에어는 이미 영국, 덴마크, 아일랜드에서 조사를 받고 있었고 소비자 부담 비용을 줄이고 서비스 프로세스를 더 쉽게 만드는 데 90일이 주어진 상황이었다.

마이클 오리어리(Michael O'Leary) CEO가 개선의 선두에 섰다. 그는 좌석 할당, 기내 수하물 제한 완화, 체크인 시 탑승권 인쇄 요금 인하 등을 도입했다. 오리어리의 전략은 32%의 이익 증가를 가져왔다. 그러나 외부의 설문조사에서 라이언에어는 여전히 음식, 편의성, 비행 전 준비에 있어 최악의 유럽 항공사로 평가받고 있다.

2015년 3월 라이언에어는 'Always Getting Better' 프로그램의 일환으로 새로운 고객 헌장을 도입하고 고객 경험 실행계획(initiative)을 발표했다. 5년째를 맞는 AGB 프로그램은 가격 및 시간 약속, 단순한 수하물 정책, 고객 불만 전담팀, 가장

이 장을 배우면 좋은 점

아마도 당신은 구입한 새 제품에 기분이 좋아졌거나 훌륭한 서비스에 미소를 지었던 경험이 있을 것이다. 두 경우 모두 이 장의 주제와 관련성이 높다. 이 장은 기업이 운영 프로세스를 사업계획과 일치시키는 여러 방법을 살펴보고 그런 결정이 고품질 제품을 만드는 기업의 능력에 어떻게 기여하는지 논의한다. 고품질 상품과 서비스를 시장에 출시하는 데 필요한 여러 단계를 이해하는 것은 당신을 더 똑똑한 소비자와 더 효과적인 직원으로 만드는 데 도움이 될 것이다. 그리고 당신이 관리자라면, 생산 활동이 유연하면서 새로운 사업전략을 더 잘 지원하도록 조정되어야 한다는 점을 이해하는 것은 시간에 따라 당신의 회사와 시장을 재정립하는 데 도움이 될 것이다.

Mocker_bat/Fotolia

친환경적인 항공사가 되는 것, 더 넓은 환승 선택지 및 자사 웹사이트의 독점 콘텐츠에 집중하고 있다. AGB 프로그램 결과, 라이언에어는 승객 3,000명당 불만사항 1건, 승객 2,000명당 가방 분실 1건 수준이며, 모든 불만사항의 99%를 7일 이내에 처리한다고 발표했다. 그리고 경쟁사에서 라이언에어로 넘어오고 고객이 늘어나는 등 대다수의 고객이 서비스에 만족하고 있다고 주장한다.

그러나 라이언에어의 운영에 대한 다른 기관들의 평가는 이와 사뭇 달랐다. 2015년 소비자단체 위치?(Which?)의 설문에 따르면 라이언에어는 통신회사인 보다폰(Vodafone)과 더불어 95위를 차지했다. 라이언에어는 승무원 친절도, 청결도, 지연 대응력 등에서 문제가 있는 것으로 나타났다. 특히 식음료 부분은 승객에게 추가 요금이 부과되는 것임에도 불구하고 낮은 등급을 받았다. 체크인 직원과 온라인 체크인의 효율성, 수하물 및 좌석 정책 등에서도 고객 불만이 많았다. 트립어드바이저(TripAdvisor)가 9,000명의 고객을 대상으로 실시한 2014년 항공사 설문조사에서도 라이언에어는 49%의 응답률로 영국에서 가장 싫어하는 항공사로 꼽혔다. 단지 2%만이 라이언에어를 선택했다. 이는 라이언에어 같은 '노프릴' 항공사의 고객 수요가 점점 더 늘어남에도 불구하고 나타난 결과다.

라이언에어는 부정적인 여론을 받아들였고, 이를 적극적인 홍보의 기회로 삼았다. CEO 오리어리는 라이언에어의 자체 고객 설문조사에 따르면 절반 이상의 승객이 1년에 4번 이상 라이언에어를 이용하며, 라이언에어가 '저렴하고 형편없는'에서 '저렴하고 쾌적한' 서비스로 바뀌었다고 말한다.

학습목표 7-1

운영의 개념을 설명하고 글로벌 경제에서 재화 및 서비스 부문의 성장을 논의한다.

오늘날 운영은 무엇을 의미하는가

서비스 운영(또는 서비스 생산) 오락, 운송, 교육 등 무형의 상품을 만드는 활동

재화 운영(또는 재화 생산) 라디오, 신문, 버스, 책 등 유형의 상품을 만드는 활동

당신은 무의식적으로 고객에게 재화(goods)와 서비스(service)를 제공하는 기업 활동과 어떤 형태로든 연관되어 있다. 예를 들어 좋아하는 디지털 음악 소리에 잠에서 깨어나 버스를 타고 출근하거나 학교에 갈 때 스마트폰으로 메시지를 보낸다. 당신의 선생님, 버스 기사, 통신사, 음반사 모두 **서비스 운영**[service operation, 또는 **서비스 생산**(service production)] 활동에 참여한다. 이들 모두 오락, 교통, 교육, 통신 서비스처럼 무형의 서비스 상품을 제공한다. 디지털 녹음기나 라디오, 스마트폰, 버스, 교과서 같은 유형의 제품만 만드는 회사는 **재화 운영**[goods operation, 또는 **재화 생산**(goods production)]

Clynt Garnham Renewable Energy/Alamy Stock Photo

Beznoska Radim/Alamy Stock Photo

어떤 기업은 서비스 운영에만 집중하고 어떤 기업은 재화 운영에만 집중한다. 제너럴일렉트릭(GE)은 서비스 운영(금융 서비스 사업)과 재화 운영(전기 터빈 사업)을 모두 활용한다.

활동에 참여한다.

운영[operation, 또는 **생산**(production)]이라는 용어는 고객을 위한 제품(재화와 서비스 모두를 포함)을 만드는 것과 관련된 모든 활동을 의미한다. 건강관리에서 패스트푸드에 이르기까지 현대 사회에서 우리가 필요하거나 원하는 것의 대부분은 서비스 운영으로 생산된다. 일반적으로 서비스 부문의 관리자는 운영 관련 장비나 기술보다 인적 요소를 더 많이 고려한다. 사업의 성패가 공급자와 고객 간의 접촉에 달려 있기 때문이다. 앞으로 살펴보겠지만 서비스 운영이 재화 운영과 주로 다른 점은 서비스 운영에는 고객이 참여한다는 점이다.

운영(또는 생산) 고객을 위한 제품(재화와 서비스 모두를 포함)을 만드는 것과 관련된 활동

회사는 일반적으로 재화 생산자 또는 서비스 제공자로 분류하지만 그 구분이 모호한 경우가 많다. 아마존(Amazon)은 단순 온라인 서점에서 출발해 거대한 원스톱 온라인 상점으로 발전했다. 아마존 프라임(Amazon Prime), 아마존 비디오(Amazon Video), 아마존 뮤직(Amazon Music), 아마존 클라우드 스토리지(Amazon Cloud Storage)를 비롯해 무수히 많은 서비스를 제공한다. 아마존은 이제 단순 서비스 제공자 그 이상이다. 최근 몇 년간은 사업을 더욱 확장해 물리적 제품까지 생산한다. 여기에는 파이어(Fire) 태블릿, 파이어 TV 스틱, 아마존 에코(Amazon Echo)처럼 잘 알려진 기기는 물론 공구, 케이블, 침대 시트, 배터리, 애완동물 훈련 패드 등의 아마존 베이직(Amazon Basics) 제품처럼 잘 알려지지 않은 것도 포함한다.

서비스와 제품 부문의 성장

과거 세계 경제의 주요 동인은 물리적 재화의 생산이었다. 산업혁명에서 비롯한 제조 부문의 대량 생산과 효율성이 20세기 중반까지 세계 경제의 주요 동인으로 작용했다. 그러나 그 이후 세계 경제의 초점이 바뀌었고 서비스가 경제 성장을 견인하기 시작했다. 서비스의 중요성과 수요가 급격히 증가함에 따라 서비스 부문의 고용 창출과 국내 총생산(GDP) 비중이 증가했다.

지난 20년간 서비스 부문의 고용은 약 10% 증가하는 등 괄목할 만한 성장을 보여줬으나 제조 부문의 고용은 약 1% 수준의 성장에 그치는 등 기본적으로 정체되었음을 알 수 있다. 비록 성장률에 차이가 있지만, 서비스와 제조는 세계 경제의 중요한 구성요소이다.

따라서 비슷한 기간 동안 서비스 부문의 GDP 성장률이 약 14%인 반면 제조업의 GDP는 약 7% 감소한 것은 예상 밖의 일이 아니다.

그림 7.3과 그림 7.4에서 볼 수 있듯이 서비스 부문은 현재 전 세계 GDP의 약 70%를 차지하는 것으로 추정되며 이 부문의 성장은 대부분 전자상거래, 기업 서비스, 의료, 휴양, 교육 등에서 비롯한다. 이렇게 서비스 부문이 성장하는 동안 재화 생산이 GDP에서 차지하는 비중은 현재 약 25% 수준에 머물러 있다.

서비스 부문의 고용은 상당한 성장을 보였고 제조 부문의 고용은 비교적 일정하게 유지되었지만 앞으로도 이럴지는 미지수다. 4차 산업혁명을 의미하는 **인더스트리 4.0**(Industrie 4.0)의 성장과 가상물리시스템(cyber physical systems), 스마트 팩토리, 자동화 등의 부상으로 서비스와 제조 부문 모두의 고용 전망이 밝지만은 않다.

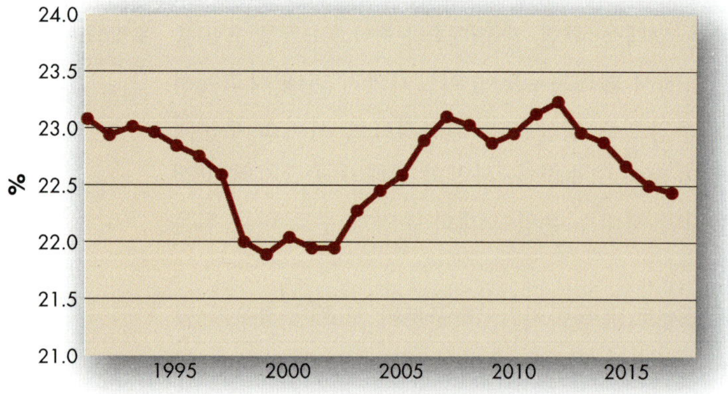

그림 7.1 전 세계 고용 중 재화 부문 비중

출처: https://data.worldbank.org/indicator/SL.SRV. EMPL.ZS, 2018년 11월 28일 접속.

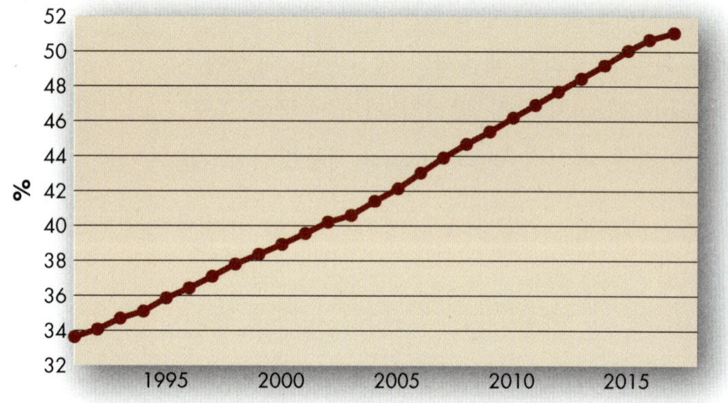

그림 7.2 전 세계 고용 중 서비스 부문 비중

출처: https://data.worldbank.org/indicator/SL.SRV.EMPL.ZS, 2018년 11월 28일 접속.

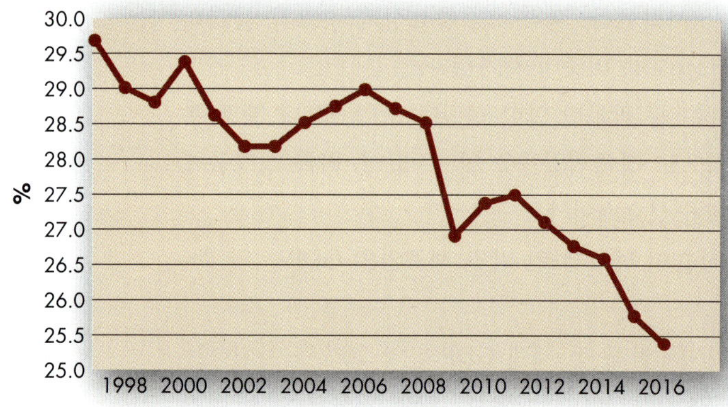

그림 7.3 전 세계 GDP 중 재화 부문 비중

출처: https://data.worldbank.org/indicator/NV.IND.TOTL.ZS?end=2017&start=1997, 2018년 11월 28일 접속.

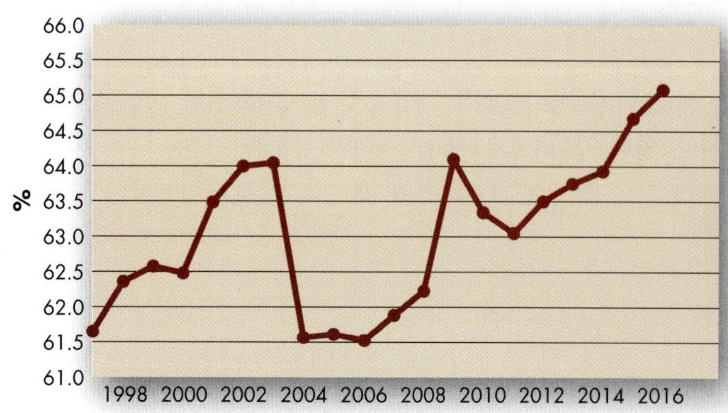

그림 7.4 전 세계 GDP 중 서비스 부문 비중

출처: https://data.worldbank.org/indicator/NV.SRV.TOTL.ZS?end=2017&start=1997, 2018년 11월 28일 접속.

운영을 통한 가치 창출

학습목표 7-2
운영이 창출하는 세 가지 유형의 효용을 이해하고 재화 생산과 서비스 운영을 구분하는 특성을 설명한다.

기업의 생산 프로세스를 이해하려면 기업의 생산이 자신과 고객에게 어떤 종류의 혜택을 제공하는지 알아야 한다. 기업은 생산을 통해 이윤을 창출하고, 임금을 줄 수 있고, 다른 회사에서 재화를 구매할 수 있게 한다. 또한 생산은 고객에게 형태, 시간, 장소 등의 측면에서 **효용**(utility, 사람의 필요나 욕구를 충족시키는 제품의 능력)을 제공함으로써 고객 가치를 제고한다.

효용 사람의 필요나 욕구를 충족시키는 제품의 능력

- 생산은 제품을 만들어낸다. 시네마크(Cinemark)가 건축 자재, 극장 좌석, 영사 장비를 결합해 오락 공간을 만드는 것처럼 생산은 원자재와 인간의 기술을 재화와 서비스로 변형해 **형태 효용**(form utility)을 창출한다.
- 극장이 주 7일, 정오, 오후, 저녁 시간에 상영할 때 **시간 효용**(time utility)을 창출한다. 즉 소비자가 원하는 시점에 제품을 제공함으로써 고객 가치를 제고한다.
- 유동인구가 많은 곳에 위치한 극장에서 영화 15편을 상영하는 경우 이 극장은 **장소 효용**(place utility)을 창출한다. 즉 이는 소비자에게 편리한 곳에서 제품을 제공하는 것이다.

고객이 가치 있게 여기는 제품을 만드는 것은 조직적인 노력의 결과다. **운영(생산) 관리**[operations (production) management]는 자원을 고객에게 가치를 창출하고 혜택을 제공하는 재화와 서비스로 변형하는 활동에 대한 체계적인 방향과 통제(control)를 말한다. **운영(생산) 관리자**[operations(production) manager]는 생산을 감독하면서 고객이 원하고 필요한 것을 운영 활동이 만들어내도록 해야 한다.

운영(생산) 관리 자원을 고객에게 가치를 창출하고 혜택을 제공하는 재화와 서비스로 변환하는 활동에 대한 체계적인 방향과 통제

운영(생산) 관리자 운영 활동이 고객에게 가치를 창출하고 혜택을 제공하도록 할 책임을 지닌 관리자

그림 7.5에서 볼 수 있듯이 운영(생산) 관리자는 자원을 제품으로 변형하기 위한 계획을 수립한다. 우선 관리자는 지식, 물리적 재료, 정보, 장비, 고객, 인적 능력과 같은 기본 자원을 한데 모은다. 그

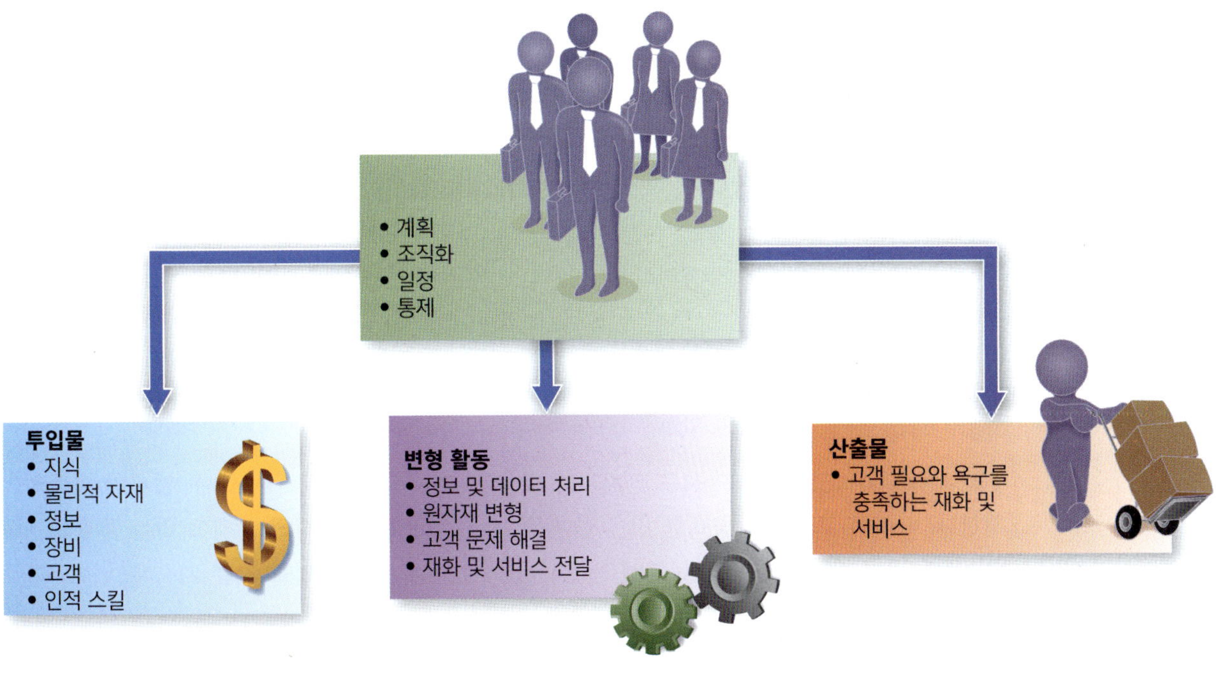

그림 7.5 자원 변형 프로세스

런 다음 서비스를 제공하거나 물리적 재화를 생산하는 시설에서 이 자원들을 효과적으로 사용한다. 제품에 대한 수요가 증가함에 따라 운영 관리자는 필요한 양을 생산하기 위해 작업 일정을 세우고 통제한다. 마지막으로 비용, 품질 수준, 재고, 시설, 장비를 통제한다. 소규모 스타트업 같은 일부 사업체는 종종 운영 관리자가 한 사람이다. 그러나 일반적으로는 여러 직원이 협업해 이런 일들을 수행한다.

어떤 운영 관리자는 페덱스(FedEx)의 상자 분류 창고와 같은 서비스 '공장'에서 일하는 반면 스마트폰 생산 공장에서 일하는 운영 관리자도 있다. 뿐만 아니라 사무실, 식당, 병원, 상점에서 일하는 운영 관리자도 있다. 농부도 토양, 종자, 연료 및 기타 투입물을 대두, 우유 및 기타 산출물로 변형해 효용을 창출하는 운영 관리자로 볼 수 있다. 이들은 작물을 심고 수확하기 위해 일꾼을 고용하거나 자동화된 기계를 선택할 수도 있고 이 둘의 조합을 선호할 수도 있다. 이런 종류의 결정은 비용에 영향을 미치고 농부의 운영에 들어가는 건물 및 장비의 종류와 생산하는 재화의 품질 및 수량을 결정한다.

서비스 운영과 재화 제조 운영의 차이

서비스 운영과 재화 제조 운영 모두 원자재를 완제품으로 변형한다. 그러나 서비스 운영의 원자재 또는 투입물은 유리나 강철과 같은 것이 아니다. 서비스의 투입물은 충족되지 않은 욕구나 관리 또는 변경이 필요한 소유물을 가진 사람이다. 서비스 운영에서 완제품 또는 산출물은 욕구가 충족되고 서비스가 행해진 소유물을 지닌 사람이다.

서비스 운영과 제조 운영에는 몇 가지 분명한 차이가 있다. 서비스 운영의 네 가지 측면은 서비스 생산을 단순한 재화 생산보다 더 복잡하게 만들 수 있다. 이는 (1) 고객과의 상호작용, (2) 서비스의 무형 및 저장 불가 특성, (3) 서비스 운영 프로세스에서 고객의 존재, (4) 서비스 품질 고려사항 등이다.

고객과의 상호작용 제조 운영은 새 재킷과 같은 물리적 재화 형태의 산출물을 강조한다. 그러나 서비스 운영 제품은 대부분 재화와 서비스의 조합으로 구성된다. 피자를 만들어 배달하는 것처럼 말이다. 이에 서비스 노동자는 다른 능력이 필요하다. 예를 들어 가스 회사 직원은 가스 누출 보고로 겁에 질린 고객을 진정시키는 높은 수준의 대인관계 능력이 필요하다. 반면, 조립식 주택에 가스관을 설치하는 근로자는 고객과의 접촉이 없으므로 그런 스킬이 필요하지 않다.

서비스는 무형이고 저장 불가능하다 서비스가 물리적 재화와 다른 두 가지 특징은 바로 무형과 저장 불가능이다.

- **무형**(intangibility). 서비스는 대체로 만지거나 맛을 보거나 냄새를 맡거나 볼 수 없지만 여전히 존재한다. 따라서 고객에게 중요한 것은 즐거움, 충족감 또는 안전감의 형태로 받는 무형의 가치다. 예를 들어 법률문제 처리를 위해 변호사를 이용하면 무형의 법률 전문 지식뿐만 아니라 도움을 받을 수 있다는 무형의 안심도 얻을 수 있다.
- **저장 불가능**(unstorability). 쓰레기 수거, 운송, 아이 돌봄, 집 청소와 같은 많은 서비스는 수요가 많은 기간을 대비해서 미리 생산한 다음 저장할 수 없다. 서비스는 일반적으로 사용할 수 있을

때 사용하지 않으면 폐기된다. 따라서 서비스는 일반적으로 높은 수준의 저장 불가 특징을 가진다.

운영 프로세스에서 고객의 존재 서비스 운영은 고객이나 고객의 소유물을 변화시키기 때문에 종종 고객이 운영 프로세스에 있게 된다. 예를 들어 이발을 하려면 우리 대부분은 미용실에 가야 한다. 운영 프로세스의 참여자로서 고객은 운영 프로세스 자체에 영향을 줄 수 있다. 고객은 미용실이 편리한 위치에 있고(장소 효용), 편리한 시간에 영업하고(시간 효용), 안전하고 편안한 시설에서 고품질의 미용을(형태 효용) 합리적인 가격(소비한 돈에 합당한 가치)에 제공하기를 기대한다. 따라서 관리자는 고객의 요구사항을 충족하기 위해 운영 시간, 이용 가능한 서비스, 적절한 직원 수를 결정한다. 그러나 이발만 하기로 한 고객이 막상 도착해서는 염색이나 면도 같은 추가 서비스를 요청하면 어떻게 될까? 이 경우 서비스 제공자는 고객 만족을 위해 서비스 활동을 신속하게 조정해야 한다. 이처럼 높은 수준의 고객 접촉은 서비스 운영 프로세스에 상당한 영향을 미칠 수 있다. 반면, 미용실 가위를 생산하는 제조업체는 미용실에서 발생하는 고객의 서비스 요구사항 변경을 걱정할 필요가 없다.

무형의 것이 서비스 품질을 결정한다 서비스는 물리적 대상뿐만 아니라 무형의 것을 포함하므로 소비자는 서비스와 재화를 판단하기 위해 다양한 척도를 사용한다. 대부분의 서비스 관리자는 작업 품질과 서비스 품질이 반드시 같지 않다는 것을 알고 있다. 예를 들어 당신의 차는 완벽하게 수리되었을 수 있지만(작업 품질), 작업이 제시간에 완료되지 않아 약속보다 하루 늦게 픽업해야 하는 경우 서비스에 불만을 가질 수 있다(서비스 품질).

운영 프로세스

다양한 기업과 산업에서 다양한 종류의 생산을 더 잘 이해하려면 운영 프로세스의 차이에 따라 생산을 분류하는 것이 도움 된다. **운영 프로세스**(operations process)는 재화나 서비스를 생산하는 데 사용하는 일련의 방법과 기술이다. 예를 들어 은행은 문서 파쇄와 데이터 암호화라는 두 가지 프로세스를 사용해 기밀 정보를 보호한다. 자동차 제조업체는 정밀 도장 방법(장비 및 재료)을 사용해 반짝이는 도장 마감의 자동차를 생산한다.

운영 프로세스 재화나 서비스를 생산하는 데 사용하는 일련의 방법과 기술

재화 생산은 운영 프로세스가 '주문생산(make-to-order)' 또는 '비축생산(make-to-stock)'을 강조하는지 여부에 따라 분류한다. 반면 서비스는 필요한 고객 접촉 정도에 따라 분류한다.

재화 생산 프로세스: 주문생산 대 비축생산 프로세스 이브닝드레스와 같은 의류는 백화점에서 기성품으로 구입하거나 디자이너숍에서 맞춤 제작할 수 있다. 디자이너의 **주문생산운영**(make-to-order operation)은 고객의 특성에 따라 독특한 패턴, 소재, 크기, 모양을 지닌 특별한 요구사항에 대응하는 것이다. 반면, **비축생산운영**(make-to-stock operation)은 대량 소비를 위해 매장 선반에 비축할 표준 드레스를 대량으로 생산하는 것이다. 두 가지 방식의 생산 프로세스는 설계 절차, 자재 구매 계획, 장비 및 작업 방식, 작업자 능력 등의 측면에서 다소 차이가 있다.

주문생산운영 고객 맞춤 제작 활동

비축생산운영 대량 소비를 위한 표준화 제품 생산 활동

서비스 운영은 고객이나 고객의 소유물을 변화시키기 때문에 많은 경우 고객이 운영 프로세스에 참여한다. 예를 들어 머리를 자르거나 염색하고 싶은 고객은 이 서비스를 받기 위해 미용실에 직접 가야 한다.

서비스 생산 프로세스: 고객 접촉의 범위 서비스를 분류할 때 서비스 생산 시스템에서의 고객 존재 여부가 중요하다. 즉 **고객 접촉의 범위**에 따라 서비스를 분류할 수 있다.

저접촉 시스템 고객이 서비스 운영 시스템의 일부분으로 참여하지 않는 고객 접촉 수준

저접촉 시스템 우체국의 우편배달 운영을 생각해보자. 집배원이 우편함에서 우편물을 수집하고 분류한 다음 수취인 주소로 배달한다. 이 작업은 **저접촉 시스템**(low-contact system)이다. 즉 서비스가 수행되는 동안 고객은 우체국과 접촉하지 않는다. 고객은 우편물 처리 과정에 참여하지 않고도 우편물 배달 서비스를 제공받는다. 저접촉 시스템의 다른 예로는 가스 및 전기 회사, 자동차 정비소, 잔디 관리 서비스 등이 있다.

고접촉 시스템 고객이 서비스 운영 시스템의 일부분으로 참여하는 고객 접촉 수준

고접촉 시스템 대중교통 시스템을 생각해보자. 이 경우 서비스는 운송이다. 교통수단을 구매하고 버스나 기차에 탑승한다. 예를 들어 샌프란시스코와 시 외곽을 연결하는 BART(Bay Area Rapid Transit) 시스템은 모든 대중교통 시스템과 마찬가지로 **고접촉 시스템**(high-contact system)이다. 즉 고객이 서비스를 받으려면 생산 시스템의 일부분으로 참여해야 한다. 따라서 관리자는 열차의 청결도, 승객의 안전, 매표소의 유용성에 대해 걱정한다. 반면, 석탄을 운송하는 회사는 요금을 지불하는 승객이 탑승하지 않기 때문에 기차의 외관에 덜 신경 쓴다. 그러므로 석탄 운송 회사는 저접촉 시스템으로 볼 수 있다.

학습목표 7-3
사업전략에 따라 필요한 운영 역량이 달라짐을 이해한다.

운영의 원동력으로서 사업전략

서비스나 재화 모두에 적용되는 생산을 수행하는 표준 방법은 없다. 오히려 생산(혹은 운영)은 다양한 목적의 다양한 운영 역량을 제공하기 위해 다양한 형태로 바뀔 수 있는 유연한 활동이다. 그렇다면 기업은 자신에게 가장 적합한 생산 유형을 어떻게 선택할까? 기업은 상위의 사업전략을 가능한 가장 효율적인 방법으로 달성하는 생산 유형을 선택할 것이다.

생산 운영의 여러 측면

표 7.1에 나열한 4개 기업을 살펴보자. 2개는 재화 생산[토요타(Toyota), 3M]에 해당하고 다른 2개[세이브어랏(Save-a-Lot), 페덱스]는 서비스에 해당한다. 이 회사들은 상반되는 사업전략을 추구하며 서로 다른 운영 역량을 보유한다. 각 회사는 자신이 속한 산업의 고객을 유치하는 데 필요한 사업전략을 찾아냈다. 예를 들어 토요타는 40여 년 전 자동차 판매 경쟁전략으로 **품질**을 선택했다. 세이브어랏 식료품점은 업계의 다른 식료품점과 달리 고객에게 **더 낮은 가격**을 제공한다. 3M의 **유연성** 전략은 끊임없이 변화하는 가정과 사무실용 제품군의 신제품 개발을 강조한다. 페덱스는 배송 **신뢰성**을 강조해 익일 배송 시장을 장악하고 있다.

사업전략이 운영 역량을 결정한다 성공적인 기업은 자신의 사업전략을 지원하는 방향으로 운영을 설계한다. 다시 말해 관리자는 기업의 목표 시장을 지원하도록 생산 운영을 조정한다. 앞서 본 4개 회사는 서로 다른 사업전략을 구사하기 때문에 운영에도 차이가 있다. **운영 역량**[operation capability, **생산 역량**(production capability)]은 경쟁에서 이기기 위해 생산 측면에서 특히 잘하는 특별한 능력을 의미한다. 표 7.2는 이 4개 기업의 최우선 운영 역량(생산 역량)과 해당 역량을 구현하기 위한 주요 운영 특징을 보여준다. 각 기업의 운영 역량은 사업전략과 일치하므로 조직 상층부에서 하층부까지의 모든 활동이 특정 방향에 초점을 둔다.

운영 역량(생산 역량) 경쟁에서 이기기 위해 생산 측면에서 특히 잘하는 특별한 능력

예를 들어 토요타의 최우선 순위가 품질이므로 토요타의 운영, 즉 생산을 위한 자원 투입물, 변형 활동, 생산에서 나오는 산출물은 그 무엇보다 품질에 초점을 둔다. 토요타의 자동차 디자인과 생산 프로세스는 합리적인 가격에 외관, 신뢰할 수 있는 성능, 고객이 원하는 기능을 강조한다. 모든 생산 프로세스, 장비, 교육은 더 나은 자동차를 만드는 데 집중한다. 조직 전체의 문화 역시 직원, 공급업체 및 딜러에게 품질을 강조한다. 만약 토요타가 다른 성공적인 자동차 회사처럼 가격 경쟁력을 앞세웠다면 품질보다 비용 최소화를 지향해야 했으며 이 경우 토요타의 운영 방식은 완전히 달라졌을 것이다. 토요타의 운영은 품질 중심의 사업전략과 일치했고 2008년 품질 문제가 불거지기 전까지는 성공적이었다. 그 후 토요타는 품질에 더욱 전념했고 2012년에 자동차 제조산업의 선두 자리를 되찾았다. 2008년 경기 침체 이전까지 토요타는 35년 이상 연속 매출 증가를 기록할 만큼 품질이 위대함의 기반이었다.

추가적인 역량 확대 마지막으로, 우수한 기업은 시간이 지남에 따라 하나 이상의 역량을 확보하는 방법을 배운다는 점을 알아야 한다. 표 7.1의 기업은 몇 가지 역량에서 우수해졌다. 페덱스는 신뢰

표 7.1 네 기업의 사업전략

기업	고객 유인 전략	전략 실행을 위해 기업이 하는 것
토요타	품질	자동차가 안정적으로 작동하고 멋진 외관과 훌륭한 마감, 경쟁력 있는 가격으로 고객 기대 충족
세이브어랏	저가	기존 유통보다 최대 40% 저렴한 가격으로 식품 및 일상 용품 제공
3M	유연성	혁신을 통해 55,000개 이상의 가정 및 사무실용 편의품 제공
페덱스	신뢰성	모든 물품을 시간에 맞춰 빠르게 배송

표 7.2 네 기업의 운영 역량 및 특징

운영 역량	핵심 운영 특징
품질 (토요타)	• 부품 공급업체에 높은 수준의 품질 요구 • 린 생산을 위한 적시(JIT) 부품 흐름 • 일관된 제품 생산을 위한 전문화된 자동화 장비 • 제품, 작업 방식, 부품의 지속적인 개선을 위한 운영 인력의 전문성
저가 (세이브어랏)	• 과도한 간접비와 값비싼 재고 방지(꽃, 스시 같은 고비용 상품 취급 안 함) • 품목 수와 사이즈를 제한해 운송, 재고, 서류작업 등 최소화 • 일반 식료품점의 절반 크기로 매장을 지어 유지관리 비용을 절감하는 대신 여러 군데 출점 • 맞춤 배송 상자로 상품을 입고하고 판매해 인건비와 진열 비용 절감
유연성 (3M)	• 신제품의 빠른 제작을 위해 초과 생산 용량을 일부 유지 • 신제품으로의 빠른 생산 전환을 위한 적응형 장비와 시설 • 변화를 두려워하지 않는 직원 채용 • 다양한 위치에 여러 중소 규모 제조 시설을 배치해 창의성 향상
신뢰성 (페덱스)	• 고객 자동화: 고객과 전자 및 온라인 커뮤니케이션 도구를 사용해 배송 시간 단축 • 택배 스캔, 택배 이동을 추적하고 업데이트하는 무선 정보 시스템 • 자체 항공운송, 전 세계 기상 예보 센터, 택배 수거와 배송을 위한 내륙 운송, 비상사태를 대비한 예비 차량 유지 • 25개의 자동화된 지역 유통 허브가 익일 배송을 위해 하루에 350만 개의 택배를 처리

성 외에도 세계적 수준의 서비스 품질과 비용 절감으로 유명하다. 페덱스는 품질과 관련해 《MSN 머니(MSN Money)》의 연간 설문조사에서 150개 기업 중 9위에 올라 '2016 고객 서비스 명예의 전당'에 선정되는 영예를 안았다. 페덱스는 비용을 줄이기 위해 기술의 발전으로 불필요해진 일자리를 없앴고 비효율적인 구형 항공기를 매각했으며 항공 및 육상 운송의 경로를 변경해 비행 횟수를 줄였다.

학습목표 7-4
운영계획에서 고려한 주요 요소를 이해한다.

운영계획

이제 모든 사업 조직에서 고려하는 생산 활동과 자원에 대한 논의로 넘어가자. 훌륭한 관리자라면 관심을 가져야 할 계획(planning)부터 살펴보겠다. 여러 부서의 관리자가 운영 의사결정에 관여한다. 그러나 얼마나 많은 의사결정자가 관여하든 그림 7.6과 같은 논리적 순서를 따른다.

최고관리자가 수립한 사업 계획 및 예측은 장기 운영계획에 대한 지침을 제공한다. 2~5년 정도가 대상인 운영계획은 신규 및 기존 제품의 미래 수요를 충족하는 데 필요한 공장 또는 서비스 시설의 수와 노동력, 장비, 운송, 재고의 양을 예측한다. 계획 활동은 **용량**, **위치**, **배치**, **품질**, **방법 계획**의 다섯 가지 범주로 나뉜다.

용량 계획

용량 기업이 정상적인 조건에서 생산할 수 있는 제품의 양

용량(capacity)은 기업이 정상적인 조건에서 생산할 수 있는 제품의 양을 말한다. 기업의 용량은 얼마나 많은 사람을 고용했는지와 시설의 수와 규모에 따라 달라진다. 예를 들어 슈퍼마켓의 고객 결제

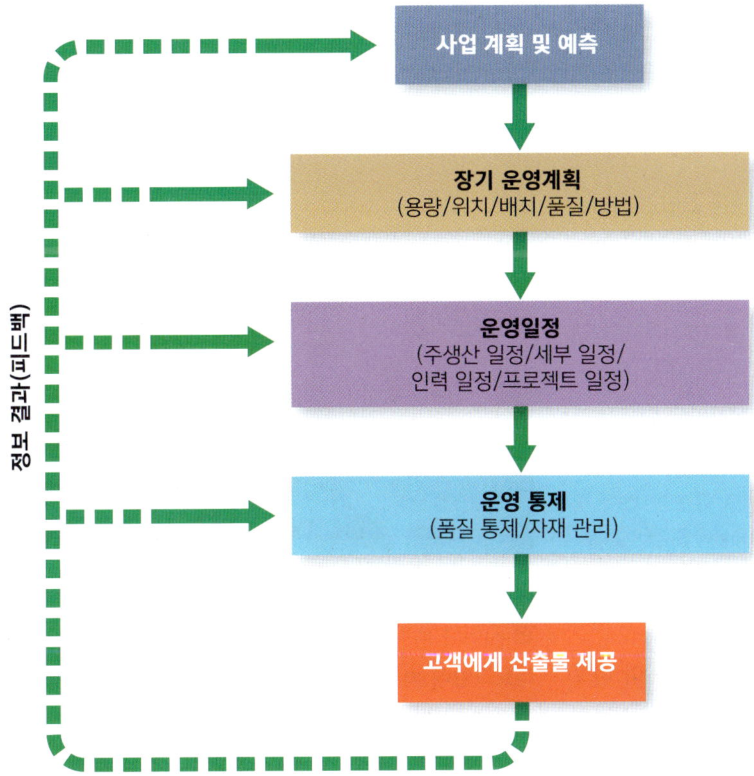

그림 7.6 운영 계획 및 통제

용량은 계산대 수에 따라 다르다. 일반적인 가게는 화요일 평균에 필요한 것보다 더 많은 현금출납기를 가지고 있지만 토요일 아침이나 추수 감사절 전 3일 동안에는 모두 최대 용량으로 운영한다.

장기 용량 계획은 현재 및 미래의 요구사항을 모두 고려한다. 용량이 수요에 비해 너무 적으면 회사는 고객을 대응하지 못하고 돌려보내야 한다. 그러면 이익이 줄어들고 고객과 영업사원 모두 실망하게 된다. 용량이 수요를 크게 초과하면 회사는 너무 큰 시설을 유지하거나, 필요 이상의 기계를 가동하거나, 너무 많은 사람을 고용하는 등 돈을 낭비하게 된다.

용량은 쉽게 결정할 수 있는 것이 아니다. 관리자는 미래 수요를 충족하고 경쟁업체로부터 시장점유율을 보호할 수 있을 만큼 빠르게 확장하는 동시에 확장비용도 고려해야 한다. 시장이 성장하면 더 큰 용량이 바람직하다. 그러나 어려운 시기에는 기존 용량이 너무 크고 유지 관리 비용이 너무 많이 들어가므로 규모를 줄여야 한다.

위치 계획

위치는 생산비용과 유연성에 영향을 미치기 때문에 공장, 사무실, 매장의 올바른 위치 계획이 중요하다. 위치에 따라 저가 제품 생산이 가능할 수도 있고 경쟁사에 비해 원가가 불리할 수도 있다.

슬로바키아가 '디트로이트 동부(Detroit East)'로 알려지게 된 이유를 생각해보자. 2008년의 대공황으로 인한 전 세계 자동차 판매 침체에도 슬로바키아의 자동차 생산량은 일정했다. 그리고 2012년 유로존 경제 위기 동안에도 대부분의 다른 유로존 국가보다 1인당 자동차 생산량이 더 높았다. 폴크스바겐(Volkswagen), 푸조(Peugeot) 시트로엥(Peugeot Citroen), 기아 등 주요 자동차 회사의 공장이 이

기업가정신과 새로운 벤처기업

가정식이 가장 좋아요

Monkey Business/Fotolia

가족들이 매일 저녁 식탁에 앉아 가정식을 먹게 된 것은 그리 오래되지 않았다. 레스토랑 식사는 특별한 경우에만 예약했으며 간편 조리식 같은 것은 있지도 않았다. 그러나 이런 시절은 오래전에 사라졌다. 오늘날 많은 가족들은 일주일에 여러 번 외식을 하거나 테이크아웃 음식을 집에 가져와 먹는다. 특히 독신이거나 자녀가 없는 부부일수록 이렇게 끼니를 때울 가능성이 크다. 이것이 외식업의 성공을 이끄는 경제적 현실이며, 치즈케이크팩토리(Cheesecake Factory)처럼 수익을 내고 성장할 수 있는 길이기도 하다. 그러나 모든 벤처가 처음부터 규모가 컸던 것은 아니다. 치즈케이크팩토리도 작게 시작했다. 새로운 사업은 아이디어를 가진 사람이 시장의 니즈를 찾고 그 니즈를 충족하는 제품이나 서비스를 만들 때 생겨나는 것이다.

워싱턴주의 요식업 종사자인 스테파니 앨런(Stephanie Allen)이 바로 그런 상황에 있었다. 앨런과 친구는 매달 한 번 토요일에 모여 약간의 준비로 데워 먹을 수 있는 냉동식품을 준비했다. 이들의 냉동식품에 대한 소문이 퍼졌고 앨런은 티나 쿠나(Tina Kuna)와 함께 2002년에 드림디너스(Dream Dinners)를 창업했다. 이 회사는 시애틀 지역에서 빠르게 확장했고 이듬해에 프랜차이즈화했다. 약 14년 후 이 회사는 25개 주에 86개 지점을 보유하고 있다.

어떤 곳인지 궁금한가? 이 회사는 건강하고 영양가 있고 맛있는 저녁 식사 제공을 목적으로 한다. 각 지점은 다양한 입맛에 맞는 메뉴 목록을 매달 작성한다. 예를 들어 허브 크러스트 플랭크 스테이크, 달콤한 사이다 바비큐 치킨, 프레첼 빵에 피자 버거 슬라이더, 간장 연어, 리오그란데 치킨 파히타, 피타와 후무스를 곁들인 테라코타 치킨 등을 고를 수 있다. 고객이 온라인으로 드림디너스의 특정 지점에 주문하면 해당 지점이 고객을 대신해 저렴하고 좋은 품질의 식자재를 구매한다. 그리고 요리하기 편하게 식자재를 씻고 썰고 다듬어 요리법을 적은 레시피 카드와 함께 지퍼백에 담아둔다. 고객은 이 재료를 냉동실에 넣어두고 필요할 때 꺼내 간편하게 요리해 식사 준비를 한다. 식사비용은 재료에 따라 다르지만 평균적으로 1인당 5달러 미만으로 일반적인 레스토랑 식사보다 훨씬 저렴하고 집에서 바로 요리해 먹을 수 있다는 장점이 있다.

곳에 위치하기 때문이다. 슬로바키아는 세계 경제 개선에 따른 생산량 증대가 가능한, 자동차 생산에 이상적인 곳이다. 철도가 잘 갖춰져 있고 다뉴브강과 인접해 물류 측면에서 부품 입고와 완성차 출고가 용이하기 때문이다. 또한 이 지역에는 열심히 일하는 숙련 노동자가 많으며 주변 국가보다 임금 수준이 낮다.

제조와 달리 소비자 서비스는 고객 가까이에 위치하는 것이 중요하다. 이에 타코벨(Taco Bell), 맥도날드와 같은 패스트푸드점은 고속도로, 대학 캠퍼스, 병원 식당, 쇼핑몰 등 유동인구가 많은 지역 근처에 위치한다. 대형 소매업체인 월마트(Walmart)의 물류 센터 관리자는 월마트 매장이 고객이다. 상품을 트럭으로 각 매장에 빠르게 배송하기 위해 물류 센터는 공급업체가 아닌 수백 개의 월마트 매장 근처에 위치한다.

배치 계획

배치(layout)는 서비스 센터, 기계, 장비, 고객, 소모품의 물리적 위치 또는 평면도를 말한다. 이는 기업이 다양한 제품의 많은 수요에 효율적으로 대응할 수 있는지, 아니면 경쟁사의 속도와 편의성을 따라가지 못하는지를 결정한다. 가능한 여러 배치 가운데 **공정 배치**, **제품 배치**, **고정위치 배치**가 잘 알려져 있다. 이 절은 다른 목적의 운영에 다른 배치가 어떻게 적용되는지 살펴본다.

공정 배치 **맞춤제작 배치**(custom-product layout)로도 알려진 **공정 배치**(process layout)는 맞춤형 작업을 전문으로 하는 **주문생산** 혹은 **개별생산**(job shop)에 매우 적합한 것으로 기능에 따라 장비와 사람을 집단화했다. 예를 들어 페덱스오피스(FedEx Office) 매장은 다양한 맞춤형 작업을 수용하기 위해 공정 배치를 활용한다. 복사, 팩스, 컴퓨팅, 제본, 라미네이팅과 같은 특정 활동이나 공정은 매장 내 별도의 전문 공간에서 수행한다. 방문 고객(개인 및 소규모 비즈니스 고객)은 자신이 필요한 셀프 서비스를 이용하며 정해진 공간을 이동한다.

공정 배치(맞춤제작 배치) 기능에 따라 장비와 사람을 집단화한 생산 활동의 물리적 배열

공정 배치의 주요 이점은 유연성이다. 앞서 살펴본 페덱스오피스 매장은 언제든지 각기 다른 종류의 작업이 필요한 개별 고객 주문을 처리할 수 있다. 작업 요구사항에 따라 고객은 3개의 활동 공간을 거쳐 가거나 하나만 방문해 서비스를 받을 수 있다. 의료기관의 공정 배치를 도식화한 그림 7.7에 표시된 경로는 어느 환자의 치료 순서를 보여준다. 각 환자별로 서로 다른 진료를 받는다. 공작기계, 목공소, 인쇄소 등의 재화 생산자 역시 의료기관이나 피트니스 센터처럼 공정 배치를 사용한다.

제품 배치(동일 단계 배치) 한 가지 유형의 제품을 만들기 위해 생산 요구사항에 따라 일정 순서의 활동으로 설계된 생산 단계의 물리적 배열

제품 배치 **동일 단계 배치**(same-steps layout) 혹은 **조립라인 배치**(assembly line layout)로도 알려진 **제품 배치**(product layout)는 생산 단계 순서를 고정해 한 가지 유형의 서비스를 제공하거나 한 가지 유형의 제품을 만드는 데 활용한다. 모든 제품은 동일한 단계를 거쳐 완성된다. 제품 배치는 한 가지 제품을 빠르게 대량으로 생산하는 대량 비축생산 운영에 효율적이다. 부분적으로 가공된 제품은 컨베이어

조립라인 배치 제품이 공장 안에서 컨베이어 벨트나 다른 장비를 통해 단계별로 이동해 완성되는 배치 유형

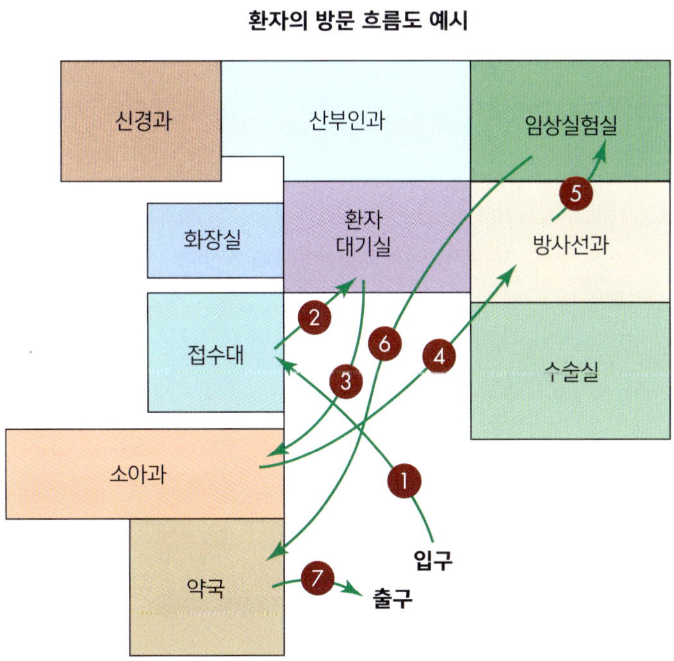

그림 7.7 의료기관의 공정 배치

벨트나 기타 장비를 통해 공장 내부를 이동하며 여러 공정을 단계별로 거쳐 최종 완제품이 된다. 자동차, 식품 가공, TV 조립 공장은 물론 UPS나 페덱스의 우편물 처리 시설 역시 제품 배치를 사용한다.

그림 7.8은 서비스 제공자인 자동 세차장의 제품 배치를 보여준다. 그림 7.9는 덧창을 만드는 재화 생산자의 조립 과정이다. 제품 배치는 효율적이다. 작업 기술이 장비에 내장되어 있어 비숙련 작업자가 간단한 작업을 수행하기 때문이다. 그러나 제품 배치는 유연성이 떨어진다는 단점이 있다. 특히 새로운 방식으로 적용하기 어려운 특수 장비를 사용하는 경우가 그렇다.

고정위치 배치 인력, 장비, 자재, 기타 자원을 모든 생산 작업이 이루어지는 지리적 위치로 가져오는 배치 유형

고정위치 배치 **고정위치 배치**(fixed-position layout)는 크기, 모양이나 다른 요인 때문에 서비스를 다른 생산 시설로 이동하기 어려운 경우에 사용한다. 고정위치 배치에서 제품 혹은 고객은 한 곳에 고정되어 있고 장비, 자재, 작업자가 해당 위치로 이동한다. 예를 들어 무릎 수술 후 집에서 회복하는 환자의 경우 재활 전문가가 서비스 제공을 위해 환자의 집을 방문한다. 집의 상하수도 배관 불량이나 지붕 누수의 경우 수리 대상인 집은 고정되어 있고 수리공이 집을 방문해 수리 서비스를 제공한다. 이처럼 고정위치 배치는 이동이 어려운 대형 선박 건조나 빌딩 건설은 물론 농장의 쟁기질, 비료 살포, 수확 같은 농업 운영에도 사용한다.

품질 계획

품질 '명시적 혹은 암묵적 욕구를 충족하는 능력이 있는 제품 또는 서비스의 특징'의 조합

성능 제품이 해야 할 일을 얼마나 잘 수행하는가를 나타내는 품질의 차원

모든 운영계획은 제품이 회사 및 고객의 품질 기준을 충족하는 활동을 포함한다. 미국품질협회(American Society for Quality)는 **품질**(quality)을 '명시적 혹은 암묵적 욕구를 충족하는 능력이 있는 제품 또는 서비스의 특징'의 조합으로 정의한다. 이러한 특성은 합리적인 가격은 물론 제품이 약속한 혜택을 제공할 것이라는 신뢰를 포함한다.

품질에 대한 계획은 제품을 설계할 때 시작한다. 나중에 살펴보겠지만 제품 설계는 마케팅의 책임이지만 운영 관리자도 참여한다. 초기에는 성능과 일관성에 대한 목표를 설정한다. **성능**(performance)은 제품이 해야 할 일을 얼마나 잘 수행하는가를 의미한다. 예를 들어 고디바(Godiva) 프리미엄 초콜릿의 충성 고객에게 성능은 향기, 맛, 색상, 식감과 같은 감각적 즐거움을 포함한다. 마스터 쇼콜라티

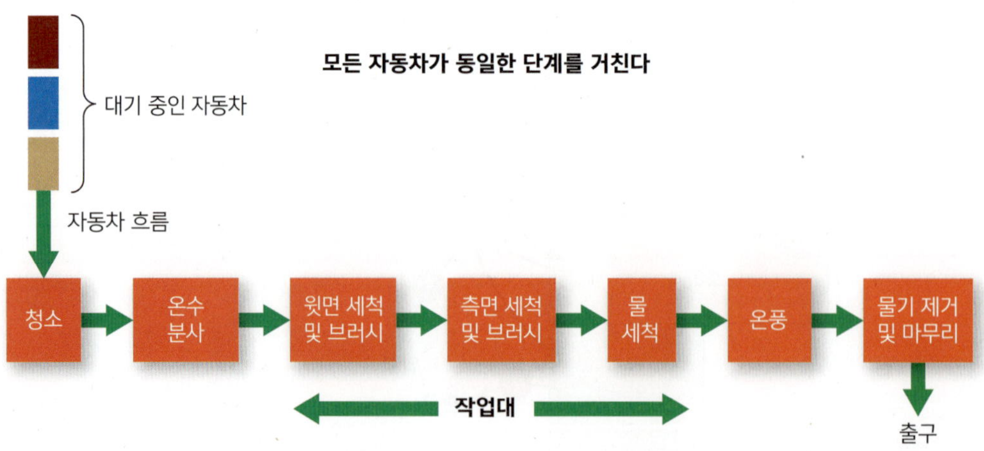

그림 7.8 자동 세차장의 제품 배치

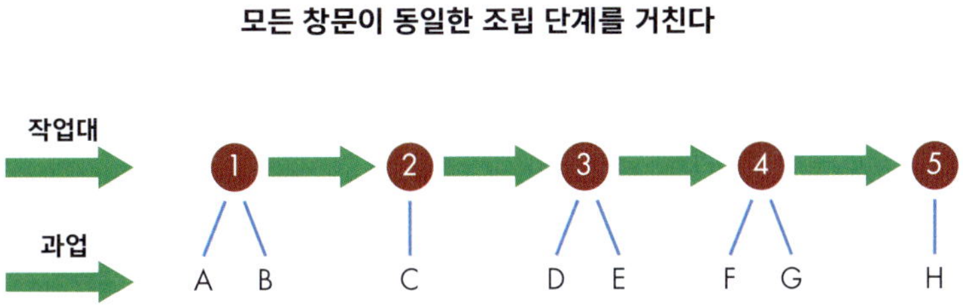

A: 창문 프레임 조립
B: 창틀 걸쇠 설치
C: 고무 몰딩 설치
D: 창틀 나사 삽입
E: 창틀 나사 덮개 씌우기
F: 창틀 손잡이 설치
G: 유리창 설치
H: 창문 포장

그림 7.9 창문 조립의 제품 배치

에 티에리 뮈레(Thierry Muret)에 따르면 "진정한 초콜릿은 항상 신선하고 고품질의 재료로 만들며 독특한 식감과 자연스러운 풍미가 특징"이다. 고디바의 레시피는 이러한 특징을 구현하고 있으며 이런 뛰어난 '성능' 덕분에 고디바는 세계 최고의 브랜드 중 하나가 되었다.

성능 외에 품질은 **일관성**(consistency)도 포함한다. 일관성은 단위마다 제품 품질의 동일성을 의미한다. 예를 들어 코트야드바이메리어트(Courtyard by Marriott)를 사용하는 비즈니스 여행객은 숙박할 때마다 높은 일관성을 누리며, 이것이 코트야드바이메리어트가 숙박 업계에서 가장 많이 팔리는 브랜드 중 하나인 이유다. 코트야드바이메리어트는 38개국에 있는 967개 이상의 코트야드호텔에서 동일한 품질을 유지함으로써 이런 평판을 확보했다. 비즈니스 여행객을 위해 설계된 대부분의 객실에는 고속 인터넷, 회의 공간, 운동실, 레스토랑, 라운지, 수영장, 24시간 음식 제공이 가능한 코트야드 스위트룸이 있다. 스위트룸의 레이아웃은 대부분 동일하고, 객실은 항상 깨끗하며, 체크인/체크아웃 절차 역시 동일해 투숙객이 각 숙박마다 무엇을 기대할지 알고 있다. 이러한 일관성은 재료 및 공급품의 균일성에 대한 감독, 꼼꼼한 작업, 직원 교육 및 장비 유지 관리를 통해 달성한다.

일관성 단위마다 제품 품질의 동일성을 나타내는 품질의 차원

품질 계획은 제품 설계 외에도 무엇이 고품질 제품을 구성하는지와 이러한 품질 특성을 어떻게 측정할지 결정하는 것을 포함한다.

방법 계획

운영 시스템을 설계할 때 관리자는 각 생산 단계와 이를 수행하기 위한 특정 방법을 정해야 한다. 그런 다음, **방법 개선**(methods improvement)이라는 접근 방식을 사용해 절차를 단계별로 검토함으로써 낭비와 비효율을 줄일 수 있다.

공정순서 개선 운영 개선은 현재의 생산 과정을 문서화하는 것에서 시작한다. **공정순서도**(process flowchart)라는 도표를 사용해 자세히 묘사하는 것이 정보를 구성하고 기록하는 데 도움이 된다. 공정순서도는 생산 활동의 순서, 자재 이동, 공정 각 단계에서 수행하는 작업을 나타낸다. 그런 다음 분석을 통해 낭비 활동, 지연 원인 및 기타 비효율성을 찾아낸다. 마지막 단계는 개선 사항을 실행에 옮기는 것이다.

고객 서비스 개선 예를 들어 전통적인 호텔의 체크아웃 과정을 생각해보자. 그림 7.10의 공정순서

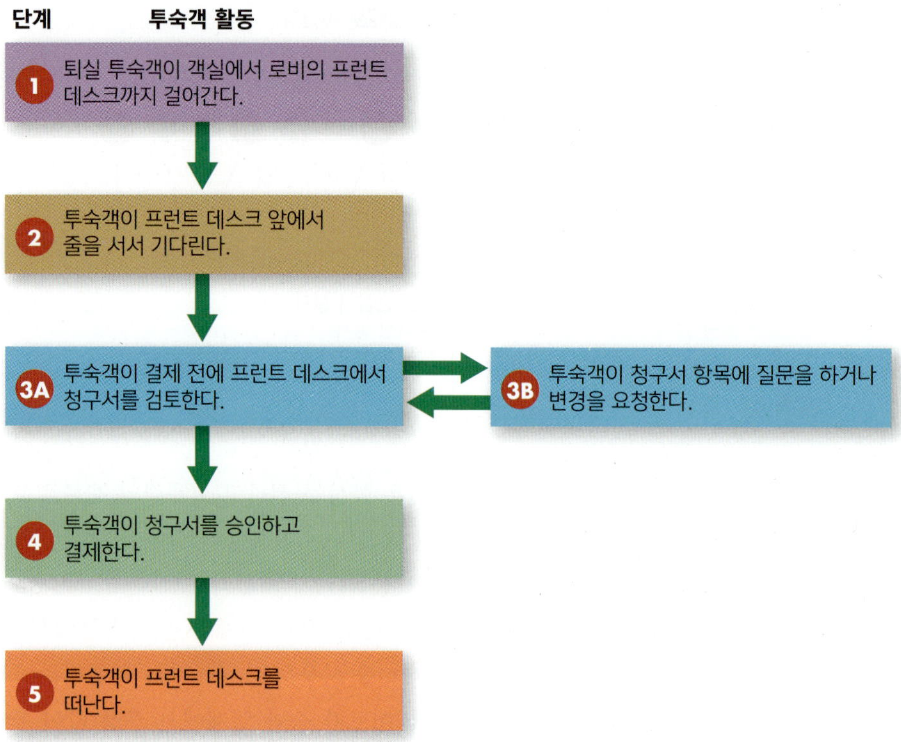

그림 7.10 일반적인 투숙객 퇴실 절차 흐름도

도는 고객 활동의 5단계를 보여준다. 호텔 체크아웃은 결제를 위해 줄을 서야 하는 등 많은 시간이 걸린다. 특히 사람이 몰리는 시간대에는 줄이 길어 고객 불평과 불만을 초래한다. 게다가 체크아웃 업무를 지원하기 위해 더 많은 직원을 프런트 데스크에 재배치하기 때문에 다른 호텔 업무도 방해받는다. 이에 일부 호텔 관리자는 고객이 줄을 서서 낭비하는 시간을 줄이고 다른 직원의 업무를 방해하는 것도 줄이는 새로운 체크아웃 방법을 고안했다. 그것은 그림 7.10의 1, 2, 3A, 5단계를 생략해 시간을 절약하는 것이다. 퇴실하는 날 아침에 청구서 사본을 객실 문 앞에 갖다 놓거나 고객이 퇴실 전에 객실 TV로 청구서 내용을 살펴볼 수 있게 한다. 청구서가 정확하면 더 이상의 체크아웃 과정이 필요 없고 호텔은 고객이 체크인 시 제출한 신용카드로 요금을 청구한다.

학습목표 7-5
주운영 일정, 세부 일정, 인력 일정, 프로젝트 일정 등 네 가지 유형의 운영 일정에 담긴 정보를 논의한다.

운영 일정 수립

그림 7.6의 활동 흐름에 따라 관리자가 운영계획을 결정한 다음, 계획 실행을 위한 일정 개발에 착수한다. **운영 일정 수립**(operations scheduling)은 특정 활동을 언제 수행할 것인지를 정하는 것이다. 이 절은 다음의 네 가지 일반적인 일정 유형을 살펴본다. (1) **주일정**은 앞으로 몇 달 동안 예정된 활동의 양을 결정하는 일종의 '경기 계획'이다. (2) **세부 일정**은 생산에서 발생할 일상적인 활동을 보여준다. (3) **인력 일정**은 누가, 몇 명의 직원이, 언제 일할 것인지 나타낸다. (4) **프로젝트 일정**은 대규모 프로젝트 완수를 위한 조정을 제시한다.

코일 # (제품)	19/8/4	19/8/11	19/8/18	…	19/11/3	19/11/10
TC016	1,500	2,500			2,100	600
TC032	900		2,700		3,000	
TR020	300		2,600			1,600

그림 7.11 주운영 일정 일부 예시

주운영 일정

운영 일정 수립은 다양한 수준에서 이루어진다. 첫째, 최상위 **주운영 일정**(master operations schedule)은 앞으로 언제, 어떤 서비스 또는 제품을 생산할 것인지 보여준다. 예를 들어 알루미늄 코일 제조사인 로건알루미늄(Logan Aluminum)은 코일을 음료수 캔 생산 기업에 공급한다. 이 회사의 주일정은 그림 7.11에 보여진 것과 같은 형식으로 60주 동안 300,000톤 이상 생산하는 것이다. 주일정은 다양한 유형의 코일(제품)을 매주 몇 톤이나 생산할지 구체적으로 보여줌으로써 관리자가 다음 한 주 동안 필요한 재료, 장비, 기타 자원 등의 종류를 결정하는 데 도움을 준다.

주운영 일정 앞으로 언제, 어떤 제품을 생산할 것인지 보여주는 일정

지역 식품 소매업체와 같은 서비스 제공업체의 주일정은 향후 2년간의 분기별 운영 예정인 소매점 수에 대한 내용 등을 포함한다. 그다음, 고객 서비스 제공을 위해 분기별로 모든 매장에서 필요한 핵심 자원을 추정한다. 그림 7.12는 이런 주일정의 일부분을 예시적으로 보여준다. 이 주일정은

핵심 자원	연도/분기 2019/1	2019/2	2019/3	2019/4	2020/1	2020/2	2020/3	2020/4
매장 수	17	17	18	19	20	20	21	22
인력 수준 (직원 수)	1,360	1,360	1,530	1,615	1,700	1,700	1,653	1,827
신선채소 (톤)	204	204	192	228	240	240	230	260
통조림 (상자)	73,950	77,350	80,100	80,100	83,000	84,500	88,600	90,200
육류 등	–	–	–	–	–	–	–	–
–								
–								
–								

그림 7.12 식품 소매점의 운영 일정 일부

회사에서 채용하고 훈련해야 하는 사람 수에 대한 계획, 식품 구매 계획, 구매에 필요한 자금 조달 계획, 신규 매장의 건설 계획 등에 대한 정보를 제공한다.

세부 일정

세부 일정 각 작업대에 할당된 작업의 시작 및 종료 시간 등 일일 작업 할당을 보여주는 일정

주생산 일정은 전체 일정의 핵심이지만 **세부 일정**(detailed schedule)은 추가 정보를 담고 있다. 세부 일정은 각 작업대에 할당된 작업의 시작 및 종료 시간 등 일일 작업 할당을 보여준다. 로건알루미늄의 생산 직원은 공장 내 모든 코일의 위치와 각 코일의 생산 완료 시점까지 알고 있어야 한다. 관리자는 시작 및 종료 시간을 지정해야 하며 직원은 주 단위뿐만 아니라 일 단위 작업 할당 일정계획이 필요하다. 세부적인 단기 일정을 통해 관리자는 고객 주문 및 장비 상태에 대한 정보를 활용해 매일 생산되는 코일의 크기와 가짓수를 업데이트할 수 있다.

인력 일정 및 컴퓨터 기반 일정 수립

인력 일정 각 교대조 직원 각각의 근무 시간을 지정하는 것

일정 수립은 레스토랑, 호텔, 운송, 조경 회사 등의 서비스 기업 직원 충원에 유용하게 사용된다. 일반적으로 **인력 일정**(staff schedule)은 다음 30일 혹은 그 이상의 기간 동안 각 교대조 직원 각각의 근무 시간을 지정하는 것이다. 인력 일정은 직원의 요구와 기업의 효율성 및 비용(생산 수요 변화 등)을 고려한다.

컴퓨터 기반 일정 수립(computer-based scheduling)은 ABS Visual Staff Scheduler® PRO(VSS Pro) 소프트웨어 같은 도구를 이용해 직원 여러 명의 다교대(multishift) 활동을 쉽게 처리할 수 있다. 또한 휴가 기간 지정, 휴무 조정, 비계획 결근과 생산 일정 변경에 따른 직원 배치의 일일 조정이 가능하다.

프로젝트 일정 수립

신사업 구축 또는 제품 재설계 같은 특수 프로젝트는 여러 활동 간의 긴밀한 조정과 정확한 타이밍이 필요하다. 이런 경우 프로젝트 관리에 있어 간트(Gantt) 차트나 PERT 등의 프로젝트 일정 수립 도구를 활용하면 도움이 된다.

간트 차트 대규모 프로젝트를 여러 단계로 나누고 각 단계를 수행하는 데 필요한 시간을 보여주는 생산 일정

간트 차트 방법 개발자인 헨리 간트(Henry Gantt)의 이름을 따라 명명한 **간트 차트**(Gantt chart)는 대규모 프로젝트를 여러 단계로 나누고 각 단계를 수행하는 데 필요한 시간을 보여준다. 프로젝트 관리자는 작업을 완료하는 데 필요한 모든 활동을 나열하고, 각 단계에 필요한 시간을 추정하며, 진행 상황을 차트에 기록하고, 차트에 적힌 일정 대비 진행 상황을 확인해 프로젝트가 일정대로 진행되도록 한다. 작업이 일정보다 앞당겨지면 일부 직원을 다른 프로젝트로 이동시킬 수 있다. 예정보다 늦어질 경우 인원을 추가하거나 프로젝트 완료가 지연될 수 있다.

그림 7.13은 대학 교실 보수공사의 간트 차트를 보여준다. 현재까지의 진행 상황과 남은 작업의 일정을 보여주며 일부 단계는 동시에 수행할 수 있지만(예: D단계는 C단계 및 E단계와 동시에 수행할 수 있음) 어떤 단계는 동시 수행이 불가능하다(예: A단계는 다른 단계 이전에 반드시 수행해야 함). 그림 7.13을 보면 E단계는 현재 일정상 이미 완료되었어야 하나 아직 안 되어 일정에 뒤처진 상태다.

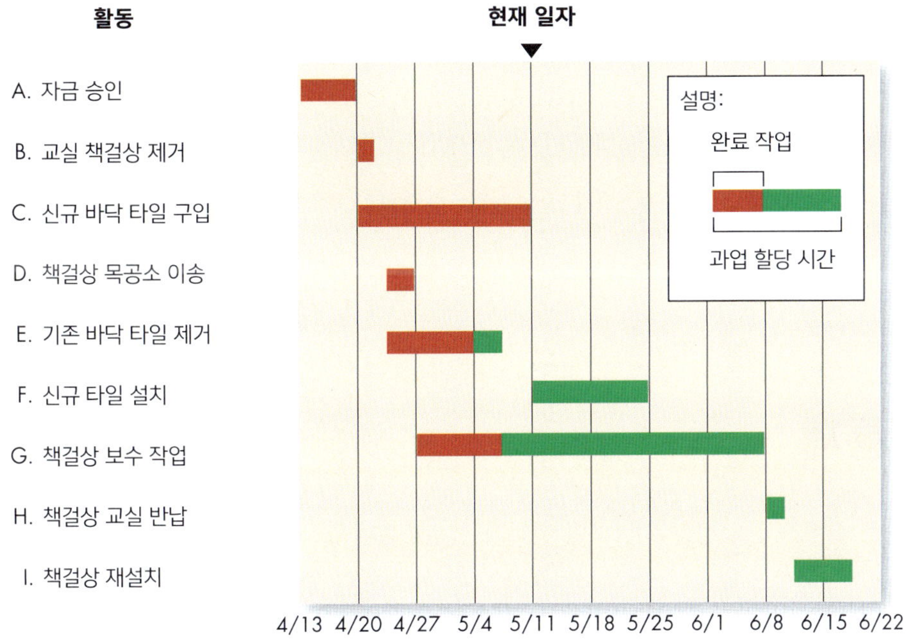

그림 7.13 간트 차트

PERT 차트를 통한 프로젝트 일정 수립 **프로그램 평가 및 검토 기법**(Program Evaluation and Review Technique, PERT)은 대규모 프로젝트의 진행 상황을 관리하기 위한 많은 정보를 제공한다. **PERT 차트**(PERT chart)는 각 활동을 수행하는 데 필요한 시간은 물론 프로젝트 시작부터 완료까지 필요한 활동의 **순서**를 화살표로 표시한다. 또한 프로젝트를 완료하는 데 가장 시간이 많이 걸리는 일련의 활동을 의미하는 **주경로**(critical path)를 표시한다.

PERT 차트 각 활동의 순서와 필요 시간, 프로젝트 수행의 주경로(critical path)를 보여주는 생산 일정

그림 7.14는 대학 교실 보수공사의 PERT 차트로 프로젝트의 아홉 가지 활동과 이를 완료하는 데 필요한 시간을 알 수 있다. 각 활동은 화살표로 표시하며 화살표는 활동을 수행하는 데 필요한 순서를 표시한다. 예를 들어 책걸상을 교실에 돌려놓기(H) 위해서는 책걸상 보수(G) 작업과 교실 바닥

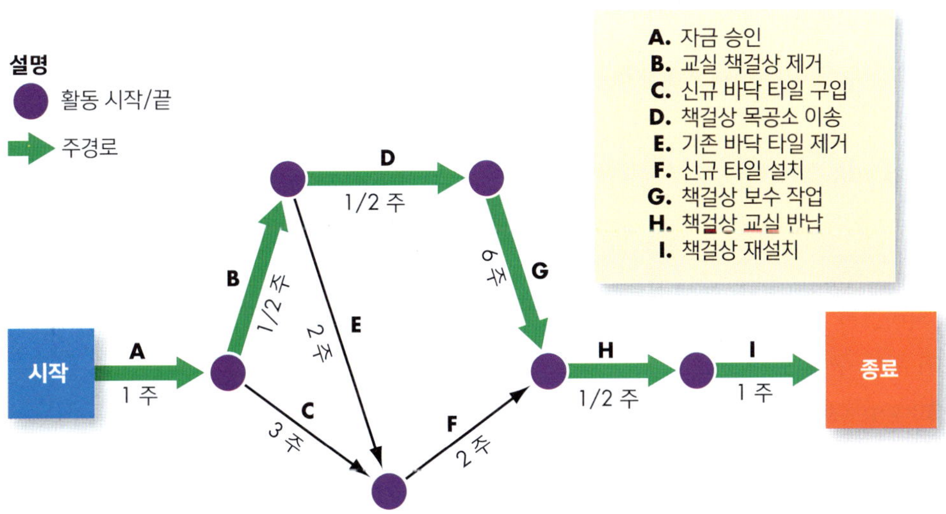

그림 7.14 PERT 차트

타일 공사(F)가 완료되어야 한다. 따라서 PERT 차트는 G와 F가 H 전에 위치함을 보여준다. 마찬가지로 자금 승인(A)은 다른 모든 작업에 우선한다.

주경로는 프로젝트 완료까지 가장 많은 시간이 걸리는 경로로 가장 핵심적인 정보다. 많은 경우 프로젝트 진행 속도가 가장 중요하기 때문이다. 앞서 살펴본 대학 교실 보수공사 사례에서 주경로는 활동 A, B, D, G, H, I이며 9.5주가 소요된다. 주경로가 핵심적인(critical) 이유는 주경로의 활동들이 지연되면 전체 프로젝트 일정(이 경우 9.5주)이 지연되기 때문이다. 프로젝트 관리자는 주경로의 활동을 지켜보다 지연이 발생하면 작업자와 장비를 재배치하는 특별 조치를 취해 지연된 활동을 가속화하고 일정을 맞추도록 한다.

학습목표 7-6
운영 통제를 위해 필요한 두 가지 핵심 활동을 논의한다.

운영 통제 결과를 계획과 비교해 생산 성과를 모니터링하고 필요한 경우 시정조치를 취하는 프로세스

후속 조치 생산 결정이 제대로 실행되고 있는지 확인하는 운영 통제 활동

운영 통제

장기 계획을 실행하고 일정을 수립하면 관리자는 **운영 통제**(operations control)를 위해 결과를 세부 계획 및 일정과 비교하는 등 성과를 모니터링해야 한다. 직원이 일정이나 품질 기준을 충족하지 못하면 관리자는 시정조치를 취한다. 생산 결정이 제대로 실행되고 있는지 확인하는 **후속 조치**(follow-up)는 운영의 핵심적인 사항이다.

운영 통제에는 **자재 관리**와 **품질 통제**를 포함한다. 두 활동 모두 일정은 물론 제품의 양적 및 질적 기준을 준수하도록 한다.

자재 관리

자재 관리 공급처에서 완제품 유통까지 자재의 흐름을 계획, 조직화, 통제하는 프로세스

우리는 가끔 옷, 책, 스마트폰 등의 개인 물품을 어디에 두었는지 기억하는 데 어려움을 겪는다. 하물며 기업에서 한 번에 수천 또는 수백만 가지의 자재를 추적한다고 상상해보라. 이런 일을 해내는 것이 자재 관리의 일이다. 이처럼 **자재 관리**(material management)는 관리자가 공급처에서 완제품 유통까지 자재의 흐름을 계획, 조직화, 통제하는 프로세스이다. 제조 회사의 경우 일반적인 재료비용이 전체 제품 비용의 50~75%를 차지한다.

물리적 재화의 자재 관리 활동 제품이 설계되면 성공적인 자재 흐름은 다섯 가지 활동에 따라 달라진다. 공급업체 선정부터 완제품 유통에 이르기까지 자재 관리자는 자재 관리를 구성하는 다음 영역에 참여한다.

공급업체 선정 공급업체를 물색하고 선정하는 프로세스

구매 제품을 생산하는 데 필요한 원자재와 서비스를 확보하는 것

운송 자원을 생산자에게, 완제품을 고객에게 운송하는 활동

창고 보관 생산을 위해 들어오는 자재와 고객에게 유통하기 위한 완제품을 보관하는 것

재고 통제 모든 원자재, 부분 완제품, 완제품의 입고, 저장, 취급, 수량을 파악하는 프로세스

- **공급업체 선정**(supplier selection)은 서비스 및 자재 공급업체를 물색하고 선정하는 프로세스이다. 이 단계는 잠재적 공급자 평가, 서비스 조건 협상, 긍정적인 구매자-판매자 관계 유지를 포함한다.
- **구매**(purchasing)[조달(procurement)이라고도 함]는 회사가 제품을 생산하는 데 필요한 모든 원자재와 서비스를 확보하는 것이다. 대부분의 대기업은 필요한 만큼의 적절한 서비스와 자재를 구매하기 위한 구매 부서가 있다.
- **운송**(transportation)은 자원을 생산자에게, 완제품을 고객에게 운송하는 활동이다.
- **창고 보관**(warehousing)은 생산을 위해 들어오는 자재와 고객에게 유통하기 위한 완제품을 보관하는 것이다.
- **재고 통제**(inventory control)는 모든 원자재, 부분 완제품, 완제품의 입고, 저장, 취급, 수량 파악을

포함한다. 이를 통해 생산 일정 준수에 필요한 충분한 자재 재고를 확보하는 동시에 비용이 들어가는 초과 재고를 피할 수 있다.

린 생산 시스템 자재 관리에 있어 타이밍도 중요한 요인이다. 토요타가 개척한 **린 생산 시스템**(lean production system)은 매끄러운 생산 흐름을 위해 설계된 생산 시스템으로 비효율성을 피하고 불필요한 재고를 제거하며 생산 프로세스를 지속적으로 개선한다. 린 시스템의 일종인 **적시 생산**[Just-In-Time(JIT) production]은 각 생산 단계에서 필요한 모든 자재를 정확한 생산 시점에 확보해 고객 주문에 빠르고 효율적으로 대응하는 것이다. 원자재 입고에서 완제품 선적까지 모든 자원의 지속적인 흐름을 유지하는 것이 린 생산 시스템의 핵심이다.

린 생산 시스템 매끄러운 생산 흐름을 위해 설계된 생산 시스템으로 비효율성을 피하고 불필요한 재고를 제거하며 생산 프로세스를 지속적으로 개선하는 것

적시(JIT) 생산 린 시스템의 일종으로 각 생산 단계에서 필요한 모든 자재를 정확한 생산 시점에 확보해 고객 주문에 빠르고 효율적으로 대응하는 것

적시(JIT) 생산은 생산 중인 재화(미완성 재화)의 수를 최소한으로 줄인다. 재고비용을 최소화하고 재고 보관에 필요한 공간을 줄이며 중단과 재개를 반복하는 생산(stop-and-go production)을 매끄러운 흐름(smooth flow)으로 대체함으로써 비용을 절감한다. 매끄러운 흐름이 기준이 되면 생산 중단이 눈에 잘 띄고 직원이 이를 더 빨리 해결할 수 있게 된다. 지속적인 개선을 통해 생산 중단 요인을 찾아 제거하는 것이 적시 생산의 목적이다.

서비스 생산에 중요한 재고 관리 서비스 회사의 경우 재고 관리가 중요하다. UPS는 매일 1,800만 개의 물품을 배송하며 모든 물품이 제때 도착할 것임을 약속한다. 이를 위해 항공기 542대와 차량 104,926대의 위치, 일정 및 정시 도착 여부를 추적한다. 그러나 고접촉 서비스에 사용되는 가장 중요한 '재고'는 물리적 재화가 아니라 정보의 형태로 존재한다. 구체적으로는 서비스 상품 제공이나 고객의 관심, 니즈, 활동 및 다른 고객과의 상호작용 계획에 대한 정보를 말한다.

예를 들어 **정보 관리**(information management)가 중요한 활동인 콜렛베이케이션스(Collette Vacations)의 **정보재고**(information inventory)를 생각해보자. 7개 대륙 50개 이상의 국가에서 150개 이상의 에스코트 투어를 제공하는 콜렛은 전통 여행, 소규모 그룹용 여행 및 가족 여행의 세 가지 제품라인을 보유

Michaeljung/Fotolia

품질 통제는 운영이 일정 품질 표준을 충족하는 제품을 생산하도록 조치를 취하는 것을 의미한다. 이 품질 통제 검사관은 제품이 고객 설정 기준을 충족하는지 확인하기 위해 선적 전에 완제품을 검사한다.

한다. 전문 투어 플래너가 설계한 각 투어(상품)는 모든 일정과 숙박시설 예약 등을 포함한다. 여행객은 새로운 장소, 사람, 역사, 문화를 경험하기 위해 관광, 식사, 오락, 숙박 시설을 포함하는 육상, 크루즈, 철도 여행 중에서 선택한다.

투어가 시작되면 회사의 100명 이상의 전문 투어 매니저 중 한 명이 전체 기간(대체로 8~14일) 동안 친구이자 가이드로서 고객과 대면해 모든 일상적인 세부 사항(식사, 투숙, 교통, 관광, 비상사태 등)을 처리한다.

이런 수많은 활동은 방대한 양의 정보, 즉 **정보재고**를 생성한다. 이런 정보는 현재의 투어를 성공적으로 마무리하고 이후의 투어를 예약한 수천 명의 고객 모두를 위해 정확하고 접근 가능해야 한다. 또한 향후 1~2년 동안 제공할 투어에 대한 사전 정보를 수천 명의 잠재 고객에게 연락하는 데도 중요하다.

품질 통제

품질 통제 운영이 일정 품질 기준을 충족하는 재화나 서비스를 생산하도록 조치를 취하는 것

품질 통제(quality control)는 운영이 일정 품질 기준을 충족하는 재화나 서비스를 생산하도록 조치를 취하는 것이다. 예를 들어 고객 만족이 서비스를 제공하는 직원에 크게 좌우되는 서비스 운영을 생각해보자. 서비스를 모니터링함으로써 관리자와 직원은 실수를 감지하고 시정할 수 있다. 그러나 먼저 관리자 또는 다른 누군가가 기준을 세우고 결과물을 측정해야 한다. 예를 들어 은행에서 텔러 서비스의 품질 통제를 위해 감독자는 직원을 주기적으로 관찰하고 체크리스트에 따라 업무를 평가해야 한다. 관리자는 직원과 함께 결과를 검토하고 성과가 적절한지 확인하거나 성과가 기준에 도달하기 위해 필요한 변화가 무엇인지 논의하고 고민해야 한다.

고객 응대를 모니터링하고 교육 훈련을 통해 직원 능력을 함양하는 기업은 고객과 직원 간의 수준 높은 상호작용을 보인다. 고객관계 능력을 훈련받은 직원 없이는 서비스 품질이 떨어지고 특히 항공이나 호텔 업계는 직원 훈련을 철저히 한 경쟁자에 고객을 잃을 가능성이 크다.

학습목표 7-7
전사적 품질 관리의 활동과 목표를 이해한다.

품질 개선과 전사적 품질 관리

감독자가 카탈로그 판매 서비스 담당자가 고객과 전화한 내용을 듣는 것처럼 단순히 제품을 검사하고 서비스 운영을 모니터링해 품질을 통제하는 것만으로는 충분하지 않다. 품질이 처음부터 재화와 서비스에 내재되어야 한다. 예를 들어 캔자스시티의 세인트루크병원(St. Luke's Hospital)은 고품질의 치료 프로그램과 환자 간호 절차 개발을 위한 팀을 운영한다. 이 팀은 직원과 환자가 겪은 과거 문제에서 학습해 문제 원인을 제거하기 위해 치료, 작업 방법, 절차를 계속해서 개선한다. 즉 세밀한 점검을 통해 잘못된 점을 포착하고 조치를 취하는 것은 미봉책에 불과하며 처음부터 문제가 발생하지 않도록 원인을 제거하는 것이 중요하다. 제품의 품질은 글로벌 규모에서 경쟁하는 데 중요한 요소다. 관리자뿐만 아니라 모든 직원이 품질에 주의를 기울이고 이를 개선하는 노력에 참여해야 한다. 또한 기업은 개선 영역을 찾고 개선 정도를 측정할 수 있는 새로운 시도를 해야 한다. 즉 품질 개선이 일상 업무가 되어야 한다.

최근 들어 항공사가 기록적인 이익을 내고 있지만 이를 모두 운영에 재투자하고 있다. 경쟁이 치열한 항공 사업에서 가격과 일정만으로 차별화할 수 없기 때문이다. 정시 출발 및 도착이나 수하물

처리 같은 고객 만족 요소에 주의를 기울여야 한다. 이런 운영 효율성은 불황기, 호황기 할 것 없이 중요하다.

품질과 생산성의 관계

오늘날의 경쟁 환경에서는 **품질**과 **생산성**은 기업의 좌우명이나 다름없다. 기업은 생산성을 측정하고 개선을 지속해야 할 뿐만 아니라 고객에게 더 큰 만족을 가져다주고 매출을 개선하고 이익을 증대하기 위해 품질을 중요시한다.

생산성(productivity)은 경제 성과의 척도로 기업의 생산량을 투입한 자원량과 비교한 것이다. 생산성 공식은 단순하다. 더 적은 자원을 사용하면서 더 많은 재화와 서비스를 생산할수록 생산성이 향상되고 경제, 기업, 근로자 모두에게 도움 된다. 국가 수준에서의 가장 일반적인 척도는 노동 생산성이다. **노동 생산성**은 노동의 양을 자원으로 사용해 얻은 혜택, 즉 국가의 GDP와 비교한다.

생산성 기업의 생산량을 투입한 자원량과 비교한 것

$$\text{한 국가의 노동 생산성} = \frac{\text{해당 연도의 GDP}}{\text{해당 연도의 총노동시간 수}}$$

위 공식은 생산성의 일반적인 개념을 보여준다. 대부분의 국가에서 고용 및 근무 시간에 대한 정확한 통계를 보유하므로 다른 자원(예: 자본 또는 에너지)보다 노동지표를 사용하는 것이다. 따라서 국

격변 시대의 경영

항공 업계 균형 회복을 위한 운영 간소화

T.W. van Urk/Shutterstock

2011년에는 지진, 쓰나미, 원자력 발전소 사고, 정치적 갈등에 더해 연료 가격이 상승하면서 항공 산업이 곤경에 빠졌다. 역사적으로 항공사는 좋은 해에도 수익성이 매우 낮기 때문에 유가가 갤런당 120달러 이상으로 급등하고 여행 수요가 감소하면 업계는 어려움에 처할 수밖에 없다.

이에 항공업계는 수하물 같이 항공료에 기본으로 포함되었던 항목에 대한 서비스를 줄이고 할증요금제를 도입하는 것 외에도, 연료 효율성이 좋은 보잉 787 기종을 도입하고 수하물 태그에 마이크로 칩을 내장해 체크인 이후 자동적으로 스캔하고 추적할 수 있게 하는 등 다양한 운영 측면의 개선을 검토하기 시작했다.

2016년까지 연료 가격이 하락하고 항공 수요가 다시 강세를 보였지만 항공사는 여전히 처리해야 할 내·외부의 운영 이슈가 있다. 2016년 말, 칩 기반 수하물 관리를 주도한 델타(Delta)는 어느 날 이른 아침 애틀랜타의 시스템 작동 중단을 겪으면서 통제센터가 제 기능을 하지 못했다. 미리 준비한 비상계획은 쓸모가 없었다. 그날 오후까지 델타는 평소 6,000편의 항공편 중 약 3분의 1만 운항할 수 있었다. 2017년 3월에는 눈보라가 미국 동부 해안을 강타해 공항이 폐쇄되고 수천 편의 항공편이 결항했다. 이것이 바로 730대가 넘는 항공기로 하루 4,500편 이상의 항공편을 운항하는 유나이티드항공(United Airlines)이 경제적 또는 기타 불가피한 위기로부터 회사를 안정시키기 위한 운영 전략으로 2020년까지 48억 달러 이상의 비용을 절감하는 이유다.

가 노동 생산성 지표는 연도별 변화 측정과 다른 국가와의 비교가 용이하다. 예를 들어 2015년 미국 노동자의 시간당 생산량은 64.12달러였다. 노르웨이는 86.61달러, 아일랜드는 71.31달러, 벨기에는 60.17달러 수준이었으나 한국은 26.83달러로 측정된 20개국 중 가장 낮았다.

그러나 생산량에만 초점을 두는 것은 잘못되었다. 생산성은 우리가 생산하는 것의 양과 질 모두를 의미하기 때문이다. 자원을 더 효율적으로 사용하면 산출량은 확실히 더 많아진다. 그러나 제품의 품질이 만족스럽지 않으면 소비자는 제품을 외면할 것이다. 소비자가 생산된 제품을 구매하지 않으면 GDP가 악화하고 생산성이 떨어질 것이다. 따라서 품질은 고객이 원하는 기능을 제공하는 것을 의미한다.

품질을 위한 관리

전사적 품질 관리(TQM) 고품질의 재화와 서비스를 시장에 출시하는 데 필요한 모든 활동

전사적 품질 관리(total quality management, TQM)는 고품질의 재화와 서비스를 시장에 출시하는 데 필요한 모든 활동을 포함한다. TQM은 제조공정과 제품 모두를 지속적으로 개선하려는 리더십과 열망에서 시작한다. 고객, 공급업체, 직원을 포함한 사업의 모든 측면을 고려해야 한다. 이 모든 이해관계자의 관심을 통합하기 위해 TQM은 먼저 품질 저하 비용을 평가한다. 그런 다음, TQM은 불만족스러운 품질을 유발하는 원인을 찾아내고, 이를 정정하는 책임을 누군가에게 할당하며, 이 책임자가 품질 개선을 위한 조치를 취하도록 한다.

품질 저하 비용 세계 1위의 자동차 제조업체인 토요타는 2009~2013년 사이에 2,400만 대 이상의 자동차를 리콜해 수십억 달러의 손실과 고품질 이미지에 심각한 타격을 입었다. 뻑뻑한 가속 페달부터 엔진 정지, 연료 펌프의 오작동에 이르는 다양한 문제는 토요타와 소비자 모두에게 많은 비용과 위험을 초래했다.

재화 생산자와 마찬가지로 서비스 제공자와 고객은 질 낮은 서비스 상품으로 인한 재정적 어려움을 겪는다. 은행 산업이 적절한 예시이다. 미국 금융 시스템의 중추로서 은행과 그 고객들은 주택모기지론과 같은 부실 금융 상품으로 인해 여전히 어려움을 겪고 있다. 대출기관은 '좋은 시기'에 대출자의 신용도를 판단하는 전통적인 대출 기준을 완화(또는 아예 무시)하기 시작했다. 어떤 경우에는 대출기관이 의도적으로 부동산 가치를 과장해 고객이 정당한 자산보다 더 많은 돈을 빌릴 수 있도록 했다. 대출자가 자신의 수입을 과장(위조)하도록 부추기거나 수입이나 고용에 대한 증빙을 요구하지 않는 경우도 있었다. 대출 계약 조건을 잘 모르는 일부 대출자는 일정 시간 경과 후 이율(그리고 월별 상환액)이 처음과 달리 높아지는 조건인 경우가 종종 있었다. 이들은 대출금을 상환할 수 없어 담보로 잡힌 집을 나가야 했다. 한편 은행은 대출자의 채무 불이행으로 자산을 압류했으나 현금은 없는 상태였다. 은행의 자금 부족으로 전체 금융 시스템이 폐쇄될 위기에 놓이면서 전국적으로 압류로 인한 주택 소유자의 자본 손실, 경제 약화, 높은 실업률, 국민 저축 계좌의 퇴직 자금 손실 등 저질 금융 상품으로 인한 폐해가 심각했다.

품질 주인의식: 품질에 대한 책임 고품질의 재화와 서비스를 보장하기 위해 많은 회사에서 TQM의 일부 측면에 대한 책임을 특정 부서나 직책에 할당한다. 이들 전문가는 모든 부서의 품질 관련 문제를 지원하기 위해 투입되며 모든 사람에게 품질 관련 장비 및 방법의 최신 개발 사항에 대한 정보를 제공한다. 또한 품질 관리 활동을 모니터링하며 개선 영역을 찾아낸다.

그러나 TQM의 핵심이자 가장 큰 과제는 회사의 모든 직원과 공급업체가 품질 목표를 달성하도록 동기를 부여하는 것이다. 품질 운동(quality movement)의 리더는 품질에 대한 전사적 관심을 높이기 위해 교육 훈련, 구두 격려, 팀워크, 작업 품질에 대한 보상 등 다양한 방법과 자원을 사용한다. 궁극적으로 이러한 노력이 성공하면 직원과 공급업체는 품질이 직무 수행을 통해 품질에 기여하는 개개인에 귀속되어 있다는 개념인 **품질 주인의식**(quality ownership)을 받아들일 것이다.

품질 주인의식 품질이 직무 수행을 통해 품질에 기여하는 개개인에 귀속되어 있다는 전사적 품질 관리 원칙

TQM은 구매 담당자, 엔지니어, 관리인, 마케팅 담당자, 기계공, 공급업체 등 모든 사람이 품질에 집중하게 한다. 예를 들어 캔자스시티의 세인트루크병원은 병원이 목표를 달성하고 있는지 보여주는 '균형성과표(balanced scorecard)'를 모든 직원이 받아 본다. 세부적으로 이 균형성과표는 특정 질병에 대한 빠른 환자 회복, 94% 이상의 환자 만족도, 환자가 엑스레이를 찍는 동안 병실 청소 여부, 병원의 투자 수익률이 금융 시장에서 좋은 채권 등급을 받을 만큼 충분히 좋은지 등을 평가한다. 분기별 점수는 각 목표에 대한 달성 수준을 보여준다. 이를 통해 모든 직원이 병원의 우수한 부분과 개선이 필요한 부분을 기억하고 나열할 수 있게 된다. 이처럼 세인트루크병원은 품질 성과에 대한 직원의 헌신을 인정받아 품질 우수성에 대한 권위 있는 상인 말콤 볼드리지 국가 품질상(Malcolm Baldrige National Quality Award)을 수상했고 미주리 품질상(Missouri Quality Award)은 5회나 수상했다.

전사적 품질 관리를 위한 도구

제품 데이터의 통계 분석에서 고객 만족도 조사, 경쟁 제품 분석에 이르기까지 수백 가지 도구가 품질 개선에 유용한 것으로 입증되었다. **경쟁 제품 분석**(competitive product analysis)은 기업이 필요한 개선 사항을 찾아내기 위해 경쟁사의 제품을 분석하는 프로세스이다. 예를 들어 캐논(Canon)은 경쟁 분석을 사용해 제록스(Xerox) 복사기를 분해하고 각 구성요소를 테스트할 수 있다. 경쟁 분석 결과는 관리자가 어떤 캐논 제품 특성이 만족스러운지, 어떤 특성을 업그레이드해야 하며, 어떤 운영 프로세스가 개선이 필요한지를 결정하는 데 도움이 된다. 이 절에서는 TQM에 널리 사용되는 다섯 가지 도구인 **부가가치 분석**, **품질 개선팀**, **고객과 더 가까워지기**, **ISO 시리즈**, **비즈니스 프로세스 재설계**를 살펴볼 것이다.

경쟁 제품 분석 기업이 필요한 개선 사항을 찾아내기 위해 경쟁사의 제품을 분석하는 프로세스

부가가치 분석 **부가가치 분석**(value-added analysis)은 모든 작업 활동, 자재 흐름 및 문서 작업을 평가해 무엇이 고객에게 추가적인 가치를 제공하는지 결정하는 것을 말한다. 부가가치 분석을 통해 고객 서비스를 해치지 않고 제거 가능한 낭비적이고 불필요한 활동을 알 수 있다. 예를 들어 오래된 사탕 제조사인 투시롤인더스트리(Tootsie Roll Industries)는 부가가치 분석을 중요시한다. "우리는 지속적으로 낭비를 제거하고 비용을 절감하며 성과 개선을 실행하는 등 운영 전반을 간소화하는 노력을 합니다."

부가가치 분석 모든 작업 활동, 자재 흐름 및 문서 작업을 평가해 무엇이 고객에게 추가적인 가치를 제공하는지 결정하는 것

품질 개선팀 전 세계 회사들이 품질 개선팀을 도입했다. **품질 개선팀**(quality improvement team)은 성공적인 일본의 품질서클 개념을 본뜬 것으로 다양한 분야의 사람들이 정기적으로 만나 공통적인 생산 문제를 정의하고 분석하며 해결하는 협력적 집단을 의미한다. 품질 개선팀의 목표는 작업 방식과 제품 모두를 개선하는 것이다. 품질 개선팀은 자신의 작업을 조직화하고 리더를 선택하며 작업장 내 문제를 해결한다. 수년 동안 모토롤라(Motorola)는 전사적으로 팀 경쟁을 후원해 팀 접근 방식

품질 개선팀 다양한 분야의 사람들이 정기적으로 만나 공동의 생산 문제를 정의하고 분석하며 해결함으로써 품질을 개선하는 협력적 집단

의 가치를 강조하고 뛰어난 팀 성과를 인정하며 회사의 지속적인 개선 문화에서 팀의 역할을 재확인했다.

고객과 더 가까워지기 성공적인 기업은 고객이 제품에서 얻고자 하는 것이 무엇인지 파악하기 위해 노력한다. 반면에 어려움에 처한 기업은 모든 사업 활동에서 고객의 중요성을 간과한다. 이러한 기업은 고객이 원하지 않는 제품을 개발해 자원을 낭비한다. 때로는 기존 제품에 대한 고객의 반응을 무시한다. 예를 들어 일부 항공사는 열악한 서비스에 대한 고객 불만을 무시하는 듯한 태도를 보인다. 또한 기업은 변화하는 고객 선호도를 따라가지 못하기도 한다. 예를 들어 블랙베리 모바일 기기는 삼성, 모토롤라, 애플이 제공하는 기능을 고객에게 제공하지 않았기 때문에 경쟁에서 뒤처졌다.

성공적인 기업은 고객이 제품에서 얻고자 하는 것이 무엇인지 파악하기 위해 노력한다. 예를 들어 캐터필러(Caterpillar, CAT)의 금융 서비스 부서는 고객(즉 CAT 장비의 딜러 및 구매자)으로부터 높은 평가를 받아 말콤 볼드리지 국가 품질상을 수상했다. CAT가 서비스를 점점 더 온라인으로 전환함에 따라 CAT 금융 서비스에서 장비를 구매하고 자금을 조달하는 것이 더 쉬워졌다. 이제 고객은 30~200만 달러 사이의 비용이 드는 장비에 대해서는 지불금액정보를 연중무휴 24시간 확인할 수 있으며 바로 지불도 가능하다. 과거에는 60,000명의 고객이 CAT 담당자에게 전화를 걸어야 했고 종종 연락이 닿지 않아 지연과 시간 낭비가 발생했다. 개선된 온라인 시스템은 고객이 무엇을 원하는지 파악한 다음 이를 제공하려는 CAT 금융 서비스 부서의 노력을 보여준다.

내·외부 고객 모두를 위한 고객 인식 기업 내부와 외부에서 개선 프로젝트를 수행한다. 내부 공급자와 내부 고객은 한 직원이나 활동이 다른 직원이나 활동에 의존하는 경우 존재한다. 예를 들어 마케팅 관리자는 내부 회계 정보(자재, 소모품 및 임금 비용)에 의존해 향후 몇 달간의 마케팅 활동을 계획한다. 마케팅 관리자는 회계 담당자의 고객이다. 이처럼 정보 사용자는 정보 공급자에 의존한다. TQM 환경에서 회계 담당자는 이와 같은 공급자-고객 관계를 인식하고 마케팅 정보를 개선하기 위해 노력한다.

ISO 시리즈 아마도 당신은 지나가다가 'ISO 인증 획득'이라고 크게 적힌 현수막을 걸어둔 회사를 여럿 본 적이 있을 것이다. ISO 인증은 품질에 있어 전 세계적으로 인정받음을 의미하며 일부 국가에서는 사업을 위한 필수사항이기도 하다.

ISO 9000 공장, 연구실, 사무실 등이 국제표준화기구에서 설정한 엄격한 품질 관리 요구사항을 충족했음을 증명하는 인증 프로그램

ISO 9000 ISO 9000은 공장, 연구실, 사무실 등이 국제표준화기구(International Organization for Standardization, ISO)에서 설정한 엄격한 품질 관리 요구사항을 충족했음을 증명하는 인증 프로그램이다. 오늘날 170개 이상의 국가가 ISO 9000을 국가 표준으로 채택했고, 100만 개 이상의 인증서가 ISO 표준을 충족하는 전 세계 조직에 발급되었다.

ISO 9000 표준을 통해 기업은 제품 테스트, 작업자 교육, 기록 보관, 결함 수정 등에 대해 문서화된 절차를 따르고 있음을 보여줄 수 있다. 이를 통해 기업은 해외 기업과 국경을 넘나드는 거래를 할 때 제품의 품질을 보장할 수 있다. 회사가 ISO 인증을 받으려면 생산의 모든 단계에서 근로자가 따라야 하는 절차를 문서화해야 한다. 이런 문서화의 목적은 회사의 운영 프로세스가 어제, 오늘, 내일 계속해서 똑같은 제품을 만들도록 하는 것이다.

ISO 14000 ISO 14000 프로그램은 기업이 환경 관리 시스템을 개발하도록 요구함으로써 환경 성과의 개선을 인증한다. 즉 이는 회사가 자원(예: 원자재) 사용 및 오염 관리에서 환경 성과를 개선하기 위해 어떻게 행동하는지 문서화한 것이다. 회사는 앞으로 만들어질 유해 폐기물을 명확히 하고 처리 및 폐기 계획도 명시해야 한다.

ISO 14000 공장, 연구실, 사무실 등의 환경 성과 개선을 증명하는 인증 프로그램

비즈니스 프로세스 재설계 모든 기업은 공급업체로부터 자재 수령 및 보관, 환자에 진료비 청구, 자동차 사고에 대한 보험 청구, 인터넷 판매에서 고객 주문 처리 등의 비즈니스를 진행하는 데 있어 정기적이고 일상적으로 수행하는 활동, 즉 프로세스로 구성된다. 모든 비즈니스 프로세스를 잘 수행함으로써 고객 만족도를 높일 수 있다. 마찬가지로 모든 비즈니스 프로세스가 제대로 관리되지 않으면 고객을 실망시킬 수 있다.

비즈니스 프로세스 재설계(business process reengineering, BPR)는 비즈니스 프로세스를 개선하는 데 중점을 두는 것으로 제로 베이스에서 각 단계를 다시 설계하는 것이다. 재설계는 비용, 품질, 서비스, 속도 측면에서 극적인 개선을 달성하기 위해 비즈니스 프로세스를 근본적으로 재고해 다시 설계하는 것이다. 고객을 위한 온라인 시스템으로 전환한 캐터필러(CAT)가 대표적인 사례다. CAT는 장비 개선, 직원 재교육, CAT 데이터베이스에 고객 연결 등을 통해 전반적인 지불 및 자금 조달 프로세스를 재설계했다. 사례에서 알 수 있듯이 재설계는 운영을 개선해 고객에게 더 높은 가치의 서비스를 제공하려는 열망이 핵심이다.

비즈니스 프로세스 재설계 성과, 품질, 생산성 향상을 위해 비즈니스 프로세스를 재고하고 근본적으로 재설계하는 것

공급사슬을 통한 가치 제고

학습목표 7-8

기업 간 운영을 조정하는 데 공급사슬전략이 전통적인 전략과 어떻게 다른지 설명한다.

공급사슬이라는 용어는 제품을 만들기 위해 함께 일하는 기업 집단과 활동 흐름을 의미한다. 한 제품의 **공급사슬**[supply chain, 또는 **가치사슬**(value chain)]은 원자재 공급업체에서 시작해 제품이 최종 고객에게 도달할 때까지 기업 네트워크의 여러 단계를 통해 계속해서 가치가 추가되는 정보, 재료, 서비스의 흐름이다.

공급사슬(또는 가치사슬) 원자재 공급업체에서 시작해 제품이 최종 고객에게 도달할 때까지 기업 네트워크의 여러 단계를 통해 계속해서 가치가 추가되는 정보, 재료, 서비스의 흐름

그림 7.15는 소비자에게 빵을 공급하는 활동의 사슬을 보여준다. 각 단계는 최종 고객에게 가치를 부가한다. 이 제빵점 사례는 원자재(농장에서 수확한 곡물)에서 시작한다. 여기에는 보관 및 운송 활동, 제빵 및 포장을 위한 공장 운영, 소매점으로의 유통까지 포함한다. 각 단계의 업무를 성공적으로 수행해야 다음 단계를 제대로 작업할 수 있고 그래야 갓 구운 빵을 소비자에게 성공적으로 전달할 수 있다. 그러나 공급사슬 어느 지점이든 무언가가 잘못되면 사슬 전체에 악영향을 미치게 된다.

공급사슬전략

전통적인 전략은 기업을 공급 시스템의 일부가 아니라 독립적인 개별 기업으로 간주한다. 공급사슬 전략은 공급사슬의 여러 구성원이 서로 업무를 조정함으로써 경쟁우위를 확보할 수 있다는 생각에 기반을 둔다. 즉각 회사가 자신의 이익을 추구하더라도 공급사슬 전체에 걸쳐 공급업체 및 고객과 긴밀하게 협력한다. 모두가 공급사슬의 다음 단계만 생각하는 것이 아니라 전체적인 관계 사슬에 초점을 둔다.

그림 7.15 제빵 공급사슬 관리

예를 들어 기존의 전통적인 제빵점은 제분소와 제지 공급업체로부터 투입물을 받은 다음 유통업체에 빵을 공급하는 데 중점을 둔다. 불행히도, 이런 접근 방식은 공급사슬의 성과를 제한하고 여러 활동 간의 조정을 통한 개선을 고려하지 않는다. 공급사슬 활동 간의 적절한 관리와 조정은 더 저렴한 가격에 더 신선한 빵을 제공할 수 있게 한다.

공급사슬 관리(SCM) 협력하는 기업들로 구성된 시스템을 관통하는 전반적인 흐름을 개선하기 위해 공급사슬을 살펴보는 것

공급사슬 관리 **공급사슬 관리**(supply chain management, SCM)는 협력하는 기업들로 구성된 시스템을 관통하는 전반적인 흐름을 개선하기 위해서 공급사슬을 살펴보는 것이다. 공급사슬 관리는 고객에 대한 가치 제고를 통해 공급사슬 내 구성원에게 경쟁우위를 가져다준다.

혁신적인 공급사슬전략은 델(Dell Inc.) 창업주인 마이클 델(Michael Dell)이 제시한 비전의 핵심이었다. 델은 공급사슬 구성원 간의 정보 공유를 통해 성과 개선을 도모했다. 델은 인터넷으로 공급업체에 장기 생산 계획과 최신 판매 데이터를 제공한다. 델의 운영 프로세스는 고객 주문이 들어와 공장의 생산 일정을 업데이트하는 것에서 시작한다. 이 일정은 델의 운영 관리자뿐만 아니라 델의 생산 요구사항 충족을 위해 소니(Sony) 같은 공급업체에도 전달함으로써 공급업체가 생산 및 배송 활동을 조정할 수 있게끔 한다. 또한 공급업체는 자신의 업데이트된 일정을 자재 공급업체 등에 전달하고 자재 공급업체는 다시 이를 자신의 공급업체에 전달하는 등 정보 전달이 공급사슬을 따라 차례로 일어난다. 델의 요구사항이 변경됨에 따라 공급사슬 내 여러 공급업체는 올바른 자재와 부품을 생산하기 위해 일정을 동기화한다. 그 결과, 델은 가격 경쟁력을 확보하고 고객에게 PC를 배송하는 데 걸리는 시간을 수일이 아닌 수 시간으로 단축한다.

더 나은 결과를 위한 공급사슬 재설계 공급사슬에 적용하는 프로세스 개선과 재설계는 비용을 낮추고 서비스 속도를 높이며 정보 및 자료의 흐름을 조정한다. 공급사슬을 따라 정확한 정보가 원활하게 흐르면 불필요한 재고와 운송이 줄어들고 공급 지연을 방지하며 공급 시간을 단축하기 때문에 자재가 기업 고객과 개인 소비자에게 더 빨리 전달된다. 각 구성원이 운영 요구사항에 따라 행동하는 경우 SCM은 고객에게 더 빠른 배송과 더 낮은 비용을 제공한다.

보다 나은 방법 찾기

낭비하기엔 너무 좋은

Kaliantye/123RF

2013년 유엔(UN) 식량농업기구(FAO)는 음식물 쓰레기의 영향에 대한 보고서를 발표했다. 충격적인 사실은 생산된 모든 식품의 약 3분의 1이 낭비되거나 손실된다는 것이다. FAO 사무총장인 호세 그라지아노 다 실바(José Graziano da Silva)는 다음과 같이 말했다. "매일 8억 7,000만 명이 굶주리는 상황에서 부적절한 관행으로 인해 우리가 생산하는 모든 식품의 3분의 1이 낭비되거나 손실되는 것을 허용할 수 없습니다." 연구에 따르면 음식물 쓰레기는 공급사슬을 따라 발생하며 54%는 생산, 수확 후 처리 및 저장 과정에서 발생한다. 그러나 저소득 국가와 중·고소득 국가 간에 약간의 차이가 있다. 소매 또는 소비자 수준에서 발생하는 폐기물은 선진국에서 훨씬 더 많으며 이에 대한 소비자 교육 기회를 창출한다.

음식물 쓰레기가 인간에게 미치는 영향 외에도 심각한 환경 피해가 있다. 예를 들어 육류 낭비는 환경에 심각한 영향을 미치는데 육류 생산과 관련한 토지 사용 및 탄소 발자국이 상당히 높기 때문이다. 쌀과 같은 미사용 곡물 및 곡물 제품은 토지 이용과 메탄 배출(특히 쌀 생산에서 높음) 모두에 영향을 미친다. 반면에 과일 폐기물의 영향은 주로 과도한 물 소비와 관련된다. 특히 물 공급 부족이 늘어나고 있음을 감안할 때 이는 심각한 우려를 낳는다.

음식물 쓰레기 최소화의 핵심은 공급사슬 관리에 있다. 제품 생산과 다운스트림(downstream) 수요 간 균형을 맞추는 예측 분석이 중요하다. 더 나은 예측 모델을 사용하더라도 잉여 식품은 계속 발생하지만 관리 가능하다. 공급사슬에서 잉여 식품을 처분하기보다 중개상은 식품 프로그램에 기부하거나 가축 사료로 전환하는 등 대체 용도를 부지런히 찾아야 한다. 소비자는 또한 과잉 구매를 피하기 위해 식품 지출 계획의 중요성과 '유통기한'의 진짜 의미를 교육받아야 한다. '유통기한'이 건강하고 영양가 있는 식품을 특정 미적 기준에 미달한다고 버리는 이유이기 때문이다. 생산자에서 소비자에 이르는 공급사슬의 각 구성원은 음식물 쓰레기를 줄이고 지구와 자원을 더 잘 관리해야 한다.

2015년에 유엔은 빈곤을 퇴치하고, 번영을 도모하고, 환경을 보호하기 위한 의제를 발표했다. 그 의제의 주요 목표 중 하나는 '소매 및 소비자 수준의 전 세계 1인당 음식물 쓰레기를 절반으로 줄이고 2030년까지 생산 및 공급사슬에 따른 식품 손실을 줄이는 것'이다.

아웃소싱과 글로벌 공급사슬

아웃소싱(outsourcing)은 공급업체와 유통업체에 비용을 지불해 이들이 특정 비즈니스 프로세스를 수행하거나 필요한 자재 또는 서비스를 제공하도록 하는 선택이다. 아웃소싱 결정은 공급사슬을 확장한다. 미국에서 중국, 멕시코, 인도와 같은 국가로 제조 및 서비스 운영을 이전하면서 미국 내 전통적인 직무의 고용이 감소했다. 반면, 공급사슬 관리를 위한 새로운 직무가 생겨났다. 예를 들어 메이텍(Maytag)은 내부의 글로벌 운영 전문성을 개발한 다음에야 멕시코에 공장을 새로 짓고 한국의 대우전자에서 냉장고를, 삼성전자에서 세탁기를 납품받기로 결정할 수 있었다. 메이텍은 국내 생산의 오랜 관행에서 벗어나 잠재적인 아웃소싱 파트너를 평가하기 위한 새로운 공급사슬 능력을 도입할 필요가 있었다.

아웃소싱 공급업체와 유통업체에 비용을 지불해 이들이 특정 비즈니스 프로세스를 수행하거나 필요한 자재 또는 서비스를 제공하도록 하는 것

메이텍이 자신의 국내 활동을 해외 파트너와 조정하는 능력은 멕시코와 한국에서 가전제품을 가져오는 것에만 적용되는 것이 아니다. 아이오와주 뉴턴(Newton) 본사에 있는 메이텍 직원은 계속되는 새로운 운영 문제에 대해 파트너와 지속적으로 상호작용한다. 특히 메이텍은 미국에서 제품을 설계하고 멀리 떨어진 해외 공장에서 생산한다. 국경을 넘나들며 자재를 운송해야 하므로 각 국가의 상거래 규정을 준수해야 한다. 해외 생산 및 국제 운송 일정은 미국 시장 수요에 맞춰 조정해 아웃소싱 제품이 메이텍의 고품질 명성을 손상하지 않으면서 적절한 물량이 제때에 도착하도록 해야 한다. 생산 현장이 원거리에 위치하지만 회사가 위치한 본국의 활동과 긴밀하게 통합하려면 해외와 본국 모두에서 현장 운영 전문성이 필요하다. 이를 위해서는 글로벌 커뮤니케이션 기술이 필수이다. 아웃소싱을 하려면 분산된 시설 간의 통합을 위한 운영 기술이 더 많이 필요하다.

질문과 연습

복습을 위한 질문

7-1. 운영관리의 의미와 중요성을 설명하라. 운영관리는 운영 프로세스와 재화 및 서비스의 변형에 대해 무엇을 알려주는가?

7-2. 대부분의 선진국에서 고용 및 국민 소득 측면에서 가장 중요한 부문은 무엇인가?

7-3. 생산이 제공하는 세 가지 효용은 무엇인가?

7-4. 자재 관리를 구성하는 다섯 가지 영역은 무엇인가?

분석을 위한 질문

7-5. 운영계획의 다섯 가지 주요 범주를 당신의 대학이나 지역 기업에 적용하라.

7-6. 디즈니는 고객을 테마파크로 끌어들이기 위해 어떤 유형의 사업전략을 사용하는가? 디즈니는 전략을 실행하기 위해 무엇을 하는가? 디즈니 운영의 핵심적인 특징은 무엇인가?

7-7. 식당, 기숙사, 호텔, 극장과 같이 당신이 자주 이용하는(또는 일하는) 사업체의 내부 고객 및 내부 공급자 목록을 작성하라. 이러한 내부 고객-공급자 활동 관계에서 잠재적인 품질 개선 영역을 찾아보라.

7-8. 당신이 재학 중인 대학의 품질 개선팀의 일원이라면 제안하고 싶은 영향력이 큰 다섯 가지 사항은 무엇인가? 다섯 가지 중에서 가장 중요한 두 가지는 무엇이며, 이 두 가지 제안 사항을 구현하기 위해 대학 관리자로서 어떤 전략을 사용할 수 있는지 간략하게 설명하라.

응용연습

7-9. 이 과목의 과제를 준비하고, 조사하고, 초안을 작성하고 마무리하는 데 관련된 프로세스를 작성하라. 마감일부터 거꾸로 작업하고 프로세스와 관련된 모든 선행 관계를 표시하라.

7-10. 레스토랑이나 미용실과 같은 지역 내 서비스 사업체의 관리자를 인터뷰하라. 해당 사업의 서비스 운영계획과 관련된 주요 결정을 찾아보라.

CHAPTER 8

종업원 행동과 동기부여

Kristoffer Tripplaar/Alamy Stock Photo

직원을 참여시키고, 그들에게 투자하는 것이 회사의 핵심이다. 직원이 관심을 두지 않으면 모두가 고통 받는다

학습목표

LEARNING OBJECTIVES

이 장을 학습하고 나면

8-1 조직에서 종업원이 보이는 기본적인 행동 형태를 이해한다.

8-2 종업원 간 개인차의 본질과 중요성을 설명한다.

8-3 심리적 계약과 사람-직무 적합성의 의미와 중요성을 설명한다.

8-4 종업원 동기부여 이론의 가장 중요한 모델과 개념을 이해하고 요약한다.

8-5 종업원의 동기부여 수준을 높이기 위해 조직이 사용하는 전략과 방법을 설명한다.

생계비

2015년 1월 미국의 거대 의료보험회사인 애트나(Aetna)는 회사에서 최저임금을 받는 직원의 시간당 최저시급을 16달러로 상향 조정한다고 발표했다. 이는 그 당시 연방정부 최저임금 기준의 2배가 되는 것이다. 이는 애트나 종업원 48,000명 중 12%가 수혜를 입게 되는 것이고, 회사와 직원 모두에게 엄청난 영향을 미치는 발표였다. 시간당 12달러의 최저임금을 받는 직원의 경우 평균 11%의 임금 증가율과 함께 전체 임금의 33%가 증가하는 효과를 가져온다. 게다가 회사는 거의 7,000명의 직원에게 건강보험 혜택을 주기로 했다. 따라서 최저임금을 받는 직원 기준으로 임금 외에 1년에 4,000달러의 이익을 보게 되었다.

물어볼 것도 없이 직원들은 모두 기뻐했지만, 이런 보상과 복지혜택의 증가는 회사에 엄청난 부담을 준다. 전체 임금과 복지혜택 강화 비용은 대략 2015년 기준 1,400만 달러이고, 2016년은 2,500만 달러 정도이다. 여하튼, 2014년 기준 회사의 영업수익은 20억 400만 달러이고, 2015년은 24억 달러로 17% 상승했다. 따라서 복지혜택 증가에 따른 비용은 단지 이익의 1% 수준에 그쳤다. 게다가 직원 이직에 따른 비용을 1년에 1억 2,000만 달러 정도로 회사는 추정했는데, 연구에 의하면 저임금 근로자가 고임금 근로자에 비해 회사를 그만두는 경향이 높다고 한다. 그리고 신규 직원에 대한 면접, 채용, 게다가 훈련비용은 엄청나다. 따라서 높은 이직률은 엄청나게 숨겨진 비용을 수반한다.

최고경영자 마크 베르톨리니(Mark Bertolini)는 임금 인상은 직원의 생산성 증가를 가져올 것이라고 확신했다. 회사의 저임금 근로자 대부분은 콜센터 직원으로 채용된다. 그리고 이들은 극단적 스트레스가 가득한 환경에 노출되어 있어 시 자주 고객의 불만 때문에 마음에 분노를 안고 있다. 이런 상태는 자신의 집이나 차에서도 여전히 유지되고, 질병이나 외상을 유발하기도 한다. 이런 상황이 반복되다 보면 직원은 보험의 보장범위 등에 대한 설명 도중에 고객과 논쟁을 하게 된다. 캘리포니아주 프레즈노의 콜센터 소장 칼리 던(Kally Dunn)에 따르면, "전화가 오면 직원들은 화를 내죠. 그리고 기분이 가라앉고, 침묵이 흐르고… 다시 기분을 돋우고 그래요." 콜센터 상담은 최고의 스트레스 유발 업무지만, 저임금 근

이 장을 배우면 좋은 점

사람은 마치 퍼즐과 같다. 퍼즐은 섬세한 방법으로 연결해야 하는 다양한 조각으로 구성되어 있다. 퍼즐에는 정확히 두 조각이 똑같이 일치하는 경우는 없다. 퍼즐에는 많은 다양한 조각이 있고, 다른 크기, 다른 모습의 조각을 각각 다른 방식으로 각자 맞추어야 한다. 사람에게도 같은 방식이 적용된다. 다른 행동 그리고 그에 따른 다른 결과를 만든다. 퍼즐에서 각각의 조각이 전체를 이루듯 각각의 우리가 전체 그림이 되고, 퍼즐 조각이 각각의 방식으로 조화를 이루듯이 사람에 대한 정의와 사람 간 조합을 이루는 경우도 똑같다. 조직에서 모든 사람은 근본적으로 타인과 다르다. 조직의 성공을 위해서 관리자라면 이런 차이가 존재한다는 사실을 인식해야 한다. 그 이유는 이런 차이 자체를 이해하기 위해서 그리고

Odua Images/Fotolia

개별 구성원과 조직 모두에 이익이 되는 방식으로 조직을 이끌어 나가기 위해서다.

또한 사람이 왜 일을 하는지에 대한 이해가 필요하다. 사람은 확실히 다양한 이유로 일을 한다. 어떤 사람은 돈이 필요하고, 어떤 사람은 도전을 원한다. 그리고 어떤 이는 명성을 원하고, 어떤 이는 안전을 중요하게 여기며, 여전히 권력을 원하는 사람도 있다. 조직에서 사람이 무엇을 위해 일을 하던, 또 그것을 성취하기 위해 이들이 어떻게 생각하던 이런 사람의 욕구는 이들을 동기부여할 수 있는 좋은 수단적 역할을 한다. 이 장에서 보겠지만, 동기부여가 모든 조직에서 필수라는 사실을 알게 될 것이다. 실제로, 높은 효과성을 보이는 조직과 이와 반대인 조직의 차이는 구성원의 동기부여에 차이가 있다.

훌륭한 관리자라면 일반적으로 최소한 자신의 조직에서 종업원의 행동과 동기부여를 할 수 있는 요인에 대한 기초적인 이해는 있어야 한다. 따라서 관리자는 특히 작업 환경에서 적용할 수 있는 동기부여의 본질에 대한 이해가 필요하다. 이 장에서 설명하고 있는 기본적인 요인들을 이해하게 된다면, 우리는 (1) 종업원의 관점에서 작업장에서 자신의 감정과 (2) 관리자의 관점에서 작업장에서 타인의 감정을 더 잘 이해할 수 있게 될 것이다. 우선, 이해를 돕기 위해 직장에서 볼 수 있는 개별 종업원의 행동 유형에 대해 살펴본다. 그런 뒤 타인과 다른 사람의 본질적 행동방식을 살펴보고, 그 이후에는 조직에서 사용하는 종업원 동기부여 전략과 기술뿐만 아니라 몇 가지 중요한 종업원 동기부여 모델과 개념을 살펴본다.

로자들은 그날 그날의 생활비와 관련된 고민에 직면하고 있다. 프레즈노 콜센터에서 근무하는 직원 중 한 명인 파비안 아레돈도(Fabian Arredondo)는 다음과 같이 말한다. "돈이 사는 데 제일 큰 스트레스 중 하나죠! 직원들의 이런 돈과 관련된 스트레스를 조금이라도 덜어 줄 수 있을 때, 단언컨대 행복한 근로자가 생산적이기도 한 거죠."

이는 대단히 논리적인 말이고, 회사는 과감하게 이것을 시도했다. 베르톨리니는 상당수 직원이 급식 지원이나 공공의료혜택과 같은 정부지원을 받고 있다는 사실에 놀랐다. "《포춘(Fortune)》 선정 100대 기업에 속할 정도로 회사가 번창했으니 직원들도 그에 맞는 대접을 받는 삶을 살 수 있어야 합니다." 회사는 직원들이 공공복지혜택을 받지 못해도 이를 상쇄할 수 있을 정도의 충분한 임금을 받을 수 있도록 하겠다고 약속했고, 이런 도전의 결과, 직원들은 진정으로 더 안정된 재무적 상황을 맞이하게 되었다.

베르톨리니는 또한 회사의 주인인 주주들도 이 도전을 지원할 것이라고 믿는다. "주주들과 함께 수익을 회사의 제일 우선순위로 선정했지만, 얼마 지나지 않아 이것은 공정하지 않다는 것을 알았습니다. 종업원에 대한 투자가 필요해요. 직원들이 중산층으로 회복할 수 있도록 도울 필요가 있고, 전체적으로 우리 모두에게 이익이 되어야 합니다. 이렇게 하는 것은 개인적 의견이지만 대단히 가능한 일이고, 회사의 경제적 이익보다 더 도덕적으로 맞는 일이죠."

경제학자 저스틴 울퍼스(Justin Wolfers)와 잰 질린스키(Jan Zilinsky)는 최근 미국 민간기업을 대상으로 임금 상승 효과에 대한 연구를 발표했다. 이들의 연구에 의하면, 고임금은 직원의 생산성과 업무 성과를 개선한다. 연구는 임금 상승 비용의 절반 이상은 생산성 증가와 이직 관련 비용을 감소시켜 상쇄된다는 것을 보여준다. 게다가 고임금 제공은 회사에게 고급 인력 채용 기회와 훈련비용 감소로 이익을 얻게 한다. 미국의 유명한 경제학자이자 연방준비제도 의장을 역임한 재닛 옐런(Janet Yellen)은 1984년에 '고임금은 종업원에게 실업으로 인한 높은 손실 두려움을 줄여주고, 이는 다시 직원들의 업무 소극성을 감소시키며, 이를 통해 회사는 직원 생산성의 토대를 얻게 되고, 낮은 이직률, 양질의 업무능력과 도덕성을 갖춘 직원 채용 기회를 제공한다'고 주장했다. 직원에게 제공되는 고임금의 혜택은 또한 제품의 품질 향상과 고객 서비스로까지 확대되어 영향을 미친다. 상당수의 최근 연구에서 고용주들이 고객 서비스와 제품의 품질 향상을 보고하고 있다. 기업의 재정적 성과에 영향을 미치는 변수는 엄청나게 많다. 그리고 애트나 사례는 이런 연구들과 그 의미를 같이 하고 있다. 2015년과 2016년의 일반관리비 증가에도 불구하고, 매출의 증가로 수익은 증가했고, 연간 5억 달러의 영업이익을 증가시켰다.

베르톨리니는 조직문화 역시 직원 유지관리와 생산성 향상에 도움이 되는 중요한 요인이라는 것도 알았다. 조직문화는 공식적인 미션, 비전, 핵심 가치 이상의 그 무엇이다. 조직문화는 직원들의 상호작용과 같은 비공시적인 형태로 나타난다. 겉으로 보이는 것 이상의 것이 조직문화인 것이다.

조직문화는 조직 구성원 모두의 개별적 행동을 통해 살아있는 생물처럼 성장한다. 리더는 이런 조직문화의 힘을 간과하는 경우가 있다. 사실 많은 사람이 조직문화를 기업 미션의 마지막 카드로 사용한다고 말한다. 조직문화에 집중하는 회사들은 직원을 가장 우선으로 하기에 이들 회사가 엄청난 비용을 직원을 위해 사용하는 것은 놀라운 일도 아니다.

종업원 행동의 형태

학습목표 8-1
조직에서 종업원이 보이는 기본적인 행동 형태를 이해한다.

종업원 행동(employee behavior)은 조직 구성원이 직접적으로 또는 간접적으로 조직의 업무 효과성에 영향을 미치는 행동 유형을 의미한다. 직접적으로 생산성과 업무 성과에 기여하는 일부 종업원의 행동들을 이른바 **성과행동**이라고 부른다. **조직시민행동**(organizational citizenship)이라고 정의하는 다른 행동 유형도 조직에 긍정적인 이익을 제공해주긴 하지만, 이것은 간접적인 방법을 통해서 이루어지는 것이다. 비생산적 행동은 실제로 조직의 성과를 떨어뜨리고 비용을 유발한다. 그렇다면 보다 구체적인 행동 유형은 무엇이 있는지 살펴볼 필요가 있다.

종업원 행동 조직 구성원이 직접적으로 또는 간접적으로 조직의 업무 효과성에 영향을 미치는 행동 유형

성과행동

성과행동(performance behavior)은 조직에서 종업원이 행동해주길 기대하는 전체 업무와 관련된 일련의 행동을 의미한다. 필연적으로 이런 행동은 직접적으로 업무 성과를 목표로 한다. 일부 직무에서 성과행동은 대단히 구체적으로 정의되고 쉽게 측정할 수 있다. 예를 들면 작업라인에서 앉거나 일어서서 전체 제품의 일부를 조립하는 업무를 하는 작업자의 경우 그들에게 기대되는 성과행동은 상대적으로 미미하다. 조직은 그가 약속된 작업시간에 자신의 작업현장을 이탈하지 않고 대기하면서 제품을 조립할 준비를 하고, 그에게 작업해야 할 부품이 도달하면 정확히 조립하길 기대한다. 유사한 방식으로 조직은 영업사원에게 회사 제품과 서비스를 홍보하고, 신규고객을 발굴하며, 기존 고객에게 만족을 주길 기대한다. 그렇게 한다면, 매출과 성장률은 영업직의 일반적인 성과지표가 된다. 그러나 일부 업무의 성과행동은 매우 측정하기 어렵고 다양하다. 예를 들어 제약회사 머크(Merck)에서 의약품 개발을 하는 과학자를 생각해보면 쉽다. 과학자의 업무는 연구실에서 상업적 가치가 있는 새로운 의약품을 개발하는 것이다. 과학자들은 본격적인 개발에 앞서 기존의 지식과 경험을 적용해야 한다. 직감과 창의성도 중요하다. 그러나 과학자의 능력과 노력에도 불구하고, 신제품 개발을 위해서는 몇 달 또는 몇 년을 소비해야 한다. 그 이유는 신제품 개발은 의약적으로 효과성이 있고, 상업적으로 매출과 이익에 도움이 되어야 하기 때문이다.

성과행동 조직에서 종업원이 행동해주길 기대하는 전체 업무와 관련된 일련의 행동

조직시민행동

조직에서 수행하는 직무에 직접적인 도움을 주는 것은 아니지만, 종업원이 행동했으면 하고 기대되는 긍정적 행동이 있을 수 있다. 이런 기대행동을 흔히 **조직시민행동**(organizational citizenship)이라고 한다. 조직시민행동은 전반적으로 조직에 도움이 되는 개인의 행동을 의미한다. 예를 들면 제품의 질과 양 모두와 대단히 밀접한 관련성이 있는 업무를 하는 종업원이 초과근무를 거절하거나, 신규 직원이 그 비법을 배우도록 도와주는 것을 거절하는 등 엄격한 의미에서 그의 직무 성과와 관련된 요구 이상의 것은 하지 않으려 한다면, 그는 업무에서는 좋은 성과를 내는지는 몰라도 좋은 조직시

조직시민행동 조직에서 수행하는 직무에 직접적인 도움을 주는 것은 아니지만, 종업원이 행동했으면 하는 긍정적 행동

조직시민행동은 개인에게 엄격히 규정되어 있는 자신의 업무 성과를 뛰어넘어 조직에 긍정적 기여를 하는 개인의 행동이다. 예를 들면 관리자는 직원이 조직의 중요한 업무 프로세스를 더 잘 이해하고, 고객 기대에 더 잘 부응할 수 있도록 도움을 준다.

민은 아니다. 반면, 어떤 종업원은 필적할 만한 성과는 보이지 않지만, 누군가 부탁을 할 때마다 항상 늦게까지 일한다면, 신규직원이 업무를 배울 수 있도록 돕는다면, 그리고 조직이 성공하길 기원하고 회사의 업무에 몰두한다면, 그는 좋은 조직시민일 것이다.

개인, 사회, 조직변수를 포함해서 많은 변수가 조직시민행동을 촉진하거나 감소시키는 역할을 한다. 예를 들면 사람은 성격, 태도, 개인적 욕구 등으로 인해 타인을 돕고자 한다. 유사한 의미로 개인의 작업집단은 이런 행동을 유발하거나 감소시킨다. 그리고 조직 그 자체, 특히 기업문화는 이런 행동을 촉진하거나 감소시키고 인지하게 만들며, 이런 유형의 행동에 영향력을 행사한다.

비생산적 행동

비생산적 행동 조직 성과를 감소시키는 행동

결근 직원이 회사에 출근하지 않는 것

여전히 업무와 관련된 행동 중 일부는 실제로 비생산적이다. **비생산적 행동**(counterproductive behavior)은 조직 성과에 공헌하는 것이 아니라, 말 그대로 감소시키는 행동이다. 직원이 회사에 출근하지 않는 것을 **결근**(absenteeism)이라고 한다. 물론 질병, 법원의 배심원 참석 또는 가족의 죽음이나 질병 등과 같은 이유로 한 일부 결근은 합법적이다. 반면에, 실제로는 단지 집에서 쉬면서 합법적인 이유인 것처럼 가장하는 결근도 존재한다는 사실이 종종 보고된다. 종업원의 결근이 합법적이건 아니건 간에 그로 인해 직장에서 그의 작업은 전혀 돌아가지 않는다. 결근으로 인해 회사는 대체인력을 고용하거나 다른 누군가가 그 일을 대신해야 한다. 결국 결근은 사업의 직접비용으로 돌아온다.

이직 매년 근로자가 조직의 작업 현장을 떠나거나 대체되는 것

직원이 업무를 그만두는 경우 우리는 이것을 **이직**(turnover)이라고 한다. 일반적으로 근로자가 회사를 이직할 경우 조직은 새로운 인력으로 대체하고 훈련해야 하는 등 대체비용과 생산성 손실이 발생한다. 그리고 이 조직은 업무적인 측면, 조직, 개인, 노동시장, 가족의 영향 등에서 비롯된다. 일반적으로 사람과 업무의 부적합, 즉 업무 부적응도 이직의 원인이 된다. 일부 직원의 경우 이들의 이직이 사업에 전혀 손해를 끼치지 않는 경우도 있다. 그러나 생산적인 근로자가 직장을 떠나게 되면, 비생산적 행동이 발생한다.

격변 시대의 경영

단지 어린 시절의 문제만은 아니다

Paula Connelly/E+/Getty Images

사람들이 '괴롭힘'이란 말을 어린 시절의 일시적인 행동쯤으로 치부하곤 하는 사이에 꽤 많은 연구가 이것이 직장생활까지 확대되어 적용되는 용어라고 보고하고 있다. 취업 웹사이트 커리어빌더(CareerBuilder)의 조사에 따르면, 실제 직장인의 28%가 직장에서 괴롭힘을 당한 경험이 있다고 답했다. 괴롭힘의 충격은 대단해서 19% 정도의 근로자가 괴롭힘으로 인해 직장을 떠났다. 게다가 작업장에서 괴롭힘은 직장 이탈과 직무 불만족, 근심, 우울, 탈진 등과 같은 징후 및 심리적 고통 등과 같은 비생산적 행동과 관련이 있다.

커리어빌더의 인사관리 부사장 로즈메리 해프너(Rosemary Haefner)는 다음과 같이 설명한다. "연구가 주는 충격은 괴롭힘은 인종, 학력, 수입, 직급과 관련이 없다는 것이죠. 이런 괴롭힘을 경험한 많은 직장인이 괴롭힘을 더 직면하고 싶지 않기 때문에 회사를 이직하게 되는 대단히 부정적인 경험으로까지 연장될 수 있습니다."

사람들은 회사에서도 괴롭힘이 있다는 사실에 놀라워한다. 그러나 괴롭힘은 다양한 형태로 나타난다. 대부분은 마치 실수인 것처럼 위장되거나, 지속적인 비판, 잡담, 사소한 충고, 고의적으로 프로젝트나 미팅에서 배제하고, 신체적 가해 등으로 표현된다. 괴롭힘은 일반적으로 모욕감, 공격, 고통 등을 목적으로 장기적으로 끊임없이 지속된다.

설문에 의하면, 괴롭힘은 일반적으로 직장에서 연장자나 상대방보다 높은 상위직급의 사람들로부터 발생한다. 흥미로운 것은 정부조직의 근로자가 일반 기업보다 거의 2배 이상 이런 괴롭힘에 노출되고 있다는 사실이다. 괴롭힘은 장애인만큼 유색인종이나 소수민족을 대상으로 부적절하게 발생한다. 사소한 차이지만 근로자의 교육수준이나 연봉이 높은 경우 다소 덜한 것으로 보이고, 근로자 대다수가 같은 직급 등에서는 일반적으로 비슷한 발생 빈도를 보일지라도 통계적 측면에서 미래 어느 날 모든 사람이 괴롭힘의 희생자가 될 가능성이 있다. 설문에 의하면 거의 절반의 사람이 괴롭힘을 당한 적이 있고, 이들의 절반 정도는 그 당시 이 상황을 잘 극복했다. 그러나 불행하게도 계약직 직원들은 다소 덜 효과적인 방법으로 대응하는 것으로 보인다. 이들의 58%는 어떠한 행동도 취하지 못했다.

당신이 이런 상황에 직면했다고 상상해보라. 괴롭힘 사고는 어떤 일이 발생했는지 그리고 누가 제보했는지 잘 기록해 놓는 것이 중요하다. 괴롭힘이 발생하면 그 자리에서 직접적으로 그런 괴롭히는 행동이 어떤 영향을 미치는지 잘 모르는 사람들에게 하지 말라고 의사를 표현하는 것이 좋은 시작이 될 수 있다. 마지막으로 이미 발생한 일이라고 체념하는 것보다는 해결책을 찾으려고 노력하는 것이 중요하다.

또 다른 형태의 비생산적 행동은 조직에게 더 많은 대가를 치르게 한다. 예를 들어 직장에서의 **절도**, **태업** 등은 조직의 직접적인 재무비용으로 돌아온다. **성희롱**이나 **인종차별**은 간접적 형태(사기 저하, 공포감 조성, 능력 있는 사람의 퇴출 등)와 직접적 형태(사건에 대한 부적절한 대응에 따른 재무적 책임)로 조직에 비용을 발생시킨다. 작업장에서의 공격성과 폭력 또한 일부 직장에서는 갑질 형태로 문제가 되고 있다.

학습목표 8-2

종업원 간 개인차의 본질과 중요성을 설명한다.

개인차 사람의 서로 다른 속성 차이

종업원의 개인차

우리가 앞에서 보았듯이, 모든 사람은 다 독특한 면을 가지고 있다. 개별 구성원의 **개인차**(individual difference)는 서로 다른 다양한 속성 차이에서 기원한다. 즉 개인차는 신체적, 심리적, 정서적 차이가 있다. 개인차는 사람마다 각자의 독특성을 만드는 특별한 특성 차이로 인해 생긴다. 자세히 살펴보겠지만, 개인차의 기본적인 유형은 **성격**(personality)과 **태도**(attitude)로 구분된다.

직장에서의 성격

성격 타인과 구분되는 상대적으로 안정적인 심리적 특성

빅 파이브 성격 특성 특히 조직과 관련된 5개의 성격 특성

성격(personality)이란 타인과 구분되는 상대적으로 안정적인 자신만의 심리적 특성이다. 최근의 연구에 의하면, 조직에 영향을 미치는 성격 유형에는 5개의 특성이 존재한다. 사람들은 흔히 이를 **'빅 파이브' 성격 특성**이라고 부른다. '빅 파이브' 성격 특성에는 **감성지능**(emotional intelligence)이 포함되지 않지만, 이것도 역시 종업원의 성격에 큰 영향을 미친다. **빅 파이브 성격 특성**(big five personality traits)은 그림 8.1을 통해 보여주고 있다.

- **친화성**(agreeableness)은 타인과 함께할 줄 아는 능력을 의미한다. 높은 합리성을 가진 사람은 친절하고, 협력적이며, 용서할 줄 알고, 타인을 이해하며, 다른 사람을 다룰 줄 아는 좋은 천성을 가지고 있다. 반면에 낮은 친화성을 가진 사람은 성격이 급하고, 자주 불끈하며, 협동심이 떨어지고, 일반적으로 타인에게 적대적이다. 따라서 친화성이 낮은 사람은 타인과 좋은 업무관계를 맺지 못하는 반면, 친화성이 높은 사람은 동료와 좋은 업무관계를 맺는다.
- **성실성**(conscientiousness)은 업무에 대한 개인의 지속성, 신뢰성, 순종을 의미한다. 높은 성실성의 소유자는 상대적으로 한 번에 특정한 몇 개의 과업에 동시에 집중하는 경향이 있다. 따라서 그

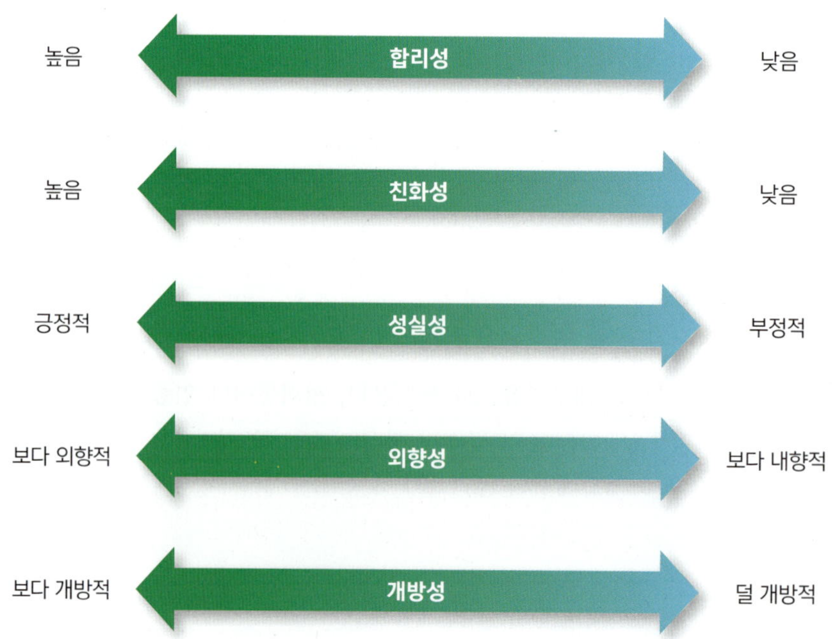

그림 8.1 '빅 파이브' 성격 특성

결과는 조직화되고, 체계적이며, 사려 깊고, 철저하며, 책임감 있고, 절제할 줄 안다. 반면에 성실성이 떨어지는 사람은 과업을 벌려만 놓는 경향이 있다. 그래서 이들은 종종 무질서하고, 책임감 없으며, 다소 빈틈이 있고, 자기절제가 되지 않는다. 높은 성실성의 소유자는 상대적으로 다양한 직무에서 높은 성과를 보이는 경향이 있다.

- **정서적 안정성**(emotionality)은 사람과 사건에 대한 개인의 견해와 행동이 긍정적인 성향을 가지는지 또는 부정적인 성향을 가지는지를 보여준다. 긍정적인 성향의 사람은 정숙하며, 쾌활하고, 균형감이 있고, 침착하다. 반면에 부정적인 성향의 사람은 잘 흥분하고, 불안전하며, 본능적으로 반응하고, 분위기에 영향을 받는다. 따라서 긍정적인 성향을 가지고 있는 사람은 직무 스트레스와 압박, 긴장을 잘 헤쳐 나간다. 이러한 안정감을 가진 사람은 다른 사람보다 더욱 믿을 만한 사람으로 보여진다.
- **외향성**(extraversion)은 타인과의 관계에서 편안함을 느끼는 정도를 의미한다. **외향적인** 사람은 사회적이고, 말이 많으며, 자신의 말에 단언을 잘하고, 새로운 사람과의 관계 형성에 개방적이다. 반면 **내성적인** 사람은 외향적인 사람과 비교해 훨씬 더 사회성이 떨어지고, 말이 없으며, 자신의 말을 단언하지 못하고, 새로운 사람과 관계를 형성하는 것을 거부한다. 외향적인 사람은 내성적인 사람에 비해 전반적으로 업무 성과가 좋은 편이다. 또한 영업이나 마케팅 같은 대인관계를 기초로 하는 업무에 매력을 느낀다.
- **개방성**(openness)은 자신의 신념과 관련해 개방적이거나 완고한 정도를 의미한다. 개방적인 사람은 새로운 아이디어에 호기심을 가지고 있고, 기꺼이 새로운 것을 듣고자 하며, 새로운 정보에 의해 자신의 생각과 신념, 태도를 변화시킬 수 있다. 반면에 개방성이 낮은 사람은 새로운 아이디어에 대한 수용성이 떨어지며, 기존 생각을 바꿀 의향이 별로 없다. 개방적인 사람은 자주 더 좋은 성과를 보이는데, 이는 그들이 타인에 대한 탄력성과 조직에서 타인에 대한 수용성이 더 크기 때문이다.

'빅 파이브' 성격 유형 분류의 잠재적 가치는 특정 상황에서 유용한 특정 행동과 관련된 예측변수를 통합된 일련의 성격 유형으로 한정해볼 수 있다는 것이다. 따라서 직원의 성격을 잘 이해하고 그 장단점을 평가할 줄 아는 관리자라면, 직원의 행동 특성에 따라 적합한 자리에 배치할 수 있게 된다.

마이어스-브릭스 유형 조직에서 사람 성격을 이해할 수 있게 도와주는 다른 접근 방식은 바로 마이어스-브릭스 유형(Myers-Briggs Framework) 분류이다. 이 유형은 칼 융(Carl Jung)의 전통적인 성격 유형 분류 방식에 따라 4개 차원으로 사람의 성격을 구분한다. 여기서 사용되는 4개 차원은 다음과 같다.

- **외향성(Extraversion, E) 대 내향성(Introversion, I)** 외향적인 사람은 타인으로부터 에너지를 얻는 반면, 내향적인 사람은 타인 때문에 지치고, 에너지 충전을 위한 자신만의 시간이 필요하다.
- **감각(Sensing, S) 대 직관(Intuition, N)** 감각 유형의 사람은 구체적인 일을 선호하는 반면, 직관적인 사람은 추상적 개념을 좋아한다.
- **사고(Thinking, T) 대 느낌(Feeling, F)** 사고를 지향하는 사람의 의사결정은 논리적이고 이성적인 반면, 느낌을 지향하는 사람의 의사결정은 정서적이고 감정적이다.

- **판단(Judging, J) 대 지각(Perceiving, P)** 판단을 지향하는 유형은 업무의 완결성을 즐기는 반면, 지각을 지향하는 유형은 과정과 열린 상황을 선호한다.

마이어스-브릭스 유형 지표(MBTI) 조직에서 사람의 성격 유형을 측정하기 위해 사용하는 널리 보급된 설문지

이 성격 유형 분류를 실제 생활에서 활용하기 위해 사람들은 각 차원에 대한 성격을 측정하는 설문지를 완성해야 한다. 4개 차원 점수의 높고 낮음을 통해 사람은 16개 다른 성격 유형으로 구분된다. **마이어스-브릭스 유형 지표**(Myers-Briggs Type Indicator, MBTI)는 일부 조직에서 사람의 성격 유형을 측정하기 위해 사용되는 보편적인 설문지다. MBTI는 오늘날 매년 200만 명 정도의 사람이 사용하는 가장 일반적인 질문 선택형 성격 유형 검사 도구 중 하나이다. 연구에 의하면, MBTI는 타인과의 대화 유형과 상호작용 선호도를 측정할 수 있는 매우 유용한 도구이다. 성격 특성과 관련해 이 검사 설문지는 MBTI의 타당도와 안정성을 모두 담보하고 있다.

감성지능(EQ) 자신을 스스로 동기부여하고, 타인에 대한 공감이 가능하며, 사회적 기술 등을 통해 자신의 감정을 조절할 수 있다고 믿는 자기 자신에 대한 인식 수준

감성지수 감성지수의 개념은 최근에 와서야 인식되었고, 성격에 관한 흥미로운 통찰력을 제공한다. **감성지능**(emotional intelligence) 또는 **감성지수**(emotional quotient, EQ)는 자신을 스스로 동기부여하고, 타인에 대한 공감이 가능하며, 사회적 기술 등을 통해 자신의 감정을 조절할 수 있다는 자기 자신에 대한 인식 수준을 의미한다. 감성지수와 관련된 다양한 측정변수는 다음과 같다.

- **자아인식**(self-awareness)은 자신이 어떻게 느끼고 있는지 자신의 감정을 수용할 줄 아는 능력이다. 일반적으로 자아인식이 클수록 더욱 효과적으로 자신의 삶과 행동을 지휘한다.
- **감정관리**(managing emotions)는 지나친 걱정, 두려움, 분노 때문에 업무 완성을 망치지 않게 균형을 유지할 줄 아는 능력을 의미한다.
- **자기동기부여**(motivating oneself)는 긍정적 마음을 유지하면서 좌절, 장벽, 실패에 직면했을 때 지속적으로 노력하는 능력이다.
- **공감**(empathy)은 다른 사람이 명확하게 말하지 않아도 그의 감정을 이해하는 능력이다.
- **사회적 기술**(social skill)은 다른 사람과 잘 지낼 수 있도록 도움을 주고, 긍정적 관계를 맺는 것이다.

사전 연구들은 높은 EQ 소유자들은 특히 대민업무 전문가와 같이 타인과 상호작용 정도가 많거나 프로젝트 관리자처럼 다른 사람에게 영향을 미치고, 지시해야 하는 업종에서 더 좋은 성과를 낼 것으로 믿는다. 더욱이 EQ는 생물학적인 그 무엇인가가 아니기에 개발할 수 있다. 그밖에 직장과 관련된 성격 특성이론에는 다양하고 복잡한 모델이 존재하고, 그중 몇 개는 조직에서의 행동과 관련이 깊다. 그것들은 바로 통제소재, 자기효능감, 권위주의, 마키아벨리즘, 자존감, 위험성향 등이다.

통제소재 실제로 자신의 행동에 영향을 미친 결과는 특정 무엇이라고 믿는 믿음의 범위

통제소재(locus of control)는 실제로 자신의 행동에 영향을 미친 결과는 특정 무엇이라고 믿는 믿음의 범위를 의미한다. 예를 들면 일부 사람은 열심히 일하면 성공한다고 믿는다. 그리고 이때 이들은 또한 실패한 사람은 능력이나 동기부여가 부족했다고 믿게 된다. 자신이 자신의 삶을 통제한다고 믿는 사람을 통제소재가 내부에 있다고 말한다. 반면에 운명·우연·행운 또는 타인의 행동이 자신에게 영향을 미친다고 믿는 사람들도 있다. 예를 들면 승진에 실패한 사람이 자신의 승진 실패 원인이 자신의 능력 부족이나 나쁜 성과보다는 상급자에게 정치적으로 접근하지 못했거나 운이 없었던 것에 있다고 생각한다면, 이 사람은 자신의 통제 밖의 힘 때문에 승진에 실패했다고 믿는다. 이런 사람을 통제소재가 외부에 있다고 말한다.

자기효능감(self-efficacy)은 성격 특성과 관련되지만 미묘한 차이가 있다. 자기효능감이란 과업을 성공시킬 있는 능력이 있다고 자신을 믿는 자기 신념을 의미한다. 높은 자기효능감을 가지고 있는 사람은 특정 과업을 매우 잘할 수 있다고 자신을 믿는다. 반면, 낮은 효능감을 가진 사람은 특정 과업 실행에 대한 자신의 능력을 의심하는 경향이 있다. 개인의 성격과 결합해보면, 자신의 능력에 대한 자기평가는 자기효능감 때문에 발생한다. 일부 사람은 특별한 이유 없이 다른 사람보다 더 자기 자신에 대한 확신을 가지고 있다. 과업을 효과적으로 성공시킬 것이라는 이런 자신에 대한 신념은 결국 더 많은 자기확신을 주고, 성공하기 위해 더 많은 주의집중을 할 수 있게 한다.

자기효능감 과업을 성공시킬 수 있는 능력이 있다고 자신을 믿는 자기 신념

다른 중요한 성격 특성이론 중 하나는 **권위주의**(authoritarianism)이다. 권위주의란 조직과 같은 위계적 사회 시스템에서 권력과 위상 차이는 당연하다고 믿는 정도를 의미한다. 예를 들면 높은 권위주의를 가진 사람은 단지 조직에서 상사가 지시했다는 이유만으로도 그의 지시와 명령을 수용한다. 그 이유는 단순히 그가 자신보다 더 권력을 가졌기 때문이다. 다른 한편으로, 권위주의가 낮은 사람은 조직의 보스가 지시한 상당히 합리적인 명령조차도 수행하지 않을 수 있다. 그는 일에 의문을 갖기도 하고, 상사에게 지시를 수용하지 못하겠다는 의사를 표현하기도 하며, 상당히 객관적인 합리성이 존재한다면 명령을 거절할 수도 있다. 높은 권위주의 관리자는 상대적으로 독재적이고, 요구가 많으며, 대단히 높은 권위주의를 가진 부하의 경우 이런 리더의 지시를 수용하는 경향이 크다. 반대로 권위주가 낮은 관리자는 의사결정에 대한 중요한 역할을 직원에게 위임하고, 권위주의가 낮은 직원의 경우 이런 관리자의 행동에 긍정적으로 반응한다.

권위주의 조직과 같은 위계적 사회 시스템에서 권력과 위상 차이는 당연하다고 믿는 정도

마키아벨리즘(Machiavellianism)은 중요한 성격 특성이론 중 하나이다. 이 개념은 16세기 작가였던 니콜로 마키아벨리(Niccolo Machiavelli)의 이름에서 유래했다. 그의 책 『군주론』에서 그는 어떻게 귀족들이 쉽게 권력을 획득하고 사용하는지 설명하고 있다. 마키아벨리즘이란 단어는 현재 권력을 획득하는 행위와 타인의 행동을 통제하는 행위를 기술하는 용어로 사용되고 있다. 연구에 의하면 마키아벨리즘의 수준은 사람마다 다양하다. 마키아벨리즘이 다소 강한 사람은 자신의 목적을 획득하기 위해서는 대단히 이성적이고 감정을 통제하며, 충성과 우정을 하찮게 여기고, 다른 사람의 행동을 능수능란하게 이용한다. 반대로 마키아벨리즘이 약한 사람은 다소 감성적이고, 성공에 대한 집착이 크지 않으며, 충성과 우정을 대단히 중요하게 여기고, 개인적 즐거움을 위해 타인을 이용하지 않는다.

마키아벨리즘 권력을 획득하는 행위와 타인의 행동을 통제하는 행위

자존감(self-esteem)은 자신이 가치 있고, 인간으로서 존재감이 있다고 믿는 것을 의미한다. 자존감이 높은 사람은 높은 위상의 업무를 추구하고, 높은 수준의 성과를 달성할 수 있는 능력이 있다고 자신을 신뢰하며, 자신의 성공을 통해 큰 내재적 만족을 느낀다. 반대로 자존감이 낮은 사람은 낮은 수준의 업무에 남아 있기를 원하고, 자신의 능력을 다소 덜 확신하며, 임금, 승진 등 기타 유형의 눈으로 확인 가능한 외재적 보상에 중점을 두는 경향이 있다. 주요 성격 차원 중에서 자존감은 많은 나라에서 광범위하게 연구되는 분야 중 하나다. 더 많은 연구가 필요하겠지만, 지금까지 입증된 증거들에 의하면, 성격 특성으로서 자존감은 나라마다 다양하게 존재하고, 조직에서 자존감은 문화와 관계없이 상당히 중요한 역할을 한다.

자존감 자신이 가치 있고, 인간으로서 존재감이 있다고 믿는 것을 의미함

위험성향(risk propensity)은 사람이 기회를 잡기 위해 위험한 결정을 하는 정도를 의미한다. 예를 들면 높은 위험성향의 관리자는 새로운 아이디어를 실험하고, 신제품 개발과 같은 도박을 할지도 모른다. 이러한 관리자는 또한 새롭고 다른 방향으로 조직을 이끌 수도 있다. 이런 형태의 관리자는 혁신의 촉매제일지 모른다. 또는 나쁜 결과를 초래할 수 있는 위험한 의사결정으로 인해 지속적으

위험성향 사람이 기회를 잡기 위해 위험한 결정을 하는 정도

로 조직의 안녕을 위협할지도 모른다. 반대로 낮은 위험성향의 관리자는 조직을 정체시키고 지나치게 보수적으로 만들 수 있다. 또는 그 반대로 험난하고 예측 불가능한 시기에 조직을 안정시키고 조용하게 유지해 조직의 성공을 도울 수도 있다. 따라서 관리의 위험성향의 잠재적 결과는 조직의 환경에 크게 좌우된다.

직장에서의 태도

태도 특별한 생각과 상황 또는 다른 사람에 대한 신념과 감정

사람의 태도 역시 조직에서 사람의 행동에 영향을 미치는 중요한 요인이다. **태도**(attitude)는 특별한 생각과 상황 또는 다른 사람에 대한 신념과 감정을 의미한다. 태도가 중요한 이유는 이것이 사람의 감정을 표출하는 방법이기 때문이다. 종업원은 자신의 임금이 적다고 느낄 때 자신의 감정을 표출한다. 유사한 방식으로, "당신은 새로운 광고 캠페인을 좋아하는군요!"라고 관리자가 당신에게 말한다면, 아마 당신은 회사의 마케팅 노력에 대한 자신의 감정을 표현할지도 모른다.

태도의 형성 태도는 자신의 가치관, 경험, 성격 등 다양한 요인의 영향으로 형성된다. 예를 들어 당신이 정직과 통합이 가장 중요하다는 가치관을 가지고 있다면, 당신은 정직과 윤리에 강한 믿음을 가지고 있는 관리자에게 특히 호의적인 태도를 보일 것이다. 유사한 경우로, 만일 우리가 어떤 동료에 대한 부정적이고 불쾌한 경험이 있다면, 아마도 우리는 그 사람에게 유쾌하지 않은 태도를 보일 것이다. 빅파이브의 특정 요인이나 개인의 성격 특성도 자신의 태도에 영향을 미친다. 태도의 근본적 구조를 이해하게 된다면 우리는 태도가 어떻게 형성되고, 변화하는지를 이해할 수 있게 도움을 줄 것이다.

태도 구조 태도는 일반적으로 특정 방식으로 사물을 대하는 등 대단히 안정된 성향을 지닌다. 여기에는 몇 가지 이유가 있는데, 사람은 어떤 정치인이나 어떤 식당은 싫다고 결정할 것이다(성향). 그 이후에는 일관되게 그 정치인이나 식당에 대해 꾸준하게 부정적 의견을 표출하거나, 선거가 돌아오면 그 정치인을 뽑지 않거나, 그 식당에 가지 않는 등의 예측 가능한 의도를 보인다. 이런 과정을 자세히 살펴보면, 태도에는 (1) 인지, (2) 영향, (3) 의도가 포함되어 있다.

인지 특정 대상에 대한 사람의 추정과 관련된 지식

인지(cognition)는 사람의 특정 대상에 대한 추정과 관련된 지식이다. 당신은 아마 지금 듣고 있는 수업을 좋아한다고 믿고 있을 수 있다. 그 이유는 교과서가 일단 흥미롭고, 수업시간이 딱 당신에게 편리한 시간이며, 교수님도 지적이시고, 과제도 적당하기 때문이다. 지식이란 완벽한 진리이기도 하고, 일부만 사실이기도 하며, 모든 것이 완벽한 거짓인 경우도 있다. 예를 들면 당신이 투표에서 특정 정치인을 선택한 이유가 그 후보가 당신도 동의하는 어떤 특정 이슈를 찬성한다는 사실을 당신이 알고 있기 때문이다. 그러나 현실은 이 믿음은 그 정치인의 정직성과 그 정치인이 한 말에 대한 당신의 이해 수준에 따라 다르다. 특정 이슈에 대한 그 정치인의 생각과 당신의 의견은 정확히 일치할 수도 있지만, 어떤 경우는 일정 부분만 일치하고, 어느 경우에는 완전히 다르다. 인지란 진실과 현실의 지각을 바탕으로 형성된다. 그리고 지각은 현실에 대한 다양한 이해 수준 차이가 존재한다.

정서 특정한 대상에 대한 감정

사람의 **정서**(affect)란 특정한 대상에 대한 감정을 의미한다. 많은 방식에서 정서는 감정과 비슷하다. 정서는 거의 의식의 통제 없이 발생한다. 예를 들면 대다수 사람은 사랑, 증오, 섹스, 전쟁이라는 단어가 전달해주는 감정이 반영되어 반응한다. 유사한 경우로는 당신이 수강하는 수업 중 하나

는 좋아하고, 어떤 수업은 싫어하며, 어떤 수업은 관심 자체가 없다. 만일 당신이 싫어하는 과목을 수강하게 된다면 아마도 출석이나 기말성적에 그렇게 큰 관심을 갖지 않겠지만, 관심을 두고 있는 첫 번째 전공 수업을 수강하게 된다면, 수업을 듣기도 전에 수업에 대한 당신의 호의적 감정은 수업과 관련된 상당한 불안을 일으킬 것이다.

의도(intention)는 사람의 행동을 안내한다. 만일 당신이 교수님을 좋아한다면, 당신은 교수님의 다음 학기 수업도 수강할 의도를 갖게 될 것이다. 의도는 항상 실제 행동으로 전환되지는 않는다. 그러나 여하튼, 만일 교수님의 다음 학기 수업이 오전 8시로 확정된다면, 당신은 마음속으로 다른 교수님 수업을 수강하는 것이 더 좋을 것 같다고 생각할 수도 있다. 약간의 태도 그리고 의도에 대한 반응은 다른 요인보다 개인의 행동에 영향을 미치는 중요한 요인이다. 사람은 특정 무엇인가를 할 의도를 가질 수 있다(특정 교수님의 수업 수강). 그러나 후에 보다 중요한 태도로 인해 그 의도는 변경된다(아침잠을 좋아함).

의도 사람의 행동을 안내하는 태도의 한 부분

인지부조화 2개의 인지 또는 지각된 사실이 서로 모순되거나 일치하지 않는다면 사람은 갈등과 걱정을 경험하게 되는데, 이를 **인지부조화**(cognitive dissonance)라고 부른다. 또한 인지부조화는 사람이 자신의 태도와 일관성이 없는 행동을 했을 때 발생한다. 예를 들면 흡연이나 과식은 위험하다고 알고 있는데, 문제는 둘 다 포기할 수 없다면, 그의 태도와 행동은 서로 모순이다. 이때 이 사람은 아마도 일정 수준의 긴장감과 불편함을 느낄 것이다. 그리고 태도를 변화시켜 이런 불편한 마음을 경감시키려 할 것이다. 행동을 수정하거나 지각하고 있는 환경을 왜곡한다. 예를 들면 과식과 관련된 부조화의 경우 '다음주부터' 다이어트를 할 거라고 끊임없이 결심함으로써 해결하려 할 것이다. 인지부조화는 다양한 방식으로 사람에게 영향을 끼친다. 우리는 자주 우리의 태도나 행동과 일치하지 않는 상황을 만나게 된다. 그리고 부조화를 경감시키기 위해 긴장감이나 불편한 감정을 이런 방식으로 해결한다. 조직의 경우에도 적용되는데, 회사를 그만두고자 하는 사람이 계속 직장을 다녀야 하거나 열심히 일해야 하는 경우, 그는 부조화를 겪게 된다. 이 사람은 아마도 지금 다니고 있는 회사가 '그렇게 나쁘지는 않다'는 결론을 만들어내거나, 회사를 '곧' 그만둘 예정이지만, 아직 적당한 회사를 찾지 못했다고 말할지도 모른다.

인지부조화 2개의 인지 사실 또는 지각된 사실이 서로 모순되거나 일치하지 않는 것

태도와 관련된 핵심 업무 조직에 있는 사람은 많은 다양한 일에 대한 태도를 형성한다. 근로자는 모두 자신의 임금, 승진 가능성, 상사, 복지혜택 등에 대한 태도를 가지고 있다. 특히 중요한 태도는 직무 만족과 조직몰입에 관한 사항이다.

- **직무 만족**(job satisfaction)은 사람이 자신의 직무에 대해 긍정적 태도를 지니고 있음을 의미한다(일부 사람들은 직무 만족 대신에 '사기'란 단어를 사용하기도 한다.) 직무에 만족하는 근로자는 결근을 하지 않는 경향이 있고, 좋은 조직시민행동을 가지고 있으며, 같은 업무를 오랜 기간 지속하는 경향이 있다. 반대로 불만족한 근로자는 결근이 잦고, 동료를 힘들게 하는 스트레스를 경험할 것이며, 지속적으로 다른 업무를 찾아 헤맨다. 일반상식과 많은 관리자의 기대와 달리, 높은 수준의 직무 만족이 필연적으로 꼭 높은 수준의 생산성을 가져오는 것은 아니다.

직무 만족 자신의 직무에 대해 긍정적 태도를 지니고 있는 정도

- 때로는 **조직몰입**(organizational commitment)을 **직무몰입**(job commitment)이라고 부르기도 하는데, 이는 개인이 조직 및 조직의 미션과 자신을 동일시하는 정도를 반영하는 것이다. 높은 조직몰입을 보이는 사람은 아마도 자신을 회사의 진정한 구성원으로 볼 것이다. (예를 들면 '우리는 높은 품

조직몰입 개인이 조직 및 조직의 미션과 자신을 동일시하는 정도

질의 제품을 생산한다'와 같이 회사를 '우리' 등과 같은 개인의 언어로 표현하고, 사소한 불만족 원인은 무시하며, 조직 구성원으로 오랫동안 남아 있기를 희망한다.) 반대로 조직몰입이 떨어지는 사람은 자신을 외부자로 보는 경향이 있다. (예를 들면 조직과 자신을 구분해 '그들은 직원에게 임금을 제대로 주지 않는다'와 같이 조직을 '그들' 등으로 표현한다.) 또한 일에 대한 불만족을 자주 표현하고, 조직 구성원으로 오랫동안 머물고 싶어 하지 않는다.

관리자가 직원의 직무 만족과 조직몰입을 증대하기 위해서는 몇 개의 중요한 요인이 있는데, 그 중 첫 번째는 회사가 직원을 공정하게 대우하고, 적절한 보상과 직업 안정성을 보장해준다면, 이에 따라 직원의 직무 만족과 조직몰입도 커진다는 것이다. 또한 직원에게 업무가 어떻게 돌아가고 있는지 설명해주는 기회가 제공된다면 직원의 긍정적 태도를 증가시킬 수 있다. 직원의 업무욕구를 자극할 수 있는 업무설계 또한 직원의 직무 만족과 조직몰입을 증가시킨다. 이와 함께 직무 만족과 조직몰입을 증가시키는 다른 중요한 요소는 전문가들이 흔히 **심리적 계약**(psychological contract)이라고 부르는 직원에 대한 이해와 존중이다.

학습목표 8-3
심리적 계약과 사람-직무 적합성의 의미와 중요성을 설명한다.

사람과 직무의 조화

조직 내에서도 사람 사이에 존재하는 개인차와 많은 다른 형태의 종업원 행동이 존재하므로, 관리자는 이들의 개인차를 고려해 종업원이 수행하는 업무와 사람 간에 적절한 조합이 이루어질 수 있도록 해야 한다. 이런 조합의 필요성을 이해할 수 있도록 도움을 주는 2개의 방법이 있는데, 하나는 **심리적 계약**이고 다른 하나는 **사람-직무 적합성**이다.

심리적 계약

심리적 계약 종업원과 기업 모두가 마음속으로 품고 있는 서로에 대한 기대

심리적 계약(psychological contract)이란 종업원과 기업 모두가 마음속에 품고 있는 서로에 대한 기대로, 조직의 입장에서는 종업원이 조직을 위해 무엇인가를 해줄 것이라는 기대이고, 종업원의 입장에서는 자신이 어느 정도의 일을 완수하면, 조직이 자신을 위해 어떤 보답을 해줄 것이라는 전반적인 기대를 의미한다. 심리적 계약은 사업상 쓰는 공식적 계약과 달리 계약내용을 서류로 작성하는 것도 아니고, 서로 명확하게 협상을 하는 것도 아니다.

종업원은 자신의 노력, 능력, 충성, 기술, 시간 등을 통해 조직에 다양한 공헌을 하고, 이런 공헌을 통해 계약의 의무를 충족시킨다. 예를 들면 다국적 금융 서비스 회사 찰스슈왑(Charles Schwab and Co.)의 지사장 질 헨더슨(Jill Henderson)은 재무시장에서의 투자기회에 관한 자신의 지식을 활용해 고객의 주식투자 성공을 도왔다. 그녀는 MBA에서 재무를 주전공으로 근면과 동기부여에 대한 조직행동론을 함께 전공했고, 이런 경력은 그녀를 회사에서 가장 촉망받는 관리자 중 한 명이 되도록 했다. 회사는 그녀를 채용하게 되면 그녀가 이런 성과를 이루어낼 것을 믿고 채용했고, 그녀는 이런 성공에 맞는 적절한 보상을 받게 될 것을 믿었다. 회사는 개인에게 다양한 유인책을 제공하는데, 이런 유인책을 통해 회사는 자신의 계약 의무를 충족시킨다. 임금 · 경력 관리와 같은 보상은 유형의 보상이라면, 직업 안정성 · 사회적 위상과 같은 보상은 무형의 보상인 것이다.

헨더슨은 슈왑에서 경쟁력 있는 연봉을 받으면서 사회생활을 시작했고, 그녀는 지난 6년 동안 매

그림 8.2 심리적 계약의 본질

년 연봉 상승의 기쁨을 맛보았다. 그녀는 벌써 두 번의 승진을 경험했고, 가까운 장래에 다시 한 번 승진할 것으로 기대된다. 이 예에서 헨더슨과 회사 모두 명확하게 이들의 심리적 계약은 공명정대했다고 믿는다. 둘 다 서로의 관계에 만족하고 있다면, 그녀와 회사의 계약은 앞으로도 계속 이어질 것이다. 그녀는 계속 열심히 일해서 성공을 경험하고 싶어 하며, 회사도 그런 그녀에게 연봉 상승과 승진의 기회를 제공하고자 한다. 하지만 이와 다른 상황에서는 심리적 계약이 꼭 잘 작동되기만 하는 것은 아니다. 만일 한쪽에서 계약이 불공정하다고 느낀다면, 다른 한쪽은 변화를 꾀할 것이다. 종업원이 자신의 노력 부족에도 불구하고 회사에 연봉 상승이나 승진을 요구한다거나 전직을 생각한다면, 회사는 근로자의 기술 향상을 위한 직업훈련이나 다른 직무로 해당 근로자를 전보하거나 해고 등과 같은 변화를 또한 생각하게 될 것이다.

모든 조직은 현재 심리적 계약에 관한 근본적 변화에 직면해 있다. 요즘 근로자는 새로운 가치관을 가지고 있기에 회사는 이들에 맞는 올바른 유인책을 개발할 필요가 있다. 예를 들면 저임금 근로자는 그들의 임금에 맞춰 저성과를 내거나 더 좋은 조건을 찾아서 다른 회사로 떠날 것이다. 유사한 경우로 회사가 인원감축을 하거나 심리적 계약의 내용을 삭감하는 등의 행동을 시행할 때 때

Sergey Smirnov/Alamy Stock Photo

특수한 업무를 수행하는 직원을 고용할 경우 사람-직무 적합성은 대단히 중요한 고려사항이다. 예를 들면 어떤 사람에게는 극단적인 날씨가 가장 완벽한 작업조건이 되고, 꼭 그날에 위험한 업무를 해야만 하는 사람도 있으며, 그날이 가장 완벽한 여행일정이 되는 경우도 있다. 이와 반대로, 어떤 이들에게는 중요한 기회의 방해가 되고, 좋은 날씨를 기다려야 하는 경우가 있으며, 그날은 여행을 전혀 떠날 수 없는 날이 되는 경우도 있다. 사진에서처럼 고층건물의 외부 창문을 청소하는 일을 생각해본다면, 누군가에게는 최악이 되는 조건이, 누군가에게는 일하기 좋은 가장 완벽한 날이 되기도 한다.

로는 종업원이 회사의 기물을 훔치는 경우도 있다.

이렇게 되면 상황은 더 복잡해진다. 예를 들면 많은 기업이 종업원의 업무실적에 대한 최소한의 보상만 제공하는 경향이 있다. 그러나 업무실적이 지속적으로 하락하는 추세라면 이에 대한 새로운 대안이 필요하다. 새로운 대안이 될 수 있는 유인책은 추가적인 교육 기회 제공이나 작업일정을 탄력적으로 운영하는 것이다.

사람-직무 적합성

사람-직무 적합성 근로자의 공헌과 조직의 유인책이 서로 조화를 이루는 것

사람-직무 적합성(person-job fit)은 근로자의 공헌과 조직의 유인책이 서로 조화를 이루는 것을 의미한다. 사람-직무 적합성이 좋다는 의미는 종업원의 기여도가 조직이 제공한 유인책과 정확하게 일치하는 것이다. 이론적으로는 개별 종업원은 모두 자신만의 독특한 욕구가 존재하고, 업무 수행을 위한 자신만의 행동특성과 특이한 능력을 가지고 있다. 조직의 입장에서 이런 종업원의 행동특성과 능력 그리고 그들의 욕구를 충족시킬 수 있다면, 회사는 완벽한 사람-직무 적합성을 성취하게 될 것이다. 다시 말해 좋은 사람-직무 적합성은 높은 성과와 함께 종업원의 높은 긍적적 태도를 만들어낼 것이고, 부적절한 사람-직무 적합성은 당연히 그 반대의 결과가 초래될 것이다.

학습목표 8-4
종업원 동기부여의 가장 중요한 모델과 개념을 이해하고 요약한다.

동기부여의 기초 개념과 이론

동기부여 특정한 방향으로 행동을 하게 하는 일련의 힘

넓은 의미에서 **동기부여**(motivation)란 특정한 방향으로 행동을 하게 하는 일련의 힘을 의미한다. 어떤 근로자가 가능한 최대한의 생산을 목적으로 동기부여가 되어 있다면, 어떤 근로자는 단지 생존을 위해 동기부여가 될 수 있다. 관리자라면 이런 행동의 차이와 이유를 알고 있어야 한다.

오랜 세월 꾸준한 연구의 진척으로 이런 이슈에 대한 설명을 시도해 왔다. 이 절에서는 종업원 동기부여 이론에 관한 연구를 살펴본다. 특히 동기부여 연구의 발전 과정에서 형성된 3개의 인간관계 접근 방식인 (1) 고전이론과 과학적 관리론, (2) 초기 행동주의 이론, (3) 현대 동기부여 이론을 살펴본다.

고전이론

동기부여 고전이론 근로자의 동기부여 이유는 단지 돈이라고 설명하는 이론

동기부여 고전이론(classical theory of motivation)에 따르면, 근로자의 동기부여 이유는 단지 돈이었다. 1911년에 출판된 『과학적 관리의 원칙(The Principles of Scientific Management)』을 쓴 산업공학자 프레더릭 테일러(Frederick Taylor)는 산업현장에서 이런 그의 견해가 폭넓게 수용되어야 한다고 기업과 근로자를 설득했다. 그에 의하면, 근로자는 돈에 동기부여가 되므로, 더 많은 임금의 지급은 생산성을 증대한다. 이와 함께 직무분석을 통해 회사의 업무 성과를 증대한 기업은 경쟁기업보다 값싸고 수익성 높은 제품을 생산하게 될 것이며, 이런 결과는 다시 경쟁기업보다 더 많은 임금의 지급으로 근로자의 동기부여를 증대한다고 생각했다.

테일러의 이런 접근 방식을 **과학적 관리**(scientific management)라고 부른다. 그의 이런 생각에 20세기 많은 기업가가 매혹되었고, 곧 수많은 미국의 제조공장이 시간과 동작에 관한 연구(time-and-motion study)를 수행할 전문가를 고용했다. 산업공학기술은 가장 효율적인 업무 수행 방식을 찾아내기 위해 세부적인 작업단위까지 적용한다. 이런 접근 방식의 시작은 우선 업무를 쉽게 반복할 수

Ariel Skelley/Blend Images/Alamy Stock Photo

근로자를 존중해준다면, 이들은 자신이 조직에서 가치 있는 사람이라는 사실을 깨닫게 되고, 이는 다시 그들을 오랫동안 동기부여 하기 때문에 높은 생산성을 유지할 것이다.

있는 구성단위까지 분해하고, 그다음에는 업무효율이 가장 좋은 방식과 도구를 고안해내는 것이다. 이런 연구는 직무를 분해해 쉽게 반복할 수 있는 단위까지 만들고, 업무를 쉽게 수행할 수 있도록 효율적인 보조도구나 기계를 고안해낸 최초의 과학적 시도였다. 테일러의 동료였던 프랭크 길브레스(Frank Gilbreth)와 릴리안 길브레스(Lillian Gilbreth)는 훗날 대기업의 업무를 과학적으로 관리하는 방법을 설명해 인기가 많았던 『대량생산의 이점(Cheaper by the Dozen)』이란 책을 쓰기도 했다. 그리고 이 책은 나중에 영화로 만들어졌다.

초기 행동주의 이론

1925년 하버드 연구팀은 시카고 외곽에 소재한 웨스턴전기(Western Electric)의 근로자를 대상으로 호손실험을 시작했다. 이들은 생산성 증대를 목적으로 하면서도 물리적 환경에 따른 생산성 변화의 관계성을 알고 싶어 했다. 실험의 결과는 혼란을 줄 정도로 예상과 달랐다. 예를 들면 조명의 밝기 증가는 생산성 향상을 가져왔다. 그러나 여러 이유로 조명이 어두워져도 생산성이 향상되는 것은 마찬가지였다. 더욱이 모두의 기대와 반대로 임금의 증가가 생산성 향상으로 이어지지 못했다. 점차 연구자들은 혼돈 속에서 퍼즐을 맞춰야 했다. 그 대답은 바로 자신에게 쏟아지는 관심에 대한 작업자의 반응이었다. 작업자들이 특별한 관심을 받고 있다는 해석을 하게끔 만드는 관리행동으로 인해 그에 따른 근로자의 반응은 생산성 향상을 만들어냈다. 이러한 발견은 오늘날 **호손효과**(Hawthorne effect)라고 부른다. 비록 많은 경우 관리자에게 단순히 직원들에게 관심을 주기만 하면 된다는 잘못된 확신을 주긴 했지만, 이를 통해 인간관계 이론의 발전에 영향을 끼쳤다.

호손효과 작업자들이 특별한 관심을 받고 있다는 믿음에 의해 생산성이 증가하는 경향

호손연구 이후에 관리자와 학자들은 좋은 업무 성과를 위한 동기부여를 위해서는 좋은 인간관계가 중요하다는 사실을 알게 되었다. 종업원 행동의 원인, 집중, 유지와 관련된 요인을 중요하게 생각하지만, 대부분의 동기부여 이론가들은 종업원에 대한 관리자의 사고방식과 대우 방식에 관심을 가졌다. 주요 동기부여 이론에는 인적자원모델, 욕구단계모델, 2요인 이론 등이 있다.

인적자원모델: X이론과 Y이론 행동과학자 더글러스 맥그리거(Douglas McGregor)는 그의 책에서 관리자들은 회사에서 인적자원을 사용하는 최적의 방법에 대해 극단적으로 다른 2개의 신념이 있음

을 확인하고, 이를 X이론과 Y이론으로 규정했다. 두 이론의 기본적인 차이는 표 8.1에서 확인할 수 있다.

X이론 사람은 천성적으로 게으르고 협동심이 없다고 믿는 동기부여 이론

X이론(Theory X)을 추구하는 관리자는 사람은 천성적으로 게으르고 협동심이 없기에 이들이 만들어낸 생산의 정도에 맞춰 처벌하거나 보상해야 한다고 믿는다. 반대로 Y이론을 추구하는 관리자는 사람은 태어나면서부터 활동적이고, 성장 지향적이며, 자기동기화하는 능력이 있고, 생산활동에 관심이 있다고 믿는다.

Y이론 사람은 태어나면서부터 활동적이고, 성장 지향적이며, 자기동기화하는 능력이 있고, 생산활동에 관심이 있다고 믿는 동기부여 이론

맥그리거는 **Y이론**(Theory Y) 관리자는 종업원을 만족시키고, 동기부여하는 것을 좋아한다고 보았다. X이론과 Y이론 구분은 다소 단순하고 행동에 대한 구체적 지침을 거의 주지 못한다. 이 이론의 가치는 주로 두 이론의 능력을 극대화하고, 종업원에 대한 태도에 따라 관리의 행동을 구분하고 있다는 점이다.

요구단계모델 5단계의 인간욕구를 설명하면서 사람은 상위 단계 욕구를 만족시키려면 하위 단계 욕구를 먼저 충족시켜야 한다고 주장하는 동기부여 이론

매슬로의 욕구단계모델 심리학자 에이브러햄 매슬로(Abraham Maslow)에 의하면, **욕구단계모델**(hierarchy of human needs model)에서는 자신이 수행한 작업을 만족시키는 몇 개의 다른 단계의 욕구로 구분된다. 그에 의하면 이런 욕구는 5개 유형으로 구분되고, 이들 5개 욕구의 위계적 중요성은 그림 8.3에서 볼 수 있다. 매슬로에 의하면 욕구는 위계성이 있다. 그 이유는 사람이 높은 수준의 욕구를 충족하기 위해서는 낮은 수준의 욕구를 경험해야 하기 때문이다.

일단 하위 단계 욕구가 충족되고 나면, 그 수준의 욕구에 대한 동기부여 행동은 정지된다. 예를 들면 회사의 멘토가 된다거나 이사회 고문이 되는 등의 사회적 욕구나 자아존중 욕구를 획득하는 것이 장기 프로젝트에 참여해 오랫동안 직업의 안전을 확보하는 욕구보다 더 중요하다.

그러나 반대로 낮은 수준의 욕구가 갑자기 채워지지 않는다면, 대부분 사람은 즉각 다시 낮은 욕구로 회귀한다. 예를 들면 어떤 사람이 대기업에서 사업부 관리자가 되는 자아존중의 욕구를 추구하고 있는데, 현재 일하고 있는 사업부가 해체될 위험이 있어서 잘못하면 직업을 잃을 수도 있다는 사실을 알게 되는 순간 현재 다니고 있는 회사에서의 승진과 동일한 동기부여를 주는 기회, 즉 다른 회사에서 직업 안전성을 보장하는 제안을 한다면 아마도 그는 그 제안을 선택하게 될 것이다.

2요인 이론 회계학과 공학을 공부한 뒤에 심리학자 프레더릭 허즈버그(Frederick Herzberg)는 직무 만족과 불만족은 2개의 요인에 좌우된다는 사실을 알게 되었는데, 그것은 작업 환경과 같은 위생 요인(hygiene factor)과 업무능력에 대한 인정과 같은 동기부여 요인(motivation factor)이다.

표 8.1 X이론과 Y이론

X이론	Y이론
사람은 게으르다.	사람은 활력 있다.
사람은 야심이 부족하고, 책임을 지지 않는다.	사람은 야심이 있고, 책임감을 추구한다.
사람은 자기중심적이다.	사람은 이타적일 수 있다.
사람은 변화를 싫어한다.	사람은 사업의 성장과 변화에 기여하고 싶어 한다.
사람은 잘 속아 넘어가고, 영리하지 못하다.	사람은 지적이다.

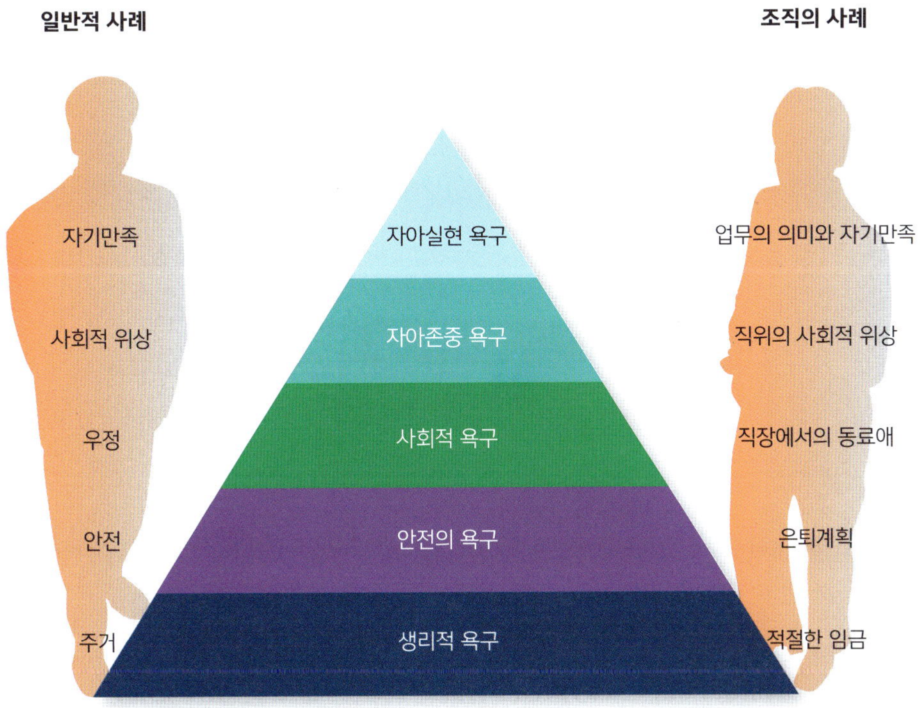

그림 8.3 매슬로의 욕구단계

출처: Maslow, Abraham H.; Frager, Robert D.; Fadiman, James, *Motivation and Personality*, 3rd Ed., © 1987. Adapted and Electronically reproduced by permission of Pearson Education, Inc., Upper Saddle River, NJ.

허즈버그의 **2요인 이론**(two-factor theory)에 따르면, 위생 요인은 이 요인이 사라지거나 생각했던 것과 같지 않을 때 동기부여와 만족에 영향을 미친다. 예를 들면 근로자가 열악한 작업 환경을 접하게 될 것이라고 믿게 되면, 근로자는 불만족스러움을 느끼게 될 것이다. 반대로 작업 환경이 개선되었다고 해서 근로자들이 꼭 이것에 만족하는 것은 아니다. 단지 불만족하지 않을 뿐이다. 이와는 다른 경우로 만일 근로자가 자신의 탁월한 업무실적이 회사로부터 인정을 받지 못한다면, 이들은 불만족을 느끼게 될 것이다. 그러나 회사가 이들의 실적을 인정해주는 순간, 근로자들의 만족은 증대되는 것이다.

2요인 이론 직무 만족은 위생 요인과 동기부여 요인에 의해 좌우된다는 동기부여 이론

만족에서부터 만족하지 않음까지 연속되는 동기부여 요인을 주목할 필요가 있다. 대조적으로 위생 요인은 불만족에서 시작해 불만족하지 않음까지 연속되는 감정까지만 만들어낸다. 동기부여 요인은 직접적으로 종업원이 실제로 수행하는 업무와 관련된 요인인 반면, 위생 요인은 종업원이 작업하는 환경과 관련된 요인이다.

이 이론은 관리자가 종업원의 동기부여를 강화하기 위해서는 2개의 다른 접근 방법을 시도해야 한다는 사실을 말해주고 있다. 첫째로 작업 환경이나 종업원이 수용하는 명확한 정책의 제시 등과 같은 위생 요인을 확실히 해야 한다는 것이다. 이러한 제도의 실행은 결국 종업원의 불만족을 제거해줄 것이다. 이와 함께 종업원의 만족감과 동기부여를 증가시키기 위해서는 종업원에 대한 인정이나 책임감 부여와 같은 동기부여 요인을 종업원에게 제공해야 한다.

기타 중요한 욕구이론 지금까지 학습한 초기 동기부여 이론들이 논쟁하고 있는 욕구들은 특정한

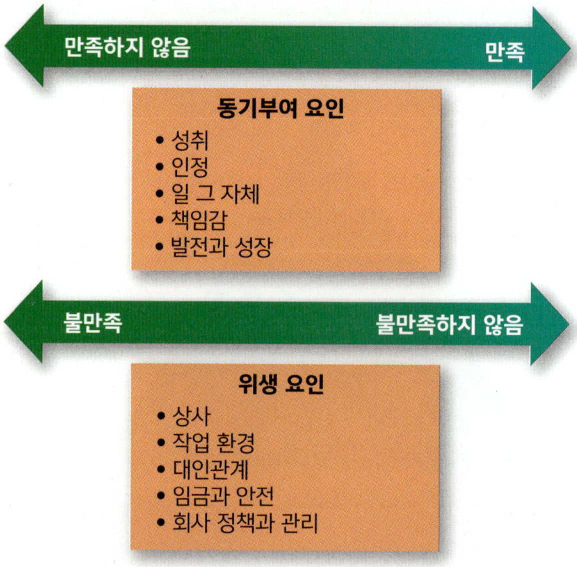

그림 8.4 동기부여에 대한 2요인 이론

틀 안에서 개인의 요구와 관련된 것들이었다. 맥클리랜드(McClelland)는 인간이 타고나는 3개의 다른 욕구, 즉 성취욕구, 애정욕구, 권력욕구를 가정하고 있다. 여하튼 대부분 사람은 이 3개의 욕구를 특정 이론의 부분이 아니라, 단지 3개 욕구 그 자체와 매우 친숙하다.

성취욕구 목적이나 과업을 가능한 효과적으로 달성하고자 하는 개인의 욕망

성취욕구(need for achievement)는 목적이나 과업을 가능한 효과적으로 달성하고자 하는 개인의 욕망으로 인해 발생한다. 높은 성취욕구를 가진 사람은 적절한 난이도의 목표를 설정하고, 적절한 위험 성향의 의사결정을 하는 경향이 있다. 높은 성취욕구를 가진 사람은 또한 자신들의 업무 성과에 대한 즉각적이고 구체적인 피드백을 원하며, 가능한 빠른 시간에 자신이 끝낸 업무의 결과를 알고자 한다. 이런 이유로 높은 성취욕구를 가진 사람들은 종종 고객으로부터 즉각적인 피드백을 받을 수 있는 영업직을 선호하고, 눈에 보이는 업무 진척 상황이 느리고, 피드백 간격이 긴 연구개발 등과 같은 영역의 업무를 피하는 경향이 있다. 또한 업무에 몰두하는 경향도 높은 것이 성취욕구가 높은 사람들의 특징이기도 하다. 이들은 점심시간에도, 집에서도 일에 빠지곤 한다. 그들은 잠시 업무를 미루어 놓는 것을 힘들어 하고, 진행 중인 프로젝트를 끝내기도 전에 중단시키면 격노하는 경향이 있다. 마지막으로 이들은 일을 완성해야 한다는 강한 책임감을 느끼는 경향이 크다. 이들은 종종 자신의 일이 아닌 여분의 타인 업무에도 자발적으로 참여하고, 누군가에게 업무를 넘기는 것을 대단히 어려워한다. 따라서 이들은 타인의 도움 없이 동료보다 더 많은 일을 완성했을 때 엄청난 성취감을 느낀다.

애정욕구 인간관계에 대한 욕구

많은 사람은 또한 타인과의 교류를 원하는 **애정욕구**(need for affiliation)를 경험하게 된다. 학자들에 의하면, 높은 애정욕구가 있는 사람과 애정욕구가 낮은 사람을 구분하는 몇 가지 방법이 있다. 높은 애정욕구를 지닌 사람은 타인으로부터 서로의 관계에 대한 재확인과 승인을 요구하고, 일반적으로 진정으로 타인의 감정에 관심이 많다. 이들은 타인도 자신과의 관계를 원한다는 믿음을 전제로 행동하고 생각한다. 특히 강한 동료애와 우정을 원하는 경향이 있다. 우리가 예상하는 바와 같이 강한 애정욕구를 지닌 사람은 영업직이나 교사 같은 대인간 교류가 많은 직업에 종사하는 경향이 있다.

세 번째 사람의 욕구는 재정, 일, 정보, 인적자원 등과 같은 자신의 환경을 통제하길 원하는 **권력욕구**(needs for power)이다. 권력욕구는 사람마다 매우 다양하다. 어떤 사람은 엄청난 시간과 에너지를 권력을 추구하기 위해 사용한다. 반면에 어떤 사람은 최대한 권력을 피하려 한다. 높은 권력욕구를 지닌 사람이 만일 다음의 3개 조건을 충족한다면 성공적인 관리자가 될 수 있다. 첫 번째는 개인의 이익보다는 조직의 개선을 위해 권력을 추구한다. 두 번째는 이들은 엄청난 권력욕구에 사로잡혀 직장에서 타인과 갈등을 겪을 수 있으므로, 꽤 낮은 애정욕구를 가지고 있을 가능성이 높다. 세 번째는 효과적인 조직관리 또는 대인관계를 위협할 수 있는 자신의 권력욕구를 철저하게 통제할 필요가 있다.

권력욕구 돈 · 일 · 정보, 사람과 같은 자신의 주변 환경을 통제하길 원하는 욕구

기업가정신과 새로운 벤처기업

다시 기회는 시작된다

Robin Marchant/Getty Images

기업인에 대한 정의 중심에는 위험을 기꺼이 감수하겠다는 의지가 포함되어 있을 것이다. 기업가란 진정 원하는 것을 위해서는 기꺼이 자신의 재정적 안정과 명성을 위험하게 만들 의사가 있는 것이다. 우리는 모두 엄청난 부를 축적한 부자들의 이야기에 익숙해서 많은 기업가가 사업을 처음 시작할 당시에 실제로는 매우 초라했다는 사실을 잊어버린다. 헨리 포드(Henry Ford)는 이렇게 말했다. "실패란 현명하게 다시 시작하게 만든 유일한 기회였죠."

소피아 아모루소(Sophia Amoruso)는 이베이에서 구제옷을 파는 것으로 처음 사업을 시작했다. 그녀는 멋쟁이지만 가냘프고, 불굴의 스타일, 즉 '거친 소녀' 스타일의 고객을 구축했다. 그녀는 2014년에 LA에서 오프라인 매장을 열었다. 그리고 2015년에는 산타모니카에 매장을 열었고, 《포브스》는 그녀의 가게 매출이 그해에 3억 달러를 넘길 것이라고 예언했다. 게다가 잡지들은 그녀를 미국에서 자수성가한 최고로 부유한 여성 사업가로 찬양했고, 패션디자이너위원회는 그녀를 명예의 전당으로 안내했다. 그러나 성장은 성공만큼 빠르게 도전에 직면했다.

2015년 회사는 신장병으로 5주간 휴가를 간 이후 정리해고를 당한 종업원이 제기한 소송과 함께 출산휴가 전에 정리해고 된 종업원 소송 등에도 직면하게 되었다. 이런 소송과 함께 회사는 채무와 간접비 증가로 회사 출범 당시 받았던 벤처펀드를 소진하게 되었다. 지속적인 마케팅 예산 유입이 없는 상태에서 제품의 판매 급락으로 회사의 수익은 빠르게 파산으로 몰렸다. 결국 2016년 말 회사는 파산했고, 그녀는 직업을 잃었다.

기업의 성장과 성공 속에서 관리자 역할의 실패를 조사한 꽤 많은 연구가 있다. 실패를 경험한 기업가들은 실패 과성에서 자신의 역할을 생각해보면, 자신이 얼마나 의기소침해 있고 효율성이 부족했는지 알게 될 것이다. 다른 말로 표현하자면, 실패로부터 무엇인가를 배우기 위해서는 상당한 양의 분석과 자기반성이 필수적이다. 실제로 야마카와와 동료들(Yamakawa, Peng, and Deeds)의 연구에 의하면, 기업가는 외부환경에 대한 너무 지나친 자신의 역할 집중이나 자신의 학습경험을 이용할 기회 부족으로 낙담하게 된다. 기업가는 먼저 실패의 웅덩이에서 자신을 스스로 끄집어내고, 지난날의 먼지를 털어내며, 현명해야 하고, 새로운 모험을 위한 더 많은 선택을 해야 한다.

최근에 아모루소는 자신의 악명을 새로운 경력을 만드는 일에 쓰기로 했다. 그녀는 자신의 경험을 여성 기업가의 강점과 영감을 주는 일에 활용하기 위해 저울질 중이다. 누가 아나? 성공은 어쩌면 그녀가 처음 '거친 소녀'를 시작할 당시처럼 여전히 수평선에 있는지도 모를 일이다.

현대 동기부여 이론

종업원 행동과 동기부여에 관한 복잡하고 섬세한 모델들이 최근까지도 개발되고 있다. 그중 흥미롭고 유용한 모델은 바로 **기대이론**과 **공정성이론**이다.

기대이론 자신이 원하는 것을 획득할 상당한 합리적인 가능성이나 기대가 생길 때 그 보상에 대한 대가로 일하고자 하는 동기부여가 생긴다고 보는 동기부여 이론

기대이론 **기대이론**(expectancy theory)은 사람이 자신이 원하는 것을 획득할 상당한 합리적인 가능성이나 기대가 생길 때, 그 보상에 대한 대가로 일하고자 하는 동기부여가 생긴다고 말하고 있다. 태생적으로 긍정적인 사람이라고 할지라도 자신이 원하는 보상을 받을 가능성이 없다고 생각되면, 동기부여는 잘되지 않는다. 그림 8.5는 개별 종업원이 생각하는 이슈와 관련된 기대이론 사례를 보여주고 있다.

예를 들면 회사가 자신의 지위보다 3개 직급이나 위에 있는 은퇴하는 관리자 자리를 대체할 필요가 있다는 사실을 알게 된 어떤 지원부서 관리자 사례를 살펴볼 필요가 있다. 그는 속으로 그 자리를 탐낸다 해도 자신이 선택될 가능성이 적다고 생각하기 때문에 그 자리에 지원하지 않을 것이다. 이런 경우 그는 자신의 업무 성과–보상 이슈를 생각하게 된다. 자신의 업무 성과를 고려해보면 그는 그 자리에 선택되지 않을 것이다. 그를 그 자리에 앉히려면 회사가 그를 3단계나 승진시켜야 하기 때문이다. 다른 경우를 고려해보자. 이 사람이 회사가 야간근무 팀의 제품 관리자를 찾고 있다는 사실을 알게 되었다. 그리고 그는 그 자리로 승진할 가능성도 높다. 그러나 그는 이 자리에 지원하지 않을 것이다. 그 이유는 밤에 일하고 싶지 않기 때문이다(보상–개인의 목표 이슈). 마지막으로 그가 자신의 사업부에서 상당한 고위 관리자 자리가 공개적으로 공모되고 있다는 사실을 알게 되었다면, 그는 그 자리에 지원할 확률이 높다. 그 이유는 그도 그 자리가 탐나고, 스스로 생각해도 지금이 그 자리로 승진하기에 좋은 기회이기 때문이다. 이런 경우에 그는 자신의 목표를 달성하기 위한 기대와 관련된 모든 이슈를 고려하게 된다.

기대이론은 임금체계가 연공서열을 기반으로 만들어졌을 때 왜 사람들이 열심히 일하지 않는지를 잘 설명해준다. 일을 열심히 하는 정도와 관계없이 종업원에게 동일한 임금이 지불되고 있거나 열심히 일한 대가로 지불해주던 인센티브 제도가 사라져서 어지간해서는 그에 맞는 추가수당을 받을 수 없기 때문이다. 다른 표현을 빌리자면, 그들은 스스로에게 이렇게 묻는다. "열심히 일한다고 월급을 더 주나?"(업무 성과–보상 이슈) 그리고 다음과 같이 결론을 짓는다. "아니지." 이와 유사한 대답은 다음과 같다. "열심히 일해봐야 오히려 더 나쁜 결과만 만들 뿐이야." 옮기고 싶었던 보직에 대한 희망이나 승진에 대한 기대를 통해 경험했던 불쾌한 경험(보상–개인의 목표 이슈)을 통해 종업원은 열심히 일하고자 하는 의욕을 잃게 되는 것이다.

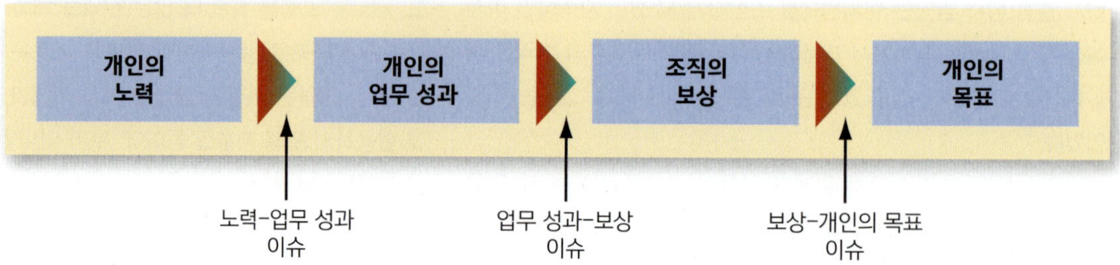

그림 8.5 기대이론 모델

공정성이론 **공정성이론**(equity theory)은 타인과 비교해 자신이 조직에서 어떻게 대우받고 있는지 정도에 대한 평가, 즉 사회적 비교를 중요하게 여기는 이론이다. 사람은 자신이 받게 되는 상대적인 임금, 복지혜택, 회사로부터의 인정, 안정성 등과 같은 결과를 고려해 자신이 투입할 시간, 노력, 자신의 교육수준, 경험 정도를 결정한다는 것을 공정성이론은 잘 설명해주고 있다. 이러한 관점에서 공정성이론에서의 비교는 앞에서 학습했던 심리적 계약과 비슷한 개념이다. 공정성이론의 관점에서 결과는 일에 대한 공헌, 즉 투입에 따른 결과의 비율이다. 사람은 혼자서 머릿속으로 생각하고 있는 투입 대비 결과와 비교해 실제로 자신의 노력 등의 투입에 따른 결과가 생각보다 더 큰지 또는 작은지에 대한 비율을 생각하게 되어 있다. 혼자서 생각하고 있는 투입 대비 결과에 대한 자신의 평가 결과에 따라 사람은 공정하다는 느낌 또는 불공정하다는 느낌을 경험하게 된다.

공정성이론 사람은 타인과 비교해 상대적으로 자신이 어떤 대우를 받고 있는지를 평가한다는 이론

그림 8.6은 이런 사람의 평가와 관련된 발생 가능한 사례들을 잘 보여주고 있다. 예를 들어 이제 갓 대학원 석사를 졸업한 사람이 큰 제조업체에서 처음으로 일을 하기 시작했다고 가정해보자. 그의 최초 연봉은 65,000달러에서 시작했고, 그렇게 비싸지 않은 차를 소유하고 있으며, 회사에서 1명의 업무보조자를 다른 신규 직원들과 공유하고 있다. 어느 날 그는 뒤늦게 다른 신규 직원의 연봉이 자신과 같고, 비슷한 수준의 차를 소유했으며, 자산관리 등의 혜택을 회사로부터 받고 있다는 사실을 알게 되었다면, 그는 그럭저럭 공정하다는 느낌을 받을 것이다(그림 8.6의 결과 1). 하지만 이와 달리 그와 같이 입사한 어떤 신규 직원은 연봉이 75,000달러이고, 비싼 차를 소유하고 있으며, 그를 위한 개인비서까지 회사에서 제공해준다는 사실을 알게 된다면, 그는 아마도 회사로부터 불공정한 대우를 받고 있다고 느낄 것이다(그림 8.6의 결과 2).

사람은 자신이 인식하고 있는 투입과 결과의 비율이 그림 8.6에서 보듯이 2개의 경우에만 공정하게 대우받고 있다고 느낀다는 사실을 수목해야 한다. 예를 들면 그가 단지 공정하다고 느끼려면 적어도 신규 직원이 학사 졸업이지만 2년 정도 업무경력이 있는 사람인 경우는 되어야 할 것이다. 아마도 자신보다 더 높은 연봉을 받는 그 신규 직원이 자신보다 높은 학력에 10년 정도 직장경력이 있는 사람이란 것을 나중에 알게 될지도 모르겠지만 말이다. 또는 처음에 불공정하다고 느낀 이후 그는 신규 직원이 자신과 비교해 실제로 조직에 더 공헌하고 있다고 결론을 내릴 수도 있다(또는 더 많은 교육수준과 업무경력이 있다고 생각할 수도 있다). 그렇게 함으로써 아마도 그는 공정하다고 느끼게 만드는 명분으로 그것을 사용할 것이다(그림 8.6의 결과 3).

불공정한 대우를 받고 있다고 느끼는 경우, 이들은 공정성을 회복하기 위해 다양한 행동을 하거나 하지 않음으로써 공정성을 유지하는 명분으로 활용한다. 예를 들면 자신이 인지하고 있는 사장의 불공정한 행동을 떠들고 다닌다거나 다소 건설적인 방법은 아닐지라도 회사 사장에게 임금 상승을 요구하거나, 회사에서 자신이 하는 업무에 대한 노력을 줄이거나 업무시간 자체를 줄일지도 모른다. 아니면 단지 동료에게 이런 사실을 불평할지도 모른다. 그들은 또한 나름 합리적인 방법(승진하려는 여성 또는 아시아계 사람에게 압력을 가해서 결국에는 승진을 포기하게 만드는 등)을 찾을지도 모르고, 비교 대상을 교체하거나, 극단적으로 회사를 그만둘지도 모른다.

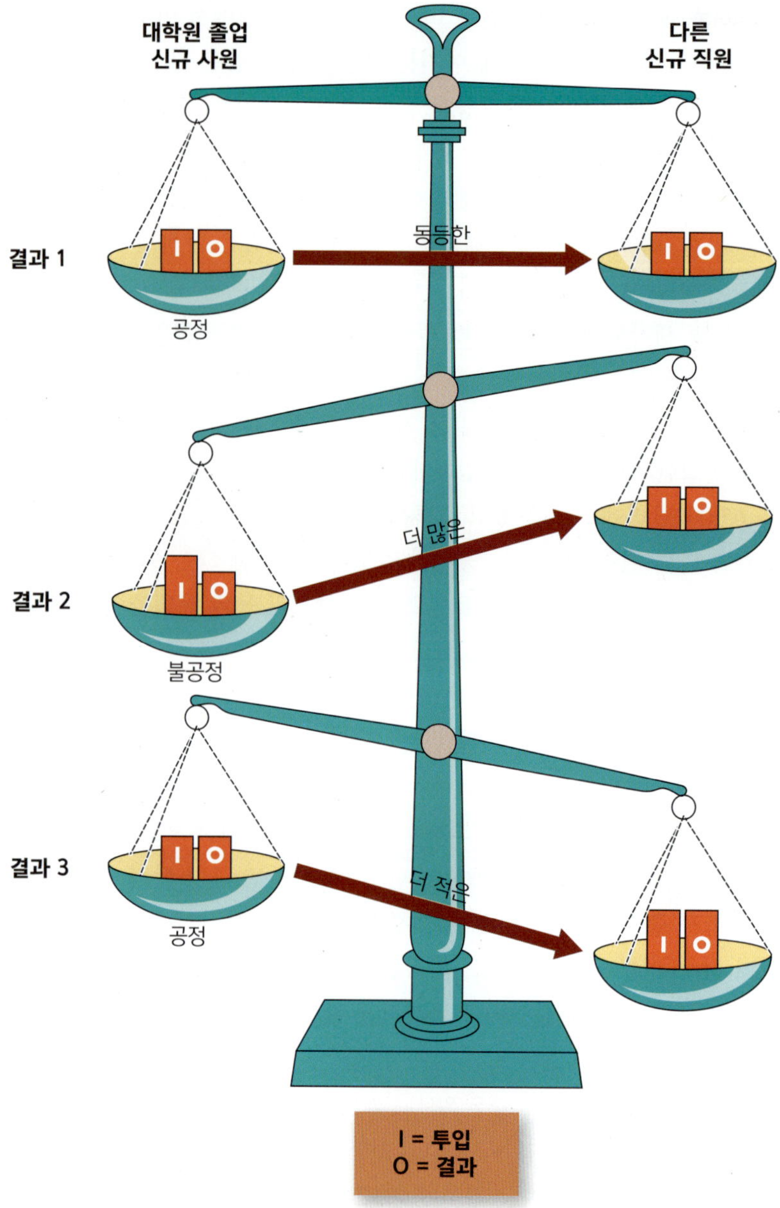

그림 8.6 공정성이론: 가능한 평가

학습목표 8-5

종업원의 동기부여 수준을 높이기 위해 조직이 사용하는 전략과 방법을 설명한다.

동기부여 강화를 위한 전략과 기술

단지 근로자를 동기부여하는 방법을 이해하는 것만이 관리자의 업무는 아니다. 이 지식을 적용하려면 알아야 할 많은 다른 부분이 존재한다. 전문가가 추천하고, 많은 기업이 실행하고 있는 일련의 프로그램, 즉 업무를 흥미롭게 만들고, 보상하도록 설계된 것들과 유쾌한 환경을 만드는 방법, 근로자를 열심히 일하게 할 수 있는 동기부여 방법은 다양하다.

강화/행동 변화

일부 관리자는 근로자가 특정한 행동을 하도록 체계적 보상과 처벌을 통해 근로자의 행동에 영향을 미치고 싶어 한다. 그것을 이루려면 우선 관리자는 자신이 원하는 종업원의 행동(근면함, 고객에게 친절하기, 품질 강조 등)과 종업원이 하지 않았으면 하는 행동(시간낭비, 고객에 대한 무례함, 품질관리를 소홀히 하는 행동 등)에 대한 정의부터 내려야 한다. 그 이후에 바람직한 행동에 대한 긍정적 강화와 바람직하지 않은 행동에 대한 처벌을 통해 종업원 행동의 변화를 시도할 수 있다.

긍정적 강화(positive reinforcement)란 회사 또는 관리자가 종업원이 근면함을 보이거나 동료에게 도움을 주는 등 이와 비슷한 바람직한 행동을 보일 때 보상을 제공하는 것을 의미한다. 보상이 직접적으로 업무 성과와 연결될 때에 긍정적 강화를 보인다. 예를 들면 영업사원이 그에게 할당된 분량을 신속하게 초과해 소화해내거나 다음 분기에 해야 할 업무를 미리 열심히 일하는 등의 행동을 보일 때 엄청난 보너스를 지불하는 것과 같다. 중장비 · 농기계 제조회사 존디어(John Deere)는 긍정적 강화를 기반으로 한 보상 시스템을 사용한다. 다른 무엇보다도 이 회사는 새로운 업무와 관련된 기술을 습득하기 위해 대학을 졸업하거나 대학원 과정을 완료하는 경우 임금을 올려준다.

긍정적 강화 바람직한 행동 이후에 따르는 보상

처벌(punishment)은 직원이 불쾌한 행동을 했을 경우 이에 따른 불쾌한 결과를 항상 제공함으로써 직원의 행동을 교정하도록 설계된 것을 의미한다. 예를 들면 직원이 반복해서 지각을 할 경우 임금 삭감 등을 당할 수 있다. 유사한 방식으로 미식축구연맹이나 미국프로야구협회는 프로선수가 약물 남용 등의 죄를 지었을 경우 벌금을 부과하는 등의 방법을 통해 프로선수의 행동을 교정하고 있다.

처벌 바람직하지 않은 행동에 따른 불쾌한 결과

사람은 타인의 행동을 관찰하거나 그 결과를 인지하게 되는 경우 **사회적 학습**(social learning)을 하게 되고, 그 결과를 보면서 자신의 행동을 수정한다. 타인에 대한 관찰이나 비디오 시청 등을 통해 새로운 업무를 학습할 수 있다. 또는 상사로부터 동료가 지각 때문에 야단맞는 것을 보면서 지각을 하지 말아야겠다는 생각을 하게 된다. 사회적 학습이론에 따르면, 사람의 행동은 세상에 대한 스스로의 인지와 사회적 환경을 통해 결정된다. 보다 구체적으로 말하자면, 일정 부분 사람은 타인의 기대에 부응하기 위해 해야 할 자신의 행동과 태도를 학습하게 되는 것이다.

사회적 학습 타인 행동의 관찰, 타인의 행동에 대한 결과 인식, 그리고 그 결과에 따라 본인의 행동을 수정한다는 학습이론

동기부여 행동을 위해 목표 설정하기

업무 성과 목표를 설정하는 것은 일반적으로 종업원의 특정 행동을 지시하거나 동기부여하는 방법이다. **목표에 의한 관리**(management by objectives, MBO)는 업무 성과 목표를 결정하는 가장 흔한 방법 중 하나이고, 이 방법은 최고경영자부터 말단 직원까지의 목표 설정에 있어 협력적 관계가 되도록 설계되어 있다. MBO는 관리자와 직원이 함께 목표 설정과 과정에 대한 평가 등을 하는 것을 포함하고 있고, 이 프로그램이 일단 시작되면 조직은 전반적 목표와 계획을 구체적으로 명시해야 한다. 이렇게 조직의 목표가 설정되고 나면, 관리자는 자신의 직원과 협력해 조직의 목표 달성에 기여할 수 있도록 개별 구성원의 목표를 설정한다. 또한 관리자는 일반적으로 1년에 한 번씩 주기적으로 직원의 목표 달성 정도를 검토하고, 성취 정도를 평가하며, 이런 과정을 반복해 새로운 목표를 설정한다.

목표에 의한 관리(MBO) 관리자와 직원이 함께 목표를 설정하고 과정을 평가하는 일련의 절차

많은 전문가에 의하면 동기부여 효과에 있어서는 MBO가 최고의 장점이 있다. 종업원이 새로운 목표 설정을 위해 관리자와 대면하게 될 때, 이들은 조직 전반의 목표를 알게 되고, 자신이 팀의 중요한 구성원이라는 사실을 각성하게 되며, 자신의 목표 달성을 통해 조직 전반의 성과가 개선될 수

보다 나은 방법 찾기

밀레니얼 세대의 동기부여를 위한 도전과제

YAKOBCHUK VIACHESLAV/Shutterstock

종업원의 동기부여와 업무 성과 달성은 기업 성공의 핵심 유인책이므로, 작업 환경에서는 항상 종업원이 원하는 다양한 요구에 직면하게 된다. 현재 작업현장에는 3개 세대, 즉 베이비부머(1946~1964년 사이에 태어난 세대), X세대(1965~1979년 사이에 태어난 세대), Y세대 또는 밀레니얼 세대(1980~2004년 사이에 태어난 세대)가 공존한다. 지난 10여 년 사이에 밀레니얼 세대는 전 세계 작업현장의 주된 세대가 되었고, 조직에서 더 큰 역할과 높은 책임감을 가져야 하는 세대가 되었다.

이 세대에 대한 고정관념이 항상 호의적인 것은 아니다. 이들은 일반적으로 연봉과 직책에 대한 비현실적 기대치를 가지고 직장을 전전하는 세대로 알려져 있다. 그러나 이 세대는 지식에 대한 폭넓은 식견, 적극적인 사회활동, 기술에 대한 친숙성, 신기술 개발에 대한 날카로운 통찰력, 변화에 대한 수용성 등을 가지고 있다.

밀레니얼 세대가 다른 세대와 구별되는 것은 일과 고용주와의 관계에 대한 본질이다. 홀름버그-라이트와 그의 동료들(Holmberg-Wright, Hribar, and Tsegai)은 Y세대의 특성을 구별해내는 방법을 다음과 같이 고안해냈다.

미션과 비전: 조직의 가치, 미션, 비전은 명확히 소통되어야 한다.

학습: 학습과 자기개발 기회는 확실히 핵심 동기부여 방법이다.

의사소통: 의사소통은 밀레니얼 세대의 태도와 방향성을 알 수 있게 하는 통찰력을 주는 핵심이고, 가능한 빨리, 즉각적으로 공유되어야 하며 하루 24시간 동안 이루어질 수 있다.

팀워크: 협력은 당연한 규범이고 밀레니얼 세대는 팀과 작업하면서 성장했고, 일을 통해 사회화되는 것을 기대한다.

다양성: 다양성은 도전에 대한 자신의 견해와 해결책을 제공하는 장점으로 간주된다.

피드백: 아이디어와 업무 성과에 대한 즉각적이고 꾸준한 피드백을 희망한다.

유연성: 작업일정과 위치에 대한 다차원적이고 유연한 접근 방식을 원한다. 이는 넷플릭스(Netflix) 같은 조직에서 사용되고 있다.

리더십: 전통적 관리자가 아닌 멘토나 코치 같은 리더십을 요구한다.

작업 환경: 물리적 환경이 쾌적하고, 재미있는 작업 환경을 희망한다. 작업공간은 개방적이고 유연해야 하며, 혁신과 협력 그리고 창조적 조직문화가 반영되어 있어야 한다.

윤리: 사회적 책무에 대한 예민한 인식을 가지고 있다. 조직은 단지 이익을 추구하는 것이 아니라 그 이상의 근사한 목적을 가지고 있어야 한다. 제너럴일렉트릭(GE), 딜로이트(Deloitte), IBM과 같은 회사들은 이러한 프로젝트를 지원하고 있는데, 이들 회사는 환경, 지속가능경영, 지역사회, 교육 프로그램, 다양성, 재난 구제, 지구촌 건강문제 등에 관한 프로젝트를 지원하고 있다.

일과 생활의 균형: 이 세대에게는 삶을 즐기고, 효과적으로 업무와 가정생활의 요구가 조화를 이루는 것이 대단히 중요하다.

밀레니얼 세대는 업무에서 권한을 부여받고 있고, 노동시장에서 매우 중요한 세대이다. 위 내용은 사업을 하는 고용주 입장에서 새로운 도전과제가 된다. 모든 영역에서 기업은 경쟁사가 제공하는 것과 다른 경험을 근로자에게 제공해야 한다. 그리고 이 새로운 세대의 욕구를 충족할 수 있는 독특한 조직문화를 만들어야 한다.

있음을 알게 된다. MBO 체계가 적절하게만 사용된다면, 종업원은 관리자와의 목표 설정 회의에서 조직에 대한 자신의 기여가 얼마나 중요한지를 깨닫게 될 뿐만 아니라, 그로 인해 자신이 받게 되는 공정한 보상에 대해서도 잘 이해하게 될 것이다. 또한 종업원은 자신이 해야 할 목표를 구체적으로 이해하게 되고, 목표의 난이도를 받아들이며, 달성을 위해 매진하게 될 것이다.

참여적 경영과 권한 위임

참여적 경영과 권한 위임 자신의 직무와 회사 경영에 대해 종업원에게 목소리를 낼 수 있게 함으로써 직무 만족을 증가시키는 방법

기업이 **참여적 경영과 권한 위임**(participative management and empowerment)을 하고자 할 때, 어떻게 업무가 이루어지고, 회사는 어떻게 관리되고 있는지 설명해주어야 한다. 그래야 종업원은 업무 성과에 대한 더 큰 책임감을 느끼게 되어 권한 위임 효과가 발생할 것이다. 참여와 권한 위임을 통해 종업원은 종종 자신의 업무 성과가 조직목표에 어떤 영향을 끼치는지 지각하게 되어 자신의 업무에 더 많은 몰입을 하게 된다는 사실은 놀라운 일도 아니다.

대기업이던 또는 중소기업이던 참여와 권한 위임은 관리자와 실무자 모두에게 사용할 수 있다. 예를 들면 5,000달러 이상 지출에 대한 결재권을 가지고 있던 GE 관리자는 현재 50,000달러 이상의 지출 결재권을 가지고 있다. 1924년에 설립된 애덤햇츠(Adam Hats)는 남성복, 군복, 카우보이 모자를 만드는 중소기업이다. 전에 이 회사의 직원은 모든 제품의 결함을 관리자에게 보고했지만, 지금은 제품에 책임을 지고 있는 직원이 스스로 문제를 수정하거나, 아예 문제가 되는 제품을 담당 직원에게 보낸다. 구글과 3M 모두 근무시간의 10%는 일반적 업무와 구분해 새로운 아이디어를 실험하는 데 사용한다. 넷플릭스는 직원에게 자신의 의무를 준수하고, 업무 성과가 일정 수준 이상인 경우에는 기한을 정하지 않은 무한대의 휴가를 사용할 수 있게 허락해주고 있다.

일부 직원은 참여적 프로그램을 잘 활용하고 있지만, 모두가 그런 것은 아니다. 일부 직원은 자신이 감당할 수 없는 책임감 때문에 분노할지도 모른다. 더욱이 참여적 프로그램이 상징적으로만 실행되고 있고, 실제가 없거나 관리자가 처음 제안한 내용을 행동으로 옮기지 않는다면, 실제로는 직원에게 불만족만 안겨줄지도 모른다. 대부분 전문가는 참여 프로그램을 직원이 투입하고자 하는 범위 수준이나 조직에 실제 가치가 있는 경우에만 실행해야 한다고 조언하고 있다.

작업팀과 팀 구조

우리는 이미 조직 내에서 팀제 활용이 증가하고 있음을 알고 있다. 그러나 팀제를 활용하고 있는 일부 기업의 경우 아직도 팀제 근무에 따른 동기부여 증가와 직무 만족 강화가 이루어지고 있지 않다. 팀제는 전통적이고 엄격한 구조로 되어 있는 관료제 조직에서는 다소 효과적이지 않을 수 있지만, 종종 팀제는 작고 유연한 조직의 경우 의사결정을 빠르게 하고, 효과성을 높이며, 회사 전반의 의사소통을 강화하고, 종업원에게 조직의 구성원이라는 느낌을 전달한다. 다시 말하면, 이런 태도는 일반적으로 높은 수준의 종업원 동기부여와 직무 만족을 가져다준다.

그러나 관리자는 팀제가 모두에게 유용한 것은 아니라는 사실을 기억해야 한다. 예를 들면 리바이스(Levi's)는 팀제를 활용하면서 중요한 문제에 봉착했다. 전에는 개별 직원이 각자 자신의 업무를 반복했고, 바지에 지퍼를 다는 등 매우 세분화된 작업을 수행했으며, 매일 완료한 업무의 양에 따라 임금을 받았다. 생산성 향상을 위해 회사 관리는 모든 직원을 10~35명으로 구성된 팀제로 재조직했고, 팀 단위로 과업을 할당했다. 각 팀 구성원의 임금은 팀의 생산성 수준에 따라 결정되었다. 그러나 실제로 팀의 전체 생산량이 감소하자 업무를 빨리하는 직원들은 업무가 느린 직원들 때문에 분개했고, 반면에 업무가 느린 직원들은 업무가 빠른 직원들의 재촉으로 화가 났다. 결국 동기부여, 만족, 윤리의식은 바닥으로 내려갔고, 리바이스는 완전히 팀제를 포기했다.

직무 충실화 및 직무 재설계

목표 설정, MBO 프로그램, 권한 위임 등은 다양한 작업현장에서 활용할 수 있다. 반면에 직무 충실화 및 직무 재설계 프로그램은 대개 동기부여가 심각하게 부족해진 직무에 대한 만족을 증가시키기 위해 사용된다.

직무 충실화 업무활동에 동기부여가 되는 몇 개의 요인을 추가해 직무 만족을 증대시키는 방법

직무 충실화 프로그램 **직무 충실화**(job enrichment)는 직무활동에 대한 동기부여를 증가시킬 의도로 만들어진다. 예를 들면 직무순환 프로그램은 한 회사 내에서 다양한 업무로 직원들을 순환시킴으로써 직원의 성장기회를 확대해주는 것이다. 이를 통해 근로자는 새로운 기술을 습득할 수 있을 뿐만 아니라 자신의 업무와 회사에 대한 넓은 견해를 얻을 수 있다. 이런 특성으로 인해 어떤 프로그램은 책임감이나 업무에 대한 인식 확대를 위해 실행되기도 한다. 예를 들면 유나이티드항공(United Airlines)의 승무원은 예전보다 더 많이 자신의 비행일정을 스스로 관리한다. 승무원 업무할당에 대한 더 많은 책임과 권한을 기내 서비스 관리자에게 줌으로써 관리자의 업무를 충실화했다.

직무 재설계 근로자와 그들의 직무가 더욱 적합하도록 설계해 직무 만족을 증대시키는 방법

직무 재설계 프로그램 **직무 재설계**(job redesign)는 사람마다 다른 일을 하고 싶어 한다는 것을 인정하기 때문에 실행되는 제도이다. 근로자가 자신의 업무를 좋아할 수 있도록 업무를 재설계함으로써, 근로자에게 자신의 경력관리 기회와 성취감을 느낄 수 있는 기회를 제공해 근로자에게 동기부여를 하는 것이다. 직무재설계는 일반적으로 **과업의 조합**, **자연스러운 작업집단 구성**, **고객 관련성 형성** 중 하나를 선택해 실행된다.

과업의 조합 과업의 조합을 통해 직무를 확장하고, 다양성을 증가시켜 근로자가 자신의 업무가 중요하다고 느끼게 하는 것을 의미한다. 종업원은 이를 통해 더욱 동기부여된다. 예를 들어 컴퓨터 시스템을 유지·관리하는 프로그래머 일은 일부 시스템 설계와 개발 업무 등을 포함해 재설계할 수 있을 것이다. 프로그래머는 추가적인 기술 개발과 함께 전반적 시스템 개발에도 관여할 수 있다.

자연스러운 작업집단 구성 프로젝트 수행 구성원 중에서 다른 직무를 수행하는 사람은 자연스러운 작업집단 구성의 후보자가 될 수 있다. 이런 집단을 만드는 것은 종업원에게 회사의 전체 구조 속에서 자신의 직무가 어디에 위치해야 하고, 얼마나 중요한지를 알 수 있게 도움을 줄 수 있다. 이들은 관리자 입장에서 대단히 중요한 사람이다. 그 이유는 특정 프로젝트에서 일하게 되면 일반적으로 이들이 프로젝트에 대한 가장 많은 지식을 가지고 있고, 가장 문제 해결력이 있는 사람들이기 때문이다.

고객 관련성 형성 고객 관련성 형성이란 종업원을 고객과 상호작용하게 만드는 것을 의미한다. 이런 접근 방식은 직무 다양성을 증가시킨다. 이를 통해 종업원은 이들이 고객과 상호작용 없이 근무할 때보다 엄청난 통제력과 업무 성과에 대한 피드백을 얻을 수 있다. 예를 들면 마이크로소프트의 소프트웨어 작가는 관련 연구자로부터 피드백을 받을 때보다 직접적으로 사용자가 프로그램을 테스트하는 것을 지켜보고 토론함으로써 훨씬 큰 피드백을 받는다.

작업일정의 수정과 대안적 작업장

직무 만족을 증가시키는 다른 방법은 바로 작업일정을 조정하거나, 주 단위 작업시간에 대한 다른

접근을 시도하는 것이다. 작업일정 수정은 일반적으로 2개 형태가 존재하는데, 하나는 **직무공유 프로그램**이고, 나머지 하나는 **유연근무 프로그램**이다. 이와 관련된 접근 방법으로는 대안적 작업장 전략이 있다.

직무공유 프로그램 미국에서 가장 큰 사무실 가구 제조업체인 스틸케이스(Steelcase)의 직무공유 프로그램을 살펴보자. 만약 마케팅 부서의 능력 있는 2명의 직원이 모두 비상근으로 일부 시간만 일하고자 하는데 회사 입장에서는 전일 근무자가 필요하다면, 그 해결책은 다음과 같다. 이 둘을 합쳐서 1명의 전일 근로자로 만드는 것이다. 일주일에 각각 2.5일 근무함으로써 이 둘의 희망을 실현할 수 있고, 회사의 업무도 원활하게 흘러가게 된다. **직무공유**(work sharing, job sharing) 제도로 잘 알려진 이 제도를 통해 이 회사의 종업원은 건전한 가정생활을 할 수 있다.

직무공유 하나의 전일제 업무를 둘 이상의 근로자가 공유해 직무 만족을 증대시키는 방법

그리고 직무공유 제도는 일반적으로 종업원과 사업주 모두에게 이익이 된다. 예를 들면 종업원 입장에서는 자신의 사생활에 대한 회사의 배려에 감사하게 되고, 회사 입장에서는 이직률 감소와 비용 감소의 효과를 얻게 된다. 이에 대한 부정적 측면은 직무공유 종업원이 일반적으로 전일제 근무자보다 더 적은 복지혜택을 받고, 회사가 인력삭감이 필요할 때 가장 먼저 정리해고의 대상이 된다는 점이다.

유연근무 프로그램 **유연근무 프로그램**(flextime program)은 직원에게 주 단위를 기초로 해 평일에 근무해야 하는 표준시간을 정하고, 나머지 시간은 자신이 선택할 수 있게 하는 것이다. 즉 종업원은 회사가 정한 일정 시간은 의무적으로 출근해야 하지만, 나머지 시간은 스스로 일할 시간을 선택할 수 있게 허락받은 것이다. 일부 기업 사례의 경우, 회사는 직원에게 그들의 전체 업무시간을 종업원에게 완전히 위임한 경우도 있고, 다른 사례의 경우에는 직원이 일부 선택권을 갖지만, 이와 함께 의무도 준수해야 한다.

유연근무 프로그램 하루나 주 단위로 업무일정을 근로자가 조정해 직무 만족을 증대시키는 방법

스틸케이스의 경우 모든 직원은 유연근무를 사용할 수 있지만, 특정 핵심시간은 의무적으로 출근해야 한다. 이 제도는 모든 직원에게 하루 중 특정 시간만큼은 동료와 함께 근무하도록 만들어져 있다. 어떤 종업원은 6시에 출근해서 2시에 퇴근하거나 7시에 출근해서 3시에 퇴근하는 것처럼 이른 출근을 결정하고, 어떤 근로자는 9시에 출근에서 5시에 퇴근하거나 10시에 출근해서 6시에 퇴근하는 등의 늦은 퇴근을 결정할 수 있는 등 한 주간의 근무 중 하루 8시간의 표준 근무시간 출근과 퇴근을 결정할 수 있다.

다양한 변형이 존재하는데, 회사는 한 주 동안에 하루 4시간 근무, 5시간 근무, 6시간 근무 등도 허락할 수 있다. 예를 들면 일부 직원의 경우 월요일부터 목요일까지 근무를 선택하고, 어떤 근로자는 화요일부터 금요일까지를 선택하지만 이들은 그 기간 동안, 즉 일주일에 4일은 하루 10시간 근무를 통해 한 주에 40시간 근무 의무를 수행한다.

대안적 작업장 미국 근로자 사이에서 급속히 퍼지고 있는 것은 컴퓨터를 이용한 재택근무이다. 일정 부분 또는 전체 업무를 전통적인 사무실이 아닌 방식으로 처리하고 있다. **재택근무**(telecommuting, teleworking)는 초고속 인터넷과 회사 내부망을 통해 사무실에서와 같은 방식으로 업무를 수행하게 한다. 사무실 근로자와 각 분야 전문가의 거의 80% 정도가 적어도 사무실이 아닌 다른 장소에서 업무를 수행한 경험이 있고, 전문가들은 이들 중 적어도 5% 정도는 완전히 집이나 사무실이 아닌 다

재택근무 전형적인 사무실이 아닌 곳에서 자신의 업무를 수행할 수 있도록 하는 유연근무의 형태

른 장소에서 일을 수행한다고 보고 있다.

작업일정 조정과 대안적 작업장의 장단점 유연근무제도는 종업원에게 자신의 전문분야에 대한 더 많은 자유와 사생활 보장을 해주고 있으며, 근로자에게 배우자와의 일정 조정이나 자녀의 통학 문제 등을 조절할 수 있게 한다. 연구에 의하면, 이런 자유와 통제감 증가는 스트레스 감소와 함께 개인의 생산성도 향상시킨다.

회사도 다른 방식으로 혜택을 보고 있다. 예를 들면 이런 제도를 통해 도시 외곽지역으로부터의 출퇴근 혼잡 문제나 이로 인한 직원의 스트레스, 작업시간 손실 문제 등을 감소시킨다. 더욱이 고용주는 직원의 더 높은 업무몰입과 직무 만족으로 그 혜택을 고스란히 받는다. 따라서 보험회사 존 핸콕(John Hancock Insurance), 석유회사 쉘(Shell Oil), 메트라이프(MetLife)와 같은 미국의 대표적 기업들은 성공적으로 유연근무제도를 채택하고 있다.

그러나 유연근무제도의 도입은 근로자의 다른 근무일정으로 인해 때로는 복잡한 업무 조정을 필요로 한다. 게다가 만일 해당 근로자가 시간당 임금을 받는다면, 유연근무제도로 인해 고용주는 해당 근로자가 근무한 정확한 업무시간을 기록해야 하는 어려움이 생길 수 있다.

재택근무와 관련해서 이 제도는 모든 사람을 위한 제도는 아니다. 예를 들어 어떤 사람은 재택근무의 매력에 빠질 것이다. 그 이유는 면도나 화장을 하지 않아도 되고, 근무시간 내내 파자마를 입고 편하게 일할 수 있기 때문이다. 그러나 모든 사람이 관리자 없이 집에서 일할 수 있도록 훈련되어 있는 것은 아니다. 어떤 사람은 직장에서 동료와의 사회적 교류를 그리워하게 될 것이다. 한 연구에 의하면 재택근무를 통해 사무실에서와 같은 결과를 산출해낼 수는 있지만, 야심을 가진 사람의 경우 사무실에서의 다른 사람과의 네트워크 형성과 매일 이루어지는 교류 등을 그리워한다는 것이다.

재택근무가 올바르게 정착되기 위해서는 이와 관련된 모든 사람에게 이익이 될 수 있다는 관리의 확신이 있어야 한다. 재택근무자는 그가 제대로 관리·감독되고 있지 않다거나 제대로 일하지 않고 있다는 상사와 동료의 선입견과 싸워야 한다. 상담을 통해 경험했던 사실 중 하나는 관리자는 '일반적으로 업무 때문에 직원에게 소리 지르고 꽥꽥거린다'는 것이다. 이들은 항상 "눈에 보이지 않는다면 직원이 일하고 있다는 사실을 어떻게 압니까?"라고 말한다. 대부분 전문가는 재택근무가 성공적으로 정착하기 위해서는 재교육과 끊임없는 대화가 필요하다고 말한다. 또한 관리자와 종업원 모두 사전에 재택근무에 대한 기대치를 결정해야만 한다.

앞에서 보았듯이 종업원 행동과 동기부여는 관리자가 이해해야 하는 중요한 개념이다. 이 둘은 관리자의 주의 깊은 배려가 필요한 복잡한 과정이다. 예를 들면 모든 요인을 고려하는 사려 깊은 배려가 없는 서투른 관리자의 종업원 동기부여 행위는 오히려 역효과만 낸다. 그러나 이들이 무엇을 위해 일하는지 이해하기 위한 충분한 시간을 보낸 관리자라면 근로자의 노력에 더 잘 감사하다고 표현할 수 있다. 종업원 행동에 영향을 미치는 다른 중요한 요인은 바로 **리더십**이다.

질문과 연습

복습을 위한 질문

8-1. 감성지능을 통해 종업원에 대해 무엇을 알 수 있는가?

8-2. 심리적 계약은 사업상 계약과 어떤 차이가 있는가?

8-3. 종업원 동기부여를 증대할 수 있는 전략과 기술을 말하고, 각각의 사례를 들라.

8-4. 목표에 의한 관리는 어떤 목적을 위해 사용하고, 작업현장에서는 어떻게 활용되는가?

분석을 위한 질문

8-5. 사람-직무 적합성이란 무엇인가? 현재 또는 과거의 사업주와 겪었던 사람-직무 적합성에 대해 설명하라. 또는 지금 듣고 있는 수업의 교수님과 관련해 사람-직무 적합성을 설명해도 좋다.

8-6. 매슬로의 욕구단계모델에 의하면 사람은 특정 단계의 욕구가 충족된다면, 그다음에는 무슨 일이 발생하는가? 그리고 조직은 어떻게 대응해야 하는가?

8-7. 당신이 가장 최근에 겪었던 직장에서의 공헌과 그에 따른 회사 유인책은 무엇이었는지 설명하라.

8-8. 단순하고 반복적인 업무를 수행하고 있는 동료가 더 도전적이고 즐거운 일을 찾는다면, 당신은 어떤 조언을 해줄 수 있는가?

응용연습

8-9. 당신이 이제 막 자신의 사업을 시작한다고 가정한다면 직원들이 업무에 만족하고, 업무에 동기부여가 되도록 무엇을 우선적으로 할 것인가?

8-10. 당신의 고용주 또는 상사와 면담을 하게 되었고 이들로부터 종업원을 동기부여하기 위해서 어떤 방법을 사용하고 있는지 듣게 된다면, 고용주와 상사의 동기부여 접근 방법은 어떤 이론을 활용하고 있는지 알게 될 것이다. 알게 된 내용을 설명하라.

CHAPTER 9 리더십과 의사결정

Christopner Victorio/The Photo Access/Alamy Stock Photo

모든 관리자가 리더는 아니다. 그러나 조직에서 능력 있는 관리자를 리더로 키워낼 수 있다면, 시장에서 이 조직은 경쟁 불가능한 능력자가 될 것이다.

학습목표

LEARNING OBJECTIVES

이 장을 학습하고 나면

9-1 관리와 구분되는 리더십을 정의한다.

9-2 리더십 연구에 대한 초창기 접근 방식을 요약한다.

9-3 리더십에 대한 상황론적 접근 개념을 논의한다.

9-4 변혁적 리더십과 카리스마 리더십을 설명한다.

9-5 리더십 대체물과 리더십 중화 요인을 구분하고 논의한다.

9-6 코치로서의 리더십을 토론하고, 리더십에서의 성별 문제와 다문화 이슈를 논의한다.

9-7 전략적 리더십과 윤리적 리더십, 가상 리더십을 설명한다.

9-8 의사결정과 리더십의 관련성을 설명하고, 의사결정에 있어 합리적 측면과 행위론적 측면을 토론한다.

진정한 리더십

브래드 스미스(Brad Smith)는 1970년대 웨스트버지니아주 케노바라는 작은 도시에서 자랐다. 지금도 이곳은 3,000명 정도의 주민이 거주하는 작은 도시이다. 그의 어릴 적 기억 중 하나는 노스캐롤라이나주에서 시합을 마치고 돌아오는 마샬대학교 축구선수와 코치, 그리고 27명의 승무원과 지역 주민을 태운 비행기가 격렬하게 불타면서 추락하는 사고를 멀리서 지켜본 것이다. 그는 자신의 사촌이 추락한 비행기의 불을 끄기 위해 분주하게 싸우는 모습을 언덕 위에서 지켜보았다.

스미스는 1986년에 마샬대학교에서 마케팅을 주전공으로 해 경영학 학사를 받았고, 그 후 펩시에서 영업관리와 사업개발 업무를 하면서 야간에는 미시간주 아퀴나스대학(Aquinas College)에서 석사학위를 받았다. 몇 번의 경력 전환을 거친 후, 2003년 소득세 신고 소프트웨어 패키지를 만드는 인튜이트(Intuit)에 안착했는데, 초기에는 텍사스주 플라노에서 비즈니스 과정에 발생하는 세금과 관련된 전문적인 회계업무를 했다. 그곳에서의 성공적인 업무 성과로 회사는 그에게 회사의 주력상품인 터보택스(TurboTax) 운영을 위해 샌디에이고로 이주해줄 것을 요청했다. 회사의 주력상품은 세금관련 소프트웨어였고, 그는 2005년 다시 한 번 실리콘밸리로 근무처를 옮겼는데, 그 이유는 시장에서 회사의 상품 점유율을 잠식하고 있는 마이크로소프트로부터 회사의 주력상품인 퀵북(QuickBooks)을 지켜내도록 팀을 이끌기 위해서였다. 단지 관리자 이상의 능력을 증명해줄 것을 원했던 이사회는 2008년 그를 최고경영자로 임명했다.

리더로서 스미스는 이익과 동기부여를 동반하는 혁신을 선언했다. 예를 들면 구글의 혁신적 모델을 기반으로 종업원이 업무시간의 10%를 자신이 선택한 프로젝트에서 일할 수 있도록 비정형화된 업무시간 개념을 도입했다. 그는 다음과 같이 말했다. "나의 이론은 대단히 건강한 것입니다.

사람은 자신이 좋아하는 일에 더 집중하고, 더 열심히 일합니다. 그리고 더 좋은 성과를 만들어냅니다. 우리는 단지 직원의 능력과 효율성을 개선할 수 있는 방법을 찾는 것뿐입니다. 여기에 추가로 희망하는 것이 있다면, 고객이 좋아할 만한 새로운 상품에 대한 아이디어를 가지도록 직원의 혁신적 사

Kurhan/Fotolia

이 장을 배우면 좋은 점

당신의 상사는 관리자인가, 아니면 리더인가? 당신의 상사는 당신이 더 열심히 일할 수 있도록 영감을 주는가? 당신은 관리자가 되길 원하는가? 아니면 리더가 되길 원하는가? 당신이 리더십을 발휘해야 할 위치에 있을 때 당신의 직원에게 더 열심히 일할 수 있도록 무엇을 할 것인가? 관리와 리더십은 같은 것이라고 생각하는가?

이런 주제가 바로 이 장에서 다루고자 하는 논제이다. 이 장에서는 종업원 행동의 주요 요인에 대해 살펴볼 것이고, 관리자가 이러한 종업원의 행동에 영향을 미칠 수 있는지와 이러한 긍정적 행동에 대한 동기부여 방법을 설명할 것이다. 브래드 스미스가 했던 것처럼, 지금은 종업원 행동에 긍정적 영향을 미치고, 종업원이 성과를 창출할 수 있도록 관리자가 어

떻게 동기부여를 제공해야 하는지 그 세밀한 방법에 대한 점검이 필요한 시기이다.

오늘날 상황론적 접근이라고 불리는 접근 방법을 포함해서 오랜 시간 사람들이 리더십을 이해하기 위해 시도했던 다양한 리더십 이론의 전략과 전술을 소개한다. 이러한 개념들을 이해하게 되면 우리가 리더로서 더 효과적으로 행동할 수 있게 도움을 줄 것이고, 당신의 상사가 자신만의 리더십 스타일을 통해 어떤 방식으로 당신을 동기부여하기 위해 노력하고 있는지를 알 수 있게 하는 통찰력을 줄 것이다. 다음으로, 우리는 리더십에 대한 대안으로서 추종자, 즉 하급자의 눈을 통해 본 리더십을 점검해본다. 그런 뒤 리더십의 본질 변화와 리더십의 새로운 이슈에 대해 논의한다. 끝으로 의사결정의 개념과 관련한 중요 내용 등을 살펴보면서 이 장을 마무리한다.

고를 촉진하는 것이고, 그런 직원의 생각을 실현하도록 격려하는 것이죠!" 그가 소개한 비정형화된 업무시간 개념 이후, 회사는 200개 이상의 시장주도형 상품과 1억 달러 이상의 신규 수입을 확보했다.

스미스의 다른 전략 중 하나는 회계 프로그램이 지루하다는 선입견을 없애는 것이었다. 그는 회사 내에서도 폐쇄공간은 최소화하고, 더 많은 개방공간을 통해 직원 간 협력을 독려할 수 있도록 물리적 공간의 배치를 다시 했다. 그의 목적은 명확하다. 2020년까지 회사를 세계에서 가장 설계지향 중심적 회사로 만드는 것이다.

그는 리더로서 자신의 성공을 공동체에 대한 의식을 심어주신 부모님, 가족, 리더십에 관한 학문적 가르침, 그밖에 운동을 가르친 추억과 같은 자신의 경험에서 찾는다. 그는 고등학교 시절 2학년 때까지 학교에서 축구를 했다. 그는 나머지 학창 시절은 무술을 배우고 싶었다. 그 당시 그는 검은 띠 소유자로 졸업반이었는데, 다음과 같은 사실을 주목했다. "나는 학교에서 150명 정도 되는 학생을 가르치고 있었고, 내가 가르치는 학생들 실력의 향상 정도를 확인하기 위해서는 이들의 실력을 측정해야 했습니다. 이들의 실력이 향상된 것은 결코 나의 능력이 아닙니다. 그 당시의 이런 경험이 나를 오늘에 이르게 했습니다."

대학은 사람의 능력을 형성하는 중요한 시기인데, 그는 자신의 모교에 대해서 다음과 같이 말한다. "모교인 마샬대학교는 내가 사랑할 만한 목적과 가치를 가지고 있어요. 비행기 추락사고에 대한 어린 시절 추억 이후 내가 이룬 것을 보세요. 성공한 사람은 종이에 그려지는 것으로 정의되기보다는 얼마나 빨리 다시 일어나는가에 있어요. 모교인 마샬대학교는 바로 그런 곳이죠. 학교생활을 하다 보면 때로 비극을 만날 수도 있고, 이것을 이겨내기 위해 노력도 할 것이며, 다시 이런 반복이 되풀이되는 곳이 대학이죠. 이런 것들이 내 삶의 비밀이라고 생각합니다."

경험 이상으로 그의 성공에 영향을 미친 근본적인 바탕은 그가 자신의 세계관을 가지도록 만들어준 부모님의 노력에 있었다. 그는 종종 단순한 이야기로 자신의 성공과 관련된 지혜를 요약한다. "엄마나 아빠가 내 방에 오실 때, 내게 제일 먼저 보여주신 것은 미소였고, 그분들이 내 방을 나갈 때 보여줬던 것도 역시 미소였어요. 부모님은 결코 나의 약점을 말하는 실수를 하지 않았죠."

그의 경험에 의하면 위대한 리더는 다음 다섯 가지 사항을 공유해야 한다고 믿는다.

- 전략적 사고: 전략적 사고는 체스 게임과 같다. 전략적 사고는 큰 그림에 집중하는 것이다. 『성공하는 사람들의 7가지 습관』을 쓴 스티븐 코비(Stephen Covey)는 다음과 같이 말했다. "관리자는 거친 정글을 헤쳐 나가면서도 신속히 과업을 완수해야 한다. 문제를 극복하면서도 길을 분명하게 보여주어야 한다. 그래서 리더는 지형을 파악하기 위해 항상 높은 나무 위에 있어야 한다. 리더만이 '이봐! 그쪽은 아니야, 이쪽으로 가야지!'라고 말할 수 있는 사람이기 때문이다."
- 결과 지향적 전략: 전략은 영감을 현실로 실현할 수 있어야 한다. 그렇다고 전략은 유아독존 혼자서 태산을 움직이는 불도저가 아니다. 최고의 리더는 장벽을 제거하고 좋은 아이디어가 현실이 될 수 있는 환경을 만드는 것에 집중한다.

- 강력한 팀 빌딩: 리더의 역할은 커다란 도전을 제공하고, 사람에게 투자하고, 그들이 가지고 있는 위대함이 발현될 수 있는 환경을 만드는 것이다.
- 채택과 개선: 위대한 리더는 항상 자신과 조직에 좋은 점을 채택하고 개선한다.
- 몸과 마음에 영감 불어넣기: 높은 지능지수(IQ)와 감성지수(EQ)를 보유한다.

그가 인튜이트의 수장이 되었을 때 나이는 43세였고, 당시 회사는 8,000명의 직원과 연간 26억 달러의 매출을 보였다. 현재 회사는 《포춘(Fortune)》이 선정한 일하고 싶은 100대 회사이고, 매출은 당시와 비교하면 2배로 증가했으며, 주가는 주당 25달러 이하에서 120달러까지 상승했다. 그러나 스미스는 자신이 혼자서 이것을 이루었다고 말하지 않는다. 그의 리더십이 여전히 회사의 지속적인 성공에서 주요한 역할을 수행하고 있는 것은 확실하다.

그는 과거 미국의 유명배우였고, 유명한 사업코치이며, 그의 초장기 멘토였던 빌 캠벨(Bill Campbell)의 말을 인용하는 것을 좋아한다. "당신의 지위가 관리자일지라도, 사람은 당신이 리더일 때 따른다."

리더십의 본질

학습목표 9-1

관리와 구분되는 리더십을 정의한다.

리더십이 일상대화에서 흔하게 사용되는 단어가 되었기 때문에 사람은 리더십이라는 단어의 의미가 보편적이라고 생각한다. 그러나 현실에서 이 단어는 종종 잘못 사용된다. 우리는 여기서 **리더십**(leadership)을 관리자와 같은 사람이 직원에게 동기부여, 영감 주기, 그리고 행동에 영향을 주기 위해 사용하는 과정과 행위라고 정의하고자 한다.

리더십 관리자와 같은 사람이 직원에게 동기부여, 영감 주기, 그리고 행동에 영향을 주기 위해 사용하는 과정과 행위

리더십과 관리

사람이 하는 가장 큰 실수 중 하나는 리더십과 관리의 의미를 같은 것으로 보는 것이다. 이 둘은 실제로는 다른 개념이다. 사람은 관리자가 될 수도 있고, 리더가 될 수도 있으며, 관리자이면서 리더가 될 수도 있고, 반대로 관리자도 아니고 리더도 아닐 수 있다. 그림 9.1을 보면 이 둘의 근본적 차이를 확인할 수 있다. 왼쪽의 원은 관리자가 주로 활동하는 계획, 조직화, 지휘, 통제에 관한 것이고, 대조적으로 리더십 활동은 주로 의제 선정, 조율, 영감 주기, 관찰 등과 더 가까운 활동이다. 그

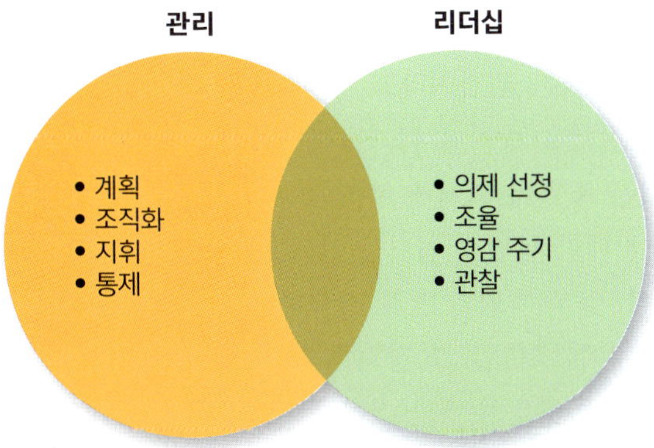

그림 9.1 관리자와 리더십의 구분

림 9.1에서와 같이 관리와 리더십은 때때로 중복되기도 하지만, 각각의 활동은 차별적이라 구분된다. 따라서 사람은 때로 리더는 아니나 관리자일 수 있고, 관리자는 아니나 리더일 수 있으며, 관리자이면서 리더이기도 하다.

우리는 병원의 업무 환경 사례를 통해 관리자와 리더의 다양한 역할을 확인할 수 있다. 대형병원에서 외과병동의 최고 수장은 그의 지위 때문에 외과병동에서 확실히 관리자이다. 그렇다고 직원이 모두 그를 존경하거나 신뢰하는 것은 아니다. 그러나 직원은 모두 외과병동 수장이 부여받은 지위의 권한 때문에 업무를 하기 위해서는 그에게 의존해야 한다. 다른 한편으로 같은 병원이라도 수시로 응급환자를 다루어야 하는 응급실의 경우 응급실 수장보다 간호사가 훨씬 더 효과적으로 업무에 대처한다. 일부 응급환자의 신속한 대처를 위해서는 간호사가 다른 직원에게 명령을 내리는 경우도 있다. 이런 경우를 생각해보면, 응급실에도 최고 수장이 따로 존재할 수는 있지만, 그가 곧 리더는 아니다. 이 경우에는 간호사가 관리자는 아니나 리더라고 볼 수 있다.

마지막으로, 레지던트를 비롯해 간호사 및 행정담당까지 20명의 직원을 거느리고 있는 소아과병동의 수장은 어쩌면 소아과병동 직원 모두의 완벽한 존경과 확신 그리고 신뢰를 받고 있다. 직원은 모두 소아과병동 최고 수장의 충고를 이행하고, 아무런 의심 없이 그의 지시를 따르며, 종종 소아과병동의 고유 업무 이상의 지시도 묵묵히 수행한다. 이러한 경우 소아과병동의 수장은 병원에서 부여한 지위로 인해 관리자이고, 타인의 존경과 지시에 대한 복종으로 인해 리더이기도 하다. 조직은 효과성만 있다면 관리와 리더십 모두를 필요로 한다. 리더십과 결합된 관리는 기획된 순차적인 변화를 달성할 수 있도록 도와주고, 관리와 결합된 리더십은 조직이 적절하게 환경에 적응할 수 있도록 해준다.

리더십과 권력

권력 타인의 행동에 영향을 미칠 수 있는 능력

리더십을 제대로 이해했다면, **권력**에 대한 이해도 필요하다. **권력**(power)이란 타인의 행동에 영향을 미칠 수 있는 능력을 의미한다. 물론 사람은 권력을 사용하지 않고도 사람의 행동에 영향을 미칠 수 있다. 예를 들면 축구 코치는 수준 이하의 경기력을 보이는 선수를 벤치로 불러들일 수 있는 권력을 가지고 있다. 그러나 코치는 자신의 권력을 거의 사용하지 않는다. 선수는 이미 그런 권력이 코치에게 있다는 사실을 잘 알고 있고, 시합에서 주전 자리를 지키기 위해 열심히 노력하기 때문이다. 조직의 경우에도 5개의 권력 유형이 존재하며, 합법적, 보상적, 강압적, 준거적, 전문가적 권력이 그것이다.

합법적 권력 조직의 위계를 통해 부여된 권력

합법적 권력(legitimate power)은 조직의 위계를 통해 부여된 권력이다. 이것은 조직이 어떤 사람에게 특정한 지위를 줌으로써 발생하는 권력이라고 정의된다. 관리자는 과업을 직원에게 할당할 수 있고, 이것을 거부한 직원은 질책을 받거나 해고될 수 있다. 관리자로부터 나오는 이런 결과를 합법적 권력이라 말하고, 이것은 조직이 그에게 부여한 것이다. 합법적 권력은 권위가 필수적이다. 모든 관리자는 자신의 직원에 대한 합법적 권력을 가지고 있다. 단순히 합법적 권력의 획득이 사람을 리더로 만드는 것은 아니다. 일부 직원은 단지 조직의 규칙과 정책의 범위를 엄격하게 따지면서 그 범위 안에서 명령을 따를 것이다. 만일 그 직원에게 직무 범위를 벗어나는 일을 지시한다면, 그는 지시를 거절하거나 엉성하게 업무를 수행할 것이다. 이런 경우 이 직원의 관리자는 단지 권위를 실행한 것이지 리더십을 발휘한 것이 아니다.

보상적 권력(reward power)은 보상을 주거나 주지 않을 수 있는 힘을 의미한다. 관리자가 통제할 수 있는 보상은 월급 인상, 보너스, 승진에 대한 추천권, 칭찬, 인정, 직원에게 할당된 업무에 대한 관리자의 관심 등을 포함한다. 일반적으로 관리자가 통제할 수 있는 보상의 숫자가 많고, 직원이 이러한 보상의 중요성을 크게 느낄 때 관리자의 보상적 권력의 영향력은 더 커진다. 만일 직원이 단지 관리자가 제공하는 조직의 공식적 보상에 대해서만 가치를 두고 있다면, 관리자는 리더가 아니다. 만일 직원이 관리자에게 칭찬이나 고마움, 인정 등과 같은 비공식적 보상을 원한다면, 여하튼 그 시점에 관리자는 리더십을 발휘할 수 있게 된다.

보상적 권력 보상을 주거나 주지 않을 수 있는 힘

강압적 권력(coercive power)은 심리적, 감정적, 신체적 강압 또는 위협 등과 같은 수단을 통해 사람을 순응하게 하는 힘이다. 조직에서의 물리적 강압은 예전에는 상대적으로 보편적이었다. 그러나 오늘날 대부분의 조직에서 강압적 권력의 사용은 구두 질책, 문서 질책, 징계적 성격의 정리해고, 벌금, 강등, 해고 등으로 제한적이다. 일부 관리자는 종종 직원을 자신의 의지대로 통제하기 위해 언어폭력, 모욕, 신체적 강압 등을 사용한다. 물론 대부분의 사람은 관리자의 이런 행동이 부적절하다고 생각한다. 그러나 간혹 교도관과 같은 직업에서는 때때로 강압적 권력이 사용된다. 미국의 케이블 TV 방송국 디쉬네트워크(Dish Network)의 공동창업자이자 이사회 의장인 찰리 에르겐(Charlie Ergen)은 직원에게 소리치기로 악명이 높았다. 그는 동료 앞에서 질책하거나 자신의 의견에 동의하지 않으면 가혹한 처벌을 했다. 관리자가 처벌과 관련된 더 많은 수단을 확보하고, 관리자에게 직원의 중요성이 더 커질수록 관리자는 더 많은 강압적 권력을 사용하려는 경향이 있다. 이런 관리자의 행동과 관련된 다른 연구에 의하면, 관리자가 더 많은 강압적 권력을 사용할수록 직원은 관리자에게 더 많은 분노와 적대감이 생기고, 그를 리더로 보지 않는다.

강압적 권력 심리적, 감정적, 신체적 위협 등과 같은 수단을 통해 사람을 순응하게 하는 힘

합법적, 보상적, 강압적 권력은 실제 조직생활이 토대가 되고, 권력의 특성이 구체적인 반면, **준거적 권력**(referent power)은 상대적으로 추상적 개념이다. 준거적 권력은 동일시, 모방, 충성, 카리스마를 그 기초로 한다. 직원이 리더의 개성, 배경, 태도 등을 동경하는 경우 그의 행동방식을 동일시하기 때문에 리더에게 호의적으로 반응한다. 다른 상황에서 그를 추종하는 직원은 리더와 같은 옷을 입거나, 그와 같은 시간대에 근무하거나, 그가 가지고 있는 경영철학을 지지하는 방식으로 준거적 권력을 행사하는 리더를 모방할 것이다. 준거적 권력은 구성원에게 충성과 열정을 유발하는 무형적 특성을 지니고 있는 카리스마의 형태로 보일 수도 있다.

준거적 권력 동일시, 모방, 충성 또는 카리스마를 기초로 한 힘

전문가적 권력(expert power)은 정보나 전문성에서 유발된다. 유별나지만 중요한 고객을 다룰 줄 아는 노하우를 가진 관리자, 다른 기업은 꿈도 꾸지 못하는 중요한 기술적 성과를 이루어낸 능력 있는 과학자, 복잡한 형식주의적 관료주의를 풀어낼 줄 아는 행정자문가 등 이들 모두는 이러한 정보를 필요로 하는 사람에게 전문가적 권력을 행사할 수 있다. 정보의 중요성은 커지는데, 이 정보에 접근할 수 있는 사람을 적을수록 이런 전문가적 권력을 소유한 개인의 중요성은 더 커진다. 일반적으로, 리더와 관리자 모두 이런 방대한 전문가적 권력을 가지고 있는 경향이 있다.

전문가적 권력 정보나 전문성을 통해 얻게 되는 힘

초창기 리더십에 대한 접근 방법

학습목표 9-2
리더십 연구에 대한 초창기 접근 방식을 요약한다.

리더와 리더십은 심오하고 의미 있는 역사를 가지고 있을지라도, 정밀한 과학적 연구는 단지 1세기 전에 시작되었다. 초창기 연구는 **특성론** 또는 리더의 개인적 특성 중심이었다면, 그 이후 연구는 리더의 실제 **행동**에 대한 관심으로 옮겨 갔다.

Pictorial Press Ltd/Alamy Stock Photo

MPVHistory/Alamy Stock Photo

GL Archive/Alamy Stock Photo

B Maiti/Dinodia Photo/AGE Fotostock

사람들에게 세계적으로 주목할 만한 중요한 리더는 누구인지를 물어보면 흔히 윈스턴 처칠, 에이브러햄 링컨, 마틴 루터 킹 주니어, 테레사 수녀와 같은 영향력 있는 역사적 인물을 꼽는다.

리더십에 대한 특성론적 접근

리더십에 대한 특성론적 접근 리더만이 가지고 있는 필수적인 특성에 집중함

초창기 리더십 연구자는 위대한 리더는 일반 사람과 구분되고, 역사적으로 검증된 독특한 자질이나 특징이 있을 것이라고 믿었다. **리더십에 대한 특성론적 접근**(trait approach to leadership)은 지성, 지배력, 자기확신, 활력, 적극성(수동성과 대비되는), 업무에 대한 지식 등에서 위대한 리더만이 가지고 있는 필수적인 특성이 있을 것이라고 믿고, 그것을 찾는 것에 몰두했다. 그러나 불행하게도 이러한 잠재적 리더십 특성 항목을 찾는 것은 빠르게 그 실용적 가치가 없음이 입증되었다. 게다가 많은 연구 결과는 위대한 리더의 특성에 대한 일관성을 찾을 수 없었다. 예를 들면 어떤 연구는 미국의 대통령 에이브러햄 링컨처럼 가장 영향력 있는 리더는 키가 크다고 주장하기도 했다. 그러자 곧바로 프랑스의 나폴레옹이나 독일의 독재자 히틀러는 키가 크지 않았지만, 이들도 나름 그들만의 방식으로 영향력 있는 리더였다는 지적이 나왔다.

따라서 수십 년 전에 리더십에 대한 특성론적 접근은 포기될 수밖에 없었지만, 최근에 와서 다시 이런 접근이 떠오르고 있다. 예를 들면 일부 연구자는 제한된 몇 가지 특성에 한정해서 다시 연구를 시도하고 있다. 여기에는 감성지수, 지능지수, 사람을 끄는 유도능력, 동기부여, 정직, 통합성, 자기확신, 비즈니스에 대한 지식, 카리스마 등과 같은 특성에 관한 연구가 있다. 그러나 이러한 특성이 실제로는 리더십과 관련성이 없다는 사실이 너무 빨리 알려졌다.

리더십에 대한 행위론적 접근

리더십에 대한 행위론적 접근 리더는 어떤 특성의 행동을 하는지에 집중함

1940년대 후반에 대부분 학자는 리더십에 대한 특성론적 접근에서 리더의 실제 행동에 따른 리더십을 관찰하는 연구로 학문적 관심을 옮겨 가기 시작했다. **리더십에 대한 행위론적 접근**(behavioral approach to leadership)의 목적은 영향력 있는 리더는 어떤 특성의 행동을 하는지를 찾아내는 것이다. 학자들은 영향력 있는 리더의 행동은 다소 영향력이 떨어지는 리더와 다른 행동을 보일 것이라고

생각했고, 효과성 있는 리더의 이런 행동은 모든 상황에서 동일한 효과가 발생할 것이라고 믿었다.

이런 연구의 결과 리더 행동은 2개의 유형이 있음을 발견했다. 학자마다 다른 이름으로 명명하긴 했지만, 이 시기에 발견한 리더 행동의 2개 유형은 다음과 같다.

- **과업 중심의 리더 행동**(task-focused leader behavior): 과업 중심의 리더 행동은 리더가 업무를 수행할 때 특정 목적과 성과 기준을 달성하기 위해 과업을 어떤 방식으로 수행할 것인가에 집중할 때 발생한다.
- **직원 중심의 리더 행동**(employee-focused leader behavior): 직원 중심의 리더 행동은 리더가 업무를 수행할 때 종업원의 만족, 동기부여, 복지 등에 집중할 때 발생한다.

과업 중심의 리더 행동 리더의 행위가 과업을 어떤 방식으로 수행할 것인가에 집중됨

직원 중심의 리더 행동 리더의 행위가 종업원의 만족, 동기부여, 복지 등에 집중됨

이 시기의 사람들은 리더는 항상 성과를 증대시키고자 하는 행동과 직원의 업무만족과 동기부여를 증대시키려는 행동, 이 두 행동 모두에 몰두해야 한다고 생각했다. 그리고 전문가는 관리자가 이런 행동에 몰두할 수 있도록 체계적인 훈련이 가능하다고 생각했다. 또한 특정 환경에서는 리더 행동 중 일부는 사람에 대한 배려가 필요하다는 사실을 발견했다. 즉 리더 행동의 조합을 통해서 보다 효과적인 결과를 얻을 수 있다는 사실을 발견한 것이다.

예를 들어 낮은 생산성을 보이지만, 직원은 오히려 업무에 만족하면서도 열심히 일하겠다는 동기부여가 전혀 되어 있지 않은 부서에 신규 관리자가 부임했다고 가정하자. 이때 리더는 지지부진한 생산성 향상을 위해 과업 중심의 행동을 강조해야 한다. 반대로 높은 생산성을 보이지만 직원은 업무에 대한 스트레스로 찌들어 있고, 낮은 직무 만족 수준을 보인다면, 이런 상황에서 관리자는 직원의 직무 만족을 개선하기 위해 직원 중심의 행동에 집중해야 한다. 이런 방식의 생각이 상황론적 이론으로 발전한 것이다.

리더십에 대한 상황론적 접근

학습목표 9-3

리더십에 대한 상황론적 접근 개념을 논의한다.

리더십에 대한 상황론적 접근 적절한 리더 행동은 상황에 따라 다르다고 가정하는 것

리더십에 대한 상황론적 접근(situational approach to leadership)은 그림 9.2에서 보듯이 적절한 리더 행동은 상황에 따라 다르다는 전제에서 시작한다. 리더십에 대한 특성이론과 행위론적 접근 모두 보편적 관점을 가지고 있다. 이들은 이러한 리더의 행동이 우리가 보편적으로 생각하는 성과와 결과를 만들 것이라고 규정한다. 예를 들면 이런 보편론적 관점을 지지하는 사람은 키가 크고 지적인 사람 또는 일관되게 직원 중심의 리더 행동을 하는 사람은 항상 좋은 리더가 될 것이라고 주장한다. 그러나 실제로 이런 단순한 생각은 진실이 아니다. 따라서 리더십에 대한 상황론적 접근은 상황에 따라 성과와 결과를 만들어낼 수 있는 리더 행동의 다양한 형태를 찾기 위해 연구했다.

상황론적 관점에 따르면, 이런 성공과 결과는 환경에 대한 상황 요인과 리더와 그 추종자 모두의 특성에 따라 좌우된다. 예를 들면 델타항공(Delta Airlines)의 최고경영자 에드워드 바스티안(Edward Bastian)은 다른 성격의 사람과 업무를 해야 할 때 다른 리더십을 보였다. 투자자를 만났을 경우 그는 회사 재정 설계에 대한 확신을 주는 인상을 전달했고, 노조 간부와 대화할 때면 협력을 통한 회사비용 절감의 필요성을 전달했다. 그는 자주 리더에 관해 이야기한다. 항공사는 경쟁 환경에서 상호 이익의 균형을 맞춰야 하는 곳이다. 고객을 대응해야 하는 경우 고객으로부터 매력과 존경을 받도록 노력했다.

리더십 특성은 관리자의 가치체계, 직원으로부터의 확신감, 개인적 성향, 안정감, 실제 행동들을

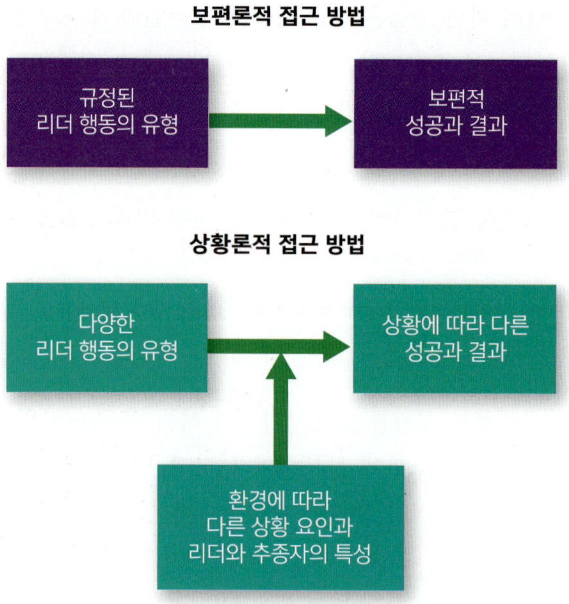

그림 9.2 리더십에 대한 상황론적 접근

모두 포함하는 것이다. 부하의 특성은 부하의 의존성, 책임감을 가질 준비성, 애매모호함에 대한 참을성, 문제에 대한 관심, 목표에 대한 이해도, 지식, 경험, 기대치 등을 포함한다. 상황론적 특성은 조직의 형태, 집단 효과성, 문제 그 자체 그리고 시간 압박 등을 포함한 의사결정에 영향을 미칠 수 있다. 리더십에 대한 상황론적 접근 방법에는 (1) **경로-목표 이론**, (2) **의사결정나무 접근 방식**, (3) **리더-구성원 교환**(LMX) 모델이 있다.

경로-목표 이론 기대이론에 직접적인 영향을 받은 리더십 이론

리더십의 **경로-목표 이론**(path-goal theory)은 동기부여에 관한 기대이론에 직접적인 영향을 받은 이론이다. 기대이론의 주요 구성요소는 다양한 성공을 획득하려는 성향과 이런 성공과 관련된 가치관이다. 리더십에 대한 경로-목표 이론은 작업현장에서 구성원에게 가치를 부여하거나 실현성 있는 바람직한 보상체계를 만드는 것이 리더의 주된 기능이라고 말하고 있다. 또한 이러한 가치와 보상을 실현할 수 있도록 구성원에게 목표를 명확하게 만들어야 한다고 주장한다. 리더는 목표에 도달하는 경로를 명확히 해야 한다.

경로-목표 이론은 상황에 따라 리더가 사용할 수 있는 4개의 행동 유형을 제시하고 있다. (1) **지시적 리더 행동**은 직원에게 안내와 지시, 업무 스케줄 등을 제공해 그들이 기대하는 것을 얻기 위해 무엇을 해야 하는지 알게 하는 것이다. (2) **지원적 리더 행동**은 직원의 복지와 동등한 대우를 통해 직원에게 그들에 대한 리더의 관심을 보여줌으로써 친근감과 편안함을 제공하는 것이다. (3) **참여적 리더 행동**은 직원과 상담, 제안의 수용, 의사결정의 참여를 수용하는 행동 유형이다. (4) **성취지향적 리더 행동**은 도전적 목표를 설정하고 직원이 높은 수준의 성과를 성취할 수 있다는 기대감과 함께 직원을 격려하고 그들의 능력에 확신을 심어주는 행동 양식이다.

의사결정나무 접근 종업원 참여 정도를 결정하는 의사결정 규칙을 제공하는 리더십 접근법

리더십에 관한 현대의 주요 접근 방식은 **의사결정나무 접근**(decision tree approach)이다. 이 방식은 경로-목표 이론과 비슷하지만, 주어진 상황에 대한 적절한 리더십 스타일 접근 방법을 제안하고 있다. 이 이론에서는 같은 리더라도 다른 리더십 스타일을 보여주어야 한다는 것을 전제로 하고 있다. 그러나 의사결정나무 접근 방식은 단지 의사결정 과정에서 종업원 참여 정도에 관한 리더의 행

동에 관심을 두고 있는 이론이다. 의사결정나무 접근은 상황의 특성에 따라서 직원의 의사결정 참여 정도를 규정하고 있다. 즉 모든 상황에 적합한 최적의 의사결정 과정은 없다는 것이다. 문제의 성격이나 의사결정 과정의 다양한 속성을 평가한 후, 직원의 참여 가능한 수준에 따라 리더는 적절한 의사결정 스타일을 결정해야 한다.

리더-구성원 교환(LMX) 모델[leader-member exchange(LMX) model]은 개별 상사와 부하의 관계의 다양성을 중요하게 생각한다. 개별 리더와 개별 부하의 관계는 한 쌍의 수직적 계층을 형성하게 된다. 기존 리더십 접근 방법과 다르게 이 모델은 종종 리더가 개별 직원과 다르게 형성하는 다른 관계성에 중점을 두고 있다. 이 모델은 리더는 신뢰하는 소규모의 부하와는 특별한 관계를 형성한다고 보았고, 이를 '내집단(in-group)'이라고 부른다. 일반적으로 내집단은 리더로부터 책임감과 자율성이 담보되어야 하는 특별한 의무를 부여받게 되고, 이와 더불어 특권도 같이 받는다. 이런 내집단에 속하지 못하는 부하는 흔히 '외집단(out-group)'이라고 부른다. 내집단과 비교하면 이들은 상사로부터 상대적으로 더 적은 시간과 관심을 받게 된다. 그러나 이 이론의 핵심 요인은 리더와 개별 구성원이 형성하게 되는 수직적 쌍에 대한 개념이고, 리더와 개별 부하가 갖게 되는 다른 관계성에 있다.

리더-구성원 교환(LMX) 모델 개별 상사와 부하의 관계의 다양성을 중요하게 생각하는 리더십 접근법

추종자의 눈으로 본 리더십

학습목표 9-4
변혁적 리더십과 카리스마 리더십을 설명한다.

전문가들이 선택한 최근 리더십의 다른 관점은 추종자, 즉 부하의 눈을 통해 본 리더십이다. 추종자의 눈을 통해 본 리더십 관점은 크게 2개로 구분되는데, **변혁적 리더십**과 **카리스마 리더십**이 그것이다. 미국 대통령 선거에서 도널드 트럼프(Donald Trump)의 당선을 지켜보면서 많은 사람은 그가 변혁적 리더십과 카리스마 리더십 모두를 가지고 있다는 생각을 했다. 실제로 선거기간 중 그는 종종 미국에서 제기되고 있는 건강보험, 이민, 외교정책 이슈에 대한 해결 방법의 변화 필요성을 언급하곤 했고, 많은 사람은 그의 개인적인 카리스마만큼 그의 말에 매력을 느꼈다.

변혁적 리더십

변혁적 리더십은 무탈한 안전기 시절의 리더십과 대조되는 격변기 시절에 이루어지는 리더십에 그 중요성을 두고 있다. 이런 관점에 따라서, 직원의 업무를 할당하고, 그들의 성과를 평가하며 관리하는 기초적인 경영활동, 즉 '거래적 활동(transactions)'을 포함한 그 이상의 활동을 말하는 것이다. 리더는 기업을 인수하고, 새로운 작업팀을 만들거나 조직의 문화를 재정립하는 등의 큰 변화를 주도하고, 관리해야 하는 변혁적 리더십 활동에 몰두해야 한다.

따라서 **변혁적 리더십**(transformational leadership)은 변화의 필요성을 인식하고, 변화를 직원에게 안내할 비전을 만들며, 효과적으로 이런 변화를 시행하는 일련의 능력을 의미한다. 일부 전문가는 성공한 기업조차 자기도취와 정체에 빠지지 않게 하기 위해서는 정기적인 변화를 통해 조직기능에 활력이 필요하다고 믿는다. 대조적으로, **거래적 리더십**(transactional leadership)은 의례적이고, 대규모 집단 중심으로 이루어지는 일반적인 관리와 매우 유사한 성격을 띤다.

변혁적 리더십 변화의 필요성을 인식하고, 변화를 직원에게 안내할 비전을 만들며, 효과적으로 이런 변화를 시행하는 일련의 능력

거래적 리더십 의례적이고, 대규모 집단 중심으로 이루어지는 일반적인 관리

리더는 자신이 처한 환경에 따라 변혁적 또는 거래적 관점 중 하나를 선택할 수 있다. 예를 들면 제프 베이조스(Jeff Bezos)가 아마존을 창업할 당시에 그의 전략은 단순히 '온라인 가게'를 통해 책을

파는 것이었다. 그러나 아마존이 일정한 매출을 담보할 수 있는 안정기에 도달하자, 완만한 사업 성장과 현금보유 우선 정책을 위해 거래적 리더십을 사용했다. 아마존이 다시 수많은 다양한 상품을 판매하는 '온라인 선도 기업'으로 성장하자 그는 변혁적 리더십 스타일을 채택했다. 그러다 다시 아마존의 실적 유지를 유해 그는 거래적 리더십 형태로 전환했다. 가장 최근에는 애플 및 구글과 경쟁 관계에서 지위를 굳건히 하기 위해 아마존은 제품의 유통 혁신, 신제품 개발과 확장을 하고 있으며, 이를 위해 다시 그는 변혁적 리더십을 사용하고 있다.

카리스마 리더십

카리스마 리더십 리더의 개인적 카리스마를 기초로 해 영향력을 행사하는 형태

카리스마 리더십(charismatic leadership)은 누군가를 지지하거나 그의 말과 행동에 동조하게 만드는 인간적 매력, 즉 리더의 카리스마를 바탕으로 형성되는 영향력의 한 형태이다. 카리스마 리더는 상당한 자신의 신념과 생각에 대한 확신 그리고 사람에게 영향을 미치는 강력한 매력을 가지고 있다. 또한 그들은 자신을 추종하는 이들에게 대단히 높은 성과를 가질 수 있다는 기대감을 불러일으키는 대화를 하고, 확신을 심어주는 경향이 있다. 세계적인 여성 사업가 메리 케이 애쉬(Mary Kay Ash), 애플의 창업자 스티브 잡스(Steve Jobs), CNN을 설립한 언론재벌 테드 터너(Ted Turner), 시민운동가 마틴 루터 킹 주니어(Martin Luther King, Jr.), 교황 요한 바오로 2세(Pope John Paul II) 등과 같은 역사 속의 많은 영향력 있는 리더는 극단적인 카리스마를 가지고 있었다. 그러나 불행하게도, 카리스마는 엉뚱한 방향으로 리더에게 힘을 줄 수도 있다. 예를 들면 제2차 세계대전을 일으켰던 아돌프 히틀러(Adolf Hitler) 역시 강력한 카리스마 자질을 가졌다.

오늘날 대부분 전문가는 카리스마 리더십의 3개 주요 요인을 다음과 같이 말하고 있다.

1 카리스마 리더는 자신과 타인에 대한 높은 기대감과 기대 이상의 성과를 창출하기 위한 방법을 찾는 행동 등 미래 지향적 사례를 보이고 제시하는 경향이 있다.
2 카리스마 리더는 개인의 성취감, 자기확신, 일관된 성공의 형태를 타인에게 보여주어 활력을 준다.
3 카리스마 리더는 타인을 지원하고, 그들에게 공감하며, 그들에게 확신을 주어 무언가를 이룰 수 있도록 한다.

오늘날 카리스마 리더십에 대한 생각은 관리자 사이에서 대단히 인기가 높아 이와 관련된 엄청난 양의 책과 글들이 쏟아져 나온다. 그러나 불행하게도 카리스마 리더십의 의미와 영향력에 대한 구체적 검증은 그렇게 많지 않다. 그리고 카리스마 리더십의 윤리적 문제는 여전히 남아 있어서 상당한 골칫거리이기도 하다. 문제는 일부 카리스마 리더들이 자신을 추종하는 사람에게 잘못된 신념을 불어넣어 부적절하고, 비윤리적이거나 불법적인 행동을 그들에게 지시하고, 추종자는 그들의 지시에 몰입하기에 카리스마 리더십 문제가 발생한다. 이러한 경향으로 인해 미국의 에너지 기업 엔론(Enron)과 회계그룹 아서앤더슨(Arthur Andersen)에서 근무했던 직원들은 단순히 카리스마 리더십을 가진 상사의 지시에 따라 정보를 숨기고, 문서를 파기했으며, 조사를 방해하는 회계부정 사건과 같은 도덕적 해이를 발생시켰다.

또한 리더십 역할을 넘어선 누군가의 개인적인 엄청난 양의 카리스마는 풀어야 할 도전과제이다. 예를 들면 미식축구팀 그린베이 패커스(Green Bay Packers)의 전설적인 감독 빈스 롬바디(Vince Lombardi)와 프로농구단 시카고 불스의 명감독 필 잭슨(Phil Jackson)의 후임 감독 선정 과정을 보면, 성공적이고 카리스마 넘치는 전임 감독의 훌륭한 유산에 부합하는 후임감독을 선발하는 것은 녹록

기업가정신과 새로운 벤처기업

공유되지 않은 성공은 실패한다

Nicholas Kamm/AFP/Getty Images

존 폴 디조리아(John Paul DeJoria)는 미국의 헤어케어 제품 및 스타일링 도구를 판매하는 제조업체 존폴미첼시스템즈(John Paul Mitchell Systems)와 멕시코의 데킬라 제조업체 패트론스피리츠(Patrón Spirits Company)의 카리스마 리더이다. 그의 순수 자산가치는 대략 30억 달러 이상으로 평가된다. 하지만 그는 《포브스》가 선정한 미국의 400대 부호와 다르게 부모로부터 재산을 상속받거나 어떤 특권을 가져 본 적이 없다. 그는 노동자계층 이웃과 같이 자랐고, 9살에 집집마다 다니면서 크리스마스카드를 판 것이 그의 첫 번째 직업이다. 고등학교를 졸업한 이후 해군에서 복무하면서 백과사전을 팔기 시작했고, 그 후 몇 년간 10개 직업을 전전했다. 나중에 그는 미용업계에서 영업사원이 되었고, 자신의 틈새를 빠르게 찾았다. 그러나 9년간의 성공 뒤에 허망하게도 회사 주인보다 많은 수당을 지급받는다는 이유로 해고당했다.

그는 1980년대 LA에서 오래된 롤스로이스에서 살아야만 했던 홈리스 신세였다. 그러나 자신의 이름과 같은 미용회사 폴미첼을 동업자와 함께 세우고, 자신이 가지고 있던 700달러를 여기에 모두 투자했다. 말도 안 되는 하찮은 투자액수였지만, 이들은 미용실을 다니면서 제품을 팔았다. 다른 사람이 포기할 때도 자신의 제품을 믿었고, 끈덕지게 미용실을 다녔다. 2013년 《포브스》와 인터뷰할 당시에 그는 이렇게 조언했다. "거절에 대한 준비를 하세요. 거절당함이 얼마나 불쾌한지는 문제가 되지 않습니다. 자신을 추스르고, 자신이 하고자 하는 것을 위해 나아갈 수 있도록 자신을 다독이세요. 열정적일 필요가 있습니다. 수백 개의 관문 중 하나에 불과하죠."

회사 창업 이후 처음 2년은 힘들었지만, 이들은 3년 차에 들어서서는 연매출이 거의 100만 달러에 이르렀다. 오늘날 이 회사의 제품은 87개국 15만 개 이상의 미용실에서 팔리고, 매년 매출액은 10억 달러를 넘는다. 그는 12개 이상의 사업에 진출했고, 이 속에는 라이브 음악 콘서트 홀과 레스토랑 체인사업을 하는 하우스오브블루스(House of Blues), 보석판매회사 디조리아다이아몬드(DeJoria Diamonds), 에너지 회사인 거스틴에너지(Gustin Energy Company) 등이 포함되어 있다. 멕시코의 패트론스피리츠는 1989년 그의 친구 마틴 크로울리(Martin Crowley)의 취미로 시작되었지만, 곧 사업이 번창했다. 이들은 최고급 데킬라를 팔기 위한 시장의 필요를 깨닫고, 데킬라를 담을 병은 핸드메이드 제품으로 선택하고, 데킬라의 원액은 비싸기로 유명한 블루 아가베(데킬라의 원액이 되는 식물–역주)를 바탕으로 만들었다. 이 회사는 디조리아와 협력관계를 구축하면서 곧장 유명 브랜드가 되었는데, 디조리아의 친구이자 영화배우 클린트 이스트우드(Clint Eastwood)는 자신의 영화에서 패트론스피리츠 제품을 선보였고, 미국의 유명 요리사이자 요식업체 사장인 볼프강 퍽(Wolfgang Puck)은 자신의 친구와 동업자에게 이 제품을 추천하며 다녔다.

디조리아는 모든 사업에서 우선순위로 고품질과 지속가능성을 우선으로 한다. 《포춘》과의 인터뷰에서 그는 "많은 사람이 물건을 팔지만, 제품이 고루하다면 소비자는 곧장 그 제품을 버리고 다른 것을 선택합니다. 만일 당신이 만든 제품이 고품질이라면, 사업이 성장할수록 그 물건은 재구매됩니다"라고 말했다. 또한 지속가능성은 환경에 대한 책임이 있는 거스틴에너지의 석유와 가스 탐사 투자부터 시작해서 디조리아다이아몬드의 분쟁 없는 다이아몬드 판매까지 공통된 주제이다. 이점은 또한 폴미첼의 미용제품 생산라인의 중요 부분이다. "우리는 여닫는 현관부터 시작해서 매일 쓰는 전구에 이르기까지 창고에 있는 모든 물건의 비용을 꼼꼼히 조사해서 결국에는 전기료의 25%를 절약하는 방법을 찾아냈습니다. 우리가 티트리 샴푸 생산을 위해 탄소를 사용하는 것에 대한 보상으로 나무를 심고 있습니다. 이런 활동은 세상을 위해서도 좋은 일이고, 사업에도 좋은 일입니다."

한편 디조리아의 성공은 그의 엄청난 '일의 양'에 기인한다. 그리고 그의 카리스마와 메시지는 많은 사람에게 영감을 주고 있다. 그의 좌우명 중 하나는 '공유되지 않은 성공은 실패이다'이고, 가난한 사람의 주거환경 개선운동을 하는 비영리단체인 해비타트(Habitat for Humanity)나 아프리카 식량공급 운동을 하는 푸드포아프리카(Food4Africa)와 같은 비영리단체를 통해 자신의 재산을 사회에 환원하는 것에 열중하고 있다. 그는 또한 가난한 농촌지역의 식량부족을 해결하기 위해 그들 스스로 농산물을 경작해 이를 극복할 수 있도록 도움을 주는 비영리단체 그로우애팔래치아(Grow Appalachia)의 설립자이기도 하다. 디조리아가 세계적인 주식부호 워런 버핏(Warren Buffett)이나 마이크로소프트의 창업자 빌 게이츠(Bill Gates)와 같이 자신의 재산을 사회에 환원하겠다는 서약을 한 사람 중 한 명이라는 사실은 그다지 놀라운 일도 아니다. 세계에서 가장 부유한 시민이 자신의 재산 대부분을 사회에 환원하는 일에 몰두하고 있다.

지 않다. 두 구단 모두 전임 감독에 부합하는 후임감독 선발에 실패했고, 선택된 후임감독도 얼마 지나지 않아 해고되었다.

학습목표 9-5
리더십 대체물과 리더십 중화 요인을 구분하고 논의한다.

리더십의 특별한 이슈

리더십에 대한 흥미로운 다른 관점은 리더십 **대안**에 중점을 두고 있다. 일부의 경우, 실제로 어떤 요인은 리더십을 필요 없게 만들거나 관련성을 없게 해 **리더십을 대체**한다. 그리고 일부 사례에서는 특정 요인이 개인이 리더십을 발휘하려 해도 리더의 영향력을 무용지물로 만들어서 **리더십을 중화**한다.

리더십 대체물

리더십 대체물 종업원 업무를 지휘하거나 지시할 필요를 압도하는 개인, 과업, 조직 특성

리더십 대체물(leadership substitutes)은 리더가 종업원 업무를 지휘하거나 지시할 필요를 압도하는 개인, 과업, 조직 특성을 말한다. 다른 식으로 표현하자면, 만일 특정 요인이 제공된다면 종업원은 자신의 업무를 리더의 지시 없이도 성공적으로 실행할 수 있다.

예를 들어 중상을 입은 응급환자가 구급차에 실려 응급실에 막 도착했다고 생각해보면, 응급실 직원은 마냥 누군가의 통제와 지시를 기다리고 있어야 하는가? 대답은 '아니다'이다. 직원은 리더 역할을 하는 사람 없이도 충분히 이런 상황에서 어떻게 대응해야 하고 한 팀으로서 어떻게 일해야 하는지 알고 있을 정도로 대단히 잘 훈련되어 있고, 충분히 전문성을 갖추고 있다. 미국 항공기가 2009년 허드슨강에 추락했을 당시에 비행기 승무원 모두 어떤 지시도 기다리지 않고 정확히 무엇을 해야 하는지 알고 있었다. 그 결과 그들은 효과적이고 신속한 조치를 했고, 재난을 피할 수 있었으며, 비행기의 모든 승객은 신속히 구출되었다.

표 9.1 리더십 대체물과 중화 요인

개인 요인	• 개인의 전문성 • 개인의 능력, 지식, 동기부여 • 개인의 경험과 훈련 • 보상에 대한 관심
직무 요인	• 구조화/자동화 • 업무의 통제 수준 • 내재적 만족 • 피드백의 고착화
조직 요인	• 명확한 계획과 목표 • 엄격한 규칙과 절차 • 업무 수행과 보상 시스템의 연계 정도 • 관리자와 직원의 물리적 거리
집단 요인	• 업무 수행에 대한 규범 • 집단 응집력 수준 • 집단의 상호 의존성

리더십 중화 요인

또 다른 경우는 리더가 버젓이 존재하고, 다양한 리더십 행위를 통해 직원에게 영향력을 행사하기 위해 노력하지만, 이런 리더의 노력은 이른바 **리더십 중화 요인**(leadership neutralizers)에 의해 비효과적이거나 무력화되기도 한다. 예를 들면 오랜 업무 관행이 존재하고, 직원은 모두 업무 경험이 많으며, 높은 집단 응집력을 가진 부서에 상대적으로 이제 막 승진해서 업무에 대한 경험이 전혀 없는 리더가 부임한다면, 집단의 규범과 응집력은 대단히 강력해서 신참 리더는 이 집단에서 전혀 변화를 만들어낼 수 없을 것이다.

리더십 중화 요인 리더 행동을 비효과적이거나 무력화하게 만드는 요인

이런 집단 요인과 함께, 직무 자체가 변화를 만들어내려는 리더의 능력을 제한적으로 만들기도 한다. 예를 들면 이동식 작업라인에서 근무하는 종업원은 단지 작업라인의 속도에 따라 작업을 한다. 당연히 작업라인의 속도와 개인별로 부여된 작업의 단순성 정도에 따라 이들의 업무량과 질은 제한적일 수밖에 없다.

마지막으로, 조직 요인 또한 적어도 일정 부분 리더의 행동을 중화한다. 상상해보면, 사람을 동기부여하기 위해서는 개인의 업무 성과에 따라 그에 맞는 성과급을 지급해야 한다는 철학을 가지고 있는 리더가 새로 부임해 왔는데, 그가 부임해 온 신규 부서의 임금 상승 요인은 단지 노조와의 협상, 직원의 연공시열, 물기상승 정도에 따른 임금 상승을 규정하고 있다면, 리더가 기존에 가지고 있던 사람을 동기부여하는 방법에 대한 접근 방식은 희석되어 버린다. 그리고 당연히 새로운 방법을 찾아야 한다.

학습목표 9-6

코치로서의 리더십을 토론하고, 리더십에서의 성별 문제와 다문화 이슈를 논의한다.

리더십의 본질 변화

리더십의 본질은 계속 진화하고 있지만, 기존 리더십과 대조되는 다양한 리더십 대안도 여전히 어느 정도 리더십을 필요로 한다. 최근의 리더십 변화 중 하나는 리더십에서의 성별 문제, 다문화에서의 리더 행동, 리더의 코치로서 역할이 증대되고 있다는 사실을 관리자가 깨닫고 있다는 것이다.

코치로서 리더

오늘날 많은 조직은 팀을 활용하고 있다는 사실을 주목해야 한다. 많은 조직이 관료조직에서 물려받은 과거 방식의 명령과 통제를 통해 구성원의 정신을 옥죄는 체계를 해소하기 위해 위계적이지 않은 조직을 만들려고 노력한다. 그리고 직원이 독립적으로 업무를 수행할 수 있도록 개인에게 동기부여를 하고 권한을 위임하려 한다. 이 모든 경우에서 리더의 역할도 변화해야 한다. 리더는 과거 업무를 지시하고, 사람을 감독하며, 면밀하게 직원의 성과를 관찰하고, 그 결과를 의사결정하며, 업무행위를 구조화하는 통제자의 위치에 있었던 반면, 오늘날의 많은 리더는 직원을 관리하는 방법의 변화를 요청받고 있다. 아마도 이런 새로운 역할에 대한 최적의 말은 리더는 **감독**이 아니라 **코치**가 되고 있다는 것이다.

기업의 리더 입장에서 리더의 코칭 관점은 업무의 방향을 제공하고, 팀이 필요로 하는 정보와 기타 자원을 제공해 팀에게 도움이 되는 구성원이 되도록 리더에게 기존 직원과 신규 직원을 훈련시키는 역할을 요구한다. 또한 다른 팀의 코치는 개별 팀들의 활동과 기능을 서로 연결해주는 역할을 한다. 일부 리더는 멘토의 역할을 할 수도 있다. 다소 경험이 부족한 직원이 조직 내에서 발전할 수 있도록 그들의 연결고리를 연결해주고 준비시켜주는 것을 돕는 것이다. 리더는 또한 팀 구성원의 갈등을 해결하고, 팀에서 발생한 분쟁을 조정할 수 있도록 도움을 주어야 한다. 이런 다양한 활동 이상으로 리더는 자신을 낮추고, 지나친 관리 · 감독하에서 업무가 수행되지 않도록 주의해야 한다. 일단 경기가 시작되면, 코치는 선수가 좋은 경기력을 보여줄 것이라고 절대적으로 신뢰한다.

아마존의 창업자이자 최고경영자 제프 베이조스는 종종 코치의 역할을 수행한다. 그는 장기적이고 전략적인 이슈에 집중하고, 아마존에서 발생하는 그날 그날의 관리는 임원에게 위임했지만, 최고경영자의 비전과 일관되게 임원들은 의사결정을 해야 한다. 그 결과 베이조스는 임원들과 정기적으로 의사결정 능력을 발전시킬 수 있는 작업을 하고, 임원들이 자신이 설정한 회사 방향성을 이끄는 중추가 될 수 있도록 정보를 제공한다.

성별과 리더십

리더십 대안이 직면하고 있는 명확한 선택 중 하나는 조직에서 상위직급의 비중이 점진적으로 증가하고 있는 여성에 있다. 기존의 리더십 이론과 연구는 전통적으로 남성 리더에 중점을 두고 있었다. 여성이 어떻게 조직을 이끌어 가는지에 대한 더 많은 이해가 필요한 것은 확실히 리더십 연구가 그다음 단계로 나아가기 위해 중요하다. 예를 들면 초창기 연구자는 기존의 보편적인 고정관념을 통해 남성에 비해 여성이 상대적으로 더 따뜻하고 지원적이며 부하를 양육할 것이라고 생각했다.

그러나 결과는 여성 리더는 필연적으로 남성 리더보다 더 부하를 양육하거나 지원하는 것은 아니

보다 나은 방법 찾기

여성이 리더이기 위한 방법

작업현장은 역사적으로 남성에 의해 주도되는 곳이었고, 많은 연구가 남자가 작업현장을 어떻게 이끌어 가는지에 대한 주제에 집중되었다. 많은 여성이 작업현장에 진출하기 시작하면서 연구도 진화하기 시작했고, 리더로서 남성과 여성의 차이를 평가하는 것으로 리더십 연구가 진화하고 변화했다. 불행하게도 많은 결론은 여성도 남성과 같은 선천적 스타일을 채택할 수 있게 하는 방법은 무엇인지에 집중했다.

인터넷 여행사이트 피크(Peek)의 공동창업자이고, 전 골드만삭스의 직원이었던 루즈와나 바쉬르(Ruzwana Bashir)는 좀 다르다. 그녀는 처음 직장생활을 금융업에서 시작했고, 그 당시에 남성처럼 행동할 것을 강요당했다고 그녀는 느꼈다. 《포브스》가 30명의 최고경영자를 선정할 당시 그녀는 이렇게 말했다. "여성의 입장에서 주변을 둘러보면, 다수 군중에 의해 사회의 관습에 순응하라는 압력을 느낄 수 있습니다." 풀브라이트 장학금(Fulbright Scholar)으로 하버드대학교에서 MBA를 다닐 때 그녀는 전통적인 여성의 특성이 장점이 될 수 있다는 것을 깨달았다. "협력관계에서는 감정이입과 동정 같은 여성의 특성이 진정으로 사업의 장점이 됩니다." 그녀는 젊은 나이에 엄청난 발자취를 남겼다.

바쉬르는 파키스탄에서 태어나 영국에서 성장했고, 옥스퍼드대학교에서 공부했다. 옥스퍼드 시절 그녀는 200년의 역사를 자랑하는 옥스퍼드대학교 학생회(Oxford Union)의 회장이 되었고, 세계적으로 유명한 미국의 상원의원 존 매케인(John McCain)과 패션업계의 거장 톰 포드(Tom Ford) 같은 유명인사와 토론할 기회도 있었다. 그녀는 그 유명한 옥스퍼드대학교 학생회의 회장이 된 두 번째 아시아계 여성이었고, 첫 번째는 전 파키스탄 대통령이었던 베나지르 부토(Benazir Bhutto)로 1977년에 옥스퍼드대학교 학생회 회장이었다. 바쉬르는 옥스퍼드에 입학해서야 서구식 옷을 처음 입을 수 있었다. 학교성적은 우수했지만, 항상 그녀는 자신이 인종적, 성별적, 계층적으로 다르다는 것을 느꼈다. 그녀는 혼란스러운 모든 것을 정리하기 위해 친구와 터키로 탈출을 시도하는 등 20대 때에는 좌절의 시간을 보내기도 했지만, 이후 2012년에 여성이 창업한 기업들의 사회적 명성 등을 참고해 동업자 오스카 브루닝(Oskar Bruening)과 함께 피크여행사(Peek.com)를 설립했다. 이미 여러 개의 여행용 웹사이트가 존재했을지라도, 피크는 이 시장에서 독특한 자리를 차지한다. 피크는 여행지에서 완벽한 즐거움을 얻을 수 있도록 안내서 제공은 물론 고객의 여행계획 수립을 돕는다.

Nils Jorgensen/FEREX/Shutterstock/AP Images

회사 사이트를 보면, 회사는 윤리적 다양성을 겸비한 50:50 비율의 남녀 직원으로 구성되어 있음을 알 수 있다. 그녀는 여성 직원을 격려하고 멘토와 엮어 주기도 하며, 전형적인 남성의 지시적이고 권위적인 형태가 아니라 여성의 상처 받기 쉬운 **취약함**을 보여주기 위해 노력한다. 게다가 그녀는 여성권리를 옹호하는 발언을 하곤 했다. 2014년에는 영국의 아시안 사회에서 발생하는 여성학대에 대한 관심을 불러일으킨 획기적인 수필을 선보이기도 했다. 그녀는 다음과 같이 이야기한다. "내가 성장하면서 겪었던 일들을 통해 삶은 다양한 발걸음이 있을 수 있음을 공감하게 되었고, 이해하게 되었어요. 그리고 그것들을 통해 내가 만들고 싶은 회사가 어떤 모습인지 알게 되었습니다."

었다. 이와 마찬가지로 남성 리더가 여성 리더에 비해 더 체계적인 가혹성을 보이거나 지배적이고 과업 중심적인 것은 아니다. 일부 연구에서 나타난 유일한 차이점은 남성은 여성에 비해 좀 더 독재적인 반면, 여성은 의사결정에 있어 다소 민주적이라는 것이다. 여하튼 성별과 리더십의 역동성을 이해하기 위해서는 좀 더 연구가 필요하다. 그동안 펩시(PepsiCo)의 최고경영자 인드라 누이(Indra Nooyi), 화장품회사 에이번프로덕츠(Avon Products)의 최고경영자 셰릴린 맥코이(Sherilyn McCoy), 독일의 총리 앙겔라 메르켈(Angela Merkel) 같은 성공적인 여성 리더를 통해 여성도 비범한 리더가 될 수 있다는 논증의 대상이 되어 그들의 효과성이 지속적으로 검증되고 있다.

다문화 리더십

리더십 관점의 변화 중 하나는 다문화 이슈와 관련이 있다. **문화**란 넓은 개념으로 사용되지만, 여기서는 국가 간 차이와 한 문화권 내에 존재하는 다양성 차이로 한정하고자 한다. 예를 들면 미국은 **개인주의**(집단보다는 개인 우선)가 바탕이라면, 일본은 일반적으로 **집단주의**(개인보다는 집단 우선)가 바탕이다. 따라서 일본 회사가 미국에서 운영하는 자신의 회사 책임자를 일본에서 미국으로 보낸다면, 미국에 온 그는 개인주의 문화권에서는 개인의 공헌과 그에 맞는 보상이 얼마나 중요한지를 깨닫게 될 것이며, 한 기업이라도 두 나라에서 개인과 집단의 역할 차이가 얼마나 다른지 알게 될 것이다.

예를 들면 카를로스 곤(Carlos Ghosn)은 프랑스에서는 르노자동차를, 일본에서는 닛산자동차를 운영한다. 일본 관리자는 조용히 차별화된 방식으로 사람을 대하길 기대하는 반면, 유럽 관리자는 일관성을 보이는 확실한 방향성을 통해 사람을 관리하길 원하는 국가 간 문화차이가 있다는 사실을 그는 깨달았다. 구체적인 특성을 통해 설명하자면, 유럽에서의 리더는 공격적이고, 회의에서는 큰 목소리로 서로의 의견을 제시하며, 논쟁하는 것이 일반적이지만, 일본에서는 그런 시끄러운 주장과 논쟁보다는 서로의 의견을 일치시키는 과정을 중요하게 여기고, 공손한 대화를 통해 자신의 의견을 전달한다.

이런 국가 간 문화처럼 다문화 요인은 조직에서 점점 더 확대되고 있는데, 그 이유는 작업현장이 갈수록 다양해지기 때문이다. 흑인, 아시아인, 히스패닉, 기타 다양한 민족 출신들이 리더의 위치에 오르기 시작하면서 증가하는 리더의 다양한 출신 특성에 따라 현재의 리더십 모델 이론을 어떻게 적용할 것인지 재평가할 필요가 증가하고 있다.

학습목표 9-7
전략적 리더십과 윤리적 리더십, 가상 리더십을 설명한다.

리더십의 새로운 이슈

마지막으로 리더십 논쟁에서 화두가 되고 있는 3개의 주제를 살펴보고자 한다. 그것은 바로 **전략적 리더십**, **윤리적 리더십**, **가상 리더십**이다.

전략적 리더십

전략적 리더십 조직과 환경의 복잡성에 관한 최고경영자의 이해력과 이에 따른 경쟁력 강화를 위해 조직을 변화시킬 수 있는 최고경영자의 능력

전략적 리더십(strategic leadership)은 확실히 최고경영자의 역할과 관련된 다소 최근의 개념이다. 전략적 리더십은 조직과 환경의 복잡성에 관한 최고경영자의 이해력과 이에 따른 경쟁력 강화를 위해 조직을 변화시킬 수 있는 최고경영자의 능력을 의미한다. 스타벅스의 전 최고경영자이고, 현재는 이

사회 의장인 하워드 슐츠(Howard Schultz)는 대표적인 강력한 전략적 리더였던 것으로 인정받는다.

그는 사람들이 스타벅스를 단순히 커피를 파는 곳으로 인식하는 것에 만족하지 않고 항상 새로운 기회를 찾았고, 그의 노력으로 확실히 스타벅스는 새로운 기회를 잡았다. 전략적 리더는 효과성을 발휘해야 한다. 관리자는 완벽하게 조직의 역사와 문화를 이해하고, 강점과 약점을 알아야 한다. 게다가 리더는 조직의 외부 환경을 파악할 필요가 있다. 이런 이해력은 당면하고 있는 중요한 사업추세와 이슈만큼 현재의 사업 환경과 경제 환경, 거시적 환경 모두를 이해하는 것을 포함한다. 전략적 리더는 게다가 기업의 전략적 장단점에 대한 올바른 인식도 가지고 있어야 한다.

윤리적 리더십

대부분의 사람은 오랫동안 기업가가 윤리적이라고 생각했다. 그러나 시가총액 기준으로 미국 최대 규모 은행인 웰스파고(Wells Fargo)의 허위계좌 사건이나 폴크스바겐(Volkswagen)의 디젤엔진 배기가스 조작사건, 도시바(Toshiba)와 월마트(Walmart) 같은 기업들의 스캔들로 인해 기업가에 대한 신념은 과거처럼 그렇게 강력하지 않다. 일련의 스캔들 결과, 지금은 성공적인 리더십을 확보하기 위한 선제조건으로서 그 어느 때보다 높은 수준의 윤리의식이 요구된다. 세부내용을 살펴보면, 사업가는 자신의 경영활동을 하면서 높은 윤리적 기준을 유지할 필요가 있다. 사업을 하면서 결코 윤리적 행동에서 벗어나지 않아야 한다. 그리고 자신을 포함한 구성원 모두가 윤리의식이 결여되지 않도록 유지해야 하고, 그들에게 **윤리적 리더십**(ethical leadership)을 훈련시켜야 한다.

윤리적 리더십 높은 윤리적 기준을 유지하는 리더의 행동

최고경영자의 행동은 과거 어느 때보다 면밀하게 윤리 문제가 검증되고 있고, 윤리적 측면이 고려된 사업을 지속하기 위해 최고경영자는 윤리의식이 있는 새로운 리더를 채용할 책임도 있다. 기업 지배구조 모델에 영향을 미치는 보다 강력한 압력은 바로 기업의 리더십 지위에 높은 수준의 윤리기준을 가진 사람을 앉히라는 압력의 증가이다. 이와 함께 이들 기업 리더에게 과거 어느 때보다 더 강력하게 경영활동에서 발생한 행위와 결과에 책임을 지라는 요구도 증가하고 있다.

가상 리더십

마지막은 **가상 리더십**(virtual leadership)으로, 이것도 또한 조직의 중요 이슈로 등장하고 있다. 예전에는 리더와 직원이 물리적으로 같은 공간에서 함께 일했고, 규칙적으로 얼굴을 맞대고 상호작용하며 일했다. 그러나 현재는 리더와 종업원 모두 물리적으로 멀리 떨어져서 각자 자신의 일을 한다. 이런 변화로 때로는 일주일에 하루나 이틀은 재택근무를 하고, 전화로 서로의 업무를 조율하며, 실제로는 회사에 출근하기 힘들 정도로 엄청난 물리적 거리에서 생활하고 일한다.

가상 리더십 물리적 공간이 아닌 인터넷을 통해 직원과 상호작용할 수 있는 리더십

리더와 그들 직원 사이의 대화가 대체로 전화나 이메일을 통해 이루어지고 있는 것이 사실이고, 더욱이 이런 방식이 점차 증가하고 있다. 이러한 사실이 주는 한 가지 암시는 이럴수록 리더는 컴퓨터 화면을 통해 오가는 문자 이상의 돈독한 관계를 직원과 만들고 유지하도록 노력해야 한다는 사실이다. 컴퓨터를 통한 대화는 때로는 간단한 미소와 악수 등의 비언어적 대화조차도 불가능하다. 따라서 관리자는 이를 대체하기 위해 이메일 대화 등을 통해서 간단한 감사나 칭찬 또는 무엇인가 긍정적인 피드백을 줄 수 있는 몇 마디 사적인 단어 등을 추가할 필요가 있다.

격변 시대의 경영

리더십 당면과제의 변화

Daniel Karmann/Dpa Picture Alliance/Alamy Stock Photo

2016년에 세계적으로 스포츠 의류와 신발 시장이 쇠퇴하기 시작하자, 결국 독일에 본사를 두고 있는 아디다스는 리더십 교체를 통해 이를 극복하면서 조직 변화는 최소화하는 방식으로 이 상황을 헤쳐 나가기로 했다. 가장 중요한 것은 15년 동안 회사를 이끌었던 헤르베르트 하이너(Herbert Hainer)에게 회사를 떠나라고 요청했다는 것이다. 회사는 숙고 끝에 2016년 중반 그 자리를 카스퍼 로스테드(Kasper Rørsted)에게 제안했고, 결국 그가 자리에 앉았다. 전임인 하이너는 1987년 영업부에서 일하기 시작하면서 최고경영자가 되었다면, 후임은 전임과 달리 산업계 밖의 외부인이다. 그는 소비자 구매 패턴이 빠르게 변하는 시장에서 사업을 하는 독일의 종합 생활용품 업체 헨켈(Henkel)의 최고경영자 출신이다.

당시에 회사 투자자들은 그의 교체를 긍정적으로 보았다. 2016년 경쟁업체 주가는 비틀거렸지만, 회사의 주가는 극적으로 상승했다. 물론 이것이 최고 리더십에 대해 모든 것을 설명할 수는 없다. 조직의 다른 부분은 시장에 대한 도전으로 응답했다. 마크 킹(Mark King)은 북미 시장의 책임자 역할을 하기 위해 2014년 이사회 구성원이 되었다. 그가 부임한 이후 내부조직과 부서가 붕괴되어 있다는 사실을 알기까지 그렇게 오랜 시간이 걸리지는 않았다. 그는 곧바로 조직의 응집문화를 구축하기 위해 노력했다. 그 이후 아디다스는 북미 시장의 경쟁업체인 나이키나 언더아머(Under Armour)가 트위터 이용자들로부터 싸구려 신발이라고 비아냥거림을 당하는 농구화 판매에 여전히 허우적거리는 동안 이들의 시장점유율을 훔치면서 빠른 속도로 성장했다. 2017년 이사회는 최고재무책임자 로빈 스토커(Robin Stalker)의 사임을 승인했고, 그의 자리에 1998년부터 아디다스에서 다양한 재무 리더 역할을 수행했던 함 올메이어(Harm Ohlmeyer)를 지명했다.

리더십 변화와 함께 회사의 전략적 운영도 변화했다. 예를 들면 전체 시즌 재고 확보를 위해 신발이나 의류를 주문하다 보면 재고가 부족하거나 남아도는 문제가 있는데, 이와 같은 문제의 구매 탄력성을 확보하기 위해 공급자를 운영에 참여시켜서 회사는 제한된 양의 구매와 수요에 대응하는 방식으로 운영 방식을 전환했다.

카스퍼 로스테드는 아디다스의 전통적 경쟁우위 제품인 스탠 스미스(Stan Smith) 신발 등의 판매 촉진 전략을 수행하기 위해 아디다스의 리더십을 지속적으로 개편했다. 추가로 최신 유행의 스포츠 의류 제품을 선보였고, 골프 의류 사업부와 같은 비핵심 역량 사업을 포기했다. 그는 2017년 3월에 있었던 기자회견에서 "전략을 수립한 지 이제 18개월 되었습니다. 우리는 여전히 해야 할 것들을 많이 가지고 있습니다"라고 말했다.

학습목표 9-8

의사결정과 리더십의 관련성을 설명하고, 의사결정에 있어 합리적 측면과 행위론적 측면을 토론한다.

리더십, 경영, 의사결정

우리는 앞에서 관리와 리딩의 차이와 유사성을 보았다. 의사결정도 이와 관련된 중요한 개념이라고 할 수 있다. 실제로, 의사결정은 리더십과 관리, 즉 관리자와 리더 모두의 근본이 되는 요인이고, 리더는 종종 의사결정을 해야만 한다.

의사결정의 본질

의사결정(decision making)은 사람의 특정한 행동이나 일반적 과정으로, 여러 대안 중 하나의 대안을 선택하는 행동을 의미한다. 의사결정 과정은 이러한 선택 행동의 일련의 과정을 의미한다. 예를 들면 의사결정 과정 1단계는 의사결정이 필요하다는 사실 자체를 인식하고, 대안을 선택하기 전에 실현 가능한 여러 대안이 있음을 인식하는 것에서 출발한다. 따라서 **의사결정 과정**(decision-making process)은 의사결정의 본질에 대한 인식과 정의를 포함하고, 그에 대한 대안을 식별하며, 최적의 대안을 선택하고, 그것을 실행에 옮기는 것이다.

의사결정 여러 대안 중 하나의 대안을 선택하는 행동

의사결정 과정 의사결정의 본질과 상황을 인식 및 정의하고, 그에 대한 대안을 식별하며, 최적의 대안을 선택하고, 그것을 실행에 옮기는 것

이 말은 곧 효과성을 의미하고, 효과적인 의사결정은 의사결정을 하는 사람이 의사결정을 이끌어내기 위한 상황을 이해하는 것이다. 대부분은 효과적인 의사결정을 위해서 이익, 매출, 종업원 복지, 시장점유율 등과 같은 요인이 최적화될 수 있는 의사결정을 선택하고자 한다. 반면, 어떤 상황에서는 손해, 지출 또는 종업원 이직을 최소화하는 방식으로 선택해야 한다. 사업을 포기하는 최적의 방법을 선택하거나 종업원 정리해고, 전략적 제휴를 종결하는 것도 여기에 해당된다.

관리자는 당면한 문제 해결과 함께 기회도 결정해야 한다는 사실을 주목할 필요가 있다. 예를 들면 10%의 비용 감축에 대한 의사결정은 바람직하지 않은 당면과제에 대한 해결책이면서 동시에 기회를 잡을 수 있는 의사결정이기도 하다. 예를 들어 회사는 예상한 것 이상의 수익이 발생했다면, 이에 따른 후속 의사결정이 필요하다는 사실을 학습하게 된다. 예상외로 발생한 추가이익을 주주 배당에 사용할 것인가? 아니면 새로운 시장 진출을 위해 현재 운영설비에 재투자할 것인가? 물론, 관리자가 올바른 의사결정을 했다는 사실을 알기 위해서는 오랜 시간이 필요할 것이다.

의사결정 유형 관리자의 의사결정에는 여러 형태가 존재하지만, 일반적으로 대부분의 의사결정은 두 가지, 즉 **프로그램** 의사결정과 **비프로그램** 의사결정 유형에 속한다. **프로그램 의사결정**(programmed decision)은 상대적으로 구조화되거나 반복되는 의사결정을 말한다. 스타벅스는 커피콩, 컵, 휴지 등을 새로운 공급업체로부터 구매할 때 프로그램 의사결정을 사용한다. 그리고 스타벅스 종업원은 커피 제조에 대한 정확한 세부 과정을 훈련받는다. 이와 비슷한 방법으로 텍사스주 칼리지스테이션의 포드 대리점 딜러는 매년 어떤 유소년 축구팀 선수를 후원할 것인지를 결정한다. 따라서 축구팀 대표가 그 대상을 통보할 때면, 이미 딜러는 대상에 대한 정확한 정보를 가지고 있다. 패턴이 반복적인 조직운영 시스템이나 절차 그리고 표준화된 기업의 거래와 관련된 많은 의사결정은 다양할 수는 있지만, 모두 프로그램화할 수 있다.

프로그램 의사결정 상대적으로 구조화되거나 반복되는 의사결정

비프로그램 의사결정(nonprogrammed decision)은 상대적으로 비구조화되고 발생 빈도가 적은 경우에 하는 의사결정이다. 영화감독 조지 루카스(George Lucas)의 〈스타워즈(Star Wars)〉 판권을 디즈니가 구매할 때 비프로그램 의사결정 방식을 사용했다. 스타워즈 판권 구매는 엄청난 양의 시간과 에너지 투자가 필요했고, 모든 관점에서 상황을 고려해야 했기 때문에 이와 같은 의사결정은 일반적인 영화 판권 구매와 다른 독특한 경우였다. 비프로그램 의사결정에서는 직감과 경험이 주요 요인으로 작용한다. 기업의 인수합병 등을 포함한 기업전략과 관계된 최고경영자 대부분의 의사결정 및 조직 설계는 비프로그램 의사결정을 사용하는 경우가 많다. 기업의 신규 설비 투자, 신제품 개발, 노사계약, 법률적 문제 등에 있어서도 비프로그램 의사결정을 하는 경우가 흔하다.

비프로그램 의사결정 상대적으로 비구조화되고 발생 빈도가 적은 의사결정

의사결정의 조건 의사결정이 이루어지는 과정에 대한 조건이 다르므로, 다른 형태의 의사결정 과정이 존재하는 것은 당연하다. 관리자는 때로는 의사결정 과정에 대한 전체 상황을 거의 완벽하게 이해하고 있어야 한다. 그러나 항상 이런 완벽한 조건의 단서가 있는 것은 아니다. 일반적으로 의사결정권자가 가지게 되는 환경의 형태는 확실한 경우, 위험한 경우, 불확실한 경우로 구분된다.

확실한 상태 의사결정권자가 어떤 대안이 존재하고, 각 대안은 어떤 조건을 갖추고 있는지 합리적인 방식으로 확신할 수 있는 것

확실성 **확실한 상태**(state of certainty)란 의사결정권자가 어떤 대안이 존재하고, 각 대안은 어떤 조건을 갖추고 있는지 합리적인 방식으로 확실할 수 있다는 것을 의미한다. 예를 들면 싱가포르항공(Singapore Airlines) 대표가 5대의 점보 비행기 구입 여부를 결정하는 과정에 있다고 가정해보면, 그 단계의 첫 번째는 비행기 구입 여부를 결정하는 것이고, 구입이 결정된 이후 회사의 최고경영자가 선택해야 하는 다음 단계는 누구로부터 비행기를 살 것인지를 결정하는 것이다. 점보 비행기를 생산하는 회사는 세상에 단지 보잉(Boeing)과 에어버스(Airbus)뿐이므로, 싱가포르항공은 이 두 회사의 옵션이 무엇인지 명확하게 알고 있다. 이 두 회사 제품의 품질은 이미 검증되어 있고, 각각의 제품 가격도 얼마인지 명확하며, 각각의 납품 예정일도 명확하다. 따라서 회사는 두 회사 제품의 상대적 특성도 잘 알고 있으므로 제품과 관련된 불확실성이 거의 없고, 상대적으로 잘못된 의사결정을 내릴 확률도 희박하다.

그러나 기업이 비행기 구매 사례처럼 항상 확실성이 담보되는 조건에서 의사결정을 할 가능성은 거의 없다. 현대의 경영 환경은 복잡성과 유동성이 크기 때문에 이런 확실성이 담보되는 상황은 거의 존재하지 않는다. 비행기 구입도 겉모습처럼 그렇게 확실성이 담보되는 것은 아니다. 비행기 납품 일정은 정확하게 확답하기 힘든 경우가 종종 있고, 이런 경우 회사들은 계약서에 납품 지연에 따른 가격 증가분이나 인플레이션에 따른 추가비용 조항을 작성하길 원한다. 따라서 항공사는 각 대안에 대한 일정 부분에서만 확실성을 담보할 수 있는 것이다.

위험한 상태 각 대안의 유용성과 잠재적 대가와 비용이 모두 확률의 법칙에 있는 것

위험 의사결정의 위험한 상태란 일반적인 의사결정 상황 이상의 위험이 있는 경우를 의미한다. 의사결정의 조건이 **위험한 상태**(state of risk)에 있다는 것은 각 대안의 유용성과 잠재적 대가와 비용이 모두 확률의 법칙에 있다는 것을 의미한다. 예를 들면 회사 측 대표가 파업 전에 노조 측으로부터 노사협상의 마지막 제안을 받았다고 상상해보라. 회사 측 대표는 2개의 대안을 가지게 된다. 하나는 제안을 받아들이는 것이고, 다른 하나는 제안을 거절하는 것이다. 위험성이란 노조 대표가 벼랑 끝에 있음을 의미한다. 만일 회사 대표가 노조 측 제안을 수용한다면, 파업은 피할 수 있지만, 제안을 거절했을 경우와 비교해 상대적으로 노사합의를 위해 높은 비용을 지불해야 한다. 반대로 노조가 벼랑 끝에 있는 경우라면, 회사 측 대표는 노조와 호의적인 계약을 성사시킬 수 있음에도 불구하고 이를 거절해 파업사태를 맞이하게 될 것이다.

과거의 경험, 관련된 정보, 타인의 충고와 자신의 판단을 바탕으로, 회사의 대표가 노조 측이 벼랑 끝에 있을 확률은 75%이고, 노조의 파업 위협이 철회될 가능성이 25%라고 결론을 얻게 된다면, 회사 측 대표는 두 대안에 대한 의사결정을 계산할 수 있게 되고, 각 선택의 가능한 결과를 예측할 수 있게 된다. 위험성이 존재하는 의사결정의 경우, 관리자는 항상 각 대안과 관련된 가능성을 합리적으로 추론해야만 한다. 예를 들면 노조 측 대표는 자신의 요구가 받아들여지지 않는다면 파업을 할 수 있도록 위임받은 상태인데, 회사 측 대표가 노조는 파업을 하지 않을 것이라는 생각에 이들의 제안을 거절한다면, 잘못된 계산에 따른 비싼 대가를 치르게 될 것이다. 위험성이 존재하는 의사결정은 항상 어느 정도의 애매모호함과 잘못된 결정을 할 확률을 동반한다.

불확실성 현대 조직의 대다수 의사결정은 **불확실한 상태**(state of uncertainty)에 있다. 의사결정권자가 모든 대안을 알 수 없고, 각각의 대안에 내재해 있는 위험을 알 수 없으며, 각각의 대안에 따른 결과를 예측할 수 없다. 이런 불확실성은 현대 조직과 환경의 복잡성과 역동성 때문에 발생한다. 현대의 경쟁 환경에서 중요한 힘의 원천이 되는 인터넷의 출현은 대부분 관리자에게 매출 증가의 잠재성을 주었지만, 이와 동시에 불확실성도 증가시켰다.

불확실한 상태 대안을 알 수 없고, 각각의 대안에 내재하고 있는 위험을 알 수 없으며, 각각의 대안에 따른 결과를 예측할 수 없는 것

이러한 환경에서 관리자가 효과적인 의사결정을 하기 위해서는 논리적이고 합리적인 관점을 통해 최대한 관련된 정보와 접근 가능한 상황을 확보해야 한다. 그리고 불확실성이 높은 상황에서 직감(intuition), 판단(judgment), 경험(experience)은 항상 의사결정 과정의 중요한 역할을 수행한다. 게다가 불확실성이 큰 경우는 관리자가 판단을 내리기엔 가장 애매모호한 조건이고, 가장 실수를 하는 상황이다.

공항에서 속성 미용 서비스를 제공하는 10분 매니큐어(10 Minute Manicure)의 창업자이자 최고경영자 로레인 브레넌 오닐(Lorraine Brennan O'Neil)은 사업 초기에 빠른 성공과 급성장을 경험했지만, 급속한 경기쇠퇴는 그녀에게 험난한 미래에서 살아남기 위해 회사를 어떻게 운영해야 할지 다시 생각하게 만들었다. 회사가 신규 매장을 개설해 이들이 성공할 때까지 기다릴 여력이 없다는 사실을 알게 된 후 그녀는 이익을 창출하는 매장은 존속시키고, 손실을 보는 매장은 과감하게 정리했다. 이와 더불어 그녀는 사업계획을 다시 짰고, 전통적인 미용실 자리가 아닌 곳도 과감히 신규 개설을 위해 찾아다녔으며, 간접비를 최대한 줄였고, 인기 없는 제품을 단종시켰으며, 회사의 제2의 수입원으로 온라인 제품판매를 개발했다.

합리적 의사결정

관리자와 리더는 합리적 의사결정을 해야 한다. 그림 9.3은 합리적 의사결정 과정을 보여주고 있다.

의사결정 상황 인식과 정의 합리적 의사결정의 첫 번째 단계는 의사결정이 필요하다는 사실을 인식하는 것이다. 일부 자극이나 번뜩임을 통해 이 과정이 시작된다. 의사결정을 위한 자극은 때로는 긍정적이고, 때로는 부정적일 수도 있다. 예를 들면 잉여자산을 어떻게 투자해야 하는지를 결정해야 하는 관리자는 긍정적 의사결정 상황에 직면했다고 할 수 있다. 반면, 비용이 초과해서 예산을 삭감해야 하는 상황은 부정적 상황이 될 것이다.

이러한 의사결정의 본질적 특성은 면밀하게 문제를 정의할 필요가 있다는 것이다. 국제 항공교통산업이 직면하고 있는 현실을 고려해보자. 무역, 유학, 해외여행과 관계된 국제물류의 증가로 이를 처리할 수용능력 증가가 필요하다. 대부분 주요 국제공항은 이미 거의 수용할 수 있는 한계점에 다다랐고, 비행기들도 기존의 운행계획으로 인해 수요를 수용할 현실성이 없기에 결국에는 기존 비행기의 수용능력 증가가 가장 현실적인 논리적 대안이라고 할 수 있다. 따라서 세계에서 가장 큰 민간항공기 제조사인 보잉과 에어버스도 이것이 중요한 기회가 될 수 있음을 인식했고, 국제여행 수용능력 증가 요구에 맞는 최적의 대응이 의사결정 상황이라고 정의했다.

대안의 인식 일단 의사결정 상황이 인식되고 정의되면, 다음 단계는 효과적인 행동 과정을 위한 대안을 찾는 것이다. 명백하게 기준이 되는 대안을 개발하고, 이와 더불어 창의적 대안을 개발하는 것을 의미한다. 혁신적인 대안은 일반적으로 유용하다. 의사결정이 중요할수록 대안의 개발에 더

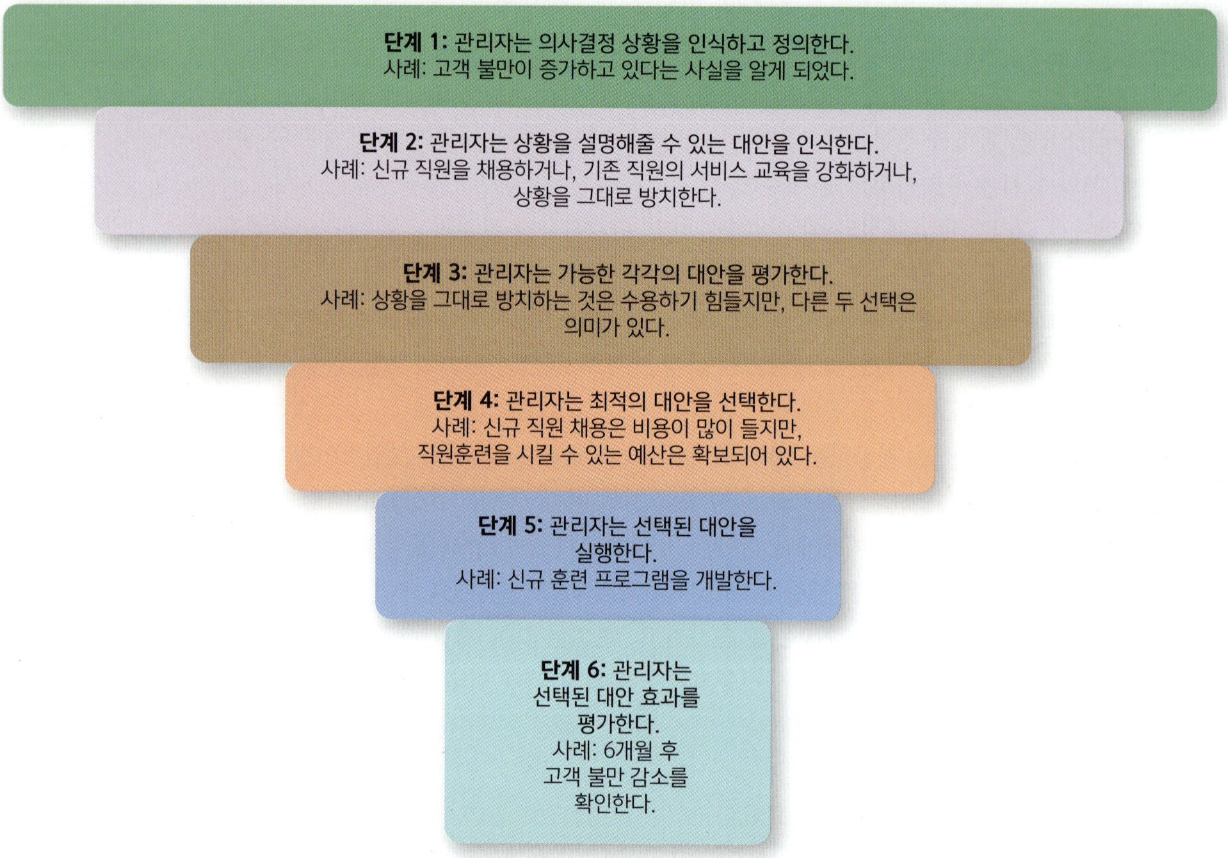

그림 9.3 합리적 의사결정 과정 단계

출처: Griffin, Management 8e. © 2005 South-Western, a part of Cengage Learning, Inc. Reproduced by permission. www.cengage.com/permissions.

많은 주의를 기울이게 된다. 관리자가 창의적인 해결책을 찾을지라도 이런 대안 개발을 제약하는 다양한 제한이 있을 수 있다는 사실을 인식해야 한다. 일반적으로 대안을 찾기 어렵게 만드는 것은 법률적 한계, 도덕이나 윤리 규범 등이다. 또한 관리자의 권력이나 권한 수준, 활용 가능한 기술 수준, 경제적 고려, 암묵적인 사회적 규범 등에 의해 대안을 찾는 것이 어려울 수도 있다. 국제항공 수용능력을 증대하는 방법에 대한 평가를 마친 후에 보잉과 에어버스는 3개의 대안이 있음을 알게 되었다. 첫째, 독자적으로 새로운 대형 비행기를 개발한다. 둘째, 두 회사의 협력을 위해 합작기업을 설립해 신형 대형 비행기를 개발한다. 셋째, 탑승용량을 증가시키는 방식으로 기존 대형 비행기를 변경한다.

대안의 평가 의사결정 과정의 세 번째 단계는 각 대안의 평가를 통해 전체 개발된 대안을 평가하는 것이다. 일부 대안은 법률적 문제나 재정장벽 때문에 실현 가능성이 없을 수도 있고, 어떤 대안은 제한된 인력, 자원, 정보로 인해 불가능할 수도 있다. 관리자는 최종적으로 선택된 대안을 성공시키기 위해 모든 대안을 철저하게 평가해야 한다. 예를 들면 에어버스는 기존 자사의 대형 비행기 탑승용량을 더 크게 확장하는 것에 문제점이 있다는 것을 알게 되었다. 그 이유는 당시에 가장 큰 고객 탑승용량을 가진 비행기는 보잉 747이었는데, 경쟁사의 보잉 747이 그 당시에 탑승용량을 더 확대할 여지가 있었기 때문이다. 이와는 달리, 보잉의 경우 신규 대형 비행기 개발의 태생적 위험을 심각하게 고민했고, 차라리 에어버스와 합작투자를 통해 위험을 공유하는 것을 검토했다.

최적의 대안 선택 선택한 최적의 대안이 최고의 실현 가능성 있는 경우가 의사결정의 진짜 핵심이다. 이러한 대안 평가 과정에서 많은 경우 객관적이고 수학적인 분석을 할 수 없다. 관리자와 리더라면 종종 자신만의 주관적 측정을 개발하고 대안 선택의 가중치를 결정해야 한다. 의사결정권자는 다양한 수용 가능한 대안을 발견할 수 있다는 것을 기억해야 한다. 꼭 단지 하나의 대안만 선택하고, 나머지 대안을 모두 버릴 필요가 없다는 것이다. 예를 들면 에어버스는 보잉에게 합작투자를 제안했다. 반면에 보잉은 기존의 747 비행기 탑승용량을 확대하는 것이 최적이라고 결심했다. 결국 에어버스는 새로운 점보 제트기 개발과 제조를 결심했다. 보잉은 당시 추가적으로 747 비행기의 탑승용량을 확대할 것을 결심했고, 비록 기존의 747이나 에어버스에게 제안한 비행기보다는 크지는 않지만, 하나의 대안으로 신규 비행기를 개발했다.

선택된 대안의 실행 대안을 선택했다면 선택된 대안을 실행해야 하는데, 관리자와 리더는 이런 실행에서 효과성을 입증해야 한다. 보잉은 비행기 기체를 30피트 정도 확장해 747의 탑승용량을 늘릴 수 있도록 기술자들에게 작업을 지시했다. 또한 회사는 국제선을 위한 787 개발을 시작했다. 반면에 에어버스 엔지니어들은 에스컬레이터와 엘리베이터가 장착되어 있고, 승객을 655명까지 탑승시킬 수 있는 새로운 점보 제트기 설계를 시작했다. 에어버스는 이 비행기 개발을 위해 120억 달러 이상의 비용을 치러야 했다.

관리자는 또한 의사결정을 실행할 때 사람들의 변화에 대한 저항을 고려해야 한다. 이런 불안이 발생하는 이유는 직업의 불안전성, 불편, 무지에서 오는 두려움 등 때문이다. 관리자라면 과정 수행 단계의 다양한 잠재적 저항을 예상해야 한다. 모든 대안이 면밀히 평가되고 각 대안의 가능성과 결과에 따라 가중치를 두었어도 여전히 예상치 못한 결과는 발생하기 마련이다. 종업원은 이런 변화에 항의하거나 저항할 것이다. 그러나 그들은 동의하지는 않지만, 곧 저항을 멈출 것이다. 생각지 못한 비용의 증가, 기존 조직의 하부 시스템과의 부조화 또는 예상치 못한 비싼 운영·관리비 등과 같은 요인은 대안의 시행 이후 발생할 수 있다. 보잉과 에어버스 모두 매년 신형 비행기 납품 지연 등으로 고통 받았고, 결론적으로 두 회사 모두 수십억 달러의 비용을 치러야 했다. 에어버스가 먼저 비행기를 시장에 선보였고, 2007년 후반 비행을 시작했다. 그러나 수익은 한참 후에나 기대할 수 있게 되었다. 그 이유는 국제경제 쇠퇴로 몇 년 동안 비행기 납품 취소와 주문 지연이 요청되었기 때문이다.

결과에 대한 후속조치와 평가 의사결정 과정의 마지막 단계는 관리자와 리더가 그들의 의사결정에 따른 효과성을 평가하는 것, 즉 대안의 시행 결과를 조사하고 평가하는 것이다. 선택된 대안이 처음 의도한 목적을 달성했는지 확인해야 한다. 만일 실행된 대안이 제대로 작동하지 않는다면 다른 선택을 할 수 있다. 예를 들면 새로운 대안을 면밀하게 찾는 것이다. 즉 검토되었던 두 번째나 세 번째 대안 등을 다시 검토해 채택하는 것이다. 또는 정확히 정의했던 상황이 아님을 인식하고, 모든 과정을 처음부터 다시 시작하는 것이다. 마지막으로 관리자와 리더는 그들의 대안이 사실 적절했지만, 아직 제대로 작동하기 위해서는 좀 더 시간이 필요하다는 것을 인식하고 기다리던지 다른 방식으로 실행하는 것이다.

바로 이 부분이 보잉과 에어버스의 경우에 해당한다. 그들이 과연 제대로 의사결정을 했는지를 배울 수 있는 중요한 시기이다. 에어버스의 A380은 생산계획이 여러 이유로 계속 지연되었긴 하지만, 2007년에 처음 만들어진 민간항공기다. 이 비행기는 현재 기술적 문제로 골칫거리다. 반면에, 보잉의 787은 엄청난 생산 지연을 겪고 있는데, 이 비행기의 대중화는 기술적 문제로 계속 지연되고 있다. 하지만 계획대로 확장형 747은 진수되었고, 2011년부터 하늘을 날고 있다. 대부분 항공사는 787을 고대하고 있다. 그 이유는 이 기종이 기존의 국제선 여객기보다 연료 효율성이 좋게 설계되어 있기 때문이다. 민간항공기 제조산업에서 최근 몇 년 동안 주어진 극적인 수요는 연료 효율이다. 787 비행기의 연료 효율 기능은 엄청난 성공을 가져올 수 있다. 실제로 에어버스는 자사의 연료 효율 제트기 A350을 개발하기 시작했다. 그리고 카타르항공(Qatar Airways)이 2014년 12월에 최초의 A350 비행기를 인도받았다.

시간이 지날수록, 747 확장형 비행기 수요는 막다른 지점에 도달했고, 보잉은 이 제품 생산의 중단을 결정했다. 반면에 A380은 중간 정도의 성공을 입증했다. 그러나 2017년에 에미레이트항공(Emirates Airlines)만이 이 항공기 주문을 적극적으로 했을 뿐이다. 다른 한편으로 787과 A350은 장기간 성공가도를 달릴 것 같다.

의사결정의 행위론적 관점

만약 모든 의사결정 상황에서 논리적 접근이 가능하다면, 의사결정은 모두 성공할 것이다. 그러나 의사결정 상황은 자주 논리적이거나 이성적인 고려를 할 수 없는 상황에 직면한다. 미국 기업이 합리적 의사결정 기술을 사용하는 빈도는 20%를 넘지 않는다는 일부 전문가 평가도 있다. 물론, 기업이 논리적 접근을 시도하지만, 때로는 실패한다. 예를 들면 스타벅스가 처음 뉴욕에 지점을 개설할 때 과학적 마케팅 방법과 시음테스트를 했고, 합리적 숙고 끝에 드립 방식의 에스프레소 커피를 강조했다. 결론부터 말하자면 이런 의사결정은 실패로 돌아갔다. 그 이유는 뉴욕 사람은 스타벅스가 서부에서 주력상품으로 팔았던 에스프레소 스타일보다 더 강한 맛을 선호했기 때문이다. 따라서 회사는 급하게 이런 소비자의 선호에 맞춰 강한 맛의 형태로 변경했다.

한편, 논리적 고려가 없는 의사결정이 때로는 여전히 유효하다. 의사결정의 행위론적 측면은 바로 이런 현상이 작동되는 주요 성분에 대해 다룬다. 그리고 그 요소에는 **정치적 압력**, **직감**, **몰입의 상승**, **위험감수성향**이 있다.

연합 개인 또는 집단이 공동의 목적을 성취하기 위해 형성하는 비공식적 동맹

의사결정에 있어 정치적 압력 정치적 압력은 의사결정의 행위론적 본성에 기여한다. 정치, **연합**의 주요 특성은 특히 의사결정과 관련이 있다. **연합**(coalition)이란 개인 또는 집단이 공동의 목적을 성취하기 위해 형성하는 비공식적 동맹을 의미한다. 이런 공동목표는 종종 선호되는 의사결정의 대안이 된다. 예를 들면 주주 연합은 종종 이사회의 이사들이 특정 의사결정을 하도록 압박하기 위해서 결집하곤 한다.

뉴욕 양키스(New York Yankees)는 예전에 자신의 구단을 후원할 기업을 찾기 위해 나이키, 리복(Reebok), 아디다스의 신발 제조업체를 접촉했다. 나이키와 리복은 조심스럽게 그리고 논리적으로 그 가능성을 평가하는 동안 아디다스의 관리자는 빠르게 양키스와의 파트너십은 도움이 된다는 사

실을 깨닫고, 경쟁사가 여전히 세부적인 분석을 하는 동안 계약을 성사시켰다.

연합과 관련해서 정치권을 살펴보면, 정치에서 연합은 로비스트를 통해 국회의원을 설득해 자신의 이익에 맞는 의사결정을 하도록 한다. 로비스트는 또한 자신의 의제를 선호할 것 같은 후보자가 선거에서 당선될 수 있도록 기부금을 통해 그들을 돕는다. 그러나 미국 정치에 대해서 다시 살펴보면, 이들 특별한 이익집단이 정치인에게 끼치는 폐해는 바로 정치인이 의사결정을 할 때 자신을 후원한 사람에게 유리해야 한다는 과도한 의무감을 느낀다는 것이다.

직감 **직감**(intuition)은 의식적인 고려 없이 무엇인가에 대한 타고난 신념이다. 관리자는 때로 무엇인가를 결정한다. 그 이유는 단지 '그냥 그것이 맞는 것 같다'라는 느낌이거나 '예감' 때문이다. 일반적으로 이런 느낌이 임의적인 것은 아니다. 이런 직감은 이와 유사한 상황에서 의사결정을 할 당시 가졌던 수년간의 누적된 연습과 경험에 바탕을 두고 있다. 이런 내부의 느낌은 처음부터 끝까지 완벽하게 합리적 추론 단계를 거치지 않고 해야 하는 간헐적 의사결정에 도움이 된다. 그 말은 경험이 많은 대부분 관리자에게는 유용하지만, 경험이 부족한 초보 관리자는 너무 직감에 의존하지 않아야 한다는 것을 의미한다. 만일 합리적이고 논리적인 것을 오랫동안 무시하고, '단지 그렇게 하는 것이 맞는 것 같다'란 느낌을 사용한다면 언젠가는 재난을 만나게 될 것이다.

직감 의식적인 고려 없이 무엇인가에 대한 타고난 신념

몰입의 상승 의사결정에 영향을 미치는 다른 중요한 행위론적 과정은 바로 자신이 선택한 과정에 대해 집착하는 **몰입의 상승**(escalation of commitment)이다. 특히 의사결정권자는 때로 의사결정을 한 이후 자신이 제안한 것에 지나치게 몰입해 그것이 잘못되고 있음에도 멈추지 못하는 경우가 있다. 예를 들면 어떤 회사의 주식을 구매한 후에 주가가 계속해서 떨어짐에도 불구하고 주식을 파는 것을 거절하는 사람이 간혹 있다. 자신이 선택한 과정의 행동, 즉 특정 회사의 주식을 구매해서 이익을 낼 것이라는 기대를 자신이 선택했기 때문에 그는 손해가 가중되고 있음에도 그것이 구현될 때까지 팔지 못하는 것이다. 더욱이 가치가 완전히 하락한 이후 이번에는 오히려 이것을 팔면 손해가 크기 때문에 이렇게 낮은 가격에는 팔지 못한다고 자신의 행동을 합리화한다.

몰입의 상승 의사결정권자가 의사결정을 한 이후 자신이 제안한 것에 지나치게 몰입해 그것이 잘못되고 있음에도 멈추지 못하는 상태

위험감수성향과 의사결정 행위론적 요소 중 하나인 **위험감수성향**(risk propensity)은 의사결정권자가 자신의 결정에 기꺼이 따를 수 있는 도박의 범위를 의미한다. 일부 관리자는 그들이 결정하는 모든 의사결정에 대단히 주의한다. 이들은 합리적 모델을 고수하고자 하고, 자신의 행동에 대해 극단적일 정도로 보수적 성향을 보인다. 이런 관리자는 실수를 피하고자 하는 경향이 크고, 큰 손해를 볼 의사결정을 거의 하지 않는다. 이와 반대로 어떤 관리자는 의사결정에 있어서 극단적으로 공격적이고 위험을 기꺼이 받아들일 준비가 되어 있다. 이들은 직감에 크게 의존하고, 빨리 결론에 도달하며, 종종 자신의 결정을 통해 위험한 큰 투자를 한다. 도박에서와 마찬가지로 이러한 관리자는 보수적인 관리자보다 자신의 의사결정을 통해 큰 성공을 쟁취하고자 한다. 이들은 또한 매우 큰 손실을 볼 가능성도 높다. 이러한 다른 위험감수성향 수준 차이는 조직문화가 주요 요인이다.

위험감수성향 의사결정권자가 자신의 결정에 기꺼이 따를 수 있는 도박의 범위

질문과 연습

복습을 위한 질문

9-1. 보상적 권력과 강압적 권력은 어떻게 구별할 수 있는가?

9-2. 리더십에 대한 특성론적 접근의 근본 전제가 되는 내용을 요약하라.

9-3. 리더십 대체물과 희석 요인에 영향을 미치는 조직 요인은 무엇인가?

9-4. 의사결정의 행위론적 관점과 관련된 내용을 나열하고, 짧게 설명하라.

분석을 위한 질문

9-5. 선생님은 왜 학생들에게 영향력을 행사하기 위해 보상적 권력을 사용하는지 설명하라.

9-6. 다문화 리더십 관점에서 미국과 일본의 주요 문화적 차이 특성은 무엇인가?

9-7. 가상 리더십의 영향력은 미래에 더 늘어날 것으로 보인다. 가상 리더십 상황에서 당신이 잠재적 추종자의 입장이라면, 어떤 이슈가 가장 큰 관심 사항인가? 그리고 반대로, 리더의 입장이 된다면, 어떤 이슈가 가장 큰 관심 사항이 되겠는가?

9-8. 카리스마 리더십이 있는 것처럼 보이길 원하는 사람을 구분하고, 이들의 행동 특성을 설명하라.

응용연습

9-9. 미국 대기업의 최고경영자는 압도적으로 백인 남성이 많다. 그러나 여성과 소수 인종 출신의 최고경영자도 등장하기 시작했다. 소수 집단에 속하는 리더를 구분하고, 이들이 극복해야 할 도전과제가 무엇인지 설명하라.

9-10. 가장 빠르게 성장하고 있는 신발회사 솔레벨(soleRebels)을 창업한 기업가 알레무(Bethlehem Tilahun Alemu)는 2017년 올해의 아프리카 여성 리더로 선정되었다. 그녀에 대해 조사하고, 그녀는 어떤 유형의 리더인지 설명하라. 특히 그녀의 리더십 스타일을 구체적으로 기술하라. 그녀는 효과적인 리더라고 생각하는가? 개발도상국의 기업가로서, 그녀는 다른 리더십 스타일을 가질 필요가 있다고 생각하는가?

CHAPTER 10

인적자원관리와 노사관계

효과적인 인적자원관리는 조직의 활력소이다. 기업이 가질 수 있는 최고의 전략은 사람을 최우선으로 하는 것이다.

학습목표

LEARNING OBJECTIVES

이 장을 학습하고 나면

10-1 인적자원관리를 정의하고, 전략적 중요성에 대해 논의하며, 경영자가 조직의 인적자원 요구에 맞게 계획을 수립하는 방법을 설명한다.

10-2 인적자원관리의 법적 상황을 논의하고 현대의 법적 이슈를 파악할 수 있다.

10-3 기업의 충원 단계를 파악하고 기업의 신입사원 채용과 선발 방법을 논의한다.

10-4 보상 및 복리후생 시스템의 주요 구성요소를 설명한다.

10-5 교육 훈련 및 성과 평가를 통해 조직 내 인적자원개발 방법을 설명한다.

10-6 현대 직장에서의 중요한 변화로서 인력다양성, 지식근로자의 관리 및 임시직 근로자의 활용을 논의한다.

10-7 근로자들이 노동조합을 조직하는 이유를 서술하고 단체교섭 과정을 설명한다.

아코르는 당신을

환영합니다

당신이 '왕실' 5성급 호텔에서 휴식을 취하고 있다고 상상해보라. 당신은 방금 유명한 요리사가 준비한 고급 만찬을 즐겼다. 당신은 누구인가? 아코르(Accor) 직원이다. 그리고 당신은 곧 올해의 직원으로 선정될지도 모른다. 믿기 힘들겠지만 사실이다. 럭셔리 호텔그룹인 아코르소피텔(Accor Sofitel)의 전 세계 모든 직원은 채용 직후 호텔에서의 1박, 고급 만찬, 호화로운 아침식사를 제공받는다. 정규직원 180여 명을 고용하고 있는 특급호텔 르스크리브(Le Scribe)에서는 신입사원 전원이 원하는 누구와도 '디스커버리 나이트(Discovery Night, 프랑스어로는 Nuit Découverte)'를 즐길 수 있다. 최저 객실 요금과 디너 메뉴 평균 가격이 각각 1인당 270달러, 120달러 안팎이기 때문에 이는 엄청난 특전이다. 그리고 메뉴에는 향신료를 가미한 와인[1]에 살짝 데친 오리 푸아그라, 초록색 시조(shizo)를 바른 대구 꼬치, 엄선된 정제 치즈, 커피를 곁들인 기분 좋은 밀푀유 등이 있다.

왜 직원을 왕족처럼 대하는가? 아코르가 전 세계에서 펼치는 새로운 이니셔티브는 여러 근거에서 효과성이 입증되고 있다. 아코르그룹은 직원들이 고객에게 전해야 할 꿈과 감성을 바탕으로 고객에게 잊을 수 없는 경험을 선사하는 것을 목표로 한다. 르스크리브의 총지배인이자 스위스 로잔호텔학교(Ecole Hôtelière de Lausanne) 출신인 베아트리체 쇼플린(Beatrice Schopflin)은 직원을 호텔 브랜드 홍보대사로 만들려면 고객이 호텔에 머무는 동안 하는 것을 경험하도록 해야 한다고 말한다.

직원 중 한 명인 가브리엘(Gabriel)은 야간 근무를 하는 동료들이 자신을 보살펴준 것이 매우 보람 있는 경험이었다고 증언했다. 또 다른 직원인 코린(Corinne)은 디스커버리 나이트를 경험한 이후 황홀감에 빠졌으며, 고객들도 그러한 느낌을 가질 것이라 확신하고 있다. 가브리엘이나 코린 같은 직원이 언론 인터뷰 때 브랜드 홍보대사 역할을 하며, 미래에 입사할 직원들에게 아코르의 이니셔티브를 전하고 있다.

이 같은 계획은 전략적 마케팅에 대한 경험적 훈련을 넘어 인재 유치와 유지를 위한 뛰어난 도구이기도 하다. 디스커버리 나이트를 경험하는 직원들은 디스커버리 나이트를 보상과 복리후생 혜택의 일환으로 여기고 있으며, 직장에서 보람을 느끼게

1 역주: 와인에 계피와 정향 등을 넣고 끓인 뱅쇼 등과 같은 와인

이 장을 배우면 좋은 점

당신은 (현재 혹은 미래에) 다른 사람을 위해 직원으로 일하고 있는가? 당신은 (현재 혹은 미래에) 당신의 비즈니스를 하고 있고 당신을 위해 일하는 직원을 두고 있는가? 두 경우 모두 인적자원관리는 당신이 이해해야 할 중요한 활동이다. 효과적으로 인적자원을 관리하는 것은 조직의 활력소가 된다. 인적자원관리 활동을 진지하게 받아들이고 전략적 관점에서 접근하는 기업이 단순히 흉내만 내는 기업보다 성공할 가능성이 훨씬 더 높다. 이 장의 내용을 잘 이해함으로써 (1) 당신이 소유·관리하는 기업, 혹은 부서의 인적자원을 적절히 관리하는 것의 중요성과 (2) 사업주가 당신에게 업무 배정을 하는 이유나 방식을 더 잘 알 수 있다.

우리는 관리자가 조직의 인적자원 요구에 맞게 계획을

Chunumunu/iStock/Getty Images

수립하는 방법을 설명하는 것으로 이 장을 시작한다. 또한 직원을 선발하고 개발하며 성과를 평가하는 방법과 보상 시스템의 주요 구성요소를 살펴볼 것이다. 이 과정에서 오늘날 직장에서의 근로자 고용과 보상, 관리와 관련된 몇 가지 주요 법적 이슈를 살펴보고 인력 다양성에 대해 논의한다. 마지막으로 근로자가 노동조합을 조직하는 이유와 단체교섭 과정을 설명할 것이다. 인적자원관리의 기본 개념부터 시작하자.

해준다고 말한다. 이런 관대한 계획은 지원자를 유인해 인재풀을 만들고 직원의 서비스 지향적인 태도를 개발하며 인재를 유지하는 데 효율적인 다방면의 인적자원관리 도구이다.

다른 업종에 비해 직원 이직률이 높은 호텔업종에서는 인재 쟁탈전이 치열하다. 권한을 위임하는 조직문화는 노동시장에서 아코르그룹의 경쟁우위 중 하나이며 폴 뒤브릴(Paul Dubrule)과 제라르 펠리송(Gérard Pélisson)이 아코르그룹을 설립한 이후 계속되고 있다. 그들은 이것이 궁극적으로 고객에게 이익이 되는 진취성을 북돋아줄 것이라고 믿었고 이를 위해 개방정책(open-door policy)을 유지했다. 그리고 직무기술서가 직원 개개인에 적합하도록 설계되어야 한다고 강조했으며, 지역별 의사결정을 장려하고, 작업장과 놀이공간이 혼합된 개방형 공간을 선택했다. 아코르그룹은 내부 채용을 우선시하는데 아코르그룹 경영자의 90%가 내부에서 승진했다. 92개국 이상 국적 출신의 약 250,000명의 직원이 20여 개 브랜드, 4,300여 개 호텔, 100여 개 국가에서 일한다는 것은 다른 호텔그룹에서는 높은 중앙 집권화를 의미한다. 그러나 아코르호텔은 세계에서 가장 포용적이고 다양성과 평등을 장려하면서 강한 분권화된 권한위임 문화를 유지하고 있다.

아코르그룹은 8분마다 신입사원을 1명씩 뽑는다. 인사문화담당자(talent and culture director)가 주축이 되어 스냅챗(Snapchat), 페이스북(Facebook), 인스타그램(Instagram), 유튜브(YouTube)를 통해 지원 및 선발 과정을 포함한 수많은 독창적인 채용 계획을 수행한다. 채용되고 나면, 직원과 관리자는 소식을 공유하거나 현안을 주고받는 '10시 10분(10 mins at 10 o'clolck')' 포럼이나 직원과 관리자 간에 직접적으로 피드백을 주고받을 수 있는 '오픈 테이블(Open Tables)' 등 내부 커뮤니케이션 툴을 이용할 수 있다. 직관적이고 액세스하기 쉬운 모바일 애플리케이션 야머(Yammer)는 구성원이 모범사례(best practices)를 공유하고 인정받고 다른 구성원과 연결되도록 하는 커뮤니티이다. 아코르그룹은 전 세계 18개 캠퍼스에 아카데미(Académies)를 두어 전 직원에게 교육을 제공하고 있다. 2015년에는 91%의 직원이 300만 시간의 교육을 받은 것으로 나타났다. 아프리카에 있는 모든 아코르호텔은 직원들에게 의료비 일정액을 포함한 최소한의 의료보험 혜택을 제공하고 있다.

2015년 인도에서 아코르그룹의 사내 교육 아카데미와 캠퍼스(in-house training Academie and campus)의 관리자들이 가장 일하기 좋은 기업(Great Place to Work)상을 수상했다. 2016년 호주, 뉴질랜드, 남태평양지역 호텔을 대상으로 우수한 성과와 서비스를 제공한 기업에 대해 수여하는 연례호텔경영대상(The Annual Hotel Management Awards) 시상에서는 소피텔브리즈번센트럴(Sofitel Brisbane Central)의 페리클레스이안나키스컨시어지(Pericles Yiannakis Concierge)가 선정되었다. 2017년 직원들에게 제공하는 모든 것에서 라틴 아메리카(아르헨티나, 브라질, 칠레, 멕시코, 파라과이, 페루)의 다국적 기업 중 아코르그룹이 가장 일하기 좋은 기업 1위로 선정되었다. 아코르그룹의 모토인 '환영합니다(Feel Welcome)'는 고객과 직원 모두에게 분명하게 적용된다.

인적자원관리의 기초

인적자원관리(human resource management, HRM)는 유효한 인력을 유인하고 개발 및 유지하기 위한 일련의 조직 활동이다. 최근 몇 년 동안 전문가들은 체계적인 인적자원 계획의 필요성뿐만 아니라 인적자원관리의 전략적 중요성을 인식하게 되었다.

학습목표 10-1

인적자원관리를 정의하고, 전략적 중요성에 대해 논의하며, 경영자가 조직의 인적자원 요구에 맞게 계획을 수립하는 방법을 설명한다.

인적자원관리(HRM) 유효한 인력을 유인하고 개발 및 유지하기 위한 일련의 조직 활동

인적자원관리의 전략적 중요성

인적자원(human resource, HR)은 조직의 노동력을 구성하고 있는 사람들이다. 인적자원은 효과적인 조직 기능을 위해 매우 중요하다. 인적자원관리['사람(personnel)'이라고 부르기도 함]는 한때 많은 조직에서 부수적(second-class) 활동 정도로 여겨졌지만, 지난 몇 년 동안 그 중요성이 극적으로 높아졌다. 이러한 중요성은 사람과 관계된 법적 복잡성의 증가, 사람이 생산성 향상을 위한 귀중한 자원이라는 인식, 열악한 인적자원관리로 인한 비용 발생에 대한 인식이 증가한 것에서 기인한다. 예를 들어 지난 10년 동안 마이크로소프트(Microsoft)는 소프트웨어 개발자를 포함해 두 번의 대규모 해고(한 번은 5,000명이고 다른 한 번은 14,000명)를 발표했다. 그러나 동시에 마이크로소프트는 기업의 중요한 성장 분야인 인터넷 검색과 네트워크 통합과 관련된 직무를 수행할 수천 명의 다른 유능한 인재들로 계속 확대해 고용하고 있다. 인재관리에 대한 이러한 신중하고 체계적인 접근은 더 이상 필요하지 않은 분야의 인력은 줄이고 핵심 성장 분야에 새로운 인재를 추가하는 방식으로 인적자원관리에 전략적으로 접근하고 있다.

인적자원(HR) 한 조직의 노동력을 구성하고 있는 사람들

실제로, 관리자는 이제 그들의 인사 부서의 효과성이 기업의 순이익에 상당한 영향을 미친다는 것을 알고 있다. 인적자원계획이 부실하면 비효율적인 채용이 급증하고 이로 인해 고비용(실업보상금, 교육, 홍보, 직원 사기 측면에서)을 유발하는 해고가 뒤따른다. 마구잡이식 보상제도로는 좋은 직원을 유인, 유지, 동기부여하지 못하며 시대에 뒤떨어진 채용 관행도 기업을 당황스럽고 값비싼 차별 소송(discrimination lawsuits)에 휘말리게 할 수 있다. 결과적으로 대부분의 대기업 최고 인사책임자(chief HR executive)는 CEO에 직접 보고하는 부사장이 맡고 있고, 많은 기업들이 정교한 전략적 인적자원계획을 수립하고 이러한 계획을 다른 전략적 계획 활동과 통합하고 있다.

직원 수가 200명에 불과한 조직도 대개 이러한 활동을 감독하는 인사 담당자와 인사 부서를 두고 있다. 그러나 인사 활동에 대한 책임은 인사 부서와 라인 관리자가 공유하는 경우가 많다. 예를 들어 인사 부서에서 먼저 신입직원을 선발하고 스크린할 수도 있지만, 최종 채용 결정은 보통 신입직원이 근무할 부서의 관리자들이 한다. 마찬가지로 인사 부서에서 성과 평가 방침과 절차를 수립할 수는 있지만, 구성원의 실제 평가와 코칭은 일반적으로 직속상관이 한다.

인적자원관리의 전략적 중요성에 대한 인식이 높아지면서 사람에 대한 기업의 관심을 반영하는 새로운 용어가 생겨나고 있다. **인적자본**(human capital)은 유효한 인력의 유인, 유지, 동기부여를 위한 기업의 투자 개념을 반영하고 있다. 즉 **금융자본**이라는 용어가 기업의 재무자원과 그 보유량을 나타내는 지표인 것처럼 **인적자본**도 조직을 구성하는 사람들의 가치를 보여주는 유형의 지표 역할을 한다. 비슷하게, 오늘날 일부 관리자들은 인재관리를 언급하고 있다. **인재관리**(talent management)는 조직 성공을 가장 잘 달성할 수 있도록 조직 구성원을 효과적으로 관리하고 활용하는 유능한 인재와 역량 포트폴리오라는 관점을 반영한 것이다.

인적자본 유효한 인력을 유인, 유지 및 동기부여하기 위한 조직의 투자

인재관리 조직 성공을 가장 잘 달성할 수 있도록 조직 구성원을 효과적으로 관리하고 활용하는 유능한 인재와 역량 포트폴리오라는 관점

인적자원계획

그림 10.1에서 보는 바와 같이, 자격을 갖춘 인적자원을 유치하기 위한 출발점은 계획 수립이다. 특히 인적자원계획에는 직무분석, 노동력의 수요와 공급 예측이 포함된다.

직무분석 조직 내 직무에 대한 체계적인 분석

직무분석 **직무분석**(job analysis)은 조직 내 직무에 대한 체계적인 분석이다. 대부분의 기업은 이러한 분석을 다루는 전문가를 훈련시켜 왔다. 직무분석은 다음과 같은 두 가지 결과로 나타난다.

직무기술서 직무의 의무 및 책임, 작업 조건, 직무 수행에 사용되는 도구, 재료, 장비 및 정보에 대한 설명

직무명세서 직무에 필요한 기술, 능력 및 기타 자격증에 대한 설명

- **직무기술서**(job description)는 직무의 의무와 책임, 작업 조건, 직무 수행에 사용되는 도구, 재료, 장비 및 정보가 열거되어 있다.
- **직무명세서**(job specification)는 직무를 효과적으로 수행하는 데 필요한 기술(skills), 능력 및 기타 자격증이 열거되어 있다.

직무분석 정보는 많은 인적자원관리 과정에 활용된다. 예를 들면 적절한 선발 방법을 개발하고 직무 관련 성과 평가 시스템을 구축하며 공정한 보상 시스템을 설정하기 위해서는 직무 내용과 직무 요구사항에 대한 지식이 필요하다.

인적자원 수요 및 공급 예측 관리자는 조직 내에서 수행할 직무를 파악한 후, 조직의 미래 인적자원 수요에 대한 계획을 수립한다. 먼저 과거의 인적자원 활용도와 조직 미래 계획, 일반적인 경제 동향을 분석하는 것으로 시작한다.

노동력 공급을 예측하는 것은 두 가지 과제로 구분된다.

1. **내부 공급**: 미래에 회사에 근무할 직원 수 및 유형 예측
2. **외부 공급**: 노동시장에서 고용 가능한 인원 및 유형 예측

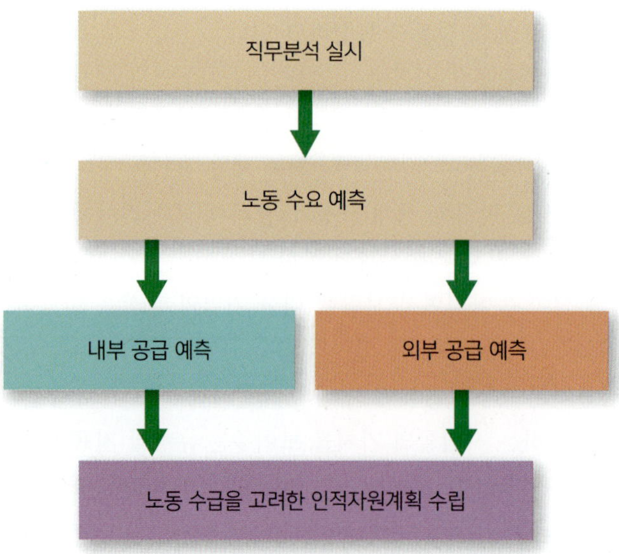

그림 10.1 인적자원계획 과정

교체차트 조직 상위 수준에서, 관리자는 특정한 인물과 직위에 대해 계획을 수립한다. 가장 일반적으로 사용되는 기법은 **교체차트**(replacement chart)로, 중요한 직위와 누가 그 직위를 맡고 있는지, 그 사람이 다른 직책으로 이동(퇴직)하기 전 그 직위에 얼마나 오래 머무는지, 그리고 현재 또는 미래에 그 자리에 들어갈 자격이 있는 사람은 누구인지 등을 열거하고 있다(오늘날 대부분의 기업에서 이러한 정보는 온라인에 있다.) 교체차트는 주요 관리직의 잠재적 승계자로 인식되는 사람들에게 경력 개발을 경험할 수 있도록 충분한 시간을 제공한다. 예를 들어 할리버턴(Halliburton)은 경영진 승계 시스템(Executive Succession System, ESS)이라는 세밀한 교체 시스템을 가지고 있다. 어떤 관리자가 매년 자신의 성과를 살펴보면서, ESS를 통해 승진 준비도, 승진 가능성, 승진 준비에 필요한 활동 등을 알 수 있다. 할리버턴의 전 관리자는 가능한 승진 자리가 있을 때마다 ESS에 접속하고 있다.

교체차트 직위 목록을 비롯해 누가 그 직위를 맡고 있는지, 그 직위를 얼마나 오래 유지하고 있는지, 교체할 자격을 갖춘 사람은 누구인지에 대한 리스트

기능 목록 전보나 승진 대상자를 확인하고 계획을 수립할 목적으로 일부 조직에서는 개별 구성원의 교육, 기술, 경력 및 경력 포부에 대한 정보를 포함하는 **종업원 정보 시스템**(employee information system) 또는 **기능 목록**(skills inventory)을 갖추고 있다. 종업원 정보 시스템은 어떤 직책을 수행할 자격을 갖춘 모든 직원을 신속하게 찾을 수 있다. 이러한 시스템이 예전에는 차트와 파일로 정리되었지만 지금은 거의 디지털 정보 형태로 되어 있다.

종업원 정보 시스템(또는 기능 목록) 근로자 개인별로 교육 및 기술, 경력, 경력 포부를 수록한 전산 시스템

노동력의 외부 공급을 예측하는 것은 또 다른 문제이다. 인사 담당자는 정부 일자리위원회나 정부 보고서, 주요 전공 학생 수와 같은 대학 공시 정보 등 외부 정보에 의존한다.

인적자원 수요와 공급의 매칭 미래의 인력 수요와 내부 공급을 비교한 후, 관리자는 예측되는 인력 부족이나 과잉을 관리하기 위한 계획을 수립할 수 있다. 인력 부족이 예상되는 경우, 신규 직원을 채용하거나 현재 구성원을 재교육해 인력이 부족한 곳으로 전보시킬 수 있다. 또한 퇴직이 임박한 구성원에게 계속 근무하도록 설득하고, 노동력을 절감하거나 생산성을 향상시킬 수 있는 시스템을 구축할 수 있다. 인력 과잉이 예상되는 경우, 잉여인력의 이직이나 조기퇴직 장려, 정리해고 등을 주로 고려한다. 2008~2011년 세계적인 경기침체기에 많은 기업이 정리해고를 통해 인력 규모를 축소한 바 있다. 그 외 근무시간 단축이나 임금 삭감을 하기도 하고 또는 여러 방법을 복합적으로 결합해 경기침체에 대응하고 있다.

인적자원관리의 법적 상황

학습목표 10-2
인적자원관리의 법적 상황을 논의하고 현대의 법적 이슈를 파악할 수 있다.

고용기회 평등, 보상과 복리후생, 노사관계, 직업 안전 및 보건 분야에서 많은 법률이 고용주와 근로자 관계의 다양한 측면을 규제하고 있다. 그중 중요한 몇 가지는 표 10.1에 요약했다.

고용기회평등법

1964년 민권법 제7호(Title VII of the Civil Rights Act of 1964)에서는 인종이나 피부색, 성별, 종교적 신념 또는 국적과 같은 요소에 근거해 특정 계층 구성원에 대한 고용, 승진 기회, 임금 인상, 해고나 해직과 같이 고용관계의 모든 영역에서 차별을 금지하고 있다. 이 법의 목적은 개인적인 편견보다는 한 개인의 자격에 근거해 고용을 결정하도록 하는 것에 있다. 민권법 제7호는 간접적인 형태의 차별(예를 들면 아프리카계 미국인보다 백인이 통과하는 비율이 높은 채용시험 활용)뿐만 아니라 직접적인 차별

1964년 민권법 제7호 고용관계의 모든 영역에서 차별을 금지함

불리한 영향 소수자와 여성이 다수집단 구성원의 80% 미만의 비율로 채용요건을 충족하거나 합격할 경우 미치는 불리한 영향

고용기회평등위원회(EEOC) 차별 관련 법률을 시행하는 연방기관

(예를 들면 아프리카계 미국인을 경영진으로 승진시키는 것을 거부하거나, 남성을 승무원으로 고용하지 않거나, 건설노동자로 여성의 고용을 거부하는 것 등)도 줄였다. 그러나 기업은 자격증이나 성과, 근무기간 등 직무 관련 요소에 따라 자유롭게 고용을 결정할 수 있다. 예를 들면 기업이 더 많은 자격을 갖추었다면 (해당 직무와 관련해 더 많은 교육을 받았거나 경험을 갖춘 경우) 여성 대신 남성 지원자를 고용할 수 있다. 채용된 그 사람이 단지 남성이라는 성별 때문에 고용된 것은 아닌 것이다.

소수집단이나 여성이 시험성적이나 자격증 같은 고용요건에서 다수집단에 비해 합격률이 80% 미만일 경우, 그러한 채용요건은 소수집단과 여성에 **불리한 영향**(adverse impact)을 미치는 것으로 규정된다. 소수집단에 불리한 영향을 미치는 고용요건은 다른 집단에 비해 그 일을 수행할 충분한 자질을 갖춘 사람을 효과적으로 선별할 수 있다는 확실한 근거가 있어야만 사용할 수 있다. **고용기회평등위원회**(Equal Employment Opportunity Commission, EEOC)는 민권법 제7호뿐만 아니라 기타 고용관계법을

표 10.1 인적자원관리와 관계된 주요 법률 및 규정

고용기회평등법

1964년 민권법 제7호[1972년 고용기회균등법(Equal Employment Opportunity Act)에 의해 개정]. 고용관계의 모든 영역에서 인종, 피부색, 성별, 종교적 신념 또는 국적에 따른 차별 금지

고용상 연령차별금지법(Age Discrimination in Employment Act). 40세 이상 사람들에 대한 차별은 불법

다양한 행정명령, 특히 1965년 행정명령 11246. 정부계약을 체결한 고용주들에게 차별철폐 조치에 참여하도록 요구

임신차별금지법(Pregnancy Discrimination Act). 임신으로 인한 차별 금지

베트남 참전용사 사회재적응 지원법(Vietnam Era Veterans' Readjustment Assistance Act). 베트남 전쟁 참전용사들에 대한 차별 개선 조치 권한 확대

미국 장애인법(Americans with Disabilities Act). 장애인에 대한 차별은 불법

1991년 민권법(Civil Rights Act of 1991). 근로자들이 차별을 이유로 조직을 고소하기 용이하게 해주었지만, 승소하더라도 징벌적 손해배상은 제한할 수 있음

보상 및 복리후생

공정근로기준법(Fair Labor Standards Act). 주 40시간에 대한 최저임금과 초과근로에 대한 수당 의무화

1963년 동일임금법(Equal Pay Act of 1963). 동일한 직무를 수행하는 남성과 여성에게 동일한 임금을 지급하도록 규정

1974년 근로자퇴직소득보장법(Employee Retirement Income Security Act, ERISA). 기업의 연기금 관리 방식에 대한 규제

1993년 가족의료휴가법(Family and Medical Leave Act of 1993, FMLA). 고용주에게 가족 및 의료 응급상황에 대해 최대 12주의 무급휴가를 제공하도록 규정

노사관계

국가노동관계법(National Labor Relations Act). 노동조합 설립 절차를 설명하고 조직들이 합법적으로 형성된 노조와 단체 교섭할 것을 요구

노사관계법(Labor-Management Relations Act). 노동쟁의 중 노동조합의 권한 제한과 경영진의 권리를 서술. 일명 태프트-하틀리법(Taft-Hartley Act)

보건과 안전

1970년 산업안전보건법(Occupational Safety and Health Act of 1970, OSHA). 안전한 작업 조건의 제공 의무화

실행하고 있다.

고용상 연령차별금지법(Age Discrimination in Employment Act)은 고령 노동자에 대한 차별을 막기 위해 만들어진 것으로 1967년에 제정되어 1978년에 개정되고 1986년에 재개정되었다. 현재 이 법은 40세 이상인 사람에 대한 차별을 금지한다. 고용상 연령차별금지법과 민권법 제7호 모두 수동적인 차별금지, 또는 **동등한 고용기회**(equal employment opportunity)를 제공하도록 요구하고 있다. 고용주는 소수자를 찾아 고용할 필요는 없지만, 지원자는 모두 공평하게 대우해야 한다.

고용상 연령차별금지법 40세 이상 차별 금지

동등한 고용기회 인종, 신념, 성별 또는 국적에 기초한 고용 차별을 법률적으로 금지하는 것

일부 행정명령은 정부와 조달계약을 체결한 고용주들에게 해당 기업에서 대표성이 낮은 소수집단과 관련된 사람을 적극적이고 의도적으로 찾아서 고용하도록 하는 **적극적 고용개선조치**(affirmative action)에 참여하도록 요구하고 있다. 이들 기관은 고용률이 낮은 소수집단에 대해서는 고용 목표를 설정하고 그 목표를 달성할 방법을 명시한 **적극적 고용개선조치계획**(affirmative action plan)을 수립해 두어야 한다. 또한 정부조달 기업은 베트남 참전용사(베트남 참전용사 사회재적응 지원법(Vietnam Era Veterans' Readjustment Assistance Act)의 결과로서)와 직무자격을 갖춘 장애인도 적극적으로 고용해야 한다. 마지막으로 임신차별금지법(Pregnancy Discrimination Act)은 임신한 여성에 대한 차별을 금지하고 있다.

적극적 고용개선조치 조직 내에서 대표성이 낮은 그룹으로부터 직원을 의도적으로 모집 및 고용하는 것

적극적 고용개선조치계획 조직이 정한 소수집단의 구성원을 적극적으로 모집, 고용 및 개발하는 방법을 서면으로 작성하는 것

1990년, 미 의회는 장애를 근거로 한 차별을 금지하고 고용주가 장애직원들을 위한 적절한 숙소를 제공하도록 요구하는 **미국장애인법**(Americans with Disabilities Act)을 통과시켰다. 1991년에는 차별 소송을 쉽게 제기할 수 있도록 하면서 동시에 이러한 소송에서 고용주에게 부과할 수 있는 징벌적 손해배상 금액을 제한함으로써 원래 민권법과는 다른 새로운 **민권법**(Civil Rights Act of 1991)으로 개정했다.

미국장애인법 장애에 따른 차별을 금지하고 고용주가 장애인을 위한 적절한 숙소를 제공하도록 요구

1991년 민권법 1991년에 개정한 민권법

보상 및 복리후생

법률은 임금 및 수당을 규정하고 있다. 1938년 제정 이후 여러 차례 개정된 **공정근로기준법**(Fair Labor Standards Act)에서는 최저임금을 규정하고 주 40시간 초과근로에 대해서는 초과근로수당을 지급하도록 하고 있다. 전문직과 임원, 행정관리직은 최저시급 및 시간외 근무 조항이 면제된다. 1963년 제정된 **동일임금법**(Equal Pay Act of 1963)에서는 남성과 여성이 동일 직무를 수행할 경우 동일 임금을 지급하도록 하고 있다. 동일한 업무를 수행하는 남성과 여성에 대해 직책과 임금을 달리해 법을 회피하려는 경우 불법에 해당한다. 단, 남녀가 동일한 업무를 수행하더라도 근속기간이나 성과에 근거해 임금이 달라진다면 이는 합법적이라 할 수 있다.

공정근로기준법 최저임금을 정하고 주 40시간 초과 근로에 대해서는 초과근로수당을 지급하도록 하고 규정

1963년 동일임금법 동일한 직무를 수행하는 남성과 여성에게 동일한 임금을 지급하도록 규정

복리후생의 제공에 대해서는 주법과 연방법(state and federal laws)에 규정하고 있다. 업무상 재해를 입은 근로자에 대해서는 종업원 상해보험 등 일정 급여가 의무화된다. 근로자에게 연금제도를 제공하는 고용주는 1974년 제정된 **근로자퇴직소득보장법**(Employee Retirement Income Security Act of 1974, ERISA)의 규제를 받는다. 이 법은 연기금을 어떻게 투자할 수 있는지를 규정함으로써 연기금의 재정 안정 운용을 보장하고 있다. 1993년 제정된 **가족의료휴가법**(Family and Medical Leave Act of 1993, FMLA)에서는 가족과 의료 응급상황에 대해 고용주는 최대 12주의 무급휴가를 제공하도록 하고 있다.

1974년 근로자퇴직소득보장법(ERISA) 기업 연기금이 어떻게 투자될 수 있는지를 규제함으로써 연기금의 재정적 안정성 보장

1993년 가족의료휴가법(FMLA) 고용주에게 가족 및 의료 응급상황에 대해 최대 12주의 무급휴가를 제공하도록 규정

노사관계

노조 활동과 노조에 대한 경영진의 행태는 규제가 심한 또 다른 영역이다. 1935년에 제정된 **국가노**

국가노동관계법(와그너법) 노동조합 설립 여부를 투표할 수 있는 절차 마련

미국 노동관계위원회(NLRB) 와그너법에 의해 설립된 단체

노사관계법(태프트-하틀리법) 노동조합의 권한을 제한하기 위해 제정

동관계법[National Labor Relations Act, 일명 **와그너법**(Wagner Act)]은 근로자가 노동조합을 조직해 근로자를 대표할 수 있는지 여부를 투표하는 절차를 마련했다. 만약 근로자가 노동조합이 자신을 대표할 수 있다고 투표한다면, 경영진은 그 노조와 단체교섭을 해야 한다. **미국 노동관계위원회**(National Labor Relations Board, NLRB)는 와그너법에서 마련한 조항을 시행하기 위해 설립되었다. 1946년 일련의 심각한 파업에 이어 1947년 **노사관계법**[Labor-Management Relations Act, 일명 **태프트-하틀리법**(Taft-Hartley Act)]이 제정되어 노조의 권력을 제한하게 되었다. 이 법은 노동조합의 단체행동 기간 동안 경영진의 권리를 보장하고 있다. 또한 태프트-하틀리법에는 미국 대통령이 국가 안보를 위협하는 파업은 제한하거나 종료시킬 수 있는 국가 비상사태선포 조항을 포함하고 있다. 종합하자면, 일련의 노사관계법은 노조 활동과 경영권 사이에서 균형을 이루고 있다. 합법적으로 조직되고 관리되는 노동조합은 근로자를 대표할 수 있고 기업은 근로자와 관련되지 않은 업무는 노조의 간섭 없이 의사결정을 내릴 수 있다.

보건과 안전

1970년 산업안전보건법(OSHA) 불안전한 작업여건과 작업장에서의 잠재적인 건강 위협요인으로부터 근로자를 보호하기 위한 연방 법률 설정 및 시행 지침

1970년에 제정된 **산업안전보건법**(Occupational Safety and Health Act of 1970, OSHA)은 안전한 근로조건의 제공에 대해 직접적으로 규정하고 있다. 이 법은 고용주가 (1) 사망이나 심각한 신체적 상해를 초래할 수 있는 위험요소가 없는 고용 공간을 제공하고 (2) 노동부(Department of Labor)가 제정한 안전 및 보건 기준을 준수하도록 하고 있다. 안전 기준이 사고를 예방하기 위한 것이라면 직업 건강 기준은 직업병을 예방하기 위한 것이다. 예를 들어 어떤 오염물질이 섬유산업 노동자의 폐 질환과 관련이 있다면 기준을 정해 공기 중의 면화 먼지 농도를 제한한다. 이때 기준은 직원이 안전하지 않은 근로조건에 대해 불만을 제기하거나 심각한 사고가 발생했을 때 조사를 시행하는 OSHA 검사를 통해 정해진다.

특히 광물이나 화학제품 같이 고위험 산업군 공장에 대한 현장 검사도 이루어진다. 그 결과 OSHA 기준을 충족하지 못한 고용주는 벌금형을 받을 수 있다. 마이애미에 본사를 둔 리드엔터프라이즈(Lead Enterprise Inc.)는 잠재적 위험(뇌손상, 신장 질환, 생식기관 손상)을 알고 있음에도 불구하고 납 노출로부터 작업자를 보호하지 못한 것으로 OSHA에 의해 밝혀졌다. 낚시도구와 도량기구(lead diving weights) 등 다양한 납 제품을 생산하는 이 기업은 여러 차례 검사 끝에 32건의 안전보건 기준을 위반한 것으로 나타나 307,000달러 이상의 벌금을 부과받았다. 보다 최근인 2013년, 텍사스주 웨스트(West)에 소재한 비료공장에서의 대규모 폭발 사고는 부분적으로 안전하지 않은 작업 관행으로 인한 것일 수 있다. 더욱이 예비조사 증거들에서 OSHA 조사관들이 비료공장의 잠재적 재난을 경고하는 일부 신호를 감지하지 못한 것으로 나타났다.

기타 법적 문제

살펴본 인적자원관리와 관련된 법적 영역 이외에 다른 법적 문제도 주목할 필요가 있다.

직장 내 에이즈 1990년 제정된 미국 장애인법에 따르면 에이즈는 장애로 간주되지만 에이즈 상황 자체가 각별한 주의가 필요할 정도로 심각하다. 고용주는 고용을 제안하면서 HIV(인체면역결핍바이러스-역주) 검사나 다른 어떠한 의학적 검진도 법적으로 요구할 수 없다. 기업은 HIV에 감염된 개

인을 고용하거나 고용하기 위해 성의 있게 노력해야 하며, 모든 의료기록의 보안을 유지하고, 동료 작업자들에게는 에이즈에 대해 교육을 실시해야 한다.

성희롱 고용기회평등위원회(EEOC)에서는 **성희롱**(sexual harassment)을 직장에서의 반갑지 않은 성적 접근으로 정의하고 있다. 원치 않고 폭력적인 근무 환경을 조성할 정도로 해당 행위가 빈번하게 발생할 경우, 사업주는 가해자에게 경고나 징계, 해고 등을 통해 근무 환경을 변화시킬 책임이 있다. 법원에서는 성희롱을 두 가지 유형으로 정의하고 있다.

성희롱 직장에서 반갑지 않은 성적 접근

1. **대가성 성희롱**(quid pro quo harassment)의 경우, 가해자가 성적 호의와 가치 있는 것을 교환할 것을 제안한다. 예를 들면 남자 상사가 성접대를 받는 대가로 부하 여직원에게 승진 추천을 해주거나 월급을 올려주겠다고 말하는 것이다.
2. **적대적 근무 환경**(hostile work environment)의 조성은 좀 더 미묘한 형태의 성희롱이다. 남자 직원들이 무리지어 지속적으로 외설적인 농담과 음담패설을 하고 부적절한 사진으로 근무 환경을 만들어 여자 동료에게 적대적인 근무 환경을 조성할 수 있고, 여자 동료는 그러한 환경에서 근무하기가 불편해질 수 있다.

대가성 성희롱 직무 관련 혜택의 대가로 성상납을 요청하는 성희롱의 형태

적대적 근무 환경 외설적인 농담, 음담패설 등으로부터 파생된 성희롱의 형태

최근에는 괴롭힘의 개념이 민족, 종교, 나이에 관한 환영받지 못할 부적절한 행동을 포함하는 것으로 확장되고 있다.

임의고용 **임의고용**(employment at will)이라는 개념은 고용주와 근로자 모두가 어떤 이유로든 상대방에 대한 사전동지 여부와 관계없이 언제든지 고용관계를 종료할 수 있는 상호 권리를 말한다. 그러나 지난 20년 동안 해고자들은 부당해고를 이유로 이전 고용주에게 소송을 제기하는 등 임의고용 원칙에 도전하고 있다. 지난 몇 년 동안, 그러한 부당해고 소송은 특정 상황에서의 임의고용을 제한하는 조항을 두고 있다. 예를 들면 기업이 배심원으로 참석한 근로자에게 손해배상을 청구하거나 '과도한(excess)' 휴가를 낸 직원을 해고한 바 있다. 이에 대해 최근 법원은 법으로 보호되는 권리를 행사했다는 이유로 직원을 해고할 수 없다고 판결했다.

임의고용 조직이 재량으로 근로자를 고용 유지 또는 해고할 수 있도록 한 원칙. 입법과 사법적 판단에 의해 점차 수정되고 있음

애국자법 2001년 9월 11일의 테러 공격에 대응해, 미국 정부는 테러 용의자들을 조사하고 기소할 수 있는 권한을 강화하는 법안을 통과시켰다. **애국자법**(Patriot Act)으로 알려진 이 법안은 인적자원관리에 중요한 영향을 미친다. 예를 들면 일부 '특정(restricted)' 인물(전직 전과자, 미 국무부가 '국제적인 테러 행위를 반복적으로 지원'한 것으로 간주하는 국가의 외국인 포함)은 위험이 잠재된 생물학적 물질을 다루는 일을 할 자격이 없다. 좀 더 논란이 있는 부분은 이전에 기밀로 다루어지던 개인 및 금융기록에 정부 조사관들의 접근을 허용한 것이다.

애국자법 테러 용의자를 조사하고 기소할 수 있도록 미국 정부의 권한을 강화한 법안

이러한 법적 규제 분야 이외에 다른 이슈들도 계속 대두되고 있다. 예를 들면 최근 몇 년 동안 성적 정체성, 성적 지향성, 출신 국가, 이민은 인적자원관리에 시사하는 바를 남기면서 새로운 사회적 중요성을 낳고 있다.

학습목표 10-3
기업의 충원 단계를 파악하고 기업의 신입사원 채용과 선발 방법을 논의한다.

충원

경영자가 신입사원이 필요하다고 판단하고 인적자원을 운용하는 법적 상황을 이해했을 때, 적절한 인재를 채용하는 데 관심을 돌리게 된다. 여기에는 두 가지, 즉 (1) 회사 외부에서 새로운 직원을 채용하는 과정과 (2) 회사 내부에서 현재 있는 직원을 승진시키는 과정이 포함된다. 그러나 외부 및 내부 충원 모두 효과적인 **채용**에서부터 시작된다.

모집

모집 조직이 충원하고자 하는 직무에 유자격자를 유인하는 과정

모집(recruiting)은 공석이 된 직무에 지원할 유자격자를 유인하는 과정이다.

내부 모집 현재 재직하고 있는 구성원을 충원 후보자로 고려

내부 모집 **내부 모집**(internal recruiting)은 현재 재직하고 있는 구성원을 충원 후보자로 고려하는 것이다. 내부로부터의 승진은 사기를 높이고 우수한 직원의 이직을 막는 데 도움이 될 수 있다. 고위직의 경우, 디지털 기능 목록 시스템(digital skills inventory system)을 사용해 내부 후보자를 찾아내거나, 관리자에게 고려할 만한 대상자를 추천받을 수도 있다. 물론 내부 승진은 새로운 공석을 만들어내므로 그 또한 충원을 해야 한다.

외부 모집 직무 응모자를 조직 외부 인력 중에서 유인

외부 모집 **외부 모집**(external recruiting)은 조직 외부의 사람이 직무에 지원하도록 유인하는 것이다. 외부 모집에는 회사 홈페이지 또는 몬스터닷컴(Monster.com)과 같은 기타 온라인 구인 사이트에 모집 공고를 게시하는 것, 예비취업자인 대학생을 위한 캠퍼스 면접 개최, 유망인재를 스카우트하기 위해 채용대행기관(employment agencies or executive search firms) 활용, 재직자 추천, 인쇄 출판물을 통한 광고, 자발적 고용(예상치 못한 지원자)과 같은 방법이 있다.

조직은 모집 결정이 두 가지 측면으로 이루어질 수 있음을 알아야 한다. 즉 조직이 직원을 모집하지만, 채용후보자 또한 일자리를 선택한다는 것이다. 예를 들면 실업률이 낮을 때(구직자가 소수), 기업들은 신규 직원을 유인하기 위해 더 열심히 노력해야 할 수도 있다. 반면 실업률이 높을 때(구직자가 다수), 조직은 높은 고용 인센티브에 의존하지 않고도 채용후보자를 더 쉽게 채용할 수 있다. 그러나 기업이 최고의 잠재적 직원을 선발할 수 있다고 하더라도, 최선을 다해 모든 지원자를 존중하고 직무에 부합하는 적절한 인재를 선발하기 위해 노력해야 한다. 직원을 잘못 채용하면 저숙련 노동자의 연봉 절반가량을 회사가 부담하게 되고 또는 상위 직급자 연봉의 3~5배에 달하는 손실이 발생할 수 있다. 즉 '잘못된' 직원을 연간 50,000달러에 고용하는 것은 그 회사에 적어도 25,000달러의 비용을 낳는다. 이러한 비용은 그 사람에 대한 교육, 상담, 낮은 생산성, 해고, 대체인력의 채용에 따른 것이다.

현실적 직무소개(RJP) 조직이 바라는 직무 수행이 어떤 것인지를 지원자에게 실제 그림으로 제공하는 것

직무적합성을 높이는 성공적인 방법으로 **현실적 직무소개**(realistic job preview, RJP)가 있다. 용어가 시사하는 바와 같이, 현실적 직무소개는 조직이 바라는 직무 수행이 어떤 것인지를 지원자에게 실제 그림으로 제공하는 것이다. 예를 들면 기업은 지원자에게 실제 직무가 일상적이고 단순함에도 흥미롭고 도전적인 직무라고 말하는 것은 이치에 맞지 않음에도 불구하고, 일부 기업에서는 최고의 인재를 고용하기 위해 이렇게 하고 있다. 퇴사할 가능성이 높은 사람은 불만이 있는 근로자이며, 더 나은 직장을 빠르게 찾기 시작할 것이다. 하지만 기업이 직무에 대해 더 현실적으로 소개한다면,

고용된 사람은 더 오랫동안 그 기업에 남아 있을 가능성이 높을 것이다. 물론 관리자는 비록 직무가 지루하고 단조로운 것이 사실일지라도 그렇게 묘사하고 싶지 않을 수 있다. 이러한 딜레마를 해결하는 효과적인 방법은 구직자가 직무를 수행하는 사람들을 관찰하거나 직무에 대한 짧은 영상을 시청하고 지원자들 스스로가 평가하도록 하는 것이다.

선발

모집 과정을 통해 지원자 풀이 만들어지면, 다음 단계는 고용할 사람을 선발하는 것이다. 선발 과정의 목적은 지원자들로부터 직무 성공을 예측할 정보를 수집한 뒤 가장 합격 가능성이 높은 지원자를 채용하는 것이다.

지원서 양식 선발의 첫 번째 단계는 일반적으로 지원자에게 지원서를 작성하도록 하는 것이다. 지원서는 지원자의 이전 근무 이력이나 학력, 기타 직무 관련 인구통계학적 데이터에 대한 정보를 수집하는 효율적인 방법이다. 지원서는 고위직의 경우 거의 사용되지 않는다. 지원자는 보통 이력서(résumé)에 동일한 정보를 작성한다. 일부 기업은 여전히 전통적인 종이 서식을 사용하지만, 대부분은 온라인으로 작성되어 제출된다.

시험 고용주는 때때로 선발 과정에서 응시자들에게 시험을 보도록 한다. 지능검사나 성격검사도 유용하지만, 특정 직무와 관련된 능력, 기술, 적성, 지식 검사는 직무 성공의 가장 좋은 예측 변수이다 어떤 기업은 직무 성공을 예측하기 위해 8장에서 논의한 '빅 파이브(big five)' 성격 차원 검사를 사용한다.

면접 **면접**은 직무 성공의 형편없는 예측 변수가 되기도 하지만 인기 있는 선발 도구이다. 예를 들면 사람들이 처음 만났을 때 타인을 지각하고 판단하는 방식에 내재된 편향(bias)은 그 이후의 평가에도 영향을 미친다. 면접관이 자신에게 잠재된 편향을 인지하도록 훈련하고 엄격하게 면접을 구조화함으로써 면접 타당성을 높일 수 있다. 구조화된 면접에서는 질문을 사전에 작성해 모든 면접관이 각 지원자에게 동일한 질문을 실시한다. 구조화된 면접은 일부 사무보조직, 자료 입력직(data entry jobs), 대학 입학 담당직(college admissions processing positions) 등 비교적 정례화된 직무에 활용되는 경향이 있다. 관리직이나 전문직 지원자들을 인터뷰할 때는 다소 덜 구조화된 접근법을 사용할 수 있다. 질문 범위와 정보 수집 목표는 사전에 계획되지만, 구체적인 질문은 지원자들의 배경에 따라 차이가 있을 수 있다. 기업은 가끔 창의적인 근로자를 찾고 있어 면접을 진행하는 동안 개인의 창의성에 대해 더 많이 배우려고 노력할 수도 있다.

기타 도구 조직은 상황에 따라 다른 선발 도구도 사용한다. 한때 인기를 끌었던 거짓말 탐지기 검사는 인기가 떨어지고 있다. 반면 기업들은 (그들의 요구가 미국 장애인법과 일치하는지 주의하면서) 지원자에게 신체검사를 요구하는 경우도 있다. 특히 약물과 관련된 문제가 근로자의 안전에 심각한 위협을 초래할 수 있는 상황일 때 기업은 약물검사를 실시한다. 일부 기업에서는 채용후보자에 대한 범죄경력 조사도 실시하고 있다. 이전 사업주의 추천서도 활용하지만 긍정적인 내용을 추천할 만한 추천인 이름만 제공할 가능성이 높아지자 추천서의 가치는 제한적으로 활용되고 있다. 설상가상으로, 일부 지원자는 말 그대로 참고문헌을 만들어두고 있다.

학습목표 10-4

보상 및 복리후생 시스템의 주요 구성요소를 설명한다.

보상과 복리후생

보상 시스템 조직이 노동에 대한 대가로 개인에게 제공하는 종합 보상 패키지

기업을 위해 일하는 사람은 보상을 기대하며, 오늘날 대부분의 근로자는 고용주로부터 특정한 복리후생 또한 기대한다. 실제로, 우수한 직원을 유지하는 주요 요인은 기업의 **보상 시스템**(compensation system)인데, 이는 조직의 미션을 달성하는 데 기여한 대가로 근로자에게 제공하는 종합적인 보상 패키지이다. 효과적인 보상 시스템을 만들기 위해서는 근로자를 유인하고 유지할 정도의 충분한 유인책을 제공하는 동시에 인건비와 수익 및 경쟁기업 사이에서 적절한 균형을 찾아야 한다.

임금과 급여

임금 근로한 시간에 대해 지불되는 금전 형태의 보상

급여 직무를 책임지고 수행하는 데 대해 지급되는 금전 형태의 보상

임금과 급여는 근로자에게 노동(labor)의 대가로 지불하는 금액이다. **임금**(wage)은 근로한 시간에 대해 지급된다. 예를 들면 만약 당신의 직무가 시간당 10달러를 지급한다면, 그것이 당신의 임금이다. 한편, **급여**(salary)는 직무(job)를 책임지고 수행하는 데 대해 지급하는 대가이다. 연봉 10만 달러를 받는 임원(salaried executive)은 하루 5시간, 다음 날 15시간을 일한다 하더라도 성과를 내기 위해 급여를 받는다. 급여는 보통 월 단위 또는 연 단위로 지급되는 금액으로 표현된다.

임금과 급여 수준을 정할 때 경쟁기업을 살펴보는 것으로 시작할 수 있다. 기업들은 또한 자신의 내부 임금과 급여 수준이 다른 직무에 비해 어떻게 비교되지도 살펴보아야 한다. 어떤 조직은 동일한 직무를 수행하는 모든 사람에게 동일한 금액을 지불한다. 그러나 다른 조직에서는 경험이 많거나 수준 높은 업무를 지속적으로 수행하는 근로자는 같은 일을 하는 다른 직원보다 더 많은 금액을 받을 수 있다. 이러한 관행은 합법적이며 임금격차의 근거가 직무와 관련되고 편향(bias)이나 편애한 것이 아니라면 동기부여가 될 수 있다. 2008~2011년 경기침체기에 일부 기업은 비용을 줄이기 위해 지불하고 있는 임금과 급여를 낮추는 데 적극적이었다. 예를 들면 휴렛팩커드(Hewlett-Packard)는 최고 성과자를 제외하고는 전체 근로자의 연봉을 2.5~20% 줄였다. 커리어빌더닷컴(CareerBuilder.com)은 모든 직원의 급여를 삭감했지만, 더 낮은 급여를 주기 위해 금요일 오후마다 휴가(Friday afternoons off)를 주기 시작했다.

인센티브 프로그램

일정 수준을 넘어서 더 많은 돈을 주는 것이 반드시 더 나은 성과를 낳지는 않는다는 연구들이 보고되고 있다. 돈이 성과와 직접적으로 연결될 때만이 근로자에게 동기를 부여할 수 있다. 이러한 관계를 설정하는 가장 일반적인 방법은 고성과를 달성하도록 하기 위해 마련된 특별 보상 프로그램인 **인센티브 프로그램**(incentive programs)의 사용이다. 일부 인센티브 프로그램은 개인을 대상으로 적용하지만 전사적으로 적용되는 인센티브 프로그램도 있다.

인센티브 프로그램 고성과를 달성하도록 동기를 부여하기 위해 고안된 특별 보상 프로그램

보너스 근로자의 급여를 초과해 지급하는 특별 급여 형태의 개인 성과급

판매 보너스(sales bonus)는 전형적인 인센티브이다. 근로자는 주, 월, 분기, 년 단위 같이 지정된 기간 동안 일정 수량 또는 일정 금액의 상품을 판매할 때 급여보다 많은 특별 급여인 **보너스**(bonus)를

받는다. 목표를 달성하지 못한 근로자는 보너스를 받지 못한다. **성과급제도**(merit salary systems)는 비영업직에서 급여 인상을 성과 수준을 연동시킨다.

성과급제도 비영업직의 성과를 보상과 연결한 개인 인센티브

임원들은 보통 스톡옵션(stock options)을 인센티브로 받는다. 예를 들면 애플(Apple)의 최고경영자 팀 쿡(Tim Cook)은 미리 정해진 가격으로 매년 수천 주씩 회사 주식을 살 수 있다. 그의 경영 능력 덕분에 수익 창출과 주가 상승을 가져온다면 자신이 책임지는 시장가격보다 낮은 가격에 주식을 살 수 있다. 이후 그는 지정된 미래 특정일에 자유롭게 주식을 시장가격에 팔 수 있으며, 이익은 자신에게 귀속된다.

또 다른 인기 인센티브 계획은 **성과급**[pay for performance 또는 **변동급**(variable pay)]이다. 본질적으로 중간 관리자는 보너스 비용을 현저히 초과할 정도의 생산적인 성과를 창출해 수익을 낼 때 보상을 받는다. 미국의 변동급 프로그램은 지난 10년 동안 꾸준히 증가하고 있으며, 대부분의 전문가는 이러한 프로그램의 인기가 계속 증가할 것으로 전망하고 있다. 많은 기업에서 후한 성과급 인상과 보통 정도의 성과급 인상 사이 폭이 상당히 작기 때문에 성과급 인상보다 변동급이 더 나은 동기부여가 된다.

성과급(또는 변동급) 특출한 생산 결과를 나타낸 관리자에게 부여하는 개인 인센티브

전사적 인센티브 어떤 인센티브 프로그램은 기업의 전체 근로자에게 적용된다. 예를 들면 **이익공유제도**(profit-sharing plan)에 따르면 일정 수준 이상의 이익이 직원들에게 분배된다. **이득공유제**(gainsharing plan)는 작업 효율성이 향상되어 감소된 기업 비용만큼 근로자들에게 보너스로 배분하는 것이다. **지식급제**(pay-for-knowledge plan)는 근로자가 새로운 기술을 학습하고 다른 직무에 능숙해지도록 장려하기 위해 지급한다.

이익공유제도 일정 수준 이상으로 기업이익이 상승한 경우 근로자들에게 상여금을 배분하는 인센티브 계획

이득공유제 생산성 향상에 기여한 집단에 부여하는 인센티브 계획

지식급제 근로자가 새로운 기술을 학습하거나 다른 직무에 능숙해지도록 장려하기 위한 인센티브 계획

복리후생 프로그램

복리후생(benefit), 즉 기업에서 근로자에게 제공하는 임금·급여 이외의 보상이나 기타 인센티브는 보상 예산 중 상당 부분을 차지한다. 대부분의 기업은 법적으로 사회보장은퇴연금(Social Security retirement benefits)에 대한 세금을 납부하고, 업무 중 상해를 입은 근로자에게 보상을 제공하는 **종업원 상해보험**(workers' compensation insurance)을 의무화하고 있다. 또 대부분의 기업은 정규직 근로자에게 일정 수준의 건강보험, 생명보험, 장애보험, 휴일 및 유급 휴가를 제공한다. 스타벅스나 컨테이너스토어(The Container Store)와 같은 기업들은 다소 적기는 하나 파트타임 직원에게도 비슷한 혜택을 제공하고 있다. 또한 일부 기업에서는 근로자들이 할인된 가격에 주식을 살 수 있도록 급여 공제를 사용하고 있다. 일부 대기업에서는 어린이집 보육과 더불어 알코올, 약물, 정서적 문제가 있는 직원을 위한 상담 서비스도 제공한다. 그리고 체육관과 피트니스 센터에서 사용할 수 있는 멤버십 할인뿐만 아니라 신분 도용(identity theft) 방지 보험을 제공한다.

복리후생 임금 및 급여 이외의 보상

종업원 상해보험 업무 중 상해를 입은 근로자에게 보상하기 위해 법적으로 요구되는 보험

퇴직제도 퇴직제도(또는 연금제도)는 많은 근로자가 이용할 수 있는 중요하면서도 때로는 논란의 여지가 있는 복리후생이다. 기업이 후원하는 퇴직제도는 역사적으로 근로자가 퇴직할 때 연금을 지급하기 위해 설립되었다[이것은 확정급여제도(defined benefit plans)라 한다]. 기업에서 연기금 전액을 출연한 사례도 있고 기업과 근로자가 함께 연기금을 내는 경우도 있다. 하지만 최근 몇 년 동안 일부 기업은 제공하기로 합의한 퇴직기금을 충당할 만큼 충분한 돈을 적립하지 못해 문제에 부딪혔다.

보다 나은 방법 찾기

홍콩 노사관계

홍콩의 부두 노동자는 월평균 약 2,300달러를 번다. 이들 중 상당수는 10년 가까이 급여가 오르지 않은 외주 계약직(outsourced contract workers)이지만 홍콩의 주거비와 생활비는 계속 높아졌다. 이들 대부분은 아시아에서 가장 부자라 여겨지는 리카싱(Li Ka-shing)이 간접적으로 고용한 노동자들이다.

2013년, 부두 노동자들은 약 20%의 임금 인상을 요구했다. 이들은 홍콩 노사관계 문제 중 일부를 보여주고 있다. 한편에서는 극심한 빈곤이, 다른 한편에서는 경이로운 성장과 부가 있다.

현지법상 부두 노동자에 대한 보호는 거의 없지만 허친슨왐포아(Hutchinson Whampoa)가 소유한 홍콩국제터미널(Hong Kong international terminals, Hit)로선 이번 파업은 당혹스러운 일이다. 리(Li) 회장이 소유한 이 거대 그룹은 소매업에서 통신업, 부동산에서 항만 서비스에 이르기까지 다양한 사업 분야에서 활동하고 있다. 허친슨의 이슈는 부두 노동자의 요구에 부응하는 것이 다른 사업장에서 다른 임금 요구를 끌어낼 선례가 된다는 것이었다. 하지만 강경하고 비타협적인 입장을 취한다면 이는 대중관계에서 재앙이 될 것이다.

전 세계적으로, 기업들은 자신이 윤리적이고 고용주를 이해한다는 것을 보여줘야 하는 압박을 받고 있다. 그러나 애플과 같은 글로벌 브랜드들조차 국내 노동법을 충실히 준수하고 있음을 소비자들에게 납득시키지 못하고 있다. 애플 제품이 제조되는 중국 공장에서의 근로조건이 윤리적이지 못하다는 비난을 받으면서 애플의 주가는 하락했다. 이 공장의 근로자들이 애플에 직접 고용되지 않았음에도 불구하고 말이다.

이번 파업은 홍콩에서 가장 오래 지속된 노동운동으로, 점차 강력해지고 있는 홍콩직공회연맹(Hong Kong Confederation of Trade Unions)의 지지를 받았다. 쟁점은 주로 낮은 임금, 열악한 근무 환경, 긴 근무 시간에 관한 것이었다.

Naki Kouyioumtzis/Pearson Education Ltd.

부두 노동자는 홍콩에서 가장 낮은 임금을 받는 근로자 중 하나이다. 지난 10년간 생활비가 폭등했음에도 불구하고 같은 기간 부두 노동자 임금은 한 자릿수 상승률에 그쳤다. 식품 가격만 해도 전년 대비 최소 4%의 성장률을 보이고 있다. 홍콩의 독특한 상황—경제는 비교적 자유

오늘날 많은 기업이 401(k) 제도라고도 하는 확정기여금제도(defined contributions plan)로 전환하고 있다. 이 제도에 따르면 근로자의 기여금은 주식 및/또는 채권 펀드에 투자된다. 개인의 퇴직금계정은 (잠재적으로 더 큰 이익뿐만 아니라) 더 큰 위험에 노출되지만, 고용주는 더 적은 위험을 부담한다. 페덱스와 굿이어(Goodyear) 모두 최근 전 직원을 대상으로 확정기여금제도로 전환했다. 이러한 전환을 하는 기업으로는 안호이저부시(Anheuser-Busch), 웰스파고(Wells Fargo), 제너럴모터스(General Motors), AT&T, 제니럴일렉트릭, 삭스(Saks) 등이 있다.

롭게 발전하고 확장될 수 있지만, 달러의 가치에 의존하고 있다. 반면 중국 위안화는 점진적인 가치 상승을 누려 왔다—이 어려운 상황을 만들어냈다.

홍콩 내 경쟁 부족이 허친슨 같은 기업들이 막강한 힘을 발휘할 수 있도록 한 것이 관건으로 보인다. 경쟁이 없다는 것은 고객에게 더 높은 가격을 의미하지만 지배적인 기업들은 동시에 임금을 제한할 수 있게 한다. 홍콩 달러가 미국 달러화에 이처럼 저조한 비율로 고정되어 있는 것도 도움이 되지 않았다.

2013년, 당초 20%, 40일의 파업을 요구했던 부두 노동자는 9.8% 인상을 받아들였다. 이 사태로 부두 노동자와 허친슨뿐만 아니라 홍콩 자체도 위급해졌다. 약 8~9만 개의 컨테이너가 부두에 막혀 있었다. 홍콩은 (상하이, 싱가포르에 이어) 이 지역에서 세 번째로 큰 컨테이너 항구로서, 경쟁국에 더 뒤처질 위험이 있었다. 일부 분석가는 파업이 계속되거나 향후 다시 불붙을 것으로 보인다면 해운업자들이 홍콩을 떠나 영구적인 이동을 고려할 수도 있다는 견해까지 내놓았다.

허친슨과 부두 노동자 모두 노동쟁의에서 승리했다고 주장했다. 허친슨은 항구 운영이 가능한 한 빨리 정상화되도록 하겠다고 약속했다. 부두노조는 급여와 근로조건이 개선되었다는 데 만족했다. 파업 기간 동안 노동자들은 리카싱 본부인 청콩센터(Cheung Kong center) 밖에 시위 캠프를 설치했다. 주요 쟁점 중 하나는 외주 노동자들이 HIT의 자체 근로자보다 훨씬 적은 임금을 받고 있다는 것이었다. HIT가 일부 부두 노동자를 직접 고용한 것은 파업 기간 동안 항구가 부분적으로 운영될 수 있도록 해주었다는 사실이다.

홍콩에 관한 한, 항구에 있는 24개의 대양 정박지 중 16개를 운영하고 있으며, 선적 처리의 70%를 차지하고 있어 허친슨의 HIT 소유권은 매우 크다. 그럼에도 불구하고 이번 파업으로 허친슨은 약 1억 달러의 매출을 올렸지만 장기적으로는 중국 선전이 해운 중심지로 자리 잡았다.

분쟁을 신속하게 해결하는 데 있어서 문제 중 하나는 부두 외주 노동자들이 허친슨과 간접적으로 협상을 해야 한다는 것이었다. 허친슨과 글로벌스테베도링서비스(Global Stevedoring Service Co.), 에버베스트포트서비스(Everbest Port Services) 등 두 주요 업체 간에 합의가 이루어진 것은 분명하다. 두 업체는 단지 임금을 인상할 여유가 없다고 말하면서 20%의 임금 인상 요구에 대한 우려를 즉각적으로 표명했다. 글로벌스테베도링서비스는 이 문제에 두루뭉술하게 대응했다. 그들은 파업 중인 450명의 노동자 중 200명을 고용했다. 직원의 75%를 이용할 수 없는 상황에서 사업을 계속할 수 없었다. 그들은 처음에 7% 임금 인상을 제시했지만 거절당했다. 2013년 6월 말에는 HIT와의 계약이 만료될 예정이었던 만큼 회사로서는 절박한 상황이었다. 그때쯤이면 HIT와 계약이 종료될 수 있고 그러면 일자리가 아예 없을 것이다.

파업으로 하루 64만 5,000달러가 소요된 가운데 9.8% 인상 타협안이 도출되었다. 금전적 손실은 차치하고라도 HIT는 기업 이미지에 적잖은 타격을 입었다.

2015년에는 또 다른 파업 위협이 다가왔다. 홍콩항만노조(Union of Hong Kong Dockers)가 8.5%의 임금 인상을 요구했다. HIT는 이 수치를 인용하는 것을 거부했지만 결국 수락했는데, 이 수치는 일반적인 인플레이션율인 약 4.6%보다 높은 것이었다. 2014년 근로자들은 기본급 6% 인상과 성과급 4.1% 인상을 받아들였다. 임금 인상을 전망하면서 한 부두 노동자는 1994년 부두에서 일을 시작했을 때, 24시간 교대근무에 1,436홍콩 달러를 받았다고 말했다. 2년 뒤 임금이 삭감되었지만 2014년 임금이 1,591홍콩 달러까지 올라서, 20년 만에 겨우 155홍콩 달러가 인상되었다.

이번 파업에서 노동자들이 5.5%의 임금 인상을 받아들이면서 새로운 파업은 피할 수 있었다. 이는 근로자의 임금이 2013년 이후 26.9%, 즉 2010년 이후 44.9% 올랐음을 의미한다.

복리후생비용의 부담 복리후생의 범위가 증가함에 따라 이러한 복리후생을 부담하는 것에 대한 관심도 증가하고 있다. 많은 기업이 여전히 유능한 근로자를 유인하고 유지하면서도 비용을 절감할 수 있는 방안을 시도하고 있다. 한 가지 방법은 **카페테리아식 복리후생 제도**(cafeteria benefits plan)이다. 근로자 1인당 일정 금액의 복리후생비를 적립해 각 근로자가 다양한 대안 중에서 선택할 수 있도록 했다.

카페테리아식 복리후생 제도 직원 1인당 복리후생비를 설정하고 각 근로자가 다양한 복리후생 중에서 선택할 수 있도록 한 제도

관심이 높아지는 또 다른 분야는 의료비이다. 의료비는 보험료가 올라 사업주가 복리후생제도를

유지하는 비용이 증가했다. 많은 고용주가 그러한 비용을 줄일 새로운 방법을 찾고 있다. 점점 더 인기를 얻고 있는 방식은 기업이 직접 의료서비스 제공자 네트워크를 구축하는 것이다. 이러한 의료서비스 제공자들은 회원기업 근로자에게 제공되는 서비스에 대해서는 더 낮은 수수료를 부과하기로 동의한다. 그 보답으로, 그들은 대기업과 더 많은 고객 및 환자들과의 공고한 관계를 누릴 수 있다. 보험사는 또한 보험 상환금이 더 낮기 때문에 네트워크 회원사에 청구하는 비용이 더 낮다.

학습목표 10-5

교육 훈련 및 성과 평가를 통해 조직 내 인적자원개발 방법을 설명한다.

인적자원 개발

기업이 신입직원을 고용한 후에 신입직원들은 기업과 그들의 새로운 직무를 숙지해야 한다. 또한 경영자는 근로자를 훈련시키고 개발하며 필요한 직무 기술을 더욱 발전시키기 위한 단계를 밟는다. 게다가, 모든 기업은 성과 평가와 피드백 시스템을 가지고 있다.

교육훈련과 개발

교육훈련 일반적으로 운영직이나 기술직에게 그들의 직무를 수행하는 방법을 가르치는 것

개발 관리자와 전문가에게 현재와 미래의 직업 모두에 필요한 기술을 가르치는 것

HRM에서 **교육훈련**(training)은 일반적으로 운영직이나 기술직에게 그들의 직무를 수행하는 방법을 가르치는 것을 말한다. 교육훈련은 또한 새로운 소프트웨어나 기술과 같은 기술적인 영역을 가리킨다. **개발**(development)은 관리자와 전문가에게 현재와 미래의 직무 모두에 필요한 기술을 가르치는 것을 의미하며 의사결정 향상과 전략적 리더십 등을 포함한다. 예를 들어 IBM은 교육훈련과 개발 프로그램에 매년 6억 2,000만 달러 이상을 지출하고 있으며 근로자 교육을 담당하는 부사장을 두고 있다. 미국 기업들은 작업장 밖에서 교육훈련 및 개발 프로그램을 실시하는 데 매년 1,270억 달러 이상을 지출하고 있다. 전 세계적으로는 매년 2,650억 달러 이상을 지출한다. 그리고 이 수치에는 근로자들이 교육훈련 및 개발 프로그램에 참여하는 동안 지급받는 임금과 급여, 복리후생은 포함하지 않은 것이다.

교육훈련 필요성 평가 교육훈련 계획을 수립하는 첫 번째 단계는 무엇이 필요한지 파악하는 것이다. 예를 들면 근로자가 업무를 수행하는 데 필요한 기계 조작법을 모른다면 기계 조작법에 대한 교육이 절대적으로 필요하다. 반면 일련의 작업자들의 실적이 저조할 경우, 교육훈련이 해답이 아닐 수 있다. 동기부여, 장비 노후화, 감독 부실, 비효율적인 작업 설계 또는 기술과 지식 부족이 문제일 수 있다. 이 중 마지막 기술과 지식 부족만이 교육훈련으로 개선될 수 있다. 교육훈련 프로그램이 개발됨에 따라 관리자는 참가자들이 무엇을 배울지를 구체적이고 측정 가능한 목표로 설정해야 한다. 관리자들은 또한 근로자들이 교육훈련 프로그램을 이수한 후 평가 계획도 수립해야 한다.

일반적인 교육훈련 방법 다양한 교육훈련 및 개발 방법을 사용할 수 있다. 어떤 방법을 선택할지는 다양한 고려사항에 따라 달라지지만, 아마도 가장 중요한 것은 훈련 내용일 것이다. 교육훈련 내용이 (회사 규칙이나 서식 작성 방법 설명 등) 사실적인 자료일 때는 과제물, 프로그램 학습, 강의가 효과적인 방법이다. 다만, 교육훈련 내용이 대인관계나 집단의사결정일 때는 역할극(role-playing)이나 사례 토론 등 대인 접촉이 가능한 방식을 사용할 필요가 있다. 근로자들이 육체적 기술을 익혀야 할 때

는 **직장 내 훈련**(on-the-job training)이나 **실습실 훈련**(vestibule training)처럼 연습이 가능한 방법과 도구·자재의 실제 사용이 필요하다(실습실 훈련을 통해 참가자는 생산성보다는 안전, 학습 및 피드백에 집중할 수 있다).

오늘날 웹 기반 및 기타 디지털 미디어 기반 교육은 특히 인기가 있다. 이러한 방법을 사용하면 교육 내용을 혼합할 수 있고, 업데이트 및 수정이 비교적 쉬우며, 참가자가 일정을 유동적으로 활용할 수 있고, 출장비를 절감할 수 있다. 반면에 이러한 방법은 실제 활동을 시뮬레이션하고 대면 상호작용을 촉진할 수 있는 역량은 제한되어 있다. 제록스(Xerox), 매사추세츠상호생명보험(Massachusetts Mutual Life Insurance), 포드가 모두 이 방법들로 엄청난 성공을 거두었다. 또한 대부분의 교육훈련 프로그램은 여러 방법을 혼합해 사용한다. 예를 들면 보잉(Boeing)은 관리자들을 시험과 시뮬레이션, 역할극 연습, 비행 시뮬레이션 연습으로 구성된 2주짜리 집중훈련 세미나에 보낸다.

마지막으로, 일부 대기업은 종종 **기업대학**이라고 불리는 자체 훈련시설을 가지고 있다. 맥도날드는 일리노이주에 위치한 소위 햄버거대학(Hamburger University)으로 기업대학을 시작한 첫 번째 기업 중 하나였다. 맥도날드의 모든 교육생은 햄버거대학 교육 프로그램에 참석해 햄버거를 굽는 시간, 좋은 고객 서비스를 유지하는 방법 등을 정확히 배운다. 유명 햄버거 체인 인앤아웃버거(In-N-Out Burger)도 인앤아웃 대학(In-N-Out University)이라는 비슷한 교육훈련 장소를 가지고 있다. 이러한 교육훈련 방식을 사용하는 다른 회사로는 쉘오일(Shell Oil)과 제너럴일렉트릭이 있다.

직장 내 훈련 근로자가 작업 중에 실시하는 교육훈련

실험실 훈련 모의 환경에서 실시하는 현장 외 훈련

교육훈련 평가 마지막으로, 교육훈련과 개발 프로그램의 효과를 항상 평가해야 한다. 대표적인 평가 접근법으로는 교육훈련 전후에 하나 이상의 관련 기준(예: 태도 또는 성과)을 측정하고 교육훈련과 개발의 결과로 기준이 변경되었는지 여부를 결정하는 것이다. 교육훈련이 종료될 때 평가 척도는 쉽게 얻을 수 있지만, 교육생이 현장에 있을 때 수집된 실제 평가 결과가 더 중요하다. 교육생들은 훈련이 즐거웠고 많이 배웠다고 할 수 있겠지만, 진정한 결과는 교육 후 직무 수행능력이 향상되는가 하는 것이다.

성과 평가

근로자가 교육훈련을 받고 업무에 안착하게 되면 경영진의 다음 관심사 중 하나가 성과 평가다. **성과 평가**(performance appraisal)는 근로자가 업무를 얼마나 잘하고 있는지를 공식적으로 평가하는 것이다. 근로자들의 업적은 여러 이유에서 정기적으로 평가되어야 한다. 첫 번째 이유는 성과 평가가 선발도구의 타당성을 검증하거나 교육훈련 프로그램의 효과를 평가를 위해 필요할 수 있기 때문이다. 두 번째 관리상의 이유는 임금 인상, 승진, 교육훈련에 관한 의사결정에 도움을 주기 위함이다. 직원들에게 피드백을 제공해 현재 성과를 높이고 미래 진로를 계획할 수 있노록 돕는 것도 또 다른 이유다.

성과 평가 근로자가 업무를 효과적으로 수행하는 정도를 결정하기 위해 근로자의 직무성과를 평가

성과 평가는 임금과 승진을 결정하는 데 도움이 되는 경우가 많기 때문에 공정하고 차별이 없어야 한다. 관리자는 성과 평가의 내용 타당성을 통해 평가 시스템이 중요한 직무요소에 대한 성과를 정확하게 측정하고 직무 수행과 무관한 특성이나 행동을 측정하지 않는다는 점을 보여준다.

일반적 성과 평가 방법 조직에서 일반적으로 사용하는 두 가지 기본적인 성과 평가 방법에는 객관적 방법(objective methods)과 판단법(judgmental methods)이 있다. 성과에 대한 객관적 척도는 실제 생산

량(생산되는 단위 수), 폐기율, 판매금액, 처리한 클레임 수 등이다. 객관적인 성과 척도는 어떤 사람이 다른 사람보다 더 나은 업무 기회를 가지게 될 경우 '기회 편향(opportunity bias)'에 의해 오염될 수 있다. 예를 들어 미시간에서 제설기를 판매하는 영업사원은 앨라배마에서 같은 제품을 판매하는 동료에 비해 더 큰 기회를 얻은 것이다. 다행히도, 기회 편향의 영향을 받은 원래 성과(raw performance) 수치를 조정해 각 개인의 성과를 수치로 정확하게 나타내는 것이 가능하다.

서열법(ranking technique)과 평정척도법(rating technique)을 포함하는 **판단법(judgmental methods)**은 성과를 측정하는 가장 일반적인 방법이다. 서열법은 근로자들을 직접 비교하며 최고에서 최하까지 순위를 매긴다. 서열법은 여러 가지 단점이 있다. 순위 분포의 중간에 있는 근로자들은 서로 정확하게 구별하기 어려울 수 있기 때문에 규모가 큰 그룹의 경우 순위를 매기기가 어렵다. 다른 작업집단에 있는 사람들과 비교하는 것 또한 어렵다. 예를 들면 고성과집단에서 3순위 근로자가 저성과집단에서 1순위를 차지한 근로자보다 더 높은 성과를 보일 수 있다. 각 개인마다 모두 장단점을 가지고 있을 가능성이 높음에도 불구하고 전체 성과에 따라 순위를 매겨야 한다는 점도 서열법의 한계이다. 게다가, 서열법은 유용한 피드백 정보를 제공하지 않는다. 즉 작업의 질이 탁월하고, 작업량은 만족

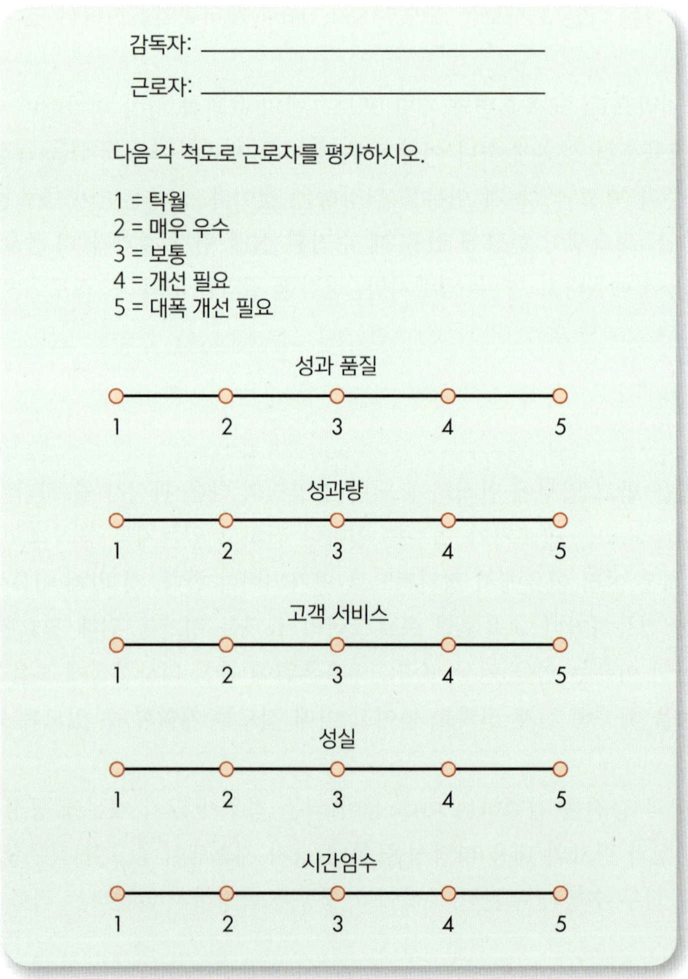
감독자: ____________________

근로자: ____________________

다음 각 척도로 근로자를 평가하시오.

1 = 탁월
2 = 매우 우수
3 = 보통
4 = 개선 필요
5 = 대폭 개선 필요

성과 품질
1 2 3 4 5

성과량
1 2 3 4 5

고객 서비스
1 2 3 4 5

성실
1 2 3 4 5

시간엄수
1 2 3 4 5

그림 10.2 성과 평가 양식 예시

스러우나 시간을 준수할 필요가 있고, 대인관계역량은 뛰어나다는 말을 듣는 것만큼 서열법이 도움이 되지 않는다.

평정척도법은 각 근로자를 다른 근로자들과 비교하기보다 고정된 척도로 평가한다는 점에서 서열법과 차이가 있으며 평정 척도 기준이 제공된다. 그림 10.2는 은행 출납직원에 대한 도식 평정척도법(graphic rating scales)의 예시이다. 각각의 성과 차원(시간적합성, 적합성 및 정확성)은 평가할 척도로 구성된다. 도식 평정척도법의 척도를 구성할 때 직무 성과와 관련된 성과 차원을 선택해야 한다. 특히 성격 특성이나 태도보다는 직무 행동과 결과에 집중해야 한다.

성과 평가 오류 성과 평가 오류나 편향은 서열법이나 평정척도법 어디에서든 나타날 수 있다. 일반적인 오류 중 하나는 부하의 최근 성과가 가장 쉽게 상기되기 때문에 이를 근거로 판단하는 경향인 **최신 오류**(recency error)이다. 종종 평정법이나 서열법은 6개월이나 1년 같이 전체 기간에 걸쳐 성과를 평가하므로 최신 오류 때문에 판단에 오류가 발생한다. 다른 오류에는 너무 관대하거나, 너무 가혹하거나, 모든 사람에게 '평균' 등급을 부여하는 등 척도의 한 부분을 과도하게 사용하는 것이 포함된다.

현혹오류(halo error)는 한 차원에서의 성과 평가가 해당 직원의 다른 차원에서의 평가에도 '확산'되는 것이다. 예를 들면 한 근로자의 산출물 품질이 뛰어나다면 평가자는 다른 차원에서 실제 받을 수 있는 점수보다 높은 점수를 주는 경향이 있을 수 있다. 오류는 의도적이든 아니든 인종이나 성별, 연령 차별 때문에 발생할 수도 있다. 이러한 오류를 상쇄하는 가장 좋은 방법은 처음부터 타당한 평정 시스템이 개발되었는지 확인한 후 관리자에게 사용 방법을 교육하는 것이다.

오늘날 일부 기업에서 사용되는 성과 평가에 대한 흥미로운 접근법 중 하나는 **360도 피드백**(360-degree feedback)으로, 관리자가 상사, 동료 및 부하 직원 등 주변 모든 사람의 평가를 받는 것이다. 이런 완전하고 철저한 접근법은 상사에 의한 전통적인 평가보다 훨씬 더 풍부하게 피평가자의 성과에 대한 정보를 사람들에게 제공한다. 물론 360도 피드백도 상당한 시간이 걸리고, 직장 내 두려움과 불신이 생기지 않도록 처리해야 한다.

360도 피드백 관리자가 상사, 동료 및 부하 직원 등 주변 모든 사람의 평가를 받는 성과 평가 기법

성과 피드백 대부분의 성과 평가 시스템의 마지막 단계는 부하에게 성과에 대한 피드백을 제공하는 것이다. 이것은 보통 평가 대상자와 상사 사이의 사적인 만남에서 이루어진다. 일반적으로 다음 사실에 초점을 두고 토론할 필요가 있다: 평가된 성과 수준, 그 평가가 어떻게 그리고 왜 이루어졌는지, 그리고 향후 어떻게 개선될 수 있는지. 그러나 피드백 인터뷰는 수행하기가 쉽지 않다. 많은 관리자가 솔직하게 피드백하는 것을 불편해하는데, 특히 피드백 내용이 부정적이고 부하가 들었을 때 실망한다면 더욱 그렇다. 그러나 관리자를 적절하게 교육함으로써 그들이 더 효과적인 피드백 인터뷰를 수행하도록 도울 수 있다.

기업가정신과 새로운 벤처기업

가야 할 때

Roman Samborskyi/Shutterstock

댄 유(Dan Yoo)는 모든 것을 가지고 있었다. 그는 1999년 조지타운대학교에서 경영학과 재무학을 전공해 졸업했다. 1년간 메릴린치(Merrill Lynch)에서 근무한 뒤 그는 '기술이 가능한' 투자은행인 에포크인베스트먼트파트너스(Epoch Investment Partners)로 자리를 옮겼다. 1년 안에 꿈의 직장은 사라졌다. 회사는 골드만삭스(Goldman Sachs)에 인수되었고 최근에 고용된 일부 근로자와 그는 실직했다. 그 후 몇 년간 그는 금융 서비스와 기술 분야에서 고위직을 역임했다. 최근에는 링크드인(LinkedIn)의 비즈니스 운영 및 비즈니스 분석 담당 부사장직을 그만두고 샌프란시스코에 위치한 맞춤형 재무 자문 및 분석 제공업체인 너드월렛(NerdWallet)의 최고운영책임자(COO)가 되었다.

에포크인베스트먼트파트너스에서의 불행한 경험을 시작으로, 댄 유는 근로자들과의 모든 상호작용에서 열정이 얼마나 중요한지 잘 알고 있다. 성과 평가와 심지어 직원 해고까지 하기 때문에 사업을 시작하는 사람은 극히 드물지만, 기업가에게는 강한 인간관계 기술이 필수적이다. 잡지 《안트러프러너(Entreprenuer)》에 실린 기사에서, 댄 유는 실적 저조나 비용 절감 결정의 결과로 근로자들을 동정심을 가지고 해고하는 방법에 대해 조언을 하고 있다.

- 직원을 해고하는 첫 단계는 해당 근로자가 채용되는 날부터 시작된다. 근로자들의 행동은 형태를 갖춰야 하며, 상사들은 나쁜 행동을 눈감아 줄 수 없다. 스타트업 세계에서는 한 명의 부실한 성과자가 큰 변화를 가져올 수 있기 때문에 근로자에게 자신의 성과 위치를 알리는 것이 중요하다. 댄 유는 "잘 안 되면 결단력이 필요하듯 도끼를 휘두르기 전에 신속하게 문제를 전달하고 시정 조치의 기회를 주는 적극적인 신입사원 적응 프로그램(onboarding)과 피드백이 필요하다"고 설명한다.
- 근로자를 해고해야 할 경우에는 최대한 좋은 조건으로 퇴사시키는 것이 목표인 상태에서 사전에 논의를 계획하는 것이 중요하다. 해고된 직원의 관점에서 상황을 이해하는 것, 즉 공감하는 것이 큰 역할을 한다.
- 나쁜 소식을 끄집어내는 것이 충격을 누그러뜨리지 않기 때문에 짧고 직접적으로 말하는 것이 중요하다. 하지만 근로자들이 자신의 관점을 공유하고 그들이 들었다고 느낄 수 있도록 하는 것 또한 중요하다. 비록 그것이 결정을 바꿀 것 같지는 않지만, 그것을 관리자가 배울 수 있고 근로자가 가치 있다고 느낄 수 있는 기회를 만들어준다.
- 마지막으로, 가능하다면 지금이 관대함을 보일 때이다. 실직은 돈보다 훨씬 더 큰 의미가 있지만, 건강보험 연장이나 전직지원서비스를 통해 전직 완화에 도움을 줄 수 있다. 댄 유가 에포크인베스트먼트파트너스에서 해고되었을 때, 해고된 다른 근로자들과 그는 회사의 이익공유제도를 통해 이익과 보너스를 얻을 수 있었다. 회사가 그렇게 해야 할 법적 의무는 없었지만, 좋은 관계로 헤어지는 데 도움이 되었다.

2016년 말까지 너드월렛의 직원 수는 400명이 넘었으며, 캘리포니아의 많은 기술 회사들처럼 낮잠 자는 방이나 점심 건강도시락과 같이 한때는 흔치 않다고 생각되던 특전들이 지금은 일상적인 것이 되었다.

설립자이자 CEO인 팀 첸(Tim Chen)은 "우리는 근로자가 함께할 수 있도록 만들어진 개방오피스(open-space offices), 근로자들이 성공하기 위해 필요한 것을 지원하는 최고의 기술, 기분 전환할 수 있는 옥상 단합실 등 포괄적이고 협업하며 일상적인 분위기를 가지고 있다"고 말한다. "우리는 매주 전체회의로 시작해서 모든 훌륭한 일을 축하하기 위해 해피아워(happy hour)로 한 주를 마친다."

변화하는 작업장의 새로운 과제

학습목표 10-6

현대 직장에서의 중요한 변화로서 인력다양성, 지식근로자의 관리 및 임시직 근로자의 활용을 논의한다.

인적자원 관리자는 이미 고려한 과제 외에도 변화하는 비즈니스 경제 및 사회 환경을 반영해 몇 가지 새로운 과제에 직면하고 있다.

인력 다양성 관리

매우 중요한 인적자원관리 과제 중 하나는 **인력 다양성**(workforce diversity), 즉 성별, 인종, 나이, 민족성, 신체적 능력 및 기타 관련 특성에 따라 달라지는 근로자의 태도, 가치, 신념, 행동의 범위에 중점을 두고 있다. 과거에 조직들은 모든 사람을 비슷한 방식으로 생각하고 행동하도록 하면서 그들의 노동력을 균질화하려는 경향이 있었다. 부분적으로는 적극적 고용개선조치의 결과로 많은 미국 단체가 그 어느 때보다 더 다양한 인력으로 구성되어 있다.

인력 다양성 성별, 인종, 나이, 민족성, 신체적 능력 및 기타 관련 특성에 따라 달라지는 근로자의 태도, 가치, 신념, 행동의 범위

그림 10.3은 미국 노동력의 연령 및 인종 구성에서의 최근 추세를 보여준다. 이 그림은 분명 작업장 다양성이 증가하는 것 중 하나이다. 전체 노동인구 비율에서 볼 때 백인 미국인의 수는 꾸준히 감소하고 있으며 이는 다른 모든 인종의 증가에 의해 상쇄된다. 가장 눈에 띄는 것은 히스패닉 출신의 증가이다. 미국 노동부는 2050년까지는 인구의 거의 4분의 1이 히스패닉계일 것이라고 추정하고 있다.

오늘날, 조직은 다양성이 경쟁우위가 될 수 있다는 것을 인지하고 있다. 예를 들면 하나 혹은 소수 집단에서 고용하는 것보다 모든 집단에서 가능한 최고의 사람들을 고용함으로써 기업은 더 높은 수준의 노동력을 개발할 수 있다. 마찬가지로, 다양한 인력 구성이 문제를 해결하는 데 있어 더 광범위한 정보를 제공할 수 있으며, 더 광범위한 소비자에게 판매하는 제품에 대한 통찰력을 제공할 수 있다.

지식근로자 관리

전통적으로 근로자는 자신이 한 일이나 경험 때문에 조직에 가치를 더해 왔다. 그러나 정보화시대에는 그들이 알고 있는 것 때문에 가치가 높아지는 근로자들을 보통 **지식근로자**(knowledge workers)라고 부른다. 컴퓨터 과학자, 엔지니어, 물리 과학자, 게임 개발자, 소프트웨어 응용 프로그램 디자이너를 포함하는 지식근로자는 일반적으로 광범위하고 고도로 전문화된 교육을 필요로 한다. 일단 직무를 시작하면, 재교육과 교육훈련 업데이트는 그들의 기술이 쓸모없게 되는 것을 막기 위해 매우 중요하다. 예를 들면 공학기술 교육의 반감기는 약 3년으로 보고 있다. 기업이 지식근로자의 기술을 업데이트하지 못하면 경쟁우위를 상실하게 될 뿐만 아니라 그 근로자가 기술 업데이트에 더 전념하는 다른 회사로 이직할 가능성도 높아진다. 따라서 인사담당자는 지식근로자가 최신의 지식 상태를 유지할 수 있도록 적절한 교육훈련을 준비하는 동시에 시장가치로 보상을 받을 수 있도록 해야 한다.

지식근로자 자신이 가지고 있는 지식 때문에 가치가 높아지는 근로자

이 과제의 주요 부분은 정기적으로 새로운 지식근로자를 채용하는 것이다. 지식근로자에 대한 높은 수요와 상대적으로 부족한 공급 상황 모두를 감안할 때, 기업들은 종종 최고와 총명한 사람들을 채용하기 위해 극단적인 방법을 사용한다. 예를 들면 구글(Google), 페이스북(Facebook), 징가(Zynga)는 종종 프로그래머와 소프트웨어 엔지니어를 두고 정면승부를 벌인다. 지식근로자를 고용하기 위

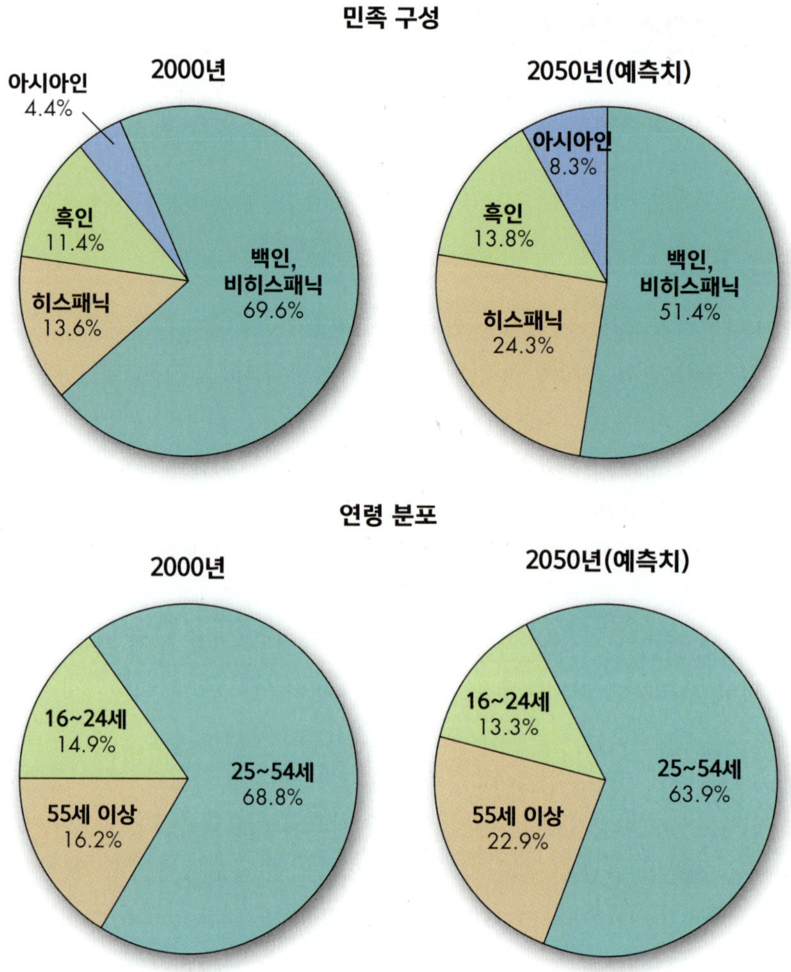

그림 10.3 민족별, 연령별 미국 노동력 구성 변화

출처: U.S. Department of Labor, https://www.bls.gov/emp/ep_pub_labor_force.htm(2017년 6월 27일 자).

해, 이 기업들은 무료 마사지, 세탁 서비스, 고급 식사와 간식, 고급 커피 같은 최고의 특전을 제공하고 있다.

비정규직 및 기간제 근로자

마지막으로 주목할 만한 현대의 인적자원관리 이슈는 비정규직 및 임시직 근로자의 증가이다. 많은 고용주가 유연성을 높이고 비용을 낮추기 위해 비정규직 및 임시직 근로자를 활용한다.

비정규직 근로자 조직의 정규직 인력을 보완하기 위해 고용된 정규직이 아닌 근로자

비정규직 및 기간제 고용 동향 **비정규직 근로자**(contingent worker)는 계속고용이나 정규직 근로자가 아닌 사람을 말한다. 비정규직 근로자의 범주에는 독립 계약자(independent contracts), 호출근로자(on-call workers), 단기 근로자(temporary employees, 보통 외부기관을 통해 고용됨), 계약 및 임대 직원이 포함된다. 또 다른 범주는 시간제 근로자(part-time worker)이다. 최근 몇 년 사이 조직에서 이런 인력의 활용이 폭발적으로 늘고 있다. 예를 들면 2008년에 미국 근로자는 10%가 비정규직 및 단기 고용 근로자였던 것이 2017년에는 약 20%에 이르고 있다.

격변 시대의 경영

채용에서의 게임화

인재확보 전쟁에서 디지털 도구가 새로운 인재를 확인하는 수단으로 점점 더 많이 사용되면서 기술이 파괴적인 영향을 미치고 있다. 조직들은 이제 참여(participation), 연대(engagement), 충성심(loyalty)을 자극하기 위해 게임에서 발견되는 활동을 사용하고 있다.

게임화(gamification)는 비디오 게임의 전형적인 요소를 실제 시나리오에 적용하는 것이다. 모집, 교육훈련, 학습, 개발 등 HR 프로세스에 적용되고 있으며, 영업, 고객 서비스 등 성과를 높이는 데도 활용되고 있다. 게임화는 문제 해결 능력, 적성, 창의성을 평가하는 데 사용할 수 있는 모의 작업 환경을 만들어 채용 과정을 개별화해 조직과 연계시킨다. 사용되는 방법은 모집 대상자의 유형, 역할 특성, 작업 수행 방식에 따라 다르다. 가상 또는 실제 배지(badges), 포인트(points), 크레딧(credits), 리더 보드(leader boards), 상태(statuses), 경품(prizes), 할인(discounts), 바우처(vouchers) 할당 등 게임과 유사한 메커니즘이 포함되어 있다. 게임은 경쟁, 성취, 규칙 준수, 자기표현을 장려해 긍정적인 피드백을 통해 행동에 보상을 제공한다.

Chamorro-Premuzic, Akhtar, Winsborough와 Sherman은 디지털 혁명의 이점을 활용해 인재를 식별하는 게임 기반 평가에 대한 관심을 증가시킨 여러 요인을 확인했다. 첫째, 개인에게 제공되는 역할극 게임은 직장에서 경험하는 상황과 매우 유사하다. 예를 들어 낵(Knack)은 입사지원자가 스시 레스토랑에서 웨이터 역할을 하는 와사비 웨이터(Wasabi Waiter)라는 게임을 개발했다. 제한된 시간 내에 해당 접시에 고객의 기분에 맞춰 빈 접시를 치우고 신규 고객에게 서비스를 제공해야 한다. 이 게임은 성실성, 감정 인식 등 직무 수행과 관련된 역량과 기술을 파악하는 데 도움을 준다. 둘째, 비디오 게임은 자기결정 이론(self-determination theory)에서 확인된 자율성(autonomy), 유능성(mastery), 관계성(relatedness)에 대한 기본적인 심리적 욕구를 충족시킨다. 개인-직무 적합성(person-job fit)은 개인에게 동기를 부여하는 요소를 평가하는 게임 기반 평가에 의해 강화될 수 있으며, 이는 더 많은 사람들이 자신에게 동기를 부여하고 참여시키는 역할을 수행한다는 것을 의미한다. 마지막으로, 비디오 게임을 마스터하기 위해 요구되는 정신적 과정은 인지 능력과 관련이 있다. 심리적 속성은 문제 해결, 호기심, 진실성을 포함한다.

게임화는 또한 많은 조직에서 브랜드 충성도와 참여도를 높이기 위해 사용된다. 게임화를 사용한 조직의 예로는 지멘스(Siemens)와 딜로이트(Deloitte)가 있다. 지멘스는 가상 공장에서 플랜트 매니저가 되는 경험을 시뮬레이션한 온라인 게임 플랫폼인 플랜트빌(Plantville)을 개발했다. 플레이어는 플랜트의 운영을 유지하면서 동시에 시설의 생산성, 효율성, 지속 가능성, 전반적인 건강을 개선해야 한다. 게이머의 성과는 안전, 품질, 에너지 관리, 근로자 만족도 등 실생활의 핵심 성과 지표를 바탕으로 측정된다. 딜로이트는 북극해 연안에서 반딧불이 프리덤(Firefly Freedom)이라는 게임을 만들어 입사지원자의 역할 적합성에 대한 통찰력을 얻을 수 있는 공정하고 객관적인 방법을 제공했다. 이 게임은 가상의 숲 속 세계를 배경으로 한 스마트폰 게임 앱으로, 게이머들이 겨울 동안 가족을 위해 빛을 모으기 위해 반딧불이를 잡아야 한다. 이 게임은 정신적 민첩성, 모험 성향 및 지속성을 포함한 일련의 심리적 특성을 살펴본다.

Jochen Tack/Alamy Stock Photo

이러한 도구들이 인간의 잠재력을 계량화하는 방법으로서 얼마나 유효한가? 게임화를 모집, 선발, 개발에 사용할 때 윤리적으로 고려해야 할 것은 무엇인가? 이러한 것들이 새로운 질문이며, 기업은 여전히 잠재근로자에게 다가가기 위해 사용할 수 있는 최고 플랫폼인 게임화의 이점과 그것이 전통적인 방법보다 더 효과적인 모집으로 이어질 것인지 검토해야 한다. 이러한 접근 방식은 확실히 비디오 게임을 하며 성장한 새로운 세대 직원에게 다가가고, 조직이 다양한 경험과 관점을 가진 다양한 배경을 가진 사람들을 발굴하며, 비전통적인 인재를 식별할 수 있도록 지원할 수 있는 잠재력을 가지고 있다. 인재를 유인하고, 참여시키며, 유지하기 위한 전쟁에서, 이것은 게임체인저(game-changer)가 될 수 있다.

비정규직 및 기간제 근로자의 관리 비정규직 근로자를 효과적으로 관리하기 위한 첫 번째 핵심은 신중한 계획과 분석이다. 기업은 산발적으로 그리고 사전 통보 없이 조직이 정한 기간 동안 정한 수만큼의 인력을 고용하려 한다. 예를 들면 대부분의 소매업자는 크리스마스 휴일 쇼핑 기간 동안 기간제 근로자(temporary seasonal employee)를 채용한다. 과거 경험을 바탕으로, 소매업자들은 일반적으로 얼마나 많은 사람을, 그리고 언제 고용해야 하는지를 알고 있다. 기업은 또한 비정규직 근로자 사용에 따라 인건비 절감분을 산출할 수 있다.

두 번째 핵심은 비정규직과 기간제 근로자를 사용함으로써 달성할 수 있는 것과 없는 것을 인식하는 것이다. 예를 들면 이들 근로자들은 정규직 근로자가 수행하는 것만큼 효과적으로 업무 수행을 하기 위한 기업 고유의 지식(firm-specific knowledge)이 부족할 수 있다. 또한 그들은 조직에 대한 헌신과 조직시민행동(organizational citizenship behaviors)도 낮을 수 있다.

마지막으로, 관리자는 비정규직 근로자를 조직에 통합하는 방법을 결정해야 한다. 이러한 결정은 비정규직 근로자를 휴일 파티에 초대할 것인지 여부처럼 간단할 수도 있고, 비정규직 근로자에게 상담 서비스나 육아와 같은 근로자 복리후생에 대한 접근 권한을 부여할 것인지 여부와 같이 다소 복잡한 것일 수도 있다.

노동조합 관리

학습목표 10-7

근로자들이 노동조합을 조직하는 이유를 서술하고 단체교섭 과정을 설명한다.

노동조합 임금 인상, 근로시간 단축, 고용 안정, 복리후생 개선, 근로조건 개선 등 직무와 관련된 공동의 목표를 달성하기 위해 협력하는 개인들의 집합

노사관계 노조에 의해 대표되는 근로자들을 상대하는 과정

노동조합(labor union)은 임금 인상, 근로시간 단축, 고용 안정, 복리후생 개선, 근로조건 개선과 같은 직무와 관련된 공동의 목표를 달성하기 위해 협력하는 개인들의 집합이다. **노사관계**(labor relations)는 노조에 의해 대표되는 근로자들을 상대하는 과정을 말한다.

오늘날의 노조주의

제2차 세계대전 직후와 1960년대 중반까지 이어지는 기간 동안, 대부분의 노동조합이 통상적으로 구성원의 인증을 받았다. 그러나 최근 몇 년 동안 노조가 인증을 받는 시간은 절반 정도에 불과하다. 그 결과, 수백만 명의 근로자가 여전히 노조에 소속되어 있지만, 전체 노동자 비율에서 차지하는 노동조합 가입자 수(union membership)는 꾸준히 감소하고 있다. 미국 노동부(U.S. Department of Labor)가 자료를 집계하기 시작한 1983년 노동조합 가입자 수는 20.1%였으나 2007년에는 12.1%에 그쳤다. 2008~2011년의 경기침체로 실업과 임금 삭감에 대한 불안이 높아지기 시작하면서 노동조합 가입자 수가 소폭이나마 다시 증가하기 시작했다. 그러나 2010년에는 그 수가 다시 하락해 경기침체 이전 수준 이하로 떨어졌다. 2016년에는 노동조합 가입자 수는 11.1%였다. 이러한 추세는 그림 10.4에 나타나 있다.

노조의 미래 2005년에 일부 기업회원이 상급단체(parent organization)에서 탈퇴했지만, 미국 노동총동맹 산별노조회의(American Federation of Labor and Congress of Industrial Organizations, AFL-CIO)과 미국운송트럭노동조합연맹(Teamsters), 미국교육연맹(National Education Association, NEA)과 같은 독자적인 주요 노동조합이 여전히 미국 비즈니스계에서 주요한 역할을 하고 있다. 제조업에 전통적인 거점을 둔 노동조합도 여전히 상당한 권력을 행사하고 있다. 전미자동차노조(United Automobile Workers, UAW)는

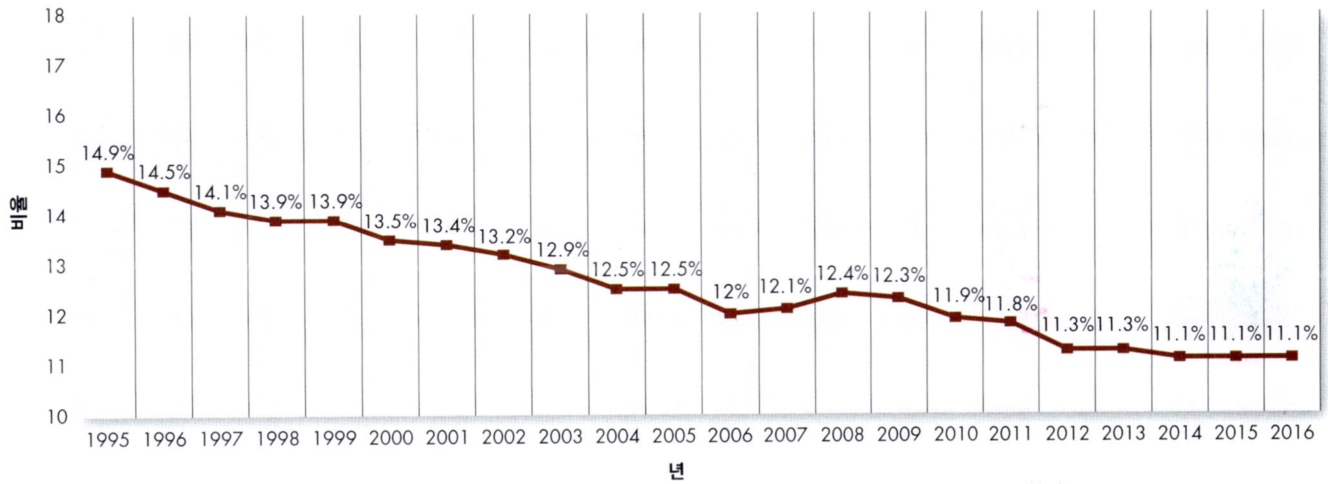

그림 10.4 1995~2016년 노조 가입 조직원 비율

출처: U.S. Department of Labor, Bureau of Labor Statistics, www.aflcio.org/joinaunion/why/uniondifference/uniondiff11.cfm.

수십 년 동안 미국에서 가장 큰 노조 중 하나였다. 하지만 그 또한 하락기에 접어든 것으로 보인다. 예를 들어 2008~2009년에 미국 자동차산업이 겪은 트라우마는 포드와 다임러크라이슬러[Daimler Chrysler, 현재는 다임러AG(Daimler AG)], 제너럴모터스의 생존을 돕기 위해서는 전미자동차노조가 많은 양보를 해야 함을 보여주고 있다. 더욱이 자동차 공장의 폐쇄는 앞으로 자동차산업에서의 일자리 수를 극적으로 감소시킬 것이다.

노조주의의 미래에 영향을 미치는 또 다른 문제는 미국 경제의 지리적 변화이다. 대부분 미국의 노조주의는 북부 및 중서부 지역과 디트로이트, 피츠버그, 클리블랜드, 세인트루이스, 시카고와 같은 도시에서 시작되었다. 그러나 지난 수십 년 동안 기업들이 노동조합 유산(union heritage)이 강하지 않은 남부 및 남서부로 사업장을 옮기면서 뚜렷한 변화가 나타났다. 예를 들면 더 '보다 나은 방법 찾기' 글상자에서 소개된 누코철강은 미국 남부 소도시에 작업장을 두고 있는데, 이는 이러한 곳의 근로자들이 노조 결성에 취약하다는 것을 알았기 때문이다.

단체교섭

노동조합의 힘은 목소리를 내는 소수에게만 아니라 모든 노동자의 요구에 경영진이 귀를 기울일 수밖에 없는 집단행동에서 비롯된다. **단체교섭**(collective bargaining)은 노사가 근로자에 대한 고용조건을 협상하고 근로계약서를 작성하는 과정이다.

단체교섭 노사가 근로자에 대한 고용조건을 협상하는 과정

계약조건에 대한 합의문 단체교섭 절차는 노동조합이 조합원 전속교섭위원(exclusive negotiator)으로 인정받고 노조 지도부가 사측 대표를 만나 근로계약에 합의하면서 시작된다. 법적으로는 양측이 협상 테이블에 앉아 선의의 협상을 벌여야 한다. 그림 10.5는 소위 '교섭구간(bargaining zone)'이라는 곳을 보여주고 있다. 예를 들면 이론적으로 고용주들은 가능한 임금을 적게 지급하기를 원한다. 그들은 일반적으로 최저임금 수준보다는 더 많이 지급하겠지만, 그들이 지급하지 않을 상한선 또한 있다. 마찬가지로 노조도 가능한 높은 임금을 원하지만 그보다 적은 임금이라도 받기를 바란다. 하지

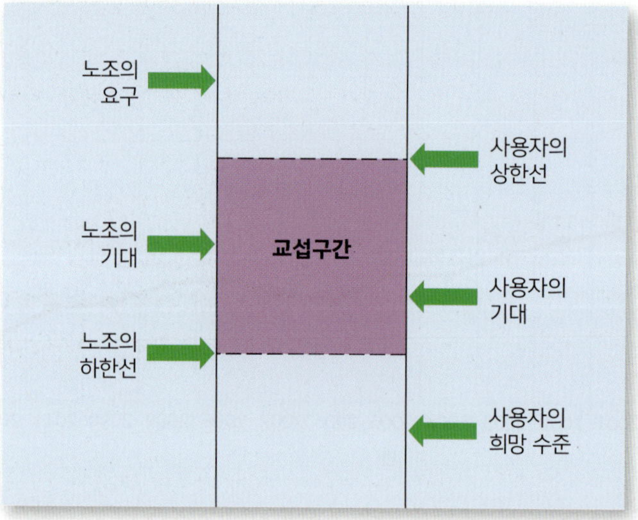

그림 10.5 교섭구간

만 노조 또한 넘고 싶지 않은 한계선을 가지고는 있다.

예를 들어 단체협상 이슈가 임금 인상이라고 가정해보자. 고용주는 처음에는 2%의 임금 인상을 제안할 수도 있지만, 6%까지는 제안할 용의가 있다. 그러나 어떤 경우라도 8% 이상을 지불할 여유가 없다. 한편 노동조합은 당초 10% 임금 인상을 요구하지만 4%의 임금 인상을 수용할 용의가 있다. 노사 각 측이 선의로 협상하고 상대방에게 양보할 의사가 있다고 가정하면 실질교섭구역은 노동조합 측의 최저치(4%)와 사용자 측의 최고치(6%) 사이에 들어간다. 실제 임금 인상 결과는 협상 중인 다른 항목과 각 교섭자의 역량 등에 달려 있다.

단체교섭 과정은 때로는 아주 순조롭게 진행되지만 양측이 동의를 하지 못하는 경우도 있다. 예를 들면 노동조합의 최저치와 사용자의 최고치가 교섭구간이기 때문에 앞의 사례와 같이 합의를 이끌어내야 한다. 그러나 노동조합 측이 8% 이상을 요구하고 사용자 측이 4% 이상의 인상안을 제시하지 않을 경우 교섭구간은 없다. 난국을 해소하는 것은 단체교섭 문제의 성격과 파업 등 양측의 특정 전술 사용 의지, 조정이나 중재 전망에 대한 전망에 달려 있다.

단체교섭 이슈 단체교섭 자체가 여러 문제를 해결할 수 있다. 노조 교섭자에게 전형적으로 가장 중요한 쟁점으로는 보상과 복리후생, 고용안정 등이 포함된다. 고용정책과 업무배정 권한 등 일정 경영권도 대부분 단체교섭에서 협상이 이루어진다. 그 외 단체교섭의 이슈로는 근로시간, 초과근무 정책, 휴가기간 마련, 교대근무자 차등임금제, 비정규직 사용, 고충 처리, 허용 가능한 노조활동(노조회비 징수, 노조게시판 등)과 같은 구체적인 내용이 포함될 수 있다.

생계비 조정(COLA) 소비자 구매력의 변화와 미래의 임금 인상을 연동시킨 근로계약 조항

보상 보상에는 현재 임금과 미래 임금이 모두 포함된다. 임금 인상을 확보하는 일반적인 도구는 **생계비 조정**(cost-of-living adjustment, COLA)이다. 대부분의 COLA 조항은 소비자 구매력의 변화를 반영하는 정부 통계인 소비자물가지수(Consumer Price Index, CPI)와 임금 인상을 연동시킨다. 오늘날 모든 근로계약의 절반 정도가 COLA 조항을 포함하고 있다.

노조는 단지 COLA 조항에 근거한 임금 인상을 장기적으로 기져기는 것은 불편해한다. 이에 한

가지 해결 방법은 **임금교섭 재개 조항**(wage reopener clause)을 두어 근로계약 기간 중 사전에 정한 시간에 임금 인상을 재협상할 수 있도록 하는 것이다.

임금교섭 재개 조항 근로계약 중 임금률을 재협상할 수 있도록 한 조항

복리후생 대부분의 단체교섭에서 근로자 복리후생은 중요한 교섭 요소이다. 노조는 일반적으로 고용주가 피고용인의 보험비용 전부 또는 대부분을 부담하기를 원한다. 단체교섭 과정에서 흔히 언급되는 그 외 혜택으로는 퇴직급여, 유급휴가, 근로조건 등이 있다. 급증하는 의료비 때문에 최근 몇 년 동안 근로자 건강보험료가 주요 논쟁거리가 되어 왔다. 예를 들면 많은 근로자가 몇 년 전에 비해 오늘 병원에 방문했을 때 훨씬 많은 공제를 한다[**공동부담금**(co-pay)은 환자가 의사에게 지불하는 금액이며, 건강보험으로 나머지를 지불한다].

고용안정 오늘날 고용안정도 많은 단체협상 과정에서 중요한 의제로 다루고 있다. 노동조합은 역사적으로 감원이 필요할 경우 누구를 유임할지를 결정하는 데 연공서열 적용을 주장해 왔다. 반면 고용주들은 신규근로자들이 일반적으로 더 낮은 임금을 받기 때문에 노조의 입장에 반대할 수도 있다.

인건비가 저렴한 국가로 생산을 아웃소싱하려는 기업적 상황에 직면하면서 노조는 미국 내에서 근로자의 일자리 보전에 힘을 쏟아 왔다. 예를 들어 미국 노동총동맹 산별노조회의(AFL-CIO)는 많은 기업이 저임금을 활용하기 위해 중국으로 일자리를 옮기려는 것을 우려해 중국과 무역관계를 정상화하려는 노력에 노골적으로 반대 입장을 표명해 왔다.

교섭 실패 노사가 연이은 단체협상 이후에도 시한만료를 앞둔 새로운 계약이나 대체계약에 합의하지 못할 때 교착상태에 빠지게 된다. 비록 교착상태에 이르고 한 당사자가 다른 당사자에 대해 어떤 조치를 취할 경우 양쪽 모두가 고통을 받는다는 것에 일반적으로 동의하지만, 양측은 난국이 해결될 때까지 여러 전술을 사용해 그 원인을 해소할 수 있다.

노동조합 전술 역사적으로 가장 흔한 노조 전술 중 하나는 **파업**(strike)이었는데, 파업은 직원들이 일시적으로 일을 그만두고 일을 거부할 때 발생한다. 미국의 주요 파업 건수는 지난 수십 년 동안 꾸준히 감소했다. 예를 들면 1960~1980년에는 연평균 281건의 파업이 발생했다. 1980년대에는 연평균 83건의 대규모 파업이 있었으나 1990년대에는 연평균 35건으로 감소했다. 2000~2010년에는 연평균 20건의 대규모 파업이 있었다. 2011년 이후 미국에서는 연평균 18건의 파업만이 있었다.

파업 근로자들이 일시적으로 일을 중단하고 일하기를 거부하는 노동행위

교착 상태에 직면한 노동조합 파업을 지지하기 위해 추가적인 법적 활동을 한다.

- **피켓팅**(picketing)은 노동자들은 파업 이유를 설명하는 팻말을 들고 고용주의 시설 입구에서 행진하는 것이다.
- **불매운동**(boycott)은 조합원이 대상 사업주의 제품을 구매하지 않기로 합의할 때 나타난다. 또한 조합원은 소비자가 그 회사의 제품을 구매하지 않도록 촉구할 수도 있다.
- 파업의 또 다른 형태는 작업 속도를 늦추는 **소극적 태업**(work slowdown)이다. 파업 대신에, 근로자들은 보통 때보다 훨씬 느린 속도로 작업을 수행한다. 많은 수의 근로자들이 병가를 내는 **병을 빙자한 비공식 파업**(sickout)도 일종의 태업의 변형이다.

피켓팅 노동자가 고용주 시설 입구에서 불만을 토로하는 노동행위

불매운동 노동자가 대상 사업주의 제품 구매를 거부하는 노동행위

소극적 태업 근로자가 정상 속도보다 느린 속도로 작업을 수행하는 노동행위

경영진 전술 경영진도 노동자와 마찬가지로 위와 같은 문제에 강력하게 대응할 수 있다.

직장 폐쇄 고용주가 근로자가 작업장에 접근하지 못하게 하는 경영 전술

- **직장 폐쇄**(lockout)는 고용주가 근로자의 직장 접근을 거부할 때 발생한다. 경영진이 협상 우위에 서기 위해 직장 폐쇄를 공격 무기로 사용한다면 이는 불법이다. 그러나 경영진이 정당한 사업상의 요구(예: 부패하기 쉬운 재고의 축적 방지)를 가지고 있다면 그러한 요구는 합법적이다. 2011년 미국프로풋볼연맹(National Football League, NFL)은 선수협과 새로운 계약 합의에 이르지 못하자 구단주가 합의가 이루어질 때까지 직장 폐쇄 조치를 내렸다. 최근 토론토 동물원(Toronto Zoo)은 2013년 노동쟁의로 직장 폐쇄를 했으며 세인트폴 챔버 오케스트라(St. Paul Chamber Orchestra)도 마찬가지였다.

파업 방해자 파업 중인 근로자를 대신해 정규직 또는 임시직으로 고용된 자

- 기업은 또한 **파업 방해자**(strikebreakers)라 부르는 기간제 근로자 또는 영구적인 대체 근로자를 고용할 수 있다. 그러나 법률에서는 불공정한 관행 때문에 파업 중인 노동자들의 영구적인 대체를 금지하고 있다. 사용자는 노동자의 파업을 금지하거나 대체 노동자를 사용하려는 시도에 대해 노동조합이 간섭하지 못하도록 법적 명령을 받아낼 수 있다.

조정 제3자가 합의를 제안하지만 강요하지는 않는 노동쟁의 해결 방법

중재 노사 양측이 중립적인 제3자의 판결에 승복하기로 합의하는 노동쟁의해결 방법

조정과 중재 노사 양측은 종종 서로에게 불쾌한 수단을 행사하는 대신 제3자를 통한 분쟁 해결에 합의할 수 있다. **조정**(mediation)에서는 중립적인 제3자(중재자)가 상대방에게 화해를 제안할 수는 있으나 강제할 수는 없다. **중재**(arbitration)에서는 중립적인 제3자(중재자)가 외부 판단에 따르기로 합의한 양측을 조정하는 것이다. 정부와 공무원 사이의 분쟁 같은 경우, 중재가 강제적으로 또는 법적으로 요구된다.

조직의 인적자원관리는 복잡하면서도 중요한 일이다. 대부분의 기업은 경쟁사와 동일한 장비를 구매하고 동일한 기술을 사용할 수 있다. 하지만 근로자의 재능과 의욕의 차이는 쉽게 모방되지 않는다. 결과적으로 오늘날 잘 관리되고 있는 기업은 근로자가 기업에 가져다주는 가치를 인식하고 인적자원관리 기능이 최대한 효율적이고 효과적으로 이루어질 수 있도록 노력하고 있다.

질문과 연습

복습을 위한 질문

10-1. 현실적 직무소개는 무엇이며, 왜 많은 조직에서 외부 채용에 필수적인 부분으로 간주하는가?

10-2. 조직이 실험실 훈련을 실시하기로 선택한 이유는 무엇이고, 어떤 상황에서 사용하는가?

10-3. 전사적 인센티브 제도는 무엇인가? 일부 조직에서 사용하는 세 가지 예를 들라.

10-4. 인력 다양성이란 무엇이고, 왜 많은 조직이 인력 다양성을 확보하고자 하는가?

분석을 위한 질문

10-5. 내부 선발의 가치는 무엇인가? 어떤 경우에 내부 채용을 필수적으로 고려하는 이유는 무엇인가?

10-6. 모든 직무와 직위에 성과급을 지급하는 것이 항상 적절하거나 공정한 것은 아니다. 특정 직무 역할과 직위에는 다른 보너스 시스템이 더 효과적이다. 그 이유는 무엇인가? 대안은 공정한가? 보너스는 오로지 이익 창출에만 의존해야 하는가?

10-7. 지식근로자 관리에서 분명한 문제는 무엇인가?

10-8. 졸업 후 기업(고용주)을 선택하는 데 복리후생이 얼마나 영향을 미치는가? 어떤 종류의 복리후생이 당신에게 가장 매력적이고, 그 이유는 무엇인가?

응용연습

10-9. 온라인에 접속해 일하기 좋은 기업을 3개 이상 검색하라. 각 기업의 보상, 복리후생 및 특전을 설명하라. 세 가지 중 어떤 것이 당신에게 가장 매력적인지와 이유를 설명하라.

10-10. 지역에 있는 기업의 인사 담당자와 현재 채용 과정에 대해 인터뷰하라. 그 부서에서 입사 지원자를 모집하는 방법, 선발 단계, 신입사원 오리엔테이션 프로그램을 서술하라.

PART 4 | 마케팅 원리: 경쟁우위를 위한 고객관계 구축

CHAPTER 11

마케팅 프로세스와 소비자행동

dennizn/Alamy Stock Photo

소비자는 마케팅의 원천이다.
동시에 마케팅은 소비자가 모르는 사이
구매 결정을 하도록 유도한다.

학습목표

LEARNING OBJECTIVES

이 장을 학습하고 나면

11-1 마케팅 콘셉트와 마케팅 외부 환경을 구성하는 다섯 가지 요인을 설명한다.

11-2 마케팅 계획의 목적을 설명하고 주요 구성요소를 구분한다.

11-3 시장세분화 콘셉트와 이것이 표적시장에 어떻게 적용되는지 설명한다.

11-4 마케팅 조사의 목적을 논의하고 네 가지 마케팅 조사 방법을 비교한다.

11-5 소비자 구매 과정과 그 과정에 영향을 주는 주요 요인을 설명한다.

11-6 조직시장의 네 가지 범주와 B2B 구매 행동의 성격을 논의한다.

11-7 소기업에 적용되는 마케팅 믹스를 논의한다.

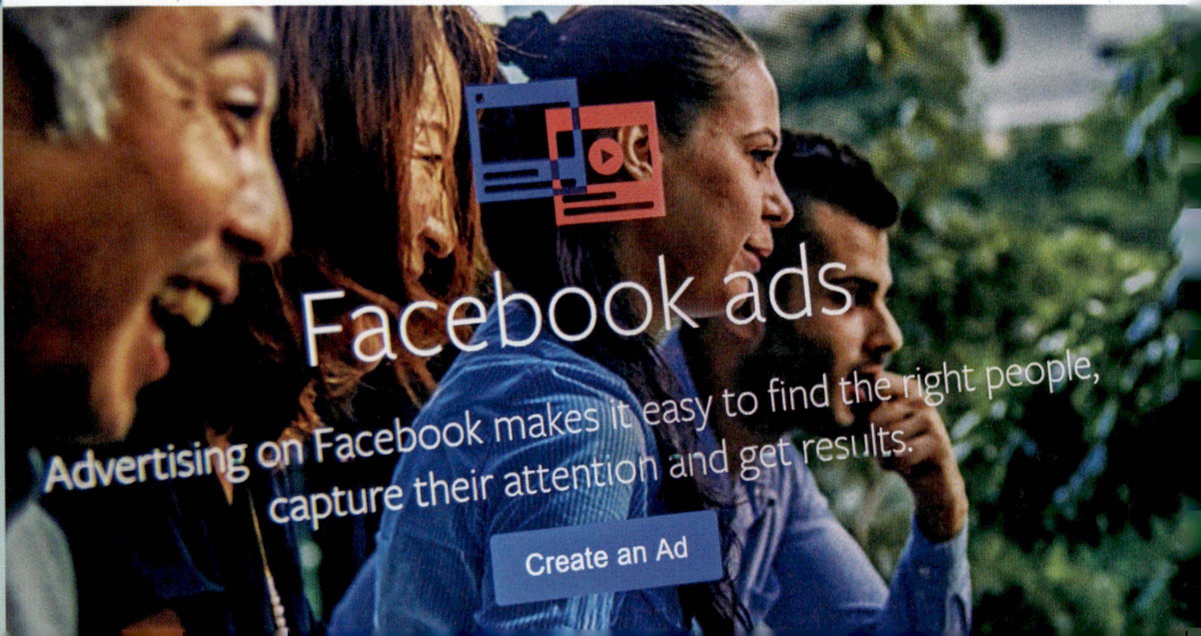

페이스북으로

스타트업 성장시키기

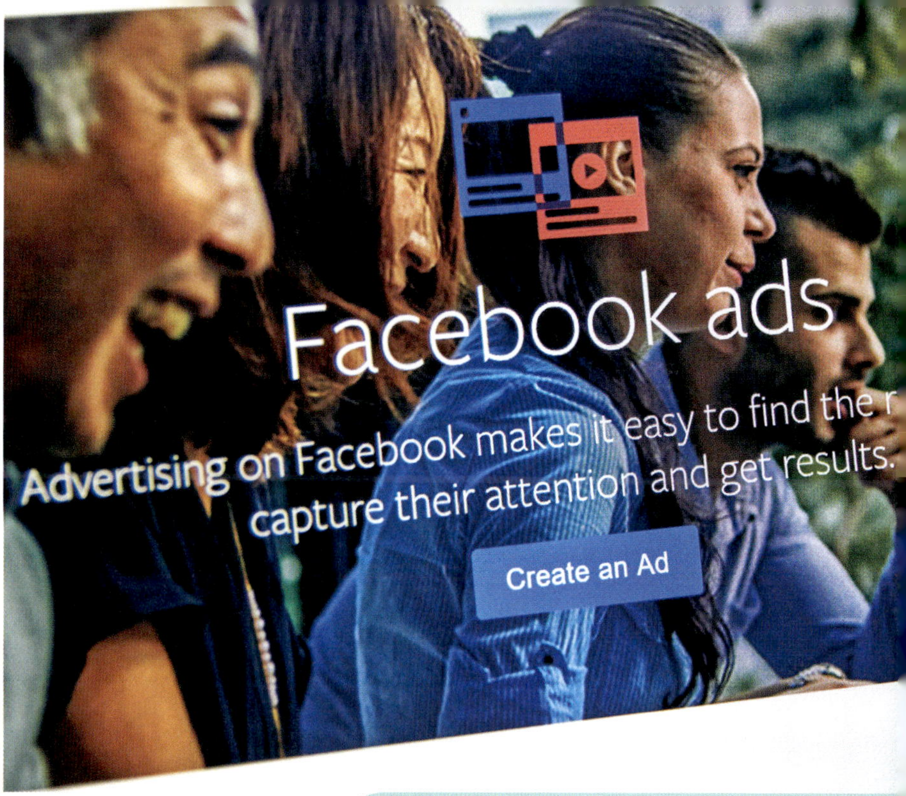

페이스북(Facebook)은 기업이 브랜드 인지도를 높이고 고객과의 관계를 형성하는 데 훌륭한 수단이다. 소셜미디어 거대 기업인 페이스북은 사용자 기반을 통해(2017년 말 기준 월간 22억 활성 사용자) 기업의 비즈니스 활동에 믿을 수 없을 정도의 고객 접근과 브랜드 구축 기회를 제공한다. 소규모 스타트업부터 대기업에 이르기까지 많은 기업의 브랜드가 개별 페이스북 페이지를 보유하고 있으며 이를 통해 제품과 서비스를 홍보하고 팔로워(followers)와 소통한다. 페이스북은 기업의 규모나 종류에 상관없이 비즈니스 기회를 제공한다.

페이스북 광고는 고객의 프로필을 활용해 기업이 특정 고객 그룹을 타깃팅하는 것을 가능케 한다. 이를 통해 브랜드는 고객에게 제공할 수 있는 가치를 구체화하고 자신의 고객을 정확하게 찾아낼 수 있다. 예를 들어 어떤 브랜드가 터키 이스탄불에 있는 사람 중 골프 치고 요트 타는 것을 매우 좋아하며 커피 마시는 것을 즐기는 사람들에게 접근하고 싶다면 페이스북 광고를 통해 특정한 사람들을 찾는 것이 가능하다. 이러한 특정 고객을 대상으로 표적 마케팅을 함으로써 광고비용 대비 높은 효과를 거둘 수 있다. 아랍에미리트(UAE)의 온라인 소매업체인 더럭셔리클로젯(The Luxury Closet)은 2011년에 설립된 후 아랍에미리트 최고의 중고 및 신상 명품 쇼핑 포털이 되었다.

더럭셔리클로젯은 경영대학원에서 공부하며 가족기업에서 일한 경험이 있는 쿠날 카푸어(Kunal Kapoor)가 설립했다. 그는 인도 브랜드인 라즈슈리업톱풋웨어(RajshreeUptop Footwear)가 빠르게 성장하는 스포츠 신발 브랜드로 탈바꿈하는 데 기여했다. 카푸어는 프랑스의 인시아드(INSEAD)에서 MBA 과정을 마쳤으며, 2010년에는 루이비통(Louis Vuitton) 매장에서 영업관리자로 근무했다. 에미리트몰(Mall of the Emirates)에 위치한 매장은 세계에서 가장 바쁜 루이비통 매장으로 손꼽힌다. 2011년, 카푸어는 중고 명품제품을 거래하는 온라인 쇼핑 플랫폼인 더럭셔리클로젯을 설립하기 위해 루이비통을 그만두었다. 카푸어는 스스로 자금을 조달하는 것 외에 엔젤 투자자로부터 외부 자금을 조달했다.

카푸어는 고객이 옷장 속 물품을 현금화할 수 있는 플랫폼

이 장을 배우면 좋은 점

기업은 다양한 방식으로 환경에 적응한다. 그중 하나는 마케팅의 기본 원리를 혁신적으로 활용함으로써 외부 환경에 적응하는 것이다. 이 장에서는 마케팅 계획 및 마케팅 믹스의 구성요소, 타깃 마케팅 및 시장세분화와 같은 기본적인 마케팅 개념을 설명한다. 또한 소비자 및 조직의 구매 과정에 영향을 미치는 주요 요소를 이해하게 된다.

Darrin Henry/Fotolia

을 개발하고 싶었다. 더럭셔리클로젯은 간단한 모델이다. 명품 브랜드 판매자와 구매자를 연결해 주는 것이다. 1만 6,000개가 넘는 명품 제품이 있는데 여기에는 최고급 브랜드인 샤넬(Chanel), 구찌(Gucci), 루이비통, 롤렉스(Rolex), 까르띠에(Cartier)가 포함되어 있다. 더럭셔리클로젯은 고객들의 편의성과 이동성이 명품 온라인 시장에서 중요한 요인이라는 것을 깨달았다. 아랍 지역의 마케팅은 사회-문화, 기술 및 경제 환경에 대한 이해가 필요하다. 럭셔리 패션은 아랍에미리트와 중동지역에 걸쳐 빠르게 성장하는 분야였다. 동시에, 이 지역에 서비스를 제공하는 온라인 소매점도 급증하고 있었다. 아랍에미리트는 인터넷 연결과 휴대전화 네트워크가 매우 잘 구축되어 있어서 온라인 쇼핑이 빠르게 성장할 수 있었다. 2014년에는 중동지역에서 48%의 명품 구매가 온라인상에서 발생했다.

제한된 광고 예산과 아랍권의 보수적인 문화 환경에서 운영되던 더럭셔리클로젯은 브랜드 인지도를 높이고 주로 부유한 아랍 여성으로 구성된 표적고객에 도달하기 위한 이상적인 도구로서 페이스북을 선택했다. 이 여성들은 문화 환경의 영향으로 이동성이 제한되어 있지만 이것이 오히려 페이스북을 통해 그들과 연결하는 좋은 기회가 되었다.

브랜드의 성장은 혁신적이었다. 더럭셔리클로젯은 현재 아랍에미리트, 사우디아라비아, 인도 전역에 75명이 넘는 직원이 있으며 페이스북 페이지에는 20만 명이 넘는 좋아요와 팔로워가 있다. 페이스북 페이지에서 공유되는 콘텐츠는 관련성이 높고 매력적이며 표적시장의 관심사와 선호도에 기반 한 제품의 사진과 동영상이 눈에 띄게 표시된다. 페이스북 페이지에는 고객을 쇼핑 포털로 이끄는 '지금 구매하기(buy now)' 옵션도 있다. 평균 주문 금액은 600달러이며, 사이트 고객의 3분의 1은 1년 이내에 재구매를 위해 다시 방문하는 충성고객층이다.

학습목표 11-1

마케팅 콘셉트와 마케팅 외부 환경을 구성하는 다섯 가지 요인을 설명한다.

마케팅의 정의

소비자는 미셸 판(Michelle Phan) 같은 사람이나 로레알(L'Oreal), 애플(Apple), 피자헛(Pizza Hut)과 같은 기업의 마케팅 활동에 영향을 받는다. 소비자는 마케팅 프로세스의 필수요소다. 소비자는 매일 의식주 같은 생필품을 필요로 하고 오락이나 여가 활동 같이 필수품이 아닌 것들도 원한다. 소비자의 욕구와 필요(needs & wants)는 마케팅의 출발이다.

마케팅

소비자, 고객, 협력사, 사회 전반에 걸쳐 가치 있는 것을 창출하고 커뮤니케이션하고 전달하고 교환하기 위한 일련의 제도 및 과정

마케팅(marketing) 하면 무엇이 떠오르는가? 많은 사람이 패스트푸드, 영화, 탄산음료나 자동차 같은 제품 광고를 마케팅이라고 생각한다. 하지만 마케팅은 더 넓은 범위의 활동을 포함한다. 미국마케팅협회(American Marketing Association)는 마케팅을 '소비자(customer), 고객(client), 협력사(partner), 사회 전반에 걸쳐 가치 있는 것을 창출하고 커뮤니케이션하고 전달하고 교환하기 위한 일련의 제도 및 과정'이라고 정의하고 있다. 마케터(marketer)가 고객과 관계를 구축하는 방법을 포함해 몇 가지 마케팅 기본 원리를 살펴보면서 이 장을 이어나갈 것이다. 그리고 외부 마케팅 환경을 구성하는 힘, 마케팅 전략, 마케팅 계획, 마케팅 믹스의 구성요소를 살펴볼 것이다. 시장세분화(market segmentation)와 이것이 어떻게 타깃 마케팅에 활용되는지 알아볼 것이다. 다음으로 마케팅 조사에 대해 살펴보고 소비자와 산업구매자(industrial buyer)의 구매 프로세스에 영향을 미치는 주요 요인을 살펴볼 것이다. 마지막으로 중소기업을 위한 마케팅 믹스를 생각해보고 국제 마케팅 믹스에 대해 알아본다.

가치 제안

구매자가 특정 제품을 구매하는 이유는 무엇일까? 사용할 수 있는 다양한 상품과 서비스에 대한 소비자의 욕구는 거의 무한이라 할 수 있지만 대부분의 경우 주머니 사정이 제한적이어서 특정한 제품이나 브랜드 중 선택해야 하는 상황이 온다. 때문에 고객은 일반적으로 자신의 욕구와 필요를 충족하는 가장 만족스러운 가치를 제공하는 제품을 구매하려고 한다.

가치와 편익 제품의 **가치**(value)는 비용 대비 상대적인 편익(benefit)을 의미한다. 편익에는 제품의 기능뿐만 아니라 제품을 소유하고 경험하는 것과 관련된 정서적 만족도 포함된다. 예를 들어 월마트(Walmart)의 40달러짜리 농구화 한 켤레는 대부분의 아마추어 선수들에게 적절할 수 있지만 많은 사람들이 스타일이나 소장 가치 때문에 조던(Jordan), 르브론(LeBron), 듀란트(Durant), 카이리(Kyrie)가 홍보하는 신상품을 구매하는 데 더 많은 돈을 지불한다. 모든 제품에는 판매가격, 구매자가 제품을 찾는 데 걸리는 시간, 구매 결정(예를 들어 구매할 농구화를 결정하는 것)을 내리는 정서적 비용 등이 포함되어 있다. 만족한 고객은 구매로 인한 편익이 비용보다 크다고 인식한다. 따라서 단순하지만 중요한 가치 비율은 다음과 같이 도출할 수 있다.

가치 편익과 비용의 상대적 비교

$$가치 = 편익/비용$$

선도 기업의 마케팅 전략은 고객의 가치를 높이는 데 중점을 둔다. 제품의 편익을 추가하거나 비용을 줄이는 것과 같이 더 큰 가치를 제공하기 위해 마케팅 자원을 배치한다. 그리고 고객을 만족시키기 위해 기업은 다음과 같은 활동을 한다.

- 기존 제품보다 더 좋은 기능을 제공하는 완전히 새로운 제품 개발(기능적 편익 추가)
- 성수기에 매장 영업시간 연장(쇼핑 편의성을 향상하는 편익 추가)
- 가격 인하(고객 비용 절감)
- 제품에 새로운 용도 제공(추가비용 없이 새로운 사용가치 증가)

가치와 효용 마케팅이 고객을 위한 가치를 창출하는 방법을 이해하려면 구매자가 기업의 상품이나 서비스에서 얻는 편익의 종류를 알아야 한다. 7장에서 살펴보았듯이 편익은 고객에게 **효용**(utility), 즉 욕구와 필요를 충족하는 가치를 말한다. 마이크로소프트(Microsoft)의 엑스박스(Xbox) 시리즈와 소니(Sony)의 플레이스테이션(PlayStation) 게임 콘솔의 마케팅 경쟁에 대해 생각해보자. 두 회사의 마케팅은 네 종류의 효용을 제공하기 위해 노력한다.

효용 개인의 욕구와 필요를 충족하는 제품의 능력

1. **형태효용(form utility).** 마케팅은 고객이 원하는 기능을 갖춘 제품을 디자인해 고객가치를 제공한다. 마이크로소프트의 엑스박스 원(Xbox One)은 키넥트(Kinect) 기술(음성 및 동작 감지 소프트웨어)을 통해 게임 화면을 비디오로 녹화할 수 있다. 소니의 최신 플레이스테이션4(PS4)는 6축 센서가 있는 컨트롤러를 앞세우고 있다.

형태효용 고객이 원하는 기능의 제품 제공

2. **시간효용(time utility).** 마케팅은 고객이 원하는 시간에 제품을 제공함으로써 시간효용을 창출한다. 소니와 마이크로소프트 모두 구체적인 내용을 언급하지 않고 곧 선보일 제품의 출시일을 암시함으로써 게이머들 사이에서 인터넷을 통한 입소문과 관심을 불러일으켰다.

시간효용 고객이 원하는 시간에 제품 제공

장소효용 고객이 원하는 장소에 제품 제공

3 **장소효용(place utility).** 마케팅은 고객이 원하는 장소에 제품을 제공함으로써 제품에 쉽게 접근할 수 있도록 장소효용을 창출한다. 엑스박스 원 및 PS4는 아마존 같은 온라인 사이트나 베스트바이(Best Buy), 타깃(Target) 같은 많은 오프라인 소매점에서 구매할 수 있다. 둘 다 온라인 네트워크를 제공한다.

소유효용 판매가격과 신용지불조건을 설정해 고객에게 적절한 방법으로 제품의 소유권을 이전하는 것

4 **소유효용(possession utility).** 마케팅은 판매가격과 신용지불조건을 설정해 고객에게 적절한 방법으로 제품의 소유권을 이전함으로써 소유효용을 제공한다.

경쟁이 치열한 분야에서 마이크로소프트와 소니의 마케팅은 매우 어렵고 위험도 높다. 제품의 기능과 효용을 제공하고 고객가치를 높이는 판매 시점, 장소 및 판매조건을 결정해야 하기 때문에 마케터는 실제 제품을 출시하기 전에 고객의 요구사항을 미리 예측해야 한다. 오늘날 급변하는 환경에서 기업은 유행과 변화하는 욕구와 필요에 빠르게 적응할 수 있도록 준비해야 한다. 효용 창출을 위한 마케팅 방법은 이 장과 다음 두 장에서 설명한다.

제품, 서비스, 아이디어

소비자는 소셜미디어, 기타 온라인 사이트, TV, 잡지, 고속도로나 길가, 매장 앞, 스포츠 경기장, 우편함 등 거의 모든 곳에서 마케팅을 접한다.

마케팅은 소비재를 구매하는 고객과 산업재를 구매하는 고객 두 가지 유형에 적용된다. 백화점에서는 판매원이 새로운 향수를 시향해보고 싶은지 물어볼 수 있다. 소셜미디어 계정에서 팝업 광고로 새로운 스포츠 음료를 홍보할 수 있다. 제약회사의 TV 광고는 새로운 감기약의 장점을 홍보한다. 지역의 자동차 딜러는 할인된 가격에 저렴한 자동차를 제공할 수 있다. 이러한 제품을 **소비재**(consumer goods)라고 하며 소비자가 개인적인 용도로 구매하는 유형의 제품이다. 개인 소비를 위해 소비자에게 제품을 판매하는 일련의 기업 활동을 B2C(business-to-consumer) 마케팅이라고 한다.

소비재 소비자가 개인적인 용도로 구매하는 유형의 제품

산업재 다른 제품을 생산하기 위해 기업이 구매하는 유형의 제품

마케팅은 기업이 다른 제품을 생산하는 데 사용하는 품목인 **산업재**(industrial goods)에도 적용된다. 수술도구와 불도저는 산업용 제품이며, 집적회로, 강철 빔, 커피원두, 플라스틱 튜브와 같은 기계 구성요소나 부품, 원자재 등도 산업재에 해당한다. 다른 기업에 제품을 판매하는 일련의 기업 활동을 B2B(business-to-business) 마케팅이라고 한다.

서비스 정보, 전문성 또는 구매 가능한 활동 등 무형의 제품

한편, 마케팅은 전문적인 조언, 적절한 정보, 휴가 준비와 같은 무형의 제품인 **서비스**(service)에도 적용된다. 서비스 마케팅은 미국에서 주요 성장 분야 중 하나다. 보험사, 항공사, 회계사, 병원은 모두 개인소비자시장과 다른 기업산업시장에 대한 서비스 마케팅을 제공한다. 소비자 마케팅 및 산업 마케팅은 제품뿐만 아니라 서비스도 포함한다.

마지막으로, 마케터는 유튜브(YouTube) 및 인기 TV 광고인 'Encouragement, Pass It On'에서 볼 수 있듯 '영감을 주는 가치'와 같은 아이디어를 홍보하기도 한다. 극장 광고는 저작권 침해 및 불법 복제에 대해 경고한다. 다른 마케팅 캠페인은 패스트푸드, 운전 중 문자 메시지 보내기를 피하는 것이나 금연의 이점을 강조하고 정당 또는 후보를 홍보할 수도 있다.

관계 마케팅과 고객관계관리

관계 마케팅 고객 및 공급업체와의 지속적인 관계 구축을 강조하는 마케팅 유형

마케팅은 종종 제품, 서비스 또는 아이디어에 대한 단일 거래에 초점을 맞추지만, 마케터는 장기적인 관점에 관심을 둔다. **관계 마케팅**(relationship marketing)은 고객 및 공급업체와의 지속적인 관계 구축

을 강조하는 마케팅 유형이다. 경제 및 사회적 유대를 강화하는 등 관계가 강화되면 장기적인 만족도, 고객 충성도 및 고객 유지율이 높아질 수 있다. 미셸 판은 관계 마케팅을 매우 성공적으로 사용했다. 스타벅스의 리워드는 무료 커피 리필 및 기타 추가 서비스로 재방문 고객을 유치한다. 마찬가지로 시중은행은 장기적인 관계를 장려하기 위해 경제적 인센티브를 제공한다. 특정 수의 은행 상품, 예를 들어 당좌예금, 저축예금, 대출을 사용하는 오래된 고객은 무료 투자자문 또는 당좌예금 수수료 감면 같은 무료 또는 할인 가격 상품이나 서비스를 받을 수 있는 신용을 제공한다.

고객관계관리(customer relationship management, CRM)는 기업이 고객과 장기적인 관계를 구축하는 데 사용하는 체계적인 정보 처리 방법으로 강력한 기업-고객 관계를 발전시킬 수 있다.

고객관계관리(CRM) 기업이 고객과 장기적인 관계를 구축하는 데 사용하는 체계적인 정보 처리 방법

온라인 커뮤니케이션이 고객 선호도에 대한 정보를 수집하고 조합하는 기능과 합쳐졌을 때 마케터는 고객이 무엇을 원하고 구매할지 더 잘 예측할 수 있다. 예를 들어 바이킹크루즈(Viking Cruises)는 출발 몇 달 전에 크루즈를 예약한 사람들에게 선내 식당 메뉴와 음식 레시피를 미리 이메일을 통해 보내며 소통한다. 더 나아가 바이킹은 이미 예약한 승객 간 소셜 네트워킹을 장려해 항해를 떠나기 전에 서로를 미리 알아가도록 해 선박에 탑승한 후 더 빨리 친해질 수 있도록 하는 데 도움을 준다.

고객의 데이터를 수집하고 저장하는 방식은 **데이터 웨어하우징**(data warehousing)이라 불리기도 하는데, 이는 마케터가 새로운 고객을 찾아내거나 최적의 고객을 알아낼 수 있도록 하는 '원료'를 제공한다. 마케터는 이 고객군에 우선순위를 부여하고 예정된 신제품 및 구매 후 서비스에 대해 미리 알려줄 수 있다. **데이터 마이닝**(data mining)은 컴퓨터 소프트웨어를 사용해 데이터의 대규모 분석을 자동화해 이전에 발견하지 못했던 고객이 무엇을 보았고 반응했는지 그리고 이것이 어떤 영향을 주었는지에 대한 단서를 선별하고 정렬하고 검색한다. 마케터는 이러한 도구를 사용함으로써 고객의 선호도를 파악해 어떻게 고객의 특징 요구를 만족시킬 수 있는지, 고객들과 더 긴밀하고 강력한 관계를 구축하는 것에 대해 더 명확한 그림을 그릴 수 있다.

데이터 웨어하우징 전자 파일 데이터의 수집, 저장과 검색

데이터 마이닝 유용한 정보를 찾기 위해 데이터 풀을 검색, 선별, 재구성하는 전자 기술의 적용

데이터 마이닝을 함으로써 전자상거래(e-commence)기업은 다른 기업과 협력해 고객에게 더 나은 서비스를 제공할 수 있다. 예를 들어 베트남, 태국, 인도네시아와 같은 동남아시아는 6억 명 이상의 소비자를 보유하고 있다. 이러한 소비자 대부분은 기술 및 소셜미디어에 정통하다. 알리바바그룹홀딩스(Alibaba Group Holdings)가 과반수를 소유하고 있는 전자상거래 기업인 라자다(Lazada)와 손 잡은 태국의 기저귀 제조업체인 DSG 인터내셔널(DSG International)은 저녁 시간에 자사 제품의 깜짝할인을 제공했다. 라자다의 데이터에 따르면 동남아시아에서 아이를 돌보는 엄마들은 밤에 웹을 검색한다는 사실이 밝혀졌기 때문이다. 마찬가지로 라자다는 웹사이트에서 고객의 검색 행동을 분석해 천연 제품에 대한 선호도를 확인했다. 데이터를 기반으로 빠르게 변화 중인 소비재 대기업인 유니레버(Unilever)는 소비자의 요구를 충족하기 위해 라자다 웹사이트에 세인트아이브스(St. Ives) 스킨 케어 브랜드를 소개했다. 데이터 웨어하우징 및 데이터 마이닝은 14장에서 자세히 설명한다.

마케팅 환경

마케팅 계획과 전략은 기업의 비즈니스 단위에서 일방적으로 결정되는 것이 아니라 강력한 외부 환경의 영향을 받는다. 그림 11.1에서 보듯 마케팅 프로그램은 기업에 영향을 미칠 수 있는 **조직 외부**의 모든 환경 요인을 고려해야 한다. 이 절에서는 외부 요인이 마케팅 환경에 미치는 영향을 설명한다.

그림 11.1 마케팅 외부 환경

정치적 · 법적 환경 기업과 정부의 관계, 보통 정부의 규제와 같은 형식

정치적 · 법적 환경 국내외의 **정치적 · 법적 환경**(political-legal environment)은 마케팅에 큰 영향을 미친다. 예를 들어 환경 법규는 전체 산업의 운명을 결정해 왔다. 정치적인 대체 에너지 자원 개발 추진은 인도의 수즈론에너지(Suzlon Energy Limited)의 대형 풍력 터빈, 독일 노르덱스(Nordex AG)의 풍력 발전기, 스페인 가메사(Gamesa Corporation)의 풍력 발전소 같은 신흥 기업의 새로운 시장과 제품의 개발을 창출하고 있다.

마케터는 다양한 방법으로 정치 및 법적 환경을 유리하게 유지하려고 노력한다. 마케터는 제품 및 마케팅 활동에 대한 대중적 지지를 받기 위해 광고 캠페인을 사용해 중요한 문제에 대한 대중의 관심을 높인다. 또한 기업은 정치인에게 기부하고 해당 산업을 관리하는 정치활동위원회(political action committees, PAC)의 활동을 지원한다.

사회문화적 환경 기업이 속한 사회의 관습, 풍습, 가치 및 인구통계학적 특성

사회문화적 환경 **사회문화적 환경**(sociocultural environment)도 마케팅에 영향을 미친다. 사회적 가치의 변화는 기업이 새로운 제품을 개발하고 홍보하도록 이끌기도 한다. 요즘은 항생제와 성장 호르몬이 없는 가금류와 육류를 개인고객과 기업고객에게 제공한다. 불과 몇 년 전만 해도 유기농 식품은 홀푸드(Whole Foods)와 같은 전문 식품점에서만 구매할 수 있었다. 오늘날은 건강식품에 대한 수요 증가에 대응해 타깃의 아처팜스(Archer Farms) 제품계열은 훨씬 더 많은 대중에게 저렴한 유기농 식품을 제공한다. 크로거(Kroger), H-E-B 같은 식료품점은 소비자가 유기농 또는 천연 제품을 찾을 수 있도록 넓은 공간을 매장에 따로 마련했다. 또한 새로운 산업 제품은 변화하는 사회적 가치를 반영하기도 한다. 직원의 건강을 개선하기 위해 기업이 구매할 수 있는 웰빙 프로그램이 늘어나고 있다. B2B 기업인 퀘스트다이아그노스틱스(Quest Diagnostics)는 고객사의 직원 건강관리를 위해 위험을 평가하고 이러한 위험을 줄이기 위한 프로그램을 추천하는 '블루프린트 포 웰니스(Blueprint for Wellness)' 서비스를 제공한다. 이러한 트렌드는 사회를 형성하는 가치, 신념과 아이디어를 반영한다. 비슷한 방식으로 기업은 잠재적으로 공격적인 사람 및 제품과 거리를 두려고 노력한다. 도널드

트럼프(Donald Trump)는 2015년 미국 대통령 후보 발표 때 멕시코에서 온 서류 미비 이민자에 대해 논란이 많은 발언을 했다. 빠른 대응으로 NBC는 트럼프가 소유한 미스 유니버스 대회를 방영할 계획을 철회했고 메이시스(Macy's)는 트럼프가 홍보하는 남성복 라인을 중단했다.

기술 환경 **기술 환경**(technological environment)은 새로운 상품과 서비스를 창출한다. 신제품은 기존 제품을 쓸모없게 만들고 많은 제품이 소비자의 가치와 라이프스타일을 변화시킨다. 결과적으로 라이프스타일의 변화는 종종 신제품을 자극하지만 신기술과 직접적으로 연관을 갖지는 않는다. 모바일 장치, 다양한 애플리케이션과 소셜미디어는 바쁜 가정의 간편조리식처럼 비즈니스 커뮤니케이션을 용이하게 한다. 두 종류의 제품 모두 여가와 취미를 위한 시간을 확보한다.

기술 환경 기업이 구성원을 위해 가치를 창출하는 모든 방법

경제 환경 경제 상황은 소비자, 기업 및 정부의 지출 패턴을 결정하기 때문에 **경제 환경**(economic environment)은 제품 제공, 가격 책정, 촉진전략에 대한 마케팅 계획에 영향을 준다. 마케터는 인플레이션, 금리, 경기 침체와 같은 경제적 변수에 반응한다. 따라서 일반 비즈니스 주기와 특정 경제 패턴을 모니터링해 소비자 및 비즈니스 지출의 추세를 예측한다.

경제 환경 인플레이션, 금리, 경기 침체와 같은 경제적 변수

경쟁 환경 한 기업이 다른 기업과 경쟁하는 **경쟁 환경**(competitive environment)에서 마케터는 구매자에게 다른 제품이 아닌 자사 제품을 구매하도록 설득한다. 소비자와 산업 구매자 모두 제한된 자원으로 인해 한 제품에 1달러를 지출할 때마다 다른 구매에 사용할 수 있는 1달러가 줄어들게 된다(기회비용 – 역주). 따라서 각 마케팅 프로그램은 제품을 가장 매력적으로 만들기 위해 노력한다. 비즈니스 용어로 표현하면 실패한 프로그램은 구매자의 달러를 영원히 잃게 된다. (또는 적어도 다음 구매 결정 시간이 될 때까지 기다려야 한다.)

경쟁 환경 한 기업이 다른 기업과 경쟁하는 경쟁 시스템

제품을 효과적으로 촉진하려면 마케터는 세 가지 유형의 경쟁을 이해해야 한다.

John Locher/AP Images

마케팅 전략은 강력한 외부 세력의 영향을 받는다. 새로운 기술은 휴대전화 '주유소'와 같은 새로운 제품을 만든다. 이러한 충전소를 통해 고객은 자동차에 연료를 보급하는 것처럼 모바일 장치를 충전할 수 있다. 마케터는 충전소에 설치된 화면을 이용해 대기 중인 고객에게 광고를 내보내는 등 새로운 커뮤니케이션 수단을 만들어내기도 한다.

대체재 경쟁사와는 다르지만 동일한 욕구를 충족시킬 수 있는 제품

1 **대체재**(substitute products)는 전혀 다른 속성의 제품과 서비스가 동일한 소비자 욕구를 충족할 수 있다. 콜레스테롤 수치는 두 가지 경쟁 제품인 피트니스 프로그램 또는 약물 요법 중 하나를 선택하게 만든다. 피트니스 프로그램과 약물은 대체품으로 경쟁하는 것이다. 마찬가지로 넷플릭스와 같은 온라인 비디오 스트리밍 서비스는 기존 TV 프로그램을 대체하는 제품을 제공한다. 로얄캐리비안(Royal Caribbean) 크루즈, 콜로라도 스키 리조트, 디즈니 테마파크는 여름 방학 휴가를 원하는 가족에게 대체품을 제공한다.

브랜드 경쟁 특정 회사에서 제공하는 제품의 편익에대해 소비자 인식에 호소하는 마케팅 경쟁

2 **브랜드 경쟁**(brand competition)은 유사한 제품 간에 발생하며 이는 특정 기업이 제공하는 제품의 편익에 대한 구매자의 인지에 기반 한다. 온라인 검색을 위해 구글(Google), 빙(Bing), 도그파일(Dogpile)을 사용하는가? 브랜드 경쟁은 각 제품이 제공하는 편익에 대한 사용자의 인지를 기반으로 한다.

국제 경쟁 해외 제품과 국내 제품의 마케팅 경쟁

3 **국제 경쟁**(international competition)은 국내기업 제품과 외국기업 제품의 경쟁을 말한다. 4장에서 살펴본 것처럼 오늘날 많은 기업이 글로벌 시장에서 경쟁한다. 포드와 GM(미국 기업)은 모든 글로벌 자동차 시장에서 BMW, 폴크스바겐(독일 기업), 토요타, 닛산(일본 기업)과 경쟁한다. 애플(미국 기업)은 삼성(한국 기업)과 경쟁한다. 소니(일본 기업)는 LG(한국 기업)와 경쟁한다. 그리고 각각의 경우에 이러한 기업은 자국, 국제 경쟁자의 모국, 그 외 많은 중립 국가에서도 경쟁한다. 예를 들어 화웨이(Huawei)를 보자. 중국에서는 애플 아이폰, 삼성 갤럭시와 같은 해외 브랜드뿐 아니라 오포(Oppo), 비보(Vivo), 샤오미(Xiaomi)와 같은 중국 현지 휴대전화 제조사와도 경쟁하고 있다. 중국 내에서 화웨이는 중국 소비자의 욕구에 부응하는 진정한 중국 기업으로 자리매김했다. 국제적 수준에서 화웨이는 글로벌 통신 브랜드로 자리매김하고 2017년 9월 삼성에 이어 세계에서 두 번째로 큰 휴대전화 제조업체로서 애플에 도전했다. 화웨이는 글로벌 브랜드로서 북유럽 축구 클럽 볼레렝아(Vålerenga) 및 스리랑카 크리켓 팀과 같은 전 세계 스포츠 팀을 후원했다.

학습목표 11-2
마케팅 계획의 목적을 설명하고 주요 구성요소를 구분한다.

마케팅 계획 수립

마케터가 자신의 역할과 경쟁의 성격에 대한 기본적인 이해를 하게 되면 다음 단계는 마케팅 계획을 개발하는 것이다. 주요 가전제품 제조 기업의 마케터가 여행을 계획하는 것에 비유해 **마케팅 계획 수립**의 개념을 설명한다.

- "우선, 가고 싶은 곳과 그곳에 도착했을 때 어떤 일을 하고 싶은지 결정한다. 다른 여행지가 아닌 이 여행지를 선택하는 이유는 무엇인가?" [달성할 **목표** 확인하기]
- "어느 시점에, 언제 여행을 갈 것이고 어떻게 목적지에 도달할 것인지 결정한다." [**언제** 일어날 일이고, 어떤 **경로**를 통해 갈 것인지 **계획**하기]
- "모든 여행에는 자원이 필요하기 때문에 자원 요건을 확인하고 사용 가능한 다른 자원과 비교한다." [**자원**의 요구사항과 가용성 **평가하기**]
- "만약 사용 가능한 자원이 너무 비싸다면, 감당할 수 있는 선에서 여행 계획을 수정한다." [**현실적**이고 **실현 가능**하도록 **계획 수정**하기]
- "여행하는 동안 그리고 그 후에 무엇이 잘 진행되었고 어떤 것이 잘못되었는지 평가하고 다음

격변 시대의 경영

피트니스퍼스트: 고객 불만 관리하기

출처: Naufal MQ/Shutterstock

아랍에미리트의 피트니스 산업은 2017년 기준 전국 800개의 피트니스 센터와 3억 8,000만 달러의 가치가 있는 것으로 추정되었다. 평균 연령이 30세인 두바이의 인구는 디지털화에 익숙하고 높은 가처분 소득을 보유하고 있어 피트니스가 도시에서 점점 인기를 얻게 되었다. 이 트렌드는 두바이 왕세자 셰이크 모하메드 빈 라시드 알 막툼(Sheikh Mohammed bin Rashid Al Maktoum)이 시작한 30일 피트니스 챌린지와 같은 다양한 이니셔티브를 통해 정부의 지원을 받게 되었다.

미국 최고의 피트니스 센터 중 하나는 전 세계 380개와 중동 전역에 66개 이상의 지사를 보유한 영국 기반 체인인 피트니스퍼스트(Fitness First)였다. 이 기업은 유산소, 체중 관리, 그룹 운동 및 영양 계획에 대한 최고의 시설과 전문적인 개인 훈련 및 전문 지식을 제공하는 30개 이상의 지점을 두바이에 두고 있었다.

두바이에서의 큰 인기에도 불구하고 피트니스퍼스트는 비판을 받게 되는데, 그 이유는 제품과 서비스에 적용되는 일반 소비세로서 2018년 1월 도입된 부가가치세(VAT)를 처리하는 방식 때문이었다. 아랍에미리트에 있는 대부분의 피트니스 센터는 지점이 비용을 직접 부담하기로 결정했지만 피트니스퍼스트는 2017년 이미 계약된 건 중 2018년 부분에 세금을 적용하기로 했다. 예를 들어 두바이의 피트니스 센터 체인 중 하나이자 피트니스퍼스트의 가장 큰 경쟁업체 중 하나인 골드짐(Gold's Gym)은 2018년 이전에 이루어진 계약 건에 대해 VAT를 적용하지 않는다고 밝혔다. 두바이의 또 다른 인기 있는 피트니스 센터인 피트퍼블릭(Fit Public)은 2017년 12월 기존 회원들이 VAT를 지불하지 않도록 2017년 12월 회원권 연장을 제공하는 홍보를 했다.

한편, 피트니스퍼스트는 이미 지불되었지만 사용되지 않은 상품과 서비스는 1월 1일부터 VAT가 부과될 것이라는 내용을 회원들에게 알렸다. 이는 고객이 2018년 1월 이전에 서비스를 구매했고 같은 날짜가 사용되지 않은 채 남아 있다면, 2018년부터는 사용되지 않은 부분에 대해 비례적으로 5%의 VAT를 지불해야 하는 것을 의미했다.

이로 인해 일부 회원들은 피트니스 센터에 입장 거부를 당하기도 했고 격렬한 반발이 있었다. 고객은 우려를 제기했지만 클럽은 VAT를 부과할 권리가 있다고 했다. 회원 계약에는 클럽 경영진이 언제든지 요금이나 수수료를 수정할 권리가 있다고 명시되어 있다. 그럼에도 불구하고 일부 VAT 전문가들은 특히 클럽이 계약에 명시적인 조항이 없는 경우 피트니스퍼스트가 VAT를 소급 적용해서는 안 된다고 말했다. 그러나 일부 고객이 두바이 경제부(Dubai Economic Department, DED)의 고객 보호 부서에 불만을 제기했을 때 회원권에 대한 세금을 지불하라는 권고를 받아야 했다.

피트니스퍼스트는 험난한 2018년 1분기를 지내고 고객이 VAT를 지불하도록 하는 데 성공했다. 피트니스퍼스트는 공식 채널을 통해 2017년 12월 말에 사내 세금 전문가가 두바이 경제부와 VAT 부과 방식을 공유했고 승인을 받았다는 사실을 분명히 했다. 나아가 피트니스퍼스트는 입장이 거부된 회원이 없음을 명확히 했다. 오직 미납된 회원들만 입장이 금지되었고 직원들은 미납된 회비를 지불하도록 정중하게 이야기한 후 입장할 수 있게 했다.

VAT 부과에 대한 혼동을 피하기 위해 피트니스퍼스트는 VAT에 대한 중요한 고지를 웹사이트의 첫 페이지에 명시했다. 또한 회원권(현재, 신규, 업그레이드, 갱신), 보충제 및 단백질, 마이존(MYZONE) 제품, 수영 수업, 유료 수업과 기타 상품 등 VAT가 적용되는 상품 및 서비스 카테고리에 대한 자세한 정보도 제공했다. 이 웹사이트에서 피트니스퍼스트는 부가가치세 관련 법규를 자세히 설명하는 국가 재무부 웹페이지 링크도 공유했다. 마지막으로 선의의 표시로 회원들이 미납된 세금을 납부하도록 장려하고 추가 납부금을 보상하기 위해 1개월 무료 회원권을 제안했다.

여행을 더 낫게 만들기 위해 기억해둔다." [경험으로부터 **배운 것**은 **다음번에 더 성공적**으로 진행할 수 있는 기회를 높이기 때문에 일어난 일에 대해 메모와 데이터를 축적하기]

마케팅 계획 고객의 욕구와 필요를 충족하는 데 사용될 특정 활동과 자원을 배분하는 세부 전략

마케팅 계획에 대한 논의는 이러한 요소가 많이 포함되어 있다. **마케팅 계획**(marketing plan)은 마케팅 목표를 구체화하고 향후 마케팅이 무엇을 달성할지 명시하는 것이다. 또한 마케팅 목표를 달성하기 위해 회사가 선택한 표적시장에서 고객의 욕구와 필요를 충족하는 데 사용될 특정 활동과 자원을 배분하는 세부 전략도 포함된다.

마케팅 목표 마케팅이 마케팅 계획에서 달성하고자 하는 것들

무엇보다도 마케팅 계획은 미래 지향적이며 향후 어떤 마케팅 활동이 벌어질지 보여준다. 그림 11.2와 같이 잘 개발된 마케팅 계획은 목적과 목표 그리고 이에 따르는 세부 계획으로부터 시작한다. **마케팅 목표**(marketing objectives), 즉 마케팅 계획이 달성하고자 하는 목적은 계획에 수반된 세부 활동을 안내하는 기초가 된다. 그러나 마케팅 목표 자체는 기업의 전반적인 비즈니스 사명(그림 11.2의 맨 위)을 뒷받침하기 위해서만 존재하며, 일반적으로 시장에서 조직의 미래 경쟁력을 유지하거나 향상시키는 데 초점을 맞춘다. 스타벅스의 전반적인 비즈니스 사명이 세계 최고의 스페셜티 커피 소매업체가 되는 것이라고 했을 때, 이것을 뒷받침하는 두 가지 마케팅 목표는 (1) 2020년까지 마켓셰어 5% 증가시키기, (2) 2022년까지 중국에서 스페셜티 커피 리더로서 자리매김(달러 매출 기준)하기가 될 수 있다.

마케팅 전략: 마케팅 믹스 계획

마케팅 전략 마케팅 목적을 달성하기 위해 사용되는 모든 마케팅 프로그램과 활동

마케팅 팀은 마케팅 목표가 명확해지면 전략을 개발한다. **마케팅 전략**(marketing strategy)은 계획된 마케팅 프로그램과 기업이 마케팅 목표를 달성하기 위해 사용할 모든 마케팅 활동 및 이러한 활동이 발생할 시기를 확인한다. 만약 계획된 활동이 예산을 초과하거나 실행 가능성이 없는 경우, 마케터는 현실적인 계획이 수립될 때까지 활동이나 목적을 조정해야 할 수도 있다.

마지막으로 마케팅 계획은 일회성 활동이 아닌 지속적인 프로세스이기 때문에 과거의 성공과 실수의 경험을 통해 개선할 수 있다.

마케터 제품을 생산자에서 소비자에게 제공하기 위해 마케팅 활동을 계획하고 실행하는 사람

마케터(marketing manager)는 조직의 전체적인 임무를 지원하고 달성하기 위해 조직의 마케팅 자원을 계획 및 구성하고 이끌며 통제할 책임이 있는 사람이다. 이러한 책임을 충족하기 위해 마케터는 제품이나 서비스를 고객에게 제공하는 모든 활동을 계획하고 구현하기 위한 명확한 전략을 수립하는 것이 중요하다. 그림 11.2에서 볼 수 있듯이 마케팅 전략은 기업이 선택한 표적시장에서 고객의 욕구와 필요에 초점을 맞춘다. 마케팅 전략에는 마케터가 목표시장에서 고객을 유치하기 위해 소비자의 문제를 해결하고 욕구와 필요를 충족시키는 수단인 **마케팅 믹스**(marketing mix)의 네 가지 기본 구성요소[제품(product), 가격(pricing), 유통(place), 촉진(promotion), 4P]가 포함되어 있다. 특정 활동은 각 표적시장의 요구를 충족하기 위해 네 가지 P에 맞게 설계된다.

마케팅 믹스 소비자의 문제를 해결하고 욕구와 필요를 충족시키는 제품, 가격, 유통, 촉진 전략의 조합

제품 서비스 또는 아이디어를 포함한 소비자가 대가 지불을 전제로 제공받는 욕구충족 수단이자 유형 및 무형의 품질

제품 차별화 고객을 유인하기 위해 기존 제품과 충분히 다른 제품의 기능이나 이미지의 창출

제품 마케팅은 제품, 서비스 또는 고객의 요구사항을 충족하도록 설계된 아이디어에서 시작한다. **제품**(product)은 서비스 또는 아이디어를 포함한 소비자가 대가 지불을 전제로 제공받는 욕구충족 수단이며 유형 및 무형의 품질이다. 생산자는 종종 시장에서 돋보이기 위해 제품의 특정 기능을 홍보한다. **제품 차별화**(product differentiation)는 제품을 기존 제품과 충분히 다르게 만들어 고객을 유치할 수 있는 기능이나 이미지를 만드는 것이다. 애플이 최초의 아이폰을 출시한 이래 몇 년 동안 너 빠르

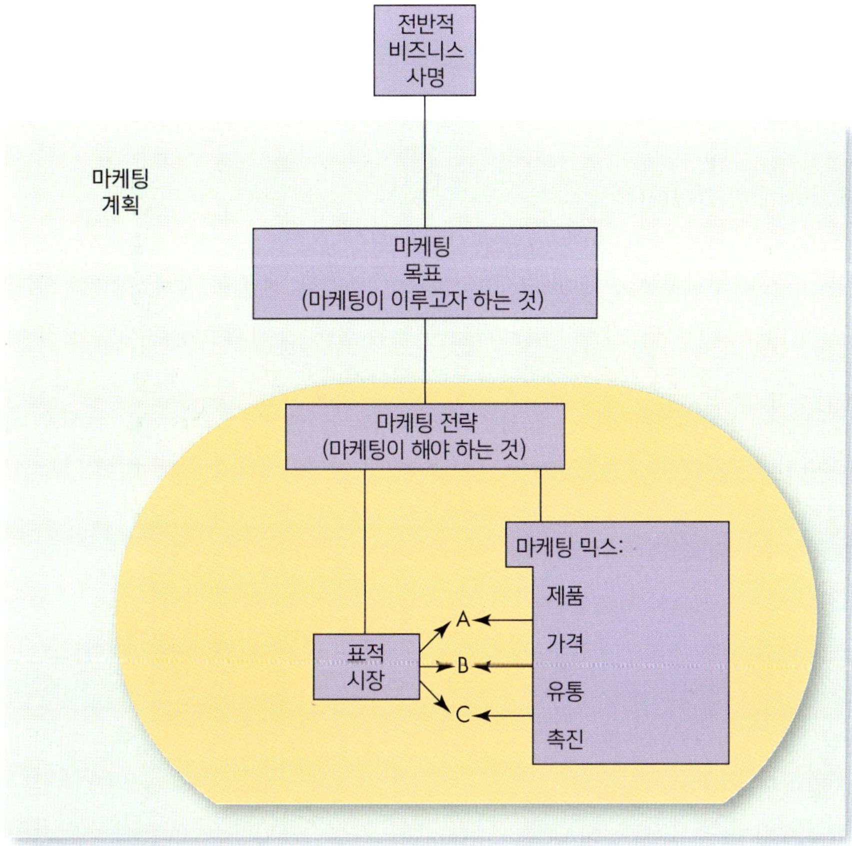

그림 11.2 마케팅 계획의 구성요소

고 강력하며 점점 더 소비자 친화적인 혁신과 함께 새로운 모델로 진화하는 과정이 계속되었다. 업계를 선도하는 아이폰의 기능은 수많은 고객의 관심을 끌었고 애플의 재정적 성공에 크게 기여했다. 최신 아이폰은 점점 더 경쟁이 치열해지는 스마트폰 시장에서 선두를 유지하기 위해 이전 모델보다 더 많은 새로운 기능을 제공한다. 아이폰은 더 얇고 더 가벼우며 새로운 레티나(Retina) HD 디스플레이, 향상된 카메라 및 더 빠른 운영체제를 갖추고 있다.

한편, 삼성은 경쟁적으로 갤럭시 시리즈를 출시했다. 애플과 마찬가지로 삼성은 수년 동안 여러 버전의 갤럭시를 시장에 내놓았다. 더 강력하고 탈부착 가능한 배터리, 더 빠른 다운로드 및 업로드 속도, 안드로이드 운영체제 및 수많은 추가 기능이 있다. 또한 방진 및 방수 기능을 강화해 인기를 끌었다.

현재 삼성 갤럭시는 스마트폰 시장에서 세계 1위를 차지하고 있고 애플은 2위다. 그러나 미국 시장에서 애플은 삼성보다 더 큰 시장점유율을 보이고 있다. 12장에서 제품 개발에 대해 자세히 설명한다.

가격 책정 제품을 판매할 최적의 가격을 선택하는 제품 **가격 책정**(pricing)은 정밀한 균형 잡기가 필요하다. 한편으로 가격은 직접비용(예: 실제 제품 제조 비용)과 간접비용(예: 운영, 관리, 연구) 및 마케팅 비용을 모두 포괄할 수 있을 만큼 높아야 한다. 또 한편으로 가격은 고객이 반복적으로 저렴한 경쟁업체로 돌아설 만큼 높아서는 안 된다. 성공적인 가격 책정은 이 두 극단 사이에서 수익성 있는

가격 책정 제품을 팔기 위한 적절한 가격을 정하는 과정

중간 지점을 찾는 것을 의미한다.

높고 낮은 가격 책정 전략은 상황에 따라 효과적이다. 낮은 가격은 많은 양의 제품을 판매할 수 있지만 제품당 이윤이 낮다. 높은 가격은 판매 수가 적지만 이윤은 높다. 특정 경우에는 높은 가격이 더 많은 고객을 이끌 수 있는데 이는 높은 품질이라는 신호를 주기 때문이다. 가격 책정에 대해서는 12장에서 상세히 설명한다.

유통 고객이 구매할 제품을 언제 어떻게 제공할지에 대한 전략

유통 마케팅 믹스에서 **유통**(place, distribution)은 고객이 구매할 제품을 **언제, 어떻게** 제공할지에 대한 전략이다. 제품이 출시되면 배송하거나 직접 구매를 통해 소매점이나 디지털 장치와 같은 특정 **장소**(**위치**)에서 고객에게 제공되어야 한다. 유통은 생산자에서 고객으로 제품을 이동시키는 일련의 활동이다. 소매점과 같은 적절한 매장에 제품을 배치하려면 생산자로부터 소비자에게 제품을 공급하는 것과 관련된 여러 활동에 대한 결정이 필요하다. 창고 및 재고 관리에 대한 결정은 운송 옵션에 대한 결정과 마찬가지로 유통 의사결정이다.

기업은 제품을 공급하는 경로도 결정해야 한다. 많은 제조업체는 상품을 다른 기업 도매상 등에 판매해 소매업체에 공급한다. 제조업체는 타깃(Target)이나 시어스(Sears) 같은 주요 소매업체에 판매하거나 최종 소비자에게 직접 판매한다. 유통 의사결정은 13장에서 자세히 설명한다.

촉진 제품에 관한 정보를 전달하는 가장 효과적인 방법과 관련된 마케팅 믹스

촉진 마케팅 믹스에서 가장 눈에 띄는 구성요소는 제품에 대한 정보를 전달하는 일련의 기술인 **촉진**(promotion) 활동이다. 촉진도구에는 광고(advertising), 인적판매(personal sales), 세일즈 프로모션(sales promotion), 퍼블리시티/홍보(publicity/public relations, PR), 직접마케팅[direct (interactive) marketing]이 포함

Weng Lei/Imaginechina/AP Images

롤렉스는 잘 설계된 마케팅 믹스의 결과 지속적인 성공을 거두었다. 스위스 회사는 고품질 시계 제품에만 집중해 수천 달러 가격에 판매하고 독점적인 고품질 소매업체 네트워크를 사용해 유통하며 흥미로운 방식으로 광고 홍보를 한다.

된다. 촉진의사결정은 13장에서 자세히 설명할 예정이지만 이 장에서는 가장 중요한 네 가지 촉진 도구에 대해 간략하게 설명하고자 한다.

광고 광고(advertising)는 청중에게 제품에 대해 알리거나 설득하기 위해 다양한 매체(TV 등 전파 방송, 신문 등 오프라인 매체, 유튜브 등 SNS 채널 등)에 의해 전달되는 유료이며 개인적이지 않은 소통채널이다. 투자 및 증권 상품을 제공하는 금융자문회사는 《포춘(Fortune)》과 블룸버그 TV 채널에 광고를 게재해 고객 청중에게 소구한다.

광고 잠재고객에게 제품에 대해 알리거나 설득하기 위해 다양한 매체를 통해 전달되는 유료이며 개인적이지 않은 소통의 모든 형태

인적판매 보험, 맞춤 디자인 의류, 부동산 등 많은 제품은 영업사원이 잠재고객과 일대일 소통을 하며 고객의 요구사항을 파악하고 적절한 제품을 제시하는 **인적판매**(personal selling)나 대면(person-to-person) 판매를 통해 촉진 활동을 전개한다. 산업재(industrial goods)와 서비스는 인적판매에 크게 의존한다. 기업이 다른 기업에서 구매할 때 조달 담당자는 기술적이고 세부적인 정보가 필요하기 때문에 판매 기업의 영업 담당자에게 문의한다.

인적판매 영업사원이 잠재고객과 일대일 소통을 하며 고객의 요구사항을 파악하고 적절한 제품을 제시하는 촉진 활동

세일즈 프로모션 **세일즈 프로모션**(sales promotions)은 소비자 구매, 산업 판매 또는 유통업체의 협력을 장려하기 위해 고안된 단기적인 촉진 활동이다. 상대적으로 저렴한 제품 또는 선매품은 종종 구매자를 직접 접촉해서 구매를 유도하는 판매 방식으로 마케팅한다. 프리미엄(일반적으로 시음품), 쿠폰, 패키지 끼워팔기는 모두 소비자가 제품을 구매하도록 유도하기 위한 프로모션 방식이다. 그러나 최근에는 이러한 홍보가 B2B 판매 및 그루폰(Groupon)과 같은 온라인 거래를 통해 소비자에게 제품을 판매하는 것으로 확대되었다.

세일즈 프로모션 소비자 구매, 산업 판매 또는 유통업체의 협력을 장려하기 위해 고안된 단기적인 촉진 활동

홍보 **홍보**(public relations, PR)는 호의를 도모하기 위한 모든 커뮤니케이션 노력이 포함되며, 회사와 그 제품에 대해 대중에게 긍정적인 반응을 유도하려고 한다. 맥도날드 자선회인 Ronald McDonald House Charities 및 맥도날드법인(McDonald's Corporation)과 관련된 협회들은 잘 알려진 PR 사례다.

홍보(PR) 호의를 도모하기 위한 모든 커뮤니케이션 노력이 포함되며, 기업과 그 제품에 대해 대중에게 긍정적인 반응을 유도하는 촉진 활동

통합 마케팅 전략 **통합 마케팅 전략**(integrated marketing strategy)은 4개의 P가 서로 조화를 이루어 기업의 비마케팅 활동과 유기적으로 연결할 수 있도록 하는 것을 말한다. 세계 최대 자동차 제조업체인 토요타의 경우 거의 30년에 가까운 자동차 산업에서 우월한 위치는 몇 년 전의 대규모 제품 리콜에도 불구하고 생산 전략과 긴밀하게 통합된 일관된 마케팅 믹스에서 비롯된 것이다. 상대적으로 적은 수의 다양한 모델을 제공하는 토요타는 고품질, 우수한 성능 안정성과 적당한 가격 대비 편익을 원

통합 마케팅 전략 마케팅의 4개의 P가 서로 조화를 이루어 기업의 비마케팅 활동과 호환되도록 하기 위한 전략

Michael Nagle/Bloomberg/Getty Images

어반아웃피터스는 성공적이지만 때로는 논란의 여지가 있는 소매업체다. 이 기업은 젊고 도시 지향적인 소비자를 겨냥한 저가의 독특한 제품을 제공한다. 그러나 일부 논란의 여지가 있는 제품으로 인해 매스컴/대인관계 문제도 겪었다.

하는 고객을 대상으로 프로모션한다. 미국 자동차 제조업체보다 모델 수가 적기 때문에 필요한 구성요소와 부품이 적고 구매비용이 저렴하다. 토요타의 탄탄한 린(lean) 생산 시스템은 재고 및 조립을 위해 필요한 공장의 공간이 효율적이다. 조립의 단순성은 더 높은 품질을 추구하고 공장의 비용 절감은 제품 가격을 낮추는 데 기여한다. 빠른 생산 속도는 유통 시스템의 배송 시간을 단축할 수 있다. 이러한 통합 전략은 토요타의 광고가 업계에서 일관되게 높은 고객 만족도에 대한 메시지를 효과적으로 전달함으로써 완성된다.

학습목표 11-3
시장세분화 콘셉트와 이것이 표적시장에 어떻게 적용되는지 설명한다.

마케팅 전략: 표적 마케팅과 시장세분화

표적시장 기업의 마케팅 노력이 집중되는 특정 사람 또는 조직

마케터는 하나의 제품이 모든 사람을 만족시킬 수 없다는 것을 알고 있다. 마케팅 개념의 출현과 고객의 욕구와 필요에 대한 인식은 마케터가 **표적시장**(target market)인 특정 사람 또는 조직에 마케팅 노력을 집중할 것을 요구한다. 표적시장을 선택하는 것은 일반적으로 마케팅 전략의 첫 번째 단계이다.

시장세분화 비슷한 욕구와 필요를 가지고 있거나 같은 제품에 흥미를 보일 것으로 예상되는 세분화 범주나 고객 범주별로 시장을 나누는 과정

표적 마케팅은 비슷한 욕구와 필요를 가지고 있거나 같은 제품에 흥미를 보일 것으로 예상되는 세분화 범주나 고객 범주별로 시장을 나누는 **시장세분화**(market segmentation)를 필요로 한다. 세분시장을 확인하면 기업은 다양한 전략을 수립할 수 있다. 일부 기업은 하나 이상의 세분시장을 대상으로 마케팅한다. 몇 년 전만 해도 GM은 거의 모든 시장 부문에 자동차를 공급하려고 했다. 브랜드에는 쉐보레(Chevrolet), 뷰익(Buick), 올즈모빌(Oldsmobile), 폰티악(Pontiac), 캐딜락(Cadillac)은 물론 새턴(Saturn), 사브(Saab), 허머(Hummer)와 같은 특수 제품과 다양한 SUV 및 픽업 트럭이 포함되었다. 그러나 2008~2011년의 금융 위기는 GM을 재정적 파멸의 위기로 몰아 넣었고 회사는 미국 정부의 구제금융을 받아들여야 했다. 위기에 대처하기 위해 GM은 일부 제품라인을 없애고 여러 제품을 철수했다. 오늘날 GM은 적은 수의 마케팅 부문을 목표로 하고 훨씬 더 높은 수익을 올리는 간소한 기업이 되었다.

제품 포지셔닝 제품 자체의 특성을 수정, 조정, 전달하는 과정

반면에 페라리(Ferrari)의 고가 스포츠카와 같이 일부 기업은 항상 좁은 범위의 제품에 초점을 맞추고 한 부문만 겨냥하기도 한다. 여기서 세분화는 제품이 아니라 소비자를 분석하기 위한 전략임을 알 수 있다. 마케터가 대상 세분시장을 확인하면 해당 세분시장에 대한 제품 마케팅을 시작할 수 있다. 제품 자체의 특성을 수정, 조정, 전달하는 과정을 **제품 포지셔닝**(product positioning)이라고 한다.

시장세분화 변수

세분시장의 구성원은 구매 결정에 영향을 미치는 몇 가지 공통 특성을 공유해야 한다. 소비자를 세분화할 때 소비자행동에 대한 여러 가지 다른 현상을 살펴보아야 한다. 우리는 가장 중요한 다섯 가지 세분화 변수를 논의한다.

지리적 세분화

지리적 변수 국가와 지역을 구분하는 지역적 범위

소비자의 구매 결정은 거주하는 장소의 영향을 받는다. 도시 거주자는 농업 장비가 필요하지 않으며 돛단배는 산에서보다 수역 근처에서 판매된다. **지리적 변수**(geographic variable)는 국가와 지역을 구

분하는 지역적 범위이며, **지리적 세분화**(geographic segmentation)는 세분화 전략을 수립할 때 다른 세분시장과 구별할 때 고려하는 국가부터 지역까지 이르는 지리적 단위이다. 독일의 맥도날드는 미국과 달리 메뉴에 맥주가 있다. 와이오밍주 잭슨 홀의 약국은 시카고에서는 금지된 총기를 판매한다. 스타벅스는 현재 중국에서 지리적 세분화에 초점을 맞추고 있다.

지리적 세분화 세분화 전략을 수립할 때 다른 세분시장과 구별할 때 고려하는 국가부터 지역까지 이르는 지리적 단위

인구통계학적 세분화

인구통계학적 세분화(demographic segmentation)는 인구통계학적 변수로 소비자를 구분하는 데 사용되는 전략이다. **인구통계학적 변수**(demographic variable)는 표 11.1의 예시처럼 연령, 소득, 성별, 민족 배경, 결혼 여부, 인종, 종교 및 사회적 계층과 같은 특성을 구별해 인구 구성의 특성을 설명한다. 마케터의 목적에 따라 인구통계적 세분화는 단일 분류(예: 20~34세) 또는 범주 조합(20~34세, 자녀 없이 결혼, 연수입 25,000~44,999달러)이 될 수 있다.

인구통계학적 세분화 인구통계학적 변수로 소비자를 구분하는 데 사용되는 전략

인구통계학적 변수 세분화 전략에 고려될 수 있는 인구의 특성

예를 들어 핫토픽(Hot Topic)은 미국에서 1980~1990년대 사이에 태어난 Y세대와 밀레니얼 세대에게 어필하기 위해 만들어진 의류, 액세서리 및 보석류를 전문으로 하는 캘리포니아 기반 체인으로 시작했다. 브랜드의 테마는 대상 소비자 집단의 패션 취향에 가장 큰 영향을 미친 대중 음악으로 삼았다. 최근에 핫토픽은 오늘날의 대중 문화와 관련된 의류, 액세서리 및 엔터테인먼트 제품의 전국적인 소매 체인이 되었다.

지리적 · 인구통계학적 세분화

이름에서 알 수 있듯이 **지리적 · 인구통계학적 세분화**(geo-demographic segmentation)는 복합적인 전략이다. **지리적 · 인구통계학적 변수**(geo-demographic variable)는 지리적, 인구통계학적 특성을 결합한 것으로 점차 일반적인 세분화 도구로서 성장하고 있다. 대도시의 '다운타운(downtown)'에 살고 있으며 고임금 전문직에 종사하는 고등교육을 받은 25~54세의 젊은 도시 여성을 예로 들 수 있다. 치코스(Chico's)는 이 부문의 많은 여성에 특화된 세련된 여행 의류제품을 제공한다. 다양한 변수는 시장을 더 정확하

지리적 · 인구통계학적 세분화 다른 세분 시장과 구별하기 위해 지리적, 인구통계학적 특성을 조합해 사용하는 시장세분화 전략

지리적 · 인구통계학적 변수 세분화 전략을 수립하기 위해 사용되는 지리적, 인구통계학적 특성의 조합

표 11.1 인구통계학적 변수의 예시

나이	5세 미만, 5~11세, 12~19세, 20~34세, 35~49세, 50~64세, 65세 이상
학력	초등학교 졸업 또는 미만, 고등학교, 고등학교 졸업, 대학교육, 대학교 졸업, 대학원 졸업
가족 생활 주기	젊은 싱글, 자녀 없는 젊은 부부, 자녀 있는 젊은 부부, 18세 미만의 자녀가 있는 중·장년 부부, 18세 미만의 자녀가 없는 중·장년 부부, 중·장년 싱글, 기타
가족 규모	1, 2~3명, 4~5명, 6명 이상
소득	15,000달러 미만, 15,000~24,999달러, 25,000~50,000달러, 50,000~100,000달러, 100,000~200,000달러, 200,000달러 이상
국적	아프리카, 북미, 아시아, 영국, 동유럽, 프랑스, 독일, 아일랜드, 이탈리아, 라틴아메리카, 중동, 스칸디나비아
인종	아메리카 원주민, 아시아인, 아프리카계 미국인, 백인
종교	불교, 천주교, 기독교, 힌두교, 유대교, 무슬림
성별	남, 여

게 정의하기 때문에 세분화에 효과적이다.

심리적 세분화

심리적 세분화 세분시장을 구별하기 위해 소비자의 심리적 특성을 사용하는 세분화 전략

심리적 변수 세분화 전략 수립 시 고려될 수 있는 라이프스타일, 의견, 관심사나 태도와 같은 소비자의 특성

시장은 라이프스타일, 관심사, 성격, 태도 같은 **심리적 변수**(psychographic variables)에 따라 **심리적 세분화**(psychographic segmentation)로 구분할 수 있다. 영국을 대표하는 럭셔리 브랜드인 버버리(Burberry)는 1856년부터 영국 전통의 상징인 비옷으로 유명했으나, 최근 몇 년 동안 구찌, 루이비통 같은 글로벌 명품 브랜드로 자리매김하기 시작했다. 이 전략은 니먼마커스(Neiman Marcus)나 버그도프굿맨(Bergdorf Goodman)과 같은 고급 백화점에서 쇼핑을 즐기며 최신 패션 유행에 민감한 유형의 고객을 유치하게 되었다. 심리적 세분화는 특히 마케터에게 중요한데 그 이유는 인구통계학적 또는 지리적 세분화와는 다르게 마케팅 노력에 의해 변경될 수 있기 때문이다.

글로벌 상호 의존과 열린 커뮤니케이션이 시작되면서 오늘날 마케팅은 전 세계적으로 전통적인 라이프스타일과 태도를 바꾸고 있다. 예를 들어 폴란드 기업은 현금만을 사용하는 소비자 문화를 극복하기 위해 신용카드 사용의 안전과 타당성을 장려했다.

행동세분화

행동세분화 소비자의 행동변수를 사용하는 세분화 전략

행동변수 제품에 대한 지식이나 태도, 사용 상황 등에 대한 소비자의 반응

행동세분화(behavioral segmentation)는 상품과 관련해 소비자가 실제로 행동하는 방식을 기반으로 한다. 이러한 행동은 다양한 요인으로 인해 발생하는데, 소비자를 세분화할 수 있는 **행동변수**(behavioral variable)는 제품에 대한 지식이나 태도, 사용 상황 등에 대한 소비자의 반응이다. 예를 들면 대량구매 고객(샘스 및 코스트코의 성공 요인인 벌크 단위 구매자)이 있다. 다른 하나는 상황 구매자라고 할 수 있다. 예를 들어 핼러윈은 이제 지출 측면에서 두 번째로 큰 '휴일'이다. 마지막 사례는 특정 목적을 위한 것이다. [올프리 클리어(All Free Clear)는 일반 세제의 첨가제에 민감한 피부를 지닌 사람들을 위한 세제다.]

학습목표 11-4

마케팅 조사의 목적을 논의하고 네 가지 마케팅 조사 방법을 비교한다.

마케팅 조사

마케팅 조사 고객이 필요하고 원하는 바가 무엇이고 그것을 어떻게 하면 충족시킬지 조사하는 것

안타깝게도 마케터가 아무리 논리적이고 합리적으로 시장에 접근하더라도 그들의 결정과 계획은 완벽하지 않을 수 있다. 마케팅 믹스 및 세분화 전략에 대한 결정과 계획의 결과는 오래 지속될 수 있다. 최선의 결정을 내리고 가능한 가장 효과적인 계획을 개발하기 위해 담당자는 고객 중심으로 노력하고 시장 동향에 대한 적절한 정보를 바탕으로 행동을 취해야 한다. 고객이 필요로 하고 원하는 바가 무엇인지, 이러한 요구와 원하는 바를 가장 잘 충족시키는 방법에 대한 연구인 **마케팅 조사**(marketing research)는 마케팅 의사결정 정보를 얻기 위한 강력한 도구다.

전체 마케팅 과정과 마케팅 조사와의 관계는 그림 11.3에 정리되어 있다. 궁극적으로 기업의 역할은 기업의 이해관계자(고객 포함), 마케팅 변수, 환경 요인 및 마케팅 결정 간의 상호작용을 명확히 해 경쟁력을 높이는 것이다. 조사자는 고객에 대한 정보를 얻고, 해석하고, 적용하기 위해 여러 가지 방법을 사용한다. 마케팅 전략, 목표 설정 및 표적시장을 선정하기 위해 필요한 정보의 종류를 결정한다. 이를 통해 마케팅 믹스에서 제안된 사항에 대한 고객 반응을 조사하게 된다. 예를 들어 한 조사자는 실험적인 페인트 원료 조합(신제품)에 대한 반응을 조사할 수 있다. 또 다른 조사자는 곤도의 가격 인하(새로운 가격)에 대한 대응을 조사할 수 있다. 세 번째 조사자는 제안된 광고 캠페인

(새로운 프로모션)에 대한 응답을 확인할 수 있다. 또한 고객이 전문점 또는 온라인(새로운 장소) 중 어디에서 제품을 구매할 가능성이 더 높은지 알아볼 수 있다.

국제시장의 중요성은 마케팅 조사의 역할을 확대했다. 기업이 전 세계적으로 제품이나 서비스를 판매하기로 결정한 경우 모든 시장에서 제품을 표준화할지 아니면 각 세분시장별로 다르게 제공해 전문화할지 결정해야 한다. 마케팅 조사의 범위가 점점 세계화되고 있다.

조사 과정

마케팅 조사는 제품수명주기의 거의 모든 단계에 걸쳐 이루어진다. 일반적으로는 새로운 제품을 개발하거나 기존 제품을 변경하기 위해 시행된다. 메리어트(Marriott)는 몇 년 전 페어필드인앤드스위트(Fairfield Inn & Suites) 브랜드를 출시하기로 결정했을 때 관리자팀을 파견해 전국의 다른 이코노미 호텔에서 수건 두께부터 매트리스의 견고성, 객실 크기에 이르기까지 모든 것을 테스트했다. 또한

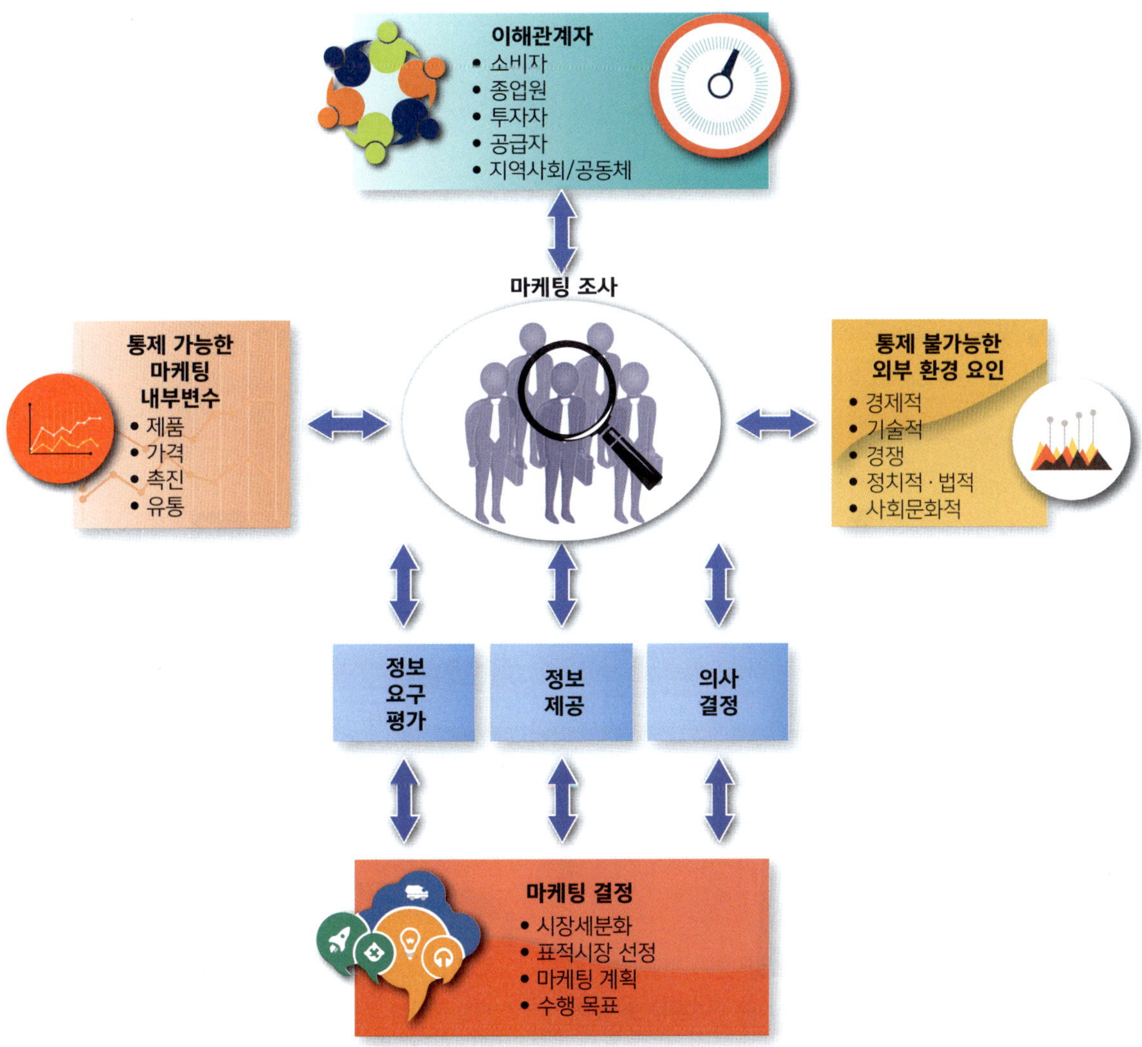

그림 11.3 마케팅 조사와 마케팅 과정

예산을 염두에 둔 여행자들과 수많은 포커스 그룹 인터뷰(FGI)를 실시해 그들에게 중요한 것이 무엇인지 알아냈다. 3년간의 연구 끝에 페어필드 브랜드는 성공적으로 출시되었다.

마케팅 조사는 보통 다섯 단계로 이루어진다. 성공적인 기업이라도 마케팅 조사 과정에 결함이 있으면 실패할 수 있다. 마케팅 조사 과정의 다섯 단계를 설명하는 전형적인 예로 코카콜라(Coca-Cola)를 들 수 있다.

1 **현재 상황 조사하기.** 시장에서 무엇을 필요로 하고 소비자의 욕구와 필요를 충족시키기 위해 무엇을 제공해야 하는가? 1980년대 중반, 코카콜라의 마케터는 시장점유율 하락에 놀라움을 금치 못했다. 시장점유율 하락을 되돌릴 방법을 찾기 위해 유명한 또는 악명 높은 마케팅 조사를 수행하기로 결정했다.

2 **콘셉트 선택하기.** 콘셉트를 선택할 때 마케터는 다양한 선택지의 효과와 비용을 고려해야 한다. 코카콜라의 예비정보는 콜라의 맛이 문제의 주원인임을 밝혔다. 특히 코카콜라는 고객들이 펩시콜라가 더 달콤하다고 인식하게 되면서 펩시콜라에게 시장점유율을 빼앗겼다고 진단했다. 연구자들은 오리지널 콜라보다 더 달콤했던 '뉴코크(New Coke)' 혼합 방식에 대한 소비자 의견에 맛 테스트를 하기로 결정했다.

2차 자료 이전의 조사를 통해 얻을 수 있는 정보(기존 통계자료, 논문, 저서, 신문 등–역주)

1차 자료 새롭게 수행된 조사를 통해 얻어진 새로운 정보(설문조사, 인터뷰, 판매 데이터 등 마케팅 조사를 통해 얻는 직접자료–역주)

3 **자료 수집하기.** 대부분의 조사 자료는 두 가지 범주 중 하나로 분류할 수 있다. **2차 자료**(secondary data)는 이전 조사에서 이미 얻을 수 있는 자료다. 미국통계청은 지리 및 인구통계학적 변수에 대해 정부가 수집한 자료를 제공한다. 2차 자료를 사용하면 시간, 노력과 비용을 절약할 수 있다. 그러나 2차 자료를 사용할 수 없거나 불충분한 경우 조사자는 시장 조사를 통해 새롭게 **1차 자료**(primary data)를 얻어야 한다. 코카콜라 연구에서는 뉴코크와 오리지널 콜라, 펩시콜라의 맛을 비교한 약 200,000명의 소비자 시음자로부터 1차 자료를 수집했다.

4 **자료 분석하기.** 자료가 수집되면 분석을 거쳐 의미 있는 정보로 가공해야 한다. 콜라 연구의 자료 분석에 따르면 소비자 시음자의 절반 이상이 뉴코크가 오리지널 콜라나 펩시콜라보다 더

Daniel Acker/Bloomberg/Getty Images

대부분의 기업은 신제품을 출시하기 전에 마케팅 조사를 수행한다. 그러나 강력한 마케팅 조사조차도 부정확할 수 있다. 구글이 2014년에 구글 글래스(Google Glass)를 출시했을 때 엄청난 수요를 예상했지만 판매 부진으로 2015년 초에 사업을 중단했다.

맛있다고 평가했다.

5 **보고서 준비하기.** 보고서에서는 연구 방법론과 결과를 설명해야 한다. 또한 문제를 확인하고 해결하기 위한 해법을 제시해야 한다. 결과에 따라 오리지널 콜라를 뉴코크로 대체하라는 코카콜라의 권장 사항이 실행되었지만 결과적으로 이 결정은 비용이 많이 드는 재난으로 이어졌다. 결국 원래 콜라를 새로운 이름인 코카콜라 클래식으로 복원한 다음 시장에서 뉴코크를 철수시키게 되었다. 밝혀진 바로는 조사의 결함이 결과를 왜곡하게 만들었다. (1) 테스트 시음자들에게 뉴코크가 출시되면 오리지널 콜라를 더 이상 먹을 수 없다는 말을 하지 않았고, (2) 오리지널 콜라가 시장에서 사라지면서 이 제품에 대한 소비자의 오랜 애착이 갈 곳을 잃었다.

이 코카콜라 사례는 비용이 많이 들어간 학습 경험이었다. 가장 성공적인 회사조차도 때때로 마케팅 실수를 경험한다는 것을 보여준다. 콜라에 대한 마케팅 조사는 궁극적으로 그들을 잘못된 길로 이끌었지만 메리어트호텔리조트(Marriott Hotels and Resorts), 삼성전자, P&G를 포함한 많은 기업이 시장점유율을 높이고 시장에 대한 이해를 증진시키는 마케팅 조사 캠페인을 실시하고 있다.

조사 방법

마케팅 조사의 성공 여부는 조사팀이 사용하는 방법에 따라 달라진다. 아래에서 네 가지 기본적인 마케팅 조사 방법을 알아본다.

1 **관찰**(observation)은 소비자행동을 관찰하고 기록하는 것을 포함한다. 오늘날 라이브 카메라 피드 및 컴퓨터 녹화 등의 정보기술 시스템을 통해 마케터는 소비자 선호도를 빠르고 정확하게 관찰할 수 있다. 소매점의 전자 스캐너와 데이터 파일은 TV 시청, 전화 거래 및 웹사이트 활동의 데이터 저장과 함께 마케터가 각 소비자의 구매 내역(사용자가 일정 기간 동안 선호하는 제품 및 브랜드)을 볼 수 있도록 한다.

관찰 소비자의 행동을 지켜보고 녹화를 통해 데이터를 얻는 조사 방법(빅데이터 분석–역주)

2 때때로 마케터는 한 단계 더 나아가 소비자에게 직접 질문을 해야 한다. 유용한 정보를 얻는 방법은 **설문 조사**(survey)를 하는 것이다. 이는 특정 문항을 통해 조사자가 사람들과 상호작용해 자료를 얻는 방법이다. 보통 설문지를 우편이나 이메일로 보내거나 전화를 통해 또는 대면 인터뷰를 통해 사실, 태도, 의견을 수집한다. UPS(United Parcel Service)는 고객을 대상으로 서비스 개선 방법을 알아보았다. 고객은 배송에 대한 실질적인 조언을 제공할 수 있는 운전자와 더 많은 대화를 원했다. 결과적으로 UPS는 운전자를 추가해 고객과 더 많은 시간을 보내도록 했다. 오늘날 대부분의 설문 조사는 온라인으로 실시된다.

설문 조사 설문지, 전화 통화, 대면 인터뷰를 이용해 소비자 자료를 수집하는 조사 방법

3 **포커스그룹**(focus group)에서 참가자는 한곳에 모여 제시된 문제나 상황에 대해 토론을 하게 된다. 조사자는 토론의 내용을 메모하고 녹화하지만 최소한의 개입만 한다. 이 방법으로 설문지에 넣기에는 너무 복잡한 내용을 탐색할 수 있고 창의적인 솔루션을 이끌어낼 수 있다.

포커스그룹 열린 토론을 통해 다양한 사람에게 제품에 대한 태도, 의견 및 신념을 묻는 조사 방법

4 **실험**(experimentation)은 서로 다른 상황에서 동일하거나 유사한 사람들의 반응을 비교하는 것이다. 예를 들어 새로운 초콜릿바에 호두를 넣을지 여부를 결정하려는 마케터는 사람들에게 아이디어에 대해 어떻게 생각하는지 직접 물어보는 것으로는 많은 정보를 얻지 못할 것이다. 그러나 2개의 무작위 샘플 그룹에게 호두가 들어간 것과 그렇지 않은 제품을 먹어보도록 요청한 다음 그들의 의견을 들을 수 있다. 두 그룹이 서로 다른 의견을 제시하면 회사는 새로운 초콜릿바에 호두를 넣을지 여부에 대해 귀중한 정보를 얻게 될 것이다.

실험 잠재고객 샘플을 사용해 신제품 또는 기존 제품의 변형을 테스트하고 반응을 얻는 조사 방법

보다 나은 방법 찾기

온라인 고객 서비스에 관한 진실

Dmitry Kalinovsky/123RF

마케팅의 기본 원칙 중 하나는 '필요를 찾아서 충족'하는 것이다. 스텔라서비스(StellaService Inc.)는 연간 고객 서비스 등급으로 소비자 관점에서 온라인 서비스를 측정하는 틈새시장을 공략했다. 2017년에 스텔라서비스는 여러 서비스 채널에서 최고의 성과를 거둔 기업에 주는 엘리트상을 비타민숍(Vitamin Shoppe)에 수여했다. 엘리트상은 매년 전화, 이메일, 채팅, 배송, 반품에서 동급 최고의 고객 서비스를 제공하는 소매 업체를 선정해 수여한다.

2010년에 스타트업으로 설립된 스텔라서비스는 아마존, 엘엘빈(LLBean.com)과 같은 거대 기업을 포함해 수천 개의 온라인 소매 업체가 제공하는 고객 만족도 데이터를 수집하는 데 2년을 보냈다. 결과 데이터로 무장한 공동 설립자인 조르디 라이저(Jordy Leiser)와 존 언스버거(John Ernsberger)는 벤처캐피털에서 2,200만 달러를 지원받아 데이터 분석 능력을 개발해 기업의 역량을 확장할 수 있었다. 스텔라서비스는 각 소매 업체의 전화 지원, 이메일 지원, 배송, 반품 및 환불 네 가지 서비스 영역에서 만족도를 측정한다. 각 영역에는 9개에서 최대 25개의 서로 다른 측정지표가 포함된다. 예를 들어 전화 지원은 아홉 가지 측정치 중 전화 응답 속도와 응답자의 제품 지식을 고려한다. 배송 측정에는 배송 시간과 제품 정확도가 포함된다. 그 결과로 업체들의 순위를 제공하며 각 소매 업체가 현재 네 가지 서비스 영역에서 경쟁업체와 비교했을 때의 위치를 보여준다. 스텔라서비스의 보고서는 배스프로(BassPro.com), 카벨라스(Cabelas.com), 딕스스포팅굿즈(DicksSportingGoods.com)와 같은 스포츠용품 카테고리에서 각 업체의 배송, 이메일 지원, 반품 교환 지원 및 전화 지원 순위를 보여준다.

이러한 측정을 통해 스텔라서비스는 소매 업체가 고객 서비스 성과를 객관적으로 측정하고 지속적으로 경쟁업체와 비교했을 때 어떻게 발전하고 있는지 보여준다. 스텔라서비스는 비즈니스의 성공이 조사 방법의 타당성과 신뢰성에 달렸음을 알고 있었다. 독립된 제3의 등급 시스템을 이용하고 교육을 받은 직원인 '시크릿 쇼퍼(secret shopper, 한국에서는 미스터리 쇼퍼–역주)'를 이용해 이메일, 전화통화, 라이브챗, 배송과 반품 및 교환을 시도한 뒤 엄격하고 통제된 방법으로 측정한다. 타당성에 대한 추가 보증으로 스텔라서비스는 정확도를 높이기 위한 상세 단계와 함께 데이터를 모으고 처리하기 위한 측정 방법과 절차를 기술한 '고객 서비스 측정 과정 감사'를 개발하고, 최대 회계 감사 기업인 KPMG에 의뢰해 자사의 방법에 대해 감사를 받기도 했다. 이제 소매 업체들은 온라인 마케팅과 서비스에 관한 결정을 내릴 때 독립적이고 객관적인 정보에 기반 할 수 있게 되었다. 본질적으로 스텔라서비스는 수익을 높이는 동시에 소비자가 더 나은 구매 결정을 내릴 수 있도록 돕는 것이다.

학습목표 11-5

소비자 구매 과정과 그 과정에 영향을 주는 주요 요인을 설명한다.

소비자행동의 이해

소비자행동 소비자가 제품을 구매하고 소비하는 의사결정 과정과 신체적 활동에 대한 연구

마케터는 사람들이 새 냉장고에서 일반적으로 원하는 기능이 무엇인지 알 수 있지만 냉장고에 대한 '완벽한' 마케팅 조사를 수행하더라도 사람들이 특정 냉장고를 구입하는 이유를 정확하게 확인할 수는 없다. 소비자는 어떤 제품을 선호할까? 왜 다른 제품이 아닌 특정 제품을 구매하는지에 대한 심리적 또는 사회학적 설명이 있을까? 이러한 질문들은 **소비자행동**(consumer behavior), 즉 소비자가 제품을 구매하고 소비하는 의사결정 과정과 신체적 활동에 대한 연구에서 구체적으로 다루고 있다.

소비자행동에 영향을 주는 요인

소비자행동을 이해하기 위해 마케터는 심리학, 사회학 등의 분야를 활용한다. 그 결과 소비자행동에 대한 네 가지 주요 영향 요인인 (1) **심리적**, (2) **개인적**, (3) **사회적**, (4) **문화적** 영향을 도출해낸다. 마케터는 특정 상황에서 어떤 요인이 소비자행동에 가장 큰 영향을 주는지 파악함으로써 소비자의 선택 과정을 설명하고 미래의 구매행동을 예측할 수 있다.

심리적 영향(psychological influence)은 개인의 동기, 인식, 학습 능력, 신념과 태도 등이 있다.

개인적 영향(personal influence)에는 라이프스타일, 성격 및 경제적 지위가 포함된다.

사회적 영향(social influence)에는 가족, 오피니언 리더(다른 사람의 생각에 영향력을 미치는 사람들), 친구나 동료와 같은 준거그룹이 포함된다.

문화적 영향(cultural influence)에는 문화(다른 그룹과 구별되는 큰 그룹 단위의 생활 방식), 하위 문화(같은 가치를 공유하는 작은 그룹), 사회 계층(배경, 직업, 소득과 같은 기준에 따른 그룹)이 포함된다.

이러한 요소들은 소비자의 선택에 큰 영향을 미칠 수 있지만 실제 구매에 미치는 영향은 때때로 약하거나 무시할 정도일 수도 있다. 예를 들어 일부 소비자는 특정 브랜드에 높은 **브랜드 충성도**(brand loyalty)를 보이는데 그들은 성능에 만족하기 때문에 맥도날드 식품과 같은 제품을 정기적으로 구매한다. 그러한 사람들은 주관적으로 자신이 선호하는 브랜드를 고수한다. 반면에 패션, 소셜 네트워크, 방을 꾸미는 방식 등은 소비자행동에 대한 사회적, 심리적 영향을 반영하는 경우가 많다.

심리적 영향 개인의 동기, 인식, 학습 능력, 신념과 태도 등

개인적인 영향 라이프스타일, 성격 및 경제적 지위 등

사회적 영향 가족, 오피니언 리더(다른 사람의 생각에 영향력을 미치는 사람들), 친구나 동료와 같은 준거그룹 등

문화적 영향 문화(다른 그룹과 구별되는 큰 그룹 단위의 생활 방식), 하위 문화(같은 가치를 공유하는 작은 그룹), 사회 계층(배경, 직업 및 소득과 같은 기준에 따른 그룹) 등

브랜드 충성도 소비자 만족에 따른 지속적인 재구매와 재방문 의도

소비자 구매 과정

소비자행동 연구는 소비자가 제품을 구매하는 결정 과정을 보여주기 위해 다양한 모델을 개발했다. 그림 11.4는 소비자 구매 과정 모델을 보여준다. 이 모델의 핵심은 제품이 소비자에게 전달되기까지 많은 영향을 받는다는 것이다. 궁극적으로 마케터는 소비자 구매 과정을 이해하고 마케팅 계획을 수립해야 한다.

문제 또는 욕구의 인식 이 단계는 소비자가 문제나 잠재된 욕구를 인식하는 단계로(현 상태와 이상적인 상황과의 괴리. 결핍과 제거 욕구 – 역주) 구매 습관을 바꿀 기회가 있을 때에도 발생한다. 예를 들어 졸업 후 첫 직장을 구하고 나서 새로운 수입이 생기면 한때 너무 비싸서 사지 못했던 제품을 구매하고자 하는 욕구가 생기는 것과 같다. 정장이나 인테리어 소품, 가구, 자동차가 필요하게 될 것이다. 뱅크오브아메리카(Bank of America)와 씨티은행(Citibank)은 대학생들에게 신용카드를 홍보할 때 이러한 욕구의 변화를 자극한다.

정보 탐색 새로운 수요를 인식한 소비자는 정보를 수집하게 된다. 검색이 항상 광범위한 것은 아니지만 주요 구매를 하기 전에 개인적이거나 온라인 커뮤니티 등의 경로를 통해 또는 경험에서 최소한의 정보를 찾을 수 있다(외부적 탐색과 내부적 탐색 – 역주). 피트니스 센터에 가입하기 전에 옐프(yelp.com)에서 해당 지역의 피트니스 센터에 대해 읽어 보거나 근처에 있는 몇 개의 피트니스 센터를 방문한다. 이러한 정보 탐색에서 소비자는 구매를 고려할 제품 그룹인 **환기 상품군**(evoked set) 또는 **고려 상품군**(consideration set)을 발견하게 된다.

환기 상품군(고려 상품군) 소비자가 정보 탐색을 통해 구매를 고려하는 제품의 그룹

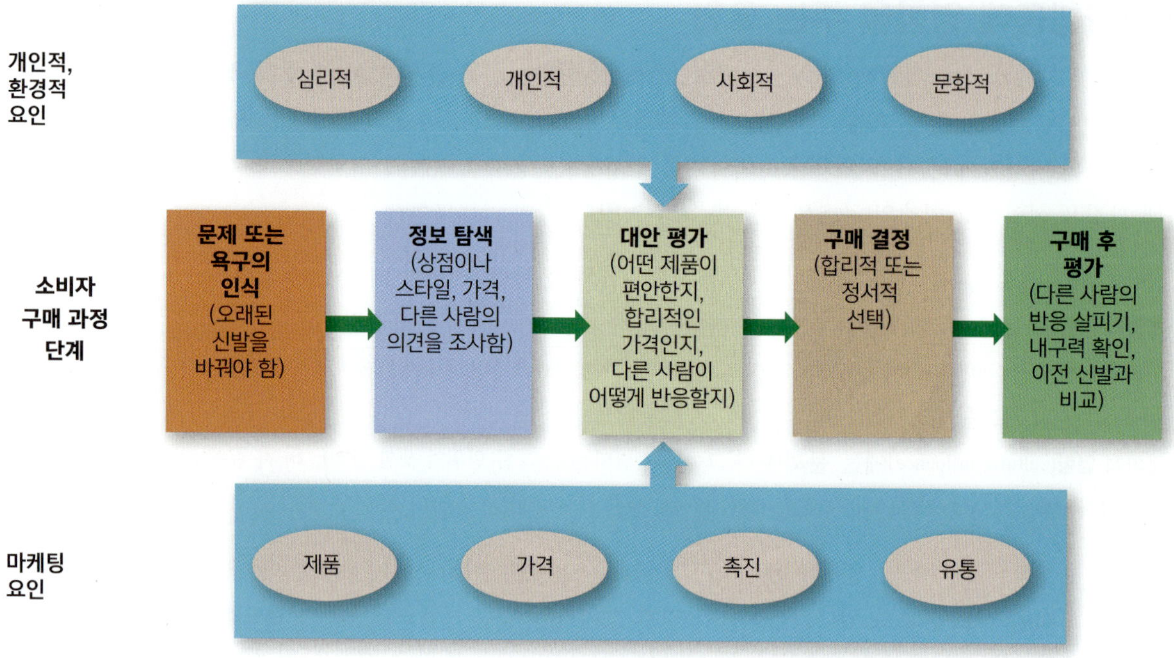

그림 11.4 소비자 구매 과정

대안 평가 누군가 스키 시장에 종사한다면 스키 제조사나 제품 차별성에 대해 알 것이다. 소비자는 고려 상품군의 제품 속성(가격, 명성, 품질 등)을 분석해 자신의 욕구에 가장 잘 맞는 제품을 결정하기 전에 제품을 비교한다.

합리적 동기 제품 특성을 객관적인 평가에 기반 해 제품을 구매하는 이유

정서적 동기 비객관적인 요인에 기반 해 제품을 구매하는 이유

구매 결정 궁극적으로 소비자는 구매 결정을 내린다. '구매' 결정은 **합리적 동기**(rational motive), **정서적 동기**(emotional motive) 또는 이 둘의 조합을 기반으로 한다. 합리적 동기는 제품 속성 비용, 품질 및 유용성에 대한 논리적 평가를 포함하며, 정서적 동기는 사회적 위치, 타인의 모방이나 심미성과 같은 비객관적인 요인을 포함한다. 예를 들어 친구와 같은 브랜드의 청바지를 구입해 특정 그룹에 속한다는 느낌을 가질 수 있다. 이는 보통 친구가 내구성 있고 합리적인 가격의 청바지를 선호하는 '좋은 감각'을 가지고 있기 때문이 아니다.

구매 후 평가 흥미롭게도 마케팅은 제품 판매로 끝나지 않고, 판매 후에 일어나는 상황도 중요하다. 마케터는 소비자가 제품을 구매한 후 행복감을 유지해 다시 구매할 가능성을 높이기를 원한다. 소비자는 모든 구매에 대해 복잡한 의사결정 과정을 거치고 싶지 않기 때문에 자주 사용하고 좋아했던 제품을 다시 구매한다. 물론 모든 소비자가 구매에 만족하는 것은 아니다. 불만족한 소비자는 동일한 제품을 다시 구매할 가능성이 낮으며 만족스러운 고객에 비해 자신의 좋지 않은 경험을 입소문 내는 경향이 크다. 기업이 불만을 품은 고객이 제기한 문제를 해결하기 위해 열심히 노력해야 하는 이유다.

조직 마케팅과 구매 행동

학습목표 11-6
조직시장의 네 가지 범주와 B2B 구매 행동의 성격을 논의한다.

소비자 시장은 사고 파는 거래가 공중에 공개된다. 눈에 덜 띄기는 하지만 똑같이 중요한 것이 조직(산업)시장(organizational markets)이다. 소비자에게 공급할 제품 또는 공공 서비스를 만들고 제공하는 데 사용되는 상품 및 서비스를 구매하는 조직에 대한 마케팅은 소비자 시장과는 다른 다양한 종류의 시장과 구매 행동이 포함된다.

비즈니스 마케팅

비즈니스 마케팅에는 네 가지 B2B 범주에 속하는 기업 또는 산업시장이 포함된다 — (1) 서비스 회사, (2) 산업, (3) 도매, (4) 정부 및 기관시장. 종합하면 B2B 시장은 연간 25조 달러 이상의 비즈니스를 수행하며 이는 미국 소비자 시장에서 수행되는 비즈니스 양의 2배 이상에 해당한다.

서비스 회사 시장 **서비스 회사 시장**(services companies market)은 구매자에게 서비스를 제공하는 많은 기업을 포함하고 있다. 예를 들어 디즈니월드(Disney World)가 방문객에게 탁월한 경험을 제공하는 데 필요한 재료와 소모품을 상상해보자. 유나이티드항공(United Airlines), MTV와 회계 법인 PwC를 운영하는 데도 비슷한 요구가 있다. 동물 병원에서 접객 서비스 제공자, 의료 센터 및 보육원에 이르기까지 모든 것이 고객에게 서비스를 제공하는 데 필요한 품목과 재료를 구입한다.

서비스 회사 시장 공공 구매에 서비스를 제공하는 비즈니스를 하는 기업

산업시장 **산업시장**(industrial market)은 다른 제품의 원료가 되는 제품이나 생산에 필요한 품목을 구매하는 비즈니스를 포함한다. 농부, 제조업, 일부 소매업체가 여기에 해당한다. 피아노 제조업체인 스타인웨이(Steinway)는 그랜드 피아노를 만들기 위해 목재와 목재 착색제, 금속류 등 다양한 재료를 다른 공급자로부터 구매한다. 또한 피아노 구매자에게 보이지 않지만 사무용품이나 도구 및 공장장비 등 뉴욕과 독일의 생산시설에서 사용되는 품목들을 구매한다.

산업시장 제품의 재료나 생산에 사용되는 품목을 구매하는 기업으로 구성된 조직시장

도매시장 **도매시장**(reseller market)은 제품이 소비자에게 도달하기 전에 완제품을 사서 재판매하는 도매업체 및 소매업체를 포함한 중개업체로 구성된 유통시장을 말한다. 유람선 시장을 위한 부품 및 액세서리의 선도적인 유통업체인 코스트디스트리뷰션시스템(Coast Distribution System)은 조명, 스티어링 휠과 프로펠러를 구입해 선착장 및 보트 수리점에 재판매한다.

도매시장 완제품을 구매하거나 되파는 중간업체로 구성된 조직시장

정부 및 기관시장 연방 및 주정부 외에도 미국에는 89,000개 이상의 지방정부가 있다. 2016년에 주 및 지방정부는 내구재, 비내구재, 서비스, 건설에 3조 달러 이상을 지출했다. **기관시장**(institutional market)은 병원, 교회, 박물관, 자선단체와 같은 비정부조직으로 구성되어 있으며, 공급품과 장비는 물론 법률, 회계, 운송 서비스도 사용한다.

기관시장 병원, 교회, 박물관이나 자선단체 같이 제품이나 서비스를 구매하는 비정부 구매자로 구성된 조직시장

B2B 구매 행동

조직의 구매 행동은 소비자행동과 많은 차이점이 있다. 주요 차이점은 구매자의 전문성과 구매자-판매자 관계 특성이다.

구매자의 차이 대부분의 소비자와 달리 조직 구매자는 대량으로 구매하고 역할이 전문적이고 세분화되어 있으며 기술적 세부사항을 잘 알고 있다. B2B 구매자의 특성은 다음과 같다.

- 산업 구매자는 일반적으로 **대량으로 구매**한다. 또한 거래금액이 크기 때문에 구매자는 사려는 제품에 대해 전문지식이 높다. B2B 구매자는 정기적으로 무역 박람회에 참석하고, 다른 사람들과 인터넷을 통해 네트워킹하고, 무역 관련 자료를 읽고, 판매자의 대표와 기술적인 논의를 하며, 경쟁 제품 및 대체 공급업체를 조사한다.
- 전문가로서 B2B 구매자는 **구매 조건 협상 방법에 대해 교육을 받는다.** 구매자-판매자 계약이 성사되면 공식적인 법적 계약에도 서명한다.
- 일반적으로 산업 구매자는 기업에서 품목 라인의 전문가이며 **구매하는 제품에 대한 전문가**이다. 예를 들어 대형 제과점의 여러 구매자 중 한 명이 식품 재료를 전문으로 구매를 할 수 있다. 다른 구매자는 제빵 장비를 전문으로 할 수 있고, 다른 구매자는 사무용품과 소모품을 구매할 수 있다.

구매자·판매자 관계의 차이 일반 소비자와 판매자의 관계는 공식적이고 단기적인 일회성 거래인 경우가 많다. 하지만 B2B 거래는 빈번하게 발생하고 장기적인 관점에서 구매자-판매자 관계를 지속하는 경우가 많다. 장기적인 관계로 발전하면 각 당사자가 상대방의 기술적 강점을 밀접하게 활용할 수 있고 미래의 기업 활동에 대한 보안을 유지할 수 있다. 구매자와 공급업체는 양측 모두에게 이익이 되는 제품을 만들기 위한 팀을 구성한다. 산업 판매자는 각 고객사의 요구를 이해할 수 있는 숙련된 담당자를 배치한다.

소셜미디어와 마케팅

소셜 네트워킹 온라인 플랫폼을 통해 사람들과 기관들의 소통을 원활하게 하는 커뮤니케이션 네트워크

소셜 네트워킹 미디어 소비자가 정보를 얻고 토론할 수 있는 페이스북, 트위터, 링크드인, 유튜브 같은 웹사이트 또는 접근 채널

바이럴 마케팅 사람 간에 '바이러스'와 같이 입소문을 통해 정보를 전파하는 마케팅의 한 종류

소셜 네트워킹(social networking)은 온라인 플랫폼을 통해 사람과 사람 및 조직 사용자 간에 상호작용을 해 사회적 관계 구축을 용이하게 하는 커뮤니케이션을 의미한다. 마케팅 관점에서 **소셜 네트워킹 미디어**(social networking media)는 페이스북, 트위터(Twitter), 링크드인(Linked In), 유튜브 같은 웹사이트 또는 접근 채널로, 수백만 명의 소비자가 구매 결정을 내리기 전에 소셜미디어에서 정보를 공유한다.

바이럴 마케팅과 소셜 네트워킹 **바이럴 마케팅**(viral marketing)은 소셜 네트워킹과 인터넷에 의존해 사람 간에 '바이러스'와 같이 입소문을 통해 정보를 전파하는 마케팅의 한 종류다. 마케팅 목적은 브랜드 인지도를 높이거나, 신제품 아이디어를 홍보하거나, 판매촉진을 위한 분위기를 조성하는 데 있다. 새로운 자동차, 스포츠 이벤트, 영화 및 기타 많은 제품과 서비스에 대한 메시지는 잠재고객 사이에서 네트워크를 통해 전달된다. 마케터는 게임, 콘테스트, 채팅방, 블로그, 게시판과 같은 다양한 소셜 네트워크를 사용해 잠재고객이 제품을 사용해보고 다른 사람들에게 알리도록 권장한다. 예를 들어 디즈니는 스타워즈 신화와 마블 유니버스의 캐릭터가 등장하는 새 영화를 출시할 계획을 염두에 두고 몇 달 또는 몇 년 전에 짧은 샘플 영상을 공개한다. 시청자의 호기심을 자극하고 실제로 극장에서 개봉하기 훨씬 전에 새로운 영화에 대한 기대감을 높이는 데 도움이 되기를 바라는 것이다. 뱅크오브아메리카, 맥도날드, 이베이, 시스코와 같은 거대 기업을 포함한 마케터는 홍보, 브랜딩 및 제품에 대한 메시지를 전파하기 위해 **기업 블로그**(corporate blog)를 점점 더 많이 사용하고 있다.

기업 블로그 기업 활동을 홍보하기 위해 웹에 게시하는 코멘트 또는 이견

소셜 네트워킹을 통한 웹 기반 수익 많은 주요 기업이 자체 페이스북 페이지를 보유하고 있지만 소기업도 소셜미디어 채널을 사용해 표적시장의 고객과 네트워킹해 수익을 증대한다. A2L컨설팅(A2L Consulting)은 법률 회사에 배심원 컨설팅, 재판 전 서비스, 법정 기술 및 소송 그래픽과 같은 다양한 소송 서비스를 제공한다. A2L은 구글플러스(Google+), 유튜브, 핀터레스트(Pinterest), 링크드인, 트위터를 포함한 여러 소셜 네트워크를 사용해 웹 기반 수익을 증가시킨다. 매월 15,000회 이상의 웹사이트 방문 트래픽을 통해 상당한 수익을 창출한다. 기업들은 A2L에서 사용하는 소셜미디어 네트워크 중 링크드인이 B2B 대상 시장과 연결하는 데 가장 효과적인 것으로 평가했다. 링크드인 자체는 현재 3억 5,000만 명이 넘는 사용자를 보유하고 있으며 초당 2명의 신규 회원이 추가되고 있다.

이는 얼마나 효과적일까? 바이럴 마케팅과 소셜 네트워킹은 기존 미디어 메시지보다 저렴한 비용으로 더 빠르고 광범위한 도달 범위로 소비자 인지도를 높일 수 있다. 이는 두 가지 이유를 들 수 있다. 첫째, 사람들은 과거 신문, 잡지나 TV에서 얻던 정보를 온라인 미디어에 의존하게 되었다. 둘째, 중요한 것은 상호작용 요소다. 누구나 정보를 전달하는 과정에서 직접 참여자가 되고 다른 사용자로부터 정보를 탐색할 수 있다는 것이다.

소셜미디어의 지속적인 성장은 기업의 마케팅 관행과 소비자행동도 변화시키고 있다. 페이스북은 매월 약 16억 6,000만 명의 활성 사용자와 매일 9억 5,000만 명 이상의 사용자로 인해 인터넷에서 가장 많이 이용되는 소셜미디어 사이트가 되었다. 페이스북이 1위지만 2위를 차지하는 트위터 또한 빠르게 성장하는 네트워크로 3억 1,000만 명 이상의 활성 사용자와 매일 약 5억 2,500만 개의 트윗을 처리한다. 이 수치는 소셜미디어 산업의 거대한 규모뿐만 아니라 새로운 아이디어와 제품을 탐색하도록 서로에게 영향을 주고 설득하는 수많은 참여자를 반영한다. 이는 곧 모두가 소비자이자 판매자가 될 수 있음을 의미한다. 업계의 성장은 특히 (1) 휴대전화 사용자 수의 증가, (2) 55세 이상의 트위터 사용자, (3) 더 많은 잠재 사용자에게 더 넓은 글로벌 도달 범위를 제공하는 결과를 낳았다. 기업은 경험을 쌓으면서 소셜미디어를 새로운 방식으로 사용하고 있다. 켈로그(Kellogg Company)는 광고 프로모션 외에도 소비자 조사 및 신제품 아이디어를 얻기 위해 소셜미디어를 사용한다. P&G는 페이스북에서 바이럴 마케팅이 TV 광고보다 더 많은 매출을 창출할 수 있다는 것을 알게 되었다. 이베이(eBay)는 판매자와 구매자가 소셜미디어를 사용해 다른 구매자와 판매자를 이베이의 웹사이트로 유입시키는 것을 확인했다. 마케팅을 공부하는 학생에게 소셜미디어 트렌드는 (1) 소셜미디어를 사용하는 소비자로서 점점 더 많은 유혹적인 제품의 노출을 받을 것이며 (2) 해당 애플리케이션과 기술적 운영에 익숙한 소셜미디어 사용자로서 관련된 직책에서 점점 더 많은 경력 기회를 찾을 수 있다는 분명한 의미를 제공한다.

국제 마케팅 믹스

국제 마케팅은 글로벌 비즈니스 운영을 지원하는 전략을 수립하는 것을 의미한다. 해외 고객은 언어, 관습, 비즈니스 관행 및 소비자행동 면에서 국내 소비자와 다르다. 글로벌 시장에 진출한다면 마케터는 제품, 가격 책정, 유통 및 홍보 등 마케팅 믹스의 각 요소를 재고해야 한다.

국제 제품 대부분의 제품은 제품 그대로 해외에 판매할 수 있다. 코카콜라와 말보로는 일리노이주 피오리아와 프랑스 파리에서 동일한 제품으로 판매된다. 한편 미국 기업이 전기 면도기를 110볼트와 220볼트 둘 다에서 사용할 수 있도록 제품을 만들어 여행자가 미국과 유럽식 콘센트 모두에서 사용할 수 있도록 한다. 그러나 종종 해외 시장 소비자를 위해 대대적인 재설계가 필요한 경우도 있다. 예를 들어 일본에서 컴퓨터를 판매하기 위해 애플은 일본어 운영체제를 개발해야 했다.

국제 가격 책정 국제 시장가격을 책정할 때 마케터는 제품을 해외로 운송하고 판매하는 데 드는 비용을 고려해야 한다. 예를 들어 건물, 임대료, 장비 및 수입 육류의 높은 비용과 환율 차이로 인해 미국에서 5.30달러인 맥도날드의 빅맥은 노르웨이에서 5.91달러에 판매되고 있다.

국제 유통 소비재 및 산업 장비 등의 산업이 국제 유통 네트워크를 새롭게 구축하는 것은 많은 비용이 들 수 있다. 때문에 이미 구축된 유통 및 마케팅 네트워크를 보유한 기업은 큰 이점을 가진다. 많은 기업이 이미 구축된 유통과 마케팅 네트워크를 가진 기업을 인수함으로써 시간이 지연되는 것을 피할 수 있었다. P&G는 해외 시장에 유통 및 마케팅 네트워크를 보유한 레블론(Revlon)의 맥스팩터(Max Factor)와 비트릭스(Betrix) 화장품 회사를 인수했다. 하지만 미국에서 사용되는 유통 방법이 항상 국제 시장에 적합한 것은 아니다. 유럽에서는 브리드라이트(Breathe Right)의 코 밴드(nasal strips)가 의약품으로 분류되어 약국에서만 판매되는 제한이 있다.

국제 촉진 일반적으로 잘 만들어진 광고 캠페인은 어느 나라에서든 통할 수 있다. 여성의 관심사와 우선 순위를 조사한 2004년 다국적 연구에 따르면 많은 국가의 여성들이 자신을 아름답다고 생각하지 않는 것으로 나타났다. 사실 그들 중 극소수만이 자신의 아름다움을 정의할 수 있다고 느꼈다. 이러한 통찰력은 유니레버의 개인위생 브랜드인 도브(Dove)가 여성이 자신의 아름다움을 정의

IndranilKishor/Majority World/Photoshot

코카콜라가 중국이나 기타 해외 국가를 위한 국제적인 광고를 만들기 전에 단어의 의미, 전통, 금기 등 어떠한 문화적 차이가 존재하는지 조사하는 것이 중요하다. 독일은 배낭을 '바디 백(body bags)'이라고 부르는데, 이는 미국 소비자에게 별로 매력적이지 않은 표기이다(영어에서 바디백은 '시체 자루'라는 의미가 있다–역주). 거버 이유식이 프랑스에서 판매되지 않는 이유를 짐작할 수 있을까? Gerber는 프랑스어로 '구토하다'라는 뜻이다. 효과적인 마케팅을 위해 해외 문화에 대한 지식뿐만 아니라 사회적 트렌드와 언어에 대한 일반적인 민감도 파악이 요구된다.

기업가정신과 새로운 벤처기업

틈새시장 키우기

zigzagmtart/Fotolia

7에이커면 아주 작은 농장이다. 버지니아교통국의 환경 관리자로 일하고 있는 릭 크로포드(Rick Crofford)는 그의 집을 둘러싸고 있는 7에이커의 밭에서 농사를 시작했다. 이전에는 옥수수밭이었지만 처음 농사를 지을 작물로 블루베리를 선택했다. 그는 매년 10~15파인트(액량 단위)의 과일을 생산하는 약 200개의 블루베리 덤불을 관리하고 있다. 블루베리를 수확하는 데는 노동력이 많이 들고 사슴을 막기 위해 울타리를 설치해야 했다. 그는 베리 사업을 위해 250개의 딸기 식물과 세 종류의 라즈베리로 확장했다. 후에 그는 핑거링 감자를 포함한 다른 작물로 영역을 넓혔다. 1에이커 미만의 부지에서 네 가지 품종의 작물 1,000파운드가 산출되었으며 이는 파운드당 평균 약 2달러에 해당한다. 마늘, 고추, 브로콜리는 그의 네 자녀의 일시적인 도움을 받아 농장에서 재배된다. 그는 모든 수익을 자녀의 대학 등록금을 위해 저축했다.

멀지 않은 곳에 사는 프란시스 노(Francis Ngoh)는 39에이커 규모의 농장에서 버섯과 기타 작물을 재배한다. 서아프리카가 고향인 그는 메릴랜드대학교에서 공학 학위를 받기 위해 미국에 왔다. 그는 수년 동안 여러 회사에서 일을 했지만 이제는 농사에 집중하고 있다. 그의 주요 작물은 표고버섯으로 연간 3,000~4,000파운드를 수확하며, 아스파라거스, 부추, 마늘, 후추, 채소도 재배한다. 아직 인증된 유기농 생산자는 아니지만 유기농법 표준을 수용하고 화학 물질을 사용하지 않는다. 또한 축산업을 하며 지역사회 무슬림 시장에 식재료를 제공하고 있다. 그는 이슬람 전통에 따라 현장에서 어린 양을 도살하며 특히 성스러운 날을 기념할 때 수요가 높다(할랄푸드 – 역주)

크로포드와 노는 적합한 유통 채널을 찾아 버지니아협동조합서비스(Virginia Cooperative Extension Service)의 지원을 받았다. 크로포드는 농산물 도매업체인 더프레시링크(The Fresh Link)와 광범위하게 협력했다. 공동 설립자 몰리 비조스키(Mollie Visosky)는 지역 생산자가 D.C. 지역 고급 레스토랑의 요구사항을 충족하도록 도왔다. 그는 다음과 같이 설명한다. "우리는 1월에 요리사와 함께 다음 재배 시즌에 어떤 농산물을 원하는지 알아봅니다. 그런 다음 농부들이 가장 잘 자라고 좋은 수익을 올릴 수있는 작물을 연결하려고 노력합니다." 그리고 노는 자신의 버섯과 기타 야채를 홀푸드(Whole Foods) 매장과 여러 현지 구매자에게 판매할 수 있었다.

이 두 사람 모두 버지니아주립대학교 및 버지니아공과대학의 에이전트가 공동으로 운영하는 프로그램인 버지니아협동조합서비스의 짐 하스킨스(Jim Haskins)와 협력했다. 하스킨스는 "우리 지역의 소규모 생산자를 찾아내고 더 성공할 수 있도록 기술 지원을 제공하려고 노력한다"고 말했다. 이러한 지원은 전통적인 아일랜드 감자보다 훨씬 수확량이 높은 핑거링 감자를 심기로 한 크로포드의 결정에 핵심이었다. 보조금 또한 두 농부 모두에게 도움이 되었다. 농사를 시작하기 위한 무료 식물과 씨앗도 제공되었다. 이 두 사례는 매우 성공적이어서 하스킨스는 포퀴어 카운티(Fauquier County) 지역에서 틈새 농업을 촉진하는 데 역할을 했다. 이 공생 관계가 성공의 열쇠 중 하나일 가능성이 높다. 하스킨스는 "우리의 목표 중 하나는 소규모 생산자의 농장 수입을 늘리는 것이다. 우리는 농장을 지원할 뿐만 아니라 농부도 지원한다"고 설명했다.

할 수 있도록 하는 데 초점을 맞춘 매우 성공적인 국제 '리얼뷰티(Real Beauty)' 광고 캠페인을 시작하는 데 도움이 되었다. 첫 번째 캠페인에는 '뚱뚱하다 또는 건강하다', '시들다 또는 멋지다'와 같은 체크 박스 옵션이 있는 여성의 이미지를 담은 광고판이 포함되었다.

후속 리얼뷰티 캠페인은 유사한 접근 방식을 사용해 전 세계 여성이 자신의 아름다움을 스스로 정의하도록 도우며 도브는 많은 국가에서 국제적인 인정과 성공을 거둘 수 있었다. 그럼에도 불구하고 글로벌 마케팅 캠페인은 결코 쉽지 않다. 과거의 성공에도 불구하고 도브의 2017년 보디워시 캠페인은 인종 차별 혐의로 기소되었다. 광고에 검은색 피부의 여성이 셔츠를 벗자 웃고 있는 백인 여성으로 바뀌어 보여졌기 때문이다. 도브는 캠페인에서 '핵심을 놓친 것'에 대해 사과했지만 지난 10년 동안 구축한 긍정적인 브랜드 이미지를 약화시켰고 이 실수로 많은 비용을 지출해야 했다.

학습목표 11-7

소기업에 적용되는 마케팅 믹스를 논의한다.

소기업과 마케팅 믹스

오늘날 많은 대기업은 한때 소규모 기업이었다. 많은 소규모 기업의 성공 뒤에는 마케팅 개념의 능숙한 적용과 마케팅 믹스의 각 요소에 대한 이해가 있다.

소기업 제품

소기업의 일부 새로운 제품은 사업 시작 초반에 적은 수의 고객으로 실패할 운명에 처하기도 한다. 많은 소기업이 현실적인 시장 잠재력을 예측하지 못하고 일부는 세분화 시장에 대한 명확한 그림을 그리기 전에 신제품을 출시한다.

반면에 고객이 원하는 바를 정확히 이해한 많은 소기업은 성과를 거둔다. 핸드백 같은 패션 액세서리를 만드는 기업인 리틀어스프로덕션(Little Earth Productions, Inc.)의 경우를 생각해보자. 원래 이 회사는 소비자가 핸드백을 어떻게 사용하는지만 생각했을 뿐이었다. 그러나 소비자의 쇼핑 습관을 조사한 후 리틀어스프로덕션은 더 나은 매장 디스플레이 재설계에 집중하기로 했다. 핸드백을 낮은 바닥에 진열하는 대신 매달아 전시함으로써 더 나은 가시성을 제공할 수 있도록 매장 디스플레이를 변경했다. 이를 위해 작은 손잡이를 추가했고 이는 결국 매출 증가로 이어졌다. 최근에는 로고가 새겨진 장지갑, 머리띠, 지갑, 헤어 액세서리 같은 스포츠 팬을 위한 액세서리에 집중하고 있다.

소기업 가격 책정

무모한 가격 책정은 좋은 제품을 가진 기업을 망하게 할 수도 있다. 소기업의 가격 책정 실패는 일반적으로 운영비용을 정확하게 추정하지 못해서 발생한다. 유아용 탈착식 카시트 커버 제조업체인 노미베이비(Nomie Baby)의 창립자는 초기에 제품 가격을 너무 낮게 책정했다. 제조 및 재료 비용만을 고려하고 배송, 보관, 설계와 같은 기타 비용은 실수로 무시해 판매 가격에 포함하지 않았다. 그 후 모든 비용을 반영하기 위해 가격을 인상했을 때 다행히도 매출이 감소하지는 않았다. 가격을 너무 높게 책정하는 것을 두려워하는 신규 사업가가 종종 가격을 낮게 책정하는 경향이 있다. 낮은 가격은 결국 재정 위기로 이어진다. 실패한 사업가들은 종종 "사업을 운영하는 데 드는 비용이 얼마인지 몰랐다"는 말을 자주 한다. 때에 따라서 기업은 모든 비용을 충당한 뒤에 가격이 너무 낮았다는 것을 알게 된다. 헤드세츠(Headsets.com)는 컴퓨터 오류로 인해 인터넷에 제품가격이 아닌 비용 전용 가격이 게시되었다. 그러나 CEO는 잘못 게시된 저렴한 가격이 매출 급증을 일으키지 않는다는 사실에 놀랐다. 소비자의 반응이 생각만큼 가격에 민감하지 않다는 것을 확인한 회사는 가격을 8% 인상했다. 매출은 이전 수준과 거의 또는 전혀 변화 없이 지속적으로 증가했다. 소규모 기업은 비용을 신중하게 고려하고 경쟁 시장을 이해해 가격을 책정할 때 만족스러운 수익을 얻는다.

소기업 유통

신규 서비스 사업의 경우 많은 소기업의 고객을 유치하고 유지하는 능력은 입지 선택에 부분적으로 좌우된다.

마케팅 믹스 중 유통 분야에서 소규모 기업은 다른 대형 경쟁자보다 유리할 수 있다. 소기업은 소비자 개인적인 접촉을 늘림으로써 고객의 요구사항을 보다 빠르고 효율적으로 해결할 수 있다. 캘리포니아주 프리몬트에 있는 에버렉스시스템즈(Everex Systems, Inc.)는 **응답시간 제로**라고 부르는 시스템을 통해 컴퓨터를 설계하고 도매업체와 딜러에게 판매한다. 에버렉스시스템즈는 작고 유연하기 때문에 전화 주문을 2시간마다 확인하고 수요에 맞게 공장 조립을 조정할 수 있다.

소기업 촉진

성공적인 소기업은 창업비용의 일부를 촉진비용에 반영한다. 일부는 지역신문에 홍보하거나 온라인 메시지와 같은 저렴한 촉진도구를 사용해 비용을 줄인다. 또한 관련 있는 그룹, 조직 및 이벤트를 통해 기업과 제품을 알린다. 공예 갤러리는 지역사회 예술 단체(local art league)와 협력해 제품을 공개 전시할 수 있다.

질문과 연습

복습을 위한 질문

11-1. 외부 마케팅 환경의 다섯 가지 힘은 무엇인가?

11-2. 데이터 마이닝과 데이터 웨어하우징의 차이점은 무엇인가?

11-3. 제품 포지셔닝이란 무엇이며 시장세분화와 어떻게 다른가?

11-4. 판매가 이루어졌음에도 고객의 구매 후 평가가 마케터에게 중요한 이유는 무엇인가?

분석을 위한 질문

11-5. 기술 제품(휴대전화, 노트북, 태블릿 등)을 선택하고 해당 제품의 네 가지 주요 효용을 설명하고, 이 제품이 네 가지 요소 각각을 어떻게 다루는지 설명하라.

11-6. 최근의 주요 구매를 생각해보고 이 장에서 배운 소비자행동의 구매 단계를 활용해 자신의 경험을 설명하라. 가능한 객관적이고 모든 단계를 거치도록 한다.

11-7. 경쟁이 치열한 시장에서 소기업이 제품 가격을 너무 낮게 책정해 출혈이 커졌다. 이 상황을 극복하기 위해 무엇을 제안해야 하는가?

11-8. 이미 존재하는 제품 중 바이럴 마케팅의 혜택을 받을 수 있는 제품을 선택하라. 제품을 확인

한 후 바이럴 마케팅을 사용해 제품에 대한 수요를 늘리는 방법을 설명하라.

응용연습

11-9. 관심 있는 제품을 판매하는 기업을 선택하고, 기업이 표적시장과의 관계를 강화하기 위해 고객관계관리(CRM)를 수행할 수 있는 방법을 생각해보라. 구체적으로 기업이 CRM 활동에서 마케팅 믹스의 네 가지 기본 구성요소를 각각 어떻게 적용할 수 있는지 방법을 서술하라.

11-10. 2차 조사를 통해 기업 경영과 관련된 경쟁 환경에 대해 많은 것을 알 수 있다. 정부 통계는 무료 자료이자 좋은 자료원천이다. 당신의 나라에서 기업의 경쟁 환경을 조사해야 한다면 어디에서 자료를 찾을 것인가? 어떤 자료가 유용한가? 얼마나 최신 자료이며 신뢰할 수 있는가? 자료의 가치 평가를 통해 시장에 대한 더 넓은 그림을 그릴 수 있는가? 경쟁 환경에 대한 어떠한 보충적인 마케팅 조사가 필요한가?

CHAPTER 12 제품 개발과 가격 책정

David Brabiner/Alamy Stock Photo

성공적인 마케팅을 위해서 마케터는 소비자가 무엇을 원하는지, 얼마를 지불할 의사가 있는지 알아야 한다.

학습목표

LEARNING OBJECTIVES

이 장을 학습하고 나면

12-1 가치 패키지로서 제품을 정의하고 상품과 서비스를 구별한다.

12-2 신제품 개발 과정을 설명한다.

12-3 제품수명주기의 단계와 제품의 수명을 연장하는 방법을 설명한다.

12-4 가격 결정을 관리하는 다양한 가격목표를 확인하고, 이러한 결정을 내리는 데 사용하는 가격 설정 도구를 설명한다.

12-5 다양한 경쟁 상황에 사용할 수 있는 가격전략을 논의하고 가격 설정에 사용할 수 있는 가격전략을 구별한다.

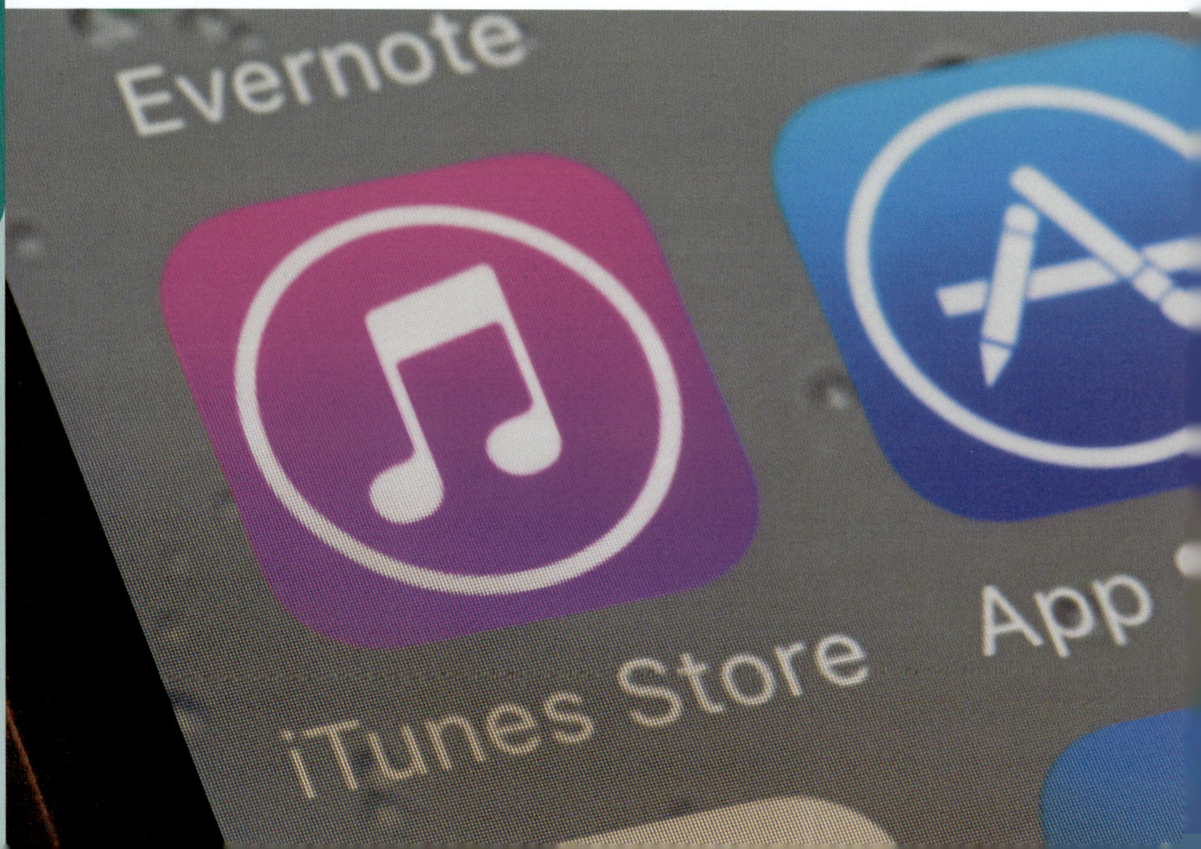

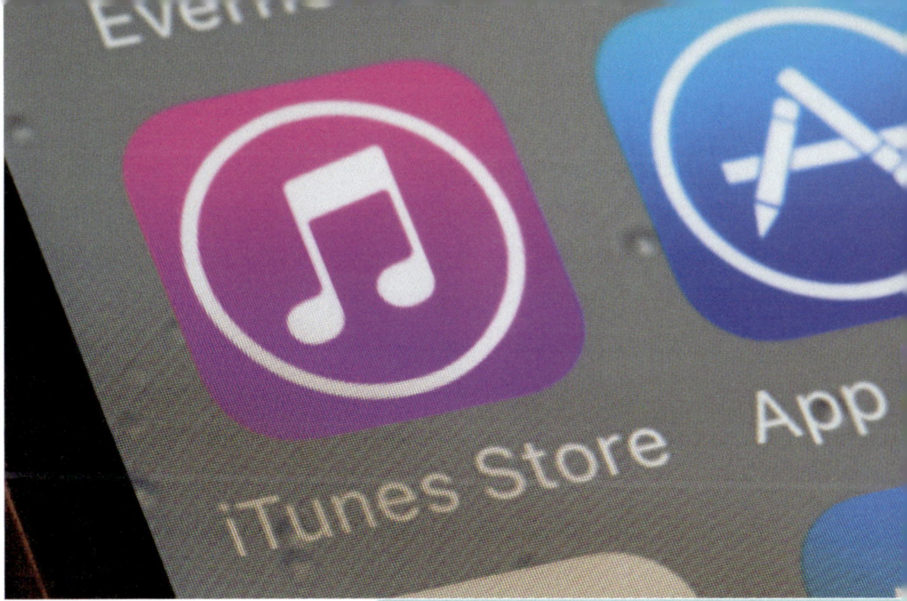

다른 선율로 노래하기

2003년에 아이튠즈(iTunes)는 음악 산업의 판도를 바꿔 놓았다. 애플은 디지털 음악, 앨범 및 개별 음원을 다양한 플랫폼의 사용자에게 판매하기 시작했다. 이후 10년 동안 그들은 미국 소비자가 구매한 모든 음악의 약 30%를 판매하는 미국 내 1위 음악 소매업체가 되었다. 여기서 가격이 성공의 큰 부분을 차지한다. 아이튠즈 뮤직 스토어는 일부 노래 0.69달러, 대부분의 노래 0.99달러, 가장 인기 있는 노래 1.29달러의 3단계 구조로 이루어져 있다. 이러한 3단계 또는 '변수' 가격 정책은 전 애플 CEO인 스티브 잡스(Steve Jobs)가 충성도 높은 고객이 불법 복제에 의존하지 않도록 하기 위한 계획의 일부였다. 그는 디지털 음원 다운로드 가격을 인상하려는 '욕심 많은' 음악 산업을 비판했다. 또한 가장 빠른 제공 방법인 고속 인터넷과 표적고객인 청소년이 기술에 적응되어 있다는 점을 활용했다.

그 결과, 2012년까지 미국 10대 청소년의 3분의 1만이 CD를 구입했고, 월마트와 같은 오프라인 소매업체는 CD 매장 공간을 줄이게 되었다. 전자기기와 소프트웨어가 점점 더 저렴해지고 사용자 친화적으로 바뀌면서 청소년뿐만 아니라 베이비붐 세대 역시 아이튠즈의 클래식 음악 타이틀을 활용해 낡은 레코드판을 대체하게 되었다. 구세대를 포함한 모든 연령층이 소비자가 되었고 강의, 영화 및 기타 교육 프로그램을 제공하는 공급 시스템인 아이튠즈 유(iTunes U)를 통해 책과 팟캐스트를 내려 받을 수 있게 되었다.

그러나 이런 추세는 영원히 지속되지 않고 음악 산업 환경은 다시 변하기 시작했다. 디지털 음악 판매는 2017년 사상 최고치를 기록했지만 시장의 성장은 영구 디지털 다운로드에서 벗어나 아마존 뮤직(Amazon Music), 스포티파이(Spotify), 디저(Deezer), 판도라(Pandora)와 같은 스트리밍 서비스로 옮겨 가게 되었다. 음악 스트리밍 플랫폼의 수익은 총수익의 65% 이상인 57억 달러를 차지했다.

2017년 디지털 음악 판매는 16.5% 증가해 87억 달러를 기록했다. 이것을 배경으로 전보다는 느린 속도이긴 하지만 2016년 이후 실물 음원 판매 시장이 감소하게 되었다.

디지털 다운로드는 많은 시장에서 인기가 떨어

이 장을 배우면 좋은 점

어느 시장에서든 선도적인 소매업체가 되려면 매력적인 제품 개발과 수익 및 시장점유율 목표를 달성하기 위해 가격을 책정하는 가장 좋은 방법에 대한 이해가 필요하다. 이 장에서는 좋은 제품의 구성요소를 설명하고 제품의 분류, 신제품 개발과 관련된 내용을 논의한다. 또한 모든 제품의 성공적인 마케팅을 위해 고객에게 호소력 있는 가격 설정이 중요하다는 것을 알게 될 것이다. 이 장의 가격 책정 방법을 이해하면 다양한 비즈니스 목표를 충족하는 데 적합한 가격을 책정하고, 다양한 가격 설정 도구를 확인하고 적용하며, 제품수명주기 동안 가격 전략과 전술을 수정하는 방법을 보다 명확하게 이해할 수 있다. 또한 마케팅 프로그램, 잠재적 경쟁기업의 제품 및 가격 책정 활동을 평가할 수 있게 된다.

대학 교육을 '제품'으로 생각하거나 학비를

Auremar/Fotolia

'가격'으로 생각하지 않을 수도 있지만 여러 측면에서 대학 교육을 제품과 가격으로 인식하는 것이 정확할 수 있다. 돈을 주고 새 백팩, 스마트폰, 주택을 교환하는 것처럼 수업에 참석하고 학위를 취득할 수 있는 기회로 돈을 지불하는 것도 마찬가지라고 볼 수 있다. 어떤 백팩은 몇 달러에 불과하지만 또 다른 백팩은 훨씬 더 비싸고, 어떤 제품은 금세 못쓰게 되지만 또 다른 제품은 몇 년 이상 지속적으로 사용할 수 있도록 만들어졌다. 마찬가지로 일부 대학의 학위는 다른 대학의 학위보다 더 비싸고 일부 학위는 다른 학위보다 높은 급여를 받을 수도 있다. 대학의 의사결정권자는 어떤 학위를 제공할 것인지, 해당 학위에 얼마를 청구해야 하는지, 학생 정원을 몇 명으로 할지에 대한 결정을 내려야 한다. 그리고 기업과 마찬가지로 실력 있는 학생들을 유치하기 위해 대학을 마케팅해야 한다. 일부 학생을 위한 장학금으로 인해 뉴욕 소재 대학은 이제 다른 산업처럼 신제품을 개발하기 위한 기본규칙에 따라 어떻게 마케팅하고 가격을 책정할 것인지 고민해야 한다. 목표 고객의 변화하는 요구를 확인하는 것에서 시작해 필요를 충족하기 위해 신제품을 개발하거나 수정하고, 비용을 충당하기 위한 적절한 가격을 책정해야 한다. 이 장에서 배울 수 있듯, 마케터는 제품을 개발하고 가격을 책정하는 데 있어 적절한 선택을 해야 목표를 달성할 수 있다.

11장에서 살펴본 것처럼 마케터는 고객의 욕구와 필요를 충족하기 위한 마케팅 계획 및 전략을 개발해야 한다. 마케팅 전략은 마케팅 믹스의 네 가지 구성요소(4P)인 제품, 가격, 유통, 촉진에 초점을 맞추어야 한다. 전략적 마케팅 의사결정을 내릴 때 다른 요소(예: 제품 가격)는 고려하지 않고 마케팅 믹스의 한 요소(예: 제품 디자인)에만 집중하는 것은 사실상 불가능하다는 것을 마케터는 이해하고 있어야 한다. 이 장에서는 4개의 P 중 두 가지를 자세히 살펴볼 것이다. 먼저 제품 개발과 기업이 고객에게 제공할 제품을 결정하는 방법을 살펴볼 것이다. 다음으로 가격 결정에 사용되는 가격 책정 도구 및 가격 책정의 개념을 살펴볼 것이다. 다음 장에서는 마케팅 믹스의 나머지 두 가지 요소인 유통과 촉진을 배우게 된다.

지고 있으며 애플은 2019년까지 음악 다운로드를 단계적으로 중단할 계획이라고 발표했다.

제품이란 무엇인가

유형의 상품이나 서비스든 모든 제품의 마케팅 믹스를 개발하는 과정에서 마케터는 고객이 제품을 구매할 때 진정으로 원하는 바가 무엇인지 고려해야 한다. 그래야만 마케터가 전략을 효과적으로 수립할 수 있다. 제품 전략을 다루는 이 장은 먼저 모든 제품이 고객의 욕구와 필요를 충족시키는 혜택을 제공하는 **가치 패키지**임을 이해하는 것에서 시작한다. 다음으로 **제품의 주요 분류**를 설명한다. 마지막으로 모든 비즈니스가 직면한 가장 중요한 결정 중 하나인 **제품 믹스**를 논의한다.

가치 패키지

제품이 유형의 상품이든 서비스이든 혹은 이 둘의 조합이든 고객은 해당 제품과 관련된 다양한 혜택, 기능 및 보상과 같은 만족스러운 가치를 얻는다. **제품기능**(product features)은 기업이 제품에 담는 유형 및 무형의 품질이다. 잔디 깎는 기계의 12마력 모터 또는 에너지바의 맛과 건강상 이점, 셔츠의 스타일링 또는 낮은 가격을 보장하는 여행 웹사이트가 그 예다. 앞서 논의한 바와 같이 소비자를 유치하려면 기능상의 이점이나 혜택을 제공해야 한다. 잔디 깎는 기계는 사용하기 쉽고 효율적이며 효과적으로 잔디를 깎아야 한다. 기계가 근처에 있고 필요할 때 사용할 준비가 되어 있다는 사실을 아는 소비자의 '즐거움'은 무형의 보상이다.

오늘날의 고객은 제품을 속성, 이점 및 기능의 집합으로 간주하며 이를 종합해 마케터는 **가치 패키지**(value package)라고 부른다. 점점 더 많은 소비가 합리적인 비용으로 더 많은 혜택과 기능을 갖춘 가치의 제품을 제공받기를 기대하기 때문에('가성비'라고 한다-역주) 기업은 향상된 가치 패키지를 기반으로 경쟁해야 한다. 랩톱(노트북) 컴퓨터의 가치 패키지에서 가능한 속성을 다음과 같이 설명할 수 있다.

학습목표 12-1

가치 패키지로서 제품을 정의하고 상품과 서비스를 구별한다.

제품기능 기업이 제품에 담는 유형 및 무형의 품질

가치 패키지 합리적 가격과 속성들의 집합

- 구매하기 전에 쉽게 이해할 수 있는 정보 접근성
- 무선 기능 같은 특징
- 매력적인 색상과 디자인
- 유용한 소프트웨어 패키지

- 매력적인 가격
- 빠르고 간단한 온라인 주문
- 안전한 신용카드 구매
- 신속한 배송 보장
- 보증
- 편리한 기술 지원

보다 나은 방법 찾기

눈 전쟁

Chelseared/Shutterstock

"우리의 목표는 지속가능한 사업입니다. 그렇게 하려면 우리는 수익성을 유지해야 합니다. 이를 위해서 기후 변화를 해결하고, 지역 공동체를 존중하고, 환경에 해를 끼치지 않는 방식으로 운영해야 할 것입니다." 이것은 미국에서 가장 인정받는 겨울 스포츠 기업 중 하나인 아스펜스키컴퍼니(Aspen Skiing Company)의 약속이자 의무다.

아스펜의 기원은 1940년대 월터 팹케(Walter Paepcke)와 그의 아내 엘리자베스(Elizabeth)가 '내면의 정신 회복(힐링)'을 목적으로 하는 스키장을 만들겠다는 아이디어로 아스펜에서 토지를 구입하기 시작했을 때로 거슬러 올라간다. 그러나 환경과 지역사회에 대한 헌신에도 불구하고 경영진은 '우리는 수익성을 유지해야 한다'는 문구에서 언급했듯이 수익을 무시할 수 없었다. 이를 위해 아스펜은 근처에 위치한 가장 큰 경쟁자인 베일(Vail)과 경쟁할 때 가격경쟁을 넘어선 무언가를 해야 했다.

베일은 최근 14개 리조트와 콜로라도주 아라파오 유역(Arapahoe Basin) 및 유럽의 30개 파트너 리조트를 무제한 이용할 수 있는 매우 성공적인 에픽패스(Epic Pass)를 도입했다. 그리고 베일 법인(Vail Corporation)은 북미에서 가장 큰 스키 리조트 중 하나인 브리티시컬럼비아주에 있는 휘슬러블랙콤(Whistler Blackcomb)을 인수했다. 이에 대응해, 아스펜스키컴퍼니는 맘모스(Mammoth), 스팀보트(Steamboat), 윈터파크(Winter Park), 스트래턴(Stratton)을 인수했다. 두 회사가 치열하게 경쟁하는 동안 소비자는 진입 장벽이 높은 스포츠 산업에서 혜택을 얻었다.

환경 규제는 이제 북미에 새로운 스키 리조트를 건설하는 데 커다란 장벽으로 작용한다. 가장 큰 스키 지역은 미국 산림청 부지에 있어 상업 개발을 규제하는 엄격한 법이 적용된다. 또한 지역사회의 동의와 지원을 얻는 데 오랜 시간이 걸린다. 규제와 동의를 받게 되면 스키장 코스를 설계하고 리조트를 짓는 데 수십억 달러가 든다. 사실 이러한 이유로 1980년대 초 이후로 미국에는 새로운 스키 리조트가 문을 열지 못했다. 경제적 관점에서 이러한 진입 장벽은 경쟁이 적다는 것을 의미하므로 아스펜이나 베일 같은 리조트는 신규 진입자가 경쟁에 참여할 가능성이 없다는 사실을 알고 티켓 가격을 인상할 수 있다. 그럼에도 불구하고 그들은 제한된 수의 티켓 판매를 위해 서로 경쟁해야 한다. 이를 수행하는 한 가지 방법은 고객이 중요하게 여기는 사항을 계속 파악하는 것이다. 베일의 새 계열사인 휘슬러블랙콤은 기후 변화에 대한 적극적인 접근 방식으로 인정받고 있다. 이 리조트는 전체 리조트에 전력을 공급하기에 충분한 전기를 생산하는 피츠시몬스 크릭(Fitzsimmons Creek)에 마이크로 수력 재생 에너지 프로젝트를 건설했다.

일부 지역 주민은 가격 경쟁을 통한 리조트 패스 판매보다 대중을 의식하고 환경을 보호하는 데 더 집중해주기를 바란다. 그러나 현실에서는 베일이 의식 있는 소비자를 끌어들이기 위해 아스펜의 업계 선도적인 환경 프로그램과 경쟁하려고 시도할지라도, 소비자는 시즌 패스가 더 저렴한 곳을 찾아가고 이는 결국 수익 창출과 연관이 있다.

랩톱에는 처리장치 및 기타 하드웨어와 같은 물리적 기능이 포함되어 있지만, 가치 패키지의 많은 항목에는 고객 만족을 증가시키는 혜택을 제공하는 종합적인 서비스 또는 무형의 자산이 포함되어 있다. 신뢰할 수 있는 데이터 처리는 확실한 혜택이지만 빠른 배송과 편리한 기술 지원도 마찬가지로 소비자 만족의 중요한 요소다. 오늘날 점점 더 많은 기업이 향상된 가치 패키지를 기반으로 경쟁한다. 실적이 우수한 기업은 고객에게 단순한 신규 서비스를 추가하는 것이 서비스 제공 비용을 훨씬 넘어선 고객 만족을 준다. 거래를 더 빠르고 편리하게 만드는 것만으로도 고객의 긴 대기 시간과 번거로운 서류 작업을 절약해 가치를 더할 수 있다. 월트디즈니월드(Walt Disney World) 방문자는 플로리다로 여행하기 전에 소위 매직밴드(MagicBands)라고 불리는 팔찌를 받게 된다. 이 팔찌는 리조트의 도어 키 역할을 하고, 테마파크를 이용할 수 있도록 한다. 또한 길게 줄 설 필요 없이 주요 장소의 방문 예약을 할 수 있으며, 내부 매장에서 제품을 구매하는 데 사용할 수 있다. 테마파크 이용 시 활동을 더 쉽게 계획할 수 있도록 도움으로써 방문자의 가치 패키지를 높이는 역할을 하는 것이다.

상품과 서비스의 구분

소비자 개인적인 용도로 제품을 구매하는 사람

산업 구매자 다른 상품이나 서비스와 같은 제품을 제작하기 위해 제품을 구매하는 기업 또는 조직

제품은 소비자의 특성에 따라 (1) 직접 소비 구매자, (2) 조직 구매자 두 그룹으로 분류할 수 있다. 11장에서 보았듯이 **소비자**(consumer)와 **산업 구매자**(industrial buyer)는 확연히 다른 구매 과정을 거친다. 또한 소비자에게 마케팅하는 것과 기업이나 기타 조직에 마케팅을 펼치는 것 역시 굉장히 다르다.

편의품 정기적으로 빠르게 소비되며 비싸지 않은 유형의 제품

편의 서비스 정기적으로 빠르게 소비되며 비싸지 않은 서비스

선매품 적당히 비싸고, 비정기적으로 구매되는 제품

선매 서비스 적당히 비싸고, 비정기적으로 구매되는 서비스

소비용품의 구분 소비용품은 일반적인 구매자 행동에 따라 보통 세 가지 카테고리로 나뉘며 표 12.1에 요약되어 있다.

1 **편의품**(convenience goods, 우유, 생수 등)과 **편의 서비스**(convenience service, 패스트푸드점에서 제공하는 서비스)는 빠르고 정기적으로 소비된다. 저렴하고 자주 구매되며 구매하는 데 시간과 노력이 거의 들지 않는다(보통 저관여 제품이 해당).

2 **선매품**(shopping goods, 가전제품 및 모바일 기기)과 호텔 또는 항공사 예약 같은 **선매 서비스**(shopping service)는 편의품보다 비싸고 구매 빈도가 낮다. 소비자는 종종 다른 매장과 온라인 검색을 통

표 12.1 소비용품

카테고리	설명	예시
편의품과 편의 서비스	• 빠르고 반복적인 소비 • 낮은 가격 • 소비자의 구매 시간과 노력이 적음	• 예: 우유, 생수, 패스트푸드
선매품과 선매 서비스	• 덜 반복적으로 구매 • 편의품보다 비싼 가격 • 소비자는 스타일, 성능, 색상, 가격, 기타 기준을 고려해 비교한 뒤 쇼핑	• 예: TV, 타이어, 호텔 예약
전문품과 전문 서비스	• 매우 드물게 구매 • 비싼 가격 • 소비자는 정확히 원하는 것을 결정하고, 모조품이 아니며 완벽한 제품을 찾기 위해 시간을 많이 들인	• 예: 럭셔리 장신구, 웨딩드레스, 건강보험

해 브랜드를 비교한다. 또한 스타일, 성능, 색상, 가격 및 기타 기준 측면에서 대안을 평가한다.

3 **전문품**(specialty goods, 웨딩드레스 및 턱시도)과 결혼식 피로연 음식 제공 또는 의료보험 같은 **전문 서비스**(specialty service)는 소비자 입장에서 구매 결정에 신중하고 가격 또한 비싸다. 소비자는 일반적으로 자신이 원하는 것을 정확하게 결정하고 대체품을 수용하지 않을 것이다. 그들은 다양한 곳을 이동하며 때로는 원하는 것을 정확하게 얻기 위해 많은 돈과 시간을 들인다(보통 고관여 제품이 해당).

전문품 비싸고 아주 가끔 구매되는 유형의 제품

전문 서비스 비싸고 아주 가끔 구매되는 서비스

산업용품의 구분 비용과 사용 용도에 따라 산업용품도 세 가지 카테고리로 나뉘며 표 12.2에 요약되어 있다.

- **생산재**(production item)는 생산 과정에 직접 사용되는 원료와 소재, 부품, 서비스이다. 예로 휘발유로 전환되는 석유, 또는 버스나 기차 서비스로 전환되는 승객의 수요 정보가 있다. 음식, 의류, 주택 및 엔터테인먼트 서비스와 같은 대부분의 소비품은 생산재부터 만들어진다.

생산재 생산 과정에 직접 사용되는 원료와 소재, 부품, 서비스

- **소모품**(expense item)은 다른 상품을 생산하거나 서비스를 제공하는 조직이나 기업이 1년 이내에 소비하는 상품 및 서비스다. 지출이 소비되는 속도에 따라 (1) 비용 항목 또는 (2) 자본 항목으로 분류되는 표준 회계 관행에서 비롯된다. 따라서 1년 이내에 소비될 것으로 예상되는 경우 프린터에 사용되는 용지나 건물 유지보수 서비스는 비용 항목이다.

소모품 다른 상품을 생산하거나 다른 서비스를 제공하는 조직이나 기업이 1년 이내에 소비하는 상품 및 서비스

- **자본재**(capital item)는 오래 지속되는 비싸고 때로는 영구적인 상품 및 서비스이다. 예상 수명은 1년 이상이며 일반적으로 몇 년 동안 지속된다. 건물(사무실, 공장), 고정 장비(물 저장 탱크, 베이킹 오븐), 부대설비(정보 처리 시스템, 컴퓨터, 항공기)는 모두 자본재다. 자본 서비스는 장기 보험 서비스, 건축 서비스, 금융 자문 서비스와 같이 장기적으로 약속된 서비스다. 자본재는 비싸고 오래 지속되기 때문에 종종 고위 관리자의 결정이 필요하다.

자본재 오래 지속되는 비싸고 때로는 영구적인 상품 및 서비스

제품 믹스

소비자나 산업 구매자 또는 둘 다에 관계없이 기업이 시장에 제공하는 제품군을 **제품 믹스**(product mix)라고 한다. 이트레이드(E*TRADE)는 온라인 금융 투자 및 거래 서비스, 은퇴 설계 및 교육 자료

제품 믹스 소비자나 산업 구매자 또는 둘 다에 관계없이 기업이 시장에 제공하는 제품군

표 12.2 산업용품

카테고리	설명	예시
생산재	• 생산 과정에 직접적으로 사용되는 제품과 서비스	• 티백에 들어가는 차 원료 • 실시간 생산에 필요한 정보 처리 • 항공사에서 사용하는 제트연료
소모품	• 다른 제품을 생산하거나 서비스를 공급하기 위해 기업에서 약 1년에 한 번씩 소비되는 제품이나 서비스	• 기계설비를 위한 연료나 전기 • 건물 유지보수 • 법률 서비스
자본재	• 영구 제품이나 서비스(비싸고 오래 지속됨) • 1년 이상의 기대수명 • 비정기적으로 구매되며 고위직에 의해 거래 성사	• 건물(사무실, 공장) • 고정 장비(물탱크, 베이킹 오븐) • 부대설비(정보 처리 시스템, 컴퓨터, 항공기) • 재정 자문 서비스

를 제공한다. 블랙앤드데커(Black & Decker)는 토스터, 음식 믹서기, 전기드릴 및 기타 다양한 가전제품과 도구를 만든다. 3M은 포스트잇 노트(Post-it Notes)에서 1,000개 이상의 테이프 제품과 광학 시스템에 이르기까지 다양한 제품을 만든다(최적의 제품 믹스는 매출 성장성, 매출 안정성, 수익성 등에서 상품의 추가, 수정, 폐기를 통해서도 더 이상 효과적으로 달성할 수 없는 상태를 말한다-역주).

많은 기업이 사업 초기에는 단순하게 내린 커피와 같은 단일 제품을 생산한다. 시간이 지남에 따라 초기 제품이 해당 제품 유형을 구매하는 모든 소비자를 만족시키지 못한다는 것을 파악하게 된다. 시장의 수요를 충족시키기 위해 더 많은 고객의 요구를 반영한 향이 나는 커피나 다양한 커피 원두 로스트와 같은 제품을 출시한다. 스타벅스 매장은 모카, 카푸치노, 라테 및 향을 첨가한 블렌드 크림 그리고 다양한 이탈리아 스타일 에스프레소 음료를 추가하고 더 가벼운 로스트, 다양한 사이즈, 아이스커피 등을 추가해 메뉴를 확장했다. 기능의 유사성(예: 향을 첨가한 커피)을 근거로 동일 고객군(예: 커피를 마시는 사람)에게 판매되는 제품의 집합이 **제품계열**(product line)이다.

제품계열 비슷하게 작용하거나 같은 고객군에게 판매되며 서로 밀접하게 연관된 제품의 집합

기업은 때때로 시야를 확장해 기존 제품계열 외부에서 기회를 찾는다. 방충제와 카펫 청소를 제공한 최초의 성공적인 홈서비스 회사 중 하나인 서비스마스터(ServiceMaster)에서 **여러 가지** 또는 **다양한 제품계열**을 확인할 수 있다. 서비스마스터는 주택 소유자를 위한 잔디 관리(TruGreen), 해충 방제(Terminix) 및 청소(Merry Maids)와 같은 기타 밀접하게 관련된 서비스를 추가해 제품계열을 확장했다. 서비스마스터는 수년간 **개인주택 고객**에게 서비스를 제공한 후 **기업 서비스**를 위한 제품계열을 추가했다. 여기에는 조경 및 청소 서비스, 교육 서비스(물리적 시설, 재정 및 인력 자원을 포함한 학교 및 기관에 대한 지원 서비스 관리), 의료 서비스(장기 요양 시설에 대한 지원 서비스 관리, 공장 운영, 자산 관리, 세탁/섬유제품 공급)가 포함된다. 여러 제품계열은 기업이 빠르게 성장할 수 있는 가능성을 높이고 하나의 제품계열에서 매출 감소 또는 경쟁 증가로 인한 결과를 상쇄하는 데 도움이 될 수 있다.

학습목표 12-2
신제품 개발 과정을 설명한다.

신제품 개발

제품계열을 확장하거나 다양화하려면(사실은 생존하기 위해서) 기업은 새로운 제품을 개발하고 도입해야 한다. 경쟁과 변화하는 고객 선호도에 직면한 기업은 하나의 성공적인 제품으로 사업을 지속적으로 유지할 수 없다. 수십 년 동안 인기가 있었던 제품조차 변화하는 기술과 소비자 취향을 따라잡기 위해 자주 변화를 모색해야 한다.

세계에서 가장 잘 알려진 장난감 브랜드 중 하나인 레고(Lego)를 예로 들어보자. 이 회사는 1950년대에 덴마크 빌룬트(Billund)에서 레고 제품을 만들기 시작했다. 1998년까지 레고는 손실을 낸 적이 없었다. 그럼에도 불구하고 중요한 신제품을 출시하지 못했다. 2003년 매출은 전년 대비 약 30% 감소했고 8억 달러의 부채를 떠안게 되었다. 그러나 CEO인 예르겐 비그 크누스토르프(JørgenVig Knudstorp)의 경영 아래 레고는 변화하기 시작했다. 그는 레고랜드 파크(Legoland Parks)와 같은 수익성이 없는 사업 분야를 매각하고 재고를 줄였으며 새로운 제품 아이디어에 대해 고객의 의견을 듣기 시작했다. 이러한 노력으로 레고는 닌자 테마의 닌자고 라인과 같은 새로운 히트 상품을 라인업에 추가하기 시작했다. 레고는 〈레고무비(The Lego Movie)〉 및 〈레고 배트맨 무비(The Lego Batman Movie)〉와 같이 매우 성공적인 영화를 추가해 포트폴리오를 확장했다. 2015년에 레고는 유럽과 아시아에서 가장 큰 장난감 회사가 되었고 전 세계 매출이 약 52억 달러로 북미 지역에서 3위에 올랐다. 레고의 부활은 기업 역사상 가장 큰 전환점으로 인식되고 있다.

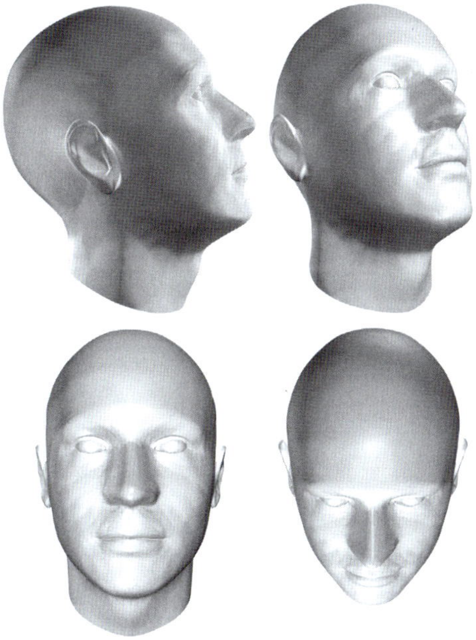

Fixer00/Shutterstock

디자이너는 과거에 사람 머리 모양과 비슷한 장난감을 만들기 위해 점토로 모델을 조각했다. 지금은 3D 디지털/비주얼 '모델(models)'에 여러 명의 직원이 동시에 작업할 수 있는 기술인 '빠른 시제품 제작(rapid prototyping)' 기술을 사용한다. 이를 통해 고객에게 즉시 이메일을 보내 의견을 구할 수도 있으며 초기 조각품을 만드는 데 몇 주가 아닌 며칠 또는 몇 시간밖에 걸리지 않는다.

기업가정신과 새로운 벤처기업

Katarzyna Bialasiewicz/123RF

2011년 칵테일 파티에서 마이크 더빈(Michael Dubin)은 여분의 면도날로 가득 찬 창고를 처분해야 한다는 한 남자를 만났다. 더빈은 마트에서 파는 가격보다 훨씬 적은 가격으로 면도날을 고객에게 우편으로 보내 시간과 노력, 비용을 절약할 수 있을 것이라고 상상했다. 그래서 2012년 3월 6일 태평양 시간 오전 6시에 달러쉐이브클럽(Dollar Shave Club)을 전 세계에 알리는 비디오를 게시했다. 이 비디오는 더빈이 책상에서 그의 면도날에 대해 설명하는 것으로 시작했고, 가장 유명한 바이럴 비디오 중 하나로 남게 되었다. 제작비용은 4,500달러에 불과했지만 스트리밍 첫날 12,000건의 주문을 받았으며 그 후 2,400만 회 이상 시청되었다.

더빈이 달러쉐이브클럽을 시작했을 때 질레트(Gillette)는 72%의 시장점유율을 차지했으며 쉬크(Schick)는 2위였다. 더빈은 먼저 면도기로 이 두 회사를 약화시키기 시작했고 이후 몇 년 동안 남성용 그루밍 제품을 출시했다. 그 결과 그는 충성스러운 팔로워를 얻었다. 그의 성공은 해리스(Harry's) 및 쉐이브몹(ShaveMOB)과 같은 다른 소규모 우편 주문 회사의 길을 열었다. 2015년까지 남성용 면도기 웹 판매는 업계 전체에서 2배 이상 증가한 2억 6,300만 달러를 기록했다. 2016년에 달러쉐이브클럽은 면도기 시장의 51%를 차지했으며 한때 지배적인 시장점유율을 보였던 질레트는 21.2%로 떨어졌다. 달러쉐이브클럽은 2017년 매출을 5년 전 600만 달러에서 훨씬 증가한 2억 5,000만 달러 이상으로 예상했다.

2017년 질레트와 쉬크는 시장점유율을 회복하기 위해 모든 남성용품의 가격을 인하하기 시작했지만 이는 조금 늦은 감이 있었다. 더빈은 회사를 10억 달러(한화 약 1조 1,300억 원)에 유니레버에 매각해 회사를 성장시켰다. 더빈은 여전히 회사의 책임자로 있으며 초기 저렴한 가격이라는 경쟁우위를 확보했음에도 불구하고 그의 핵심 철학은 여전히 훌륭한 고객 경험을 창출하는 것이다.

신제품 개발 과정

수년 동안 건강관리에 대한 수요가 증가하면서 질병 진단, 수술 절차 및 환자 회복 모니터링을 위한 새로운 장비와 함께 새로운 식품보조제, 심장약 및 기타 의약품 개발이 활발해지고 있다. 그러나 이러한 제품을 개발하고 판매하는 기업은 큰 도전에 직면해 있다. 신제품 개발 비용은 1억 달러 이상, 때로는 10억 달러 이상이며, 미국 식품의약청(FDA)의 승인 절차를 통해 신제품을 출시하는 데 8~10년, 때로는 더 오래 걸릴 수도 있기 때문이다.

FDA 승인을 위한 첫 번째 테스트와 시장 승인을 위한 테스트는 가장 시간이 많이 걸리는 개발 단계다. 머크(Merck & Co.)는 수년 동안 좋은 콜레스테롤 수치를 높이기 위해 아나세트라핍(anacetrapib)이라는 실험용 심장 약물을 개발해 심장 마비의 위험을 줄였다. 머크는 1,600명의 환자를 대상으로 실험실과 테스트 연구에 수년을 보냈으며 이 연구 결과는 추가적인 분석을 견뎌야 했다. 성공한다면 머크는 콜레스테롤 저하 약물 시장의 성장을 통해 수익을 올릴 수 있으며, 최대 매출 잠재력은 연간 30~100억 달러에 이를 것으로 예상되었다. 그러나 개발을 통해 이를 달성하려면 엄청난 시간, 인내, 비용 및 실패 위험이 필요하다.

제품 개발은 길고 비용이 많이 드는 과정이다. 머크와 마찬가지로 많은 기업에는 신제품의 가능성을 탐색하기 위한 연구개발(R&D) 부서가 있다. 왜 기업은 제품 가능성을 탐구하는 데 많은 자원을 투자하고, 그 과정에서 그럴싸한 아이디어를 거부하는 이유는 무엇일까? 첫째, 새로운 아이디어는 **실패할 확률**이 높고 단지 몇 개의 신제품만이 최종적으로 시장에 출시된다는 것을 의미한다. 둘째, 많은 기업에서 제품 **출시 속도**는 제품 개발에 대한 관심만큼이나 중요하다.

제품 실패율

일부 전문가는 시장에 출시되는 하나의 제품을 탄생시키려면 50개의 신제품 아이디어가 필요하다고 말한다. 그럼에도 불구하고 새롭게 출시된 제품 중 소수만이 성공한다. 겉보기에 훌륭한 아이디어가 제품화 이후에 실패하기도 한다. 성공적인 신제품을 만드는 것은 경험이 많은 마케터에게도 점점 어려운 숙제다. 왜일까? 매년 시장에 출시되는 신제품의 수가 극적으로 증가했다. 2015년에만 192,000개의 UFC(United Freight Classifications)와 9,300개의 새로운 브랜드가 출시되었다. 몇 년 동안 미국 소비재 산업에서만 20,000~40,000개의 제품(식품, 음료, 학용품, 기타 비식품)이 출시되었다. 그러나 어느 시점에서든 북미 슈퍼마켓에서는 평균 약 44,000개의 아이템만이 진열되고 있다. 따라서 새로운 제품은 기존 제품의 진열 공간을 빼앗기 위해 경쟁해야 한다. 실제로 매년 10개의 신제품 중 약 9개가 진열 공간 부족이나 적은 고객 수요로 인해 시장에서 사라진다. 성공한 기업은 혁신적이며 차별화된 고객가치를 제공한다. 제품 실패의 가장 큰 요인은 중요한 개성이 없다는 것이다. 즉 신제품이 기존 제품과 매우 유사하거나 모방하는 경우다. 이에 대한 대표적인 예는, 시장에 나와 있기는 하지만 아직 상대적으로 작은 경쟁자인 핍[Mr. Pibb, 나중에 핍 엑스트라(PibbXtra)로 바뀜] 대 닥터 페퍼(Dr. Pepper)와 빅맥에 대응하기 위한 버거킹의 빅킹(Big King)이다.

제품이 연구실에서 시장으로 더 빨리 이동할수록 생존 가능성이 높아진다. 경쟁사보다 먼저 신제품을 출시함으로써 기업은 시장 리더십을 확보할 수 있다. 새로운 경쟁자의 도전을 받기 전에 시장에 자리를 잡아야 한다. 2010년 초에 처음으로 출시된 애플 아이패드 판매는 급증했으며, 그해까지 1,300만 대 이상이 판매되어 전 세계 태블릿 PC 판매의 75%를 차지하는 것으로 추산되었다. 업계의 거의 모든 기업이 2011년부터 경쟁 제품을 내놓으려고 노력했지만 아이패드는 계속해서 글로벌 시장의 리더로 자리 잡고 있다. 기업이 성공을 위해 고객 요구 또는 시장 변화에 신속하게 대응하는 **시장 출시 속도**[speed to market 또는 **시간 단축**(time compression)]가 얼마나 중요할까? 한 연구에 따르면 시장 출시가 3개월 후(선도기업보다 3개월 뒤)인 제품은 평생 수익 잠재력의 12%를 잃는 것으로 밝혀졌다. 6개월이 지연되면 33%의 손실이 발생한다.

시장 출시 속도 고객이나 시장 변화에 신속히 대응해 신제품을 출시하는 전략

신제품 개발 과정 7단계

신제품의 성공적인 개발 가능성을 높이기 위해 많은 기업이 실제 제품을 개발할 때 아래 7단계의 다양한 과정을 거친다. 서비스에 대한 과정은 다음에 논의한다.

1 **신제품 아이디어 창출.** 제품 개발은 신제품 아이디어 탐색에서 시작된다. 아이디어는 일반적으로 소비자, 영업 인력, R&D 부서, 공급 업체 또는 엔지니어링 직원으로부터 나온다. 앞서 이 장에서 논의한 제품 개발 사례인 머크의 연구 과학자들은 2003년까지 심장 마비를 예방하기 위해 알약을 개발할 수 있다고 확신했다.

2 **아이디어 여과.** 이 단계는 회사의 능력이나 목표에 맞지 않는 아이디어를 여과하는 단계다. 마케팅, 엔지니어링, 운영 및 재무 담당자가 이 단계에서 의견을 제공한다. 머크의 과학, 마케팅 및 재무 담당자 간의 협력은 아나세트라핍이라는 단백질 억제제가 상업적 개발에 합당한 전망을 가지고 있다고 결론지었다.

3 **개념 테스트.** 아이디어가 선별되면 기업은 시장조사를 통해 제품 효익과 가격에 대한 소비자의 선호나 태도 등의 반응을 구하고 신제품의 개념을 구체화한다. 타사가 유사제품으로 이미 실행한 테스트를 통해 머크는 자사의 제품 개념이 과학적으로 입증되어 상용화될 수 있음을 알게 되었다.

4 **사업성 분석.** 소비자 의견을 수집한 후 마케터는 생산비용과 이익을 비교해 제품이 최소 수익성 목표를 충족하는지 확인한다. 머크의 개발팀은 신제품이 최대 100억 달러의 시장가치로 수익을 창출할 수 있지만 예상되는 수년간의 높은 개발비용으로 수익이 상쇄될 것이라고 결론지었다.

5 **시제품 개발.** 신제품의 잠재적 수익성을 결정하면 엔지니어링, R&D 또는 디자인 그룹이 시제품을 생산한다. 시제품은 매우 비쌀 수 있으며, 종종 첫 번째 물리적 제품을 생산하기 위해 값 비싼 장비와 함께 3차원 컴퓨터 모델을 사용해야 한다. 머크의 아나세트라핍 초기 개발에는 3~5년 동안 화학 및 생물학 실험실 장비가 필요했다.

6 **제품 테스트 및 테스트 마케팅.** 시제품을 통해 얻은 제품 개념을 적용해 한정 생산에 들어간다. 그리고 제품을 테스트해 성능 요구사항을 충족하는지 확인한다. 이후 소비자 반응을 테스트하기 위해 제한된 지역에서 시험적으로 판매될 수 있다. 2016년 현재 머크는 약 20,000명의 환자를 대상으로 2011년에 시작한 연속 테스트의 3단계에 진입했으며 2018년 1월까지 테스트를 완료할 예정이다.

7 **상품화.** 테스트 마케팅이 긍정적이면 본격적인 생산 및 마케팅을 시작한다. 판촉 및 유통채널을 구축해야 하기 때문에 이 단계는 상당한 비용이 들어간다. 점진적 상품화는 시간이 지남에 따라 점점 더 많은 시장에 제품을 제공함으로써 초기 생산 능력에 대한 과도한 부담을 방지한

다. 반면에 상품화가 지연되면 다른 기업에게 경쟁 제품을 내놓을 수 있는 기회를 주게 된다. 아나세트라핍의 상품화를 위한 머크의 '진행' 또는 '불가' 의사결정은 2017년까지의 테스트 결과와 머크의 개발 노력을 강화할 수 있는 다른 신제품의 출현에 달려 있다.

변형된 서비스 프로세스

서비스 개발에는 제품 개발과 동일한 단계가 포함된다. 기본적으로 2, 3, 4, 6, 7단계는 동일하다. 그러나 1단계와 5단계에서 중요한 차이점이 있다.

1 **서비스 아이디어.** 서비스 아이디어 탐색에는 **서비스 가치 패키지** 정의, 서비스를 특징짓는 유형 및 무형 기능, 서비스 사양 명시가 포함된다. 사무실 건물에 연말 청소 서비스를 제공하고자 하는 청소 회사는 다음 사양을 준수해야 한다: 먼지가 없는 카펫을 포함해 1월 5일 자정까지 고객 서비스에 방해 없이 건물 내부와 화장실을 청소해야 한다.

5 **서비스 프로세스 설계.** 시제품 개발 대신 서비스에는 세 부분으로 구성된 **서비스 프로세스 설계**가 필요하다. (1) 프로세스 선택은 순서 및 타이밍을 포함해 서비스의 각 단계를 구분한다. **부분별 프로세스 예시**: 사무실 청소는 12월 26일부터 1월 5일 오후 8시에 시작해서 오전 5시까지 끝낸다. 단계: (i) 사무실에서 복도로 가구 옮기기, (ii) 먼지 털기, 세척 및 사무실 벽과 비품 닦기, (iii) 산업용 청소기로 카펫 청소, (iv) 습식 카펫 청소, (v) 건식 카펫 청소, (vi) 가구를 사무실로 옮기기, (vii) 클라이언트 시설에서 청소 장비의 최종 제거는 1월 5일에 시작해 자정까지 완료하기. (2) **작업자 요구사항**은 서비스 기간 동안 직원의 행동, 기술, 능력 및 고객과의 소통을 나타낸다. **부분별 요구사항 예시**: 11.5일 동안 9시간 교대(1시간 휴식)로 감독자 1명과 근로자 22명. 최고 감독자(24시간 동안)와 2명의 팀 리더(근무시간 동안)는 필요시 고객과 연락이 닿아야 한다. 근로자는 (i) 가구 이동 요구사항, 카펫 특성 및 안전 요구사항에 대한 사전 브리핑을

Bertlmann/E+/Getty Images

대형 호텔에는 하우스 키핑과 같은 기능에 대한 세부적인 과정이 매뉴얼화되어 있다. 예를 들어 매뉴얼은 방을 청소할 시기와 방법을 지정하고 각 직원 또는 객실 관리팀의 성과를 평가하는 데 사용될 수 있는 품질 시표를 포함하고 있다.

받는다. (ii) 모든 청소 장비의 조작에 능숙해야 한다. (iii) 고객과 접촉 시 정중하게 응대하고, 감독자 또는 팀 리더에게 질문을 전달해야 한다. (3) **시설 요구사항**은 서비스 제공을 지원하는 모든 장비를 지정한다. **일부 장비 요구사항 예시**: (i) 이동 가구용 전동 짐수레 8대, (ii) 가구 보호용 덮개 50개, (iii) 카펫 청소를 위한 산업용 Class II 전동 습식 세탁기 10개, (iv) 12개의 산업용 파워 카펫 청소기, (v) 40개의 5갤런 컨테이너 스크러빙/살균 클렌저, (vi) 고객 시설로 자재, 소모품 및 장비를 운반하기 위한 대형 트럭.

제품수명주기

학습목표 12-3

제품수명주기의 단계와 제품의 수명을 연장하는 방법을 설명한다.

신제품이 시장에 출시되면 **제품수명주기**(product life cycle, PLC)가 시작된다. 제품수명주기는 상업적인 일련의 단계를 거치게 된다. 고객을 유치하고 유지하는 능력에 따라 PLC는 몇 개월, 몇 년 또는 수십 년이 걸릴 수 있다. 강력하고 성숙한 제품[예: 클로록스(Clorox) 표백제 및 H&R 블록(H&R Block) 세금 준비]은 오랜 제품수명주기를 가졌다. 코카콜라와 같은 일부 제품은 지속적으로 판매되고 있지만 VCR 및 휴대용 카세트테이프 플레이어와 같은 제품은 4단계 모두를 상당히 빠르게 거친 뒤 새로운 기술을 기반으로 출시된 제품에 의해 대체된 후 시장에서 사라졌다.

제품수명주기(PLC) 제품의 상업적 수명을 이루는 일련의 단계

제품수명주기의 단계

제품과 서비스의 수명주기는 제품이 탄생하고, 성장하고, 성숙하고, 마침내 쇠퇴하고 사라지는(잠재적으로) 과정을 거친다. 그림 12.1의 두 그래프를 보자. 그림 12.1(a)에서 PLC의 4단계는 우리에게도 익숙한 여러 제품에 적용된다.

도입기(introduction). 제품이 시장에 출시될 때 시작된다. 마케터는 잠재고객이 제품과 그 효익을 알 수 있도록 하는 데 중점을 둔다. 광범위한 개발, 생산 및 판매 비용은 일반적으로 이 첫 번째 단계에서 이익을 상쇄한다.

성장기(growth). 신제품이 충분한 고객을 유치하면 매출이 빠르게 증가하기 시작한다. 마케터는 가격을 약간 낮추고 판매를 늘리기 위해 지속적인 홍보를 할 수 있다. 수익이 비용을 초과하면서 제품은 수익을 내기 시작한다. 이 단계에서 다른 기업들도 경쟁 제품을 시장에 내놓기 위해 빠르게 움직일 수 있다.

성숙기(maturity). 이 단계는 일반적으로 많은 제품의 PLC에서 가장 긴 단계이며 몇 년 또는 수십 년 동안 지속될 수 있다. 성장은 정점에 이르렀고 정점에 도달한 다음 천천히 감소하기 시작할 수 있다. 이 단계 초기에 가장 높은 수익을 얻지만 경쟁이 심화되면 결국 가격 인하, 광고 및 판촉 비용 증가, 수익 감소가 발생한다. 이 단계가 끝날 무렵 매출이 떨어지기 시작한다.

쇠퇴기(decline). 새롭게 도입 단계의 대체품이 출시되면 매출과 이익은 계속 감소한다(소비자의 기호 변화나 기타 환경 요인의 변화도 포함된다-역주). 기업은 홍보 지원 광고를 종료하거나 영업 사원을 줄이지만, 일부 이익을 창출하기 위해 시장에 남아 있을 수도 있다.

그림 12.1(b)는 PLC와 제품의 일반적인 이익(검은색) 또는 손실(빨간색)과의 관계를 나타낸다. PLC

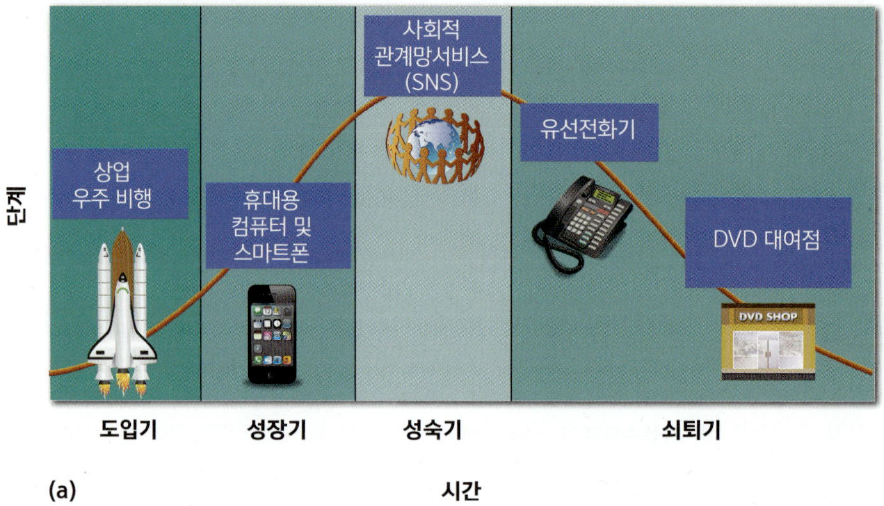

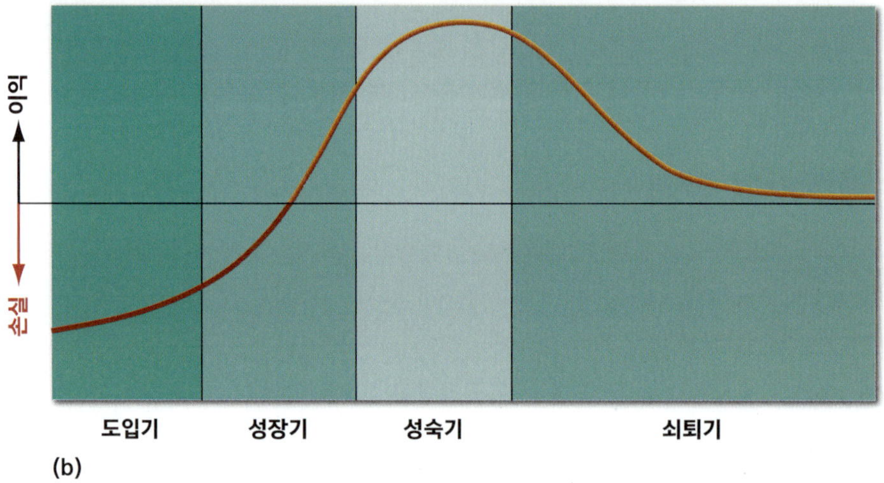

그림 12.1 제품수명주기: (a) 단계와 (b) 이익 또는 손해

의 초기 단계는 종종 재정적 손실을 보이지만 성공적인 제품 판매 증가는 이전 손실을 회복하고 감소 단계까지 계속 이익을 창출한다. 손익과 시장점유율 감소의 결과로 코닥(Kodak)은 2004년 미국에서 전통적인 필름 카메라 마케팅을 중단했다. 2012년에 회사는 적자로 인해 새로운 디지털 카메라 라인도 생산을 중단하겠다고 발표했다. 대부분의 제품은 수익성을 내는 수명이 짧다. 그렇기 때문에 3M(포스트잇 노트와 기타 수천 가지 제품을 생산하는 기업)과 같은 일부 회사는 제품계열을 지속적으로 보충하기 위해 혁신에 의존한다.

제품수명 연장: 신제품의 대안

기업은 가능한 한 제품을 성숙기 단계에서 유지하려고 한다. 출판 80년 만인 2012년 말에 《뉴스위크(Newsweek)》는 마지막으로 인쇄한 잡지를 발송했다. 동시에 뉴스위크의 수명은 새로운 온라인 전용 버전을 출시하며 연장되었다. 색상, 휴대성, 스테레오 기능, 확대된 평면 화면, 홈시어터 기능, 스트리밍 기능 및 기타 새로운 스마트 TV 기능과 같은 기능을 탑재한 TV 판매도 수년에 걸쳐 활성화되었다. 실제로 기업은 다양한 창의적 수단을 통해 제품의 수명을 연장한다. 해외시장은 제품의 수명주기를 연장하기 위한 세 가지 접근 방식을 제공한다.

1 **제품 확장**(product extension) 기존 제품을 국내에서 벗어나 전 세계적으로 판매한다. 코카콜라, 피자헛(Pizza Hut), 리바이스(Levi's) 청바지는 제품 확장의 예다.

제품 확장 기존 제품을 국내에서 벗어나 전 세계적으로 판매하는 것

2 **제품 조정**(product adaptation) 다른 국가에 진출할 수 있도록 제품을 수정할 수 있다. 독일에서는 맥도날드 식사에 맥주가 포함되어 있고 지프(Jeep)는 남아프리카와 일본에서 판매하기 위해 핸들을 오른쪽에 둔다. 제품 변경이 포함되기 때문에 이 방법은 일반적으로 제품 연장보다 비용이 더 많이 든다.

제품 조정 다른 국가에 진출할 수 있도록 제품을 수정하는 것

3 **재도입**(reintroduction) 새로운 시장에서 오래된 제품을 부활시키는 것을 의미한다. 예를 들어 NCR(National Cash Register)은 라틴 아메리카에서 수동으로 작동하는 금전 등록기를 다시 도입했다. 보잉(Boeing)은 제3세계 국가에서 구형 항공기 모델을 판매한다. 1926년에 설립된 유명한 영국 옷가게인 켄트앤드커웬(Kent & Curwen)은 영국에 단 하나의 매장만 남아 있지만 중국에 95개의 매장을 열었고, 현재 중국 외에도 런던, 도쿄, 마카오에 매장이 있다.

재도입 새로운 시장에서 오래된 제품을 부활시키는 것

브랜딩과 패키징

앞서 언급했듯이 제품 기능을 개발하는 것은 마케터 업무의 일부일 뿐이다. 마케터는 소비자가 제품을 알아볼 수 있도록 제품을 차별화해야 한다. 이 작업을 위한 두 가지 중요한 도구는 **브랜딩**과 **패키징**이다.

제품 브랜딩 코카콜라는 세계에서 가장 유명한 브랜드 중 하나다. 이 회사의 일부 경영진은 회사의 다른 자산이 모두 없어질지라도 브랜드 이름만으로도 대출기관에서 1,000억 달러를 빌릴 수 있

Michael Kemp/Alamy Stock Photo

코카콜라는 세계에서 가장 강력하고 인정받는 브랜드 중 하나다. 고유한 글자 모양은 국가나 언어에 관계없이 즉시 인지된다. 아프가니스탄에서 짐바브웨에 이르기까지 코카콜라는 엄청난 가치를 지니고 있고, 쉽게 인식된다.

다고 주장한다. 실제로 글로벌 브랜드 랭킹 회사인 인터브랜드(Interbrand)는 2016년 코카콜라 브랜드가 제품에 대한 수요를 만들어내는 능력을 통한 수익 창출 측면에서 731억 달러의 가치가 있다고 말한다.

브랜딩 특정 제조사에 의해 만들어진 특정 제품의 특징을 상징이나 부호, 이름을 사용해 전달하는 과정

업계 관계자들은 브랜드를 회사의 가장 가치 있는 자산으로 간주한다. **브랜딩**(branding)은 특정 제조사에 의해 만들어진 특정 제품의 특징을 상징이나 부호, 이름을 사용해 전달하는 과정이다. 코카콜라, 메르세데스(Mercedes)의 3꼭지 별 로고, 나이키의 '스우시', 애플의 한입 베어 문 사과 모양, 맥도날드의 황금색 아치를 예로 들 수 있다. 브랜드는 균일한 품질을 나타내도록 설계되었다. 제품을 경험하고 좋아하는 고객은 이름이나 로고를 기억해 다시 찾게 된다.

브랜드 인지도 특정 제품 범주를 생각했을 때 소비자의 머릿속에 가장 먼저 떠오르는 브랜드 네임

성공적인 브랜딩을 통해 얻을 수 있는 몇 가지 이익은 브랜드 충성도(brand loyalty)와 특정 제품 범주를 생각했을 때 소비자의 머릿속에 가장 먼저 떠오르는 브랜드 네임인 **브랜드 인지도**(brand awareness)를 들 수 있다. 짧은 시간 안에 문서를 송부해야 할 때 어떤 회사가 떠오르는가? 많은 사람들에게는 UPS가 필요한 브랜드 인지도를 가지고 있고, 또 다른 이들에게는 페덱스(FedEx)일 수 있다.

표 12.3은 각 브랜드의 달러 가치 추정치를 기반으로 한 2016년 상위 글로벌 브랜드 순위를 보여준다. 이는 각 브랜드가 제공하는 현재와 미래의 판매 및 수익 증대에 기여하는 브랜드 파워 지수를 반영하고 이러한 미래 수익이 현재 얼마나 가치 있는지 보여준다. 여기에는 해외에서 매출이 20% 이상인 글로벌 브랜드만 포함된다.

브랜드 인지도 온라인 사업은 브랜드 인지도를 위해 값비싸고 때때로 치열한 경쟁을 이어간다. 상위 4대 디지털 브랜드인 구글(2위), 아마존(8위), 페이스북(15위), 이베이(32위)는 브랜드 개발에 매년 수십억 달러를 지출한다. 브랜드 정체성(identity)을 구축하는 데 드는 비용이 증가함에 따라 많은 신생 온라인 사업들이 이에 많은 비용을 들이고 있지만, 이는 대부분 실패로 돌아갈 것이다.

거의 모든 산업에서 브랜드의 중요성이 커짐에 따라 마케터는 브랜드 인지도를 높이기 위한 보다 효과적이고 저렴한 방법을 찾고 있다. 바이럴 마케팅과 소셜 네트워킹을 사용하는 것 외에도 최근에는 간접광고 성공 사례가 나타나고 있다.

간접광고/협찬 TV 프로그램 중간 광고 시간에 사람들은 보통 부엌으로 향하지만 엔터테인먼트 프로그램은 여전히 시청자의 관심을 끈다. 마케터는 TV, 영화, 음악, 잡지 또는 비디오 게임의 캐릭터가 브랜드가 표시되는 실제 제품을 사용해 브랜드를 노출하는 홍보 전략인 **간접광고**(product placement, PPL)를 통해 홍보 효과를 높이고 있다.

간접광고/협찬(PPL) TV, 영화, 음악, 잡지 또는 비디오 게임의 캐릭터가 브랜드가 표시되는 실제 제품을 사용해 브랜드를 노출하는 홍보 전략

PPL은 고객의 관심을 끌 수 있는 매력적인 환경에서 메시지가 전달되기 때문에 효과적이다. 성공적인 영화 및 TV 프로그램의 PPL은 유명 연예인과의 브랜드 연관성으로 유명인의 암묵적 지지를 받는다. 핵심은 대상 고객의 마음에 브랜드를 심는 것이다. TV PPL에 연간 50억 달러 이상이 지출되고 있으며 주요 기업은 종종 전담 마케터를 두거나 PPL을 지원하기 위해 외부 전문가를 고용한다. 주요 성공 사례 중 하나는 스필버그의 블록버스터 영화 〈E.T.〉에서 리세스 피스(Reese's Pieces)를 사용한 것이다. 수년 동안 BMW는 제임스 본드(James Bond)가 나오는 영화에 이국적이고 새로운 자동차 모델을 소개했다. 최근 톰 행크스(Tom Hanks)의 영화에서 설리 캐릭터는 메리어트(Marriott) 호텔에 머무는 것을 연출했다. 영화 〈데드풀(Deadpool)〉에 이케아(IKEA)가 나오고, 〈캡틴 아메리카(Captain America)〉에서는 아우디(Audi)가 노출된다. 인쇄매체에서도 PPL을 찾아볼 수 있다. HP 컴퓨터는 이케아 카탈로그의 사진 레이아웃에 노출된다. TV에서의 PPL 역시 빈번한데, 드라마 〈레비

표 12.3 세계에서 가장 가치 있는 10대 브랜드

순위	브랜드	2016년 브랜드 가치(십억 달러)
1	애플	178.1
2	구글	133.3
3	코카콜라	73.1
4	마이크로소프트	72.8
5	토요타	53.6
6	IBM	52.5
7	삼성	51.8
8	아마존	50.3
9	메르세데스-벤츠	43.5
10	제너럴일렉트릭(General Electric)	43.1

출처: "Interbrand Releases 13th Annual Best Global Brands Report," *Interbrand*, http://www.interbrand.com/en/best-global-brands/2016/downloads.aspx, accessed March 24, 2017.

리지(Leverage)〉와 〈번 노티스(Burn Notice)〉에서 현대가 보여지며, 주니어 민츠(Junior Mints)는 〈사인펄드(Seinfeld)〉에서 초콜릿으로 덮인 민트사탕이 외과수술 절개 부위에 떨어졌을 때 유명해졌다. 최근에는 HBO의 미니 시리즈 〈빅 리틀 라이즈(Big Little Lies)〉의 캐릭터가 뷰익(Buick)을 몰았다.

PPL은 특히 텔레비전에 효과적인데 그 이유는 디지털 비디오 레코더(DVR)의 인기 때문이다. 시청사는 본인들의 DVR을 사용해 녹화된 프로그램 중 광고 부분을 건너 뛸 수 있지만 프로그램 내 PPL은 시청이 불가피하다.

이상적인 PPL은 제품을 긍정적 또는 중립적, 수동적인 방식으로 보여주며 부정적인 관점에서 보여주는 경우는 드물다. 유지보수 실수나 조종사 오류로 인한 비행기 추락 사고와 같은 극적인 허구의 이야기에서는 가공의 항공사가 등장한다. 그 어떤 항공사도 브랜드를 이런 방식으로 묘사하는 데 비용을 지불하지 않을 것이며 대부분의 경우 소송을 제기할 것이다. 또한 일반적으로 PPL은 제품의 표적고객층과 동일한 인구통계적 특성을 갖춘 그룹의 사람들이 시청하는 미디어에 이용된다. 〈어벤져스: 에이지 오브 울트론(Avengers: The Age of Ultron)〉에서는 비츠(Beats) 이어폰, 아디다스(Adidas) 운동화, 언더아머(Under Armour) 운동장비, 리바이스 청바지와 같은 제품이 협찬되었다.

브랜드의 유형 대부분의 제품에는 브랜드가 있다. 일반적으로 **국가**, **라이선스**, **개인** 등 다양한 유형의 브랜드 이름은 경쟁 제품의 특성과 품질에 대한 구별해 소비자의 인식을 높인다. 고객이 제품에 만족하면 마케터는 가장 큰 반복 구매집단을 중심으로 브랜드 충성도를 구축하려 한다.

제조업체 브랜드 **제조업체 브랜드**(national brands)는 제조업체가 생산하고 공급하는 브랜드를 말한다. 다이렉TV(DirecTV), 프로그레시브보험(Progressive Insurance), 스카치테이프(Scotch tape), 스코프(Scope) 구강 세척제는 일관된 전국적 광고를 통해 고객에게 널리 인식되기 때문에 귀중한 브랜드 자산이 된다. 제조업체 브랜드 개발은 높은 비용이 들기 때문에 일부 기업은 여러 관련 제품에 제조원 브랜드를 사용한다. P&G는 비누와 식기 세제의 이름을 활용해 아이보리 샴푸(Ivory Shampoo)를 판매한다. 비용 측면에서는 효율적이지만 원래 브랜드 이름의 효과가 희석될 수 있다. 쿠어스 라이트 맥주

제조업체 브랜드 제조업체가 생산하고 공급하는 브랜드

(Coors Light Beer)는 오리지널 쿠어스 맥주보다 더 많이 팔린다.

라이선스 브랜드 판매자가 조직 또는 개인으로부터 권리를 구매한 브랜드

라이선스 브랜드 기업이나 특정 인물도 그들의 이름을 제품명에 사용할 수 있는 권리를 판매하는 것에 익숙해졌다. 이를 **라이선스 브랜드**(licensed brands)라고 한다. NASCAR 브랜드는 인기 있는 자동차 경주를 통해 수백만 달러의 수익을 창출하는데, 이는 그들이 유명한 경주자들의 이름인 마틴(Martin), 존슨(Johnson), 스튜어트(Stewart), 에드워즈(Edwards)를 자동차 액세서리, 의류, 헤드셋 등 다양한 제품에 사용할 수 있는 라이선스를 통해서 가능했다. 할리데이비슨의 유명한 로고는 부츠, 안경, 장갑, 지갑, 라이터, 시계에 사용되는데 이를 통해 이 오토바이 제조업체는 연간 4,700만 달러 이상을 벌어들인다. 쿠어스, 페라리와 같은 브랜드뿐만 아니라 팅커벨, 미키마우스, 기타 디즈니 캐릭터와 같은 캐릭터 기반 브랜드의 라이선스도 수익성이 있다. 마케터는 고객이 브랜드와의 관계를 형성해서 얻고자 하는 이미지와 지위로 인해 브랜드를 대중적으로 활용한다.

유통업체 브랜드 도·소매업체가 브랜드를 개발하고 제조업체가 이 브랜드의 제품을 생산하는 것

유통업체 브랜드 **유통업체 브랜드**(private brands 또는 private label)는 도·소매업체가 브랜드를 개발하고 제조업체가 이 브랜드의 제품을 생산하는 것을 말한다. 예를 들어 메이시스(Macy's)는 허드슨 파크(Hudson Park), 아쿠아(Aqua), 메이슨 줄스(Maison Jules), 알파니(Alfani), 차터 클럽(Charter Club), 클럽 룸(Club Room), 홈 디자인(Home Design), 스튜디오 실버(Studio Silver) 등 다양한 제품을 PB 제품으로 판매한다. 또한 많은 슈퍼마켓에서 우유, 빵 및 기타 주요 식품을 PB 제품으로 판매한다.

포장 제품을 판매, 광고 또는 보호하기 위한 물리적 용기

제품 포장 몇 가지 예외 상황을 제외하면 대부분의 제품은 손상, 파손 또는 부패의 위험과 소형 제품의 도난을 줄이기 위해 포장이 필요하다. **포장**(packaging)은 제품을 매력적으로 만들고 브랜드를 표시하며 기능과 이점을 촉진하는 매장 내 광고 역할을 한다. 또한 클로록스 표백제는 흐르지 않는 용기와 같은 포장 기능을 통해 소비자에게 유용성을 추가한다.

학습목표 12-4

가격 결정을 관리하는 다양한 가격목표를 확인하고, 이러한 결정을 내리는 데 사용하는 가격 설정 도구를 설명한다.

가격 책정 판매자가 제공하는 제품에 대한 대가로 고객이 지불할 금액을 기업이 결정하는 것

가격 책정하기

마케팅 믹스의 두 번째 주요 구성요소는 **가격 책정**(pricing)으로, 이는 판매자가 제공하는 제품에 대한 대가로 고객이 지불할 금액을 기업이 결정하는 것을 말한다. 가격을 결정하려면 가격이 기업의 판매 목표 달성에 어떻게 기여하는지 이해해야 한다. 가격 결정 방법을 자세히 알아보기 위해 기업의 가격 결정에 영향을 미치는 목표에 대해 논의하는 것으로 시작한다. 그리고 기업이 이러한 목표를 달성하기 위해 사용하는 주요 도구를 설명한다.

사업 목표를 달성하기 위한 가격 책정

가격목표 판매자가 제품 가격으로 달성하고자 하는 목표

가격목표(pricing objectives)는 판매자가 제품 가격으로 달성하고자 하는 목표다. 일부 기업은 **이익극대화 가격 책정 목표**를 설정하고 **시장점유율 가격 책정 목표**를 설정하거나 온라인 비즈니스 목표에 대한 가격 결정에 관심을 갖는 기업도 있다. 한편, 가격 결정은 시장에서 경쟁의 필요성, 사회적·윤리적 관심사, 기업 이미지의 영향을 받기도 한다. 최근 몇 년 동안 우리는 금융 상품, 대출 및 기타 대출 가격이 경제 위기 시 정부의 설득과 이자율 통제에 의해 어떻게 결정되는지 확인한 바 있다.

이익극대화 목표 판매자의 가격 결정은 회사의 이익(revenue)을 결정하는 데 중요한 역할을 한다. 기업의 수익은 판매가격에 판매수량을 곱한 값이다.

$$\text{수익(매출)} = \text{판매가격} \times \text{판매 수량}$$

이익을 극대화하기 위해 가격을 결정하는 기업은 가능한 가장 높은 총이익을 낼 수 있는 단위를 판매하도록 판매가격을 설정하려고 한다. 기업이 가격을 너무 낮게 설정하면 더 많은 단위를 판매할 수 있지만 각 단위에 대한 추가 이익을 손해 보거나 각 거래마다 손실을 볼 수도 있다. 반대로 가격을 너무 높게 책정하면 각 단위별 이익을 높일 수 있지만 판매량은 줄어든다. 즉 손실을 볼 수 있으며 판매 수량이 적기 때문에 재고가 남을 수도 있다.

예상 수익을 계산할 때 관리자는 자재 및 인건비, 공장과 설비 등의 자본자원, 대규모 영업사원 유지를 위한 마케팅 비용을 고려한 판매수익을 따지게 된다. 이러한 자원을 효율적으로 사용하기 위해 많은 기업이 비용을 충당하고 소유주를 위한 목표 수준의 수익을 달성하도록 가격을 책정한다.

시장점유율(시장침투) 목표 장기적으로 기업은 생존을 위해 이익을 내야 한다. 기업은 종종 단기적으로는 최소한의 이익이나 심지어 손실도 기꺼이 받아들이는 경우도 있다. 이는 구매자가 제품을 사용해보도록 하기 위함이다. 따라서 기업은 처음에 신제품에 대해 낮은 가격을 책정해 **시장점유율**[market share, 또는 **시장침투**(market penetration)]과 업계에서 판매되는 특정 제품의 판매율을 높일 수 있다. 이미 시장에 진출한 제품일지라도 선도적인 시장점유율이 가격 책정의 목표가 될 수도 있다. 필라델피아 크림치스나 아이듄즈와 같은 브랜드의 경우, 시장을 장악한다는 것은 소비자가 익숙한 제품을 구매할 가능성이 더 높다는 것을 의미한다. 시장 지배는 낮은 단가일지라도 지속적인 판매를 통해 더 높은 수익을 낼 수 있다는 것을 의미한다.

시장점유율(시장침투) 특정 제품 유형이 전체 산업 매출에서 차지하는 비율

온라인 사업 목표를 위한 가격 결정 온라인 판매가격을 책정할 때 마케터는 다양한 종류의 비용과 다양한 형태의 소비자 인식을 고려해야 한다. 많은 온라인 비즈니스는 인터넷의 고유한 마케팅 기능으로 인해 비용과 가격을 모두 절감할 수 있다. 웹은 생산자와 고객 사이에 보다 직접적인 연결을 제공하기 때문에 구매자는 종종 도매업체와 소매업체의 추가적인 비용 지불을 줄인다.

또 다른 요소는 비교 구매의 용이성이다. 당연히 최적의 가격을 찾기 위해 매장을 직접 돌아다니는 것보다 컴퓨터 화면에서 클릭을 통한 쇼핑이 훨씬 효율적일 수 있다. 또한 소비자와 비즈니스 구매자 모두 온라인 공간에 함께 참여해 구매력을 높이면 가격을 낮출 수 있다. 애리조나주 피닉스의 애로우헤드헬스(Arrowhead Health)의 의사와 직원들은 사설약물혜택관리업체와 협력해 저렴한 비용으로 일반적 약품이나 유명 브랜드 약품을 구매할 수 있는 새로운 접근 방식을 마련해 직원의 처방약 할인 프로그램 비용을 절감했다. 두 가지 새로운 도구에는 (1) 저가 의약품 대체품을 검색하는 웹 사이트와 (2) 의약품의 전국 평균 소매가격을 나열하는 게이트웨이 역할을 하는 웹 포털이 있다. 이 프로그램을 통해 직원과 의사는 처방 및 청구 비용을 줄일 수 있다.

가격 설정 도구

기업의 목표가 무엇이든 관리자는 최종 가격을 결정하기 전에 잠재적인 영향을 측정한다. 이를 위해 사용하는 두 가지 도구는 **비용중심 가격 책정**과 **손익분기 분석**이다. 둘 다 단독으로 사용하기도 하고 기업이 목표를 달성할 수 있도록 가격을 결정하기 위해 서로 다른 종류의 정보를 제공하기 때문에 혼합해 사용하기도 한다.

비용중심 가격 책정 수익을 창출하려는 기업의 욕구와 운영비용을 충당할 필요성을 고려한 가격 책정

비용중심 가격 책정 **비용중심 가격 책정**(cost-oriented pricing)은 수익을 창출하려는 기업의 욕구와 운영비용을 충당할 필요성을 고려한다.

$$판매가격 = 판매자의\ 비용 + 이익$$

티셔츠 매장 관리자는 쇼핑객에게 제공하는 비용을 계산해 셔츠 가격을 책정한다. 따라서 가격에는 매장 임대료, 직원 임금, 시설관리비, 제품 진열, 보험 및 셔츠 제조업체의 가격이 포함된다.

제조업체의 가격이 셔츠 한 장에 8달러인데 매장에서 셔츠를 8달러에 판매하면 매장은 수익을 내지 못한다. 셔츠를 각각 8.50달러, 심지어 10달러 또는 11달러에 팔아도 이익이 남지 않을 수 있다. 수익성을 높이려면 기업은 제품원가와 기타 비용을 모두 충당할 수 있을 만큼 충분한 가격을 설정해야 한다. 이러한 요소들을 합쳐서 제품의 가격을 결정한다. 이 경우 구매비용에 7달러를 추가해야 합리적인 판매가격인 15달러가 산정된다. 다음 방정식은 **마크업**(markup)의 계산식으로, 총수익의 몇 퍼센트가 총이익인지를 결정한다.

마크업 이익을 내기 위해 제품의 구매비용에 추가된 금액

$$마크업\ 비율 = \frac{마크업}{판매가} \times 100\%$$

위 예시의 셔츠 소매업체 이윤은 46.7%가 된다.

$$마크업\ 비율 = \frac{7달러}{15달러} \times 100\% = 46.7\%$$

1달러를 받을 때마다 0.467달러가 총이익이 된다. 물론 총이익 중에서도 매장은 임대료, 시설관리비, 보험 및 기타 비용을 지불해야 한다.

숙련된 가격 설정자의 경우 더 간단한 방법은 표준 상품원가비율을 사용해 인상 금액을 결정하는 것이다. 예를 들어 많은 소매업체는 제품비용의 100%를 표준 마크업으로 사용한다. 제조업체의 가격이 셔츠당 8달러이면 마크업(100%)도 8달러이므로 판매가격은 16달러가 된다.

변동비용 생산 및 판매되는 제품의 수량에 따라 변하는 비용

고정비용 생산 및 판매 수량에 관계없이 발생하는 비용

손익분기 분석 산출량에서 총수익과 총비용의 관계를 분석해 수익성을 평가하는 방법

손익분기 분석: 비용-매출-이익 관계 비용중심 가격 책정을 사용함으로써 기업은 **변동비용**(variable cost)을 충당한다. 변동비용은 원자재, 판매 수수료 및 배송과 같이 생산 및 판매되는 제품의 단위 수에 따라 변하는 비용을 의미한다. 또한 기업은 **생산 및 판매 단위 수에 관계없이** 지불해야 하는 임대료, 보험 및 관리비와 같은 **고정비용**(fixed costs)을 지불한다.

비용, 판매가격과 판매 수량은 기업이 이익을 내기 전까지 얼마나 많이 팔아야 하는지 그 단위 수량을 결정한다. **손익분기 분석**(breakeven analysis)은 판매량에서 비용 대비 이익을 평가함으로써 총비용이 총수익과 일치하는 판매량을 구한다. 특정 판매가격에서 각 판매량은 이익이나 손실의 양을

확인할 수 있다.

당신이 티셔츠 가게의 매니저라면 손익분기점을 맞추기 위해 얼마나 많은 셔츠를 팔아야 하는지 어떻게 결정하겠는가? 제조업체에서 각 셔츠를 구입하는 변동비용이 8달러라는 것을 알고 있다. 즉 매장의 연간 변동비용은 판매된 셔츠 수와 판매된 셔츠 수에 각 셔츠의 8달러 비용을 곱한 값에 따라 달라진다. 매장을 1년 동안 운영하는 고정비용 100,000달러가 셔츠 판매량과 관계없이 발생한다고 가정해보자. 장당 15달러의 판매가격에서 총수익이 고정비용과 변동비용을 모두 충당하기 위해 얼마나 많은 셔츠를 판매해야 할까? 답은 14,286장의 셔츠를 판매해야 손익분기점을 맞출 수 있다.

$$\text{손익분기점 단위} = \frac{\text{총 고정비용}}{\text{가격} - \text{변동비용}}$$

$$= \frac{100{,}000\text{달러}}{15\text{달러} - 8\text{달러}} = 14{,}286\text{장}$$

이 예의 손익분기 분석은 그림 12.2에 나와 있다. 상점이 14,286장 미만의 셔츠를 판매하면 1년 동안 손실을 입는다. 판매가 14,286장보다 많으면 셔츠를 추가할 때마다 수익이 7달러씩 증가한다. 매장에서 정확히 14,286장의 셔츠를 판매하면 모든 비용을 충당하지만 수익은 없다.

손익분기점에서 수익이 0인 것을 방정식을 사용해 확인할 수도 있다.

$$\text{이익} = \text{총수익} - (\text{총 고정비용} + \text{총 변동비용})$$

$$= (14{,}286\text{장의 셔츠} \times 15\text{달러}) - (100{,}000\text{달러의 고정비용})$$

$$+ [14{,}286\text{장의 셔츠} \times 8\text{달러의 변동비용}])$$

$$0\text{달러} = 214{,}290\text{달러} - (100{,}000\text{달러} + 114{,}288\text{달러})$$

(셔츠 1개로 올림/내림)

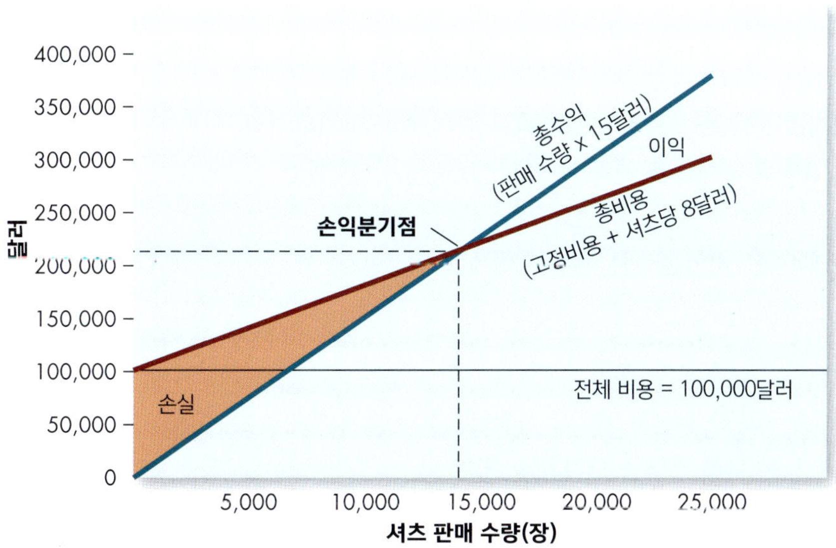

그림 12.2 손익분기 분석

Mark Passmore/Apex News and Pictures Agency/Alamy Stock Photo

아마존은 대부분의 제품을 저렴한 가격에 판매한다. 이 기업은 창고 및 유통센터 네트워크를 운영하며 많은 제품을 경쟁사보다 저렴하고 빠르게 포장, 배송할 수 있다.

학습목표 12-5

다양한 경쟁 상황에 사용할 수 있는 가격전략을 논의하고 가격 설정에 사용할 수 있는 가격전략을 구별한다.

가격 책정 전략 및 전술

앞서 설명한 가격 설정 도구는 관리자가 특정 제품의 가격을 결정하는 데 도움을 준다. 그러나 다양한 경쟁 상황에서 가격 결정을 숙고하는 데 도움이 되지는 않는다. 이 절에서는 전략계획으로서 가격 책정과 몇 가지 기본적인 가격 전술을 통해 관리자가 기업의 가격 결정 전략을 수립하는 방법을 설명한다.

가격 책정 전략

가격 책정은 유연한 마케팅 도구일 뿐만 아니라 마케팅 믹스에서 매우 중요한 요소다. 제품이나 유통채널을 변경하는 것보다 가격을 변경하는 것이 확실히 간단하다. 이 절에서는 가격 책정 전략을 통해 유사한 제품에서 어떻게 가격 차이가 발생하는지 알아본다.

기존 제품 가격 책정 기업은 기존 제품의 가격을 책정할 때 세 가지를 선택할 수 있다.

1. 높은 가격은 좋은 품질을 의미한다는 일반적인 가정을 활용해 유사한 제품에 대해 일반적인 시장가격보다 높게 가격 책정
2. 경쟁업체와 비슷한 품질의 제품을 시장가격보다 낮게 제공
3. 시장가격 또는 그에 가까운 가격으로 책정

고디바(Godiva) 초콜릿과 파텍필립(Patek Philippe) 시계는 고급스러운 이미지를 홍보해 가격이 비싸지만, 허쉬(Hershey's) 초콜릿과 타이멕스(Timex) 시계는 훨씬 저렴하다. 이러한 제품의 경우 소비자

는 제품의 차이점을 인식하고 구매한다. 버젯(Budget)과 달러(Dollar) 자동차 렌탈 회사는 허츠(Hertz)나 에이비스(Avis)보다 저렴하다고 홍보한다. 네 회사 모두 같은 종류의 자동차를 대여한다. 허츠와 에이비스는 고객에게 더 나은 편의와 서비스를 제공한다고 강조한다. 시장가격보다 낮은 가격의 기업은 높은 가격의 경쟁업체보다 비용을 낮게 유지하면서 적절한 품질의 제품을 제공해야 효과적이다.

신제품 가격 책정 신제품을 출시할 때 기업은 경우에 따라 더 높은 가격 또는 더 낮은 가격 중에서 선택하게 된다. **초기 고가전략**(price skimming)은 신제품 개발과 도입 비용을 충당하고 수익을 창출하기 위해 초기에 가격을 높게 설정하는 전략이다. 이것은 마케터가 신제품이 기존 제품과 완전히 다르며 경쟁 제품이 없다는 것을 고객에게 설득할 수 있는 경우에 효과적인 가격전략이다. 애플의 아이팟 출시가 좋은 예다. 몇 년 동안 강력한 경쟁자가 시장에 진출하지 않았기 때문에 애플은 월마트에서도 할인 없이 높은 가격을 유지할 수 있었다. 반대로 시장에 신제품을 출시하고 초기 가격을 낮게 설정하는 **시장침투 가격전략**(penetration pricing)은 고객의 관심을 불러일으키고 시범 구매를 촉진한다. 경쟁제품보다 빠르게 시장점유율을 확대하기에 좋은 전략이다. 질레트는 거의 모든 새로운 면도기 제품에 이 전략을 사용해 초기 시장점유율을 높인다.

초기 고가전략 신제품 개발과 도입 비용을 충당하고 수익을 창출하기 위해 초기에 가격을 높게 설정하는 전략

시장침투 가격전략 고객의 관심을 불러일으키고 시범 구매를 촉진하고 경쟁제품보다 빠르게 시장점유율을 확대하기 위한 전략

신생 기업은 종종 신제품 출시에 단일 가격, 고정 가격을 사용한다. 카보나이트(Carbonite)는 PC 파일을 백업하는 데 필요한 공간을 무제한 제공하는데 '저렴한 단일가격(one-flat-low price)'이라는 전략으로 온라인 백업 서비스를 시작했다. 회사가 성장함에 따라 가격 전략이 변경되었지만 지금까지 5,000억 개 이상의 컴퓨터 파일을 백업했다. 새로운 블록버스터 영화가 개봉되면 대부분의 영화관은 모든 상영관에 단일 가격을 부과한다. 그러나 몇 주 후 초기 수요가 줄어들면 피크타임이 아닌 시간에 할인 티켓을 제공할 수 있다.

온라인 비즈니스 가격 책정: 고정가격 대 가변가격 디지털마켓플레이스(digital marketplace)는 소비자 및 B2B 시장 모두에서 기존 고정가격의 대안으로 매우 가변적인 가격 시스템을 도입했다. 현재의 고정가격은 여전히 사이버 구매자에게 가장 일반적인 방식이다. 온라인 쇼핑몰 아마존은 수백만 개의 소매 품목에 대한 가격 책정전략으로 이 관행을 유지했다. 반대로 이베이의 경매 입찰(auction bidding)과 같은 가변적인 가격 책정은 가격을 결정하기 위해 구매자와 판매자 간의 유기적인 관계를 강조한다.

또 다른 종류의 가변적 가격 책정인 역경매(reverse auction)는 판매자가 개별적으로 가격을 변경할 수 있도록 한다. 예를 들어 프라이스라인닷컴(Priceline.com)에서 소비자는 항공료 또는 렌터카, 호텔 객실에 대해 지불할 의사가 있는 공시된 고정가격 이하를 설정한다. 그런 다음 항공사는 입찰 가격을 수락해 판매를 완료할 수 있다. B2B의 경우 미디어비즈닷컴(MediaBids.com)이 역광고 경매(reverse advertising auction)로 광고 공간을 판매한다. 광고주는 광고비로 1,000달러를 지출할 것이라고 미디어비즈에 알린다. 그런 다음 간행물 발간업체는 광고 공간에 대해 광고비용을 입찰한다. 기업은 가장 많은 광고 노출을 제공하는 입찰을 수락할 수 있다. 예산에 민감한 회사는 법률자문을 구할 때 로펌과의 저비용 계약을 위해 역경매로 전환하는 추세다. 온라인 채팅방에서 하향 입찰하는 경쟁 법률회사는 고객사의 법률 서비스를 제공하기 위해 가격 입찰을 입력한다. 로펌은 법률자문시장의 약 40%가 역경매로 거래되고 있으며 경매는 기존의 법적 수수료에서 15~40%까지 하락하고 있다는

격변 시대의 경영

공정인가, 위법인가

역동적인 가격모델로 초기 성공의 길을 닦았지만 기업 스캔들, 경영진의 위기, 여러 소송과 조사, 법적 분쟁 등으로 우버(Uber)는 미래에 혁신보다는 문제 많은 회사로 기억될 수 있다.

우버는 2008년 트래비스 칼라닉(Travis Kalanick)과 개럿 캠프(Garrett Camp)의 아이디어로 탄생했다. 택시가 보이지도 잡히지도 않는 파리에서 그들은 전형적인 기업가의 감각으로 이 문제를 해결하려고 노력했다. 합리적인 가격으로 근처의 자동차를 빠르게 호출하는 모바일 애플리케이션을 만드는 아이디어를 내놓은 것이다. 이 아이디어는 수요공급법칙의 고전적 모델에서 창안한 것이다. 우버는 A지점에서 B지점으로 이동해야 하는 수요자와 자동차를 보유하고 있으며 수요자를 운송할 의향이 있는 운전자를 연결한다. 우버는 택시에서 흔히 볼 수 있는 고정가격 모델 대신 시간과 지역에 따라 수요자를 유인하기 위해 시장의 원리를 이용했다. 우버의 홍보 동영상은 "더 많은 운전자가 온라인에 접속하도록 장려하기 위해 가격이 오른다. 가격 상승은 수요에 비례한다"고 설명한다. 우버는 2012년 초 보스턴에서 소비자 수요와 운전자 행동을 관찰한 후에 이 가격 모델을 개발했다. 사람들이 술집과 식당에서 나가고 집으로 가는 차를 찾는 시간인 새벽 1시에 많은 운전자가 시스템을 '종료'했다. 운전자 공급 부족으로 인해 사람들이 오랫동안 운전자를 기다리게 하는 대신 우버 프리미엄 요금을 도입해, 새벽 1시 이후에 운행하는 운전자를 보상하기로 결정했다. 공급이 수요에 빠르게 부합했고 우버는 시장과 사업을 확장해 나갔다.

곧 이 문제는 뒤바뀌게 되었다. 한때 고객에게 서비스를 제공하기에 택시가 부족했지만 이제는 너무 많다. 2015년, 캘리포니아의 3개 택시 회사는 우버가 '캘리포니아주에서 시장점유율을 확보하기 위해 불공정하게 서비스 가격을 비용보다 낮게 책정'한다고 주장하면서 약탈적인 가격 책정을 한 우버를 고소했다. 보고서에 따르면 총납입금액이 수십억 달러에 달하고 회사는 적자를 보고 있으며 이를 유지하기 위해 민간 투자에 의존하고 있다. 샌프란시스코와 같은 도시에서는 면허를 소지한 택시 기사가 메달리온(medallion)이라는 공식 허가를 받기 위해

McClatchy-Tribune/Tribune Content Agency LLC/ Alamy Stock Photo

125,000달러에서 250,000달러까지 지불하고 운송업을 하기 때문에 택시 요금이 높은 것이다. 그렇다면 우버는 택시 기사에게 적용되는 규정을 어떻게 피할 수 있었을까? 우버는 차량 공유앱이며 택시 관련 법률은 변화하는 기술을 따라가지 못했다.

우버는 사람들이 이동하는 방식의 변화와 같은 외부 문제뿐만 아니라 내부 문제도 겪고 있다. 2017년 초, 칼라닉이 우버 운전자 중 한 명에게 비난을 퍼붓는 영상이 녹화되었다. 한 달 후 그는 엔지니어링 부사장을 해고해야 했는데 그 이유는 그가 이전 직장인 구글에서 재임 기간 동안 성희롱 조사를 받고 있었다는 사실을 밝히지 않았기 때문이다. 한 달 후 사장인 제프 존스(Jeff Jones)는 회사에서 물러난 후 회사 문화에 대해 공개적으로 비난하는 논평을 냈다. 또한 이 회사는 운전자가 당국의 단속을 회피하는 데 도움이 되는 그레이볼(Greyball)이라는 프로그램을 사용해 도마 위에 올랐다.

우버, 리프트(Lyft) 등 차량 공유 회사는 완전히 새로운 제품을 만들어 서비스 경쟁을 촉진해 전체 시장의 균형가격을 낮췄다. 그러나 최저 가격으로 공급하는 것이 수익성과 지속적인 사업의 조건이 아니다. 장기적인 성공을 위해 우버는 단순하게 저렴한 차량을 이용할 수 있도록 하는 것 이상으로 성장하기 위해 자체 문화를 더 깊이 들여다볼 필요가 있다.

보고에 대해 우려하고 있다.

묶음판매전략 여러 제품을 함께 그룹화해 단일 단위로 판매하는 전략

묶음판매 **묶음판매전략**(bundling strategy)은 여러 제품을 함께 그룹화해 단일 단위로 판매하는 것을 말한다. 서로 다른 회사의 두 가지 보험 정책이 있다고 가정해보자. 하나는 생명보험용이고 다른 하나

는 자동차보험용이다. 한 회사에서 '패키지'로 두 보험을 모두 구매한다면 묶음판매의 이점을 누릴 수 있다. 첫째, 총보험료 지불액이 줄어들 수 있다. 또한 두 회사가 아닌 한 회사에 매월 지불하고 의사소통하는 편리함을 얻을 수 있다. 묶음판매를 하는 기업도 하나의 제품이 아닌 2개의 추가 판매로 이익을 얻는다. 예를 들어 센추리링크(CenturyLink)는 집 전화, 인터넷 및 다이렉트 TV 서비스를 번들로 제공하며 세 가지 서비스의 가격을 개별 가격을 합한 가격보다 낮게 책정한다.

가격 책정 전술

가격 책정 전략과 관계없이 하나 이상의 **가격 책정 전술**을 채택할 수 있다. 여러 품목을 판매하는 회사는 종종 **가격계열화**(price lining)를 사용한다. 가격계열화는 품목별로 개별 가격을 제시하지 않고 전체 품목을 몇 개의 가격 단위로 구분해 제공하는 것이다. 예를 들어 백화점은 남성 정장 가격을 175달러, 250달러, 400달러 세 가지 가격 중 하나로 설정할 수 있다. 이 정책을 통해 매장은 세분화된 고객을 모두 유치할 수 있다. 식료품점에서도 가격계열화를 사용한다. 예를 들어 통조림 제품을 제조원상표(NB), 자가상표(PB), 일반 브랜드로 구분해 가격을 책정하는 것이다.

심리적 가격 책정 전술(psychological pricing tactics)은 고객이 구매 결정을 내릴 때 완전히 합리적이지 않다는 사실을 이용한다. 한 가지 유형인 **단수가격정책**(odd-even pricing)은 고객이 짝수 달러 금액으로 표시되지 않은 가격을 선호한다는 이론을 기반으로 한다. 따라서 고객은 종종 1,000달러, 100달러, 50달러, 10달러의 가격이 각각 999.95달러, 99.95달러, 49.95달러, 9.95달러보다 훨씬 높은 것으로

가격계열화 한 제품에 단일가격을 설정하지 않고 품질이나 디자인 등의 차이에 따라 다양한 가격대를 설정해 그 가격대 내에서 개별 상품에 대한 구체적인 가격을 결정하는 방법

심리적 가격 책정 전술 고객이 구매 결정을 내릴 때 완전히 합리적이지 않다는 사실을 이용한 가격정책

난수가격정책 고객이 짝수 달러 금액으로 표시되지 않은 가격을 선호한다는 이론에 기반 한 가격정책

Keith Levit/Alamy Stock Photo

기업은 종종 심리적 가격 책정 전술을 사용해 고객이 제품을 구매하도록 유도한다. 이 사탕가게는 총 달러 금액보다 1센트 낮은 가격으로 다양한 제품을 홍보하고 있다. 사람들이 4.99달러의 가격이 5달러의 가격보다 유의미하게 낮다고 볼 수 있다는 것이다.

할인 일정한 조건하에서 가격의 일부를 감면해주는 가격정책

인식한다. 제품에 설정된 가격으로 항상 판매되는 것은 아니다. 판매자는 판매를 촉진하기 위해 종종 가격을 인하하거나 일정한 조건하에서 가격의 일부를 감면해주는 **할인**(discount)에 의존한다. 자동차 딜러, 휴양지, 항공사, 호텔은 비수기 동안 수요를 자극하기 위해 할인 가격을 제공한다. 다른 많은 호텔과 마찬가지로 하얏트호텔(Hyatt Hotels)은 비즈니스 사용자와 컨벤션, 무역 박람회, 특별 이벤트와 같은 대규모 이벤트를 위해 상업용 객실을 할인된 가격으로 제공한다.

국제 가격 책정

P&G는 해외 신규 시장에서 마케팅을 검토하면서 불안한 사실에 직면했다. 일반적으로 막대한 연구개발 비용을 반영해 수익성을 고려한 제품 가격을 책정하기 때문에 비싼 가격은 글로벌 소비자에게 접근성이 떨어질 수밖에 없었다. 그 해결책은 사실상 가격 책정 과정을 뒤집는 것이었다. P&G는 해외 바이어가 무엇을 살 수 있는지 먼저 조사하고 그 시장에서 수용 가능한 제품을 개발했다. P&G는 먼저 저가격 제품으로 시장에 진출하고 고객이 고품질 제품을 구입하도록 유인하는 정책을 시행한다.

또 다른 전략은 원가 이하로 제품 가격을 책정해서 해외의 시장점유율을 높이는 것이다. 결과적으로 특정 제품은 자국 시장보다 해외 시장에서 더 낮은 가격으로 책정된다. 4장에서 살펴본 것처럼 이러한 관행을 **덤핑**이라고 하며 이는 미국에서 불법이다. 2013년 걸프새우산업연합(Coalition of Gulf Shrimp Industries)은 정부 보조금을 사용해 불공정하게 가격을 낮추는 덤핑 때문에 미국 새우산업이 위협받고 있다며 중국, 에콰도르, 인도, 인도네시아, 말레이시아, 태국, 베트남에 특별 관세를 부과하도록 미국국제무역위원회(ITC)에 청원했다. 덤핑이 사실로 판명될 경우 미국은 국제법에 따라 가격 균형을 위한 구제책으로 해당 국가에서 수입되는 새우에 **상계관세**라는 처벌을 부과할 수 있다.

질문과 연습

복습을 위한 질문

12-1. 시장점유율은 어떻게 계산되며 기업에 어떤 영향을 미치는가?

12-2. 온라인 사업을 위한 고정가격과 가변가격 사이의 선택에 대해 논의하라.

12-3. 신문, 우유, 패스트푸드는 모두 편의품과 서비스의 예다. 이러한 유형의 제품과 서비스를 분류하는 것은 무엇인가?

12-4. 잠재고객에 따라 상품과 서비스를 어떻게 분류하는가?

분석을 위한 질문

12-5. PPL이란 무엇인가? 일반적인 형태의 기존 광고가 실패할 때 PPL은 무슨 이유에서 성공적인가? 당신이 알고 있는 PPL의 사례를 찾아보라.

12-6. 제품과 비교했을때 서비스 개발은 어떤 단계를 수정해야 하며 그 이유는 무엇인가?

12-7. 소규모 업체가 제품을 평균 8.50달러에 판매한다고 가정해보자. 상인이 공급자의 가격을 확인했을 때, 할인을 포함한 제품당 비용이 5.30달러임을 알게 된다. 상인의 마크업은 얼마인가?

12-8. 심리적 가격 책정 전술을 설명하라. 심리적 가격 책정 전술에 가장 적합한 제품 유형은 무엇인가? 소매 환경에서 심리적 가격 책정 전술은 어떻게 사용되는가?

응용연습

12-9. 관심 있는 자동차 또는 트럭을 선택하고 표적시장을 확인하라. 표적시장을 파악했으면 표적시장에 특히 매력적인 차량의 특징을 설명하라.

12-10. 제품을 선택하고 가격목표를 분석하라. 이익극대화 목표 또는 시장점유율 목표를 채택하려면 어떤 정보가 필요한가?

CHAPTER 13

유통과 촉진

Ian Dagnall/Alamy Stock Photo

온라인 상거래는 우리가 상상하지 못했던 방식으로 소비자와 기업을 하나로 묶는다. 소매업체는 구매 데이터를 수집하고 분석함으로써 소비자가 원하는 것을 선제적으로 파악한다.

학습목표

LEARNING OBJECTIVES

이 장을 학습하고 나면

13-1 유통 믹스의 의미와 다양한 유통경로를 설명한다.

13-2 도매업체의 역할과 온라인 거래 중개기관이 수행하는 기능을 설명한다.

13-3 다양한 소매업체의 유형을 설명하고 온라인 소매업체가 인터넷에서 소비자에게 가치를 제안하는 방법을 설명한다.

13-4 물적 유통을 정의하고 물적 유통의 주요 활동을 설명한다.

13-5 촉진의 목적과 촉진 믹스 선택 시 고려사항을 파악하고 다양한 종류의 광고 프로모션을 논의한다.

13-6 인적판매와 관련된 활동과 다양한 유형의 세일즈 프로모션을 설명한다.

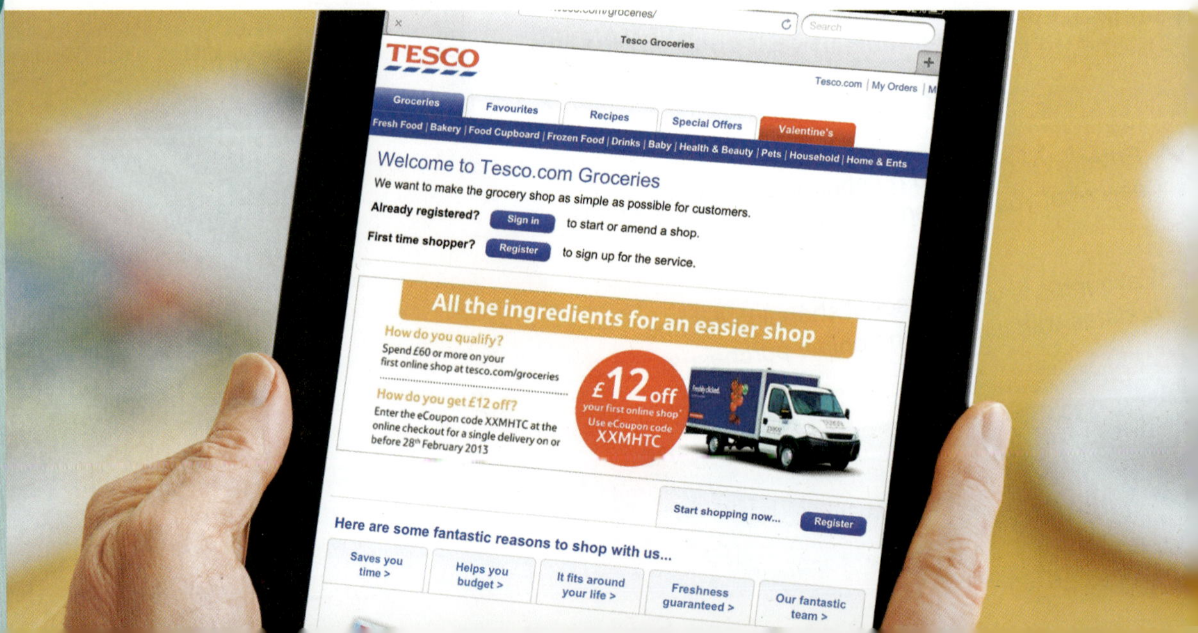

전자상거래 판도의 변화

영국에서 전자상거래(e-commerce)의 폭발적인 발전은 많은 측면에서 비즈니스 수행 방식의 혁명을 가져왔다. 특히 영국 소매업에서 주문 처리, 창고 보관, 재고관리 및 운송 간의 상호작용으로 구성된 물리적 유통 시스템이 빠르게 발전했다.

1990년대 이전에 영국 소비자는 구매를 원하는 오프라인 매장을 방문해서 카탈로그를 살펴보고 결제하는 동안 대기 줄에서 기다리는 데 많은 시간을 소비해야 했다. 오늘날 테스코(Tesco), 아스다(Asda), 모리슨(Morrison)과 같은 대부분의 영국 슈퍼마켓에서는 식료품 쇼핑을 원하는 고객이 온라인으로 주문하고 상품을 집에서 배달받는다. 이는 소매업체의 핵심 경쟁 요소가 되고 있다. 특히 영국 마케팅 환경에서 고객이 업체의 가치를 평가하기 위해 가격 할인 이상의 혜택을 알디(Aldi)와 리들(Lidl) 같은 할인 도매업체에 요구한다는 것이 명확해지고 있다. 소비자들이 편리함과 효율성을 원한다는 사실을 알고 있는 알디와 리들은 소비자가 온라인으로 주문하고 집에서 편안하게 물건을 받을 수 있도록 한다.

넥스트(Next)나 데번햄스(Debenhams) 같은 다국적 의류, 신발 및 가정용품 소매업체는 빅데이터를 이용해 웹 사이트 통합, 주문 처리 및 창고 보관을 관리한다. 이를 통해 영국의 소비자는 웹 사이트에서 제품 범주를 탐색하고 선호하는 제품을 선택하고 즉시 배달받을 수 있다. 소비자는 용도에 맞지 않거나 마음에 들지 않는 제품을 나중에 반품할 수 있는 유연한 반품정책을 통해 더욱 쉽게 이용할 수 있다. 더 이상 매장에서 반품 및 교환해야 하는 의무가 사라져서 소비자는 전자상거래 시스템에 또 다른 신뢰를 주고 있다. 선도적인 주택 개량 및 정원 소매업체인 B&Q는 한 발 더 나갔다. 고객이 온라인으로 가정용품을 구매해 배송받을 수 있을 뿐만 아니라 구매한 제품을 지정된 기간 내에 반품 및 교환할 수 있음을 보장한다. 또한 고객은 온라인으로 주문하고 매장에서 수령할 수 있다. 아르고스(Argos)나 PC월드(PC World)와 같은 전국의 많은 도매 및 소매점에서 전자제품 및 가구제품을 판매할 때도 유사한 서비스가 제공된다.

최근 소매 부문에서의 경쟁이 심해지면서 많은 기업이 매장을 폐쇄했다. 토이저러스(Toys 'R' Us)와 마플린(Maplin)은 공

Andres Rodriguez/Fotolia

이 장을 배우면 좋은 점

모든 시장에서 선도적인 소매업체가 되려면 고객에게 제품을 가장 잘 공급하고 홍보하는 방법에 대한 확실한 이해가 필요하다. 이 장에서는 다양한 유형의 도매업체, 소매업체 및 중개기관과 온라인 시장이 기업의 비즈니스 방식을 어떻게 변화시키는지 설명한다. 이 장의 유통과 촉진을 이해하면 다양한 광고 캠페인의 대상이 되는 고객을 확인하는 방법을 보다 명확하게 이해할 수 있다. 정보에 기반 한 소비자가 기업의 촉진 활동에 언제 어떻게 영향을 행사하고 있는지 인식하게 될 것이다. 또한 기업의 유통, 광고 프로그램, 경쟁 잠재력을 평가할 준비를 할 수 있게 될 것이다.

12장에서 보았듯이 마케터는 기업이 고객에게 제공할 제품을 결정하고 해당 제품의 가격을 결정하는 데 관심을 갖는다. 이 장에서는 마케팅 믹스의 네 가지 P 중 다른 두 가지를 살펴볼 예정이다. 먼저 유통의 개념, 유통의 조합, 다양한 경로와 유통 방법을 살펴볼 것이다. 그리고 촉진 믹스를 선택할 때 고려해야 할 요소를 논의한다. 마지막으로 인적판매 및 다양한 유형의 세일즈 프로모션과 관련한 활동을 설명한다.

식적으로 철수하는 과정에 있다. 장난감부터 베이비 케어, 가족 레저 제품에 이르기까지 다양한 포트폴리오를 보유하고 있는 토이저러스는 1985년에 설립된 후 영국에 100개 이상의 매장이 있다. 마플린은 1972년에 설립되었으며 영국과 아일랜드에 217개의 매장을 보유하고 있다. 두 업체는 업계에서 수년간 쌓은 경험에도 불구하고 변화하는 현대 비즈니스 환경에 완전히 적응하지 못했다. 새로운 환경에서는 소비자의 요구가 더 증가하고 취향은 계속 발전한다.

전자상거래가 전체 물적 유통 시스템에 스며들며 급속하게 성장하고 있다. 아시아, 아프리카, 중동을 포함한 세계 여러 지역에서 증가하는 전자상거래 활동이 고객에게 가치를 창출하고 제공하는 방식을 재구성하고 있다는 분명한 예시다. 맥키니(McKinney)의 라이온스(Lions) 보고서에 따르면 2025년까지 아프리카의 온라인 소매 매출은 약 700억 달러가 될 것이며, 인도브랜드자산재단(India Brand Equity Foundation)의 보고서에 따르면 인도의 전자상거래 시장은 2026년에 약 2,000억 달러가 될 것으로 예상한다. 분명히 전자상거래는 마케팅에서 무시할 수 없는 가장 중요한 요소가 되었다.

학습목표 13-1

유통 믹스의 의미와 다양한 유통경로를 설명한다.

유통 믹스 기업이 고객에게 제품과 서비스를 전달하는 유통경로의 조합

유통 믹스

우수한 제품 믹스와 효과적인 가격정책 외에도 제품의 성공 여부는 **유통 믹스**(distribution mix), 즉 기업이 고객에게 제품과 서비스를 전달하는 유통경로의 조합에 달려 있다. 이 절에서는 중개기관과 다양한 종류의 유통경로를 살펴본다. 그리고 중개기관이 제공하는 서비스에서 소비자가 얻을 수 있는 몇 가지 혜택을 논의한다.

중개기관과 유통경로

중개기관 제품을 이동시키거나 판매자에서 고객으로의 흐름을 촉진하는 정보를 제공해 제품을 공급하는 데 도움을 주는 개인 또는 기업

도매업체 최종 소비자에게 재판매하기 위해 다른 회사에 제품을 판매하는 중개업체

소매업체 소비자에게 직접 제품을 판매하는 업체

유통경로 제품이 생산자에서 최종 사용자까지 흐르는 경로

직접경로 제품이 중개기관 없이 생산자에서 소비자 또는 조직 구매자로 직접 이동하는 경로

중개기관(intermediary)은 제품을 이동시키거나 판매자에서 고객으로의 흐름을 촉진하는 정보를 제공해 제품을 공급하는 데 도움을 준다. **도매업체**(wholesale)는 최종 소비자에게 재판매하기 위해 다른 기관에 제품을 판매하는 중개기관이고 **소매업체**(retaile)는 소비자에게 직접 제품을 판매한다.

상품과 서비스의 유통 **유통경로**(distribution channel)는 제품이 생산자에서 최종 사용자까지 흐르는 경로다. 그림 13.1은 구매자에게 제품을 제공하는 것과 관련된 경로 구성원에 따라 4개의 일반적인 유통경로의 형태를 보여준다.

경로 1: 직접유통 **직접경로**(direct channel)에서 제품은 중개기관 없이 생산자에서 소비자 또는 조직 구매자로 이동한다. 에이본(Avon), 델(Dell), 가이코(GEICO), 타파웨어(Tupperware)와 같은 많은 온라인 회사에서 이러한 유형의 경로를 사용한다. 대부분의 비즈니스 상품, 특히 대량 구매한 상품은 제조업체가 산업 구매자에게 직접 판매한다.

경로 2: 소매유통 경로 2에서 생산자는 소매업체를 통해 소비자 제품을 유통한다. 예를 들어 굿이어(Goodyear)는 자체 소매점 네트워크를 유지한다. 리바이스(Levi's)는 자체 매장이 있지만 다른 소매업체를 위한 청바지도 생산한다. 월마트(Walmart)와 같은 대형 매장은 생산자로부터 직접 상품을 구매한 다음 온라인 및 월마트 지점에서 고객에게 재판매한다. 소비자는 온라인 소매업체에서 책, 영화 및 음악 다운로드와 같은 제품을 구매할 수도 있다. 스테이플스(Staples)에서 사무용품을 구매하는

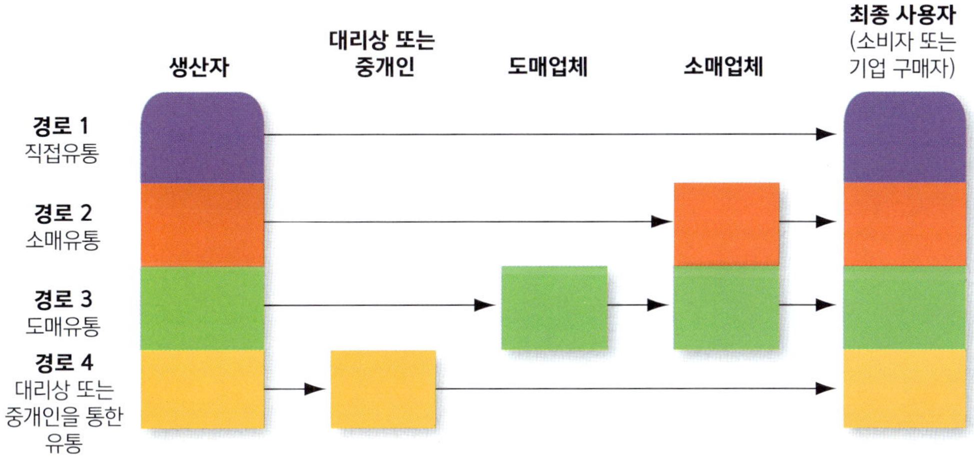

그림 13.1 유통경로

회사처럼 많은 기업 구매자도 이러한 경로에 의존한다.

경로 3: 도매유통 한때 가장 널리 이용되는 간접유통 방법이었던 전통적인 오프라인 유통인 경로 2는 상품을 보관하고 진열하는 데 공간과 많은 비용이 소요된다. 도매상은 상품을 보관하고 소매점 진열대에 수시로 재입고해 공간 문제를 해결한다. 상품 진열에 약 90%를 사용하고 10%를 보관과 사무 시설로 사용하는 편의점과 주유소의 조합은 경로 3인 도매업체 사용의 예 중 하나다.

경로 4: 대리상 또는 중개인을 통한 유통 대리상 또는 중개인은 생산자를 대표해 소비자 또는 조직 사용자에게 판매를 대행하고 상품 판매에 대한 수수료를 받는다. 온라인 여행업체와 같은 **판매 대리인**(sales agent)은 일반적으로 많은 고객의 요구를 충족하기 위해 여행사의 제품계열을 취급한다. 부동산 및 증권거래소 등의 산업에서 **중개인**(broker)은 자산을 판매하는 데 많은 판매자와 구매자를 연결하는데, 이러한 중개는 종종 그들이 누구인지 알지 못한 채 이루어진다.

판매 대리인 일반적으로 일부 생산자의 관련 제품계열을 처리하고 해당 생산자를 대리해 많은 고객의 요구를 충족하기 위해 장기적인 관계를 형성/유지하는 독립된 중개기관

중개인 필요에 따라 종종 그들이 누구인지 알지 못한 채 수많은 판매자와 구매자를 연결하는 독립된 중개기관

간접유통의 장단점 간접유통의 한 가지 단점은 높은 가격이다. 경로에 '중간 단계(stations)'가 많을수록 가격 인상이나 커미션을 부과해 수익을 창출하는 중개상이 늘어나고 이는 결국 최종가격이 높아지는 원인이 된다. 그러나 중개기관은 시간을 절약할 수 있는 정보를 제공하고 소비자가 필요할 때 적절한 수량의 제품을 공급함으로써 **부가가치**를 창출한다. 그림 13.2는 일반 중개기관인 슈퍼마켓의 기능 없이 고춧가루를 찾는 데 문제가 있음을 보여준다. 소비자가 각각의 생산자로부터 모든 재료를 구하려고 한다면 분명히 더 많은 시간, 돈, 에너지를 소비할 것이다. 요컨대 중개기관은 생산자로부터 사용사에게 효율적으로 제품을 공급하는 데 필요한 서비스를 제공하기 때문에 존재의 필요성이 있다.

유통전략

적절한 유통경로를 선택하는 데는 전략적 의사결정이 중요하다. 이는 제품이 공급될 시장의 범위와 비용 또는 어떤 종류의 중개기관이 개입될 것인지를 결정한다. 일반적으로 유통전략(distribution strategies)은 제품의 유형과 얼마나 많은 고객에게 제품을 효과적으로 공급할 것인가라는 **시장의 범**

Keith Dannemiller/Alamy Stock Photo

전기부품 공급업체 공장에서 종업원은 산업 고객의 요구사항을 충족하는 프로세스에 따라 전기 시스템을 조립한다. 완성된 조립품은 공장에서 고객의 시설로 배송되는 직접 유통경로를 보여준다.

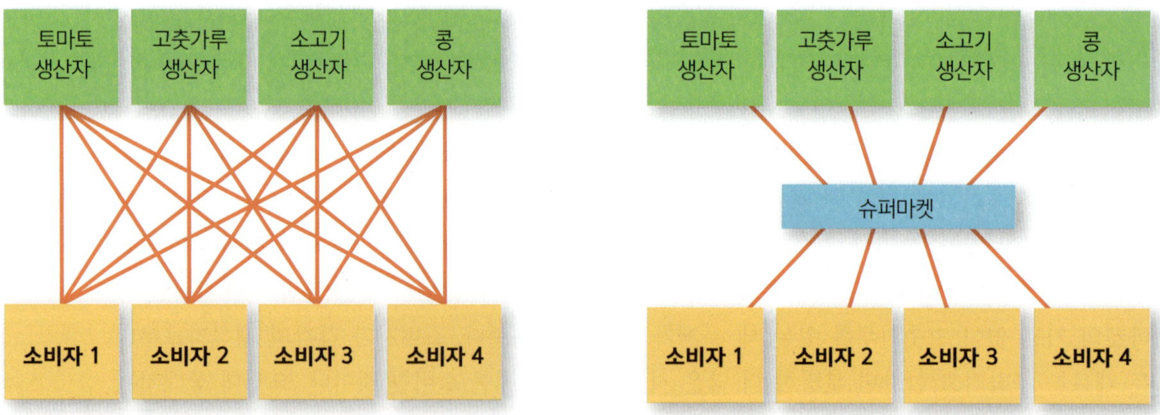

그림 13.2 중개기관의 가치 창출

위에 따라 달라진다. 마케터는 소비자의 필요를 충족시키기 위해 충분히 많은 수의 매장에서 제품을 취급하도록 배치하기 위해 노력한다. 다양한 소매점에서 우유와 생수를 구입할 수 있지만 새 페라리(Ferrari)를 구입할 수 있는 매장은 많지 않다. (1) **집중적**, (2) **전속적**, (3) **선택적 유통**의 세 가지 전략은 다양한 수준의 시장 접근 범위를 제공한다.

- **집중적 유통**(intensive distribution)이란 가능한 많은 경로와 경로 구성원인 도매 및 소매업체 모두를 통해 제품을 시장에 공급하는 것을 의미한다. 이는 일반적으로 사탕이나 잡지와 같이 모두에게 인기 있는 제품들과 같은 저가격 제품(편의품, 저관여 제품)에 주로 사용된다. 엠앤드엠스(M&M's)의 사탕은 슈퍼마켓, 자판기, 약국, 온라인 등 다양한 소매점을 통해 시장에 진입한다.

집중적 유통 가능한 많은 경로와 경로 구성원인 도매 및 소매업체 모두를 통해 제품을 시장에 공급하는 전략

- **전속적 유통**(exclusive distribution)을 통해 제조업체는 특정 지역에 있는 제한된 수의 도매 또는 소매업체에게 제품을 공급하거나 판매할 수 있는 독점적 권리를 부여한다. 이러한 계약은 고가의 전문품에 가장 일반적으로 활용된다. 롤렉스(Rolex) 시계는 '롤렉스 공식 보석상(Official Rolex Jewelers)'에서만 판매된다.

전속적 유통 특정 지역에 있는 제한된 수의 도매 또는 소매업체에게 제품을 공급하거나 판매할 수 있는 독점적 권리를 부여하는 전략

- **선택적 유통**(selective distribution)을 사용하는 생산자는 판매 노력, 진열과 홍보 혜택과 같은 제품에 특별한 관심과 주의를 기울이는 몇몇의 도매 또는 소매업체만 선택해 유통한다. 선택적 유통은 일반적으로 가구 및 가전제품과 같은 소비제품(선매품)에 자주 사용된다. 프리지데어(Frigidaire)와 월풀(Whirlpool)은 다른 브랜드보다 자신들의 브랜드 제품을 주로 취급할 일부 도매업체와의 관계를 강화하기 위해 선택적 유통을 사용한다.

선택적 유통 특정 제품에 특별한 관심과 주의를 기울이는 몇몇 도매 또는 소매업체만 선택해 유통하는 전략

경로 갈등과 경로 리더십

제조업체 및 서비스 업체인 나이키, LG 전자, 얼라이드인슈어런스(Allied Insurance)는 둘 이상의 경로를 통해 유통할 수 있으며, 월그린스(Walgreens) 같은 많은 소매업체는 타이레놀(Tylenol), 애드빌(Advil), 올레브(Aleve) 등의 가능한 다양한 생산업체와 협의를 맺을 수 있다. 이러한 경우 **경로 갈등**이 발생할 수 있다. 갈등은 적절한 조정을 통해 해결되며 조직의 활동을 조정하는 핵심 요소는 **경로 리더십**이다.

경로 갈등 **경로 갈등**(channel conflict)은 경로 구성원이 역할이나 보상에 동의하지 않을 때 발생한다. 존디어(John Deere)와 스테이트팜(State Farm)은 경쟁 브랜드의 트랙터와 보험 상품을 판매하는 딜러에 반대할 것이다. 마찬가지로 제조업체 소유의 아웃렛 매장은 회사 제품을 할인할 때 다른 소매업체와 멀어질 위험이 있다. 한 경로 구성원이 더 많은 권한을 가지고 있거나 우대를 받는 것으로 인식되면 갈등이 발생할 수 있다. 애플은 직영 매장을 열기 전에 많은 소매점을 통해 제품을 유통했다. 직영 매장을 열면서 경로 갈등과 충돌이 발생했는데, 애플이 매장을 개점하기 전에 애플 제품을 유통하고 판매하는 데 사용했던 일반 매장을 크게 줄였기 때문이다. 물론 이러한 갈등은 상품의 흐름을 방해해 시스템의 목적을 무너뜨릴 수 있다.

경로 갈등 유통경로 구성원이 자신이 해야 할 역할이나 받아야 할 보상에 대해 동의하지 않을 때 발생하는 갈등

경로 리더십 일반적으로 한 경로의 구성원인 **경로 지도자**(channel captain)가 다른 구성원의 역할과 보상을 결정할 수 있다. 경로 지도자는 종종 제조업체 또는 서비스의 창립자다. 한 예로, 도매상과 소매상들은 보석장인 토마스 만(Thomas Mann)이 만든 작품인 테크노 로맨틱(Techno Romantic)을 배포하기 위해 몇 년 동안 기다려야 한다. 만은 경로 구성원을 선택하고 가격을 설정하고 제품 가용성을 결정한다. 다른 산업에서는 영향력 있는 도매업체나 월마트와 같은 대형 소매업체가 판매량이 많기 때문에 경로 지도자가 될 수 있다.

경로 지도자 다른 구성원의 역할과 보상을 결정하는 데 가장 강력한 힘을 가진 경로 구성원

학습목표 13-2
도매업체의 역할과 온라인 거래 중개기관이 수행하는 기능을 설명한다.

도매상

유통경로를 구성하는 중개기관은 각각의 역할이 다르다. 도매상은 재판매용 또는 업무용 제품 구매자에게 다양한 서비스를 제공한다. 다양한 제품을 보관하고 제공하는 것 외에도 일부 도매상은 배송, 신용 및 제품 정보를 제공한다. 서비스 범위는 중개기관의 유형에 따라 다른데 크게 **상인 도매상**, **대리상/중개인** 또는 **온라인 중개기관**으로 구분한다.

상인 도매상

상인 도매상 다양한 제조업체에서 생산한 제품을 합법적으로 소유한 후 다른 조직에 재판매하는 독립된 유통기관

완전기능 도매상 전통적인 구매 및 판매 서비스 외에 신용, 마케팅 및 판매 서비스를 제공하는 상인 도매상

한정기능 도매상 제한된 범위의 서비스를 제공하는 상인 도매상

낙하 선적인 재고를 운반하거나 제품을 직접 취급하지 않으며 고객으로부터 주문을 받고 상품을 공급하기 위해 생산자와 연결하는 기능을 수행하는 제한된 상인 도매상

대부분의 도매업체는 제조업체가 생산하는 소비재 또는 중간제품을 판매하며 독립적으로 운영된다. 대표적인 도매기관인 **상인 도매상**(merchant wholesaler)은 제조업체로부터 제품을 구매해 다른 기관에 판매한다. 그들은 재판매하는 제품을 소유하고 보관 및 배송 서비스를 제공한다.

완전기능 도매상(full-service merchant wholesaler)은 전체 상인 도매상의 약 80%를 차지하며 신용, 마케팅 지원 및 판매 서비스를 포함한 부가가치 서비스를 제공한다. **한정기능 도매상**(limited-function merchant wholesaler)은 완전기능 도매상의 기능 중 일부 서비스만 제공하고 때로는 단순히 보관 기능만을 제공하며 고객이 현금을 지불하고 자신의 상품을 픽업하도록 서비스 한다. **낙하 선적인**(drop shipper)은 재고를 운반하거나 제품을 직접 취급하지 않으며 고객으로부터 주문을 받고 상품을 공급하기 위해 생산자와 연결한다. 선반중개인(rack jobber)은 대부분 비식품을 취급하며 소매점에서 직접 판매하고 가격을 표시하고 진열하는 업무를 수행한다. P&G는 팸퍼스 기저귀와 같은 제품을 유통하기 위해 선반중개인을 활용한다.

대리상과 중개인

온라인에서 활동하는 대리상을 포함하는 대리상(agent)과 중개인(broker)은 기업의 제품에 대한 독립적인 영업 담당자 역할을 한다. 그들은 일반적으로 순매출의 약 4~5%를 수수료로 받는다. 도매상과 달리 대리상과 중개인은 상품을 소유하지 않는다. 오히려 그들은 자체 판매 인력이 없는 생산자 또는 판매자를 위해 판매 및 상품화를 지원한다.

대리상과 중개인의 가치는 시장에 대한 정보와 머천다이징 전문성에 있다. 잠재고객에게 판매 품목을 보여주고 소매점의 경우 선반, 디스플레이 머천다이징 및 광고 레이아웃과 같은 서비스를 제공한다. 찢어지거나 더러워진 포장을 제거하고 제품을 깔끔하게 정리하며 상품을 매력적으로 유지한다. 많은 슈퍼마켓 제품은 중개인을 통해 취급된다.

온라인 중개기관

온라인 중개기관 구매자에게 온라인상에서 제품을 공급하는 것을 돕거나 소비자에게 다양한 판매자 정보를 제공하고 고객에게 제품을 전달하는 인터넷 유통경로 구성원

전자상거래의 기능은 널리 분산되어 있는 수백만 명의 소비자와 기업을 한데 모으는 데 있으며, 이는 중개인의 유형과 역할을 대체하고 있다. **온라인 중개기관**(e-intermediary)은 다음 두 가지 기능 중 하나 또는 둘 다를 수행하는 온라인 경로 구성원(도매상)이다: (1) 판매자에 대한 정보를 수집해 소비자에게 제공하거나[예: 카약닷컴(kayak.com)] (2) 아마존처럼 구매자에게 온라인상에서 제품을 제공하는 데 도움을 준다.

신디케이트 판매자 **신디케이트 판매**(syndicated selling)는 한 웹 사이트가 다른 웹 사이트에 고객 추천 수수료를 제공할 때 발생한다. 익스피디아닷컴(Expedia.com)과 달러렌터카(Dollar Rent A Car)는 신디케이트 판매를 잘 보여준다. 매달 수백만 명의 사용자가 방문하는 익스피디아닷컴은 많은 사용자가 찾는 여행 서비스 웹 사이트다. 익스피디아는 웹 페이지에 달러렌터카의 특별한 배너를 제공했다. 익스피디아 고객이 달러렌터카 배너를 클릭하면 익스피디아 사이트에서 달러렌터카 사이트로 이동한다. 달러렌터카는 이 경로를 통해 들어오는 각 예약에 대해 익스피디아에 수수료를 지불한다. 익스피디아는 달러렌터카의 공급사슬 비용을 증가시키지만 고객에게 가치를 더한다. 여행자는 불필요한 사이버 공간 검색을 피하고 렌터카 대행사로 효율적으로 안내된다.

신디케이트 판매 웹 사이트가 고객을 추천하기 위해 다른 웹 사이트에 수수료를 제공하는 전자상거래 유형

쇼핑 에이전트 **쇼핑 에이전트**(shopping agent, e-agent)는 정보를 수집하고 분류해 온라인에서 소비자를 돕는다. 그들은 제품을 소유하지는 않지만 방문할 웹 사이트와 상점을 알고, 정확한 비교 가격

쇼핑 에이전트 사용자가 제품과 가격을 찾는 데 도움을 주지만 제품을 소유하지 않는 온라인 유통 경로의 중개기관

기업가정신과 새로운 벤처기업

희망 자동판매기

칠레 산티아고 외곽은 음식이 비싸고 메뉴가 제한되어 있다. 인구밀도가 낮고 한정된 가계 소득으로 인해 슈퍼마켓은 거의 없다. 대부분의 주민은 인구밀도가 높은 지역에서 볼 수 있는 것보다 제품계열이 좁고 가격이 최대 40% 비싼 작은 상점에서 쇼핑한다. 이 지역에 사는 사람들의 삶을 개선하기 위해 산티아고에 본사를 둔 알그라모(Algramo)는 독특한 유통 모델을 두고 있다. '그램 단위(by the gram)'라는 의미인 알그라모는 제품을 대량 구매해 비용을 절감한다. 이 회사는 지역 상점에 첨단 자동판매기를 설치하고 콩, 렌틸콩, 쌀, 설탕 및 기타 제품을 제공한다. 그들은 기계 설치에 대해 상점 주인에게 비용을 청구하지 않고 모든 판매 수익을 상점 주인과 동등하게 공유한다. 운영 첫해에 알그라모는 300곳 이상에 자동판매기를 설치해 약 36,000명의 고객에게 서비스를 제공했다.

Algramo

이는 칠레 학생 호세 마누엘 몰러(Jose Manuel Moller)의 아이디어에서 출발한다. 그와 세 친구는 주민들의 상황을 파악하기 위해 산티아고 외곽의 작은 마을로 이사했다. 동네 상점은 지역 사회를 위한 중요한 만남의 장소지만 음식 가격이 비싸고 임금이 낮기 때문에 대부분의 주민은 가장 기본적인 소비를 충족하기 위해 고군분투하고 있다. 몰러는 이러한 비싼 가격을 주요 도시 외곽에 거주하는 칠레 인구의 70%에게 부과되는 '빈곤세(poverty tax)'로 보기 시작했고 변화를 주기로 결심했다. 이 회사는 새로운 유통 모델을 통해 구매자가 가정용 제품에 대해 매달 최대 40%를 절약할 수 있으며 절약된 돈을 사용해 더 나은 의료 서비스를 얻거나 자녀에게 양질의 교육 기회를 제공할 수 있다고 추정한다. 알그라모 비즈니스 모델의 이점은 소비자에게 국한되지 않고 상점 주인에게도 확장된다. 알그라모의 자동판매기는 적은 마진으로 운영되는 소규모 상점에서 수익을 창출해 비즈니스를 유지하고 상점 주인의 삶의 질을 향상할 수 있다. 이 모델의 이점은 환경까지 확장된다. 알그라모는 재사용 가능한 용기에 제품을 담아 일회용 포장과 관련된 폐기물을 줄인다.

을 제공하고, 제품 기능을 설명하고, 사용 가능한 형식으로 정보를 제공해 소비자가 거래를 완료하도록 지원한다. 핫와이어닷컴(Hotwire.com)은 다양한 여행 상품을 판매하는 유명한 쇼핑 대행사이다. 호텔, 항공편, 휴가, 자동차를 지정하면 핫와이어가 공급업체를 검색하고 가격 비교를 수행하고 낮은 가격에서 높은 가격으로 나열한 다음 다른 웹 사이트로 이동시킨다.

B2B 중개인 전자상거래 중개업체는 기업 고객에게 온라인 부가가치 서비스를 제공한다. 예를 들어 B2B 구매자와 상품 및 서비스 판매자 간의 가격 결정 프로세스는 온라인 회사인 미디어비즈닷컴(MediaBids.com)에 외주를 줄 수 있다. 미디어비즈는 광고 서비스의 가격 중개인으로서, 광고 서비스의 대량 구매자를 기업고객의 공급업체가 되기 위해 입찰하는 잠재적 공급업체와 연결한다. 바이오센트릭헬스(Biocentric Health Inc.), 크리스천사이언스모니터(Christian Science Monitor), 심플리시티소파(Simplicity Sofas)와 같은 광고 서비스 구매자는 고정된 연간 구독료를 지불하고 미디어비즈의 경매본부와 네트워킹을 할 수 있다. 이 본부에 원거리에서 공급업체로부터 경매입찰이 들어온다. 이 웹 사이트는 저가 공급업체로 입찰이 끝날 때까지 최신 정보를 제공한다. 경매 거래를 중개할 때 미디어비즈는 어떤 제품도 소유하지 않는다. 중개인으로서 적시에 정보를 수집하고 비즈니스를 서로 연결한다.

학습목표 13-3
다양한 소매업체의 유형을 설명하고 온라인 소매업체가 인터넷에서 소비자에게 가치를 제안하는 방법을 설명한다.

소매상

미국에는 500만 개 이상의 오프라인 소매점포가 있다. 대부분이 실제 소유주와 파트타임 인력으로만 구성된다. 전국 소매업체의 절반 이상이 전체 소매 판매의 10% 미만을 차지한다. 소매업체에는 세계 최대 기업인 월마트와 홈디포(Home Depot) 같은 대규모 기업이 포함된다. 독일의 메트로(Metro), 프랑스의 까르푸(Carrefour), 일본의 이온(Aeon) 등 다른 많은 국가에 대형 소매업체가 있지만 세계에서 가장 큰 소매업체는 대부분 미국 기업이다.

전통 오프라인 소매점의 유형

미국 소매업은 유형과 크기에 따라 매우 다양하며 가격 전략, 위치, 서비스 범위, 제품계열 범주에 따라 분류할 수 있다. 적합한 유형의 소매점을 선택하는 것은 유통에서 중요하다. 이 절에서는 (1) **제품계열형 소매업체**, (2) **가격파괴형 소매업체**, (3) **편의점**의 세 가지 분류를 사용해 미국 소매점을 설명한다.

백화점 규모가 크고 다양한 상품을 취급하며 신용 및 배송과 같은 다양한 서비스를 제공하는 소매업체

슈퍼마켓 식품, 가정용품 등의 제품을 취급하며 저렴한 가격, 셀프 서비스 및 다양한 선택 폭을 특징으로 하는 소매업체

전문점 규모가 작고 특정 시장을 대상으로 하나 또는 한정된 제품계열 내에서 다양한 품목을 판매하는 소매업체

제품계열형 소매업체 다양한 제품군을 갖춘 소매상은 **백화점**(department store)으로 신발, 가구, 여성용 작은 사이즈 제품 등으로 구성되어 있다. 백화점은 일반적으로 규모가 크고 다양한 상품을 취급하며 신용 및 배송과 같은 다양한 서비스를 제공한다. **슈퍼마켓**(supermarket)은 식품, 가정용품 등의 제품을 취급하며 저렴한 가격, 셀프 서비스 및 다양한 선택 폭을 특징으로 한다.

반면 운동모자를 판매하는 1,000개 이상의 매장을 보유한 소매업체인 리즈(Lids)와 같은 **전문점**(specialty store)은 규모가 작고 특정 시장을 대상으로 하나 또는 한정된 제품계열 내에서 다양한 품목을 판매하는 소매업체로 지식이 풍부한 영업사원을 두고 있다.

가격파괴형 소매업체 **가격파괴형 소매업체**(bargain retailer)는 저렴한 가격으로 다양한 제품을 판매한다. **할인점**(discount house)은 현금 전용 고객에게 저렴한 가격으로 다양한 품목을 대량으로 판매하는 것에서 시작되었다. 유명 브랜드의 아이템이 보편화됨에 따라 저렴한 임대시설에서 현금으로만 판매하는 동안 질 좋은 제품 구색을 제공한다. 할인점이 점점 자리를 잡게 되면서 접근성이 좋은 입지로 이동하기 시작했고, 인테리어를 개선하고 좋은 품질의 상품을 높은 가격에 판매하며 신용 제공, 비현금결제와 같은 서비스를 제공하기 시작했다.

가격파괴형 소매업체 저렴한 가격으로 다양한 제품을 판매하는 소매업체

할인점 저렴한 가격으로 다양한 품목을 대량으로 판매하는 소매업체

보다 나은 방법 찾기

진화하는 결제 방법

1800년대 후반, 오하이오주의 한 술집 주인은 계산하는 데 도움이 되는 기계를 만들어 계산 직원이 금전함에서 돈을 훔치는 것을 방지했다. 1915년까지 거의 200만 대의 금전등록기가 미국 식료품점, 호텔, 백화점 및 기타 소매업체에 판매되었으며 불과 몇 년 전까지만 해도 쉽게 볼 수 있었다. 오늘날 점점 더 많은 소매업체가 노동집약적이고 비교적 느린 계산대 줄 대신 모바일 앱, 태블릿, 셀프 체크아웃 라인을 도입하고 있기 때문에 전통적인 금전등록기를 찾는 것은 힘든 일이 되었다. 인건비를 줄이는 것 외에도 신용카드 판독기가 포함된 아이패드는 1,500달러지만 금전등록기는 4,000달러의 가격표를 달고 있다. 또한 아이패드는 재무 데이터 정보 시스템을 고객관리 시스템과 연동하는 기능을 갖추고 있어서 식당은 주문을 하고, 주방에 전달하고, 테이블에 있는 카드 판독기에서 지불을 받을 수 있다.

중소 규모의 점포 소유자조차도 신용카드를 받는 데 어려움을 겪는 시기도 있었지만 이제는 스퀘어(Square), 페이팔(PayPal)과 같은 카드 리더기와 앱 및 기타 여러 온라인 결제 도구에 접근할 수 있게 되었다. 이 도구 중 상당수는 회사의 회계 소프트웨어와 통합되어 있다. 1인 상점에서도 훨씬 더 다양한 결제 옵션을 이용할 수 있다.

편의성 외에도 새로운 기술은 구매를 더 안전하게 만들었다. 유럽 은행은 복사하기 어려운 마이크로 칩의 시용을 빠르게 받아들였으며, 미국 은행은 이 기술을 채택하는 데 속도가 느리긴 했지만 사기 결제 청구가 유발하는 비용 때문에 이 기술을 진지하게 고려해야 했다. 혁신기업 애플은 애플페이를 통해 인증 결제 분야에 뛰어들었다. 고정된 16자리 숫자를 사용하는 기존 신용카드와 달리 애플페이는 구매를 위한 고유하고 부호화된 인증 방법인 토큰을 생성한다. 스퀘어와 기타 모바일 기술은 이제 추가 보안을 위해 지문 인증을 통합하고 있다.

Kali9/E+/Getty Images

전문가들은 소매업체가 더 나은 고객 쇼핑 경험을 제공하기 위해 필연적으로 체크아웃, 현금, 원치 않는 기다림을 제거할 것으로 예측했다. 이미 아마존은 시애틀의 아마존 고(Amazon Go) 베타 버전을 통해 'Just Walk Out' 쇼핑 경험을 홍보하고 있다. 쇼핑객은 아마존 고 앱을 사용해 상전에 들어가 원하는 제품을 들고 그냥 상점을 떠난다. 매장에 내장된 기술은 진열대에서 가져오거나 진열대로 반환되는 제품을 감지하고 가상 카트에서 제품을 추적한다. 그리고 앱은 고객의 아마존 계정에 요금을 청구하고 영수증을 보낸다. 현금, 수표, 심지어 신용카드도 폴라로이드 카메라나 마차와 같이 박물관의 유물이 되기까지 그리 오래 걸리지 않을 것 같다.

카탈로그 쇼룸 고객이 매장 내 창고에서 픽업할 카탈로그 항목을 주문하는 할인 소매업체

팩토리 아울렛 제품을 판매하는 제조업체가 소유한 할인 소매업체

도매클럽 연회비를 지불하는 회원제 고객에게 정상적인 유명한 상품을 큰 할인폭으로 판매하는 소매업체

카탈로그 쇼룸(catalog showroom)은 카탈로그를 우편으로 발송하고 고객을 쇼룸으로 끌어들여 진열된 샘플을 보고 주문하는 형태의 소매업체다. 고객은 점원이 쇼룸과 연결된 창고에서 주문을 검색하는 동안 대기하게 된다. **팩토리 아웃렛**(factory outlet)은 상설할인매장으로 제조업체가 도매상과 소매상을 거치지 않고 직접 소비자에게 상품을 판매하는 제조업체 소유의 소매업체다. 코스트코(Costco)와 같은 **도매클럽**(wholesale club)은 연회비를 지불하는 회원제 고객에게 정상적인 유명한 상품을 큰 할인폭으로 판매하는 소매업체다.

편의점 편리한 접근성, 긴 매장 운영시간 및 빠른 서비스를 제공하는 소매업체

편의점 세븐일레븐(7-Eleven) 및 서클케이(Circle K) 매장과 같은 **편의점**(convenience store) 체인은 접근성이 편리한 입지와 긴 매장 운영시간 및 빠른 서비스를 강조한다. 편의점은 제품의 품목 수가 제한적이며 편의성을 대가로 다소 높은 가격으로 판매한다는 점에서 일반적인 할인매장과는 다르다.

무점포 소매상

일부 소매업체는 오프라인 상점 없이 제품을 판매한다. 스낵, 생수, 청량음료와 같은 특정 유형의 제품은 카드와 동전으로 작동하는 기계에서 잘 팔린다. 특정한 장소(영화관 로비, 볼링장 등)에 두면 어떤 형태의 오락물(핀볼, 비디오 게임, 당구)도 마찬가지라고 할 수 있다. 레드박스(Redbox)는 자동판매기인 독립 키오스크를 통해 DVD와 비디오 게임을 성공적으로 대여했다. 자동판매기를 통한 전 세계 연간 매출은 2016년에 거의 2,000억 달러였다. 그럼에도 불구하고 자동판매기 매출은 미국 전체 소매 매출의 1 % 미만을 차지하고 있다.

직접반응 소매업 기업이 고객과 직접 상호작용해 제품에 대해 알리고 판매 주문을 받는 무점포 소매 형태

우편주문(카탈로그 마케팅) 고객이 우편으로 받은 카탈로그의 상품을 주문하는 무점포 소매 형태

텔레마케팅 전화를 사용해 소비자에게 직접 판매하는 무점포 소매 형태

직접판매 방문판매 또는 가정판매로 대표되는 무점포 소매 형태

무점포 소매(nonstore retailing)에는 기업이 고객에게 직접 연락해 제품에 대해 알리고 판매 주문을 요청하는 **직접반응 소매업**(direct-response etailing)이 있다. **우편주문**(mail order) 또는 **카탈로그 마케팅**(catalog marketing)은 크레이트앤드배럴(Crate and Barrel)과 가넷힐(Garnet Hill)에서 실행하는 인기 있는 직접반응 소매 형태다. 전화 금지 등록으로 인해 최근 몇 년 동안 인기가 식은 발신 **텔레마케팅**(telemarketing)은 전화를 사용해 소비자에게 직접 판매한다. 텔레마케팅에는 대부분의 카탈로그 및 기타 소매점에서 제공하는 서비스인 고객의 수신자 부담 전화도 포함된다. 마지막으로 메리케이(Mary Kay) 화장품을 포함해 600개가 넘는 미국 기업이 방문판매 또는 가정판매(home-selling party)를 통한 **직접판매**(direct selling)를 하고 있다. 세계 최대 직접판매 업체 중 하나인 에이본프로덕츠(Avon Products)는 100개 이상의 국가에 약 500만 명의 방문판매 영업사원을 두고 있다.

온라인 소매

온라인 소매 판매자의 제품 및 서비스에 대한 정보가 소비자의 컴퓨터에 연결되어 소비자가 가정에서 정보를 수신하고 제품을 구매할 수 있는 무점포 소매

2014년에 전 세계 B2C거래 매출은 거의 2조 달러에 달했으며 2017년까지 2조 달러를 넘어설 것으로 예상된다. 전 세계 온라인 인구의 85% 이상인 10억 명의 소비자가 온라인 구매를 했다. 아이튠즈는 오프라인 음악 소매업체의 매출을 넘어섰고 아마존은 세계 최대 온라인 소매업체로 2016년 총 매출이 1,360억 달러에 달하는 국내 및 해외 판매를 기록했다. **온라인 소매**(online retailing)를 통해 판매자는 온라인 기술을 사용해 정보를 제공하고 소비자에게 제품을 판매한다. 미국에서 가장 큰 온라인 소매업체를 표 13.1에서 찾아볼 수 있다. 대기업 외에도 전 세계 수백만 개의 중소기업이 자체 웹 사이트를 운영하고 있다.

표 13.1 소비재 카테고리에서 선도적인 온라인 소매업체

소비재 카테고리	온라인 소매업체
대량 제품 판매	아마존닷컴
사무용 소모품	스테이플스(Staples Inc.)
컴퓨터 및 전자기기	애플
비디오, 오디오 엔터테인먼트	넷플릭스(Netflex)
주택 수리 및 개선	홈디포
의복 및 액세서리	엘엘빈(L.L. Bean Inc.)
주택가구 및 가정용품	윌리엄스-소노마(Williams-Sonoma Inc.)
장난감	토이저러스
건강 및 화장품	배스앤드바디웍스(Bath & Body Works)
스포츠 용품	카벨라스(Cabela's Inc.)

출처: "Top 500 Guide," Internet Retailer (2016), www.internetretailer.com/top500/list/.

전자 카탈로그 **전자 카탈로그**(e-catalog)는 제품의 온라인 디스플레이를 사용해 수백만의 소매 및 비즈니스 고객이 제품 정보에 빠르게 접근할 수 있도록 한다. 판매자는 인쇄 및 우편발신비용을 줄일 수 있으며 온라인 카탈로그가 준비되면 유지 관리 및 업데이트 비용이 절감된다. 현재 전체 카탈로그의 약 90%가 온라인 상태이며 디지털 판매가 전체 카탈로그 판매의 50% 이상을 차지한다.

전자 카탈로그 온라인 디스플레이를 사용해 제품 정보를 표시하는 무점포 소매

전자매장과 온라인 쇼핑몰 각 판매자의 웹 사이트는 본질적으로 쇼핑객이 제품 및 구매 기회에 대한 정보를 수집하고 주문하고 구매 비용을 지불하는 **전자매장**[electronic storefront, 또는 **가상매장**(virtual storefront)]이다. 델(Dell)과 같은 대형 제품계열을 생산하는 업체는 각 계열마다 웹 사이트를 달리해 전자매장을 구축한다. 컴퓨터 및 기타 전자 장비를 제공하는 뉴에그닷컴(Newegg.com)과 같은 사이트는 상점에 많은 제조업체의 제품이 있으며, 카테고리 판매자(category sellers)라고 한다.

전자매장 고객이 제품 및 구매 기회에 대한 정보를 수집하고 주문하고 구매 비용을 지불하는 상업용 웹 사이트

구글(Google) 및 도그파일(Dogpile)과 같은 검색엔진은 온라인 쇼핑몰 및 다양한 제품을 제공하는 **온라인 쇼핑몰**(cybermall)을 모으는 역할을 하며 속도, 편의성, 24시간 접근 및 효율적인 검색을 제공한다. 쇼핑객은 온라인 쇼핑몰에 입장한 후 매장 목록(엘엘빈, 리즈, 메이시스), 제품 목록(스포츠 용품, 여성 패션, 모바일 기기), 품목(의류, 목욕/미용)에서 선택해 탐색할 수 있다.

온라인 쇼핑몰 인터넷에서 다양한 제품 및 제품계열을 나타내는 가상매장 비즈니스 웹 사이트 모음

상호작용과 화상판매 오늘날 소매업체와 B2C 고객은 음성, 그래픽, 애니메이션, 영화 클립을 사용해 멀티미디어 사이트와 상호작용하고 실시간으로 상담을 한다. 많은 온라인 매장이 실시간 판매와 고객 서비스를 제공하며 고객이 특정 제품에 대한 질문에 답을 할 수 있는 서비스 운영자와 실시간 채팅방에 들어갈 수 있도록 한다.

오랜 전통을 가진 상호작용 마케팅 방식인 **화상판매**(video retailing)를 통해 시청자는 TV로 집에서 쇼핑할 수 있다. 예를 들어 QVC는 제품을 전시 및 시연하고 시청자가 전화를 걸거나 이메일로 주문할 수 있도록 할 뿐만 아니라 페이스북, 유튜브, 트위터에서 찾아볼 수 있도록 한다. 현재 TV는 온라인 기능도 제공하므로 인터넷에 접근이 가능하다. 따라서 와이파이 네트워크에 접근할 수 있는 TV의

화상판매 가정용 TV를 통해 판매하는 무점포 소매

James Atoa/Everett Collection

볼프강 퍽(Wolfgang Puck) 제품은 QVC 및 HSN 텔레비전 네트워크를 통해 정기적으로 방송된다. 주방장의 유명 주방가전 제품과 조리기구는 이베이 또는 쇼핑닷컴(Shopping.com)과 같은 온라인 아울렛과 QVC 및 HSN 웹 사이트를 통해 판매된다.

대형 화면 디스플레이는 소비자가 편안하게 가정에서 온라인 쇼핑을 할 수 있는 플랫폼이 된다.

학습목표 13-4

물적 유통을 정의하고 물적 유통의 주요 활동을 설명한다.

물적 유통 중개기관 또는 제조업체에서 고객에게 제품을 이동하는 데 필요한 활동으로, 창고관리와 수송관리를 포함함

물적 유통

물적 유통(physical distribution)은 중개기관 또는 제조업체에서 고객에게 제품을 이동하는 데 필요한 활동을 말하며 **창고관리**와 **수송관리**를 포함한다. 물적 유통의 목적은 고객이 원하는 시간과 장소에 상품을 제공하고, 물류비용을 최소화하며, 고객 만족을 위한 서비스를 제공하는 것이다. 고객 만족에 대한 중요성 때문에 일부 기업은 마케팅 전략 차원에서 유통을 중시한다.

세계 최대 마이크로 칩 제조업체 중 하나인 내셔널세미컨덕터(National Semiconductor)의 선구적인 글로벌 유통 시스템을 생각해보자. 완성된 마이크로 칩은 전 세계 공장에서 생산되어 IBM, 도시바, HP와 같은 수백 개의 고객사에 배송된다. 칩은 원래 12개 항공사를 통해 20,000개의 서로 다른 노선으로 이동되며 고객사에 도착하기 전에 공장, 세관, 유통업체 시설 및 창고 등을 차례로 거친다. 내셔널은 싱가포르의 단일 물류센터에서 전 세계 항공 운송칩을 통해 시스템을 간소화했다. 보관, 분류, 배송 등 모든 활동은 중앙집중식으로 페덱스에서 운영했다. 유통을 아웃소싱함으로써 내셔널세미컨덕터의 유통 비용이 절감되고 배송 시간이 절반으로 단축되었으며 매출이 크게 증가했다. 2011년 텍사스인스트루먼츠(TI)에 인수된 후, 내셔널세미컨덕터와 그 혁신적인 글로벌 유통 시스템은 TI가 실리콘밸리 아날로그 부품을 생산하는 세계적인 업체로 자리 잡았다.

창고관리

보관과 **창고관리**(warehousing)는 유통관리의 주요 분야다. 전략을 선택할 때 관리자는 창고 운영의 다양한 특성과 비용을 모두 고려해야 한다. **사설창고**(private warehouse)는 대량으로 거래하고 정기적으로 보관해야 하는 단일 제조업체, 도매업체 또는 소매업체가 직접 소유하며, 대부분은 대기업에서 운영한다. 예를 들어 월마트는 제품을 소매점으로 쉽게 이동할 수 있도록 자체 창고를 운영한다.

창고관리 상품 보관과 관련된 물류 운영

사설창고 단일 회사가 소유하고 운영하는 창고

독립적으로 운영되는 **공공창고**(public warehouse)는 성수기에만 보관이 필요한 기업이나 다양한 시장에 제품을 공급하기 위해 여러 보관 장소가 필요한 제조업체에게 필요한 공간만큼 임대한다.

공공창고 독립적으로 소유되고 운영되는 창고로 많은 기업의 상품을 보관

디지털 시대는 사용자가 안전하게 저장, 보존, 구성 및 접근할 수 있어야 하는 방대한 양의 데이터가 있다. 많은 기업에서 귀중한 데이터 자원을 보호하기 위해 짚클라우드(ZipCloud)와 같은 원격 외부 디지털 스토리지 서비스를 안전망으로 사용한다. 일반 사용자도 카보나이트(Carbonite), SOS온라인백업(SOS Online Backup)과 같은 일일 온라인 백업 서비스를 사용해 개인 컴퓨터가 떨어져 깨졌을 때 데이터 손실을 방지할 수 있다. 홍수, 화재, 지진과 같은 물리적 재난이 발생하는 경우 백업 시스템에서 데이터를 온라인으로 복원할 수 있다.

수송관리

많은 기업이 제품을 물리적으로 이동하기 위해 높은 비용이 발생하는 상황에 직면한다. 운송 방법 외에도 기업은 제품의 특성, 이동 거리, 신속한 배송, 고객이 원하고 필요로 하는 제품을 고려해야 한다.

트럭, 철도, 비행기, 디지털 전송, 선박 및 파이프 라인과 같은 주요 운송수단 간의 비용 차이는 일반적으로 배송 속도와 직접적인 관련이 있다.

트럭은 미국의 모든 화물 운송수단이 운반하는 총 물량의 3분의 2 이상을 거의 200만 명의 운전자와 800만 대의 차량을 통해 수송한다. 트럭의 장점에는 모든 도로에 유연하게 유통시킬 수 있는 점, 빠른 서비스 및 신뢰성이 있다. 그러나 트럭 교통량이 증가하면 고속도로 안전과 교통 혼잡에 대한 우려가 높아질 수 있다.

항공은 가장 빠르지만 실제 상품을 수송하는 데 가장 비용이 많이 드는 수단이다. 항공화물 고객은 품질이 저하될 수 있는 품목을 보관할 필요가 없이 바로 유통시키기 때문에 재고비용이 절감된다. 항공 수송은 신선한 생선을 매일 식당으로 이동시켜 포장 및 보관으로 인한 손상 위험을 방지할 수 있다.

음악, 소프트웨어, 책, 영화, 기타 디지털 제품의 다운로드는 온라인 전송이 운송수단이며, 다른 모든 수단보다 새롭고 빠르며 비용이 저렴하다. 물론 통신 경로를 통해 전송할 수 있는 디지털 형태로 존재하는 제품으로 제한된다.

수상 운송은 가장 저렴한 수송 수단이지만 안타깝게도 가장 느리다. 바다, 강, 호수와 같은 수상 네트워크를 통해 선박이 전 세계 여러 지역에 도달할 수 있다. 보트와 바지선은 주로 부피가 큰 제품(예 : 기름, 곡물, 자갈)을 운반하는 데 사용된다. 철도는 자동차, 강철, 석탄과 같이 부피가 크고 무겁고 거대한 품목을 경제적으로 운송할 수 있다. 그러나 수송경로는 고정된 철로로 제한된다. 파이프라인은 느리고 유연성과 적응성이 부족하지만 액체 및 가스와 같은 특수제품의 경우 경제적이고 안정적인 수송을 할 수 있게 해준다.

Chris Salvo/The Image Bank/Getty Images

장거리 운송을 전문으로 하는 유에스익스프레스(US Xpress)는 3,000명 이상의 운전자를 고용해 9,000대의 트럭과 26,000대의 트레일러를 운영한다. 트럭에는 위성 기능, 충돌방지 레이더, 차량 감지 센서, 10단 변속을 위한 컴퓨터, 침목, 냉장고 및 전자레인지가 있는 넓은 운전실이 있다.

공급사슬 마케팅 전략

제품기능, 품질, 가격 및 촉진을 통해 경쟁력을 키우는 대신 많은 기업이 유통에 의존하는 공급사슬(supply chain)을 비즈니스 전략의 초석으로 삼았다. 이 접근 방식은 고객에게 제품을 제공하는 것과 관련된 흐름인 공급업체, 도매, 창고 보관, 운송, 배송 및 사후 서비스와 같은 전체 활동 순서를 평가, 개선, 통합하는 것을 의미한다.

1960년대 이후 일본의 토요타(Toyota)를 시작으로 산업계에 7장에서 논의한 JIT(Just-In-Time) 재고 시스템이 부상했다. 처음에는 품질개선과 비용절감을 위해 사용되었으며, 1980년대 초에 도입한 포드자동차(Ford Motor Company) 등 주로 미국 기업에서 채택되었다. JIT 이후로 지난 30년 동안 공급사슬 기술과 관리가 크게 향상되었고 소매 부문에서 빠르게 적용되어 왔다.

1980년대에 월마트는 외부화물 운송업체 및 도매업체에 의존하는 업계 관행 대신 JIT 및 공급사슬 기술을 적용한 자체 유통 시스템을 구축하기로 결정했다. 이를 통해 월마트는 경쟁우위를 확보하고 세계 최고의 소매업체가 되었다.

월마트에서 쇼핑하고 미스터 커피(Mr.Coffee)의 커피기계를 구매한다고 가정해보자. 결제 시 스캐너가 상자의 바코드를 읽고 월마트의 재고 시스템에 즉시 업데이트되어 진열대에 커피기계 보충이 필요함을 보여준다. 대체품은 해당 매장의 '뒤편'에서 보충되며, 월마트의 정보 시스템에 남아 있는 현재 재고 수량이 줄어든다. 백룸 공급이 자동 판매 대수까지 줄어들면 월마트의 유통창고는 이 매장에 미스터 커피 제품이 더 필요하다는 디지털 신호를 수신한다. 동시에 컴퓨터 시스템은 제조업체에 월마트의 유통창고에 보충 공급이 필요하다고 알린다. 제조업체의 공급업체도 알림을 받는 등 공급사슬 전체에서 더 빠른 재공급 조정을 가능하게 하도록 정보를 계속 업데이트한다. 월마트의 데이터 마이닝 시스템은 판매 일별, 주별 및 연중 시간을 기준으로 모든 제품의 재주문 번호를 결정한다. 월마트는 업스트림 소스에서 지속적으로 빠르게 재입고함으로써 창고와 소매점에 많은 재고를 보관할 필요가 없고, 매장 진열대에 재공급되기 때문에 재고비용이 절감되며 가격이 낮아진다.

월마트의 JIT 시스템을 활용하면 제조업체에서 매장 진열대까지 2일 이내에 공급되어 비용을 관리하고 제품 유동성을 높일 수 있다. 낮은 재고 수준을 유지하고 고객 수요를 충족하며 소매업계에서 가장 낮은 가격을 유지할 수 있다. 비슷한 규모로 이 방법을 채택하고 월마트(식료품 분야에서만)와 효과적으로 경쟁하고 있는 또 다른 소매업체인 H-E-B(H-E-B Grocery Company)의 텍사스 매장 체인의 데이터 마이닝 소프트웨어는 어떤 제품이 언제, 어떤 다른 제품과 함께 구매되는지 분석할 수 있다. 예를 들어 엔칠라다 소스에 대한 쿠폰과 함께 크리스마스에 타말레가 필요하다는 정보를 이용해 향후 수요를 예측한다.

촉진의 중요성

학습목표 13-5

촉진의 목적과 촉진 믹스 선택 시 고려사항을 파악하고 다양한 종류의 광고 프로모션을 논의한다.

촉진(promotion)은 제품에 대한 정보를 전달하는 기술을 의미하며 기업이 제품에 대해 고객에게 보내는 전체 메시지인 **커뮤니케이션 믹스**의 일부다. 홍보기술, 특히 광고는 제품의 용도, 기능 및 혜택을 전달하며 마케터는 이를 위해 다양한 도구를 사용한다.

촉진 제품에 대한 정보를 전달하고 제품을 판매하기 위한 가장 효과적인 기술과 관련된 마케팅 믹스의 요소

촉진의 목표

모든 촉진의 궁극적인 목표는 판매를 늘리는 것이다. 또한 마케터는 촉진을 통해 **정보를 전달**하고 **제품을 포지셔닝**하고 **가치를 제안**하고 **판매량을 통제**할 수 있다.

11장에서 살펴본 바와 같이 **포지셔닝**(positioning)은 소비자의 마음속에 제품(브랜드)에 대한 바람직한 이미지를 차별적으로 자리 잡게 하는 것으로 제품 자체의 특성을 수정, 조정 및 전달해 소비자가 쉽게 인식할 수 있게 구축하는 과정이다. 첫째, 기업은 제품을 구매할 표적시장과 제품이 경쟁업체와 어떻게 비교되는지 파악해야 한다. 그런 다음 제품을 차별화하고 대상 고객의 마음속에 포지셔닝하기 위한 촉진 도구를 선택하고 집중해야 한다. 예를 들어 누군가 '미용티슈'라고 말하면 대부분의 사람들은…크리넥스로 반응한다. '최고의 드라이빙을 제공하는 승용차'는…BMW이다. 이렇듯 브랜드를 연상하면 성공적인 포지셔닝을 한 것이다.

포지셔닝 소비자의 마음속에 제품(브랜드)에 대한 바람직한 이미지를 차별적으로 자리 잡게 하는 것

촉진 믹스는 종종 경쟁 제품과 차별화하기 위해 제품의 **부가적인 가치**를 전달하도록 설계된다. 예를 들어 메르세데스(Mercedes) 자동차와 리츠칼튼(Ritz-Carlton) 호텔은 고품질, 스타일, 성능을 갖춘 고급 상품과 서비스로 높은 가격에 홍보한다.

촉진전략

마케팅 목표가 명확해지면 기업은 이를 달성하기 위한 촉진전략을 개발해야 한다. 여기에서 두 가지 주요 전략 유형이 고려된다.

당기기 전략 제조업체에서 제품을 필요로 하는 소비자에게 직접적으로 호소하는 전략

- **당기기 전략**(pull strategy)은 제조업체에서 제품을 필요로 하는 소비자에게 직접적으로 호소하는

전략이다. 제약회사는 DTC(direct-to-consumer advertising)를 사용해 의사가 처방해줄 때까지 기다리는 수동적인 접근이 아닌 소비자가 적극적으로 제품을 요청하도록 설득한다. "알레그라디(Allegra-D)에 대해 의사와 상의하십시오"는 처방약, 무릎인공관절수술 및 기타 의료 제품에 대한 방대한 수의 TV 및 온라인 광고 중 하나일 뿐이다. 최종 소비자의 수요는 도매업체와 생산업체의 제품 수요를 자극한다.

밀어내기 전략 제품을 도매업체와 소매업체에 마케팅한 다음 고객이 구매하도록 설득하는 전략

- **밀어내기 전략**(push strategy)을 사용해 제품을 도매업체와 소매업체에 마케팅한 다음 고객이 구매하도록 설득한다. 예를 들어 브런즈윅(BrunswickCorp.)은 베이라이너(Bayliner) 유람선을 홍보하기 위해 밀어내기 전략을 사용해 딜러에게 프로모션을 지시하고 더 많은 재고를 주문하도록 설득한다. 딜러는 아웃도어 쇼에서 그리고 시장 구역의 다른 프로모션을 통해 유람선 이용자들의 수요를 자극할 책임이 생긴다.

많은 대기업은 당기기와 밀어내기 전략을 결합해 사용한다. 제너럴밀스(General Mills)는 럭키 참스(Lucky Charms), 치리오스(Cheerios), 카운트 초큘라(Count Chocula)를 포함한 아침식사용 시리얼에 대한 소비자 수요 당기기 광고를 한다. 동시에, 도매상과 소매상이 재고를 확보하고 디스플레이 하도록 밀어내기 전략을 사용한다.

촉진 믹스

마케팅에서 제품에 대한 정보를 전달하는 일련의 도구 중 가장 강력한 촉진 도구 5개는 광고(advertising), 인적판매(personal selling), 세일즈 프로모션(sales promotions), 직접마케팅(direct or interactive marketing), 퍼블리시티(publicity)와 홍보 PR(public relation)이다. 이러한 도구의 최상의 조합은 여러 요인에 따라 달라진다. 가장 중요한 것은 대상 청중이다. 예를 들어 중국의 14억 인구 중 76%가 2022년까지 중산층에 속하게 될 것이다. 더 중요한 것은 중국 중산층의 증가와 함께 소비력이 증가한다는 것이다. 결과적으로 기업은 이러한 중국 소비자에게 어필하는 방법을 모색한다. 중국 밸런타인데이인 치시(Qixi)에 프랑스 명품 브랜드 크리스찬디올(Christian Dior)은 중국 앱 위챗(WeChat)을 통해 한정판 핸드백을 출시했다. 만다린어로 디자인되고 전달된 이 캠페인은 매우 성공적이어서 각 가방(가격은 각각 28,000위안)이 이틀 만에 매진되었다.

촉진 믹스 제품에 대한 정보를 전달하는 일련의 도구

촉진 믹스(promotional mix)를 구축할 때 마케터는 촉진 도구를 소비자의 구매결정 과정 5단계와 일치시킨다.

1 소비자가 구매의 필요성을 처음 인식하면 마케터는 많은 사람들에게 빠르게 도달할 수 있는 광고 및 홍보를 사용해 구매자가 제품을 인식하도록 한다.
2 소비자가 제품에 대한 정보를 검색하게 되고, 이 경우 광고 및 인적판매는 제품에 대해 알릴 수 있는 중요한 도구다.
3 소비자가 경쟁 제품을 비교할 때 인적판매가 중요해질 수 있다. 영업 담당자는 경쟁사 제품과 비교해 제품 품질, 기능, 이점 및 성능을 제시할 수 있다.
4 소비자가 제품을 구매할 준비가 되면 세일즈 프로모션을 통해 소비자에게 구매 인센티브를 제공할 수 있다. 인적판매는 제품을 편리한 구매 위치로 가져다줌으로써 소비자의 구매에 도움이 될 수 있다.
5 구매 후 소비자는 제품을 평가하고 제품의 장점과 단점을 기억한다. 이 단계에서 광고 및 인적

그림 13.3 소비자의 구매 과정 및 촉진 믹스
출처: Multi-Source

판매는 고객이 현명한 구매를 했다는 점을 상기시킬 수 있다.

그림 13.3은 소비자 구매 과정의 각 단계에 대한 효과적인 촉진 도구를 요약한다.

광고

광고(advertising)는 청중에게 제품에 대한 정보를 제공하기 위해 전달되고 유료이며 개인적이지 않은 소통 채널 도구를 말한다. 2016년에 미국 기업들은 광고에 2,100억 달러 이상을 지출했으며, 10개 기업에서 거의 300억 달러를 지출했다. 그림 13.4는 미국에서 가장 많이 광고비를 지출한 기업을 보여준다. 다양한 유형의 광고 매체를 살펴보고 각각의 장점과 한계를 살펴보자.

광고 청중에게 제품에 대한 정보를 제공하기 위해 전달되는 유료이며 개인적이지 않은 소통 채널 도구

광고 미디어 소비자는 자신에게 다가오는 대량의 광고 메시지를 무시하는 경향이 있다. 소비자는 관심 있는 부분에만 주의를 기울인다. 광고 프로세스는 동적이며 고객과 광고주 모두의 관심사와 선호도의 변화를 반영한다. 예를 들어 최근의 한 고객 설문조사는 메일광고가 가장 짜증나고 지루한 것으로 평가되고, 신문 및 잡지광고는 덜 짜증이 난다는 결과를 보여주었다. 신문광고는 다른 매체보다 더 유익하고 유용한 것으로 평가되지만, 신문 독자가 줄어들고 있기 때문에 광고주는 온라인 광고에 더 많은 집중을 하게 된다. 그러나 일부 경우 광고주는 여전히 TV 광고에 수백만 달러를 지출할 의향이 있다. 전 세계 32억 명의 시청자가 시청한 2014 FIFA 월드컵™과 같은 주요 스포츠 이벤트에서 광고의 효과가 발생한다. 실제로 아르헨티나와 독일의 결승전에서만 6억 9,500만 명의 시청자를 확보했다. 글로벌 전파 범위를 감안할 때 한국 자동차 제조업체인 현대와 스위스 식품 기업인 네슬레(Nestlé) 같은 많은 글로벌 기업이 총 64경기에 걸쳐 451개의 30초 광고 슬롯, 수백 개의 간단한 언급, 짧은 5초 광고가 포함된 스폰서십 패키지에 대해 7,500만 달러를 기꺼이 지불했다.

실시간 광고추적 광고주는 항상 어떤 사람이 얼마나 광고를 보았는지에 대한 정보를 원한다. 어느 표적청중과 잠재 소비층이 어떤 광고 콘텐츠에 이끌렸을까? 쇼핑몰, 극장, 식료품점에서 구매자의 정확한 광고 시청 행동은 최첨단 기술과 실시간 감시의 도움으로 증가하고 있다. 지나가는 소비자가 화면의 광고를 보면 카메라는 소비자를 보고 소프트웨어는 보는 이의 인구통계와 다양한 광

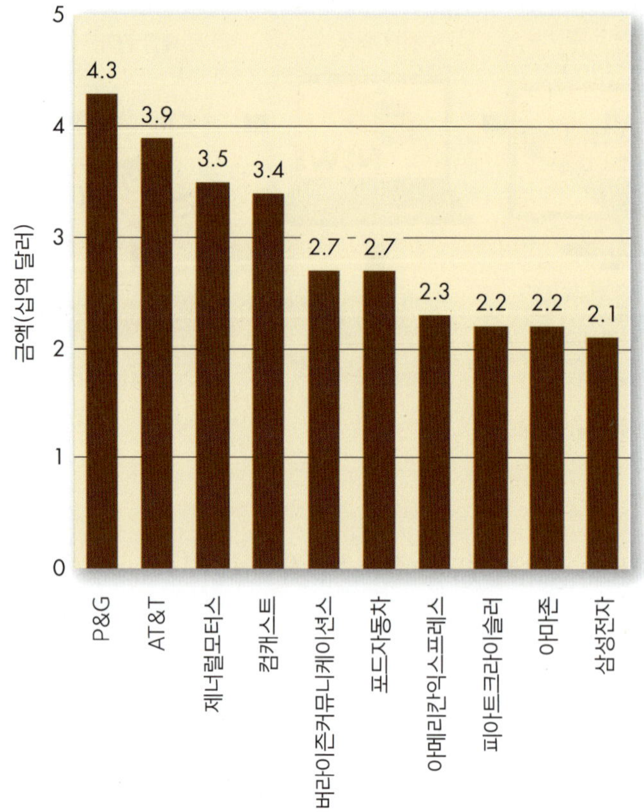

그림 13.4 미국 상위 10개 광고주

출처: "Kantar Media Reports U.S. Advertising Expenditures Increased 3 Percent in 2012," Kantar Media, March 11, 2013, http://kantarmediana.com/intelligence/press/us-advertising-expenditures-increased-3-percent-2012.

고 콘텐츠와 형식에 대한 반응을 분석한다. 이러한 추적 시스템의 제작자는 성별, 대략적인 연령과 민족을 맞추는 데 약 90%의 정확도를 주장한다. 일단 완성되면 이 시스템은 인구통계를 실시간으로 측정하고 표적청중과 비교해 적절한 시각 형식과 선호도 높은 제품으로 즉각 광고를 바꾸어 보여주며 지나가는 사람의 관심을 끌 수 있을 것이다. 그러고 나면 마케터는 고객이 누구인지 파악해야 하며, 어떤 메시지가 그들의 관심을 끌 수 있는지, 어떤 매체에 관심을 기울이는지 알아야 한다. 잠재고객에게 판매자의 메시지를 전달하기 위한 다양한 커뮤니케이션 매체인 **광고 미디어**(advertising media) 같은 특정 통신 장치를 사용한다. 회사가 광고하는 미디어의 조합을 **미디어 믹스**(media mix)라고 한다. 표 13.2는 미디어 사용의 상대적인 크기와 그 장단점을 보여준다.

광고 미디어 잠재고객에게 판매자의 메시지를 전달하기 위한 다양한 커뮤니케이션 매체

미디어 믹스 제품의 메시지를 전달하기 위해 선택한 광고 미디어의 조합

마케터는 다양한 플랫폼에서 미디어 믹스를 혼합하며 마케팅 파트너십 같은 프로그램으로 점점 더 정교하게 활동하고 있다. 예를 들어 뉴욕으로 여행을 떠날 생각이라고 가정해보자. 예비 계획의 일환으로 아마존에서 새 배낭을 확인하고 유나이티드닷컴(United.com)에서 항공료를 확인하고 메리어트닷컴(Marriott.com)과 힐튼닷컴(Hilton.com)에서 호텔 요금을 비교한다. 몇 시간 후 페이스북에서 친구들에게 무슨 일이 일어나고 있는지 확인하기로 결정했다. 친구의 게시물 사이에 흩어져 있는 이전에 확인했던 것과 동일한 호텔, 항공편 및 배낭에 대한 광고를 볼 가능성이 높다. 아마존, 유나이티드, 힐튼, 메리어트는 쇼핑 검색을 페이스북 페이지로 다시 연결하기 위해 각각 페이스북에 수수료를 지불하기 때문이다.

표 13.2 미국의 총 미디어 사용, 강점 및 약점

광고 매체	광고 지출률*	강점	약점
TV	35%	프로그램별 시청자 층을 고려한 광고 가능/수많은 청중	가장 비쌈
인터넷	20%	표적청중/측정 가능한 성공지표	소비자를 성가시게 함/쉽게 무시당함
우편	10%	표적청중/개인적인 메시지/예측 가능한 결과	쉽게 버려짐/환경에 해를 끼침
신문	10%	넓은 표적청중 층/매일 광고를 바꿀 수 있음	빨리 버려짐/특정 표적청중에 도달하기 어려움
라디오	8%	저렴함/수많은 청중/다양한 시장세분화에 준비됨	쉽게 무시됨/메시지가 빨리 사라짐
잡지	8%	다시 읽히고 공유되기도 함/다양한 시장세분화에 준비됨	사전에 미리 계획해야 함/광고 위치 선택에 제한적임
옥외	3%	저렴함/무시하기 어려움/반복적으로 노출됨	제한된 정보만 보여줌/표적청중을 노리기 어려움

전화번호부, 카탈로그, 특별 이벤트, 길거리 유인물, 차량광고, 스카이라이팅, 영화, 방문홍보 같은 추가 측정되지 않은 미디어의 조합은 포함되지 않았다.
*추산치

인적판매

학습목표 13-6

인적판매와 관련된 활동과 다양한 유형의 세일즈 프로모션을 설명한다.

인적판매(personal selling)는 가장 오래되고 비싼 판매 형태로서 영업사원이 잠재고객과 일대일 소통을 하며 고객의 요구사항을 파악하고 적절한 제품을 제시하는 촉진 도구다. 영업사원은 잠재고객의 질문에 답하는 데 시간을 투자하고 관계를 쌓아가며 그들의 신뢰를 얻는다. 이러한 전문적인 상호작용은 관계마케팅에서 특히 효과적이다. 판매자에게 구매자의 행동에 대한 명확한 그림을 제공하고 영업사원이 구매자에게 부가된 서비스를 제공할 수 있도록 해야 한다.

인적판매 영업사원이 잠재고객과 일대일 소통을 하며 고객의 요구사항을 파악하고 적절한 제품을 제시하는 촉진 도구

인적판매 현황

영업 담당자는 소비제품과 산업제품의 차이가 인적판매 활동에 영향을 미치는 방식을 고려해 적용해야 한다.

- **소매판매**(retail selling)는 구매자의 개인 또는 가정의 최종 소비용으로 제품을 판매하는 것이다.
- **산업판매**(industrial selling)는 제조 또는 재판매 목적으로 다른 사업체에 제품을 판매하는 것이다. 예를 들어 리바이스는 월마트에 청바지를 판매한다(산업판매). 그 후, 소비자는 월마트 매장에서 리바이스의 청바지를 소매로 구입한다(소매판매).

소매판매 구매자의 개인 또는 가정의 최종 소비용으로 제품을 판매하는 것

산업판매 제조 또는 재판매 목적으로 다른 사업체에 제품을 판매하는 것

이러한 각 상황에는 고유한 특성이 존재한다. 소매판매에서 구매자는 일반적으로 판매자에게 접근하는 반면, 산업판매자는 일반적으로 잠재구매자를 찾아간다. 산업구매 결정은 일반적으로 더 많은 돈과 의사결정자의 권한을 필요로 하며 선택 대안을 염두에 두기 때문에 소매 의사결정보다 더 오래 걸린다. 11장에서 살펴본 바와 같이 조직 구매자는 영업사원을 다루는 데 익숙한 전문 구매담

당자이다. 반대로 소매점의 소비자는 영업사원에 경도될 수 있다.

인적판매 과업

주문 처리 주문을 받고 제품 처리 및 배송을 확인하는 인적판매 활동

창의적 판매 소비자가 구매를 완료하도록 설득하기 위해 제품에 대한 정보를 제공하고 제품의 이점을 시연하는 인적판매 활동

선교적 판매 영업사원이 단순히 판매만 하는 것이 아니라 구매자와 우호적인 관계를 형성하고 회사와 제품을 홍보하는 인적판매 활동

영업사원은 인적판매의 세 가지 기본 작업을 수행하는 데 능숙해야 한다. **주문 처리**(order processing)에서 영업 사원은 주문을 받고 제품 처리 및 배송을 확인하는 인적판매 활동을 한다. 정기적인 고객에게 직접 재고를 확인하는 경로 판매원은 종종 주문 처리자가 된다. 고객의 동의하에 재주문 크기를 결정하고 트럭에 물건을 직접 실을 수 있으며 진열대를 채울 수도 있다. 프리토레이(Frito-Lay), 코카콜라 및 많은 맥주 유통 업체에서 이러한 접근 방식을 사용한다.

그러나 잠재고객이 그들의 욕구와 필요를 알지 못하는 경우라면 **창의적 판매**(creative selling) 방법이 필요하다. 이를테면 소비자가 구매를 완료하도록 설득하기 위해 제품에 대한 정보를 제공하고 제품의 이점을 시연하는 것이다. 이러한 창의적 판매는 자동차와 같이 구매자가 제품 비교를 하는 경우처럼 산업용품과 고가의 소비용 전문품에 필수적이다. 마지막으로, 영업사원은 단순히 판매만 하는 것이 아니라 이른바 **선교적 판매**(missionary selling)를 통해 구매자와 우호적인 관계를 형성하고 회사와 제품을 홍보할 수 있다. 제약회사는 종종 선교적 판매 방식을 사용해 의사에게 회사와 제품을 알리고 그들이 회사 제품을 다른 이들에게 추천하거나 환자에게 의약품을 처방할 수 있게끔 한다. 최종적으로 제품 판매는 약국에서 이루어진다. 선교적 판매에서 목표는 회사의 장기적인 이미지를 홍보하는 것이다. 선교적 판매의 또 다른 활동은 복잡한 제품에 대한 판매 후 기술지원이다. IBM은 산업고객이 IBM 장비 및 서비스를 사용하는 방법을 알 수 있도록 판매 후 애프터 서비스를 제공한다.

제품과 기업에 따라 판매 작업은 일반적으로 한 사람이 주문 처리, 창의적 판매, 선교적 판매 등 세 가지 작업 모두를 어느 정도 수행해야 한다.

인적판매 과정

아마도 이 세 가지 인적판매 과업 중 가장 복잡하고 도전적인 것은 창의적 판매일 것이다. 창의적인 영업사원은 인적판매 과정의 대부분 단계를 준수해야 한다.

잠재고객 선정 영업 사원이 잠재고객을 확인하는 인적판매 단계

검증 영업사원이 잠재고객에게 구매 권한과 지불능력이 있는지 여부를 결정하는 인적판매 단계

- **잠재고객 선정 및 검증**(prospecting and qualifying). 잠재고객 선정은 잠재고객을 확인하는 과정이다. 영업사원은 링크드인(LinkedIn)과 같은 사이트의 소셜 네트워킹, 고객, 친구 및 비즈니스 동료에서 회사 인사기록을 통해 잠재고객을 찾는다. 자격을 갖추려면 잠재고객이 구매 권한과 지불능력이 있는지 여부를 검증해야 한다.
- **접근**(approaching). 접근은 영업사원이 자격 있는 잠재고객과 접촉하는 처음 몇 분을 의미한다. 영업사원의 신뢰도에 영향을 미치기 때문에 이후 단계의 성공 여부는 잠재고객의 첫인상에 달려 있다. 따라서 영업사원은 전문적인 모습을 보여주고 자신감을 심어주는 방식으로 잠재고객을 맞이해야 한다.
- **발표 및 시연**(presenting and demonstrating). 다음으로 영업사원은 제품, 기능 및 용도에 대한 전체 설명인 프레젠테이션을 한다. 프레젠테이션에서 가장 중요한 것은 제품의 이점이 잠재고객의 요구사항과 맞아야 한다는 것이다. 프레젠테이션에는 제품의 시연이 포함될 수도 있고 포함되지 않을 수도 있다.

격변 시대의 경영

물류의 논리

마케팅의 본질은 적절한 제품을 적절한 가격에, 적절한 장소에서, 적절한 시기에 제공하는 것이다. 이것이 유통과 물류가 중요한 이유다.

유통은 제조업자, 도매업자, 소매업자, 마지막으로 최종 소비자에게 제품이 실제로 물리적으로 이동하는 것이다. 유통관리에서 각 기업은 상품을 고객에게 전달하는 가장 저렴한 방법을 고려해야 한다. 물류(logistics)는 유통과 다르게 상품의 물리적 이동과 정보의 흐름에 중점을 둔다. 자동 재고 시스템 개발은 물류의 핵심 요소다. 예를 들어 많은 소매업체는 매장 컴퓨터를 자체 유통센터 또는 공급업체와 동기화한다. 이러한 전자적 통합을 통해 상품 주문, 유통센터 주문 이행 및 상점으로의 상품 배송을 위한 자동화된 프로세스가 가능하다.

니켈로지스틱스(Knichel Logistics)는 LTL(Less than-Truckload) 사업부의 저성장에 직면했다. LTL 하중은 청구된 무게가 10,000파운드 미만인 것으로 정의된다. 니켈은 더 큰 규모의 대기업과 가격 경쟁을 할 수 없었지만 회사의 사장은 수요가 있음을 알고 다음과 같이 이야기했다. "잠재적으로 확보할 수 있는 비즈니스가 훨씬 더 많은 걸 알면서 왜 그것을 잡지 않겠습니까? 그 기회를 잡으려면 무엇을 해야 할까요? 우리는 이 서비스를 필요로 하고 원하는 거대한 고객기반을 가지고 있습니다. 우리가 서비스를 제공하지 않으면 그들은 다른 곳으로 갈 것이고 잠재적으로 우리는 그 고객과의 다른 비즈니스조차 잃을 수 있습니다."

크리스티(Kristy)와 그녀의 아버지 윌리엄(William)은 2003년에 회사를 설립했다. 형제인 윌리엄 주니어(William Jr.)와 여동생 케이시(Casey)는 경영에 적극적으로 참여하고 있으며 그들은 여전히 회사의 일부 소유자다. 최근 스위프트트랜스포테이션(Swift Transportation Co.)과 나이트트랜스포테이션(Knight Transportation Holdings Inc.)의 통합과 같이 거대기업의 수많은 인수합병을 겪고 있는 등 경쟁이 치열한 운송 및 물류산업에서, 겨우 5,000만 달러를 제공하는 니켈로지스틱스는 작은 물고기로 간주된다.

그러나 최대 규모의 물류 및 운송 회사가 경쟁우위를 확보하기 위해 통합하고 있는 동안에도 아마존의 무료 배송이 전 세계에 퍼지고 있는 것처럼 새로운 유형의 물류 및 주문 처리 작업이 형성되고 있다. 니켈로지스틱스와 같이 빠른 주문 처리 서비스는 틈새 소매업체가 소비자에게 상품을 더 빨리 배송하고 많은 고객의 주문을 통합해 소규모 소매업체에게 규모의 이점을 제공함으로써 아마존과 경쟁할 수 있도록 지원한다. 주문 처리 운영자는 배송비용을 낮추려고 노력하고 있지만 소매업체의 진정한 목표는 비즈니스를 유지하는 것이다.

Tamp/ZUMA Press Inc./Alamy Stock Photo

니켈의 경우 마케팅 및 성장 문제에 대한 창의적인 솔루션으로서 블루그레이스(BlueGrace)라는 회사가 링크드인에 잠재적인 프랜차이즈 제안을 요청하는 게시글이 이용되었다. 니켈로지스틱스가 LTL 사업부를 위해 블루그레이스 피츠버그 로지스틱스 노스(BlueGrace Logistics Pittsburgh North)라는 프랜차이즈 계약을 맺어 별도의 회사를 설립하는 데 약 6개월이 걸렸다. 니켈로지스틱스는 프랜차이즈 제휴를 통해 전략적이고 잘 계획된 결정을 내림으로써 자체 시스템에 자원을 투자하지 않고도 자율성과 직원을 유지하며 블루그레이스로지스틱스의 웹 기반 시스템과 온라인 고객 포털을 활용할 수 있게 되었다. 하지만 가장 큰 보상은 블루그레이스의 방대한 이동 통신사 네트워크에 대한 접근과 저렴한 가격이었으며 그 결과는 재무재표로 나타났다. 니켈은 다음과 같이 말했다. "2016년 말에 블루그레이스 프랜차이즈가 되기 전 지난 1년인 2015년에 비해 40%, 2014년에 비해 거의 62% 성장하게 되었습니다. 그리고 최고의 해였던 2013년보다 거의 17%나 앞섰습니다."

- **이의제기 처리**(handling objections). 어떤 제품을 판매하든 잠재고객은 몇 가지 이의를 제기한다. 최소한 가격에 만족하지 않고 할인을 요구할 수도 있다. 그러나 이의제기는 구매자가 관심을 갖고 있음을 나타낼 뿐만 아니라 프레젠테이션에서 구매자의 궁금증을 정확히 짚어낼 수 있게

한다.

마감 영업사원이 잠재고객에게 제품 구매를 요청하는 인적판매 단계

- **마감**(closing). 판매 과정에서 가장 중요한 부분은 영업사원이 잠재고객의 제품 구매를 요청하는 것이다. 성공적인 영업사원은 고객이 구매할 준비가 되었다는 신호를 인식할 수 있다. 월별 지불액을 계산하기 시작하는 잠재고객은 구매할 준비가 되었음을 분명히 나타낸다. 영업사원은 판매를 직접 요청하거나 간접적으로 종료를 암시해 판매를 마감해야 한다. "화요일 배달을 받을 수 있습니까?"와 같은 질문 그리고 "10건의 초기 주문부터 시작하는 것이 어떨까요?"는 묵시적 마감을 의미한다. 간접 마감은 잠재고객에게 판매를 거부해야 하는 부담을 안겨주므로 거절하기가 조금 더 어려울 수 있다.
- **후속조치**(following up). 후속조치는 특히 관계마케팅에서 핵심 활동이다. 구매자와의 지속적인 관계를 위해 좋은 영업사원은 판매 프로세스를 완전히 종료하지 않는다. 그들은 판매가 성공해 고객이 다시 구매할 수 있기를 바란다. 따라서 편의성과 부가가치를 제공하는 A/S 지원 등 추가 서비스를 제공한다. 후속조치에는 고객 주문의 빠른 처리, 정시 배송, 신속한 수리 서비스 및 사용자 질문에 대한 적시 답변이 포함된다.

세일즈 프로모션

세일즈 프로모션 소비자 구매, 산업 판매 또는 유통업체의 협력을 장려하기 위한 단기 프로모션 활동

세일즈 프로모션(sales promotion)은 소비자 구매, 산업 판매 또는 유통업체의 협력을 장려하기 위해 고안된 단기적인 촉진 활동이다. 세일즈 프로모션은 구매자가 제품을 경험해보고 제품 인지도를 높이도록 함으로써 구매 규모와 판매 수익을 증가시킬 가능성을 높일 수 있다.

성공적인 세일즈 프로모션은 구매 결정이 발생할 때 잠재고객에게 편의성과 접근성을 제공한다. 할리데이비슨(Harley-Davidson)이 1주일 오토바이 시승 홍보를 진행하지만 관심 있는 구매자가 위치한 지역에 딜러가 없고 시승 기회가 없다면 홍보가 소용이 없기 때문에 오토바이를 판매하지 못할 것이다. 한편, 타이드(Tide) 세탁 세제가 다음 번 슈퍼마켓에 갈 때 사용할 수 있는 1달러 할인 쿠폰을 제공하는 홍보는 편리하고 접근하기 쉽다.

쿠폰 구매자에게 할인된 가격을 제공하는 인증서를 발행해 판매를 홍보하는 세일즈 프로모션

대부분의 소비자는 다양한 세일즈 프로모션 활동에 참여한다. 이를테면 무료 샘플이나 사은품을 통해 고객이 위험 없이 제품을 시험해볼 수 있고, 할인 **쿠폰**(coupon)을 통해 고객이 새로운 제품을 시험해보도록 장려하거나 경쟁업체로부터 고객을 유인하거나 재구매나 더 많은 양의 구매를 유도하기도 한다. 쿠폰은 신문, 우편물 및 쇼핑할 때 계산대에서 등 다양한 곳에서 얻을 수 있다. 쿠폰스닷컴(Coupons.com), 쿨세이빙스닷컴(CoolSavings.com), 그루폰(Groupon)과 같은 온라인 쿠폰 사이트는 인쇄 가능한 비용 절감 쿠폰이나 일부 무료쿠폰을 제공한다.

프리미엄 구매를 촉진하기 위해 무료 또는 할인된 가격 항목을 제공하는 세일즈 프로모션

프리미엄(premiums)은 연필, 머그잔, 6개월 저리 신용카드 등 특정 제품을 구매한 대가로 소비자에게 제공되는 무료 또는 할인된 가격의 제품이다. 콘테스트를 통해 높은 생산성의 유통업체나 영업담당자에게 하와이 또는 파리로의 휴가 여행을 보상으로 제공해 매출을 높일 수 있다. 예를 들어 소비자들도 퓨리나(Purina Cat Chow) 고양이 사료 패키지 뒷면에 있는 고양이 달력 콘테스트에 고양이 사진을 제출해 상품을 받을 수 있다.

로열티 프로그램 단골고객에게 반복 구매에 대해 보상하는 세일즈 프로모션

로열티 프로그램(loyalty program)은 단골고객에게 반복 구매에 대해 보상한다. 오세아니아크루즈(Oceania Cruises)와 타우크(Tauck) 여행사는 단골고객에게 대폭 할인된 휴가 스페셜을 제공한다. 예를 들어 온라인 및 우편 홍보는 다가오는 크루즈 여행에 대해 2개의 티켓을 얻거나 더 고급스러운 숙

Bst2012/Fotolia

대부문의 수백 판매는 부동산 중개인이 예비 주택 구매자에게 개인적으로 판매함으로써 발생한다. 사람들이 온라인 검색 사이트를 사용해 집을 검색하기 시작하더라도 구매를 완료하기 위해서는 여전히 개별 중개인과 거래하는 경향이 있다.

박시설로 업그레이드하기 위한 할인 가격을 발표할 수 있다. 투어 스페셜은 무료 인터넷 접속 및 반복 구매 고객을 위한 해안 여행과 함께 할인된 항공료를 제공할 수 있다.

매장에서 고객의 관심을 끌기 위해 회사는 복도 끝이나 계산대 근처에 **POS**(point-of-sale) **디스플레이**를 사용해 고객이 제품을 쉽게 찾도록 돕고 경쟁업체를 고려 대상에서 제외시키려 한다. 실제 상품 외에도 POS 받침대는 소비자에게 서비스, 즉 정보를 제공한다. 예를 들어 일부 은행 로비에는 고객이 은행상품에 대해 자세히 알아볼 수 있고, 병원 대기실에는 치료법에 대한 정보를 제공하는 누구나 쉽게 사용할 수 있는 터치스크린 디스플레이가 비치된 것을 확인할 수 있다. B2B 프로모션을 위해 업계는 제품에 특별한 관심이 있거나 구매할 준비가 되어 있는 고객들에게 제품을 전시하고 시연할 수 있는 부스를 임대해 **박람회/전시회**(trade show)에 참여한다.

POS 디스플레이 구매를 촉진하거나 제품에 대한 정보를 제공하기 위해 특정 영역에 제품 디스플레이를 배치하는 세일즈 프로모션

박람회/전시회 업계의 다양한 구성원이 모여 제품을 전시, 시연 및 판매하는 세일즈 프로모션

직접마케팅

직접마케팅(direct marketing, interactive marketing)은 소비자가 소매점에서 구매하지 않고 집이나 직장에서 또는 모바일 기기를 이용해 구매하는 일대일 비대면 판매다. 이 판매 방법은 빠르게 성장하고 있으며, 무점포 소매업체(카탈로그, 텔레마케팅, 홈 비디오 쇼핑), 우편물 배달 DM, 직접반응 광고(예: 정보 광고, 직접 반응 잡지, 신문 광고), 가장 중요한 온라인 연결이 포함된다. B2B에서 사용될 때, 직접 마케팅은 주로 가망고객 발굴에서 사용되며, 이를 통해 고객은 관심을 표하고 영업사원은 구매를 성사시킬 수 있다. B2C에서는 판매 목표가 주가 된다. 직접마케팅의 장점은 메시지를 개인에게 타깃팅할 수 있고 결과를 측정할 수 있다는 것이다. 아마존은 사이트 방문자가 누구이며 과거에 무엇을 구매

직접마케팅 인터넷을 통해 잠재고객과 직접 접촉하는 무점포 소매업체와 B2B 판매자의 일대일 비개인적 판매

했는지, 언제 로그인했는지 알고 구매 내역을 기반으로 상품을 추천한다. 또한 특정 도서 제목이나 다른 제품을 선택하면 선택한 다른 구매자가 구매한 추가 도서를 제안해 잠재적으로 판매를 늘릴 수 있다.

인터넷은 기존의 직접마케팅 방법, 특히 우편물 배달 방법을 분명히 향상시켰다. 소비자가 자신의 이메일 주소를 제공함으로써 회사에 이메일을 보낼 수 있는 권한을 주고 이렇게 이메일 주소를 수집한 회사는 특별 세일이나 소비자의 과거 구매이력을 바탕으로 제품에 대한 정보를 정기적으로 보낸다. 소비자가 수신하기를 동의한 회사에서 보낸 이메일에는 회사의 웹 사이트나 제품의 링크가 연결되어 있다. 아마존, 델, 갭(Gap), 케이트스페이드(Kate Spade)와 같은 회사는 직접마케팅 방법과 기술을 성공적으로 활용한 기업이다.

퍼블리시티와 홍보

퍼블리시티 일반 대중의 관심을 끌기 위해 전송되는 회사나 제품 또는 이벤트에 관한 정보

퍼블리시티(publicity)는 일반 대중의 관심을 끌기 위해 전송되는 회사나 제품 또는 이벤트에 관한 정보다. 이는 무료이긴 하지만, 미디어 리포터와 작가에 의해 제공되기 때문에 마케터가 직접 통제할 수 없다. 또한 뉴스 형식으로 전달되기 때문에 소비자는 이를 객관적이고 신뢰할 수 있는 것으로 간주한다. 예를 들어 2005년에 아주 고전적인 매스컴 이벤트가 있었는데, 미국의 패스트푸드 회사인 웬디스(Wendy's)에서 칠리 한 그릇을 주문한 고객이 그 안에서 사람 손가락의 끝을 발견했다고 말했다. 이후 고객들은 겁을 먹었고 결국 회사의 명성은 훼손됐으며 단 6주 만에 1,500만 달러의 매출 손실이 발생했다.

홍보(PR) 대중과의 좋은 관계를 구축하거나 불리한 이벤트를 관리하기 위해 회사가 영향력을 행사하는 정보

퍼블리시티와 달리 **홍보**(public relations, PR)는 회사가 영향력을 행사하는 정보다. 이는 대중과 좋은 관계를 구축하거나 자선 기부금 홍보를 위해 사용되기도 하고, 위의 악몽과 같은 이벤트에 대응할 수도 있다. 웬디스의 CEO인 잭 쉬슬러(Jack Schuessler)의 대응은 브랜드를 보호하고 진실을 이야기하는 것으로써 매우 결정적이고 명확했다. 즉 보상이나 매수를 통해 뉴스에서 해당 사건이 사라지게 하는 것이 아니라, 보건부와 경찰의 협조를 요청했다. 육안검사와 직원 거짓말 탐지를 실시하고 관련 정보에 대한 핫라인을 공개적으로 발표하고 보상을 제공한다고 했다. 결국 보고된 사건은 가짜라는 결론을 내렸다. 이러한 활기찬 PR은 웬디스의 진실을 밝히고 회사의 명성을 유지하는 데 효과적인 홍보 도구가 되었다.

질문과 연습

복습을 위한 질문

13-1. 다른 형태의 유통과 직접유통의 차이점은 무엇인가?

13-2. 경로갈등이란 무엇인가? 이것은 어떠한 상황에서 발생하는가?

13-3. 사실창고와 공공창고를 비교하라. 회사에서 두 유형을 모두 사용하는 이유는 무엇인가?

13-4. 회사에서 사용하는 밀어내기와 당기기 전략의 주요 차이점은 무엇인가?

13-5. 라디오 광고의 강점과 약점은 무엇인가?

분석을 위한 질문

13-6. 소매업체의 주요 세 가지 유형을 설명하라. 가장 대중적인 형태는 무엇이며 그 이유는 무엇인가?

13-7. 오프라인 소매업체는 온라인 경쟁에 대처하기 위해 고군분투하고 있다. 오프라인 전용 소매업체는 어떤 희망을 가지고 있는가?

13-8. 직접마케팅이란 무엇이고 어떻게 작동하는가? 이 접근법이 판매를 성사시키는 데 적합한 몇 가지 사례를 제안하라.

응용연습

13-9. 아마존닷컴은 주요 온라인 소매업체일 뿐만 아니라 많은 중·소규모 비즈니스의 디지털 중개자 역할을 한다. 중고 휴대전화 판매에 관심이 있다고 가정해보자. 아마존 웹 사이트의 정보를 사용해 어떻게 아마존 셀러가 되겠는가? 아마존을 통한 상품 판매와 관련된 비용은 무엇인가? 당신의 웹 사이트를 통해 제품을 판매하기로 결정했다면 장단점은 무엇인가?

13-10. 역대 최고의 바이럴 마케팅 동영상을 검색하고 분석할 동영상을 선택하라. 판매되는 제품은 무엇이며 대상 시장은 어디인가? 광고가 표적시장에 어떻게 접근하는가? 이 특정 영상이 왜 효과적이라고 생각하는가?

PART 5 | 더 나은 비즈니스 의사결정을 위한 정보 관리

CHAPTER 14 비즈니스에서 정보기술

Rawpixel.com/Shutterstock

엔지니어만이 신제품을 설계하는 것은 아니다. 고객, 마케팅 전략가, 재무 전문가, 생산 관리자, 구매 전문가는 불과 몇 년 전만 해도 불가능해 보였던 방식으로 서로 협업하기 위해 기술을 사용한다.

학습목표

LEARNING OBJECTIVES

이 장을 학습하고 나면

14-1 정보기술이 경영에 미치는 영향을 토론한다.

14-2 기업이 마음대로 사용할 수 있는 정보기술 리소스와 이러한 리소스의 사용 방법을 파악한다.

14-3 정보 시스템의 역할, 다양한 유형의 정보 시스템 및 기업이 이러한 시스템을 사용하는 방법을 설명한다.

14-4 정보기술이 경영에 미치는 위협과 위험을 파악한다.

14-5 기업이 정보기술이 야기하는 위협과 위험으로부터 스스로를 보호하는 방법을 설명한다.

클릭하기 전에 먼저 생각하라

"훌륭한 보수를 받고 '국제영업담당자' 또는 '배송관리자'로서 재택 업무를 시작해보세요. 귀하의 이름으로 새 은행 계좌를 개설하고 계좌로 송금을 수락한 다음 전 세계 고객에게 돈을 보내기만 하면 됩니다." 실업자, 미취업자나 현 직장에 불만족하는 사람들에게 이런 이메일은 꽤 매력적일 수 있다. 물론 합법적일 가능성은 낮다. 이러한 종류의 사기에서, 새로운 '직원'은 도난당하거나 불법적인 돈을 세탁할 수 있는 안전한 방법을 제공한다. 송금이 완료되면 마약 운반책은 (불법적으로) 송금을 받는 사기꾼들로 구성된 전 세계 네트워크에 돈을 전달한다.

이러한 불법행위는 시간이 지날수록 그 효과가 점점 줄어들지만, 인터넷의 특성상 거의 무한하게 다른 불법적인 방법을 만들 수 있다. 하나의 사기 행각이 드러나면, 사기꾼들은 이를 대체하기 위해 훨씬 더 정교한 함정을 만들어낸다. 예를 들어 고용주 행세를 하는 범죄자들은 온라인에 이력서를 올린 개인들에게 연락을 취한다. 그들은 보통 비대면으로 인터뷰를 진행하며 구직자에게 훌륭한 일자리를 제안한다. 이제 남은 건 그들의 주민등록번호 같은 정보를 수집하는 것뿐이다. 안타깝게도, 그런 회사나 일자리의 실체는 없다. 그러나 당신의 주민등록번호와 다른 개인정보는 신용카드를 신청하는 데 사용될 수 있다. 따라서 주민등록번호와 같은 정보를 공유하기 전에 이메일의 상대방이 누구인지 꼭 확인해야 한다. 또, 회사가 합법적인지, 그리고 이메일을 주고받는 사람이 진짜 직원인지 확인해보아야 한다. 이러한 대표적인 재택근무 사기 사건에서, 이를 믿은 피해자(온라인으로 고용된 직원)는 외국에서 '고용주'로부터 보내진 수표를 현금으로 바꾸고, 현금의 10%를 서비스에 대한 대가로 갖는다. 그리고 나머지 90%는 웨스턴유니온(Western Union)을 통해 고용주에게 돌려보낸다. 그러나 이 수표는 가짜이기 때문에 결국 피해자는 은행에 전액을 상환해야 한다. 레이드(Raid), 윈덱스(Windex) 등 생활용품과 플레지(Pledge) 가구 클리너를 생산하는 기업인 SC존슨(SC Johnson)은 존슨(Johnson)이라는 이름을 허위로 사용해 재택근무 고객 서비스 일자리를 제안하는 가짜 온라인 구인 사기 행각에 대해 대중에게 경고했다. 사기꾼들은 이 직업이 교육생들에게 처음에는 시간당 20달러를 지불하고 교육 후에는 25달러로 인상

Andrev Popov/Fotolia

이 장을 배우면 좋은 점

사이버 공격으로부터의 보호는 인터넷과 관련 기술이 기업 환경을 변화시키는 방식의 극단적인 예다. 그러나 가장 전통적인 기업들조차 시대에 따라 변화해야 한다. 그러한 시대가 종이와 연필, 전화와 팩스로 정의되든, 디지털 언어 번역기, 스마트폰과 스마트 워치로 정의되든 간에 말이다. 실제로 시대는 해가 지날수록 더욱 빠르게 변화하고 있으며, 이러한 맥락에서 다양한 종류의 정보기술, 그 기능, 그리고 이와 관련된 이익과 위험에 대한 논의가 특히 중요하다. 이 장의 내용을 이해하면 기술이 어떻게 비즈니스에서 사용되고 영향을 미치는지, 그리고 직원, 투자자, 경영자, 기업의 소유주로서 기술을 최대한 활용할 수 있는 방법을 보다 명확하게 파악할 수 있다.

되는데, 대신 직원들이 먼저 몇 가지 교육 소프트웨어를 구입해야 한다고 말한다. 물론, 교육생들이 이에 대해 돈을 지불하지만 소프트웨어는 받지 못하게 된다.

직업을 구할 때 사이버 범죄자들로부터 자신을 보호하기 위해 당신에게 이것이 뭔가 옳지 않다는 것을 알려주는 몇 가지 신호가 있다. 우선 이 사이버 범죄자들은 전문 인사담당자가 아니기 때문에 이메일에 철자나 문법적 오류가 존재할 수 있다. 물론 실수일 수도 있지만, 이는 이메일이 합법적이지 않다는 잠재적인 신호로 볼 수 있다. 또한, 만약 제안이 너무 좋아서 사실일까 하는 의심이 든다면, 아마도 사기일 가능성이 높다. 그리고 일자리를 제안받았지만 먼저 돈을 지불해야 한다면, 그 제안이 적법하지 않을 가능성이 높다. 마지막으로, 시간적으로 압박을 많이 주는 제안은 사기일 가능성이 더 높다. 범죄자들은 당신이 시간을 들여 이러한 비정상적인 거래를 생각해보는 것을 원하지 않으며, 이 제안이 사라지기 전에 '지금 행동하라'고 독려할 것이다.

물론 이러한 사이버 위험에 노출되는 것은 구직자들만이 아니다. 신용카드가 정지되었다는 문자 메시지는 이를 수신한 사람의 계좌정보를 확인되지 않은 발신인에게 전달하도록 유도하기도 한다. 또한 병원, 정부기관, 은행 및 기타 기업의 가짜 발신자 ID를 사용해 인터넷 기반의 전화를 사용하는 사람들에게 개인정보를 요구하는 전화 피싱이 유행하기도 한다. 아마도 가장 인상 깊은 사이버 범죄자들은 마케팅 기법, 특히 '표적(targeting)'을 사용해 특정 고객에게 접근하고 있다. 이를 '스피어 피싱(spear phishing)'이라고도 하는데, 사기꾼은 표적을 정하기 위해 부유한 개인 및 가족들, 전문 금융자산 관리자를 찾아내기 위한 정보 수집을 한다. 피해자들은 악성 첨부 파일이 포함된 친근한 이메일과 소셜 네트워킹 연락처를 받게 되는데, 이 이메일은 한 번 열리면 컴퓨터를 감염시켜 은행 계좌와 다른 신상 정보를 사기꾼들에게 노출시킨다. 물론 스팸 필터, 데이터 암호화, 방화벽, 안티바이러스 소프트웨어와 같은 컴퓨터 보안 장치가 방대한 수의 침입을 탐지하지만 여전히 위협은 남아 있다. 최근 구글 독스(Google Docs)는 해커들의 침입에 시달렸는데, 그들은 앱을 사용해 사용자를 속여 신뢰할 수 있는 소스에서 문서를 열도록 한 후 침입자에게 사용자의 연락처 목록과 각 사용자의 구글 독스 폴더에 들어 있는 기타 기밀 정보에 대한 접근 권한을 부여했다. 그것은 합법적으로 보였고 구글이 몇 시간 내에 시정 조치를 취했지만 이미 많은 피해가 있었다.

조직 역시 사이버 공격의 피해자가 될 수 있다. 나이트 드래곤(Night Dragon)으로 알려진 중국에서 발생한 글로벌 사이버 공격이 정유사 컴퓨터를 침입해 경쟁 입찰, 금융, 운영 등에 대한 정보를 빼돌렸다고 보안 컨설턴트들은 말한다. 일부 정부는 자금을 아끼려는 목적으로 해커들을 이용해 다른 나라들의 국방 시스템을 포함한 첨단 군사 장비에 대한 기술 기밀을 빼돌리는 등 적극적으로 사기를 치기도 한다. 기업 활동을 위해 개인 전화기와 컴퓨터를 사용하는 직원이 점점 더 늘어나면서 많은 조직에서 사이버 보안은 매우 어려운 과제가 되었다. 이에 따라 조직의 정보는 더욱 널리 유출되고 휴대전화 악성 프로그램, 바이러스에 오염된 애플리케이션 및 문자 메시지에서 전송된 스파이웨어가 포함된 링크 등을 통한 사이버 침입에 점점 더 취약해진다.

정보기술이 미치는 영향: 비즈니스 변화의 원동력

학습목표 14-1

정보기술이 경영에 미치는 영향을 토론한다.

정보기술(information technology, IT)이 경영에 미치는 영향은 아무리 강조해도 지나치지 않다. 실제로 정보기술(IT), 즉 시각적 이미지, 음성, 멀티미디어 및 비즈니스 데이터를 포함한 다양한 모드에서 정보를 생성, 저장, 교환, 사용하기 위한 다양한 기기 및 장치는 모든 조직의 토대를 바꿔 놓았고, 조직 내부와 외부의 사람들이 상호작용하는 방식을 급격하게 변화시켰다. 우리는 최신 휴대전화, 아이패드, 노트북, 태블릿, 스마트폰 광고를 어디서나 볼 수 있고, 우리들 대부분은 우리가 무엇을 하고 있는지 생각조차 하지 않은 상태로 매일 온라인에 접속한다. 이메일(e-mail)은 비즈니스의 주요 요소가 되었으며(이제는 많은 젊은이들 사이에서 다소 구식으로 인식되고 있다), 네일숍, 쓰레기 수거 회사와 같은 전통적인 '로우테크(low-tech)' 산업도 온라인 연결, 컴퓨터 및 네트워크에 의존하고 있다. 소비자는 계좌에서 돈을 이체하거나 맥도날드(McDonald's)에서 음식을 주문하거나 UPS에서 택배 배송 상태를 확인할 때마다 IT 네트워크의 데이터베이스와 상호작용한다. 기술과 그에 따른 영향은 어디에서나 뚜렷하게 볼 수 있다.

정보기술(IT) 시각적 이미지, 음성, 멀티미디어, 경영 데이터 등 다양한 모드에서 정보를 생성, 저장, 교환 및 사용하기 위한 다양한 기기 및 장치

전자상거래(e-commerce), 즉 온라인 네트워크 및 소매업과 기업 간 거래를 위한 기타 전자수단의 사용은 전 세계적으로 새로운 시장 관계를 만들어냈다. 이 장에서는 기업이 IT를 사용해 생산성을 높이고, 운영 및 프로세스를 개선하며, 새로운 기회를 창출하고, 불과 몇 년 전까지만 해도 불가능했던 방식으로 소통하고 작동하는 방법을 살펴볼 것이다.

전자상거래 온라인 네트워크 및 소매업과 기업 간 거래를 위한 기타 전자수단의 사용

이동식 사무실 만들기: 즉각적인 정보에 대한 원격 접근 제공

삼성 휴대전화, 애플 아이폰 등 IT 기기는 IBM 무선 인터넷 접속 및 PC 버전의 오피스 응용 프로그램을 통해 어디서나 직원, 고객, 공급업체들 간에 자유롭게 통신하도록 해 업무 시간과 출장비용을 절약시킨다. 또한 IT의 모바일 메시지 기능으로 인해 업무 공간과 본사 간의 지리적 구분은 더 이상 업무를 수행하는 데 장애물이 아니다. 직원들은 더 이상 사무실 또는 공장 한 곳에서만 근무하지 않으며, 회사의 모든 운영이 한 곳에서 이루어지는 것도 아니다. 직원들은 이제 사무실을 가지고 다닌다. 이러한 기기를 사용하면 회사 외부에 있는 직원은 업무 및 업무 관련 데이터와 정보에 접근하기 위해 책상에 앉아 있지 않고도 정보에 지속적으로 접근할 수 있다. 클라이언트 프로젝트 폴더, 이메일 및 음성 메시지는 거의 모든 위치에서 접근할 수 있다.

원격배송 조정을 통한 더 나은 서비스 구현

회사의 활동은 지리적으로 떨어져 있을 수 있지만 인터넷을 이용하면 네트워크화된 시스템을 통해 고객에게 더 나은 서비스를 제공할 수 있도록 조정된 상태를 유지할 수 있다. 예를 들어 많은 기업은 중앙 집중식으로 한 위치에서 활동을 조정하지만, 물건의 배달은 종종 더 저렴한 비용으로 여러 원격 위치에서 이루어진다. 온라인 상점에서 가구(예: 의자, 소파, 테이블, 램프 2개)를 주문할 때 의자는 필라델피아의 창고에서, 램프는 캘리포니아의 제조업체에서, 소파와 테이블은 노스캐롤라이나주의 다른 공급업체에서 직접 배송될 수 있다. 고객으로부터 주문이 시작되면 전체 주문이 한 곳에서 처리되는 것처럼 회사의 네트워크를 통해 활동이 조정된다. 이렇게 하면 모든 물건을 중앙 위치로 먼저 배송할 때 발생하는 중간 단계의 비용을 절약할 수 있게 된다.

Planetpix/White House Photo/Alamy Stock Photo

대통령과 그의 자문단 같은 정부의 최고 지도자들은 보안 메시지를 위해 고급 기술과 암호화된 시스템을 사용한다.

보다 간결하고 효율적인 조직 만들기

네트워크와 기술은 기업을 더 적은 인원과 더 단순한 구조를 가진 간결한 조직으로 만든다. 네트워크를 통해 기업은 직원과 고객 사이의 정보를 지속적으로 연계할 수 있기 때문에 적은 인력으로 더 많은 업무와 고객 만족을 달성할 수 있다. 은행에서 고객은 24시간 정보 시스템에 연결해 직원의 도움 없이 자신의 계좌를 확인한다. 또한 예전에는 감독자가 조립 작업자에게 직접 작업을 지시했지만 이제는 전자적으로 워크스테이션을 통해 작업이 전달된다. IT를 활용한 의사소통은 직원의 능력을 보다 효율적으로 사용하고 물리적 자원의 효율성을 향상시킨다. 예를 들어 예전에는 트럭 운전자가 감독자로부터 다음 배송과 관련된 화물 재적재 지시를 받기 위해 운송 터미널로 돌아가야 했다. 그러나 오늘날에는 IT를 사용하는 운행 관리자 한 명이 여러 명의 감독관을 대체한다. 운전자들이 다음 배송 일정을 미리 알 수 있도록 트럭에 있는 전자 스크린에 지시가 뜨며, SiriusXM NavTraffic과 같은 위성 내비게이션 서비스는 배송 지연을 피하기 위해 전방의 교통사고를 운전자들에게 알려줌으로써 다른 길로 운행할 수 있도록 해준다.

협업 증대

기업들이 협업 소프트웨어 및 기타 IT 통신 장치를 사용하는 경우 내부 부서와 외부 기업과의 협업이 더 향상된다. 이에 대해서는 이 장의 뒷부분에서 다룰 것이다. 기업들은 IT를 바탕으로 한 협업을 하는 경우 공식 팀 또는 직원 및 부서 간의 자발적인 상호작용을 통해 복잡한 문제를 더 잘 해결할 수 있다는 사실을 알고 있다. 예를 들어 신제품의 설계는 한때 엔지니어링 책임이었다. 그러나 이제는 마케팅, 재무, 생산, 엔지니어링, 구매 분야의 사람들과 함께 고객의 정보를 활용하는 공유

TonyV3112/Shutterstock

이 보잉 항공기는 보잉 엔지니어, 공급업체, 고객 간 협업의 결과이다.

활동이 되었으며, 이들은 함께 최선의 설계를 한다. 예를 들어 보잉(Boeing) 787 드림라이너 항공기의 설계는 엔지니어들뿐만 아니라 승객(개인용 디지털 기기를 충전하기 위한 전기 콘센트를 원함), 객실 승무원(화장실이 더 많고 통로가 넓기를 원함), 항공 교통 관제사(더 크고 안전한 에어 브레이크를 원함)의 협업의 결과이다. 비록 보잉 787은 초기 설계 결함으로 어려움을 겪었지만 보잉 엔지니어, 공급업체, 고객, NASA 간의 전 세계적인 기술 협업 네트워크를 통해 해결책을 찾았으며, 현재 787은 보잉의 주요 비즈니스 성공 사례가 되었다.

글로벌 교환 활성화

IT의 글로벌 도달 범위는 이전에는 볼 수 없었던 규모의 비즈니스 협업을 가능하게 한다. 에어버스(Airbus) A380을 생각해보자. A380은 국제적인 제조협력과 정보기술을 사용해 조정한 예다. 에어버스는 미국의 상업용 항공 시장 통제에 정치적으로 대응하기 위해 설립되었으며, 처음에는 유럽의 국가 항공우주 제조업체 컨소시엄으로 구성되었다. 이 조직은 항공기 제조 장소를 둘러싼 마찰을 완화하고 이로 인해 발생할 수 있는 정치적 영향을 줄이기 위해 공급사슬을 분산하기로 결정했다. 이 결정의 결과로 세계 최대의 여객기가 영국, 벨기에, 독일, 스페인, 포르투갈, 터키 공장을 아우르는 공급사슬을 통해 제조된 다양한 부품을 가지고 프랑스에서 조립 및 통합되었다. 기체는 독일 회사가 책임지고, 날개는 영국에서 제작되며, 벨기에에서 추가 부품을 가공한다. 터키는 주요 구조와 비행 통제 요소를 제공하고 스페인과 포르투갈은 비행 제어 시스템과 기타 핵심 요소를 제공한다. 주요 계약국 외에도 말레이시아, 네덜란드, 스웨덴, 스위스, 호주, 핀란드, 캐나다, 오스트리아, 이탈리아, 한국, 일본 등에서도 항공기 프레임에 대한 추가 부품이 제조되고 있다. 대규모의 디지털 협업은 지연을 방지하고 비용을 절감하며 품질을 유지하면서 설계, 테스트 및 시공 작업을 조정하는 데 필수적이다.

관리 프로세스 개선

IT는 또한 관리 프로세스의 특성도 변화시켰다. 오늘날 관리자의 활동과 방식은 불과 몇 년 전과 크게 다르다. 예를 들어 예전 경영자들은 수집 비용이 많이 들고 수집과 기록 과정이 번거로우며 정보가 순식간에 구식이 되어 버리기 때문에 작업현장에서 위쪽으로 보고되는 모든 세부 정보에 신경을 쓰지 않았다. 대부분의 일상적인 관리는 중간 및 일선 관리자에게 위임되었다. 그러나 현재는 데이터베이스의 디지털화, 전문 소프트웨어 및 대화형 네트워크를 통해 즉각적으로 정보에 접근할 수 있게 되었으며, 이는 모든 관리 수준에서 유용하게 사용된다. 예를 들어 **전사적 자원 관리**(enterprise resource planning, ERP) 시스템을 생각해보자. ERP는 제품라인, 부서 및 지리적 위치 전반에 걸쳐 기업의 활동을 구성하고 관리하기 위한 정보 시스템이다. ERP는 작업 현황 및 향후 거래에 대한 실시간 정보를 저장하고 어떤 계획된 일정을 맞춰야 할 때 조치가 필요한 경우 직원에게 알린다. 또한 외부 공급업체의 활동에 맞춰 내부 운영을 조정하고, 고객에게 배송 일정과 대금 청구를 알려준다. 결국 더 많은 경영자들이 전사적 운영을 계획하고 통제하는 데 ERP를 일상적으로 사용하고 있다. 예를 들어 오늘날 허쉬푸드(Hershey Foods)의 경영자는 ERP를 사용해 키세스(Kisses) 또는 딸기 트위즐러(Twizzler)에 대한 고객 주문의 현재 상태를 확인하고, 각 워크스테이션의 생산성 통계를 검사하며, 모든 발송에 대한 배송 성과를 분석한다. 경영자는 ERP를 통해 전사적 성과를 보다 효과적으로 조정할 수 있다. 그들은 서로 잘 협력하고 있는 부서와 일정에 뒤처져 병목 현상을 일으키는 부서를 파악할 수 있게 된다.

고객주문생산을 위한 유연성 제공

IT의 발전은 기업이 고객에게 더 다양한 기능과 맞춤형 옵션을 제공하고 배송 주기를 단축할 수 있는 새로운 제조 및 서비스 기능을 가능케 한다. 아이폰 앱이든 롤링스(Rawlings) 야구 글러브든 관계없이 오늘날에는 IT 네트워크를 이용한 빠르고 유연한 제조를 통해 스스로 디자인하는 세상이 가능해졌다. 포노코닷컴(Ponoko.com)에서는 전자 제품에서 가구에 이르기까지 거의 모든 것을 디자인하고 만들 수 있다. 구매자와 자재 공급업체는 가상으로 만나 온라인상에서 수천 개의 제품 디자인을 빠르게 만들어낸다. 디자인은 각 구매자의 취향에 맞게 변경할 수 있다. 스포츠웨어 제조사인 나이키(Nike)는 나이키아이디(NIKEID) 서비스를 통해 고객이 직접 신발, 운동화, 가방 등을 맞춤화할 수 있도록 해준다. 예를 들어 고객들은 나이키 홈페이지를 방문해 신발의 밑창부터 끈의 색상까지 신발의 모든 부분을 맞춤 제작해 나이키 운동화 한 켤레를 통해 자신의 개성을 표현할 수 있다. 또한 이 홈페이지는 소셜미디어를 통해 친구들과 공유할 수 있도록 맞춤형 컬러웨이(colorway)를 만들 수 있게 해준다. 이러한 **대량 맞춤화**(mass customization) 원칙은 기업이 대량으로 생산할 수 있도록 하고, IT는 각 품목에 고객이 선호하는 독특한 옵션을 제공할 수 있게 한다. IT를 통해 직원들이 모든 제품 옵션에 대한 조립 지침에 즉각적으로 접근할 수 있고 고객별 주문에 따라 장비를 빠르게 변경할 수 있기 때문에 기존의 표준화된 조립라인도 빠르게 적응할 수 있게 되었다.

대량 맞춤화 기업이 대량으로 생산하지만 각 품목마다 고객이 선호하는 고유한 옵션을 제공하는 원칙

그림 14.1에서 볼 수 있듯이 유연한 생산과 신속한 배송은 고객, 제조업체, 공급업체 및 배송업체 간의 모든 활동을 조정하는 통합된 정보 네트워크에 달려 있다. 의료, 은행, 레크리에이션과 같은 서비스 업계도 고객의 요구를 충족하기 위해 유연성을 강화하고 있다. 예를 들어 해피펫케어닷넷(HappyPetCare.net)의 개인 맞춤형 반려동물 보호 서비스는 애완견 산책, 애견 호텔, 애완동물 돌보기,

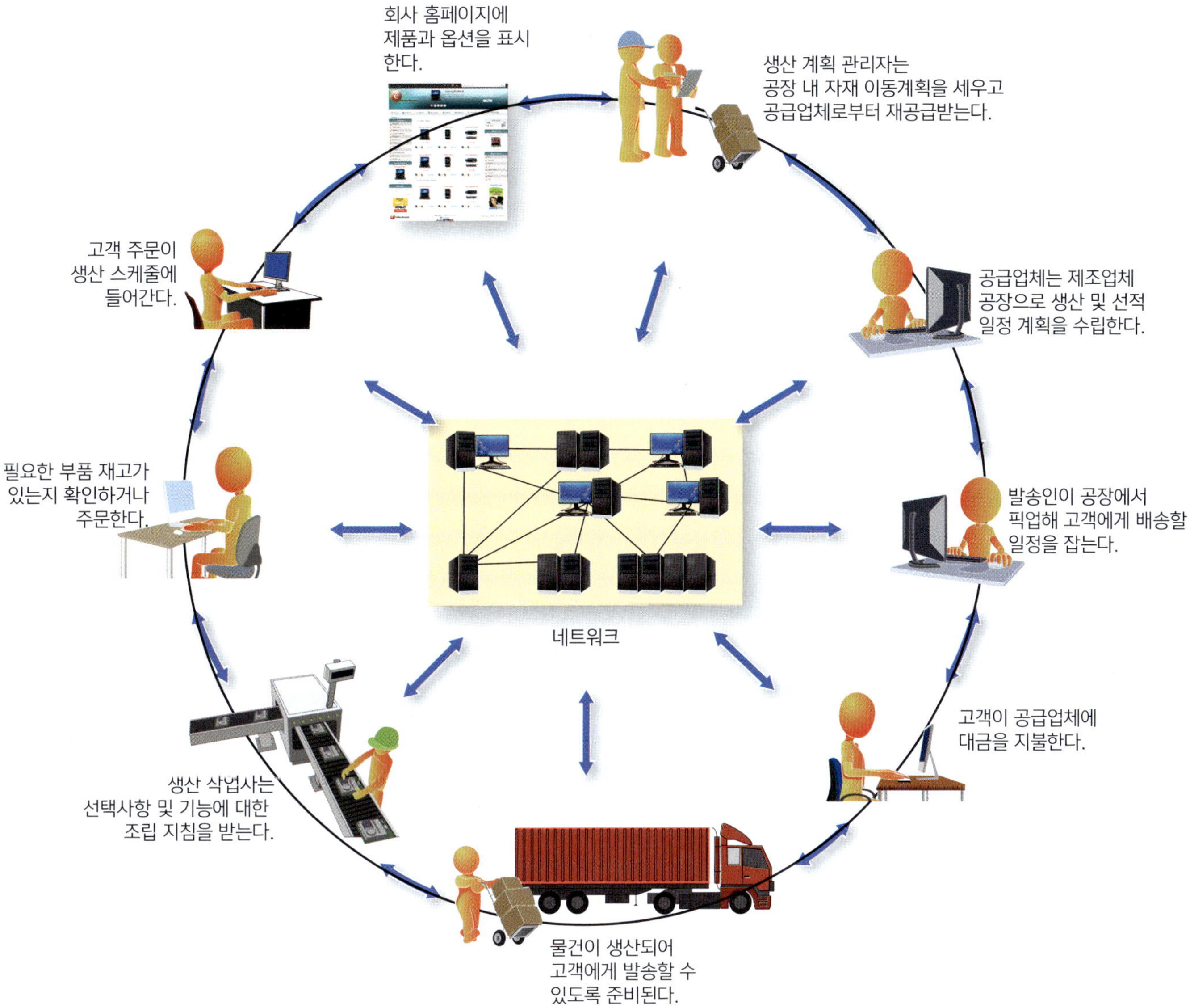

그림 14.1 제품의 대량 맞춤화를 위한 네트워크

집 돌보기, 애완견 택시 및 기타 서비스 등의 활동 일정을 잡기 위해 IT를 사용한다. 관광업의 경우 오셔니아크루즈닷컴(OceaniaCruises.com)에서 승객들은 식사, 레크리에이션과 엔터테인먼트 활동, 교육 강좌, 스파 치료와 같은 맞춤형 서비스를 유연하게 선택할 수 있다. 승객들은 또한 맞춤형으로 제공되는 크루즈 전후 육상 프로그램들과 함께 항공 여행 일정을 맞출 수도 있다.

새로운 사업 기회 제공

정보기술은 기존 비즈니스를 개선할 뿐만 아니라 이전에는 존재하지 않았던 완전히 새로운 비즈니스를 창출하고 있다. 대기업의 경우 이는 신제품 개발, 새로운 서비스 제공 및 새로운 고객 확보를 의미한다. 불과 몇 년 전만 해도 '구글'로 알려진 오늘날의 수십억 달러 규모의 거대 기업은 신생 검색 엔진이었다. 이 회사는 현재 검색 엔진뿐만 아니라 가상 지도, 유튜브 동영상, 트위터 계정, 페이스북 페이지, 인스턴트 메시지, 지메일(Gmail, 구글의 이메일 서비스), 온라인 음성메일 및 사진 편집, 클라우드 스토리지, 문서 생성과 같은 소프트웨어 서비스를 포함한 수백 개의 서비스를 자랑한다.

컴퓨터 백업 및 ID 도용 보호를 비롯한 정보기술 기반 산업은 개인과 기업 고객에게 가치 있는 서비스를 제공한다. 온라인 백업은 하드 드라이브 충돌, 화재, 홍수 및 기타 원인으로 인한 데이터 손실을 방지한다. 예를 들어 카보나이트닷컴(Carbonite.com)과 블랙블레이즈닷컴(Backblaze.com)은 자동 연속 백업을 제공해 고객이 손실된 데이터를 신속하게 복구할 수 있도록 한다. ID 도용을 방지하기 위해 라이프록닷컴(LifeLock.com), 아이덴티티가드닷컴(IdentityGuard.com)과 같은 기업은 고객에게 다양한 정보 도용 위험을 경고하고 ID 도용 방지 조치에 대한 조언을 보내 개인정보를 보호한다.

또한 정보기술 환경은 가정용 기업에게 새로운 e-비즈니스 기회를 제공한다. 사우디아라비아의 젊은 기업가들을 생각해보자. 사우디아라비아에서 점점 더 많은 젊은 여성들이 사업을 운영하기 위한 플랫폼으로 인스타그램(Instagram)을 사용하고 있다. 이 플랫폼을 통해 기업가들은 국가의 사회적 규범을 준수하면서 수백만 명의 잠재 고객에게 다가갈 수 있다. 현재 수천 명의 젊은 사우디 여성들이 의류와 보석, 수공예품, 음식 등 다양한 상품을 판매하는 것으로 추산된다. 인스타그램이(일반적으로는 소셜미디어가) 이들 기업가들에게 효과적인 플랫폼이 될 수 있는 이유는 현재 중동에서 인스타그램의 사용자 수가 많기 때문이다. 연구에 따르면 중동 전역의 소셜미디어 이용자 중 3분의 1 이상이 인스타그램을 활발하게 사용하고 있는 것으로 나타났다. 이는 아랍에미리트(UAE), 모로코, 사우디아라비아 등 특정 국가에서 훨씬 더 높게 나타나는데, 이들 국가에서 소셜미디어 사용자 중 인스타그램 이용자의 비율은 각각 56%, 52%, 43%이다. 실제로 1,200만 명이 넘는 이용자를 보유한 사우디아라비아는 인스타그램이 가장 활발한 국가 중 하나이다. 플랫폼의 인기로 인해 인스타그램 내에 많은 사람이 이용하는 시장이 생겼으며, 이는 갈수록 정교해지고 있다. 예를 들어 여성 기업가들은 인스타그램으로 서비스를 광고하는 남성 운전자들과 연계해 소셜미디어를 기반으로 하는 비공식 배달 네트워크를 만들고 있다.

세계와 우리의 삶 개선

정보기술의 발전이 정말 세상을 더 나은 곳으로 만들 수 있을까? 스마트폰, 소셜 네트워킹, 홈 엔터테인먼트, 자동차 안전 및 기타 응용 프로그램의 발전은 분명히 전 세계 수백만 명의 일상생활에 즐거움과 편리함을 가져다주었다. 이전 모델의 휴대전화와 PC를 뛰어넘는 새로운 기술을 통해 **앱**(app, application software의 약자)에 무한히 접근할 수 있으므로, 각 사용자는 기기에서 원하는 작업과 방법 및 위치에 따라 기기를 '자신의 방식대로 구축'할 수 있다. 컴퓨터와 스마트폰용 앱에는 언어 학습, 음악, 일, 게임, 여행, 미술 및 기타 거의 모든 관심 분야를 위한 **프로그램**이 있다. 애플의 앱스토어(App Store)는 출시 2년 만에 전 세계적으로 맥, 아이폰, 아이패드, 아이팟 터치 사용자에게 400억 건 이상의 앱 다운로드를 제공했으며, 다운로드 수는 그 후 몇 년 동안 꾸준히 증가했다.

소셜 네트워킹은 개인과 조직을 위한 가치 있는 서비스이며, 이는 IT에 의해 가능하다. 블로그, 채팅, 네트워크[예: 링크드인(LinkedIn), 트위터(Twitter), 페이스북(Facebook)] 등 다양한 형태의 소셜미디어는 더 이상 수다 혹은 취미 생활을 위한 장난감이 아니다. 이러한 소셜미디어는 취업을 위한 적극적인 도구가 되기도 한다. 2009년 경제 위기가 닥쳤을 때, 수백만 명의 구직자들은 채용할 가능성이 있는 회사와의 연락을 위해 온라인 네트워크(친구, 동료, 지인의 연락망 활용)로 눈을 돌렸다. 동

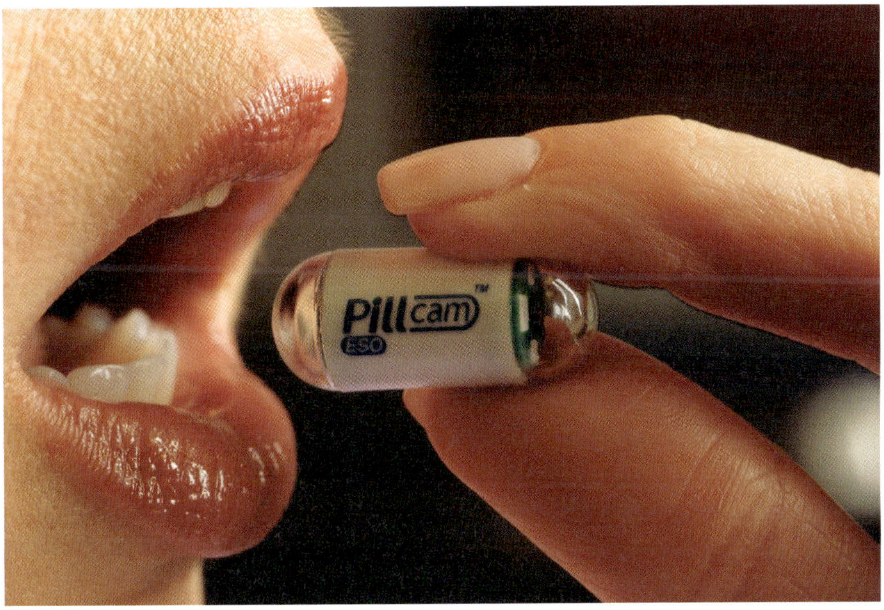

이 캡슐을 삼키면 캡슐 안에 있는 카메라는 소화관을 통해 8시간 정도 이동하게 되며, 그동안 거의 5만 개의 이미지를 전송할 수 있다.

료들과 채용 담당자들은 전문 협회와 무역 단체, 기술 학교, 동창회 등의 웹사이트에서 전자 토론 포럼과 게시판을 이용해 인적 정보망을 형성하고 있다. 일부 소셜 사이트에서는 직업별 진로 코칭과 취업 팁을 제공한다. 과학자들은 에페르니쿠스(Epernicus)와 연결되고, 최고 경영자들은 미트더보스(Meet the Boss)를 사용하며, 대학원생들은 그레주에잇정션(Graduate Junction)과 연결되고 있다.

병원 및 의료 장비 회사를 포함한 조직들도 더 나은 서비스를 제공하기 위해 정보기술의 발전을 수용했다. 예를 들어 전투에서 다친 곳을 치료할 때 메릴랜드주 베데스다에 있는 월터리드국립군사의료센터(Walter Reed National Military Medical Center)의 외과의사들은 환자의 해부학적 2차원 사진을 3차원(3D)의 물리적 모델로 변환하는 첨단 영상촬영 시스템을 사용해 수술 계획을 세운다. 어깨, 대퇴골, 안면뼈의 이러한 3D 모형은 의사들이 메스를 사용하기도 전에 수술실에서 볼 수 있는 해부학적 구조를 보고 느낄 수 있는 기회를 준다. 한편, 환자들이 삼키는 알약 크기의 카메라들은 의사들에게 인체의 내부 이미지를 제공해 궤양이나 암과 같은 질병에 대해 더 나은 진단을 할 수 있도록 돕고 있다.

IT 빌딩 블록: 비즈니스 자원

학습목표 14-2
기업이 마음대로 사용할 수 있는 정보기술 리소스와 이러한 리소스의 사용 방법을 파악한다.

오늘날의 기업은 다양한 정보기술 자원을 마음대로 사용할 수 있다. 여기에는 인터넷과 이메일 외에도 인포메이션위크(informationweek.com) 같은 기술 미디어 사이트에서 볼 수 있듯이 통신 기술, 네트워크, 하드웨어 장치 및 소프트웨어가 포함된다.

인터넷 및 기타 통신 자원

인터넷 음성, 전자 및 무선 기술에 의해 서로 연결된 거대한 컴퓨터 네트워크 시스템

인터넷(Internet)은 수백만 개의 협업 조직 및 기관(정부, 기업, 학계 및 공공)에 속한 상호 연결된 컴퓨터

월드와이드웹 서로 연결된 하이퍼텍스트 문서 또는 웹 페이지로 구성된 인터넷의 한 부분

HTTP 별도의 웹 페이지에 있는 관련 정보를 하이퍼링크로 연결하는 월드와이드웹에 사용되는 통신 프로토콜

네트워크의 거대한 글로벌 시스템으로 음성, 전자 및 무선 기술을 통해 연결된다. 네트워크 내의 컴퓨터는 하이퍼텍스트 문서 또는 웹 페이지로 구성된 인터넷의 한 부분인 **월드와이드웹**(World Wide Web)에 사용되는 **HTTP**(Hypertext Transfer Protocol)와 같은 다양한 통신 프로토콜 또는 표준화된 코딩 시스템으로 연결된다. 다른 프로토콜은 전자 메일 보내기 및 받기와 같은 다양한 용도로 사용된다. 월드와이드웹과 그 프로토콜은 인터넷에서 정보를 공유할 수 있도록 공통 언어를 제공한다. 대부분의 기업에서 인터넷은 전화, 팩스, 일반우편을 대체해 주요 통신도구로 사용된다. 인터넷은 또한 **인트라넷**, **엑스트라넷**, **전자회의**, **VSAT 위성 통신**과 같은 많은 다른 비즈니스 통신 기술을 만들어 냈다.

인트라넷 직원들만 접근할 수 있는 내부적으로 연결된 웹사이트로 구성된 조직의 사적 네트워크

인트라넷 많은 조직이 기업 전체에 걸쳐 연결된 내부 웹사이트를 유지함으로써 인터넷 기술을 확장했다. 이러한 전용 네트워크 또는 **인트라넷**(intranet)은 직원(및 접근 권한이 부여된 다른 사용자)만 접근할 수 있으며, 복리후생 프로그램, 학습 라이브러리, 생산 관리 도구, 제품 설계 리소스 등에 대한 기밀 정보를 포함할 수 있다. 포드자동차(Ford Motor Company)의 인트라넷은 아시아, 유럽, 미국의 워크스테이션에서 매일 약 20만 명이 접근할 수 있다. 이 인트라넷은 포드 직원 외에도 전 세계 포드 딜러와 공급업체가 이용할 수 있다. 엔지니어링, 유통, 마케팅에 대한 정보를 공유함으로써 새로운 모델을 생산하기 위한 조달 기간이 줄고 고객 배송 시간이 단축되었다.

엑스트라넷 외부인이 제한적으로 접근할 수 있도록 허용된 회사의 내부 정보 네트워크 시스템

엑스트라넷 **엑스트라넷**(extranet)은 인트라넷과 유사하지만 더 많은 외부인들이 기업의 내부 정보 네트워크에 제한된 접근을 할 수 있도록 허용한다. 가장 흔히 이용되는 응용 프로그램은 구매자가 시스템에 들어가 판매 및 배송 가능한 제품을 확인할 수 있도록 해 편리하게 구매 가능한 제품에 대한 정보를 제공하는 것이다. 공급업체는 종종 고객 정보망에 연결해 계획된 생산 일정을 파악하고 고객의 향후 작업에 대한 공급을 준비할 수 있도록 한다. 영국의 거대 소매업체인 테스코(TESCO)는 거의 20년 동안 공급업체들과 협력하기 위해 엑스트라넷을 사용했다. 테스코 정보 교환 시스템(Tesco Information Exchange, TIE)은 비즈니스 파트너에게 매장에서 선택한 제품에 대한 최신 판매 데이터에 접근할 수 있도록 한다. 네슬레(Nestlé), 프록터앤드갬블(Proctor & Gamble, P&G) 같은 파트너는 제품 홍보활동의 모든 단계에서 제품 판매를 추적할 수 있다. 따라서 테스코는 실시간으로 소비자 수요와 소비 현황을 추적할 수 있을 뿐만 아니라 이에 즉각적으로 대응할 수 있어 홍보활동과 관련된 낭비를 줄일 수 있으며, 이에 따라 공급관리의 부담이 공급업체 및 협력사에 전가된다.

전자회의 전자 메일, 전화 또는 비디오를 통해 여러 위치에서 동시에 통신할 수 있는 정보 기술

전자회의 **전자회의**(electronic conferencing)는 이메일, 전화, 동영상을 통해 여러 장소에서 동시에 통신할 수 있게 함으로써 이동 시간이 필요 없고 즉각적인 연락이 가능하다. 그중 하나의 형태인 **데이터 회의**에서는 원격 위치에 있는 사람들이 하나의 문서에서 동시에 작업할 수 있다. **화상회의**를 통해 회의가 진행되는 동안 참가자들은 디지털 화면에서 서로를 볼 수 있다. 예를 들어 앞에서 언급한 록히드마틴(Lockheed Martin)의 공동 스트라이크 파이터 프로젝트는 음성과 영상기능을 모두 갖춘 온라인 협업 시스템을 사용한다. 비록 바다를 사이에 두고 떨어져 있지만 파트너들은 부품과 생산 일정을 재설계할 때 한 공간에 있는 것처럼 소통이 가능하다. 전자회의는 이동 시간을 없애고 시간과 비용을 절약하기 때문에 많은 기업에게 매력적이다.

Karen Bleier/AFP/Getty Images

이 옵트 프로젝트(Opte Project)의 인터넷 지도에서 각 선은 컴퓨터 또는 다른 네트워크 장치 간의 연결을 나타낸다.

VSAT 위성 통신 기업이 통신에 사용하는 또 다른 인터넷 기술은 **VSAT 위성 통신**(VSAT Satellite Communications)이다. VSAT[**초소형 지구국**(very small aperture terminal)의 약자] 시스템에는 송수신기(**트랜시버**)가 실외에 위치해 인공위성으로 바로 연결된다. 기업의 본사에 있는 지구국 컴퓨터인 허브는 위성과 신호를 주고받으며 음성, 영상, 데이터 전송을 교환한다. VSAT의 장점은 개인정보 보호이다. 자체 VSAT 시스템을 운영하는 기업은 다른 업체에 의존하지 않고 위치에 관계없이 시설 간의 통신을 완벽하게 통제할 수 있다. 기업은 VSAT를 사용해 본사와 멀리 떨어져 있는 매장 관리자 간에 판매 및 재고 정보, 광고 메시지와 시각적 프레젠테이션을 교환할 수 있다. 예를 들어 미니애폴리스, 런던, 보스턴의 사무소는 그림 14.2와 같이 위성을 통해 정보를 송수신하면서 뉴욕에 있는 본사와 통신할 수 있다.

VSAT 위성 통신 위성으로부터 신호를 주고받으며 음성, 비디오, 데이터 전송을 교환하는 지리적으로 분산된 송수신기(트랜시버) 네트워크

네트워크: 시스템 아키텍처

컴퓨터 네트워크(computer network)는 프린터와 같이 데이터나 리소스를 공유하기 위해 유선 또는 무선으로 연결된 2대 이상의 컴퓨터 그룹이다. 기업에서 가장 일반적으로 사용되는 네트워크 유형은 **클라이언트-서버 네트워크**(client-server network)이다. 클라이언트 서버 네트워크에서 **클라이언트**는 일반적으로 사용자가 정보 또는 리소스를 요청하는 데 사용하는 노트북 또는 데스크톱 컴퓨터이며, **서버**는 사용자가 요청한 서비스를 처리하는 컴퓨터이다. 대규모 조직에서는 일반적으로 서버에 특정 작업이 할당된다. 예를 들어 지방 대학 또는 단과 대학 네트워크에서 **애플리케이션 서버**(application server)는 네트워크에 연결된 모든 컴퓨터에서 사용하는 워드 프로세서, 스프레드시트 및 기타 프로그램을 저장한다. **인쇄 서버**(printer sever)는 프린터를 제어하고 클라이언트 컴퓨터의 인쇄 요청을 저장하며 프린터를 사용할 수 있게 되면 작업을 할당한다. **이메일 서버**(e-mail server)는 모든 수신 및

컴퓨터 네트워크 프린터와 같이 데이터 또는 리소스를 공유하기 위해서 유선 또는 무선으로 연결된 2대 이상의 컴퓨디 그룹

클라이언트-서버 네트워크 클라이언트가 정보나 리소스를 요청하고 서버는 그 요청받은 서비스를 제공하는 일반적인 기업 네트워크

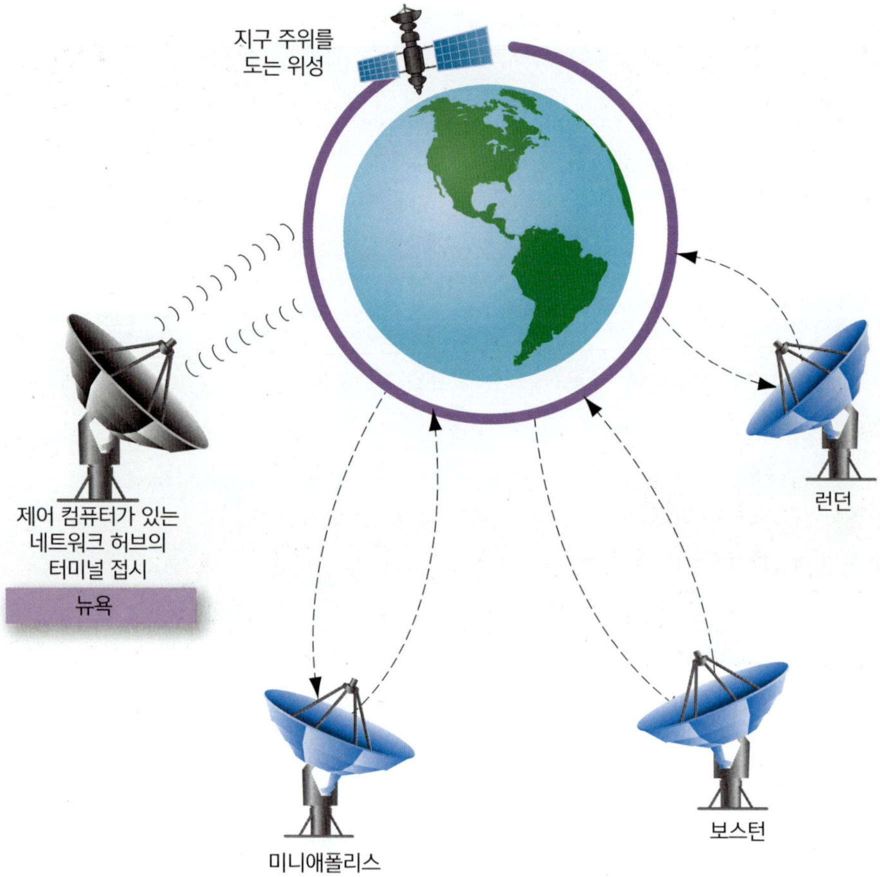

그림 14.2 VSAT 위성 통신 네트워크

발신 전자메일을 처리한다. 클라이언트-서버 시스템을 통해 사용자는 리소스와 인터넷 연결을 공유하게 되어 중복비용을 방지할 수 있다.

클라우드 컴퓨팅(cloud computing)은 외부에 위치한 '클라우드(cloud)'를 통해 애플리케이션 서버가 이전에 수행했던 기능을 대체하도록 하는 새로운 네트워크 방식이다. 클라이언트-서버 시스템에서는 데이터 및 소프트웨어 패키지를 저장하기 위해 네트워크에 연결된 사용자 공유 서버에 의존하지만, 클라우드를 사용하면 인터넷을 통해 원격 저장 서비스에서 정보 리소스를 불러올 수 있다. 데이터 및 소프트웨어 리소스는 노트북, 데스크톱, 태블릿, 휴대폰 및 웹에 접근할 수 있는 기타 장치들을 포함한 인터넷 기반 장치를 통해 접근할 수 있다. 클라우드는 특히 원격 근무자의 작업 유연성을 향상시키는데, 이는 사용자가 특정 위치가 아닌 모든 온라인 위치에서 이메일과 데이터 파일에 접근할 수 있기 때문이다.

아마존의 심플 스토리지 서비스(Simple Storage Service, S3)는 사용자가 인터넷 저장 공간을 임대해 웹상의 어디서나 원하는 양의 데이터를 저장하고 언제든지 불러올 수 있는 퍼블릭(public) 클라우드의 한 예이다. S3를 사용하면 기업들이 당장은 사용하지 않지만 미래에 필요할 경우에 대비해 과도한 저장용량을 가진 사내 서버 컴퓨터를 구입하고 설치하며 유지 관리할 필요가 없기 때문에 기업의 비용을 절감시키는 효과가 있다. 또한 S3는 애플리케이션 데이터를 저장 및 관리하고, 온라인으로 파일을 검색하고, 소프트웨어를 빠르게 업그레이드한 다음 데이터를 다운로드 및 공유할 수 있게 한다. 퍼블릭 클라우드와 달리, 저스트클라우드(JustCloud)와 집클라우드(ZipCloud) 같은 프라이빗(private) 클라우드 서비스는 침입을 방지하기 위해 사용자 회사의 저장 공간을 방화벽으로 둘러싸서 보안을 강화한다. 프라이빗 클라우드는 사용자 맞춤형 데이터 저장, 자동 데이터 통합 및 통합 소프트웨어 애플리케이션을 생성해 사용자의 요구사항을 보다 잘 충족할 수 있도록 한다. 여기서 네트워크는 지리적 범위 및 연결 수단(유선 또는 무선)에 따라 분류할 수 있다.

광역 네트워크 **광역 네트워크**(wide area network, WAN)는 장거리 전화선, 극초단파 신호 또는 위성 통신을 통해 도시 또는 전국적으로 연결된 컴퓨터로 구성된다. 기업은 통신회사로부터 회선을 임대하거나 사설 WAN을 유지할 수 있다. 예를 들어 월마트는 수천 개의 미국 및 국제 소매점을 아칸소주에 있는 벤턴빌 본사와 연결하는 사설 위성 네트워크에 크게 의존하고 있다.

광역 네트워크(WAN) 통신회선, 극초단파 신호 또는 위성 통신을 통해 넓은 지역에 걸쳐 연결된 컴퓨터

근거리 네트워크 **근거리 네트워크**(local area networks, LAN)에서 컴퓨터는 기존 전화선, 광섬유 또는 동축 케이블을 사용해 사무실이나 건물과 같은 더 작은 지역에 연결된다. 예를 들어 LAN은 TV의 홈쇼핑 네트워크 시설에서 전화주문을 입력하는 수백 명의 교환원을 통합한다. 이러한 방식에는 하나의 데이터베이스와 하나의 소프트웨어 시스템을 가진 하나의 컴퓨터 시스템만 있으면 된다.

근거리 네트워크(LAN) 한 건물 내에 있는 회사의 모든 컴퓨터처럼 한정된 지역 내에서 연결된 컴퓨터

무선 네트워크 무선 네트워크는 공중 전자 신호를 사용해 네트워크 컴퓨터와 장치를 연결한다. 유선 네트워크와 마찬가지로 무선 네트워크는 원거리에 사용되거나 단일 건물 또는 소규모 영역 내에서 사용될 수 있다. 예를 들어 스마트폰 시스템을 이용해 사용자는 전 세계 90여 개국에서 셀룰러 원(Cellular One, 미국), T-모바일(T-Mobile, 미국), 보다폰 이탈리아(Vodafon Italia, 이탈리아)와 같은 수백 개 통신회사의 **무선 광역 네트워크**(Wireless Wide Area Network, WWAN)를 통해 전송을 주고받을 수 있다. 방화벽은 개인 정보 보호를 제공한다. 방화벽은 이 장의 뒷부분에서 자세히 설명할 것이다.

무선 광역 네트워크(WWAN) 넓은 지역에서 컴퓨터와 전자 장치를 연결시키기 위해 전선 대신 공중 전자 신호를 사용하는 네트워크

와이파이 당신은 커피숍, 호텔, 공항 및 도시와 같은 전 세계 수백만 곳에서 이동 중인 사람들에게 무선 인터넷 연결을 제공하는 '핫스팟'을 이용해보았거나 최소한 들어본 적이 있을 것이다. 각 핫스팟 또는 **와이파이**(Wi-Fi, 오디오 녹음용어 Hi-Fi에서 기원) 접근점은 **무선 근거리 통신망**(Wireless LAN, WLAN)이라는 자체 소형 네트워크를 사용한다. 일부 핫스팟에서는 무선 서비스가 무료지만, 와이파이 서비스의 편의를 위해 일일 또는 시간당 요금을 부과하기도 한다.

와이파이 무선 근거리 통신망을 이용하는 기술

무선 근거리 통신망 무선 접근 지점이 있는 근거리 통신망

와이파이의 장점은 수백만 명의 사용자들이 인터넷에 접속하기 위해 유선에 묶여 있지 않아도 된다는 것이다. 직원들은 공항에서 지연된 비행기를 기다리면서 무선 노트북이나 다른 기기를 통해 인터넷에 연결할 수 있다. 그러나 모든 기술에 한계가 존재하듯이 와이파이는 짧은 거리에서 가능하다는 한계가 있다. 즉 핫스팟에서 약 91m 이상 떨어진 곳으로 이동하면 노트북의 인터넷 연결이 끊어질 수 있다. 또한 두꺼운 벽, 기둥 및 다른 장애물들은 네트워크 신호를 방해할 수 있다. 따라서 도시에 수백 개의 핫스팟이 있어도 노트북이 연결되어 있으려면 핫스팟 근처에 있어야 한다. 차세대 무선기술인 WiMAX(Worldwide Interoperability for Microwave Access)는 무선 범위가 최대 약 48km로 이러한 거리 제한이 개선되었다.

몇 년 전 미국연방통신위원회는 미래를 위한 더 과감한 접근 방식을 제안하면서 연방정부가 개발할 전국적인 **'슈퍼 와이파이 네트워크**(super Wi-Fi networks)'를 위한 다년간 프로젝트를 발표했다. 오늘날

슈퍼 와이파이 네트워크 광범위한 도달 범위와 강한 신호를 통해 벽과 같은 물리적 물체를 자유롭게 통과할 수 있는 강력한 와이파이 네트워크

의 네트워크보다 더 강력한 슈퍼 와이파이는 주요 대도시 지역과 시골의 더 많은 지역까지 확장될 수 있을 것이다. 슈퍼 와이파이의 더 강해진 신호는 콘크리트 벽, 철 기둥, 숲, 언덕을 통과해 방해 없이 더 자유롭게 흐를 것이다. 이는 사용자들이 매달 휴대전화 요금이나 인터넷 요금을 내지 않고도 인터넷을 검색하고 휴대전화로 통화를 할 수 있게 해줄 것이다. 과학자들은 슈퍼 와이파이를 지원하기 위해 정부로 하여금 구형 텔레비전 주파수의 대역폭을 사용하도록 권장했다.

항공사들도 장거리 국제선에서 위성 기반 인터넷 서비스를 제공함으로써 국내선에서만 제공되었던 와이파이 서비스를 확대하고 있다. 일본항공(Japan Airlines)은 도쿄와 로스앤젤레스, 시카고, 인도네시아 자카르타 간 항공편 외에 뉴욕과 도쿄 간 노선에서도 와이파이를 제공한다. 장거리 항공편에서 와이파이를 준비(또는 이미 제공)하는 다른 항공사에는 에어프랑스(Air France), 델타항공(Delta Airlines), 유나이티드항공(United Airlines)이 있다. 호주 항공사인 콴타스(Qantas)는 국제 와이파이에 대한 승객들의 무관심으로 인해 시험 프로그램을 중단한 바 있지만 다시 서비스를 재개했다.

하드웨어와 소프트웨어

하드웨어 키보드, 모니터, 시스템 장치, 프린터와 같은 컴퓨터 네트워크의 물리적 구성요소

모든 컴퓨터 네트워크 또는 시스템에는 **하드웨어**(hardware), 즉 키보드, 모니터, 시스템 장치 및 프린터와 같은 물리적 구성요소가 필요하다. 노트북과 데스크톱 컴퓨터 외에도, **휴대용 컴퓨터**와 모바일 장치들도 기업에서 자주 사용된다. 예를 들어 타깃(Target)의 직원은 휴대용 기기를 사용해 매장 통로를 돌아다니며 물품을 확인하고 세며 주문하고, 배송을 추적할 뿐 아니라 매장 진열대에 상품을 충분히 유지하기 위해 물류 센터의 예비 재고 현황을 업데이트한다.

소프트웨어 컴퓨터가 작동하는 방법, 사용할 리소스, 사용 방법 및 특정 활동을 위한 응용 프로그램을 알려주는 프로그램

컴퓨터 시스템에서 또 다른 필수 요소는 **소프트웨어**(software)다. 소프트웨어는 컴퓨터가 작동하는 방법을 알려주는 프로그램이다. 소프트웨어에는 컴퓨터의 하드웨어에 소프트웨어와 상호작용하는 방법, 사용할 리소스 및 사용 방법을 알려주는 PC용 마이크로소프트 윈도우(Windows)와 같은 **시스템 소프트웨어**가 포함된다. 또한 특정 사용자의 요구를 충족시키는 프로그램인 마이크로소프트의 라이브 메신저(Live Messenger), 포토 갤러리(Photo Gallery) 같은 **애플리케이션 소프트웨어**(앱)도 포함된다. 데이터베이스 관리 및 재고 관리와 같은 일반적인 용도로 사용되는 앱들도 있는 반면, 바다의 깊이를 도표화하는 것에서부터 인체의 해부학적 구조 분석에 이르기까지 다양한 전문화된 작업을 위해 개발된 앱들도 있다. 예를 들어 IBM의 시각화 데이터 탐색기(Visualization Data Explorer) 소프트웨어는 현장의 표본 데이터를 사용해 유전의 지하 구조를 모형화한다. 예를 들어 사진 속의 이미지는 엔지니어들에게 석유의 위치에 대한 더 나은 정보를 제공하고 석유 채굴량이 적을 것으로 예상되는 곳에 착공할 위험을 줄인다.

마지막으로 **그룹웨어**(groupware)를 사용하면 사람들이 멀리 떨어져 있더라도 자신의 데스크톱 PC에서 협업할 수 있다. 그룹웨어는 메시지 배포, 전자 회의, 메시지 저장, 약속 및 일정, 그룹 쓰기를 위해 그룹 구성원을 연결하는 소프트웨어이다. 이는 사람들이 정기적으로 함께 작업하고 정보 공유에 크게 의존할 때 특히 유용하다. 그룹웨어 시스템에는 IBM 로터스(IBM Lotus) 소프트웨어 및 마이크로 포커스 그룹와이즈[Micro Focus Groupwise, 이전에 노벨 그룹와이즈(Novell GroupWise)로 알려짐] 등이 있다.

기업가정신과 새로운 벤처기업

크고 명확하게 말하기: 음성 기술의 미래

Derek Storm/Everett Collection Inc/Alamy Stock Photo

스티브 호킹은 1985년에 행한 기관절개술로 생명을 구한 대신 목소리를 잃게 되었다. 이후 그는 자신의 생각을 소리로 전달하기 위해 컴퓨터에 의존했다. 그는 그의 웹사이트에 "음성 합성기의 유일한 문제는 나에게 미국식 억양을 준다는 것이다"라고 적었다. 수년 동안 프로그래머들은 기존의 그림이나 시각 출력을 넘어 음성 출력과 관련된 IT 시스템을 향상시키기 위해 보다 자연스러운 음성 인터페이스를 만들고자 노력했다. 하지만, 매튜 에일렛(Matthew Aylett)과 닉 라이트(Nick Wright)가 스코틀랜드 에든버러에서 세러프록(CereProc)을 설립한 2005년까지만 해도 음성 기술은 계속 로봇처럼 들리는 수준이었다. 처음부터 이 회사는 자연스러운 소리로 듣는 사람들을 자극하도록 특징과 감정을 가진 합성 음성을 만드는 데 전념했다. 세러프록 이전에는 이러한 일들이 거의 불가능했다. 음성 전문가들은 사실적으로 대화하고 다양한 목소리 톤을 제공하며 상황에 따라 다양한 음성 억양을 제공하는 텍스트 음성 변환 소프트웨어를 만들 수 없었고, 이전 소프트웨어는 수신한 텍스트(워드프로세싱 또는 문자메시지)를 자연스러운 음성 형식으로 조정할 수 없었다. 이러한 문제를 해결하기 위해, 세러프록은 최고의 음성 전문가들로 구성된 팀을 모았다. 그리고 음성 과학 기술 분야의 선도적인 대학 및 연구 프로그램과 제휴해 음성 출력을 위한 새로운 응용 프로그램 및 시장을 개발했다.

이 회사의 주요 제품은 모바일 기기, PC, 서버, 헤드셋에서 사용할 수 있는 고급 텍스트-음성 변환 기술인 세러보이스(CereVoice)인데, 이는 향상된 음성 합성을 위해 대부분의 회사 제품에 적용되고 있다. 모든 컴퓨터의 기존 음성 시스템은 영국 남부 영어, 스코틀랜드어 및 미국식 영어 등의 억양을 선택해 보다 자연스러운 음성으로 대체할 수 있으며, 이는 회사 웹사이트에서 라이브 음성 데모로 사용해볼 수 있다. 주방 가전, 경보 시스템, 교통 제어기, 자동차 가전, 라디오 방송, 전화 메시지, 영화 등 잠재적인 응용분야는 무궁무진하다. 비록 소비자들이 세러보이스라는 상표는 보지 못하더라도 일상생활에서 세러보이스의 다양한 목소리를 자주 듣게 될 것이다.

세러프록의 음성 생성 서비스는 음색과 억양을 포함한 사람의 목소리를 합성해 모방할 수 있다. 이것이 바로 유명한 영화 비평가인 고 로저 에버트(Roger Ebert)가 암 관련 수술 후 말을 할 수 없게 된 지 4년 만에 목소리를 되찾은 방법이다. 세러프록의 음성 엔지니어들은 40년 전 텔레비전 방송에서 녹음된 에버트의 목소리를 가지고 개별적인 소리를 포착하고 다양한 음성 특성을 식별했다. 전문가들은 세심한 주의를 기울여 이를 퓰리처상 수상자의 초기 목소리를 모방한 소프트웨어로 다시 통합했다. 에버트는 자신의 의견을 컴퓨터에 입력한 다음, 그 텍스트를 자신의 목소리를 가진 음성으로 변환했다. 이 최초의 응용 프로그램은 로저가 컴퓨터에서 나오는 자신의 목소리를 열정적으로 시연하면서 〈오프라 쇼〉에서 매우 인상적으로 대중에 공개되었다. 기술적인 성공을 넘어, 이 프로젝트는 사업에서 세러프록의 인도적인 면을 생생하게 보여준다.

세러프록이 틈새시장을 분명히 확립했지만, 다른 많은 회사들도 유사한 기술을 연구하고 있다. 애플은 이 분야의 향상된 기능을 개발하기 위해 매사추세츠주 케임브리지에 본사를 둔 사내 팀을 구성했으며 최근 보컬Q(VocalIQ)라는 신생 AI 회사를 1억 달러에 인수했다. 비록 애플이 음성 인식과 음성 기술에 막대한 투자를 하고 있지만 경쟁은 매우 치열하다. 구글 나우(Now), 마이크로소프트의 코타나(Cortana) 및 기타 인공지능 운영체제는 매일 새로운 영역을 개척하고 있다. 점점 더 많은 자동차, 가전제품, 심지어 집이 말로 우리와 의사소통하기 시작하면서, 우리는 지금 미래를 보고 있다. 음성 인식과 음성 생성은 IT 기능의 주류가 되었고 단순한 호기심이 아니라 빠르게 표준이 되고 있다.

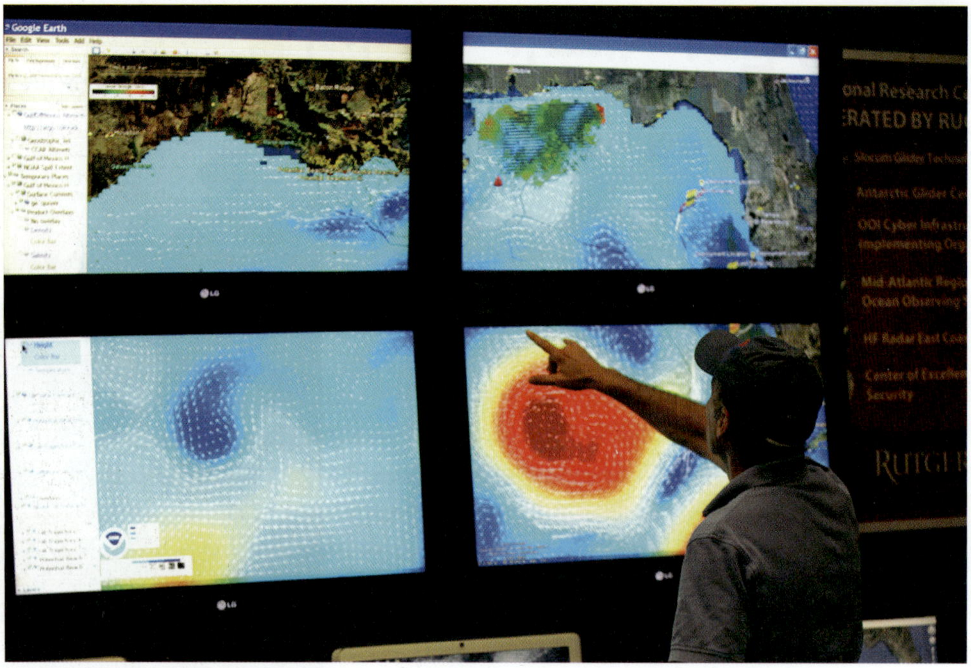

Thomas E. Franklin/The Record/MCT/Newscom

3D 컴퓨터 모델링 소프트웨어는 엔지니어들이 석유가 어디에 매장되어 있는지 더 잘 알 수 있게 해준다.

학습목표 14-3

정보 시스템의 역할, 다양한 유형의 정보 시스템 및 기업이 이러한 시스템을 사용하는 방법을 설명한다.

정보 시스템: IT의 경쟁력 활용

오늘날 비즈니스는 10년 전에는 누구도 예측할 수 없었던 방식으로 정보 관리에 의존하고 있다. 이제 경영자들은 IT를 일상적인 비즈니스 수행을 위한 기본 조직 자원으로 간주한다. 주요 기업에서는 서비스 설계, 제품 배송 및 현금 흐름, 직원 성과 평가 등 모든 활동이 **정보 시스템**과 연결되어 있다. **정보 시스템**(information system, IS)은 IT 리소스를 사용해 관리자가 **데이터**(data, 그 자체로는 별로 의미가 없을 수 있는 가공되지 않은 사실과 수치)를 가져와서 의미 있고 유용한 데이터 해석인 **정보**(information)로 전환할 수 있도록 한다. 또한 정보 시스템은 경영자가 의사결정에 사용할 수 있도록 해당 정보를 수집, 처리, 전송할 수 있게 한다.

정보 시스템(IS) IT 리소스를 사용해 데이터를 정보로 변환하고 의사결정에 사용하기 위해 해당 정보를 수집, 처리, 전송하는 시스템

데이터 그 자체로는 별로 의미가 없을지도 모르는 가공되지 않은 사실과 수치

정보 의미 있고 유용한 데이터 해석

월마트(Walmart)는 정보 시스템을 전략적으로 사용하는 것으로 잘 알려져 있다. 기업 운영을 위한 중추부는 아칸소주 벤턴빌에 있는 중앙 정보 시스템이다. 이 정보 시스템은 28개국에 있는 11,700개 이상의 모든 매장에 동일한 방법과 시스템이 적용되기 때문에 비용을 절감하고 효율성을 높인다. 시간, 날짜, 장소 등 수십억 건의 판매 거래 데이터가 벤턴빌로 전달된다. 정보 시스템은 매주 수백만 개의 재고 관리 장치(SKU)를 추적하고, 중국에 있는 2만 개 이상의 공급업체를 포함한 10만 개 이상의 공급업체에 대해 획일화된 재주문 및 배송 절차를 시행하며, 물류센터와 매장을 통한 상품 흐름을 통제한다.

회사의 일상적인 운영 외에 정보 시스템은 계획 수립에 있어서도 매우 중요하다. 경영자는 향후 5~10년을 위한 제품과 시장을 결정하는 의사결정을 위해 보통 정보 시스템을 사용한다. 마케팅 관리자는 효율적인 마케팅을 위해 회사의 방대한 데이터베이스를 사용해 고객 관련 인구 통계를 분석할 수 있으며, 이는 공급업체 및 고객과의 재무 계획, 자재 처리, 그리고 공급업체 및 고객과의

자금 이체에도 쓰인다.

월마트는 대부분의 기업들과 마찬가지로 정보를 사적 자원, 즉 계획되고 개발되며 보호되는 자산으로 간주한다. 따라서 생산, 마케팅, 재무 관리자가 있는 것처럼 월마트에 정보 수집, 구성, 배포에 사용되는 시스템을 책임지는 **정보 시스템 관리자**(information systems manager)가 있다는 것은 놀라운 일이 아니다. 이러한 관리자는 앞서 논의한 많은 IT 리소스(인터넷, 통신 기술, 네트워크, 하드웨어, 소프트웨어)를 사용해 정보를 선별하고 업무에 적용한다.

정보 시스템 관리자 정보를 수집, 구성, 배포하는 데 사용되는 시스템을 담당하는 관리자

정보 리소스 활용: 데이터 웨어하우징 및 데이터 마이닝

당신이 하는 거의 모든 일은 당신에 대한 정보를 흔적으로 남긴다. 영화 대여, TV 시청, 온라인 검색, 식료품 구매에 대한 선호도, 그리고 전화, 신용카드 요금, 재정 상태, 심지어 당신의 나이, 성별, 결혼 상태, 건강 상태에 대한 개인 정보들은 흩어진 데이터베이스에 저장되어 있는 우리 각자에 대한 정보 중 일부에 지나지 않는다. 수백만 사용자의 행동 패턴은 온라인 활동 및 매장 내 구매에서 오랜 시간에 걸쳐 수집된 정보 파일을 분석해 추적할 수 있다.

이러한 데이터를 전자 파일에 수집, 저장, 검색하는 것을 **데이터 웨어하우징**(data warehousing)이라고 한다. 경영자들에게 데이터 웨어하우스는 사업과 관련된 정보의 금광이 될 수 있다. 실제로 오하이오에 본사를 둔 식료품 체인점인 크로거(Kroger Co.)는 고객 충성도를 높일 방법을 찾기 위해 고객 쇼핑 습관 데이터를 수집한다. 데이터 마이닝 회사를 일부 소유하고 있는 크로거는 구매 카드에서 정보를 수집하고, 쇼핑 패턴을 파악하기 위해 데이터를 분석하고, 단골 고객에게 그들이 주로 구입하는 특정 제품에 대한 할인 쿠폰을 보낸다. 크로거의 정밀 타깃팅은 특히 침체된 경제상황에서 성과를 거두고 있다. 크로거는 업계 평균의 약 50배에 달하는 쿠폰 사용률을 기록하고 있으며, 이로 인해 크로거의 고객은 비용 절감 효과를 누리고 회사의 매출은 증대된다. 이해하기 쉽게 설명하면, 고객마다 고유하게 맞춤화되어 분기별로 발송되는 크로거의 쿠폰은 배송 후 6주 이내에 70%가 회수된다.

데이터 웨어하우징 전자 파일에 있는 데이터의 수집, 저장, 검색

Frank Van Delft/Cultura/Getty Images

월마트, 샘스클럽과 같은 소매업체는 데이터 웨어하우징과 데이터 마이닝에 의존해 수요가 많은 상품들로 선반을 채운다.

격변 시대의 경영

보다 나은 치료와 저렴한 비용

Andrey Popov/123RF

당신이 응급실 의사이고 가슴 통증을 호소하는 환자가 왔다고 상상해 보라. 심장 마비, 뇌졸중, 대동맥 박리 등 심각한 상황일 수도 있고, 위산 역류나 타박상, 갈비뼈 골절 등 덜 심각한 상황일 수도 있다. 환자를 신속하게 진단하고 적절한 처치에 연결할 수 있는 시간이 몇 분밖에 없다. 신체검사 외에도 환자의 전자 진료 기록은 빠르고 정확한 진단과 치료 계획을 세우는 데 중요한 정보를 제공할 수 있다. 어쩌면 환자는 심장 관련 질환으로 예전에 입원을 했거나 고혈압 약을 처방받았을 수 있다. 응급실 진료팀은 이러한 정보를 가지고 심장 마비나 다른 심장과 관련된 문제가 발생하고 있는지 여부를 확인하기 위해 신속하게 검사하도록 지시할 수 있다. 반면에, 만약 환자가 최근에 교통사고를 당한 경우, 의사들은 비싸고 어쩌면 침습적일 수도 있는 심장 관련 검사를 하기 전에 갈비뼈 골절 가능성을 배제할 수도 있다.

많은 의사들과 병원들이 원치 않아 마지못해 하게 되다 보니 진료 기록의 디지털 전환은 비교적 최근에야 이루어졌다. 디지털 의료 기록에 점점 더 많은 데이터가 수집되어 풍부한 예측 분석을 제공하고 있지만 의료 산업은 데이터 보안과 관련한 문제로 어려움을 겪고 있다. 비용을 줄이며 디지털화하고 통합하려는 노력의 일환으로 의료 전문가들은 종종 보안 시스템 인력을 적게 고용하고 의사와 간호사가 악성 프로그램, 랜섬웨어, 바이러스 및 기타 기술적 문제에 대한 문제를 해결하도록 한다. 또한 시스템의 알려진 결함에도 불구하고 많은 의료기기가 사용되기 시작했으며 윈도우 XP(Windows XP)와 같이 더 이상 지원조차 되지 않는 일부 시스템은 알려진 취약점이 존재함에도 여전히 널리 보급되어 있다. 의료 서비스 제공자들은 비용을 낮추기 위해 노력하고 있고, 기술을 바꾸는 것은 비용이 많이 들 수 있기 때문에 쉬운 해결책은 보이지 않는다.

데이터 마이닝 유용한 정보를 찾기 위해 데이터 풀을 검색, 선별 및 재구성하기 위한 전자 기술 응용 프로그램

데이터 마이닝 정보를 수집하고 나면, 경영자는 **데이터 마이닝**(data mining)을 한다. 데이터 마이닝은 향상된 통계적 분석과 데이터를 검색, 선별, 재구성하기 위한 전자기술을 통해 유용한 정보를 찾는 응용 프로그램이다. 데이터 마이닝은 경영자로 하여금 새로운 제품에 대한 계획을 세우고, 가격을 책정하고, 쇼핑 패턴이나 유행을 파악할 수 있게 해준다. 기업은 소비자들이 실제로 무엇을 하는지 분석해 다음에 무엇을 살 것인지 파악하고 그들에게 맞춤 광고를 보낼 수 있다. 동남아시아에서 가장 인기 있는 승차 공유 앱인 그랩(Grab)은 데이터 마이닝과 데이터 분석을 사용해 시시각각 주요 지점에 운전자를 배치해 승객과 운전자를 최대한 효율적으로 연결한다.

공급업체와의 정보 연결 월마트 정보 시스템의 최우선 과제인 재고 신뢰성을 향상시키기 위해서는 월마트와 공급업체의 활동을 매장 판매와 통합해야 한다. 이것이 바로 P&G, 존슨앤드존슨, 기타 공급업체들이 월마트의 정보 시스템에 접속해 개별 매장별로 개별 품목에 대한 최신 판매 데이터를 확인하는 이유이다. 또한 시스템의 컴퓨터 기반 도구(스프레드시트, 판매 예측, 날씨 정보 등)를 사용해 판매 수요를 예측하고 납품 일정을 계획할 수 있다. 이렇게 조정된 계획을 통해 과다재고를 방지하고, 납품 속도를 높이며, 매장 고객을 위해 선반을 채운 상태로 유지하면서 공급사슬 전체 비

용을 절감한다.

정보 시스템의 유형

기업의 구성원들에게는 다양한 책임과 의사결정 사항이 있으며, 기업의 정보 시스템은 실제로 조직의 다양한 수준, 다른 부서 또는 다른 운영에 근무하면서 정보를 공유하는 여러 시스템의 집합일 수 있다. 경영자와 직원들은 서로 다른 종류의 문제를 다루기 때문에 각자 자신들의 특정한 정보 수요를 충족하는 전문 정보 시스템에 접근한다. 다양한 유형의 사용자 외에도 마케팅, 인적자원, 회계, 생산 및 재무와 같은 각 경영 기능에는 주요 프로젝트를 수행하는 그룹과 마찬가지로 특별한 정보가 필요하다. 따라서 각 사용자 그룹 및 부서에는 특별한 정보 시스템이 필요할 수 있다.

지식 근로자를 위한 정보 시스템 10장에서 논의한 것처럼 **지식 근로자**는 새로운 제품을 설계하거나 새로운 프로세스를 만들기 위해 IT에 의존하는 엔지니어, 과학자, IT 전문가와 같이 정보와 지식이 업무의 핵심을 이루는 직원이다. 이러한 근로자에게는 유용한 애플리케이션을 위한 새로운 지식(예: 정보를 구성하고 검색하기 위한 데이터베이스, 데이터 분석을 위한 계산 능력)을 생성, 저장, 사용, 전송하는 데 자원을 제공하는 **지식 정보 시스템**(knowledge information system)이 필요하다.

전문화된 지원 시스템은 지식 근로자의 생산성 또한 증가시켰다. **컴퓨터 지원 설계**(computer-aided design, CAD)는 3D 그래픽으로 시뮬레이션하고 표현해 지식 근로자들이 휴대전화로부터 보석, 자동차 부품에 이르기까지 다양한 제품을 설계할 수 있도록 도와준다. 또한 이 장의 앞부분에서 맞춤형 제품을 디자인하는 소비자에게서 보았듯이 이제 다른 많은 사람들도 CAD의 도움을 받는다. **쾌속 조형**(rapid prototyping)으로 알려진 고급 버전에서 CAD 시스템은 컴퓨터로 제어되는 기계에 전자적으로 명령을 전송해 장난감, 장애인용 의수 또는 태양열 패널과 같이 새로 설계된 제품의 프로토타

지식 정보 시스템 유용한 응용 프로그램을 위한 새로운 지식을 생성, 저장, 사용, 전송하는 데 자원을 제공함으로써 지식 근로자를 지원하는 정보 시스템

컴퓨터 지원 설계(CAD) 3차원 그래픽으로 제품을 시뮬레이션하고 표현해 지식 근로자가 제품을 설계하는 데 도움이 되는 소프트웨어가 있는 정보 시스템

Mocart/Shutterstock

이 공룡의 3D 컴퓨터 모델은 화석화된 조직의 디지털 스캔으로 구성되어 있다.

입(물리적 모델)을 신속하게 제작한다. 나무, 플라스틱이나 점토를 가지고 수작업으로 프로토타입을 만드는 전통적인 방법은 더 빠르고 값싼 조형 방식으로 대체되었다.

CAD는 고고학자들이 공룡 화석의 컴퓨터 단층촬영(CT)에서 얻은 디지털 데이터로 구성된 골격, 장기 및 조직의 3D 컴퓨터 모델을 사용해 화석 속에 숨겨진 비밀을 밝혀내는 데 도움을 주고 있다. 예를 들어 과학자들은 이 모델을 통해 거대한 아파토사우루스의 목이 한때 생각했던 것처럼 위로 높이 솟아 있는 것이 아니라 아래쪽으로 구부러져 있다는 것을 알게 되었다. 동물의 뼈가 연골, 인대, 척추뼈와 어떻게 결합되는지 확인함으로써 과학자들은 선사시대 생물들이 어떻게 환경과 상호작용했는지 더 잘 알 수 있다.

컴퓨터 지원 제조(CAM) 제조 공정에서 컴퓨터를 사용해 장비를 설계하고 제어하는 정보 시스템

컴퓨터 지원 설계(CAM)에서 직접적으로 파생된 **컴퓨터 지원 제조**(computer-aided manufacturing, CAM)는 컴퓨터를 사용해 제조 공정에 필요한 장비를 설계하고 제어한다. 예를 들어 CAM 시스템은 보석 케이스를 만들 때 생산 라인에 있는 모든 기계와 로봇을 제어하는 디지털 지침서를 만들 수 있다. CAM 유도 기계는 재료를 자르고, 생산 단계를 거쳐 이동한 다음, 사람이 직접 생산 활동에 관여하지 않은 채로 각각의 세련된 케이스를 조립한다. CAD와 CAM을 결합하면(CAD/CAM) 제조 환경에 있는 엔지니어가 새로운 제품을 설계하고 테스트한 다음 해당 제품을 제조하기 위한 기계와 도구를 설계하는 데 유용하다.

관리자를 위한 정보 시스템 각 관리자의 정보 활동과 필요한 정보 시스템은 자신의 기능 분야(회계 또는 인적자원 등) 및 관리 수준에 따라 다르다. 다음은 관리자가 다양한 용도로 사용하는 몇 가지 일반적인 정보 시스템이다.

관리 정보 시스템(MIS) 의사결정에 사용할 수 있는 정보(보고서, 일정, 계획, 예산)를 제공해 관리자를 지원하는 컴퓨터 시스템

관리 정보 시스템 **관리 정보 시스템**(management information systems, MIS)은 관리자에게 장·단기 의사결정에 사용할 수 있는 보고서, 일정, 계획, 예산을 제공한다. 예를 들어 인도의 내셔널북트러스트(National Book Trust)는 내부 및 외부 운영 환경으로부터의 상세한 정보에 대한 수집, 배포, 분석에 크게 의존하고 있다. 인도 최고의 출판사이자 기관인 내셔널북트러스트는 모든 연령대와 관심 분야의 독자들을 대상으로 한 다양한 책을 출판하고 배포한다. 발행 주제와 영역은 다양하며, 이는 회사가 정기적으로 모니터링하고 보고해야 하는 유동적인 시장의 요구사항에 따라 결정된다. 내셔널북트러스트는 지속적으로 새로운 문학적 진취성과 계획을 개발하는데, 이를 위해 환경으로부터 상세한 정보가 필요하다. 이러한 정보에는 읽고 쓰는 능력에 있어서의 성별 차이, 교육, 언어 동향, 기술 등이 있으며, 또한 인구통계학적 데이터에 따라 아동 문학의 출판을 감독, 조정 및 계획해야 한다. 내셔널북트러스트는 노동, 정부예산, 보조금 및 발생 수입과 관련된 내부 정보에 의존해 향후 출판 결정을 내린다. 단기 및 장기적으로 생산을 지속할 수 있도록 인쇄용지, 기기, 문구류, 상수도 자재, 건축, 전기 자재의 재고뿐만 아니라 재고 수준을 추적하는 내부 관리 정보 시스템은 지속적으로 모니터링 되어야 한다.

의사결정 지원 시스템(DSS) 특정 유형의 의사결정을 위한 가상 비즈니스 모델을 만들고 다른 데이터로 테스트해 어떻게 반응하는지 확인하는 대화형 시스템

의사결정 지원 시스템 반복적으로 특정 종류의 의사결정에 직면하는 관리자는 가상 비즈니스 모델을 만들고 다양한 데이터로 테스트해 응답하는 방식을 확인하는 대화형 시스템인 **의사결정 지원 시스템**(decision support systems, DSS)의 도움을 받을 수 있다. 예를 들어 발전소 용량에 대한 결정에 직면했을 때 월스워스(Walsworth) 관리자는 용량 의사결정 시스템을 사용할 수 있다. 관리자는 예상되는 판매, 운전자본 및 고객의 배송 요구사항에 대한 데이터를 입력한다. 이러한 데이터는 DSS 프로세서

로 유입되며, DSS 프로세서는 제안된 데이터 조건에서 발전소의 성능을 모의 실험한다. 예를 들어 설비 용량을 10% 증가시키는 제안을 모의 실험해 운영비용, 고객 주문 이행률 및 용량 확대에 따른 기타 성능을 측정할 수 있다. DSS는 다양한 데이터 조건을 실험한 후 미래의 각 기간에 대해 최상의 발전소 용량 수준(최상의 성능을 나타내는 수준)에 대한 권장사항을 제시한다.

정보기술의 위험 및 위협

학습목표 14-4
정보기술이 경영에 미치는 위협과 위험을 파악한다.

불행하게도, 정보기술이 성장하고 정교해질수록 이를 사용하는 사람들에 대한 위험과 위협 또한 증가한다. 이러한 위험과 위협은 가벼운 성가신 일에서부터 절도 또는 완전한 파괴에 이르기까지 다양하다. 일상적으로 정보기술을 사용하는 사람들은 소셜 네트워킹과 휴대전화에도 사생활 침해라는 '어두운 면'이 있다는 것을 안다. 그리고 침입자들은 사용자들의 개인 정보가 담긴 페이스북 게시물을 가로채서 오용하고 있다. 한때 데이터 수집 서비스를 제공했던 비콘(Beacon)은 사람들의 온라인 구매내역을 페이스북 뉴스피드(newsfeed)에 공개해 논란을 일으켰다. 그리고 셀룰러 기술을 사용하면 블루투스 연결의 일부 기능을 통해 노련한 침입자들이 피해자의 문자 메시지에 접속하고, 실시간 대화를 듣고, 심지어 부주의한 사용자의 사진을 볼 수도 있다.

기업도 정보기술의 어두운 측면에 영향을 받는다. 해커들은 컴퓨터에 침입해 기밀 정보뿐만 아니라 고객과 직원의 개인 정보를 훔친다. 그리고 그들은 때때로 다른 컴퓨터에 공격을 가하기도 한다. 한편, 온라인 정보 공유는 매우 편리하지만 기업들로 하여금 지적 재산을 보호하는 데 점점 더 어려움을 겪게 하며, 컴퓨터를 손상시키는 바이러스로 인해 기업에 매년 수십억 달러의 비용이 발생한다. 이 절에서는 이러한 위험과 기타 정보기술 위험에 대해 살펴볼 것이며, 다음 절에서는 기업이 이러한 위험으로부터 스스로를 보호하는 방법을 논의할 것이다.

해커

침입이라는 용어는 한때 물리적 침입을 의미했지만, 오늘날에는 정보기술 관련 침입에도 적용된다. **해커**(hacker)는 정보, 돈, 재산을 훔치거나 데이터를 조작하기 위해 컴퓨터나 네트워크에 무단으로 접근하는 사이버 범죄자이다. 트위터는 최근 해커들이 약 25만 명의 소셜미디어 사용자들의 이름, 비밀번호, 이메일 주소 등과 같은 정보를 가로챘을 수 있다고 보도했다. 또 다른 침입자들은 플레이스테이션(Playstation) 네트워크를 교란시켜 소니(Sony)의 온라인 게임 서비스를 방해하고 수백만 가입자들의 세부 정보에 접근했다. 2011년에 해커들은 소니의 네트워크 보안을 손상하고 전 세계 7,700만 명 이상의 등록된 사용자들의 민감한 개인적인 정보를 수집해 역사상 가장 큰 데이터 보안 침해를 발생시켰다. 그 이후로 플레이스테이션 네트워크는 소니BMG그리스(Sony BMG Greece), 소니픽처스(Sony Pictures), 소니에릭슨캐나다(Sony Ericsson Canada), 소니타일랜드(Sony thailand), 소니뮤직재팬(Sony Music Japan)을 포함한 소니의 다른 자회사를 대상으로 확장되어 지속적인 해킹이 시도되었다.

해커 정보, 돈, 재산을 훔치거나 데이터를 변조하기 위해 컴퓨터나 네트워크에 무단으로 접근하는 사이버 범죄자

또 다른 일반적인 해커 활동은 **서비스 거부(DoS) 공격**을 시작하는 것이다. DoS 공격은 정보와 리소스에 대한 허위 요청으로 네트워크나 웹사이트 용량을 초과시켜 네트워크나 웹사이트에 과부하가 걸리고 종료되게 만든다. 이렇게 종료되면 일반적인 사용자는 접근할 수 없다.

무선 무칭(wireless mooching)은 사이버 범죄자들에게도 수익성 있는 산업이다. 《세인트피터즈버그

타임스》[St. Petersburg Times, 지금의 《탬파베이타임스(Tampa Bay Times)》]에서 근무하는 기자는 노트북으로 단 5분 만에 외부 사용자에게 광범위하게 개방된 6개의 보호되지 않은 무선 네트워크를 발견했다. 일단 보안되지 않은 무선 네트워크에 들어가면, 해커들은 그것을 아동 포르노나 돈 세탁과 같은 불법적인 사업을 하는 데 사용할 수 있다. 단속기관에서 인터넷을 사용해 이러한 범죄자들을 추적하려고 할 때면 그들은 이미 도망치고 없다. 이러한 경우 결백하지만 아무것도 모르는 네트워크 호스트가 잠재적으로 형사 기소 대상이 될 수 있다.

이 장의 첫 번째 사례에서 보았듯이, 나이트 드래곤과 같은 해커들은 종종 회사 네트워크에 침입해 회사의 기밀 또는 영업비밀을 훔친다. 하지만 해커들만 도둑질을 하는 것은 아니다. 불법 다운로드의 적발 가능성이 희박하기 때문에 일부 가정에서는 파일 교환 네트워크에서 무료로 영화, 음악, 기타 리소스를 계속해서 불법적으로 다운로드한다. 최근 연구에 따르면 이러한 불법복제로 인해 미국은 125억 달러와 연간 71,060개의 일자리를 잃고 있다. 그러나 이러한 손실은 기술 변화에 적응하지 못하는 기업에게 어떤 일이 일어날 수 있는지를 보여준다. 수년간 음반업계는 온라인 유통을 통해 수익을 창출하는 것을 꺼렸고, 합법적인 온라인 사용방안을 제공하기보다는 불법으로 다운로드한 사람을 기소하는 것을 선호했다. 반면 애플은 온라인(다운로드) 유통 모델에 힘입어 세계에서 가장 인기 있는 음악 공급업체가 될 수 있었다.

신분 도용

신분 도용 피해자를 사칭해 대출, 신용카드, 기타 금전적 이익을 얻기 위해 개인 정보를 무단으로 사용하는 것

일단 컴퓨터 네트워크에 들어가면, 해커들은 피해자를 가장해 대출, 신용카드, 기타 금전적 이익을 얻기 위해 개인 정보(예: 개인의 주민번호 및 주소)를 훔치는 것과 같이 **신분 도용**(identity theft)을 할 수 있다. 최근 연구에 따르면 매년 최대 1,660만 명의 피해자들의 신분이 도용되고 있다. 실제로 신분 도용은 미국에서 가장 빠르게 증가하고 있는 범죄 중 하나이다.

영리한 범죄자들은 쓰레기를 파헤치거나, 메일을 훔치거나, 온라인 사용자들을 **피싱**(phishing)이나 **파밍**(pharming)을 통해 가짜 웹사이트로 유인해 순진한 피해자들에 대한 정보를 얻는다. 예를 들어 사이버 범죄자는 페이팔(PayPal) 사용자들에게 그들의 계정 과금 문제를 알리는 이메일을 보낼 수 있다. 이러한 개인들 중 누군가가 이메일에서 페이팔 청구 센터 링크처럼 보이는 것을 클릭하면 페이팔을 본뜬 도용된(위조된) 웹 페이지로 연결된다. 그런 다음 고객은 요청된 정보(신용카드 번호, 사회보장 번호, PIN 등)를 도둑의 손에 제출하고, 그들의 계정은 곧 털리게 된다.

지적 재산권 도용

지적 재산 지식 또는 생각에 의해 생산된 것으로 상업적 가치가 있는 것

거의 모든 회사는 제품 계획, 새로운 발명품, 산업 프로세스 및 기타 **지적 재산**(intellectual property, 지식 또는 생각에 의해 생산된 것으로써 상업적 가치가 있는 것)을 보호해야 하는 딜레마에 직면해 있다. 그것의 소유권 및 사용에 대한 권리는 특허, 저작권, 상표 및 기타 수단에 의해 보호될 수 있다. 그러나 범죄자들은 지적 재산에 대한 정보를 훔치고 무단 복제를 할 수 있다.

컴퓨터 바이러스, 웜, 트로이 목마

기업이 직면한 또 다른 IT 위험은 소프트웨어, 하드웨어, 데이터 파일을 오염시키고 파괴해 IT 운영을 방해하는 악성 프로그램이다. **바이러스**(viruses), **웜**(worms), **트로이 목마**(Trojan horses)는 설치 후 모

든 컴퓨터 시스템을 종료시킬 수 있는 세 가지 종류의 악성 프로그램이다. 컴퓨터 바이러스는 프로그램에 첨부되어 공유 프로그램이나 전자 메일 첨부 파일로 컴퓨터 간에 이동된다. 사용자가 오염된 파일을 열지 않는 한 시스템을 감염시키지 않으며, 일반적으로 사용자는 파일 공유를 통해 자신이 바이러스를 전파하고 있다는 사실을 알지 못한다. 예를 들어 어떤 바이러스는 계속해서 빠르게 자신을 복사하면서 사용 가능한 모든 메모리를 사용하고 컴퓨터를 효과적으로 종료할 수 있다.

웜은 네트워크 컴퓨터 시스템 내에서 컴퓨터에서 컴퓨터로 이동하는 특정 유형의 바이러스인데, 이는 소프트웨어를 열지 않고도 감염된 파일을 퍼뜨릴 수 있다. 악명 높은 블래스터 웜은 며칠 만에 약 40만 개의 컴퓨터 네트워크를 감염시켜 파일을 파괴하고 심지어 외부인들이 원격으로 컴퓨터를 장악하도록 만들었다. 웜은 자신을 빠르게 복제해 네트워크의 다른 컴퓨터로 수천 개의 복사본을 보낸다. 인터넷 연결과 네트워크 컴퓨터의 전자 메일 주소록을 통해 이동하면서 시스템 메모리를 흡수하고 네트워크 서버, 웹 서버, 개별 컴퓨터를 종료시킨다.

바이러스와 달리 **트로이 목마**는 스스로 복제되지 않는다. 대신 사용자의 요청에 따라 유해하지 않고 합법적인 소프트웨어 제품 또는 데이터 파일로 가장해 컴퓨터에 들어오는 경우가 많다. 그러나 설치가 완료되면 손상이 시작된다. 예를 들어 단순히 바탕 화면 아이콘을 '장난'으로 바꿀 수도 있고 더 악의적으로 파일을 삭제하고 정보를 손상할 수 있다.

스파이웨어

마치 강제 침입만으로는 충분히 나쁜 일이 아닌 것처럼 인터넷 사용자는 자신도 모르는 사이에 스스로 경품 또는 PC의 개별 사용자 간에 공유된 친숙한 파일로 가장한 스파이를 초대할 수도 있다. 이를 **스파이웨어**(spyware)라고 하는데, 이는 '무료' 소프트웨어에 현혹된 사용자에 의해 다운로드 된다. 일단 설치되면, 그것은 호스트의 컴퓨터 활동을 감시하기 위해 이리저리 돌아다니며 정보를 모으고, 이메일 주소, 신용카드 번호, 비밀번호 및 기타 내부정보를 수집해 호스트 시스템 밖의 누군가에게 다시 전송한다. 스파이웨어 작성자는 도난된 정보를 수집해 자신의 '지적 재산'을 만들어 다른 사람에게 판매하고 이는 마케팅 및 광고 목적 또는 신원 도용에 사용된다.

스파이웨어 컴퓨터를 감시하고, 이메일 주소, 신용카드 번호 및 기타 정보를 수집해 호스트 시스템 외부의 누군가에게 전송하는 프로그램으로, 사용자가 무의식적으로 다운로드한 프로그램

스팸

스팸(spam), 즉 정크메일은 메일 목록이나 뉴스그룹(온라인 토론그룹)에 보내지며 우편메일보다 더 골칫거리이다. 왜냐하면 인터넷은 쉽게 사용 가능하고 이메일 비용은 무시할 수 있을 정도로 작으며 파일 공유나 절도를 통해 대량의 메일 목록에 접근할 수 있기 때문이다. 스팸 운영자들은 노골적인 음란물에서부터 혐오 메일, 광고, 심지어 파괴적인 컴퓨터 바이러스까지 원하지 않는 메시지를 보낸다. 스팸은 사용자의 시간을 낭비할 뿐만 아니라 네트워크의 대역폭도 소모하므로 유용한 목적으로 정해진 시간 내에 전송할 수 있는 데이터의 양이 줄어든다. 스팸은 전 세계적으로 비슷한 영향을 끼친다. 예를 들어 독일은 인건비가 상대적으로 높고 근무 일수가 적기 때문에 연간 스팸 비용이 메일함당 241달러로 추산된다. 그리고 호주 통신 및 미디어 당국에 따르면 2017년에만 매달 평균 8만 건의 스팸 관련 불만과 신고가 접수되었다고 한다. 이 스팸의 대부분은 이메일과 관련된 것이며 악성 첨부파일과 웹 링크를 포함한다. 당국은 소기업에서 스팸과 관련된 연간 비용이 직원 1인당 연간 1,000달러를 초과하는 것으로 추정했다. 이러한 비용은 생산성의 저하로 인한 손실, 스

스팸 메일 목록 또는 뉴스그룹에게 보내지는 정크메일

팸 및 스팸 유입에 대처하기 위한 IT 리소스 관련 비용을 포함한다.

스팸 발송자는 때로 상당한 수입을 얻기도 하지만 스팸 방지를 위해 기소되어 막대한 비용이 발생할 위험도 있다. 자신을 '스팸 왕'이라고 선언한 샌포드 월리스(Sanford Wallace)에 대한 소송에서 판사는 7억 1,100만 달러의 배상 판결을 내렸는데, 이는 스팸 방지 소송 사상 최대 규모의 벌금 중 하나였다. 그는 페이스북에 2,700만 건의 스팸메일을 보내고 피싱을 통해 수천 명의 페이스북 사용자들로부터 암호를 얻은 다음, 사기성 정보를 게시하기 위해 그들의 계정을 사용한 혐의를 받았다. 그는 또한 전자 메일 사기, 보호된 컴퓨터 손상 및 법정 모욕 등의 혐의로 기소되었다.

학습목표 14-5
기업이 정보기술이 야기하는 위협과 위험으로부터 스스로를 보호하는 방법을 설명한다.

IT 보호 조치

시스템의 무단침입 및 바이러스에 대한 보안 조치는 지속적인 과제이다. 대부분의 시스템은 사용자가 사용자 ID 및 암호와 같은 기밀 로그인 자격 증명을 제공하도록 요구해 무단 접근을 방지한다. 다른 조치로는 방화벽, 특수 소프트웨어 및 암호화 등이 있다.

무단 접근 방지: 방화벽

방화벽 해커로부터 컴퓨터를 안전하게 보호하도록 설계된 특수 소프트웨어 또는 하드웨어 장치를 갖춘 보안 시스템

방화벽(firewall)은 해커로부터 컴퓨터를 안전하게 보호하도록 설계된 특수 소프트웨어 또는 하드웨어 장치를 갖춘 보안 시스템이다. 방화벽은 2개의 네트워크(예: 인터넷과 회사의 내부 네트워크 또는 인터넷과 인트라넷)가 만나는 곳에 있다. 여기에는 수신 데이터를 필터링하기 위한 두 가지 구성요소가 포함되어 있다.

- 회사의 **보안 정책**—회사가 방화벽을 통과하기를 원하지 않는 모든 유형의 데이터를 확인하는 접근 규칙
- **라우터**—사용 가능한 경로의 표. 보안 정책에 따라 테스트된 각 데이터를 전송할 네트워크상의 경로를 결정하는 '트래픽 스위치'

사용자의 보안 정책 조건을 충족하는 정보만이 방화벽을 통해 라우팅되고 두 네트워크 간에 이동할 수 있다. 접근 테스트에 실패한 데이터는 차단되어 두 네트워크 간에 이동할 수 없다.

신분 도용 방지

신분 도용을 완벽히 예방하는 것은 불가능하지만, 피해를 입지 않도록 조치를 취할 수는 있다. 유럽연합 내에서 사용자 데이터의 사용과 보호는 2018년 5월 25일에 발효된 일반 데이터 보호 규정(GDPR)에 의해 규제된다. 데이터 보호 지침을 대체하는 일반 데이터 보호 규정(GDPR)은 개인 데이터를 처리하는 회사에게 가명화 또는 완전 익명화를 통해 데이터를 보호하도록 요구하고 있다. 이와 유사하게 말레이시아에서는 2010년에 데이터 보호법을, 싱가포르에서는 2012년에 개인 데이터 보호법을 제정해 광범위하지는 않지만 강력한 조치를 취했다.

감염성 침입 방지: 안티 바이러스 소프트웨어

바이러스, 웜, 트로이 목마 및 기타 전염성 소프트웨어(총칭해 '멀웨어'라고 함)를 방지하기 위해 싸우는 것이 시스템 설계자와 소프트웨어 개발자의 주요 산업이 되었다. 수백 가지의 **안티 바이러스 소프트웨어**(anti-virus software) 제품 중 어느 것이라도 설치하면 수신된 전자 메일과 데이터 파일에서 알려진 바이러스 및 바이러스와 유사한 특성의 '서명'을 검색해 시스템을 보호할 수 있다. 감염된 파일은 폐기되거나 안전하게 검역소에 보관된다. 많은 바이러스가 마이크로소프트 윈도우(Microsoft Windows)와 같은 운영체제의 약점을 이용해 확산되고 전파된다. 소프트웨어 공급자는 자체 제품을 지속적으로 모니터링해 잠재적인 취약점을 확인하고 이를 업데이트해 악성 프로그램을 차단하고 있다. 네트워크 관리자는 시스템의 컴퓨터가 최신 보안 기능이 포함된 최신 운영체제를 사용하고 있는지 확인해야 한다.

안티 바이러스 소프트웨어 수신된 이메일과 데이터 파일을 검색해 알려진 바이러스와 바이러스와 유사한 특성의 '서명'을 검색해 시스템을 보호하는 제품

전자 통신 보호: 암호화 소프트웨어

전자 통신을 위한 보안은 기업의 또 다른 관심사이다. 침입자는 보호되지 않은 이메일을 가로채 다른 컴퓨터로 우회시킨 후 열어서 내용을 볼 수 있다. 이러한 침입을 방지하기 위해 보호 소프트웨어를 사용할 수 있으며, 의도된 수신자만 열 수 있도록 이메일을 인코딩해 보안 단계를 강화할 수 있다. **암호화 시스템**(encryption system)은 암호화된 이메일을 해독하는 소프트웨어의 한 부분인 '열쇠(key)'를 가지고 있지 않은 사람들에게는 엉터리처럼 보이도록 이메일 메시지를 뒤섞는 방식을 사용한다.

암호화 시스템 이메일 메시지를 각 컴퓨터의 고유 코드 번호(디지털 지문)에 할당해 해당 컴퓨터에서만 메시지를 열고 읽을 수 있도록 하는 소프트웨어

스팸 및 스파이웨어 방지

직원들에 대한 개인 정보 침해를 방지하고 생산성을 높이기 위해 기업은 시스템에 스파이웨어 방지 및 스팸 필터링 소프트웨어를 설치하는 경우가 많다. 웹루트 스파이 스위퍼(Webroot Spy Sweeper)와 마이크로소프트 윈도우 디펜더(Microsoft Windows Defender)와 같은 소프트웨어 등 수십 개의 스파이웨어 방지 제품이 보호 기능을 제공하지만 새로운 스파이웨어 기술에 발맞춰 지속적으로 업데이트해야 한다.

마찬가지로, 호주는 2003년 스팸법을 통해 스팸과 관련된 문제를 해결하는 것을 목표로 하고 있다. 이 법은 전송된 모든 이메일, 메시지, 텍스트가 수신자의 허가에 따라 수행되도록 함으로써 수신자를 보호하고자 한다. 예를 들어 이메일은 보낸 사람을 식별할 수 있는 명확하고 정확한 정보를 포함해 특정 구조와 내용을 준수해야 한다. 또한 2003년 스팸법은 필요한 경우 수신자가 특정 발송인으로부터의 메일을 거부할 수 있도록 하는 것을 발송인의 의무로 하고 있다. 호주의 스팸 제어 방식은 사용자 중심 접근 방식이다. 즉 사용자 자율성이 우선시되며 스팸 발송자에 의해 어떤 식으로도 침해되어서는 안 된다.

IT의 윤리적 문제

IT 개발과 사용은 새로운 윤리적 문제를 포함해 IT 사용에 따라 발생하는 잠재적인 결과에 대한 사회적 인식보다 더 빠르게 진행되고 있다. IT의 여러 가지 이점과 함께 IT의 사용은 이전에는 예상치

못했던 문제들을 발생시켰다. 그러한 문제들은 해결책이 필요하지만 마땅한 해결책은 존재하지 않는다. 컴퓨터, 모바일 장치 및 인터넷에 대한 접근 용이성과 메시지 기능, 소셜 네트워킹은 사람들의 생각, 느낌과 같은 개인적인 정보를 포함해 사람들의 사생활을 대중에 광범위하게 노출시킨다.

보다 나은 방법 찾기

크라우드소싱을 통한 교육기회와 소득

국가가 지원하는 교육은 특히 동남아시아와 같은 지역에서 많은 사람들이 누리지 못하는 특권이다. 이 지역에서 원만한 취업을 위해서는 학위를 취득해야 하지만, 이는 비용이 많이 들거나 가족 및 사랑하는 사람들의 상당한 희생을 필요로 하기 때문에 쉽지 않은 일이다. 말레이시아에서 학생들은 교육에 필요한 자금을 조달할 방법을 찾기 위해 소셜 미디어를 이용했다.

대학에서 공부하는 동안, 기업가인 텡쿠 샤밀(Tengku Syamil)과 샤키르 하심(Shakir Hasim)은 급우들이 학비를 충당하기 위해 점점 더 페이스북에 의존한다는 것을 발견했다. 그들은 특히 한 학생의 곤경에 대해 알게 되자마자 재정적인 도움을 주기 위해 그의 페이스북에 나타난 사람들의 수에 충격을 받았다. 이 비공식적인 크라우드펀딩은 현재 동남아시아에서 가장 규모가 크고 활발한 크라우드펀딩 플랫폼인 스콜라펀드(Skolafund)에 영감을 주었다. 이 플랫폼은 불우한 개인에게 고등교육기관에 입학하는 데 필요한 자금을 제공하고 말레이시아와 싱가포르 전역에 걸쳐 수백 명의 개인들의 교육을 가능케 하는 데 직접적인 역할을 했다.

이 지역에서 크라우드펀딩과 크라우드소싱은 점점 더 제한적이고 경쟁이 치열한 정부 자금의 대안으로 간주되고 있다. 예술과 교육 등 다양한 분야에 특화된 크라우드소싱 플랫폼도 등장했다. 산업 웹사이트 crowdsourcing.org의 설립자인 칼 에스포스티(Carl Esposti)는 이 지역의 크라우드펀딩 활동 수준을 통해 이러한 말레이시아 내 노력을 크라우드소싱이 제공할 수 있는 좋은 사례로 높이 평가했다. 성공적인 크라우드소싱 성공 사례로는 2명의 변호사가 설립한 코아딤(Koadim)이 있는데, 이는 말레이시아인들이 배관공이나 전기 기술자와 같은 수천 명의 서비스 전문가들에게 쉽게 접근할 수 있도록 하기 위한 플랫폼이다. 코아딤의 설립자들은 말레이시아에 서비스 전문가를 고용할 수 있는 플랫폼이 부족하다는 문제를 해결하고자 이러한 플랫폼을 개발했다. 코아딤 이전에는 입소문으로 인한 추천이 자격을 갖춘 전문가를 찾는 주요 수단이었다.

Amir Ridhwan/Shutterstock

말레이시아 정부는 정부가 후원하는 플랫폼 이레제키(eRezeki)의 성공 이후 크라우드소싱의 잠재력을 적극 활용하고 있다. 이 플랫폼은 크라우드소싱된 디지털 작업을 통해 저소득층에 추가 소득을 제공하는 것을 목표로 하며, 이의 성공으로 인해 현재의 기술 중심 초점을 관광, 부동산 개발, 소매와 같은 다른 분야로 확대해야 한다는 요구가 제기되었다.

공공 기관에 의한 크라우드소싱은 결코 아시아에서 새로운 현상이 아니다. 지난 2010년, 인도 정부는 다른 나라의 비슷한 이름의 통화와 구별하기 위해 인도 루피의 새로운 상징 디자인을 크라우드소싱했다. 선택된 상징물은 우다야 쿠마르(Udaya Kumar)가 디자인했고 3,000개가 넘는 제출물 중에서 고위 장관 회의를 통해 선택되었다. 더 최근에는 싱가포르육상교통국(Singapore Land Transport Authority)이 대중교통 출퇴근 앱의 개발을 크라우드소싱했다. 그리고 싱가포르 정부는 정부에서 행하는 모든 크라우드소싱 활동을 위한 중앙 집중식 플랫폼인 시민의 생각(eCitizen Ideas!)이라는 공식적인 크라우드소싱 포털을 시작했다. 이 포털을 통해 지역사회 간의 식량 및 기타 자원 공유를 위한 앱의 생성뿐만 아니라 특정 지역과 관련된 앱 및 솔루션의 개발 등의 혁신이 이루어졌다.

표 14.1 정보기술 및 그 사용의 윤리적 문제

- 현재 전형적인 사이버 폭력 사례로서, 13세 소녀가 자신의 마이스페이스(MySpace) 페이지에서 장난성 메시지로 놀림을 받은 후 목을 매 자살했다.
- 다른 사람의 행동에 대한 비밀 인터넷 생방송(웹캐스트)은 당혹스러움과 심지어 죽음을 가져왔다. 한 대학생은 다른 학생들이 그와 다른 학생과의 성행위를 은밀히 인터넷으로 생방송하자 자신의 페이스북에 마지막 메시지를 남기고 다리에서 뛰어내려 목숨을 끊었다.
- IT는 도움을 요청하기 위해 점점 더 많이 사용되고 있다. 많은 대학생들이 신체적, 정서적 도움을 요청하는 메시지를 공개적으로 게시했다. 그러나 이러한 메시지를 읽은 다른 사람들은 응답해야 할지 말아야 할지 확신이 서지 않는다.
- 고용주와 직원들은 회사 IT의 개인적인 사용 범위를 고심하고 있다. 많은 직원들이 직장에서 소셜 네트워킹과 개인 이메일을 사용한다는 것을 인정한다. 그러나 직원들이 꼭 직장에서 사적으로 IT를 사용해야 하는가? 많은 회사들은 이러한 질문에 '아니요'라고 대답하며, 회사가 IT 시스템에서 보내고 받고 저장되는 모든 이메일에 접근할 수 있다는 사실을 직원들이 알아야 한다고 덧붙인다.
- 주정부는 의심스러운 처방약 활동을 확인하기 위해 데이터베이스 풀을 구성하고 정보를 공유하고 있다. 약국에서의 구매, 의사의 처방전 및 경찰 기록에 대한 데이터를 수집해 주 내의 개인과 회사에 의한 약물 남용 여부를 확인하고 이러한 정보는 주 경계를 넘어 공유되고 있다.
- 국토안보부(Department of Homeland Security)는 사생활 보호 규정 준수에 대한 의문이 제기되자 테러와의 전쟁을 위한 주요 데이터 마이닝 도구 중 하나를 포기했다. 국토안보부는 해당 정보의 프라이버시를 보장하지 않고 실제 사람에 대한 정보를 사용해 데이터 마이닝 프로그램을 테스트한 것으로 밝혀졌다.
- IT 사용자는 비용을 절약하기 위해 저작권, 상표, 특허 보호를 무시한 채 영화, 기사, 서적, 음악, 산업 정보 등의 지적 재산을 검색하고 다른 사용자와 공유한다. 종종 인터넷에서 저작물을 가져와 사용자의 저작물에 삽입하고 실제 출처를 밝히지 않고 사용자 자신의 독창적인 창작물로 표현한다.
- 구직자들은 면접관들로부터 예상치 못한 질문을 받고 있다. "당신의 페이스북 아이디와 비밀번호는 무엇인가요?" 일부 지원자들은 "아니요, 그것은 지나친 사생활 침해입니다"라고 대답하지만, 다른 이들은 해당 정보를 면접관에게 공개하기도 한다.

이 정보가 어떻게, 누구에 의해, 어떤 조건에서, 어떤 제한이 있는 경우에 사용되어야 하는지는 윤리적 고려사항이 많은 문제이다. 윤리적 의미가 있는 몇 가지 실제 사례가 표 14.1에 나와 있다. 표의 사례 중 중요한 윤리적 문제를 구분할 수 있는지 확인하라.

질문과 연습

복습을 위한 질문

14-1. 조직이 대량 맞춤화를 어떻게 사용할 수 있는지 설명하라.

14-2. ERP란 무엇이며, 인터넷과 향상된 정보기술이 어떻게 이를 가능하게 했는가?

14-3. 조직에서 VSAT를 어떤 용도로 사용할 수 있는가?

14-4. 트로이 목마가 컴퓨터 네트워크에 어떤 영향을 미치는가?

14-5. 스파이웨어의 목적은 무엇이며 어떤 정보를 수집하는가?

분석을 위한 질문

14-6. 컴퓨터 지원 제조(CAM)는 무엇을 하며, 조직은 이를 생산 과정의 기초로서 어떻게 사용할 수 있는가?

14-7. 빵 제조업체는 보다 효율적인 의사결정을 위해 공급업체와의 정보 연결을 어떻게 사용할 것인가?

14-8. 모든 조직과 기업이 기밀성을 보장하고 해킹을 방지하기 위해 암호화된 전자 메일을 사용해야 하는가?

응용연습

14-9. 소비자, 학생, 부모, 친구, 주택 소유자 또는 임대인, 자동차 운전자, 직원 등으로서의 일상적인 활동에서 당신이 IT 시스템에 연관된 방식을 생각해보라. 최근 IT 관련 경험의 목록을 작성한 다음 자신의 신분을 도용하는 데 사용할 수 있는 개인 정보를 공개한 사례들을 상기하라. 목록에 있는 어떤 경험이 다른 경험보다 더 위험한가? 그 이유는 무엇인가?

14-10. 이 장의 첫 번째 절을 읽은 후 IT가 고등 교육 산업을 어떻게 변화시켰는지 생각해보라. 10년 전만 해도 사용할 수 없었던 기능, 서비스, 활동을 적어도 세 가지 이상 찾아보라. IT의 발전으로 앞으로 대학이 어떻게 변화할 것이라고 생각하는가?

CHAPTER 15 회계사와 회계정보의 역할

Andrew_Popov/Shutterstock

단순히 숫자를 계산하는 것만으로 회계사의 역할을 다했다고 말할 수 없다. 회계사는 소통하고 비판적으로 생각해야 하며 또한 주도적으로 앞에서 이끌어야 한다.

학습목표

LEARNING OBJECTIVES

이 장을 학습하고 나면

15-1 회계사의 역할을 설명하고 공인회계사, 민간회계사, 관리회계사, 법회계사가 수행하는 업무의 종류를 구분한다.

15-2 국제회계기준위원회(IASB)의 설립 목적과 존재 이유를 설명한다.

15-3 회계등식 사용 방법을 설명한다.

15-4 세 가지 기본 재무제표를 기술하고, 이러한 재무제표가 어떻게 기업 활동과 재무상태를 반영하는지 기술한다.

15-5 재무제표 보고를 위한 주요 기준과 원칙을 설명한다.

15-6 정보 이용자가 기업의 재무적 강점을 결정하기 위해 재무제표로부터 더 많은 정보를 얻는 데 재무비율이 어떻게 도움이 되는지 기술한다.

15-7 회계윤리의 역할을 토론한다.

프렌켈의 포렌식

존 프렌켈(John Frenkel)은 1978년에 회계사 자격증을 취득한 후 법회계(forensic accounting) 분야에 지속적인 관심을 두고 있었다. 그는 2001년 영국에서 회사를 설립해 2006년 이후로 대부분을 법회계 관련 서비스에 집중했다.

법회계사(forensic accountant)는 통상 복잡한 재무 데이터 분석을 위해 법률, 조사, 회계 기술을 복합적으로 사용한다. 법회계 서비스는 개인의 상해보상에서부터 가치평가, 상사분쟁, 사기 및 세무조사, 컴퓨터 포렌식과 데이터 분석에까지 이른다.

일부 조사에 의해 사기 공모자들이 저지른 엄청난 일들이 밝혀진 적이 있다. 어떤 기업은 공장이 침수로 피해를 보았다고 주장하면서 영업 장애에 따른 보상금으로 800만달러를 보험사에 청구한 사례가 있었다. 해당 기업은 보상금으로 이미 880,000달러를 받은 상태였다. 그러나 법회계 보고서에 따르면 실제 발생한 손실은 640,000달러에 불과했다.

세무조사(tax investigation)는 영국을 방문하는 해외 국적의 연예인이나 스포츠 선수를 상대할 때 복잡해지는 경우가 많다. 영국에 주소나 거소를 두지 않는 비거주자에게 소득을 지급하는 회사는 세금을 원천징수해 영국 국세청(HM Revenue and Customs)에 납부해야 하는 의무가 있다. 그런데 원천징수로 공제할 세액을 계산하는 것은 매우 복잡하다. 미국의 어느 록밴드 프로모터(promoter)가 록밴드에게 지불해야 할 총 320,000달러 중 64,000달러를 원천징수해야 하는 사례가 있었다. 이는 과세소득의 20%에 상당하는 금액이었지만, 투어로 발생하는 기타 비용이 고려되지 않았다. 해당 사례에 법회계를 적용한 결과, 납세액은 45,000달러로 줄어들었다.

영국 그랑프리(British Grand Prix)에 참가하기 위해 방문한 외국의 포뮬러 1(Formula 1) 드라이버에게 400,000달러에 더해 보너스와 초상권을 주기로 한 사례가 있었다. 법회계를 적용한 덕분에 원래 산출한 세액 160,000달러(세율 40% 적용)에서 27,500달러(세율 6.9%)로 세금을 줄일 수 있었다.

어려운 경제 상황에서도 회계사기(accounting scandals)가

이 장을 배우면 좋은 점

많은 이들에게 회계에서 사용하는 단어와 아이디어가 외국어처럼 보일 수 있는데, 바로 그 점을 이용해 전문 용어가 사기나 부패를 감추는 데 사용될 수 있다. 그러나 회계용어는 모든 산업의 전문가들이 기업의 성장을 분석하고 리스크를 이해하며 기업의 재무건전성에 대한 자세한 아이디어를 전달하는 데 사용되는 필수적인 도구이다. 이 장에서는 회계의 기본 개념을 학습하고 그 개념을 익숙한 비즈니스 상황에 적용한다. 기초적인 회계용어를 이해하게 되면 기업의 직원, 납세자 또는 소유주는 기업에서 일어나는 일상적인 업무 중 많은 부분을 차지하는 재무에 관한 대화에 원활하게 참여할 수 있게 된다.

Sergey Nivens/Fotolia

절정을 이루는 것은 금융위기의 여파로 보인다. 이는 시스템을 속이기 위한 시도를 예방하고 적발하는 데 도움이 되는 서비스를 제공하는 법회계사들에게는 유리한 상황인 셈이다.

세무조사가 복잡하다면 영국 내에서의 부가가치세(VAT) 사기는 더욱 어려울 수 있다. 여기서 부가가치세는 사업자가 행하는 거래에 대해 정부가 부과하는 세금을 말한다. 부가가치세제는 정부를 대신해 사업자가 소비자로부터 부가가치세를 징수하도록 고안되어 있다. 소비자가 재화나 용역 구매 시 사업자에게 지급하는 대가에는 부가가치세가 포함된다.

프렌켈은 일명 '회전목마형 사기거래(carousel fraud)'라고 불리는 건을 조사한 적이 있다. 여러 기업이 설립되고 그 기업 간에 같은 재화가 거래되면서 지불된 부가가치세는 각 거래 상대방에 의해 공제되었지만, 이러한 일련의 거래와 관련해서 영국 국세청에 납부된 부가가치세는 없었다. 영국 국세청은 관련 기업 중 한 기업의 고위직 임원으로부터 2,400만 달러를 추징하려고 했다. 법회계가 적용되면서 6년 전까지의 거래로 거슬러 올라가 관련 조사를 했다. 그 결과 중대한 오류가 발견되어 프렌켈의 고객이 부담하는 실제 세금은 480,000달러로 줄어들었다.

2018년에 발간된 프라이스워터하우스쿠퍼스(PricewaterhouseCoopers)의 세계 경제범죄조사(Global Economic Crime Survey)에 따르면, 지난 2년간 전 세계 기업의 49%가 경제범죄로 인한 피해를 보았다. 피해기업 중 48%는 자산유용(asset misappropriation)을, 29%는 부정조달에 따른 피해를 입은 것으로 확인되었다. 한편, 뇌물수수와 부패는 29%의 기업에 영향을 미쳤고, 사이버범죄는 26%의 기업, 부정행위는 31%의 기업에 영향을 미친 것으로 각각 조사되었다.

한편, 지역적으로 사기가 가장 많이 발생한 곳은 아프리카(62%), 북미(54%), 동유럽(47%) 등의 순이었다. 소비자 사기와 기업 부정행위는 매우 두드러져 별도의 사기 유형으로 측정되어 보고되었다. 특히 소비자 사기는 금융 및 소매업계에 큰 여파를 미친다.

프라이스워터하우스쿠퍼스의 보고서는 전형적인 내부 사기범에 대해 다음과 같이 상세하게 설명한다. 사기범은 남성으로 연령대는 31~40세이고, 대학 졸업자일 가능성이 크며, 6년 이상 회사에서 근무한 이력을 갖고 있다. 해당 보고서의 주된 내용은 지적재산권, 뇌물수수, 사이버범죄 등이다.

학습목표 15-1

회계사의 역할을 설명하고 공인회계사, 민간회계사, 관리회계사, 법회계사가 수행하는 업무의 종류를 구분한다.

회계란 무엇이고, 누가 회계정보를 이용하는가

회계 재무정보의 수집, 분석, 커뮤니케이션을 위한 종합 시스템

부기 회계거래를 기록하는 것

회계(accounting)는 재무정보를 수집하고 분석해 기업의 주주와 직원, 대중 및 여러 관련 규제기관에 전달하기 위한 포괄적인 시스템이다. 회계사는 이러한 기능이 실행될 수 있도록 세금, 수익, 비용 등을 기록하고 – 이를 역사적으로 **부기**(bookkeeping)라 부른다 – 해당 거래가 기업 활동에 미치는 영향을 평가한다. 회계사는 회계거래를 분류·분석함으로써 기업의 경영 상황을 파악하고 종합적인 재무상태를 평가할 수 있다.

회계정보 시스템 재무제표 및 관리보고서에 사용할 재무정보를 식별·측정·기록·유지하기 위한 조직화된 절차

기업은 통상 수천 건의 거래를 하기 때문에 일관성 있고 신뢰성 높은 재무정보를 확보해야 한다. 이는 **회계정보 시스템**(accounting information system, AIS) 업무에 해당한다. 회계정보 시스템은 재무정보를 식별·측정·기록·유지하기 위한 조직화된 절차이며, 재무제표와 관리보고서 등에서 사용된다. 회계정보 시스템은 금융거래의 집계에 필요한 인력과 보고서·컴퓨터·절차·자원을 모두 포함한다.

다양한 개인, 단체 및 기타 주체들(entities)이 회계정보를 이용한다.

- **관리자**는 회계정보 시스템을 통해 목표와 계획의 수립, 예산 책정 및 시장에서의 기회에 대한

의사결정을 내린다.

- **회사의 종업원과 노동조합**은 의료 · 휴가 · 퇴직금 등의 보상 및 혜택을 계획하고 수령하기 위해 회계정보 시스템을 사용한다.
- **투자자와 채권자**는 회계정보 시스템을 사용해 주주의 수익을 추정하고, 기업의 성장을 전망하며, 신용도를 측정한다.
- **과세당국**은 회계정보 시스템을 통해 세수를 예측하고, 개인과 기업의 납세액을 결정하며, 정확한 세액을 기한 내에 징수할 수 있도록 한다.
- **정부의 규제기관**은 공공에 대한 책무를 이행하기 위해 회계정보 시스템을 사용한다. 예를 들어 증권거래위원회(SEC)는 잠재적 투자자의 투자에 관한 유효한 정보를 확보할 수 있도록 기업이 재무정보를 공시하도록 강제한다.

컨트롤러(controller) 또는 최고회계책임자(chief accounting officer)는 회계정보 시스템이 계획, 의사결정 및 기타 경영 활동에 필요한 보고서 등을 제공하도록 기업의 회계 활동을 관리한다. 활동 범위에는 다양한 유형의 회계 전문가가 필요하다. 이 절에서는 회계의 세부 분야인 **재무회계**와 **관리회계**를 각각 살펴본다. 그런 뒤 **공인회계사**, **민간회계사**, **관리회계사**, **법회계사**의 여러 역할과 활동에 대해 논의한다.

컨트롤러 기업의 모든 회계 활동을 관리하는 사람

재무회계 대 관리회계

재무회계와 관리회계는 제공하는 회계정보의 이용자들이 회사의 내부에 있는지 아니면 외부에 있는지에 따라 회계를 구분하는 방법에 따른 것이다.

재무회계 회사의 **재무회계**(financial accounting) 시스템은 소비자, 노조, 주주, 공급업체, 채권자, 정부기관 등 외부 정보 이용자와 관련된다. 재무회계는 회사의 개별 부문이나 부서보다는 회사 전체의 활동에 초점을 맞춘 손익계산서와 대차대조표 등의 보고서를 작성한다.

재무회계 기업 재무정보의 외부 이용자와 관련되는 회계영역

관리회계 재무회계와 달리 **관리회계**(managerial accounting)는 내부 정보 사용자와 관련된다. 모든 단계의 관리자는 부서 단위의 의사결정, 프로젝트의 모니터링 및 활동계획의 수립 등을 위한 정보가 필요하다. 마찬가지로 직원들 역시 회계정보가 필요하다. 예를 들어 엔지니어는 제품 생산 또는 운영상 개선을 시도하기 전에 특정 원가를 반드시 알아야 할 때가 있다. 구매 담당자는 원재료의 원가 정보를 이용해 공급업체와 계약조건을 협상하고 성과목표를 설정할 수 있다. 한편, 판매 담당자는 각 지역 및 각 제품에 대한 과거 판매 데이터가 필요하다.

관리회계 기업 재무정보의 내부 이용자와 관련되는 회계영역

공인회계사(CPA)

회계사(public accountant)[1]는 공공에게 회계 서비스를 제공하고 고객들로부터 독립성을 가진다는 특징

1 우리나라와 달리 미국의 경우 공인회계사 시험을 합격하지 않은 상태에서 회계법인에서 근무하는 인력들이 있다. 이들을 이 책에서는 public accountant라 지칭한다. Public accountant가 공인회계사 시험에 합격하면 비로소 certified public accountant라는 명칭을 사용할 수 있게 된다 – 역주.

Hannah McKay/PA Images/Alamy Stock Photo

회계사는 회사의 재무 정보를 모니터링하고 분석해 정보가 정확하고 적절한 보고 절차를 따르고 있는지 확인하는 데 도움을 준다. 회계사는 최근 영국의 대형 소매업체인 테스코(Tesco)에서 사기 행위를 적발해 사진에 나와 있는 테스코 임원에게 징역형을 선고했다. 회계사들은 회사 주가를 허위로 올리기 위해 4억 달러 이상의 수입과 지출을 부정확하게 보고했다는 사실을 밝혔다.

공인회계사 정부 또는 전문기관으로부터 자격증을 발급받은 회계사

이 있다. 즉 이들은 일반적으로 회계사가 이해관계가 없는 외부의 고객사를 위해 서비스를 제공하는 회계법인을 위해 일하며, 전문적인 서비스를 제공하는 데 있어서 어떠한 잠재적 편견이 생기지 않도록 한다. 회계사 중에서 **공인회계사**(certified public accountants, CPA)는 미국공인회계사협회(AICPA)가 주관하는 시험에 합격해 주(州)로부터 자격증을 발급받은 자를 말한다. 공인회계사가 되기 위한 준비는 회계이론 및 관행, 회계의 법적인 측면을 교육하는 대학에 개설된 교육과정을 전공하는 것에서부터 시작된다. 공인회계사 시험에 더해서 대부분 주에서는 공인회계사 자격증을 받기 위해 민간 기업이나 정부기관 등에서 다른 공인회계사의 감독하에 최장 2년간의 실무수습을 요구한다. 일부 공인회계사는 개인 사무소를 열어 회계 관련 서비스를 제공하기도 하나, 많은 공인회계사가 파트너십이나 회계법인을 통해 활동한다.

CPA라는 용어는 미국 내의 공인회계사를 지칭하지만, 다른 많은 나라에서는 **CA**(chartered accountant)라는 용어를 사용한다. 일반적으로 개별 국가들은 공인회계사를 인가하는 기관을 별도로 두고 있다. 예를 들어 남아프리카공화국에서는 공인회계사를 CA(SA)라고 부르며, SAICA라는 기관이 허가업무를 담당한다. 호주와 뉴질랜드에서 CA는 CA ANZ(Chartered Accountants Australia & New Zealand)라고 불리는 단체에 의해 인가된다.

4대 회계법인 공인회계사 1인이 운영하는 소규모 회계사무소에서 대규모 다국적 회계법인에 이르기까지 다양한 규모의 회계법인이 미국에서 운영되고 있지만, 전체 매출의 약 절반은 4대 회계법인(본사는 주식시장에 상장)에서 발생한다.

- 딜로이트투쉬토마츠(Deloitte Touche Tohmatsu, 영국)
- 언스트앤드영(Ernst & Young, 영국)
- 프라이스워터하우스쿠퍼스(PwC, 영국)
- KPMG(네덜란드)

미국에서 두각을 나타내고 있는 것뿐만 아니라 국제적인 회계 서비스 활동이 4대 회계법인에 중

요하다. 4대 회계법인은 특히 아시아와 라틴 아메리카 지역에서 최근 몇 년간 급격한 성장세를 보이고 있다. 각 4대 회계법인은 전 세계적으로 15만 명 이상의 직원을 두고 있다.

공인회계사의 업무 규모가 크든 작든 사실상 모든 회계법인은 감사, 세무 및 경영컨설팅 서비스를 제공한다. 딜로이트투쉬토마츠나 언스트앤드영과 같은 큰 회계법인은 감사에서 수익의 많은 부분을 얻고 있지만, 컨설팅(경영자문) 서비스 부문 역시 큰 성장률을 보인다. 중소 규모 회계법인의 경우 매출의 대부분을 세무와 경영컨설팅 서비스에서 얻고 있다.

회계감사 **회계감사**(audit)의 목적은 기업의 회계정보 시스템(AIS)을 검토함으로써 재무보고서가 회사의 운영 실태를 적절하게 반영하고 있는지를 판단하는 데 있다. 회사는 대출을 신청하거나 주식을 매도할 때 또는 대규모 구조조정을 단행할 때 감사보고서를 제출해야 한다. 회사로부터 독립된 감사인은 고객의 회계 시스템이 재무보고서의 내용과 형식을 규율하는 **일반적으로 인정된 회계원칙**(generally accepted accounting principles, GAAP)을 준수하고 있는지 확인해야 한다. 미국에서는 GAAP가 AICPA의 재무회계기준위원회(FASB)에 의해 승인·공포된다. 회계 체계를 규율하는 또 다른 국제기구로는 국제회계기준위원회(IASB)가 있고, IASB는 국제회계기준(IFRS)을 미국 GAAP의 대안으로 제성한 바 있나. IASB의 목직 중 하나는 국기 간 제무제표(특히 상장기업의 재무제표)가 비교 가능성을 확보하면서 세계적으로 사용될 수 있는 단일의 재무보고기준서의 초안을 마련하는 것이다. 현재 FASB와 IASB는 재무보고에 필요한 사항을 통일하기 위한 프로젝트를 진행 중이다. 기업의 재무제표에 대한 감사는 오로지 공인회계사만이 수행할 수 있는 업무영역 중 하나다. 증권거래위원회(SEC)는 회계 및 감사규칙과 절차를 법적으로 규율하는 미국의 정부기관 중 하나다. 감사를 수행하는 공인회계사는 고객회사의 재무보고서가 GAAP를 준수하는지를 검토해 의견을 표명한다.

회계감사 기업의 회계 시스템이 회사의 운영실태를 적절하게 반영하고 있는지를 판단하는 체계적인 검사

일반적으로 인정된 회계원칙 재무보고서의 내용과 형식을 규율하는 회계 가이드라인

세무 서비스 **세무 서비스**(tax service)는 납세신고서의 작성뿐 아니라 세무계획(tax planning) 자문을 포함한다. 공인회계사는 사업구조(또는 구조조정) 운영과 투자집행에 자문을 하고 예컨대 수백만 달러의 절세가 가능할 수 있도록 한다. 세법 개정으로 변경된 규정을 적용하는 것은 간단한 문제가 아니다. 매년 세법을 복잡하게 만들고 기술적인 수정 사항을 추가하는 것이 마치 일부 주와 연방 의원들의 정규업무가 되는 것처럼, 세법 개정이 상시화되는 것을 비판하는 의견이 제기되기도 한다.

세무 서비스 공인회계사가 세금신고, 세무계획과 관련해서 제공하는 서비스

경영자문 서비스 일부 회계법인은 컨설턴트로서 개인의 재무계획에서부터 기업의 합병계획에 이르기까지 다양한 **경영자문 서비스**(management advisory service)를 제공한다. 그 밖에 다른 서비스로 생산일정의 수립, 정보 시스템의 연구, 회계정보 시스템의 설계, 나아가 임원 채용과 같은 인사 문제도 포함된다. 대규모 회계법인에는 엔지니어, 건축가, 수학자, 심리학자들이 직원으로 일을 하는데, 이들은 모두 컨설팅 업무에 활용된다.

경영자문 서비스 재무계획, 정보 시스템의 설계, 그 밖에 고객사의 관심 영역에 대해 공인회계사가 제공하는 서비스

비공인회계사 많은 회계사(accountant)가 공인회계사 시험을 응시하지 않는다. 또 일부는 공인회계사 시험을 준비하는 동안 또는 주에서 요구하는 인증 요건을 충족하는 동안 여전히 회계실무를 담당한다. 소규모 기업, 개인 및 규모가 큰 기업들은 주법(local and state laws)의 규정을 벗어나지 않는 범위 내에서 소득세, 급여 회계 및 재무계획 관련 서비스를 공인회계사가 아닌 회계사에 의존한다. 회계사는 종종 경영진이 제공한 정보에 기초해 내부 사용 목적으로 재무제표를 작성하기도 한다. 해당 재무보고서에는 감사기법이 보고서의 준비 과정에서 적용되지 않았다는 사실이 적시될 수 있다.

표 15.1 회계에서 성공을 위한 새로운 역량

전략적 사고와 중요한 문제 해결 기술	회계사는 문제 해결을 위한 전략적 조치에 데이터와 전문지식을 결합할 수 있어야 한다.
커뮤니케이션, 대인관계 기술 및 효과적인 리더십	회계사는 대인 효과와 리더십을 제공하는 의미 있는 커뮤니케이션 기술을 사용해 다양한 상황에서 효과적으로 소통할 수 있어야 한다.
고객의 니즈를 충족하기 위한 헌신	회계사는 개별 고객의 고유한 니즈를 이해하고 이를 충족시키며, 미래 니즈를 시각화하는 데 경쟁 우위를 점하고 있어야 한다.
다양한 정보 통합 능력	회계사는 유용한 통찰력과 이해력을 통해 문제 해결을 할 수 있도록 재무정보와 다른 정보를 결합할 수 있어야 한다.
정보기술에 대한 숙련도	회계사는 고객을 위한 서비스 수행에 정보기술(IT)을 사용할 수 있어야 하며, 고객의 사업에 부가가치를 창출하기 위한 IT 애플리케이션을 제안할 수 있어야 한다.

출처: "The CPA Vision Project and Beyond," The American Institute of Certified Public Accountants, at http://www .aicpa.org/RESEARCH/CPAHORIZONS2025/CPAVISIONPROJECT/Pages/CPAVisionProject.aspx, accessed on April 15, 2017.

공인회계사에 필요한 핵심 역량 미래의 공인회계사에게 필요한 기량, 기술, 지식의 고유한 조합

공인회계사 비전 프로젝트 회계 분야에서 지속되는 문제 중 하나인 인력 부족은 회계사 업계의 문화와 업무 방식을 재고하게 한다. AICPA는 공인회계사, 회계 관련 교육자 및 업계의 리더들이 참여하는 '공인회계사 비전 프로젝트'(CPA Vision Project)를 통해 오늘날의 세계 경제를 위한 회계사의 역할을 재정의했다. 비전 프로젝트는 미래의 **공인회계사에 필요한 핵심 역량**(core competencies for accounting)인 기량, 기술, 지식의 고유한 조합을 식별한다. AICPA는 프로젝트의 핵심 목적을 다음과 같이 요약한다. "공인회계사들은 … 변화하고 복잡한 세상을 이해하는 능력." 표 15.1에서 보는 바와 같이 의사소통, 비판적 사고, 리더십을 포함하는 이러한 기술은 '많은 양의 정보를 빠르게 처리하는 능력'을 넘어선다. 여기에는 비판적 사고와 리더십에 대한 기술과 함께 특정 커뮤니케이션 기술이 포함된다. 실제로 공인회계사 비전 프로젝트는 전문지식과 함께 경영 활동을 하는 사람들과 더 효과적으로 소통하는 기술을 갖춘 공인회계사를 향후 바람직한 모습으로 예견하고 있다.

민간회계사와 관리회계사

민간회계사 기업에서 매일 발생하는 재무 활동을 수행하기 위해 기업에 고용되어 월급을 받는 회계사

감사보고서의 진실성을 확보하기 위해 감사에 참여하는 공인회계사는 피감회사와 항상 독립성을 견지해야 한다. 그러나 많은 기업이 매일 발생하는 경영 활동에 참여하는 **민간회계사**(private accountant)를 직원으로 직접 고용하기도 한다. 이러한 회계사들 또한 공인회계사일 수도 있으나 외부감사 과정에는 관여할 수 없다.

회사에 소속된 민간회계사들은 많은 업무를 수행한다. 예를 들어 코노코필립스(ConocoPhillips)의 내부감사인(internal auditor)은 해상의 석유시추 플랫폼에 있는 유량계의 정확성을 확인하기 위해 북해(North Sea)로 출장을 가야 할 수도 있다. 공급업체와 직원들에게 매월 20억 달러의 급여 지급을 담당하는 책임자는 고용과 교육, 프로젝트의 배정, 회계 인력의 성과 평가와 같은 업무를 수행하기 위해 해당 업무에 계속 남아 있어야 하기도 한다. 대기업은 예산, 재무계획, 내부감사, 급여, 세금과 같은 분야에 전문성을 갖춘 회계사를 고용한다. 반면, 중소기업에서는 한 사람이 모든 회계 관련 업무를 처리하기도 한다.

회사에 고용된 민간회계사는 공인회계사일 수도 있고 공인회계사가 아닐 수도 있지만, 대부분은

다양한 활동(마케팅, 생산, 엔지니어링 등)에서 관리자를 지원하기 위한 서비스를 제공하는 **관리회계사**(management accountant)로서의 역할을 수행한다. IMA(Institute of Management Accountants)가 자격증을 관리하는 **공인관리회계사**(certified management accountant, CMA) 자격증은 IMA에서 정하는 일정한 경력과 심사 요건을 통과한 전문가임을 증명한다. 전 세계 65,000명 이상의 회원을 보유하고 있는 IMA는 회계 전문가들을 지원해 양질의 회사 내부통제와 재무 관행을 창출하는 데 기여하고 있다.

관리회계사 기업 내 발생하는 다양한 기업 활동에서 경영자를 지원하기 위해 재무 서비스를 제공하는 민간회계사

공인관리회계사 관리회계 자격을 인정하는 것으로 IMA로부터 부여받은 전문자격

법회계사

회계 부문에서 가장 급속도로 성장하는 분야 중 하나는 **법회계**(forensic accounting)로, 법회계는 법적인 목적으로 회계학을 사용한다. '기업 문화의 사적인 **안목**(private eyes of the corporate culture)'으로 알려지기도 하는 법회계사들은 뛰어난 탐정이 되어야 한다. 그들은 재무기록을 액면 그대로 받아들이는 대신 기업 외관에 숨겨진 실질을 바라본다. 법회계사는 수사기술과 회계, 감사, 그리고 형사의 본능을 결합해 법원에서 이루어지는 경영, 재무와 관련된 문제의 조사를 돕기도 한다. 또한 법회계사는 법집행기관, 보험회사, 법무법인, 개인 및 기업체로부터 기업을 상대로 한 범죄나 기업이 저지르는 범죄, 민사 문제 등에 있어서 회계 관련 조사와 소송 지원 등에 도움을 줄 것을 요청받을 수 있다. 한편, 그들은 인터넷 사기와 정부 자금의 오남용에 대한 범죄 수사를 할 수 있다. 민사사건은 흔히 과실로 인한 상해치사 청구를 조사하고 정량화해야 하며, 혼인 분쟁에서는 재정 문제를 분석해야 한다. 또한 법회계사는 직원들이 저지르는 사기나 절도로 발생한 손실을 추적하고 복구하는 것을 돕기도 한다.

법회계 법적인 목적으로 회계학을 실행함

회계검사 사법당국은 법회계사에게 자금세탁이나 투자사기로 의심되는 범죄 배후의 금융거래를 추적할 것을 요청할 수 있다. 법회계사는 사건의 법적 개념과 그 절차에 정통하므로, 재무증거(문서, 은행 계좌, 전화, 컴퓨터 기록 및 인물)를 식별·분석하고 회계와 관련된 사안의 결론과 법적인 의미를 제시할 수 있다. 그들은 또한 조사 결과를 전달하기 위해 보고서, 전시물, 문서 등을 개발한다.

소송 지원 법회계사들은 법적인 절차와 관련된 증거를 준비하고 보존함으로써 사법절차에 회계증거의 적용을 돕는다. 그들은 또한 재판 증거를 뒷받침하기 위한 시각교육자료를 제공하고, 전문가로서 증언해 법원에서 경제적 손실을 결정하는 데 도움을 준다. 예를 들어 이혼소송에 관여하는 변호사는 재산분할에 관련된 자산이 과소평가되고 있다고 의심이 들 때, 법회계사에게 자산의 재무분석을 요청할 수 있다. 영화 제작자는 영화가 완성되기 전에 그만두는 여배우의 계약 위반에 관한 손해배상을 결정하는 데 도움이 필요할 수 있다

공인부정조사전문가 법회계 내 특정 영역인 **공인부정조사전문가**(certified fraud examiner, CFE)의 지정은 ACFE가 관리한다. CFE의 활동은 특히 사기의 적발, 회계 시스템상의 취약점 및 사기 위험도에 대한 평가, 사법기관을 대신한 화이트칼라 범죄조사, 사기예방을 위한 내부조직 통제평가, 전문가 증인신문 등 사기와 관련한 이슈에 초점을 맞춘다. 많은 CFE가 내부로부터 일어나는 사기를 막기 위해 노력하는 기업에 채용된다. CFE의 업무는 다음 네 가지 영역을 포함한다.

공인부정조사전문가 법회계 분야에 대한 전문성을 인정하는 ACFE가 관리하는 자격

1. **부정행위 방지 및 지연:** 사람들이 부정을 저지르는 원인, 부정행위 방지를 위한 이론 및 윤리규정의 마련 등
2. **금융거래:** 회계기록에서 발생하는 부정금융거래 유형의 조사
3. **부정행위 조사:** 부정거래의 추적, 기망행위의 평가, 인터뷰 및 진술서의 접수

격변 시대의 경영

정직이 최선의 방책이 되는 경우는 언제인가?

Kristoffer Tripplaar/Alamy Stock Photo

2010년, CSC(Computer Sciences, Corporation)의 임원들은 어려운 딜레마에 직면했다. 이 회사는 영국의 국가보건서비스(National Health Service, NHS)와 대규모 계약을 진행 중이었다. 안타깝게도 기대했던 추정이익이 실현되지 않았다. CSC가 해당 계약과 관련한 기한을 지키지 못해 이와 관련된 계약 불이익으로 추정이익을 잠식할 것으로 예상되었던 것이다. 큰 폭의 손실은 회사 주가에 큰 타격을 주고 임원 보너스도 삭감될 수 있어, CEO를 맡고 있던 마이클 라펜(Michael Laphen)과 CFO인 마이클 맨쿠소(Michael Mancuso) 등이 '해결책'을 마련했다. 해결책이란 장기 계약에 관한 GAAP의 규정을 따르는 대신, 이익을 계속적으로 표시하는 모형을 개발하는 것이었다. 회사는 이와 동시에 NHS가 수익의 일부를 회복하는 계약 변경에 동의하도록 설득했지만, NHS는 이를 거절했다.

회사의 예상손실과 실현된 손실은 주주를 포함한 투자자에게 공시되었어야 했다. 그러나 맨쿠소와 다른 임원진들은 NHS로부터 높은 이자율로 돈을 차입함으로써 본질적으로 이러한 상황과 현금흐름의 부족을 은폐했다. 맨쿠소는 노골적인 속임수로 투자자들에게 회사가 '구식 하드웨이' 현금흐름 목표를 유지하고 있다고 보고했다. SEC의 집행부 국장인 앤드루 J. 세레스니(Andrew J. Ceresney)에 따르면 큰 문제에 직면한 기업들은 이를 공시해야 하지만, CSC는 진실된 재무성과가 아닌 향후 NHS와 협상 중인 계약내용을 토대로 투자자를 현혹하는 일을 반복했다.

이와 같은 CSC의 기만적인 회계 관행은 NHS 계약에만 국한되지 않았다. 2009년의 운영목표를 달성하기 위해 지역 CFO를 맡고 있던 웨인 뱅크스(Wayne Banks)는 호주에서 거둬들이는 수익을 인위적으로 부풀리는 한편 모든 비용을 보고하지 않음으로써 이익을 과대평가했다. 이와 마찬가지로 북유럽 지역에서는 비용을 선급자산으로 잘못 기록해 손익계산서의 순이익이 증가하고 대차대조표의 자산이 증가하는 결과를 낳게 했다. CSC 북유럽 지역 재무담당 이사인 폴 웨이크필드(Paul Wakefield)와 클라우스 짐머(Claus Zimmer) 재무담당자는 SEC에 의해 제기된 혐의와 관련해 일부 합의를 했다. 그 일환으로 웨이크필드는 SEC가 회사의 기망행위를 조사하는 것에 협조했다.

2012년 CSC는 최고위층의 리더십에 큰 변화를 꾀했고 몇 년간의 재무제표를 수정했다. 또한 재무제표 작성과 공시에 관한 내부통제를 강화하기 위해 다양한 프로그램을 가동했다. 증권사기에 SEC와의 합의금으로 1억 9,000만 달러의 위약금을 지급하기로 합의했다. 문제가 되었던 시기에 회사를 이끌었던 사람들은 어떻게 되었을까? 기업의 재무공시를 개선하고 분식회계를 막기 위한 개혁을 단행하려고 입법된 2002년 사베인스-옥슬리법(Sarbanes-Oxley Act)에 의해 마이클 라펜은 2015년 CSC에 3,700,000달러를 배상하기로 합의해야 했다.

라펜은 또한 SEC에 750,000달러의 벌금을 물어야 했다. 마찬가지로 CFO인 마이클 맨쿠소는 369,100달러의 배상금과 175,000달러의 벌금을 내야 했다. NHS 계약을 담당했던 재무담당이사 로버트 서클리프(Robert Sutcliffe)를 포함해 부정행위에 연루된 다른 일부 사람들은 SEC와의 합의에 도달하지 못했다. 그에 따라 서클리프와 다른 사람들은 상당한 액수의 벌금과 함께 사베인스-옥슬리법에 따라 징역형에 처하게 되었다. 때로는 정직이 최선의 방책일 때가 있다.

4. **사기의 법적 요소:** 증거 수집, 형사법 및 민사법 등의 법리 적용 검토, 피고와 고발자의 권리 포함

법회계사가 되기 위한 시험에 응시하기 위해서는 교육 요건과 경험 요건을 모두 충족해야 한다. 학사학위가 최소한으로 요구되나 회계학이나 다른 특정 분야의 학위를 반드시 갖출 필요는 없다. 학사학위가 없는 부정행위 관련 전문경력이 있는 지원자의 경우 2년의 경력을 1년의 학력으로 대체할 수 있다. 자격증 취득에 필요한 경험 요건에는 감사, 범죄학, 부정행위 조사 또는 법률과 같은 여러 부정행위 관련 분야에서 최소 2년이 포함된다.

공인회계사의 업무와 재무보고에 관한 연방법 차원의 규제: SOX

임클론시스템스(ImClone Systems), 타이코(Tyco), 월드컴(WorldCom, 현재는 MCI), 엔론(Enron), 아서앤더슨(Arthur Andersen) 등의 기업들과 관련된 금융 관련 위법행위는 입법부에 의해 규제대상이 되었다. 미국의 연방법, 특히 **사베인스-옥슬리법**(Sarbanes-Oxley Act, Sarbox 또는 SOX)[2]은 기업의 회계관행에 대한 대중의 신뢰를 회복하고 유지하기 위해 2002년에 제정되었다.

사베인스-옥슬리법 상장기업의 재무 활동에 새로운 요구사항을 부과함으로써 회계관행에 대한 대중의 신뢰를 회복하기 위한 미국 연방 규정

사베인스-옥슬리법은 공인회계사가 제공할 수 있는 비감사 서비스의 종류를 제한하고 있다. 예를 들어 사베인스-옥슬리법에 따를 경우 회계법인은 고객사의 재무정보 시스템을 설계하는 데 도움을 줄 수 있지만, 고객사를 회계감사할 경우 앞의 서비스는 허용되지 않는다. 만약 고객사가 경영컨설팅과 같이 수익성이 상대적으로 높은 비회계 서비스에 대한 계약으로 회계법인에 보상하는 방식으로 회계법인의 부실한 감사를 유도해 의도적으로 해당 고객사의 허위 재무제표를 간과하도록 할 수 있다. 이러한 방식은 엔론과 아서앤더슨 스캔들의 핵심적인 혐의였다. 당시 세계 최대 회계법인 중 한 곳이었던 아서앤더슨은 엔론의 불건전한 재정상태를 밝히지 않은 감사보고서를 제출해 결국 대규모 에너지 회사였던 엔론을 파산시키고 아서앤더슨 역시 해산되었다. 엔론을 감사해 받는 보수보다 컨설팅으로 받는 보수가 더 컸었다. 동일한 고객사에 대해 감사와 비감사 서비스를 동시에 제공하는 것을 금지함으로써 사베인스-옥슬리법은 독립적이고 편향되지 않은 감사가 가능하도록 한다.

사베인스-옥슬리법은 상장기업의 사실상 모든 금융 활동을 규율하고 더불어 사기, 은닉 또는 재무기록을 파괴하는 자에 대한 엄중한 형사처벌을 부과한다. 예를 들어 CFO와 CEO는 회사의 재무상태가 올바르고 이러한 결론을 얻기 위해 사용한 방법과 관련 내부통제를 개인적으로 보증한다고 약속해야 한다. 기업은 모든 직원이 자신에게 보복이 가해질 것이라는 우려 없이 비윤리적인 회계관행과 불법행위를 익명으로 신고할 수 있는 안전한 시스템을 구축해야 한다. 표 15.2는 사베인스-옥슬리법의 주요 조항에 대한 간략한 설명을 보여주고 있다.

2 사베인스-옥슬리법의 정식 법률명은 'Public Company Accounting Reform and Investor Protection Act(상장기업 회계개혁 및 투자자보호법)'으로 법안을 상정한 메릴랜드주 폴 사베인스(Paul Sarbanes) 민주당 상원의원과 오하이오주 마이클 옥슬리(Michael G. Oxley) 공화당 하원의원의 이름을 따서 사베인스-옥슬리법이라 불린다 – 역주

표 15.2 사베인스–옥슬리법의 주요 내용

- 회계법인이 감사를 준비할 때 사용하는 윤리 표준을 수립하는 국가 회계감독위원회(Accounting Oversight Board)의 설립
- 감사자의 일정한 기간 동안 감사 관련 기록의 보관 의무
- 동일인이 5년 이상 계속적인 감사 책임자로 재직하는 것을 금지
- CEO와 CFO가 회사의 재무제표가 진실하고 공정하며 정확하다는 것을 인증하도록 요구
- 기업이 임원 및 이사에게 개인 대출을 연장하는 것을 금지
- 피감기업이 고위 재무책임자에 대한 윤리강령을 채택했는지 여부를 공개하도록 요구
- SEC가 각 기업의 재무제표를 정기적으로 감리하도록 요구
- 부정적인 보고서를 작성하는 직원에게 고용주가 보복하는 행위를 방지
- 기록을 위조, 파기, 변경 또는 은폐한 감사인과 고객사에게 형사처벌 부과(10년 징역형)
- 주주를 사취한 자에게 벌금 또는 금고(최대 25년 징역형) 부과
- 우편 및 유선을 통한 부정행위에 대한 처벌이 징역 5년에서 20년으로 변경
- 기업 임원의 재무보고서 인증 실패에 대한 형사책임 부과

학습목표 15-2
국제회계기준위원회(IASB)의 설립 목적과 존재 이유를 설명한다.

회계의 국제화

초기의 회계는 7,000여 년 전 메소포타미아(Mesopotamia)와 이집트에서 무역거래를 기록하고 자원을 추적하기 위해 존재했던 것으로 알려져 있다. 시간이 지남에 따라, 각 국가 또는 지역의 회계관행이 지역 문화 전통과 법률의 발전을 수용하는 동시에 실무에서의 요구를 충족하도록 개선되었다. 독특한 회계관행이 개별 지역의 특성을 잘 반영했지만 추후 국제거래가 빈번해지고 중요해지면서 이러한 고유의 회계관행은 문제가 되기 시작했다. 20세기 후반 다국적 기업의 발달과 세계 경제의 국제화는 회계관행의 통일을 요구하는 목소리에 힘을 실었다. '보편적(universal)' 절차의 개발은 예컨대 중국, 브라질, 이탈리아의 정부나 투자가들이 다른 나라의 재무제표를 읽고 해석하고 비교할 수 있게 해주었지만 오늘날까지도 그러한 비교가 – 때때로 불가능하지는 않더라도 – 어려운 경우가 많다.

국제회계기준위원회

국제회계기준위원회 일련의 글로벌 회계표준을 개발하고 해당 표준의 구현을 담당하는 조직

2001년에 영국 런던에 설립된 **국제회계기준위원회**(International Accounting Standards Board, IASB)는 일련의 글로벌 회계표준을 개발하고 그 표준을 구현하기 위한 세계 여러 회계기관의 지원과 협력을 얻는 것을 담당하는 독립적인 비영리단체이다.

다양한 국가에서 온 14명의 IASB 이사진은 기술적이고 국제적인 경험을 가진 회계 전문가이다. IASB는 주권을 가지는 국가가 기준을 받아들이도록 강제할 수 없으므로 전 세계 국가들로부터 협력을 얻어내는 것이 지속적인 과제이다. 그런 어려움이 있음에도 국제적으로 인정을 받는 것은 국제회계표준을 개발하고 구현하는 데 필수적이다. 따라서 IASB의 과제는 권고안을 설계하기 위해 여러 국가와 협력을 요구하는 장기적인 절차가 된다. 예를 들어 IASB의 제안이 미국에 수용되기 위해서는 먼저 미국의 FASB와 SEC의 승인을 얻어야 한다.

국제회계기준을 만들어야 하는 이유

138개국 이상이 IASB의 회계관행을 채택했음에도 불구하고, 50개 이상의 국가들은 여전히 개별 GAAP를 계속 사용하고 있다. 구글, 캐터필러(Caterpillar), 마이크로소프트와 같은 미국 기반의 글로벌 기업들은 사업을 수행하는 각 국가의 현지 회계관행을 사용해 각기 다른 재무보고서를 작성한다. 또한 앞의 기업들은 미국 GAAP를 사용해 모든 글로벌 계열사의 재무성과를 결합하는 일련의 연결보고서(consolidated statements)를 통해 회사의 전반적인 실적을 보고하기도 한다. 다른 회계기준을 사용하는 것은 기업의 재무 건전성에 관한 다른 결론을 낼 수도 있다. 예를 들어 지역 GAAP를 적용해 재무제표(손익계산서, 대차대조표, 현금흐름표)를 만들 때와 IASB를 적용해 만들어진 재무제표 사이에는 투자자의 혼란이나 오해를 초래할 수 있는 불일치하거나 심지어 서로 충돌하는 정보가 포함될 수 있다. 이 점을 강조하기 위해 IASB의 한스 후거보스트(Hans Hoogervorst) 회장은 IASB를 적용할 때 미국 GAAP 회계기준을 적용할 때보다 대차대조표 수치가 2배가량 커질 수 있음을 지적하고 있다. 그렇다면 두 보고서 중 어떤 것이 회사의 경영성과와 재무정보를 제대로 보여주는 것일까? 이와 같은 재무보고서의 불일치는 글로벌 경제체제에서는 용납될 수 없으며, 이러한 문제들로부터 정보 이용자들을 보호하는 것이 IASB의 주된 목표 중 하나다.

미국 GAAP와 IASB의 일치를 위한 몇 가지 영역 미국 GAAP와 IASB 사이의 회계실무상 많은 차이점과 관련해(일부 보고에 따르면 400개 이상의 불일치가 있다) 아래의 사례들은 재무보고 불일치의 예와 보편적 기준을 위해 불일치를 해소할 방안을 보여준다.

- (대차대조표에 보고되는) **자산평가를 수행**할 때 미국 GAAP는 일정한 경우 시가가 하락하면 자산을 감액할 수 있도록 허용한다. 그러나 그 이후에 시가가 상승하더라도 감액분을 환입할 수 없다. 이와는 대조적으로 IASB는 시가 상승을 반영하는 회계처리를 허용하기 때문에 결과적으로 자산의 장부금액이 두 회계기준 간에 달라질 수 있다.
- **수익 인식**과 관련해 고객으로부터의 가득하는 수익을 인식(보고)하는 시점과 손익계산서에 기록하는 금액에 대한 미국의 GAAP와 IASB의 절차는 다르다. 두 기준의 일치를 위한 공동제안이 승인된다면 기존의 두 회계기준 간 비일관성을 제거하고 재화와 용역을 고객에게 이전하는 시점과 고객에게서 수취할 것으로 예상되는 금액으로 수익을 인식하는 단일 기준이 마련될 수 있다.
- 미국 GAAP와 IASB는 **금융자산의 손상차손을 인식**할 때 동일한 절차를 사용한다. 손실이 실제로 발생한 후, 감소한 가치를 반영하기 위해 대여금의 장부가액을 감액해 재무제표에 기재하는 것이 가능하다. 그러나 FASB와 IASB는 대출손실을 **사전**에 인식하는 '기대손실모형(expected loss model)'을 **적용하는 것이** 정보 이용자에게 적시성을 갖춘 정보를 제공하는 것으로 본다. 그 절차에 관한 공동제안이 제시되었고 현재 논의 중이다.
- **공정가치 관련 공시**에서, FASB와 IASB는 재무제표의 공정가치 공시의 비교 가능성을 제고하기 위한 새로운 기준서를 공동으로 제안했다. 많은 지역 GAAP 간 서로 다른 공시 관행과 달리, 두 위원회는 자산, 부채, 자본에 대해 동일한 의미를 가진 공정가치가 보고되기를 원한다. 공시에서 정보 이용자들이 재무제표를 보다 명확하게 평가하고 비교할 수 있도록 공정가치 측정에 사용되는 기법과 투입변수를 식별해야 한다.

미국 GAAP과 IASB의 일치를 위한 향후 일정 미국 SEC는 당초 2015년부터 미국 기업들이 재무보고를 위해 IASB 절차를 사용하도록 계획한 바 있다. 일부 절차는 당초 계획처럼 2015년에 시행되었지만, 다른 절차는 연기되거나 수년에 걸쳐 단계적으로 시행되는 것으로 수정되었다. 관련 절차를 완전히 이행하기 위해서 IASB는 우선 기업회계기준서가 미국 재무보고 시스템에 사용하기에 적합하게 개발되었음을 입증해야 했다. 여기에는 투자자들이 IASB 기준서의 사용에 대한 이해와 교육을 발전시켰는지 확인하는 것이 포함된다. 미국에서 회계학을 전공하는 학생들이 IASB를 이해할 수 있도록 준비시키고, 회계법인의 직원들 역시 관련 지식을 갖출 수 있도록 회계교육도 갱신되고 있다. AICPA는 CPA 시험에서 국제표준을 도입하는 과정을 시작했다. 이제 시험 문제 중 일부는 미국 GAAP와 IFRS의 차이를 묻기도 한다.

학습목표 15-3
회계등식 사용 방법을 설명한다.

회계등식

회계등식 자산 = 부채 + 자본. 회계담당자가 한 해 여러 시점에서 기업의 금융거래 데이터의 균형을 맞추기 위해 사용함

모든 기업의 회계담당자는 거래를 입력하고 추적하기 위해 기록에 의존한다. 모든 기록을 보관하는 절차에 있어서 기초는 회계처리의 가장 기본적인 도구인 **회계등식**(accounting equation)이다.

$$자산 = 부채 + 자본$$

각 금융거래(예: 공급업체 대금 지급, 판매, 종업원 급여 지급) 후에는 회계등식이 성립해야 한다. 만약 회계등식이 성립하지 않는다면 회계상 오류가 발생한 것이다. 회계등식의 중요성을 더 잘 이해하기 위해서는 **자산**, **부채**, **자본**이라는 용어를 이해해야 한다.

자산과 부채

자산 그것을 소유하는 기업 또는 개인에게 이익이 될 것으로 예상되는 모든 경제적 자원

부채 기업이 외부 조직이나 개인에게 진 채무

자산(asset)은 자산을 소유한 기업이나 개인에게 미래 경제적 효익이 발생할 것으로 예상되는 모든 경제적 자원이다. 자산에는 토지, 건물, 공기구, 재고자산, 수취채권 등이 포함된다. 예를 들어 애플은 2016년 말 현재 **2,904억 7,900만** 달러의 총자산을 보유했다. 반면에 **부채**(liability)는 기업이 외부에 진 빚이다. 2016년 말 현재 애플의 부채 총액(타인에게 진 모든 부채)은 **1,711억 2,400만** 달러다.

자본

자본 소유주가 회사의 모든 자산을 매각한 후 모든 부채를 상환했을 때 받게 될 남은 돈

주택 소유자가 주택을 매각하고 처분한 대금으로 주택담보대출을 상환하고 난 잔액을 회수하거나 회수할 잔액이 없을 수 있는 사실로부터 자본의 개념을 유추해볼 수 있다. **자본**(owners' equity)이란 사업에서 소유주가 회사의 모든 자산을 추정가치로 매각하고 모든 부채를 갚은 후에 받게 될 금액을 말한다. 애플의 2016년 재무보고서에 따르면 자본은 **1,193억 5,500만** 달러이다. 애플의 사례에서 회계등식이 성립한다는 것을 알 수 있다(단위: 십억 달러).

$$\begin{array}{ccccc} 자산 & = & 부채 & + & 자본 \\ 29.0479 & = & 17.1124 & + & 11.9355 \end{array}$$

자본이 자산과 부채에 어떻게 관련되는지를 강조하기 위해 회계등식을 다시 다음과 같이 바꾸어 쓸 수 있다.

지산은 기업에 이익이 되는 경제적 자원이다. 애플의 자산에는 소매점과 매장에서 고객에게 판매하기 위해 보유하고 있는 애플 제품의 재고가 포함된다.

자산 − 부채 = 자본

자본을 가리키는 다른 용어는 **순자산**(net worth)이다. 즉 기업이 소유한 자산에서 부채를 뺀 것이 순자산 또는 자본이다. 기업의 자산이 부채를 초과하는 경우 자본은 양수(+)이다. 애플의 예에서 자본은 1,193억 5,500만 달러(=2,904억 7,900만 달러 − 1,711억 2,400만 달러)이다. 회사가 폐업할 때 주주는 자산을 매각하고 부채를 상환한 후 현금을 돌려받는다. 그러나 부채가 자산보다 크면 자본은 음수(−)가 되고, 자산은 모든 부채를 상환하기에 불충분해 기업은 파산한다. 회사가 파산하게 되면 소유주들은 투자한 현금을 돌려받지 못하고, 일부 채권자들 역시 빌려준 돈을 회수하지 못한다.

자본은 투자자와 채권자 모두에게 의미가 있다. 예를 들어 대부업체는 소유주에게 돈을 빌려주기 전에 기업의 자본 수준을 파악하고자 한다. 자본액이 클수록 대출자의 담보도 커지는 까닭이다. 자본은 다음 두 가지 원천으로 구성된다.

1. 주주가 최초 투자한 금액
2. 회사가 획득하고 재투자한 이익(주주의 소유이기도 함)

기업이 수익성 있게 운영되면 자산은 부채보다 빠르게 증가한다. 따라서 이익을 주주에게 배당하는 대신 기업 내에 유보한다면 주주 지분은 증가하게 된다. 주주가 자산을 늘리기 위해 자신의 돈을 더 투자하면 자본이 증가한다. 그러나 회사가 손실을 입거나 주주가 자산을 회수하면 반대로 자본은 감소할 수 있다.

기업가정신과 새로운 벤처기업

회계등식을 이용한 작업

Dinis Tolipov/123RF

아마도 당신은 사람들이 집과 자본에 대해 말하는 것을 들어본 적이 있을 것이다. 주택 소유자의 자본은 주택의 가치(시장가치)와 은행에 지고 있는 부채의 차액이다. 차량 역시 마찬가지다. 차를 1,000달러에 구입하면서 전액을 현금으로 지불했을 때 당신의 자본은 1,000달러이지만, 만약 당신이 50달러를 내고 나머지는 대출을 통해 마련한다면 당신의 자본은 50달러에 지나지 않는다. 대출금을 갚는 것보다 차의 가치가 더 빨리 하락하지 않는 한, 당신이 대출을 갚을수록 자본은 증가한다. 회계등식은 다음과 같다.

자산 = 부채 + 자본

그러나 미국의 기업회계기준에 작은 차이가 하나 있다. 대부분의 경우 자산의 시장가치를 사용하는 대신 역사적 원가(historical cost)를 사용한다.

일반적으로 기업을 설립하는 첫 번째 단계는 기업용 은행계좌를 설정하는 것이다. 주(state)에 사업자등록을 신청하고 10,000달러를 기업명의 은행계좌에 입금해 목공 사업을 시작한다고 가정해보자. 이제 당신이 운영하는 기업은 10,000달러의 자산(예치한 현금), 부채는 없고, 자본으로 10,000달러를 가지게 된다. 자본은 주주에게 운영을 중단한다면 얻게 되는 기업의 가치이다.

아마도 당신은 돈을 벌 수 있는 가장 좋은 기회가 역사적으로 보존가치를 가지는 집의 창문을 위한 맞춤형 나무셔터를 만드는 것이라고 결정했을 수 있다. 하지만 이 일을 효율적으로 하기 위해서는 20,000달러짜리의 비싼 장비를 구입해야 한다고 가정하자. 장비 가격이 가지고 있는 현금을 훨씬 초과하기 때문에 대출을 받아야 한다. 장비를 구입하고 나면 현금 10,000달러와 장비 20,000달러의 두 자산을 보유하게 되어 총자산은 30,000달러가 된다. 한편, 부채는 20,000달러이고 자본이 10,000달러가 되므로 총부채와 자본의 합은 총자산과 동일한 30,000달러가 된다.

운 좋게 10세트의 맞춤 셔터를 주문받았고, 판매이익은 목재 및 기타 물품에 대한 판매 가격에서 20,000달러를 뺀 금액이라고 가정하자. 셔터가 배달된 후 청구서가 결제되면, 현금 15,000달러를 갖게 되며, 현금잔액 10,000달러에 추가된다. 이제 총자산은 45,000달러로 현금 25,000달러와 장비 20,000달러로 구성된다. 다른 한편으로 부채는 변동이 없지만, 첫 판매 때 얻은 이익만큼 자본이 증가해 10,000달러에서 25,000달러로 변동한다. 따라서 부채 및 자본의 합은 45,000달러로 총자산과 동일해진다.

마지막으로, 열심히 일한 후 당신은 멋진 휴가를 보내길 원한다. 사업용 계좌에서 현금 8,000달러를 인출하면 현금과 자본이 모두 같은 금액만큼 줄어든다. 그 결과 총자산은 37,000달러(현금 17,000달러, 장비 20,000달러)가 되고 총부채 및 자본은 40,000달러(부채 20,000달러, 자본 17,000달러)로 여전히 회계등식의 균형은 유지된다.

학습목표 15-4

세 가지 기본 재무제표를 기술하고, 이러한 재무제표가 어떻게 기업 활동과 재무상태를 반영하는지 기술한다.

재무제표 이해당사자들에게 회사의 재무상태를 요약해 보여주고 경영진의 의사결정을 돕기 위한 여러 유형의 보고서

재무제표

앞에서 언급한 바와 같이 회계직원들은 경영자들이 정보에 입각한 의사결정을 할 수 있도록 기업의 거래결과와 관련 보고서를 요약한다. 가장 중요한 보고서는 **재무제표**(financial statement)로, 이는 다시 대차대조표, 손익계산서, 현금흐름표 세 가지로 세분된다. 해당 보고서들은 회사의 재무상태와 재무상태에 영향을 미친 원인을 보여준다. 이 절에서는 세 가지 재무제표와 내부 용도의 재무제표로서 예산의 기능을 살펴본다.

대차대조표

대차대조표(balance sheets)는 회계등식을 구성하는 항목인 **자산**, **부채**, **자본**에 대한 상세한 정보를 제공한다. 대차대조표는 특정 시점에서의 기업의 재무상태를 보여주기 때문에 다른 말로 **재무상태표**(statements of financial position)라 부르기도 한다. 그림 15.1은 2016년 말 현재 애플의 대차대조표를 간략하게 나타낸 것이다.

대차대조표 기업의 자산, 부채 및 소유주의 자본에 대한 자세한 정보를 제공하는 재무제표

자산 회계학의 관점에서 대다수 기업은 **유동자산**, **고정자산**, **무형자산**을 가진다.

유동자산 **유동자산**(current assets)은 현금과 1년 이내에 현금으로 전환할 수 있는 자산을 말한다. 현금으로 바꾸는 행위를 **유동화**(liquidating)라고 한다. 자산은 일반적으로 **유동성**(liquidity), 즉 현금으로 쉽게 전환할 수 있는 순서에 따라 나열한다. 예를 들어 부채는 통상 현금으로 지급된다. 현금을 필요로 하나 이를 창출할 수 없는 기업(즉 유동성이 낮은 기업)은 자산을 할인된 가격으로 매각하거나 심지어 폐업해야 할 수도 있다.

유동자산 1년 이내에 현금으로 전환할 수 있거나 전환할 자산

유동성 자산을 현금으로 바꿀 수 있는 용이성

현금은 그 자체로 유동적이다. 단기 투자로 매입한 **유가증권**은 유동성이 현금에 비해 상대적으로 떨어지나 신속한 매각이 가능할 수 있다. 단기 투자 유가증권의 범위에는 다른 회사의 주식이나 채권, 국채, MMC(money market certificates, 시장금리연동형 정기예금)이 포함된다. 많은 기업은 고객에게 판

애플
2016년 12월 31일 현재
대자대조표 요약(축약)

(단위: 백만 달러)

자산	
유동자산	
현금	$21,120
시장성 유가증권	20,481
매출채권	16,849
기타	30,928
소계	**$89,378**
장기 보유 시장성 유가증권	
소계	**$164,065**
고정자산	
유형자산	$22,471
소계	**$22,471**
무형자산	
무형자산	$3,893
영업권	5,116
소계	**$9,009**
기타 자산	
소계	**5,556**
자산총계	**$290,479**

부채	
유동부채	
외상매입금	$35,490
미지급비용	25,181
기타	19,939
소계	**$80,610**
비유동부채	
장기차입금	$53,463
기타	37,051
소계	**$90,514**
부채총계	**$171,124**
자본	
납입자본	$27,416
이익잉여금	91,939
자본총계	**$119,355**
부채와 자본총계	**$290,479**

2016년 12월 31일 현재 애플의 대차대조표. 애플의 총자산은 총부채와 자본의 합과 같음.

그림 15.1 애플의 대차대조표

출처: Apple, Inc. (2017). 2016 Annual Report. Mountain View, California: Author.

매하기 위해 취득한 **상품**과 같은 비유동성 자산을 보유한다. 애플은 재고를 거의 쌓아두지 않는 것으로 알려져 있다. 예를 들어 새로운 아이폰을 제조할 때 AT&T나 버라이즌(Verizon) 같은 소매업체로 직접 제품을 배송하도록 해 해당 회사의 대차대조표에 재고자산으로 잡힌다. 애플은 충분히 많은 현금을 창출하기 때문에 그 현금을 통한 장기 시장성 자산에 대한 투자를 유지하고 있다.

고정자산 토지, 건물 및 장비와 같이 장기간 사용 또는 가치가 있는 자산

감가상각 자산의 내용연수에 걸쳐 자산의 원가를 분배하는 방법

고정자산 **고정자산**(fixed asset, 토지 · 건물 · 공기구 등)은 장기간 사용되거나 가치를 가지지만, 건물과 공기구처럼 마모되거나 진부화(obsolete)되면 그 가치는 감소한다. 회계에서는 자산의 취득원가를 내용연수에 걸쳐 분배하기 위해 **감가상각**(depreciation)을 사용한다. 감소한 가치를 반영하기 위해 기업은 자산의 내용연수를 추정한 후 해당 내용연수로 감가상각 대상금액을 나눠 감가상각비를 계산한다. 매년 장부가액에서 계산한 감가상각비를 차감한다. 따라서 장부상의 잔여가치(또는 순가치)는 매년 감소하게 된다. 그림 15.1에서 애플의 고정자산이 감가상각 후 224억 7,100만 달러임을 보여주고 있다.

무형자산 미래 기대되는 경제적 가치를 갖는 특허권이나 상표권과 같은 물리적 실체가 없는 자산

영업권 기업인수의 경우 자산가치를 초과하여 지급한 금액

무형자산 가치는 계산하기 어렵지만, **무형자산**(intangible asset)은 기대급여의 형태로 화폐가치를 가지며 여기에는 특허권, 상표권, 저작권, 프랜차이즈가 포함된다. 또한 기업의 제품에 대한 권리나 어떤 특권을 취득하기 위해 타인에게 지불한 수수료가 포함될 수 있다. **영업권**(goodwill)은 인수자가 기존 사업에 대해 다른 자산의 가치를 초과해 지급할 것으로 예상되는 금액이다. 예를 들어 피인수회사는 좋은 평판을 얻고 있거나 지리적인 위치가 좋을 수 있다. 애플의 경우 대차대조표에 무형자산과 영업권을 모두 공시하고 있다.

유동부채 1년 이내 상환해야 할 부채

외상매입금 공급업체에 지불해야 하는 청구서와 함께 다음 연도 내에 지불해야 하는 임금 및 세금

비유동부채 만기가 1년을 초과하는 부채

부채 자산과 마찬가지로 부채도 여러 세부항목으로 구분된다. **유동부채**(current liability)는 1년 이내에 갚아야 하는 부채이다. 여기에는 **외상매입금**(accounts payable), 미지급금뿐만 아니라 차기에 지급해야 하는 급여 및 세금을 포함한다. 애플은 유동부채로 806억 1,000만 달러를 보고하고 있다. **비유동부채**(long-term liability)는 만기가 1년을 초과하는 부채를 말하는데, 애플의 비유동부채는 905억 1,400만 달러다.

납입자본 주주들이 회사에 투자한 돈

이익잉여금 배당되지 않고 기업에 유보된 순이익

소유주 지분 그림 15.1은 소유주 지분(자본)을 **납입자본**과 **이익잉여금**으로 구분해 표시하고 있다. **납입자본**(paid-in capital)이란 주주들이 회사에 투자한 돈으로, 애플의 사례에서 납입자본은 2016년 말 현재 274억 1,600만 달러이다.

이익잉여금(retained earnings)은 주주에게 배당되지 않고 기업에 유보된 순이익이다. 애플의 사례에서 2016년 말 현재 919억 3,900만 달러의 이익잉여금을 보유하고 있다. 한편, 같은 시점 애플의 자본총액(납입자본금에 이익잉여금을 합한 금액)은 1,193억 5,500만 달러이다.

기업의 대차대조표는 특정 시점의 재무 상태를 나타내는 바로미터에 해당한다. 채권자와 소유주는 당기 대차대조표를 전기 대차대조표와 비교함으로써 자산의 변동사항이나 기업의 재무 변화, 미래에 대한 예측 등을 할 수 있다.

손익계산서

손익계산서 기업의 연간 수익 및 비용 내역과 당기손익의 수치를 보여주는 재무제표

손익계산서(income statement)는 수익과 비용에 대한 상세한 내역과 당기손익의 수치를 보여준다.

애플
손익계산서 요약(축약)
2016년 1월 1일~12월 31일 현재

(단위: 백만 달러)

수익		**$233,715**
수익원가	**140,089**	
매출총이익		**$93,626**
영업비용		
연구개발비	8,067	
판매비, 관리비	13,044	
영업비용총계		**$21,111**
영업이익(세전)		$72,515
법인세*		19,121
순이익		**$53,394**

*추정치

그림 15.2 애플의 손익계산서
출처: Apple, Inc. (2017). 2016 Annual Report. Mountain View, California: Author.

$$이익 = 수익 - 비용$$

일반적으로 손익(profit or loss)은 모든 기업에서 가장 중요한 수치 중 하나다. 그림 15.2는 애플의 2016년 손익계산서를 보여준다. 애플의 이익은 533억 9,400만 달러이다. 손익계산서는 크게 (1) **수익**(revenues), (2) **수익원가**(cost of revenue), (3) **영업비용**, (4) **순이익**으로 구분해 표시한다. 손익계산서는 특정 **시점**의 재무상태를 보여주는 대차대조표와 달리 월, 분기, 연도와 같이 특정 **기간**에 발생한 경영성과를 보여준다.

수익 로펌이 개인의 유언장을 준비해 수수료로 250달러를 받는 예나 슈퍼마켓이 상품을 구매한 고객으로부터 65달러를 받는 거래행위 모두 재화나 용역의 판매로 인한 **수익**(revenue)의 획득에 해당한다. 애플의 경우 2016년 아이폰, 아이패드, 컴퓨터, 디지털 음악 등 제품 판매를 통해 2,337억 1,500만 달러의 수익(매출)을 얻었다.

수익 재화나 용역의 판매를 통해 기업에 유입되는 자금

수익원가 애플의 손익계산서에서 **수익원가**(cost of revenue) 항목은 특정 연도의 다른 회사로부터 수익을 얻기 위해 발생한 비용을 보여준다. 수익원가에는 애플이 휴대전화, 태블릿, 컴퓨터와 같은 하드웨어 제품을 생산하기 위해 제조업체에 지불하는 비용, 음악·영화 등을 배포할 수 있는 권리에 대해 지불하는 라이선스 비용 등이 포함된다. 그 밖에 인건비, 에너지 관련 비용, 고객거래를 처리하는 과정에서 발생하는 비용, 애플의 데이터센터 운영비용 등도 포함된다. 애플의 2016년 매출원가는 1,400억 8,900만 달러이다.

수익원가 다른 회사로부터 수익을 얻기 위해 발생한 비용

여기서 주의할 점은 애플이 자체적으로 제조를 거의 하지 않는다는 것이다. 애플의 제품을 제조하는 것은 대부분 아시아의 저가 생산업체들에게 아웃소싱되어 이루어진다. 그러나 포드(Ford)나 프록터앤드갬블(Procter & Gamble) 같은 전통적인 제조기업들은 다른 용어인 **매출원가**(cost of goods sold)를 사용한다. 매출원가는 한 해 동안 물리적 형태를 갖춘 제품을 판매하기 위해 재료를 구입하고 가공

매출원가 한 해 동안 물리적 형태를 갖춘 제품을 판매하기 위해 발생한 재료 구입비

하는 데 투입된 원가를 의미한다.

매출총이익 기업의 관리자들은 종종 손익계산서에서 수익과 수익원가(수익을 얻기 위한 직접적인 원가), 두 가지 수치만 고려하는 예비적이고 계산하기 빠른 이익지표인 **매출총이익**(gross profit)에 관심을 둔다. 매출총이익은 기업의 제품을 판매해 얻은 수익에서 수익원가를 차감해 구한다.

매출총이익 수익에서 수익원가를 차감해 산출한 예비적이고 계산이 쉬운 이익 수치(수익을 얻기 위한 직접원가)

영업비용 수익실현과 직접적으로 관련된 비용 외에도 기업은 사무용품 구입에서부터 최고경영자의 급여에 이르기까지 여러 비용을 지출한다. 수익원가처럼 **영업비용**(operating expenses)도 수익을 얻기 위해 기업 외부로 유출되는 자원이다. 그림 15.2와 같이 애플은 2016년 211억 1,100만 달러의 영업비용을 지출했다.

영업비용 재화나 용역을 생산하는 데 발생한 수익원가를 제외한 비용

연구개발비(research development expenses)는 미래에 기업에 도입될 수 있는 새로운 서비스와 기술을 탐색하는 것과 관련된다. **판매비**(selling expense)는 판매부서의 직원 급여와 광고비와 같은 재화나 용역의 판매와 관련된 활동에서 발생한다. 관리부서 직원에게 지급하는 급여, 유지보수비 등 **관리비**(administrative and general expenses)는 회사의 전반적인 경영 활동과 관련된다.

영업이익과 순이익 **영업이익**(operationg income)은 매출총이익과 영업비용의 차액을 보여준다. 애플의 사례(936억 2,600만 달러 – 211억 1,100만 달러)에서는 725억 1,500만 달러의 법인세비용차감전영업이익이 계산된다. 영업이익에서 법인세비용(725억 1,500만 달러 – 191억 2,100만 달러)을 차감하고 나면 **순이익**(net income)이 산출된다. 애플의 2016년 당기순이익은 533억 9,400만 달러이다. 손익계산서의 단계별 세부내역은 기업이 해당 기간의 순익을 구체적으로 어떻게 획득했는지를 보여줌으로써 주주와 기타 이해관계자들이 기업의 경영성과를 정확하게 평가할 수 있도록 도와준다.

영업이익 매출총이익과 영업비용의 차액

순이익 매출총이익에서 영업비용과 법인세비용을 차감한 나머지

현금흐름표

SEC는 상장회사에 대차대조표와 손익계산서뿐만 아니라 현금흐름표를 작성해 공시할 것을 요구한다. **현금흐름표**(statements of cash flows)는 연간 현금유입액과 현금유출액을 요약한 것이다. 기업이 현금을 어떻게 창출하고 사용하는지에 대한 가장 상세한 정보를 제공하기 때문에, 일부 투자자와 채권자는 가장 중요한 보고서 중 하나로 간주한다. 현금흐름표는 영업 활동 · 투자 활동 · 재무 활동 세 가지 측면에서 현금흐름을 보여준다. 애플의 2016년 현금흐름표는 그림 15.3과 같다.

현금흐름표 기업의 연간 현금유입액과 현금유출액을 보여주는 재무제표

- **영업 활동 현금흐름** 현금흐름표에 제시된 첫 번째 정보는 주요 영업 활동인 재화와 용역의 구매 및 판매와 관련된 현금거래에 관한 것이다. 애플의 사례에서 영업 활동으로 인한 현금흐름은 2016년 현금 잔액 중 주요 사업부문, 아이폰, 아이패드, 컴퓨터, 음악 매출액이 얼마가 되는지를 보여준다. 애플은 2016년 초 138억 4,400만 달러의 현금을 보유하고 있었는데, 한 해 동안 주요 제품군의 판매로 533억 9,400만 달러의 현금을 추가로 창출했다.

- **투자 활동 현금흐름** 현금흐름표에 제시된 두 번째 정보는 투자용으로 사용하거나 제공한 현금거래를 보고한다. 구체적으로 주식, 채권, 부동산, 장비, 기타 자산을 사고팔 때 발생하는 현금수입과 지급액을 의미한다. 이러한 현금거래는 회사의 중요 사업으로부터 발생하는 것이 아니다. 애플은 시장성 있는 유가증권의 처분으로 55억 4,100만 달러의 현금유입이 발생했지만 반대로 시장성 있는 유가증권의 매입을 위해 128억 9,700만 달러의 현금유출도 발생했다.

애플
현금흐름표 요약(축약)
2016년 1월 1일~12월 31일 현재

(단위: 백만 달러)

기초 현금 및 현금성자산		**$13,844**
영업 활동 현금흐름		**$53,394**
다른 활동으로부터 발생한 현금유입		
시장성 유가증권의 처분	$5,541	
유상증자	543	
기타	289	
소계	**$6,373**	**$73,611**
다른 활동으로부터 발생한 현금유출		
시장성 유가증권의 매입	$12,897	
무형자산의 매입	9,450	
자기주식의 매입	24,756	
기타	5,388	
소계		**$52,491**
기말 현금 및 현금성자산		**$21,120**

그림 15.3 애플의 현금흐름표

출처: Apple, Inc.(2017). 2016 Annual Report. Mountain View, California: Author.

- **재무 활동 현금흐름** 세 번째 정보는 재무 활동으로 인한 현금거래 보고이다. 차입, 주식발행으로 인한 현금유입과 배당금 지급, 차입금 상환을 위한 현금유출이 그 예다. 애플의 재무 활동으로, 보통주 발행으로 인한 현금유입액 5억 4,300만 달러와 보통주 매입에 247억 5,600만 달러의 현금유출거래가 있다.

- 모든 활동으로부터 발생한 현금의 변화는 2016년 초 138억 4,400만 달러에서 2016년 말 211억 2,000만 달러로 증가했다. 채권자와 주주들은 기업이 1년 동안 자금을 어떻게 조달하고 사용했는지를 알게 된다면 대차대조표와 손익계산서의 연도별 변동내용을 더 쉽게 해석할 수 있다.

예산: 내부 재무제표

예산 미래기간 예상되는 수입과 지출에 대한 상세 보고서

계획, 통제 및 의사결정을 위해 가장 중요한 내부 재무제표는 **예산**(budget)으로, 이는 미래기간 예상되는 수입과 지출에 대한 상세 보고서이다. 보고기간은 통상 1년이나, 일부 기업은 중요한 자본적 지출(capital expenditure)을 고려하는 경우 기간을 늘려 3년 또는 5년의 기간으로 보고서를 준비하기도 한다. 예산은 회사 외부에 공시되지 않는다는 점에서 지금까지 논의한 다른 재무제표와 차이가 있다(따라서 '내부 재무제표'라는 용어를 사용함).

회계부서가 예산 프로세스를 조정하지만, 기업 내 다른 많은 관리자가 제안한 활동과 필요 자원에 대한 의견 역시 필요하다. 그림 15.4는 가상의 도매업자인 퍼펙트포스터(Perfect Posters)를 위한 판매예산이다. 내년 예산을 준비하기 위해서 회계부서는 판매수량에 대한 예상치와 예상되는 비용을 판매부서로부터 전달받아야 한다. 그 후 회계부서는 최종 예산을 작성하고 이를 실제로 발생하는 수익·비용과 비교한다. 예상 수치와 실제 수치의 불일치는 잠재적 문제의 발생을 예고하는데, 한

Perfect Posters, Inc.
555 RIVERVIEW, CHICAGO, IL 60606

2018년 1분기
퍼펙트포스터
판매예산

구분	1월	2월	3월	1분기
판매 수량(예산)	7,500	6,000	6,500	20,000
개당 판매가격(예산)	$3.50	$3.50	$3.50	$3.50
매출액(예산)	**$26,250**	**$21,000**	**$22,750**	**$70,000**
기대현금유입:				
12월 매출	$26,210			$26,210
1월 매출	17,500	$8,750		26,250
2월 매출		14,000	$7,000	21,000
3월 매출			15,200	15,200
총현금유입	**$43,710**	**$22,750**	**$22,200**	**$88,660**

그림 15.4 퍼펙트포스터의 판매예산

편으로 경영성과의 개선을 위한 조치를 하도록 유도하기도 한다.

학습목표 15-5
재무제표 보고를 위한 주요 기준과 원칙을 설명한다.

보고기준과 실무

기업은 외부 공시용 보고서를 작성할 때 보고기준과 회계원칙을 준수한다. GAAP라 불리는 표준화된 회계원칙은 외부 정보 이용자들에게 재무정보의 정확성과 그 의미에 신뢰를 부여하기 위해 제정되었다. GAAP는 수익의 인식 시기와 재무정보의 완전한 공시 방법과 같은 다양한 주제를 다룬다. 만약 이러한 표준이 없다면 재무제표 이용자는 여러 기업의 정보를 비교할 수 없거나 기업의 재무상태를 잘못 이해하고 오해할 수 있다. 법회계사들은 잠재적인 사기행위의 지표 중 하나로 GAAP에서 벗어나는 회계처리를 주목한다.

수익 인식과 활동시기

수익 인식 적절한 시기에 수익을 기록·보고하는 것

수익 보고와 기타 거래를 보고할 때 재무제표 작성에 관한 회계원칙을 준수해야 한다. 예를 들어 **수익 인식**(revenue recognition)은 적절한 시점에 공식적으로 기록하고 보고해야 한다. 기업은 판매를 통해 수익을 계속적으로 벌어들이지만 **획득주기**(earnings cycle)가 완료될 때까지 수익을 보고하지 않는다. 여기서 획득주기는 아래 두 가지 조건이 충족되었을 때 완료된다.

1. 판매가 완료되고 제품이 인도된다.
2. 판매대금을 회수했거나 회수할 수 있다(수취채권).

획득주기의 종료는 기업의 재무제표상 수익 귀속시기를 결정한다. 어느 장난감 회사가 1월에 1,000달러에 상당하는 장난감을 판매하는 계약을 체결하고 매입 당사자인 소매점에 2월에 배송하

기로 했다고 가정하자. 비록 1월에 판매가 완료되었더라도 장난감이 인도되지 않았고 판매대금도 아직 회수되지 않아 획득주기가 완성되지 않았다. 따라서 1월에는 1,000달러의 수익을 인식할 수 없다. 수익은 제품이 인도되고 판매대금이 회수 가능한(또는 대금을 회수한) 2월에 기록되어야 한다. 이러한 처리는 재무제표가 거래로 인해 포기한 자원(재료비, 인건비, 기타 생산비·배달비)에 대한 대가로 취득한 것(수익)을 공정하게 비교하도록 한다.

완전 공시

정보 이용자들이 기업의 재무제표에 나타난 숫자를 더 잘 이해할 수 있도록 GAAP는 재무제표에 경영진의 해석과 수치에 대한 설명을 포함하도록 요구한다. 관리자의 의견을 요구하는 아이디어는 **완전 공시**(full disclosure) 원칙으로 알려져 있다. 경영자들은 회사 내부의 상황을 잘 알기 때문에 특정 사건이나 거래를 설명하거나 그 이면에 있는 사실을 공개하기 위한 추가적인 정보를 준비한다.

완전 공시 재무제표는 숫자만 포함할 수 없고 경영진의 해석과 설명을 제공해야 한다는 지침

예를 들어 보더스(Borders)는 한때 미국에서 반스앤드노블(Barnes and Noble)에 이어 두 번째로 큰 서적 판매 기업이었다. 그러나 보더스는 2011년 초 파산 신청을 했고 같은 해 9월 마지막 서점이 문을 닫았다. 2008년 초 연차보고서(annual report)와 재무제표에서 보더스의 경영진은 회사가 직면하고 있는 경쟁위험과 경제적 위험을 서술했다. 해당 공시에서 소비자들의 소비 경향이 매장을 방문해 구매하는 것에서 온라인 소매점과 전자책(e-Book)으로 이동하는 경향, 그로 인해 보더스의 현금흐름과 전반적인 재무 상황에 위험이 증가하고 있다는 점에 주목했다. 경영진은 보더스가 경쟁력 유지를 위해 필요한 재정적 자원을 확보하는 것에 확신이 없고, 이러한 우려가 곧 현실이 될 것이라는 점을 언급했다. 당시 보더스의 부채총액은 12억 9,000만 달러로 자산총액(12억 8,000만 달러)을 넘어섰다. 공시정보는 투자자와 다른 주주들이 보더스에 투자하거나 거래하는 것과 관련된 위험을 파악하는 데 도움이 되었다. 만약 보더스의 관리자들이 사업의 미래에 대해 정보 이용자들을 기만하는 낙관적인 정보를 제공했다면 전혀 다른 이야기가 전개되었을 것이다.

재무제표의 분석

학습목표 15-6

정보 이용자가 기업의 재무적 강점을 결정하기 위해 재무제표로부터 더 많은 정보를 얻는 데 재무비율이 어떻게 도움이 되는지 기술한다.

재무제표가 제공하는 많은 정보를 어떻게 활용할 수 있을까? 예를 들어 재무제표를 활용해 투자자들이 어느 기업의 주식을 매수할지, 채권자가 채무자의 신용을 연장할지 여부 등을 결정하는 데 도움을 얻을 수 있을까? 이러한 질문과 관련해 다양한 이해관계자(직원, 관리자, 노조, 공급업체, 정부, 고객)에게 제시할 수 있는 답은 다음과 같다. 재무제표는 추세분석과 비율분석에 활용될 수 있다. 이러한 분석을 통해 기업의 재무상태를 평가하고 변화추이를 분석해 향후 기업의 미래를 전망할 수 있다.

비율분석은 일반적으로 다음 세 가지로 분류된다.

1. 단기 및 장기 신용위험의 추정을 위한 **지급능력 비율**(solvency ratio)
2. 잠재적 수익을 측정하기 위한 **수익성 비율**(profitability ratio)
3. 경영진의 자산 활용 정도를 평가하기 위한 **활동성 비율**(activity ratio)

지급능력 비율 차입자의 채무상환능력 추정을 위한 단기 또는 장기재무비율

수익성 비율 회사의 잠재적 수익을 측정하기 위한 재무비율

활동성 비율 기업의 자산 사용에 있어 경영진의 효율성을 평가하기 위한 재무비율

정보 이용자는 의사결정과정에서 위의 비율을 전혀 사용하지 않거나 일부 또는 모두를 사용할 수 있다.

지급능력 비율: 차입자의 채무상환능력

차입자가 대출 원금과 이자를 지급할 확률은 어떻게 계산할 수 있을까? 이 질문은 은행의 대출 담당자, 연기금 운용자 및 기타 투자자, 공급자, 차입회사의 재무 관리자들이 가장 먼저 품게 되는 의문이다. 지급능력 비율은 채무를 이행할 수 있는 기업의 능력을 나타낸다.

단기 상환능력 비율 회사 부채의 즉시 상환능력을 측정하기 위한 재무비율

유동비율 유동자산을 통해 유동부채를 상환할 수 있는 회사 능력을 측정하기 위한 재무비율

유동성과 단기 상환능력 **단기 상환능력 비율**(short-term solvency ratio)은 기업의 유동성과 부채를 즉시 상환할 수 있는 능력을 나타낸다. 가장 일반적으로 사용되는 지표는 **유동비율**(current ratio) 또는 '은행가 비율(banker's ratio)'이다. 유동비율은 재고자산을 판매하고 고객에게서 수익을 획득하는 일반적인 과정을 통해 현재 부담하는 의무를 이행하기 위한 현금을 창출할 수 있는 기업의 능력을 측정한다. 유동비율은 유동자산을 유동부채로 나누어 구한다. 해당 비율이 높을수록 투자자의 위험은 낮아진다. 일반적으로 유동비율이 2대 1(유동자산이 유동부채보다 2배) 또는 그 이상일 때 안정적인 것으로 본다. 만약 그 비율이 2대 1보다 작으면 회사가 부채상환에 어려움을 겪을 수 있음을 의미한다. 물론 기업규모가 크거나 재무 상황이 안정적인 기업은 더 낮은 유동비율을 유지하더라도 문제가 없을 수 있다.

장기 상환능력 회사의 장기 부채 상환능력을 측정하기 위한 재무비율

부채 회사의 총부채

장기 상환능력 이해관계자들은 기업의 **장기 상환능력**(long-term solvency)에 관심을 가진다. 향후 채무를 갚을 수 없을 정도로 기업이 지나치게 많은 자금을 차입한 것은 아닌지에 관한 의문을 갖는 것이다. 장기 채무를 상환하지 못하는 기업은 파산 또는 다른 기업에 인수될 위험에 처할 수 있다. 기업이 이와 같은 문제에 직면할 위험을 평가하기 위해 채권단은 대차대조표를 통해 기업이 어느 규모의 자금을 차입했는지를 확인한다. 장기 상환능력은 **부채**(debt, 총부채)를 자본으로 나누어 계산한다. 기업의 부채가 낮을수록 투자자와 채권자가 부담하는 위험은 낮아진다. 부채가 많은 기업의 경우 이자 지급이나 빌린 돈을 상환하는 데 필요한 수익이 부족할 정도로 빚이 많을 수 있다.

레버리지 자금의 차입을 통한 투자자금 조달 능력

때로는 높은 부채가 용인될 수 있을 뿐만 아니라 바람직할 수도 있다. 자금 차입을 통해 **레버리지**(leverage) 효과, 즉 차입 전에는 실행할 수 없었던 투자를 집행할 수 있는 경우가 그 예다. **레버리지 바이아웃**(leveraged buyouts)에서 기업들은 다른 회사를 인수하기 위해 기꺼이 막대한 부채를 떠안는다. 만약 매입한 회사를 소유하는 것이 차입에 따른 비용을 상회하는 이익을 발생시킨다면, 레버리지 바이아웃을 활용하는 것은 바람직할 수 있다. 불행하게도 많은 매수자는 수익이 예상 수준에 미치지 않거나 금리의 상승으로 매수자의 부채로 인한 지급이 증가하기 때문에 여러 문제에 직면하는 경우가 많다.

수익성 비율

기업이 장·단기적으로 채무상환능력을 갖추고 있는지를 파악하는 것도 중요하나, 그 정보만으로는 투자 결정을 내리는 데 충분하지 않다. 투자자들은 예상 가능한 수익률 관련 지표가 필요하다. 수익률 관련 지표는 주당순이익과 주가이익비율 같은 수익성 비율에서 구할 수 있다.

주당순이익 발행주식 1주당 회사가 벌어들이는 순이익을 측정하는 수익성 비율

순이익을 보통주 발행주식 수로 나눈 값으로 정의되는 **주당순이익**(earnings per share)은 기업이 주주에게 지급할 수 있는 배당금 규모를 결정한다. 기업의 잠재적 부를 나타내는 지표로 투자자들은 이 비율을 사용해 어떤 회사의 주식을 매입하거나 매도할지를 결정할 수 있다. 주당순이익이 높을수록

주식의 가치 역시 높아진다. 투자자는 회사가 배당을 더 많이 할 수 있다는 점을 알기 때문이다. 반대로 재무제표에 주당순이익의 감소가 보고되면 주식의 가치 역시 감소한다. 또 다른 수익성 비율로 **주가이익비율**(price earnings ratio)이 있으며, 일반적으로 P/E 비율로 표기한다. 주가이익비율은 기업의 현재 주가가 주당순이익에 비해 몇 배나 높게 또는 낮게 형성되어 있는지를 나타내는 비율이다.

주가이익비율 기업의 현재 주가와 주당순이익을 비교하는 비율로 일반적으로 P/E 비율로 표시

활동성 비율: 회사의 자원이 얼마나 효율적으로 활용되고 있는가

기업이 보유하고 있는 자원 활용에서의 효율성은 수익성과 연결된다. 잠재적 투자자는 기업이 활용 가능한 자원으로부터 얼마나 많은 이익을 창출하는지를 알기 원한다. 이러한 자원 활용의 효율성을 측정하기 위해 재무제표로부터 얻을 수 있는 정보를 이용해 **활동성 비율**을 계산할 수 있다. 예를 들어 A와 B라는 두 기업이 특정 경영 활동을 수행하는 데 있어 같은 양의 자원 또는 자산을 사용한다고 가정해보자. 이러한 상황에서 A가 B보다 더 많은 이익 또는 매출을 실현한다면 A가 자원을 더 효율적으로 사용했기 때문이고, 그 결과 상대적으로 더 나은 활동성 비율을 보이게 된다. 활동성 비율은 광고, 판매 또는 재고관리와 같은 주요 기업 활동에 적용될 수 있다.

가령 소매업자들은 종종 **재고자산회전율**(inventory turnover ratio)에 초점을 맞춘다. 어느 가전제품 소매업자가 향후 1년간 월평균 30대의 냉장고를 판매할 것으로 예상한다고 가정해보자. 소매업자가 취할 수 있는 전략 중 하나는 360대의 냉장고를 1월 1일에 한꺼번에 도착하도록 주문하는 것이다. 그러나 이런 주문은 여러 가지 이유로 좋지 않은 경영전략일 수 있다. 왜냐하면 소매업자는 냉장고를 보관하기 위한 큰 창고를 유지하는 비용을 부담해야 하고, 수개월 동안 판매되지 않아 보관중인 냉장고의 손상위험이 있으며, 수익을 창출하지 않는 냉장고를 취득할 비용을 미리 내야 하기 때문이다. 더 나은 선택은 냉장고를 덜 주문하면서 주문은 더 빈번한 간격으로 넣는 것이다.

회계등식에 회계윤리의 반영

학습목표 15-7
회계윤리의 역할을 토론한다.

회계윤리의 목적은 기업, 금융시장, 회계 전문가가 제공하는 서비스에 대한 공신력을 유지하는 것에 있다. 기업의 경영 활동에서 부정행위 사례가 종종 적발된다. 부도덕한 행위가 공공연하게 알려지는 상황에서도 윤리는 '옳은 일을 할' 의지가 있는 한 사람이 변화를 만들어낼 힘을 가진다. 린 브루어(Lynn Brewer)가 지금은 파산한 당시 거대 에너지 기업이었던 엔론의 비윤리적인 회계처리를 외면하는 내부 임직원들에게 회사의 자산에 대한 잘못된 진술에 대해 경고하려 했었다. 이러한 시도가 실패하자 그녀는 동료인 셰런 왓킨스(Sherron Watkins), 마거릿 세코니(Margaret Ceconi)와 함께 미국에너지상무위원회(U.S. Committee on Energy and Commerce)와 접촉해 엔론의 문제를 고발했다. 직업상 청렴과 개인의 소신을 유지하는 것이 린 브루어에게 가장 중대한 관심사였고 실제로 그 신념에 따라 행동을 했다.

미국공인회계사협회(AICPA)의 전문가 행동규범

미국의 공인회계사에 대한 **전문가 행동규범**(code of professional conduct)은 AICPA가 제정한 것으로 공인회계사의 준수가 강제된다. 표 15.3에 제시된 바와 같이 AICPA는 공인회계사들이 자격을 유지하기 위해 준수해야 하는 6개의 윤리 조항을 제시한다. AICPA의 전문가 행동규범에 각 조항의 준수와

전문가 행동규범 AICPA에 의해 시행되는 공인회계사에 대한 윤리 강령

표 15.3 공인회계사 윤리강령의 핵심

공인회계사는 회원 자격을 수락함으로써 관련 법 규정의 준수와 더불어 아래의 윤리규정을 준수해야 한다.	
전문가로서 책임	전문가에 공신력을 부여하는 높은 수준의 도덕성과 방식으로 주어진 의무를 수행해야 한다.
공익에 기여	국민의 신뢰를 유지하며 명예롭게 국민을 섬겨야 한다.
청렴성 유지	성실성과 정직성을 포함하는 높은 청렴성으로 모든 전문가로서의 활동을 수행함으로써 공인회계사에 대한 국민의 신뢰를 제고할 수 있다.
객관적 입장과 독립성 유지	전문가로서 책임을 수행하는 데 있어 이해충돌과 이해충돌로 보일 수 있는 경우를 회피해야 한다. 고객의 진술이 진실하다는 것을 공인회계사가 보증할 때 고객과 독립적이어야 한다.
기술 및 윤리 기준의 유지를 주의(due care)	전문성의 개선 노력을 통해 윤리 기준을 준수하고 지속적인 회계교육을 받음으로써 공인회계사 개인의 역량을 제고하며 서비스의 질을 향상하는 주의를 기울여야 한다.
서비스 제공에 있어 전문가로서 행동 유지	공인회계사는 고객에게 제공하는 서비스의 종류와 행위 범위를 결정할 때 전문적 행동규범의 의미와 의도를 준수해야 한다.

출처: "Code of Professional Conduct," *AICPA*, at www.aicpa.org/Research/Standards/CodeofConduct/Pages/sec50.aspx, accessed on April 19, 2017.

관련한 포괄적이고 구체적인 내용이 명시되어 있다. IMA 역시 회계 관련 직종에 대한 윤리지침을 제공하기 위해 AICPA 전문가 행동규범과 유사한 규정을 유지하고 있다.

AICPA 전문가 행동규범을 준수한다면 재무제표에 잘못 표시되거나 사기가 발생하지 않음을 알 수 있다. 기만은 도덕적 판단의 행사 요구에 확실히 위배되고, 투자자를 속여 공익에 반하며, 공익을 존중하지 않는다. 한편, 오해의 소지가 있는 진술은 회계 전문가들에 대한 대중의 신뢰를 훼손한다. 전문가 행동규범이 그러한 행위를 금지하고 있지만, 행동규범의 작동 여부는 궁극적으로 공인회계사들에 의한 수용과 실제 사용에 달려 있다.

회계윤리와 기업회계기준의 위반

최근 몇 년 동안 비윤리적이고 불법적인 기업회계기준의 위반이 대중 매체를 통해 알려졌다. 표 15.4에 열거된 악명 높은 사례 중 일부는 국민의 신뢰를 훼손하고 수만 명에 이르는 직원들의 퇴직 계획을 그르쳤거나 사업의 중단과 대량의 실직 사태를 야기하기도 했다. 각 사례를 보면 이 장의 대차대조표 및 손익계산서 표시 위반과 어떤 관련이 있는지를 확인할 수 있다. 공인회계사가 전문가 행동규범을 지켰더라면 각 사례의 위반사항이 일어나지 않았을 것이다. 사례에 따르면 전문가 행동규범에서 제시하고 있는 6개 세부사항의 대부분을 위반했고 관련 전문가들은 비윤리적인 행위를 저질렀다. 그러한 비양심적인 행동이 SOX의 입법을 낳게 되었다.

표 15.4 회계에서의 비윤리적인 불법 사례

회사	위반 내용
AOL 타임워너 (ALO Time Warner)	아메리카온라인(AOL)은 타임워너(Time Warner)와의 합병 전후로 높은 주가를 유지하기 위해 광고수익을 과대 계상
프레디맥(Freddie Mac)	미국 정부기업으로 50억 달러의 수익을 부정하게 허위로 기재
HCA, 컬럼비아/HCA	의료협회와 병원은 허위비용의 청구와 불법 청구(민사상 과태료, 손해배상금, 벌금 및 과태료로 17억 달러 지급)를 통해 메디케어, 메디케이드, TRICARE를 사취
타이코(Tyco)	CEO인 데니스 코즐로브스키(Dennis Kozlowski)가 회사자금을 불법으로 사용해 고가의 미술품을 개인 소장용으로 구입(8~25년 징역형을 선고받음)
웨이스트매니지먼트 (Waste Management)	설비에 대한 감가상각과 잔존가치를 부적절하게 계산해 재무제표에 수익을 과대평가(허위 및 오해의 소지가 있는 보고서)
월드컴(현재 MCI)	연간 손익계산서에 손실을 보고하는 대신 허위 이익을 계상하기 위해 38억 달러의 비용을 은닉

보다 나은 방법 찾기

분석 및 회계감사의 미래

1929년의 주식시장 대폭락 이후, 당시 미국회계사회(American Institute of Accountants)는 회계업계 종사자들에게 가장 일반적으로 받아들여진 다섯 가지 광범위한 회계원칙을 권고했다. 한편, 연방정부는 상장기업의 재무보고를 규제하기 위해 증권거래위원회(SEC)를 설립했다. 비록 SEC가 GAAP를 제정할 법적 권한을 가지고 있지만, 금융거래가 점점 더 복잡해짐에 따라 SEC와 회계업계는 역사상 최초로 회계기준 제정과 연구를 수행하는 위원회인 재무회계기준위원회(FASB)를 설립하기 위해 협력했다.

SEC와 FASB의 규정을 적용하기 위해 회계법인은 재무제표에 적용할 감사절차를 개발했다. 독립된 감사인으로서 회계법인은 재무제표가 GAAP에 따라 작성되었음을 일반 대중에게 확인해줄 수 있었다. 초기의 감사는 경영진의 주장에 의존했지만 감사절차가 발전함에 따라 재고자산에 대한 육안검사와 수취채권의 무작위 확인과 같은 보다 객관적인 증거를 수집하기 시작했다.

과거에는 감사의 대부분이 수작업이나 스프레드시트, 부분적인 표본추출, 통계적 분석 등을 사용해 수행되었다. 그러나 현재는 감사인이 데이터 분석, 머신러닝(machine learning) 및 기타 최신 기술을 감사에 통합시켜 감사의 범위와 깊이를 바꾸고 고객의 기대치를 변화시키면서 감사의 기능이 빠르게 변화하고 있다. 실제로 1970년대 이후 거의 변하지 않았던 감사보고서가 향후 몇 년 안에 대폭 수정될 수 있을 것이다.

Rawpixel.com/Shutterstock

데이터 분석과 빅데이터(big data)가 우리가 무엇을 구입하고, 어떤 뉴스를 읽으며, 심지어 누구와 데이트하는지를 알려주듯이, 데이터 분석은 이제 감사업무의 중요한 부분이 되었다. 데이터 분석을 통해 감사인은 고객거래의 전부를 검사하고, 이상 징후 및 리스크뿐만 아니라 추세를 추적·분석해 문제가 있는 영역이나 거래를 식별하고, 산업·지리·규모 또는 기타 요소를 기준으로 회사의 재무정보를 다른 항목과 비교해 벤치마킹할 수 있다. 감사가 변화함에 따라 새로운 리스크도 발생하게 되었지만, 기술에 정통한 감사인에게 새로운 기회가 되고 있다.

질문과 연습

복습을 위한 질문

15-1. 회계정보 시스템의 기능은 무엇인가?

15-2. 조직이 재무회계직원과 관리회계직원을 모두 필요로 하는 이유는 무엇인가?

15-3. 소송과 관련해 어떤 회계 전문가가 관여하고, 그들의 역할은 무엇인가?

15-4. 감사의 목적은 무엇이며 감사가 필요한 이유는 무엇인가?

15-5. 자본가치를 계산하는 방법은 무엇인가?

분석을 위한 질문

15-6. 기업가치를 평가할 때 고려해야 할 두 가지 요소는 무엇이며, 필요한 관련 정보는 어디에서 찾는가?

15-7. 회계등식을 이용해 자산 3,660만 달러, 부채 2,820만 달러인 회사의 순자산을 계산하라. 잠재적인 투자가에게 순자산액이 의미하는 것은 무엇인가?

15-8. 오늘날 경제는 국경을 넘나드는 주기적인 거래와 관련되고 자본의 자유로운 흐름을 요구하고 있다. 금융거래의 상당한 비율이 국경을 넘는 거래에 해당한다. 모든 국가가 같은 회계기준을 채택하는 것이 중요한 이유는 무엇인가? 개별 국가의 입장에서 회계기준의 통일을 꺼리는 이유는 무엇인가?

응용연습

15-9. 현지 기업, 비영리단체나 정부 기관의 회계직원과 인터뷰해보라. 해당 회사는 예산을 어떻게 활용하는가? 예산 편성은 경영자가 사업 활동을 계획하는 데 어떤 도움이 되는가? 예산은 활동을 통제하는 데 어떤 도움이 되는가? 예를 들어 설명하라.

15-10. 현지 소매업, 도매업 또는 제조회사의 회계관행에 있어 윤리적 역할에 대해 해당 회사의 경영자와 인터뷰해보라. 회계 윤리가 회사 관리자에게 중요한 이슈에 해당하는가? 만약 회사에 직원으로 고용한 공인회계사가 있다면 내부적으로 윤리적 관행을 보장하기 위한 어떠한 조치가 취해지겠는가? 회계법인과의 거래에서 윤리적 관계를 유지하기 위해 회사는 어떤 조치를 하고 있는가?

PART 6 | 재무 시스템과 재무관리 이슈

CHAPTER 16

돈과 은행의 역할 이해

Bao Dandan/Xinhua/Alamy Stock Photo

돈을 버는 것은 단지 돈이 무엇인지 아는 것 이상의 의미가 있다. 기술이 진보하고 대중의 접근이 용이해질수록 문제는 복잡해진다. 기업은 돈이 어떻게 만들어지는지, 누가 사용하는지, 왜 사용하는지 알아야 한다.

학습목표

LEARNING OBJECTIVES

이 장을 학습하고 나면

16-1 돈의 정의와 다양한 형태를 이해한다.

16-2 미국 금융 시스템을 구성하는 금융기관의 종류와 제공하는 서비스를 이해한다.

16-3 금융기관이 어떻게 통화를 공급하는지 설명하고, 그들을 규제하는 수단을 이해한다.

16-4 연방준비제도의 기능과 통화 통제 수단을 이해한다.

16-5 돈과 은행 시스템이 변화하는 세 가지 중요한 방향을 이해한다.

16-6 국제금융 시스템과 관련된 기관 및 활동을 이해한다.

돈은 모두 어디로 갔는가

새롭게 수립된 바이마르공화국(Weimar Republic)은 1923년 초에 곤경에 처하게 되었다. 이전 정부가 전쟁의 전리품으로 상환하려고 5% 이자율, 10년 만기를 가진 채권을 과도하게 발행해 국민들에게 너무나 많은 돈을 빌렸기 때문이다. 독일은 전쟁에서 패했기 때문에, 경제를 재건하고 채권을 상환하는 대신에 수십억 달러의 전쟁 배상금을 지불해야 했다. 그러나 국가의 기반시설이 모두 파괴된 상황에서 전쟁으로 지친 국민들이 전쟁 배상금을 감당하기는 역부족이었다. 명확한 경제적 뒷받침 없이는 국가 재건 및 전쟁 배상금 지급을 위해 돈을 빌릴 수 없었기 때문에, 독일 중앙은행은 단순히 더 많은 돈을 발행하게 되었다. 그러자 거의 무제한에 가까운 통화 공급과 제한된 재화 및 서비스 공급이 결합해 경제학자들이 하이퍼인플레이션(hyperinflation)이라고 부르는 가격급등 현상이 발생했다. 소비자는 음식과 의복을 살 수 있을 만큼 충분한 현금을 물리적으로 가지고 다닐 수 없을 지경이었다. 결국 독일 종이 화폐의 가치는 사실상 사라지게 되었다. 이후에 이와 유사한 하이퍼인플레이션 사례가 짐바브웨, 헝가리, 볼리비아 및 여러 국가에서 발생했다.

부채를 갚거나 경제위기를 피하기 위해서 더 많은 화폐를 발행하는 것은 나쁜 것인가? 그럴 수도, 혹은 아닐 수도 있다. 2008년 미국 경제는 금융위기를 맞고 침체의 늪에 빠져들었다. 미국 의회는 수요를 촉진해 공급을 자극함으로써 국가경제를 정상 궤도로 되돌릴 수 있도록, 돈을 빌려 경제에 쏟아붓는 '경제회복 및 재투자법(Economic Recovery and Reinvestment Act)'을 통과시켰다. 즉 독일과 달리 미국에서는 새로운 통화 발행이 일어나지 않았다. 그러나 이 게임에는 또 다른 참가자가 있었다. 바로 '연준(Fed)'이라고 불리는 연방준비은행(Federal Reserve Bank)이다.

미국 의회는 경제안정을 위한 메커니즘을 제공하기 위해 1913년에 연방준비제도(Fedral Reserve System)를 창설했다. 의회는 대공황 이후 더 나은 지침을 제공하기 위해 연방준비제도 내에 연방공개시장위원회(Federal Open Market Committee, FOMC)를 설치했다. 1977년과 1978년에는 급격한 인플레이션이 발생하자 물가안정과 완전고용을 연준 통화정책의 주요 목표로 설정했다.

연준은 정치적 압력으로부터 보호받는 독립적인 정

이 장을 배우면 좋은 점

돈과 관련된 문제를 다루는 것은 주머니에 있는 현금과 동전을 세거나 스마트폰을 사용해 은행 잔고를 확인하는 것보다 훨씬 더 복잡하다. 그 핵심은 돈이 어디에서 오는지, 국가경제가 어떻게 돈에 의존하는지, 사람들은 어떻게 돈의 가치를 신뢰하는지 생각해보는 것이다. 이 장을 통해 당신은 다양한 형태의 화폐를 살펴보고, 그것들이 어떻게 여러 종류의 금융기관과 정부 규정에 의해 만들어지고 통제되는지 확실히 이해할 것이다.

Se Media/Fotolia

부기관으로 설립되었지만 여전히 의회가 부여한 권한 내에서 운영되고 있다. 7명으로 이루어진 이사회의 구성원은 모두 대통령이 임명하고 상원(Senate)의 인준을 받으며, 임기는 14년으로 짝수 해마다 교체되도록 시차를 두고 있다. 대통령은 상원의 승인을 받아 연준 의장도 임명한다. 연방공개시장위원회(FOMC)는 연준의 통화정책을 결정하는 기구로서, 의결권을 가진 12명의 위원으로 구성된다. 7명의 이사회 위원 전원과 12명의 각 지역 중앙은행 총재 중 5명이 포함된다. 연방공개시장위원회는 연방 통화정책을 수립하고 물가안정과 고용안정을 담당하고 있다.

연준은 경제에 영향을 미치기 위해 공개시장조작과 금리 조절을 주요 전략으로 사용한다. 또한 연준은 은행에 현재 예금의 10%를 지급준비금(reserve)으로 유지하도록 요구한다. 즉 당신이 1,000달러를 계좌에 저축하면 은행은 100달러만 현금으로 보유하고, 나머지 900달러를 대출할 수 있다.

여기에 오묘한 점이 있다. 공개시장조작은 새로운 화폐를 인쇄하는 것과 같다. 경제 상황이 좋지 않을 때, 연준은 시중의 채권을 재매입함으로써 은행에 현금을 공급한다. 은행은 그 현금의 10%만 보유하고 나머지 돈을 빌려줌으로써 점점 더 많은 돈을 창조하게 된다. 만약 누군가 당신 예금에서 900달러를 빌려 보트를 사고 보트 딜러가 그 900달러를 당좌예금 계좌에 다시 예치했다고 상상해 보자. 은행은 90달러만 보유하고 나머지 810달러를 다시 대출할 수 있다. 이것을 돈의 승수(money multiplier)라고 한다.

경제학자이자 전 연준 의장인 벤 버냉키(Ben Bernanke)를 살펴보자. 버냉키는 2008-2009년 금융위기를 극복하기 위해 의회에서 제정한 경기부양책이 충분하지 않으며 추가적인 개입 없이는 경제가 다시 침체에 빠질 것이라고 믿었다. 의회와 달리, 경제학자와 은행가로 구성된 연준은 정치적인 압력으로부터 벗어나 이를 수행할 수 있는 권한과 수단을 가지고 있었다. 우선 연준은 연방기금금리(Federal Funds Rate)를 0으로 낮추어 은행들이 무이자 대출을 할 수 있도록 했다. 또한, 2010~2014년 사이에 연준은 시중에서 4조 5,000억 달러 이상의 채권을 매입했다. 경제학자들은 이를 '양적완화(Quantitative Easing, QE)'라고 부른다. 그러자 'M1 통화'로 알려진 지출 가능한 자금이 10년 만에 1조 4,000억 달러에서 3조 4,000억 달러로 늘어났다. 그럼에도 불구하고 이러한 자금의 유입은 일부 비평가들이 생각했던 것처럼 하이퍼인플레이션을 유발하지 않았다. 실제로 경제성장의 선행지표인 물가상승률은 연준의 목표금리인 2%에 도달한 적이 없다. 경제분석가들은 다른 나라들이 경험했던 하이퍼인플레이션은 전쟁으로 피폐해진 독일과 같이 재화와 서비스의 공급을 극도로 제한하면서 동시에 지폐를 인쇄했기 때문이라고 설명한다. 미국에서는, 은행들이 지급준비금을 초과해 모두 대출하지 않았고 새로 발행된 전자화폐를 비축하지 않고 투자했지만 시중에는 유통시키지 않았다.

2014년 버락 오바마(Barack Obama) 당시 대통령은 벤 버냉키의 뒤를 이어 재닛 옐런(Janet Yellen)을 연방준비제도이사회 의장으로 임명했다. 연준은 경기가 회복되고 있다고 판단해, 연방기금금리를 소폭 인상하고 양적완화를 종료했다. 실업률은 4.5%로 떨어졌고, 2017년 초에 주식시장은 수년간의 침체에서 벗어나 상승세로 돌아서게 되었다.

학습목표 16-1

돈의 정의와 다양한 형태를 이해한다.

돈의 정의

누군가가 당신에게 돈을 얼마나 갖고 있냐고 물으면, 당신은 주머니에 얼마나 많은 달러 지폐와 동전이 있는지를 생각하는가? 당신은 당좌예금과 저축예금도 포함해 생각하는가? 당신은 애플페이

소는 휴대하거나 나눌 수 없고 내구성이 있거나 안정적이지 않으므로, 현대 화폐 경제에서 교환의 매개체로 적합하지 않다.

(Apple Pay) 또는 이와 유사한 디지털 결제수단의 잔고를 확인하는가? 주식과 채권은 어떤가? 당신은 소유하고 있는 자동차도 계산하는가? 이 모든 것을 합한 가치가 당신의 재산이다. 하지만 그 전부가 '돈'을 의미하지는 않는다. 이 절에서는 돈이 무엇이며 어떤 역할을 하는지 보다 정확하게 살펴보고자 한다.

돈의 특성

현대의 화폐는 일반적으로 정부에서 발행한 도장이 찍힌(stamped) 금속이나 인쇄된 종이의 형태를 취한다. 그러나 이론적으로 **휴대가 가능하고 분할이 가능하며 내구성이 있고 안정적인** 가치를 지닌 모든 것이 **화폐**(money)의 역할을 할 수 있다. 이러한 특성을 정확히 이해하기 위해, 고대 농업 경제에서 교환 단위로 사용되었던 1,000파운드 소처럼 이러한 특성이 없는 것을 사용한다고 상상해보자.

화폐 휴대와 분할이 가능하며 내구성이 있고 안정적인 가치를 지닌 것으로, 교환의 매개체, 가치의 저장 및 측정 수단 역할을 수행함

- **휴대성**. 상점에서 상점으로 1,000파운드의 소를 운반해보자. 이에 비해 현대 화폐는 가볍고 다루기 쉽다.
- **가분성**. 3개의 각각 다른 상점에서 모자, 책, 휴대전화 케이스를 사고 싶다면 소를 어떻게 나누어야 하겠는가? 1파운드의 소머리와 1파운드의 소다리가 동일한 가치를 지니고 있는가? 현대 화폐는 고정적인 가치를 가진 작은 부분으로 쉽게 나눌 수 있다. 예를 들어 4개의 쿼터는 1달러 혹은 10다임(dime)에 해당하지만, 소는 작은 단위로 나누기가 훨씬 더 어렵다.
- **내구성**. 당신의 소는 나이가 들수록 서서히 가치를 잃다가 결국에는 죽게 될 것이다. 그러나 현대의 화폐는 죽지도 썩지도 않으며, 만약 닳으면 대체할 수 있다. 또한 위조가 매우 어렵다.
- **안정성**. 소의 공급이 부족해진다면 당신은 상당한 수익을 올릴 수 있을 것이다. 그러나 반대로 소의 공급이 많아지면 시장에 소가 넘쳐나서 그 가치가 떨어지게 된다. 지폐의 가치도 변동하지만, 훨씬 더 안정적이고 예측 가능하다.

돈의 기능

새로운 울타리가 필요한 소 목장주를 상상해보자. 상품을 직접 교환하는 물물교환 경제에서는 울타리를 소(또는 그 일부)와 기꺼이 교환할 사람을 찾아야 한다. 울타리를 만드는 사람이 소를 원하지 않는다면, 목장주는 소를 원하는 다른 사람(예: 마차 제작자)을 먼저 찾아야 한다. 그런 다음 목장주는 울타리 제작자가 울타리와 마차를 교환하기를 희망해야 한다. 그러나 화폐 경제에서는 목장주가 소를 팔아 돈을 받은 후, 새 울타리와 같은 상품을 돈으로 교환할 수 있다.

화폐의 본질적인 기능은 다음 세 가지이다.

1 **돈은 교환의 수단이다.** 목장주가 돈을 새 울타리로 '거래'하는 것처럼 돈은 물건을 사고파는 데 사용된다. 돈이 없다면 우리는 끊임없는 물물교환 시스템에 갇히게 될 것이다.
2 **돈은 가치 저장의 수단이다.** 목장주가 다음 주 토요일에 옷을 사고 싶은데 만약 다음 주 월요일에 소가 아프다면, 토요일이 오기 전에 소가 죽거나 가치가 떨어질 수 있다. 그러나 돈은 화폐의 형태로 구매에 사용되므로 그 가치를 온전히 '저장'할 수 있다.
3 **돈은 가치 측정의 수단이다.** 우리는 화폐를 통해 상품과 서비스의 상대적 가치를 측정할 수 있다. 모든 재화가 돈의 관점에서 평가되고 설명될 수 있기 때문에, 돈은 가치 척도의 역할을 할 수 있다. 예를 들어 1,000달러 상당의 옷이나 500달러 상당의 인건비라는 개념은 보편적인 의미를 갖는다.

우리는 돈이 소비자와 기업 모두에게 일상생활에서 편리함과 간편함을 더한다는 것을 알고 있다. 소비자, 노동자, 기업은 아이스크림에서 주택 임대에 이르기까지 임금을 결정하고 제품을 사고팔 때 가치의 척도로 돈을 사용한다. 기업이 돈을 교환의 매개체로 받아들이기 때문에, 현금이 있는 소비자는 어디에서나 재화나 서비스를 구매할 수 있다. 그리고 돈은 가치가 안정적이기 때문에, 기업과 개인은 그 가치가 미래에 사용될 수 있다고 믿고 저축한다.

M-1: 즉시 사용 가능한 화폐

화폐가 기본적인 기능을 하려면 구매자와 판매자 모두 가치에 동의해야 한다. 화폐의 가치는 화폐의 **공급**, 즉 유통되는 화폐의 양에 따라 달라지기도 한다. 화폐의 공급이 많으면 가치가 떨어지고 화폐의 공급이 적으면 가치가 상승한다. (이 패턴은 1장에서 논의한 수요와 공급의 원칙과 일치한다.)

불행하게도, 모든 전문가가 동의하는 통화 공급에 대한 단일 척도는 없다. 가장 기본적이면서도 오래된 척도인 **M-1**은 현금, 수표, 당좌예금의 자금과 같이 유동성이 높거나 사용할 수 있는 형태의 돈만 포함한다.

M-1 유동성이 가장 높은(지출 가능한) 형태의 화폐만을 포함하는 화폐 공급 척도

- 지폐와 금속 주화는 정부에서 발행하는 **화폐(현금)**[currency(cash)]로서, 소규모 거래에 널리 사용된다. 미국 법은 채권자가 채무를 상환받을 때 이를 수락하도록 요구한다.

통화(현금) 정부가 발행한 종이 화폐나 금속 주화

- **수표**(check)는 수취인에게 주어진 금액을 지불하도록 은행에 지시하는 명령이다. 수표는 지정된 수취인에게만 가치가 있고 현금으로 교환할 수 있기 때문에, 항상 그런 것은 아니지만 일반적으로 통용된다.

수표 은행에 지정된 수취인에게 일정 금액을 지급하도록 지시하는 요구불예금

- **당좌예금**(checking account) 또는 **요구불예금**(demand deposit)은 요구에 따라 언제든지 자금을 인출할 수 있기 때문에 돈으로 인정된다.

당좌예금(요구불예금) 수표 또는 현금으로 예금자가 언제든지 인출할 수 있는 은행 계좌 자금

Ton Koene/Alamy Stock Photo

파키스탄 퀘타의 모하메드 에사(Muhammed Essa)와 같은 상인들은 현대 통화 시스템을 사용하는 대신에 악수와 암호를 통해 자금을 거래한다. 고대 시스템은 아랍어로 '신뢰'를 의미하는 '하왈라'라고 불린다. 전 세계의 하왈라 시스템은 대부분의 국가에서 불법이지만, 매년 수십억 달러 규모의 자금을 규제 기관을 지나게 하고 있으며 문서 흔적을 남기지 않기 때문에 테러리스트들이 선택하는 것으로 알려져 있다.

이들은 모두 무이자 또는 저금리의 화폐이다. 2017년 1월 기준 미국의 M-1 통화는 총 3조 6,170억 달러에 달한다.

M-2: M-1 더하기 전환 가능 화폐

통화 공급의 두 번째 척도인 M-2는 종종 기업 및 정부기관에서 경제계획을 위해 사용된다. **M-2**에는 M-1에 포함된 모든 돈과 그보다 유동성이 높지 않은 다른 형태의(전환 가능한) 돈이 포함된다. 미국의 M-2는 2017년 1월 기준 총 13조 9,320억 달러로, 미국 통화 공급의 대부분을 차지하고 있다. M-2는 개인 및 소기업의 금융 거래에서 사용할 수 있는 금전적 가치를 측정한다. M-2 수준이 증가하면 소비자의 구매 및 기업의 투자에 더 많은 돈을 사용할 수 있다는 것을 의미한다. M-2 공급이 줄어들면, 사용할 수 있는 돈이 줄어 금융거래, 소비, 기업 활동이 느려지게 된다.

M-2 M-1을 구성하는 모든 요소와 더불어, 사용 가능한 형태로 쉽게 변환할 수 있는 화폐를 포함하는 통화 공급 척도

예금증서(CD)와 같은 **정기예금**(time deposit)은 요구불예금과 달리 만기가 정해져 있고 수표로 이체할 수 없으며 당좌예금보다 높은 이자를 지급한다. M-2의 정기예금에는 요청 시 상환할 수 있는 금액이 100,000달러 미만이고 조기 인출 시 벌금이 부과되는 계좌만 포함된다. 투자회사는 **화폐시장 뮤추얼펀드**(money market mutual funds)를 통해 위험도가 낮은 단기 금융증권을 매입할 수도 있다. 이러한 유가증권의 소유권과 판매 이익(또는 손실)은 펀드투자자 간에 공유된다.

정기예금 만기까지의 기간이 고정되어 있어서 조기에 인출하거나 수표로 이체할 수 없는 은행 자금

화폐시장 뮤추얼펀드 투자자들로부터 모집한 자산으로 화폐시장의 저위험 단기 금융증권을 매입한 펀드

그림 16.1은 1979년 이후에 M-1과 M-2가 어떻게 증가했는지 보여준다. 수년 동안 M-1은 유동성의 전통적인 척도였다. M-1은 국내총생산(GDP)과 밀접한 관련이 있기 때문에 국가의 실질적인 통화량을 예측할 수 있는 믿을 만한 지표로 활용되었다. 이러한 상황은 1980년대 초반에 새로운 유형의 투자 수단이 도입되고 더 높은 이자 수익을 얻기 위해 투자 펀드 간에 자금이 더 쉽게 이전되면서 바뀌었다. 그 결과 오늘날 대부분의 전문가들은 M-2를 M-1보다 더 신뢰할 수 있는 화폐 공

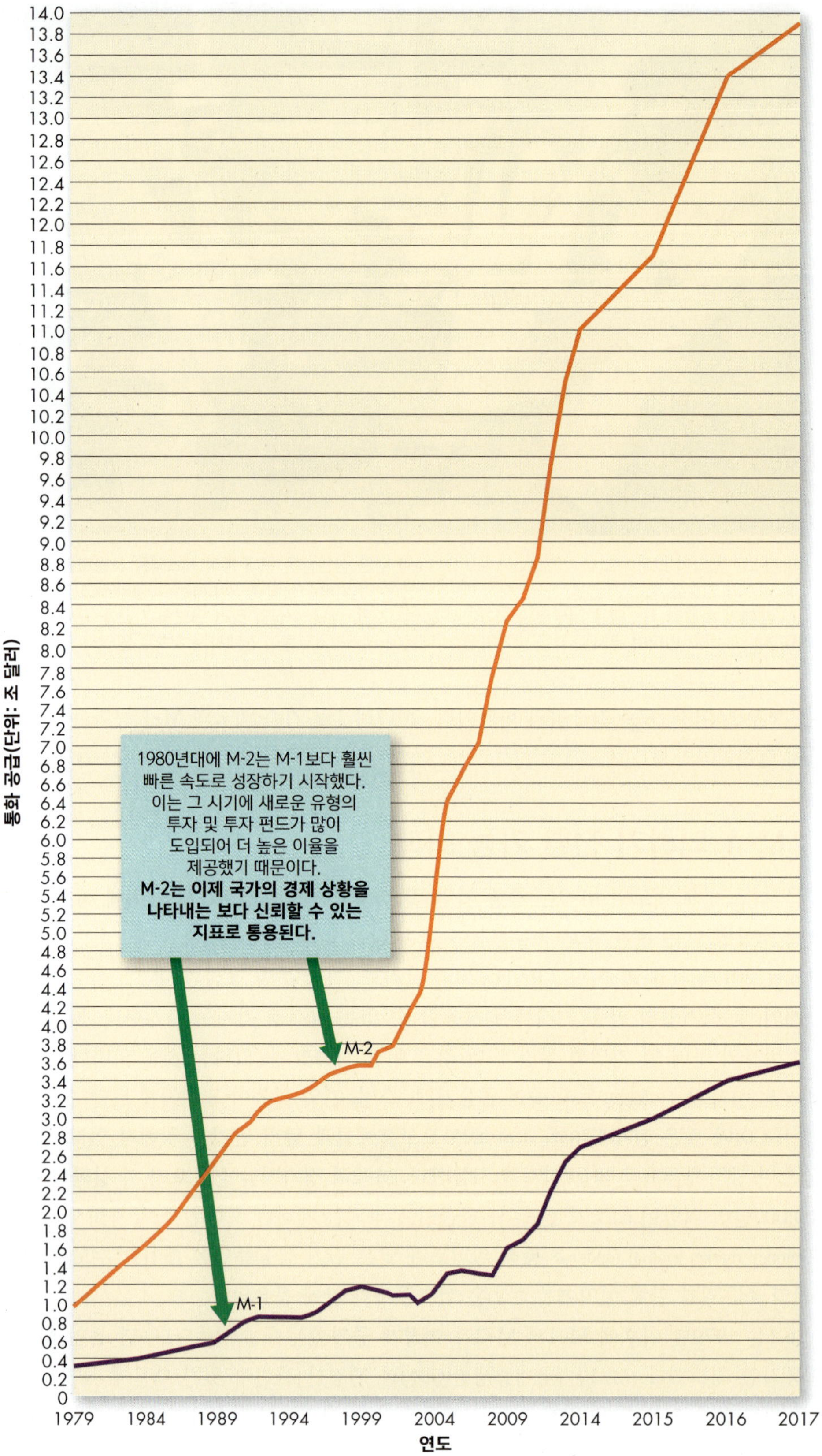

그림 16.1 통화 공급 증가 추이

출처: "Money Stock Measures," *Federal Reserve*, at www.federalreserve.gov/releases/h6/current/, accessed on June 1, 2017.

급의 척도로 보고 있다.

신용카드와 체크카드: 플라스틱 머니?

신용카드와 체크카드 사용이 보편화되어 많은 사람들이 이를 '플라스틱 머니'라고 부른다. 그러나 신용카드는 화폐가 아니므로 국가의 통화량을 측정할 때 M-1이나 M-2에 포함되지 않는다. 왜 그럴까? 신용카드로 지출하면 부채가 발생하지만 나중에 부채를 현금이나 수표로 갚을 때까지 돈은 움직이지 않기 때문이다. 이에 반해 체크카드 거래는 소비자의 은행계좌에서 즉시 이체되기 때문에 수표나 현금을 사용하는 것과 같은 방식으로 통화 공급에 영향을 미친다. 따라서 체크카드는 M-1에 포함된다. 소비자는 신용카드의 편리함을 즐기지만 이러한 카드를 무책임하게 사용하면 재무 건전성에 해가 될 수 있다. 신용카드 관리에 대한 논의는 '부록 III: 개인 재무관리'에서 찾을 수 있다.

미국의 금융 시스템

학습목표 16-2
미국 금융 시스템을 구성하는 금융기관의 종류와 제공하는 서비스를 이해한다.

얼마나 많은 형태의 화폐가 공급되는지는 개인과 기업 모두에게 화폐 관련 서비스를 제공하는 금융기관이 얼마나 존재하는지에 달렸다. 이들 금융기관이 얼마나 중요하고, 어떻게 작동되며, 어떤 서비스를 제공하는가? 우리는 이제 화폐의 공급자로서 금융기관의 역할을 설명하고 그들이 미국 은행 시스템에서 제공하는 서비스에 대해 논의하면서 이러한 질문들에 대한 답을 탐색해본다.

금융기관

금융기관의 주된 기능은 당좌예금과 저축예금으로 자금을 유인함으로써 자금이 남는 주체로부터 자금이 부족한 주체에게 자금이 원활하게 흘러가도록 하는 것이다. 금융기관으로 유입된 자금은 개인과 기업에 대출할 수 있으며 국채에 투자할 수도 있다. 미국의 금융소비자들은 **시중은행**, **저축기관**, **신용조합** 및 다양한 **비예금 금융기관** 등 90,000개 이상의 미국 내 지점과 사무실을 이용할 수 있다.

시중은행 연방보험에 가입된 **시중은행**(commercial bank)은 예금을 받아 대출함으로써 수익을 내고 이자와 배당금을 지급한다. 약 5,600개에 이르는 미국 시중은행은 씨티그룹(Citigroup), 뱅크오브아메리카(Bank of America), JP모건체이스(JP Morgan Chase) 같이 뉴욕에 본사를 둔 큰 금융기관에서부터 시골에 흩어져 있는 소규모 지역 은행에 이르기까지 다양하다. 은행이 가진 부채 또는 다른 사람에게 빚진 자산에는 당좌예금과 저축예금이 포함된다. 미국의 은행들은 개인, 기업, 농장 및 목장, 정부기관 등에 대한 다양한 대출로 구성된 총 14조 8,000억 달러 이상의 자산을 보유하고 있다.

시중은행 예금을 받아서 대출함으로써 수익을 내고 이자와 배당을 지급하는 상업은행

모든 은행은 대부분 채무자가 납부한 이자로부터 수익을 거둔다. 채무자에게 조건이 명확하게 공개되는 한 은행은 각 주가 설정한 한도 내에서 자체적으로 이자율을 정할 수 있다. 전통적으로 은행은 가장 신용도가 높은 고객에게 가장 낮은 금리 또는 **우대금리**(prime rate)를 제공해왔다. 대부분의 상업 대출은 우대금리에 1%가 가산됨을 의미하는 '우대+1'과 같은 형태로 설정된다. 저금리의 외국 은행과 경쟁하기 위해 미국 은행들은 일부 상업 대출을 우대금리 이하로 제공하기도 한다. 그림

우대금리 은행이 신용도가 높은 우량 고객에게 적용하는 가장 낮은 금리

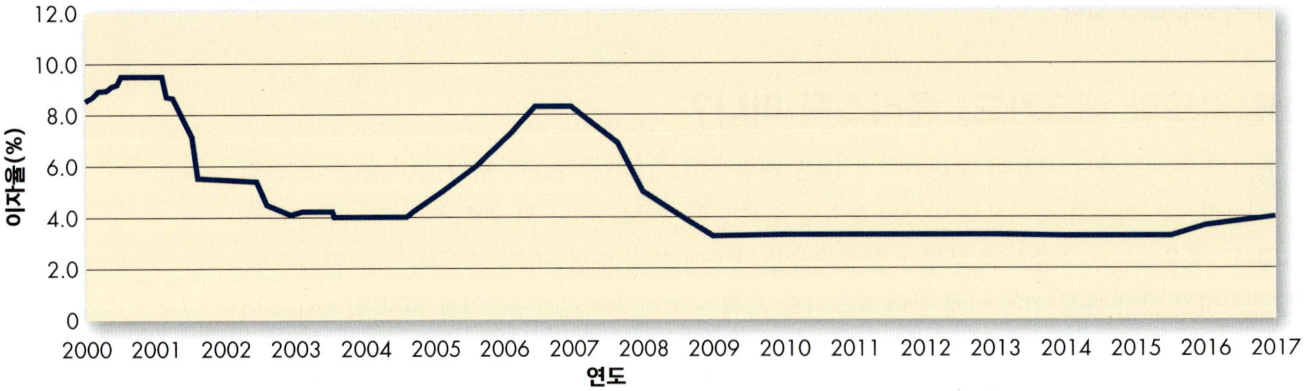

그림 16.2 우대금리 추이

출처: "Prime Interest Rate History," at http://www.fedprimerate.com/wall_street_journal_prime_rate_history.htm, accessed June 1, 2017.

16.2는 2000년 이후 우대금리의 변화를 보여준다. 2008~2013년의 낮은 금리는 은행들이 경기 침체기에도 계속 대출을 할 수 있도록 장려했다. 실제로 우대금리는 수년 동안 3.25% 부근에 머물다가 2017년이 되어서야 4.00%에 근접했다.

저축기관 저축기관에는 상호저축은행과 저축대부조합이 있다. 그들은 수십 년 전에 일반인에게 저축을 장려하기 위해 설립되었으며 일부 나이 든 미국인은 여전히 이 레이블을 사용하기 때문에 **절약기관**(thrift institution)이라고도 부른다.

저축대부조합(S&L) 예금을 받아 주로 주택담보대출을 하는 금융기관

저축대부조합 시중은행과 마찬가지로 **저축대부조합**(savings and loan association, S&L)은 예금을 받고 대출을 하며 투자자가 소유하는 형태를 취한다. 대부분의 S&L은 저축하는 습관을 장려하고 주택융자를 제공하기 위해 만들어졌고, 처음부터 당좌 서비스를 제공하지 않았다. 현재는 당좌예금을 포함한 다양한 대출과 서비스를 제공하고 있다.

상호저축은행 예금자가 소유주로서 이익을 공유하는 형태의 금융기관

상호저축은행 **상호저축은행**(mutual savings bank)에서 모든 예금자는 은행의 소유자로 간주된다. 모든 이익은 배당금 형태로 예금자에게 비례해 분배된다. 약 600개에 달하는 미국의 상호저축은행은 대부분의 자금을 저축예금 형태로 유치하고 이를 모기지 형태로 대출한다.

신용조합 일반적으로 특정 조직의 직원으로 구성된 조합원들이 소유하고 운영하는 비영리 협동 금융기관

신용조합 **신용조합**(credit union)은 회원이 소유하고 운영하는 비영리 협동 금융기관으로, 자신의 돈이나 자원을 절약하고 세심하게 관리해 회원들이 합리적인 가격으로 저축하고 대출받을 수 있는 안전한 장소를 제공하는 것이 목적이다. 회원들은 자금을 모아서 서로에게 대출을 제공한다. 각 신용조합은 특정 조직이나 산업의 직원, 특정 커뮤니티 또는 협회의 구성원과 같이 어떻게 조직하고 서비스할지 결정한다. 예를 들어 일부 대학과 미 해군으로 구성된 신용협동조합은 미국의 6,900개 신용협동조합 중 하나이다.

비예금 금융기관 이 밖에도 다양한 조직이 돈을 받고 대출을 하며 이자나 기타 서비스를 제공한다. 시중은행과 달리 이러한 **비예금금융기관**들은 유입된 자금을 예금지를 위해 이지를 받는 것 이외의

목적으로 사용한다. 이 중 가장 중요한 4개 조직은 (1) **연기금**, (2) **보험회사**, (3) **금융회사**, (4) **증권투자 딜러**이다.

1 **연기금**(pension fund)은 회원에게 퇴직 소득을 제공하기 위해 운영되는 기금을 말한다. 미국의 **공적 연기금**에는 사회보장과 주정부 및 지방정부의 직원을 위한 4조 달러 이상의 퇴직 프로그램이 포함된다. 이 밖에 고용주, 노동조합, 기타 민간그룹이 운영하는 사립 연기금은 약 3,600만 명을 대상으로 하고 있으며 총자산은 24조 9,000억 달러로 2008년 경기 침체기의 13조 달러에서 크게 증가했다.

연기금 회원에게 퇴직 소득을 제공하기 위해 운영되는 비예금성 기금

2 **보험회사**(insurance company)는 보장성을 위해 청구된 보험료로부터 돈을 축적한다. 그들은 이 자금을 주식, 부동산, 기타 자산 등에 투자해 그 소득으로 사망보험금, 자동차 수리비용, 의료비용과 같은 보험 손실에 대해 지불한다.

보험회사 보험성을 제공하는 대가로 적립된 보험료를 투자하는 비예금 금융기관

3 **금융회사**(finance company)는 기업과 소비자 대출을 전문으로 한다. 예를 들어 HSBC파이낸스(HSBC Finance)는 모기지 리파이낸싱(mortgage refinancing) 및 개인 대출을 제공한다. **상업금융회사**는 자본 또는 장기 자금이 필요한 기업에 대출을 한다. **소비자금융회사**는 대부분의 자원을 개인에게 소규모 비상업 대출을 제공하는 데 사용한다. 이러한 대출기관 중 일부는 고위험 채무자를 기꺼이 받아들이지만 그 대가로 대출에 더 높은 이자율을 적용한다.

금융회사 기업과 소비자에 대한 대출을 전문으로 하는 비예금 금융기관

4 메릴린치(Merrill Lynch)나 AG에드워즈(A. G. Edwards Inc.) 같은 **증권투자 딜러**[securities investment dealer, **브로커**(broker)]는 투자 고객들을 위해 주식과 채권을 사고판다. 그들은 또한 나중에 이익을 보며 재판매하기 위해 자신의 계정으로 주식과 채권을 구입해 유가 증권에 투자하기도 한다. 이 회사들은 구매자와 판매자 간의 송금을 위해 많은 돈을 보유하고 있다. (브로커와 투자은행의 활동은 17장에서 더 자세히 논의한다.)

증권투자 딜러(브로커) 투자자와 자신의 계좌를 위해 주식과 채권을 거래하는 금융기관

많은 사람이 자신이 얼마나 많은 돈을 가지고 있고 빚을 지고 있는지 알고 있지만, 국가에서 통용되는 대부분의 돈이 어디에 있는지는 깨닫지 못한다. 이 절에서 논의한 다양한 금융기관은 돈과 관련된 사업을 영위한다. 그들은 예금자로부터 돈을 받아 보유하면서, 채무자에게 빌려주거나 수익을 거두는 데 사용한다. 개인으로서 우리 중 많은 사람이 한 번쯤은 이러한 회사의 서비스를 찾고 혜택을 본다. 이러한 금융기관들은 금융업에 종사하는 많은 사람에게 일자리와 경력을 제공한다.

금융 서비스의 발전

오늘날 금융 산업은 치열한 경쟁이 벌어지고 있다. 시중은행도 예금을 받고 대출을 하는 것만으로는 더 이상 충분한 성과를 거두지 못한다. 예를 들어 대부분의 은행에서는 신용카드 및 직불카드 발급, 안전금고 제공, ATM, 전자 송금, 인터넷 뱅킹, 외화 환전 서비스도 제공하고 있다. 또한 많은 곳에서 연금, 신탁, 국제, 중개 서비스와 금융 자문을 제공한다.

연금 및 신탁 서비스 **개인퇴직계좌**(individual retirement account, IRA)는 일반적으로 급여 소득자와 그 배우자가 다른 퇴직기금을 보충하기 위해 설정할 수 있는 과세 유예 연기금이다. IRA의 종류 및 장단점은 부록 III에서 논의한다.

개인퇴직계좌 급여 소득자가 다른 퇴직기금을 보충하기 위해 설정할 수 있는 과세 유예 연기금

많은 시중은행은 은행의 신탁계정에 남아 있는 자금을 관리하는 **신탁 서비스**(trust service)를 제공한다. 수수료를 부과하는 대가로 신탁 부서는 월별 청구서 지불 및 투자 포트폴리오 관리와 같은 작

신탁 서비스 신탁계정을 통해 은행이 개인의 자산을 관리해주는 서비스

업을 수행한다. 또한 신탁 부서는 사망자의 재산을 관리하기도 한다.

국제 금융 서비스 미국 회사가 중국 업체로부터 제품을 구매하려 한다고 가정하자. 수수료를 내면 은행에서 제공하는 세 가지 서비스 중 하나 이상을 사용할 수 있다.

신용장 은행이 구매자(수입업자)를 위해 특정 조건이 충족되는 경우 지급을 약속하는 증서

1 **환전**: 중국 업체에게 대금을 지불하기 위해 미국 달러를 중국 위안으로 교환할 수 있다.
2 **신용장**: 특정 조건이 충족되면 은행이 **신용장**(letter of credit)을 발행해 중국 업체에게 정해진 금

격변 시대의 경영

신용 기준 진지하게 생각해보기

DNY59/E+/Getty Images

은행이 대출 부실에 빠지지 않으려고 노력하는 동안, 채무자와 대출기관은 모두 은행이 2008년 금융위기에 빠지게 된 과정에 의문을 제기했다. 오늘날 많은 사람들이 서브프라임 모기지 대출을 계속 비난한다. 프라임 모기지와 달리 서브프라임 모기지 대출은 고위험 채무자, 신용불량자, 과도한 부채를 가진 자, 소득이 불충분하거나 대출 상환에 어려움이 있는 기타 지표가 있는 채무자에게도 제공되었다. 또한 많은 대출이 계약금을 소액으로 요구하거나 전혀 요구하지 않았기 때문에 주택에 대한 채무자들은 자산이 거의 없었다. 이렇게 위험이 큰 대출에 대한 대가로 채무자들은 더 많은 이자를 내야 했다. 서브프라임 모기지 대출은 항상 위험했지만, 2008년에 집값이 수십 년 만에 처음으로 하락하기 시작하고 실업률이 치솟으면서 금융위기의 단초를 제공했다. 과도하게 늘어난 채무자는 대출 상환을 위해 지불해야 할 돈을 감당할 수 없었기 때문에 은행에 집을 압류당했고 은행은 원치 않는 부동산을 떠안게 되었다. 2000~2005년까지 모기지 대출의 약 6%를 회수할 수 없었는데, 거품이 터지면서 연체율이 거의 30%까지 증가했다.

서브프라임 위기는 신용 기준이 지나치게 완화되었기 때문에 발생했다. 조사에 따르면 많은 대출 신청서에 거짓 정보가 나열되어 있었다. 꿈에 그리던 집을 사고 싶어 하는 일부 채무자들은 대출을 확보하기 위해 자신의 수입과 자산을 속였다. 잘못된 정보를 통해 대출이 실행된 또 다른 이유는, 자격이 없는 채무자가 대출 승인을 받을 수 있도록 도와준 모기지 브로커 때문이었다. 일부 브로커는 채무자의 가짜 고용주로 가장하고 승인을 받기 위해 W-2 양식을 위조하기까지 했다. 이렇게 사기가 만연하고 있었지만, 은행과 대출 시스템 내부의 사람들에게는 이익이 계속되었기 때문에 이를 묵인하는 현상이 발생했다.

투자 및 은행 분야에서의 이러한 약탈적 대출 관행과 기타 비윤리적 행위에 대응해, 의회는 전 상원 의원인 프랭크 바니(Barney Frank)와 크리스 도드(Chris Dodd)가 발의한 법안을 통과시켰고 '도드-프랭크 월스트리트 개혁 및 소비자 보호법'이라는 이름을 붙였다. 이 법은 규제 구조를 변경하고 대출에 대한 새로운 제한을 추가했으며 SEC에 새로운 규칙을 구현하도록 요구했다. 심지어 연방준비제도 이사회 법을 수정하기도 했다. 또한 금융업계는 신용 기준과 대출 심사를 강화했다. 연방은행 조사관은 대출 담당관이 신용할 수 있는 채무자를 식별하기 위해 더 많은 주의를 기울여야 한다고 주장했다. 이러한 엄격한 기준은 긍정적인 영향을 미친 것으로 보인다. 2008년 이전에 10년이 넘도록 연체율(60일 이상 연체된 모기지 대출자의 비율)은 3% 미만을 유지했다. 주택가격 거품붕괴의 여파로 이 비율은 11% 이상으로 상승했지만 2015년 말까지 4.77%로 떨어졌으며 2016년에도 여전히 하락하고 있다.

주택 시장의 안정과 연체율 및 압류율의 하락은 소비자의 신뢰를 높이고 부동산 시장을 마침내 성장 궤도로 되돌려 놓았다. 이에 많은 사람들이 낮은 모기지 이자율을 기반으로 집을 소유하는 꿈을 꾸었지만, 지난 10년 동안의 비윤리적인 행태와 과도한 집값 상승으로 인해 강화된 신용 기준은 그들이 꿈을 이룰 수 없도록 만들었다.

액을 지불할 것을 약속할 수 있다.

3 **은행인수어음**: 은행이 미래 날짜에 특정 금액을 지불할 것을 약속하는 **은행인수어음**(banker's acceptance)을 통해 지불할 수 있다.

은행인수어음 은행이 미래 날짜에 특정 금액을 지불할 것을 약속하는 증서

은행인수어음은 특정 날짜까지 지불해야 한다. 신용장은 특정 조건이 충족된 후에만 지급된다. 예를 들어 중국 업체는 선적 문서를 통해 상품이 중국에서 선적되었음을 증명할 때까지 대금을 받지 못할 수도 있다.

금융 자문 및 중개 서비스 크고 작은 많은 은행이 고객의 자금 관리를 돕고 있다. 은행은 고객의 상황에 따라 금융 자문 역할을 수행하면서 다양한 투자 기회를 추천할 수 있다. 일반적으로 투자 자산으로서 예금증서(CD), 뮤추얼펀드, 주식, 채권 등이 추천된다. 많은 은행들은 또한 증권 중개자 역할을 하며 자체 주식 브로커를 통해 증권을 거래하고 자체 시설에 보유한다.

전자자금이체 **전자자금이체**(electronic funds transfer, EFT)는 금융 정보를 전자적으로 전송해 결제 및 수금 기능을 제공한다. 페이팔(PayPal)과 같은 서비스는 수신자의 이메일 주소만 있으면 기업과 개인 간에 국내외 다양한 통화로 온라인 결제 및 송금을 할 수 있도록 한다. 개인 수표를 쓰는 대신 직불카드나 휴대전화를 사용하는 소비자는 결제할 때 전자자금이체의 편리함과 빠른 속도를 즐길 수 있다. 또한 전자자금이체 시스템은 급여 이체, ATM 거래, 청구서 결제 및 자동 이체 기능 등을 제공한다. 이러한 시스템은 송금하려는 사람이 샌프란시스코에서 마이애미로 몇 초 안에 돈을 이체함으로써 중요한 거래를 성사시키는 데 도움을 줄 수 있다. 미국 재무부는 수표를 발행하는 데 약 1.03달러의 비용이 들지만 전자자금이체는 단 0.105달러만 소요된다고 보고했다. 미국 사회보장시스템은 2013년 종이 수표 결제를 단계적으로 폐지하고 종이 없는 결제를 사용하기 시작한 이후 10억 달러 이상을 절약한 것으로 추정했다.

전자자금이체 전선, 케이블, 극초단파를 통한 자금이체 정보통신

자동입출금기(automatic teller machine, ATM)를 사용하면 고객이 직접 돈을 예금하고, 인출하며, 계좌 간에 자금을 이체하고, 계좌 정보에 접근할 수 있다. 미국 은행 및 기타 지역에는 약 500,000대의 ATM이 있다. 점차적으로 ATM은 여러 나라의 언어를 제공하게 되었다. 그림 16.3에서 볼 수 있듯

자동입출금기 은행 고객이 24시간 연중무휴 계좌 관련 업무를 볼 수 있도록 하는 전자 기계

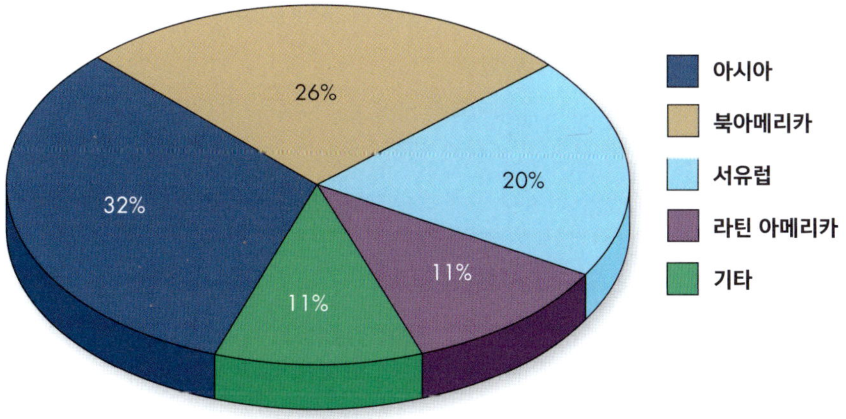

그림 16.3 자동입출금기(ATM)의 지역적 분포

이 전 세계적으로 200만 대가 넘는 ATM 중 대부분은 미국 외부에 있으며 많은 미국 은행에서 국제 ATM 서비스를 제공한다. 중국은 2015년 기준 세계 최대의 ATM 시장이 되었다.

학습목표 16-3

금융기관이 어떻게 통화를 공급하는지 설명하고, 그들을 규제하는 수단을 이해한다.

금융기관은 어떻게 돈을 만들고 규제하는가

사람들은 소비와 저축에 대한 결정을 내릴 때 재정적인 위험을 감수하고 있다는 사실을 깨닫지 못하는 경우가 많다. 돈에 대한 가치를 높이려면 저축을 포함한 돈의 가치가 어떻게 변하는지에 대한 인식이 필요하다. 돈의 가치가 떨어지면 구매력도 떨어진다. 반대로 돈의 가치가 올라갈수록 구매력이 높아진다. 가치의 변화를 예측해 소비와 저축을 언제 할지 결정함으로써 가지고 있는 돈을 최대한 활용할 수 있다. 미래 가치에 대한 예측은 (1) 화폐가 어떻게 만들어지는지 이해하고, (2) 연준이 화폐 공급을 어떻게 통제하는지 이해함으로써 가능하다. 다음 절에서 이러한 문제를 살펴보자.

어떻게 돈이 만들어지는가

금융기관은 경제에 특별한 서비스를 제공한다. 그들은 돈을 만든다. 그들은 실제로 지폐와 주화를 발행하지 않지만, 예금을 받고 대출을 함으로써 통화 공급을 확대한다. 그림 16.4에서 볼 수 있듯이, 은행이 예금으로 받는 돈의 대부분(전부는 아니지만)을 대출할 수 있기 때문에 통화 공급이 확장된다. 은행이 모든 예금의 90%를 대출할 수 있는 경우에 100달러를 예치하면, 은행은 10달러를 준비금으로 보유하고 90달러를 채무자에게 대출할 수 있다. (예치계좌에는 여전히 100달러의 보증금이 있다.) 한편, 채무자 또는 채무자로부터 돈을 지급받는 사람들은 90달러의 대출금을 은행에 예치할 수 있다. 그러면 은행은 새로운 대출에 사용할 수 있는 또 다른 81달러(90달러의 90%)를 갖게 된다. 따라서 은행은 당신이 예치한 100달러를 271달러(100달러 + 90달러 + 81달러)로 늘릴 수 있다. 한 은행의 차입금이 다음 은행의 예금이 되는 방식으로 계속 연결된다.

어떻게 은행을 규제하는가

시중은행은 돈을 만드는 데 필수적이기 때문에 정부는 건전하고 경쟁력 있는 금융 시스템을 보장하기 위해 은행을 규제한다. 이를 통해 연방정부와 주정부는 일부 은행의 실패로 인해 사람들이 은행 시스템 자체에 대한 신뢰를 잃지 않도록 한다.

연방예금보험공사(FDIC) 부보 금융기관에 대해 계좌당 최대 250,000달러의 안전을 보장하는 연방 기관

연방예금보험공사(Federal Deposit Insurance Corporation, FDIC)는 은행을 감독하고 은행 및 저축 기관의 예금을 보장한다. FDIC는 대공황 시대에 은행에 대한 대중의 신뢰를 회복하기 위해 프랭클린 루스벨트(Franklin D. Roosevelt) 대통령이 설치한 정부기관이다. 전국 시중은행 및 저축 기관의 99% 이상이 부보기관으로서 FDIC에 보험료를 지불하고 있다. 그 대가로 FDIC는 최대 250,000달러까지 모든 예금자의 계좌(수표, 저축, CD)를 안전하게 보장한다. 은행이 파산할 경우 FDIC는 각 예금자에게 계좌당 최대 250,000달러의 보상금을 지불할 것을 약속한다. 더 많은 돈을 예치하려는 사람은 250,000달러를 넘는 금액을 보호하기 위해 2개 이상의 은행에 계좌를 개설할 수 있다. (미국 내 약 5,000개 시중은행 중 소수는 FDIC가 아닌 주에서 보험에 가입한다.) 여러 은행의 파산을 방지하기 위해 FDIC는 모든 부보 은행의 활동과 계정을 조사할 권리가 있다.

예금	지급준비금	대출금	총공급량
100.00 달러	10.00 달러	90.00 달러	**190.00 달러**
90.00	9.00	81.00	**271.00**
81.00	8.10	72.90	**343.90**
72.90	7.29	65.61	**409.51**
65.61	6.56	59.05	**468.56**

그림 16.4 은행이 돈을 만드는 과정

2009년과 2010년에 거의 300개의 미국 은행이 그랬던 것처럼, 만약 은행이 파산하면 어떻게 되는가? FDIC는 실패한 은행을 처리할 책임이 있다. 한 가지 옵션은 파산한 은행의 부채를 갖고 있는 다른 은행에 매각하는 것이다. 다른 옵션은 FDIC가 파산한 은행의 자산을 압류해 (1) 예금자에게 보험금을 지급하고, (2) 은행 자산을 처분하고 부채를 청산한다. 이 모두는 FDIC의 보험예금기

Patti McConville/Alamy Stock Photo

연방예금보험공사(FDIC)는 부보 은행에 예치된 예금을 보호한다. 부보 은행은 자신이 FDIC에 속해 있다는 사실을 홍보해, 은행 파산이나 기타 손실이 발생한 경우에도 예금자들이 예치한 자금이 안전함을 강조한다. 일례로, 이 은행은 전면 창에 FDIC 부보 금융기관임을 표시해 홍보하고 있다.

금의 손실을 최소화하도록 이루어진다. 결과적으로 발생하는 순이익(또는 손실)은 보험예금기금에 입금(또는 지급)된다. 많은 은행이 경기 침체기에 파산해 FDIC에 막대한 손실을 초래했다. 예를 들어 보험예금기금은 2008년 450억 달러에서 2009년 말 130억 달러로 감소했다. 다행히 이 기금은 2016년 말까지 480억 달러로 다시 증가했다. 현재 FDIC는 약 5,800개 기관에 있는 6억 개의 계좌에 대

보다 나은 방법 찾기

커뮤니티 뱅킹을 위한 사회적 역량 육성

Kynd/ZUMA Press, Inc./Alamy Stock Photo

소규모 커뮤니티 은행은 주 경계를 가로질러 지역 소비자와 상업 고객을 위해 경쟁하는 대규모 은행의 강력한 도전에 직면해 있다. 하지만 지역 은행에는 몇 가지 이점이 있다. 1888년 매사추세츠주에서 설립한 피델리티은행(Fidelity Bank)이 그 예다. 레오민스터(인구 41,000명)에 본사를 두고 있는 피델리티의 주요 경쟁 우위는 장기적인 커뮤니티 관계를 형성하기 위한 헌신에 있다.

많은 소규모 은행과 달리 피델리티는 2009년 어려운 경제 환경 속에서도 재정적으로 건전한 상태를 유지했다. 이 은행은 2012년 레오민스터의 피플스유나이티드은행(People's United Bank)으로부터 예금자를 인수해 확장했으며, 2015년에는 바저축대부은행(Barre Savings and Loan)을 인수해 자산을 7억 5,000만 달러 이상으로 늘렸다. 2016년에 피델리티은행은 27%의 예금 증가를 기록해 주에서 가장 빠르게 성장하는 은행으로 인정받았다. 국가 전체의 은행산업 측면에서 봤을 때 그 성취는 작았지만 지역 사회에 대한 헌신이 컸음을 말해준다. 2016년에 피델리티는 450가구가 신규 주택을 마련할 수 있도록 도왔으며 그중 62가구는 생애 첫 주택 소유자로 주택 개량 프로젝트, 대학 교육, 기타 소비자 및 지역 기업 대출을 위해 총 2억 2,000만 달러 이상을 대출받았다.

그러나 피델리티는 스스로를 단순한 은행 이상으로 생각한다. 고객과 커뮤니티 서비스를 사명의 최전선에 두는 커뮤니티 파트너이다. 예를 들어 바저축대부은행 합병의 일환으로 피델리티는 바(Barre), 팩스턴(Paxton), 프린스턴(Princeton) 세 마을에서 비영리 조직을 지원하기 위해 150만 달러 규모 커뮤니티 재단을 설립했다.

피델리티의 새로운 실행과제는 '라이프디자인 커뮤니티 디바이던드(LifeDesign Community Dividend)'라는, 커뮤니티에 대한 더 많은 환원이다. 주주에게 배당금을 지급하는 민간 은행과 달리 피델리티는 고객이 소유하고 있다. 때문에 은행은 커뮤니티 전체에 배당금을 지급할 수 있다. 대표 겸 COO인 크리스 맥카시(Chris McCarthy)는 다음과 같이 말했다. "커뮤니티 은행으로서 우리는 이익뿐만 아니라 사람에 중점을 둡니다. 기업이 사람들에 의해 옳은 일을 하게 되면, 모두가 승리하는 결과를 낳게 됩니다."

2013년에 설립된 이후 라이프디자인 커뮤니티 디바이던드(LifeDesign Community Dividend)는 100만 달러 이상의 보조금을 지급했다. 2016년에 이 커뮤니티 은행은 교육, 건강 이니셔티브, 청소년 및 노인 단체, 문화 센터 및 기타 대의를 지원하는 커뮤니티 조직에 290,000달러를 지급했다.

피델리티는 또한 조직 내에서 기부 문화를 촉진한다. 예를 들어 직원들은 격주 금요일에 청바지를 입고 출근할 수 있는 특권을 위해 5달러를 기부할 수 있다. 은행은 기부금을 활용해 수익금을 비영리 단체에 분배한다. 2016년에는 이러한 분배 금액이 11,000달러가 넘었다. 그리고 그것으로 충분하지 않은 것처럼, 피델리티 아이스크림 트럭은 지역 전역의 커뮤니티 행사를 방문해 무료로 아이스크림을 나눠줌으로써 더 많은 배당금을 지급한다. 회사가 지역 사회에 대한 헌신 선언문에서 밝혔듯이 "고객, 지역 사회 및 직원의 삶의 질을 개선하는 데 도움이 되는 것은 우리의 장기적인 사명의 일부입니다. 우리는 여기서 일하고, 쇼핑하고, 학교에 가고, 가족을 키우기 때문에 지역 사회를 가장 배려하는 은행이 되기 위해 노력합니다."

해 약 6조 4,000억 달러 규모의 보장을 제공한다. 다른 많은 은행 활동은 다음에서 논의될 연방준비제도에 의해 규제된다.

연방준비제도

학습목표 16-4
연방준비제도의 기능과 통화 통제 수단을 이해한다.

연방준비제도(Fed) 정부의 은행 역할을 하고, 시중은행에 여러 금융 서비스를 제공하며, 시중의 통화량을 통제하는 미국의 중앙은행

연방준비제도(Federal Reserve System, Fed)는 미국 금융 시스템의 최상단에 자리 잡고 있으면서 금융 분야의 여러 가지 측면을 규제하고 있다. 연준(Fed)은 1913년에 의회에 의해 설립된 미국의 중앙은행이다. 이 절에서는 연준의 구조, 기능, 통화량 조절 수단 등을 살펴본다.

연방준비제도의 구조

연준은 이사회, 준비은행 그룹, 회원 은행으로 구성된다. 1913년 연방준비법(Federal Reserve Act)에 의해 처음 제정된 이 시스템은 상대적으로 자율적인 12개의 은행과 은행의 활동을 조정하는 제한된 권한을 가진 7인의 위원회로 구성되었다. 그러나 1930년대에 이르러 연준의 구조와 기능은 모두 극적으로 변화했다.

이사회 연준의 이사회는 대통령이 임명한 7명의 이사로 구성되며 이사의 임기는 14년이다. 이사회의 의장은 주요 경제자문위원회에서 활동하며 경제 정책을 수립하기 위해 행정부와 적극적으로 협력한다. 이사회는 통화 공급을 통제하는 데 큰 역할을 수행한다. 법정 한도 내에서 예금 취급 금융기관에 대한 지급준비금 요구 수준을 결정하기 때문이다. 또한 연준의 다른 구성원과 협력해 할인율을 설정하고 연준의 정부 증권 매매를 처리한다.

준비은행 연준은 그림 16.5와 같이 12개의 구역으로 구성되어 있다. 각 지역의 연방준비은행은 해당 지역의 시중은행으로부터 지급준비금을 보유하고 할인율을 설정한다. 준비은행은 또한 수표 청산(clearing) 과정에서 중요한 역할을 한다.

공개시장위원회 연방공개시장위원회(Federal Open Market Committee, FOMC)는 국가의 통화 공급을 관리함으로써 경제 안정과 성장을 촉진하기 위한 연준의 통화 정책을 공식화할 책임이 있다. 회원으로는 이사회 구성원, 뉴욕 연방준비은행 총재, 교대로 근무하는 4개의 다른 준비은행 총재가 있다.

회원 은행 전국적으로 공인된 모든 시중은행과 일부 주정부 공인 은행들이 연준의 회원이다. 모든 회원 은행 예금자의 계좌는 자동으로 FDIC에 의해 보호된다.

기타 예금 기관 많은 주정부 공인 은행, 신용조합, 저축대부조합(S&L)은 연준에 속해 있지는 않지만 규정의 적용을 받고 예금보험료를 지불하며 연방신용조합을 감독하고 보증하는 기관으로서 FDIC 또는 NCUA(National Credit Union Administration)의 보호를 받는다.

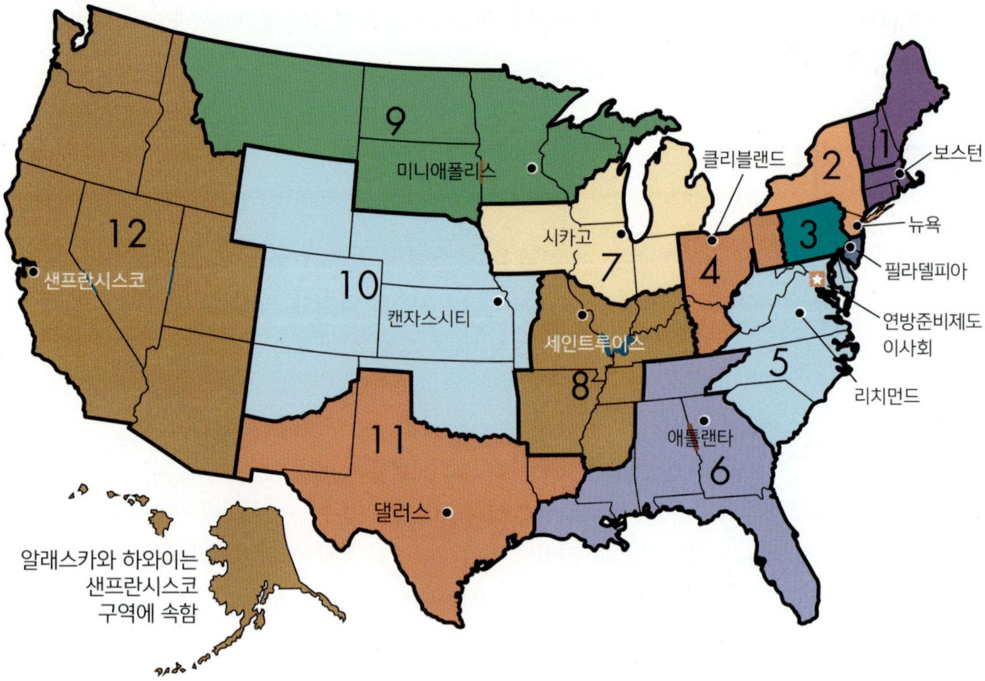

그림 16.5 12개 연방준비구역
출처: http://www.federalreserve.gov/otherfrb.htm, accessed on July 30, 2013.

연방준비제도의 기능

연준은 은행을 승인하는 것 외에도 여러 은행 활동을 규제하는 연방정부의 은행이자 '은행의 은행' 역할을 한다. 이 중 가장 중요한 것은 통화 공급을 통제하는 것이다.

정부의 은행 연준은 국가의 지폐를 생산하고, 또한 얼마나 많은 지폐를 만들고 폐기할지 결정한다. 또한 재무부가 발행한 채권을 매입해 국가 적자 자금을 조달함으로써 정부에게 자금을 대출한다.

은행의 은행 자금이 필요한 개별 은행은 연준에서 대출을 받고 대출에 대한 이자를 지불할 수 있다. 또한 연준은 연방준비은행에 시중은행이 지급준비금을 보유하기 위한 저장 공간을 제공한다.

수표 청산 연준은 또한 현금이 수표 발행인의 은행 계좌에서 차감되어 수표 수취인의 계좌로 입금되도록 시중은행의 수표를 청산한다. 그러나 전자 지불로 처리되는 종이 수표의 수는 꾸준히 감소하고 있다. 2000년에 연준은 600억 개의 종이 수표를 청산했다. 그러나 2015년까지 이 숫자는 154억 개의 종이 수표로 감소했고 또 다른 36억 개의 수표는 모바일 앱에서 이미지로 삭제되었다. 소비자는 직불카드, 신용카드, 계좌이체, 온라인 결제 등 전자거래의 편리함을 선호한다. 그러나 종이 수표를 사용하는 경우에도 은행은 이제 (수표를 배송하는 대신) 제시, 지불 및 기록 보관을 위해 연준 전자 이미지를 보내기 때문에 정산이 더 빠르게 이루어진다. 그 결과 연준은 2003년까지만 해도 필요했던 45개의 시설 대신에 이제 풀 서비스 수표 처리 사이트 하나만 갖게 되었다.

통화 공급량 통제 연준은 미국 **통화정책**(monetary policy)의 시행, 통화 공급 및 금리 조절을 통해 물가 안정을 도모한다. 연준은 이 두 가지 요소를 통제함으로써 전국 은행의 대출 능력과 의지에 영향을 미친다.

통화정책 통화 공급량과 금리를 조절해 국가 경제의 성장률을 관리하는 정책

1장에서 정의한 바와 같이 인플레이션은 경제 시스템 전반에 걸쳐 광범위하게 물가가 상승하는 것을 말한다. 이는 통화 공급량이 너무 많아지면 발생한다. 인플레이션이 발생하면 재화와 서비스에 대한 수요가 증가하고 모든 것의 가격이 상승하게 된다. 2010~2011년과 2013년에 중국은 급격한 인플레이션을 막기 위해 은행 관리들이 중국의 경제 성장을 늦추고 통화 공급량을 줄였다. 이에 반해 디플레이션은 재화와 서비스의 공급이 화폐의 공급을 초과해 이에 수요가 감소할 때 발생한다. 물가 하락은 기업의 생산량을 줄이고 실업을 증가시킨다. 연준은 경제 안정을 목표로 통화 공급량을 조절함으로써 극심한 인플레이션이나 디플레이션을 방지하려고 노력한다. 시중은행이 주로 돈을 만들어내기 때문에, 연준의 화폐 공급량 관리는 대부분 시중은행을 통한 통화 공급량 규제 형태를 취한다.

연방준비제도의 수단

헌장에 따르면 연준의 주요 임무는 은행 업무를 감독하고 국가 통화를 관리하는 것이었다. 연준의 의무는 1장에서 논의한 바와 같이 성장과 안정에 대한 광범위한 경제적 목표를 포함하도록 진화했다. 국가의 통화 공급을 통제하는 연준의 역할은 이러한 목표를 달성하는 데 도움이 되는 정책을 수립하는 것에서 비롯된다. 통화 공급을 통제하기 위해 연준은 **지급준비율**, **금리 통제**, **공개시장조작**을 사용한다.

지급준비율 **지급준비율**(reserve requirement)은 은행이 연방준비은행에 현금 또는 예치금으로 보유해야 하는 예금의 비율을 말한다. 지급준비율이 높아지면 은행은 대출할 돈이 적어지고 통화 공급량이 감소한다는 것을 의미한다. 반대로, 요구하는 지급준비율이 낮아지면 통화 공급량이 증가한다. 연준은 모든 예금 기관에 대한 요구사항을 설정하기 때문에, 경제 전반의 통화 공급량을 변화시키기 위해 이를 조정할 수 있다. 2017년 기준으로 연준의 지급준비율은 예금 계좌의 규모에 따라 다르다. 가장 작은 계좌는 면제되며(0% 지급준비금), 1,240만 달러 이상의 계좌에 대해서는 지급준비율이 3%이고, 7,950만 달러를 초과하는 계정 거래에 대한 비율은 10%이다.

지급준비율 은행이 현금으로 연준에 예치해야 하는 예금의 비율

금리 통제 은행의 은행으로서 연준은 은행에 돈을 대출한다. 이러한 대출에 대한 이자율을 **할인율**(discount)이라고 한다. 연준이 통화 공급량을 줄이기를 원하면, 할인율이 높아져 은행이 돈을 빌리는 데 더 많은 비용이 들기 때문에 대출에 대한 매력이 떨어진다. 반대로 낮은 금리는 차입과 대출을 장려하고 통화 공급을 확대한다.

할인율 회원 은행이 연준에서 돈을 빌릴 때 적용되는 이자율

소비자에게 더 친숙한 **연방기금금리**[federal funds rate, 또는 **키 금리**(key rate)]는 시중은행이 밤새 서로에게 준비금을 대출하는 비율을 반영한다. 연준은 은행 지급준비금의 수요와 공급에 의해 결정되는 이 금리를 실제로 통제할 수는 없지만, 이러한 지급준비금의 공급을 통제함으로써 원하는 금리를 만들 수 있다. 예를 들어 채권 거래자들에게 국채 매입을 줄이도록 지시함으로써 지급준비금 공급이 줄어들었고, 그 결과 2004년 역사적 최저치인 1%에서 2006년 5.25%까지 연방기금금리를 인상함으로써 인플레이션을 늦추었다. 연준은 경제가 모멘텀을 잃자 정책을 철회해 목표 금리를

연방기금금리(키 금리) 시중은행이 서로에게 지급준비금을 빌려줄 때 적용되는 이자율

2008년에 0.25%로 점진적으로 낮추고(경기 침체 기간 동안 경제를 부양하기 위해), 2009년에 0.00~0.25%로 인하한 다음 2016년 수준으로 경제가 회복될 때까지 이를 유지했다.

공개시장조작 공개시장에서 연준이 증권을 매매하는 행위

공개시장조작 **공개시장조작**(open-market operations)은 연준 공개시장위원회의 지시에 따라 공개시장에서 연준이 증권(일반적으로 미국 재무부에서 발행한 채권 및 단기 채권)을 매매하는 것을 말한다. 공개시장 조작은 통화 공급에 대해 신속하고 예측 가능하게 행동하기 때문에 효과적이다. 연준은 허가받은 상업 딜러로부터 정부 증권을 구매해 해당 은행에 대출할 더 많은 돈을 제공함으로써 통화 공급량을 확대한다.

연준이 증권을 매도할 때는 반대 현상이 발생한다. 국채를 투자자에게 판매하면 미국 정부가 자금을 조달하고 통화를 공급할 수 있다. 이러한 증권에는 단기(몇 주)부터 장기(최대 30년)까지의 만기가 있는 국채(T-bill, T-Note, T-Bond)가 포함될 수 있다. 국채는 국내 증권 시장에서 활발하게 거래되기 때문에 유동성이 높으며, 전통적으로 미국 정부의 지원을 받기 때문에 무위험 투자로 여겨졌다.

학습목표 16-5

돈과 은행 시스템이 변화하는 세 가지 중요한 방향을 이해한다.

돈과 은행 시스템의 변화

미국의 화폐와 은행 시스템은 오늘날에도 계속해서 변화하고 있다. 정부의 긴급 개입은 금융 시스템의 문제를 안정시키는 것을 목표로 한다. 테러방지규정의 시행은 금융 시스템이 범죄에 악용되는 것을 방지한다. 은행 서비스의 확장과 함께 디지털 기술의 발전은 돈을 얻는 방법과 지불하는 이자에 영향을 미치기도 한다.

미국 금융 시스템 안정을 위한 정부 개입

2008년 미국 투자은행 리먼브러더스(Lehman Brothers)의 파산으로 금융계가 흔들렸다. 이어 베어스턴스(Bear Stearns)가 거의 파산했지만 JP모건체이스가 인수하면서 또 다른 파산의 위협으로 이어졌다. 그러나 JP모건체이스의 베어스턴스 인수는 연방준비은행이 베어스턴스 자산의 잠재적 손실을 보장하기 위해 260억 달러를 내놓았을 때만 가능했다. 정부는 분열된 금융 시스템의 안정화를 목표로 미국 금융기관에 대한 전례 없는 자금 투입을 계속하고 있다.

정부의 긴급 지원 2009년 중반까지 연준의 지원은 거의 3,000억 달러에 이르렀으며 대부분은 시중은행에 대한 대출 프로그램이었다. 은행은 대출을 사용해 부실 모기지 및 기타 매각하기 어려운 자산을 상각하거나 매각함으로써 은행 고객에게 대출할 현금을 확보했다. 또 다른 자금원으로 미국 재무부 임시 프로그램인 '부실자산 구제 프로그램(Troubled Asset Relief Program, TARP)'도 정부의 구제 금융에 포함되었다. TARP 지원에는 실패 위험이 있는 자동차 금융회사에 150억 달러, 대출을 장려하기 위해 약 600개 은행에 직접 투자하는 2,350억 달러가 포함되었다. 또 재정적 위기에 처한 프레디맥(Freddie Mac)과 패니메이(Fannie Mae)를 구출하기 위해 정부는 1,300억 달러 이상을 제공했다. 프레디맥과 패니메이(FM2라고도 함)는 원래 대출기관으로부터 주택담보대출을 구입해 보유하거나 재판매했다. 2008년에 FM2는 미국 주택담보대출의 80%를 보유했으며, 그중 많은 부분이 주택 시장이 붕괴하자 악화되어 오늘날까지도 계속 채무불이행 상태를 유지하고 있다. FM2는 2013년 기

준으로 여전히 약 5조 달러의 모기지 자산을 보유하고 있었다. 따라서 비평가들은 정부가 모기지론 사업에 관여해야 하는지에 의문을 제기하고 있다.

상환 보증 정부는 지원에 대한 대가로 다양한 종류의 보증을 부과한다. 예를 들어 은행에 대한 연준의 대출은 은행 자산을 담보로 한다. 즉 연준은 은행이 연준에 상환할 때까지 상업대출, 주택담보대출, 자산유동화증권 등 은행 자산의 일부를 담보로 보유하고 있다. TARP 자금의 대가로 미국 재무부는 은행의 우선주(배당금 지급 소유주)를 보유하기도 한다. 재무부는 또한 미래에 미리 정해진 가격으로 은행 주식을 살 수 있는 권리를 부여하는 신주인수권을 보유할 수 있다. 정부가 부분적으로 소유권을 갖는 것 외에도 TARP는 더 엄격한 경영진 보상 요구사항을 부과한다. FM2의 구제금융에서 두 회사 모두 연방주택금융청(Federal Housing Finance Agency, FHFA)에 인수되었다. 어느 쪽이든 실패하면 미국 경제와 함께 글로벌 금융 시장에 심각한 피해를 입힐 수 있기 때문이다. FHFA는 두 회사의 자산과 운영을 완전히 통제했다.

반범죄 및 반테러 규정

테러방지규정의 시행은 금융 시스템의 범죄적 오용을 방지한다. **은행비밀법**(Bank Secrecy Act, BSA) 조항에 따라 미국 재무부는 범죄 자금 조달을 억제하기 위해 필요한 모니터링 및 기록 보관 의무를 지키지 않은 아랍은행(Arab Bank)의 뉴욕 지점에 2,400만 달러의 벌금을 부과했다. BSA 규정의 시행에는 범죄 및 테러 활동 자금을 차단하기 위해 은행 송금 또는 10,000달러를 초과하는 현금 거래의 갑작스러운 증가와 같은 의심스러운 거래에 대한 추적 및 보고가 포함된다.

은행은 마약 거래 및 자금 세탁 가능성을 나타내는 의심스러운 활동을 식별하고 보고하는 시스템을 유지 관리하지 않으면 기소될 수 있다. 플로리다주 마이애미의 은행은 BSA를 위반해 효과적인 자금세탁 방지 프로그램을 운영하지 않았다는 혐의로 미국 정부에 5,500만 달러의 벌금을 지불하기로 합의했다. 또한 푸에르토리코 은행은 한 계좌에 반복적으로 현금을 입금했을 때 의심스러운 활동 보고서를 제출하지 않은 것에 대해 2,100만 달러의 벌금을 부과받았다. 캘리포니아 은행은 코카인 판매 수익금이 멕시코에서 은행 계좌로 이체될 때 효과적인 자금세탁 방지 프로그램을 유지하지 않았다는 이유로 기소되기도 했다. 미국 재무부는 가상 화폐의 인기가 높아지고 이것이 자금세탁에 사용될 가능성이 있음을 인식하고, 최근 연방 은행 규정이 정부에서 발행하지 않는 디지털 화폐를 발행하는 회사에도 적용된다고 발표했다. 즉 **비트코인**과 같은 온라인 통화는 10,000달러를 초과하는 금융 거래 보고를 포함해 BSA의 부기 요구사항을 수행해야 한다.

테러 위험을 줄이기 위해 2001년에 통과된 '미국 애국자 법(USA PATRIOT Act)'에 따라 은행은 고객의 이름, 주소, 생년월일, 사회보장(또는 세금 식별) 번호를 획득하고 확인해 고객의 실세 신원을 파악할 수 있다. 또한 신원을 확인하고, 고객 활동을 기록하며, 신규 고객의 신원을 정부 테러리스트 목록과 비교하기 위해 **고객 식별 프로그램**(CIP)을 구현해야 한다. 집행은 재무부의 심사관이 담당한다.

전자 기술 발전의 영향

은행은 효율성과 고객 서비스를 개선하기 위해 가장 열성적으로 신기술을 도입하는 기관 중 하나이다. JP모건체이스의 고객은 1,300만 명이 넘는 모바일 사용자를 포함하고 있으며 뱅크오브아메리카에서는 매일 100,000개 이상의 수표가 모바일 장치를 통해 원격으로 입금된다. EFT 시스템 및 모바일 장치 외에도 은행은 전화, TV, 온라인 뱅킹 등 고객이 24시간 거래를 할 수 있도록 한다. 이를 통해 매일 수조 달러가 은행과 기타 금융기관 사이에 순수한 전자 형태로 거래된다. 세계 최대의 전자 지불 시스템인 연준의 페드와이어(Fedwire) 자금 이체 시스템은 매일 거의 10,000개에 달하는 금융기관에 대해 약 5조 달러의 거래를 처리한다.

자동청산소 네트워크 자동청산소(Automated Clearing House, ACH)는 금융기관의 전자 지불에 대한 은행 간 청산을 제공하는 전자 자금 이체 시스템이다. ACH 네트워크를 통해 기업과 정부, 소비자는 수표 대신 전자 지불 방식을 선택할 수 있다. 시스템은 친환경적이고 안전하며 효율적이다.

ACH 지급에는 다음이 포함된다.

- 기업과 소비자(B2C)가 인터넷에서 직접 거래하는 직불 및 신용 결제
- 기업 간(B2B) 전자 결제
- 급여 직접 이체, 사회보장 혜택, 세금 환급
- 연방, 주, 지방 세금 납부
- 전자 수표
- 소비자 청구서의 직접 지불: 모기지, 대출, 공과금, 보험료
- 전자상거래 결제

2015년에 ACH 시스템은 15,000개 이상의 미국 기업 및 금융기관에서 200억 건 이상의 결제를 처리했다. 이러한 결제액은 총 33조 달러가 넘었다. 연방정부의 ACH 사용으로 수표를 대체하는 각 계좌 예금은 0.925달러를 절약한다. 10억 달러의 직접 예금으로 인해 연방정부가 절약할 수 있는 금액은 거의 10억 달러에 이른다.

ACH 시스템은 건전한 위험 관리 관행을 위해 협회의 엄격한 NACHA 운영 규칙을 관리하고 시행하는 전자 지불 협회인 NACHA의 통제를 받는다. NACHA는 미국은행협회(American Bankers Association) 내에서 창설되었지만 나중에 독립된 비영리협회가 되어, 공인 ACH 전문가 프로그램을 시작하고 시스템의 운영 규칙을 확립했다.

Check 21: 종이 수표 없애기 2004년에 연방법이 된 **21세기 수표결제법**(Check 21)은 수취 은행이 종이 수표의 전자 이미지를 만들고 전자적으로 지불 은행에 이미지를 전송해 수표를 기다리는 대신 즉시 지불할 수 있도록 한다. 종이 수표는 보낸 사람에게 되돌려 보낼 수 있다. 더 많은 은행에서 수표 이미지 처리(Check 21)를 채택하고 있으며 이를 통해 속도와 비용 효율성의 이점을 누리고 있다. 즉 종이 처리 감소, 물리적 운송에 대한 의존도 감소, 수거 시간 단축, 값비싼 부유물 제거 등이다. 오늘날 연준에서 처리하는 항목의 거의 99%가 종이 형식이 아닌 전자 이미지이다. 수표를 작성하고, 우편으로 발송하며, 이를 충당하기 위해 계좌에 돈을 넣어두는 데 며칠이 걸리던 것은 더 빠른 수표 정산 방식으로 대체되고 있다.

깜박이는 신용카드 '깜박이는(blink)' 기술은 지난 30년 동안 신용카드에 내장된 자기 스트립 대신 무선 주파수 신호를 보내는 컴퓨터 칩을 사용한다. '비접촉식' 결제 시스템을 사용하면 소비자가

긁고 서명할 때까지 기다리지 않고도 주유소나 소매 가맹점 터미널 앞에서 카드를 흔들 수 있다. 무선 주파수 식별은 신용카드의 새로운 기능으로, 전자 패스가 있는 유료 도로에서는 운전자가 지불하기 위해 줄을 서서 기다릴 필요가 없다.

직불카드 신용카드와 달리 **직불카드**(debit card)는 개인 마음대로 자금을 늘리지 않고 사용자가 소매 구매를 위해 계정 간에 돈을 이체할 수 있도록 한다. 직불카드는 미국 소비자 거래에 대한 지불로 신용카드보다 더 많이 사용된다. 그러나 직불카드의 경우 재정적 손실 위험이 더 크다. 연방법은 도난 또는 사기 이용에 대한 신용카드 소지자의 책임을 50달러로 제한한다. 그러나 사기 카드 분실에 대한 직불카드 소지자의 책임은 분실 카드가 보고되는 속도에 따라 더 높을 수 있다(최대 500달러).

직불카드 개인 계좌 간에 돈을 이체할 수 있게 해주는 플라스틱 카드

기업가정신과 새로운 벤처기업

모험적인 사업

래리 핑크(Larry Fink)는 1976년 UCLA 경영대학원을 졸업하고 곧바로 월스트리트로 가 퍼스트보스턴(First Boston)에서 채권 거래자로 취직했다. 그는 시간을 투자해 자신을 증명했으며 3년 이내에 당시 퍼스트보스턴의 상당히 새로운 사업 부문인 모기지 담보부 증권의 구조화 및 거래를 담당했다. 수년에 걸친 그의 노력과 재능은 그를 수십조 달러 규모의 혁신적인 부채 증권화 시장의 중요한 일원으로 명성을 얻게 했다. 그의 아이디어는 신용카드와 자동차 대출에서 모기지에 이르기까지 모든 종류의 소비자 부채를 가져와 통합한 다음, 다시 조각으로 나누어 투자자에게 판매하는 것이었다. 혁신과 거래 성사에 대한 그의 놀라운 재능은 퍼스트보스턴의 수익을 10억 달러 증가시키는 데 도움이 되었으며, 그는 회사의 파트너가 되기 위한 궤도에 올라 있었다. 그는 돈 버는 문화에 몰두한 월스트리트의 떠오르는 유망주 중 한 명이었다. 1986년에 금리가 오를 것이라고 예측한 핑크는 시장에서 위험한 포지션을 취했다. 그러나 이자율은 그의 예측과 달리 움직였고 그의 부서는 1억 달러를 잃게 되었다. 그는 한때 퍼스트보스턴의 유망주에서 그는 하룻밤 사이에 따돌림 받는 사람이 되었다.

퍼스트보스턴에서 쫓겨난 것은 래리 핑크에게 전환점이 되었다. 그는 월스트리트가 고객과 거래자를 대하는 방식에 지쳤다. 위험을 인지하지 못해서 실패했다는 것을 깨달은 그는 다시는 그런 상황에 처하지 않겠다고 다짐했다. 그러한 관점에서 그는 고객을 위해 돈을 투자하고 정교한 위험 관리를 제공하는 회사를 만들기로 결정했다. 베어스턴스의 코너 사무실을 임대해 소박하게 시작한 래리 핑크는 블랙록(BlackRock)을 초기 신용 한도액 500만 달러에서 지구상의 어떤 자산 관리자보다

Samuel S/Nchez El Pais Photos/Newscom

많은 5조 달러 이상의 수탁고를 자랑하는 규모로 성장시켰다.

그럼에도 불구하고 블랙록을 더욱 탁월하게 만드는 것은 엔지니어, 분석가, 통계학자, 프로그래머로 구성된 팀이 관리하는 5,000대의 컴퓨터로 구성된 최첨단 위험관리 시스템 '알라딘(Aladdin)'이다. 알라딘은 수백만 개의 변수를 모니터링하고 위험 평가를 고객의 포트폴리오에 적용한다. 2000년에 회사는 위험 회피뿐만 아니라 이미 문제가 발생한 고객에게 조언을 제공하는 컨설팅 회사인 블랙록솔루션(BlackRock Solutions)을 설립하기도 했다.

핑크에게는 돈이 진부가 아니다. 2013년 연례 보고서에서 핑크는 "직원들이 항상 정직하게 행동하려고 하면 성과가 따라온다고 믿습니다"라고 썼다. 블랙록은 직원이 채용되는 순간부터 고객을 최우선으로 생각한다. 이것은 직원이 회사에서 자신의 역할 그 이상을 이해해야 하는 것을 의미하지만, 조직 전체에 헌신해야 한다는 것을 의미하기도 한다. 예를 들어 블랙록의 핵심적인 관행은 고객이 위험을 이해하도록 돕는 것이다. 핑크가 말했듯이, 성과는 진실함을 따라오게 되어 있다.

POS 단말기 소매 구매 비용을 지불하기 위해 고객의 은행 계좌에서 자금을 이체하는 전자 장치

직불카드를 받는 많은 소매업체는 **POS 단말기**[point-of-sale(POS) terminal]를 사용해 고객의 은행과 관련 구매 정보를 전달한다. 고객이 카드를 삽입하면 은행은 고객 계좌에서 매장 계좌로 자동 이체한다.

스마트 카드 전자 화폐로 프로그래밍할 수 있는 컴퓨터 칩이 내장된 신용카드 크기의 플라스틱 카드

스마트 카드 **스마트 카드**(smart card)에는 '전자 화폐'로 프로그래밍할 수 있는 컴퓨터 칩이 내장되어 있다. **전자 지갑** 또는 **저장 가치 카드**라고도 하는 스마트 카드는 10년 이상 존재했다. 주유기 결제에서 가장 인기가 있으며 선불 전화 서비스, ATM, 자동 계산대, 자동판매기, 자동 은행 서비스 등에도 사용된다. 임베디드 칩 기술은 또한 기존 신용카드나 직불카드의 표준 마그네틱 스트립을 대체하고 있다. 이 기술은 금융 거래 시 당사자에게 더 큰 보안을 제공한다.

학습목표 16-6

국제금융 시스템과 관련된 기관 및 활동을 이해한다.

국제금융 시스템

전자 기술의 발전은 전 세계적으로 거의 즉각적인 금융 거래를 가능하게 한다. 이러한 비즈니스 교환(요청 및 지불된 가격)은 거래와 관련된 다양한 국가 간의 통화 가치에 의해 영향을 받는다. 일단 합의에 도달하면 다른 대륙의 구매자와 판매자 사이에서 돈을 이동시키는 국제 결제 프로세스는 국가 간의 느슨하게 구조화된 합의를 넘어서는 전 세계적인 정책 시스템의 적용을 받지 않는다.

통화 가치 및 환율

유로, 페소, 위안, 달러, 엔—돈은 크기와 모양이 모두 다르다. 오늘날의 글로벌 활동으로 여행자,

David Gee 4/Alamy Stock Photo

환율은 한 통화의 다른 통화에 대한 상대적 가치를 설명한다. 예를 들어 미국 달러와 영국 파운드의 환율이 2:1이면 1파운드를 '구매'(또는 교환)하려면 2달러가 필요하다는 의미이다. 또는 1파운드를 2달러로 교환할 수도 있다. 환전 사업체는 수익을 창출하기 위해 각 거래소에 수수료를 부과한다. '수수료 없음'을 광고할 수도 있지만, 이럴 경우 덜 매력적인 환율을 제공한다. 멕시코 시티공항에 있는 이 표지판은 멕시코 페소를 기준으로 미국 달러, 유로, 파운드, 캐나다 달러를 사고파는 환율을 나타내고 있다.

쇼핑객, 투자자, 기업 등은 종종 은행에 의존해 달러를 다른 통화로 변환한다. 다른 통화보다 하나의 통화를 선택할 때 최상의 선택은 문자 그대로 매일 바뀐다. 왜 그럴까? 모든 통화의 가치는 다른 통화에 비해 한 통화에 대해 글로벌 공급 및 수요(지불할 의사가 있는 금액)를 반영해 변하기 때문이다. 예를 들어 미국 달러 가치에 대한 한 지수는 대규모 미국 무역 파트너 그룹의 통화에 대한 **환율**(exchange)의 평균값이다. 다른 통화의 가치와 비교한 한 통화의 가치는, 한 통화를 다른 통화로 교환해야 하는 금액을 나타낸다. 따라서 어느 시점에서 일부 통화는 '강세'(더 높은 가격 및 더 높은 가치에 판매됨)인 반면 다른 통화는 '약세'가 될 수 있다. 세계 각국의 금융매체와 온라인 외화환전시장(forex)에서는 화폐 간 환율을 매일 공시한다.

환율 다른 통화의 가치와 비교한 한 통화의 가치

강한 통화 또는 약한 통화: 어떤 상황이 더 좋은가 직관적으로 '강한' 통화를 선호하는 것이 논리적으로 보일 것이다. 그러나 답은 그렇게 간단하지 않으며 실제로 어떻게 사용되는지에 달려 있다. 휴가와 같은 국제 활동에 돈을 사용하는 것은 실제로 '좋은 소식-나쁜 소식' 상황 중 하나이다.

2002~2012년 사이의 10년 동안 해당 통화에 대한 환율이 변동했기 때문에, 미국 달러에 대한 유로의 가치를 고려해보자. 유럽 국가의 한 시민이 2002년에 미국으로 휴가를 가려고 했으나, 그 휴가를 2012년으로 연기하기로 결정했다. 이제 그 당시 환율을 기준으로 2002년과 2012년에 여행을 가는 경우 휴가 비용을 비교해보자. 2012년에는 유로당 약 1.45달러(당시 환율 기준)를 지불했다. 그러나 2002년에는 유로당 0.87달러에 불과했다(현재 환율 기준). 휴가객에게는 좋은 소식이다. 2012년의 유로화 강세는 프랑스인 휴가객들에게 달러 약세에 대한 구매력이 더 커졌다는 것을 의미한다. 하지만 프랑스인 여관 주인에게는 나쁜 소식이다. 미국인들이 휴가 비용 1유로당 1.45달러를 지불해야 하는 비싼 유럽 여행을 피하기 위해 다른 곳으로 이동할 수 있기 때문이다. 간단히 말해서, 2002년 프랑스 노천카페에서 0.83달러의 커피 가격은 2012년에 1.45달러였다. 하지만 2012년 이후로 유로화는 달러 대비 가치가 하락했고 2017년에는 2002년과 거의 같은 수준이었다. 그 결과, 프랑스인이 미국으로 여행하는 것이 다시 저렴해졌다.

무역 측면에서 2012년의 유로화 강세는 유럽 경제, 특히 통화가 약한 비유로(non-euro) 국가에 수출하는 산업에 걸림돌로 작용했다. 예를 들어 더 높은 유로 기반 제조비용을 충당하기 위해 독일산 메르세데스(Mercedes) 및 BMW 자동차 수출의 경우 가격(미국 달러)을 인상해야 했으며, 이로 인해 미국 수요와 판매가 감소했다. 달러 약세가 미국에 제품을 수출하는 많은 유럽 기업에 피해를 주었지만 다른 기업은 미국 투자를 늘려 이익을 얻었다. 예를 들어 메르세데스-벤츠(Mercedes-Benz)가 미국 앨라배마에서 M클래스(M-class) 자동차를 생산할 때 제조비용을 더 낮은 달러로 지불하고, 더 높은 수익을 거두기 위해 유럽으로 판매한다. 그러나 전반적으로 많은 유로 기반 기업은 유로 강세의 결과로 매출 성장이 느려지면서 매출 감소에 직면했다. 하지만 유로화가 약세를 보이면서 동일한 기업의 해외 수익이 증가하기 시작했다.

은행 정책은 통화 가치에 영향을 미친다 통화 공급과 금리를 관리하기 때문에, 연준은 다른 통화에 대한 달러의 강세에 큰 영향을 미친다. 유럽중앙은행(ECB)은 유로존에서 동일한 역할을 한다. 금리 인상은 경제 시스템의 통화 가치를 높이는 경향이 있는 반면, 금리를 낮추는 것은 그 반대이다. 유로존 기업들이 글로벌 기업에 비해 경쟁력이 떨어지기 때문에 유로화 강세일 때 유럽의 경제 회복은 원하는 것보다 더디다. 그럼에도 불구하고 ECB는 유로 지역이 글로벌 경기 침체에 접어든 동안

에도 금리를 인하해 유로를 약화시키는 것을 거부했다. 낮은 금리로 유로화의 공급이 증가하고 가격은 하락해 유럽 경제를 자극할 것이기 때문이다. 그러나 ECB는 과도한 인플레이션을 부추길 수도 있다고 우려하고 있다. ECB는 2015년 유로 지역의 경기 침체가 지속됨에 따라 마침내 금리를 사상 최저 수준인 0.5%로 인하했다. 금리 인하 이후 세계 통화 시장에서 유로의 가치는 1% 하락했다.

이와는 대조적으로, 미국 연준(Fed)은 침체된 경제를 부양하기 위해 저금리 정책을 지속해 상대적으로 달러 약세에 기여하고 있다. 달러 약세는 미국 상품을 세계 시장에서 더 저렴하고 매력적으로 만들어 미국 수출 판매를 유지하거나 증가시킨다. 동시에 달러 약세는 해외 수입품을 더 비싸게 만들기 때문에 미국 소비자는 수입품을 더 적게 살 수 있으며 그중 많은 품목이 외국 제조업체에서만 구입할 수 있다. 석유와 같은 일부 필수 상품 역시 전 세계적으로 미국 달러로 가격이 책정되어 있다. 따라서 달러 가치가 하락하면 배럴당 더 많은 약세 달러가 필요하기 때문에 석유 가격이 상승한다. 우리는 이제 은행 및 은행 정책이 통화 가치에 상당한 영향을 미치는 몇 가지 방법을 살펴보고자 한다.

환율의 불확실성을 가중하는 요인 중 하나는 영국의 유럽연합(EU) 탈퇴이다. 다른 EU 회원국과 달리 영국은 유로화를 위해 전통적인 통화를 포기한 적이 없다. 그러나 경제학자, 정부 관료, 재계 지도자들은 모두 영국의 탈퇴가 자국의 국제 무역, EU의 국제 무역, 영국과 EU 회원국의 주요 무역 파트너의 파급 효과에 어떤 영향을 미칠지 예측하는 데 어려움을 겪고 있다. 결과적으로 영국 파운드와 유로화의 환율은 향후 몇 년 동안 평소보다 더 많이 변동할 가능성이 있다.

그렇다면 환율에 대해 왜 신경을 써야 하는가? 회사가 전 세계의 다른 회사와 함께 구매, 판매, 투자를 할 때 통화는 매우 중요하다. 농부들이 브라질에서 곡물을 구매하고 일본이나 인도에서 만든 트랙터를 구매할 때 관련 국가의 환율에 따라 때로는 더 높은 가격에, 때로는 더 낮은 가격에 구매하는 것과 같이 개인들도 비슷한 위험을 가지고 있다. 환율은 어떤 해든 돈을 버는 것과 돈을 잃는 것에서 차이를 만들 수 있다. 삼성전자의 전자제품과 스웨덴이나 독일에서 생산되는 자동차와 같은 소비재의 가격도 환율에 의존한다. 은퇴를 꿈꾸는 투자자는 티로우프라이스 유럽 주식 펀드(T. Rowe Price European Stock Fund)에서 개인퇴직계좌(IRA)를 구입하거나 미래의 수요를 충족하기 위해 부를 축적할 수 있는 많은 글로벌 기회에 투자할 수 있다. 이러한 모든 노력에서 결정의 성공 또는 실패(구매 여부와 시기 등)는 환율의 변화에 영향을 받는다. 마찬가지로, 잠재적인 기업가로서 당신의 비즈니스 성공은 부분적으로 환율의 변화에 의해 결정된다.

국제 결제 프로세스

다른 국가의 구매자와 판매자 간 금융 결제는 은행에서 제공하는 서비스를 통해 간소화된다. 예를 들어 미국 구매자의 지불 프로세스는 달러에서 프랑스에 있는 판매자에게 보낼 유로화로 변환하려는 현지 은행에서부터 시작된다. 동시에 프랑스 기업과 미국 판매자 사이에서 별도의 거래로 인한 지불 및 통화 변환도 반대 방향으로 진행된다.

두 국가 간 무역이 균형을 이루고 있다면, 즉 두 국가의 자금 유입과 유출이 동일하다면 **실제로 두 국가 사이에 자금이 흐르지 않아도 된다.** 미국 은행(또는 프랑스 은행)에서 유입과 유출이 균형을 이루지 못하면 그 차이를 메우기 위해 프랑스나 미국으로 돈이 흘러가게 된다.

국제은행의 구조

정책 결정 및 규제 권한 측면에서 산업화된 국가의 시스템과 비교할 수 있는 전 세계 은행 시스템은 없다. 전 세계 은행의 안정성은 개별 국가 또는 국가 그룹 간의 느슨한 계약 구조에 의존한다.

2개의 유엔 기구인 **세계은행**과 **국제통화기금**이 국제 무역에 자금을 지원한다. 실제 은행과 달리 **세계은행**(World Bank, 국제부흥개발은행)은 제한된 범위의 서비스만 제공한다. 예를 들어 도로, 학교, 발전소, 병원을 건설하기 위한 대출을 통해 국가 발전 자금을 지원한다. 결과적으로 채무국의 발전은 생산 능력과 국제 무역을 증가시킬 수 있게 한다.

세계은행 저개발 국가의 발전 자금 지원 등 제한된 범위의 금융 서비스를 제공하는 유엔 기구

또 다른 유엔 기구인 **국제통화기금**(International Monetary Fund, IMF)은 다음과 같은 목적을 위해 자원을 결합한 약 150개국의 그룹이다.

국제통화기금(IMF) 안정적인 환율, 한시적 단기 차관 제공 등을 촉진하기 위해 약 150개국이 자금을 모아 구성한 유엔 기구

- 환율의 안정을 도모
- 회원국에 임시·단기 대출을 제공
- 회원국들이 국제 통화 문제에 협력하도록 장려
- 국제 결제 시스템 개발을 장려

IMF는 일시적인 무역수지 마이너스로 고통 받는 국가에 대출을 제공한다. 이들 국가가 다른 국가에서 제품을 계속 구매할 수 있도록 함으로써 IMF는 국제 무역을 촉진한다. IMF는 2016년 그리스의 어려운 경제를 지원하기 위해 그리스에 대출을 제공했다. 그러나 일부 국가에서는 IMF가 요구하는 경제 변화를 받아들이지 않고 IMF 자금을 거부하기도 했다. 예를 들어 일부 개발도상국은 인플레이션을 통제하기 위해 사회 프로그램과 지출을 줄여야 한다는 IMF의 요구사항을 거부했다.

질문과 연습

복습을 위한 질문

16-1. 화폐의 세 가지 기능을 설명하라. 돈이 필요한 이유가 무엇이며, 돈의 특징은 무엇인가?

16-2. 어떤 측정 단위가 화폐의 유동성을 가장 잘 나타내는가?

16-3. 시중은행의 역할을 설명하라. 어떤 유형의 고객에게 우대금리가 제공되는가?

16-4. 스마트 카드란 무엇이며, 어떤 기능을 갖고 있는가?

분석을 위한 질문

16-5. 소비자로서 언제 강한 달러를 선호하는가? 약한 달러는 어떤가? 노동자 또는 고용주로서 이러한 요소를 다르게 고려하겠는가?

16-6. 시중은행을 규제해야 하는가, 아니면 시장에서 대출 및 저축 예금에 대한 종류와 이자율을

결정하도록 허용해야 하는가? 이유를 설명하라.

16-7. 온라인 전용 당좌 및 저축 계좌에 돈을 입금하는 고객은 오프라인 은행보다 높은 이자율을 받는 경우가 많다. 온라인 은행이 이러한 금리를 제공할 수 있는 이유는 무엇이라고 생각하는가? 온라인 전용 뱅킹의 단점은 무엇인가?

16-8. 2,500달러를 예금하는 경우 8%의 지급준비율을 가정하자. 다섯 번의 대출 주기 후에 은행 시스템이 만들어낸 돈의 양을 계산하라.

응용연습

16-9. 대부분의 통화에 대한 과거 환율은 www.oanda.com, www.xe.com 등에서 확인할 수 있다. 달러 대비 당신 국가의 통화 추이를 살펴보라. 5년 전 어떤 통화가 최고의 환율을 제공했는가? 오늘날 가장 좋은 환율을 제공하는 통화는 무엇인가? 5년 동안 환율은 어떻게 변했는가?

16-10. 인도 중앙은행에 따르면, 인도에서 디지털 기술을 통한 거래가 2017년 12월에 6.05% 증가한 10억 6,000만 루피를 기록했다. 인도 내 디지털 거래액이 월 10억 루피를 돌파한 것은 이번이 처음이다. 당신의 국가에서 디지털 거래의 발전과 수준을 조사해보라. 지난 5년 동안 어떤 진전이 있었는가?

CHAPTER 17 기업경영을 위한 재무관리

당신은 기업경영에서 성공할 만큼 충분한 운을 가지고 있는가? 운이 전혀 없다면 어떻게 될까? 부를 추구하는 사람들이 자신이 원하는 것을 실제로 발견하게 되는 경우는 얼마나 될까? 그들은 특별한 비밀을 갖고 있는가?

학습목표

LEARNING OBJECTIVES

이 장을 학습하고 나면

17-1 화폐의 시간가치 개념과 복리성장률의 원리를 설명하고 보통주의 특징을 논의한다.

17-2 투자의 이유와 뮤추얼펀드 및 상장지수펀드가 제공하는 투자 기회를 이해한다.

17-3 증권시장의 역할을 설명하고 주요 증권거래소와 주식시장을 구분한다.

17-4 위험–수익 관계를 설명하고 분산투자와 자산 배분을 논의한다.

17-5 기업이 자본을 조달하는 다양한 방법을 설명하고 각 방법의 장단점을 이해한다.

17-6 기업이 주식을 기업공개(IPO)하는 이유와 주식가치의 결정 방법을 이해하고 시가총액의 중요성을 논의한다.

17-7 증권시장 관련 규제를 설명한다.

작은 불씨

당신은 아마도 운 좋게 포고데차오(Fogo de Chão) 레스토랑을 방문했을 것이다. 이 회사는 2017년 초 미국에 28개, 멕시코에 2개, 브라질에 10개의 지점을 운영하고 있다. 포고데차오는 브라질 스타일의 스테이크하우스 또는 불고기 레스토랑으로, 남부 브라질 요리 스타일을 훈련받은 가우초 셰프가 테이블에서 불에 구운 다양한 고기를 썰어준다. 확실히, 셰프가 테이블에서 직접 고기를 제공하는 것은 포고데차오의 매력 중 하나지만 레스토랑의 대기 직원 수를 줄여 비용을 통제할 수 있는 방법 중 하나이기도 하다. 저녁식사에서는 다양한 종류의 고기뿐만 아니라 셀프서비스 샐러드, 반찬과 디저트가 포함된 풍부한 뷔페를 이용할 수 있다.

루스크리스스테이크하우스(Ruth's Chris Steakhouse)와 캐피털그릴(Capital Grille)과 경쟁하고 있는 이 고급 레스토랑의 시작은 녹록지 않았다. 1979년 두 형제, 자이르 코저(Jair Coser)와 아리 코저(Arri Coser), 호르헤 옹가라토(Jorge Ongaratto)와 알레이슈 옹가라토(Aleixo Ongaratto)는 브라질 포르투알레그레의 잔디 지붕이 있는 헛간에서 불고기 레스토랑을 열었다.

이 레스토랑은 포고데차오(작은 불씨를 의미)라는 이름에서 알 수 있듯이 소박한 느낌을 준다. 그 후 6년 동안 레스토랑이 번창하면서 상파울루에 2개의 지점을 추가로 오픈했지만, 미국 진출은 조지 H. W. 부시 전 미국 대통령과의 우연한 만남으로 시작되었다. 1995년 상파울루 지역의 한 지점에서 식사한 그가 음식과 서비스에 매우 만족해 이들 형제들에게 미국으로 사업을 확장할 것을 제안한 것이다. 2주 후, 자이르와 호르헤는 텍사스로 향했다. 자이르 코저는 이렇게 말했다. "저는 항상 왜 미국에 왔는지 생각합니다. 설명하기 어려운 일이지요. 그 당시 저는 브라질에서 잘 살았거든요. 집과 가족, 또 일이 있었잖아요. 그래도 결론은 '가자'였습니다."

2005년 옹가라토 형제가 회사의 지분을 코저 형제에게 매각해 코저 형제는 공동 소유자가 되었다. 그다음 해에 코저 형제는 지속적인 확장을 위해 브라질에서 가장 큰 투자 펀드 중 하나인 GP인베스트먼트(GP Investments)를 활용했지만 지배 지분은 유지했다. 2012년 코저 형제는 투자를 청산하기로 결정하고 토머스 H. 리 파트너스(Thomas H. Lee Partners L. P.)에

이 장을 배우면 좋은 점

모든 산업을 대표하는 전 세계 기업은 매일 글로벌 금융시장을 통해 자금을 조달하고 부채 상환을 위한 자금을 모집한다. 개인 투자자들도 직접 또는 온라인으로 상품, 주식, 채권을 사고팔면서 자금이 '효과적으로 활용되는지' 살펴본다. 포고데차오의 역사는 이러한 다양한 기업 활동을 보여준다. 이 장은 기업의 목표가 장기 또는 단기인지, 기업의 목표가 이익이나 증권을 얻기 위한 것인지, 단순히 자금을 성공적으로 모집해 투자하는 도전을 즐기기 위한 것인지 등 다양한 기업 활동을 이해하는 데 도움이 될 것이다.

lodrakon/Fotolia

4억 2,600만 달러에 매각한 것으로 알려졌다. 당시 미국에 16개 지점, 브라질에 7개 지점이 있었다.

새로운 소유주는 지점을 성공적으로 확장해 다수의 고급관리자를 통해 회계 및 경영을 뒷받침할 새로운 인재와 전문 지식을 도입했다. 2015년에는 440만 주가 넘는 주식을 공모해 주당 20달러의 가격으로 8,820만 달러를 조달했는데, 이는 예상 가격인 주당 16~18달러보다 훨씬 높은 것이었다. 토머스 H. 리 파트너스는 2,200만 주가 넘는 주식을 보유해 거의 80%의 지배 지분을 확보했다. 포고데차오는 그 자금을 부채 상환에 사용했으며 그 이후로 매출액과 당기순이익이 꾸준히 증가했다.

포고데차오가 상장되기 직전 3개의 다른 레스토랑 체인도 마찬가지였다. 치킨 윙 체인인 윙스톱(Wingstop Inc.)은 IPO에서 1억 2,700만 달러, 치킨 비스킷 체인인 보쟁글스(Bojangles')는 IPO에서 1억 6,900만 달러, 버거 체인인 쉐이크쉑(Shake Shack Inc.)은 1억 2,100만 달러를 조달했다. 쉐이크쉑은 주당 약 46달러에 상장되었으며 몇 달 만에 96달러를 기록해 2017년 중반 가격이 40달러 미만으로 하락했다. 주당 거의 24달러로 시작한 보쟁글스는 2017년 중반에 18달러 미만으로 하락한 반면 윙스톱은 30달러로 시작해 26~33달러 사이를 오갔다. 2016년과 2017년 초는 외식산업 전반에 걸쳐 어려운 시기였으며 긍정적인 수익 보고서를 발표한 포고데차오도 예외는 아니었다. 2017년 초 처음 시장에 공개되었을 때 20달러로 치솟았던 주가는 주당 15달러 미만으로 떨어졌다. 엄밀히 말하면 포고데차오를 윙스톱이나 쉐이크쉑과 비교하기는 어렵다. 풀 서비스 레스토랑으로서 포고데차오는 50~60달러의 디너플레이트로 루스크리스스테이크하우스, 델프리스코스(Del Frisco's), 캐피털그릴과 같은 고급 스테이크하우스와 경쟁하기 때문이다. 그럼에도 불구하고 주가 성과는 실망스럽다.

주가가 하락하거나 상승하는 특별한 이유는 없지만, 포고데차오의 경우 투자자가 주식을 매수, 보유 또는 매도할지 고려할 수 있는 몇 가지 요소가 있다. 예를 들어 부채를 상환하는 것이 좋은 것 같지만, 기업이 직접 소유해 운영하는 매장의 경우 이러한 전략에는 몇 가지 단점이 있다. 새로운 레스토랑을 여는 데는 많은 자본과 현금이 필요해 IPO 이후 부채를 상환하는 것은 기업의 현금을 부족하게 만들기 때문이다. 2016년의 견고한 매출 중 일부는 올림픽의 부수적 효과였고, 또한 가우초 스타일로 요리하는 데는 특별한 기술이 필요하기 때문에 포고데차오는 L-1B '전문 지식' 비자로 브라질에서 요리사를 데려오는 데 의존하고 있다. 그렇다면 이 모든 것이 무엇을 의미하는가? 상장 회사에 대한 모든 투자와 마찬가지로 실제로 주가가 상승할지 하락할지 정확하게 예측하는 것은 불가능하다. 정보에 정통한 투자자가 되면 몰라도, 미국 비즈니스 작가인 윌리엄 페더(William Feather)가 말한 것처럼, "주식시장의 재미있는 점 중 하나는 한 사람이 매수할 때마다 다른 사람이 매도하고 둘 다 자신이 기민하다고 생각한다는 것이다".

학습목표 17-1

화폐의 시간가치 개념과 복리 성장률의 원리를 설명하고 보통주의 특징을 논의한다.

자본 성장 극대화

자신의 사업을 시작(또는 성장)하기 위해 또는 단순히 건전한 재정적 미래를 위한 안전판으로 자본을 축적하려는 경우, 현명한 투자는 자본 성장의 핵심이다. 투자 기회를 찾을 때 대체 투자안을 평가하고 좋은 점과 나쁜 점을 구분하기 위해 여러 개념이 사용된다. (이 장의 뒷부분에서 더 자세히 살펴보겠지만, 고려해야 할 핵심 요소는 투자에 대한 잠재 수익과 투자 위험의 관계이다.)

화폐의 시간가치와 복리성장률

가장 잘 입증된 '부유해지는 방법'은 오랜 시간에 걸쳐 저축하고 투자하는 전략에 달려 있다. '100만분의 1'의 기회가 바로 당장 부를 제공하는 경우는 매우 드물다. 많은 사람들이 "나는 모든 것을, 지금 당장 원해!"라고 하는 생각이 좋을 수도 있지만, 실제로 그런 사람은 극소수이다.

기업금융에서 가장 중요한 개념인 **화폐의 시간가치**(time value of money)는 시간이 지남에 따라 투자할 때 돈이 이자를 얻거나 다른 형태의 수익을 냄으로써 성장한다는 것이다. 시간가치는 차례로 주어진 기간 동안 투자자에게 지급된 이자의 누적 성장인 **복리성장률**(compound growth) 원칙에서 비롯된다. 기간이 추가될 때마다 이자 지급이 누적되고 더 많은 이자가 발생함에 따라 투자가 증가하므로 초기 투자의 수익은 배가된다.

화폐의 시간가치 시간이 흐름에 따라 투자한 돈이 이자나 다른 형태의 수익을 얻음으로써 성장한다는 원리

복리성장률 시간 흐름에 따른 이자의 복리 — 기간이 추가될 때마다 이자 수익이 누적되어 더 많은 이자를 얻음

72의 법칙 간단한 예를 통해 '화폐의 시간가치' 개념을 이해할 수 있다. 손쉬운 경험법칙을 '72의 법칙'이라고 한다. 연간 이자율(퍼센트)을 72로 나누면 돈을 2배로 늘리는 데 필요한 연수를 알 수 있다. 예를 들어 매년 8%로 재투자하면, 약 9년 후에 돈이 2배가 된다.

$$\frac{72}{8} = \text{돈이 2배가 되기까지 약 9년}$$

이와 비슷하게, 연간 4%로 재투자하면 약 18년 후에 돈이 2배가 된다.

또한 72의 법칙으로 주어진 기간 동안 돈을 2배로 늘리고 싶을 때 얼마의 이자를 받아야 하는지 계산할 수 있다. 10년 안에 돈을 2배로 늘리고 싶다면 7.2%를 받아야 한다.

$$\frac{72}{10} = \text{돈이 2배가 되기 위해 필요한 이자율 7.2\%}$$

투자자를 위한 교훈은 명확하다: 돈이 더욱 자주 2배가 되므로 **더 높은** 이자율을 추구해야 한다.

유용한 시간가치 활용법 1년 동안 7%의 이자로 10,000달러를 투자했다면? 10,000달러 투자로 700달러를 번다. 원금과 첫해에 얻은 이자를 재투자하고 원래 원금과 모든 이자를 다시 4년 동안 매년 계속 재투자하면 14,025달러가 된다. 은퇴를 계획할 경우, 그 돈을 같은 이자율로 25년 더 재투자하면 76,122달러로 은퇴할 수 있다!

그림 17.1은 10,000달러의 초기 투자 수익이 장기간에 걸쳐 실질적으로 누적되는 것을 보여준다.

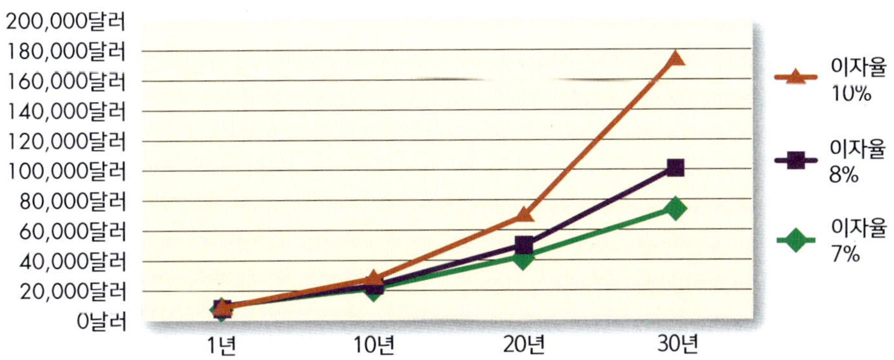

그림 17.1 초기 10,000달러 투자가 증가하는 금액

이 그림은 지난 10년 동안의 이익이 처음 10년보다 훨씬 더 크며 복리 성장의 힘을 보여준다. 매년 더 큰 금액에 이자가 적용되기 때문이다. 이 그림은 또한 더 높은 이자율이 더 가파르게 증가한다는 것을 보여준다. 이자율이 7%에서 8%로 약간 인상되어도 훨씬 더 큰 금액이 축적된다.

그림 17.1에서 볼 수 있듯이 화폐의 시간가치를 활용하는 가장 좋은 방법은 높은 투자 수익률을 얻는 것이다. 그러나 다양한 종류의 투자는 공격적인 성장, 재무적 안전 등과 같은 다양한 재무 목표를 달성할 수 있는 기회를 제공한다.

보통주 투자

주식 주식회사의 소유 지분

보통주 주식회사에서 주요 안건에 대한 의결권을 갖는 가장 기본적인 소유권 형태

역사적으로, 수많은 방법과 비교해 높은 수익률을 달성하는 한 가지 방법은 주식시장에 투자하는 것이다. 2012년 초 현재 미국 주식시장의 평균 수익률을 살펴보자. 100년 평균(1912~2012년)은 연 9% 이상이었고 최근 25년 평균 수익률은 11.29% 이상이었다. **주식**(stock)은 주식회사의 소유 지분이다. 주식회사의 전체 소유권은 각 주주가 회사의 얼마(주식 수)를 소유하고 있는지를 결정하기 위해 사고팔 수 있는 주식이라는 작은 지분으로 나뉜다. 이렇게 소유권이 광범위할 수 있는 것은 다양한 유형의 주식을 구할 수 있고 개인이 편리하게 주식을 사고팔 수 있도록 하는 시장이 있기 때문이다.

여러 종류의 주식이 있지만 소위 '보통주'가 가장 일반적이다. **보통주**(common stock) 지분은 회사의 가장 기본적인 소유권 형태이다. 개인과 다른 회사는 가치가 상승하고 배당 소득을 제공하기 위해 회사의 보통주를 구입한다. 또한 각 보통주 주주들은 회사의 주요 안건에 대해 의결권을 갖 는다.

주식의 가치는 보통 (1) 시장가치, (2) 장부가치로 표현된다.

시장가치 주식시장에서 주식의 현재 가치

장부가치 기업의 자기자본을 보통주 주식 수로 나눈 보통주 가치

1. 주식의 실제 가치는 주식시장에서 주식의 현재 가치인 **시장가치**(market value)이다. 시장가치는 주식을 사려는 사람이 해당 주식을 구입하기 위해 기꺼이 지불하려는 가격을 반영한다.
2. 보통주의 **장부가치**(book value)는 기업의 재무상태표에 있는 자기자본을 모든 주주가 소유한 보통주 주식 수로 나눈 값이다. 성공적인 기업의 시장가치는 일반적으로 장부가치보다 크기 때문에 장부가치는 비교지표로 활용된다. 따라서 시장가격이 장부가치 부근으로 떨어지면 수익을 추구하는 투자자들은 해당 주식이 저평가되어 미래에 오를 것으로 판단하고 그 주식을 매수한다.

보통주의 투자 특성 불행히도 보통주는 모든 투자 중에서 가장 위험한 투자에 속한다. 주식시장 자체에 대한 불확실성은 주식의 가치를 빠르게 변화시킬 수 있다. 또한 기업이 수익성이 좋지 않거나 산업 또는 전반적인 경제 상황이 침체되면 배당금을 지급하지 못하는 경우가 많으며 잠재적인 투자자가 미래 주가를 경계하게 되어 주가가 하락한다. 예를 들어 미국 주식은 경기 침체기인 2008년과 2009년 초에 절반 이상의 가치를 잃었다. 보다 최근에는 에너지 가격이 2015년에 폭락했을 때 대부분의 주가는 높은 수준을 유지했지만 석유 회사의 주가는 하락했다. 그러나 긍정적인 측면에서 보통주는 높은 성장 잠재력을 제공한다. 회사의 실적이 개선되면(예: 신제품 출시로 인해) 주가가 급격히 상승할 수 있다. 역사적으로 주식 가치는 일반적으로 시간이 지남에 따라 상승한다. 2013년 중반까지 대부분의 미국 보통주는 2008~2009년 잃어버린 가치를 회복했으며 많은 주식이 새로운 기록을 세웠다. 마찬가지로 2017년 에너지 가격이 오르기 시작하면서 석유 회사의 주가도 오르기 시작했다.

배당 **배당**(dividend)은 회사의 수익에서 주당 기준으로 주주에게 지급하는 금액이다. 배당금 지급은 선택 사항이며 가변적이다. 회사의 이사회는 배당금 지급 여부와 시기를 결정하며 회사와 주주의 미래에 가장 적합한 금액을 결정한다. 많은 기업이 이익의 30~70%를 주주에게 분배한다. 코카콜라(Coca-Cola), 엑슨모빌(ExxonMobil) 같이 가장 강력하고 안정적이며 재정적으로 건전하고 존경받는 회사에서 발행한 소위 **우량주**(blue-chip stock)는 역사적으로 일관된 배당을 지급함으로써 투자자에게 안정적인 수입을 제공했다. 그러나 일부 기업, 특히 빠르게 성장하는 기업은 배당금을 지급하지 않는다. 대신 현금 수익을 회사 확장에 사용해 미래 수익이 더 빨리 성장할 수 있다. 더욱이 어떤 회사라도 실적이 좋지 못한 경우 주주에 대한 배당 지급을 줄이거나 생략할 수 있다.

배당 회사의 수익을 주당 기준으로 주주에게 지급하는 금액

우량주 건전한 재무 상태로 안정적인 배당을 지급하고, 잘 설립되어 존경받는 기업의 주식

여러 기간에 걸친 이자 지급으로 인한 복리성장률은 기업 투자의 수익 능력을 배가하기 때문에 자본 축적의 성공은 화폐의 시간가치를 활용하는 데 크게 좌우된다는 것을 알 수 있다. 보통주에 대한 투자를 통해서도 자본 성장을 증가시킬 수 있지만 해당 주식이 배당 소득을 제공하고 시장가치가 상승하는 경우에만 가능하다.

재무 목표 달성을 위한 투자

학습목표 17-2

투자의 이유와 뮤추얼펀드 및 상장지수펀드가 제공하는 투자 기회를 이해한다.

뮤추얼펀드와 상장지수펀드는 다양한 재무 목표를 위한 매력적인 투자 기회를 제공하고 초기 투자 비용으로 많은 돈을 필요로 하지 않기 때문에 주식에 대한 대중적인 투자 대안이다. 또한 간단하고 쉬운 거래 프로세스로 개인 투자자가 매우 쉽게 접근할 수 있다.

뮤추얼펀드(mutual fund)는 T. 로우 프라이스(T. Rowe Price)와 뱅가드(Vanguard) 같은 투자 회사에서 만든다. 이러한 회사는 기본적으로 개인이나 조직의 현금 투자를 모아 주식, 채권, 기타 증권 포트폴리오를 구입한다. 투자 포트폴리오는 시장가치가 상승할 것으로 예상되며 그렇지 않으면 뮤추얼펀드와 투자자들에게 수익을 창출한다. 따라서 투자자는 부분 소유자로서 펀드 자산의 가치가 점점 높아짐에 따라 재정적 이익을 얻을 것으로 기대한다. 예를 들어 자산 가치가 10만 달러인 뮤추얼펀드에 1,000달러를 투자하면 해당 펀드의 1%를 소유하게 된다. **무수수료 펀드**(no-load fund) 투자자는 펀드를 사거나 팔 때 판매 수수료가 부과되지 않는다. **로드 펀드**(load fund) 투자자는 일반적으로 2~8%의 수수료를 지불한다.

뮤추얼펀드 주식, 채권, 기타 유가증권 포트폴리오를 구입하기 위해 개인이나 조직으로부터 현금을 공동으로 모집해 운영하는 회사

무수수료 펀드 투자자가 매수 또는 매도할 때 수수료를 지불하지 않는 뮤추얼펀드

로드 펀드 투자자가 매수 또는 매도할 때 판매 수수료를 부과하는 뮤추얼펀드

펀드 투자의 목표

온라인이나 전화로 뮤추얼펀드 계좌를 개설하는 것은 비교적 쉽다. 선택한 재정 목표를 충족하는 수많은 펀드가 있고, 펀드는 투자 목표가 다양하다. 펀드는 투자자의 다양한 동기와 목표에 따라 다양하게 설계된다. 가장 일반적인 세 가지 목표는 (1) 재정적 안정, (2) 보수적인 성장, (3) 공격적인 성장이다.

- **안정성과 안전.** 안전을 강조하는 펀드(즉 가장 낮은 위험)는 경제 상황에 관계없이 원금 변동이 거의 없는 완만한 성장만 허용한다. 여기에는 **화폐시장 뮤추얼펀드**와 펀드 보유자의 자본을 보존하고 현재 수입을 안정적으로 지불하는 기타 펀드가 포함된다. 이 펀드의 전형적인 자산에는 위험이 낮은 미국 회사채, 미국 국채, 이자 및 배당금으로 안정적인 수입을 제공하는 안전한 기타 단기 증권이 포함된다.

- **보수적인 자본 성장.** 자본과 경상 소득의 지속을 강조하면서도 약간의 시세차익을 추구하는 뮤추얼펀드를 **균형 펀드**(balanced fund)라고 한다. 일반적으로 이러한 펀드는 안정적인 수입을 위해 배당 지급이 원활한 장기 지방채, 회사채, 보통주를 혼합해 보유한다. 보통주는 시장가치 상승(더 높은 시장가치) 가능성을 제공하지만, 주식시장이 하락하면 가격 하락의 위험이 존재한다.

- **공격적인 성장**. **공격적인 성장 펀드**는 가장 장기적인 자본 성장을 추구한다. 이는 현재의 수입과 안전을 희생해 새로운(심지어 문제가 있는) 회사, 신제품과 기술을 개발하는 회사, 기타 고위험 증권에 투자한다. 이는 심한 가격 변동이 있는 보통주 투자에 내재된 손실 위험과 시간이 지남에 따라 우수한 수익을 달성할 가능성을 수용할 수 있는 투자자를 위해 설계되었다.

대부분의 뮤추얼펀드는 시장과 일치하지 않는다

전부는 아니지만 많은 뮤추얼펀드는 펀드의 성과를 좌우하는 주식 및 기타 증권을 선택하는 '전문가'가 관리한다. 불행히도 일부 추정에 따르면 이러한 펀드의 최대 80%가 값비싼 관리 비용과 실적이 저조한 주식의 편입으로 전체 주식시장의 평균 수익률만큼 성과를 내지 못하고 있다. 이러한 저성과 단점으로 인해 패시브 펀드는 펀드매니저가 보유 주식을 사고팔 때 판단하는 선택을 대체하는 미리 결정된 고정 전략을 사용해 투자한다. 즉 펀드매니저의 선택이 아니라 사전에 정의된 전략으로 투자된다. 가장 널리 사용되는 패시브 펀드는 특정 시장 지수를 모방하려는 인덱스 뮤추얼펀드이다. 예를 들어 널리 알려진 스탠더드앤드푸어스 500지수(Standard and Poor's 500 Index, S&P 500)는 500개의 특정 보통주로 구성된다. 모든 뮤추얼펀드 회사는 동일한 500개 회사의 주식을 구매해 자체 인덱스 펀드를 구성할 수 있어 S&P 500의 시장 성과와 일치한다. 인덱스 펀드에서 구매 주식은 자동적으로 선택되며, 추적하는 시장에 투자하고 사람의 손이 거의 필요하지 않으므로 관리 비용이 절감된다.

상장지수펀드

상장지수펀드 시장의 전반적인 움직임을 추적하는 지수에 포함되지만 뮤추얼펀드와 달리 주식처럼 거래될 수 있는 주식 또는 채권 포트폴리오

인덱스 뮤추얼펀드와 마찬가지로 **상장지수펀드**(exchange-traded fund, ETF)는 시장의 전반적인 움직임을 추적하는 지수에 포함된 주식(또는 채권) 묶음이다. 그러나 뮤추얼펀드와 달리 ETF는 주식처럼 거래될 수 있다. ETF 한 주는 추적되는 시장의 시장 가격이 지속적으로 변화함에 따라 등락을 반복한다.

ETF는 뮤추얼펀드에 비해 세 가지 이점이 있다. 첫째, 주식처럼 하루 종일 거래가 가능하고, 운영비가 낮으며 초기 투자비용이 많이 필요하지 않다. ETF는 증권거래소에서 거래되기 때문에 하루 종일 언제라도 ETF를 사고팔 수 있으며 가격이 지속적으로 정해진다. 이 **일중 거래**는 시장이 원하는 가격에 도달할 때 하루 중 거래 시간을 정해 매수 또는 매도할 수 있음을 의미한다. 이와 달리 뮤추얼펀드는 하루에 한 번 장 마감 후 가격이 결정된다. 따라서 낮에 매수하거나 매도하면 그날이 끝날 때까지 주가를 알 수 없다.

둘째, 많은 뮤추얼펀드가 값비싼 수수료를 투자자에게 전가하는 반면, ETF는 어떤 주식을 언제 구입할 것인지를 지정하는 규칙에 따라 달라진다. 일단 규칙이 정해지면 사람은 거의 또는 전혀 개입할 수 없다. **연간 운영비용이 낮아** 매수 후 보유 투자자는 ETF의 연간 수수료가 자산의 0.04% 정도로 낮다. 뮤추얼펀드의 연평균 수수료는 1.4%이다.

기업가정신과 새로운 벤처기업

수요를 발견하고 그것을 채워라

Matej Kastelic/Shutterstock

2017년 3월 17일 리치 풀롭(Rich Fulop)과 비키 풀롭(Vicki Fulop) 부부의 비교적 작은 신생기업인 브룩리넨(Brooklinen)은 투자자들이 시리즈 A라운드라고 부르는 곳에 회사 지분 일부를 매각함으로써 퍼스트마크캐피털(FirstMark Capital)로부터 1,000만 달러의 투자를 받았다.

3년 전, 리치는 재무 관리자라는 직책을 내려놓고서 전액 장학금을 받고 뉴욕대학교(NYU) 스턴경영대학원(Stern School of Business)으로 돌아갈 수 있었다. 비키는 법학 학위를 취득했지만 변호사 자격은 없었다. 대신, 그녀는 기업의 브랜드 구축과 언론 보도 관련 홍보 분야에서 일했다. 마침 휴가 차 호화스러운 호텔에 머물던 그들은 호텔에 비치된 값비싼 침대 시트에 매료되어 그것을 사고 싶었지만, 호텔에서는 그것을 판매하지는 않았다. 그래서 풀롭 부부는 온라인을 뒤져보았고, 이것을 도전이자 기회로 여겼다. 저렴한 가격에 양질의 시트는 없었고 쇼핑을 할수록 더욱 실망스러웠다. 그러나 풀롭 부부는 잠재적인 시장 수요가 있다고 결론을 내리고 이를 채우기 시작했다.

풀롭 부부는 가족의 저축과 대출로 얻은 소규모 자금으로 시작해 웹사이트와 일부 초기 인프라를 구축한 다음, 자본을 조달하기 위해 킥스타터(Kickstarter) 캠페인을 시작했다. 놀랍게도, 그들은 단 30일 만에 거의 234,000달러를 모금해 첫 8일 동안 목표금액 50,000달러를 초과 달성했다.

이들은 재무 및 마케팅을 접목한 비즈니스 기법을 활용해 회사의 희소성과 수익성을 유지했다. 미국과 자유무역협정(FTA)이 체결된 이스라엘의 회사와 생산 계약을 체결해 비용을 22% 절감할 수 있었다. 2016년 11월까지 브룩리넨은 연매출이 2,000만 달러가 넘고 50,000명이 넘는 고객 기반을 자랑했다. 하지만 또 다른 부부 스타트업인 패러슈트(Parachute), 크레인앤드캐노피(Crane & Canopy), 볼앤드브랜치(Boll & Branch)와 같은 소매업체와 같이, 비싸지만 프레테(Frette)나 스페라(Sferra)와 경쟁할 만한 품질을 갖춘 100~200달러 사이의 높은 수(thread)의 시트를 판매하는 업체와의 경쟁이 치열했다.

경쟁력을 유지하고 성장하기 위해 리치와 비키는 더 많은 자본이 필요했다. 이름에서 알 수 있듯이 벤처캐피털회사인 퍼스트마크캐피털(FirstMark Capital)의 문을 두드렸다. 퍼스트마크캐피털은 풀롭 부부와 협력해 우선주의 초기 사모발행을 통해 SEC 규칙에 따른 번거로운 보고 및 제출 요건을 면제할 수 있었다. 시리즈 A 우선주는 퍼스트마크에 일부 부채 증권과 주식의 일부 소유권 조항을 제공했다. 일반적으로 시리즈 A 우선주는 회사가 상장되면 투자자가 우선주를 보통주로 거래할 수 있도록 하는 전환 조항과 같은 유리한 조항을 포함한다.

여전히 회사를 경영하고 있는 풀롭 부부는 벤처캐피털펀드를 사용해 마케팅 캠페인을 확장하고 성장시켜 베개, 이불 커버, 양초 및 기타 다양한 제품을 포함해 제품군을 확장할 계획이다. 결과는 어떨까? 2017년 회사는 5,000만 달러 이상의 제품을 판매하고 고객 기반을 3배인 150,000명으로 늘릴 계획이다. 이 모든 것은 낭만적인 휴가에서 얻은 아이디어에서 출발한 것이다. 그들의 사업에서 알 수 있듯이 성공의 초석은 '수요를 발견하고 그것을 채우는 것'이다. 그 후에는 열심히 일하고 많은 자금만 있으면 된다.

셋째, ETF는 뮤추얼펀드와 달리 최소 투자금이 필요하지 않아 자금이 많지 않은 초보 투자자들이 쉽게 진입할 수 있다. 반면 ETF는 중개업체를 통해 매매해야 하기 때문에 중개 수수료를 지급해야 한다(거래 수수료). 자주 사고파는 거래자는 뮤추얼펀드의 높은 수수료 비용보다 많은 거래 수수료를 지불하게 될 수 있다.

기업은 투자에 대한 재정적 목표가 다르기 때문에 안전과 안정성이 다양한 뮤추얼펀드, 보수적인 자본 성장을 추구하는 펀드, 더 위험하고 공격적인 성장 펀드와 같이 보통주 외에 다른 대안을 고려하는 경우가 많다. ETF는 일중 거래를 위해 매 순간 주식시장 움직임을 추적할 시간이 있는 회사에서 사용할 수 있다. ETF는 투자비용을 최소화함으로써 낮은 연간 운영비용을 제공하고 시장 접근이 용이하다.

학습목표 17-3
증권시장의 역할을 설명하고 주요 증권거래소와 주식시장을 구분한다.

증권거래

증권 발행인에 대해 투자자가 갖는 담보 또는 자산에 대한 청구권을 나타내는 주식, 채권, 뮤추얼펀드

증권시장 주식과 채권이 판매되는 시장

투자자로부터 담보된 또는 재정적으로 가치 있는 청구권을 나타내는 주식이나 채권, 뮤추얼펀드를 **증권**(securities)이라고 한다. 또 이들 주식과 채권이 판매되는 시장을 **증권시장**(securities market)이라고 한다. 증권의 매매를 촉진함으로써 증권시장은 기업 활동에 필요한 자본을 제공한다. 반면 뮤추얼펀드는 증권시장에서 사고팔지 않고 펀드를 만들고 사고파는 투자회사의 금융 전문가가 운용한다.

발행시장과 유통시장

발행증권시장 새로운 주식이나 채권이 기업 또는 정부에 의해 매매되는 시장

발행증권시장(primary securities market)에서 기업과 정부는 새로운 주식과 채권을 매매한다. 새로운 증권은 때때로 단일 또는 소규모 투자자 그룹에 판매되는데 이러한 **비공개거래**는 거래의 기밀을 유지할 수 있어 발행자들이 선호하기도 한다.

증권거래위원회 미국의 증권시장을 규제하는 정부기구

투자은행 새로운 증권을 발행과 재판매에 특화된 금융기관

그러나 대부분의 신주와 일부 채권은 더 넓은 공개시장에서 판매된다. 발행회사가 새로운 증권을 시장에 출시하려면 증권시장을 규제하는 정부기구인 **증권거래위원회**(Securities and Exchange Commission, SEC)의 승인을 받아야 한다. 또 과거 발행회사는 전통적으로 새로운 증권의 발행 및 매매를 전문으로 하는 금융기관인 **투자은행**(investment bank) 서비스에 의존했다. 그러나 모든 것이 바뀌었다. 2008년 글로벌 금융위기로 투자은행인 리먼브라더스(Lehman Brothers)는 미국 역사상 가장 큰 규모로 파산했고, 또 다른 투자은행인 베어스턴스(Bear Stearns)는 JP모건체이스(JPMorgan Chase)에 인수되었으며 나머지 2개의 미국 대형 투자은행인 모건스탠리(Morgan Stanley)와 골드만삭스(Goldman Sachs)는 상업은행과 유사한 은행지주회사가 되었다. 회사의 구조가 변경되었지만, 이들은 여전히 세 가지 중요한 투자은행 서비스를 제공한다.

1 신규 발행의 시기와 재무 관련 사항을 **자문**한다.
2 신규 증권을 **인수**(매입 후 재판매를 책임지는 것)해 발행회사에 수수료를 제외한 100%의 금액을 제공한다. 증권을 재판매하지 못하면 그 위험은 투자은행이 부담한다.
3 신규 증권을 다른 투자은행 또는 브로커를 통해 개인투자자에게 **이전**한다.

유통시장 기존 주식이나 채권이 일반 대중에게 판매되는 시장

그러나 신규 증권은 거래되는 증권의 극히 일부에 불과하다. 기존 주식과 채권은 훨씬 더 큰 **유통시장**(secondary securities market)에서 판매되며, 이 시장은 뉴욕증권거래소(New York Stock Exchange)와 같이 친숙한 기관과 전자통신네트워크를 통한 온라인 거래를 통해 처리된다.

증권거래소

증권거래소 주식이 거래되는 시장

주식 거래의 대부분은 역사적으로 조직화된 증권거래소에 의해 처리되었다. **증권거래소**(stock exchange)는 주식을 사고팔 수 있는 기관 경매 환경을 제공하기 위해 마련된 개인들의 조직이다.

(물리적)거래소 각 거래소는 거래가 발생할 수 있는 장소와 시간을 규정한다. 전통적인 거래소와 전자시장의 가장 중요한 차이점은 거래 활동의 지리적 위치이다. 거래소의 브로커는 **거래 현장**에서 대면 거래를 한다(**호가 시장**이라고도 함). 반면에 전자시장은 전 세계의 원격 위치에 있는 수천 명의 딜러 간에 전자적으로 거래를 수행한다.

오늘날 거래소에는 매수 및 매도 주문을 표시하거나 완료된 거래를 확인하기 위한 커다란 전자통신장비가 설치되어 있다. 다양한 뉴스 서비스는 전 세계의 사건 사고와 기업 관련 최신 정보를 제공한다. 이것들은 주가에 빠르게 반영될 수 있다.

주요 증권거래소 미국의 증권거래소 중 뉴욕증권거래소의 규모가 가장 크다. 뉴욕증권거래소는 오늘날 미국의 전자시장과 런던, 도쿄와 같은 대규모 외환시장에서 치열한 경쟁에 직면해 있다.

뉴욕증권거래소 많은 사람들에게 '주식시장'은 **뉴욕증권거래소**(NYSE)를 의미한다. 1792년에 설립된 NYSE는 전 세계 거래소의 모델이다. 2007년 유로넥스트(Euronext)와의 합병으로 NYSE 유로넥스트(NYSE Euronext)가 설립되어 전 세계 주식 거래의 3분의 1을 차지하는 유럽과 미국 전역의 시장을 통합했다. 수익력, 발행주식 총액, 주주 수와 같은 특정 최소 요건을 충족하는 회사만 NYSE에 상장할 수 있다.

오늘날의 NYSE는 물리적 거래 및 전자 거래를 모두 사용하는 **하이브리드 시장**이다. 고객이 중개소나 온라인을 통해 주문하면 NYSE 플로어에 있는 중개인에게 전송되고, 해당 주식을 거래하고자 하는 거래소 브로커들이 모여 수요와 공급에 따른 거래 가격에 합의하면 주문이 체결된다. 또는 구매자는 NYSE의 다이렉트플러스(Direct+) 서비스를 사용해 전자적으로 거래를 자동 실행할 수 있다.

세계의 주식시장 1980년까지만 해도 미국에서 거래되는 주식은 전 세계 시장 가치의 절반 이상을 차지했다. 그러나 외환시장에 상장된 주식의 가치가 지속적으로 증가함에 따라 시장 활동이 바뀌었다. 표 17.1은 2016년 규모가 큰 10개 거래소의 거래량, 상장기업 수를 나타낸다. 베트남, 라오스,

Peter Foley/EPA/Newscom

뉴욕시의 월스트리트와 브로드스트리트 모퉁이에 위치한 뉴욕증권거래소(1792년 설립)는 매일 수십억 개의 주식이 거래된다.

표 17.1 전 세계 주요 증권거래소와 주식시장

증권거래소	거래량(2016년, 십억 달러)	상장기업 수
뉴욕증권거래소(NYSE)	19,223	2,400
나스닥(NASDAQ)	6,831	3,058
런던증권거래소	6,187	3,014
도쿄증권거래소	4,485	2,292
상하이증권거래소	3,986	1,041
홍콩증권거래소(HKEX)	3,325	1,866
유로넥스트	3,321	1,299
토론토증권거래소	2,781	1,524
선전증권거래소	2,285	1,420
프랑크푸르트증권거래소	1,766	3,769

출처: www.visualcapitalist.com, accessed on May 15, 2017.

르완다와 같이 다양한 지역에서 새로운 거래소가 등장하는 동안 상하이에서 바르샤바에 이르는 도시에서는 초기 스타트업이 등장하고 다른 지역에서는 합병 또는 파트너십을 체결하고 있다. 예를 들어 NYSE 유로넥스트는 카타르증권거래소(Qatar Stock Exchange)에 합류해 중동에서 중요한 입지를 확보했으며, 이로써 카타르가 더욱 강력한 국제 거래소가 될 수 있었다.

나스닥(NASDAQ) 시스템 전자통신 네트워크를 통해 증권을 사고파는 딜러로 구성된 세계에서 가장 오래된 전자주식시장

나스닥(NASDAQ)시장 전국 증권딜러협회 자동호가 시스템[National Association of Securities Dealers Automated Quotation(NASDAQ) System]은 세계에서 가장 오래된 전자주식시장으로 1971년 설립되었다. NYSE는 매수 및 매도 주문이 거래소에서 수집되는 반면, NASDAQ 주문은 전 세계 500,000개 터미널을 연결하는 디지털 네트워크에서 수집 및 거래된다. 현재 나스닥은 전통적인 거래소를 나스닥과 같은 전자네트워크로 대체하기 위해 점점 더 많은 국가와 협력하고 있다.

신흥 기업과 유명 기업 등 약 3,100개 기업의 주식이 나스닥에서 거래되고 있다. 예를 들면 마블(Marvell), 애플(Apple), 마이크로소프트(Microsoft), 인텔(Intel), 스테이플스(Staples)가 있다. 거래량은 NYSE를 능가하지만, 나스닥의 미국 주식 시가총액은 NYSE보다 적다.

국경을 초월한 국제적 통합 규제 및 경쟁 요인과 함께 기술 발전의 흐름은 증권거래소의 통합과 국경을 초월한 물리적 거래에서 디지털 거래로의 전환을 촉진했다. 전자통신네트워크(ECN)는 24시간 전 세계 거래의 문을 열었다. 유럽의 모든 증권거래소는 20세기 말까지 전자화되었으며 2010년에는 미국이 이를 추월했다. 디지털 분야의 경쟁력을 갖추지 못한 증권거래소는 고급 거래 시스템을 갖춘 증권거래소와 합병 또는 파트너 관계를 맺었다. 증권거래소 간의 치열한 경쟁은 투자자에게 더 빠른 거래와 더 낮은 거래 수수료를 제공하고 있다.

전자통신네트워크(ECN) 매수자와 매도자가 전통적인 증권거래소 외부에서 전자적으로 거래하는 시스템

비거래소 거래: 전자통신네트워크(ECN)

1998년 SEC는 **전자통신네트워크**(electronic communication network, ECN)를 승인했다. 이는 지정된 가격으

로 매수 및 매도 주문을 자동으로 일치시켜 매수자와 매도자를 기존 증권거래소 외부로 모으는 전자거래 시스템이다. ECN은 거래 절차가 빠르고 효율적이며 주당 거래비용을 큰 폭으로 절감할 수 있어 빠르게 인기를 얻었다. 또한 시간 외 거래(전통적인 시장의 폐장 후 거래)를 허용하고 거래자의 익명성을 보호한다.

ECN은 SEC에 브로커-딜러로 등록한 후 가입자, 즉 다른 브로커-딜러 및 기관투자자에게 서비스를 제공한다. 가입자는 시스템 웹사이트에서 언제든지 모든 주문을 확인해 거래가 발생한 장소와 시간에 대한 정보를 볼 수 있다. 개인투자자는 ECN 시스템에 매수 또는 매도 주문을 보내기 전에 가입자(브로커-딜러)로부터 계좌를 개설해야 한다.

개인투자자 거래

모든 미국 시민의 절반 이상이 주식, 채권, 뮤추얼펀드에 대한 소유권을 어떤 형태로든 가지고 있다. 이러한 투자자 중 다수는 경험 많은 전문가 또는 중개인의 조언에 의존하는 초보자이다. 그러나 정보와 경험이 풍부한 투자자는 종종 외부의 조언 없이 독립적으로 투자하는 것을 선호한다.

주식중개인 증권거래소의 장내에 있는 사람들 중 일부는 증권거래소에 고용되어 있다. 다른 사람들은 자신을 위해 주식을 거래하고 있다. 그러나 많은 사람들이 외부 고객을 위해 매수 및 매도 주문을 실행해 수수료를 받는 **주식중개인**(stock broker)이다. 매수자와 매도자를 연결하지만 주식중개인은 증권을 보유하지 않고, 주문한 개인과 조직으로부터 수수료를 받는다.

주식중개인 수수료를 받고 외부 고객을 대신해 매수 및 매도 주문을 받아 거래하는 개인 또는 조직

디스카운트 브로커 다른 많은 상품과 마찬가지로 중개 지원도 할인 또는 풀서비스 가격으로 구입할 수 있다. 이트레이트(E*TRADE), 스콧트레이드(Scottrade)와 같은 디스카운트 브로커는 정보를 잘 알고 있는 개인투자자들이 시장에 참여할 수 있는 빠르고 저렴한 방법을 제공한다. 2017년 현재 20달러짜리 주식 중 200주를 구입하면 스콧트레이드에서 7달러, 이트레이드에서 7.99~9.99달러의 서비스 수수료가 발생한다. 디스카운트 브로커들 사이에서도 가격 차이는 확연하지만 가장 높은 할인가는 풀서비스 브로커보다 훨씬 낮은 가격이다. 판매 대리인은 수수료가 아닌 수당 또는 급여를 받는다. 많은 풀서비스 브로커와 달리 디스카운트 브로커는 심층적인 투자 자문이나 개인 대 개인 판매 상담을 제공하지 않는다. 그러나 그들은 주식 및 산업 분석, 특정 유형의 주식 선별과 같은 자동화된 온라인 서비스를 제공한다.

풀서비스 브로커 온라인 투자의 성장에도 불구하고 풀서비스 브로커는 정보가 없는 신규 투자자와 모든 최신 개발 상황을 따라갈 시간이 없는 숙련된 투자자 모두에게 중요하다. 메릴린치 자산관리(Merrill Lynch Wealth Management)와 같은 풀서비스 브로커는 고객에게 개인 재무 계획, 부동산 계획 및 세금 전략에 대한 컨설팅 자문과 광범위한 투자 상품을 제공한다. 정보를 전달하고 해석하는 것 외에도 금융 자문은 고객에게 온라인 금융 데이터의 홍수로 인해 간과할 수 있는 투자 기회를 안내할 수 있다.

온라인 투자 디지털 거래의 인기는 온라인 정보에 대한 편리한 접근, 빠르고 실용적인 거래, 자기주도적 투자자가 낮은 거래 수수료를 지불하면서 자신의 투자를 관리할 수 있는 기회에 기인한다.

도서 소유권 물리적인 종이 소유권 증명서를 발급하지 않고 투자자의 주식을 장부 형식으로 보유하는 절차

온라인 투자자들은 매일 수천 개의 회사 주식을 매매한다. 주어진 시간에 누가 무엇을 소유하고 있는지 추적하는 것이 매우 복잡해졌다. 그 결과, 대부분의 소유권 기록은 이제 **도서 소유권**(book-entry ownership)을 통해 유지된다. 주식은 역사적으로 실물 종이 증서로 발행되었다. 그러나 지금은 단순히 회사의 기록부(또는 '장부')에 작성되므로 종이 증명서를 인쇄, 보관, 교환, 교체하는 비용을 없앨 수 있다.

주가지수를 활용한 시장 추종

시장지수 대규모 주식의 성과를 측정하거나 주식시장의 가격 변화를 추적하기 위해 설계된 통계 지표

강세장 12개월 이상 지속되는 주가 상승 기간. 이 기간에 투자자들은 미래 이익에 대한 확신과 매수 유인을 갖는다.

약세장 예상 손실보다 앞서 매도하려는 유인을 가지는 투자자들의 부정적인 심리로 인해 주가가 하락하는 기간

수십 년 동안 투자자들은 시장 성과를 측정하고 주식시장의 미래 움직임을 예측하기 위해 주가지수를 사용했다. 개별 증권의 상태를 나타내지는 않지만 **시장지수**(market index)는 특정 산업과 전체 주식시장의 전반적인 가격 추세에 대한 유용한 정보를 제공한다. 예를 들어 시장지수는 **강세장**과 **약세장**의 추세를 보여준다. **강세장**(bull market)은 일반적으로 12개월 이상 지속되는 주가 상승 기간이다. 강세장에서 투자자들은 매수하려고 하고 자본 이득을 실현할 것이라고 확신한다. 주가가 일반적으로 최고가에서 20% 하락하는 기간을 **약세장**(bear market)이라고 한다. 약세장에서 투자자들은 추가 하락을 예상해 매도하려고 한다.

그림 17.2에서 볼 수 있듯이 지난 37년은 1981년부터 2000년 초까지 역사상 가장 긴 기간을 포함해 주로 강세장으로 특징지을 수 있다. 대조적으로 2000~2003년 기간은 약세장이라 할 수 있다. 2007~2009년 기간은 1929~1932년에 이어 두 번째로 최악의 약세장이었다. 이 기간을 특징짓는 데이터는 다우존스(Dow Jones), 스탠더드앤드푸어스(Standard & Poor's), 나스닥종합지수(NASDAQ Composite), 러셀 2000(Russell 2000)(그림 17.2에는 표시되지 않음)로부터 확인할 수 있다.

다우존스산업평균지수(DJIA) NYSE의 30개 우량주, 시가총액 대형 기업의 가격을 기반으로 한 가장 오래되고 널리 인용되는 시장지수

다우존스산업평균지수(다우지수)

다우존스산업평균지수(Dow Jones Industrial Average, DJIA)는 가장 오래되고 널리 인용되는 미국의 시장지수이다. 다우지수는 미국 주식시장에서 산업 부문의 성과를 측정하는데, 이는 많은 유사한 미국 기업의 경제적 건전성을 반영하는 30개의 우량한 시가총액 대형 기업에 초점을 맞춘다. 다우지수는 이 30개 대기업의 평균 주가이며 트레이더와 투자자는 이를 시장 전체 움직임의 전통적인 지표로 사용한다. 다우지수는 시장에 나와 있는 수천 개 회사 중 30개만 포함되기 때문에 전체 시장 가격 움직임의 근사치일 뿐이다.

지난 수십 년 동안 DJIA는 미국 기업 및 산업의 변화를 반영하며 수정되었다. 2008년에서 2009년 사이 AIG(American International Group), 씨티그룹(Citigroup), 제너럴모터스(General Motorsm, GM)를 대체해 크래프트푸드(Kraft Foods), 보험 대기업 트래블러스컴퍼니(Travelers Companies) 및 기술 대기업인 시스코시스템스(Cisco Systems) 등이 추가되었으며, 최근에는 크래프트(Kraft)가 2015년 하인츠(Heinz)와 합병 후 애플로 대체되었다.

S&P 500 전체 주식시장의 다양한 부문을 대표하는 500개 대형주의 실적을 기반으로 한 미국의 주식시장지수

S&P 500 지수

다우지수에 포함된 30개 기업은 전체 금융 부문을 대표하기 위해 신중하게 선택되었지만 여전히 미국 주식시장 전체를 나타내는 제한된 척도이다. 그러나 **S&P 500**(Standard and Poor's Composite Index) 지수는 보다 광범위해서 많은 사람들이 미국 주식시장에 대한 최고의 단일 지표로 생각한다. 정보기술, 에너지, 산업, 금융, 헬스케어, 필수소비재, 통신과 같은 다양한 부문의 회사를 포함해 500개의 대형주로 구성되어 전체 대형주 시장을 균형 있게 대표한다.

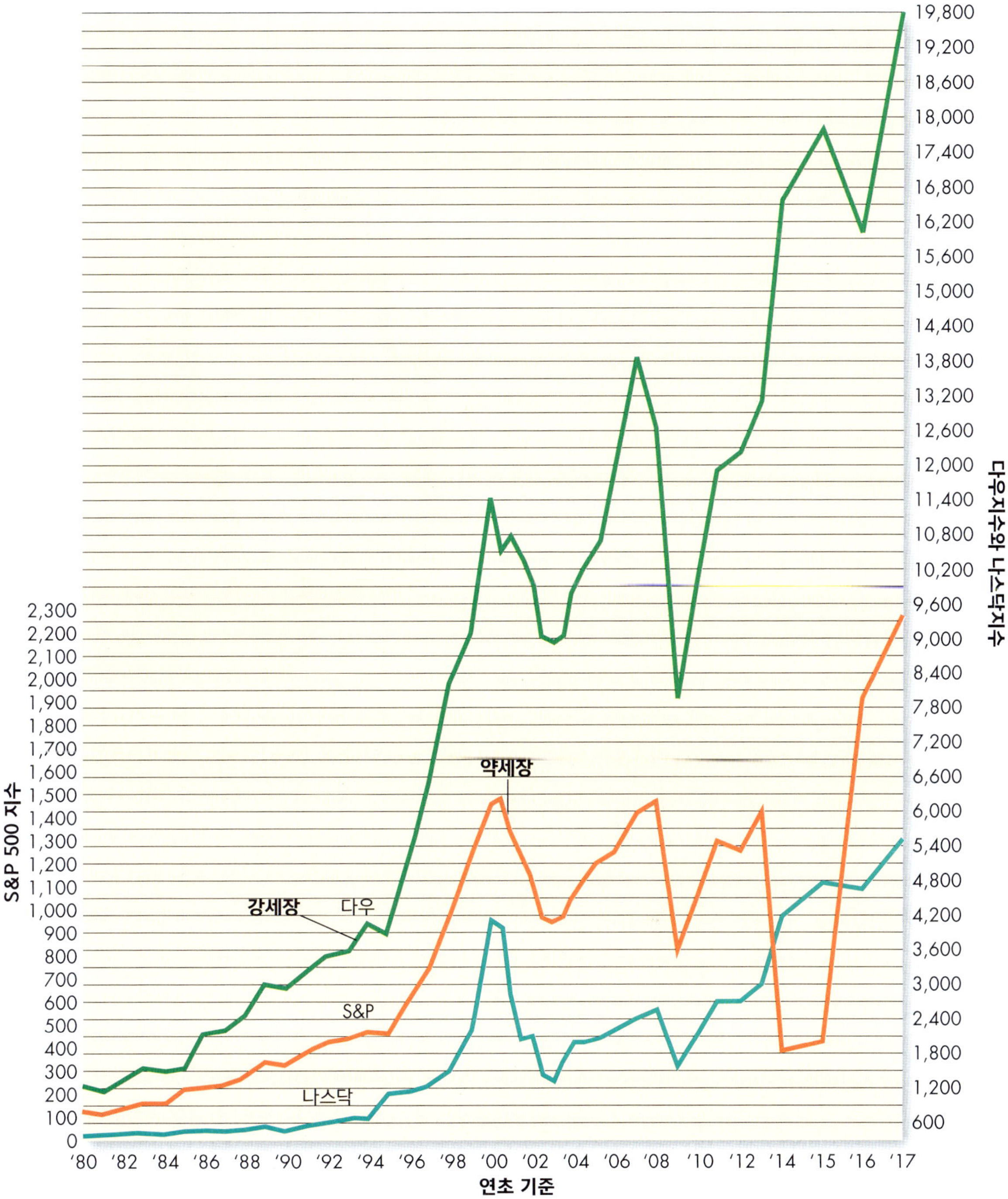

그림 17.2 강세장과 약세장

출처: Yahoo! Finance(http://finance.yahoo.com).

나스닥종합지수 더 많은 주식이 포함되어 있어 월스트리트에서는 **나스닥종합지수**(NASDAQ Composite Index)를 모든 시장지수 중 가장 유용한 지수 중 하나로 생각한다. 다우지수나 S&P 500 지수와 달리 일부 선택된 기업뿐만 아니라 미국과 다른 국가의 모든 NASDAQ 상장기업 약 3,100개가 지수에 포함되어 있다. 그러나 여기에는 소형주 중심의 기술주 비중이 높고 금융, 소비재, 산업재와 같

나스닥종합지수 기술주와 소형주 비중이 높은 모든 나스닥 상장사를 포함하는 시장지수

보다 나은 방법 찾기

은퇴 후 생활비 마련 방법 찾기

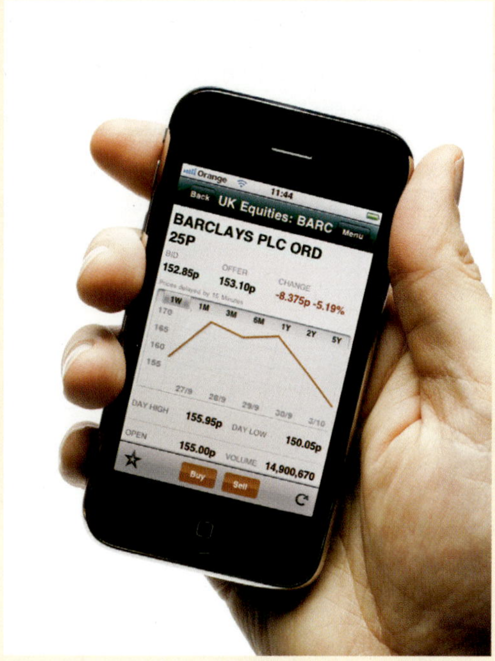

ICP Tech/Incamerastock/Alamy Stock Photo

오늘날 대부분의 회사는 의료 혜택과 일종의 퇴직연금[401(k)와 같은]을 제공하지만, 이는 당연하게 여길 수 있으면서도 모두 새로운 것이기도 하다. 사실, 1900년 이전에는 아메리칸익스프레스(American Express, 퇴직급여를 제공하기 시작한 1875년 당시에도 여전히 속달우편회사였다)와 같이 기초적인 연금계획조차 제공하는 회사가 거의 없었다. 연금제도가 처음 고안되었을 때는 보다 안정적이고 경력 지향적인 노동력을 창출하는 것이 목적이었다. 그러나 당시 사람들은 육체적으로 더는 노동을 할 수 없을 때까지 일했고 기대수명이 비교적 짧았기 때문에 현재 진행 중인 연금의 퇴직금 지급은 제한적이었다.

미국에서 연금계획을 확고히 하는 두 가지 사건이 일어났다. 첫째, 1929년 주식시장 붕괴와 뒤이은 대공황으로 수백만 미국인의 저축이 사라졌다. 민간 부문에서 아이디어를 모아 미래의 퇴직자들에게 보장을 제공하기 위해 의회는 1935년 사회보장법을 통과시켰고 프랭클린 딜라노 루스벨트(Franklin Delano Roosevelt)는 이 법안에 서명해 오늘날 우리가 알고 있는 정부 후원 확정급여 퇴직계획이 만들어졌다. 초기 연금계획(사회보장제도 포함)은 공식에 따라 지급금이 정해졌는데 일반적으로 평생 월 지급금을 보장했다. 물론 1935년에는 기대수명이 60세에 불과했기 때문에 총 보장액은 제한적이었다. 이후 1942년을 전후해 인플레이션을 줄이기 위해 의회는 임금을 사실상 동결하는 임금 및 급여법을 통과시켰다. 그러나 건강보험과 퇴직금 등 부가급여의 동결은 이루어지지 않아 기업들은 인재를 유치하기 위해 후한 복리후생으로 유인하기 시작했다. 시간이 지남에 따라 전미자동차노조(United Auto Workers)와 같은 대규모 노동조합은 급여가 높은 직원뿐만 아니라 모든 사람에게 혜택이 적용되도록 로비 활동을 벌였다. 사실 포드자동차(Ford Motor Company)는 1950년까지 시간제 직원에게 연금을 제공하지 않았다.

이제 판도라의 상자가 열렸다. 기대수명이 늘어났고 노동자들은 혜택을 기대해 더 많은 것을 요구했다. 그러나 연금제도에는 어두운 면이 있었다. 1963년 인디애나에 기반을 둔 자동차 회사인 스투드베이커(Studebaker Corp.)가 파산하고 그 과정에서 연금 자산이 모두 소진되어 11,000명의 근로자가 퇴직금을 받지 못하게 되었다. 연금제도의 실패는 이번이 처음이 아니어서, 의회가 1974년 직원퇴직보장법을 제정하는 전환점이 되었다. 이 법안은 몇 가지 의도하지 않은 결과를 가져왔다.

첫째, 연금혜택보장공사(Pension Benefit Guaranty Corporation, PBGC)를 설립했다. 납세자 지원 연금구제기금은 매년 수십억 달러를 퇴직계획에 실패한 수혜자에게 지급하며 현재 수십억 달러를 적자 상태로 운영하고 있다. 그러나 기존의 확정급여형 제도를 보완하기 위해 확정기여형 옵션을 만드는 조항도 법에 있었다. 새 법률에 따라 자격을 갖춘 플랜에 투자한 돈으로 얻은 소득은 국세법 401(k)항에 따라 세금이 면제되었다. 직원은 특정 금액의 세전 수입을 지정해 기금에 들어갈 수 있으며 종종 고용주는 해당 기금을 어느 정도 일치시킨다.

이제 연금 기금은 거대 기금이 되었다. 고용주와 주주는 자신이 만드는 부채를 좋아하지 않는 반면, 401(k)와 같은 확정기여형 계획은 일반적으로 전액 자금이 지원된다. 직원들은 자신이 얼마나 투자했는지 정확히 알고 싶어 하며 종종 한도 내에서 스스로 투자 조합을 관리하는 데 자부심을 느낀다. 대부분 고성장에서 고정 수입에 이르기까지 다양한 뮤추얼펀드가 제공된다. 일부 회사에서는 직원이 회사 주식에 투자할 수 있도록 허용하지만 해당 전략에는 단점이 있다. 예를 들어 2000년 말 엔론(Enron)의 401(k) 퇴직계획 자산 21억 달러 중 절반 이상이 엔론 주식에 투자되었다. 엔론이 파산했을 때 수천 명의 직원이 평생 저축한 돈을 잃었다. 대부분의 경우 PBGC는 연금(확정급여) 제도가 아닌 확정기여형 제도였기 때문에 도움을 줄 수 없었다. 리먼브라더스(Lehman Brothers) 직원과 최근에는 라디오섁(Radio Shack) 직원도 비슷한 문제에 직면했다. 이 모든 것의 결과는, 허용하는 최대 금액까지 401(k)에 참여하고 투자를 면세로 성장시키되 투자를 분산하는 것이다. 그렇게 하는 가장 쉬운 방법은 뮤추얼펀드를 배우고 위험과 수익의 균형을 유지하는 은퇴저축에 투자하는 것이다.

은 기타 부문의 일부 기업만 포함된다.

러셀 2000 지수 미국 소형주 시장의 투자자들은 시가총액을 기준으로 소규모 기업의 성과를 측정하는 전문 지수인 **러셀 2000 지수**(Russell 2000 Index)에 관심을 가진다. 이는 미국 경제의 소형주 부분에 초점을 맞추어 가장 자주 인용되는 지수로서 금융, 소비재, 헬스케어, 기술, 원자재, 유틸리티와 같은 다양한 부문을 포함한다.

러셀 2000 지수 2,000개의 주식을 사용해 가장 작은 미국 기업의 성과를 측정하는 특수 지수

지수매칭 ETF 투자자의 다양한 니즈를 충족시키기 위해 특정 산업, 국가, 경제 부문에 대해 무수히 많은 다른 전문 지수가 존재한다. 또한 투자자들은 인기 있는 주식시장지수의 성과를 복제(또는 거의 복제)하기 위해 많은 ETF를 사용할 수 있다. 예를 들어 한 ETF인 스탠더드앤드푸어스 예금증서(Standard & Poor's Depositary Receipts, SPDRS, 스파이더라고 읽는다)는 S&P 500 지수의 구성종목과 일치하는 주식 포트폴리오를 갖는다. 마찬가지로 피델리티 나스닥 종합지수 추종 주식(Fidelity® NASDAQ Composite Index® Tracking Stock)은 나스닥종합지수를 추종하기 위한 주식 포트폴리오를 보유하고 있다.

우리는 이제 주식과 채권을 사고파는 시장인 증권시장이 기업의 생존에 필요한 자본을 제공한다는 것을 알고 있다. 이러한 시장은 또한 기업이 증권을 거래해 기업의 부를 증가시킬 수 있는 투자 기회를 제공한다. 새로운 증권을 발행하는 회사는 투자은행 서비스의 도움을 받아 자본을 조달한다. 기존 증권은 유통시장(주요 증권거래소에서 매수자와 매도자가 거래하는 곳)과 ECN을 통해 하루 종일 거래된다. 증권거래의 경우 많은 개인과 회사가 중개인의 서비스에 의존하고 기타 자기주도 거래자는 온라인 거래를 사용해 스스로 두사를 관리한다. 투자자들은 종종 주가지수를 사용해 시장 성과를 측정하고 주식시장의 미래 시장 움직임을 예측한다. 시장지수는 강세장과 약세장을 통해 증권투자에 내재된 부를 얻고 잃을 수 있는 위험과 기회를 보여준다.

위험-수익 관계

학습목표 17-4

위험-수익 관계를 설명하고 분산투자와 자산 배분을 논의한다.

모든 개인투자자는 안전과 위험에 대한 동기와 선호도가 서로 다르다. 그렇기 때문에 예를 들어 일부 개인과 기업은 주식에 투자하고 다른 일부는 채권에만 투자한다. 모든 투자자가 미래 현금 흐름을 받을 것으로 예상하지만 일부 현금 흐름은 다른 것보다 더 확실하다. 투자자들은 일반적으로 불확실성이 높을수록 더 높은 수익을 기대한다. 그들은 일반적으로 국채와 같이 안전하고 안정적인 투자에 큰 수익을 기대하지 않는다. 투자기간에도 위험 요소가 포함되어 있다. 단기 투자는 일반적으로 덜 위험한 것으로 간주되지만 장기 투자는 경제 및 금융 시장의 미래 불확실성에 영향을 받는다. 2017년 중반 기준으로 미국 재무부 1년물 채권의 평균 수익률은 0.25%, 5년물은 1.51%, 10년물은 2.10%이다. 따라서 각 유형의 투자에는 **위험-수익(위험-보상) 관계**[risk-return(risk-reward) relationship]가 있다. 더 안전한 투자는 더 낮은 수익을 제공하는 경향이 있고 더 위험한 투자는 더 높은 수익(보상)을 제공하는 경향이 있다.

위험-수익(위험-보상) 관계 더 안전한 투자는 더 낮은 수익(보상)을 제공하는 경향이 있는 반면, 더 위험한 투자는 더 높은 수익(보상)을 제공하는 경향이 있다는 원칙

그림 17.3은 다양한 금융 상품에 대한 일반적인 위험-수익 관계와 투자자 유형을 나타낸다. 위험에 대한 내성이 낮은 보수적인 투자자는 무위험 미국 재무부 채권(미국 정부가 전액 보장) 또는 미래에 대한 위험 측면에서 낮은 등급의 중기 우량 회사채를 선택할 것이다. 이런 것들은 미래 위험도 낮

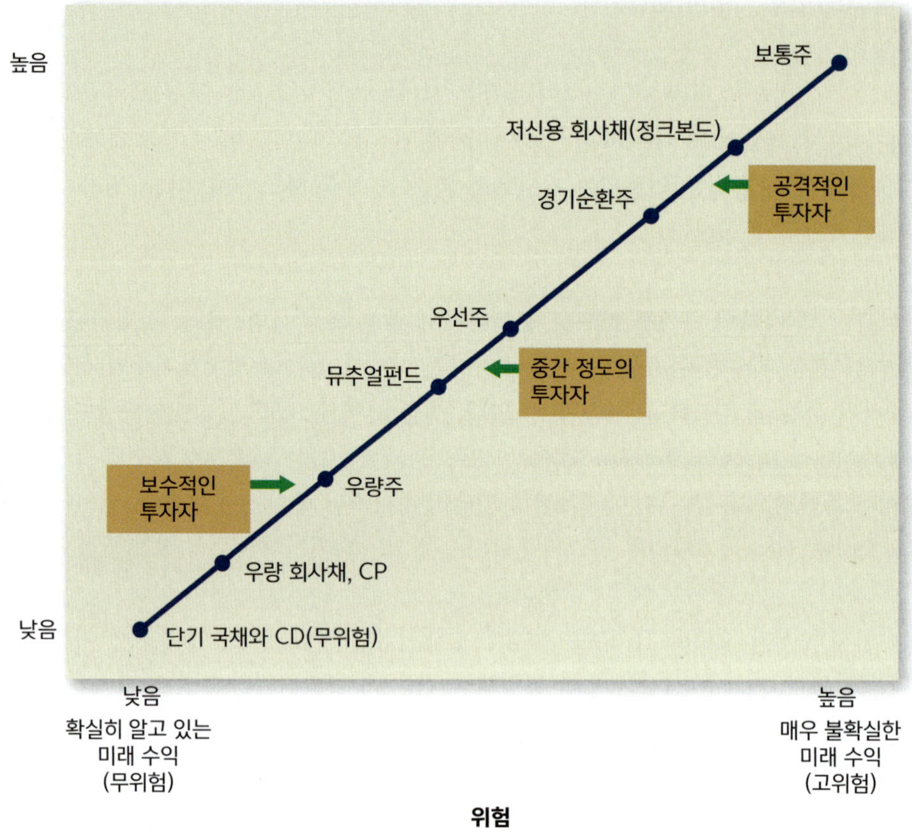

그림 17.3 더욱 위험한 투자는 잠재적인 수익이 증가한다

고 기대수익률도 낮다. 장기 정크본드와 보통주로부터 더 높은 위험과 잠재적 수익을 선호하는 공격적인 투자자의 경우에는 그 반대이다.

투자배당(또는 이자), 가격 상승 수익 및 총수익

잠재적 투자를 평가할 때 투자자는 배당금(또는 이자) 수익, 가격 상승 수익, 총수익을 살펴본다.

현재 배당수익률과 현재 이자수익률 연간 소득 금액을 투자의 현재 시장가치로 나눈 백분율로 표시

배당 주주에게 지급된 배당금의 수익률은 일반적으로 **현재 배당수익률**[current divedend yield, 또는 대출이자의 경우 **현재 이자수익률**(current interest yield)]이라고 하며 연간 배당수익금액을 투자의 현재 시장가치로 나누어 계산한다. 예를 들어 최근 한 기간 동안 AT&T의 각 주식은 1.80달러의 연간 배당금을 받았다. 이제 특정 날짜의 주가가 35.67달러인 경우, 현재 수익률은 5.05%(1.80달러/35.67달러 ×100)이다. 이 배당금은 다른 투자의 현재 수익률과 비교할 수 있다. 물론 더욱 큰 배당수익률이 선호된다.

가격 상승 두 시점에서 투자의 달러 가치 증가(증권 가격이 상승하는 금액)

가격 상승 수익의 또 다른 원천은 투자의 달러 가치가 증가하거나 감소하는 것에 달려 있다. **가격 상승**(price appreciation)은 투자의 달러 가치가 상승하는 것을 의미한다. 예를 들어 AT&T 주식을 35.67달러에 구입하고 1년 후 37.45달러에 매도했다고 가정하자. 가격 상승은 1.78달러(=37.45−35.67)이

다. 투자의 증가된 시장가치로부터 실현되는 이익을 **자본이득**(capital gain)이라고 한다.

자본이득 증가된 투자 가치에서 실현된 이익

총수익 투자의 현재 배당(이자)수익률과 자본이득의 합을 총수익(total return)이라고 한다. 총수익은 해당 수익을 얻는 데 필요한 투자와 비교할 때까지 정확하게 평가할 수 없다. 투자 대비 총수익은 다음과 같이 계산된다.

$$총수익(\%) = (현재\ 배당수익 + 자본이득)/투자\ 원금 \times 100$$

AT&T 예에서, 1년 투자의 백분율로 나타낸 총수익은 10.04%[=(1.80달러+1.78달러)/35.67달러×100]이다. 다시 말하지만, 분명히 더 큰 총수익이 더 작은 수익보다 선호된다.

판타지 주식시장

판타지 야구, 미식축구, 하키, 기타 '가상' 게임을 좋아하는 사람들만 판타지 영역에서 경쟁하는 것을 즐기는 것은 아니다. 판타지 주식시장은 또한 증권시장이 어떻게 작동하는지 배우고, 다양한 투자전략을 시도하고, 환상적인 재산을 벌기 위한(또는 파산하는) 인기 있는 장소이다. 월스트리트 서바이버(Wall Street Survivor), 하우마켓웍스(How Market Works)와 같은 무료 게임을 포함한 온라인 게임은 교육적이고 도전적이며 재미있는 투자 경험을 제공한다. 실제 회사의 판타지 포트폴리오를 관리하기 위한 가상 현금의 초기 금액으로 시작해 참가자는 실제 시장 결과를 함께 경험한다. 온라인으로 주식 시세 표시기 기호를 입력하고, 관심 회사에 대한 분석을 위해 다양한 정보를 검색하고, 매수 및 매도 결정을 내리며 포트폴리오에 대한 실제 시장 가격이 변화함에 따라 재무 결과를 발견하는 학습 경험이다. 많은 학생과 비즈니스 실무자들은 이러한 '게임'이 온라인 투자의 '방법'을 배우기 위한 소중한 자원임을 알고 있다.

분산투자와 자산 배분을 통한 위험관리

투자자들은 투자 시 총위험 또는 총위험 회피라는 극단적인 방식은 거의 취하지 않는다. 극단적인 방법은 극단적인 결과를 초래하는 경향이 있다. 대신, 대부분의 투자자는 전체적으로 위험 수준과 재무적 수익이 편안하게 느껴지는 혼합된 투자 포트폴리오(일부는 더 위험하고 일부는 더 보수적임)를 선택한다. 원하는 위험-수익 균형을 결정한 후 (1) **분산투자**와 (2) **자산 배분**이라는 두 가지 방법으로 달성한다.

분산투자 **분산투자**(diversification)는 하나가 아닌 여러 종류에 투자하는 것을 의미한다. 예를 들어 보통주에 적용되는 분산투자는 여러 다른 회사, 다른 산업에 속한 회사, 여러 국가에 있는 회사의 주식에 투자하는 것을 의미한다. 하나의 주가가 하락하더라도 모든 주식이 동시에 하락할 가능성은 적기 때문에 총 투자를 여러 종류의 주식에 분산함으로써 손실 위험을 줄일 수 있다. 예를 들어 2016년 석유와 가스 가격이 하락할 때 쉘(Shell)이나 쉐브론(Chevron) 같은 석유 및 가스 회사의 주가도 하락했다(다른 모든 것은 동일). 수익이 감소하기 때문이다. 그러나 UPS, 페덱스(FedEx), 델타항공(Delta Airlines)과 같이 석유 및 가스 연료를 많이 사용하는 회사의 주가는 운영비용이 감소하기 때문에 상승할 수 있다(다른 모든 경우 동일).

분산투자 하나가 아닌 여러 종류의 사산에 투사하는 것

자산이 주식, 채권, 뮤추얼펀드, 귀금속, 부동산 등 다양한 투자 대안에 분산될 때 훨씬 더 다양화할 수 있다. 반면 분산투자를 하지 않고 퇴직금을 모두 회사 주식에 투자한 직원은 회사가 부도나거나 투자가 부진하면 모든 것을 잃을 수 있다. 2001년 당시 미국 10대 기업 중 하나였던 엔론의 파산은 엔론의 퇴직 프로그램이 엔론 보통주에만 투자되었기 때문에 수천 명의 직원에게 재정적 재앙이었다. 엔론의 주가는 주당 90달러에서 약 5달러로 하락해 직원들은 퇴직금을 거의 잃었다. 모든 계란을 한 바구니에 담는 것은 매우 위험한 것이었다. 시장 붕괴와 스캔들로 인해 회사의 주가가 곤두박질치면서 퇴직금이 사라진 것이다.

자산 배분 여러 투자 대안 각각에 투자된(또는 배분된) 자금의 상대적인 금액

자산 배분 **자산 배분**(asset allocation)은 각 투자 대안에 투자된(또는 배분된) 자금의 비율(상대적인 금액)이다. 예를 들어 자금의 50%를 보통주에, 25%를 단기 자금시장 뮤추얼펀드에, 25%를 미국 재무부 채권 뮤추얼펀드에 배분하기로 결정할 수 있다. 10년 후, 은퇴가 가까워질수록 재정적 안전에 대한 관심이 높아지면서 동일한 투자 범주에 대해 각각 20%, 40%, 40%의 덜 위험한 자산 배분을 결정할 수 있다. 이 예에서 포트폴리오는 투자자의 축적된 자본을 보존할 목적으로 중간 위험 투자에서 저위험 투자로 변경되었다. 즉 자산 배분이 그에 따라 변경되었다.

포트폴리오 회사 또는 개인의 모든 금융 투자자산을 합친 것

서로 다른 포트폴리오의 성과 차이 투자자가 허용 가능한 위험 수준의 투자 목표를 선택하면 투자자의 포트폴리오에 사용할 분산투자 및 자산 배분 도구를 사용할 수 있다. **포트폴리오**(portfolio)는 회사나 개인의 모든 금융 투자자산(주식, 채권, 뮤추얼펀드, 부동산)을 합친 것이다.

투자자와 마찬가지로 투자 펀드는 공격적인 성장/고위험에서 안정적인 수익/낮은 변동성에 이르기까지 다양한 투자 목표를 가지고 있으며 원하는 목표를 제공하는 수백 개의 회사 주식, 회사채 또는 국채에 따라 보유량이 분산된다. 분산된 포트폴리오의 자금은 다양한 펀드에 다른 비율로 배분된다. 모든 것이 계획대로 진행된다면 이들 펀드 대부분은 원하는 투자 목표를 달성할 것이며 전체 포트폴리오의 가치는 증가할 것이다.

위험-수익 관계는 모든 비즈니스 투자에 내재되어 있다. 더 안전한 투자는 더 낮은 수익을 제공하는 경향이 있는 반면, 더 위험한 투자는 더 높은 수익(보상)을 제공하는 경향이 있다. 다양한 유형의 투자는 위험-보상 관계에 따라 다르며, 대부분의 기업은 전반적으로 해당 기업이 원하는 위험-수익 관계를 제공하는 복합적인 투자를 위해 노력한다. 각 투자의 총 재무적 수익은 자본이득과 배당금(이자)수익률의 합계이다. 원하는 위험-수익 균형을 결정한 후 투자자는 이를 달성하기 위해 (1) 분산투자와 (2) 자산 배분 두 가지 방법을 사용한다. 분산투자는 하나가 아닌 여러 종류의 자산에 투자하는 것을 의미한다. 자산 배분은 각 투자 대안에 투자된 자금의 비율이다. 분산투자와 자산 배분은 모든 단일 투자에 내재된 불확실성(위험)으로부터 보호하기 위해 필수적이다.

학습목표 17-5

기업이 자본을 조달하는 다양한 방법을 설명하고 각 방법의 장단점을 이해한다.

기업의 자본조달

현명하게 투자하고 자신의 회사를 시작하는 것이 목표라면 그렇게 할 수 있는 위치에 있는 자신을 발견할 수 있다. 그러나 이는 복잡한 자본조달 과정의 첫 번째 단계일 뿐이다. 모든 회사가 잘 운영되려면 현금이 필요하다. 기업 소유자의 저축이 새로운 도전을 시작하고 운영하기에 충분할 수 있지만, 기업 운영을 지속하기 위해서는 매출액에 의존한다. 현재 매출액이 비용을 지불하기에 충분

하지 않을 때 기업은 일반적으로 소유자의 저축으로 시작해 다양한 다른 자금 출처를 활용한다(15장에서 논의했듯이 소유자는 일반적으로 자신의 주머니에서 자금 또는 납입자본을 조달한다). 더 많은 돈이 필요한 경우 기업은 은행에서 차입하거나 민간 외부 투자자에게 현금을 요청하거나 채권을 대중에게 판매할 수 있다.

담보대출

새 장비를 구입하기 위한 자금은 종종 상업은행에서 대출을 받는 형태로 제공된다. **담보대출**[secured loan, **자산담보대출**(asset-backed loan)]에서 차입자는 자산을 대출기관에 **담보**(collateral)로 제공해 대출 상환을 보장한다. 지역 트럭 회사가 8대의 덤프트럭을 구입하기 위해 400,000달러의 은행 대출이 필요하다고 가정하자. 차입자는 트럭과 회사의 사무실 건물을 은행에 담보로 제공해야 할 수도 있다. 즉 차입자가 채무를 불이행하거나 대출금을 상환하지 못할 경우 은행은 차입자의 담보물을 점유하고 매각해 미지급 부채를 회수할 수 있다. 그러나 2008년 경기 침체에서 배웠듯이 기업(및 주택 구매자)이 채무불이행을 한 대출자산은 가치가 거의 또는 전혀 없을 수 있다.

담보대출(자산담보대출) 차입자가 채권자에게 자산을 담보로 제공하고 받는 대출

담보 대출금 상환을 위해 약정한 자산

대출을 받고 상환해야 하는 금액은 **대출원금**(loan principal)이다. 그러나 차입자는 차입 자금의 사용에 대해 추가 수수료인 이자를 대출기관에 지불해야 한다. 지불해야 하는 이자금액은 대출기관과 차입자 간 합의된 **연간 이자율**(annual percentage rate, APR)에 따라 다르다. 이자금액은 APR에 대출원금을 곱해 계산된다.

대출원금 대출을 받고 상환해야 하는 금액

연간 이자율 대출에 대해 부과되는 1년 이자율, 대출원금의 백분율로 표시함

운전자본과 은행의 무담보대출

기업은 일상적인 운영을 위해 고정자산보다 큰 자산을 필요로 한다. 또한 직원 급여, 유틸리티 비용, 마케팅 비용 같은 단기 운영비용을 충당할 수 있는 유동적인 유동자산이 필요하다. 이러한 비용을 충당할 수 있는 회사의 능력은 운전자본으로 측정된다.

$$운전자본 = 유동자산 - 유동부채$$

양(+)의 운전자본은 회사의 유동자산이 유동부채를 상환할 만큼 충분히 크다는 것을 의미한다(15장 참조). 운전자본이 음수(−)라는 것은 회사의 유동부채가 유동자산보다 크므로 상업은행에서 돈을 빌릴 필요가 있음을 의미한다. **무담보대출**(unsecured loan)의 경우 차입자는 담보를 제공할 필요가 없다. 그러나 많은 경우에 은행은 차입자에게 **구속성 예금**을 유지하도록 요구한다. 차입자는 대출 금액의 일부를 무이자계좌로 은행에 예치해야 한다.

무담보대출 담보 없이 제공되는 대출

신용 점수가 나쁜 회사는 일반적으로 무담보대출을 받을 수 없다. 이러한 대출을 이용하려면 신용 기록이 좋아야 하기 때문에 많은 기업이 상업은행과 관계를 구축하고 시간이 지남에 따라 대출원금과 이자를 제때에 지속적으로 상환해 좋은 신용 기록을 구축한다. 그러나 극단적인 상황에서는 좋은 신용 기록만으로도 충분하지 않을 수 있다. 2008년 경기 침체가 심화되는 동안 많은 은행의 현금 부족으로 기업 고객에 대한 거의 모든 종류의 대출이 차단되어 경제가 더욱 둔화되었다. TARP 및 기타 정부로부터의 막대한 현금 투입 후에도 은행은 현금이 부족한 기업의 운전자본 요구를 충족시키기 위해 대출을 제공하는 데 어려움을 겪었다.

더 나쁜 것은, 재정 상태가 양호한 기업도 극한 상황에서는 여전히 어려움을 겪을 수 있다는 것

이다. 예를 들어 휴스턴 지역의 한 주택 건설업체는 지역 은행 컨소시엄으로부터 2,000만 달러의 신용한도와 1,600만 달러의 대출잔액이 있었다. 장부상 이 건축업자는 양호한 상태였으며 여전히 400만 달러의 신용을 보유하고 있었다. 그러나 2008년 경기 침체와 주택 시장 붕괴 동안 은행은 전반적인 신용 감소의 일환으로 건축업자의 신용 한도를 1,000만 달러로 줄이고 건축업자에게 60일 이내에 충당해야 할 600만 달러가 '초과 인출'되었다고 알렸다. 상환이 불가능해 그는 파산을 선언할 수밖에 없었고 결국 사업을 접게 되었다.

특히 중소기업 창업가들은 자금원으로 은행으로부터의 신용을 과소평가하는 경우가 많다. 일부 은행은 재무 분석, 현금 흐름 계획 및 다른 현지 회사와의 경험을 기반으로 대출을 제안한다. 일부는 불황에 소기업에 대출을 제공하고 계속 유지하기 위해 노력한다. 따라서 신용은 소규모 기업의 재정적 필요를 지원할 은행을 찾는 것으로 시작된다. 신용 한도가 확보되면 소규모 기업은 다른 기업으로부터 보다 자유로운 신용 정책을 추구할 수 있다. 예를 들어 공급업체는 고객에게 지불할 수 있는 더 긴 신용 기간(예: 30일이 아닌 45일 또는 60일)을 제공하는 경우가 있다. 공급업체와의 자유로운 거래 신용 조건을 통해 기업은 단기 자금을 늘리고 은행에서 추가 차입을 피할 수 있다.

장기 대출을 받는 것은 기존 회사보다 신규 비즈니스에서 더 어렵다. 입증되지 않은 상환 능력으로 신생기업은 오래된 기업보다 더 높은 이자를 지불하게 될 수 있다. 그러나 새로운 기업이 건전한 재무 계획의 증거를 제시하면 미국 중소기업청(SBA, 3장 참조)에서 보증 대출을 지원할 수 있다. 사업 계획의 제시는 차입자가 좋은 신용 위험을 가지고 있음을 모든 대출기관에 보여준다. 사업 계획은 자금이 필요한 이유, 금액, 회사 개선을 위해 자금을 사용하는 방법 및 상환 시점을 잠재적인 대출기관에 알려주는 문서이다.

현금 흐름 요구사항에 대한 계획은 중소기업의 재정적 요구사항을 충족하는 데 특히 중요하다. 또한 대출기관이 차입자가 재정 자원을 신중하게 사용하고 있음을 보여준다. 회사의 성공 또는 실패는 현금이 부족하거나 초과 현금이 예상되는 시기에 달려 있다. 계절성 비즈니스인 슬리퍼리피쉬베이트서플라이(Slippery Fish Bait Supply Co.)의 예상 현금 유입, 현금 유출 및 순현금포지션(유입－유출)을 월별로 어떻게 비교할 것인지 고려하자. 미끼 가게(슬리퍼리의 고객)는 봄과 여름에 슬리퍼리에서 많이 구매한다. 수익이 비용을 초과해 투자할 수 있는 잉여자금이 발생한다. 그러나 가을과 겨울에는 비용이 수입을 초과하고, 슬리퍼리는 봄에 수익이 다시 회복될 때까지 계속 자금을 빌려야 한다. 매출로 인한 예상 현금 유입과 비용 유출을 비교하면 회사의 월별 예상 현금 흐름을 알 수 있다. 이러한 정보는 중소기업 관리자에게 매우 유용할 수 있다. 부족함을 예상함으로써 관리자는 사전에 자금을 구하고 비용을 최소화할 수 있다. 초과 현금을 예상함으로써 관리자는 자금을 단기 이자 수익 투자에 투입할 계획을 세울 수도 있다.

엔젤투자자와 벤처캐피털

엔젤투자자 주식 소유권의 대가로 기업에 새로운 자본을 제공하는 외부 투자자

벤처캐피털 새로운 성장 기업에 대한 투자 기회를 찾는 부유한 개인의 사모 자금

사업이 성공적으로 시작되면 성장을 위해 추가 자본이 필요할 수 있다. 그러한 자본을 제공하는 외부 개인을 종종 **엔젤투자자**(angel investor)라고 한다. 엔젤투자자는 **벤처캐피털**(venture capital), 즉 부유한 개인 또는 새로운 성장 회사에서 투자 기회를 찾는 회사(3장 참조)의 사모 자금을 제공해 많은 회사가 빠르게 성장할 수 있도록 돕는다. 대부분의 경우 성장 기업은 상업은행이나 기타 대출기관에서 대출을 받을 만큼 충분한 신용 기록을 구축하지 못했기 때문에 벤처캐피털로 눈을 돌린다. 피터 티엘(Peter Thiel)은 페이스북 초기에 500,000달러의 엔젤투자를 제공했다.

2016년 전문가들은 약 71,000개의 창업 벤처에 253억 5,000만 달러가 투자된 것으로 추정했다. 추산에 따르면 미국에는 그러한 투자자가 약 300,000명 있다. 투자에 대한 대가로 엔젤투자자는 일반적으로 회사에 상당한 지분(자본의 최대 50%)을 기대한다. 그들은 또한 회사 운영 방식에 대한 공식적인 발언을 원할 수도 있다. 회사가 더 큰 회사에 의해 인수되거나 공모를 통해 주식을 판매하는 경우 엔젤투자자는 투자금을 추가로 회수할 수 있다.

회사채 발행

기업은 또한 채권을 발행해 자본을 조달할 수 있다. **회사채**(corporate bond)는 발행자가 정기적으로 이자를 지급한 다음 만기(미리 설정된 미래 날짜)에 원금을 대출기관에 상환하도록 의무화하는 공식적인 계약(본질적으로 IOU)이다. 학교, 도로, 하수 처리 시스템 및 유사한 프로젝트의 건설 자금을 조달하기 위해 주 및 지방 정부와 마찬가지로 채권을 발행한다.

회사채 발행인(회사)이 정기적으로 이자를 지급하고 만기에 원금을 상환할 것을 의무화하는 공식적인 계약

회사채의 특징 채권보유자(채권자)는 회사 소유권에 대한 주장이 없으며 배당금을 받지 않는다. 다만 이자지급 및 원금상환은 의무이다. 채권자에 대한 지급은 재정적 어려움이 있는 경우 주주에 대한 배당금 지급보다 우선한다.

각각의 새로운 채권 발행에는 차입자의 의무와 채권자에 대한 재정적 수익을 나타내는 법적 문서인 **채권 계약**(bond indenture)에 명시된 특정 조건이 있다. 가장 중요한 세부사항 중 하나는 회사가 채권의 **액면가**[face value, 구매 금액(par value)이라고도 함]를 대출기관에 상환해야 하는 **만기일**(maturity date, due date)이다.

회사채는 전통적으로 다기간의 부채나 주요 프로젝트 자금을 조달하기 위해 발행되었다. 단기채는 발행 후 5년 이내에 만기가 도래한다. 5~10년 만기의 채권은 중기 채권, 10년 이상은 장기채라 한다. 장기 회사채는 잠재적으로 채무불이행 가능성이 있는 예측하지 못한 경제 상황에 노출되기 때문에 단기 채권보다 위험하다. 물론 일반적으로 포드나 GE 같이 수십 년 동안 존재해 온 대기업은 부도 가능성이 낮을 것이다. 그러나 동시에 이스트만코닥(Eastman Kodak)과 베들레헴스틸(Bethlehem Steel) 같은 기업은 파산 과정에서 미지급 장기 회사채를 부도 처리했다.

채권 계약 채권 발행에 대한 완전한 세부 정보가 포함된 법적 문서

만기일 채권 발행자(차입자)가 채권을 상환해야 하는 미래 날짜

액면가 발행인(차입자)이 만기 시 채권매수자(채권자)에게 지급해야 할 금액

채무불이행과 채권자의 청구권 채무자가 대출기관에 지불해야 할 금액을 지불하지 않으면 채권이 **채무불이행**(default) 상태라고 한다. 그런 다음 채권보유자(채권자)는 채권 지급 조건의 법원 집행 요청인 **채권자의 청구권**(bondholder's claim)을 제출할 수 있다. 재정적으로 어려움을 겪는 회사가 채권자에게 지불할 수 없을 때 **파산**(bankruptcy) 신청을 통해 구제를 요청할 수 있다. 구조조정 후 GM이 2009년 파산에서 벗어났을 때, 채권자들은 이전 GM의 채무 240억 달러 중 얼마를 회수할 수 있을지 궁금해 했다. 2011년 합의에서 기존 GM의 채권을 보유하고 있는 투자자들은 새로운 GM의 주식을 받았으며, 이는 원래 채권 투자 금액에 대해 약 40센트의 회수율이다.

채무불이행 채무자가 대출기관에 지불해야 할 채무를 지불하지 못하는 것

채권자의 청구권 채권 금액의 지불 조건에 대한 법원의 집행 요청

파산 기업이 부채의 일부 또는 전부를 지불하지 않도록 법원에서 승인하는 것

위험등급 투자자의 투자결정에 도움을 주기 위해 여러 서비스에서 채권의 부도위험을 측정한다. 예를 들어 표 17.2는 잘 알려진 두 서비스인 무디스(Moody's)와 S&P의 등급 시스템을 보여준다. 가장 높은(안전한) 등급은 Aaa와 AAA이고 가장 낮은 등급은 C와 D로 투기적이고 매우 위험한 채권

표 17.2 채권 등급 시스템

신용평가기관	상위 등급	중간 등급(투자 등급)	투기 등급	하위 등급
무디스	Aaa, Aa	A, Baa	Ba, B	Caa~C
S&P	AAA, AA	A, BBB	BB, B	CCC~D

을 나타낸다. 일반적으로 낮은 등급의 채권을 **정크본드**라고 한다. 등급이 낮다고 해서 채권 발행이 어려운 것은 아니며, 오히려 발행자가 대출기관에 제공해야 할 이자율이 인상된다.

잘못된 신용등급의 경기침체 위험 오도 2008년 글로벌 금융위기는 신용평가기관이 좋은 목적을 달성하고 있는지에 대한 의문을 불러일으켰다. 많은 투자자 중 미국 최대의 공적 연기금인 캘리포니아공무원퇴직기금(CalPERS)은 무디스, S&P, 피치 등 3대 신용평가기관을 상대로 소송을 제기한 것이다. CalPERS는 결과적으로 잘못된 것으로 판명된 투자를 신용평가기관에 의존한 결과로 여겼다. 리먼브라더스, 골드만삭스, 씨티그룹 등 신용등급이 높은 거대 기업에 따라 높은 신용등급을 받았던 독이 된 수십억 달러의 모기지담보부증권의 붕괴 또는 붕괴에 가까운 상황을 겪으며 신용평가기관의 신용평가에 대한 회의론도 증가했다. 오하이오주와 코네티컷주에서 제기된 소송을 포함해 다양한 소송에서 신용평가기관이 투자자를 오도하는 무모한 평가를 했다는 비난이 일었다.

모기지담보부채권(MBS) 모기지(주택담보대출) 보유자(투자자)가 모기지묶음에 유입된 현금을 받을 수 있는 부채의무(채권)를 갖도록 설계된 채권

모기지담보부증권(mortgage-backed securities, MBS)은 2007년 이전 주택 시장 붐 동안 1조 달러의 투자산업이 되었다. 금융기관은 주택모기지를 패키지로 묶어 무디스, S&P, 피치가 제시한 증권의 위험등급을 신뢰하는 투자자에게 증권으로 재판매했다. 각 MBS는 모기지 소유자(투자자)에게 모기지로부터 유입되는 현금에 대한 권리를 부여하는 부채의무(채권)를 갖도록 설계된 모기지묶음이다. 투자자들에게 알려지지 않은 약 3조 달러의 MBS에는 신용평가기관에서 높은 등급(AAA)을 받은 서브프라임모기지(신용불량 및 저소득층 대상 고위험 대출)가 포함되어 있었다. 잘못된 위험 평가로 인해 투자자들은 높은 평가를 받은 증권이 독이 되어 주택 및 금융시장이 붕괴될 때 아무것도 남지 않았다.

학습목표 17-6

기업이 주식을 기업공개(IPO)하는 이유와 주식가치의 결정 방법을 이해하고 시가총액의 중요성을 논의한다.

공개기업 되기

기업공개 일반 대중에게 기업 주식을 최초로 판매하는 것

기업 주식을 일반 대중에게 최초로 판매하는 **기업공개**(initial public offering, IPO)는 많은 기업의 지속적인 성장을 촉진하고 공개기업 운영의 수많은 고려 사항을 반영하는 주요 자금원이다. 역사상 가장 큰 IPO 중 하나인 2012년 페이스북의 IPO는 주당 38달러로 보통주를 공모해 1,000억 달러 이상을 모집했다. 이 절에서는 잠재적인 통제력 상실, 변동하는 주가, 기업이 시가총액을 사용하는 방법 및 자본조달 원천을 선택하는 방법과 같이 상장기업이 직면하는 많은 문제를 논의한다.

기업공개는 기업의 일부 소유권을 판매하는 것을 의미한다

개인 소유주는 주식이 대중에게 판매될 때 회사에 대한 통제력을 일부 잃게 된다. 보통주 주주는 일반적으로 기업지배구조에 대한 의결권을 가지므로 이사회를 선출하고 회사의 연례 주주총회에 상정되는 주요 안건을 이결한다. 따라서 회사 주식의 상당 부분을 소유한 사람은 누가 회사를 어떻

Cosmo Condina stock market/Alamy Stock Photo

기업이 상장되면 주식의 공모를 통해 소유권의 일부를 다른 투자자에게 판매한다. 사진의 모니터는 현재 가격과 다우, S&P, 나스닥과 같은 주가 지표를 보여준다. 투자자는 이 정보를 사용해 주식을 매수하거나 매도할 시기를 결정한다.

게 운영하는지 결정하는 데 있어 중요한 위치를 차지한다.

극단적으로, 일종의 적대적(원치 않는) 인수를 수행하는 투자자인 **기업 탈취자**(corporate raider)는 공개시장에서 주식을 매입해 회사와 자산에 대한 통제권을 장악하려고 시도한다. 그런 다음 해당 자산을 매각해 회사가 사라질 수 있다. 기업은 자산 가치가 높더라도 주가가 하락해 저가 매수가 가능해지면 적대적 인수의 주요 대상이 된다.

기업 탈취자 기업의 의사에 반해 일종의 적대적 기업 인수를 수행하는 투자자

주식의 가치평가

일반 대중에게 공개된 후 주식의 가치를 결정하는 것은 무엇일까? 기업의 과거 경영실적에 대한 투자자의 평가, 예상되는 산업 내 경쟁, 제품에 대한 대중의 수용도 등은 주식가치에 영향을 미치는 많은 요소 중 하나이며, 이는 다시 기업의 가치에 영향을 미친다. 또한 투자자마다 가치를 다르게 측정하며 상황에 따라 측정값이 변경될 수 있다. 주식 가격과 관련된 불확실성 때문에 투자 전문가들은 매일매일의 주가는 주식의 실질 가치를 반영하기에 부족하다고 여긴다. 대신, 장기적 관점에서 기업의 전반적인 재무 건전성, 과거 실적 및 미래 예측, 경영 성과, 향후 성공적인 경쟁 전망 등을 고려한다. 따라서 오늘날의 모든 주식가치는 현재 가격 이상으로 보이며 장기적으로 주주에게 제공할 재정적 수익에 대한 기대치를 기반으로 한다.

주가가 다른 이유 2017년 초 어느 날, 구글(Google Inc.)의 주가는 NYSE에서 주당 약 562달러, GE는 약 25.96달러, 델타항공은 약 48.55달러, 버크셔해서웨이(Berkshire Hathaway)는 216,415.90달러에 거래되었다.

그러한 차이가 왜 나타날까? 한 가지 이유는 각 기업의 주식에 대한 수요와 공급에 있다. 또 다른 이유는 일부 기업이 특정 가격 범위(예: 20~80달러) 내에서 주식을 판매하기를 원하기 때문이다. 가격이 너무 높아지면 많은 투자자들이 주식을 살 여유가 없다. 기업은 주주에게 추가 주식으로 지급

격변 시대의 경영

승자와 패자

E.J. Baumeister Jr./Alamy Stock Photo

오늘날의 자본시장은 역사상 그 어느 때보다 더 크고 빠르며 복잡하다. 이는 규제기관이 혁신, 변화, 혼란을 따라잡기 위해 끊임없이 노력하고 있음을 의미한다. 예를 들어 2005년 1월 뉴욕증권거래소(NYSE)에서 소규모 거래 주문의 평균 속도는 10초였지만, 2015년에는 0.5초 미만으로 줄었다. 이는 분명 개선된 것 같다. 과연 그런가? 속도와 함께 제공되는 기술은 더 많은 거래, 더 빠른 반응 시간, 더욱 시의적절한 데이터를 제공한다. 그러나 2010년 플래시크래시(Flash Crash)처럼 문제를 가속화할 수도 있다. 2010년 5월 6일 주가는 설명할 수 없을 정도로 급락해 몇 분 만에 10% 급락했다. 몇몇 우량주는 단돈 몇 푼으로 거래할 수 있을 정도였으며 장 마감시간이 되어서야 간신히 바닥을 칠 수 있었다. SEC가 사건을 조사하기까지 몇 달이 소요되었는데, SEC는 그해 10월 발행된 100페이지짜리 보고서를 통해 뮤추얼펀드에 의해 단일의 대규모 자동매매주문으로 이어진 불안정한 정치적, 경제적 환경으로 인한 비정상적으로 높은 시장 변동성을 지적했다. 일반적인 거래는 몇 시간에 걸쳐 분산되는데, 이 자동화된 거래는 가격이 아닌 거래량에 반응하기 때문에 20분 만에 자동적으로 실행되었다. 이는 고빈도 거래자(High Frequency Traders, HFT)가 시장에 참여했기 때문이다. 데이트레이더(day trader)의 컴퓨터 버전인 HFT는 방대한 양의 시장 데이터를 반영하는 복잡한 알고리즘을 기반으로 몇 시간이 아닌 몇 초 만에 주식을 사고팔 수 있다. 때때로 거래가 너무 빨라서 동시에 일어나는 것처럼 보인다. 한때 전문가들은 모든 주식시장 거래의 최대 70%가 HFT에 기인한 것으로 추정했다. 그러나 플래시크래시의 경우 HFT는 처음 뮤추얼펀드의 대량 매도주문을 흡수했지만 곧 다시 매도하기 시작해 뮤추얼펀드 매도 프로그램이 가격이 아닌 수량을 기준으로 다시 반응하게 되었다. HFT와 뮤추얼펀드는 일시적으로 시장을 붕괴시키는 피드백 루프를 초래했다. 20분도 안 되어 1조 달러가 증발한 후에야 시장은 부분적으로 회복되었다. 컴퓨터의 결함을 인정하는 것은 이상하지 않다. 하지만 그만큼 불완전한 것도 사실이다. 2010년 나이트캐피털(Knight Capital)은 프로그램 오류로 인해 불과 45분 만에 4억 6,000만 달러의 손실을 입었다.

사업 영역에서 이러한 문제는 시장의 세계화, 규제 감독의 증가, 정치적 불안과 함께 투자자의 투자와 자본조달을 가볍게 여겨서는 안 된다는 과제를 낳았다. 빠르게 변화하고 기술적으로 정교한 시대에 훌륭한 사업가는 마케팅, 회계, 경영의 다른 모든 측면을 이해하는 것 외에도 시장을 연구하고 정치와 경제를 공부해야 하며, 항상 조심스럽고도 적극적인 재무관리자가 되어야 한다.

주식 분할 주주에게 추가 주식으로 지급되는 주식 배당으로 인해 발행주식 수를 증가시키는 것

되는 주식 배당인 **주식 분할**(stock split)을 통해 원하는 범위로 주가를 낮출 수 있다. 즉 기업 X가 주당 100달러에 거래되는 보통주 100,000주를 보유하고 있지만 이 기업은 20~80달러 사이의 가격을 원한다고 가정하자. 기업 X가 2:1 주식 분할을 통해 주주들에게 소유한 각 주식에 대해 1주를 추가로 제공할 수 있다. 이제 기업 X의 발행주식 수는 200,000주가 되었지만 재무 성과에는 아무런 변화가 없으므로 주가는 즉시 주당 50달러로 떨어진다. 그러나 모든 주주의 투자 가치는 변하지 않는다. 이전에는 1주를 100달러에 소유했지만 지금은 각각 50달러에 2주를 소유하고 있는 것이다.

다른 주식과의 가격 비교 펩시의 주가가 114.00달러이고 코카콜라가 43.90달러인 거래일을 생각해 보자. 이러한 가격 차이는 펩시의 주식이 더 비싸기 때문에 코카콜라보다 더 나은 회사라는 것을

표 17.3 코카콜라와 펩시코 비교

	코카콜라	펩시코
최근 주가	43.90달러	114.00달러
EPS	1.42달러	4.63달러
배당수익률	3.37%	2.82%

의미할까? 아니면 코카콜라 주식이 펩시보다 더 낮은 가격에 살 수 있기 때문에 더 나은 가치를 의미하는 것일까? 사실 이 두 가지 이유 모두 옳지 않다. 주가만으로는 어느 것이 더 나은 투자인지 결정하는 데 충분한 정보를 제공하지 않는다. 표 17.3은 추가 정보를 통해 쉽게 비교할 수 있도록 도움을 준다.

첫째, 주당순이익(EPS)은 펩시가 더 높다(주당 4.63달러 주당 1.42달러). 즉 더 많은 수익을 기대할 수 있다. 실제로는 펩시의 수익은 코카콜라보다 아주 조금 높았다(펩시: 수익 4.63달러/투자 114.00달러 = 0.04달러, 코카콜라: 수익 1.42달러/투자 43.90달러 = 0.03달러). 즉 두 회사 모두 주주 투자 1달러 수익은 거의 동일했다.

이제 주주에게 지급되는 연간 배당금을 살펴보자. 코카콜라의 배당수익률은 3.37%였다. 즉 배당금 지급은 주주의 43.90달러 투자에 대한 3.37%의 수익률 또는 1.48달러(43.90달러×3.37%)에 달했다. 펩시의 배당수익률은 2.82%이므로 배당금 지급액은 약 3.21달러(114달러×2.82%)이다. 이 자료로부터 코카콜라는 펩시보다 약간 더 나은 투자가 될 수 있다. 그러나 지난 10년 동안 이들 기업은 다른 기업들보다 정확히 5배 더 높은 성과를 보였지만 큰 수익은 달성하지 못했다! 따라서 두 기업 중 어느 것이 더 나은 투자인지는 명확하지 않다. 보다 완전한 평가는 각 기업의 미래 전망에 대한 상세한 분석과 함께 장기간에 걸친 역사적 성과의 일관성을 비교하는 것이다.

시가총액

기업 규모와 가치에 대해 널리 사용되는 척도는 **시가총액**(market capitalization, market cap)으로 알려져 있으며, 이는 현재 주가에 발행주식 수를 곱한 것으로 계산되는 기업의 모든 발행주식에 대한 총 금액가치이다. 표 17.4와 같이 투자자들은 자본금 규모에 따라 기업을 분류한다. 투자자들은 일반적으로 시가총액이 큰 기업을 덜 위험한 것으로 간주하고 시가총액이 작은 기업(소규모 기업)을 특히 위험한 투자로 간주한다. 애플의 시가총액은 약 8,000억 달러로 미국 최대 기업이다.

시가총액 기업의 모든 발행주식에 대한 총 금액가치

자기자본과 부채의 선택

기업은 (1) **부채 자금조달**(기업 외부로부터) 또는 (2) **자기자본 자금조달**(소유자의 자본을 사용)의 두 가지 원천을 통해 자본 수요를 충족할 수 있다.

부채 자금조달의 장단점 기업 외부의 장기 차입, 대출 또는 회사채 발행을 통한 **부채 자금조달**(debt financing)은 대부분 미국 기업에 있어 자본조달계획의 주요 구성요소이다.

부채 자금조달 기업 외부로부터의 장기 차입

표 17.4 시가총액에 따른 기업 규모

구분	범위
마이크로 기업	2억 5,000만 달러 이하
소기업	2억 5,000만~20억 달러
중기업	20~100억 달러
대기업	100억 달러 초과

장기 대출 장기 대출은 다음의 이유로 매력적이다.

- 이해관계자 수가 제한되어 있어 대출을 신속하게 처리할 수 있는 경우가 많다.
- 기업은 사업계획이나 대출의 목적을 공개할 필요가 없다(반대로 회사채 발행은 공시가 필요하다).

장기 대출에도 몇 가지 단점이 있다. 예를 들어 차입자는 큰 액수를 공급할 채권자를 찾는 데 어려움을 겪을 수 있다. 장기 차입자도 대출 조건으로 제한 사항에 직면할 수 있다. 예를 들어 장기 자산을 담보로 제공하거나 대출금이 상환될 때까지 더는 부채를 지지 않는 데 동의해야 할 수도 있다.

회사채 회사채는 기업이 장기간 많은 금액을 필요로 할 때 매력적이다. 발행회사는 채권시장을 통해 많은 수의 대출기관에 접근할 수 있다. 반면에 회사채는 높은 관리 비용과 판매 비용을 수반한다. 특히 발행회사의 신용등급이 낮은 경우 엄격한 이자를 요구할 수도 있다. 또한 회사채는 재정적 어려움이 있더라도 최대 30년 동안 채권보유자에게 연간 또는 반기의 이자를 지급해야 하는 구속력 있는 의무를 갖는다. 발행회사가 이자나 원금을 지불하지 않으면 채무불이행 상태가 된다. 대표적인 예로, 월드컴(WorldCom, 현 MCI)은 2002년 파산 신청한 미국 내 2위의 장거리 전화회사였다. 당시 자산이 1,020억 달러였던 월드컴의 파산은 미국 역사상 최대 규모였다. 그러나 이러한 막대한 자산에도 불구하고 410억 달러의 부채로 인해 무너졌고 그중 240억 달러는 회사채에 있었다. 다가오는 이자를 지급하지 않을 것이라는 전망으로 많은 채권자들이 월드컴의 자산으로 대출을 확보하지 않는 한 추가 자금을 보류하기 시작했다. 씨티은행, JP모건체이스, 크레디트스위스퍼스트보스턴(Credit Suisse First Boston)을 포함한 1,000명 이상의 채권자들은 이 기업이 파산 중에도 영업할 수 있도록 허용했다. 월드컴은 2004년 파산 상태에서 벗어나기 전인 2003년 MCI로 이름을 변경했다.

자기자본 자금조달 기업 내부의 소유자 자금을 장기 자금의 원천으로 사용하는 것

자기자본 자금조달의 장단점 부채 자금조달이 큰 매력을 갖지만, 기업 내부에서 장기 자금조달을 모색하는 **자기자본 자금조달**(equity financing)이 더 나은 경우가 있다. 자기자본 자금조달에는 보통주를 발행하거나 기업의 이익을 유보하는 것이 포함된다.

보통주의 비용 보통주를 통한 자기자본조달은, 배당금 지급이 회사채 이자를 지급하는 것보다 더 비싸기 때문에 비용이 많이 들 수 있다. 채권보유자에게 지급되는 이자는 영업외비용이어서 세금을 공제할 수 있다. 주주에 대한 현금 배당금 지급은 세금 공제 대상이 아니다.

자금조달 원천으로서 이익잉여금 15장에서 살펴본 것처럼, **이익잉여금**은 주주에게 배당금으로 지급되지 않고 기업 내에서 사용하기 위해 유보된 순이익이다. 기업이 이익잉여금을 자본으로 사용하면

기업의 시가총액은 발행주식 수에 해당 주식의 현재 가격을 곱한 것이다. 제너럴일렉트릭(GE)은 세계에서 가장 가치 있는 기업 중 하나이다(시가총액이 가장 큰 기업 중 하나). 2015년 GE의 시가총액은 최고 2,740억 9,000만 달러에서 최저 2,503억 9,000만 달러로 주가 변동에 따라 변화가 있었다.

돈을 빌리고 이자를 지불할 필요가 없다. 과거 기업이 이익잉여금을 재투자해 이익을 거둔 적이 있다면 일부 투자자에게는 매력적일 수 있다. 그러나 이익을 유보한다는 것은 주주에게 돌아가는 배당금이 적을 수 있다는 것을 의미한다. 이는 기업 주식에 대한 수요와 가격을 감소시킬 수 있다.

공개기업이 된다는 것은 IPO를 통해 기업 소유권의 일부를 매각하는 것을 의미한다. 주식이 일반 대중에게 공개된 후에는 몇 가지 요인이 주식의 가치를 결정한다. 매일의 주가는 주식 가치의 지표로서 부족한 반면, 기업의 미래 재무 건전성에 대한 전망, 경영 성과, 미래 예상되는 경쟁 전망은 주식 가치를 결정하는 요소이다. 현재 주가에 발행주식 수를 곱한 시가총액은 기업의 규모와 전체 가치를 측정하는 데 널리 사용된다. 공개기업의 지속적인 성장에는 더 많은 자본이 필요하므로, 기업은 부채 자금조달 또는 자기자본 자금조달 등의 방법을 통해 이를 충족한다. 장기 대출 및 회사채 발행을 통한 차입은 많은 자금을 제공할 수 있지만, 기업에 구속력 있는 의무를 부과한다. 마찬가지로 보통주를 추가로 발행하거나 이익잉여금을 늘려 자금을 조달할 수 있지만, 그렇게 되면 주주 배당금이 줄어들게 된다.

증권시장 규제

학습목표 17-7
증권시장 관련 규제를 설명한다.

미국 정부는 다양한 주정부 기관과 함께 증권 산업을 감시하고 규제하는 데 핵심적인 역할을 한다. 기업은 대중의 신뢰와 기업 소유 및 기업과의 일상적인 거래에 참여하려는 대중의 의지 없이는 존재할 수 없다. 미국 증권시장의 규제는 공정하고 개방적인 기업 소유에 대한 대중의 신뢰를 유지하는 데 중요한 역할을 한다.

증권거래위원회(SEC)

사업설명서 잠재적 투자자를 위해 증권 및 발행회사에 대한 정보를 포함해 SEC에 제출된 등록명세서

내부자 거래 사적 이익을 위해 기업에 대한 특별한 정보를 활용하는 불법행위

미국 SEC는 증권 발행 방식을 포함해 시장 활동을 감독하는 규제 및 집행 기관이다. SEC는 1929년 주식시장 붕괴로 이어진 여러 종류의 오남용을 방지하기 위해 1934년 설립되었다. SEC는 제안된 공모 절차가 시작되기 전 모든 기업에게 **사업설명서**(prospectus)를 제출하도록 요구함으로써 새로운 증권의 공모를 규제한다. 증권사기로부터 투자자를 보호하기 위해 투자설명서에는 제공된 증권과 발행회사에 대한 정보가 포함되어 있다. 허위로 작성된 투자설명서는 형사처벌 대상이다.

SEC는 또한 **내부자 거래**(insider trading), 즉 사적 이익을 위해 기업에 대한 특별한 정보를 활용하는 행위에 대해 규제한다. 예를 들어 사용 승인을 받으면 주식 가치가 2배 또는 3배로 폭등할 주요 신약을 개발하는 제약회사에서 일하고 있다고 가정하자. 당신은 약의 가치를 증명하는 테스트 결과를 확인했고, 향후 6개월 안에 일반 사용이 승인될 것을 알고 있다. 당신은 친구와 가족에게 이 기업 주식을 사서 큰 돈을 벌도록 할 수 있다. 그러나 이는 위법행위이다. 일반적으로 기업의 직원이 임박한 인수합병과 같이 해당 기업의 주식 가치에 영향을 미칠 것으로 예상되는 사건에 대한 뉴스가 공개되기 전에 다른 사람에게 그 사실을 누설하는 것은 불법이다. 이러한 내부 정보를 소유한 사람들은 다른 투자자와 비교해 공정하지 못한 이점을 갖게 되기 때문이다.

내부자 거래 규제

2011년 3월, 뉴욕에서 미국 연방 검찰청은 억만장자 펀드매니저가 내부자 네트워크를 활용한 불법적인 주식 정보를 통해 이익을 얻었다는 혐의로 갤리언그룹(Galleon Group)의 설립자 라지 라자라트남(Raj Rajaratnam)에 대해 형사 재판을 시작했다. 보고서에 따르면 피고인은 공개되지 않은 기업의 불법적인 기밀 정보를 사용해 여러 기업의 주가를 올리거나 내리면서 최대 6,000만 달러의 이익을 얻었다고 밝혔다. 이 사건으로 라자라트남은 2009년 체포되었고 26명의 다른 임원(임원 및 증권거래자)도 기소되었으며 이 중 19명은 유죄를 인정했다. 2011년 5월, 라자라트남은 14건의 혐의로 유죄

ZUMA Press, Inc./Alamy Stock Photo

54세의 라지 라자라트남은 내부자 거래 혐의로 유죄 판결을 받은 후 연방 교도소에서 11년을 보내야 했다.

판결을 받았으며 최대 205년의 징역형에 처할 수 있었다. 결국 그는 11년형을 선고받았는데, 이는 내부거래 위반으로 처해진 징역형 중 역대 최장 기간이다. 형사 재판 외에도 그는 SEC가 제기한 민사소송에 직면해 있다. 미국 연방 검사의 말처럼, "내부자 거래는 범죄이다. 일반 대중이 기업의 재무 상태에 대해 알기 어려울 때 기업 경영진이 자신을 부유하게 만드는 것은 금지된다".

SEC는 불법적인 내부자 거래에 대한 정보를 제보하는 사람들에게 보상한다. 법원은 불법적으로 얻은 이익의 최대 3배에 해당하는 벌금을 부과할 수 있으며, 제보자에 대한 보상은 해당 벌금의 최대 10%가 될 수 있다.

SEC와는 별도로, 증권거래소와 증권사는 내부자 거래와 여타 산업 규정 위반을 감지하고 억제하기 위해 금융산업규제국(Financial Industry Regulatory Authority, FINRA)의 자율규제를 적용받는다. 2003년 설립된 FINRA는 미국 증권사 및 증권 대리인을 감독해 미국 투자자를 보호하고 있다. FINRA는 미국 주식시장에 대한 규정을 제정하고, 증권사에 대한 조사 및 관련 규정의 집행, 연방 증권법의 집행 등에 대한 권한을 갖는다.

질문과 연습

복습을 위한 질문

17-1. 장부가치와 시장가치의 차이점을 설명하라.

17-2. 뮤추얼펀드의 가장 일반적인 목표 세 가지는 무엇인가? 투자자가 뮤추얼펀드를 선호하는 이유는 무엇인가?

17-3. 엔젤투자자는 무엇인가? 이들의 참여가 기업 활동에 왜 가치를 부여하는가?

17-4. 전체 투자수익을 계산하기 위해 알아야 할 세 가지는 무엇인가?

17-5. 대출기관이 무담보대출을 시행할 경우 무엇이 부족하며 이것이 대출기관에게 위험한 이유는 무엇인가?

분석을 위한 질문

17-6. 어떤 기업에 88.00달러에 거래되는 200,000주의 주식이 있다. 이 기업은 주가가 20달러 근처에서 형성되기를 원한다. 이 기업은 왜 주식 가격을 낮추려고 하는가? 주가를 낮춤으로써 기존 투자자에게 미치는 영향은 무엇인가?

17-7. 당신이 기업을 경영하면서 단기 운영비용을 충당하기 위해 신규 설비와 즉시 사용 가능한 자금이 필요하다고 가정하자. 어떤 원천으로부터 필요한 자금을 조달할 수 있으며 이러한 자금 조달 원천의 특징은 무엇인가? 당신은 사업의 특성상 제약을 받고 있는가? 그렇다면 어떻게 해야 하겠는가?

17-8. 당신이 기업을 경영하면서 확장을 위한 자금을 찾고 있다고 가정하자. 어떤 원천으로부터 필요한 자본을 조달할 수 있으며 이러한 자본조달 원천의 특징은 무엇인가? 당신은 사업의 특성상 제약을 받고 있는가? 그렇다면 어떻게 해야 하는가? 이렇게 조달한 자금은 신규 설비 및 단기 운영비용에 필요한 자본조달 원천과 어떻게 다른가?

응용연습

17-9. 내부자 거래는 전 세계적인 문제지만, 주식의 매매를 통한 이익을 얻기 위한 비공개정보의 이점에 대해서 동일한 정의와 규정을 가진 국가는 거의 없다. 벌금이나 처벌은 일관성이 떨어지고 있는데, 이는 법 규정이 비효율적으로 제정되었기 때문이다. 10개의 나라를 선택해 내부자 거래에 관한 법 규정을 조사하고, 이들 국가에서 내부자 거래가 처벌받은 사례를 찾아보라.

17-10. 최근 몇 년 동안 내부자 거래와 관련해 세간의 이목을 끄는 사례가 많이 있었다. 온라인 검색을 통해 내부자 거래와 관련된 사례를 찾아보자. 내부자 거래란 무엇인가? 내부자 거래 혐의로 기소된 사람은 누구이며 회사와 어떤 관계였는가? 이들은 내부자 거래로 유죄 판결을 받았는가? 그렇다면 어떤 처벌을 받았는가? 또한 내부자 거래 혐의를 받는 사람이 어떻게 혐의를 피할 수 있었는가?

찾아보기

ㄴ

ㄷ

ㄹ

ㅁ

ㅇ

기타

책을 만든 사람들

지은이

Ricky W. Griffin

Ronald J. Ebert

감수

김경원

세종대학교 경영학부 교수

옮긴이

강신형

충남대학교 경영학부 교수

곽선화

부산대학교 경영대학 교수

김현동

배재대학교 경영학과 교수

박경희

한남대학교 경영학과 교수

백강

한밭대학교 경영학과 교수

이성훈

세종대학교 경영학부 교수

이진호

한남대학교 경영학과 교수

조은정

남서울대학교 세무학과 교수

최명철

가천대학교 글로벌경영학과 교수

최우재

청주대학교 경영학과 교수

(가나다 순)

12판

Griffin

경영학원론

BUSINESS ESSENTIALS

2022년 2월 28일 12판 1쇄 펴냄

지은이 Richy W. Griffin · Ronald J. Ebert

감 수 김경원

옮긴이 강신형 · 곽선화 · 김현동 · 박경희 · 백강 · 이성훈 · 이진호 · 조은정 · 최명철 · 최우재

펴낸이 류원식 | **펴낸곳 교문사**

편집팀장 김경수 | **책임편집** 문승연 | **표지디자인** 신나리 | **본문편집** 홍익 m&b

주소 (10881) 경기도 파주시 문발로 116(문발동 536-2)

전화 031-955-6111~4 | **팩스** 031-955-0955

등록 1968. 10. 28. 제406-2006-000035호

홈페이지 www.gyomoon.com | **E-mail** genie@gyomoon.com

ISBN 978-89-363-2283-0 (93320)

값 33,000원